2026
공인노무사
민법 기출문제
한권으로 끝내기

1차시험 | 필수과목

끝까지 책임진다! 시대에듀!
QR코드를 통해 도서 출간 이후 발견된 오류나 개정법령, 변경된 시험 정보, 최신기출문제, 도서 업데이트 자료 등이 있는지 확인해 보세요!
시대에듀 합격 스마트 앱을 통해서도 알려 드리고 있으니 구글 플레이나 앱 스토어에서 다운받아 사용하세요.
또한, 파본 도서인 경우에는 구입하신 곳에서 교환해 드립니다.

편집진행 안효상 · 이재성 · 김민지 | **표지디자인** 박종우 | **본문디자인** 표미영 · 하한우

머리말

사회가 고도화됨에 따라 노사관계 및 노동이슈가 증가하고 있고, 개별적 노사관계는 물론 집단적 노사관계에 이르기까지 분쟁의 해결이라는 측면에서 공인노무사의 역할은 더욱 증대되고 있다. 이에 따라 최근 고용노동부는 공인노무사의 인력수급을 적정화하기 위하여 2018년부터 공인노무사시험 합격인원을 기존보다 50명 더 늘리기로 하였다.

공인노무사시험은 격년제로 시행되었으나, 1998년부터는 매년 1회 치러지고 있으며, 2024년부터는 1차시험이 과목당 40문항으로 문제 수가 증가되었다. 1차시험은 5지 택일형 객관식, 2차시험은 논문형 주관식으로 진행되고, 1·2차시험 합격자에 한하여 전문지식과 응용능력 등을 확인하기 위한 3차시험(면접)이 실시된다.

전 과목의 평균이 60점 이상이면 합격하는 1차시험 준비의 키워드는 '효율성'으로, 보다 어려운 2차시험 준비를 철저히 하기 위하여 단시간에 효율적으로 학습할 필요가 있는데, 본 교재는 이를 위한 기출문제집으로서 꼭 필요한 내용만을 담은 해설을 수록하였다.

Always with you

사람의 인연은 길에서 우연하게 만나거나 함께 살아가는 것만을 의미하지는 않습니다.
책을 펴내는 출판사와 그 책을 읽는 독자의 만남도 소중한 인연입니다.
시대에듀는 항상 독자의 마음을 헤아리기 위해 노력하고 있습니다. 늘 독자와 함께하겠습니다.

「2026 시대에듀 EBS 공인노무사 1차 민법 기출문제 한권으로 끝내기」의 특징은 다음과 같다.

첫 번째 최신 개정법령과 최근 기출문제의 출제경향을 완벽하게 반영하였다.

두 번째 빈출되는 기출지문이 많은 공인노무사 시험의 특성상 공인노무사뿐만 아니라 사법시험, 변호사시험, 변리사 등 다른 직렬의 기출문제까지 수록하여 문제해결능력을 습득할 수 있도록 하였다.

세 번째 EBS 교수진의 철저한 검수를 통하여 교재상의 오류를 없애고, 최신 학계동향을 정확하게 반영하였으므로, 출제가능성이 높은 주제를 빠짐없이 학습할 수 있다.

본 교재가 공인노무사시험을 준비하는 수험생 여러분에게 합격을 위한 좋은 안내서가 되기를 바라며, 여러분의 합격을 기원한다.

편저자 올림

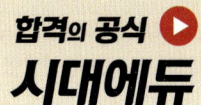

자격증 · 공무원 · 금융/보험 · 면허증 · 언어/외국어 · 검정고시/독학사 · 기업체/취업
이 시대의 모든 합격! 시대에듀에서 합격하세요!
www.youtube.com → 시대에듀 → 구독

이 책의 구성과 특징

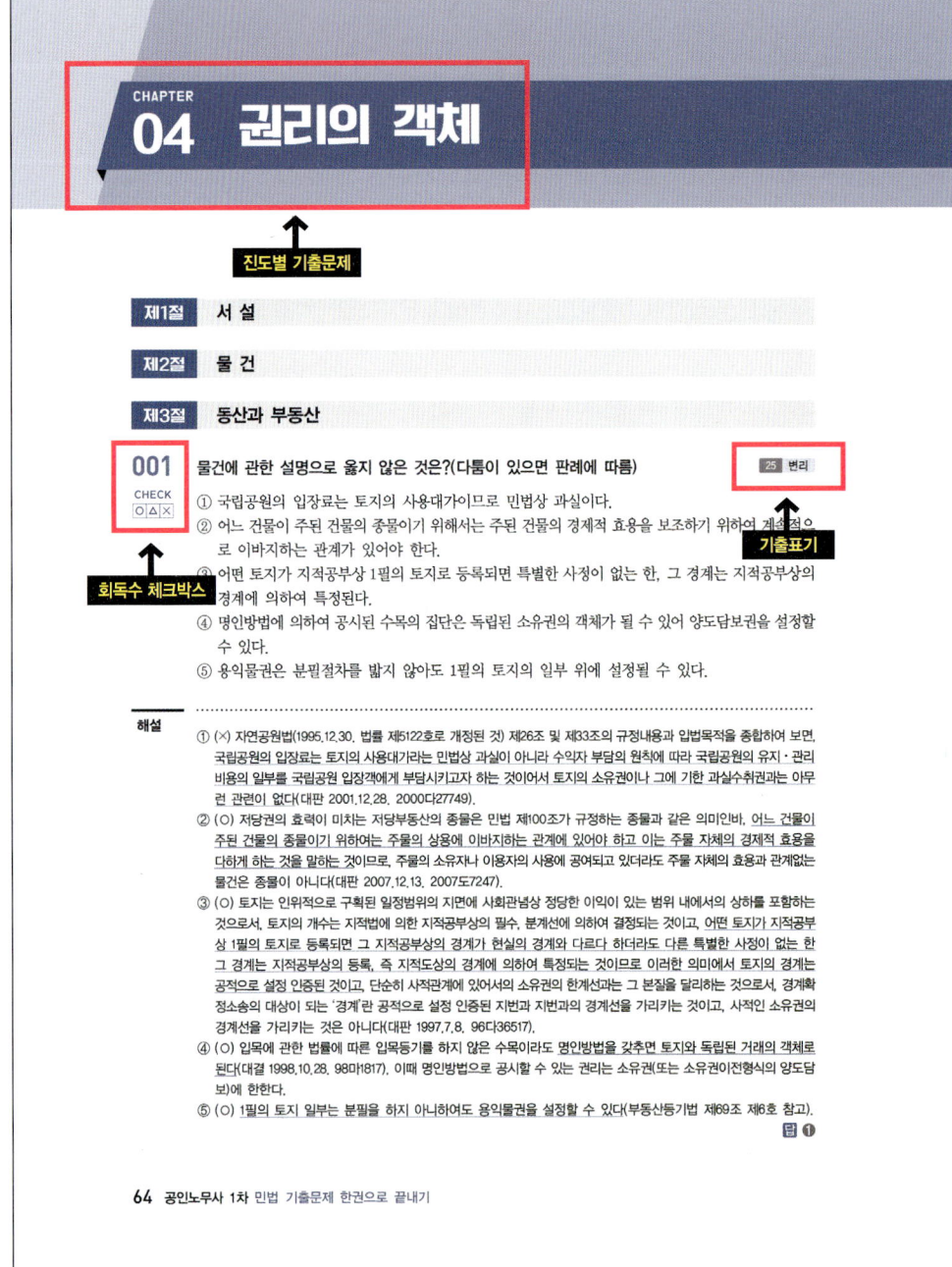

▲ POINT

공인노무사 기출문제만 아니라 사법시험, 변호사시험, 변리사 등 다른 직렬의 민법 기출문제를 함께 수록하여, 민법의 출제방향을 파악하기 쉽게 하고, 난이도가 높아질 공인노무사 시험에 철저하게 대비할 수 있도록 하였습니다.

008
CHECK
○△×

甲이 자신의 X건물을 乙에게 매도하는 계약을 체결하고 계약금 및 중도금을 수령하였으나 아직 소유권이전등기를 마쳐주지 않았다. 이러한 사실을 알고 있는 丙이 甲의 배임행위에 적극적으로 가담하여 甲으로부터 X건물을 매수하고 소유권이전등기를 경료받았다. 이에 관한 설명으로 옳은 것을 모두 고른 것은?(다툼이 있으면 판례에 따름) **24 변리**

ㄱ. 甲과 丙이 체결한 매매계약은 반사회적 법률행위로서 무효이다.
ㄴ. 乙은 甲을 대위함이 없이 직접 丙에 대하여 그 소유권이전등기의 말소를 청구할 수 있다.
ㄷ. 乙은 甲에 대한 소유권이전등기청구권을 보전하기 위하여 甲과 丙사이의 매매계약에 대하여 채권자취소권을 행사할 수 있다.
ㄹ. 丁이 丙을 소유권자로 믿고 丙으로부터 X건물을 매수하여 소유권이전등기를 마친 경우, 丁은 甲과 丙사이의 매매계약의 유효를 주장할 수 있다.

① ㄱ
② ㄱ, ㄷ
③ ㄴ, ㄹ
④ ㄴ, ㄷ, ㄹ
⑤ ㄱ, ㄴ, ㄷ, ㄹ

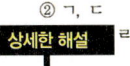
상세한 해설

해설

ㄱ. (○) 부동산의 이중매매가 반사회적 법률행위로서 무효가 되기 위하여는 매도인의 배임행위와 매수인이 매도인의 배임행위에 적극 가담한 행위로 이루어진 매매로서, 그 적극 가담하는 행위는 매수인이 다른 사람에게 매매목적물이 매도된 것을 안다는 것만으로는 부족하고, 적어도 그 매도사실을 알고서 매도를 요청하여 매매계약에 이르는 정도가 되어야 하므로(대판 1994.3.11. 93다55289), 甲이 이미 乙에게 X건물을 매도한 것을 알고 있는 丙이 甲의 배임행위에 적극적으로 가담하여 甲으로부터 X건물을 매수하고 소유권이전등기를 경료받았다면, 甲과 제2매수인 丙이 체결한 매매계약은 반사회적 법률행위로서 무효이다.

ㄴ. (×) 제1매수인 乙이 甲으로부터 X건물에 대한 소유권이전등기를 경료받았다면 당연히 丙에 대하여 원인무효인 소유권이전등기의 말소를 청구할 수 있으나, 이전등기를 경료하지 아니한 乙은 매도인 甲을 대위하여 丙에 대하여 그 소유권이전등기의 말소를 청구하여야 한다(대판 1980.5.27. 80다565 참고).

ㄷ. (×) 채권자취소권은 채무자가 채권자를 해함을 알면서 자기의 일반재산을 감소시키는 행위를 한 경우에 그 행위를 취소하여 채무자의 재산을 원상회복시킴으로써 모든 채권자를 위하여 채무자의 책임재산을 보전하는 권리로서, 특정물채권을 보전하기 위하여 행사하는 것은 허용되지 않는다(대판 1995.2.10. 94다2534). 따라서 乙이 특정물채권인 甲에 대한 소유권이전등기청구권을 보전하기 위하여 甲과 丙사이의 매매계약에 대하여 채권자취소권을 행사할 수 없다고 판단된다.

ㄹ. (×) 판례의 취지를 고려할 때 丁이 丙을 소유권자로 믿고 丙으로부터 X건물을 매수하여 소유권이전등기를 마쳤더라도 반사회질서의 부동산이중매매는 절대적 무효이므로 丁은 甲과 丙사이의 매매계약의 유효를 주장할 수 없다.

> 부동산의 매수인이 매도인의 배임행위에 적극 가담하여 그 매매계약이 반사회적 법률행위에 해당하는 경우에는 매매계약은 절대적으로 무효이므로, 당해 부동산을 매수인으로부터 다시 취득한 제3자는 설사 매수인이 당해 부동산의 소유권을 유효하게 취득한 것으로 믿었다고 하더라도 매매계약이 유효하다고 주장할 수 없는 것이며, 이러한 법리는 담보권설정계약에서도 마찬가지라 할 것이다(대판 2008.3.27. 2007다82875).

답 ❶

판례박스

▲ **POINT**
가능한 모든 지문에 상세한 해설을 수록하였고, 지문마다 OX를 표시하여 빠른 정오판단을 할 수 있습니다. 또한 판례박스를 통하여 심화학습이 가능하도록 하였습니다.

자격시험 소개

★ 2025년 제34회 시험공고 기준

◉ 공인노무사란?

⋯ 노동관계법령 및 인사노무관리 분야에 대한 전문적인 지식과 경험을 제공함으로써 사업 또는 사업장의 노동관계업무의 원활한 운영을 도모하며, 노사관계를 자율적이고 합리적으로 개선시키는 전문인력을 말한다.

◉ 주요업무

❶ 공인노무사는 다음의 직무를 수행한다.
  (1) 노동관계법령에 따라 관계기관에 대하여 행하는 신고 · 신청 · 보고 · 진술 · 청구(이의신청 · 심사청구 및 심판청구를 포함한다) 및 권리구제 등의 대행 또는 대리
  (2) 노동관계법령에 따른 서류의 작성과 확인
  (3) 노동관계법령과 노무관리에 관한 상담 · 지도
  (4) 「근로기준법」을 적용받는 사업이나 사업장에 대한 노무관리진단
  (5) 「노동조합 및 노동관계조정법」에서 정한 사적(私的) 조정이나 중재
  (6) 사회보험관계법령에 따라 관계기관에 대하여 행하는 신고 · 신청 · 보고 · 진술 · 청구(이의신청 · 심사청구 및 심판청구를 포함한다) 및 권리구제 등의 대행 또는 대리

❷ "노무관리진단"이란 사업 또는 사업장의 노사당사자 한쪽 또는 양쪽의 의뢰를 받아 그 사업 또는 사업장의 인사 · 노무관리 · 노사관계 등에 관한 사항을 분석 · 진단하고, 그 결과에 대하여 합리적인 개선방안을 제시하는 일련의 행위를 말한다.

◉ 응시자격

❶ 공인노무사법 제4조 각 호의 결격사유에 해당하지 아니하는 사람

> 다음의 어느 하나에 해당하는 사람은 공인노무사가 될 수 없다.
> ① 미성년자
> ② 피성년후견인 또는 피한정후견인
> ③ 파산선고를 받은 사람으로서 복권(復權)되지 아니한 사람
> ④ 공무원으로서 징계처분에 따라 파면된 사람으로서 3년이 지나지 아니한 사람
> ⑤ 금고(禁錮) 이상의 실형을 선고받고 그 집행이 끝나거나(집행이 끝난 것으로 보는 경우를 포함한다) 집행이 면제된 날부터 3년이 지나지 아니한 사람
> ⑥ 금고 이상의 형의 집행유예를 선고받고 그 유예기간이 끝난 날부터 1년이 지나지 아니한 사람
> ⑦ 금고 이상의 형의 선고유예기간 중에 있는 사람
> ⑧ 징계에 따라 영구등록취소된 사람

❷ 2차시험은 당해 연도 1차시험 합격자 또는 전년도 1차시험 합격자
❸ 3차시험은 당해 연도 2차시험 합격자 또는 전년도 2차시험 합격자

◉ 시험일정

구 분	인터넷 원서접수	시험일자	시행지역	합격자 발표
2026년 제35회 1차	2026년 4월 중	2026년 5월 중	서울, 부산, 대구, 인천, 광주, 대전	2026년 6월 중
2026년 제35회 2차	2026년 7월 중	2026년 8월 중		2026년 11월 중
2026년 제35회 3차		2026년 11월 중	서 울	2026년 12월 중

※ 시험에 응시하려는 사람은 응시원서와 함께 영어능력검정시험 성적표를 제출하여야 한다.

◉ 시험시간

구 분	교 시	시험과목	문항수	시험시간	시험방법
1차시험	1	1. 노동법Ⅰ 2. 노동법Ⅱ	과목당 40문항 (총 200문항)	80분 (09:30~10:30)	객관식 (5지 택일형)
	2	3. 민 법 4. 사회보험법 5. 영어(영어능력검정시험 성적으로 대체) 6. 경제학원론·경영학개론 중 1과목		120분 (11:20~13:20)	
2차시험	1 2	1. 노동법	4문항	교시당 75분 (09:30~10:45) (11:15~12:30)	주관식 (논문형)
	3	2. 인사노무관리론	과목당 3문항	과목당 100분 (13:50~15:30) (09:30~11:10) (11:40~13:20)	
	4 5	3. 행정쟁송법 4. 경영조직론·노동경제학·민사소송법 중 1과목			
3차시험		1. 국가관·사명감 등 정신자세 2. 전문지식과 응용능력 3. 예의·품행 및 성실성 4. 의사발표의 정확성과 논리성		1인당 10분 내외	면 접

◉ 합격기준

구 분	합격자 결정
1차시험	영어과목을 제외한 나머지 과목에서 과목당 100점을 만점으로 하여 각 과목의 점수가 40점 이상이고, 전 과목 평균점수가 60점 이상인 사람
2차시험	• 과목당 만점의 40% 이상, 전 과목 총점의 60% 이상을 득점한 사람을 합격자로 결정 • 각 과목의 점수가 40% 이상이고, 전 과목 평균점수가 60% 이상을 득점한 사람의 수가 최소합격인원보다 적은 경우에는 최소합격인원의 범위에서 모든 과목의 점수가 40% 이상을 득점한 사람 중에서 전 과목 평균 점수가 높은 순서로 합격자를 결정
3차시험	• 평정요소마다 "상"(3점), "중"(2점), "하"(1점)로 구분하고, 총 12점 만점으로 채점하여 각 시험위원이 채점한 평점의 평균이 "중"(8점) 이상인 사람 • 위원의 과반수가 어느 하나의 같은 평정요소를 "하"로 평정하였을 때에는 불합격

◉ 영어능력검정시험

시험명	토플(TOEFL)		토익 (TOEIC)	텝스 (TEPS)	지텔프 (G-TELP)	플렉스 (FLEX)	아이엘츠 (IELTS)
	PBT	IBT					
일반응시자	530	71	700	340	65(Level 2)	625	4.5
청각장애인	352	—	350	204	43(Level 2)	375	—

이 책의 목차

제1편 민법총칙

CHAPTER 01	민법 서론	004
CHAPTER 02	권리 일반	007
CHAPTER 03	권리의 주체	015
CHAPTER 04	권리의 객체	064
CHAPTER 05	권리의 변동	077
CHAPTER 06	기 간	250
CHAPTER 07	소멸시효	255

제2편 채권총론

CHAPTER 01	채권법 서론	288
CHAPTER 02	채권의 목적	290
CHAPTER 03	채권의 효력	304
CHAPTER 04	다수당사자의 채권관계	383
CHAPTER 05	채권양도와 채무인수	405
CHAPTER 06	채권의 소멸	435

제3편 채권각론

CHAPTER 01	계약총론	464
CHAPTER 02	계약각론	534
CHAPTER 03	법정채권관계	622

공인노무사 1차

민법
기출문제

한권으로 끝내기

CHAPTER 01   민법 서론

CHAPTER 02   권리 일반

CHAPTER 03   권리의 주체

CHAPTER 04   권리의 객체

CHAPTER 05   권리의 변동

CHAPTER 06   기 간

CHAPTER 07   소멸시효

PART 1

민법총칙

CHAPTER 01 민법 서론

제1절 서설

제2절 민법의 법원

001 민법의 법원(法源)에 관련한 설명으로 옳지 않은 것은?(다툼이 있는 경우에는 판례에 의함)

15 노무

① 일단 성립한 관습법이라도 사회 구성원들이 그 관행의 법적 구속력에 대해 확신을 갖지 않게 되면 그 효력이 부정된다.
② 관습법이 헌법에 위반될 때에는 법원(法院)이 그 효력을 부인할 수 있다.
③ 민법 제1조(法源)에서의 '법률'은 국회가 제정한 법률만을 의미한다.
④ 사실인 관습은 그 존재를 당사자가 주장·증명하여야 한다.
⑤ 임의규정과 다른 관습이 있는 경우에 당사자의 의사가 명확하지 아니한 때에는 그 관습에 의한다.

해설

① (○) 사회의 거듭된 관행으로 생성된 사회생활규범이 관습법으로 승인되었다고 하더라도 사회 구성원들이 그러한 관행의 법적 구속력에 대하여 확신을 갖지 않게 되었다거나, 사회를 지배하는 기본적 이념이나 사회질서의 변화로 인하여 그러한 관습법을 적용하여야 할 시점에 있어서의 전체 법질서에 부합하지 않게 되었다면 그러한 관습법은 법적 규범으로서의 효력이 부정될 수밖에 없다(대판 2005.7.21. 2002다1178[전합]).
② (○) 헌법 제111조 제1항 제1호 및 헌법재판소법 제41조 제1항에서 규정하는 위헌심사의 대상이 되는 법률은 국회의 의결을 거친 이른바 형식적 의미의 법률을 의미하고, 또한 민사에 관한 관습법은 법원에 의하여 발견되고 성문의 법률에 반하지 아니하는 경우에 한하여 보충적인 법원(法源)이 되는 것에 불과하여(민법 제1조) 관습법이 헌법에 위반되는 경우 법원이 그 관습법의 효력을 부인할 수 있으므로 결국 관습법은 헌법재판소의 위헌법률심판의 대상이 아니라 할 것이다(대결 2009.5.28. 2007카기134).
③ (×) 민법 제1조에서의 법률은 국회에서 제정된 고유한 의미의 법률뿐만 아니라 널리 성문법 또는 제정법 전체를 의미하는 것으로, 대통령의 긴급명령이나 위임명령도 이에 포함된다.
④ (○) 대판 2013.10.24. 2011다110685
⑤ (○) 민법 제106조

답 ❸

002 관습법과 사실인 관습에 관한 설명으로 옳은 것은?(다툼이 있으면 판례에 따름)

① 미등기 무허가건물의 매수인은 그 소유권이전등기를 경료하지 않으면 건물의 소유권을 취득할 수 없지만, 소유권에 준하는 관습상의 물권이 인정될 수는 있다.
② 관습법은 사회의 거듭된 관행과 법적 확신이 없어도 성립된다.
③ 사실인 관습은 사적 자치가 인정되는 분야의 제정법이 임의규정인 경우에는 법률행위의 해석기준이 되므로, 이를 재판의 자료로 할 수 있다.
④ 온천에 관한 권리는 관습법상의 물권이나 준물권이라고 볼 수 있다.
⑤ 사실인 관습은 당사자의 주장·입증을 기다림이 없이 법원이 직권으로 이를 확정하여야 한다.

해설

① (×) 미등기 무허가건물의 양수인이라 할지라도 그 소유권이전등기를 경료받지 않는 한 그 건물에 대한 소유권을 취득할 수 없고, 그러한 상태의 건물 양수인에게 소유권에 준하는 관습상의 물권이 있다고 볼 수도 없으므로, 건물을 신축하여 그 소유권을 원시취득한 자로부터 그 건물을 매수하였으나 아직 소유권이전등기를 갖추지 못한 자는 그 건물의 불법점거자에 대하여 직접 자신의 소유권 등에 기하여 명도를 청구할 수는 없다(대판 2007.6.15. 2007다11347). 미등기 무허가건물의 매수인은 소유권이전등기를 마치지 않는 한 건물의 소유권을 취득할 수 없고, 소유권에 준하는 관습상의 물권이 있다고도 할 수 없으며, 현행법상 사실상의 소유권이라고 하는 포괄적인 권리 또는 법률상의 지위를 인정하기도 어렵다. 또한, 무허가건물관리대장은 무허가건물에 관한 관리의 편의를 위하여 작성된 것일 뿐 그에 관한 권리관계를 공시할 목적으로 작성된 것이 아니므로 무허가건물관리대장에 소유자로 등재되었다는 사실만으로는 무허가건물에 관한 소유권 기타의 권리를 취득하는 효력이 없다. 따라서 미등기 무허가건물에 관한 매매계약이 해제되기 전에 매수인으로부터 해당 무허가건물을 다시 매수하고 무허가건물관리대장에 소유자로 등재되었다고 하더라도 건물에 관하여 완전한 권리를 취득한 것으로 볼 수 없으므로 민법 제548조 제1항 단서에서 규정하는 제3자에 해당한다고 할 수 없다(대판 2014.2.13. 2011다64782).
② (×) 관습법이란 사회의 거듭된 관행으로 생성한 사회생활규범이 사회의 법적 확신과 인식에 의하여 법적 규범으로 승인·강행되기에 이르는 것을 말하고, 관습법은 바로 법원으로서 법령과 같은 효력을 갖는 관습으로서 '법령에 저촉되지 않는 한' 법칙으로서의 효력이 있다(대판 1983.6.14. 80다3231).
③ (○) 사실인 관습은 사적 자치가 인정되는 분야 즉 그 분야의 제정법이 주로 임의규정일 경우에는 법률행위의 해석기준으로서 또는 의사를 보충하는 기능으로서 이를 재판의 자료로 할 수 있을 것이나 이 이외의 즉 그 분야의 제정법이 주로 강행규정일 경우에는 그 강행규정 자체에 결함이 있거나 강행규정 스스로가 관습에 따르도록 위임한 경우등 이외에는 법적 효력을 부여할 수 없다(대판 1983.6.14. 80다3231).
④ (×) 온천에 관한 권리는 관습상의 물권이나 준물권이라 할 수 없고 온천수는 공용수 또는 생활상 필요한 용수에 해당되지 않는다(대판 1972.8.29. 72다1243).
⑤ (×) 법령과 같은 효력을 갖는 관습법은 당사자의 주장 입증을 기다림이 없이 법원이 직권으로 이를 확정하여야 하고 사실인 관습은 그 존재를 당사자가 주장 입증하여야 하나, 관습은 그 존부자체도 명확하지 않을 뿐만 아니라 그 관습이 사회의 법적 확신이나 법적 인식에 의하여 법적 규범으로까지 승인되었는지의 여부를 가리기는 더욱 어려운 일이므로, 법원이 이를 알 수 없는 경우 결국은 당사자가 이를 주장입증할 필요가 있다(대판 1983.6.14. 80다3231).

 ❸

003 관습법과 사실인 관습에 관한 설명으로 옳지 않은 것은?(다툼이 있으면 판례에 따름) 17 변리

CHECK ○△×

① 관습법은 법원(法源)으로서 법령에 저촉되지 않는 한, 법칙으로서의 효력이 있다.
② 미등기무허가건물의 매수인은 그 소유권이전등기를 경료하지 않으면 건물의 소유권을 취득할 수 없지만, 소유권에 준하는 관습상의 물권이 인정될 수는 있다.
③ 종중의 명칭사용이 그에 관한 관습에 어긋난다고 하여도, 그러한 사실만으로 그 종중의 실체를 부인할 수는 없다.
④ 사실인 관습은 사적 자치가 인정되는 분야의 제정법이 임의규정인 경우에는 법률행위의 해석기준이 되므로, 이를 재판의 자료로 할 수 있다.
⑤ 제정법규와 배치되는 사실인 관습의 효력을 인정하려면, 그러한 관습을 인정할 수 있는 당사자의 주장과 증명이 있어야 할 뿐만 아니라 그 관습이 임의규정에 관한 것인지 여부를 심리·판단해야 한다.

해설

① (○) 관습법은 바로 법원으로서 법령과 같은 효력을 갖는 관습으로서 법령에 저촉되지 않는 한 법칙으로서의 효력이 있는 것이며, 이에 반하여 사실인 관습은 법령으로서의 효력이 없는 단순한 관행으로서 법률행위의 당사자의 의사를 보충함에 그치는 것이다(대판 1983.6.14. 80다3231).
② (×) 미등기무허가건물의 양수인이라도 그 소유권이전등기를 경료하지 않는 한 그 건물의 소유권을 취득할 수 없고, 소유권에 준하는 관습상의 물권이 있다고도 할 수 없으며, 현행법상 사실상의 소유권이라고 하는 포괄적인 권리 또는 법률상의 지위를 인정하기도 어렵다(대판 2006.10.27. 2006다49000).
③ (○) 종중의 명칭사용이 비록 명칭사용에 관한 관습에 어긋난다고 하여도 그 점만 가지고 바로 그 종중의 실체를 부인할 수는 없다(대판 2002.6.28. 2001다5296).
④ (○) 사실인 관습은 사적 자치가 인정되는 분야 즉 그 분야의 제정법이 주로 임의규정일 경우에는 법률행위의 해석기준으로서 또는 의사를 보충하는 기능으로서 이를 재판의 자료로 할 수 있을 것이나 이 이외의 즉 그 분야의 제정법이 주로 강행규정일 경우에는 그 강행규정 자체에 결함이 있거나 강행규정 스스로가 관습에 따르도록 위임한 경우 등 이외에는 법적 효력을 부여할 수 없다(대판 1983.6.14. 80다3231).
⑤ (○) 가족의례준칙 제13조의 규정과 배치되는 사실인 관습의 효력을 인정하려면 그와 같은 관습을 인정할 수 있는 당사자의 주장과 증명이 있어야 할 뿐만 아니라 이 관습이 사적 자치가 인정되는 임의규정에 관한 것인지 여부를 심리·판단하여야 한다(대판 1983.6.14. 80다3231).

답 ❷

제3절 민법의 기본원리

CHAPTER 02 권리 일반

제1절 법률관계와 권리·의무

001
CHECK
○△×

사권(私權)과 그 성격이 올바르게 연결되지 않은 것은?(다툼이 있으면 판례에 따름) **19 노무**

① 물권 – 지배권
② 제한능력자의 취소권 – 형성권
③ 매매예약의 완결권 – 형성권
④ 동시이행의 항변권 – 연기적 항변권
⑤ 임차인의 부속물매수청구권 – 청구권

해설

청구권이라 표현하지만 공유물분할청구권, 지료증감청구권, 지상물매수청구권, 부속물매수청구권, 매매대금감액청구권 등은 형성권에 속한다.

답 ❺

제2절 신의성실의 원칙

002 신의성실의 원칙에 관한 설명으로 옳은 것을 모두 고른 것은?(다툼이 있으면 판례에 따름)

[25] 노무

> ㄱ. 부작위에 의한 불법행위 성립의 전제가 되는 법적 작위의무는 신의칙상 작위의무가 기대되는 경우에도 인정될 수 있다.
> ㄴ. 사용자가 피용자의 불법행위로 인하여 사용자책임을 지는 경우, 피용자에 대하여 행사하는 구상권은 신의칙을 근거로 제한될 수 있다.
> ㄷ. 상계권의 행사가 상계제도의 목적이나 기능을 일탈하고 법적으로 보호받을 만한 가치가 없는 경우에는 신의칙에 반하여 허용되지 않고, 이 경우 일반적인 권리남용에서 요구되는 주관적 요건을 필요로 하는 것은 아니다.

① ㄱ
② ㄴ
③ ㄱ, ㄷ
④ ㄴ, ㄷ
⑤ ㄱ, ㄴ, ㄷ

해설

ㄱ. (O) 부작위에 의한 불법행위가 성립하기 위해서는 작위의무가 있는 자의 부작위가 인정되어야 한다. 여기서 작위의무는 법적인 의무이어야 하는데 그 근거가 법령, 법률행위, 선행행위로 인한 경우는 물론이고 신의성실의 원칙이나 사회상규 혹은 조리상 작위의무가 기대되는 경우에도 법적인 작위의무가 인정될 수는 있다(대판 2023.11.16. 2022다265994).

ㄴ. (O) 사용자가 피용자의 업무집행으로 행해진 불법행위로 인하여 직접 손해를 입었거나 또는 사용자로서의 손해배상책임을 부담한 결과로 손해를 입게 된 경우에는 사용자는 그 사업의 성격과 규모, 사업시설의 상황, 피용자의 업무내용, 근로조건이나 근무태도, 가해행위의 상황, 가해행위의 예방이나 손실의 분산에 관한 사용자의 배려정도 등의 제반사정에 비추어 손해의 공평한 분담이라는 견지에서 신의칙상 상당하다고 인정되는 한도 내에서만 피용자에 대하여 위와 같은 손해의 배상이나 구상권을 행사할 수 있다(대판 1987.9.8. 86다카1045).

ㄷ. (O) 상계권을 행사함에 이른 구체적·개별적 사정에 비추어, 그것이 상계 제도의 목적이나 기능을 일탈하고, 법적으로 보호받을 만한 가치가 없는 경우에는, 그 상계권의 행사는 신의칙에 반하거나 상계에 관한 권리를 남용하는 것으로서 허용되지 않는다고 함이 상당하고, 상계권 행사를 제한하는 위와 같은 근거에 비추어 볼 때 일반적인 권리남용의 경우에 요구되는 주관적 요건을 필요로 하는 것은 아니다(대판 2003.4.11. 2002다59481).

답 ⑤

003 신의성실의 원칙에 관한 설명으로 옳은 것은?(다툼이 있으면 판례에 따름)

① 인지청구권의 포기는 허용되지 않지만, 인지청구권에는 실효의 법리가 적용될 수 있다.
② 임대차계약당사자가 차임을 증액하지 않기로 약정한 경우, 사정변경의 원칙에 따라 차임을 증액할 수 없다.
③ 신의성실의 원칙에 반한다는 것을 당사자가 주장하지 않더라도 법원은 직권으로 판단할 수 있다.
④ 취득시효 완성 후 그 사실을 모르고 권리를 주장하지 않기로 하였다가 후에 시효주장을 하는 것은 특별한 사정이 없는 한 신의칙상 허용된다.
⑤ 강행법규를 위반한 약정을 한 사람이 스스로 그 약정의 무효를 주장하는 것은 신의칙상 허용되지 않는다.

해설

① (×) 인지청구권은 본인의 일신전속적인 신분관계상의 권리로서 포기할 수도 없으며 포기하였더라도 그 효력이 발생할 수 없는 것이고, 이와 같이 인지청구권의 포기가 허용되지 않는 이상 거기에 실효의 법리가 적용될 여지도 없다(대판 2001.11.27. 2001므1353).
② (×) 임대차계약에 있어서 차임불증액의 특약이 있더라도 그 약정 후 그 특약을 그대로 유지시키는 것이 신의칙에 반한다고 인정될 정도의 사정변경이 있다고 보여지는 경우에는 형평의 원칙상 임대인에게 차임증액청구를 인정하여야 한다(대판 1996.11.12. 96다34061).
③ (○) 대판 2015.3.20. 2013다88829
④ (×) 취득시효 완성 후에 그 사실을 모르고 당해 토지에 관하여 어떠한 권리도 주장하지 않기로 하였다 하더라도 이에 반하여 시효주장을 하는 것은 특별한 사정이 없는 한 신의칙상 허용되지 않는다(대판 1998.5.22. 96다24101).
⑤ (×) 강행법규에 위반한 자가 스스로 그 약정의 무효를 주장하는 것이 신의칙에 위반되는 권리의 행사라는 이유로 그 주장을 배척한다면, 이는 오히려 강행법규에 의하여 배제하려는 결과를 실현시키는 셈이 되어 입법취지를 완전히 몰각하게 되므로 달리 특별한 사정이 없는 한 위와 같은 주장은 신의칙에 반하는 것이라고 할 수 없다(대판 2009.4.9. 2008다1521).

답 ❸

004 신의성실의 원칙에 관한 설명으로 옳지 않은 것은?(다툼이 있으면 판례에 따름)

① 채권자가 유효하게 성립한 계약에 따른 급부의 이행을 청구하는 때에 법원이 급부의 일부를 감축하는 것은 원칙적으로 허용되지 않는다.
② 아파트 분양자는 아파트 단지 인근에 공동묘지가 조성되어 있는 사실을 분양계약자에게 고지할 신의칙상의 의무를 부담한다.
③ 경제상황의 변동으로 당사자에게 손해가 생기더라도 합리적인 사람의 입장에서 사정변경을 예견할 수 있었다면 사정변경을 이유로 계약을 해제할 수 없다.
④ 법령에 위반되어 무효임을 알면서도 법률행위를 한 자가 강행법규 위반을 이유로 그 무효를 주장하는 것은 신의칙에 반한다.
⑤ 취득시효완성 사실을 모르고 해당 토지에 관하여 어떠한 권리도 주장하지 않기로 약속한 후, 이에 반하여 취득시효주장을 하는 것은 특별한 사정이 없는 한 신의칙상 허용되지 않는다.

해설

① (O) 유효하게 성립한 계약상의 책임을 공평의 이념 또는 신의칙과 같은 일반원칙에 의하여 제한하는 것은 사적자치의 원칙이나 법적 안정성에 대한 중대한 위협이 될 수 있으므로, 채권자가 유효하게 성립한 계약에 따른 급부의 이행을 청구하는 때에 법원이 급부의 일부를 감축하는 것은 원칙적으로 허용되지 않는다(대판 2016.12.1. 2016다240543).
② (O) 우리 사회의 통념상으로는 공동묘지가 주거환경과 친한 시설이 아니어서 분양계약의 체결 여부 및 가격에 상당한 영향을 미치는 요인일 뿐만 아니라 대규모 공동묘지를 가까이에서 조망할 수 있는 곳에 아파트 단지가 들어선다는 것은 통상 예상하기 어렵다는 점 등을 감안할 때 아파트 분양자는 아파트 단지 인근에 공동묘지가 조성되어 있는 사실을 수분양자에게 고지할 신의칙상의 의무를 부담한다(대판 2007.6.1. 2005다5812).
③ (O) 계약 성립의 기초가 된 사정이 현저히 변경되고 당사자가 계약의 성립 당시 이를 예견할 수 없었으며, 그로 인하여 계약을 그대로 유지하는 것이 당사자의 이해에 중대한 불균형을 초래하거나 계약을 체결한 목적을 달성할 수 없는 경우에는 계약준수 원칙의 예외로서 사정변경을 이유로 계약을 해제하거나 해지할 수 있다. 여기에서 말하는 사정이란 당사자들에게 계약 성립의 기초가 된 사정을 가리키고, 당사자들이 계약의 기초로 삼지 않은 사정이나 어느 일방당사자가 변경에 따른 불이익이나 위험을 떠안기로 한 사정은 포함되지 않는다. 경제상황 등의 변동으로 당사자에게 손해가 생기더라도 합리적인 사람의 입장에서 사정변경을 예견할 수 있었다면 사정변경을 이유로 계약을 해제할 수 없다(대판 2017.6.8. 2016다249557).
④ (×) 민법상 신의성실의 원칙은 법률관계의 당사자는 상대방의 이익을 배려하여 형평에 어긋나거나, 신뢰를 저버리는 내용 또는 방법으로 권리를 행사하거나 의무를 이행하여서는 아니 된다는 추상적 규범으로서, 신의성실의 원칙에 위배된다는 이유로 그 권리의 행사를 부정하기 위하여는 상대방에게 신의를 공여하였다거나, 객관적으로 보아 상대방이 신의를 가짐이 정당한 상태에 있어야 하고, 이러한 상대방의 신의에 반하여 권리를 행사하는 것이 정의관념에 비추어 용인될 수 없는 정도의 상태에 이르러야 하며, 또한 특별한 사정이 없는 한, 법령에 위반되어 무효임을 알고서도 그 법률행위를 한 자가 강행법규 위반을 이유로 무효를 주장한다 하여 신의칙 또는 금반언의 원칙에 반하거나 권리남용에 해당한다고 볼 수는 없다(대판 2001.5.15. 99다53490).
⑤ (O) 취득시효완성 후에 그 사실을 모르고 당해 토지에 관하여 어떠한 권리도 주장하지 않기로 하였다 하더라도 이에 반하여 시효주장을 하는 것은 특별한 사정이 없는 한 신의칙상 허용되지 않는다(대판 1998.5.22. 96다24101).

답 ❹

005 신의성실의 원칙에 관한 설명으로 옳지 않은 것은?(다툼이 있으면 판례에 따름)

① 신의칙은 당사자의 주장이 없더라도 법원이 직권으로 그 위반 여부를 판단할 수 있다.
② 사정변경의 원칙에 기한 계약의 해제가 인정되는 경우, 그 사정에는 계약의 기초가 된 객관적 사정만이 포함된다.
③ 임대차계약에 차임을 증액하지 않기로 하는 특약이 있더라도 그 특약을 그대로 유지시키는 것이 신의칙에 반한다고 인정될 정도의 사정변경이 있는 경우에는 임대인에게 차임증액청구가 인정될 수 있다.
④ 채무자가 소멸시효 완성을 주장하는 것은 신의칙에 반하여 권리남용으로 될 여지가 없다.
⑤ 강행규정을 위반한 자가 그 위반을 이유로 하여 법률행위의 무효를 주장하는 것은 신의칙위반으로 될 수 있다.

해설

① (○) 대판 2015.3.20. 2013다88829
② (○) 사정변경으로 인한 계약해제는 계약성립 당시 당사자가 예견할 수 없었던 현저한 사정의 변경이 발생하였고 그러한 사정의 변경이 해제권을 취득하는 당사자에게 책임 없는 사유로 생긴 것으로서, 계약내용대로의 구속력을 인정한다면 신의칙에 현저히 반하는 결과가 생기는 경우에 계약준수 원칙의 예외로서 인정되는 것이고, 여기서 말하는 사정이라 함은 계약의 기초가 되었던 객관적인 사정으로서, 일방당사자의 주관적 또는 개인적인 사정을 의미하는 것은 아니라 할 것이다(대판 2007.3.29. 2004다31302).
③ (○) 임대차계약에 있어서 차임불증액의 특약이 있더라도 그 약정 후 그 특약을 그대로 유지시키는 것이 신의칙에 반한다고 인정될 정도의 사정변경이 있다고 보여지는 경우에는 형평의 원칙상 임대인에게 차임증액청구를 인정하여야 한다(대판 1996.11.12. 96다34061).
④ (×) 채무자의 소멸시효에 기한 항변권의 행사도 우리 민법의 대원칙인 신의성실의 원칙과 권리남용금지의 원칙의 지배를 받는 것이어서, 채무자가 시효완성 전에 채권자의 권리행사나 시효중단을 불가능 또는 현저히 곤란하게 하였거나, 그러한 조치가 불필요하다고 믿게 하는 행동을 하였거나, 객관적으로 채권자가 권리를 행사할 수 없는 장애사유가 있었거나, 또는 일단 시효완성 후에 채무자가 시효를 원용하지 아니할 것 같은 태도를 보여 권리자로 하여금 그와 같이 신뢰하게 하였거나, 채권자보호의 필요성이 크고, 같은 조건의 다른 채권자가 채무의 변제를 수령하는 등의 사정이 있어 채무이행의 거절을 인정함이 현저히 부당하거나 불공평하게 되는 등의 특별한 사정이 있는 경우에는 채무자가 소멸시효의 완성을 주장하는 것이 신의성실의 원칙에 반하여 권리남용으로서 허용될 수 없다(대판 2005.5.13. 2004다71881).
⑤ (×) 강행법규를 위반한 자가 스스로 강행법규에 위배된 약정의 무효를 주장하는 것이 신의칙에 위반되는 권리의 행사라는 이유로 그 주장을 배척한다면, 이는 오히려 강행법규에 의하여 배제하려는 결과를 실현시키는 셈이 되어 입법 취지를 완전히 몰각하게 되므로 달리 특별한 사정이 없는 한 위와 같은 주장은 신의칙에 반하는 것이라고 할 수 없다(대판 2011.3.10. 2007다17482).

답 ④, ⑤

006 신의성실의 원칙 등에 관한 설명으로 옳지 않은 것은?(다툼이 있으면 판례에 따름) 20 변리

① 실효의 법리는 법의 일반원리인 신의성실의 원칙에 바탕을 둔 파생원칙이다.
② 취득시효 완성 후에 그 사실을 모르고 당해 토지에 관하여 어떠한 권리도 주장하지 않기로 하였다가 이후에 취득시효주장을 하는 것은 특별한 사정이 없는 한 신의성실의 원칙상 허용되지 않는다.
③ 법정대리인의 동의 없이 신용구매계약을 체결한 미성년자가 나중에 법정대리인의 동의 없음을 사유로 들어 이를 취소하는 것은 신의성실의 원칙에 반한다.
④ 매도인의 해제권이 장기간 행사되지 아니하고 매매대금도 거의 전부가 지급되어 있는 등 해제권이 더 이상 행사되지 아니할 것으로 매수인이 신뢰하는 데에 정당한 사유가 있는 경우, 매도인이 해제권을 행사하는 것은 신의성실의 원칙에 반한다.
⑤ 권리남용 금지의 원칙은 당사자의 주장이 없더라도 법원은 직권으로 판단할 수 있다.

해설

① (○) 실권 또는 실효의 법리는 법의 일반원리인 신의성실의 원칙에 바탕을 둔 파생원칙인 것이므로 공법관계 가운데 관리관계는 물론이고 권력관계에도 적용되어야 함을 배제할 수는 없다(대판 1988.4.27. 87누915).
② (○) 취득시효 완성 후에 그 사실을 모르고 당해 토지에 관하여 어떠한 권리도 주장하지 않기로 하였다 하더라도 이에 반하여 시효주장을 하는 것은 특별한 사정이 없는 한 신의칙상 허용되지 않는다(대판 1998.5.22. 96다24101).
③ (×) 미성년자의 법률행위에 법정대리인의 동의를 요하도록 하는 것은 강행규정인데, 위 규정에 반하여 이루어진 신용구매계약을 미성년자 스스로 취소하는 것을 신의칙 위반을 이유로 배척한다면, 이는 오히려 위 규정에 의해 배제하려는 결과를 실현시키는 셈이 되어 미성년자제도의 입법취지를 몰각시킬 우려가 있으므로, <u>법정대리인의 동의 없이 신용구매계약을 체결한 미성년자가 사후에 법정대리인의 동의 없음을 사유로 들어 이를 취소하는 것이 신의칙에 위배된 것이라고 할 수 없다</u>(대판 2007.11.16. 2005다71659).
④ (○) 판례의 취지를 고려할 때 매도인이 해제권이 더 이상 행사되지 아니할 것으로 매수인이 신뢰하는 데에 정당한 사유가 있는 경우, 매도인이 새삼스럽게 해제권을 행사하는 것은 신의성실의 원칙에 반한다.

> 일반적으로 권리의 행사는 신의에 좇아 성실히 하여야 하고 권리는 남용하지 못하는 것이므로, <u>해제권을 갖는 자가 상당한 기간이 경과하도록 이를 행사하지 아니하여 상대방으로서도 이제는 그 권리가 행사되지 아니할 것이라고 신뢰할 만한 정당한 사유를 갖기에 이르러 그 후 새삼스럽게 이를 행사하는 것이 법질서 전체를 지배하는 신의성실의 원칙에 위반하는 것으로 인정되는 결과가 될 때에는 이른바 실효의 원칙에 따라 그 해제권의 행사가 허용되지 않는다</u>(대판 1994.11.25. 94다12234).

⑤ (○) 신의성실의 원칙에 반하는 것 또는 권리남용은 강행규정에 위배되는 것이므로 당사자의 주장이 없더라도 법원은 직권으로 판단할 수 있다(대판 1989.9.29. 88다카17181).

답

007 신의성실의 원칙에 관한 설명으로 옳지 않은 것은?(다툼이 있으면 판례에 따름) 24 변리

① 채권자는 물상보증인이 되려는 자에게 주채무자의 신용상태를 조사해서 고지할 신의칙상 의무를 부담한다.
② 병원은 입원환자의 휴대품 등의 도난을 방지함에 필요한 적절한 조치를 강구하여 줄 신의칙상 보호의무를 부담한다.
③ 숙박업자는 투숙고객에게 객실을 사용·수익하게 할 의무를 넘어서 고객의 안전을 배려하여야 할 신의칙상 보호의무를 부담한다.
④ 사적 자치의 영역을 넘어 공공질서를 위하여 공익적 요구를 선행시켜야 할 경우, 신의칙은 합법성의 원칙을 희생하여서라도 구체적 신뢰보호의 필요성이 인정되는 경우에 한하여 예외적으로 적용된다.
⑤ 어떤 법률관계가 신의칙에 위반되는지의 여부는 법원의 직권조사사항이다.

해설

① (×) 물상보증인이 주채무자의 자력에 대하여 조사한 다음 계약을 체결할 것인지 여부를 스스로 결정해야 하고, 채권자가 물상보증인에게 주채무자의 신용 상태를 고지할 신의칙상 의무는 존재하지 않는다(대판 2020.10.15. 2017다254051).
② (○) 병원은 병실에의 출입자를 통제·감독하든가 그것이 불가능하다면 최소한 입원환자에게 휴대품을 안전하게 보관할 수 있는 시정장치가 있는 사물함을 제공하는 등으로 입원환자의 휴대품 등의 도난을 방지함에 필요한 적절한 조치를 강구하여 줄 신의칙상의 보호의무가 있다고 할 것이고, 이를 소홀히 하여 입원환자와는 아무런 관련이 없는 자가 입원환자의 병실에 무단출입하여 입원환자의 휴대품 등을 절취하였다면 병원은 그로 인한 손해배상책임을 면하지 못한다(대판 2003.4.11. 2002다63275).
③ (○) 숙박업자는 통상의 임대차와 같이 단순히 여관의 객실 및 관련시설을 제공하여 고객으로 하여금 이를 사용수익하게 할 의무를 부담하는 것에서 한 걸음 더 나아가 고객에게 위험이 없는 안전하고 편안한 객실 및 관련시설을 제공함으로써 고객의 안전을 배려하여야 할 보호의무를 부담하며 이러한 의무는 숙박계약의 특수성을 고려하여 신의칙상 인정되는 부수적인 의무로서 숙박업자가 이를 위반하여 고객의 생명, 신체를 침해하여 손해를 입힌 경우 불완전이행으로 인한 채무불이행책임을 부담한다(대판 1994.1.28. 93다43590).
④ (○) 민법상 신의성실의 원칙은, 법률관계의 당사자가 상대방의 이익을 배려하여 형평에 어긋나거나 신뢰를 저버리는 내용 또는 방법으로 권리를 행사하거나 의무를 이행하여서는 안 된다는 추상적 규범을 말하는 것인바, 사적자치의 영역을 넘어 공공질서를 위하여 공익적 요구를 선행시켜야 할 사안에서는 원칙적으로 합법성의 원칙은 신의성실의 원칙보다 우월한 것이므로 신의성실의 원칙은 합법성의 원칙을 희생하여서라도 구체적 신뢰보호의 필요성이 인정되는 경우에 비로소 적용된다고 봄이 상당하다(대판 2021.6.10. 2021다207489).
⑤ (○) 신의성실의 원칙에 반하는 것 또는 권리남용은 강행규정에 위배되는 것이므로 당사자의 주장이 없더라도 법원은 직권으로 판단할 수 있다(대판 2023.6.29. 2023다214993).

답 ❶

008 신의성실의 원칙에 관한 설명으로 옳지 않은 것은?(다툼이 있는 경우에는 판례에 의함)

14 변리

① 소멸시효 완성 전에 채무자가 시효중단을 현저히 곤란하게 하여 채권자가 아무런 조치를 할 수 없었던 경우, 채무자가 시효완성을 주장하는 것은 권리남용으로 허용되지 않는다.
② 구 국토의 계획 및 이용에 관한 법률이 정하는 거래허가를 받지 않고 토지매매계약을 체결한 당사자가 스스로 그 계약의 무효를 주장하는 것은, 특별한 사정이 없으면, 신의성실의 원칙에 위반하는 권리행사로 허용되지 않는다.
③ 권리행사로 권리행사자가 얻을 이익보다 상대방이 잃을 손해가 현저히 크다는 사정만으로는 이를 권리남용이라 할 수 없다.
④ 소멸시효 완성 후 채무자가 이를 원용하지 않을 것 같은 태도를 보여 이를 신뢰한 권리자가 그로부터 시효정지에 준하는 단기간 내에 그의 권리를 행사한 경우 채무자는 시효완성을 주장하지 못한다.
⑤ 상표권의 행사가 권리행사의 외형을 갖추었다 하더라도 상표제도의 목적을 일탈하여 공정한 경쟁질서와 상거래질서를 어지럽히고 수요자 사이에 혼동을 초래하여 법적으로 보호받을 만한 가치가 없다고 인정되는 경우, 이는 등록상표에 관한 권리의 남용으로서 허용되지 않는다.

해설

① (○) 채무자의 소멸시효에 기한 항변권의 행사도 우리 민법의 대원칙인 신의성실의 원칙과 권리남용 금지의 원칙의 지배를 받으므로, 채무자가 시효완성 전에 채권자의 권리행사나 시효중단을 불가능 또는 현저히 곤란하게 하였거나 그러한 조치가 불필요하다고 믿게 하는 행동을 하였거나, 객관적으로 채권자가 권리를 행사할 수 없는 사실상의 장애사유가 있었거나, 일단 시효완성 후에 채무자가 시효를 원용하지 아니할 것 같은 태도를 보여 채권자로 하여금 그와 같이 신뢰하게 하였거나, 채권자를 보호할 필요성이 크고 같은 조건의 그 채권자들 중 일부가 이미 채무의 변제를 수령하는 등 채무자에게 채무이행의 거절을 인정함이 현저히 부당하거나 불공평하게 되는 등의 특별한 사정이 있는 경우에는, 채무자가 소멸시효의 완성을 주장하는 것이 신의성실의 원칙에 반하여 권리남용으로서 허용될 수 없다(대판 2008.9.18. 2007두2173[전합]).
② (×) 강행법규인 구 국토이용관리법 제21조의3 제1항, 제7항을 위반하였을 경우에 있어서 위반한 자 스스로가 무효를 주장함이 신의성실의 원칙에 위배되는 권리의 행사라는 이유로서 이를 배척한다면 투기거래계약의 효력발생을 금지하려는 구 국토이용관리법의 입법취지를 완전히 몰각시키는 결과가 되므로, 거래당사자 사이의 약정내용과 취득목적대로 관할관청에 토지거래허가신청을 하였을 경우에 그 신청이 구 국토이용관리법 소정의 허가기준에 적합하여 허가를 받을 수 있었으나 다른 급박한 사정으로 이러한 절차를 회피하였다고 볼만한 특단의 사정이 엿보이지 아니하는 한, 그러한 주장이 신의성실의 원칙에 반한다고는 할 수 없다(대판 1993.12.24. 93다44319).
③ (○) 권리행사가 권리의 남용에 해당한다고 할 수 있으려면, 주관적으로 그 권리행사의 목적이 오직 상대방에게 고통을 주고 손해를 입히려는 데 있을 뿐 행사하는 사람에게 아무런 이익이 없는 경우이어야 하고, 객관적으로는 그 권리행사가 사회질서에 위반된다고 볼 수 있어야 한다. 이와 같은 경우에 해당하지 않는 한 비록 그 권리의 행사에 의하여 권리행사자가 얻는 이익보다 상대방이 잃을 손해가 현저히 크다고 하여도 그러한 사정만으로는 이를 권리남용이라 할 수 없다(대판 2010.2.25. 2009다58173).
④ (○) 소멸시효를 이유로 한 항변권의 행사도 민법의 대원칙인 신의성실의 원칙과 권리남용 금지의 원칙의 지배를 받는 것이어서 채무자가 소멸시효 완성 후 시효를 원용하지 아니할 것 같은 태도를 보여 권리자로 하여금 이를 신뢰하게 하였고, 채무자가 그로부터 권리행사를 기대할 수 있는 상당한 기간 내에 채권자가 자신의 권리를 행사하였다면, 채무자가 소멸시효 완성을 주장하는 것은 신의성실원칙에 반하는 권리남용으로 허용될 수 없다(대판 2013.6.27. 2013다23211).
⑤ (○) 상대방에 대한 상표권의 행사가 상표사용자의 업무상의 신용유지와 수요자의 이익보호를 목적으로 하는 상표제도의 목적이나 기능을 일탈하여 공정한 경쟁질서와 상거래질서를 어지럽히고 수요자 사이에 혼동을 초래하거나 상대방에 대한 관계에서 신의성실의 원칙에 위배되는 등 법적으로 보호받을 만한 가치가 없다고 인정되는 경우에는, 그 상표권의 행사는 설령 권리행사의 외형을 갖추었다 하더라도 등록상표에 관한 권리를 남용하는 것으로서 허용될 수 없다(대판 2007.1.25. 2005다67223).

답

CHAPTER 03 권리의 주체

제1절 서 설

제2절 자연인

001 사용자 甲이 의사능력이 없는 상태에서 乙과 근로계약을 체결하였다. 이에 관한 설명으로 옳은 것은?(다툼이 있으면 판례에 의함) [18 노무]

① 甲은 乙과의 근로계약을 취소할 수 있다.
② 甲이 의사무능력 상태에서 乙과의 근로계약을 추인하더라도 그 계약은 무효이다.
③ 甲이 의사무능력을 회복한 후에 추인하면, 다른 약정이 없더라도 그 근로계약은 소급하여 유효하다.
④ 甲과 乙의 근로계약은 추인 여부와 상관없이 甲이 의사능력을 회복한 때로부터 유효하다.
⑤ 甲이 의사능력을 회복한 후에 상당한 기간 내에 취소하지 않으면 근로계약은 유효하다.

해설

① (×) 의사무능력자와의 법률행위는 무효이다. 무효의 법률행위는 취소의 대상이 아니다.
② (○) 의사무능력자의 법률행위는 추인할 당시에도 무효원인이 소멸하지 아니하는 한 그 추인을 하더라도 무효이다.
③ (×) 무효인 법률행위는 추인하여도 그 효력이 생기지 아니한다. 그러나 당사자가 그 무효임을 알고 추인한 때에는 새로운 법률행위로 본다(민법 제139조).
④ (×) 甲과 乙의 근로계약은 확정적 무효이다.
⑤ (×) 甲과 乙의 근로계약은 확정적 무효이다.

답 ❷

002

민법상 의사능력 및 행위능력에 관한 설명으로 옳지 않은 것은?(다툼이 있으면 판례에 따름)

25 노무

① 의사무능력을 이유로 하는 법률행위의 무효에 대한 증명책임은 무효를 주장하는 측에 있다.
② 의사무능력을 이유로 법률행위가 무효가 된 경우, 의사무능력자는 그 행위로 인하여 받은 이익이 현존하는 한도에서 상환할 책임이 있다.
③ 가정법원은 본인의 의사에 반하여 특정후견의 심판을 할 수 없다.
④ 법정대리인의 동의 없이 매매계약을 체결한 미성년자가 그 동의 없음을 이유로 위 계약을 취소하는 것은 신의칙에 위배된다.
⑤ 가정법원이 피특정후견인에 대하여 한정후견개시의 심판을 할 때에는 종전의 특정후견의 종료 심판을 한다.

해설

① (○) 의사능력이란 자기 행위의 의미나 결과를 정상적인 인식력과 예기력을 바탕으로 합리적으로 판단할 수 있는 정신적 능력이나 지능을 말하고, 의사무능력을 이유로 법률행위의 무효를 주장하는 측은 그에 대하여 증명책임을 부담한다(대판 2022.12.1. 2022다261237).

② (○) 무능력자의 책임을 제한하는 민법 제141조 단서는 부당이득에 있어 수익자의 반환범위를 정한 민법 제748조의 특칙으로서 무능력자의 보호를 위해 그 선의·악의를 묻지 아니하고 반환범위를 현존 이익에 한정시키려는 데 그 취지가 있으므로, 의사능력의 흠결을 이유로 법률행위가 무효가 되는 경우에도 유추적용되어야 할 것이나, 법률상 원인 없이 타인의 재산 또는 노무로 인하여 이익을 얻고 그로 인하여 타인에게 손해를 가한 경우에 그 취득한 것이 금전상의 이득인 때에는 그 금전은 이를 취득한 자가 소비하였는가의 여부를 불문하고 현존하는 것으로 추정되므로, 위 이익이 현존하지 아니함은 이를 주장하는 자, 즉 의사무능력자 측에 입증책임이 있다(대판 2009.1.15. 2008다58367).

③ (○) 가정법원은 질병, 장애, 노령, 그 밖의 사유로 인한 정신적 제약으로 일시적 후원 또는 특정한 사무에 관한 후원이 필요한 사람에 대하여 본인 등의 청구에 의하여 특정후견의 심판을 하며, 이러한 특정후견은 본인의 의사에 반하여 할 수 없다(민법 제14조의2 제1항, 제2항 참조).

④ (×) 신용카드 가맹점이 미성년자와 신용구매계약을 체결할 당시 향후 그 미성년자가 법정대리인의 동의가 없었음을 들어 스스로 위 계약을 취소하지는 않으리라고 신뢰하였다 하더라도 그 신뢰가 객관적으로 정당한 것이라고 할 수 있을지 의문일 뿐만 아니라, 그 미성년자가 가맹점의 이러한 신뢰에 반하여 취소권을 행사하는 것이 정의관념에 비추어 용인될 수 없는 정도의 상태라고 보기도 어려우며, 미성년자의 법률행위에 법정대리인의 동의를 요하도록 하는 것은 강행규정인데, 위 규정에 반하여 이루어진 신용구매계약을 미성년자 스스로 취소하는 것을 신의칙 위반을 이유로 배척한다면, 이는 오히려 위 규정에 의해 배제하려는 결과를 실현시키는 셈이 되어 미성년자 제도의 입법 취지를 몰각시킬 우려가 있으므로, 법정대리인의 동의 없이 신용구매계약을 체결한 미성년자가 사후에 법정대리인의 동의 없음을 사유로 들어 이를 취소하는 것이 신의칙에 위배된 것이라고 할 수 없다(대판 2007.11.16. 2005다71659).

⑤ (○) 가정법원이 피성년후견인 또는 피특정후견인에 대하여 한정후견개시의 심판을 할 때에는 종전의 성년후견 또는 특정후견의 종료 심판을 한다(민법 제14조의3 제2항).

답 ❹

003 의사능력에 관한 설명으로 옳지 않은 것은?(다툼이 있으면 판례에 따름) 변리

① 의사능력이란 자신의 행위의 의미나 결과를 정상적인 인식력과 예기력을 바탕으로 합리적으로 판단할 수 있는 정신적 능력 내지 지능을 말한다.
② 의사능력의 유무는 구체적인 법률행위와 관련하여 개별적으로 판단되어야 한다.
③ 미성년자가 의사무능력상태에서 법정대리인의 동의 없이 법률행위를 한 경우, 법정대리인은 미성년을 이유로 법률행위를 취소할 수 있다.
④ 어떤 법률행위에 그 일상적인 의미만을 이해하여서는 알기 어려운 특별한 법률적인 의미나 효과가 부여되어 있는 경우에도 의사능력이 인정되기 위하여 그 행위의 일상적인 의미에 대한 이해만으로 족하고 법률적인 의미나 효과에 대한 이해는 요구되지 않는다.
⑤ 의사무능력자의 법률행위에 있어서는 그 행위의 무효를 주장하는 자가 의사능력이 없었음을 증명하여야 한다.

해설

① (○), ② (○), ④ (×) 의사능력이란 자신의 행위의 의미나 결과를 정상적인 인식력과 예기력을 바탕으로 합리적으로 판단할 수 있는 정신적 능력 내지는 지능을 말하는바,❶ 특히 어떤 법률행위가 그 일상적인 의미만을 이해하여서는 알기 어려운 특별한 법률적인 의미나 효과가 부여되어 있는 경우 의사능력이 인정되기 위하여는 그 행위의 일상적인 의미뿐만 아니라 법률적인 의미나 효과에 대하여도 이해할 수 있을 것을 요한다고 보아야 하고,❹ 의사능력의 유무는 구체적인 법률행위와 관련하여 개별적으로 판단되어야 할 것이다❷ (대판 2009.1.15. 2008다58367).
③ (○) 의사무능력자의 법률행위는 무효이다. 또한 미성년자가 법정대리인의 동의 없이 법률행위를 한 경우 법정대리인은 미성년을 이유로, 즉 제한능력을 이유로 법률행위를 취소할 수도 있다(민법 제5조 제2항, 제140조).
⑤ (○) 의사무능력자의 행위에 대하여는 누구나 언제든지 무효를 주장할 수 있는데, 이 경우 그 행위의 무효를 주장하는 자가 의사능력이 없었음을 증명하여야 한다.

답 ❹

004

의사무능력자 甲은 자기 소유 X건물에 乙은행 앞으로 저당권을 설정해 주고 금원을 대출받아 곧바로 이를 丙에게 대여하였다. 이에 관한 설명으로 옳은 것을 모두 고른 것은?(다툼이 있으면 판례에 따름)

24 변리

> ㄱ. 甲이 자신의 의사무능력을 이유로 乙과 체결한 저당권설정계약의 무효를 주장하는 것은 특별한 사정이 없는 한 신의칙에 반한다.
> ㄴ. 甲은 선의·악의를 불문하고 받은 이익이 현존하는 한도에서 乙에게 그 이익을 반환할 의무를 부담한다.
> ㄷ. 甲이 丙에 대한 부당이득반환채권을 乙에게 양도할 의무와 乙의 저당권등기말소의무는 동시이행관계에 있다.

① ㄱ
② ㄴ
③ ㄱ, ㄷ
④ ㄴ, ㄷ
⑤ ㄱ, ㄴ, ㄷ

해설

ㄱ. (×) 판례의 취지를 고려할 때 甲이 자신의 의사무능력을 이유로 乙과 체결한 저당권설정계약의 무효를 주장하는 것은 거래관계에 있는 당사자의 신뢰를 배신하고 정의의 관념에 반하는 예외적인 경우에 해당하지 않는 한 신의칙에 반한다고 할 수 없다.

> 의사무능력자가 사실상의 후견인이었던 아버지의 보조를 받아 자신의 명의로 대출계약을 체결하고 자신 소유의 부동산에 관하여 근저당권을 설정한 후, 의사무능력자의 여동생이 특별대리인으로 선임되어 위 대출계약 및 근저당권설정계약의 효력을 부인하는 경우에, 이러한 무효 주장이 거래관계에 있는 당사자의 신뢰를 배신하고 정의의 관념에 반하는 예외적인 경우에 해당하지 않는 한, 의사무능력자에 의하여 행하여진 법률행위의 무효를 주장하는 것이 신의칙에 반하여 허용되지 않는다고 할 수 없다(대판 2006.9.22. 2004다51627).

ㄴ. (O), ㄷ. (O) 민법 제141조 단서의 무능력자 보호의 취지를 고려할 때 甲은 선의·악의를 불문하고 받은 이익이 현존하는 한도에서 乙에게 그 이익을 반환할 의무를 부담하고, 의사무능력자 甲이 乙은행과 체결한 대출거래약정은 무효이므로, 공평의 관념과 신의칙에 비추어 보면, 甲이 丙에 대한 부당이득반환채권을 乙은행에게 양도할 의무와 乙은행의 저당권등기말소의무는 동시이행관계에 있다고 보아야 한다.

> [1] 무능력자의 책임을 제한하는 민법 제141조 단서는 부당이득에 있어 수익자의 반환범위를 정한 민법 제748조의 특칙으로서 무능력자의 보호를 위해 그 선의·악의를 묻지 아니하고 반환범위를 현존 이익에 한정시키려는 데 그 취지가 있으므로, 의사능력의 흠결을 이유로 법률행위가 무효가 되는 경우에도 유추적용되어야 할 것이다.
> [2] 원고는 소외 1 또는 소외 2에 대하여 대여금채권 또는 부당이득반환채권(위 대여행위 역시 원고의 의사무능력을 이유로 무효가 될 여지가 있어 보인다) 등을 가지고 있는 이상 원고가 이 사건 대출로써 받은 이익은 그와 같은 채권의 형태로 현존한다 할 것이므로, 피고 조합은 이 사건 대출거래약정 등의 무효에 따른 원상회복으로서 위 대출금 자체의 반환을 구할 수는 없다 하더라도 현존 이익인 위 채권의 양도를 구할 수는 있다 할 것이고, 공평의 관념과 신의칙에 비추어 볼 때 원고의 위 채권양도 의무와 피고 조합의 이 사건 근저당권설정등기말소 의무는 동시이행관계에 있다고 보아야 할 것이다(대판 2009.1.15. 2008다58367).

답 ④

005 행위능력에 관한 설명으로 옳은 것은? 　17　노무

① 미성년후견인이 미성년자에게 특정한 영업을 허락한 경우, 미성년후견인의 대리권은 그 영업과 관련하여서도 여전히 유지된다.
② 가정법원이 성년후견 개시의 심판을 하는 경우 취소할 수 없는 피성년후견인의 법률행위의 범위를 정할 수 있다.
③ 가정법원이 한정후견 개시의 심판을 하는 경우 본인의 의사를 고려할 필요는 없다.
④ 특정후견은 본인의 의사에 반하여서도 할 수 있다.
⑤ 성년후견은 가족관계등록부에 공시된다.

해설

① (×) 미성년자가 법정대리인으로부터 허락을 얻은 특정한 영업에 관하여는 성년자와 동일한 행위능력이 있으므로(민법 제8조 제1항), 그 영업에 관한 법정대리권은 인정되지 아니한다.
② (○) 민법 제10조 제2항
③ (×) 한정후견 개시의 경우에 제9조 제2항(가정법원은 성년후견 개시의 심판을 할 때 본인의 의사를 고려하여야 한다)을 준용한다(민법 제12조 제2항, 제9조 제2항).
④ (×) 특정후견은 본인의 의사에 반하여 할 수 없다(민법 제14조의2 제2항).
⑤ (×) 성년후견제도는 가족관계등록부가 아니라, 후견등기에 관한 법률에 의한 후견등기에 공시된다.

답 ❷

006 제한능력자의 상대방의 보호제도에 관한 설명 중 옳지 않은 것은? 　02　사시

① 최고의 상대방은 최고를 수령할 능력과 취소나 추인을 할 수 있는 능력이 있어야 한다.
② 미성년자가 속임수로써 법정대리인의 동의가 있는 것으로 믿게 한 경우에는 그 행위를 취소하지 못한다.
③ 제한능력자의 단독행위에 대한 거절은 상대방이 의사표시를 수령할 당시에 선의 또는 악의였는지를 불문하고 인정된다.
④ 상대방은 제한능력자 측에서 추인하기 전까지 그의 의사표시를 철회할 수 있지만 제한능력자에 대하여는 능력자로 된 경우에만 철회의 의사표시를 할 수 있다.
⑤ 최고를 받은 자가 유예기간 내에 추인 또는 취소의 확답을 하면 각각 그에 따른 효과가 생기며 최고의 효과는 유예기간 내에 확답을 발하지 않은 경우에 발생한다.

해설

① (○) 제한능력자와 거래한 상대방의 최고는 당해 법률행위를 확정적으로 유효로 만드는 것이 원칙이므로 최고의 상대방은 최고를 수령할 능력이 있고, 취소나 추인을 할 수 있는 능력이 있어야 한다.
② (○) 미성년자가 속임수로써 법정대리인의 동의가 있는 것으로 믿게 한 경우에는 미성년자 측의 취소권이 배제되어 미성년자는 그 행위를 취소하지 못한다(민법 제17조 제2항).
③ (○) 제한능력자의 단독행위에 대한 상대방의 거절은 상대방이 의사표시를 수령할 당시에 선의 또는 악의였는지를 불문하고 인정된다. 이 점에서 제한능력자의 상대방에게 인정되는 철회권과 구별된다.
④ (×) <u>제한능력자와 계약을 체결한 상대방은 제한능력자 측의 추인이 있기 전까지 자기의 의사표시를 철회할 수 있는데 법정대리인뿐만 아니라 제한능력자도 철회의 상대방이 될 수 있다</u>(민법 제16조 제1항, 제3항).
⑤ (○) 상대방의 최고로 제한능력자 측에서 유예기간 내에 추인 또는 취소의 확답을 하면 각각 그에 따른 효과가 생기며, 추인 또는 취소의 확답을 하지 아니하는 경우에는 민법 제15조에서 정한 최고의 효과가 비로소 발생한다.

답 ❹

007 법률행위의 취소에 관한 설명 중 옳지 않은 것은?(다툼이 있는 경우 판례에 의함) [15] 변시

① 제한능력자의 상대방이 제한능력자가 능력자가 된 후에 그에게 1개월 이상의 기간을 정하여 그 취소할 수 있는 행위를 추인할 것인지 여부의 확답을 촉구한 경우, 능력자로 된 사람이 그 기간 내에 확답을 발송하지 아니하면 그 행위를 추인한 것으로 본다.
② 제한능력자가 맺은 계약은 추인이 있을 때까지 상대방이 그 의사표시를 철회할 수 있지만, 상대방이 계약 당시에 제한능력자임을 알았을 경우에는 그러하지 아니하다.
③ 제한능력자의 법률행위가 취소된 경우, 제한능력자는 그 행위로 인하여 받은 이익이 현존하는 한도에서는 상환할 책임이 있다.
④ 피성년후견인이 행한 법률행위가 일상생활에 필요하고 그 대가가 과도하지 아니한 경우, 성년후견인은 이를 취소할 수 없다.
⑤ 매매계약의 당사자가 사기 또는 강박 등을 이유로 매매계약을 취소한 경우, 상대방에 대하여 채무불이행으로 인한 손해배상책임을 부담할 수 있다.

해설

① (○) 민법 제15조 제1항 참조

> **제한능력자의 상대방의 확답을 촉구할 권리(민법 제15조)**
> ① 제한능력자의 상대방은 제한능력자가 능력자가 된 후에 그에게 1개월 이상의 기간을 정하여 그 취소할 수 있는 행위를 추인할 것인지 여부의 확답을 촉구할 수 있다. 능력자로 된 사람이 그 기간 내에 확답을 발송하지 아니하면 그 행위를 추인한 것으로 본다.

② (○) 민법 제16조 제1항 참조

> **제한능력자의 상대방의 철회권과 거절권(민법 제16조)**
> ① 제한능력자가 맺은 계약은 추인이 있을 때까지 상대방이 그 의사표시를 철회할 수 있다. 다만, 상대방이 계약 당시에 제한능력자임을 알았을 경우에는 그러하지 아니하다.

③ (○) 제한능력자가 행한 법률행위는 제한능력자 또는 법정대리인이 취소할 수 있고, 제한능력자는 그 행위로 인하여 받은 이익이 현존하는 한도에서는 상환할 책임이 있다(민법 제141조).
④ (○) 피성년후견인의 법률행위는 취소할 수 있으나, 일용품의 구입 등 일상생활에 필요하고 그 대가가 과도하지 아니한 법률행위인 경우 성년후견인이 이를 취소할 수 없다(민법 제10조 제4항).
⑤ (×) 매매계약의 당사자가 사기 또는 강박 등을 이유로 매매계약을 취소한 경우, 취소된 법률행위는 처음부터 무효이므로 매매계약이 존재하는 것을 전제로 한 채무불이행책임이 아닌 부당이득반환이 문제될 수 있음을 유의하여야 한다.

답 ⑤

008 제한능력자에 관한 설명으로 옳은 것은?(다툼이 있으면 판례에 따름)　21 노무

① 미성년자가 법정대리인의 동의 없이 매매계약을 체결하고 성년이 되기 전에 스스로 채무의 일부를 이행한 경우에는 그 계약을 추인한 것으로 본다.
② 피성년후견인이 속임수로써 상대방으로 하여금 성년후견인의 동의가 있는 것으로 믿게 하여 체결한 토지매매계약은 제한능력을 이유로 취소할 수 없다.
③ 가정법원은 본인의 의사에 반하여 한정후견 개시의 심판을 할 수 없다.
④ 가정법원이 특정후견의 심판을 하는 경우에는 특정후견의 기간 또는 사무의 범위를 정하여야 한다.
⑤ 제한능력자의 취소권은 재판 외에서 의사표시를 하는 방법으로는 행사할 수 없다.

해설

① (×) 미성년자가 성년이 되기 전에 스스로 채무의 일부를 이행하였더라도, 성년이 되기 전이어서 취소의 원인이 종료되어 "추인할 수 있는 후"라고 할 수 없으므로, 법정대리인의 동의 없는 매매계약이 법정추인(민법 제145조 제1호)되었다고 볼 수 없다.
② (×) 미성년자나 피한정후견인이 속임수로써 법정대리인의 동의가 있는 것으로 믿게 한 경우에는 그 행위를 취소할 수 없다(민법 제17조 제2항). 다만, 피성년후견인이 위와 같은 행위로 체결한 토지매매계약은 제한능력을 이유로 취소할 수 있다.
③ (×) 가정법원은 한정후견 개시의 심판을 할 때 본인의 의사를 고려하여야 한다(민법 제12조 제2항, 제9조 제2항). 본인의 의사에 반하여 할 수 없는 것은 특정후견이다(민법 제14조의2 제2항).
④ (○) 민법 제14조의2 제3항
⑤ (×) 미성년자 또는 친족회가 민법 제950조 제2항에 따라 제1항의 규정에 위반한 법률행위를 취소할 수 있는 권리는 형성권으로서 민법 제146조에 규정된 취소권의 존속기간은 제척기간이라고 보아야 할 것이지만, 그 제척기간 내에 소를 제기하는 방법으로 권리를 재판상 행사하여야만 되는 것은 아니고, 재판 외에서 의사표시를 하는 방법으로도 권리를 행사할 수 있다고 보아야 한다(대판 1993.7.27. 92다52795).

답 ④

009 제한능력자에 관한 설명으로 옳은 것은?

① 미성년자가 친권자의 동의를 얻어 법률행위를 한 후에도 친권자는 그 동의를 취소할 수 있다.
② 법정대리인이 미성년자에게 특정한 영업을 허락한 경우, 그 영업 관련 행위에 대한 법정대리인의 대리권은 소멸한다.
③ 상대방이 계약 당시에 제한능력자와 계약을 체결하였음을 알았더라도 제한능력자 측의 추인이 있을 때까지는 자신의 의사표시를 철회할 수 있다.
④ 피성년후견인이 속임수로써 상대방으로 하여금 성년후견인의 동의가 있는 것으로 믿게 하여 체결한 토지매매계약은 특별한 사정이 없는 한 제한능력을 이유로 취소할 수 없다.
⑤ 법정대리인이 제한능력을 이유로 법률행위를 취소한 경우, 제한능력자의 부당이득 반환범위는 법정대리인의 선의 또는 악의에 따라 달라진다.

해설

① (×) 법정대리인은 미성년자가 아직 법률행위를 하기 전에는 법률행위의 동의와 범위를 정한 재산처분의 허락을 취소할 수 있다(민법 제7조). 그러나 미성년자가 친권자(법정대리인)의 동의를 얻어 법률행위를 한 후에는 친권자(법정대리인)는 그 동의를 취소할 수 없다(민법 제7조의 반대해석).

② (○) 법정대리인이 미성년자에게 특정한 영업을 허락한 경우, 미성년자는 그 영업에 관한 행위에 대하여는 성년자와 동일한 행위능력을 갖는다(민법 제8조 제1항). 따라서 그 영업에 관하여는 법정대리인의 동의권과 대리권이 모두 소멸한다.

③ (×) 제한능력자가 맺은 계약은 추인이 있을 때까지 상대방이 그 의사표시를 철회할 수 있다. 다만, 상대방이 계약 당시에 제한능력자임을 알았을 경우에는 그 의사표시를 철회할 수 없다(민법 제16조 제1항).

④ (×) 제한능력자가 속임수로써 자기를 능력자로 믿게 한 경우에는 그 행위를 취소할 수 없다(민법 제17조 제1항). 미성년자나 피한정후견인이 속임수로써 법정대리인의 동의가 있는 것으로 믿게 한 경우에도 그 행위를 취소할 수 없다(민법 제17조 제2항). 민법 제17조 제1항은 제한능력자(미성년자, 피성년후견인, 피한정후견인) 모두에 적용되나, 민법 제17조 제2항은 '피성년후견인'에게는 적용되지 않는다. 피성년후견인은 법정대리인의 동의를 얻더라도 원칙적으로 유효한 법률행위를 할 수 없기 때문이다. 따라서 피성년후견인이 속임수로써 상대방으로 하여금 성년후견인의 동의가 있는 것으로 믿게 하여 체결한 토지매매계약은 제한능력을 이유로 취소할 수 있다.

⑤ (×) 취소된 법률행위는 처음부터 무효인 것으로 본다. 다만, 제한능력자는 그 행위로 인하여 받은 이익이 현존하는 한도에서 상환할 책임이 있으므로(민법 제141조), 제한능력자의 선의·악의를 불문하고 언제나 현존이익만 반환하면 된다. 제한능력자나 법정대리인의 선의 또는 악의에 따라 부당이득 반환 범위가 달라지지 않는다. 이 규정은 민법 제748조 제2항에 대한 특칙이다.

답 ❷

010

17세인 甲은 乙 소유의 자전거를 법정대리인의 동의를 얻지 않고 100만원에 구입하기로 乙과 매매계약을 체결하고, 다음 달 대금지급과 동시에 자전거를 건네받기로 하였다. 이에 관한 설명으로 옳지 않은 것은?(다툼이 있으면 판례에 따름)

19 변리

① 甲의 법정대리인은 특별한 사정이 없는 한 매매계약을 취소할 수 있다.
② 甲은 법정대리인의 동의가 없었다는 이유로 자신이 체결한 매매계약을 원칙적으로 취소할 수 없다.
③ 乙은 매매계약을 체결할 당시 甲이 17세라는 것을 알았던 경우에도 甲의 법정대리인에게 매매계약을 추인할 것인지 여부의 확답을 촉구할 수 있다.
④ 甲이 매매계약에 대하여 법정대리인의 동의서를 위조하였고, 乙이 이를 믿고 계약을 체결한 경우, 甲의 법정대리인도 매매계약을 취소할 수 없다.
⑤ 매매계약을 체결할 당시 甲이 17세라는 것을 乙이 알았던 경우, 乙은 매매계약과 관련한 자신의 의사표시를 철회할 수 없다.

해설

① (○) 미성년자가 법률행위를 함에 있어서는 법정대리인의 동의를 얻어야 한다. 따라서 甲의 법정대리인은 특별한 사정이 없는 한 동의를 얻지 아니한 甲의 매매계약을 취소할 수 있다(민법 제5조 제2항, 제140조).
② (×) 판례의 취지를 고려할 때 원칙적으로 미성년자 甲은 법정대리인의 동의 없이 체결한 매매계약을 취소할 수 있다.

> 미성년자의 법률행위에 법정대리인의 동의를 요하도록 하는 것은 강행규정인데, 위 규정에 반하여 이루어진 신용구매계약을 미성년자 스스로 취소하는 것을 신의칙 위반을 이유로 배척한다면, 이는 오히려 위 규정에 의해 배제하려는 결과를 실현시키는 셈이 되어 미성년자제도의 입법취지를 몰각시킬 우려가 있으므로, 법정대리인의 동의 없이 신용구매계약을 체결한 미성년자가 사후에 법정대리인의 동의 없음을 사유로 들어 이를 취소하는 것이 신의칙에 위배된 것이라고 할 수 없다(대판 2007.11.16. 2005다71659).

③ (○) 최고권(민법 제15조)은 악의자도 행사할 수 있다. 따라서 乙은 매매계약을 체결할 당시 甲이 17세라는 것을 알았던 경우에도 甲의 법정대리인에게 매매계약을 추인할 것인지 여부의 확답을 촉구할 수 있다.
④ (○) 미성년자가 속임수로써 법정대리인의 동의서를 위조하여 선의의 乙과 계약을 체결한 경우, 제한능력자인 미성년자 자신이나 그 법정대리인 등은 제한능력을 이유로 법률행위를 취소할 수 없다(민법 제17조 제2항).
⑤ (○) 철회권은 상대방이 계약 당시 제한능력자임을 알았을 경우에는 행사할 수 없으므로(민법 제16조 제1항), 매매계약을 체결할 당시 甲이 17세라는 것을 乙이 알았던 경우, 乙은 매매계약과 관련한 자신의 의사표시를 철회할 수 없다.

답 ❷

011 제한능력자와 관련한 설명으로 옳지 않은 것은?

① 피성년후견인이 성년후견인의 동의를 얻어 단독으로 체결한 토지매매계약은 취소할 수 없다.
② 가정법원은 성년후견 개시의 심판을 할 때 본인의 의사를 고려하여야 한다.
③ 피한정후견인은 동의를 필요로 하는 행위가 아닌 이상 확정적으로 유효한 법률행위를 할 수 있다.
④ 가정법원은 한정후견 개시의 심판을 할 때 본인의 의사를 고려하여야 한다.
⑤ 가정법원은 피한정후견인이 한정후견인의 동의를 받아야 하는 행위의 범위를 정할 수 있다.

해설

① (×) 피성년후견인이 단독으로 한 법률행위는 취소할 수 있다(민법 제10조 제1항). 성년후견인의 동의가 있더라도 마찬가지이다.
② (○) 민법 제9조 제2항
③ (○) 가정법원은 피한정후견인의 정신적 제약의 상태에 따라 한정후견인의 동의를 받아야 하는 행위의 범위를 탄력적으로 정할 수 있고, 동의가 필요한 행위를 피한정후견인이 단독으로 한 경우 한정후견인이 이를 취소할 수 있도록 하고 있다. 이를 해석해보면 <u>피한정후견인은 동의를 필요로 하는 행위가 아니라면 확정적으로 유효한 법률행위를 할 수 있다는 의미</u>로 볼 수 있다.
④ (○) 민법 제12조 제2항, 제9조 제2항
⑤ (○) 가정법원은 피한정후견인이 한정후견인의 동의를 받아야 하는 행위의 범위를 정할 수 있다(민법 제13조 제1항).

답 ❶

012 성년후견, 한정후견 및 특정후견에 관한 설명으로 옳은 것은?

① 질병으로 인한 정신적 제약으로 특정 사무에 관한 후원이 필요하여 특정후견이 청구된 경우라도 가정법원은 본인의 의사에 반하여 특정후견의 심판을 할 수는 없다.
② 한정후견개시의 심판 시에 가정법원은 피한정후견인이 한정후견인의 동의를 받아야 하는 행위의 범위를 정하여야 한다.
③ 미성년후견인은 한정후견개시의 심판을 청구할 수 없다.
④ 피한정후견인이 한정후견인의 동의 없이 대가가 과도하지 않은 일용품의 구입계약을 한 경우에 한정후견인은 이를 취소할 수 있다.
⑤ 성년후견개시의 심판을 할 때 가정법원은 그 본인의 의사를 고려할 필요가 없다.

해설

① (○) 특정후견은 본인의 의사에 반하여 할 수 없다(민법 제14조의2 제2항).
② (×) 가정법원은 피한정후견인이 한정후견인의 동의를 받아야 하는 행위의 범위를 <u>정할 수 있다</u>(민법 제13조 제1항).
③ (×) 가정법원은 질병, 장애, 노령, 그 밖의 사유로 인한 정신적 제약으로 사무를 처리할 능력이 부족한 사람에 대하여 본인, 배우자, 4촌 이내의 친족, 미성년후견인, 미성년후견감독인, 성년후견인, 성년후견감독인, 특정후견인, 특정후견감독인, 검사 또는 지방자치단체의 장의 <u>청구에 의하여 한정후견개시의 심판을 한다</u>(민법 제12조 제1항).
④ (×) 한정후견인의 동의가 필요한 법률행위를 피한정후견인이 한정후견인의 동의 없이 하였을 때에는 그 법률행위를 취소할 수 있다. 다만, <u>일용품의 구입 등 일상생활에 필요하고 그 대가가 과도하지 아니한 법률행위에 대하여는 그러하지 아니하다</u>(민법 제13조 제4항).
⑤ (×) 가정법원은 성년후견개시의 심판을 할 때 본인의 의사를 <u>고려하여야 한다</u>(민법 제9조 제2항).

답 ❶

013 제한능력자의 행위능력에 관한 설명으로 옳지 않은 것은?(다툼이 있으면 판례에 따름) 16 변리

① 법정대리인의 동의 없이 신용구매계약을 체결한 미성년자는 특별한 사정이 없는 한 그 동의없음을 이유로 위 계약을 취소할 수 있다.
② 미성년자가 법률행위를 함에 있어서 요구되는 법정대리인의 동의는 언제나 명시적이어야 하는 것은 아니고 묵시적으로도 가능하다.
③ 피성년후견인이 성년후견인의 동의 없이 일용품의 구입 등 일상생활에 필요하고 그 대가가 과도하지 아니한 법률행위를 한 경우, 성년후견인이 이를 취소할 수 없다.
④ 성년후견 개시의 심판을 받은 자가 취소할 수 없는 범위에 속하는 법률행위를 성년후견인의 동의 없이 한 경우에는 유효한 법률행위가 성립한다.
⑤ 한정후견인의 동의가 있어야 하는 법률행위에 있어서 동의가 없으면 피한정후견인의 이익이 침해될 염려가 있음에도 동의하지 않는 경우, 피한정후견인이 동의 없이 법률행위를 하였다면 한정후견인은 이를 취소할 수 없다.

해설

① (○) 미성년자의 법률행위에 법정대리인의 동의를 요하도록 하는 것은 강행규정인데, 위 규정에 반하여 이루어진 신용구매계약을 미성년자 스스로 취소하는 것을 신의칙 위반을 이유로 배척한다면, 이는 오히려 위 규정에 의해 배제하려는 결과를 실현시키는 셈이 되어 미성년자제도의 입법취지를 몰각시킬 우려가 있으므로, 법정대리인의 동의 없이 신용구매계약을 체결한 미성년자가 사후에 법정대리인의 동의 없음을 사유로 들어 이를 취소하는 것이 신의칙에 위배된 것이라고 할 수 없다(대판 2007.11.16. 2005다71659).
② (○) 미성년자가 법률행위를 함에 있어서 요구되는 법정대리인의 동의는 언제나 명시적이어야 하는 것은 아니고 묵시적으로도 가능한 것이며, 미성년자의 행위가 위와 같이 법정대리인의 묵시적 동의가 인정되거나 처분허락이 있는 재산의 처분 등에 해당하는 경우라면, 미성년자로서는 더 이상 제한능력을 이유로 그 법률행위를 취소할 수 없다(대판 2007.11.16. 2005다71659).
③ (○) 민법 제10조 제4항
④ (○) 미성년후견인이나 한정후견인과 달리 성년후견인에게는 동의권이 인정되지 아니한다(민법 제10조 제1항, 제17조 제2항). 따라서 성년후견 개시의 심판을 받은 자가 성년후견인의 동의 없이 취소할 수 없는 범위에 속하는 법률행위를 한 경우에도, 그 행위는 유효하다.
⑤ (×) 한정후견인의 동의가 있어야 하는 법률행위에 있어서 동의가 없으면 피한정후견인의 이익이 침해될 염려가 있음에도 동의하지 않는 경우, 피한정후견인이 동의 없이 법률행위를 하였다면 이론적으로는 한정후견인은 동의없음을 이유로 그 법률행위를 취소할 수 있다고 보아야 한다(민법 제13조 제4항).

답 ⑤

014 미성년자의 법률행위에 관한 설명으로 옳지 않은 것은?(다툼이 있으면 판례에 따름)

① 법정대리인의 동의 없이 신용구매계약을 체결한 미성년자가 그 동의 없음을 이유로 계약을 취소하는 것은 신의칙에 반한다.
② 미성년자가 법정대리인으로부터 허락을 얻은 특정한 영업에 관하여는 성년자와 동일한 행위능력을 갖는다.
③ 미성년자가 법정대리인으로부터 재산처분의 허락을 받았지만 그 재산을 처분하기 전이라면, 법정대리인은 그 허락을 취소할 수 있다.
④ 법정대리인의 동의가 있었다는 점에 대한 증명책임은 그 법률행위의 유효를 주장하는 자에게 있다.
⑤ 법정대리인은 미성년자에게 한 특정한 영업의 허락을 제한할 수 있으나, 이러한 제한을 가지고 미성년자와 거래한 선의의 상대방에게 대항할 수 없다.

해설

① (×) 미성년자의 법률행위에 법정대리인의 동의를 요하도록 하는 것은 강행규정인데, 위 규정에 반하여 이루어진 신용구매계약을 미성년자 스스로 취소하는 것을 신의칙 위반을 이유로 배척한다면, 이는 오히려 위 규정에 의해 배제하려는 결과를 실현시키는 셈이 되어 미성년자제도의 입법취지를 몰각시킬 우려가 있으므로, 법정대리인의 동의 없이 신용구매계약을 체결한 미성년자가 사후에 법정대리인의 동의 없음을 사유로 들어 이를 취소하는 것이 신의칙에 위배된 것이라고 할 수 없다(대판 2007.11.16. 2005다71659).
② (○) 민법 제8조 제1항
③ (○) 미성년자가 법정대리인으로부터 허락을 받은 재산을 처분하기 전이라면, 법정대리인은 그 허락을 취소할 수 있다(민법 제7조). 여기서의 취소는 미성년자가 법률행위를 하기 전에만 허용되는 것이므로, 본래적 의미의 취소와 달리 소급효가 없는 철회에 불과하다.
④ (○) 법정대리인의 동의를 얻지 아니한 행위는 미성년자 본인이나 법정대리인이 이를 취소할 수 있다. 이때 법정대리인의 동의 여부에 대한 증명책임은 그 동의가 있었음을 이유로 법률행위의 유효를 주장하는 자(상대방)에게 있다(대판 1970.2.24. 69다1568).
⑤ (○) 민법 제8조 제2항

답 ①

015 미성년자에 관한 설명으로 옳은 것은?(다툼이 있으면 판례에 따름)

① 미성년자는 임의대리인이 될 수 없다.
② 법정대리인이 미성년자에게 영업을 허락한 후 그 허락을 취소한 경우에 미성년자는 그 영업허락의 취소 전에 그 영업을 위하여 한 상품주문행위를 미성년임을 이유로 취소할 수 없다.
③ 미성년자가 법정대리인의 동의 없이 법률행위를 한 경우에 법정대리인의 취소권이 기간경과로 소멸되지 않는 한, 미성년자는 성년이 되기 전까지만 취소할 수 있고 성년이 된 후에는 취소할 수 없다.
④ 甲이 乙과 계약을 체결할 당시 乙이 미성년자임을 알고 계약했더라도 甲은 철회권을 행사할 수 있다.
⑤ 미성년자가 법정대리인의 동의 없이 법률행위를 하면서 특약에 의하여 미성년을 이유로 한 취소를 하지 않기로 한 경우에는 미성년을 이유로 그 법률행위를 취소할 수 없다.

해설

① (×) 대리인은 행위능력자임을 요하지 아니하므로(민법 제117조), 미성년자도 임의대리인이 될 수 있다.
② (○) 미성년자는 법정대리인의 특정한 영업에 대한 허락이 있으면, 그 영업에 관하여 성년자와 동일한 행위능력이 있다(민법 제8조 제1항). 그 범위에서는 법정대리인의 동의가 필요하지 아니할 뿐만 아니라 그의 대리권도 소멸함을 의미하므로, 그 영업허락의 취소 전에 그 영업을 위하여 한 상품주문행위를 미성년임을 이유로 취소할 수 없다.
③ (×) 취소권은 추인할 수 있는 날로부터 3년 내에 법률행위를 한 날로부터 10년 내에 행사하여야 한다(민법 제146조). 법정대리인의 취소권이 기간의 경과로 소멸되지 아니하는 한, 미성년자는 추인할 수 있는 날인 성년이 된 날로부터 3년 이내에 취소권을 행사할 수 있다.
④ (×) 철회권은 상대방이 계약 당시 제한능력자임을 알았을 경우에는 행사할 수 없다(민법 제16조 제1항). 甲이 乙과 계약을 체결할 당시 乙이 미성년자임을 알고 계약을 했다면 甲은 철회권을 행사할 수 없다.
⑤ (×) 미성년자의 법률행위에 법정대리인의 동의를 요하도록 하는 것은 강행규정이므로, 특약에 의하여 미성년을 이유로 한 취소권을 배제하는 것은 효력이 없다.

답 ❷

---

016 제한능력자에 관한 설명으로 옳은 것은?

① 가정법원은 본인의 의사에 반하여 성년후견 개시의 심판을 할 수 없다.
② 성년후견 개시의 원인이 소멸된 경우, 본인은 가정법원에 성년후견종료의 심판을 청구할 수 있다.
③ 한정후견 개시의 심판을 하는 경우, 가정법원은 한정후견의 기간을 정해야 한다.
④ 특정후견 개시의 요건이 갖추어진 경우, 본인은 가정법원에 특정후견 개시의 심판을 청구할 수 없다.
⑤ 가정법원이 피한정후견인에 대하여 성년후견 개시의 심판을 할 때에 종전의 한정후견의 종료심판을 할 필요는 없다.

해설

① (×) 가정법원은 성년후견 개시의 심판을 할 때 본인의 의사를 고려하여야 한다(민법 제9조 제2항). 본인의 의사에 반하여 할 수 없는 것은 특정후견이다(민법 제14조의2 제2항).
② (○) 민법 제11조
③ (×) 기간 또는 사무의 범위를 정하는 것은 특정후견의 심판에 해당한다(민법 제14조의2 제3항).
④ (×) 가정법원은 질병, 장애, 노령, 그 밖의 사유로 인한 정신적 제약으로 일시적 후원 또는 특정한 사무에 관한 후원이 필요한 사람에 대하여 본인, 배우자, 4촌 이내의 친족, 미성년후견인, 미성년후견감독인, 검사 또는 지방자치단체의 장의 청구에 의하여 특정후견의 심판을 한다(민법 제14조의2 제1항).
⑤ (×) 가정법원은 피한정후견인 또는 피특정후견인에 대하여 성년후견 개시의 심판을 할 때에는 종전의 한정후견 또는 특정후견의 종료 심판을 한다(민법 제14조의3 제1항).

답 ❷

017 제한능력자에 관한 설명으로 옳지 않은 것은?(다툼이 있으면 판례에 따름) 〔19 노무〕

① 미성년자가 속임수로써 법정대리인의 동의가 있는 것으로 믿게 하고 자신의 부동산을 매도한 경우, 그 매매계약은 취소할 수 없다.
② 2018년 12월 1일 오후 4시에 출생한 자는 2037년 12월 1일 0시에 성년이 된다.
③ 일상생활에 필요하고 그 대가가 과도하지 아니한 피성년후견인의 법률행위는 성년후견인이 취소할 수 없다.
④ 제한능력자의 취소권은 재판 외에서 의사표시를 하는 방법으로는 행사할 수 없다.
⑤ 제한능력자가 맺은 계약은 추인이 있을 때까지 상대방이 그 의사표시를 철회할 수 있지만, 상대방이 계약 당시에 제한능력자임을 알았을 경우에는 철회할 수 없다.

해설

① (○) 민법 제17조 제2항
② (○) 나이의 계산에는 출생일을 산입하므로, 2037년 12월 1일 0시에 성년이 된다(민법 제158조, 제4조).
③ (○) 피성년후견인의 법률행위는 취소할 수 있으나, 일용품의 구입 등 일상생활에 필요하고 그 대가가 과도하지 아니한 법률행위는 성년후견인이 취소할 수 없다(민법 제10조 제4항).
④ (×) 취소권은 그 제척기간 내에 소를 제기하는 방법으로 재판상 행사하여야만 하는 것이 아니라, 재판 외에서 취소의 의사표시를 하는 방법으로도 행사할 수 있다.
⑤ (○) 민법 제16조 제1항

답 ④

018 미성년자에 관한 설명으로 옳지 않은 것은?(다툼이 있으면 판례에 따름) 〔22 노무〕

① 미성년자가 자신의 채무를 면제하는 것만을 내용으로 하는 채무면제계약에 관해 승낙의 의사표시를 하는 것은 법정대리인의 동의가 없어도 확정적으로 유효하다.
② 법정대리인이 미성년자에게 범위를 정하여 재산의 처분을 허락하는 것은 묵시적으로도 가능하다.
③ 법정대리인이 미성년자에게 특정한 영업을 허락한 경우, 그 영업과 관련된 행위에 대해서 법정대리인의 대리권은 소멸한다.
④ 미성년자는 타인의 임의대리인이 될 수 없다.
⑤ 미성년자가 제한능력을 이유로 자신이 행한 법률행위를 단독으로 취소한 경우, 그 법정대리인은 미성년자가 행한 취소의 의사표시를 다시 취소할 수 없다.

해설

① (○) 미성년자가 자신의 채무를 면제하는 것만을 내용으로 하는 채무면제계약에 관해 승낙의 의사표시를 함으로써 의무만을 면하는 행위는 미성년자가 단독으로 할 수 있다(민법 제5조 제1항 단서).
② (○) 미성년자가 법률행위를 함에 있어서 요구되는 법정대리인의 동의는 언제나 명시적이어야 하는 것은 아니고 묵시적으로도 가능한 것이며, 미성년자의 행위가 위와 같이 법정대리인의 묵시적 동의가 인정되거나 처분허락이 있는 재산의 처분 등에 해당하는 경우라면, 미성년자로서는 더 이상 제한능력을 이유로 그 법률행위를 취소할 수 없다(대판 2007.11.16, 2005다71659).
③ (○) 미성년자가 법정대리인으로부터 허락을 얻은 특정한 영업에 관하여는 성년자와 동일한 행위능력이 있기 때문에(민법 제8조 제1항), 그 범위에서는 법정대리인의 대리권은 인정되지 아니한다.
④ (×) 대리인은 행위능력자임을 요하지 아니하므로(민법 제117조), 미성년자는 타인의 임의대리인이 될 수 있다.
⑤ (○) 미성년자도 법정대리인의 동의 없이 단독으로 취소할 수 있으며, 취소된 법률행위는 처음부터 무효인 것으로 본다(민법 제141조). 따라서 그 법정대리인은 미성년자가 행한 취소의 의사표시를 다시 취소할 수 없다고 보아야 한다.

답 ④

019

미성년자 甲과 행위능력자 乙 간의 매매계약에 관한 설명으로 옳은 것은?(다툼이 있으면 판례에 따름)

[20] 노무

① 甲의 법정대리인이 동의하면 위 계약은 확정적으로 유효하게 되는데 이때 그 동의는 명시적으로 행해져야 한다.
② 乙은 계약 체결 시 甲이 미성년자임을 알았더라도 추인이 있기 전까지 자신의 의사표시를 철회할 수 있다.
③ 甲이 단독으로 乙과 계약을 체결한 후, 제한능력을 이유로 甲 스스로 위 계약을 취소하는 것은 신의칙에 반한다.
④ 계약 체결 시 乙이 甲에게 나이를 물었을 때 甲이 만 20세라 답하였다고 하더라도 甲의 법정대리인은 위 계약을 취소할 수 있다.
⑤ 甲의 법정대리인에 의하여 위 계약이 甲의 제한능력을 이유로 취소되었다면, 甲의 부당이득반환범위는 그 법정대리인의 선의·악의에 따라 달라진다.

해설

① (×) 미성년자가 법률행위를 할 때 요구되는 법정대리인의 동의는 명시적이어야만 하는 것은 아니므로, 묵시적 동의도 가능한 법리이다.
② (×) 미성년자가 맺은 계약은 추인이 있을 때까지 상대방이 그 의사표시를 철회할 수 있다. 다만, 상대방이 계약 당시에 미성년자임을 알았을 경우에는 그러하지 아니하다(민법 제16조 제1항). 乙이 계약 체결 시 甲이 미성년자임을 알았다면, 乙은 추인이 있기 전까지 자신의 의사표시를 철회할 수 없다.
③ (×) 미성년자의 법률행위에 법정대리인의 동의를 요하도록 하는 것은 강행규정인데, 위 규정에 반하여 이루어진 신용구매계약을 미성년자 스스로 취소하는 것을 신의칙 위반을 이유로 배척한다면, 이는 오히려 위 규정에 의해 배제하려는 결과를 실현시키는 셈이 되어 미성년자제도의 입법취지를 몰각시킬 우려가 있으므로, 법정대리인의 동의 없이 신용구매계약을 체결한 미성년자가 사후에 법정대리인의 동의 없음을 사유로 들어 이를 취소하는 것이 신의칙에 위배된 것이라고 할 수 없다(대판 2007.11.16. 2005다71659).
④ (○) 甲이 만 20세라 답하였다는 것만으로는 적극적 기망수단을 사용한 것이라고 볼 수 없으므로(협의설), 甲의 법정대리인은 자기의 동의가 없음을 이유로 민법 제5조 제2항에 의하여 미성년자 甲과 乙 간의 매매계약을 취소할 수 있다. 협의설에 의할 때 미성년자가 가족관계에 관한 증명서 또는 주민등록증을 변조하여 20세 이상이라고 말한 경우에는 적극적 기망수단에 해당한다고 할 수 있으나, 매매계약 체결시에 미성년자가 단순히 20세 이상이라고 말한 경우, 미성년자인 원고가 매매계약 당시 원고 본인이 스스로 사장이라고 말하였다거나 또는 동석한 자가 상대방인 피고에 대하여 원고를 주식회사의 사장이라고 호칭한 사실이 있었던 경우(대판 1971.12.14. 71다2045)는 그러하지 아니한다고 이해된다.
⑤ (×) 취소된 법률행위는 처음부터 무효인 것으로 본다. 다만, 제한능력자는 그 행위로 인하여 받은 이익이 현존하는 한도에서 상환(償還)할 책임이 있다(민법 제141조). 즉, 甲은 현존이익의 한도에서 받은 이익을 반환하면 된다.

답 ④

020 제한능력자에 관한 설명으로 옳지 않은 것은?

① 미성년자가 법정대리인으로부터 허락을 얻은 특정한 영업에 관하여는 성년자와 동일한 행위능력이 있다.
② 가정법원은 성년후견 개시의 심판을 할 때 본인의 의사를 고려하여야 한다.
③ 특정후견은 본인의 의사에 반하여 할 수 없다.
④ 가정법원이 피성년후견인에 대하여 한정후견 개시의 심판을 할 때에는 종전의 성년후견의 종료심판을 한다.
⑤ 가정법원은 질병, 장애, 노령, 그 밖의 사유로 인한 정신적 제약으로 사무를 처리할 능력이 부족한 사람에 대하여 일정한 자의 청구로 성년후견 개시의 심판을 한다.

해설

① (○) 민법 제8조 제1항
② (○) 민법 제9조 제2항
③ (○) 민법 제14조의2 제2항
④ (○) 민법 제14조의3 제2항
⑤ (×) 가정법원은 질병, 장애, 노령, 그 밖의 사유로 인한 정신적 제약으로 사무를 처리할 능력이 지속적으로 결여된 사람에 대하여 본인, 배우자, 4촌 이내의 친족, 미성년후견인, 미성년후견감독인, 한정후견인, 한정후견감독인, 특정후견인, 특정후견감독인, 검사 또는 지방자치단체의 장의 청구에 의하여 성년후견 개시의 심판을 한다(민법 제9조 제1항). 사무를 처리할 능력이 부족한 사람의 경우에는 한정후견 개시의 심판을 한다(민법 제12조 제1항).

답 ⑤

021

성년인 甲은 질병으로 인한 정신적 제약으로 사무를 처리할 능력이 부족한 상태이다. 이에 관한 설명으로 옳지 않은 것은?(다툼이 있으면 판례에 따름) [22 변리]

① 甲은 스스로 한정후견개시의 심판을 청구할 수 있다.
② 가정법원은 甲에 대한 한정후견개시의 심판을 할 때 甲의 의사를 고려해야 한다.
③ 甲의 배우자가 甲에 대한 성년후견개시의 심판을 청구한 경우에도 가정법원은 필요하다면 한정후견개시의 심판을 할 수 있다.
④ 가정법원은 甲에 대한 한정후견개시의 심판을 할 때 취소할 수 없는 甲의 법률행위의 범위를 정할 수 있다.
⑤ 甲에 대한 한정후견개시의 심판이 있은 후 한정후견개시의 원인이 소멸한 경우, 甲은 한정후견종료의 심판을 청구할 수 있다.

해설

① (○) 성년인 甲은 스스로 가정법원에 한정후견개시의 심판을 청구할 수 있다(민법 제12조 제1항).
② (○) 가정법원은 甲에 대한 한정후견개시의 심판을 할 때 甲의 의사를 고려해야 한다(민법 제12조 제2항, 제9조 제2항).
③ (○) 성년후견이나 한정후견에 관한 심판절차의 규정내용이나 입법목적 등을 고려할 때 가정법원은 후견적 입장에서 합목적적으로 결정하여 甲의 배우자가 甲에 대한 성년후견개시의 심판을 청구한 경우에도 필요하다면 한정후견개시의 심판을 할 수 있다.

> 성년후견이나 한정후견에 관한 심판 절차는 가사소송법 제2조 제1항 제2호 (가)목에서 정한 가사비송사건으로서, 가정법원이 당사자의 주장에 구애받지 않고 후견적 입장에서 합목적적으로 결정할 수 있다. 이때 성년후견이든 한정후견이든 본인의 의사를 고려하여 개시 여부를 결정한다는 점은 마찬가지이다(민법 제9조 제2항, 제12조 제2항). 위와 같은 규정 내용이나 입법 목적 등을 종합하면, 성년후견이나 한정후견개시의 청구가 있는 경우 가정법원은 청구 취지와 원인, 본인의 의사, 성년후견 제도와 한정후견 제도의 목적 등을 고려하여 어느 쪽의 보호를 주는 것이 적절한지를 결정하고, 그에 따라 필요하다고 판단하는 절차를 결정해야 한다. 따라서 한정후견의 개시를 청구한 사건에서 의사의 감정 결과 등에 비추어 성년후견개시의 요건을 충족하고 본인도 성년후견의 개시를 희망한다면 법원이 성년후견을 개시할 수 있고, 성년후견개시를 청구하고 있더라도 필요하다면 한정후견을 개시할 수 있다고 보아야 한다(대결 2021.6.10. 2020스596).

④ (×) 가정법원은 성년후견개시의 심판을 할 때 취소할 수 없는 피성년후견인의 법률행위의 범위를 정할 수 있으나(민법 제10조 제2항), 甲에 대한 한정후견개시의 심판을 할 때 취소할 수 없는 법률행위의 범위를 정할 수 있다는 민법 규정은 존재하지 아니한다.
⑤ (○) 성년인 甲은 한정후견개시의 원인이 소멸된 경우에는 가정법원에 한정후견종료의 심판을 청구할 수 있다(민법 제14조).

답 ❹

022 제한능력자에 관한 설명으로 옳지 않은 것은?

① 피성년후견인은 의사능력이 있더라도 단독으로 유효한 대리행위를 할 수 없다.
② 가정법원은 한정후견개시의 심판을 할 때 본인의 의사를 고려하여야 한다.
③ 제한능력을 이유로 취소할 수 있는 법률행위는 제한능력자가 단독으로 취소할 수 있다.
④ 가정법원이 취소할 수 없는 피성년후견인의 법률행위의 범위를 정한 경우, 피성년후견인은 그 범위에서 단독으로 유효한 법률행위를 할 수 있다.
⑤ 가정법원이 피한정후견인에 대하여 성년후견개시의 심판을 할 때에는 종전의 한정후견의 종료 심판을 해야 한다.

해설

① (×) 대리인은 행위능력자임을 요하지 아니하므로(민법 제117조), 의사능력이 있는 한 피성년후견인도 대리인이 될 수 있다. 본인이 제한능력자를 대리인으로 정한 이상 그 불이익은 스스로 부담하여야 한다는 취지에서 민법은 이와 같이 규정하고 있다. 다만, 대리에 있어서 의사표시의 요건은 대리인을 표준으로 하여 판단하여야 하므로(민법 제116조 제1항 참고), 대리행위를 하는 피성년후견인에게 의사능력은 있어야 하고, 의사능력이 없으면 대리행위는 무효가 된다.
② (○) 민법 제12조 제2항, 제9조 제2항
③ (○) 취소할 수 있는 법률행위는 제한능력자, 착오로 인하거나 사기·강박에 의하여 의사표시를 한 자, 그의 대리인 또는 승계인만이 취소할 수 있다(민법 제140조). 따라서 제한능력을 이유로 취소할 수 있는 법률행위는 법정대리인뿐만 아니라 제한능력자도 단독으로 취소할 수 있다.
④ (○) 피성년후견인의 법률행위는 원칙적으로 취소할 수 있으나(민법 제10조 제1항), 가정법원이 취소할 수 없는 피성년후견인의 법률행위의 범위를 정한 경우, 그 범위에서는 피성년후견인에게 예외적으로 행위능력이 인정되므로 피성년후견인의 법률행위라도 취소할 수 없다(민법 제10조 제2항). 즉 그 범위에서는 피성년후견인도 단독으로 유효한 법률행위를 할 수 있다.
⑤ (○) 민법 제14조의3 제1항

답 ❶

023 부재자 재산관리인에 관한 설명으로 옳지 않은 것은?(다툼이 있으면 판례에 따름)

① 부재자가 재산관리인을 정한 경우에 부재자의 생사가 분명하지 않은 때에는 법원은 재산관리인을 개임할 수 있다.
② 법원은 재산관리인의 과거의 처분행위를 추인하는 허가도 할 수 있다.
③ 법원이 선임한 재산관리인의 권한은 부재자가 사망하면 선임결정이 취소되지 않더라도 소멸한다.
④ 법원이 선임한 재산관리인은 관리할 재산목록을 작성하여야 한다.
⑤ 부재자의 생사가 분명하지 않은 경우, 법원은 부재자가 정한 재산관리인에게 재산의 관리 및 반환에 관하여 상당한 담보를 제공하게 할 수 있다.

해설

① (○) 민법 제23조
② (○) 부재자 재산관리인에 의한 부재자 소유의 부동산 매매행위에 대한 법원의 허가결정은 그 허가를 받은 재산에 대한 장래의 처분행위뿐만 아니라 기왕의 매매를 추인하는 방법으로도 할 수 있다(대판 2000.12.26. 99다19278).
③ (×) 사망한 것으로 간주된 자가 그 이전에 생사불명의 부재자로서 그 재산관리에 관하여 법원으로부터 재산관리인이 선임되어 있었다면 재산관리인은 그 부재자의 사망을 확인했다고 하더라도 선임결정이 취소되지 아니하는 한 계속하여 권한을 행사할 수 있다(대판 1991.11.26. 91다11810).
④ (○) 민법 제24조 제1항
⑤ (○) 민법 제26조 제3항

답 ❸

024

외국에 장기체류하고 있는 甲은 당분간 국내에 돌아올 가능성이 없다. 이에 관한 설명으로 옳지 않은 것은?(다툼이 있는 경우에는 판례에 의함)

① 甲의 법정대리인 乙이 甲의 재산을 관리하는 경우, 부재자의 재산관리에 관한 규정이 적용되지 않는다.
② 甲이 丙에게 자신의 재산을 관리할 것을 부탁한 때에는, 특별한 사정이 없으면 법원은 이해관계인의 청구로 새로운 재산관리인을 정할 수 없다.
③ 법원이 丁을 甲의 재산관리인으로 선임결정하기 전에 이미 甲이 사망하였음이 확인된 때에도 그 결정이 취소되지 않으면 甲의 재산에 대한 丁의 처분행위는 유효하다.
④ 법원이 선임한 재산관리인 丁이 법원의 명령으로 甲의 재산을 보전하기 위하여 필요한 처분을 한 경우, 법원은 甲의 재산으로 그 비용을 지급한다.
⑤ 법원이 선임한 甲의 재산관리인 丁이 甲의 재산에 대한 법원의 매각처분허가를 얻은 때에도 甲의 채무를 담보하기 위하여 甲의 부동산에 저당권을 설정하려면 다시 법원의 허가를 얻어야 한다.

해설

① (○) 재산을 관리할 책임이 있는 법정대리인(친권자나 후견인 등)이 있는 경우에는 그들이 재산을 관리할 수 있으므로, 재산관리제도가 따로 적용되지 아니한다.
② (○) 부재자가 재산관리인을 둔 경우에 그 관리인은 임의대리인에 해당하고, 법원은 원칙적으로 그 관리인의 재산관리에 간섭할 수 없다. 따라서 특별한 사정(본인의 부재 중 재산관리인의 권한이 소멸하거나, 부재자의 생사가 분명하지 아니한 경우 등)이 없으면 법원은 이해관계인의 청구로 새로운 재산관리인을 정할 수 없다(민법 제23조 참고).
③ (○) 丁을 甲의 재산관리인으로 선임한 법원의 결정이 취소되지 아니하는 한 부재자재산관리인의 권한이 당연히 소멸되지 아니하므로 甲의 재산에 대한 丁의 처분행위는 유효하다.

> 법원에 의하여 일단 부재자의 재산관리인선임결정이 있었던 이상, 가령 부재자가 그 이전에 사망하였음이 위 결정 후에 확실하여졌다 하더라도 법에 정하여진 절차에 의하여 결정이 취소되지 않는 한 선임된 부재자재산관리인의 권한이 당연히 소멸되지 아니하고, 위 결정 이후에 이르러 취소된 경우에도 그 취소의 효력은 장래에 향하여서만 생기는 것이며 그간의 그 부재자재산관리인의 적법한 권한행사의 효과는 이미 사망한 그 부재자의 재산상속인에게 미친다 할 것이다(대판 1970.1.27. 69다719).

④ (○) 민법 제24조 제3항·제4항
⑤ (×) 법원이 선임한 甲의 재산관리인 丁이 甲의 재산에 대한 법원의 매각처분허가를 얻은 경우 甲의 채무를 담보하기 위하여 甲의 부동산에 저당권을 설정하는 행위는 재산관리인의 권한 범위 내의 행위라고 할 수 있어 별도의 법원의 허가를 요하지 아니한다.

> 부재자재산관리인이 매각을 허가받은 재산을 매도담보로 제공하거나 이에 저당권을 설정함에는 다시 법원의 허가를 받을 필요가 없다. 다만, 부재자재산관리인이 법원의 매각처분허가를 얻었다 하더라도 부재자와 아무런 관계가 없는 남의 채무의 담보만을 위하여 부재자재산에 근저당권을 설정하는 행위는 통상의 경우 객관적으로 부재자를 위한 처분행위로서 당연하다고는 경험칙상 볼 수 없다(대결 1976.12.21. 75마551).

답 ⑤

025 부재자의 재산관리인에 대한 설명 중 옳은 것은?(다툼이 있으면 판례에 따름)

ㄱ. 가정법원에 의하여 선임된 재산관리인은 일종의 법정대리인이며, 법원은 언제든지 개임할 수 있다.
ㄴ. 부재자의 관리인이 법원으로부터 부재자 소유의 부동산의 매각처분행위를 허락받았다면 비록 부재자와는 아무런 관계가 없는 타인의 채무담보를 위해 저당권을 설정하더라도 그 저당권 설정은 유효하다.
ㄷ. 재산관리인의 처분행위에 대한 법원의 허가는 장래의 처분행위에 대하여만 할 수 있다.
ㄹ. 부재자의 재산관리인이 선임되어 있다 하더라도 부재자는 반드시 재산관리인을 통하여만 법률행위를 하여야 하는 것은 아니다.
ㅁ. 법원이 부재자재산의 매각허가에 아무런 제한을 가하지 아니하였다 하더라도 재산관리인이 매각방법을 임의로 정할 수는 없다.
ㅂ. 법원에 의해 선임된 재산관리인이 법원의 허가를 받아 적법하게 부재자의 재산을 처분한 경우 그 후 부재자에 대해 실종선고가 내려져 위 재산처분행위가 있기 이전에 사망한 것으로 간주되었더라도 위 재산처분행위가 무효로 되는 것은 아니다.

① ㄱ, ㄹ, ㅁ
② ㄱ, ㄹ, ㅂ
③ ㄴ, ㄷ, ㅁ
④ ㄱ, ㅁ
⑤ ㄹ, ㅂ

해설

ㄱ. (O) 가정법원에 의하여 선임된 재산관리인은 일종의 법정대리인이며, 선임된 재산관리인은 언제든지 사임할 수 있고, 법원도 언제든지 개임할 수 있다(대판 1961.1.25. 4293민재항349).
ㄴ. (×) 부재자 재산관리인이 법원의 매각처분허가를 얻었다 하더라도 부재자와 아무런 관계가 없는 남의 채무의 담보만을 위하여 부재자 재산에 근저당권을 설정하는 행위는 통상의 경우 객관적으로 부재자를 위한 처분행위로서 당연하다고는 경험칙상 볼 수 없다(대결 1976.12.21. 75마551).
ㄷ. (×) 부재자 재산관리인에 의한 부재자 소유의 부동산 매매행위에 대한 법원의 허가결정은 그 허가를 받은 재산에 대한 장래의 처분행위뿐만 아니라 기왕의 매매를 추인하는 방법으로도 할 수 있다(대판 2000.12.26. 99다19278).
ㄹ. (O) 부재자의 재산관리인은 부재자의 종래 주소나 거소를 중심으로 하는 부재자의 재산관계를 관리할 뿐 본인의 권리능력이나 행위능력에는 아무런 영향이 없다. 따라서 부재자 본인은 재산관리인과는 별개로 스스로 법률행위를 유효하게 할 수 있다.
ㅁ. (×) 법원이 부재자재산의 매각허가에 아무런 제한을 가하지 아니하였다면 일단 법원의 처분허가를 받은 이상 재산관리인이 그 처분방법을 임의로 정할 수 있다고 할 것이다.
ㅂ. (O) 판례의 취지를 고려할 때 재산관리인에 의한 재산처분행위가 있기 이전에 부재자가 사망한 것으로 간주되었더라도 재산처분행위가 무효로 되는 것은 아니라고 보아야 한다.

> 부재자 재산관리인으로서 권한초과행위의 허가를 받고 그 선임결정이 취소되기 전에 위 권한에 의하여 이루어진 행위는 부재자에 대한 실종선고기간이 만료된 뒤에 이루어졌다고 하더라도 유효하다(대판 1981.7.28. 80다2668).

답

026 실종선고에 관한 설명으로 옳지 않은 것은?(다툼이 있으면 판례에 따름)

① 실종선고를 받은 자가 생존하여 새로운 주소에서 체결한 부동산매매계약은 실종선고가 취소되지 않았더라도 유효하다.
② 가정법원은 실종선고를 취소하기 위해서는 6개월 이상 공고를 하여야 한다.
③ 2013년 4월 16일 제주도행 여객선이 침몰하여 행방불명된 甲에 대하여 2015년 2월 11일 실종선고가 내려진 경우, 甲은 2014년 4월 16일 24시에 사망한 것으로 간주된다.
④ 해녀인 甲이 해산물을 채취하다가 행방불명되었다면, 이는 특별실종선고를 위한 '사망의 원인이 될 위난'이라고 할 수 없다.
⑤ 실종선고가 취소된 경우, 실종선고를 직접원인으로 하여 재산을 취득한 자가 선의인 경우에는 그 받은 이익이 현존하는 한도에서 반환할 의무가 있다.

해설

① (○) 실종선고는 실종자의 종래 주소 또는 거소를 중심으로 하는 사법적 법률관계만을 종료하는 것이므로, 실종자가 종래 주소로 생환한 후의 법률관계나 실종자의 다른 주소를 중심으로 하는 법률관계에 대하여는 실종선고의 효과가 미치지 아니한다.
② (×) 실종선고는 6개월 이상의 공시최고절차를 거쳐야 하나(가사소송규칙 제53조, 제54조 제2항), 실종선고의 취소는 공시최고절차를 요하지 아니한다.
③ (○) 여객선 침몰은 특별실종에 해당하고, 실종기간은 1년이다(민법 제27조 제2항). 사망간주 시점은 실종기간 만료 시이므로, 2013년 4월 17일부터 기산하여 2014년 4월 16일 24시에 사망간주된다.
④ (○) 판례의 취지를 고려할 때 해녀인 甲이 해산물을 채취하다가 행방불명된 경우에는 일반적·객관적으로 사람의 생명에 명백한 위험을 야기하여 사망의 결과를 발생시킬 가능성이 현저히 높은 외부적 사태 또는 상황에 해당한다고 할 수 없어, 특별실종선고를 위한 '사망의 원인이 될 위난'이라고 할 수 없다.

> 민법 제27조의 문언이나 규정의 체계 및 취지 등에 비추어, 그 제2항에서 정하는 "사망의 원인이 될 위난"이라고 함은 화재·홍수·지진·화산폭발 등과 같이 일반적·객관적으로 사람의 생명에 명백한 위험을 야기하여 사망의 결과를 발생시킬 가능성이 현저히 높은 외부적 사태 또는 상황을 가리킨다. <u>甲이 잠수장비를 착용한 채 바다에 입수하였다가 부상하지 아니한 채 행방불명되었다 하더라도, 이는 "사망의 원인이 될 위난"이라고 할 수 없다</u>는 원심판단은 정당하다(대결 2011.1.31. 2010스165).

⑤ (○) 실종선고의 취소가 있을 때에 실종의 선고를 직접원인으로 하여 재산을 취득한 자가 선의인 경우에는 그 받은 이익이 현존하는 한도에서 반환할 의무가 있고 악의인 경우에는 그 받은 이익에 이자를 붙여서 반환하고 손해가 있으면 이를 배상하여야 한다(민법 제29조 제2항).

답 ❷

027

1988.5.1. 오후에 최종적으로 생존이 확인된 한국인 甲에 대하여 2001.6.1. 보통실종선고가 있었다. 甲은 1987.4.1. 乙사의 생명보험에 가입하였으며 보험금수령권자는 처 丙이다. 乙사는 甲이 현재 미국에 살고 있다는 유력한 증거를 확보하였다. 다음 기술 중 옳은 것은? `03 사시`

① 甲은 1993.5.2.의 종료로 사망한 것으로 간주된다.
② 판례에 의하면 법원에 의해 甲의 부재자재산관리인으로 선임된 자가 1995.8.1. 법원의 허가를 받아 한 처분행위는 위 실종선고에 의하여 실효한다.
③ 丙이 乙사를 상대로 생명보험청구소송을 제기하는 경우, 乙사가 甲이 살아있다는 증거를 제시하면 丙의 청구는 기각된다.
④ 甲이 2001.7.1. 미국에서 甲의 실종선고사실을 알고 있는 丁과 위임계약을 체결하였을 경우 甲은 이 계약에 따른 권리·의무의 귀속주체가 될 수 있다.
⑤ 丙이 甲의 실종선고 후 그 취소 전에 선의로 생명보험금을 수령한 경우 실종선고가 취소되더라도 이를 원칙적으로 반환할 의무가 없다.

해설

① (×) 보통실종기간은 5년이고 기산일의 초일을 불산입하면 기산일은 1988.5.2.이고, 만료일은 1993.5.1.이다. 따라서 1993.5.1.을 도과함으로써 甲은 사망한 것으로 간주된다.
② (×) 판례의 취지를 고려할 때 甲의 부재자재산관리인으로 선임된 자가 법원의 허가를 받아 한 처분행위는 甲에 대하여 법원의 실종선고가 있다고 하더라도 그 선임결정이 취소되기 전이라면 유효하다고 해야 한다.

> 부재자 재산관리인으로서 권한초과행위의 허가를 받고 그 선임결정이 취소되기 전에 위 권한에 의하여 이루어진 행위는 부재자에 대한 실종선고기간이 만료된 뒤에 이루어졌다고 하더라도 유효하다(대판 1981.7.28. 80다2668).

③ (×) 실종선고의 효과는 사망으로 의제되는 것이므로 丙이 乙사를 상대로 생명보험청구소송을 제기하는 경우, 乙사가 甲이 살아있다는 증거를 제시하더라도 甲에 대한 실종선고가 취소되지 아니하는 한 丙의 청구에는 영향을 미치지 아니한다.
④ (○) 甲에 대한 실종선고가 있어 실종기간이 만료된 때에 甲이 사망한 것으로 간주된다고 하더라도 이는 종래의 주소를 중심으로 한 사법상의 법률관계에 관하여 사망으로 의제하여 처리한다는 것을 의미할 뿐 甲의 권리능력 자체가 상실되는 것은 아니다. 따라서 甲이 실종선고사실을 알고 있는 丁과 위임계약을 체결하였더라도 甲은 이 계약에 따른 권리·의무의 귀속주체가 될 수 있다.
⑤ (×) 보험금수령권자 丙이 甲의 실종선고 후 그 취소 전에 선의로 생명보험금을 수령하였더라도 丙은 甲에 대한 실종의 선고를 직접원인으로 하여 재산을 취득한 자에 해당하므로 그가 선의라면 그 받은 이익이 현존하는 한도에서 반환할 의무가 있다(민법 제29조 제2항).

 ❹

028 가상화폐 투자에 실패한 甲은 부인 乙을 볼 면목이 없어 2015.9.15. 지리산으로 들어가 누구와도 연락을 하지 않았다. 甲의 생사를 알지 못한 乙은 2021.9.7. 법원에 실종선고를 청구하여 2022.3.10. 실종선고가 되었다. 甲의 실종선고로 甲에 대한 사망보험금 5억원을 수령한 乙은 주식에 투자하여 큰 손실을 보았다. 지리산에서 삶의 새로운 목표를 찾은 甲은 2023.2.5. 집으로 돌아왔다. 이에 관한 설명으로 옳은 것은?(다툼이 있으면 판례에 따름) 〔23 변리〕

① 실종선고로 甲의 사망이 의제된 시점은 2022.3.10.이다.
② 甲의 실종선고가 취소되지 않더라도 甲이 살아 있는 것이 증명되었으므로, 보험회사는 乙을 상대로 한 사망보험금 반환소송에서 승소할 수 있다.
③ 甲에 대한 실종선고가 취소되면, 선의인 乙은 현존이익 한도에서 보험금을 반환하면 된다.
④ 실종선고를 취소하지 않는 한, 甲은 공직선거권이 없다.
⑤ 법원에 의해 甲의 실종선고가 취소되면, 그때부터 장래를 향하여 甲에 대한 실종선고의 효력이 부정된다.

해설

① (×) 민법은 실종기간 만료 시에 사망한 것으로 간주하므로(민법 제28조), 사안의 보통실종의 경우 사망이 의제되는 시점은 2015.9.15.로부터 5년이 경과된 시점인 2020.9.15. 24시(또는 2020.9.16. 오전 0시)이다.
② (×) 甲의 실종선고가 취소되지 않는 한 반증을 들어 실종선고의 효과를 다툴 수는 없으므로(대판 1995.2.17. 94다52751), 보험회사는 甲의 부인 乙을 상대로 제기한 사망보험금 반환소송에서 승소할 수 없다.
③ (○) 실종선고의 취소가 있을 때에 실종의 선고를 직접원인으로 하여 재산을 취득한 자가 선의인 경우에는 그 받은 이익이 현존하는 한도에서 반환할 의무가 있고, 악의인 경우에는 그 받은 이익에 이자를 붙여서 반환하고 손해가 있으면 이를 배상하여야 한다(민법 제29조 제2항). 甲에 대한 실종선고가 취소되면, 甲의 부인인 선의의 乙은 현존이익의 한도에서 보험금을 반환하면 된다.
④ (×) 실종선고는 부재자의 종래 주소를 중심으로 실종기간 만료 시의 사법상의 법률관계를 종료시키고, 그 범위에서만 사망의 효과를 발생시키는 것이고, 실종자의 권리능력 자체를 박탈하는 제도가 아니다. 따라서 종래의 주소로 생환 후의 법률관계나 실종자의 신주소를 중심으로 하는 법률관계에 관하여는 사망의 효과가 미치지 않으며, 공법상의 법률관계(선거권, 납세의무 등)에 관해서도 영향을 미치지는 않는다. 이에 따라 실종선고의 취소 여부를 불문하고, 甲은 공직선거권을 갖게 된다.
⑤ (×) 甲에 대한 실종선고가 취소되면 실종선고가 소급적으로 무효로 되어, 종래의 주소나 거소를 중심으로 한 甲에 대한 사법적 법률관계는 선고 전의 상태로 돌아간다.

답 ❸

제3절 법인

029 민법상 법인에 관한 설명으로 옳지 않은 것은?(다툼이 있으면 판례에 따름) `25` 노무

① 정관의 규범적 의미 내용과는 다른 해석이 사원총회의 결의에 의하여 표명된 경우, 그 결의에 의한 해석은 법원을 구속하지 않는다.
② 정관에 이사의 해임사유에 관한 규정이 있는 경우, 법인은 특별한 사정이 없는 한 정관에서 정하지 아니한 사유로 이사를 해임할 수 없다.
③ 청산 중인 법인의 청산인은 채권신고기간 내에 채권자에 대한 변제를 할 수 없으므로 법인은 그 기간 동안 채권자에 대한 지체책임을 면한다.
④ 채권신고기간 내에 채권신고를 하지 아니한 채권자라도 청산인이 알고 있는 채권자는 청산으로부터 제외되지 않는다.
⑤ 민법상의 청산절차에 관한 규정에 반하는 잔여재산의 처분행위는 특별한 사정이 없는 한 무효이다.

해설

① (○) 사단법인의 정관은 이를 작성한 사원뿐만 아니라 그 후에 가입한 사원이나 사단법인의 기관 등도 구속하는 점에 비추어 보면 그 법적 성질은 계약이 아니라 자치법규로 보는 것이 타당하므로, 이는 어디까지나 객관적인 기준에 따라 그 규범적인 의미 내용을 확정하는 법규해석의 방법으로 해석되어야 하는 것이지, 작성자의 주관이나 해석 당시의 사원의 다수결에 의한 방법으로 자의적으로 해석될 수는 없다 할 것이어서, 어느 시점의 사단법인의 사원들이 정관의 규범적인 의미 내용과 다른 해석을 사원총회의 결의라는 방법으로 표명하였다 하더라도 그 결의에 의한 해석은 그 사단법인의 구성원인 사원들이나 법원을 구속하는 효력이 없다(대판 2000.11.24. 99다12437).
② (○) 법인이 정관에 이사의 해임사유 및 절차 등을 따로 정한 경우 그 규정은 법인과 이사와의 관계를 명확히 함은 물론 이사의 신분을 보장하는 의미도 아울러 가지고 있어 이를 단순히 주의적 규정으로 볼 수는 없다. 따라서 법인의 정관에 이사의 해임사유에 관한 규정이 있는 경우 법인으로서는 이사의 중대한 의무위반 또는 정상적인 사무집행 불능 등의 특별한 사정이 없는 이상, 정관에서 정하지 아니한 사유로 이사를 해임할 수 없다(대판 2013.11.28. 2011다41741).
③ (×) 청산 중인 법인의 청산인은 채권신고기간 내에는 채권자에 대하여 변제하지 못한다. 그러나 법인은 그 기간 동안 채권자에 대한 지연손해배상의 의무를 면하지 못한다(민법 제90조).
④ (○) 청산인이 알고 있는 채권자는 채권신고기간 내에 채권신고를 하지 아니한 경우에도 청산으로부터 제외하지 못한다(민법 제89조 후문).
⑤ (○) 민법상의 청산절차에 관한 규정은 모두 제3자의 이해관계에 중대한 영향을 미치는 것으로서 강행규정이므로, 해산한 법인이 잔여재산의 귀속자에 관한 정관규정에 반하여 잔여재산을 달리 처분할 경우 그 처분행위는 청산법인의 목적범위 외의 행위로서 특단의 사정이 없는 한 무효이다(대판 2000.12.8. 98두5279).

답 ❸

030
CHECK
O △ ×

민법상 사단법인 A를 대표할 권한이 있는 3인의 이사 甲, 乙, 丙에 관한 설명으로 옳지 않은 것은? (다툼이 있으면 판례에 따름)   25 노무

① 정관에 다른 규정이 없는 경우, 甲은 특별한 사정이 없는 한 단독으로 이사회를 소집할 수 있다.
② 甲은 정관 또는 총회의 결의로 금지하지 아니한 사항에 한하여 A를 위한 특정한 행위를 제3자에게 대리하게 할 수 있다.
③ 정관에 사임의 효력발생시기에 관한 규정이 있는 경우, 乙이 사임의 의사표시를 하였더라도 정관에 따라 사임의 효력이 발생하기 전에는 철회할 수 있다.
④ 丙의 주소가 변경된 경우에는 3주간 내에 변경등기를 하여야 한다.
⑤ 정관에 甲, 乙, 丙 3인이 공동으로 대표행위를 하도록 규정되어 있는 경우, 이를 등기하지 않으면 A는 제3자에게 대항할 수 없다.

해설

① (×) 이사가 수인인 경우 정관에 다른 규정이 없으면 법인의 사무집행은 이사의 과반수로써 결정하므로(민법 제58조 제2항), 甲은 특별한 사정이 없는 한 단독으로 이사회를 소집할 수 없다.
② (○) 이사 甲은 정관 또는 총회의 결의로 금지하지 아니한 사항에 한하여 사단법인 A를 위한 특정한 행위를 제3자에게 대리하게 할 수 있다(민법 제62조 참조).
③ (○) 법인이 정관에서 이사의 사임절차나 사임의 의사표시의 효력발생시기 등에 관하여 특별한 규정을 둔 경우에는 그에 따라야 하는바, 위와 같은 경우에는 이사의 사임의 의사표시가 법인의 대표자에게 도달하였다고 하더라도 그와 같은 사정만으로 곧바로 사임의 효력이 발생하는 것은 아니고 정관에서 정한 바에 따라 사임의 효력이 발생하는 것이므로, 이사가 사임의 의사표시를 하였더라도 정관에 따라 사임의 효력이 발생하기 전에는 그 사임의사를 자유롭게 철회할 수 있다(대판 2008.9.25. 2007다17109).
④ (○) 이사 丙의 주소가 변경된 경우에는 3주간 내에 변경등기를 하여야 한다(민법 제52조, 제49조 제2항 제8호).
⑤ (○) 이사의 대표권에 대한 제한은 등기하지 아니하면 제3자에게 대항하지 못하므로(민법 제60조) 정관에 甲, 乙, 丙 3인이 공동으로 대표행위를 하도록 규정되어 있는 경우, 이를 등기하지 않으면 사단법인 A는 제3자에게 대항할 수 없다.

답 ❶

031

민법상 법인에 관한 설명으로 옳지 않은 것은?(다툼이 있으면 판례에 따름) 변리

① 사단법인 목적 범위 외의 행위로 타인에게 손해를 가한 때에는 그 사항의 의결을 집행한 사원도 손해배상책임을 진다.
② 이사의 대표권 제한이 정관에 기재된 경우, 이를 등기하지 않아도 악의의 제3자에게 대항할 수 있다.
③ 비법인사단의 해산에 따른 청산절차에는 사단법인의 청산인에 관한 민법 규정을 유추 적용할 수 있다.
④ 재단법인의 목적을 달성할 수 없는 때에는 설립자나 이사는 주무관청의 허가를 얻어 설립의 취지를 참작하여 그 목적 기타 정관의 규정을 변경할 수 있다.
⑤ 이사의 성명과 주소는 등기사항이지만, 그 변경등기가 경료되기 전이라도 신임 이사가 한 직무행위는 원칙적으로 법인에 대하여 유효하다.

해설

① (○) 법인의 목적 범위 외의 행위로 인하여 타인에게 손해를 가한 때에는 그 사항의 의결에 찬성하거나 그 의결을 집행한 사원, 이사 및 기타 대표자가 연대하여 배상하여야 한다(민법 제35조 제2항).
② (×) 법인의 정관에 법인 대표권의 제한에 관한 규정이 있으나 그와 같은 취지가 등기되어 있지 않다면 법인은 그와 같은 정관의 규정에 대하여 선의냐 악의냐에 관계없이 제3자에 대하여 대항할 수 없다(대판 1992.2.14. 91다24564).
③ (○) 비법인사단에 대하여는 사단법인에 관한 민법규정 중 법인격을 전제로 하는 것을 제외한 규정들을 유추적용하여야 할 것이므로 비법인사단인 교회의 교인이 존재하지 않게 된 경우 그 교회는 해산하여 청산절차에 들어가서 청산의 목적범위 내에서 권리·의무의 주체가 되며, 이 경우 해산 당시 그 비법인사단의 총회에서 향후 업무를 수행할 자를 선정하였다면 민법 제82조 제1항을 유추하여 그 선임된 자가 청산인으로서 청산 중의 비법인사단을 대표하여 청산업무를 수행하게 된다(대판 2003.11.14. 2001다32687).
④ (○) 재단법인의 목적을 달성할 수 없는 때에는 설립자나 이사는 주무관청의 허가를 얻어 설립의 취지를 참작하여 그 목적 기타 정관의 규정을 변경할 수 있다(민법 제46조).
⑤ (○) 민법 제49조 참고

답 ❷

032

민법상 법인에 관한 설명으로 옳지 않은 것은? 변리

① 생전처분으로 재단법인을 설립하는 때에는 증여에 관한 규정을 준용한다.
② 유언으로 재단법인을 설립하는 때에는 출연재산(지명채권)은 유언의 효력이 발생한 때로부터 법인에 귀속한 것으로 본다.
③ 이사의 대표권에 대한 제한은 이를 등기하지 아니하면 그 효력이 없다.
④ 재단법인의 목적을 달성할 수 없는 때에는 설립자나 이사는 주무관청의 허가를 얻어 설립의 취지를 참작하여 그 목적 기타 정관의 규정을 변경할 수 있다.
⑤ 재단법인의 설립자가 그 명칭, 사무소소재지 또는 이사임면의 방법을 정하지 아니하고 사망한 때에는 이해관계인 또는 검사의 청구에 의하여 법원이 이를 정한다.

해설

① (○) 생전처분으로 재단법인을 설립하는 때에는 증여에 관한 규정을 준용한다(민법 제47조 제1항).
② (○) 유언으로 재단법인을 설립하는 때에는 출연재산은 유언의 효력이 발생한 때로부터 법인에 귀속한 것으로 본다(민법 제48조 제2항). 재단법인의 출연재산의 귀속시기와 관련된 논의는 권리변동에 별도의 공시가 필요한 물권과 증권화된 채권(지시채권, 무기명채권) 등을 출연하는 경우에만 문제가 되고, 지명채권(채권자가 특정되어 있고, 성립·양도에 증권이 불필요한 채권)의 경우에는 공시가 성립요건이 아니기 때문에 견해대립 없이 민법 제48조가 적용된다.
③ (×) 이사의 대표권에 대한 제한은 등기하지 아니하면 제3자에게 대항하지 못한다(민법 제60조). 즉, 등기는 효력요건이 아닌 대항요건일 뿐이다. 정관의 기재가 효력요건이다(민법 제41조 참고).
④ (○) 재단법인의 목적을 달성할 수 없는 때에는 설립자나 이사는 주무관청의 허가를 얻어 설립의 취지를 참작하여 그 목적 기타 정관의 규정을 변경할 수 있다(민법 제46조).
⑤ (○) 재단법인의 설립자가 그 명칭, 사무소소재지 또는 이사임면의 방법을 정하지 아니하고 사망한 때에는 이해관계인 또는 검사의 청구에 의하여 법원이 이를 정한다(민법 제44조).

답 ❸

---

033 민법상 법인의 정관에 관한 설명으로 옳지 않은 것은?(다툼이 있으면 판례에 따름) 24 노무

① 이사의 대표권에 대한 제한은 이를 정관에 기재하지 아니하면 그 효력이 없다.
② 정관의 변경사항을 등기해야 하는 경우, 이를 등기하지 않으면 제3자에게 대항할 수 없다.
③ 재단법인의 재산보전을 위하여 적당한 때에는 명칭이나 사무소 소재지를 변경할 수 있다.
④ 정관의 변경을 초래하는 재단법인의 기본재산 변경은 기존의 기본재산을 처분하는 행위를 포함하지만, 새로이 기본재산으로 편입하는 행위를 포함하지 않는다.
⑤ 정관에서 대표이사의 해임사유를 정한 경우, 대표이사의 중대한 의무위반 등 특별한 사정이 없는 한 법인은 정관에서 정하지 아니한 사유로 대표이사를 해임할 수 없다.

해설

① (○) 민법 제41조
② (○) 민법상 법인의 경우 설립등기 이외의 등기사항은 대항요건이므로 그 등기 후가 아니면 제3자에게 대항하지 못한다(민법 제54조 제1항 참고). 따라서 정관의 변경사항을 등기해야 하는 경우에도 이를 등기하지 않으면 제3자에게 대항할 수 없다.
③ (○) 재단법인의 정관은 그 변경방법을 정관에 정한 때에 한하여 변경할 수 있다(민법 제45조 제1항). 다만, 재단법인의 목적달성 또는 그 재산의 보전을 위하여 적당한 때에는 명칭 또는 사무소의 소재지를 변경할 수 있다(민법 제45조 제2항). 정관의 변경은 주무관청의 허가를 얻지 아니하면 그 효력이 없다(민법 제45조 제3항, 제42조 제2항).
④ (×) 재단법인의 기본재산에 관한 사항은 정관의 기재사항으로서 기본재산의 변경은 정관의 변경을 초래하기 때문에 주무장관의 허가를 받아야 하고, 따라서 기존의 기본재산을 처분하는 행위는 물론 새로이 기본재산으로 편입하는 행위도 주무부장관의 허가가 있어야 유효하다(대판 1982.9.28. 82다카499).
⑤ (○) 법인과 이사의 법률관계는 신뢰를 기초로 하는 위임 유사의 관계이다. 민법 제689조 제1항에 따르면 위임계약은 각 당사자가 언제든지 해지할 수 있다. 그러므로 법인은 원칙적으로 이사의 임기 만료 전에도 언제든지 이사를 해임할 수 있다. 다만 이러한 민법 규정은 임의규정이므로 법인이 자치법규인 정관으로 이사의 해임사유 및 절차 등에 관하여 별도 규정을 둘 수 있다. 이러한 규정은 법인과 이사의 관계를 명확히 하는 것 외에 이사의 신분을 보장하는 의미도 아울러 가지고 있으므로 이를 단순히 주의적 규정으로 볼 수는 없다. 따라서 법인의 정관에 이사의 해임사유에 관한 규정이 있는 경우 이사의 중대한 의무위반 또는 정상적인 사무집행 불능 등의 특별한 사정이 없는 이상 법인은 정관에서 정하지 아니한 사유로 이사를 해임할 수 없다(대판 2024.1.4. 2023다263537).

답 ❹

034 민법상 법인에 관한 설명으로 옳지 않은 것은?

① 이사는 선량한 관리자의 주의로 그 직무를 행하여야 한다.
② 이사는 정관 또는 총회의 결의로 금지하지 아니한 사항에 한하여 타인으로 하여금 특정한 행위를 대리하게 할 수 있다.
③ 법인은 정관 또는 총회의 결의로 감사를 둘 수 있다.
④ 해산한 법인은 청산의 목적범위 내에서만 권리가 있고 의무를 부담한다.
⑤ 이사가 없거나 결원이 있는 경우에 이로 인하여 손해가 생길 염려 있는 때에는 법원은 이해관계인이나 검사의 청구에 의하여 특별대리인을 선임하여야 한다.

해설

① (○) 민법 제61조
② (○) 민법 제62조
③ (○) 민법 제66조
④ (○) 민법 제81조
⑤ (×) 이사가 없거나 결원이 있는 경우에 이로 인하여 손해가 생길 염려 있는 때에는 법원은 이해관계인이나 검사의 청구에 의하여 임시이사를 선임하여야 한다(민법 제63조).

답 ⑤

035 비법인사단에 관한 설명으로 옳지 않은 것은?(다툼이 있으면 판례에 따름)

① 비법인사단의 대표자로부터 포괄적 위임을 받은 수임인의 대행행위는 비법인사단에 효력을 미치지 않는다.
② 비법인사단 대표자의 대표권이 정관으로 제한된 경우, 비법인사단은 그 등기가 없더라도 그 거래상 대방이 악의라면 이로써 대항할 수 있다.
③ 법인의 불법행위책임에 관한 민법 제35조 제1항은 비법인사단에 유추적용된다.
④ 비법인사단의 구성원들이 집단으로 탈퇴하면 2개의 비법인사단으로 분열되고, 이때 각 비법인사단은 종전의 재산을 구성원수의 비율로 총유한다.
⑤ 사원총회결의를 거치지 않아 무효가 되는 비법인사단 대표자의 총유물 처분행위에 대해서는 '권한을 넘은 표현대리'의 법리가 적용되지 않는다.

해설

① (○) 비법인사단에 대하여는 사단법인에 관한 민법 규정 가운데 법인격을 전제로 하는 것을 제외하고는 이를 유추적용하여야 하는데, 민법 제62조에 비추어 보면 비법인사단의 대표자는 정관 또는 총회의 결의로 금지하지 아니한 사항에 한하여 타인으로 하여금 특정한 행위를 대리하게 할 수 있을 뿐 비법인사단의 제반 업무처리를 포괄적으로 위임할 수는 없으므로 비법인사단 대표자가 행한 타인에 대한 업무의 포괄적 위임과 그에 따른 포괄적 수임인의 대행행위는 민법 제62조를 위반한 것이어서 비법인사단에 대하여 그 효력이 미치지 않는다(대판 2011.4.28. 2008다15438).
② (○) 비법인사단의 경우에는 대표자의 대표권 제한에 관하여 등기할 방법이 없어 민법 제60조의 규정을 준용할 수 없고, 비법인사단의 대표자가 정관에서 사원총회의 결의를 거쳐야 하도록 규정한 대외적 거래행위에 관하여 이를 거치지 아니한 경우라도, 이와 같은 사원총회결의사항은 비법인사단의 내부적 의사결정에 불과하다 할 것이므로, 그 거래상대방이 그와 같은 대표권제한사실을 알았거나 알 수 있었을 경우가 아니라면 그 거래행위는 유효하다고 봄이 상당하고, 이 경우 거래의 상대방이 대표권제한사실을 알았거나 알 수 있었음은 이를 주장하는 비법인사단 측이 주장·증명하여야 한다(대판 2003.7.22. 2002다64780). 따라서 비법인사단 측은 거래상대방이 대표권제한사실에 대하여 악의임을 주장·증명함으로써 그 거래상대방에게 대항할 수 있다.

③ (○) 비법인사단의 대표자가 직무에 관하여 타인에게 손해를 가한 경우 그 사단은 민법 제35조 제1항의 유추적용에 의하여 그 손해를 배상할 책임이 있고, 비법인사단의 대표자의 행위가 대표자 개인의 사리를 도모하기 위한 것이었거나 혹은 법령의 규정에 위배된 것이었다 하더라도 외관상, 객관적으로 직무에 관한 행위라고 인정할 수 있다면 민법 제35조 제1항의 직무에 관한 행위에 해당한다 할 것이나, 한편 그 대표자의 행위가 직무에 관한 행위에 해당하지 아니함을 피해자 자신이 알았거나 또는 중대한 과실로 인하여 알지 못한 경우에는 비법인사단에게 손해배상책임을 물을 수 없다(대판 2008.1.18. 2005다34711).

④ (×) 법인 아닌 사단의 구성원들의 집단적 탈퇴로써 사단이 2개로 분열되고 분열되기 전 사단의 재산이 분열된 각 사단들의 구성원들에게 각각 총유적으로 귀속되는 결과를 초래하는 형태의 법인 아닌 사단의 분열은 허용되지 않는다(대판 2006.4.20. 2004다37775[전합]).

⑤ (○) 대판 2009.2.12. 2006다23312

답 ❹

036

권리능력 없는 사단 A와 그 대표자 甲에 관한 설명으로 옳지 않은 것은?(다툼이 있으면 판례에 따름) 24 노무

① 甲이 외형상 직무에 관한 행위로 乙에게 손해를 가한 경우, 甲의 행위가 직무범위에 포함되지 아니함을 乙이 중대한 과실로 알지 못하였더라도 A는 乙에게 손해배상책임을 진다.

② 甲의 대표권에 관하여 정관에 제한이 있는 경우, 그러한 제한을 위반한 甲의 대표행위에 대하여 상대방 乙이 대표권 제한 사실을 알았다면 甲의 대표행위는 A에게 효력이 없다.

③ 甲이 丙을 대리인으로 선임하여 A와 관련된 제반 업무처리를 포괄적으로 위임한 경우, 丙이 행한 대행행위는 A에 대하여 효력이 미치지 않는다.

④ 甲이 자격을 상실하여 법원이 임시이사 丁을 선임한 경우, 丁은 원칙적으로 정식이사와 동일한 권한을 가진다.

⑤ A의 사원총회 결의는 법률 또는 정관에 다른 규정이 없으면 사원 과반수의 출석과 출석사원 의결권의 과반수로써 한다.

해설

① (×) 비법인사단[권리능력 없는 사단(註)]의 경우 대표자의 행위가 직무에 관한 행위에 해당하지 아니함을 피해자 자신이 알았거나 또는 중대한 과실로 인하여 알지 못한 경우에는 비법인사단에게 손해배상책임을 물을 수 없으므로(대판 2003.7.25. 2002다27088), 甲의 행위가 직무행위에 포함되지 아니함을 피해자 乙이 중대한 과실로 알지 못하였다면 A는 乙에게 손해배상책임을 부담하지 않는다.

② (○) 정관에 의한 대표권 제한을 위반한 甲의 대표행위에 대하여 상대방 乙이 대표권 제한 사실을 알았다면 甲의 대표행위는 권리능력 없는 사단 A에게 효력이 없다.

> 비법인사단[권리능력 없는 사단(註)]의 경우에는 대표자의 대표권 제한에 관하여 등기할 방법이 없어 민법 제60조의 규정을 준용할 수 없고, 비법인사단의 대표자가 정관에서 사원총회의 결의를 거쳐야 하도록 규정한 대외적 거래행위에 관하여 이를 거치지 아니한 경우라도, 이와 같은 사원총회결의사항은 비법인사단의 내부적 의사결정에 불과하다 할 것이므로, 그 거래상대방이 그와 같은 대표권제한사실을 알았거나 알 수 있었을 경우가 아니라면 그 거래행위는 유효하다고 봄이 상당하고, 이 경우 거래의 상대방이 대표권제한사실을 알았거나 알 수 있었음은 이를 주장하는 비법인사단 측이 주장·입증하여야 한다(대판 2003.7.22. 2002다64780).

③ (○) 권리능력 없는 사단 A의 대표자 甲이 丙을 대리인으로 선임하여 A와 관련된 제반 업무처리를 포괄적으로 위임한 경우, 丙이 행한 대행행위는 민법 제62조를 위반한 것이어서 A에 대하여 효력이 없다.

> 비법인사단[권리능력 없는 사단(註)]에 대하여는 사단법인에 관한 민법 규정 가운데 법인격을 전제로 하는 것을 제외하고는 이를 유추적용하여야 하는데, 민법 제62조에 비추어 보면 비법인사단의 대표자는 정관 또는 총회의 결의로 금지하지 아니한 사항에 한하여 타인으로 하여금 특정한 행위를 대리하게 할 수 있을 뿐 비법인사단의 제반 업무처리를 포괄적으로 위임할 수는 없으므로 비법인사단 대표자가 행한 타인에 대한 업무의 포괄적 위임과 그에 따른 포괄적 수임인의 대행행위는 민법 제62조를 위반한 것이어서 비법인사단에 대하여 그 효력이 미치지 않는다(대판 2011.4.28. 2008다15438).

④ (○) 민법 제63조(임시이사의 선임)는 법인의 조직과 활동에 관한 것으로서 법인격을 전제로 하는 조항이 아니고, 법인 아닌 사단이나 재단의 경우에도 이사가 없거나 결원이 생길 수 있으며, 통상의 절차에 따른 새로운 이사의 선임이 극히 곤란하고 종전 이사의 긴급처리권도 인정되지 아니하는 경우에는 사단이나 재단 또는 타인에게 손해가 생길 염려가 있을 수 있으므로, 민법 제63조는 법인 아닌 사단이나 재단에도 유추적용할 수 있다(대결 2009.11.19. 2008마699[전합]). 민법상의 법인에 대하여 민법 제63조에 의하여 법원이 선임한 임시이사는 원칙적으로 정식이사와 동일한 권한을 가진다(대판 2013.6.13. 2012다40332).

⑤ (○) "총회의 결의는 민법 또는 정관에 다른 규정이 없으면 사원 과반수의 출석과 출석사원의 의결권의 과반수로써 한다"는 민법 제75조 제1항의 규정은 법인 아닌 사단[권리능력 없는 사단(註)]에 대하여도 유추적용된다(대판 2007.12.27. 2007다17062).

037

비법인사단 A의 유일한 이사인 대표이사 甲이 대표자로서의 모든 권한을 乙에게 포괄적으로 위임하여 乙이 실질적으로 A의 대표자로서 행위한 경우에 관한 설명으로 옳은 것을 모두 고른 것은?(다툼이 있으면 판례에 따름)   24 변리

> ㄱ. 乙이 포괄적 수임인으로서 행한 대행행위의 효력은 원칙적으로 A에게 미친다.
> ㄴ. 乙이 A의 사무집행과 관련한 불법행위로 丙에게 손해를 입힌 경우, 丙은 A에게 법인의 불법행위책임에 따른 손해배상을 청구할 수 있다.
> ㄷ. 乙이 자신의 사익을 도모하기 위해 A의 사무를 처리하다가 丁에게 손해를 입힌 경우에는 법인의 불법행위책임에 있어서 직무관련성이 부정된다.
> ㄹ. 甲이 乙에게 대표자로서의 권한을 포괄적으로 위임하고 대표이사로서의 직무를 전혀 집행하지 않은 것은 그 자체로 이사의 선관주의의무에 위반하는 행위이다.

① ㄱ, ㄴ
② ㄱ, ㄷ
③ ㄴ, ㄹ
④ ㄷ, ㄹ
⑤ ㄱ, ㄴ, ㄷ, ㄹ

해설

ㄱ. (×), ㄴ. (○) 비법인사단 A에게 유추적용되는 민법 제62조에 의하면 비법인사단의 제반 업무처리를 타인에게 포괄적으로 위임할 수는 없으므로, 대표이사 甲이 모든 권한을 乙에게 포괄적으로 위임하여 乙이 포괄적 수임인으로서 대행행위를 하였다면 이는 민법 제62조를 위반한 것이어서 비법인사단 A에 대하여 그 효력이 미치지 않는다. ❶ 한편 乙이 대표이사의 모든 권한을 포괄적으로 위임받아 A의 대표자로 행한 사무집행과 관련한 불법행위로 丙에게 손해를 입혔다면 乙이 비법인사단 A를 실질적으로 운영하고 사실상 대표하여 사무를 집행하였지만 대표이사로 등기되어 있지 않더라도 丙은 A에게 법인의 불법행위책임에 따른 손해배상을 청구할 수 있다. ❷

> [1] 비법인사단에 대하여는 사단법인에 관한 민법 규정 가운데 법인격을 전제로 하는 것을 제외하고는 이를 유추적용하여야 하는데, 민법 제62조에 비추어 보면 비법인사단의 대표자는 정관 또는 총회의 결의로 금지하지 아니한 사항에 한하여 타인으로 하여금 특정한 행위를 대리하게 할 수 있을 뿐 비법인사단의 제반 업무처리를 포괄적으로 위임할 수는 없으므로 비법인사단 대표자가 행한 타인에 대한 업무의 포괄적 위임과 그에 따른 포괄적 수임인의 대행행위는 민법 제62조를 위반한 것이어서 비법인사단에 대하여 그 효력이 미치지 않는다.
> [2] 민법 제35조 제1항은 "법인은 이사 기타 대표자가 그 직무에 관하여 타인에게 가한 손해를 배상할 책임이 있다"라고 정한다. 여기서 '법인의 대표자'에는 그 명칭이나 직위 여하, 또는 대표자로 등기되었는지 여부를 불문하고 당해 법인을 실질적으로 운영하면서 법인을 사실상 대표하여 법인의 사무를 집행하는 사람을 포함한다고 해석함이 상당하다. 구체적인 사안에서 이러한 사람에 해당하는지는 법인과의 관계에서 그 지위와 역할, 법인의 사무 집행 절차와 방법, 대내적·대외적 명칭을 비롯하여 법인 내부자와 거래 상대방에게 법인의 대표행위로 인식되는지 여부, 공부상 대표자와의 관계 및 공부상 대표자가 법인의 사무를 집행하는지 여부 등 제반 사정을 종합적으로 고려하여 판단하여야 한다. 그리고 이러한 법리는 주택조합과 같은 비법인사단에도 마찬가지로 적용된다(대판 2011.4.28. 2008다15438).

ㄷ. (×) 비법인사단의 대표자가 직무에 관하여 타인에게 손해를 가한 경우 그 사단은 민법 제35조 제1항의 유추적용에 의하여 그 손해를 배상할 책임이 있으며, 비법인사단의 대표자의 행위가 대표자 개인의 사리를 도모하기 위한 것이었거나 혹은 법령의 규정에 위배된 것이었다 하더라도 외관상, 객관적으로 직무에 관한 행위라고 인정할 수 있는 것이라면 민법 제35조 제1항의 직무에 관한 행위에 해당하므로(대판 2003.7.25. 2002다27088), 乙의 행위가 乙 자신의 사익을 도모하기 위한 것이라도 丁에게 손해를 입혔다면 법인의 불법행위책임에 있어서 직무관련성이 인정된다.

ㄹ. (○) 판례의 취지를 고려할 때 甲이 乙에게 대표자로서의 권한을 포괄적으로 위임하고 대표이사로서의 직무를 전혀 집행하지 않은 것은 그 자체로 이사의 선관주의의무에 위반하는 행위라고 판단된다.

> [1] 비법인사단 대표자가 행한 타인에 대한 업무의 포괄적 위임과 그에 따른 포괄적 수임인의 대행행위는 민법 제62조를 위반한 것이어서 비법인사단에 대하여 그 효력이 미치지 아니한다(대판 2011.4.28. 2008다15438).
> [2] 대표이사가 대표이사로서의 업무 일체를 다른 이사 등에게 위임하고, 대표이사로서의 직무를 전혀 집행하지 않는 것은 그 자체가 이사의 직무상 충실 및 선관의무를 위반하는 행위에 해당한다(대판 2003.4.11. 2002다70044).

답 ❸

038

법인 아닌 사단에 관한 설명으로 옳은 것은?(다툼이 있으면 판례에 따름)

① 성년의 남자만이 종중의 구성원이 될 수 있다.
② 법인 아닌 사단의 대표가 총회 결의 없이 법인 아닌 사단의 이름으로 제3자의 금전채무를 보증한 경우, 특별한 사정이 없는 한 법인 아닌 사단은 보증채무를 부담하지 않는다.
③ 종중재산의 분배에 관한 종중 총회의 결의내용이 자율적으로 결정되었다고 하더라도 종원의 고유하고 기본적인 권리의 본질적인 내용을 침해하는 경우, 그 결의는 무효이다.
④ 법인 아닌 사단의 대표자의 직무상 불법행위에 대하여는 법인의 불법행위능력에 관한 민법 제35조 제1항이 적용되지 않는다.
⑤ 교인들이 집단적으로 교회를 탈퇴한 경우, 법인 아닌 사단인 교회가 2개로 분열되고, 분열되기 전 교회의 재산은 분열된 각 교회의 구성원들에게 각각 총유적으로 귀속된다.

해설

① (×) 종중의 목적과 본질에 비추어 볼 때 공동선조와 성과 본을 같이하는 후손은 성별의 구별 없이 성년이 되면 당연히 구성원이 된다고 보는 것이 조리에 합당하다(대판 2005.7.21. 2002다1178[전합]).

② (×) 비법인사단이 타인 간의 금전채무를 보증하는 행위는 총유물 그 자체의 관리·처분이 따르지 아니하는 단순한 채무부담행위에 불과하여 이를 총유물의 관리·처분행위라고 볼 수는 없다. 따라서 비법인사단인 재건축조합의 조합장이 채무보증계약을 체결하면서 조합규약에서 정한 조합 임원회의 결의를 거치지 아니하였다거나 조합원 총회 결의를 거치지 않았다고 하더라도 그것만으로 바로 그 보증계약이 무효라고 할 수는 없다(대판 2007.4.19. 2004다60072 [전합]).

③ (○) 비법인사단인 종중의 토지매각대금은 종원의 총유에 속하고, 그 매각대금의 분배는 총유물의 처분에 해당하므로, 정관 기타 규약에 달리 정함이 없는 한 종중 총회의 결의에 의하여 그 매각대금을 분배할 수 있고, 그 분배 비율, 방법, 내용 역시 결의에 의하여 자율적으로 결정할 수 있다. 그러나 종중재산의 분배에 관한 종중총회의 결의내용이 현저하게 불공정하거나 선량한 풍속 기타 사회질서에 반하는 경우 또는 종원의 고유하고 기본적인 권리의 본질적인 내용을 침해하는 경우 그 결의는 무효이다(대판 2010.9.9. 2007다42310).

④ (×) 비법인 사단의 대표자가 직무에 관하여 타인에게 손해를 가한 경우 그 사단은 민법 제35조 제1항의 유추적용에 의하여 타인에게 그 손해를 배상할 책임이 있다(대판 2003.7.25. 2002다27088).

⑤ (×) 일부 교인들이 교회를 탈퇴하여 그 교회 교인으로서의 지위를 상실하게 되면 의결에 참가할 수 있는 지위나 그 재산에 대한 사용·수익권을 상실하고, 종전 교회는 잔존교인들을 구성원으로 하여 실체의 동일성을 유지하면서 존속하며 종전 교회의 재산은 그 교회에 소속된 잔존 교인들의 총유로 귀속됨이 원칙이다(대판 2006.4.20. 2004다37775[전합]).

답 ❸

039 법인 아닌 사단에 관한 설명으로 옳지 않은 것은?(다툼이 있으면 판례에 따름)

① 이사에 결원이 생겨 손해가 생길 염려가 있는 경우, 임시이사의 선임에 관한 민법 제63조가 유추적용될 수 있다.
② 법인 아닌 사단이 그 명의로 총유재산에 관한 소송을 제기할 때에는 특별한 사정이 없는 한 사원총회의 결의를 거쳐야 한다.
③ 대표자로부터 사단의 제반 업무처리를 포괄적으로 위임받은 자의 대행행위의 효력은 원칙적으로 법인 아닌 사단에 미친다.
④ 대표자가 정관에 규정된 대표권 제한을 위반하여 법률행위를 한 경우, 그 상대방이 대표권제한사실을 알았거나 알 수 있었을 경우가 아니라면 그 법률행위는 유효하다.
⑤ 사원이 존재하지 않게 된 경우, 법인 아닌 사단은 청산사무가 완료될 때까지 청산의 목적범위 내에서 권리의무의 주체가 된다.

해설

① (○) 민법 제63조는 법인의 조직과 활동에 관한 것으로서 법인격을 전제로 하는 조항이 아니고, 법인 아닌 사단이나 재단의 경우에도 이사가 없거나 결원이 생길 수 있으며, 통상의 절차에 따른 새로운 이사의 선임이 극히 곤란하고 종전 이사의 긴급처리권도 인정되지 아니하는 경우에는 사단이나 재단 또는 타인에게 손해가 생길 염려가 있을 수 있으므로, 민법 제63조는 법인 아닌 사단이나 재단에도 유추적용할 수 있다(대결 2009.11.19. 2008마699[전합]).
② (○) 총유물의 보존에 있어서는 공유물의 보존에 관한 민법 제265조의 규정이 적용될 수 없고, 특별한 사정이 없는 한 민법 제276조 제1항의 규정에 따라 사원총회의 결의를 거쳐야 하므로, 법인 아닌 사단인 종중이 그 총유재산에 대한 보존행위로서 소송을 하는 경우에도 특별한 사정이 없는 한 종중 총회의 결의를 거쳐야 한다(대판 2010.2.11. 2009다83650).
③ (×) 비법인사단에 대하여는 사단법인에 관한 민법 규정 가운데 법인격을 전제로 하는 것을 제외하고는 이를 유추적용하여야 하는데, 민법 제62조에 비추어 보면 비법인사단의 대표자는 정관 또는 총회의 결의로 금지하지 아니한 사항에 한하여 타인으로 하여금 특정한 행위를 대리하게 할 수 있을 뿐 비법인사단의 제반 업무처리를 포괄적으로 위임할 수는 없으므로 비법인사단 대표자가 행한 타인에 대한 업무의 포괄적 위임과 그에 따른 포괄적 수임인의 대행행위는 민법 제62조를 위반한 것이어서 비법인사단에 대하여 그 효력이 미치지 않는다(대판 2011.4.28. 2008다15438).
④ (○) 비법인사단의 경우에는 대표자의 대표권 제한에 관하여 등기할 방법이 없어 민법 제60조의 규정을 준용할 수 없고, 비법인사단의 대표자가 정관에서 사원총회의 결의를 거쳐야 하도록 규정한 대외적 거래행위에 관하여 이를 거치지 아니한 경우라도, 이와 같은 사원총회결의사항은 비법인사단의 내부적 의사결정에 불과하다 할 것이므로, 그 거래상대방이 그와 같은 대표권제한사실을 알았거나 알 수 있었을 경우가 아니라면 그 거래행위는 유효하다고 봄이 상당하고, 이 경우 거래의 상대방이 대표권제한사실을 알았거나 알 수 있었음은 이를 주장하는 비법인사단 측이 주장·증명하여야 한다(대판 2003.7.22. 2002다64780).
⑤ (○) 비법인사단에 대하여는 사단법인에 관한 민법규정 중 법인격을 전제로 하는 것을 제외한 규정들을 유추적용하여야 할 것이므로 비법인사단인 교회의 교인이 존재하지 않게 된 경우 그 교회는 해산하여 청산절차에 들어가서 청산의 목적범위 내에서 권리·의무의 주체가 되며, 이 경우 해산 당시 그 비법인사단의 총회에서 향후 업무를 수행할 자를 선정하였다면 민법 제82조 제1항을 유추하여 그 선임된 자가 청산인으로서 청산 중의 비법인사단을 대표하여 청산업무를 수행하게 된다(대판 2003.11.14. 2001다32687).

답 ❸

040

비법인사단 A의 대표자 甲의 대표행위에 관한 설명 중 옳은 것은?(다툼이 있는 경우 판례에 의함)

22 변시

① 甲이 자기의 업무를 乙에게 포괄적으로 위임하고 그에 따라 乙이 포괄적 수임인으로서 행한 대행행위는 A에 대하여 그 효력이 있다.
② A가 총유재산에 관한 권리를 행사하지 아니하고 있어 A의 채권자 乙이 채권자대위권에 기하여 A의 총유재산에 관한 권리를 대위행사하는 경우, 사원총회의 결의 등 A의 내부적인 의사결정절차를 거칠 필요가 없다.
③ 甲이 A 소유 부동산에 관하여 乙과 매매계약을 체결하는 행위가 외관상·객관적으로 직무에 관한 행위로 인정될 수 있더라도 甲 자신의 개인적 이익을 도모하기 위한 것이거나 혹은 법령에 위반된 것이라면, A의 불법행위책임 요건인 직무에 관한 행위에 해당하지 않는다.
④ A 소유 부동산에 관한 乙과의 매매계약으로 A가 乙에게 소유권이전의무를 부담하는 경우, 甲이 그러한 채무의 존재를 인식하고 있다는 뜻을 표시하는 소멸시효 중단사유로서의 승인은 총유물의 관리행위나 처분행위에 해당한다.
⑤ 甲이 乙의 丙에 대한 채무를 담보하기 위하여 丙과 보증계약을 체결하면서 사원총회의 결의를 거치지 아니하였다면, 그 보증계약은 A에게 효력이 없다.

해설

① (×) 비법인사단 대표자가 행한 타인에 대한 업무의 포괄적 위임과 그에 따른 포괄적 수임인의 대행행위는 민법 제62조를 위반한 것이어서 비법인사단에 대하여 그 효력이 미치지 아니하므로(대판 2011.4.28. 2008다15438), 甲이 자기의 업무를 乙에게 포괄적으로 위임하고 그에 따라 乙이 포괄적 수임인으로서 대행행위를 하였다면 그 행위는 A에 대하여 효력이 없다.

② (○) 판례의 취지를 고려할 때 채권자대위권의 행사에 채무자의 동의를 필요로 하는 것은 아니므로 A의 채권자 乙이 채권자대위권에 기하여 A의 총유재산에 관한 권리를 대위행사하는 경우, 사원총회의 결의 등 A의 내부적인 의사결정절차를 거칠 필요가 없다고 하는 것이 타당하다.

> 채권자대위권은 채무자가 스스로 자기의 권리를 행사하지 아니하는 때에 채권자가 채무자에 대한 채권을 보전하기 위하여 채무자의 의사와는 상관없이 채무자의 권리를 대위하여 행사할 수 있는 권리로서 그 권리행사에 채무자의 동의를 필요로 하는 것은 아니므로, <u>비법인사단이 총유재산에 관한 권리를 행사하지 아니하고 있어 비법인사단의 채권자가 채권자대위권에 기하여 비법인사단의 총유재산에 관한 권리를 대위행사하는 경우에는 사원총회의 결의 등 비법인사단의 내부적인 의사결정절차를 거칠 필요가 없다</u>(대판 2014.9.25. 2014다211336).

③ (×) 甲의 행위가 외관상·객관적으로 직무에 관한 행위로 인정될 수 있다면 甲 자신의 개인적 이익을 도모하기 위한 것이거나 혹은 법령에 위반된 것이더라도 A의 불법행위책임 요건인 직무에 관한 행위에 해당한다.

> 비법인사단의 대표자의 행위가 대표자 개인의 사리를 도모하기 위한 것이었거나 혹은 법령의 규정에 위배된 것이었다 하더라도 외관상, 객관적으로 직무에 관한 행위라고 인정할 수 있는 것이라면 민법 제35조 제1항의 직무에 관한 행위에 해당한다(대판 2003.7.25. 2002다27088).

④ (×) 비법인사단이 총유물에 관한 매매계약을 체결하는 행위는 총유물 그 자체의 처분이 따르는 채무부담행위로서 총유물의 처분행위에 해당하나, <u>그 매매계약에 의하여 부담하고 있는 채무의 존재를 인식하고 있다는 뜻을 표시하는 데 불과한 소멸시효 중단사유로서의 승인은 총유물 그 자체의 관리·처분이 따르는 행위가 아니어서 총유물의 관리·처분행위라고 볼 수 없다</u>(대판 2009.11.26. 2009다64383). 따라서 甲이 그러한 채무의 존재를 인식하고 있다는 뜻을 표시하는 소멸시효 중단사유로서의 승인은 총유물의 관리·처분행위라고 볼 수 없다.

⑤ (×) 총유물의 관리 및 처분이라 함은 총유물 그 자체에 관한 이용·개량행위나 법률적·사실적 처분행위를 의미하는 것이므로, 비법인사단이 타인 간의 금전채무를 보증하는 행위는 총유물 그 자체의 관리·처분이 따르지 아니하는 단순한 채무부담행위에 불과하여 이를 총유물의 관리·처분행위라고 볼 수는 없다. 비법인사단인 재건축조합의 조합장이 채무보증계약을 체결하면서 조합규약에서 정한 조합 임원회의 결의를 거치지 아니하였다거나 조합원총회 결의를 거치지 않았다고 하더라도 그것만으로 바로 그 보증계약이 무효라고 할 수는 없다(대판 2007.4.19. 2004다60072[전합]). 甲이 乙의 丙에 대한 채무를 담보하기 위하여 丙과 보증계약을 체결하면서 사원총회의 결의를 거치지 아니하였더라도 그 보증계약은 A에게 효력이 있다고 판단된다.

답 ❷

041

민법상 사단 또는 재단의 정관에 관련된 설명 중 옳지 않은 것은?(다툼이 있으면 판례에 따름)

05 사시

① 특정지역 내에 거주하는 일부 종중원에 한하여 의결권을 주고 그 밖의 지역에 거주하는 종중원에 대하여는 의결권을 주지 아니하는 방법으로 일부 종중원의 의결권을 박탈할 개연성이 있더라도 그 종중규약을 유효이다.
② 정관으로 정한 목적의 범위 내에서 법인의 권리능력이 인정되는데 여기서 목적의 범위 내는 법률이나 정관에 명시된 목적과 그 목적을 수행하는데 있어 직접·간접으로 필요한 범위 내로 해석된다.
③ 정관규정에서 법인해산시 잔여재산의 귀속권리자를 직접 지정하지 아니하고 이사회의 결의에 따라 이를 정하도록 하는 등 간접적으로 그 귀속권리자의 지정방법을 정하는 것도 유효하므로 청산인이 이러한 정관규정에 반하여 이사회의 결의없이 잔여재산을 처분하는 행위는 특별한 사정이 없는 한 무효이다.
④ 재단법인의 기본재산의 변경은 정관의 변경을 초래하기 때문에 주무관청의 허가를 받아야 하고 따라서 기존의 기본재산을 처분하는 행위는 물론 새로이 기본재산으로 편입하는 행위도 주무관청의 허가가 있어야 유효하다.
⑤ 사단의 정관변경은 사원총회의 전권사항이기 때문에 정관에서 총회의 결의에 의하지 않고 정관을 변경할 수 있다고 하더라도 그 정관의 규정은 무효이다.

해설

① (×) 고유의미의 종중에 관한 규약을 만들면서 일부 구성원의 자격을 임의로 배제할 수 없는 것이며, 특정지역 내에 거주하는 일부 종중원에 한하여 의결권을 주고 그 밖의 지역에 거주하는 종중원의 의결권을 박탈할 개연성이 많은 종중규약은 종중의 본질에 반하여 무효이다(대판 1992.9.22. 92다15048).
② (○) 법인의 권리능력은 법인의 설립근거가 된 법률과 정관상의 목적에 의하여 제한되나 그 목적 범위 내의 행위라 함은 법률이나 정관에 명시된 목적 자체에 국한되는 것이 아니라 그 목적을 수행하는 데 있어 직접, 간접으로 필요한 행위는 모두 포함되는 것이다(대판 1991.11.22. 91다8821).
③ (○) 민법 제80조 제1항과 제2항의 각 규정 내용을 대비하여 보면, 법인 해산시 잔여재산의 귀속권리자를 직접 지정하지 아니하고 사원총회나 이사회의 결의에 따라 이를 정하도록 하는 등 간접적으로 그 귀속권리자의 지정방법을 정해 놓은 정관 규정도 유효하나, 민법상의 청산절차에 관한 규정은 모두 제3자의 이해관계에 중대한 영향을 미치기 때문에 이른바 강행규정이라고 해석되므로 이에 반하는 잔여재산의 처분행위는 특단의 사정이 없는 한 무효라고 보아야 한다(대판 1995.2.10. 94다13473).
④ (○) 재단법인의 기본재산에 관한 사항은 정관의 기재사항으로서 기본재산의 변경은 정관의 변경을 초래하기 때문에 주무장관의 허가를 받아야 하고, 따라서 기존의 기본재산을 처분하는 행위는 물론 새로이 기본재산으로 편입하는 행위도 주무장관의 허가가 있어야 유효하다(대판 1991.5.28. 90다8558).
⑤ (○) 정관으로 이사 기타 임원에게 위임한 사항을 제외한 나머지 사항은 모두 사단법인의 최고의사결정인 사원총회의 결의에 따라 결정된다. 특히 정관의 변경과 임의해산은 반드시 사원총회의 결의로 결정하여야 하므로 정관에서 총회의 결의에 의하지 않고 정관을 변경할 수 있다고 정하였다면 그 정관은 무효이다.

답 ❶

042

민법상 법인에 관한 설명으로 옳은 것은?(다툼이 있으면 판례에 따름) 노무

① 생전처분으로 재단법인을 설립하는 자가 서면으로 재산출연의 의사표시를 하였다면 착오를 이유로 이를 취소할 수 없다.
② 생전처분으로 지명채권을 출연하여 재단법인을 설립하는 경우, 그 지명채권은 대외적으로는 양도통지나 채무자의 승낙이 행해진 때 법인의 재산이 된다.
③ 법인의 불법행위를 성립시키는 대표기관에는 법인을 실질적으로 운영하면서 그 법인을 사실상 대표하여 법인의 사무를 집행하는 사람이 포함된다.
④ 법인의 대표기관은 정관 또는 사원총회에 의해 금지되지 않는 한 타인에게 포괄적인 대리권을 수여할 수 있다.
⑤ 법인이 청산종결등기를 하였다면 실제로 청산사무가 종료되지 않았더라도 그 법인은 소멸한다.

해설

① (×) 민법 제47조 제1항에 의하여 생전처분으로 재단법인을 설립하는 때에 준용되는 민법 제555조는 "증여의 의사가 서면으로 표시되지 아니한 경우에는 각 당사자는 이를 해제할 수 있다"고 함으로써 서면에 의한 증여(출연)의 해제를 제한하고 있으나, 그 해제는 민법 총칙상의 취소와는 요건과 효과가 다르므로 서면에 의한 출연이더라도 민법 총칙규정에 따라 출연자가 착오에 기한 의사표시라는 이유로 출연의 의사표시를 취소할 수 있고, 상대방 없는 단독행위인 재단법인에 대한 출연행위라고 하여 달리 볼 것은 아니다(대판 1999.7.9. 98다9045).
② (×) 생전처분으로 재단법인을 설립하는 때에는 출연재산은 법인이 성립된 때로부터 법인의 재산이 된다(민법 제48조). 양도통지나 채무자의 승낙은 대항요건에 불과하다(민법 제450조).
③ (○) 민법 제35조 제1항은 "법인은 이사 기타 대표자가 그 직무에 관하여 타인에게 가한 손해를 배상할 책임이 있다"라고 정한다. 여기서 '법인의 대표자'에는 그 명칭이나 직위 여하, 또는 대표자로 등기되었는지 여부를 불문하고 당해 법인을 실질적으로 운영하면서 법인을 사실상 대표하여 법인의 사무를 집행하는 사람을 포함한다고 해석함이 상당하다(대판 2011.4.28. 2008다15438).
④ (×) 이사는 정관 또는 총회의 결의로 금지하지 아니한 사항에 한하여 타인으로 하여금 특정한 행위를 대리하게 할 수 있다(민법 제62조).
⑤ (×) 청산종결등기가 경료된 경우에도 청산사무가 종료되었다 할 수 없는 경우에는 청산법인으로 존속하므로 권리능력이 인정된다(대판 1980.4.8. 79다2036).

답

043 법인에 관한 설명 중 옳지 않은 것은?(다툼이 있으면 판례에 따름)

① 대표이사가 대표권의 범위 내에서 한 행위라면 회사의 영리목적과 관계없이 자기 또는 제3자의 이익을 도모할 목적으로 그 권한을 남용한 것이라 할지라도 일단 회사의 행위로서 유효하다.
② 총유재산은 공유나 합유의 경우와는 달리 보존행위라도 구성원 각자가 할 수 없음이 원칙이나, 법인 아닌 사단의 대표자는 사원총회의 결의를 거쳤다면 총유재산에 관한 소송의 당사자가 될 수 있다.
③ 재단법인이 정관에 정하여진 변경방법에 따라 정관을 변경하더라도 주무관청의 허가를 얻지 아니하면 그 효력이 없다.
④ 법인이 청산하는 경우 청산종결등기는 창설적 효력이 있는 것이 아니라 대항요건에 불과하다.
⑤ 법인 아닌 사단의 총유물의 관리 및 처분행위에 대해 정관에 달리 정한 바가 없으면 사원총회의 결의를 요하며 비록 대표자에 의한 총유물의 처분이라도 위와 같은 절차를 거치지 않은 처분행위는 무효이다.

해설

① (○) 대표이사의 대표권한 범위를 벗어난 행위라 하더라도 그것이 회사의 권리능력의 범위 내에 속한 행위이기만 하면 대표권의 제한을 알지 못하는 제3자가 그 행위를 회사의 대표행위라고 믿은 신뢰는 보호되어야 하고, 대표이사가 대표권의 범위 내에서 한 행위는 설사 대표이사가 회사의 영리목적과 관계없이 자기 또는 제3자의 이익을 도모할 목적으로 그 권한을 남용한 것이라 할지라도 일단 회사의 행위로서 유효하고, 다만 그 행위의 상대방이 대표이사의 진의를 알았거나 알 수 있었을 때에는 회사에 대하여 무효가 되는 것이며, 이는 민법상 법인의 대표자가 대표권한을 남용한 경우에도 마찬가지이다(대판 2004.3.26. 2003다34045).
② (×) 민법 제276조 제1항은 "총유물의 관리 및 처분은 사원총회의 결의에 의한다", 같은 조 제2항은 "각 사원은 정관 기타의 규약에 좇아 총유물을 사용·수익할 수 있다"라고 규정하고 있을 뿐 공유나 합유의 경우처럼 보존행위는 그 구성원 각자가 할 수 있다는 민법 제265조 단서 또는 제272조 단서와 같은 규정을 두고 있지 아니한바, 이는 법인 아닌 사단의 소유형태인 총유가 공유나 합유에 비하여 단체성이 강하고 구성원 개인들의 총유재산에 대한 지분권이 인정되지 아니하는 데에서 나온 당연한 귀결이라고 할 것이므로 총유재산에 관한 소송은 법인 아닌 사단이 그 명의로 사원총회의 결의를 거쳐 하거나 또는 그 구성원 전원이 당사자가 되어 필수적 공동소송의 형태로 할 수 있을 뿐 그 사단의 구성원은 설령 그가 사단의 대표자라거나 사원총회의 결의를 거쳤다 하더라도 그 소송의 당사자가 될 수 없고, 이러한 법리는 총유재산의 보존행위로서 소를 제기하는 경우에도 마찬가지라 할 것이다(대판 2005.9.15. 2004다44971[전합]).
③ (○) 재단법인의 정관은 그 변경방법을 정관에 정한 때에 한하여 변경할 수 있고 이 경우에도 정관의 변경은 주무관청의 허가를 얻지 아니하면 그 효력이 없다(민법 제45조 제1항, 제3항).
④ (○) 법인이 청산하는 경우 청산종결등기는 대항요건에 불과하므로 청산종결등기가 경료되었으나 청산사무가 종료되지 아니한 경우에는 청산법인으로 존속한다(대판 1980.4.8. 79다2036).
⑤ (○) 종중이 소유하는 재산은 종중원의 총유에 속하므로 그 관리 및 처분에 관하여 종중 규약에 정한 내용이 있으면 이에 따라야 하고, 종중 규약에 정한 내용이 없으면 종중 총회의 결의에 의하여야 하므로, 종중 대표자에 의한 종중 재산의 처분이라고 하더라도 그러한 절차를 거치지 아니한 처분행위는 무효이다(대판 2019.2.28. 2018다274694).

답 ❷

044 법인의 불법행위(민법 제35조)에 관한 설명으로 옳은 것은?(다툼이 있으면 판례에 따름)

16 변리

① 법인의 불법행위는 대표권이 없는 이사가 제3자에 대하여 행한 불법행위에 의해서도 성립한다.
② 법인의 불법행위는 법인을 실질적으로 운영하면서 법인을 사실상 대표하여 법인의 사무를 집행하는 자가 법인사무에 관하여 제3자에 대하여 행한 불법행위에 대해서는 성립하지 않는다.
③ 법인의 불법행위는 감사의 행위에 의해서도 성립한다.
④ 법인의 불법행위는 대표기관이 법인의 목적범위 외의 행위로 인하여 타인에게 손해를 가한 때에도 인정된다.
⑤ 법인의 불법행위책임의 성립요건으로 요구되는 대표기관의 직무관련성은 행위의 외형을 기준으로 객관적으로 판단하여야 한다.

해설

① (×) 민법 제35조에서 말하는 '이사 기타 대표자'는 법인의 대표기관을 의미하는 것이고 대표권이 없는 이사는 법인의 기관이기는 하지만 대표기관은 아니기 때문에 그들의 행위로 인하여 법인의 불법행위가 성립하지 않는다(대판 2005.12.23. 2003다30159).
② (×) 민법 제35조 제1항은 "법인은 이사 기타 대표자가 그 직무에 관하여 타인에 가한 손해를 배상할 책임이 있다"라고 정한다. 여기서 '법인의 대표자'에는 그 명칭이나 직위 여하, 또는 대표자로 등기되었는지 여부를 불문하고 당해 법인을 실질적으로 운영하면서 법인을 사실상 대표하여 법인의 사무를 집행하는 사람을 포함한다고 해석함이 상당하다(대판 2011.4.28. 2008다15438).
③ (×) 법인의 대표기관이 아닌 기관(사원총회·감사)이나 이사가 선임한 임의대리인의 행위에 관하여는, 법인의 불법행위책임(민법 제35조)이 아닌 사용자책임(민법 제756조)이 문제된다.
④ (×) 판례의 취지를 고려할 때 대표기관이 법인의 목적범위 외의 행위로 인하여 타인에게 손해를 가한 때에는 법인의 불법행위책임은 인정되지 아니한다. 다만, 민법 제35조 제2항의 책임은 적용될 수 있다.

> 법인자체에 대하여 불법행위상의 책임을 물을 수 있는 것은 법인 자체의 대표자가 그 직무에 관하여 타인에 대하여 불법행위를 가한 경우에만 한정한다는 것이 본조 제1항의 취지이며 구 농업협동조합법 제3조, 제2조, 제111조에 의하면 군농업협동조합이라는 법인의 목적달성을 위한 사업 중에는 신용사업이 있으나 그 신용사업수행을 위하여 자금차입을 하는 경우에는 반드시 농업협동조합중앙회로부터만 이를 함을 요하는 것으로 법률상 명백히 규정하고 있으니 자금차입에 관한 군농업협동조합 자체의 불법행위 책임은 그 조합의 대표권자가 위 중앙회로부터 자금차입을 하는데 관하여 타인에게 불법행위를 가한 경우에만 한정된다 할 것인바 농업협동조합의 지소장이 그 개인적인 사업자금조달을 위하여 개인으로부터 자금을 차입하여 타인에게 손해를 가하였다 하더라도 이는 위 조합의 목적범위내에서 타인에게 불법행위를 가한 경우라고 볼 수 없어 위 조합자체의 불법행위가 된다고 볼 수 없다(대판 1964.12.29. 64다1321).

⑤ (○) 법인이 그 대표자의 불법행위로 인하여 손해배상의무를 지는 것은 그 대표자의 직무에 관한 행위로 인하여 손해가 발생한 것임을 요한다 할 것이나, 그 직무에 관한 것이라는 의미는 행위의 외형상 법인의 대표자의 직무행위라고 인정할 수 있는 것이라면 설사 그것이 대표자 개인의 사리를 도모하기 위한 것이었거나 혹은 법령의 규정에 위배된 것이었다 하더라도 위의 직무에 관한 행위에 해당한다는 의미이다(대판 2004.2.27. 2003다15280).

 ⑤

045 법인의 불법행위책임(민법 제35조)에 관한 설명으로 옳지 않은 것은?(다툼이 있는 경우에는 판례에 의함)

① 법인의 불법행위책임을 인정하기 위해서는 외형상 대표기관의 직무행위라고 판단되는 행위가 있으면 족하고 일반불법행위의 요건까지 갖추어야 하는 것은 아니다.
② 법인이 대표기관의 선임·감독에 주의를 다한 경우에도 법인의 불법행위책임이 성립할 수 있다.
③ 법인의 대표자에는 그 명칭이나 대표자로 등기되었는지 여부를 불문하고 법인을 실질적으로 운영하면서 법인을 사실상 대표하여 법인의 사무를 집행하는 사람도 포함된다.
④ 종중의 대표자가 직무와 관련하여 불법행위를 한 경우, 종중이 불법행위책임을 진다.
⑤ 대표기관이 법인의 목적과 관계없이 대표기관 자신이나 제3자의 이익을 도모할 목적으로 그 권한을 남용한 것이라 할지라도 상대방이 이를 알았던 경우, 법인의 불법행위책임을 묻지 못한다.

해설

① (×) 민법 제35조 법인의 불법행위책임은 대표기관의 행위가 민법 제750조의 일반불법행위요건을 갖출 것을 요한다.
② (○) 민법 제35조 법인의 불법행위책임은 사용자책임(민법 제756조 제1항 단서)과 달리, 선임·감독상 주의의무를 다하였음을 증명하여도 면책될 수 없다.
③ (○) 민법 제35조 제1항은 "법인은 이사 기타 대표자가 그 직무에 관하여 타인에게 가한 손해를 배상할 책임이 있다"라고 정한다. 여기서 '법인의 대표자'에는 그 명칭이나 직위 여하, 또는 대표자로 등기되었는지 여부를 불문하고 당해 법인을 실질적으로 운영하면서 법인을 사실상 대표하여 법인의 사무를 집행하는 사람을 포함한다고 해석함이 상당하다(대판 2011.4.28. 2008다15438).
④ (○) 종중의 대표자가 종중 소유의 부동산을 개인 소유라 하여 매도하고 계약금과 중도금을 지급받은 후 잔대금 지급 이전에 매수인이 종중 소유임을 알고 항의하자 종중의 결의가 없는데도 종중대표자로서 그 이전을 약속하고 종중총회결의서 등을 위조하여 등기이전을 해 주고 잔금을 받았는데 그 후 종중이 소송으로 부동산을 되찾아간 경우, 종중의 불법행위를 인정하고 매수인이 지급한 잔대금 상당액을 배상할 의무가 있다(대판 1994.4.12. 92다49300).
⑤ (○) 대표기관이 법인의 목적과 관계없이 대표기관 자신이나 제3자의 이익을 도모할 목적으로 그 권한을 남용한 것을 상대방이 알았던 경우, 대표기관의 행위는 법인에 대하여 무효이고 상대방은 민법 제35조 제1항에 의한 법인의 불법행위책임을 묻지 못한다.

> [1] 대표이사의 대표권한 범위를 벗어난 행위라 하더라도 그것이 회사의 권리능력의 범위 내에 속한 행위이기만 하면 대표권의 제한을 알지 못하는 제3자가 그 행위를 회사의 대표행위라고 믿은 신뢰는 보호되어야 하고, 대표이사가 대표권의 범위 내에서 한 행위는 설사 대표이사가 회사의 영리목적과 관계없이 자기 또는 제3자의 이익을 도모할 목적으로 그 권한을 남용한 것이라 할지라도 일단 회사의 행위로서 유효하고, 다만 그 행위의 상대방이 대표이사의 진의를 알았거나 알 수 있었을 때에는 회사에 대하여 무효가 되는 것이며, 이는 민법상 법인의 대표자가 대표권한을 남용한 경우에도 마찬가지이다.
> [2] 법인의 대표자의 행위가 직무에 관한 행위에 해당하지 아니함을 피해자 자신이 알았거나 또는 중대한 과실로 인하여 알지 못한 경우에는 법인에게 손해배상책임을 물을 수 없다(대판 2004.3.26. 2003다34045).

답 ①

046 민법 제35조(법인의 불법행위능력)에 관한 설명으로 옳지 않은 것은?(다툼이 있으면 판례에 따름)

① 대표권이 없는 이사의 행위로 인하여는 법인의 불법행위가 성립하지 않는다.
② 법인의 불법행위능력은 사단법인뿐만 아니라 재단법인에 대하여도 적용된다.
③ 민법 제35조 제1항의 규정은 법인 아닌 사단에 유추적용된다.
④ 대표자의 행위가 법령의 규정에 위배된 것이라도 외관상, 객관적으로 직무에 관한 행위라고 인정될 수 있는 것이라면 민법 제35조 제1항의 직무에 관한 행위에 해당한다.
⑤ 대표자의 행위가 직무에 관한 행위에 해당하지 아니함을 피해자가 알았던 경우에도 법인의 불법행위 책임이 인정된다.

해설

① (○) 민법 제35조에서 말하는 '이사 기타 대표자'는 법인의 대표기관을 의미하는 것이고 대표권이 없는 이사는 법인의 기관이기는 하지만 대표기관은 아니기 때문에 그들의 행위로 인하여 법인의 불법행위가 성립하지 않는다(대판 2005.12.23. 2003다30159). 다만, 이에 대해서는 사용자책임(민법 제756조)이 성립할 수는 있다.
② (○) 법인의 능력에 관한 규정은 강행규정이므로 사단법인뿐만 아니라 재단법인에도 적용된다.
③ (○) 주택조합과 같은 비법인사단의 대표자가 직무에 관하여 타인에게 손해를 가한 경우 그 사단은 민법 제35조 제1항의 유추적용에 의하여 그 손해를 배상할 책임이 있으며, 비법인사단의 대표자의 행위가 대표자 개인의 사리를 도모하기 위한 것이었거나 혹은 법령의 규정에 위배된 것이었다 하더라도 외관상, 객관적으로 직무에 관한 행위라고 인정할 수 있는 것이라면 민법 제35조 제1항의 직무에 관한 행위에 해당한다(대판 2003.7.25. 2002다27088).
④ (○) 법인이 대표자의 불법행위로 인하여 손해배상의무를 지는 것은 그 대표자의 직무에 관한 행위로 인하여 손해가 발생한 것임을 요한다. 법인의 대표자의 행위가 대표자 개인의 사리를 도모하기 위한 것이었거나 혹은 법령의 규정에 위배된 것이었다 하더라도 외관상 객관적으로 직무에 관한 행위라고 인정할 수 있다면 민법 제35조 제1항의 직무에 관한 행위에 해당하는바, 외관상 객관적으로 법인의 대표자의 직무에 관한 것인지 여부는 법인의 목적, 대표자의 통상적 업무와 불법행위와의 관련 정도를 고려하여 판단하여야 한다(대판 2023.6.1. 2020다9268).
⑤ (×) 법인의 대표자의 행위가 직무에 관한 행위에 해당하지 아니함을 피해자 자신이 알았거나 또는 중대한 과실로 인하여 알지 못한 경우에는 법인에게 손해배상책임을 물을 수 없다고 할 것이고, 여기서 중대한 과실이라 함은 거래의 상대방이 조금만 주의를 기울였더라면 대표자의 행위가 그 직무권한 내에서 적법하게 행하여진 것이 아니라는 사정을 알 수 있었음에도 만연히 이를 직무권한 내의 행위라고 믿음으로써 일반인에게 요구되는 주의의무에 현저히 위반하는 것으로 거의 고의에 가까운 정도의 주의를 결여하고, 공평의 관점에서 상대방을 구태여 보호할 필요가 없다고 봄이 상당하다고 인정되는 상태를 말한다(대판 2009.11.26. 2009다57033).

답 ⑤

047 민법상 법인에 관한 설명으로 옳지 않은 것은?

① 법인은 이사를 두어야 한다.
② 사단법인의 사원의 지위는 양도 또는 상속할 수 없다.
③ 법인은 정관 또는 총회의 결의로 감사를 둘 수 있다.
④ 주무관청은 이해관계인의 청구에 의하여 임시이사를 선임할 수 있다.
⑤ 이사의 대표권에 대한 제한은 등기하지 않으면 제3자에게 대항하지 못한다.

해설

① (○) 민법 제57조
② (○) 민법 제56조
③ (○) 민법 제66조
④ (×) 이사가 없거나 결원이 있는 경우에 이로 인하여 손해가 생길 염려 있는 때에는 법원은 이해관계인이나 검사의 청구에 의하여 임시이사를 선임하여야 한다(민법 제63조).
⑤ (○) 민법 제60조

답 ④

048 甲법인의 대표이사 乙은 그 직무에 관하여 丙에게 불법행위를 하였다. 법인의 불법행위책임(민법 제35조)에 관한 설명으로 옳은 것은?(다툼이 있으면 판례에 따름)

① 乙의 행위가 乙 자신의 사익을 도모하기 위한 것이라도 甲법인은 불법행위책임을 진다.
② 甲법인은 乙의 선임 및 그 사무감독에 상당한 주의를 다하였음을 증명하면 불법행위책임을 면한다.
③ 丙에 대한 甲법인의 불법행위책임이 인정되는 경우 이중배상을 금지하기 위하여 乙의 丙에 대한 불법행위책임은 성립하지 않는다.
④ 乙이 甲법인을 실질적으로 운영하고 사실상 대표하여 사무를 집행하지만 대표이사로 등기되어 있지 않은 경우, 乙의 불법행위에 대해 甲법인은 손해배상책임이 없다.
⑤ 甲이 비법인사단이라면 乙이 직무수행에 관해 불법행위를 하였어도 丙에 대하여 甲의 불법행위책임은 성립하지 않는다.

해설

① (○) 법인이 그 대표자의 불법행위로 인하여 손해배상의무를 지는 것은 그 대표자의 직무에 관한 행위로 인하여 손해가 발생한 것임을 요한다 할 것이나, 그 직무에 관한 것이라는 의미는 행위의 외형상 법인의 대표자의 직무행위라고 인정할 수 있는 것이라면 설사 그것이 대표자 개인의 사리를 도모하기 위한 것이었거나 혹은 법령의 규정에 위배된 것이었다 하더라도 위의 직무에 관한 행위에 해당한다고 보아야 하므로(대판 2004.2.27. 2003다15280), 乙의 행위가 乙 자신의 사익을 도모하기 위한 것이라도 甲법인은 불법행위책임을 진다.
② (×) 민법 제35조 법인의 불법행위책임은 사용자책임(민법 제756조 제1항 단서)과 달리, 甲법인이 乙의 선임 및 그 사무감독에 상당한 주의를 다하였음을 증명하여도 면책될 수 없다.
③ (×) 법인의 대표자의 행위가 제3자에 대한 불법행위를 구성한다면 법인이 불법행위책임을 질 뿐만 아니라 그 대표자도 제3자에 대하여 손해배상책임을 면하지 못하기 때문에 丙에 대한 甲법인의 불법행위책임이 인정된다면 乙의 丙에 대한 불법행위책임도 성립한다고 이해된다.

> 법인의 대표자가 그 직무에 관하여 타인에게 손해를 가함으로써 법인에 손해배상책임이 인정되는 경우에, 대표자의 행위가 제3자에 대한 불법행위를 구성한다면 그 대표자도 제3자에 대하여 손해배상책임을 면하지 못하며(민법 제35조 제1항), 또한 사원도 위 대표자와 공동으로 불법행위를 저질렀거나 이에 가담하였다고 볼만한 사정이 있으면 제3자에 대하여 위 대표자와 연대하여 손해배상책임을 진다. 그러나 사원총회, 대의원총회, 이사회의 의결은 원칙적으로 법인의 내부행위에 불과하므로 특별한 사정이 없는 한 그 사항의 의결에 찬성하였다는 이유만으로 제3자의 채권을 침해한다거나 대표자의 행위에 가공 또는 방조한 자로서 제3자에 대하여 불법행위책임을 부담한다고 할 수는 없다(대판 2009.1.30. 2006다37465).

④ (×) 판례의 취지를 고려할 때 乙이 甲법인을 실질적으로 운영하고 사실상 대표하여 사무를 집행하지만 대표이사로 등기되어 있지 않더라도 乙의 불법행위에 대해 甲법인은 손해배상책임이 있다.

> 민법 제35조 제1항은 "법인은 이사 기타 대표자가 그 직무에 관하여 타인에게 가한 손해를 배상할 책임이 있다"라고 정한다. 여기서 '법인의 대표자'에는 그 명칭이나 직위 여하, 또는 대표자로 등기되었는지 여부를 불문하고 당해 법인을 실질적으로 운영하면서 법인을 사실상 대표하여 법인의 사무를 집행하는 사람을 포함한다고 해석함이 상당하다(대판 2011.4.28. 2008다15438).

⑤ (×) 법인의 불법행위책임에 대한 민법 제35조의 규정은 비법인사단의 경우에도 유추적용할 수 있다는 것이 판례의 태도라는 점을 고려할 때 甲이 비법인사단이라면 乙이 직무수행에 관해 불법행위를 한 경우 丙에 대하여 甲의 불법행위책임이 성립한다고 판단된다.

> 비법인사단의 대표자가 직무에 관하여 타인에게 손해를 가한 경우 그 사단은 민법 제35조 제1항의 유추적용에 의하여 그 손해를 배상할 책임이 있고, 비법인사단의 대표자의 행위가 대표자 개인의 사리를 도모하기 위한 것이었거나 혹은 법령의 규정에 위배된 것이었다 하더라도 외관상, 객관적으로 직무에 관한 행위라고 인정할 수 있다면 민법 제35조 제1항의 직무에 관한 행위에 해당한다 할 것이나, 한편 그 대표자의 행위가 직무에 관한 행위에 해당하지 아니함을 피해자 자신이 알았거나 또는 중대한 과실로 인하여 알지 못한 경우에는 비법인사단에게 손해배상책임을 물을 수 없다(대판 2008.1.18. 2005다34711).

049 민법상 법인에 관한 설명으로 옳지 않은 것은?(다툼이 있으면 판례에 따름)

① 비법인사단의 대표자가 직무에 관하여 타인에게 손해를 가한 경우, 그 비법인사단은 그 손해를 배상하여야 한다.
② 대표권이 없는 이사는 법인의 대표기관이 아니기 때문에 그의 행위로 인하여 법인의 불법행위가 성립하지 않는다.
③ 법인의 대표이사가 그 대표권의 범위 내에서 한 행위는 자기의 이익을 도모할 목적으로 그 권한을 남용한 것이라 할지라도, 특별한 사정이 없는 한 법인의 행위로서 유효하다.
④ 정관에 다른 규정이 없는 경우, 법인은 정당한 이유 없이도 이사를 언제든지 해임할 수 있다.
⑤ 후임이사가 유효하게 선임되었다고 하더라도 그 선임의 효력을 둘러싼 다툼이 있다면, 그 다툼이 해결되기 전까지는 구(舊) 이사만이 직무수행권을 가진다.

해설

① (○) 비법인사단의 대표자가 직무에 관하여 타인에게 손해를 가한 경우 그 사단은 민법 제35조 제1항의 유추적용에 의하여 타인에게 그 손해를 배상할 책임이 있다(대판 2003.7.25. 2002다27088).
② (○) 대표권 없는 이사는 법인의 기관이기는 하지만 대표기관은 아니기 때문에 그들의 행위로 인한 법인의 불법행위가 성립하지 않는다(대판 2005.12.23. 2003다30159).
③ (○) 대표이사의 대표권한범위를 벗어난 행위라 하더라도 그것이 회사의 권리능력의 범위 내에 속한 행위이기만 하면 대표권의 제한을 알지 못하는 제3자가 그 행위를 회사의 대표행위라고 믿은 신뢰는 보호되어야 하고, 대표이사가 대표권의 범위 내에서 한 행위는 설사 대표이사가 회사의 영리목적과 관계없이 자기 또는 제3자의 이익을 도모할 목적으로 그 권한을 남용한 것이라 할지라도 일단 회사의 행위로서 유효하고, 다만 그 행위의 상대방이 대표이사의 진의를 알았거나 알 수 있었을 때에는 회사에 대하여 무효가 되는 것이며, 이는 민법상 법인의 대표자가 대표권한을 남용한 경우에도 마찬가지이다(대판 2004.3.26. 2003다34045).
④ (○) 법인과 이사의 법률관계는 신뢰를 기초로 한 위임 유사의 관계이고, 위임계약은 원래 해지의 자유가 인정되어 쌍방 누구나 정당한 이유 없이도 언제든지 해지할 수 있으며, 다만 불리한 시기에 부득이한 사유 없이 해지한 경우에 한하여 상대방에게 그로 인한 손해배상책임을 질 뿐이다(대결 2014.1.17. 2013마1801).
⑤ (×) 후임 이사가 유효히 선임되었는데도 그 선임의 효력을 둘러싼 다툼이 있다고 하여 그 다툼이 해결되기 전까지는 후임 이사에게는 직무수행권한이 없고 임기가 만료된 구 이사만이 직무수행권한을 가진다고 할 수는 없다(대판 2006.4.27. 2005도8875).

답 ❺

---

050 민법상 법인에 관한 설명으로 옳은 것은?(다툼이 있으면 판례에 따름) 노무

CHECK ○△×

① 사단법인 정관의 법적 성질은 자치법규이다.
② 청산종결등기가 행해졌다면 청산사무가 아직 남아 있다 하더라도 그 법인의 권리능력은 소멸된다.
③ 대표이사의 불법행위가 법인의 불법행위로 되는 경우에 대표이사는 자기의 불법행위책임을 면한다.
④ 법인의 대표권을 가진 자가 하는 법률행위는 성립상 효만 법인에게 귀속할 뿐 그 위반의 효과인 채무불이행책임까지 법인에 귀속하는 것은 아니다.
⑤ 사단법인 사원의 지위는 정관에 의하여도 상속할 수 없다.

해설

① (○) 사단법인의 정관은 이를 작성한 사원뿐만 아니라 그 후에 가입한 사원이나 사단법인의 기관 등도 구속하는 점에 비추어 보면 그 법적 성질은 계약이 아니라 자치법규로 보는 것이 타당하다(대판 2000.11.24. 99다12437).
② (×) 청산종결등기가 경료된 경우에도 청산사무가 종료되었다 할 수 없는 경우에는 청산법인으로 존속하므로 권리능력이 인정된다(대판 1980.4.8. 79다2036).
③ (×) 법인은 이사 기타 대표자가 그 직무에 관하여 타인에게 가한 손해를 배상할 책임이 있다. 이사 기타 대표자는 이로 인하여 자기의 손해배상책임을 면하지 못한다(민법 제35조 제1항).
④ (×) 법인이 대표기관을 통하여 법률행위를 한 때에는 대리에 관한 규정이 준용된다(민법 제59조 제2항). 따라서 적법한 대표권을 가진 자와 맺은 법률행위의 효과는 대표자 개인이 아니라 본인인 법인에 귀속하고, 마찬가지로 그러한 법률행위상의 의무를 위반하여 발생한 채무불이행으로 인한 손해배상책임도 대표기관 개인이 아닌 법인만이 책임의 귀속주체가 되는 것이 원칙이다(대판 2019.5.30. 2017다53265).
⑤ (×) "사단법인의 사원의 지위는 양도 또는 상속할 수 없다"고 한 민법 제56조의 규정은 강행규정은 아니라고 할 것이므로, 정관에 의하여 이를 인정하고 있을 때에는 양도·상속이 허용된다(대판 1992.4.14. 91다26850).

답 ❶

051 사원총회에 관한 설명으로 옳은 것은?

① 사원총회는 사단법인 및 재단법인의 필수기관이다.
② 정관에 다른 규정이 없는 경우, 사원은 서면이나 대리인으로 결의권을 행사할 수 있다.
③ 사원총회는 소집통지에 의해 통지한 사항에 대해서만 결의할 수 있으나, 총회의 결의로 이와 달리 정할 수 있다.
④ 사원총회를 소집하려고 하는 경우, 1주간 전에 그 회의의 목적사항을 기재한 통지가 도달해야 한다.
⑤ 임시총회의 소집을 요구할 수 있는 사원의 수는 정관으로 증감할 수 없다.

해설

① (×) 사원총회는 사원 전원으로 구성되는 사단법인의 최고의사결정기관으로, 정관에 의하더라도 설치하지 아니하거나 폐지할 수 없는 필수기관이다.
② (○) 사원은 서면이나 대리인으로 결의권을 행사할 수 있다. 다만, 정관에 다른 규정이 있는 때에는 적용하지 아니한다(민법 제73조 제2항·제3항).
③ (×) 사원총회는 통지한 사항에 관하여서만 결의할 수 있다. 그러나 정관에 다른 규정이 있는 때에는 그 규정에 의한다(민법 제72조).
④ (×) 총회의 소집은 1주간 전에 그 회의의 목적사항을 기재한 통지를 발하고 기타 정관에 정한 방법에 의하여야 한다(민법 제71조).
⑤ (×) 총사원의 5분의 1 이상으로부터 회의의 목적사항을 제시하여 청구한 때에는 이사는 임시총회를 소집하여야 한다. 이 정수는 정관으로 증감할 수 있다(민법 제70조 제2항).

답 ❷

052 법인의 이사에 관한 설명으로 옳은 것은?(다툼이 있으면 판례에 따름)

① 법인의 정관에 법인대표권의 제한에 관한 규정이 있다면, 그러한 취지가 등기되어 있지 않은 경우에도 법인은 그 제한으로써 악의의 제3자에게 대항할 수 있다.
② 법인의 정관에 이사의 해임사유에 관한 규정이 있는 경우에는 이사의 중대한 의무위반이 있더라도 법인은 정관에서 정하지 아니한 사유로 이사를 해임할 수 없다.
③ 법인과 이사의 법률관계는 신뢰를 기초로 한 위임유사의 관계이고, 위임계약은 원래 해지의 자유가 인정되어 쌍방 누구나 정당한 이유 없이도 언제든지 해지할 수 있으며, 다만 불리한 시기에 부득이한 사유 없이 해지한 경우에 한하여 상대방에게 그로 인한 손해배상책임을 부담할 뿐이다.
④ 이사의 임기가 만료되었더라도 아직 임기가 만료되지 아니한 다른 이사들로 법인이 정상적인 활동을 할 수 있는 경우에는 임기만료된 이사로 하여금 이사로서 직무를 행사하게 할 필요가 없고, 법인의 정상적인 활동이 가능한지 여부는 이사의 임기만료 시뿐만 아니라 이후의 사정까지도 종합적으로 고려하여 판단하여야 한다.
⑤ 대표권 없는 이사도 법인의 기관이므로 그의 행위로 인하여 민법 제35조 소정의 법인의 불법행위가 성립할 수 있다.

해설

① (×) 이사의 대표권 제한에 관한 규정이 있더라도, 이를 등기하지 아니하면 선의·악의를 불문하고 제3자에게 대항하지 못한다(민법 제60조).

② (×) 판례의 취지를 고려할 때 이사의 중대한 의무위반 등의 특별한 사정이 있는 경우에는 정관에서 정하지 아니한 사유로써 이사를 해임할 수 있다.

> 법인과 이사의 법률관계는 신뢰를 기초로 한 위임유사의 관계로 볼 수 있는데, 민법 제689조 제1항에서는 위임계약은 각 당사자가 언제든지 해지할 수 있다고 규정하고 있으므로, 법인은 원칙적으로 이사의 임기만료 전에도 이사를 해임할 수 있지만, 이러한 민법의 규정은 임의규정에 불과하여 <u>법인이 정관에 이사의 해임사유 및 절차 등을 따로 정한 경우 그 규정은 법인과 이사와의 관계를 명확히 함은 물론 이사의 신분을 보장하는 의미도 아울러 가지고 있어 이를 단순히 주의적 규정으로 볼 수는 없다. 따라서 법인의 정관에 이사의 해임사유에 관한 규정이 있는 경우 법인으로서는 이사의 중대한 의무위반 또는 정상적인 사무집행불능 등의 특별한 사정이 없는 이상, 정관에서 정하지 아니한 사유로 이사를 해임할 수 없다</u>(대판 2013.11.28. 2011다41741).

③ (○) 법인과 이사의 법률관계는 신뢰를 기초로 한 위임유사의 관계이고, 위임계약은 원래 해지의 자유가 인정되어 쌍방 누구나 정당한 이유 없이도 언제든지 해지할 수 있으며, 다만 불리한 시기에 부득이한 사유없이 해지한 경우에 한하여 상대방에게 그로 인한 손해배상책임을 질 뿐이다(대결 2014.1.17. 2013마1801).

④ (×) 임기만료된 이사의 업무수행권은 이사에 결원이 있음으로써 법인이 정상적인 활동을 할 수 없는 사태를 방지하자는 데 취지가 있으므로, 이사 중 일부의 임기가 만료되었더라도 아직 임기가 만료되지 아니한 다른 이사들로 정상적인 활동을 할 수 있는 경우에는 임기만료된 이사로 하여금 이사로서 직무를 행사하게 할 필요가 없고, 이러한 경우에는 임기만료로서 당연히 퇴임하며, 법인의 정상적인 활동이 가능한지는 이사의 임기만료 시를 기준으로 판단하여야 하지 그 이후의 사정까지 고려할 수는 없다(대결 2014.1.17. 2013마1801).

⑤ (×) 민법 제35조에서 말하는 '이사 기타 대표자'는 법인의 대표기관을 의미하는 것이고 대표권이 없는 이사는 법인의 기관이기는 하지만 대표기관은 아니기 때문에 그들의 행위로 인하여 법인의 불법행위가 성립하지 않는다(대판 2005.12.23. 2003다30159).

답

053 민법상 법인의 기관에 관한 설명으로 옳은 것은?

① 감사는 재단법인에서는 필요기관이지만 사단법인에서는 임의기관이다.
② 정관으로 정한 이사의 수가 여럿인 경우, 특별한 사정이 없는 한 공동으로 법인을 대표한다.
③ 이사의 성명과 주소는 등기사항이지만, 그 변경등기가 경료되기 전이라도 신임이사가 한 직무행위는 법인에 대하여 유효하다.
④ 법인과 이사의 이익이 상반되는 경우, 법원은 이해관계인이나 검사의 청구에 의하여 임시이사를 선임하여야 한다.
⑤ 정관에 달리 정함이 없으면 총사원 10분의 1이 회의의 목적사항을 제시하여 청구한 경우, 이사는 임시총회를 소집하여야 한다.

해설

① (×) 감사는 사단법인이든 재단법인이든 임의기관이다(민법 제66조).
② (×) 이사는 법인의 사무에 관하여 각자 법인을 대표한다(민법 제59조 제1항 본문).
③ (○) 이사의 성명과 주소는 설립등기사항(민법 제49조 제2항 제8호)이고, 그 변경이 있는 때에는 3주간 내에 변경등기를 하여야 한다(민법 제52조). 설립등기 이외의 법인의 등기사항은 제3자에 대한 대항요건(민법 제54조 제1항)이므로, 그 변경등기가 경료되기 전이라도, 신임이사가 한 직무행위는 법인을 대표하는 행위로서 그 법인에 대하여 유효하다.

> **법인의 등기사항(민법 제49조)**
> ① 법인설립의 허가가 있는 때에는 3주간 내에 주된 사무소 소재지에서 설립등기를 하여야 한다.
> ② 전항의 등기사항은 다음과 같다.
>   1. 목 적
>   2. 명 칭
>   3. 사무소
>   4. 설립허가의 연월일
>   5. 존립시기나 해산이유를 정한 때에는 그 시기 또는 사유
>   6. 자산의 총액
>   7. 출자의 방법을 정한 때에는 그 방법
>   8. 이사의 성명, 주소
>   9. 이사의 대표권을 제한한 때에는 그 제한
>
> **설립등기 이외의 등기의 효력과 등기사항의 공고(민법 제54조)**
> ① 설립등기 이외의 본절의 등기사항은 그 등기 후가 아니면 제3자에게 대항하지 못한다.
> ② 등기한 사항은 법원이 지체 없이 공고하여야 한다.

④ (×) 법인과 이사의 이익이 상반되는 경우에 법원은 특별대리인을 선임하여야 한다(민법 제64조).
⑤ (×) 정관으로 달리 정함이 없는 경우, 총사원 5분의 1 이상으로부터 회의의 목적사항을 제시하여 청구한 때에는 이사는 임시총회를 소집하여야 한다(민법 제70조 제2항).

답 ❸

054

민법상 사단법인 甲과 그 대표이사 乙에 관한 설명으로 옳은 것을 모두 고른 것은?(다툼이 있으면 판례에 따름)

> ㄱ. 甲과 乙의 이익이 상반하는 사항에 관하여는 乙은 대표권이 없다.
> ㄴ. 甲의 정관에 이사의 해임사유에 관한 규정이 있는 경우, 甲은 乙의 중대한 의무위반 등 특별한 사정이 없는 한 정관에서 정하지 아니한 사유로 乙을 해임할 수 없다.
> ㄷ. 乙이 丙에게 대표자로서의 모든 권한을 포괄적으로 위임하여 丙이 甲의 사무를 집행한 경우, 丙의 그 사무집행행위는 원칙적으로 甲에 대하여 효력이 있다.

① ㄱ ② ㄷ
③ ㄱ, ㄴ ④ ㄴ, ㄷ
⑤ ㄱ, ㄴ, ㄷ

해설

ㄱ. (○) 법인(甲)과 이사(乙)의 이익이 상반하는 사항에 관하여는 이사(乙)는 대표권이 없다. 이 경우에는 민법 제63조의 규정에 의하여 특별대리인을 선임하여야 한다(민법 제64조).

ㄴ. (○) 법인이 정관에 이사의 해임사유 및 절차 등을 따로 정한 경우 그 규정은 법인과 이사와의 관계를 명확히 함은 물론 이사의 신분을 보장하는 의미도 아울러 가지고 있어 이를 단순히 주의적 규정으로 볼 수는 없다. 따라서 법인의 정관에 이사의 해임사유에 관한 규정이 있는 경우 법인으로서는 이사의 중대한 의무위반 또는 정상적인 사무집행 불능 등의 특별한 사정이 없는 이상, 정관에서 정하지 아니한 사유로 이사를 해임할 수 없다(대판 2013.11.28. 2011다41741).

ㄷ. (×) 이사는 정관 또는 총회의 결의로 금지하지 않은 사항에 한하여 타인으로 하여금 '특정의 행위'를 대리하게 할 수 있다(민법 제62조). 즉, 이사는 특정한 행위를 다른 이사에게 대리하게 할 수 있으나, 대표자로서의 모든 권한을 포괄적으로 위임할 수는 없다(대판 1989.5.9. 87다카2407 참고). 따라서 판례의 취지를 고려할 때 대표이사 乙이 丙에게 대표자로서의 모든 권한을 포괄적으로 위임하여 丙이 甲의 사무를 집행한 경우, 丙의 그 사무집행행위는 민법 제62조를 위반한 것이어서 원칙적으로 甲에 대하여 효력이 없다(대판 2011.4.28. 2008다15438 참고).

답 ❸

055

사단법인 甲의 이사 乙은 甲을 대표하여 매수인 丙과 매매계약을 체결하였다. 이에 관한 설명 중 옳지 않은 것은?(각 지문은 독립적이며, 다툼이 있는 경우 판례에 의함) 변시

① 매매계약이 乙의 적법한 대표권 범위 내에서 체결된 것이라면 매매계약의 불이행에 따른 채무불이행책임은 甲이 직접 부담한다.

② 매매계약이 乙의 적법한 대표권 범위 내에서 체결되었다고 하더라도 매매계약이 乙 자신만을 위한 것이고, 丙이 이러한 사실을 알았거나 알 수 있었던 경우가 아니라면 甲과 丙 사이의 매매계약은 유효하다.

③ 甲이 丙에 대하여 매매계약에 따른 채무불이행책임을 지는 경우, 甲의 고의·과실은 乙의 고의·과실 여부를 기준으로 결정한다.

④ 甲이 丙에 대하여 매매계약에 따른 채무불이행책임을 지는 경우, 乙에게 불법행위책임 등이 별도로 성립하지 않더라도 乙은 대표기관 개인으로서 丙에 대해 손해배상책임을 부담하여야 한다.

⑤ 丙이 매수하는 것에 관하여 乙의 이익과 甲의 이익이 상반되는 경우, 乙은 위 매매계약 체결에 대해 甲을 대표할 권한이 없다.

해설

① (○) 법인이 대표기관을 통하여 법률행위를 한 때에는 대리에 관한 규정이 준용된다(민법 제59조 제2항). 따라서 적법한 대표권을 가진 자와 맺은 법률행위의 효과는 대표자 개인이 아니라 본인인 법인에 귀속하고, 마찬가지로 그러한 법률행위상의 의무를 위반하여 발생한 채무불이행으로 인한 손해배상책임도 대표기관 개인이 아닌 법인만이 책임의 귀속주체가 되는 것이 원칙이다(대판 2019.5.30. 2017다53265). 지문의 매매계약이 乙의 적법한 대표권 범위 내에서 체결된 것이라면 매매계약의 불이행에 따른 채무불이행책임은 甲이 직접 부담한다.

② (○) 대표권남용에 관하여 민법 제107조 제1항 단서를 유추적용하는 판례의 취지를 고려할 때 매매계약이 乙의 적법한 대표권 범위 내에서 체결되었고, 丙이 이러한 사실을 알았거나 알 수 있었던 경우가 아니라면 甲과 丙 사이의 매매계약은 유효하다.

진의 아닌 의사표시가 대리인에 의하여 이루어지고 그 대리인의 진의가 본인의 이익이나 의사에 반하여 자기 또는 제3자의 이익을 위한 배임적인 것임을 그 상대방이 알았거나 알 수 있었을 경우에도 민법 제107조 제1항 단서의 유추해석상 그 대리인의 행위에 대하여 본인은 아무런 책임을 지지 않는다고 보아야 하고, 그 상대방이 대리인의 표시의사가 진의 아님을 알았거나 알 수 있었는가의 여부는 표의자인 대리인과 상대방 사이에 있었던 의사표시 형성 과정과 그 내용 및 그로 인하여 나타나는 효과 등을 객관적인 사정에 따라 합리적으로 판단하여야 한다(대판 1999.1.15. 98다39602).

③ (O) 민법 제391조는 법정대리인 또는 이행보조자의 고의·과실을 채무자 자신의 고의·과실로 간주함으로써 채무불이행책임을 채무자 본인에게 귀속시키고 있는데, 법인의 경우도 법률행위에 관하여 대표기관의 고의·과실에 따른 채무불이행책임의 주체는 법인으로 한정되므로(대판 2019.5.30. 2017다53265), 甲이 丙에 대하여 매매계약에 따른 채무불이행책임을 지는 경우, 甲의 고의·과실은 乙의 고의·과실 여부를 기준으로 결정한다.

④ (×) 甲이 丙에 대하여 매매계약에 따른 채무불이행책임을 지는 경우, 다른 법령에서 정하는 등의 특별한 사정이 없는 한 이사 乙 개인이 손해배상책임을 지려면 민법 제750조에 따른 불법행위책임 등이 별도로 성립하여야 한다(대판 2019.5.30. 2017다53265). 따라서 乙에게 불법행위책임이 성립하지 아니한다면 乙은 대표기관 개인으로서 丙에 대해 손해배상책임을 부담하지 아니한다.

⑤ (O) 법인과 이사의 이익이 상반하는 사항에 관하여는 이사는 대표권이 없다. 이 경우에는 특별대리인을 선임하여야 한다(민법 제64조). 이사 乙과 법인 甲의 이익이 상반되는 경우, 이 매매계약 체결에 대해 乙은 甲을 대표할 권한이 없다.

답 ④

056 민법상 법인에 관한 설명 중 옳지 않은 것을 모두 고른 것은?(다툼이 있는 경우 판례에 의함)

19 변시

ㄱ. 법인의 정관에 대표권의 제한에 관한 규정이 있으나 그와 같은 취지가 등기되어 있지 않다면, 법인은 그와 거래한 상대방이 그와 같은 정관의 규정에 대하여 선의냐 악의냐에 관계없이 그 상대방에 대하여 위 대표권 제한 사실로써 대항할 수 없다.
ㄴ. 법인은 언제든지 이사를 해임할 수 있지만, 법인의 정관에 이사의 해임사유에 관한 규정이 있는 경우에는 법인은 이사의 중대한 의무위반 또는 정상적인 사무집행 불능 등의 특별한 사정이 없는 한 정관에서 정하지 아니한 사유로는 이사를 해임할 수 없다.
ㄷ. 이사가 없거나 결원이 생겨서 이로 인하여 법인에 손해가 생길 염려있는 경우뿐만 아니라 법인과 이사의 이익이 상반하는 사항이 생긴 경우에, 법원은 이해관계인이나 검사의 청구에 의하여 특별대리인을 선임하여야 한다.
ㄹ. 법원의 가처분명령에 의해 선임된 이사직무대행자는 그 명령에 다른 정함이 있는 경우 외에는 법원의 허가없이 법인의 통상사무에 속하지 아니한 행위를 하지 못하고, 만약 위 직무대행자가 그에 위반한 행위를 한 경우 법인은 선의의 제3자에 대하여 책임을 진다.

① ㄷ
② ㄴ, ㄹ
③ ㄱ, ㄷ
④ ㄴ, ㄷ, ㄹ
⑤ ㄹ

해설

ㄱ. (○) 재단법인의 대표자가 그 법인의 채무를 부담하는 계약을 함에 있어서 이사회의 결의를 거쳐 노회와 설립자의 승인을 얻고 주무관청의 인가를 받도록 정관에 규정되어 있다면 그와 같은 규정은 법인 대표권의 제한에 관한 규정으로서 이러한 제한은 등기하지 아니하면 제3자에게 대항할 수 없다. 법인의 정관에 법인 대표권의 제한에 관한 규정이 있으나 그와 같은 취지가 등기되어 있지 않다면 법인은 그와 같은 정관의 규정에 대하여 선의냐 악의냐에 관계없이 제3자에 대하여 대항할 수 없다(대판 1992.2.14. 91다24564).

ㄴ. (○) 법인이 정관에 이사의 해임사유 및 절차 등을 따로 정한 경우 그 규정은 법인과 이사와의 관계를 명확히 함은 물론 이사의 신분을 보장하는 의미도 아울러 가지고 있어 이를 단순히 주의적 규정으로 볼 수는 없다. 따라서 법인의 정관에 이사의 해임사유에 관한 규정이 있는 경우 법인으로서는 이사의 중대한 의무위반 또는 정상적인 사무집행 불능 등의 특별한 사정이 없는 이상, 정관에서 정하지 아니한 사유로 이사를 해임할 수 없다(대판 2013.11.28. 2011다41741).

ㄷ. (×) 민법 제63조, 제64조 참조

> **임시이사의 선임(민법 제63조)**
> 이사가 없거나 결원이 있는 경우에 이로 인하여 손해가 생길 염려 있는 때에는 법원은 이해관계인이나 검사의 청구에 의하여 임시이사를 선임하여야 한다.
>
> **특별대리인의 선임(민법 제64조)**
> 법인과 이사의 이익이 상반하는 사항에 관하여는 이사는 대표권이 없다. 이 경우에는 전조의 규정에 의하여 특별대리인을 선임하여야 한다.

ㄹ. (○) 민법 제60조의2 참조

> **직무대행자의 권한(민법 제60조의2)**
> ① 제52조의2의 직무대행자는 가처분명령에 다른 정함이 있는 경우 외에는 법인의 통상사무에 속하지 아니한 행위를 하지 못한다. 다만, 법원의 허가를 얻은 경우에는 그러하지 아니하다.
> ② 직무대행자가 제1항의 규정에 위반한 행위를 한 경우에도 법인은 선의의 제3자에 대하여 책임을 진다.

답 ❶

CHAPTER 04 권리의 객체

제1절 서 설

제2절 물 건

제3절 동산과 부동산

001 물건에 관한 설명으로 옳지 않은 것은?(다툼이 있으면 판례에 따름) [25 변리]

CHECK
○△×

① 국립공원의 입장료는 토지의 사용대가이므로 민법상 과실이다.
② 어느 건물이 주된 건물의 종물이기 위해서는 주된 건물의 경제적 효용을 보조하기 위하여 계속적으로 이바지하는 관계가 있어야 한다.
③ 어떤 토지가 지적공부상 1필의 토지로 등록되면 특별한 사정이 없는 한, 그 경계는 지적공부상의 경계에 의하여 특정된다.
④ 명인방법에 의하여 공시된 수목의 집단은 독립된 소유권의 객체가 될 수 있어 양도담보권을 설정할 수 있다.
⑤ 용익물권은 분필절차를 밟지 않아도 1필의 토지의 일부 위에 설정될 수 있다.

해설

① (×) 자연공원법(1995.12.30. 법률 제5122호로 개정된 것) 제26조 및 제33조의 규정내용과 입법목적을 종합하여 보면, 국립공원의 입장료는 토지의 사용대가라는 민법상 과실이 아니라 수익자 부담의 원칙에 따라 국립공원의 유지·관리 비용의 일부를 국립공원 입장객에게 부담시키고자 하는 것이어서 토지의 소유권이나 그에 기한 과실수취권과는 아무런 관련이 없다(대판 2001.12.28. 2000다27749).
② (○) 저당권의 효력이 미치는 저당부동산의 종물은 민법 제100조가 규정하는 종물과 같은 의미인바, 어느 건물이 주된 건물의 종물이기 위하여는 주물의 상용에 이바지하는 관계에 있어야 하고 이는 주물 자체의 경제적 효용을 다하게 하는 것을 말하는 것이므로, 주물의 소유자나 이용자의 사용에 공여되고 있더라도 주물 자체의 효용과 관계없는 물건은 종물이 아니다(대판 2007.12.13. 2007다7247).
③ (○) 토지는 인위적으로 구획된 일정범위의 지면에 사회관념상 정당한 이익이 있는 범위 내에서의 상하를 포함하는 것으로서, 토지의 개수는 지적법에 의한 지적공부상의 필수, 분계선에 의하여 결정되는 것이고, 어떤 토지가 지적공부상 1필의 토지로 등록되면 그 지적공부상의 경계가 현실의 경계와 다르다 하더라도 다른 특별한 사정이 없는 한 그 경계는 지적공부상의 등록, 즉 지적도상의 경계에 의하여 특정되는 것이므로 이러한 의미에서 토지의 경계는 공적으로 설정 인증된 것이고, 단순히 사적관계에 있어서의 소유권의 한계선과는 그 본질을 달리하는 것으로서, 경계확정소송의 대상이 되는 '경계'란 공적으로 설정 인증된 지번과 지번과의 경계선을 가리키는 것이고, 사적인 소유권의 경계선을 가리키는 것은 아니다(대판 1997.7.8. 96다36517).
④ (○) 입목에 관한 법률에 따른 입목등기를 하지 않은 수목이라도 명인방법을 갖추면 토지와 독립된 거래의 객체로 된다(대결 1998.10.28. 98마1817). 이때 명인방법으로 공시할 수 있는 권리는 소유권(또는 소유권이전형식의 양도담보)에 한한다.
⑤ (○) 1필의 토지 일부는 분필을 하지 아니하여도 용익물권을 설정할 수 있다(부동산등기법 제69조 제6호 참고).

답 ❶

002

물건에 관한 설명으로 옳은 것은?(다툼이 있으면 판례에 따름) [17 변리]

① 어떤 토지가 지적공부상 1필의 토지로 등록되면 특별한 사정이 없는 한, 그 경계는 지적도상의 경계에 의하여 특정된다.
② 입목등기를 하지 않은 수목은 명인방법을 갖추더라도 독립된 물건이 될 수 없다.
③ 주물소유자의 사용에 공여되고 있는 물건은 주물 자체의 효용과 관계없는 물건이라도 종물이 된다.
④ 성숙한 농작물은 명인방법을 갖추어야 경작자의 소유가 된다.
⑤ 토지등기부에 분필등기가 되면 공간정보의 구축 및 관리 등에 관한 법률이 정하는 바에 따른 분할절차를 밟지 않아도 분필의 효과가 발생한다.

해설

① (○) 어떤 토지가 지적공부에 1필지의 토지로 등록되면 토지의 소재, 지번, 지목, 지적 및 경계는 다른 특별한 사정이 없는 한 이 등록으로써 특정되고 소유권의 범위는 현실의 경계와 관계없이 공부의 경계에 의하여 확정되는 것이 원칙이지만, 지적도를 작성하면서 기점을 잘못 선택하는 등 기술적인 착오로 말미암아 지적도의 경계선이 진실한 경계선과 다르게 작성되었다는 등과 같은 특별한 사정이 있는 경우에는 토지의 경계는 실제의 경계에 의하여야 한다(대판 2016.5.24. 2012다87898).
② (×) 입목을 매매함에 있어서 소유권을 이전한다는 매매당사자 간의 계약이 있었고 이어서 동 입목의 소유자가 매수인이라는 취지의 소위 명인방법을 실시하였다면 부동산에 있어서 등기를, 동산에 있어서 인도를 한 경우와 같이 동 입목의 소유권이 완전히 매수인에게로 이전되었다 할 것이다(대판 1974.6.11. 74다542).
③ (×) 어느 건물이 주된 건물의 종물이기 위하여는 주물의 상용에 이바지되어야 하는 관계가 있어야 하는바, 여기에서 주물의 상용에 이바지한다 함은 주물 그 자체의 경제적 효용을 다하게 하는 것을 말하는 것이며, 주물의 소유자나 이용자의 상용에 공여되고 있더라도 주물 그 자체의 효용과는 직접 관계없는 물건은 종물이 아니다(대판 1994.6.10. 94다11606).
④ (×) 토지에 대한 소유권이 없는 자가 권원 없이 경작한 입도라 하더라도 성숙하였다면 그에 대한 소유권은 경작자에게 귀속되므로(대판 1963.2.21. 62다913), 성숙한 농작물은 명인방법을 갖추지 아니하였더라도 경작자에게 그 소유권이 귀속하게 된다.
⑤ (×) 토지의 개수는 지적법에 의한 지적공부상의 토지의 필수를 표준으로 하여 결정되는 것으로서 1필지의 토지를 수필의 토지로 분할하여 등기하려면 지적법이 정하는 바에 따라 먼저 지적공부 소관청에 의하여 지적측량을 하고 그에 따라 필지마다 지번, 지목, 경계 또는 좌표와 면적이 정하여진 후 지적공부에 등록되는 등 분할의 절차를 밟아야 되고, 가사 등기부에만 분필의 등기가 이루어졌다고 하여도 이로써 분필의 효과가 발생할 수는 없다(대판 1995.6.16. 94다4615).

답 ①

003 물건에 관한 설명으로 옳지 않은 것은?(다툼이 있으면 판례에 따름) 20 노무

① 주물과 다른 사람의 소유에 속하는 물건은 종물이 될 수 없다.
② 주물을 처분할 때 당사자 간의 특약으로 종물만을 별도로 처분할 수도 있다.
③ 국립공원의 입장료는 법정과실에 해당한다.
④ 관리할 수 있는 자연력은 동산이다.
⑤ 명인방법을 갖춘 수목의 경우 토지와 독립된 물건으로서 거래의 객체가 된다.

해설

① (○) 물건의 소유자가 그 물건의 상용에 공하기 위하여 자기 소유인 다른 물건을 이에 부속하게 한 때에는 그 부속물은 종물이다(민법 제100조 제1항).
② (○) 대판 2012.1.26. 2009다76546
③ (×) 국립공원의 입장료는 수익자부담의 원칙에 따라 국립공원의 유지·관리비용의 일부를 입장객에게 부담시키는 것에 지나지 않고, 토지의 사용대가가 아닌 점에서 민법상의 과실은 아니다(대판 2001.12.28. 2000다27749).
④ (○) 토지 및 그 정착물인 부동산 이외의 물건은 동산이므로(민법 제99조 제2항), 관리할 수 있는 자연력은 동산에 포함된다.
⑤ (○) 대결 1998.10.28. 98마1817

답 ❸

004 물건에 관한 설명으로 옳지 않은 것은?(다툼이 있으면 판례에 따름) 17 노무

① 부동산 외의 물건은 모두 동산이다.
② 임대료는 법정과실에 해당한다.
③ 종물은 주물의 구성 부분이 아닌 독립한 물건이어야 한다.
④ 부동산은 주물뿐만 아니라 종물도 될 수 있다.
⑤ 당사자는 주물을 처분할 때 특약으로 종물을 제외할 수 없다.

해설

① (○) 민법 제99조 제2항
② (○) 건물의 사용대가인 차임, 토지사용의 대가인 지료, 금전사용의 대가인 이자 등은 법정과실에 속한다.
③ (○) 종물은 주물의 구성 부분이 아니며, 주물로부터 독립된 물건이어야 한다.
④ (○) 독립한 물건이면 종물은 부동산·동산을 가리지 아니한다.
⑤ (×) 종물은 주물의 처분에 수반된다는 민법 제100조 제2항은 임의규정이므로, 당사자는 주물을 처분할 때에 특약으로 종물을 제외할 수 있고 종물만을 별도로 처분할 수도 있다(대판 2012.1.26. 2009다76546).

답 ❺

005 물건에 관한 설명으로 옳지 않은 것은?(다툼이 있으면 판례에 따름) 변리

① 토지의 정착물은 부동산이다.
② 일정한 토지가 지적공부에 1필의 토지로 등록된 경우, 그 토지의 지적 및 경계는 일응 그 등록으로써 특정된다.
③ 건물의 경계는 사회통념상 독립한 건물로 인정되는 건물 사이의 현실적 경계에 의하여 특정된다.
④ 주물 그 자체의 효용과 직접 관계가 없는 물건이라도 주물 소유자의 사용에 공여되고 있으면 종물에 해당한다.
⑤ 특별한 사정이 없는 한 법정과실은 수취할 권리의 존속기간일수의 비율로 취득한다.

해설

① (○) 토지 및 그 정착물은 부동산이다(민법 제99조).
② (○) 일정한 토지가 지적공부에 1필의 토지로 등록된 경우, 그 토지의 소재지번, 지목, 지적 및 경계는 일응 그 등록으로써 특정되고 그 토지의 소유권의 범위는 지적공부상의 경계에 의하여 확정된다(대판 1995.6.16. 94다4615).
③ (○) 건물은 일정한 면적, 공간의 이용을 위하여 지상, 지하에 건설된 구조물을 말하는 것으로서, 건물의 개수는 토지와 달리 공부상의 등록에 의하여 결정되는 것이 아니라 사회통념 또는 거래관념에 따라 물리적 구조, 거래 또는 이용의 목적물로서 관찰한 건물의 상태 등 객관적 사정과 건축한 자 또는 소유자의 의사 등 주관적 사정을 참작하여 결정되는 것이고, 그 경계 또한 사회통념상 독립한 건물로 인정되는 건물 사이의 현실의 경계에 의하여 특정되는 것이므로, 이러한 의미에서 건물의 경계는 공적으로 설정 인증된 것이 아니고 단순히 사적관계에 있어서의 소유권의 한계선에 불과함을 알 수 있고, 따라서 사적자치의 영역에 속하는 건물 소유권의 범위를 확정하기 위하여는 소유권확인소송에 의하여야 할 것이고, 공법상 경계를 확정하는 경계확정소송에 의할 수는 없다(대판 1997.7.8. 96다36517).
④ (×) 종물은 주물의 상용에 이바지하는 관계에 있어야 하고, 주물의 상용에 이바지한다 함은 주물 그 자체의 경제적 효용을 다하게 하는 것을 말하는 것으로서 주물의 소유자나 이용자의 상용에 공여되고 있더라도 주물 그 자체의 효용과 직접 관계가 없는 물건은 종물이 아니다(대판 1997.10.10. 97다3750).

> 신·구폐수처리시설이 그 기능면에서는 전체적으로 결합하여 유기적으로 작용함으로써 하나의 폐수처리장을 형성하고 있지만, 신폐수처리시설이 구폐수처리시설 그 자체의 경제적 효용을 다하게 하는 시설이라고 할 수 없으므로 종물이 아니라고 한 사례(대판 1997.10.10. 97다3750).

⑤ (○) 민법 제102조 제2항

답 ❹

제4절 주물과 종물

006 권리의 객체에 관한 설명으로 옳은 것은?(다툼이 있으면 판례에 따름) 25 노무

① 건물의 개수는 공부상의 등록에 의하여 객관적으로 결정되고, 소유자의 의사 등 주관적 사정을 참작하여 결정될 수 없다.
② 피상속인이 유언으로 자신의 유체(遺體)를 처분한 경우, 제사주재자는 이에 따라야 할 법적 의무를 부담한다.
③ 주물·종물 법리는 압류와 같은 공법상 처분에는 적용되지 않는다.
④ 주물·종물 법리는 권리 상호 간에도 유추적용되므로 원본채권이 양도되면 이미 변제기에 도달한 이자채권도 원칙적으로 함께 양도된다.
⑤ 매매목적물이 인도되지 않고 매수인이 대금을 완제하지 아니한 경우, 특별한 사정이 없는 한 매도인의 이행지체가 있더라도 매매목적물로부터 생긴 과실은 매도인에게 귀속된다.

해설

① (×) 건물은 일정한 면적, 공간의 이용을 위하여 지상, 지하에 건설된 구조물을 말하는 것으로서, 건물의 개수는 토지와 달리 공부상의 등록에 의하여 결정되는 것이 아니라 사회통념 또는 거래관념에 따라 물리적 구조, 거래 또는 이용의 목적물로서 관찰한 건물의 상태 등 객관적 사정과 건축한 자 또는 소유자의 의사 등 주관적 사정을 참작하여 결정되는 것이고, 그 경계 또한 사회통념상 독립된 건물로 인정되는 건물 사이의 현실의 경계에 의하여 특정되는 것이므로, 이러한 의미에서 건물의 경계는 공적으로 설정 인증된 것이 아니고 단순히 사적관계에 있어서의 소유권의 한계선에 불과함을 알 수 있고, 따라서 사적자치의 영역에 속하는 건물 소유권의 범위를 확정하기 위하여는 소유권확인소송에 의하여야 할 것이고, 공법상 경계를 확정하는 경계확정소송에 의할 수는 없다(대판 1997.7.8. 96다36517).
② (×) 피상속인이 생전행위 또는 유언으로 자신의 유체·유골을 처분하거나 매장장소를 지정한 경우에, 선량한 풍속 기타 사회질서에 반하지 않는 이상 그 의사는 존중되어야 하고 이는 제사주재자로서도 마찬가지이지만, 피상속인의 의사를 존중해야 하는 의무는 도의적인 것에 그치고, 제사주재자가 무조건 이에 구속되어야 하는 법률적 의무까지 부담한다고 볼 수는 없다(대판 2008.11.20. 2007다27670[전합]).
③ (×) 민법 제100조 제2항의 종물과 주물의 관계에 관한 법리는 물건 상호 간의 관계뿐 아니라 권리 상호 간에도 적용되고, 위 규정에서의 처분은 처분행위에 의한 권리변동뿐 아니라 주물의 권리관계가 압류와 같은 공법상의 처분 등에 의하여 생긴 경우에도 적용되어야 한다(대판 2006.10.26. 2006다29020).
④ (×) 이자채권은 원본채권에 대하여 종속성을 갖고 있으나 이미 변제기에 도달한 이자채권은 원본채권과 분리하여 양도할 수 있고 원본채권과 별도로 변제할 수 있으며 시효로 인하여 소멸되기도 하는 등 어느 정도 독립성을 갖게 되는 것이므로, 원본채권이 양도된 경우 이미 변제기에 도달한 이자채권은 원본채권의 양도당시 그 이자채권도 양도한다는 의사표시가 없는 한 당연히 양도되지는 않는다(대판 1989.3.28. 88다카12803).
⑤ (○) 민법 제587조에 의하면, 매매계약 있은 후에도 인도하지 아니한 목적물로부터 생긴 과실은 매도인에게 속하고, 매수인은 목적물의 인도를 받은 날로부터 대금의 이자를 지급하여야 한다고 규정하고 있는바, 이는 매매당사자 사이의 형평을 꾀하기 위하여 매매목적물이 인도되지 아니하더라도 매수인이 대금을 완제한 때에는 그 시점 이후의 과실은 매수인에게 귀속되지만, 매매목적물이 인도되지 아니하고 또한 매수인이 대금을 완제하지 아니한 때에는 매도인의 이행지체가 있더라도 과실은 매도인에게 귀속되는 것이므로 매수인은 인도의무의 지체로 인한 손해배상금의 지급을 구할 수 없다(대판 2004.4.23. 2004다8210).

답 ⑤

007 동일소유자에게 속하는 다음 물건 중 주물과 종물의 관계로 보기 어려운 것은?(다툼이 있으면 판례에 따름) 23 변리

① 배와 노
② 자물쇠와 열쇠
③ 주유소건물과 주유기
④ 횟집과 수족관
⑤ 주유소부지와 그 지하에 매설된 유류저장탱크

해설

① (○), ② (○) 배와 노, 자물쇠와 열쇠는 주물과 종물의 예에 해당한다.
③ (○) 판례는 주유소의 주유기가 비록 독립된 물건이기는 하나 유류저장탱크에 연결되어 유류를 수요자에게 공급하는 기구로서 주유소 영업을 위한 건물이 있는 토지의 지상에 설치되었고 그 주유기가 설치된 건물은 당초부터 주유소 영업을 위한 건물로 건축되었다는 점 등을 종합하여 볼 때, 그 주유기는 계속해서 주유소 건물 자체의 경제적 효용을 다하게 하는 작용을 하고 있으므로 주유소건물의 상용에 공하기 위하여 부속시킨 종물이라고 판시하고 있다(대판 1995.6.29. 94다6345).
④ (○) 횟집으로 사용할 점포 건물에 거의 붙여서 횟감용 생선을 보관하기 위하여 즉 위 점포 건물의 상용에 공하기 위하여 신축한 수족관 건물은 위 점포 건물의 종물이라고 해석할 것이다(대판 1993.2.12. 92도3234).
⑤ (×) 판례는 주유소의 지하에 매설된 유류저장탱크를 토지로부터 분리하는 데 과다한 비용이 들고 이를 분리하여 발굴할 경우 그 경제적 가치가 현저히 감소할 것이 분명하다는 이유로, 그 유류저장탱크는 토지에 부합되었다고 판시하고 있다(대판 1995.6.29. 94다6345). 여기서 부합은 소유자를 달리하는 수개의 물건이 결합하여 사회관념상 한 개의 물건으로 보이고 그 분리가 사회관념상 불가능하거나 극히 곤란하게 된 경우에 이를 분리하지 않고 하나의 물건으로 어느 특정인의 소유로 귀속시키는 것을 말한다.

답 ⑤

008 권리의 객체에 관한 설명으로 옳지 않은 것은?(다툼이 있으면 판례에 따름) 18 노무

① 주물 자체의 효용과 직접 관계없는 물건은 종물이 아니다.
② 주물에 설정된 저당권의 효력은 특별한 사정이 없으면 종물에 미친다.
③ 입목에 관한 법률에 의하여 입목등기를 한 수목의 집단은 토지와 별개의 부동산이다.
④ 종물은 주물의 처분에 따르므로, 당사자의 특약에 의하여 종물만을 별도로 처분할 수 없다.
⑤ 법정과실은 수취할 권리의 존속기간일수의 비율로 취득한다.

해설

① (○) 종물은 사회관념상 계속하여 주물 자체의 경제적 효용을 높이는 관계에 있을 것을 요구하므로, 주물의 효용과 직접 관계가 없는 물건, 예컨대 TV·책상 등은 가옥의 종물이 아니다.
② (○) 민법 제358조
③ (○) 입목에 관한 법률에 의해 입목등기부에 소유권보존등기를 한 것을 입목이라 하고, 입목은 토지와 별개의 부동산이므로 양도하거나 또는 저당권의 목적으로 할 수 있다(입목에 관한 법률 제2조 제1항 제1호, 제3조 제2항).
④ (×) 종물은 주물의 처분에 수반된다는 민법 제100조 제2항은 임의규정이므로, 당사자는 주물을 처분할 때에 특약으로 종물을 제외할 수 있고 종물만을 별도로 처분할 수도 있다(대판 2012.1.26. 2009다76546).
⑤ (○) 민법 제102조 제2항

답 ④

제4장 권리의 객체 69

009 주물과 종물에 관한 설명으로 옳은 것은?(다툼이 있으면 판례에 따름) [24 변리]

① 독립한 물건이라도 부동산은 종물이 될 수 없다.
② 주물의 점유로 인한 시효취득의 효력은 점유하지 않은 종물에도 미친다.
③ 주물에 대한 압류의 효력은 원칙적으로 종물에 미치지 않는다.
④ 주물 그 자체의 효용과 직접 관계가 없더라도 주물의 소유자의 상용에 공여되고 있는 물건은 종물이다.
⑤ 원본채권이 양도되는 경우, 특별한 의사표시가 없으면 이미 변제기에 도달한 이자채권은 함께 양도되지 않는다.

해설

① (×) 독립한 물건이면 종물은 부동산·동산을 가리지 아니한다.
② (×), ③ (×) 종물은 주물의 처분에 따르게 되는데(민법 제100조 제2항), 여기서의 처분은 법률행위에 의한 권리변동뿐만 아니라 주물의 권리관계가 압류와 같은 공법상의 처분 등에 의한 변동의 경우도 포함된다는 것이 판례(대판 2006.10.26. 2006다29020)이다.❸ 그러나 주물의 점유로 인한 시효취득과 같은 사실관계에 기한 권리의 득실변경에 대해서는 민법 제100조 제2항이 적용되지 아니하므로 시효취득의 효력은 점유하지 않은 종물에는 미치지 아니하게 된다.❷
④ (×) 어느 건물이 주된 건물의 종물이기 위하여는 주물의 상용에 이바지하는 관계에 있어야 하고, 주물의 상용에 이바지한다 함은 주물 그 자체의 경제적 효용을 다하게 하는 것을 말하는 것으로서, 주물의 소유자나 이용자의 사용에 공여되고 있더라도 주물 그 자체의 효용과 직접 관계가 없는 물건은 종물이 아니다(대결 2000.11.2. 2000마3530).
⑤ (○) 원본채권이 양도된 경우 이미 변제기에 도달한 이자채권은 원본채권의 양도당시 그 이자채권도 양도한다는 의사표시가 없는 한 당연히 양도되지는 않는다(대판 1989.3.28. 88다카12803).

답 ⑤

010 주물과 종물에 관한 설명으로 옳지 않은 것은?(다툼이 있으면 판례에 따름) [16 변리]

① 주택에 부속하여 지어진 연탄창고는 그 주택에서 떨어져 지어진 것일지라도 그 주택의 종물이다.
② 주물과 종물의 관계에 관한 법리는 특별한 사정이 없는 한 권리 상호 간의 관계에도 적용된다.
③ 물건이 주물의 소유자의 상용에 공여되고 있다면, 주물 그 자체의 효용과 직접 관계가 없는 것도 종물이다.
④ 주물을 처분할 때에 특약으로 종물을 제외할 수 있고, 종물만을 별도로 처분할 수도 있다.
⑤ 저당권의 효력은 특별한 사정이 없는 한 당해 저당부동산의 종물에도 미친다.

해설

① (○) 판례는 낡은 가재도구 등의 보관장소로 사용되고 있는 방과 연탄창고 및 공동변소가 본채에서 떨어져 축조되어 있기는 하나 본채의 종물이라고 판시하고 있다(대판 1991.5.14. 91다2779).
② (○) 민법 제100조 제2항의 종물과 주물의 관계에 관한 법리는 물건 상호 간의 관계뿐 아니라 권리 상호 간에도 적용된다(대판 2006.10.26. 2006다29020).
③ (×) 어느 건물이 주된 건물의 종물이기 위하여는 주물의 상용에 이바지하는 관계에 있어야 하고, 주물의 상용에 이바지한다 함은 주물 그 자체의 경제적 효용을 다하게 하는 것을 말하는 것으로서, 주물의 소유자나 이용자의 사용에 공여되고 있더라도 주물 그 자체의 효용과 직접 관계가 없는 물건은 종물이 아니다(대결 2000.11.2. 2000마3530).
④ (○) 종물은 주물의 처분에 수반된다는 민법 제100조 제2항은 임의규정이므로, 당사자는 주물을 처분할 때에 특약으로 종물을 제외할 수 있고 종물만을 별도로 처분할 수도 있다(대판 2012.1.26. 2009다76546).
⑤ (○) 민법 제358조

답 ③

011 주물과 종물에 관한 설명으로 옳지 않은 것은?(다툼이 있으면 판례에 따름) 〔16 노무〕

① 종물은 주물의 처분에 따르므로 종물만을 별도로 처분하기로 하는 약정은 무효이다.
② 주물소유자의 소유가 아닌 물건은 종물이 될 수 없다.
③ 건물에 대한 저당권의 효력은 특별한 사정이 없는 한 그 건물의 소유를 목적으로 하는 지상권에도 미친다.
④ 주물소유자의 사용에 공여되고 있더라도 주물 그 자체의 효용과 직접 관계가 없는 물건은 종물이 아니다.
⑤ 어떤 권리를 다른 권리에 대하여 종된 권리라고 할 수 있으려면 종물과 마찬가지로 다른 권리의 경제적 효용에 이바지하는 관계에 있어야 한다.

해설

① (×) 종물은 주물의 처분에 수반된다는 민법 제100조 제2항은 임의규정이므로, 당사자는 주물을 처분할 때에 특약으로 종물을 제외할 수 있고 종물만을 별도로 처분할 수도 있다(대판 2012.1.26. 2009다76546).
② (○) 주물과 종물은 모두 동일한 소유자에 속하는 것이어야 한다(대판 2008.5.8. 2007다36933).
③ (○) 건물에 대한 저당권의 효력은 그 대지이용권인 지상권에도 미친다(대판 1996.4.26. 95다52864).
④ (○) 대판 1997.10.10. 97다3750
⑤ (○) 대판 2014.6.12. 2012다92159

답 ❶

012 주물과 종물에 관한 설명으로 옳은 것은?(다툼이 있으면 판례에 따름) 〔24 노무〕

① 부동산은 종물이 될 수 없다.
② 종물은 주물의 구성부분이 아닌 독립한 물건이어야 한다.
③ 종물을 주물의 처분에서 제외하는 당사자의 특약은 무효이다.
④ 주물의 효용과 직접 관계가 없는 물건도 주물의 소유자나 이용자의 상용에 공여되는 물건이면 종물이 된다.
⑤ 물건과 물건 상호 간의 관계에 관한 주물과 종물의 법리는 권리와 권리 상호 간의 관계에는 유추적용 될 수 없다.

해설

① (×) 종물은 주물과 독립한 물건이면 되고, 동산이든 부동산이든 관계없다. 독일민법(제97조 제1항)과 스위스민법(제644조 제2항)은 종물을 동산에 한정하고 있으나, 현행 민법은 이러한 제한을 두고 있지 않으므로 부동산도 종물이 될 수 있다. 판례도 같은 취지에서 낡은 가재도구 등의 보관장소로 사용되고 있는 방과 연탄창고 및 공동변소가 본채에서 떨어져 축조되어 있기는 하나 본채의 종물이라고 판시하고 있다(대판 1991.5.14. 91다2779).
② (○) 종물은 주물과 '독립된 물건'이어야 한다. 따라서 주물의 구성부분(예 건물의 정화조)은 종물이 될 수 없다.
③ (×) 종물은 주물의 처분에 수반된다는 민법 제100조 제2항은 임의규정이므로, 당사자는 주물을 처분할 때에 특약으로 종물을 제외할 수 있고, 종물만을 별도로 처분할 수도 있다(대판 2012.1.26. 2009다76546).
④ (×) 주물의 상용에 이바지한다 함은 주물 그 자체의 경제적 효용을 다하게 하는 것을 말하는 것으로서, 주물의 소유자나 이용자의 사용에 공여되고 있더라도 주물 그 자체의 효용과 직접 관계가 없는 물건은 종물이 아니다(대결 2000.11.2. 2000마3530).
⑤ (×) 민법 제100조 제2항의 종물과 주물의 관계에 관한 법리는 물건 상호 간의 관계뿐 아니라 권리 상호 간에도 적용되고, 위 규정에서의 처분은 처분행위에 의한 권리변동뿐 아니라 주물의 권리관계가 압류와 같은 공법상의 처분 등에 의하여 생긴 경우에도 적용된다(대판 2006.10.26. 2006다29020).

답 ❷

013 물건에 관한 설명으로 옳지 않은 것은?(다툼이 있으면 판례에 따름) 노무

① 특정이 가능하다면 증감·변동하는 유동집합물도 하나의 물건으로 다루어질 수 있다.
② 타인의 토지에 권원 없이 자신의 수목을 식재한 자가 이를 부단히 관리하고 있다면 그 수목은 토지에 부합하지 않는다.
③ 명인방법을 갖춘 수목은 독립하여 거래의 객체가 될 수 있다.
④ 주물·종물 관계는 특별한 사정이 없는 한 동일인 소유의 물건 사이에서 인정된다.
⑤ 주물·종물 법리는 타인 소유 토지 위에 존재하는 건물의 소유권과 그 건물의 부지에 관한 건물소유자의 토지임차권 사이에도 유추적용될 수 있다.

해설

① (○) 일단의 증감 변동하는 동산을 하나의 물건으로 보아 이를 채권담보의 목적으로 삼는 이른바 유동집합물에 대한 양도담보설정계약의 경우 양도담보의 효력이 미치는 범위를 명시하여 제3자에게 불측의 손해를 입히지 않도록 하고 권리관계를 미리 명확히 하여 집행절차가 부당히 지연되지 않도록 하기 위하여 그 목적물을 특정할 필요가 있으므로, 담보목적물은 담보설정자의 다른 물건과 구별될 수 있도록 그 종류, 소재하는 장소 또는 수량의 지정 등의 방법에 의하여 외부적·객관적으로 특정되어 있어야 하고, 목적물의 특정 여부 및 목적물의 범위는 목적물의 종류, 장소, 수량 등에 관한 계약의 전체적 내용, 계약 당사자의 의사, 목적물 자체가 가지는 유기적 결합의 정도, 목적물의 성질, 담보물 관리와 이용방법 등 여러 가지 사정을 종합하여 구체적으로 판단하여야 한다(대판 2013.2.15. 2012다87089).
② (×) 타인의 토지상에 권원 없이 식재한 수목의 소유권은 토지소유자에게 귀속되고 권원에 의하여 식재한 경우에는 그 소유권이 식재한 자에게 있다(대판 1980.9.30. 80도1874). 이러한 법리는 수목을 식재한 자가 수목을 부단히 관리하고 있더라도 마찬가지로 적용된다.
③ (○) 대결 1998.10.28. 98마1817
④ (○) 종물은 물건의 소유자가 그 물건의 상용에 공하기 위하여 자기 소유인 다른 물건을 이에 부속하게 한 것을 말하므로(민법 제100조 제1항) 주물과 다른 사람의 소유에 속하는 물건은 종물이 될 수 없다(대판 2008.5.8. 2007다36933).
⑤ (○) 건물의 소유를 목적으로 하여 토지를 임차한 사람이 그 토지 위에 소유하는 건물에 저당권을 설정한 때에는 민법 제358조 본문에 따라서 저당권의 효력이 건물뿐만 아니라 건물의 소유를 목적으로 한 토지의 임차권에도 미친다고 보아야 할 것이므로, 건물에 대한 저당권이 실행되어 경락인이 건물의 소유권을 취득한 때에는 특별한 다른 사정이 없는 한 건물의 소유를 목적으로 한 토지의 임차권도 건물의 소유권과 함께 경락인에게 이전된다(대판 1993.4.13. 92다24950).

014 민법상 물건에 관한 설명으로 옳지 않은 것은?(다툼이 있는 경우에는 판례에 의함)

① 입목에 관한 법률에 따라 등기된 입목이나 명인방법을 갖춘 수목의 경우에는 독립하여 거래의 객체가 된다.
② 사람의 유체・유골은 매장・관리・제사・공양의 대상이 될 수 있는 유체물로서 그 제사주재자에게 승계된다.
③ 당사자는 주물을 처분할 때에 특약으로 종물을 제외할 수 있고 종물만을 별도로 처분할 수도 있다.
④ 천연과실은 수취할 권리의 존속기간 일수의 비율로 취득한다.
⑤ 주물과 다른 사람의 소유에 속하는 물건은 종물이 될 수 없다.

해설

① (○) 대결 1998.10.28. 98마1817
② (○) 사람의 유체・유골은 매장・관리・제사・공양의 대상이 될 수 있는 유체물로서, 제사용 재산인 분묘와 함께 그 제사주재자에게 승계된다(대판 2008.11.20. 2007다27670[전합]).
③ (○) 종물은 주물의 처분에 수반된다는 민법 제100조 제2항은 임의규정이므로, 당사자는 주물을 처분할 때에 특약으로 종물을 제외할 수 있고 종물만을 별도로 처분할 수도 있다(대판 2012.1.26. 2009다76546).
④ (×) 천연과실은 그 원물로부터 분리하는 때에 이를 수취할 권리자에게 속한다(민법 제102조 제1항).
⑤ (○) 종물은 물건의 소유자가 그 물건의 상용에 공하기 위하여 자기 소유인 다른 물건을 이에 부속하게 한 것을 말하므로(민법 제100조 제1항) 주물과 다른 사람의 소유에 속하는 물건은 종물이 될 수 없다(대판 2008.5.8. 2007다36933).

답 ④

015 물건에 관한 설명으로 옳은 것은?(다툼이 있으면 판례에 따름)

① 국립공원의 입장료는 토지의 사용대가로서 민법상의 과실이다.
② 주물과 종물의 관계에 관한 법리는 특별한 사정이 없는 한 권리 상호 간의 관계에도 미친다.
③ 주물의 소유자 아닌 자의 물건도 원칙적으로 종물이 될 수 있다.
④ 주유소 지하에 콘크리트를 타설하여 매설한 유류저장탱크는 토지의 종물이다.
⑤ 수목의 집단이 관계법규에 따라 등기된 경우에도 특별한 사정이 없는 한 토지소유권을 취득한 자는 입목의 소유권도 취득한다.

해설

① (×) 국립공원의 입장료는 수익자 부담의 원칙에 따라 국립공원의 유지・관리비용의 일부를 입장객에게 부담시키는 것에 지나지 않고, 토지의 사용대가가 아닌 점에서 민법상의 과실은 아니다(대판 2001.12.28. 2000다27749).
② (○) 민법 제100조 제2항의 종물과 주물의 관계에 관한 법리는 물건 상호 간의 관계뿐 아니라 권리 상호 간에도 적용된다(대판 2006.10.26. 2006다29020).
③ (×) 주물과 종물은 모두 동일한 소유자에 속하는 것이어야 한다(대판 2008.5.8. 2007다36933).
④ (×) 주유소의 지하에 매설된 유류저장탱크를 토지로부터 분리하는데 과다한 비용이 들고 이를 분리하여 발굴할 경우 그 경제적 가치가 현저히 감소할 것이 분명하므로 그 유류저장탱크는 토지에 부합한다(대판 1995.6.29. 94다6345).
⑤ (×) 수목의 집단이 입목에 관한 법률에 따라 입목등기된 경우, 수목의 집단은 토지와 별개의 독립된 부동산으로 다루어진다(입목에 관한 법률 제3조 제2항).

답 ②

016 물건에 관한 설명으로 옳지 않은 것은?(다툼이 있으면 판례에 따름)

① 주물과 종물은 원칙적으로 동일한 소유자에게 속하여야 한다.
② 주물과 종물에 관한 민법 제100조 제2항의 법리는 압류와 같은 공법상 처분에는 적용되지 않는다.
③ 당사자는 주물을 처분할 때에 특약으로 종물을 제외하거나 종물만 별도로 처분할 수 있다.
④ 노동의 대가인 임금은 법정과실이 아니다.
⑤ 매매목적물이 인도되지 않았고 매수인도 대금을 완제하지 않은 경우, 특별한 사정이 없는 한 매도인의 이행지체가 있더라도 매매목적물로부터 발생하는 과실은 매도인에게 귀속된다.

해설

① (○) 종물은 물건의 소유자가 그 물건의 상용에 공하기 위하여 자기 소유인 다른 물건을 이에 부속하게 한 것을 말하므로(민법 제100조 제1항) 주물과 다른 사람의 소유에 속하는 물건은 종물이 될 수 없다(대판 2008.5.8. 2007다36933).
② (×) 민법 제100조 제2항의 종물과 주물의 관계에 관한 법리는 물건 상호 간의 관계뿐 아니라 권리 상호 간에도 적용되고, 위 규정에서의 처분은 처분행위에 의한 권리변동뿐 아니라 주물의 권리관계가 압류와 같은 공법상의 처분 등에 의하여 생긴 경우에도 적용되어야 한다(대판 2006.10.26. 2006다29020).
③ (○) 종물은 주물의 처분에 수반된다는 민법 제100조 제2항은 임의규정이므로, 당사자는 주물을 처분할 때에 특약으로 종물을 제외할 수 있고 종물만을 별도로 처분할 수도 있다(대판 2012.1.26. 2009다76546).
④ (○) 법정과실은 물건의 사용대가로 받는 금전 기타의 물건을 말한다(민법 제101조 제2항). 즉, 차임, 지료 및 이자 등이 법정과실에 해당하는데, 원물과 과실은 모두 물건이어야 하므로, 노동의 대가인 임금은 과실이라고 할 수 없다.
⑤ (○) 매매당사자 사이의 형평을 꾀하기 위하여 매매목적물이 인도되지 아니하더라도 매수인이 대금을 완제한 때에는 그 시점 이후의 과실은 매수인에게 귀속되지만, 매매목적물이 인도되지 아니하고 또한 매수인이 대금을 완제하지 아니한 때에는 매도인의 이행지체가 있더라도 과실은 매도인에게 귀속된다(대판 2004.4.23. 2004다8210).

017 권리의 객체에 관한 설명 중 옳지 않은 것을 모두 고른 것은?(다툼이 있는 경우 판례에 의함)

ㄱ. 독립한 물건이라 하더라도 동산이 아닌 경우에는 종물이 될 수 없다.
ㄴ. 종물은 주물의 상용에 공하는 것이면 족하고, 원칙적으로 주물과 종물이 모두 동일한 소유자에게 속하여야 하는 것은 아니다.
ㄷ. 부동산 매수인이 매매계약을 체결하고 매도인으로부터 소유권이전등기를 경료받았다고 하여도, 아직 매매대금을 완납하지 않고 부동산을 인도받지 않은 이상 그 부동산으로부터 발생하는 과실은 매도인에게 귀속된다.
ㄹ. 분묘에 안치되어 있는 피상속인의 유체·유골은 매장·관리·제사·공양의 대상이 될 수 있는 유체물로서 그 제사주재자에게 승계된다.

① ㄱ, ㄴ
② ㄱ, ㄷ
③ ㄴ, ㄹ
④ ㄱ, ㄴ, ㄷ
⑤ ㄱ, ㄴ, ㄹ

해설

ㄱ. (×) 종물은 독립한 물건이어야 하고, 주물의 구성부분이면 안되나, 독립한 물건이라면 동산이든 부동산이든 관계없다.
ㄴ. (×) 종물은 물건의 소유자가 그 물건의 상용에 공하기 위하여 자기 소유인 다른 물건을 이에 부속하게 한 것을 말하므로(민법 제100조 제1항) 다른 사람의 소유에 속하는 물건은 종물이 될 수 없다(대판 2008.5.8. 2007다36933). 즉 주물・종물은 모두 동일한 소유자에게 속하여야 한다.
ㄷ. (○) 부동산매매에 있어 목적부동산을 제3자가 점유하고 있어 인도받지 아니한 매수인이 명도소송제기의 방편으로 미리 소유권이전등기를 경료받았다고 하여도 아직 매매대금을 완급하지 않은 이상 부동산으로부터 발생하는 과실은 매수인이 아니라 매도인에게 귀속되어야 한다(대판 1992.4.28. 91다32527).
ㄹ. (○) 사람의 유체・유골은 매장・관리・제사・공양의 대상이 될 수 있는 유체물로서, 분묘에 안치되어 있는 선조의 유체・유골은 민법 제1008조의3 소정의 제사용 재산인 분묘와 함께 그 제사주재자에게 승계되고, 피상속인 자신의 유체・유골 역시 위 제사용 재산에 준하여 그 제사주재자에게 승계된다(대판 2008.11.20. 2007다27670[전합]).

답 ❶

018

권리의 객체에 관한 설명으로 옳은 것을 모두 고른 것은?(다툼이 있으면 판례에 따름) 23 노무

ㄱ. 주물과 종물은 원칙적으로 동일한 소유자에게 속하여야 한다.
ㄴ. 분묘에 안치되어 있는 피상속인의 유골은 제사주재자에게 승계된다.
ㄷ. 부동산 매수인이 매매대금을 완제한 후, 그 부동산이 인도되지 않은 상태에서 그로부터 발생한 과실은 특별한 사정이 없는 한 매도인에게 귀속된다.

① ㄱ
② ㄱ, ㄴ
③ ㄱ, ㄷ
④ ㄴ, ㄷ
⑤ ㄱ, ㄴ, ㄷ

해설

ㄱ. (○) 종물은 물건의 소유자가 그 물건의 상용에 공하기 위하여 자기 소유인 다른 물건을 이에 부속하게 한 것을 말하므로(민법 제100조 제1항) 다른 사람의 소유에 속하는 물건은 종물이 될 수 없다(대판 2008.5.8. 2007다36933). 즉 주물・종물은 모두 동일한 소유자에게 속하여야 한다.
ㄴ. (○) 사람의 유체・유골은 매장・관리・제사・공양의 대상이 될 수 있는 유체물로서, 분묘에 안치되어 있는 선조의 유체・유골은 민법 제1008조의3 소정의 제사용 재산인 분묘와 함께 그 제사주재자에게 승계되고, 피상속인 자신의 유체・유골 역시 위 제사용 재산에 준하여 그 제사주재자에게 승계된다(대판 2008.11.20. 2007다27670[전합]).
ㄷ. (×) 민법 제587조에 의하면, 매매계약 있은 후에도 인도하지 아니한 목적물로부터 생긴 과실은 매도인에게 속하고, 매수인은 목적물의 인도를 받은 날로부터 대금의 이자를 지급하여야 한다고 규정하고 있는바, 이는 매매당사자 사이의 형평을 꾀하기 위하여 매매목적물이 인도되지 아니하더라도 매수인이 대금을 완제한 때에는 그 시점 이후의 과실은 매수인에게 귀속되지만, 매매목적물이 인도되지 아니하고 또한 매수인이 대금을 완제하지 아니한 때에는 매도인의 이행지체가 있더라도 과실은 매도인에게 귀속되는 것이므로 매수인은 인도의무의 지체로 인한 손해배상금의 지급을 구할 수 없다(대판 2004.4.23. 2004다8210).

답 ❷

제5절 원물과 과실

019 원물과 과실에 관한 설명으로 옳지 않은 것은?

① 소유권이전의 대가, 노동의 대가는 법정과실이다.
② 물건의 용법에 의하여 수취하는 산출물은 천연과실이다.
③ 천연과실은 그 원물로부터 분리하는 때에 이를 수취할 권리자에게 속한다.
④ 미분리의 과실은 독립한 물건이 아니지만, 명인방법을 갖춘 경우에는 타인소유권의 객체가 될 수 있다.
⑤ 법정과실은 수취할 권리의 존속기간일수의 비율로 취득할 수 있는 것이지만, 당사자가 그와 다르게 약정할 수도 있다.

해설

① (×) 법정과실은 물건의 사용대가로 받는 금전 기타 물건을 의미하므로(민법 제101조 제2항 참고), 물건매매대금과 같은 소유권 이전의 대가나 임금과 같은 노동의 대가는 법정과실이 아니다.
② (○) 민법 제101조 제1항
③ (○) 민법 제102조 제1항
④ (○) 미분리의 과실은 원칙적으로 수목의 일부에 지나지 아니하므로 독립한 물건의 객체가 되지 못하나, 명인방법이라는 공시방법을 갖춘 경우에는 독립한 물건으로서 거래의 목적이 될 수 있다.
⑤ (○) 법정과실은 수취할 권리의 존속기간일수의 비율로 취득하는데(민법 제102조 제2항), 이 규정은 임의규정이므로 당사자가 이와 다른 약정을 하는 것도 가능하다.

답 ❶

CHAPTER 05 권리의 변동

제1절 서 설

제2절 법률행위

001 강행규정에 관한 설명으로 옳은 것은?(다툼이 있는 경우에는 판례에 의함) `15 노무`

① 법률행위가 강행규정에 위반하여 무효인 경우에는 언제나 불법원인급여에 해당한다.
② 임차인의 비용상환청구권에 관한 민법 제626조는 강행규정이다.
③ 강행규정위반의 무효는 원칙적으로 선의의 제3자에게도 주장할 수 있다.
④ 강행규정을 위반하여 무효인 법률행위는 추인하면 유효로 될 수 있다.
⑤ 강행규정에 위반한 자가 스스로 그 약정의 무효를 주장하는 것은 특별한 사정이 없는 한, 신의칙에 반하는 행위로 허용될 수 없다.

해설

① (×) 불법의 원인으로 인하여 재산을 급여하거나 노무를 제공한 때에는 그 이익의 반환을 청구하지 못하는 것인바(민법 제746조 본문), 여기서 불법의 원인이라 함은 그 원인되는 행위가 선량한 풍속 기타 사회질서에 위반하는 경우를 말하는 것으로서 법률[강행규정(註)]의 금지에 위반하는 경우라 할지라도 그것이 선량한 풍속 기타 사회질서에 위반하지 않는 경우에는 이에 해당하지 않는다(대판 2010.12.9. 2010다57626).
② (×) 임차인의 비용상환청구권에 관한 민법 제626조는 강행규정이 아니어서 당사자의 약정으로 임차인이 그 비용상환청구권을 포기하는 것으로 정하는 것은 유효하다.
③ (○) 강행규정에 위반하는 법률행위는 절대적 무효로 선의의 제3자에게도 주장할 수 있다.
④ (×) 강행규정을 위반하여 무효인 법률행위는 추인하여도 그 효력이 생기지 아니한다(민법 제139조).
⑤ (×) 강행법규에 위반한 자가 스스로 그 약정의 무효를 주장하는 것이 신의칙에 위반되는 권리의 행사라는 이유로 그 주장을 배척한다면, 이는 오히려 강행법규에 의하여 배제하려는 결과를 실현시키는 셈이 되어 입법취지를 완전히 몰각하게 되므로 달리 특별한 사정이 없는 한 위와 같은 주장은 신의칙에 반하는 것이라고 할 수 없다(대판 2004.6.11. 2003다1601).

답 ③

002 법률행위에 관한 설명으로 옳지 않은 것은?

① 보증계약은 요식행위이다.
② 증여계약은 낙성계약이다.
③ 채무면제는 처분행위이다.
④ 유언은 생전행위이다.
⑤ 상계는 상대방 있는 단독행위이다.

해설

① (○) 요식행위(要式行爲)는 일정한 방식에 따라 해야만 효력이 인정되는 법률행위이고, 불요식행위(不要式行爲)는 방식에 구속되지 않고 자유롭게 할 수 있는 법률행위이다. 보증계약은 보증의사가 보증인의 기명날인 또는 서명이 있는 서면으로 표시되어야 효력이 발생한다. 다만, 보증의 의사가 전자적 형태로 표시된 경우에는 효력이 없다(민법 제428조의2 제1항). 따라서 보증계약은 요식행위이다.
② (○) 증여계약은 편무·무상·낙성·불요식계약이다(민법 제554조 참조). 증여계약은 목적물의 인도 기타 출연행위가 없더라도 당사자의 합의만으로 성립하는 낙성계약이다. 그리고 증여자만이 채무를 부담하는 편무계약이며, 대가(반대급부) 없이 재산을 출연하는 대표적인 무상계약이다. 또한 증여계약은 방식에 구속되지 않고 자유롭게 할 수 있는 불요식계약이다. 다만, 증여의사가 서면으로 표시되지 않는 경우에는 증여를 해제할 수 있을 뿐이다.
③ (○) 채무면제는 채권을 소멸시키는 행위로서 준물권행위이고, 따라서 처분행위이다. 채무면제는 처분행위이므로 채권의 처분권한을 가지고 있는 자만이 할 수 있다.
④ (×) 법률행위는 그 효력이 행위자의 생전에 발생하는지 아니면 사망 후에 발생하는지에 따라 생전행위(生前行爲)와 사인행위(死因行爲)로 구분된다. 보통의 법률행위는 생전행위이나, 유언(민법 제1060조 이하), 사인증여(민법 제562조)는 사인행위(死因行爲)이다.
⑤ (○) 단독행위는 하나의 의사표시에 의하여 성립하는 법률행위이다. 상대방이 있느냐에 따라 '상대방 있는 단독행위'와 '상대방 없는 단독행위'로 구분된다. 동의, 채무면제, 추인, 취소, 상계, 해제, 해지는 '상대방 있는 단독행위'이다. 반면, 유언, 재단법인 설립행위, 상속의 포기는 '상대방 없는 단독행위'이다.

답 ❹

003 민법 제103조의 반사회적 법률행위에 해당하여 무효인 것을 모두 고른 것은?(다툼이 있으면 판례에 따름)

ㄱ. 뇌물로 받은 금전을 소극적으로 은닉하기 위하여 이를 임치하는 약정
ㄴ. 강제집행을 면할 목적으로 허위의 근저당권을 설정하는 행위
ㄷ. 도박자금에 제공할 목적으로 금전을 대여하는 행위
ㄹ. 해외파견 후 귀국일로부터 상당기간 동안 소속회사에서 근무하지 않으면 해외파견 소요경비를 배상한다는 사규나 약정

① ㄱ
② ㄷ
③ ㄱ, ㄴ
④ ㄴ, ㄷ
⑤ ㄷ, ㄹ

해설

ㄱ. (×) 반사회적 행위에 의하여 조성된 재산인 이른바 비자금을 소극적으로 은닉하기 위하여 임치한 것이 사회질서에 반하는 법률행위로 볼 수 없다(대판 2001.4.10. 2000다49343).
ㄴ. (×) 강제집행을 면할 목적으로 부동산에 허위의 근저당권설정등기를 경료하는 행위는 반사회질서의 법률행위에 해당하지 않는다(대판 2004.5.28. 2003다70041).

ㄷ. (○) 도박자금을 대여하는 행위는 무효이다.
ㄹ. (×) 해외파견된 근로자가 귀국일로부터 일정 기간 소속 회사에 근무하여야 한다는 사규나 약정은 민법 제103조 또는 제104조에 위반된다고 할 수 없고, 일정 기간 근무하지 않으면 해외파견 소요경비를 배상한다는 사규나 약정은 근로계약기간이 아니라 경비반환채무의 면제기간을 정한 것이므로 근로기준법 제21조에 위배하는 것도 아니다(대판 1982.6.22. 82다카90).

답 ❷

004 반사회질서 또는 불공정한 법률행위에 관한 설명으로 옳은 것은?(다툼이 있으면 판례에 따름)
CHECK ○△× 　17 노무

① 소송사건에 증인으로서 증언에 대한 대가를 약정하였다면 그 자체로 반사회질서행위로서 무효이다.
② 반사회질서 법률행위에 해당되는 매매계약을 원인으로 한 소유권이전등기명의자의 물권적 청구권 행사에 대하여 상대방은 법률행위의 무효를 주장할 수 없다.
③ 급부 간 현저한 불균형이 있더라도 폭리자가 피해당사자 측의 사정을 알면서 이를 이용하려는 의사가 없다면 불공정한 법률행위가 아니다.
④ 경매목적물이 시가에 비해 현저하게 낮은 가격으로 매각된 경우 불공정한 법률행위로 무효가 될 수 있다.
⑤ 민사사건에 관한 변호사의 성공보수약정은 선량한 풍속 기타 사회질서에 위배되어 무효이다.

해설

① (×) 소송사건에서 일방 당사자를 위하여 증인으로 출석하여 증언하였거나 증언할 것을 조건으로 어떤 대가를 받을 것을 약정한 경우, 그 대가의 내용이 통상적으로 용인될 수 있는 수준을 초과하는 경우에는 그와 같은 약정은 금전적 대가가 결부됨으로써 선량한 풍속 기타 사회질서에 반하는 법률행위가 되어 효력이 없다고 할 것이다(대판 1999.4.13. 98다52483).
② (×) 선량한 풍속 기타 사회질서에 위반한 사항을 내용으로 하는 법률행위의 무효는 이를 주장할 이익이 있는 자는 누구든지 무효를 주장할 수 있다. 따라서 반사회질서 법률행위를 원인으로 하여 부동산에 관한 소유권이전등기를 마쳤더라도 그 등기는 원인무효로서 말소될 운명에 있으므로 등기명의자가 소유권에 기한 물권적 청구권을 행사하는 경우에, 권리 행사의 상대방은 법률행위의 무효를 항변으로서 주장할 수 있다(대판 2016.3.24. 2015다11281).
③ (○) 민법 제104조에 규정된 불공정한 법률행위는 객관적으로 급부와 반대급부 사이에 현저한 불균형이 존재하고, 주관적으로 그와 같이 균형을 잃은 거래가 피해당사자의 궁박, 경솔 또는 무경험을 이용하여 이루어진 경우에 성립하는 것으로서, 피해당사자가 궁박한 상태에 있었다고 하더라도 그 상대방당사자에게 그와 같은 피해당사자 측의 사정을 알면서 이를 이용하려는 의사, 즉 폭리행위의 악의가 없었다거나 또는 객관적으로 급부와 반대급부 사이에 현저한 불균형이 존재하지 아니한다면 민법 제104조에 규정된 불공정한 법률행위는 성립하지 않는다(대판 2013.9.26. 2013다40353).
④ (×) 경락가격이 경매부동산의 시가에 비하여 저렴하다는 사유는 경락허가결정에 대한 적법한 불복이유가 되지 못하는 것이고 경매에 있어서는 불공정한 법률행위 또는 채무자에게 불리한 약정에 관한 것으로서 효력이 없다는 민법 제104조, 제608조는 적용될 여지가 없다(대결 1980.3.21. 80마77).
⑤ (×) 형사사건에 관한 성공보수약정은 민법 제103조에서 규정한 선량한 풍속 기타 사회질서에 위배(대판 2015.7.23. 2015다200111[전합])되나, 변호사의 소송위임 사무처리보수에 관하여 변호사와 의뢰인 사이에 약정(민사사건에 관한 성공보수약정)이 있는 경우 위임사무를 완료한 변호사는 원칙적으로 약정보수액 전부를 청구할 수 있으나, 약정보수액이 부당하게 과다하여 신의성실의 원칙이나 형평의 관념에 반한다고 볼만한 특별한 사정이 있는 경우에는 예외적으로 적당하다고 인정되는 범위 내의 보수액만을 청구할 수 있다는 것이 판례(대판 2018.5.17. 2016다35833[전합])이므로, 민사사건에 관한 성공보수약정은 선량한 풍속 기타 사회질서에 위배된다고 할 수 없다.

답 ❸

005 반사회적 법률행위에 해당하지 않는 것을 모두 고른 것은?(다툼이 있으면 판례에 따름)

22 변리

ㄱ. 강제집행을 면할 목적으로 부동산에 허위의 근저당권설정등기를 경료하는 행위
ㄴ. 오로지 보험사고를 가장하여 보험금을 취득할 목적으로 생명보험계약을 체결하는 행위
ㄷ. 매도인의 배임행위에 제2매수인이 적극 가담하여 행해진 부동산이중매매
ㄹ. 도박자금에 제공할 목적으로 금전을 대차하는 행위

① ㄱ
② ㄹ
③ ㄱ, ㄴ
④ ㄴ, ㄷ
⑤ ㄷ, ㄹ

해설

ㄱ. (×) 강제집행을 면할 목적으로 부동산에 허위의 근저당권설정등기를 경료하는 행위는 민법 제103조의 선량한 풍속 기타 사회질서에 위반한 사항을 내용으로 하는 법률행위로 볼 수 없다(대판 2004.5.28. 2003다70041).
ㄴ. (○) 생명보험계약은 사람의 생명에 관한 우연한 사고에 대하여 금전을 지급하기로 약정하는 것이어서 금전을 취득할 목적으로 고의로 피보험자를 살해하는 등의 도덕적 위험의 우려가 있으므로, 그 계약 체결에 관하여 신의성실의 원칙에 기한 선의(이른바 선의계약성)가 강하게 요청되는바, 당초부터 오로지 보험사고를 가장하여 보험금을 취득할 목적으로 생명보험계약을 체결한 경우에는 사람의 생명을 수단으로 이득을 취하고자 하는 불법적인 행위를 유발할 위험성이 크고, 이러한 목적으로 체결된 생명보험계약에 의하여 보험금을 지급하게 하는 것은 보험계약을 악용하여 부정한 이득을 얻고자 하는 사행심을 조장함으로써 사회적 상당성을 일탈하게 되므로, 이와 같은 생명보험계약은 사회질서에 위배되는 법률행위로서 무효이다(대판 2000.2.11. 99다49064).
ㄷ. (○) 이중매도인의 배임행위에 적극 가담하여 매수한 매매행위는 사회정의관념에 위배된 반사회적인 법률행위로서 무효인 것이라 할 것이다(대판 1969.11.25. 66다1565, 대판 1994.3.11. 93다55289 등).
ㄹ. (○) 도박자금에 제공할 목적으로 금전의 대차를 한 때에는 그 대차계약은 민법 제103조의 반사회질서의 법률행위로 무효이다(대판 1973.5.22. 72다2249).

답 ❶

006 다음 약정 중 강행규정에 위반되어 그 효력이 인정되지 않는 것을 모두 고른 것은?(다툼이 있으면 판례에 따름)

07 사시

ㄱ. 건물의 임차인이 비용을 지출하여 개조한 부분에 대한 원상회복의무를 면하는 대신 그 개조비용의 상환청구권을 포기하기로 하는 임대인과 임차인 사이의 약정
ㄴ. 채권자의 과실로 채무자가 제공한 담보물의 가치가 감소되더라도 보증인의 면책주장을 배제하는 채권자와 보증인 사이의 약정
ㄷ. 식목을 목적으로 하는 토지임대차의 임차인이 차임의 감액을 청구할 수 없다는 약정
ㄹ. 사단법인의 사원의 지위를 양도하거나 상속할 수 있다는 약정
ㅁ. 증권회사 직원이 정당한 이유없이 고객에게 증권거래와 관련하여 발생하는 손실을 보전하여 주기로 하는 고객과의 약정

① ㄱ, ㄴ, ㄷ, ㄹ, ㅁ
② ㄱ, ㄷ, ㅁ
③ ㄴ, ㄷ
④ ㄷ, ㅁ
⑤ ㄴ, ㄹ

해설

ㄱ. (유효) 임차인의 비용상환청구권에 관한 규정인 민법 제626조는 임의규정이고 원상회복의무를 면하는 대신 임차인의 임차물에 대한 개조비용의 상환청구권을 포기하는 약정도 유효하다.

> 임차인이 임차건물을 증·개축 기타 필요한 시설을 하되 임대인에게 그 투입비용의 변상이나 일체의 권리주장을 포기하기로 특약하였다면 이는 임차인이 임차건물을 반환시에 비용상환청구등 일체의 권리를 포기하는 대신 원상복구의무도 부담하지 아니한다는 내용을 포함하는 약정으로 볼 것이므로, 동 임차계약서상에 "임차인은 임대인의 승인하에 가옥을 개축 또는 변조할 수 있으나 차가를 반환할 기일 전에 임차인이 일체의 비용을 부담하여 원상복구키로 함" 이라는 인쇄된 부동문구가 그대로 남아 있다하여 이에 기하여 임차인의 원상복구의무를 인정할 수 없다(대판 1981.11.24. 80다320).

ㄴ. (유효) 민법 제485조의 면책규정은 법정대위권자로 하여금 구상의 실익을 거둘 수 있도록 하기 위하여 채권자에게 담보의 보존을 간접적으로 강제하는 취지의 규정으로서 그 규정목적이 오로지 법정대위권자[보증인(註)]의 이익보호에 있으므로 그 성질상 임의규정으로 보아야 할 것이고 따라서 법정대위권자로서는 채권자와의 특약으로서 위 규정에 의한 면책이익을 포기하거나 면책의 사유와 범위를 제한 내지 축소할 수 있다(대판 1987.4.14. 86다카520).

ㄷ. (무효) 차임증감청구권에 대해 규정하고 있는 민법 제628조는 이에 위반한 약정으로 임차인에게 불리한 것을 무효로 하는 편면적 강행규정이고 이에 대해 판시하는 아래 판례의 취지를 함께 고려할 때 차임을 감액할 수 없다는 약정은 임차인에게 불리한 약정으로 그 효력이 없다.

> 임대차계약에 있어서 차임은 당사자 간에 합의가 있어야 하고, 임대차기간 중에 당사자의 일방이 차임을 변경하고자 할 때에도 상대방의 동의를 얻어서 하여야 하며, 그렇지 아니한 경우에는 민법 제628조에 의하여 차임의 증감을 청구하여야 할 것이고, 만일 임대차계약 체결시에 임대인이 일방적으로 차임을 인상할 수 있고 상대방은 이의를 할 수 없다고 약정하였다면, 이는 강행규정인 민법 제628조에 위반하는 약정으로서 임차인에게 불리한 것이므로 민법 제652조에 의하여 효력이 없다(대판 1992.11.24. 92다31163).

ㄹ. (유효) 사단법인의 사원의 지위는 양도 또는 상속할 수 없다고 규정한 민법 제56조의 규정은 강행규정이라고 할 수 없으므로, 비법인사단에서도 사원의 지위는 규약이나 관행에 의하여 양도 또는 상속될 수 있다(대판 1997.9.26. 95다6205).

ㅁ. (무효) 증권회사 직원이 과거 자신의 잘못으로 고객의 계좌에 발생한 손해를 보전하여 주기 위한 방법으로 고객에게 향후 증권거래 계좌 운용에서 일정한 최소한의 수익을 보장할 것을 약정한 것은 공정한 증권거래질서의 확보를 위하여 구 증권거래법에서 금지하고 있는 것에 해당하여 무효라고 할 것이고, 손실보전약정이 유효함을 전제로 일정기간 동안 법적 조치 등을 취하지 않기로 하는 약정도 당연히 무효로 된다(대판 2003.1.24. 2001다2129).

답 ❹

007

반사회질서행위의 효과에 관한 설명으로 옳지 않은 것은?(다툼이 있으면 판례에 따름) 18 변리

① 도박자금에 제공할 목적으로 금전을 대차한 때에 그 대차계약으로 인한 금전의 반환을 청구할 수 없다.
② 반사회질서행위의 무효는 이를 주장할 이익이 있는 자라면 누구든지 그 무효를 주장할 수 있다.
③ 법률행위의 성립과정에 강박이라는 불법적 방법이 사용된 데에 불과한 때에는 반사회질서행위로서 무효라고 할 수는 없다.
④ 본처가 남편의 과거 부첩(夫妾)관계를 용서한 때에는 그것이 손해배상청구권의 포기라고 해석되는 한 그대로의 법적 효력이 인정될 수 있다.
⑤ 법률행위가 반사회질서행위로 무효인지 여부는 그 효력이 발생한 때를 기준으로 판단하여야 한다.

해설

① (○) 도박자금에 제공할 목적으로 금전의 대차를 한 때에는 그 대차계약은 민법 제103조의 반사회질서의 법률행위로 무효이므로(대판 1973.5.22. 72다2249), 그 대차계약으로 인한 금전의 반환을 청구할 수 없다.
② (○) 선량한 풍속 기타 사회질서에 위반한 사항을 내용으로 하는 법률행위의 무효는 이를 주장할 이익이 있는 자는 누구든지 무효를 주장할 수 있다(대판 2016.3.24. 2015다11281).
③ (○) 법률행위의 성립과정에 강박이라는 불법적 방법이 사용된 데에 불과한 때에는 강박에 의한 의사표시의 하자나 의사의 흠결을 이유로 효력을 논의할 수는 있을지언정 반사회질서의 법률행위로서 무효라고 할 수는 없다(대판 2002.12.27. 2000다47361).
④ (○) 소위 첩계약(妾契約)은 본처(本妻)의 동의 유무를 불문하고 선량한 풍속에 반하는 사항을 내용으로 하는 법률행위로서 무효일 뿐만 아니라 위법한 행위이므로, 부첩관계에 있는 부(夫) 및 첩은 특별한 사정이 없는 한 그로 인하여 본처가 입은 정신상의 고통에 대하여 배상할 의무가 있고, 이러한 손해배상책임이 성립하기 위하여 반드시 부첩관계로 인하여 혼인관계가 파탄에 이를 필요까지는 없고, 한편 본처가 장래의 부첩관계에 대하여 동의하는 것은 그 자체가 선량한 풍속에 반하는 것으로서 무효라고 할 것이나, 기왕의 부첩관계에 대하여 용서한 때에는 그것이 손해배상청구권의 포기라고 해석되는 한 그대로의 법적 효력이 인정될 수 있다(대판 1998.4.10. 96므1434).
⑤ (×) 선량한 풍속 기타 사회질서는 부단히 변천하는 가치관념으로서 어느 법률행위가 이에 위반되어 민법 제103조에 의하여 무효인지는 법률행위가 이루어진 때를 기준으로 판단하여야 한다(대판 2015.7.23. 2015다200111[전합]).

답 ⑤

008

甲이 자신의 X건물을 乙에게 매도하는 계약을 체결하고 계약금 및 중도금을 수령하였으나 아직 소유권이전등기를 마쳐주지 않았다. 이러한 사실을 알고 있는 丙이 甲의 배임행위에 적극적으로 가담하여 甲으로부터 X건물을 매수하고 소유권이전등기를 경료받았다. 이에 관한 설명으로 옳은 것을 모두 고른 것은?(다툼이 있으면 판례에 따름)

24 변리

> ㄱ. 甲과 丙이 체결한 매매계약은 반사회적 법률행위로서 무효이다.
> ㄴ. 乙은 甲을 대위함이 없이 직접 丙에 대하여 그 소유권이전등기의 말소를 청구할 수 있다.
> ㄷ. 乙은 甲에 대한 소유권이전등기청구권을 보전하기 위하여 甲과 丙사이의 매매계약에 대하여 채권자취소권을 행사할 수 있다.
> ㄹ. 丁이 丙을 소유권자로 믿고 丙으로부터 X건물을 매수하여 소유권이전등기를 마친 경우, 丁은 甲과 丙사이의 매매계약의 유효를 주장할 수 있다.

① ㄱ
② ㄱ, ㄷ
③ ㄴ, ㄹ
④ ㄱ, ㄴ, ㄹ
⑤ ㄱ, ㄴ, ㄷ, ㄹ

해설

ㄱ. (○) 부동산의 이중매매가 반사회적 법률행위로서 무효가 되기 위하여는 매도인의 배임행위와 매수인이 매도인의 배임행위에 적극 가담한 행위로 이루어진 매매로서, 그 적극 가담하는 행위는 매수인이 다른 사람에게 매매목적물이 매도된 것을 안다는 것만으로는 부족하고, 적어도 그 매도사실을 알고도 매도를 요청하여 매매계약에 이르는 정도가 되어야 하므로(대판 1994.3.11. 93다55289), 甲이 이미 乙에게 X건물을 매도한 것을 알고 있는 丙이 甲의 배임행위에 적극적으로 가담하여 甲으로부터 X건물을 매수하고 소유권이전등기를 경료받았다면, 甲과 제2매수인 丙이 체결한 매매계약은 반사회적 법률행위로서 무효이다.

ㄴ. (×) 제1매수인 乙이 甲으로부터 X건물에 대한 소유권이전등기를 경료받았다면 당연히 丙에 대하여 원인무효인 소유권이전등기의 말소를 청구할 수 있으나, 이전등기를 경료하지 아니한 乙은 매도인 甲을 대위하여 丙에 대하여 그 소유권이전등기의 말소를 청구하여야 한다(대판 1980.5.27. 80다565 참고).

ㄷ. (×) 채권자취소권은 채무자가 채권자를 해함을 알면서 자기의 일반재산을 감소시키는 행위를 한 경우에 그 행위를 취소하여 채무자의 재산을 원상회복시킴으로써 모든 채권자를 위하여 채무자의 책임재산을 보전하는 권리로서, 특정물채권을 보전하기 위하여 행사하는 것은 허용되지 않는다(대판 1995.2.10. 94다2534). 따라서 乙이 특정물채권인 甲에 대한 소유권이전등기청구권을 보전하기 위하여 甲과 丙사이의 매매계약에 대하여 채권자취소권을 행사할 수 없다고 판단된다.

ㄹ. (×) 판례의 취지를 고려할 때 丁이 丙을 소유권자로 믿고 丙으로부터 X건물을 매수하여 소유권이전등기를 마쳤더라도 반사회질서의 부동산이중매매는 절대적 무효이므로 丁은 甲과 丙사이의 매매계약의 유효를 주장할 수 없다.

> 부동산의 매수인이 매도인의 배임행위에 적극 가담하여 그 매매계약이 반사회적 법률행위에 해당하는 경우에는 매매계약은 절대적으로 무효이므로, 당해 부동산을 매수인으로부터 다시 취득한 제3자는 설사 매수인이 당해 부동산의 소유권을 유효하게 취득한 것으로 믿었다고 하더라도 매매계약이 유효하다고 주장할 수 없는 것이며, 이러한 법리는 담보권설정계약에서도 마찬가지라 할 것이다(대판 2008.3.27. 2007다82875).

답 ①

009 선량한 풍속 기타 사회질서에 반하는 행위를 모두 고른 것은?(다툼이 있으면 판례에 따름)

CHECK ○△×

20 변리

> ㄱ. 수사기관에서 참고인으로서 허위진술을 해 주는 대가로 금원을 지급하기로 한 약정
> ㄴ. 강제집행을 면할 목적으로 부동산에 허위의 근저당설정등기를 경료하는 행위
> ㄷ. 전통사찰의 주지직을 거액의 금품을 대가로 양도·양수하기로 하는 약정이 있음을 알고도 이를 묵인 혹은 방조한 상태에서 한 종교법인의 주지임명행위
> ㄹ. 부동산을 매도인이 이미 제3자에게 매각한 사실을 매수인이 단순히 알고 있었던 경우에 매도인의 요청으로 그 부동산을 매수하기로 한 계약

① ㄱ
② ㄱ, ㄴ
③ ㄴ, ㄷ
④ ㄱ, ㄷ, ㄹ
⑤ ㄴ, ㄷ, ㄹ

해설

ㄱ. (○) 수사기관에서 참고인으로 진술하면서 자신이 잘 알지 못하는 내용에 대하여 허위의 진술을 하는 경우에 그 허위진술행위가 범죄행위를 구성하지 않는다고 하여도 이러한 행위 자체는 국가사회의 일반적인 도덕관념이나 국가 사회의 공공질서이익에 반하는 행위라고 볼 것이니, 그 급부의 상당성 여부를 판단할 필요 없이 허위진술의 대가로 작성된 각서에 기한 급부의 약정은 민법 제103조 소정의 반사회적 질서행위로 무효이다(대판 2001.4.24. 2000다71999).

ㄴ. (×) 강제집행을 면할 목적으로 부동산에 허위의 근저당권설정등기를 경료하는 행위는 민법 제103조의 선량한 풍속 기타 사회질서에 위반한 사항을 내용으로 하는 법률행위로 볼 수 없다(대판 2004.5.28. 2003다70041).

ㄷ. (×) 전통사찰의 주지직을 거액의 금품을 대가로 양도·양수하기로 하는 약정이 있음을 알고도 이를 묵인 혹은 방조한 상태에서 한 종교법인의 주지임명행위는 민법 제103조 소정의 반사회질서의 법률행위에 해당하지 않는다(대판 2001.2.9. 99다38613).

ㄹ. (×) 판례의 취지를 고려할 때 매수인이 매도인의 배임행위에 적극가담한 것이 아니라, 매도인이 이미 제3자에게 부동산을 매각한 사실을 단순히 알고 있었던 매수인이 매도인의 요청으로 그 부동산을 매수하기로 한 것에 불과하다면 그 계약은 반사회질서의 법률행위에 해당하여 무효라고 할 수 없다.

> 부동산의 이중매매가 반사회적 법률행위로서 무효가 되기 위하여는 매도인의 배임행위와 매수인이 매도인의 배임행위에 적극 가담한 행위로 이루어진 매매로서, 그 적극 가담하는 행위는 매수인이 다른 사람에게 매매목적물이 매도된 것을 안다는 것만으로는 부족하고, 적어도 그 매도사실을 알고도 매도를 요청하여 매매계약에 이르는 정도가 되어야 한다(대판 1994.3.11. 93다55289).

답 ①

010 반사회질서의 법률행위에 관한 설명으로 옳지 않은 것은?(다툼이 있으면 판례에 따름)

① 과도한 위약벌 약정은 법원의 직권감액이 가능하므로 선량한 풍속 기타 사회질서에 반할 여지가 없다.
② 부동산 매매계약에서 계약금을 수수한 후 당사자가 매매계약의 이행에 착수하기 전에 제3자가 매도인을 적극 유인하여 해당 부동산을 매수하였다면 매도인과 제3자 사이의 그 매매계약은 반사회질서의 법률행위가 아니다.
③ 보험사고를 가장하여 보험금을 부정취득할 목적으로 체결된 다수의 생명보험계약은 그 목적에 대한 보험자의 인식 여부를 불문하고 무효이다.
④ 부첩(夫妾)관계의 종료를 해제조건으로 하는 증여계약은 반사회질서의 법률행위로서 무효이다.
⑤ 선량한 풍속 기타 사회질서에 반하는 법률행위의 무효는 그 법률행위를 기초로 하여 새로운 이해관계를 맺은 선의의 제3자에 대해서도 주장할 수 있다.

해설

① (×) 위약벌의 약정은 채무의 이행을 확보하기 위하여 정해지는 것으로서 손해배상의 예정과는 그 내용이 다르므로 손해배상의 예정에 관한 민법 제398조 제2항을 유추적용하여 그 액을 감액할 수는 없고, 다만 그 의무의 강제에 의하여 얻어지는 채권자의 이익에 비하여 <u>약정된 벌이 과도하게 무거울 때에는 그 일부 또는 전부가 공서양속에 반하여 무효로 된다</u>(대판 2013.7.25. 2013다27015).
② (○) 부동산 이중매매가 반사회질서적인 것으로 평가되기 위해서는 제1매매에 약정 또는 법정해제사유가 없어야 하고, 제1매매행위가 계약이라면 중도금이 지급되는 등(대판 2020.5.14. 2019도16228) <u>계약금의 배액상환으로 제1매매계약을 해제할 수 없는 상태에 이르러야</u> 한다. 따라서 당사자가 제1매매계약의 이행에 착수하기 전에 제3자가 매도인을 적극 유인하여 해당 부동산을 매수하였다면 매도인과 제3자 사이의 그 매매계약은 반사회질서의 법률행위라고 할 수 없다.
③ (○) 대판 2017.4.7. 2014다234827
④ (○) <u>부첩관계인 부부생활의 종료를 해제조건으로 하는 증여계약은 그 조건만이 무효인 것이 아니라 증여계약 자체가 무효이다</u>(대판 1966.6.21. 66다530).
⑤ (○) 반사회질서의 법률행위의 무효는 절대적 무효이므로 선의의 제3자에게도 대항할 수 있다.

답 ①

011 민법 제104조의 불공정한 법률행위에 관한 설명으로 옳은 것은?(다툼이 있으면 판례에 따름)

23 변리

① 행정기관에 진정서를 제출하여 상대방을 궁지에 빠뜨린 다음 이를 취하하는 조건으로 거액의 급부를 제공받기로 약정한 것은 불공정한 법률행위에 해당한다.
② 법률행위의 성립 시에는 존재하지 않았던 급부 간의 현저한 불균형이 그 이후 외부적 사정의 급격한 변화로 인하여 발생하였다면 다른 요건이 충족되는 한 그때부터 불공정한 법률행위가 인정된다.
③ 불공정한 법률행위의 성립요건으로 요구되는 무경험이란 일반적인 생활체험의 부족이 아니라 해당 법률행위가 행해진 바로 그 영역에서의 경험 부족을 의미한다.
④ 법률행위가 현저히 공정을 잃었고, 어느 한 당사자에게 궁박의 사정이 존재한다고 하여도 그 상대방에게 이러한 사정을 이용하려는 폭리행위의 악의가 없었다면 불공정한 법률행위는 인정되지 않는다.
⑤ 불공정한 법률행위를 할 때 당사자 간에 그 법률행위의 불공정성을 이유로 하여 법률행위의 효력을 다툴 수 없다는 합의가 함께 행해졌다면 그러한 합의는 유효하다.

해설

① (×) 행정기관에 진정서를 제출하여 상대방을 궁지에 빠뜨린 다음 이를 취하하는 조건으로 거액의 급부를 제공받기로 약정한 경우, 민법 제103조 소정의 반사회질서의 법률행위에 해당한다(대판 2000.2.11. 99다56833).
② (×) 어떠한 법률행위가 불공정한 법률행위에 해당하는지는 법률행위 시를 기준으로 판단하여야 한다. 따라서 계약체결 당시를 기준으로 전체적인 계약 내용에 따른 권리의무관계를 종합적으로 고려한 결과 불공정한 것이 아니라면, 사후에 외부적 환경의 급격한 변화에 따라 계약당사자 일방에게 큰 손실이 발생하고 상대방에게는 그에 상응하는 큰 이익이 발생할 수 있는 구조라고 하여 그 계약이 당연히 불공정한 계약에 해당한다고 말할 수 없다(대판 2013.9.26. 2011다53683[전합]).
③ (×), ④ (○) 불공정한 법률행위가 성립하기 위한 요건인 궁박, 경솔, 무경험은 모두 구비되어야 하는 요건이 아니라 그중 일부만 갖추어져도 충분한데, 여기에서 '궁박'이라 함은 '급박한 곤궁'을 의미하는 것으로서 경제적 원인에 기인할 수도 있고 정신적 또는 심리적 원인에 기인할 수도 있으며, '무경험'이라 함은 일반적인 생활체험의 부족을 의미하는 것으로서 어느 특정영역에 있어서의 경험부족이 아니라 거래일반에 대한 경험부족을 뜻하고, ❸ 당사자가 궁박 또는 무경험의 상태에 있었는지 여부는 그의 나이와 직업, 교육 및 사회경험의 정도, 재산 상태 및 그가 처한 상황의 절박성의 정도 등 제반 사정을 종합하여 구체적으로 판단하여야 하며, 한편 피해 당사자가 궁박, 경솔 또는 무경험의 상태에 있었다고 하더라도 그 상대방 당사자에게 그와 같은 피해 당사자 측의 사정을 알면서 이를 이용하려는 의사, 즉 폭리행위의 악의가 없었다거나 또는 객관적으로 급부와 반대급부 사이에 현저한 불균형이 존재하지 아니한다면 불공정 법률행위는 성립하지 않는다❹(대판 2002.10.22. 2002다38927).
⑤ (×) 매매계약과 같은 쌍무계약이 급부와 반대급부와의 불균형으로 말미암아 민법 제104조에서 정하는 '불공정한 법률행위'에 해당하여 무효라고 한다면, 그 계약으로 인하여 불이익을 입는 당사자로 하여금 위와 같은 불공정성을 소송 등 사법적 구제수단을 통하여 주장하지 못하도록 하는 부제소합의 역시 다른 특별한 사정이 없는 한 무효이다(대판 2010.7.15. 2009다50308).

답 ❹

012 불공정한 법률행위에 관한 설명으로 옳지 않은 것은?(다툼이 있으면 판례에 따름)

① 무경험은 거래일반에 대한 경험부족이 아니라 어느 특정영역에서의 경험부족을 의미한다.
② 어떠한 법률행위가 불공정한 법률행위에 해당하는지는 법률행위 당시를 기준으로 판단하여야 한다.
③ 급부와 반대급부 사이의 현저한 불균형은 당사자의 주관적 가치가 아닌 거래상의 객관적 가치에 의하여 결정된다.
④ 불공정한 법률행위의 무효는 원칙적으로 추인에 의해 유효로 될 수 없다.
⑤ 매매계약이 불공정한 법률행위에 해당하여 무효인 경우, 특별한 사정이 없는 한 그 계약에 관한 부제소합의도 무효이다.

해설

① (×) '무경험'이라 함은 일반적인 생활체험의 부족을 의미하는 것으로서 어느 특정영역에 있어서의 경험부족이 아니라 거래일반에 대한 경험부족을 의미한다(대판 2002.10.22. 2002다38927).
② (○) 어떠한 법률행위가 불공정한 법률행위에 해당하는지는 법률행위 시를 기준으로 판단하여야 한다. 따라서 계약체결 당시를 기준으로 전체적인 계약 내용에 따른 권리의무관계를 종합적으로 고려한 결과 불공정한 것이 아니라면, 사후에 외부적 환경의 급격한 변화에 따라 계약당사자 일방에게 큰 손실이 발생하고 상대방에게는 그에 상응하는 큰 이익이 발생할 수 있는 구조라고 하여 그 계약이 당연히 불공정한 계약에 해당한다고 말할 수 없다(대판 2013.9.26. 2011다53683).
③ (○) 급부와 반대급부 사이의 '현저한 불균형'은 단순히 시가와의 차액 또는 시가와의 배율로 판단할 수 있는 것은 아니고 구체적·개별적 사안에 있어서 일반인의 사회통념에 따라 결정하여야 한다. 그 판단에 있어서는 피해당사자의 궁박·경솔·무경험의 정도가 아울러 고려되어야 하고, 당사자의 주관적 가치가 아닌 거래상의 객관적 가치에 의하여야 한다(대판 2010.7.15. 2009다50308).
④ (○) 불공정한 법률행위로서 무효인 경우에는 추인에 의하여 무효인 법률행위가 유효로 될 수 없다(대판 1999.6.24. 94다10900).
⑤ (○) 매매계약과 같은 쌍무계약이 급부와 반대급부와의 불균형으로 말미암아 민법 제104조에서 정하는 '불공정한 법률행위'에 해당하여 무효라고 한다면, 그 계약으로 인하여 불이익을 입는 당사자로 하여금 위와 같은 불공정성을 소송 등 사법적 구제수단을 통하여 주장하지 못하도록 하는 부제소합의 역시 다른 특별한 사정이 없는 한 무효이다(대판 2010.7.15. 2009다50308).

답

013

민법 제104조의 불공정한 법률행위에 관한 설명으로 옳은 것은?(다툼이 있으면 판례에 따름)

① '무경험'이란 일반적인 생활체험의 부족이 아니라 어느 특정영역에서의 경험 부족을 의미한다.
② 급부와 반대급부 사이의 '현저한 불균형'은 당사자의 주관적 가치가 아닌 거래상의 객관적 가치에 의하여 판단한다.
③ '궁박'에는 정신적 또는 심리적 원인에 기인한 것은 포함되지 않는다.
④ 불공정한 법률행위가 성립하기 위해서는 피해자에게 궁박, 경솔, 무경험 요건이 모두 구비되어야 한다.
⑤ 법률행위가 현저하게 공정을 잃은 경우, 그 행위는 궁박, 경솔, 무경험으로 이루어진 것으로 추정된다.

해설

① (×) 무경험이란 일반적인 생활체험의 부족으로서 어느 특정영역에서의 경험부족이 아니라 거래 일반에 대한 경험부족을 뜻한다(대판 2002.10.22. 2002다38927).
② (○) 급부와 반대급부 사이의 '현저한 불균형'은 단순히 시가와의 차액 또는 시가와의 배율로 판단할 수 있는 것이 아니고 구체적·개별적 사안에 있어서 일반인의 사회통념에 따라 결정하여야 한다. 그 판단에 있어서는 피해당사자의 궁박·경솔·무경험의 정도가 아울러 고려되어야 하고, 당사자의 주관적 가치가 아닌 거래상의 객관적 가치에 의하여야 한다(대판 2010.7.15. 2009다50308).
③ (×) 궁박이란 벗어날 길이 없는 어려운 상태를 말하며, 반드시 경제적인 것에 한정하지 않으며, 정신적 또는 심리적 원인도 포함한다(대판 1996.6.14. 94다46374).
④ (×) 불공정한 법률행위가 성립하기 위해서는 당사자 일방의 궁박·경솔·무경험은 모두 구비하여야 하는 것은 아니고, 그중 어느 하나만 갖추어져도 충분하다(대판 1993.10.12. 93다19924).
⑤ (×) 급부와 반대급부가 현저히 균형을 잃었다 하여 법률행위가 곧 궁박·경솔 또는 무경험으로 인해 이루어진 것으로 추정되지는 않는다(대판 1969.12.30. 69다1873).

답 ❷

014 불공정한 법률행위에 관한 설명으로 옳은 것을 모두 고른 것은?(다툼이 있으면 판례에 따름)

ㄱ. 급부 상호 간에 현저한 불균형이 있는지의 여부는 법률행위 시를 기준으로 판단한다.
ㄴ. 무경험은 거래 일반에 관한 경험부족을 말하는 것이 아니라 특정영역에 있어서의 경험부족을 의미한다.
ㄷ. 불공정한 법률행위로서 무효인 법률행위는 원칙적으로 법정추인에 의하여 유효로 될 수 없다.
ㄹ. 대가관계 없는 일방적 급부행위에 대해서는 불공정한 법률행위에 관한 민법 제104조가 적용되지 않는다.

① ㄱ
② ㄴ, ㄷ
③ ㄴ, ㄹ
④ ㄱ, ㄷ, ㄹ
⑤ ㄱ, ㄴ, ㄷ, ㄹ

해설

ㄱ. (○) 급부 상호 간에 현저한 불균형이 있는지의 여부는 법률행위 시를 기준으로 판단한다는 것이 통설과 판례(대판 2013.9.26. 2011다53683[전합])의 태도이다.

ㄴ. (×) 민법 제104조에 규정된 불공정한 법률행위는 객관적으로 급부와 반대급부 사이에 현저한 불균형이 존재하고, 주관적으로 그와 같이 균형을 잃은 거래가 피해 당사자의 궁박, 경솔 또는 무경험을 이용하여 이루어진 경우에 성립하는 것으로서, 약자적 지위에 있는 자의 궁박, 경솔 또는 무경험을 이용한 폭리행위를 규제하려는 데에 그 목적이 있고, 불공정한 법률행위가 성립하기 위한 요건인 궁박, 경솔, 무경험은 모두 구비되어야 하는 요건이 아니라 그중 일부만 갖추어져도 충분한데, 여기에서 '궁박'이라 함은 '급박한 곤궁'을 의미하는 것으로서 경제적 원인에 기인할 수도 있고 정신적 또는 심리적 원인에 기인할 수도 있으며, '무경험'이라 함은 일반적인 생활체험의 부족을 의미하는 것으로서 어느 특정영역에 있어서의 경험부족이 아니라 거래일반에 대한 경험부족을 뜻한다(대판 2002.10.22. 2002다38927).

ㄷ. (○) 불공정한 법률행위로서 무효인 경우에는 추인에 의하여 무효인 법률행위가 유효로 될 수 없으므로, 같은 취지에서 법정추인에 의하여 유효로 될 수 없다(대판 1994.6.24. 94다10900).

ㄹ. (○) 민법 제104조가 규정하는 현저히 공정을 잃은 법률행위라 함은 자기의 급부에 비하여 현저하게 균형을 잃은 반대급부를 하게 하여 부당한 재산적 이익을 얻는 행위를 의미하는 것이므로, 증여계약과 같이 아무런 대가관계 없이 당사자 일방이 상대방에게 일방적인 급부를 하는 법률행위는 그 공정성 여부를 논의할 수 있는 성질의 법률행위가 아니다(대판 2000.2.11. 99다56833). 따라서 대가관계 없는 일방적 급부행위에 대해서는 불공정한 법률행위에 관한 민법 제104조가 적용되지 않는다.

답 ④

015 불공정한 법률행위에 관한 설명으로 옳지 않은 것은?(다툼이 있으면 판례에 따름)

① 계약체결 당시 불공정한 법률행위가 아니더라도 사후에 외부환경의 급격한 변화로 계약당사자 일방에게 큰 손실이, 상대방에게는 그에 상응하는 큰 이익이 발생할 수 있는 계약은 불공정한 계약에 해당한다.
② 폭리행위의 악의가 없거나 급부와 반대급부 사이에 현저한 불균형이 존재하지 않으면 불공정한 법률행위가 인정되지 않는다.
③ 대리인이 매매계약을 체결한 경우, 무경험은 그 대리인을 기준으로 판단하고 궁박상태에 있었는지의 여부는 본인의 입장에서 판단해야 한다.
④ 매매계약이 약정된 매매대금의 과다로 불공정한 법률행위에 해당하여 무효인 경우에 무효행위의 전환에 관한 민법 제138조가 적용될 수 있다.
⑤ 아무런 대가관계나 부담 없이 당사자 일방이 상대방에게 일방적인 급부를 하는 법률행위는 불공정한 법률행위가 아니다.

해설

① (×) 어떠한 법률행위가 불공정한 법률행위에 해당하는지는 법률행위 시를 기준으로 판단하여야 한다. 따라서 계약체결 당시를 기준으로 전체적인 계약내용에 따른 권리의무관계를 종합적으로 고려한 결과 불공정한 것이 아니라면, 사후에 외부적 환경의 급격한 변화에 따라 계약당사자 일방에게 큰 손실이 발생하고 상대방에게는 그에 상응하는 큰 이익이 발생할 수 있는 구조라고 하여 그 계약이 당연히 불공정한 계약에 해당한다고 말할 수 없다(대판 2013.9.26. 2011다53683[전합]).
② (○) 피해당사자가 궁박, 경솔 또는 무경험의 상태에 있었다고 하더라도 그 상대방당사자에게 그와 같은 피해당사자측의 사정을 알면서 이를 이용하려는 의사, 즉 폭리행위의 악의가 없었다거나 또는 객관적으로 급부와 반대급부 사이에 현저한 불균형이 존재하지 아니한다면 불공정법률행위는 성립하지 않는다(대판 2002.10.22. 2002다38927).
③ (○) 대리인에 의하여 법률행위가 이루어진 경우 그 법률행위가 민법 제104조의 불공정한 법률행위에 해당하는지 여부를 판단함에 있어서 경솔과 무경험은 대리인을 기준으로 하여 판단하고, 궁박은 본인의 입장에서 판단하여야 한다(대판 2002.10.22. 2002다38927).
④ (○) 매매계약이 약정된 매매대금의 과다로 말미암아 민법 제104조에서 정하는 '불공정한 법률행위'에 해당하여 무효인 경우에도 무효행위의 전환에 관한 민법 제138조가 적용될 수 있다(대판 2010.7.15. 2009다50308).
⑤ (○) 민법 제104조가 규정하는 현저히 공정을 잃은 법률행위라 함은 자기의 급부에 비하여 현저하게 균형을 잃은 반대급부를 하게 하여 부당한 재산적 이익을 얻는 행위를 의미하는 것이므로, 증여계약과 같이 아무런 대가 관계없이 당사자 일방이 상대방에게 일방적인 급부를 하는 법률행위는 그 공정성 여부를 논의할 수 있는 성질의 법률행위가 아니다(대판 2000.2.11. 99다56833).

답 ①

016 불공정한 법률행위에 관한 설명으로 옳은 것은?(다툼이 있는 경우에는 판례에 의함)

① 불공정한 법률행위로 인한 무효는 절대적 무효이므로 그 법률행위에는 무효행위의 전환에 관한 민법 제138조가 적용될 수 없다.
② 계약체결 시를 기준으로 불공정한 행위가 아니라면 그 후 외부환경의 급격한 변화로 계약당사자 일방에게 큰 손실이 발생하고 상대방에게 그에 상응하는 큰 이익이 발생한다 하더라도 불공정한 법률행위가 되지 않는다.
③ 대리인에 의한 법률행위에서 무경험과 궁박은 대리인을 기준으로 판단하여야 한다.
④ 급부와 반대급부 사이의 현저한 불균형은 구체적, 개별적 사안에서 거래행위당사자의 의사를 기준으로 결정하여야 한다.
⑤ 급부와 반대급부 사이에 현저한 불균형이 있으면 당사자의 궁박, 경솔 또는 무경험으로 인한 법률행위가 추정된다.

해설

① (×) 매매계약이 약정된 매매대금의 과다로 말미암아 민법 제104조에서 정하는 '불공정한 법률행위'에 해당하여 무효인 경우에도 무효행위의 전환에 관한 민법 제138조가 적용될 수 있다(대판 2010.7.15. 2009다50308).
② (○) 어떠한 법률행위가 불공정한 법률행위에 해당하는지는 법률행위 시를 기준으로 판단하여야 한다. 따라서 계약체결 당시를 기준으로 전체적인 계약내용에 따른 권리의무관계를 종합적으로 고려한 결과 불공정한 것이 아니라면, 사후에 외부적 환경의 급격한 변화에 따라 계약당사자 일방에게 큰 손실이 발생하고 상대방에게는 그에 상응하는 큰 이익이 발생할 수 있는 구조라고 하여 그 계약이 당연히 불공정한 계약에 해당한다고 말할 수 없다(대판 2013.9.26. 2011다53683[전합]).
③ (×) 대리인에 의하여 법률행위가 이루어진 경우 그 법률행위가 민법 제104조의 불공정한 법률행위에 해당하는지 여부를 판단함에 있어서 경솔과 무경험은 대리인을 기준으로 하여 판단하고, 궁박은 본인의 입장에서 판단하여야 한다(대판 2002.10.22. 2002다38927).
④ (×) 급부와 반대급부 사이의 '현저한 불균형'은 단순히 시가와의 차액 또는 시가와의 배율로 판단할 수 있는 것은 아니고 구체적·개별적 사안에 있어서 일반인의 사회통념에 따라 결정하여야 한다. 그 판단에 있어서는 피해당사자의 궁박·경솔·무경험의 정도가 아울러 고려되어야 하고, 당사자의 주관적 가치가 아닌 거래상의 객관적 가치에 의하여야 한다(대판 2020.7.15. 2009다50308).
⑤ (×) 법률행위가 현저하게 공정을 잃었다고 하여 곧 그것이 궁박, 경솔하게 이루어진 것으로 추정되지 아니하므로 본조의 불공정한 법률행위의 법리가 적용되려면 그 주장하는 측에서 궁박, 경솔 또는 무경험으로 인하였음을 증명하여야 한다(대판 1969.12.30. 69다1873).

답 ②

017 불공정한 법률행위에 관한 설명으로 옳은 것은?(다툼이 있으면 판례에 따름)

① 불공정한 법률행위에도 무효행위 전환의 법리가 적용될 수 있다.
② 불공정한 법률행위로서 무효인 경우에도 추인하면 유효로 된다.
③ 불공정한 법률행위에 관한 규정은 부담 없는 증여의 경우에도 적용된다.
④ 경매에서 경매부동산의 매각대금이 시가에 비하여 현저히 저렴한 경우, 불공정한 법률행위에 해당하여 무효이다.
⑤ 법률행위가 현저하게 공정을 잃은 경우, 특별한 사정이 없는 한 그 법률행위는 궁박·경솔·무경험으로 인해 이루어진 것으로 추정된다.

해설

① (○) 매매계약이 약정된 매매대금의 과다로 말미암아 민법 제104조에서 정하는 '불공정한 법률행위'에 해당하여 무효인 경우에도 무효행위의 전환에 관한 민법 제138조가 적용될 수 있다. 따라서 당사자 쌍방이 위와 같은 무효를 알았더라면 대금을 다른 액으로 정하여 매매계약에 합의하였을 것이라고 예외적으로 인정되는 경우에는, 그 대금액을 내용으로 하는 매매계약이 유효하게 성립한다(대판 2010.7.15. 2009다50308).
② (×) 불공정한 법률행위로서 무효인 경우에는 추인에 의하여 무효인 법률행위가 유효로 될 수 없다(대판 1994.6.24. 94다10900).
③ (×) 민법 제104조가 규정하는 현저히 공정을 잃은 법률행위라 함은 자기의 급부에 비하여 현저하게 균형을 잃은 반대급부를 하게 하여 부당한 재산적 이익을 얻는 행위를 의미하는 것이므로, 증여계약과 같이 아무런 대가 관계없이 당사자 일방이 상대방에게 일방적인 급부를 하는 법률행위는 그 공정성 여부를 논의할 수 있는 성질의 법률행위가 아니다(대판 2000.2.11. 99다56833).
④ (×) 경매에 있어서는 불공정한 법률행위 또는 채무자에게 불리한 약정에 관한 것으로서 효력이 없다는 민법 제104조, 제608조는 적용될 여지가 없다(대결 1980.3.21. 80마77).
⑤ (×) 법률행위가 현저하게 공정을 잃었다고 하여 곧 그것이 궁박, 경솔하게 이루어진 것으로 추정되지 아니하므로 본조의 불공정한 법률행위의 법리가 적용되려면 그 주장하는 측에서 궁박, 경솔 또는 무경험으로 인하였음을 증명하여야 한다(대판 1969.12.30. 69다1873).

 답 ①

018 민법 제104조(불공정한 법률행위)에 관한 설명으로 옳은 것은?(다툼이 있으면 판례에 따름)

① 증여계약은 민법 제104조에서의 공정성 여부를 논의할 수 있는 성질의 법률행위가 아니다.
② 급부와 반대급부가 현저히 균형을 잃은 경우에는 법률행위가 궁박, 경솔, 무경험으로 인해 이루어진 것으로 추정된다.
③ 대리인에 의하여 법률행위가 이루어진 경우 경솔과 무경험은 본인을 기준으로, 궁박은 대리인을 기준으로 판단한다.
④ 불공정한 법률행위의 성립요건인 궁박, 경솔, 무경험은 모두 구비되어야 한다.
⑤ 불공정한 법률행위로서 무효인 경우라도 당사자의 추인에 의하여 유효로 된다.

해설

① (○) 증여계약과 같이 아무런 대가관계 없이 당사자 일방이 상대방에게 일방적인 급부를 하는 법률행위는 그 공정성 여부를 논의할 수 있는 성질의 법률행위가 아니다(대판 2000.2.11. 99다56833).
② (×) 급부와 반대급부 사이에 현저한 불균형이 있다는 사정만으로 곧바로 당사자의 궁박, 경솔 또는 무경험에 기인하는 것으로 추정되지는 아니한다(대판 1969.12.30. 69다1873).
③ (×) 대리인에 의하여 법률행위가 이루어진 경우 그 법률행위가 민법 제104조의 불공정한 법률행위에 해당하는지 여부를 판단함에 있어서 경솔과 무경험은 대리인을 기준으로 하여 판단하고, 궁박은 본인의 입장에서 판단하여야 한다(대판 2002.10.22. 2002다38927).
④ (×) 당사자 일방의 궁박, 경솔, 무경험은 모두 구비하여야 하는 요건이 아니고 그중 어느 하나만 갖추어져도 충분하다(대판 1993.10.12. 93다19924).
⑤ (×) 불공정한 법률행위로서 무효인 경우에는 추인에 의하여 무효인 법률행위가 유효로 될 수 없다(대판 1994.6.24. 94다10900). 다만, 무효행위의 전환은 가능하다(대판 2010.7.15. 2009다50308).

답 ❶

019 불공정한 법률행위에 관한 설명으로 옳지 않은 것은?(다툼이 있으면 판례에 따름) 21 노무

① 법률행위가 대리인에 의해서 행해진 경우, 궁박상태는 본인을 기준으로 판단하여야 한다.
② 불공정한 법률행위의 무효는 선의의 제3자에게 대항할 수 없다.
③ 불공정한 법률행위의 무효는 원칙적으로 추인에 의해 유효로 될 수 없다.
④ 경매절차에서 매각대금이 시가보다 현저히 저렴하더라도 불공정한 법률행위를 이유로 무효를 주장할 수 없다.
⑤ 매매계약이 불공정한 법률행위에 해당하여 무효인 경우, 특별한 사정이 없는 한 그 계약에 관한 부제소합의도 무효가 된다.

해설

① (○) 대리인에 의하여 법률행위가 이루어진 경우 그 법률행위가 민법 제104조의 불공정한 법률행위에 해당하는지 여부를 판단함에 있어서 경솔과 무경험은 대리인을 기준으로 하여 판단하고, 궁박은 본인의 입장에서 판단하여야 한다(대판 2002.10.22. 2002다38927).
② (×) 불공정한 법률행위의 무효는 절대적 무효로서 선의의 제3자에게도 대항할 수 있다.
③ (○) 대판 1994.6.24. 94다10900
④ (○) 적법한 절차에 의하여 이루어진 경매에 있어서 경락가격이 경매부동산의 시가에 비하여 저렴하다는 사유는 경락허가결정에 대한 적법한 불복이유가 되지 못하는 것이고 경매에 있어서는 불공정한 법률행위 또는 채무자에게 불리한 약정에 관한 것으로서 효력이 없다는 민법 제104조, 제608조는 적용될 여지가 없다(대결 1980.3.21. 80마77).
⑤ (○) 매매계약과 같은 쌍무계약이 급부와 반대급부와의 불균형으로 말미암아 민법 제104조에서 정하는 '불공정한 법률행위'에 해당하여 무효라고 한다면, 그 계약으로 인하여 불이익을 입는 당사자로 하여금 위와 같은 불공정성을 소송 등 사법적 구제수단을 통하여 주장하지 못하도록 하는 부제소합의 역시 다른 특별한 사정이 없는 한 무효이다(대판 2017.5.30. 2017다201422).

답 ❷

020 당사자 확정 및 법률행위의 해석에 관한 설명으로 옳은 것은?(다툼이 있으면 판례에 따름)

17 노무

① 예금명의자의 위임에 의하여 자금출연자가 대리인으로 예금계약을 체결한 경우, 예금계약의 반환청구권자는 자금출연자이다.
② 불법행위로 인한 손해배상에 관하여 가해자와 피해자 사이에 피해자가 일정한 금액을 지급받고 그 나머지의 청구를 포기하기로 약정한 때에는 모든 후발손해에 대해서도 배상청구권을 포기한 것으로 해석하여야 한다.
③ 본인이 대리인을 통하여 계약을 체결하는 것에 대하여 상대방이 그러한 사정을 알고 대리인과 계약을 체결하였는데 대리권이 존재하지 않은 경우, 계약의 당사자는 대리인과 상대방이 된다.
④ 甲이 乙의 행세를 하여 乙 명의로 丙과 부동산을 매수하는 계약을 체결한 후 丙으로부터 인도받아 거주하고 있고, 丙이 甲을 매수인으로 알고 있는 경우 부동산 매매계약의 당사자는 乙과 丙이다.
⑤ 부동산 매매계약에 있어서 당사자 쌍방 모두 지번 등에 착오를 일으켜 실제로 합의하지 않은 토지(Y)를 계약서에 매매목적물로 기재한 경우, 실제로 합의된 토지(X)가 매매목적물이다.

해설

① (×) 본인인 예금명의자의 의사에 따라 예금명의자의 실명확인절차가 이루어지고 예금명의자를 예금주로 하여 예금계약서를 작성하였음에도 불구하고, 예금명의자가 아닌 출연자 등을 예금계약당사자라고 볼 수 있으려면, 금융기관과 출연자 등과 사이에서 실명확인 절차를 거쳐 서면으로 이루어진 예금명의자와의 예금계약을 부정하여 예금명의자의 예금반환청구권을 배제하고 출연자 등과 예금계약을 체결하여 출연자 등에게 예금반환청구권을 귀속시키겠다는 명확한 의사합치가 있는 극히 예외적인 경우로 제한되어야 한다(대판 2009.3.19. 2008다45828[전합]).

② (×) 불법행위로 인한 손해배상에 관하여 가해자와 피해자 사이에 피해자가 일정한 금액을 지급받고 그 나머지청구를 포기하기로 합의가 이루어진 때에는 그 후 이상의 손해가 발생하였다 하여 다시 그 배상을 청구할 수 없는 것이지만, 그 합의가 손해의 범위를 정확히 확인하기 어려운 상황에서 이루어진 것이고, 후발손해가 합의 당시의 사정으로 보아 예상이 불가능한 것으로서, 당사자가 후발손해를 예상하였더라면 사회통념상 그 합의금액으로는 화해하지 않았을 것이라고 보는 것이 상당할 만큼 그 손해가 중대한 것일 때에는 당사자의 의사가 이러한 손해에 대해서까지 그 배상청구권을 포기한 것이라고 볼 수 없으므로 다시 그 배상을 청구할 수 있다고 보아야 한다(대판 2001.9.14. 99다42797).

③ (×) 일방 당사자가 대리인을 통하여 계약을 체결하는 경우에 있어서 계약의 상대방이 대리인을 통하여 본인과 사이에 계약을 체결하려는 데 의사가 일치하였다면 대리인의 대리권 존부 문제와는 무관하게 상대방과 본인이 그 계약의 당사자이다(대판 2003.12.12. 2003다44059).

④ (×) 상대방과의 사이에 계약 체결의 행위를 하는 사람이 다른 사람 행세를 하여 그 타인의 이름을 사용하여 계약서 기타 계약에 관련된 서면 등이 작성되었다고 하더라도, 행위자와 상대방이 모두 행위자 자신이 계약의 당사자라고 이해한 경우, 또는 그렇지 아니하다고 하더라도 상대방의 입장에서 합리적으로 평가할 때 행위자 자신이 계약의 당사자가 된다고 보는 경우에는, 행위자가 계약의 당사자가 되고 그 계약의 효과는 행위자에게 귀속된다(대판 2013.10.11. 2013다52622). 이러한 판례의 취지를 고려하면, 부동산 매매계약의 당사자는 甲과 丙이 된다.

⑤ (○) 부동산의 매매계약에 있어 쌍방 당사자가 모두 특정의 甲토지를 계약의 목적물로 삼았으나 그 목적물의 지번 등에 관하여 착오를 일으켜 계약을 체결함에 있어서는 계약서상 그 목적물을 甲토지와는 별개인 乙토지로 표시하였다 하여도, 甲토지에 관하여 이를 매매의 목적물로 한다는 쌍방 당사자의 의사합치가 있은 이상 그 매매계약은 甲토지에 관하여 성립한 것으로 보아야 하고 乙 토지에 관하여 매매계약이 체결된 것으로 보아서는 안 될 것이며, 만일 乙 토지에 관하여 그 매매계약을 원인으로 하여 매수인 명의로 소유권이전등기가 경료되었다면 이는 원인 없이 경료된 것으로서 무효이다(대판 1996.8.20. 96다19581). 이러한 판례의 취지를 고려하면, 실제로 합의된 토지(X)가 매매목적물이 된다.

답 ⑤

021 법률행위의 해석에 관한 설명으로 옳지 않은 것은?(다툼이 있으면 판례에 따름)

① 문서의 기재내용과 다른 명시적, 묵시적 약정이 있는 사실이 인정될 경우에는 그 기재내용과 다른 사실을 인정할 수 있다.
② 사적 자치가 인정되는 분야의 제정법이 임의규정인 경우, 사실인 관습은 법률행위의 해석기준이 될 수 있다.
③ 매매계약사항에 이의가 생겼을 때에는 매도인의 해석에 따른다는 약정을 한 경우, 법원은 매도인의 해석과 다르게 법률행위를 해석할 권한이 없다.
④ 계약서를 작성하면서 계약상 지위에 관하여 당사자들의 합치된 의사와 달리 착오로 잘못 기재하였는데 오류를 인지하지 못한 채 계약상 지위가 잘못 기재된 계약서에 그대로 기명날인이나 서명을 한 경우, 당사자들의 합치된 의사에 따라 계약이 성립한 것으로 보아야 한다.
⑤ 甲과 乙이 X토지를 매매하기로 합의하였으나 Y토지로 매매계약서를 잘못 작성한 경우 X토지에 관하여 매매계약이 성립된 것으로 보아야 한다.

해설

① (○) 법원이 진정성립이 인정되는 처분문서를 해석함에 있어서는 특별한 사정이 없는 한 그 처분문서에 기재되어 있는 문언에 따라 당사자의 의사표시가 있었던 것으로 해석하여야 하는 것이나, 그 처분문서의 기재내용과 다른 특별한 명시적, 묵시적 약정이 있는 사실이 인정될 경우에 그 기재내용의 일부를 달리 인정하거나 작성자의 법률행위를 해석함에 있어서 경험칙과 논리법칙에 어긋나지 아니하는 범위 내에서 자유로운 심증으로 판단할 수 있다(대판 2003.4.8. 2001다38593).
② (○) 민법 제106조
③ (×) 매매계약서에 계약사항에 대한 이의가 생겼을 때에는 매도인의 해석에 따른다는 조항은 법원의 법률행위해석권을 구속하는 조항이라고 볼 수 없다(대판 1974.9.24. 74다1057).
④ (○) 계약당사자 쌍방이 모두 동일한 물건을 계약목적물로 삼았으나 계약서에는 착오로 다른 물건을 목적물로 기재한 경우 계약서에 기재된 물건이 아니라 쌍방당사자의 의사합치가 있는 물건에 관하여 계약이 성립한 것으로 보아야 한다. 이러한 법리는 계약서를 작성하면서 계약상 지위에 관하여 당사자들의 합치된 의사와 달리 착오로 잘못 기재하였는데 계약당사자들이 오류를 인지하지 못한 채 계약상 지위가 잘못 기재된 계약서에 그대로 기명날인이나 서명을 한 경우에도 동일하게 적용될 수 있다(대판 2018.7.26. 2016다242334).
⑤ (○) 판례의 취지를 고려할 때 甲과 乙이 X토지를 매매하기로 합의하였으나 매매계약서에 매매목적 토지를 Y토지로 잘못 기재하였더라도 X토지에 관하여 매매계약이 성립된 것으로 보아야 한다.

> 계약당사자 쌍방이 모두 동일한 물건을 계약목적물로 삼았으나 계약서에는 착오로 다른 물건을 목적물로 기재한 경우 계약서에 기재된 물건이 아니라 쌍방당사자의 의사합치가 있는 물건에 관하여 계약이 성립한 것으로 보아야 한다(대판 2018.7.26. 2016다242334).

답 ❸

022

甲이 X 부동산을 乙에게 매도하기로 약정하고, 계약금 및 중도금을 수령한 뒤 이를 다시 丙에게 매도하고 丙에게 먼저 소유권이전등기를 마쳐주었다. 다음 설명 중 옳지 않은 것은?(다툼이 있는 경우에는 판례에 의함)

① 乙이 甲을 상대로 소유권이전등기를 구하는 소를 제기한 경우, 甲은 이행불능의 항변으로 대항할 수 있고, 이에 대하여 乙은 계약해제 없이도 전보배상을 구하는 취지로 청구를 변경할 수 있다.
② 乙이 甲에 대하여 채무불이행으로 인한 손해배상청구권과 아울러 불법행위로 인한 손해배상청구권을 취득한 경우, 乙은 그중 어느 쪽의 손해배상청구권이라도 선택적으로 행사할 수 있다.
③ 丙이 甲의 이중매매에 적극 가담한 것으로 인정되는 경우, 乙은 甲을 대위함이 없이 직접 丙을 상대로 소유권이전등기의 말소를 청구할 수 있다.
④ 乙이 甲에 대한 소유권이전등기청구권의 보전을 위하여 甲과 丙 사이의 매매계약에 대하여 채권자취소권을 행사하는 것은 허용되지 않는다.
⑤ 만약 丁이 丙 명의의 소유권이전등기를 신뢰하여 丙으로부터 X부동산을 매수하여 소유권이전등기를 마쳤더라도, 甲과 丙 사이의 매매계약이 사회질서에 반하여 무효인 것으로 인정되면, 丁은 선의의 제3자임을 증명하더라도 보호받을 수 없다.

해설

① (○) 매도인이 그 매매부동산을 제3자에게 2중 양도하고 그 이전등기를 경료한 때는 그 제3자로부터 그 소유권을 회복하여 매수인에게 이전할 수 있는 특별한 사정이 없는 한 매도인의 매수인에 대한 소유권이전등기의무는 이행불능이라고 할 것이다(대판 1981.6.23. 81다225). 이러한 판례의 취지와 매매를 원인으로 하는 소유권이전등기청구권의 행사와 그에 갈음하는 전보배상청구권의 행사는 그 청구기초의 동일성이 인정된다는 점을 고려할 때 甲의 乙에 대한 소유권이전등기의무가 이행불능이 되었다면 乙은 매매계약해제 없이도 전보배상을 구하는 취지로 청구를 변경할 수 있다(민소법 제262조 참고).

② (○) 채무불이행책임과 불법행위책임은 각각 요건과 효과를 달리하는 별개의 법률관계에서 발생하는 것이므로 하나의 행위가 계약상 채무불이행의 요건을 충족함과 동시에 불법행위의 요건도 충족하는 경우에는 두 개의 손해배상청구권이 경합하여 발생하고, 권리자는 위 두 개의 손해배상청구권 중 어느 것이든 선택하여 행사할 수 있으므로(대판 2021.6.24. 2016다210474), 乙은 그중 어느 쪽의 손해배상청구권이라도 선택적으로 행사할 수 있다.

③ (×) 매도인의 매수인에 대한 배임행위에 가담하여 증여를 받아 이를 원인으로 소유권이전등기를 경료한 수증자에 대하여 매수인은 매도인을 대위하여 위 등기의 말소를 청구할 수는 있으나 직접 청구할 수는 없다는 것은 형식주의 아래서의 등기청구권의 성질에 비추어 당연하다(대판 1983.4.26. 83다카57). 따라서 丙이 甲의 이중매매에 적극 가담한 것으로 인정되는 경우, 乙은 甲을 대위함이 없이 직접 丙을 상대로 소유권이전등기의 말소를 청구할 수 없다.

④ (○) 채권자취소권을 특정물에 대한 소유권이전등기청구권을 보전하기 위하여 행사하는 것은 허용되지 않으므로, 부동산의 제양수인은 자신의 소유권이전등기청구권 보전을 위하여 양도인과 제3자 사이에서 이루어진 이중양도행위에 대하여 채권자취소권을 행사할 수 없기 때문에(대판 1999.4.27. 98다56690), 乙이 甲에 대한 소유권이전등기청구권의 보전을 위하여 甲과 丙 사이의 매매계약에 대하여 채권자취소권을 행사하는 것은 허용되지 않는다.

⑤ (○) 판례의 취지를 고려할 때 반사회질서의 이중매매계약은 절대적으로 무효이므로 丁이 丙으로부터 X부동산을 매수하여 소유권이전등기를 마쳤더라도, 丁은 선의의 제3자임을 증명하여 보호받을 수 없다.

> 부동산의 이중매매가 반사회적 법률행위에 해당하는 경우에는 이중매매계약은 절대적으로 무효이므로, 당해 부동산을 제2매수인으로부터 다시 취득한 제3자는 설사 제2매수인이 당해 부동산의 소유권을 유효하게 취득한 것으로 믿었더라도 이중매매계약이 유효하다고 주장할 수 없다(대판 1996.10.25. 96다29151).

답 ❸

제3절 의사표시

023 민법상 '선의' 보호에 관한 설명 중 옳은 것을 모두 고른 것은?(다툼이 있는 경우 판례에 의함)

23 변시

> ㄱ. 비법인사단의 대표자가 대표권 제한에 관한 정관 규정에 위반하여 체결한 계약은 그 상대방이 대표권 제한 사실을 알았거나 알 수 있었던 때가 아닌 한 유효하다.
> ㄴ. 대리인이 상대방과 공모하여 대리권을 남용한 경우, 본인은 그에 따라 형성된 법률관계를 기초로 새로운 이해관계를 맺은 선의의 제3자에 대하여 무효를 주장할 수 없으며, 제3자의 악의는 무효를 주장하는 자가 주장·증명하여야 한다.
> ㄷ. 임대차보증금반환채권의 양도계약이 통정허위표시로서 무효인 경우, 이를 알지 못한 채 임대차보증금반환채권에 대한 압류 및 추심명령을 받은 양수인의 채권자에 대해 양도인은 채권양도가 무효임을 주장할 수 없다.
> ㄹ. 채권의 준점유자에 대한 변제가 유효하기 위한 요건인 변제자의 '선의'는 변제자가 준점유자에게 변제수령의 권한이 없음을 알지 못하는 것을 의미할 뿐 적극적으로 진정한 권리자라고 믿었음을 요하지 않는다.

① ㄱ, ㄴ
② ㄴ, ㄹ
③ ㄱ, ㄴ, ㄷ
④ ㄴ, ㄷ, ㄹ
⑤ ㄱ, ㄴ, ㄷ, ㄹ

해설

ㄱ. (○) 비법인사단의 경우에는 대표자의 대표권 제한에 관하여 등기할 방법이 없어 민법 제60조의 규정을 준용할 수 없고, 비법인사단의 대표자가 정관에서 사원총회의 결의를 거쳐야 하도록 규정한 대외적 거래행위에 관하여 이를 거치지 아니한 경우라도, 이와 같은 사원총회결의사항은 비법인사단의 내부적 의사결정에 불과하다 할 것이므로, 그 거래상대방이 그와 같은 대표권제한사실을 알았거나 알 수 있었을 경우가 아니라면 그 거래행위는 유효하다고 봄이 상당하고, 이 경우 거래의 상대방이 대표권제한사실을 알았거나 알 수 있었음은 이를 주장하는 비법인사단 측이 주장·증명하여야 한다(대판 2003.7.22. 2002다64780).

ㄴ. (○) 법정대리인인 친권자의 대리행위가 객관적으로 볼 때 미성년자 본인에게는 경제적인 손실만을 초래하는 반면, 친권자나 제3자에게는 경제적인 이익을 가져오는 행위이고 행위의 상대방이 이러한 사실을 알았거나 알 수 있었을 때에는 민법 제107조 제1항 단서의 규정을 유추적용하여 행위의 효과가 자(子)에게는 미치지 않는다고 해석함이 타당하나, 그에 따라 외형상 형성된 법률관계를 기초로 하여 새로운 법률상 이해관계를 맺은 선의의 제3자에 대하여는 같은 조 제2항의 규정을 유추적용하여 누구도 그와 같은 사정을 들어 대항할 수 없으며, 제3자가 악의라는 사실에 관한 주장·증명책임은 무효를 주장하는 자에게 있다(대판 2018.4.26. 2016다3201).

ㄷ. (○) 임대차보증금반환채권이 양도된 후 양수인의 채권자가 임대차보증금반환채권에 대하여 채권압류 및 추심명령을 받았는데 임대차보증금반환채권 양도계약이 허위표시로서 무효인 경우 채권자는 그로 인해 외형상 형성된 법률관계를 기초로 실질적으로 새로운 법률상 이해관계를 맺은 제3자에 해당한다(대판 2014.4.10. 2013다59753). 따라서 임대차보증금반환채권의 양도인은 채권양도가 무효임을 주장할 수 없다.

ㄹ. (×) 채권의 준점유자에 대한 변제가 유효하기 위한 요건인 선의는 준점유자에게 변제수령의 권한이 없음을 알지 못하는 것뿐만 아니라 적극적으로 진정한 권리자라고 믿었음을 필요로 하고, 무과실은 그렇게 믿는 데에 과실이 없음을 뜻한다(대판 2021.1.14. 2018다286888).

답 ❸

024 민법상 '제3자'에 관한 설명 중 옳지 않은 것을 모두 고른 것은?(다툼이 있는 경우 판례에 의함)

20 변시

> ㄱ. 정관에 의한 법인 이사에 대한 대표권 제한 규정은 등기하지 아니하면 정관 규정에 대한 선의, 악의에 관계없이 제3자에게 대항할 수 없다.
> ㄴ. 제한능력으로 인한 의사표시의 취소는 선의의 제3자에게 대항할 수 없다.
> ㄷ. 당사자의 궁박, 경솔, 무경험으로 인하여 현저하게 공정을 잃은 법률행위의 무효는 선의의 제3자에게 대항할 수 없다.
> ㄹ. 무권대리행위의 추인에 따른 계약의 소급효는 배타적 권리를 취득한 제3자에게도 미친다.
> ㅁ. 상대방 있는 의사표시에 관하여 제3자 甲이 강박을 행한 경우 그 의사표시의 취소는 그 의사표시를 기초로 새로운 이해관계를 맺은 선의의 제3자 乙에게 대항할 수 없다.

① ㄱ, ㄴ, ㅁ
② ㄱ, ㄷ, ㄹ
③ ㄴ, ㄷ, ㄹ
④ ㄴ, ㄹ, ㅁ
⑤ ㄷ, ㄹ, ㅁ

해설

ㄱ. (○) 이사의 대표권에 대한 제한은 등기하지 아니하면 제3자에게 대항하지 못한다(민법 제60조). 제3자의 범위와 관련하여 판례는 법인의 정관에 법인 대표권의 제한에 관한 규정이 있으나 그와 같은 취지가 등기되어 있지 않다면 법인은 그와 같은 정관의 규정에 대하여 선의냐 악의냐에 관계없이 제3자에 대하여 대항할 수 없다고 판시하고 있다(대판 1992.2.14. 91다24564).

ㄴ. (×) 제한능력자가 한 법률행위는 제한능력자뿐만 아니라 그의 법정대리인이 취소할 수 있다. 제한능력을 이유로 취소한 경우 당해 법률행위는 절대적 무효가 되므로 모든 제3자에게 그 무효를 주장할 수 있다.

ㄷ. (×) 당사자의 궁박, 경솔, 무경험으로 인하여 현저하게 공정을 잃은 법률행위는 절대적 무효이므로 선의의 제3자에 대항할 수 있다. 판례도 같은 취지에서 대물변제계약이 불공정한 법률행위로서 무효인 경우에는 목적부동산이 제3자에 소유권이전등기가 된 여부에 불구하고 누구에 대하여서도 무효를 주장할 수 있다고 판시하고 있다(대판 1963.11.7. 63다479).

ㄹ. (×) 추인은 다른 의사표시가 없는 때에는 계약시에 소급하여 그 효력이 생기나, 제3자의 권리를 해하지 못한다(민법 제133조). 추인의 소급효가 제한되는 것은 무권대리행위의 상대방이 취득한 권리와 제3자가 취득한 권리가 모두 배타적인 효력을 가지는 경우에 한한다는 것이 학설의 일반적 태도로 보인다. 따라서 제3자가 배타적 권리를 취득하였다면 추인으로 인한 계약의 소급효는 제한된다고 보는 것이 타당하다.

ㅁ. (○) 상대방 있는 의사표시에 관하여 제3자 甲이 강박을 행한 경우, 상대방이 그 사실을 알았거나 알 수 있었을 경우에 한하여 표의자는 그 의사표시를 취소할 수 있으며, 그 의사표시의 취소는 그 의사표시를 기초로 새로운 이해관계를 맺은 선의의 제3자 乙에게 대항할 수 없다(민법 제110조 참고).

답 ③

025 의사표시에 관한 설명으로 옳지 않은 것은?(다툼이 있으면 판례에 따름)

① 공무원 甲이 사직의 의사표시를 하는 것과 같은 사인의 공법행위에도 진의 아닌 의사표시에 관한 민법규정이 적용된다.
② 甲이 상대방 乙에게 진의 아닌 의사표시의 무효를 주장하는 경우, 乙의 악의나 과실 유무는 甲이 증명해야 한다.
③ 채무자 甲의 법률행위가 통정허위표시로서 무효인 경우에도 그 법률행위가 채권자취소권의 요건을 갖추었다면, 甲의 채권자 乙은 채권자취소권을 행사할 수 있다.
④ 통정허위표시의 제3자가 악의라도 그 전득자가 통정허위표시에 대하여 선의인 때에는 전득자에게 허위표시의 무효를 주장할 수 없다.
⑤ 의사표시의 상대방이 의사표시를 받은 때에 제한능력자인 경우에는 의사표시자는 원칙적으로 그 의사표시로써 대항할 수 없다.

해설

① (×) 공무원이 사직의 의사표시를 하여 의원면직처분을 하는 경우 그 사직의 의사표시는 그 법률관계의 특수성에 비추어 외부적·객관적으로 표시된 바를 존중하여야 할 것이므로, 비록 사직원제출자의 내심의 의사가 사직할 뜻이 아니었다고 하더라도 진의 아닌 의사표시에 관한 민법 제107조는 그 성질상 사직의 의사표시와 같은 사인의 공법행위에는 준용되지 아니하므로 그 의사가 외부에 표시된 이상 그 의사는 표시된 대로 효력을 발한다(대판 1997.12.12. 97누13962). 공무원 甲이 사직의 의사표시를 하는 사인의 공법행위의 경우에는 그 의사는 표시된 대로 효력을 발생한다고 볼 것으로, 진의 아닌 의사표시에 관한 민법규정이 적용된다고 할 것은 아니다.
② (○) 어떠한 의사표시가 비진의의사표시로서 무효라고 주장하는 경우에 그 증명책임은 그 주장자에게 있으므로(대판 1992.5.22. 92다2295), 乙의 악의나 과실 유무에 대하여는 甲이 증명하여야 한다.
③ (○) 채권자는 채무자가 채권자를 해할 목적으로 수익자와 통정한 허위의 의사표시로써 그 재산권을 목적으로 한 법률행위를 하였다면, 사행행위 취소를 청구할 수 있다(대판 1975.2.25. 74다2114 등). 따라서 채무자 甲의 법률행위가 통정허위표시로서 무효인 경우에도 그 법률행위가 채권자취소권의 요건을 갖추었다면, 甲의 채권자 乙은 채권자취소권을 행사할 수 있다.
④ (○) 통정허위표시의 제3자가 악의라도 그 전득자가 통정허위표시에 대하여 선의인 때에는 외관을 신뢰한 자를 보호하려는 민법 제108조 제2항의 취지를 고려할 때 선의의 전득자에게 허위표시의 무효를 주장할 수 없다고 보는 것이 타당하다.

> 甲이 乙의 임차보증금반환채권을 담보하기 위하여 통정허위표시로 乙에게 전세권설정등기를 마친 후 丙이 이러한 사정을 알면서도 乙에 대한 채권을 담보하기 위하여 위 전세권에 대하여 전세권근저당권설정등기를 마쳤는데, 그 후 丁이 丙의 전세권근저당권부 채권을 가압류하고 압류명령을 받은 경우, 丁이 통정허위표시에 관하여 선의라면 비록 丙이 악의라 하더라도 허위표시자는 그에 대하여 전세권이 통정허위표시에 의한 것이라는 이유로 대항할 수 없다(대판 2013.2.15. 2012다49292).

⑤ (○) 의사표시의 상대방이 의사표시를 받은 때에 제한능력자인 경우에는 의사표시자는 그 의사표시로써 대항할 수 없다(민법 제112조 본문).

답 ❶

026 의사표시에 관한 설명으로 옳은 것을 모두 고른 것은?(다툼이 있으면 판례에 따름)

ㄱ. 비진의표시에서 진의란 특정한 내용의 의사표시를 하고자 하는 표의자의 생각을 말하는 것이지 진정으로 마음속에서 바라는 사항을 뜻하는 것은 아니다.
ㄴ. 채권자취소권의 대상이 된 채무자의 법률행위라도 통정허위표시의 요건을 갖춘 경우에는 무효이다.
ㄷ. 근로자가 회사의 경영방침에 따라 사직원을 제출하고 즉시 재입사하는 형식으로 퇴직 전후의 실질적인 근로관계의 단절 없이 계속 근무한 경우, 그 사직원 제출은 비진의표시에 해당한다.

① ㄱ
② ㄴ
③ ㄱ, ㄷ
④ ㄴ, ㄷ
⑤ ㄱ, ㄴ, ㄷ

해설

ㄱ. (○) 비진의 의사표시에 있어서의 진의란 특정한 내용의 의사표시를 하고자 하는 표의자의 생각을 말하는 것이지 표의자가 진정으로 마음속에서 바라지는 사항을 뜻하는 것은 아니므로, 표의자가 의사표시의 내용을 진정으로 마음속에서 바라지는 아니하였다고 하더라도 당시의 상황에서는 그것을 최선이라고 판단하여 그 의사표시를 하였을 경우에는 이를 내심의 효과의사가 결여된 비진의 의사표시라고 할 수 없다(대판 1996.12.20. 95누16059).
ㄴ. (○) 채무자의 법률행위가 통정허위표시인 경우에도 채권자취소권의 대상이 되고, 한편 채권자취소권의 대상으로 된 채무자의 법률행위라도 통정허위표시의 요건을 갖춘 경우에는 무효라고 할 것이다(대판 1998.2.27. 97다50985).
ㄷ. (○) 근로자가 회사의 경영방침에 따라 사직원을 제출하고 회사가 이를 받아들여 퇴직처리를 하였다가 즉시 재입사하는 형식을 취함으로써 근로자가 그 퇴직 전후에 걸쳐 실질적인 근로관계의 단절이 없이 계속 근무하였다면 그 사직원 제출은 근로자가 퇴직을 할 의사 없이 퇴직의사를 표시한 것으로서 비진의의사표시에 해당하고 재입사를 전제로 사직원을 제출케 한 회사 또한 그와 같은 진의 아님을 알고 있었다고 봄이 상당하다 할 것이므로 위 사직원제출과 퇴직처리에 따른 퇴직의 효과는 생기지 아니한다(대판 1988.5.10. 87다카2578).

027 진의 아닌 의사표시에 관한 판례의 입장에 부합하지 않는 것은?

① 비록 재산을 강제로 뺏긴다는 것이 표의의 본심으로 잠재되어 있었다 하여도 표의자가 강박에 의하여서나마 증여를 하기로 하고 그에 따른 증여의 의사표시를 한 이상, 증여의 내심의 효과의사가 결여된 것이라고 할 수 없다.
② 물의를 일으킨 사립대학교 조교수가 사직원이 수리되지 않은 것이라고 믿고 사태수습을 위하여 이사장 앞으로 형식상 사직원을 제출한 경우, 이사회에서 그러한 사실을 알았거나 알 수 있었을 경우가 아니라면 그 의사표시에 따라 효력이 발생한다.
③ 공무원이 사직의 의사표시를 하여 의원면직처분이 이루어진 경우에 사직원 제출자의 내심의 의사가 사직할 뜻이 아니었다면 진의 아닌 의사표시에 관한 민법 제107조가 준용된다.
④ 비록 표의자가 의사표시의 내용을 진정으로 마음 속에서 바라지는 아니하였더라도 당시의 상황에서는 그것이 최선이라고 판단하여 그 의사표시를 하였을 경우에는 이를 내심의 효과의사가 결여된 진의 아닌 의사표시라고 할 수 없다.
⑤ 계약이 대리인에 의하여 체결된 경우, 그 대리인의 진의가 본인의 이익이나 의사에 반하여 자기 또는 제3자의 이익을 위한 것이고 상대방이 그 사정을 알 수 있었다면 본인은 아무런 계약상의 책임을 지지 않는다.

해설

① (○) 비진의의사표시에 있어서의 진의란 특정한 내용의 의사표시를 하고자 하는 표의자의 생각을 말하는 것이지 표의자가 진정으로 마음속에서 바라는 사항을 뜻하는 것은 아니라고 할 것이므로, 비록 재산을 강제로 뺏긴다는 것이 표의자의 본심으로 잠재되어 있었다 하여도 표의자가 강박에 의하여서나마 증여를 하기로 하고 그에 따른 증여의 의사표시를 한 이상 증여의 내심의 효과의사가 결여된 것이라고 할 수는 없다(대판 2002.12.27. 2000다47361).

② (○) 물의를 일으킨 사립대학교 조교수가 사표를 제출하더라도 이를 수리하지 않을 것이라고 믿고 사태수습을 위하여 형식상 이사장 앞으로 사직원을 제출하였던 바, 의외로 이사회에서 사표가 수리된 경우, 위 조교수의 사표가 설사 진의가 아닌 비진의의사표시라 하더라도 학교법인이나 그 이사회에서 그러한 사실을 알았거나 알 수 있었을 경우가 아니라면 그 의사표시에 따라 효력이 발생한다(대판 1980.10.14. 79다2168).

③ (×) 공무원이 사직의 의사표시를 하여 의원면직처분을 하는 경우 그 사직의 의사표시는 그 법률관계의 특수성에 비추어 외부적·객관적으로 표시된 바를 존중하여야 할 것이므로, 비록 사직원제출자의 내심의 의사가 사직할 뜻이 아니었다고 하더라도 진의 아닌 의사표시에 관한 민법 제107조는 그 성질상 사직의 의사표시와 같은 사인의 공법행위에는 준용되지 아니하므로 그 의사가 외부에 표시된 이상 그 의사는 표시된 대로 효력을 발한다(대판 1997.12.12. 97누13962).

④ (○) 진의 아닌 의사표시에 있어서의 '진의'란 특정한 내용의 의사표시를 하고자 하는 표의자의 생각을 말하는 것이지 표의자가 진정으로 마음 속에서 바라는 사항을 뜻하는 것은 아니므로 표의자가 의사표시의 내용을 진정으로 마음 속에서 바라지는 아니하였다고 하더라도 당시의 상황에서는 그것이 최선이라고 판단하여 그 의사표시를 하였을 경우에는 이를 내심의 효과의사가 결여된 진의 아닌 의사표시라고 할 수 없다(대판 2001.1.19. 2000다51919).

> 사용자가 사직의 의사 없는 근로자로 하여금 어쩔 수 없이 사직서를 작성·제출하게 한 후 이를 수리하는 이른바 의원면직의 형식을 취하여 근로계약관계를 종료시키는 경우에는 실질적으로 사용자의 일방적인 의사에 의하여 근로계약관계를 종료시키는 것이어서 해고에 해당한다고 할 것이나, 그렇지 않은 경우에는 사용자가 사직서 제출에 따른 사직의 의사표시를 수락함으로써 사용자와 근로자의 근로계약관계는 합의해지에 의하여 종료되는 것이므로 사용자의 의원면직처분을 해고라고 볼 수 없다(대판 2001.1.19. 2000다51919).

⑤ (○) 진의 아닌 의사표시가 대리인에 의하여 이루어지고 그 대리인의 진의가 본인의 이익이나 의사에 반하여 자기 또는 제3자의 이익을 위한 배임적인 것임을 그 상대방이 알았거나 알 수 있었을 경우에는 민법 제107조 제1항 단서의 유추해석상 그 대리인의 행위에 대하여 본인은 아무런 책임을 지지 않는다고 보아야 하고, 그 상대방이 대리인의 표시의사가 진의 아님을 알았거나 알 수 있었는가의 여부는 표의자인 대리인과 상대방 사이에 있었던 의사표시 형성과정과 그 내용 및 그로 인하여 나타나는 효과 등을 객관적인 사정에 따라 합리적으로 판단하여야 한다(대판 2001.1.19. 2000다20694).

> 증권회사 직원이 고객으로부터 채권과 채권매수대금을 교부받아 증권회사의 계좌에 입금하지 아니하고 임의로 운용한 경우에, 일반적인 채권 또는 양도성예금증서와는 달리 세금공제 후의 확정이자가 지급되었고, 고객은 그 직원을 통하여만 증권회사와 거래하였을 뿐만 아니라 고객 명의의 종합통장의 잔고는 없어지고 다만 그 직원으로부터 잔액증명서나 보관증만을 교부받았고, 이 잔액증명서나 보관증으로 그 직원을 통하지 아니하고는 증권회사로부터 현금 또는 채권으로 인출할 수 없었다면, 고객으로서는 증권회사 직원의 의사가 증권회사를 위한 것이 아님을 알았다고 할 수는 없을 지라도 적어도 통상의 주의만 기울였던들 이를 알 수 있었을 것이라고 보는 것이 상당하므로 고객과 증권회사 사이에 채권이나 채권매수자금에 대한 위탁계약이 성립되었다고 볼 수 없다고 한 사례(대판 2001.1.19. 2000다20694).

답 ❸

028 비진의 의사표시에 관한 설명으로 옳지 않은 것은?(다툼이 있으면 판례에 따름)   25 변리

① 대출금채무자로서의 명의를 빌려준 자의 대출의 의사표시가 비진의 의사표시에 해당한다고 하더라도 이러한 사정을 몰랐고 알 수도 없었던 금융기관에 대하여 명의대여자는 대출금채무를 부담하여야 한다.
② 비진의 의사표시에 관한 민법 규정은 공무원이 사직의 의사표시를 하는 것과 같은 사인의 공법행위에도 적용된다.
③ 표의자가 의사표시의 내용을 진정으로 마음 속에서 바라지는 않았더라도 당시의 상황에서는 그것이 최선이라고 판단하여 그 의사표시를 하였을 경우에는 비진의 의사표시로 볼 수 없다.
④ 비진의 의사표시의 상대방이 표의자의 진의 아님을 알았거나 알 수 있었다는 것은 의사표시의 무효를 주장하는 자가 증명하여야 한다.
⑤ 비진의 의사표시가 대리인에 의하여 이루어지고, 그 대리인의 진의가 본인의 이익이나 의사에 반하여 자기 또는 제3자의 이익을 위한 배임적인 것임을 상대방이 알았거나 알 수 있었을 경우에는 대리인의 행위에 대하여 본인은 책임을 지지 않는다.

해설

① (○) 법률상 또는 사실상의 장애로 자기 명의로 대출받을 수 없는 자를 위하여 대출금채무자로서의 명의를 빌려준 자에게 그와 같은 채무부담의 의사가 없는 것이라고는 할 수 없으므로 그 의사표시를 비진의표시에 해당한다고 볼 수 없고, 설령 명의대여자의 의사표시가 비진의표시에 해당한다고 하더라도 그 의사표시의 상대방인 상호신용금고로서는 명의대여자가 전혀 채무를 부담할 의사 없이 진의에 반한 의사표시를 하였다는 것까지 알았다거나 알 수 있었다고 볼 수도 없다고 보아, 그 명의대여자는 표시행위에 나타난 대로 대출금채무를 부담한다(대판 1996.9.10. 96다18182).
② (×) 공무원이 사직의 의사표시를 하여 의원면직처분을 하는 경우 그 사직의 의사표시는 그 법률관계의 특수성에 비추어 외부적·객관적으로 표시된 바를 존중하여야 할 것이므로, 비록 사직원제출자의 내심의 의사가 사직할 뜻이 아니었다고 하더라도 진의 아닌 의사표시에 관한 민법 제107조는 그 성질상 사직의 의사표시와 같은 사인의 공법행위에는 준용되지 아니하므로 그 의사가 외부에 표시된 이상 그 의사는 표시된 대로 효력을 발한다(대판 1997.12.12. 97누13962).
③ (○) 표의자가 의사표시의 내용을 진정으로 마음속으로 바라지는 아니하였다고 하더라도 당시의 상황에서는 그것을 최선이라고 판단하여 그 의사표시를 하였을 경우에는 이를 내심의 효과의사가 결여된 진의 아닌 의사표시라고 할 수 없다(대판 2003.4.25. 2002다11458).
④ (○) 의사표시는 표의자가 진의아님을 알고 한 것이라도 그 효력이 있다. 그러나 상대방이 표의자의 진의아님을 알았거나 이를 알 수 있었을 경우에는 무효로 한다(민법 제107조 제1항) 이 경우 상대방이 진의 아님을 알았다거나 또는 알 수 있었다는 것은 의사표시의 무효를 주장하는 자가 주장·증명하여야 한다(통설·판례).
⑤ (○) 진의 아닌 의사표시가 대리인에 의하여 이루어지고 그 대리인의 진의가 본인의 이익이나 의사에 반하여 자기 또는 제3자의 이익을 위한 배임적인 것임을 그 상대방이 알았거나 알 수 있었을 경우에도 민법 제107조 제1항 단서의 유추해석상 그 대리인의 행위에 대하여 본인은 아무런 책임을 지지 않는다고 보아야 하고, 그 상대방이 대리인의 표시의사가 진의 아님을 알았거나 알 수 있었는가의 여부는 표의자인 대리인과 상대방 사이에 있었던 의사표시 형성 과정과 그 내용 및 그로 인하여 나타나는 효과 등을 객관적인 사정에 따라 합리적으로 판단하여야 한다(대판 1999.1.15. 98다39602).

답 ❷

029 비진의의사표시에 관한 설명으로 옳지 않은 것은?(다툼이 있으면 판례에 따름)

① 근로자가 회사의 경영방침에 따라 사직원을 제출하고 퇴사 후 즉시 재입사하여 근로자가 그 퇴직 전후에 걸쳐 실질적인 근로관계의 단절이 없이 계속 근무하였다면 그 사직원 제출은 비진의의사표시에 해당한다.
② 근로자가 희망퇴직의 권고를 받고 제반 사항 등을 종합적으로 고려하여 심사숙고한 결과 사직서를 제출한 경우라면 그 사직서 제출은 비진의의사표시에 해당한다.
③ 근로자들이 사용자의 지시에 따라 사직의 의사 없이 사직서를 제출하였고 사용자가 선별적으로 수리하여 의원면직 처리하였다면 그 사직서의 제출은 비진의의사표시에 해당한다.
④ 학교법인이 그 학교의 교직원의 명의로 금융기관으로부터 금전을 차용한 경우, 명의대여자의 의사표시는 비진의의사표시가 아니므로 주채무자로서 책임이 있다.
⑤ 장관의 지시에 따라 공무원이 일괄사표를 제출하여 일부 공무원에 대해 의원면직 처분이 이루어진 경우 그 사직원 제출행위는 비진의의사표시로 당연 무효가 된다고 볼 수 없다.

해설

① (○) 대판 2005.4.29. 2004두14090
② (×) 근로자들은 당시 희망퇴직의 권고를 선뜻 받아들일 수는 없었다고 할지라도 그 당시의 경제상황, 회사(피고)의 구조조정계획, 회사가 제시하는 희망퇴직의 조건, 정리해고를 시행할 경우 정리기준에 따라 정리해고 대상자에 포함될 가능성, 퇴직할 경우와 계속 근무할 경우의 이해득실 등 제반 사항을 종합적으로 고려하여 심사숙고한 결과 사직서를 제출하였다고 봄이 상당하고, 따라서, 근로자들과 회사 사이의 근로계약은 근로자들이 회사에 대하여 사직서를 제출하고 회사가 이를 수리하여 근로자들을 면직함으로써 합의해지에 의하여 종료되었다고 할 것이다(대판 2003.4.11. 2002다60528). 이러한 판례의 취지를 고려하면, 지문의 사정에 의한 근로자의 사직원 제출은 비진의의사표시에 해당하지 아니한다.
③ (○) 근로자들이 의원면직의 형식을 빌렸을 뿐 실제로는 사용자의 지시에 따라 진의 아닌 사직의 의사표시를 하였고 사용자가 이러한 사정을 알면서 위 사직의 의사표시를 수리하였다면 위 사직의 의사표시는 민법 제107조에 해당하여 무효라 할 것이고 사용자가 사직의 의사 없는 근로자로 하여금 어쩔 수 없이 사직서를 작성 제출케 하여 그중 일부만을 선별수리하여 이들을 의원면직처리한 것은 정당한 이유나 정당한 절차를 거치지 아니한 해고조치로서 근로기준법 제27조 등의 강행법규에 위배되어 당연무효이다(대판 1992.5.26. 92다3670).
④ (○) 대판 1980.7.8. 80다639
⑤ (○) 공무원이 사직의 의사표시를 하여 의원면직처분을 하는 경우 그 사직의 의사표시는 그 법률관계의 특수성에 비추어 외부적·객관적으로 표시된 바를 존중하여야 할 것이므로, 비록 사직원제출자의 내심의 의사가 사직할 뜻이 아니었다고 하더라도 진의 아닌 의사표시에 관한 민법 제107조는 그 성질상 사직의 의사표시와 같은 사인의 공법행위에는 준용되지 아니하므로 그 의사가 외부에 표시된 이상 그 의사는 표시된 대로 효력을 발한다(대판 1997.12.12. 97누13962).

답 ❷

030

비진의표시에 관한 설명으로 옳지 않은 것은?(다툼이 있으면 판례에 따름)

① 비진의표시에서 '진의'란 특정한 내용의 의사표시를 하고자 하는 표의자의 생각을 말하는 것이지 진정으로 마음속에서 바라는 사항을 뜻하는 것은 아니다.
② 법률상의 장애로 자기명의로 대출받을 수 없는 자를 위하여 대출금채무자로서 명의를 빌려준 자는 특별한 사정이 없는 한 채무부담의사를 가지지 않으므로 그가 행한 대출계약상의 의사표시는 비진의표시이다.
③ 재산을 강제로 뺏긴다는 인식을 하고 있는 자가 고지된 해악이 두려워 어쩔 수 없이 증여의 의사표시를 한 경우 이는 비진의표시라 할 수 없다.
④ 근로자가 회사의 경영방침에 따라 사직원을 제출하고 회사가 이를 받아들여 퇴직처리를 하였다가 즉시 재입사하는 형식으로 실질적 근로관계의 단절 없이 계속 근무하였다면 그 사직의 의사표시는 무효이다.
⑤ 비리공무원이 감사기관의 사직권고를 받고 사직의 의사표시를 하여 의원면직처분이 된 경우, 그 사표제출자의 내심에 사직할 의사가 없었더라도 그 사직의 의사표시는 효력이 발생한다.

해설

① (○) 대판 1993.7.16. 92다41528
② (×) 법률상 또는 사실상의 장애로 자기 명의로 대출받을 수 없는 자를 위하여 대출금채무자로서의 명의를 빌려준 자에게 그와 같은 채무부담의 의사가 없는 것이라고는 할 수 없으므로 그 의사표시를 비진의표시에 해당한다고 볼 수 없고, 설령 명의대여자의 의사표시가 비진의표시에 해당한다고 하더라도 그 의사표시의 상대방인 상호신용금고로서는 명의대여자가 전혀 채무를 부담할 의사 없이 진의에 반한 의사표시를 하였다는 것까지 알았다거나 알 수 있었다고 볼 수도 없다(대판 1996.9.10. 96다18182).
③ (○) 비록 재산을 강제로 뺏긴다는 것이 표의자의 본심으로 잠재되어 있었다 하여도 표의자가 강박에 의하여서나마 증여를 하기로 하고 그에 따른 증여의 의사표시를 한 이상 증여의 내심의 효과의사가 결여된 것이라고 할 수는 없다(대판 2002.12.27. 2000다47361).
④ (○) 대판 2005.4.29. 2004두14090
⑤ (○) 공무원이 사직의 의사표시를 하여 의원면직처분을 하는 경우 그 사직의 의사표시는 그 법률관계의 특수성에 비추어 외부적·객관적으로 표시된 바를 존중하여야 할 것이므로, 비록 사직원제출자의 내심의 의사가 사직할 뜻이 아니었다고 하더라도 진의 아닌 의사표시에 관한 민법 제107조는 그 성질상 사직의 의사표시와 같은 사인의 공법행위에는 준용되지 아니하므로 그 의사가 외부에 표시된 이상 그 의사는 표시된 대로 효력을 발한다(대판 1997.12.12. 97누13962).

답

031 통정허위표시에 관한 설명으로 옳지 않은 것은?(다툼이 있으면 판례에 따름)

① 통정허위표시가 되기 위하여는 진의 아닌 의사표시에 대한 당사자 사이의 인식만으로는 부족하고 그에 관한 당사자의 합의가 있어야 한다.
② 채무자의 법률행위가 통정허위표시로 무효인 경우에도 채권자는 채권자취소권을 행사할 수 있다.
③ 가장매매의 매수인으로부터 매매목적물에 가등기를 설정받은 선의의 제3자에 대하여는 통정허위표시의 무효로 대항하지 못한다.
④ 당사자들이 표시한 허위의 법률행위 속에 실제로 의욕한 다른 합의가 있는 경우, 그 다른 합의도 효력이 발생하지 않는다.
⑤ 통정허위표시의 계약상 지위를 이전받은 자는 선의의 제3자 보호규정을 근거로 계약의 유효를 주장하지 못한다.

해설

① (○) 진의와 다른 표시를 하는 데 대하여 표의자가 알고 있어야 할 뿐만 아니라 상대방과 통정해야 한다.
② (○) 채무자의 법률행위가 통정허위표시인 경우에도 채권자취소권의 대상이 되고, 한편 채권자취소권의 대상으로 된 채무자의 법률행위라도 통정허위표시의 요건을 갖춘 경우에는 무효라고 할 것이다(대판 1998.2.27. 97다50985).
③ (○) 허위의 매매에 의한 매수인으로부터 부동산상의 권리를 취득한 제3자는 특별한 사정이 없는 한 선의로 추정할 것이므로 허위표시를 한 부동산양도인이 제3자에 대하여 소유권을 주장하려면 그 제3자의 악의임을 입증하여야 한다(대판 1970.9.29. 70다466).
④ (×) 매도인이 경영하던 기업이 부도가 나서 그가 주식을 매도할 경우 매매대금이 모두 채권자은행에 귀속될 상황에 처하자 이러한 사정을 잘 아는 매수인이 매매계약서상의 매매대금은 형식상 금 8,000원으로 하고 나머지 실질적인 매매대금은 매도인의 처와 상의하여 그에게 적절히 지급하겠다고 하여 매도인이 그와 같은 주식매매계약을 체결한 경우, 매매계약상의 대금 8,000원이 적극적 은닉행위를 수반하는 허위표시라 하더라도 실지 지급하여야 할 매매대금의 약정이 있는 이상 위 매매대금에 관한 외형행위가 아닌 내면적 은닉행위는 유효하고 따라서 실지매매대금에 의한 위 매매계약은 유효하다(대판 1993.8.27. 93다12930).
⑤ (○) 구 상호신용금고법(2000.1.28. 법률 제6203호로 개정되기 전의 것) 소정의 계약이전은 금융거래에서 발생한 계약상의 지위가 이전되는 사법상의 법률효과를 가져오는 것이므로, 계약이전을 받은 금융기관은 계약이전을 요구받은 금융기관과 대출채무자 사이의 통정허위표시에 따라 형성된 법률관계를 기초로 하여 새로운 법률상 이해관계를 가지게 된 민법 제108조 제2항의 제3자에 해당하지 않는다(대판 2004.1.15. 2002다31537).

> **통정한 허위의 의사표시(제108조)**
> ① 상대방과 통정한 허위의 의사표시는 무효로 한다.
> ② 전항의 의사표시의 무효는 선의의 제3자에게 대항하지 못한다.

032 통정허위표시에 관한 설명으로 옳지 않은 것은?(다툼이 있으면 판례에 따름)

① 통정허위표시가 성립하기 위해서는 표의자의 진의와 표시의 불일치에 관하여 상대방과의 사이에 합의가 있어야 한다.
② 통정허위표시로 무효인 법률행위는 채권자취소권의 대상이 될 수 있다.
③ 통정허위표시로서 의사표시가 무효라고 주장하는 자는 그 무효사유에 해당하는 사실을 증명할 책임이 있다.
④ 가장근저당권설정계약이 유효하다고 믿고 그 피담보채권을 가압류한 자는 통정허위표시의 무효로 대항할 수 없는 제3자에 해당하지 않는다.
⑤ 가장양수인으로부터 소유권이전등기청구권 보전을 위한 가등기를 경료받은 자는 특별한 사정이 없는 한 선의로 추정된다.

해설

① (○) 대판 2015.2.12. 2014다41223
② (○) 상대방과 통정한 허위의 의사표시는 무효로 되고(민법 제108조 제1항), 채무자의 법률행위가 통정허위표시인 경우에도 채권자취소권의 대상이 된다(대판 1998.2.27. 97다50985).
③ (○) 대판 2017.8.18. 2014다87595
④ (×) 통정한 허위표시에 의하여 외형상 형성된 법률관계로 생긴 채권을 가압류한 경우, 그 가압류권자는 허위표시에 기초하여 새로운 법률상 이해관계를 가지게 되므로 민법 제108조 제2항의 제3자에 해당한다고 봄이 상당하고, 또한 민법 제108조 제2항의 제3자는 선의이면 족하고 무과실은 요건이 아니다(대판 2004.5.28. 2003다70041).
⑤ (○) 가장양수인으로부터 소유권이전등기청구권 보전을 위한 가등기를 경료받은 자는 민법 제108조 제2항의 제3자에 해당하고(대판 1970.9.29. 70다466), 여기에서 제3자는 특별한 사정이 없는 한 선의로 추정될 것이므로, 제3자가 악의라는 사실에 관한 주장·증명책임은 그 허위표시의 무효를 주장하는 자에게 있다(대판 2006.3.10. 2002다1321).

 ❹

033 허위표시의 무효로 대항할 수 없는 선의의 제3자에 관한 설명으로 옳은 것은?(다툼이 있으면 판례에 따름)

① 파산관재인은 파산채권자 모두가 악의가 아닌 한 선의의 제3자이다.
② 가장근저당권설정계약이 유효하다고 믿고 그 피담보채권을 가압류한 자는 선의의 제3자로 보호될 수 없다.
③ 가장소비대차의 계약상 지위를 선의로 이전받은 자는 선의의 제3자로 보호될 수 있다.
④ 악의의 제3자로부터 선의로 전득한 자는 선의의 제3자로 보호받지 못한다.
⑤ 선의의 제3자로 보호받기 위해서는 선의뿐만 아니라 무과실도 인정되어야 한다.

해설

① (○) 파산자가 상대방과 통정한 허위의 의사표시를 통하여 가장채권을 보유하고 있다가 파산이 선고된 경우 그 가장채권도 일단 파산재단에 속하게 되고, 파산선고에 따라 파산자와는 독립한 지위에서 파산채권자 전체의 공동의 이익을 위하여 직무를 행하게 된 파산관재인은 그 허위표시에 따라 외형상 형성된 법률관계를 토대로 실질적으로 새로운 법률상 이해관계를 가지게 된 민법 제108조 제2항의 제3자에 해당하고, 그 선의·악의도 파산관재인 개인의 선의·악의를 기준으로 할 수는 없고, 총파산채권자를 기준으로 하여 파산채권자 모두가 악의로 되지 않는 한 파산관재인은 선의의 제3자라고 할 수밖에 없다(대판 2010.4.29. 2009다96083).

② (×), ⑤ (×) 통정한 허위표시에 의하여 외형상 형성된 법률관계로 생긴 채권을 가압류한 경우, 그 가압류권자는 허위표시에 기초하여 새로운 법률상 이해관계를 가지게 되므로 민법 제108조 제2항의 제3자에 해당한다고 봄이 상당하고,❷ 또한 민법 제108조 제2항의 제3자는 선의이면 족하고 무과실은 요건이 아니다❺. 따라서 원심이, 피고가 원고와 소외인 사이의 근저당권설정계약이 유효하다고 믿고 그 피담보채권에 대하여 가압류하였음을 전제로 민법 제108조 제2항의 선의의 제3자에 해당한다고 본 것은 정당하고, 거기에 주장과 같은 통정허위표시의 제3자에 대한 법리오해의 위법이 없다(대판 2004.5.28. 2003다70041).

③ (×) 민법 제108조 제2항의 제3자는 허위표시의 당사자 및 포괄승계인 이외의 자로서 허위표시에 의하여 형성된 법률관계를 토대로 실질적으로 이해관계를 갖는 자를 말하므로, 가장소비대차의 계약상 지위를 선의로 이전받은 자는 민법 제108조 제2항의 제3자에 해당하지 않는다(대판 2004.1.15. 2002다31537 참고).

④ (×) 악의의 제3자로부터 전득한 자가 선의인 경우에는 외관을 신뢰한 자를 보호하려는 민법 제108조 제2항의 취지를 고려할 때 선의의 전득자도 허위표시로 대항할 수 없는 제3자에 해당한다고 보는 것이 타당하다.

답 ❶

034 통정허위표시에 관한 설명으로 옳은 것을 모두 고른 것은?(다툼이 있는 경우에는 판례에 의함)

 변리

ㄱ. 동일인 여신한도의 제한을 회피하기 위하여 실질적 주채무자 아닌 제3자가 은행에 알리지 않고 주채무자로 서명·날인하여 은행과 소비대차계약을 체결한 경우, 이 계약은 통정허위표시로서 무효이다.
ㄴ. 통정허위표시로 무효가 된 법률행위도 채권자취소권의 대상이 될 수 있다.
ㄷ. 차주와 통정하여 금전소비대차를 체결한 금융기관으로부터 계약을 인수한 자는 법률상 새로운 이해관계를 가지게 된 제3자에 해당한다.
ㄹ. 통정허위표시는 반사회적 행위가 아니므로, 통정허위표시로 인한 채무를 이행한 때에도 불법원인 급여가 되지 않는다.

① ㄱ, ㄴ
② ㄱ, ㄷ
③ ㄴ, ㄷ
④ ㄴ, ㄹ
⑤ ㄷ, ㄹ

해설

ㄱ. (×) 통정허위표시가 성립하기 위하여는 의사표시의 진의와 표시가 일치하지 아니하고, 그 불일치에 관하여 상대방과 사이에 합의가 있어야 하는바, 제3자가 은행을 직접 방문하여 금전소비대차약정서에 주채무자로서 서명·날인하였다면 제3자는 자신이 당해 소비대차계약의 주채무자임을 은행에 대하여 표시한 셈이고, 제3자가 은행이 정한 동일인에 대한 여신한도 제한을 회피하여 타인으로 하여금 제3자 명의로 대출을 받아 이를 사용하도록 할 의도가 있었다거나 그 원리금을 타인의 부담으로 상환하기로 하였더라도, 특별한 사정이 없는 한 이는 소비대차계약에 따른 경제적 효과를 타인에게 귀속시키려는 의사에 불과할 뿐, 그 법률상의 효과까지도 타인에게 귀속시키려는 의사로 볼 수는 없으므로 제3자의 진의와 표시에 불일치가 있다고 보기는 어렵다(대판 1998.9.4. 98다17909).

ㄴ. (○) 상대방과 통정한 허위의 의사표시는 무효로 되고(민법 제108조 제1항), 채무자의 법률행위가 통정허위표시로 무효인 경우에도 채권자취소권의 대상이 된다(대판 1998.2.27. 97다50985).

ㄷ. (×) 구 상호신용금고법 소정의 계약이전은 금융거래에서 발생한 계약상의 지위가 이전되는 사법상의 법률효과를 가져오는 것이므로, 계약이전을 받은 금융기관은 계약이전을 요구받은 금융기관과 대출채무자 사이의 통정허위표시에 따라 형성된 법률관계를 기초로 하여 새로운 법률상 이해관계를 가지게 된 민법 제108조 제2항의 제3자에 해당하지 않는다(대판 2004.1.15. 2002다31537).

ㄹ. (○) 판례의 취지를 고려할 때 통정허위표시 자체가 불법이 아니기 때문에 통정허위표시로 인한 채무를 이행한 경우에도 불법원인급여라고 할 수 없다.

> 불법원인급여를 규정한 민법 제746조 소정의 "불법의 원인"이라 함은 재산을 급여한 원인이 선량한 풍속 기타 사회질서에 위반하는 경우를 가리키는 것으로서, 강제집행을 면할 목적으로 부동산의 소유자명의를 신탁하는 것이 위와 같은 불법원인급여에 해당한다고 볼 수는 없다(대판 1994.4.15. 93다61307).

답 ❹

035 통정허위표시에 관한 설명으로 옳지 않은 것은?(다툼이 있으면 판례에 따름) [23 변리]

① 통정허위표시에 의한 법률행위도 채권자취소권의 대상인 사해행위가 될 수 있다.
② 임대차보증금반환채권을 담보할 목적으로 임대인과 임차인이 체결한 전세권설정계약은 특별한 사정이 없는 한 임대차계약의 내용과 양립할 수 없는 범위에서만 통정허위표시로 인정된다.
③ 차명(借名)으로 대출받으면서 명의대여자에게는 법률효과를 귀속시키지 않기로 하는 합의가 대출기관과 실제 차주 사이에 있었다면 명의대여자의 명의로 작성된 대출계약은 통정허위표시이다.
④ 통정허위표시에 따른 선급금 반환채무 부담행위에 기하여 선의로 그 채무를 보증한 자는 보증채무의 이행 여부와 상관없이 허위표시의 무효로부터 보호받는 제3자에 해당한다.
⑤ 파산관재인은 그가 비록 통정허위표시에 대해 악의였다고 하더라도 파산채권자 모두가 악의로 되지 않는 한 선의의 제3자로 인정된다.

해설

① (○) 통정허위표시에 의한 법률행위는 무효이나, 채무자가 채권자를 해함을 알고 재산권을 목적으로 하는 통정허위표시에 의한 법률행위를 한 경우에는 채권자취소권의 대상인 사해행위가 될 수 있다(대판 1998.2.27. 97다50985).
② (○) 임대차보증금은 임대차계약이 종료된 후 임차인이 목적물을 인도할 때까지 발생하는 차임과 그 밖의 채무를 담보한다. 임대인과 임차인이 위와 같이 임대차보증금반환채권을 담보할 목적으로 전세권을 설정하기 위해 전세권설정계약을 체결하였다면, 임대차보증금에서 연체차임 등을 공제하고 남은 돈을 전세금으로 하는 것이 임대인과 임차인의 합치된 의사라고 볼 수 있다. 그러나 전세권설정계약은 외관상으로는 그 내용에 차임지급 약정이 존재하지 않고 이에 따라 전세금에서 연체차임이 공제되지 않는 등 임대인과 임차인의 진의와 일치하지 않는 부분이 존재한다. 따라서 전세권설정계약은 위와 같이 임대차계약과 양립할 수 없는 범위에서 통정허위표시에 해당하여 무효라고 봄이 타당하다. 다만 전세권설정계약에 따라 형성된 법률관계에 기초하여 새로이 법률상 이해관계를 가지게 된 제3자에 대해서는 그 제3자가 그와 같은 사정을 알고 있었던 경우에만 무효를 주장할 수 있다. 따라서 임대차계약에 따른 임차보증금반환채권을 담보할 목적으로 전세권설정등기를 마친 경우 임대차계약에 따른 연체차임 공제는 전세권설정계약과 양립할 수 없으므로, 전세권설정자는 선의의 제3자에 대해서는 연체차임 공제 주장으로 대항할 수 없다. 여기에서 선의의 제3자가 보호될 수 있는 법률상 이해관계는 전세권설정계약의 당사자를 상대로 하여 직접 법률상 이해관계를 가지는 경우 외에도 법률상 이해관계를 바탕으로 하여 다시 위 전세권설정계약에 의하여 형성된 법률관계와 새로이 법률상 이해관계를 가지게 되는 경우도 포함된다(대판 2021.12.30. 2020다257999).

③ (○) 동일인에 대한 대출액 한도를 제한한 법령이나 금융기관 내부규정의 적용을 회피하기 위하여 실질적인 주채무자가 실제 대출받고자 하는 채무액에 대하여 제3자를 형식상의 주채무자로 내세우고, 금융기관도 이를 양해하여 제3자에 대하여는 채무자로서의 책임을 지우지 않을 의도하에 제3자 명의로 대출관계서류를 작성받은 경우, 제3자는 형식상의 명의만을 빌려 준 자에 불과하고 그 대출계약의 실질적인 당사자는 금융기관과 실질적 주채무자이므로, 제3자 명의로 되어 있는 대출약정은 그 금융기관의 양해하에 그에 따른 채무부담의 의사 없이 형식적으로 이루어진 것에 불과하여 통정허위표시에 해당하는 무효의 법률행위이다(대판 2001.5.29. 2001다11765).

④ (×) 판례의 취지를 고려할 때 선급금반환채무를 선의로 보증한 자가 그 채무까지 이행한 경우 주채무자에 대하여 구상권 취득에 관한 법률상의 이해관계를 가지게 되었다고 할 것이어서 허위표시의 무효로부터 보호받는 제3자에 해당한다.

> [1] 보증인이 주채무자의 기망행위에 의하여 주채무가 있는 것으로 믿고 주채무자와 보증계약을 체결한 다음 그에 따라 보증채무자로서 그 채무까지 이행한 경우, 그 보증인은 주채무자에 대한 구상권 취득에 관하여 법률상의 이해관계를 가지게 되었고 그 구상권 취득에는 보증의 부종성으로 인하여 주채무가 유효하게 존재할 것을 필요로 하여 결국 그 보증인은 주채무자의 채권자에 대한 채무 부담행위라는 허위표시에 기초하여 구상권 취득에 관한 법률상 이해관계를 가지게 되었으므로 민법 제108조 제2항 소정의 '제3자'에 해당한다.
> [2] 원심이 확정한 사실관계에 의하면, 피고 조합은 신세계엔지니어링의 기망행위에 의하여 신세계엔지니어링의 정병호에 대한 선급금반환채무가 있는 것으로 믿고 신세계엔지니어링과 보증계약을 체결한 다음 그에 따라 보증채무자로서 그 채무까지 이행하였으므로 피고 조합은 신세계엔지니어링에 대한 구상권 취득에 관하여 법률상의 이해관계를 가지게 되었다고 할 것이고, 이와 같은 구상권 취득에는 보증의 부종성으로 인하여 주채무에 해당하는 신세계엔지니어링의 정병호에 대한 선급금반환채무가 유효하게 존재할 것을 필요로 하므로, 결국 피고 조합은 신세계엔지니어링의 정병호에 대한 선급금반환채무 부담행위라는 허위표시에 기초하여 구상권 취득에 관한 법률상 이해관계를 가지게 되었다고 할 것이어서, 피고 조합은 민법 제108조 제2항의 제3자에 해당한다고 봄이 상당하다(대판 2000.7.6. 99다51258).

⑤ (○) 파산관재인이 민법 제108조 제2항의 경우 등에 있어 제3자에 해당하는 것은 파산관재인은 파산채권자 전체의 공동의 이익을 위하여 선량한 관리자의 주의로써 그 직무를 행하여야 하는 지위에 있기 때문이므로, 그 선의·악의도 파산관재인 개인의 선의·악의를 기준으로 할 수는 없고 총파산채권자를 기준으로 하여 파산채권자 모두가 악의로 되지 않는 한 파산관재인은 선의의 제3자라고 할 수밖에 없다(대판 2006.11.10. 2004다10299).

답 ④

036 통정허위표시에 관한 설명 중 옳지 않은 것은?(다툼이 있으면 판례에 따름) `05 사시`

① 甲과 乙이 내부적으로는 증여의 의사를 가지고 계약을 체결하였으나 매매계약의 형식을 빌린 경우 증여계약의 효력이 발생할 수 있다.
② 통정한 허위의 의사표시에 의하여 형성된 법률관계로 생긴 채권을 가압류한 채권자가 있는 경우 그 가압류채권자가 선의라 하더라도 그에게 허위표시의 무효를 가지고 대항할 수 있다.
③ 선의의 제3자에게는 허위표시의 무효를 주장할 수 없지만 이때 제3자가 무과실이어야 할 필요는 없다.
④ 가장매매의 매도인은 매수인의 상속인이 그 허위표시에 대하여 선의라 하더라도 그에게 허위표시의 무효를 가지고 대항할 수 있다.
⑤ 토지거래허가 구역 내 토지거래계약이 허위표시에 의하여 이루어진 경우 거래당사자는 거래허가 신청 전단계에서 허위표시임을 주장하여 거래허가 신청협력에 대한 거절의사를 명백히 함으로써 계약을 확정적으로 무효화시키고 자신의 거래허가절차에 협력할 의무를 면할 수 있다.

해설

① (○) 가장행위가 무효하고 하더라도 가장행위 속에 숨겨진 은닉행위는 그 행위 자체의 요건을 구비하는 한 유효하다는 것이 학설의 일반적인 태도이다. 이에 따를 때 내부적으로 증여의 의사를 가지고 매매계약의 형식을 빌려 계약을 체결하였다면 매매계약은 무효라도 하더라도 은닉행위인 증여계약은 효력이 발생할 수 있다.
② (×) 통정한 허위표시에 의하여 외형상 형성된 법률관계로 생긴 채권을 가압류한 경우, 그 가압류채권자는 허위표시에 기초하여 새로운 법률상 이해관계를 가지게 되므로 민법 제108조 제2항의 제3자에 해당한다고 봄이 상당하므로(대판 2004.5.28. 2003다70041), 가압류채권자가 선의라면 그에게 허위표시의 무효를 가지고 대항할 수 없다.
③ (○) 민법 제108조 제2항의 제3자는 선의이면 족하고 무과실은 요건이 아니다(대판 2004.5.28. 2003다70041).
④ (○) 상대방과 통정한 허위의 의사표시는 무효이고 누구든지 그 무효를 주장할 수 있는 것이 원칙이나, 허위표시의 당사자와 포괄승계인 이외의 자로서 허위표시에 의하여 외형상 형성된 법률관계를 토대로 실질적으로 새로운 법률상 이해관계를 맺은 선의의 제3자에 대하여는 허위표시의 당사자뿐만 아니라 그 누구도 허위표시의 무효를 대항하지 못하는 것이라는 판례(대판 2020.1.30. 2019다280375)의 취지를 고려할 때 가장매수인의 상속인은 매수인의 포괄승계인으로서 허위표시의 무효를 대항하지 못하는 제3자에는 해당하지 아니하므로 가장매매의 매도인은 가장매수인의 상속인이 허위표시에 대하여 선의라 하더라도 그에게 허위표시의 무효를 가지고 대항할 수 있다.
⑤ (○) 구 국토이용관리법상 거래허가를 받지 아니하고 계약당사자의 표시와 불일치한 의사(비진의표시, 허위표시 또는 착오) 또는 사기, 강박과 같은 하자 있는 의사에 의하여 토지거래 등이 이루어진 경우에 있어서, 이들 사유에 기하여 그 거래의 무효 또는 취소를 주장할 수 있는 당사자는 그러한 거래허가를 신청하기 전 단계에서 이러한 사유를 주장하여 거래허가 신청협력에 거절의사를 일방적으로 명백히 함으로써 그 계약을 확정적으로 무효화시키고 자신의 거래허가절차에 협력할 의무를 면함은 물론 기왕에 지급된 계약금 등의 반환도 구할 수 있다(대판 1996.11.8. 96다35309).

답

037 통정허위표시에 관한 설명으로 옳지 않은 것은?(다툼이 있으면 판례에 따름)

① 표의자가 진의 아닌 표시를 하는 것에 관하여 상대방과 사이에 합의가 있어야 한다.
② 통정허위표시로 행해진 부동산 매매계약이 사해행위로 인정되는 경우, 채권자취소권의 대상이 될 수 있다.
③ 민법 제108조 제2항의 선의의 제3자에 대해서는 그 누구도 통정허위표시의 무효로써 대항할 수 없다.
④ 악의의 제3자로부터 전득한 선의의 제3자는 민법 제108조 제2항의 선의의 제3자에 포함되지 않는다.
⑤ 甲과 乙사이에 행해진 X토지에 관한 가장매매예약이 철회되었으나 아직 가등기가 남아 있음을 기화로 乙이 허위의 서류로써 이에 기한 본등기를 한 후 X를 선의의 丙에게 매도하고 이전등기를 해주었다면 丙은 X의 소유권을 취득하지 못한다.

해설

① (○) 통정허위표시가 성립하기 위하여는 의사표시의 진의와 표시가 일치하지 아니하고, 그 불일치에 관하여 상대방과 사이에 합의가 있어야 한다(대판 1998.9.4. 98다17909).
② (○) 채무자의 법률행위가 통정허위표시인 경우에도 채권자취소권의 대상으로 된다고 할 것이고, 한편 채권자취소권의 대상으로 된 채무자의 법률행위라도 통정허위표시의 요건을 갖춘 경우에는 무효라고 할 것이다(대판 1998.2.27. 97다50985).
③ (○) 상대방과 통정한 허위의 의사표시는 무효이고 누구든지 그 무효를 주장할 수 있는 것이 원칙이나, 허위표시의 당사자와 포괄승계인 이외의 자로서 허위표시에 의하여 외형상 형성된 법률관계를 토대로 실질적으로 새로운 법률상 이해관계를 맺은 선의의 제3자에 대하여는 허위표시의 당사자뿐만 아니라 그 누구도 허위표시의 무효를 대항하지 못하는 것이다(대판 2000.7.6. 99다51258).
④ (×) 통정허위표시임을 알고 있는 악의의 제3자로부터 전득한 자가 선의라면 그는 민법 제108조 제2항의 선의의 제3자에 해당한다(대판 2013.2.15. 2012다49292).
⑤ (○) 甲과 乙 사이의 통정한 허위의 의사표시[매매예약(註)]에 기하여 허위 가등기가 설정된 후 그 원인이 된 통정허위표시가 철회되었으나 그 외관인 허위 가등기가 제거되지 않고 잔존하는 동안에 가등기명의인인 乙이 임의로 소유권이전의 본등기를 마친 다음, 다시 위 본등기를 토대로 丙에게 소유권이전등기가 마쳐진 경우, 甲과 乙이 통정한 허위의 의사표시에 기하여 마친 가등기와 丙 명의의 소유권이전등기 사이에는 乙이 일방적으로 마친 원인무효의 본등기가 중간에 개재되어 있으므로, 이를 기초로 마쳐진 丙 명의의 소유권이전등기는 乙 명의의 가등기와는 서로 단절된 것으로 평가되고, 가등기의 설정행위와 본등기의 설정행위는 엄연히 구분되는 것으로서 丙에게 신뢰의 대상이 될 수 있는 '외관'은 乙 명의의 가등기가 아니라 단지 乙 명의의 본등기일 뿐이라는 점에서 丙은 민법 제108조 제2항의 제3자에 해당하지 아니하므로(대판 2020.1.30. 2019다280375), 丙이 선의라 하더라도 X토지의 소유권을 취득하지 못한다.

답 ④

038 통정허위표시에 관한 설명 중 옳은 것을 모두 고른 것은?(다툼이 있는 경우 판례에 의함)

ㄱ. 통정한 허위의 의사표시는 무효이나, 허위표시의 당사자와 포괄승계인 이외의 자로서 허위표시에 의하여 외형상 형성된 법률관계를 토대로 실질적으로 새로운 법률상 이해관계를 맺은 선의의 제3자에 대하여는 허위표시의 당사자뿐만 아니라 그 누구도 허위표시의 무효로 대항하지 못한다.
ㄴ. 임대차보증금반환채권이 양도된 후 양수인의 채권자가 임대차보증금반환채권에 대하여 채권압류 및 추심명령을 받았는데, 임대차보증금반환채권 양도계약이 통정허위표시로서 무효인 경우 양수인의 채권자는 채권의 추심권능만을 부여받은 자여서 통정허위표시에 관한 민법 제108조 제2항의 제3자에 해당하지 않는다.
ㄷ. 파산채무자가 통정한 허위의 의사표시를 통하여 가장채권을 보유하고 있다가 파산이 선고된 경우 그 가장채권도 일단 파산재단에 속하게 되고, 파산관재인은 파산채무자의 포괄승계인이어서 민법 제108조 제2항의 통정허위표시의 제3자에 해당하지 않는다.
ㄹ. 민법 제108조 제2항의 통정한 허위의 의사표시의 무효로 대항할 수 없는 제3자는 선의이면 족하고 무과실은 요건이 아니다.

① ㄱ, ㄴ
② ㄱ, ㄷ
③ ㄱ, ㄹ
④ ㄴ, ㄷ
⑤ ㄷ, ㄹ

해설

ㄱ. (○) 상대방과 통정한 허위의 의사표시는 무효이고 누구든지 그 무효를 주장할 수 있는 것이 원칙이나, 허위표시의 당사자와 포괄승계인 이외의 자로서 허위표시에 의하여 외형상 형성된 법률관계를 토대로 실질적으로 새로운 법률상 이해관계를 맺은 선의의 제3자에 대하여는 허위표시의 당사자뿐만 아니라 그 누구도 허위표시의 무효를 대항하지 못하는 것인데, 허위표시의 무효를 선의의 제3자에게 대항하지 못하게 한 취지는 이를 기초로 하여 별개의 법률원인에 의하여 고유한 법률상의 이익을 갖는 법률관계에 들어간 자를 보호하기 위한 것이므로 제3자의 범위는 권리관계에 기초하여 형식적으로만 파악할 것이 아니라 허위표시행위를 기초로 하여 새로운 법률상 이해관계를 맺었는지 여부에 따라 실질적으로 파악하여야 한다(대판 2020.1.30. 2019다280375).

ㄴ. (×) 임대차보증금반환채권이 양도된 후 양수인의 채권자가 임대차보증금반환채권에 대하여 채권압류 및 추심명령을 받았는데 임대차보증금반환채권 양도계약이 허위표시로서 무효인 경우, 채권자는 그로 인해 외형상 형성된 법률관계를 기초로 실질적으로 새로운 법률상 이해관계를 맺은 제3자에 해당한다(대판 2014.4.10. 2013다59753).

ㄷ. (×) 파산자가 상대방과 통정한 허위의 의사표시를 통하여 가장채권을 보유하고 있다가 파산이 선고된 경우에 그 가장채권도 일단 파산재단에 속하게 되고, 파산선고에 따라 파산자와는 독립한 지위에서 파산채권자 전체의 공동의 이익을 위하여 직무를 행하게 된 파산관재인은 그 허위표시에 따라 외형상 형성된 법률관계를 토대로 실질적으로 새로운 법률상 이해관계를 가지게 된 민법 제108조 제2항의 제3자에 해당하며, 총 파산채권자를 기준으로 하여 파산채권자 모두가 악의로 되지 않는 한 파산관재인은 선의의 제3자라고 할 수밖에 없다(대판 2015.2.12. 2013다93081).

ㄹ. (○) 통정한 허위표시에 의하여 외형상 형성된 법률관계로 생긴 채권을 가압류한 경우, 그 가압류권자는 허위표시에 기초하여 새로운 법률상 이해관계를 가지게 되므로 민법 제108조 제2항의 제3자에 해당한다고 봄이 상당하고, 또한 민법 제108조 제2항의 제3자는 선의이면 족하고 무과실은 요건이 아니다(대판 2004.5.28. 2003다70041).

 ❸

039

甲은 강제집행을 피하기 위해 친구 乙과 짜고 허위로 매매계약서를 작성한 후 그의 유일한 부동산을 乙 명의로 소유권이전등기를 해 주었다. 다음 설명으로 옳지 않은 것은?(다툼이 있는 경우에는 판례에 의함)

12 변리

① 乙이 선의의 丙에게 그 부동산을 전매하여 소유권이전등기를 완료한 경우, 甲은 丙에게 甲과 乙의 매매계약의 무효를 주장할 수 없다.
② 乙이 선의의 丙에게 그 부동산을 전매하여 소유권이전등기를 완료한 경우, 甲은 乙에게 부당이득반환을 청구할 수 있다.
③ 乙이 자기의 채무를 담보하기 위하여 선의의 채권자 丙에게 위 부동산에 저당권을 설정한 경우, 甲은 丙의 저당권설정등기의 무효를 주장할 수 없다.
④ 악의의 丙이 乙로부터 그 부동산을 양수한 후 선의의 丁에게 다시 매도하여 이전등기를 마친 경우, 甲은 丁을 상대로 그 명의의 등기말소를 청구할 수 없다.
⑤ 甲이 乙로부터 부동산을 매수하여 이전등기를 마친 丙을 상대로 허위표시를 이유로 그 명의의 등기말소소송을 제기한 경우, 선의의 증명책임은 丙에게 있다.

해설

① (○) 甲은 선의의 제3자인 丙에게 통정허위표시의 무효를 주장할 수 없다(민법 제108조 제2항).
② (○) 당사자 사이에서의 허위표시는 선의의 제3자의 존재 여부와 관계없이 언제나 무효이나(민법 제108조 제1항), 민법 제103조 위반을 이유로 한 무효가 아니므로, 허위표시에 기하여 이미 이행을 마친 자는 상대방에게 급부한 것에 대한 부당이득 반환을 청구할 수 있다.
③ (○) 가장매매의 매수인으로부터 저당권 설정을 받은 자는 민법 제108조 제2항 소정의 제3자에 해당하므로, 甲은 丙에게 저당권설정등기의 무효를 주장할 수 없다.
④ (○) 판례의 취지를 고려할 때 악의의 丙이 그 부동산을 선의의 丁에게 다시 매도하여 소유권이전등기를 마친 경우, 외관을 신뢰한 전득자 丁을 보호하는 것이 타당하다는 점에서 甲은 丁을 상대로 그 명의 등기말소를 청구할 수 없다고 이해하여야 한다.

> 甲이 乙의 임차보증금반환채권을 담보하기 위하여 통정허위표시로 乙에게 전세권설정등기를 마친 후 丙이 이러한 사정을 알면서도 乙에 대한 채권을 담보하기 위하여 위 전세권에 대하여 전세권근저당권설정등기를 마쳤는데, 그 후 丁이 丙의 전세권근저당권부 채권을 가압류하고 압류명령을 받은 경우, 丁이 통정허위표시에 관하여 선의라면 비록 丙이 악의라 하더라도 허위표시자는 그에 대하여 전세권이 통정허위표시에 의한 것이라는 이유로 대항할 수 없다(대판 2013.2.15. 2012다49292).

⑤ (×) 허위표시의 무효를 주장하는 甲이 乙로부터 부동산을 매수하여 소유권이전등기를 경료한 丙의 악의를 증명하여야 한다.

> 민법 제108조 제1항에서 상대방과 통정한 허위의 의사표시를 무효로 규정하고, 제2항에서 그 의사표시의 무효는 선의의 제3자에게 대항하지 못한다고 규정하고 있는데, 여기에서 제3자는 특별한 사정이 없는 한 선의로 추정할 것이므로, 제3자가 악의라는 사실에 관한 주장·증명책임은 그 허위표시의 무효를 주장하는 자에게 있다(대판 2006.3.10. 2002다1321).

답 ❺

040

무자력한 甲은 乙에게 3억원의 금전채무를 부담하고 있으나, 乙의 강제집행을 피하기 위해 자신의 유일한 재산인 A부동산을 丙에게 가장매매하고 소유권이전등기를 해 주었다. 이에 관한 설명으로 옳은 것은?(다툼이 있으면 판례에 따름)

① 乙은 甲에 대한 자신의 채권을 보전하기 위하여 甲의 丙에 대한 소유권이전등기의 말소등기청구권을 대위행사할 수 있다.
② 甲과 丙 간의 가장매매는 무효이므로 乙은 이것이 사해행위라는 것을 이유로 하여 채권자취소권을 행사할 수 없다.
③ 허위표시는 불법원인이므로 甲은 丙에게 자신의 소유권에 기하여 A부동산의 반환을 청구할 수 없다.
④ 만약 丙이 丁에게 A부동산을 매도하였다면, 丁은 선의·무과실이어야 제3자로서 보호를 받을 수 있다.
⑤ 甲과 丙이 A부동산의 가장매매계약을 추인하면 그 계약은 원칙적으로 체결 시로 소급하여 유효한 것이 된다.

해설

① (○) 甲과 丙의 A부동산에 대한 매매계약은 통정허위표시로서 민법 제108조 제1항에 의하여 무효이고, 사안에서 甲의 무자력이 인정되므로, 채권자 乙은 민법 제404조 제1항에 의하여 甲의 丙에 대한 소유권이전등기 말소청구권을 대위행사할 수 있다.
② (×) 채무자의 법률행위가 통정허위표시인 경우에도 채권자취소권의 대상이 된다는 것이 판례이다(대판 1998.2.27. 97다50985). 따라서 乙은 甲과 丙 간의 가장매매에 대하여 사해행위를 이유로 채권자취소권을 행사할 수 있다.
③ (×) 통정허위표시 자체가 불법원인급여가 아니기 때문에 민법 제746조는 적용되지 아니하므로, 채무자 甲은 丙에게 소유권에 기하여 A부동산의 반환을 청구할 수 있다.
④ (×) 민법 제108조 제2항의 선의는 당해 의사표시가 허위표시임을 알지 못하는 것을 말하는 것으로서 무과실까지 요하는 것은 아니므로, 丁이 선의이면 제3자로서 보호를 받을 수 있다.
⑤ (×) 무효인 법률행위는 추인하여도 그 효력이 생기지 아니하나, 당사자가 그 무효임을 알고 추인한 때에는 새로운 법률행위로 본다(민법 제139조)는 것에 불과하므로, 甲과 丙이 A부동산의 가장매매계약을 추인하더라도 추인에 소급효는 인정되지 아니한다.

답 ❶

041 통정허위표시에 관한 설명으로 옳은 것은?(다툼이 있으면 판례에 따름)

① 통정허위표시에 의하여 생긴 채권을 가압류한 경우, 가압류권자는 선의이더라도 통정허위표시와 관련하여 보호받는 제3자에 해당하지 않는다.
② 통정허위표시인 법률행위는 무효이므로 채권자취소권의 대상인 사해행위로 될 수 없다.
③ 표의자의 진의와 표시가 불일치함을 상대방이 명확하게 인식하였다면 그 불일치에 대하여 양자 간에 합의가 없더라도 통정허위표시가 성립한다.
④ 파산관재인이 통정허위표시와 관련하여 보호받는 제3자로 등장하는 경우, 모든 파산채권자가 선의 인 경우에 한하여 그의 선의가 인정된다.
⑤ 임대차보증금반환채권을 담보하기 위하여 임대인과 임차인 사이에 임차인을 전세권자로 하는 전세 권설정계약이 체결된 경우, 그 계약이 전세권자의 사용·수익을 배제하는 것이 아니라 하더라도 임대차계약과 양립할 수 없는 범위에서는 통정허위표시로 무효이다.

해설

① (×) 통정한 허위표시에 의하여 외형상 형성된 법률관계로 생긴 채권을 가압류한 경우, 그 가압류권자는 허위표시에 기초하여 새로운 법률상 이해관계를 가지게 되므로 민법 제108조 제2항의 제3자에 해당한다고 봄이 상당하고, 또한 민법 제108조 제2항의 제3자는 선의이면 족하고 무과실은 요건이 아니다(대판 2004.5.28. 2003다70041).
② (×) 상대방과 통정한 허위의 의사표시는 무효로 되나(민법 제108조 제1항), 채무자의 법률행위가 통정허위표시인 경우에도 채권자취소권의 대상이 된다(대판 1998.2.27. 97다50985).
③ (×) 의사표시의 진의와 표시가 일치하지 아니하고, 그 불일치에 관하여 상대방과 사이에 합의가 있는 경우에는, 통정허위표시가 성립한다. 여러 당사자 사이에서 여러 개의 계약이 체결된 경우에, 그 계약 전부가 하나의 계약인 것과 같은 불가분의 관계에 있는 것인지의 여부는, 계약체결의 경위와 목적 및 당사자의 의사 등을 종합적으로 고려하여 판단하여야 한다(대판 2018.7.24. 2018다220574).
④ (×) 파산관재인은 그 허위표시에 따라 외형상 형성된 법률관계를 토대로 실질적으로 새로운 법률상 이해관계를 가지게 된 민법 제108조 제2항의 제3자에 해당하고, 그 선의·악의도 파산관재인 개인의 선의·악의를 기준으로 할 수는 없고, 총파산채권자를 기준으로 하여 파산채권자 모두가 악의로 되지 않는 한 파산관재인은 선의의 제3자라고 할 수밖에 없다(대판 2013.4.26. 2013다1952).
⑤ (○) 임대차계약에 따른 임대차보증금반환채권을 담보할 목적으로 임대인과 임차인 사이의 합의에 따라 임차인 명의로 전세권설정등기를 마친 경우, 그 전세금의 지급은 이미 지급한 임대차보증금으로 대신한 것이고, 장차 전세권자가 목적물을 사용·수익하는 것을 완전히 배제하는 것도 아니므로, 그 전세권설정등기는 유효하다. 이때 임대인과 임차인이 그와 같은 전세권설정등기를 마치기 위하여 전세권설정계약을 체결한 경우, 임대차보증금은 임대차계약이 종료된 후 임차인이 목적물을 인도할 때까지 발생하는 차임 및 기타 임차인의 채무를 담보하는 것이므로, 임대인과 임차인이 위와 같이 임대차보증금반환채권을 담보할 목적으로 전세권을 설정하기 위하여 전세권설정계약을 체결하였다면, 임대차보증금에서 연체차임 등을 공제하고 남은 돈을 전세금으로 하는 것이 임대인과 임차인의 합치된 의사라고 볼 수 있다. 그러나 그 전세권설정계약은 외관상으로는 그 내용에 차임지급 약정이 존재하지 않고 이에 따라 전세금이 연체차임으로 공제되지 않는 등 임대인과 임차인의 진의와 일치하지 않는 부분이 존재한다. 따라서 그러한 전세권설정계약은 위와 같이 임대차계약과 양립할 수 없는 범위에서 통정허위표시에 해당하여 무효라고 봄이 타당하다. 다만 그러한 전세권설정계약에 의하여 형성된 법률관계에 기초하여 새로이 법률상 이해관계를 가지게 된 제3자에 대하여는 그 제3자가 그와 같은 사정을 알고 있었던 경우에만 그 무효를 주장할 수 있다(대판 2021.12.30. 2018다268538).

답 ⑤

042

甲은 강제집행을 면할 목적으로 자기 소유의 X토지에 관하여 乙과 짜고 허위의 매매계약을 체결한 후 乙 명의로 소유권이전등기를 마쳐 주었다. 그 후 乙은 丙에게 금전을 차용하면서 X토지 위에 저당권을 설정하였다. 이에 관한 설명으로 옳지 않은 것은?(다툼이 있으면 판례에 따름)

19 노무

① 甲과 乙 사이의 매매계약은 무효이다.
② 丙은 특별한 사정이 없는 한 선의로 추정된다.
③ 丙이 보호받기 위해서는 허위표시에 대하여 선의이면 족하고 무과실일 필요는 없다.
④ 丙이 악의인 경우, 甲은 丙의 저당권등기의 말소청구를 할 수 있다.
⑤ 丙이 선의인 경우, 甲은 乙에게 X토지의 진정명의회복을 위한 소유권이전등기를 청구할 수 없다.

해설

① (○) 상대방과 통정한 허위의 의사표시는 무효이므로(민법 제108조 제1항), 甲과 乙 사이의 매매계약은 무효이다.
② (○) 제3자는 특별한 사정이 없는 한 선의로 추정되므로, 허위표시를 한 부동산 양도인이 제3자에 대하여 소유권을 주장하려면 제3자가 악의라는 사실을 주장·증명하여야 한다(대판 2006.3.10. 2002다1321).
③ (○) 제3자는 선의이면 족하고 무과실은 요건이 아니다(대판 2006.3.10. 2002다1321).
④ (○) 악의의 제3자에게는 통정허위표시의 무효로 대항할 수 있으므로, 丙이 악의인 경우, 甲은 소유권에 기하여 丙의 저당권등기의 말소청구를 할 수 있다.
⑤ (×) 乙 명의의 등기는 무효이고, 부동산의 소유권은 여전히 甲에게 있으므로, 甲은 乙을 상대로 무효등기의 말소를 청구할 수도 있고, 진정명의회복을 원인으로 하는 소유권이전등기를 청구할 수도 있다. 다만, 선의의 丙에게는 대항할 수 없으므로(민법 제108조 제2항), 甲은 丙의 저당권에 의하여 제한된 소유권을 취득하게 된다.

답 ❺

043

甲이 착오에 빠진 乙과 甲 소유 X토지에 관하여 매매계약을 체결하였다. 이에 관한 설명 중 틀린 것을 모두 고른 것은?(다툼이 있는 경우 판례에 의함)

22 변시

ㄱ. 甲이 乙의 채무불이행을 이유로 매매계약을 해제하였다면 그 후 乙은 착오를 이유로 매매계약을 취소할 수 없다.
ㄴ. X 토지에 하자가 있는 경우, 乙은 甲의 하자담보책임의 성립 여부와 관계없이 착오를 이유로 매매계약을 취소할 수 있다.
ㄷ. X 토지의 현황과 경계에 관한 乙의 착오가 중요부분의 착오로 인정되기 위해서는, 乙이 계약체결 전에 이를 알았다면 계약의 목적을 달성할 수 없음이 명백하여 계약을 체결하지 않았을 것으로 평가될 수 있어야 한다.
ㄹ. 甲과 乙은 甲 소유 Y 토지를 매매목적물로 하는 의사를 가졌으나 甲 乙 모두 지번에 착오를 일으켜 계약서에 매매목적물을 X 토지로 표시한 경우, X 토지에 관한 매매계약이 성립한 것으로 본다.

① ㄱ, ㄷ　　　　　　　　　② ㄷ, ㄹ
③ ㄱ　　　　　　　　　　④ ㄱ, ㄹ
⑤ ㄴ, ㄷ, ㄹ

해설

ㄱ. (×) 매도인이 매수인의 중도금 지급채무불이행을 이유로 매매계약을 적법하게 해제한 후라도 매수인으로서는 상대방이 한 계약해제의 효과로서 발생하는 손해배상책임을 지거나 매매계약에 따른 계약금의 반환을 받을 수 없는 불이익을 면하기 위하여 착오를 이유로 한 취소권을 행사하여 위 매매계약 전체를 무효로 돌리게 할 수 있으므로(대판 1991.8.27. 91다11308), 甲이 乙의 채무불이행을 이유로 매매계약을 해제하였다면 그 후 乙은 자기의 착오를 이유로 매매계약을 취소하여 전체를 무효로 돌리게 할 수 있다.

ㄴ. (○) 판례의 취지를 고려할 때 착오로 인한 취소 제도와 매도인의 하자담보책임 제도는 취지가 서로 다르고, 요건과 효과도 구별되므로 X토지 매매계약에 중요 부분에 착오가 있는 경우, 乙은 매도인의 하자담보책임이 성립 여부와 관계없이 착오를 이유로 매매계약을 취소할 수 있다.

> 민법 제109조 제1항에 의하면 법률행위 내용의 중요 부분에 착오가 있는 경우 착오에 중대한 과실이 없는 표의자는 법률행위를 취소할 수 있고, 민법 제580조 제1항, 제575조 제1항에 의하면 매매의 목적물에 하자가 있는 경우 하자가 있는 사실을 과실 없이 알지 못한 매수인은 매도인에 대하여 하자담보책임을 물어 계약을 해제하거나 손해배상을 청구할 수 있다. <u>착오로 인한 취소 제도와 매도인의 하자담보책임 제도는 취지가 서로 다르고, 요건과 효과도 구별된다.</u> 따라서 <u>매매계약 내용의 중요 부분에 착오가 있는 경우 매수인은 매도인의 하자담보책임이 성립하는지와 상관없이 착오를 이유로 매매계약을 취소할 수 있다</u>(대판 2018.9.13. 2015다78703).

ㄷ. (○) 의사표시는 법률행위 내용의 중요부분에 착오가 있는 때에는 취소할 수 있다. 법률행위 중요부분의 착오란 표의자가 그러한 착오가 없었더라면 그 의사표시를 하지 않았으리라고 생각될 정도로 중요한 것이어야 하고 보통 일반인도 표의자의 처지에 있었더라면 그러한 의사표시를 하지 않았으리라고 생각될 정도로 중요한 것이어야 한다. <u>가령 토지의 현황과 경계에 착오가 있어 계약을 체결하기 전에 이를 알았다면 계약의 목적을 달성할 수 없음이 명백하여 계약을 체결하지 않았을 것으로 평가할 수 있을 경우에 계약의 중요부분에 관한 착오가 인정된다</u>(대판 2020.3.26. 2019다288232). X토지의 현황과 경계에 관하여 乙이 매매계약체결 전에 알았다면 계약의 목적을 달성할 수 없음이 명백하여 계약을 체결하지 않았을 것으로 평가될 만한 착오가 있었다면 이는 중요부분의 착오로 볼 수 있다.

ㄹ. (×) 부동산의 매매계약에 있어 <u>쌍방 당사자가 모두 특정의 Y토지를 계약의 목적물로 삼았으나 그 목적물의 지번 등에 관하여 착오를 일으켜 계약을 체결함에 있어서는 계약서상 그 목적물을 Y토지와는 별개인 X토지로 표시하였다</u> 하여도, Y토지에 관하여 이를 매매의 목적물로 한다는 쌍방 당사자의 의사합치가 있는 이상 그 매매계약은 Y토지에 관하여 성립한 것으로 보아야 하고 X토지에 관하여 매매계약이 체결된 것으로 보아서는 안 될 것이며, 만일 X토지에 관하여 그 매매계약을 원인으로 하여 매수인 명의로 소유권이전등기가 경료되었다면 이는 원인 없이 경료된 것으로서 무효이다(대판 1996.8.20. 96다19581). <u>이러한 판례의 취지를 고려하면, 매매계약은 Y토지에 관하여 성립한다.</u>

답 ④

044 민법 제108조의 통정허위표시에 관한 내용으로 옳지 않은 것은?(다툼이 있으면 판례에 따름)

① 甲이 乙로 하여금 금융기관에 대해 乙을 주채무자로 하는 금전소비대차계약을 체결하도록 하고 甲이 그 원리금을 상환하기로 한 경우, 특별한 사정이 없는 한 위 소비대차계약은 통정허위표시이다.
② 甲이 통정허위표시로 乙에게 전세권설정등기를 마친 후 丙이 이러한 사정을 알면서도 전세권근저당권설정등기를 마쳤다. 위 사실을 모르는 丁이 丙의 전세권근저당권부 채권을 압류하면 甲은 丁에게 대항할 수 없다.
③ 채권양도인과 채무자 사이의 허위표시에 의해 성립한 지명채권을 선의로 양수한 채권양수인이 채무자에게 채권을 행사하기 위하여 양도에 관한 합의 외에 채권양도의 대항요건을 갖추어야 한다.
④ 파산자가 상대방과 통정하여 허위의 의사표시를 통해 가장채권을 보유하고 있다가 파산선고를 받은 경우, 파산관재인은 민법 제108조 제2항의 제3자에 해당된다.
⑤ 민법 제108조 제2항에서 규정하고 있는 제3자에 대한 무효의 대항력 유무는 제3자의 선의만이 판단기준이며, 무과실은 요구되지 않는다.

해설

① (×) 제3자가 금전소비대차약정서 등 대출 관련 서류에 주채무자 또는 연대보증인으로서 직접 서명·날인하였다면 제3자는 자신이 그 소비대차계약의 채무자임을 금융기관에 대하여 표시한 셈이고, 제3자가 금융기관이 정한 여신제한 등의 규정을 회피하여 타인으로 하여금 제3자 명의로 대출을 받아 이를 사용하도록 할 의사가 있었다거나 그 원리금을 타인의 부담으로 상환하기로 하였더라도, 특별한 사정이 없는 한 이는 소비대차계약에 따른 경제적 효과를 타인에게 귀속시키려는 의사에 불과할 뿐, 그 법률상의 효과까지도 타인에게 귀속시키려는 의사로 볼 수는 없으므로 제3자의 진의와 표시에 불일치가 있다고 보기는 어렵다고 할 것인바, 구체적 사안에서 위와 같은 특별한 사정의 존재를 인정하기 위해서는, 금융기관이 명의대여자와 사이에 당해 대출에 따르는 법률상의 효과까지 실제 차주에게 귀속시키고 명의대여자에게는 그 채무부담을 지우지 않기로 약정 또는 양해하였음이 적극적으로 증명되어야 한다(대판 2008.6.12. 2008다7772). 乙을 주채무자로 하는 금전소비대차계약을 체결하고 甲이 원리금을 상환하기로 한 경우, 위 소비대차계약은 통정허위표시에 해당하지 아니한다.
② (○) 甲이 乙의 임차보증금반환채권을 담보하기 위하여 통정허위표시로 乙에게 전세권설정등기를 마친 후 丙이 이러한 사정을 알면서도 乙에 대한 채권을 담보하기 위하여 위 전세권에 대하여 전세권근저당권설정등기를 마쳤는데, 그 후 丁이 丙의 전세권근저당권부 채권을 가압류하고 압류명령을 받은 경우, 丁이 통정허위표시에 관하여 선의라면 비록 丙이 악의라 하더라도 허위표시자는 그에 대하여 전세권이 통정허위표시에 의한 것이라는 이유로 대항할 수 없다(대판 2013.2.15. 2012다49292).
③ (○) 대판 2011.4.28. 2010다100315
④ (○) 대판 2005.5.12. 2004다68366
⑤ (○) 대판 2004.5.28. 2003다70041

 ①

045 착오에 관한 설명 중 옳지 않은 것은?(다툼이 있는 경우 판례에 의함) [20 변시]

① 매매계약 내용의 중요부분에 착오가 있는 경우, 매수인은 매도인의 하자담보책임이 성립하는지와 상관없이 착오를 이유로 매매계약을 취소할 수 있다.
② 매도인이 매수인의 중도금 지급채무 불이행을 이유로 매매계약을 적법하게 해제한 후라도 매수인으로서는 착오를 이유로 취소권을 행사하여 매매계약 전체를 무효로 만들 수 있다.
③ 의사표시의 착오가 표의자의 중대한 과실로 발생하였으나 상대방이 표의자의 착오를 알고 이용한 경우, 표의자는 의사표시를 취소할 수 있다.
④ 보험회사가 설명의무를 위반하여 고객이 보험계약의 중요사항에 관하여 제대로 이해하지 못한 채 착오에 빠져 보험계약을 체결한 경우, 그 착오가 동기의 착오에 불과하더라도 착오가 없었다면 보험계약을 체결하지 않았거나 적어도 동일한 내용으로 보험계약을 체결하지 않았을 것임이 명백하다면 이를 이유로 보험계약을 취소할 수 있다.
⑤ 경과실에 의한 착오를 이유로 의사표시를 취소한 자는 상대방이 그 의사표시의 유효를 믿었음으로 인하여 발생한 손해에 대해 불법행위 책임을 진다.

해설

① (○) 민법 제109조 제1항에 의하면 법률행위내용의 중요부분에 착오가 있는 경우 착오에 중대한 과실이 없는 표의자는 법률행위를 취소할 수 있고, 민법 제580조 제1항, 제575조 제1항에 의하면 매매의 목적물에 하자가 있는 경우 하자가 있는 사실을 과실 없이 알지 못한 매수인은 매도인에 대하여 하자담보책임을 물어 계약을 해제하거나 손해배상을 청구할 수 있다. 착오로 인한 취소제도와 매도인의 하자담보책임제도는 취지가 서로 다르고, 요건과 효과도 구별된다. 따라서 매매계약내용의 중요부분에 착오가 있는 경우 매수인은 매도인의 하자담보책임이 성립하는지와 상관없이 착오를 이유로 매매계약을 취소할 수 있다(대판 2018.9.13. 2015다78703).

② (○) 매도인이 매수인의 중도금 지급 채무불이행을 이유로 매매계약을 적법하게 해제한 후라도 매수인으로서는 상대방이 한 계약해제의 효과로서 발생하는 손해배상책임을 지거나 매매계약에 따른 계약금의 반환을 받을 수 없는 불이익을 면하기 위하여 착오를 이유로 한 취소권을 행사하여 위 매매계약 전체를 무효로 돌리게 할 수 있다(대판 1991.8.27. 91다11308).

③ (○) 민법 제109조 제1항 단서는 의사표시의 착오가 표의자의 중대한 과실로 인한 때에는 그 의사표시를 취소하지 못한다고 규정하고 있는데, 위 단서 규정은 표의자의 상대방의 이익을 보호하기 위한 것이므로, 상대방이 표의자의 착오를 알고 이를 이용한 경우에는 착오가 표의자의 중대한 과실로 인한 것이라고 하더라도 표의자는 의사표시를 취소할 수 있다(대판 2014.11.27. 2013다49794).

④ (○) 보험회사 또는 보험모집종사자가 설명의무를 위반하여 고객이 보험계약의 중요사항에 관하여 제대로 이해하지 못한 채 착오에 빠져 보험계약을 체결한 경우, 그러한 착오가 동기의 착오에 불과하다고 하더라도 그러한 착오를 일으키지 않았더라면 보험계약을 체결하지 않았거나 아니면 적어도 동일한 내용으로 보험계약을 체결하지 않았을 것이 명백하다면, 위와 같은 착오는 보험계약의 내용의 중요부분에 관한 것에 해당하므로 이를 이유로 보험계약을 취소할 수 있다(대판 2018.4.12. 2017다229536).

⑤ (×) 판례는 표의자가 착오를 이유로 보증계약을 취소한 것이 상대방에 대한 불법행위를 구성하지는 않는다는 것이므로 이러한 판례의 취지를 고려할 때, 경과실로 인해 착오에 빠진 표의자가 착오를 이유로 의사표시를 취소하였더라도 상대방에 대하여 불법행위로 인한 손해배상책임을 지지 않는다.

> 불법행위로 인한 손해배상책임이 성립하기 위하여는 가해자의 고의 또는 과실 이외에 행위의 위법성이 요구되므로, 전문건설공제조합이 계약보증서를 발급하면서 조합원이 수급할 공사의 실제 도급금액을 확인하지 아니한 과실이 있다고 하더라도 민법 제109조에서 중과실이 없는 착오자의 착오를 이유로 한 의사표시의 취소를 허용하고 있는 이상, 전문건설공제조합이 과실로 인하여 착오에 빠져 계약보증서를 발급한 것이나 그 착오를 이유로 보증계약을 취소한 것이 위법하다고 할 수는 없다(대판 1997.8.22. 97다13023).

답 ⑤

046

CHECK ☐△✕

甲은 乙의 기망에 의해 신원보증 서류에 서명날인한다는 착각에 빠져 乙의 丙에 대한 채무를 보증하는 서면에 서명날인하였다. 이에 관한 설명 중 옳은 것을 모두 고른 것은?(각 지문은 독립적이며, 다툼이 있는 경우 판례에 의함)　　　　　　　　　　　　　　　　　　　　　　　18 변시

> ㄱ. 丙이 乙의 기망사실을 알았거나 알 수 있었다면 甲은 사기에 의한 의사표시를 이유로 丙과의 보증계약을 취소할 수 있다.
> ㄴ. 乙과 丙이 공모하여 甲을 기망하였다면 甲은 상대방에 의해 유발된 동기의 착오를 이유로 丙과의 보증계약을 취소할 수 있다.
> ㄷ. 甲이 착각에 빠진 점에 관하여 설사 중과실이 있다 하더라도 丙이 이를 알고 이용한 경우에는 甲은 착오를 이유로 丙과의 보증계약을 취소할 수 있다.
> ㄹ. 甲이 착각에 빠진 점에 관하여 경과실이 있는 경우, 甲의 착오를 이유로 한 취소가 허용되어 이로 인해 丙이 손해를 입었다면, 丙은 甲을 상대로 불법행위에 의한 손해배상을 청구할 수 있다.

① ㄴ, ㄹ
② ㄱ
③ ㄴ, ㄷ, ㄹ
④ ㄷ, ㄹ
⑤ ㄷ

해설

ㄱ. (×), ㄴ. (×) 판례의 취지를 고려할 때 甲이 신원보증서류에 서명날인한다는 착각에 빠진 상태로 연대보증의 서면에 서명날인한 경우, 甲의 이와 같은 착오는 의사의 형성과정 즉 의사표시의 동기에 착오가 있는 것으로 볼 것이 아니라 표시상의 착오에 해당하므로 甲은 민법 제109조에 의하여 보증계약 취소 여부를 결정하여야 한다.

> 사기에 의한 의사표시란 타인의 기망행위로 말미암아 착오에 빠지게 된 결과 어떠한 의사표시를 하게 되는 경우이므로 거기에는 의사와 표시의 불일치가 있을 수 없고, 단지 의사의 형성과정 즉 의사표시의 동기에 착오가 있는 것에 불과하며, 이 점에서 고유한 의미의 착오에 의한 의사표시와 구분되는데, 신원보증서류에 서명날인한다는 착각에 빠진 상태로 연대보증의 서면에 서명날인한 경우, 결국 위와 같은 행위는 강학상 기명날인의 착오(또는 서명의 착오), 즉 어떤 사람이 자신의 의사와 다른 법률효과를 발생시키는 내용의 서면에, 그것을 읽지 않거나 올바르게 이해하지 못한 채 기명날인을 하는 이른바 표시상의 착오에 해당하므로, 비록 위와 같은 착오가 제3자의 기망행위에 의하여 일어난 것이라 하더라도 그에 관하여는 사기에 의한 의사표시에 관한 법리, 특히 상대방이 그러한 제3자의 기망행위사실을 알았거나 알 수 있었을 경우가 아닌 한 의사표시자가 취소권을 행사할 수 없다는 민법 제110조 제2항의 규정을 적용할 것이 아니라, 착오에 의한 의사표시에 관한 법리만을 적용하여 취소권 행사의 가부를 가려야 한다(대판 2005.5.27. 2004다43824).

ㄷ. (○) 민법 제109조 제1항 단서는 의사표시의 착오가 표의자의 중대한 과실로 인한 때에는 그 의사표시를 취소하지 못한다고 규정하고 있는데, 위 단서규정은 표의자의 상대방의 이익을 보호하기 위한 것이므로, 상대방이 표의자의 착오를 알고 이를 이용한 경우에는 착오가 표의자의 중대한 과실로 인한 것이라고 하더라도 표의자는 의사표시를 취소할 수 있다(대판 2014.11.27. 2013다49794). 따라서 甲에게 중과실이 있다 하더라도 丙이 이를 알고 이용한 경우에는 甲은 착오를 이유로 丙과의 보증계약을 취소할 수 있다.

ㄹ. (×) 판례는 표의자가 착오를 이유로 보증계약을 취소한 것이 상대방에 대한 불법행위를 구성하지는 않는다는 것이므로 이러한 판례의 취지를 고려할 때 경과실로 인해 착오에 빠진 甲이 착오를 이유로 의사표시를 취소하였더라도 丙은 甲을 상대로 불법행위에 의한 손해배상을 청구할 수 없다.

> 불법행위로 인한 손해배상책임이 성립하기 위하여는 가해자의 고의 또는 과실 이외에 행위의 위법성이 요구되므로, 전문건설공제조합이 계약보증서를 발급하면서 조합원이 수급할 공사의 실제 도급금액을 확인하지 아니한 과실이 있다고 하더라도 민법 제109조에서 중과실이 없는 착오자의 착오를 이유로 한 의사표시의 취소를 허용하고 있는 이상, 전문건설공제조합이 과실로 인하여 착오에 빠져 계약보증서를 발급한 것이나 그 착오를 이유로 보증계약을 취소한 것이 위법하다고 할 수는 없다(대판 1997.8.22. 97다13023).

답 ❺

047 착오에 의한 의사표시에 관한 설명으로 옳지 않은 것은?(다툼이 있으면 판례에 따름) 25 변리

① 법률에 관한 착오도 법률행위 내용의 중요부분에 관한 것인 때에는 표의자는 의사표시를 취소할 수 있다.
② 양도소득세 등의 세액에 착오를 일으키지 않았더라면 동일한 내용의 양도계약을 체결하지 않았을 것임이 명백한 경우 법률행위의 중요부분의 착오가 될 수 있다.
③ 상대방이 표의자의 착오를 알고 이를 이용한 경우에는 착오가 표의자의 중대한 과실로 인한 것이라고 하더라도 표의자는 의사표시를 취소할 수 있다.
④ 매매계약 내용의 중요부분에 착오가 있는 경우라도 하자담보책임이 성립하는 범위에서는 착오로 인한 취소가 허용되지 않는다.
⑤ 화해의 목적인 분쟁의 대상에 대한 착오로 화해계약을 체결한 자는 착오를 이유로 이를 취소할 수 없다.

해설

① (○) 의사표시는 법률행위의 내용의 중요부분에 착오가 있는 때에는 취소할 수 있다. 그러나 그 착오가 표의자의 중대한 과실로 인한 때에는 취소하지 못한다(민법 제109조 제1항).
② (○) 매도인의 대리인이, 매도인이 납부하여야 할 양도소득세 등의 세액이 매수인이 부담하기로 한 금액뿐이므로 매도인의 부담은 없을 것이라는 착오를 일으키지 않았더라면 매수인과 매매계약을 체결하지 않았거나 아니면 적어도 동일한 내용으로 계약을 체결하지는 않았을 것임이 명백하고, 나아가 매도인이 그와 같이 착오를 일으키게 된 계기를 제공한 원인이 매수인 측에 있을 뿐만 아니라 매수인도 매도인이 납부하여야 할 세액에 관하여 매도인과 동일한 착오에 빠져 있었다면, 매도인의 위와 같은 착오는 매매계약의 내용의 중요부분에 관한 것에 해당한다(대판 1994.6.10. 93다24810).
③ (○) 민법 제109조 제1항 단서는 의사표시의 착오가 표의자의 중대한 과실로 인한 때에는 그 의사표시를 취소하지 못한다고 규정하고 있는데, 위 단서 규정은 표의자의 상대방의 이익을 보호하기 위한 것이므로, 상대방이 표의자의 착오를 알고 이를 이용한 경우에는 착오가 표의자의 중대한 과실로 인한 것이라고 하더라도 표의자는 의사표시를 취소할 수 있다(대판 2014.11.27. 2013다49794).
④ (✕) 민법 제109조 제1항에 의하면 법률행위 내용의 중요 부분에 착오가 있는 경우 착오에 중대한 과실이 없는 표의자는 법률행위를 취소할 수 있고, 민법 제580조 제1항, 제575조 제1항에 의하면 매매의 목적물에 하자가 있는 경우 하자가 있는 사실을 과실 없이 알지 못한 매수인은 매도인에 대하여 하자담보책임을 물어 계약을 해제하거나 손해배상을 청구할 수 있다. 착오로 인한 취소 제도와 매도인의 하자담보책임 제도는 취지가 서로 다르고, 요건과 효과도 구별된다. 따라서 매매계약 내용의 중요 부분에 착오가 있는 경우 매수인은 매도인의 하자담보책임이 성립하는지와 상관없이 착오를 이유로 매매계약을 취소할 수 있다(대판 2018.9.13. 2015다78703).
⑤ (○) 민법상의 화해계약을 체결한 경우 당사자는 착오를 이유로 취소하지 못하고, 다만 화해 당사자의 자격 또는 화해의 목적인 분쟁 이외의 사항에 착오가 있는 때에 한하여 이를 취소할 수 있으며, 여기서 '화해의 목적인 분쟁 이외의 사항'이라 함은 분쟁의 대상이 아니라 분쟁의 전제 또는 기초가 된 사항으로서 쌍방 당사자가 예정한 것이어서 상호 양보의 내용으로 되지 않고 다툼이 없는 사실로 양해된 사항을 말한다(대판 2004.6.25. 2003다32797).

답 ❹

048

착오로 인한 의사표시에 관한 설명으로 옳은 것은?(표의자에게 중대한 과실이 없고, 다툼이 있으면 판례에 따름)

① 화해당사자의 자격에 관한 착오로 화해계약을 체결한 자는 착오를 이유로 그 계약을 취소하지 못한다.
② 매도인이 매수인의 채무불이행을 이유로 매매계약을 적법하게 해제한 후에는 매수인은 매매계약내용의 중요 부분에 착오가 있더라도 착오를 이유로 그 계약을 취소할 수 없다.
③ 매수인은 매매계약 내용의 중요 부분에 착오가 있더라도 매도인의 하자담보책임이 성립하는 경우에는 착오를 이유로 그 계약을 취소할 수 없다.
④ 대리인에 의한 의사표시의 경우, 착오의 유무는 대리인을 표준으로 결정한다.
⑤ 법률에 관한 착오가 법률행위 내용의 중요부분에 관한 것이더라도 표의자는 착오를 이유로 법률행위를 취소할 수 없다.

해설

① (×) 화해계약은 착오를 이유로 하여 취소하지 못한다. 그러나 화해당사자의 자격 또는 화해의 목적인 분쟁 이외의 사항에 착오가 있는 때에는 그러하지 아니하다(민법 제733조). '화해의 목적인 분쟁 이외의 사항'이라 함은 분쟁의 대상이 아니라 분쟁의 전제 또는 기초가 된 사항으로서, 쌍방 당사자가 예정한 것이어서 상호 양보의 내용으로 되지 않고 다툼이 없는 사실로 양해된 사항을 말한다(대판 1997.4.11. 95다48414).

② (×) 매도인이 매수인의 중도금 지급채무 불이행을 이유로 매매계약을 적법하게 해제한 후라도 매수인으로서는 상대방이 한 계약해제의 효과로서 발생하는 손해배상책임을 지거나 매매계약에 따른 계약금의 반환을 받을 수 없는 불이익을 면하기 위하여 착오를 이유로 한 취소권을 행사하여 매매계약 전체를 무효로 돌리게 할 수 있다(대판 1996.12.6. 95다24982).

③ (×) 민법 제109조 제1항에 의하면 법률행위 내용의 중요 부분에 착오가 있는 경우 착오에 중대한 과실이 없는 표의자는 법률행위를 취소할 수 있고, 민법 제580조 제1항, 제575조 제1항에 의하면 매매의 목적물에 하자가 있는 경우 하자가 있는 사실을 과실 없이 알지 못한 매수인은 매도인에 대하여 하자담보책임을 물어 계약을 해제하거나 손해배상을 청구할 수 있다. 착오로 인한 취소 제도와 매도인의 하자담보책임 제도는 취지가 서로 다르고, 요건과 효과도 구별된다. 따라서 매매계약 내용의 중요 부분에 착오가 있는 경우 매수인은 매도인의 하자담보책임이 성립하는지와 상관없이 착오를 이유로 매매계약을 취소할 수 있다(대판 2018.9.13. 2015다78703).

④ (○) 의사표시의 효력이 의사의 흠결, 사기, 강박 또는 어느 사정을 알았거나 과실로 알지 못한 것으로 인하여 영향을 받을 경우에 그 사실의 유무는 대리인을 표준하여 결정하므로(민법 제116조 제1항), 대리인에 의한 의사표시의 경우, 착오의 유무는 대리인을 표준으로 결정한다.

⑤ (×) 법률에 관한 착오(양도소득세가 부과될 것인데도 부과되지 아니하는 것으로 오인)라도 그것이 법률행위의 내용의 중요부분에 관한 것인 때에는 표의자는 그 의사표시를 취소할 수 있고, 또 매도인에 대한 양도소득세의 부과를 회피할 목적으로 매수인이 주택건설을 목적으로 하는 주식회사를 설립하여 여기에 출자하는 형식을 취하면 양도소득세가 부과되지 않을 것이라고 말하면서 그러한 형식에 의한 매매를 제의하여 매도인이 이를 믿고 매매계약을 체결한 것이라 하더라도 그것이 곧 사회질서에 반하는 것이라고 단정할 수 없으므로 이러한 경우에 역시 의사표시의 착오의 이론을 적용할 수 있다(대판 1981.11.10. 80다2475).

답 ④

049 착오로 인한 의사표시에 관한 설명으로 옳지 않은 것은?(다툼이 있으면 판례에 따름)

① 법률행위의 자연적 해석이 행해지는 경우, 표시상의 착오는 문제될 여지가 없다.
② 의사의 수술 후 환자에게 새로이 발생한 증세에 대하여 그 책임소재와 손해배상 여부를 둘러싸고 분쟁이 있다가 화해계약이 체결되었다면, 이후에 그 증세가 수술로 인한 것이 아니라는 것이 밝혀졌더라도 의사는 착오를 이유로 위 화해계약을 취소할 수 없다.
③ 해제되어 이미 실효된 계약도 착오취소의 대상이 될 수 있다.
④ 착오가 법률행위 내용의 일부에만 관계된 경우라면 일부무효의 법리가 유추적용되어 일부취소가 인정될 수도 있다.
⑤ 예술품의 위작(僞作)을 진품으로 착각한 매도인의 말을 믿고서 과실 없이 진품에 상응하는 가격으로 그 위작을 구입한 매수인이 매도인에게 하자담보책임을 물을 수 있다면 그는 착오취소를 주장할 수 없다.

해설

① (○) 자연적 해석이란 표의자의 내심적 효과의사를 밝히는 해석이므로, 표시상의 착오는 문제될 여지가 없다.
② (○) 계약 당사자 사이에 수술 후 발생한 새로운 증세에 관하여 그 책임 소재와 손해의 전보를 둘러싸고 분쟁이 있어 오다가 이를 종결짓기 위하여 합의에 이른 것이라면, 가해자의 수술행위와 피해자의 수술 후의 증세 사이의 인과관계의 유무 및 그에 대한 가해자의 귀책사유의 유무는 분쟁의 대상인 법률관계 자체에 관한 것으로서, 가해자는 피해자의 수술 후의 증세가 가해자의 수술행위로 인한 것이 아니라거나 그에 대하여 가해자에게 귀책사유가 없다는 등의 이유를 들어 그 합의를 취소할 수 없다(대판 1995.10.12. 94다42846).
③ (○) 매도인이 매수인의 중도금지급채무 불이행을 이유로 매매계약을 적법하게 해제한 후라도 매수인으로서는 상대방이 한 계약해제의 효과로서 발생하는 손해배상책임을 지거나 매매계약에 따른 계약금의 반환을 받을 수 없는 불이익을 면하기 위하여 착오를 이유로 한 취소권을 행사하여 매매계약 전체를 무효로 돌리게 할 수 있다(대판 1996.12.6. 95다24982).
④ (○) 착오가 법률행위 일부에만 관계된 경우에는 그 부분만의 일부취소가 가능하며, 그 효과는 일부무효의 법리가 적용된다(통설, 대판 1998.2.10. 97다44737).
⑤ (×) 민법 제109조 제1항에 의하면 법률행위 내용의 중요 부분에 착오가 있는 경우 착오에 중대한 과실이 없는 표의자는 법률행위를 취소할 수 있고, 민법 제580조 제1항, 제575조 제1항에 의하면 매매의 목적물에 하자가 있는 경우 하자가 있는 사실을 과실 없이 알지 못한 매수인은 매도인에 대하여 하자담보책임을 물어 계약을 해제하거나 손해배상을 청구할 수 있다. 착오로 인한 취소 제도와 매도인의 하자담보책임 제도는 취지가 서로 다르고, 요건과 효과도 구별된다. 따라서 매매계약 내용의 중요 부분에 착오가 있는 경우 매수인은 매도인의 하자담보책임이 성립하는지와 상관없이 착오를 이유로 매매계약을 취소할 수 있다(대판 2018.9.13. 2015다78703).

 ⑤

050 다음 설명 중 옳지 않은 것은?(다툼이 있으면 판례에 따름) 　04 사시

① 파산자가 상대방과 통정한 허위의 의사표시에 의해 성립된 가장채권을 보유하고 있다가 파산이 선고된 경우 파산관재인은 그 허위표시에 따라 외형상 형성된 법률관계를 토대로 실질적으로 새로운 법률상 이해관계를 가지게 된 민법 제108조 제2항의 제3자에 해당하지 않는다.
② 제3자의 강박으로 상대방 있는 의사표시를 한 경우 표의자는 그 의사표시의 상대방이 제3자의 강박사실을 알았거나 알 수 있었을 경우에 한하여 그 의사표시를 취소할 수 있다.
③ 매수인이 대리인을 통하여 분양택지 매수지분의 매매계약을 체결한 경우 대리인이 그 계약 내용, 잔금의 지급기일, 그 지급 여부 및 지연손해금 액수에 관하여 잘 알고 있었다고 인정되는 때에는 설사 매수인이 지연손해금 여무 및 그 액수에 관하여 모른 채로 대리인에게 대리권을 수여하였더라도 매수인으로서는 자신의 착오를 이유로 그 매매계약을 취소할 수 없다.
④ 지명채권의 양도에 있어서 승낙의 성격이 관념의 통지라고 하여 조건을 붙일 수 없는 것은 아니므로 승낙시에 이의를 보류할 수 있음을 물론 양도금지의 특약이 있는 채권양도를 승낙함에 있어서도 조건을 붙일 수 있다.
⑤ 소송대리인으로부터 소송대리인 사임신고서 제출을 지시받은 사무원은 소송대리인의 표시기관에 해당되어 그의 착오는 소송대리인의 착오라고 보아야 하므로 사무원의 착오로 소송대리인의 의사에 반하여 소를 취하하였다고 하더라도 이를 무효라고 볼 수는 없다.

해설

① (×) 파산자가 상대방과 통정한 허위의 의사표시를 통하여 가장채권을 보유하고 있다가 파산이 선고된 경우에 그 가장채권도 일단 파산재단에 속하게 되고, 파산선고에 따라 파산자와는 독립한 지위에서 파산채권자 전체의 공동의 이익을 위하여 직무를 행하게 된 파산관재인은 그 허위표시에 따라 외형상 형성된 법률관계를 토대로 실질적으로 새로운 법률상 이해관계를 가지게 된 민법 제108조 제2항의 제3자에 해당하며, 총 파산채권자를 기준으로 하여 파산채권자 모두가 악의로 되지 않는 한 파산관재인은 선의의 제3자라고 할 수밖에 없다(대판 2015.2.12. 2013다93081).
② (○) 상대방있는 의사표시에 관하여 제3자가 사기나 강박을 행한 경우에는 상대방이 그 사실을 알았거나 알 수 있었을 경우에 한하여 그 의사표시를 취소할 수 있다(민법 제110조 제2항).
③ (○) 매수인이 대리인을 통하여 분양택지 매수지분의 매매계약을 체결한 경우, 대리행위의 하자의 유무는 대리인을 표준으로 판단하여야 하므로, 대리인이 매도인과 분양자와의 매매계약에 있어서 매수인의 1인으로서 그 계약 내용, 잔금의 지급 기일, 그 지급 여부 및 연체 지연손해금 액수에 관하여 잘 알고 있었다고 인정되는 때에는, 설사 매수인이 연체 지연손해금 여부 및 그 액수에 관하여 모른 채로 대리인에게 대리권을 수여하여 매도인과의 사이에 그 매매계약을 체결하였다고 하더라도, 매수인으로서는 그 자신의 착오를 이유로 매도인과의 매매계약을 취소할 수는 없게 되었다고 볼 여지가 있다(대판 1996.2.13. 95다41406).
④ (○) 지명채권의 양도를 승낙함에 있어서는 이의를 보류하고 할 수 있음은 물론이고 양도금지의 특약이 있는 채권양도를 승낙함에 있어 조건을 붙여서 할 수도 있으며 승낙의 성격이 관념의 통지라고 하여 조건을 붙일 수 없는 것은 아니다(대판 1989.7.11. 88다카20866).
⑤ (○) 소의 취하는 원고가 제기한 소를 철회하여 소송계속을 소멸시키는 원고의 법원에 대한 소송행위이고 소송행위는 일반 사법상의 행위와는 달리 내심의 의사보다 그 표시를 기준으로 하여 그 효력 유무를 판정할 수밖에 없는 것인바, 원고들 소송대리인으로부터 원고 중 1인에 대한 소 취하를 지시받은 사무원은 원고들 소송대리인의 표시기관에 해당되어 그의 착오는 원고들 소송대리인의 착오로 보아야 하므로, 그 사무원의 착오로 원고들 소송대리인의 의사에 반하여 원고들 전원의 소를 취하하였다 하더라도 이를 무효라 볼 수는 없고, 적법한 소 취하의 서면이 제출된 이상 그 서면이 상대방에게 송달되기 전·후를 묻지 않고 원고는 이를 임의로 철회할 수 없다(대판 1997.6.27. 97다6124).

답

051 법률행위의 취소에 관한 설명 중 옳지 않은 것은?(다툼이 있으면 판례에 따름) 10 사시

① 법률행위의 취소를 전제로 한 이행거절에는 취소의 의사표시가 포함된 것으로 볼 수 있다.
② 착오로 인한 의사표시의 취소에 있어서 중대한 과실은 표의자의 직업, 행위의 종류, 목적 등에 비추어 보통 요구되는 주의를 현저히 결여하는 것을 의미한다.
③ 교환계약의 당사자 일방이 자기 소유의 목적물의 시가에 관하여 침묵한 것은 특별한 사정이 없는 한 기망행위로 볼 수 없다.
④ 동기의 착오가 법률행위의 내용의 중요 부분의 착오에 해당함을 이유로 표의자가 법률행위를 취소하려면 당사자들 사이에 별도로 그 동기를 의사표시의 내용으로 삼기로 하는 합의가 필요하다.
⑤ 착오로 인하여 표의자가 경제적인 불이익을 입지 않았다면 특별한 사정이 없는 한 이를 법률행위 내용의 중요 부분의 착오라고 할 수 없다.

해설

① (○) 법률행위의 취소는 상대방에 대한 의사표시로 하여야 하나 그 취소의 의사표시는 특별히 재판상 행하여짐이 요구되는 경우 이외에는 특정한 방식이 요구되는 것이 아니고, 취소의 의사가 상대방에 의하여 인식될 수 있다면 어떠한 방법에 의하더라도 무방하다고 할 것이고, 법률행위의 취소를 당연한 전제로 한 소송상의 이행청구나 이를 전제로 한 이행거절 가운데는 취소의 의사표시가 포함되어 있다고 볼 수 있다(대판 1993.9.14. 93다13162).
② (○) 착오로 인한 의사표시에 관한 민법 제109조에서 말하는 취소 제한사유로서의 "중대한 과실"이라 함은 표의자의 직업, 행위의 종류, 목적 등에 비추어 보통 요구되는 주의를 현저히 결여한 것을 의미한다(대판 2007.8.23. 2006다52815).
③ (○) 일반적으로 교환계약을 체결하려는 당사자는 당사자 일방이 알고 있는 정보를 상대방에게 사실대로 고지하여야 할 신의칙상의 주의의무가 인정된다고 볼만한 특별한 사정이 없는 한, 어느 일방이 교환 목적물의 시가나 그 가액 결정의 기초가 되는 사항에 관하여 상대방에게 설명 내지 고지를 할 주의의무를 부담한다고 할 수 없고, 일방 당사자가 자기가 소유하는 목적물의 시가를 묵비하여 상대방에게 고지하지 아니하거나 혹은 허위로 시가보다 높은 가액을 시가라고 고지하였다 하더라도 이는 상대방의 의사결정에 불법적인 간섭을 한 것이라고 볼 수 없다(대판 2002.9.4. 2000다54406).
④ (×) 동기의 착오가 법률행위의 내용의 중요부분의 착오에 해당함을 이유로 표의자가 법률행위를 취소하려면 그 동기를 당해 의사표시의 내용으로 삼을 것을 상대방에게 표시하고 의사표시의 해석상 법률행위의 내용으로 되어 있다고 인정되면 충분하고 당사자들 사이에 별도로 그 동기를 의사표시의 내용으로 삼기로 하는 합의까지 이루어질 필요는 없지만, 그 법률행위의 내용의 착오는 보통 일반인이 표의자의 처지에 섰더라면 그와 같은 의사표시를 하지 아니하였으리라고 여겨질 정도로 그 착오가 중요한 부분에 관한 것이어야 한다(대판 2012.9.27. 2011다106976).
⑤ (○) 착오가 법률행위의 내용의 중요 부분에 있다고 하기 위하여는 표의자에 의하여 추구된 목적을 고려하여 합리적으로 판단하여 볼 때 표시와 의사의 불일치가 객관적으로 현저하여야 하고, 만일 그 착오로 인하여 표의자가 무슨 경제적인 불이익을 입은 것이 아니라고 한다면 이를 법률행위 내용의 중요 부분의 착오라고 할 수 없다(대판 2009.4.23. 2008다96291).

답 ④

052 법률행위에 관한 설명 중 옳지 않은 것은?(다툼이 있는 경우에는 판례에 의함) 변시

① 동기의 착오가 상대방의 부정한 방법에 의하여 유발되었거나 상대방으로부터 제공된 경우에는 동기가 표시되지 않았더라도 표의자는 착오를 이유로 의사표시를 취소할 수 있다.
② 채무자의 법률행위가 가장행위라도 채권자취소권의 대상이 될 수 있고, 채권자취소권의 대상으로 된 채무자의 법률행위라도 통정허위표시의 요건을 갖춘 경우에는 무효이다.
③ 통정한 허위표시에 의하여 외형상 형성된 법률관계로 생긴 채권을 가압류한 경우, 그 가압류권자는 민법 제108조 제2항의 '제3자'에 해당한다.
④ 제3자의 기망행위에 기하여 표의자가 매매계약을 체결한 경우, 그 기망행위가 불법행위를 구성하는 이상 표의자가 불법행위로 인한 손해의 배상을 구하기 위하여 먼저 매매계약을 취소하여야 하는 것은 아니다.
⑤ 파산자 甲이 乙과의 가장소비대차에 기하여 가장채권을 보유하고 있다가 파산이 선고된 경우, 파산관재인은 민법 제108조 제2항의 제3자에 해당하는데, 파산채권자 중 일부라도 악의라면 파산관재인은 '선의의 제3자'라 할 수 없다.

해설

① (○) 동기의 착오가 상대방의 부정한 방법에 의하여 유발되거나 상대방으로부터 제공된 경우와 같이 상대방의 보호필요성이 부정되는 때에는 동기가 표시되지 않았더라도 취소할 수 있다(대판 1970.2.24. 69누83; 대판 1990.7.10. 90다카7460).
② (○) 채무자의 법률행위가 통정허위표시인 경우에도 채권자취소권의 대상으로 된다고 할 것이고, 한편 채권자취소권의 대상으로 된 채무자의 법률행위라도 통정허위표시의 요건을 갖춘 경우에는 무효라고 할 것이다(대판 1998.2.27. 97다50985).
③ (○) 통정한 허위표시에 의하여 외형상 형성된 법률관계로 생긴 채권을 가압류한 경우, 그 가압류권자는 허위표시에 기초하여 새로운 법률상 이해관계를 가지게 되므로 민법 제108조 제2항의 제3자에 해당한다고 봄이 상당하고, 또한 민법 제108조 제2항의 제3자는 선의이면 족하고 무과실은 요건이 아니다(대판 2004.5.28. 2003다70041).
④ (○) 제3자의 사기행위로 인하여 피해자가 주택건설사와 사이에 주택에 관한 분양계약을 체결하였다고 하더라도 제3자의 사기행위 자체가 불법행위를 구성하는 이상, 제3자로서는 그 불법행위로 인하여 피해자가 입은 손해를 배상할 책임을 부담하는 것이므로, 피해자가 제3자를 상대로 손해배상청구를 하기 위하여 반드시 그 분양계약을 취소할 필요는 없다(대판 1998.3.10. 97다55829).
⑤ (×) 파산자가 상대방과 통정한 허위의 의사표시를 통하여 가장채권을 보유하고 있다가 파산이 선고된 경우에 그 가장채권도 일단 파산재단에 속하게 되고, 파산선고에 따라 파산자와는 독립한 지위에서 파산채권자 전체의 공동의 이익을 위하여 직무를 행하게 된 파산관재인은 그 허위표시에 따라 외형상 형성된 법률관계를 토대로 실질적으로 새로운 법률상 이해관계를 가지게 된 민법 제108조 제2항의 제3자에 해당하며, 총 파산채권자를 기준으로 하여 파산채권자 모두가 악의로 되지 않는 한 파산관재인은 선의의 제3자라고 할 수밖에 없다(대판 2015.2.12. 2013다93081).

 ❺

053 의사표시의 취소에 관한 설명 중 옳은 것을 모두 고른 것은?(다툼이 있는 경우 판례에 의함)

16 변시

ㄱ. 甲이 제3자의 기망행위에 의하여 신원보증서류에 서명날인한다는 착각에 빠진 상태로 연대보증의 서면에 서명날인하였다면, 甲은 연대보증계약의 상대방이 위 기망행위를 알았거나 알 수 있었을 경우에만 연대보증계약을 취소할 수 있다.
ㄴ. 원고가 피고를 상대로 매매계약의 이행을 청구하는 소송에서 피고가 착오를 이유로 매매계약의 취소를 주장하는 경우, 피고는 착오가 자신의 중대한 과실에 의한 것이 아니라는 점에 대한 증명책임을 진다.
ㄷ. 상대방이 표의자의 착오를 알고 이를 이용한 경우에는 착오가 표의자의 중대한 과실로 인한 것이라고 하더라도 표의자는 의사표시를 취소할 수 있다.
ㄹ. 경과실로 인해 착오에 빠진 표의자가 착오를 이유로 자신의 의사표시를 취소하였더라도 이로 인해 상대방에 대하여 불법행위로 인한 손해배상책임을 지지 않는다.

① ㄱ, ㄴ
② ㄱ, ㄹ
③ ㄷ, ㄹ
④ ㄱ, ㄴ, ㄷ
⑤ ㄴ, ㄷ, ㄹ

해설

ㄱ. (×) 사기에 의한 의사표시란 타인의 기망행위로 말미암아 착오에 빠지게 된 결과 어떠한 의사표시를 하게 되는 경우이므로 거기에는 의사와 표시의 불일치가 있을 수 없고, 단지 의사의 형성과정 즉 의사표시의 동기에 착오가 있는 것에 불과하며, 이 점에서 고유한 의미의 착오에 의한 의사표시와 구분되는데, 신원보증서류에 서명날인한다는 착각에 빠진 상태로 연대보증의 서면에 서명날인한 경우, 결국 위와 같은 행위는 강학상 기명날인의 착오(또는 서명의 착오), 즉 어떤 사람이 자신의 의사와 다른 법률효과를 발생시키는 내용의 서면에, 그것을 읽지 않거나 올바르게 이해하지 못한 채 기명날인을 하는 이른바 표시상의 착오에 해당하므로, 비록 위와 같은 착오가 제3자의 기망행위에 의하여 일어난 것이라 하더라도 그에 관하여는 사기에 의한 의사표시에 관한 법리, 특히 상대방이 그러한 제3자의 기망행위사실을 알았거나 알 수 있었을 경우가 아닌 한 의사표시자가 취소권을 행사할 수 없다는 민법 제110조 제2항의 규정을 적용할 것이 아니라, 착오에 의한 의사표시에 관한 법리만을 적용하여 취소권 행사의 가부를 가려야 한다(대판 2005.5.27. 2004다43824).

ㄴ. (×) 민법 제109조 제1항 단서에서 규정하는 착오한 표의자의 중대한 과실 유무에 관한 주장과 증명책임은 착오자가 아니라 의사표시를 취소하게 하지 않으려는 상대방에게 있으므로(대판 2005.5.12. 2005다6228), 지문의 피고가 착오를 이유로 매매계약의 취소를 주장하는 경우, 피고는 착오가 법률행위 내용의 중요부분에 관한 것이라는 점에 대한 증명책임이 있고, 원고[상대방(註)]는 피고의 착오에 중대한 과실이 있음을 증명하여야 한다.

ㄷ. (○) 민법 제109조 제1항 단서는 의사표시의 착오가 표의자의 중대한 과실로 인한 때에는 그 의사표시를 취소하지 못한다고 규정하고 있는데, 위 단서규정은 표의자의 상대방의 이익을 보호하기 위한 것이므로, 상대방이 표의자의 착오를 알고 이를 이용한 경우에는 착오가 표의자의 중대한 과실로 인한 것이라고 하더라도 표의자는 의사표시를 취소할 수 있다(대판 2014.11.27. 2013다49794).

ㄹ. (○) 판례의 취지를 고려할 때 경과실로 인해 착오에 빠진 표의자가 착오를 이유로 의사표시를 취소하였더라도 상대방에 대하여 불법행위로 인한 손해배상책임을 지지 않는다.

불법행위로 인한 손해배상책임이 성립하기 위하여는 가해자의 고의 또는 과실 이외에 행위의 위법성이 요구되므로, 전문건설공제조합이 계약보증서를 발급하면서 조합원이 수급할 공사의 실제 도급금액을 확인하지 아니한 과실이 있다고 하더라도 민법 제109조에서 중과실이 없는 착오자의 착오를 이유로 한 의사표시의 취소를 허용하고 있는 이상, 전문건설공제조합이 과실로 인하여 착오에 빠져 계약보증서를 발급한 것이나 그 착오를 이유로 보증계약을 취소한 것이 위법하다고 할 수는 없다(대판 1997.8.22. 97다13023).

답 ③

054 착오로 인한 의사표시에 관한 설명으로 옳은 것은?(다툼이 있으면 판례에 따름)

① 상대방이 표의자의 착오를 알고 이를 이용한 경우, 표의자에게 중과실이 있으면 그 의사표시를 취소할 수 없다.
② 착오의 존재와 그 착오가 법률행위의 중요부분에 관한 것이라는 점은 표의자의 상대방이 증명하여야 한다.
③ 신원보증서류에 서명날인한다는 착각에 빠진 상태로 연대보증서면에 서명날인한 것은 동기의 착오이다.
④ 재단법인 설립을 위한 출연행위는 상대방 없는 단독행위이므로 착오를 이유로 취소할 수 없다.
⑤ 표시상 착오가 제3자의 기망행위에 의하여 일어난 경우, 표의자는 제3자의 기망행위를 상대방이 알았는지 여부를 불문하고 착오를 이유로 의사표시를 취소할 수 있다.

해설

① (×) 민법 제109조 제1항 단서는 의사표시의 착오가 표의자의 중대한 과실로 인한 때에는 그 의사표시를 취소하지 못한다고 규정하고 있는데, 위 단서규정은 표의자의 상대방의 이익을 보호하기 위한 것이므로, 상대방이 표의자의 착오를 알고 이를 이용한 경우에는 착오가 표의자의 중대한 과실로 인한 것이라고 하더라도 표의자는 의사표시를 취소할 수 있다(대판 2014.11.27. 2013다49794).
② (×) 착오를 이유로 의사표시를 취소하는 자는 법률행위의 내용에 착오가 있었다는 사실과 함께 그 착오가 의사표시에 결정적인 영향을 미쳤다는 점, 즉 만약 그 착오가 없었더라면 의사표시를 하지 않았을 것이라는 점을 증명하여야 한다(대판 2015.4.23. 2013다9383).
③ (×) 신원보증서류에 서명날인한다는 착각에 빠진 상태로 연대보증의 서면에 서명날인한 경우, 결국 이와 같은 행위는 강학상 기명날인의 착오(또는 서명의 착오), 즉 어떤 사람이 자신의 의사와 다른 법률효과를 발생시키는 내용의 서면에, 그것을 읽지 않거나 올바르게 이해하지 못한 채 기명날인을 하는 이른바 표시상의 착오에 해당한다(대판 2005.5.27. 2004다43824).
④ (×) 재단법인에 대한 출연자와 법인과의 관계에 있어서 그 출연행위에 터 잡아 법인이 성립되면 그로써 출연재산은 민법 제48조에 의하여 법인성립 시에 법인에게 귀속되어 법인의 재산이 되는 것이고, 출연재산이 부동산인 경우에 있어서도 위 양 당사자 간의 관계에 있어서는 법인의 성립 외에 등기를 필요로 하는 것은 아니라 할지라도, 재단법인의 출연자가 착오를 원인으로 취소를 한 경우에는 출연자는 재단법인의 성립 여부나 출연된 재산의 기본재산인 여부와 관계없이 그 의사표시를 취소할 수 있다(대판 1999.7.9. 98다9045).
⑤ (○) 착오가 제3자의 기망행위에 의하여 일어난 것이라 하더라도 그에 관하여는 사기에 의한 의사표시에 관한 법리, 특히 상대방이 그러한 제3자의 기망행위사실을 알았거나 알 수 있었을 경우가 아닌 한 의사표시자가 취소권을 행사할 수 없다는 민법 제110조 제2항의 규정을 적용할 것이 아니라, 착오에 의한 의사표시에 관한 법리만을 적용하여 취소권 행사의 가부를 가려야 한다(대판 2005.5.27. 2004다43824).

055 착오로 인한 의사표시에 관한 설명으로 옳은 것은?(다툼이 있는 경우에는 판례에 의함)

① 토지매매계약에 있어 토지의 현황·경계에 관한 착오는 법률행위의 중요부분에 관한 착오로 볼 수 없다.
② 화해의 목적인 분쟁 이외의 사항에 착오가 있는 때에는 착오를 이유로 화해계약을 취소할 수 있다.
③ 매도인이 매매계약을 적법하게 해제한 이상 매수인은 착오를 이유로 매매계약을 취소할 수 없다.
④ 의사표시의 착오가 표의자의 중대한 과실로 발생한 경우, 상대방이 표의자의 착오를 알고 이용하였더라도 표의자는 그 의사표시를 취소할 수 없다.
⑤ 매매계약의 쌍방 당사자가 계약의 목적물로 삼은 X토지의 지번에 착오를 일으켜 계약서에 목적물을 Y토지로 표시한 경우, 매매계약은 Y토지에 관하여 성립한다.

해설

① (×) 주위토지통행권자가 인접대지 위의 담장이 그 대지의 경계선과 일치하는 것으로 잘못 알고 이 담장을 기준으로 통로 폭을 정하여 주위토지소유자의 담장설치에 합의하였다면 이러한 합의는 토지의 현황경계에 관한 착오에 기인한 것으로서 그 착오는 법률행위의 중요부분에 관한 착오라고 볼 수 있다(대판 1989.7.25. 88다카9364).
② (○) 민법 제733조 단서의 해석상 화해의 목적인 분쟁 이외의 사항에 착오가 있는 때에는 착오를 이유로 화해계약을 취소할 수 있다(대판 1990.11.9. 90다카22674).
③ (×) 매도인이 매수인의 중도금 지급채무불이행을 이유로 매매계약을 적법하게 해제한 후라도 매수인으로서는 상대방이 한 계약해제의 효과로서 발생하는 손해배상책임을 지거나 매매계약에 따른 계약금의 반환을 받을 수 없는 불이익을 면하기 위하여 착오를 이유로 한 취소권을 행사하여 매매계약 전체를 무효로 돌리게 할 수 있다(대판 1996.12.6. 95다24982).
④ (×) 민법 제109조 제1항 단서는 의사표시의 착오가 표의자의 중대한 과실로 인한 때에는 그 의사표시를 취소하지 못한다고 규정하고 있는데, 위 단서 규정은 표의자의 상대방의 이익을 보호하기 위한 것이므로, 상대방이 표의자의 착오를 알고 이를 이용한 경우에는 착오가 표의자의 중대한 과실로 인한 것이라고 하더라도 표의자는 의사표시를 취소할 수 있다(대판 2014.11.27. 2013다49794).
⑤ (×) 부동산의 매매계약에 있어 쌍방 당사자가 모두 특정의 甲토지를 계약의 목적물로 삼았으나 그 목적물의 지번 등에 관하여 착오를 일으켜 계약을 체결함에 있어서는 계약상 그 목적물을 甲토지와는 별개인 乙토지로 표시하였다 하여도, 甲토지에 관하여 이를 매매의 목적물로 한다는 쌍방 당사자의 의사합치가 있은 이상 그 매매계약은 甲토지에 관하여 성립한 것으로 보아야 하고 乙토지에 관하여 매매계약이 체결된 것으로 보아서는 안 될 것이며, 만일 乙토지에 관하여 그 매매계약을 원인으로 하여 매수인 명의로 소유권이전등기가 경료되었다면 이는 원인 없이 경료된 것으로서 무효이다(대판 1996.8.20. 96다19581). 이러한 판례의 취지를 고려하면, 매매계약은 X토지에 관하여 성립한다.

답 ②

056

매수인 甲과 매도인 乙은 진품임을 전제로 하여 乙 소유의 그림 1점의 매매계약을 체결하였는데, 그림이 위작이라는 사실을 나중에 알게 된 甲은 중도금지급일에 중도금을 지급하지 않았다. 이에 관한 설명으로 옳지 않은 것은?(다툼이 있으면 판례에 따름) [20 변리]

① 위조된 그림을 진품으로 알고 매수한 것은 법률행위내용의 중요부분의 착오에 해당한다.
② 甲은 매매계약에 따른 하자담보책임을 乙에게 물을 수 있으므로 착오를 이유로 의사표시를 취소할 수 없다.
③ 乙이 甲의 중도금 지급 채무불이행을 이유로 매매계약을 해제한 후라도 甲은 착오를 이유로 의사표시를 취소할 수 있다.
④ 乙의 기망행위로 인해 매매계약을 체결하였다면 甲은 착오를 이유로 의사표시를 취소할 수 있을 뿐만 아니라 사기를 이유로도 의사표시를 취소할 수 있다.
⑤ 甲이 그림을 진품으로 믿은 것에 중대한 과실이 있는 경우에는 착오를 이유로 의사표시를 취소할 수 없다.

해설

① (○), ② (×) 판례의 취지를 고려할 때 위조된 그림을 진품으로 알고 매수한 것은 법률행위내용의 중요부분의 착오에 해당하므로, 甲이 乙에게 하자담보책임을 주장할 수 있는지 여부와 상관없이 그 착오를 이유로 위 매매계약을 취소할 수 있다.

> [1] 민법 제109조 제1항에 의하면 법률행위내용의 중요부분에 착오가 있는 경우 착오에 중대한 과실이 없는 표의자는 법률행위를 취소할 수 있고,❶ 민법 제580조 제1항, 제575조 제1항에 의하면 매매의 목적물에 하자가 있는 경우 하자가 있는 사실을 과실 없이 알지 못한 매수인은 매도인에 대하여 하자담보책임을 물어 계약을 해제하거나 손해배상을 청구할 수 있다. 착오로 인한 취소제도와 매도인의 하자담보책임제도는 취지가 서로 다르고, 요건과 효과도 구별된다. 따라서 매매계약내용의 중요부분에 착오가 있는 경우 매수인은 매도인의 하자담보책임이 성립하는지와 상관없이 착오를 이유로 매매계약을 취소할 수 있다❷.
> [2] 원고가 피고로부터 매수한 각 서화(書畫)가 위작(僞作)이라는 이유로 착오로 인한 매매계약의 취소를 주장하는 사안에서, 원고가 위작인 각 서화를 진품으로 알고 매수한 것은 법률행위 내용의 중요 부분에 착오가 있는 경우에 해당하므로 착오를 이유로 한 원고의 취소의 의사표시에 따라 매매계약이 적법하게 취소되었다고 판단한 후, '원고가 매매 목적물의 하자에 대해 피고에게 하자담보책임을 물을 수 있었으므로 원고가 착오를 이유로 매매계약을 취소할 수는 없다'는 피고의 주장을 배척한 원심판결에 대한 피고의 상고를 기각한 사례(대판 2018.9.13. 2015다78703).

③ (○) 매도인이 매수인의 중도금 지급 채무불이행을 이유로 매매계약을 적법하게 해제한 후라도 매수인으로서는 상대방이 한 계약해제의 효과로서 발생하는 손해배상책임을 지거나 매매계약에 따른 계약금의 반환을 받을 수 없는 불이익을 면하기 위하여 착오를 이유로 한 취소권을 행사하여 위 매매계약 전체를 무효로 돌리게 할 수 있으므로(대판 1991.8.27. 91다11308), 乙이 매매계약을 해제한 후라도 甲은 착오를 이유로 의사표시를 취소할 수 있다.
④ (○) 판례는 기망행위로 인하여 법률행위의 중요부분에 관하여 착오를 일으킨 경우뿐만 아니라 법률행위의 내용으로 표시되지 아니한 의사결정의 동기에 관하여 착오를 일으킨 경우에도 표의자는 그 법률행위를 사기에 의한 의사표시로서 취소할 수 있다(대판 1985.4.9. 85도167)고 하여 경합을 인정하고 있다. 乙의 기망행위로 인해 매매계약을 체결하였다면 甲은 착오를 이유로 하는 경우나, 사기를 이유로 하는 경우에도 의사표시를 취소할 수 있다.
⑤ (○) 위조된 그림을 진품으로 알고 매매계약을 체결한 것은 법률행위내용의 중요부분의 착오에 해당하여 甲은 착오를 이유로 의사표시를 취소할 수 있으나, 甲이 그림을 진품으로 믿은 것에 중대한 과실이 있는 경우에는 취소할 수 없다(민법 제109조 제1항).

 ❷

057 착오나 사기에 의한 의사표시에 관한 설명으로 옳은 것은?(다툼이 있으면 판례에 따름)

19 변리

① 동기의 착오가 상대방에 의하여 제공되거나 유발된 경우에는 착오를 이유로 취소할 수 없다.
② 법률행위 내용의 중요부분에 대한 착오를 판단할 때, 의사표시자의 경제적인 불이익 여부는 문제되지 않는다.
③ 착오를 이유로 한 취소권은 추인할 수 있는 날로부터 3년 내에, 법률행위를 한 날로부터 10년 내에 행사하여야 한다.
④ 법률행위가 사기에 의한 것으로서 취소되는 경우, 그 법률행위가 동시에 불법행위를 구성하는 때에는 취소의 효과로 생기는 부당이득반환청구권과 불법행위로 인한 손해배상청구권을 중첩적으로 행사할 수 있다.
⑤ 제3자의 사기로 인하여 계약을 체결한 경우, 그 제3자에 대하여 불법행위로 인한 손해배상을 청구하기 위해서는 먼저 그 계약을 취소해야 한다.

해설

① (×) 동기의 착오가 상대방의 부정한 방법에 의하여 유발되거나 상대방으로부터 제공된 경우와 같이 상대방의 보호필요성이 부정되는 때에는 동기가 표시되지 않았더라도 취소할 수 있다(대판 1970.2.24. 69누83; 대판 1990.7.10. 90다카7460).
② (×) 착오가 법률행위내용의 중요부분에 있다고 하기 위하여는 표의자에 의하여 추구된 목적을 고려하여 합리적으로 판단하여 볼 때 표시와 의사의 불일치가 객관적으로 현저하여야 하고, 만일 그 착오로 인하여 표의자가 무슨 경제적인 불이익을 입은 것이 아니라고 한다면 이를 법률행위내용의 중요부분의 착오라고 할 수 없다(대판 1999.2.23. 98다47924).
③ (○) 취소권은 추인할 수 있는 날로부터 3년 내에 법률행위를 한 날로부터 10년 내에 행사하여야 한다(민법 제146조).
④ (×) 법률행위가 사기에 의한 것으로서 취소되는 경우에 그 법률행위가 동시에 불법행위를 구성하는 때에는 취소의 효과로 생기는 부당이득반환청구권과 불법행위로 인한 손해배상청구권은 경합하여 병존하는 것이므로, 채권자는 어느 것이라도 선택하여 행사할 수 있지만 중첩적으로 행사할 수는 없다(대판 1993.4.27. 92다56087).
⑤ (×) 제3자의 사기행위로 인하여 피해자가 주택건설사와 사이에 주택에 관한 분양계약을 체결하였다고 하더라도 제3자의 사기행위 자체가 불법행위를 구성하는 이상, 제3자로서는 그 불법행위로 인하여 피해자가 입은 손해를 배상할 책임을 부담하는 것이므로, 피해자가 제3자를 상대로 손해배상청구를 하기 위하여 반드시 그 분양계약을 취소할 필요는 없다(대판 1998.3.10. 97다55829).

답

058 착오로 인한 법률행위에 관한 설명으로 옳은 것은?(다툼이 있으면 판례에 따름)

① 법률에 관한 착오는 그것이 법률행위 내용의 중요부분에 관한 것이라 하더라도 착오를 이유로 취소할 수 없다.
② 착오로 인한 의사표시의 취소에 관한 민법 제109조 제1항은 당사자의 합의로 그 적용을 배제할 수 없다.
③ 착오한 표의자의 중대한 과실 유무에 관한 증명책임은 의사표시의 효력을 부인하는 착오자에게 있다.
④ 상대방이 표의자의 착오를 알고 이용한 경우, 그 착오가 표의자의 중대한 과실로 인한 것이라고 하더라도 표의자는 착오에 의한 의사표시를 취소할 수 있다.
⑤ 표의자가 착오를 이유로 의사표시를 취소한 경우, 취소로 인하여 손해를 입은 상대방은 표의자에게 불법행위로 인한 손해배상을 청구할 수 있다.

해설

① (×) 법률에 관한 착오(양도소득세가 부과될 것인데도 부과되지 아니하는 것으로 오인)라도 그것이 법률행위의 내용의 중요부분에 관한 것인 때에는 표의자는 그 의사표시를 취소할 수 있고, 또 매도인에 대한 양도소득세의 부과를 회피할 목적으로 매수인이 주택건설을 목적으로 하는 주식회사를 설립하여 여기에 출자하는 형식을 취하면 양도소득세가 부과되지 않을 것이라고 말하면서 그러한 형식에 의한 매매를 제의하여 매도인이 이를 믿고 매매계약을 체결한 것이라 하더라도 그것이 곧 사회질서에 반하는 것이라고 단정할 수 없으므로 이러한 경우에 역시 의사표시의 착오의 이론을 적용할 수 있다(대판 1981.11.10. 80다2475).
② (×) 민법 제109조의 법리는 적용을 배제하는 취지의 별도 규정이 있거나 당사자의 합의로 적용을 배제하는 등의 특별한 사정이 없는 한 원칙적으로 모든 사법(私法)상 의사표시에 적용된다(대판 2014.11.27. 2013다49794 참고).
③ (×) 민법 제109조 제1항 단서에서 규정하는 착오한 표의자의 중대한 과실 유무에 관한 주장과 증명책임은 착오자가 아니라 의사표시를 취소하게 하지 않으려는 상대방에게 있다(대판 2005.5.12. 2005다6228).
④ (○) 민법 제109조 제1항 단서는 의사표시의 착오가 표의자의 중대한 과실로 인한 때에는 그 의사표시를 취소하지 못한다고 규정하고 있는데, 위 단서 규정은 표의자의 상대방의 이익을 보호하기 위한 것이므로, 상대방이 표의자의 착오를 알고 이를 이용한 경우에는 착오가 표의자의 중대한 과실로 인한 것이라고 하더라도 표의자는 의사표시를 취소할 수 있다(대판 2014.11.27. 2013다49794).
⑤ (×) 판례는 표의자가 착오를 이유로 보증계약을 취소한 것이 상대방에 대한 불법행위를 구성하지는 않는다는 것이므로 이러한 판례의 취지를 고려할 때 취소로 인하여 손해를 입은 상대방은 표의자에게 불법행위로 인한 손해배상을 청구할 수 없다.

> 불법행위로 인한 손해배상책임이 성립하기 위하여는 가해자의 고의 또는 과실 이외에 행위의 위법성이 요구되므로, 전문건설공제조합이 계약보증서를 발급하면서 조합원이 수급할 공사의 실제 도급금액을 확인하지 아니한 과실이 있다고 하더라도 민법 제109조에서 중과실이 없는 착오자의 착오를 이유로 한 의사표시의 취소를 허용하고 있는 이상, 전문건설공제조합이 과실로 인하여 착오에 빠져 계약보증서를 발급한 것이나 그 착오를 이유로 보증계약을 취소한 것이 위법하다고 할 수는 없다(대판 1997.8.22. 97다13023).

답 ④

059 착오에 의한 의사표시에 관한 설명으로 옳지 않은 것은?(다툼이 있으면 판례에 따름) 15 변리

① 대리인의 표시내용과 본인의 의사가 다른 경우, 본인은 착오를 이유로 의사표시를 취소할 수 없다.
② 착오를 이유로 의사표시를 취소하면 그 법률행위는 소급하여 무효로 된다.
③ 착오의 존재 여부는 의사표시 당시를 기준으로 판단하므로, 장래의 불확실한 사실은 착오의 대상이 되지 않는다.
④ 시(市)의 개발사업을 위한 토지매수협의를 진행하면서 토지 전부가 대상에 편입된다는 시(市)공무원의 말을 믿고 매매계약을 체결한 경우, 동기의 착오를 이유로 의사표시를 취소할 수 있다.
⑤ 부동산 매매에서 목적물의 시가에 관한 착오는 법률행위의 중요부분에 관한 착오에 해당하지 않는다.

해설

① (○) 사자가 아닌 대리인이 표시를 잘못한 경우에는 그 대리인의 표시만이 효과를 일으키므로, 대리인의 표시내용과 본인의 의사가 다르다고 할지라도 이는 원칙적으로 본인의 착오가 아니어서 본인은 착오를 이유로 의사표시를 취소할 수 없다(민법 제116조 제1항 참고).
② (○) 취소된 법률행위는 처음부터 무효인 것으로 본다(민법 제141조 본문).
③ (×) 부동산의 양도가 있은 경우에 그에 대하여 부과될 양도소득세 등의 세액에 관한 착오가 미필적인 장래의 불확실한 사실에 관한 것이라도 민법 제109조 소정의 착오에서 제외되는 것은 아니다(대판 1994.6.10. 93다24810).
④ (○) 시가 산업기지개발사업을 실시하기 위해 토지를 취득함에 있어 일부가 그 사업대상토지에 편입된 토지는 무조건 잔여지를 포함한 전체 토지를 협의매수하기로 하여 지주들에게는 잔여지가 발생한 사실 등을 알리지 아니한 채 전체 토지에 대한 손실보상협의요청서를 발송하고 매수협의를 진행한 경우, 지주들이 그 소유 토지 전부가 사업대상에 편입된 것 등으로 잘못 판단하고 시의 협의매수에 응하였다면 그 의사표시의 동기에 착오가 있었음을 이유로 취소할 수 있다(대판 1991.3.27. 90다카27440).
⑤ (○) 부동산 매매에 있어서 시가에 관한 착오는 부동산을 매매하려는 의사를 결정함에 있어 동기의 착오에 불과할 뿐 법률행위의 중요부분에 관한 착오라고 할 수 없다(대판 1992.10.23. 92다29337).

답

060

착오로 인한 의사표시에 관한 설명으로 옳은 것은?(다툼이 있으면 판례에 따름) [24 노무]

① 착오로 인한 불이익이 법령의 개정 등 사정의 변경으로 소멸하였다면 그 착오를 이유로 한 취소권의 행사는 신의칙에 의해 제한될 수 있다.
② 과실로 착오에 빠져 의사표시를 한 후 착오를 이유로 이를 취소한 자는 상대방에게 신뢰이익을 배상하여야 한다.
③ 착오를 이유로 의사표시를 취소하려는 자는 자신의 착오가 중과실로 인한 것이 아님을 증명하여야 한다.
④ 법률에 관해 경과실로 착오를 한 경우, 표의자는 그것이 법률행위의 중요부분에 관한 것이더라도 그 착오를 이유로 취소할 수 없다.
⑤ 전문가의 진품감정서를 믿고 이를 첨부하여 서화 매매계약을 체결한 후에 그 서화가 위작임이 밝혀진 경우, 매수인은 하자담보책임을 묻는 외에 착오를 이유로 하여 매매계약을 취소할 수 없다.

해설

① (○) 토지의 매수인이 개인인지 법인인지, 법인이라도 주택건설사업자인지 및 주택건설사업자라도 양도소득세 면제신청을 할 것인지 여부 등은 매도인이 부담하게 될 양도소득세액 산출에 중대한 영향을 미치게 되어 이 점에 관한 착오는 법률행위의 내용의 중요부분에 관한 것이라고 할 수 있으나, 소득세법 및 같은 법 시행령의 개정으로 1989.8.1. 이후 양도한 것으로 보게 되는 거래에 대하여는 투기거래의 경우를 제외하고는 법인과의 거래에 있어서도 개인과의 거래와 마찬가지로 양도가액을 양도 당시의 기준시가에 의하도록 변경된 점에 비추어 볼 때, <u>매매계약의 체결 위와 같은 착오가 있었다 하더라도 소득세법상의 양도시기가 1989.8.1. 이후로 보게 되는 관계로 매도인은 당초 예상한 바와 같이 기준시가에 의한 양도소득세액만 부담하면 족한 것으로 확정되어 위 착오로 인한 불이익이 소멸되었으므로, 그 후 이 사건 소송계속 중에 준비서면의 송달로써 한 취소의 의사표시는 신의성실의 원칙상 허용될 수 없다</u>(대판 1995.3.24. 94다44620).
② (×) 불법행위로 인한 손해배상책임이 성립하기 위하여는 가해자의 고의 또는 과실 이외에 행위의 위법성이 요구되므로, 전문건설공제조합이 계약보증서를 발급하면서 조합원이 수급할 공사의 실제 도급금액을 확인하지 아니한 과실이 있다고 하더라도 민법 제109조에서 중과실이 없는 착오자의 착오를 이유로 한 의사표시의 취소를 허용하고 있는 이상, <u>전문건설공제조합이 과실로 인하여 착오에 빠져 계약보증서를 발급한 것이나 그 착오를 이유로 보증계약을 취소한 것이 위법하다고 할 수는 없다</u>(대판 1997.8.22. 97다13023). 경과실이 있음에도 표의자가 착오를 이유로 의사표시를 취소하고 그 결과 법률행위가 효력을 잃는 경우에, 상대방이 신뢰이익의 배상을 청구할 수 있는지 여부에 대하여 민법 제535조의 유추에 의하여 이를 긍정하는 견해(다수설)도 있으나, 판례는 표의자가 경과실에 의한 착오를 이유로 보증계약을 취소한 경우 상대방에 대한 불법행위를 구성하여 손해배상책임을 부담하지는 아니한다는 것이므로 이러한 판례의 취지를 고려할 때, 과실로 착오에 빠져 의사표시를 한 후 착오를 이유로 이를 취소한 자가 상대방에게 신뢰이익을 배상하여야 하는 것은 아니다.
③ (×) <u>민법 제109조 제1항 단서에서 규정하는 착오한 표의자의 중대한 과실 유무에 관한 주장과 증명책임은 착오자가 아니라 의사표시를 취소하게 하지 않으려는 표의자의 상대방에게 있는 것이다</u>(대판 2005.5.12. 2005다6228).
④ (×) <u>법률에 관한 착오(양도소득세가 부과될 것인데도 부과되지 아니하는 것으로 오인)라도 그것이 법률행위의 내용의 중요부분에 관한 것인 때에는 표의자는 그 의사표시를 취소할 수 있고</u>, 또 매도인에 대한 양도소득세의 부과를 회피할 목적으로 매수인이 주택건설을 목적으로 하는 주식회사를 설립하여 여기에 출자하는 형식을 취하면 양도소득세가 부과되지 않을 것이라고 말하면서 그러한 형식에 의한 매매를 제의하여 매도인이 이를 믿고 매매계약을 체결한 것이라 하더라도 그것이 곧 사회질서에 반하는 것이라고 단정할 수 없으므로 이러한 경우에 역시 의사표시의 착오의 이론을 적용할 수 있다(대판 1981.11.10. 80다2475).
⑤ (×) 민법 제109조 제1항에 의하면 법률행위 내용의 중요 부분에 착오가 있는 경우 착오에 중대한 과실이 없는 표의자는 법률행위를 취소할 수 있고, 민법 제580조 제1항, 제575조 제1항에 의하면 매매의 목적물에 하자가 있는 경우 하자가 있는 사실을 과실 없이 알지 못한 매수인은 매도인에 대하여 하자담보책임을 물어 계약을 해제하거나 손해배상을 청구할 수 있다. <u>착오로 인한 취소 제도와 매도인의 하자담보책임 제도는 취지가 서로 다르고, 요건과 효과도 구별된다. 따라서 매매계약 내용의 중요 부분에 착오가 있는 경우 매수인은 매도인의 하자담보책임이 성립하는지와 상관없이 착오를 이유로 매매계약을 취소할 수 있다</u>(대판 2018.9.13. 2015다78703).

답 ❶

061 착오에 관한 설명으로 옳지 않은 것은?(다툼이 있으면 판례에 따름)

① 대리인에 의한 의사표시의 경우, 착오의 유무는 대리인을 표준으로 결정한다.
② 소송대리인의 사무원의 착오로 소를 취하한 경우, 착오를 이유로 취소하지 못한다.
③ 매도인이 매매계약을 적법하게 해제한 후 매수인은 착오를 이유로 매매계약을 취소할 수 없다.
④ 상대방이 착오자의 진의에 동의한 것으로 인정될 때에는 계약의 취소가 허용되지 않는다.
⑤ 착오가 표의자의 중대한 과실로 인한 것이더라도 상대방이 표의자의 착오를 알고 이를 이용한 경우에 표의자는 의사표시를 취소할 수 있다.

해설

① (○) 대리인이 의사표시를 한 경우 착오의 존재 여부는 대리인을 기준으로 판단한다(민법 제116조 제1항).
② (○) 사무원은 소송대리인의 표시기관에 해당되어 그의 착오는 소송대리인의 착오라고 보아야 하므로, 사무원의 착오로 원고 소송대리인의 의사에 반하여 소를 취하하였다고 하여도 이를 무효라고 볼 수는 없다(대판 1997.10.24. 95다11740).
③ (×) 매도인이 매수인의 중도금 지급채무불이행을 이유로 매매계약을 적법하게 해제한 후라도 매수인으로서는 상대방이 한 계약해제의 효과로서 발생하는 손해배상책임을 지거나 매매계약에 따른 계약금의 반환을 받을 수 없는 불이익을 면하기 위하여 착오를 이유로 한 취소권을 행사하여 매매계약 전체를 무효로 돌리게 할 수 있다(대판 1996.12.6. 95다24982).
④ (○) 상대방이 동의한 경우, 상대방이 계약을 착오한 자의 진의에 따라 즉, 착오자가 생각했던 내용대로 효력 있게 하는 데 동의한 경우에는 착오의 주장이 배제된다.
⑤ (○) 민법 제109조 제1항 단서는 의사표시의 착오가 표의자의 중대한 과실로 인한 때에는 그 의사표시를 취소하지 못한다고 규정하고 있는데, 위 단서 규정은 표의자의 상대방의 이익을 보호하기 위한 것이므로, 상대방이 표의자의 착오를 알고 이를 이용한 경우에는 착오가 표의자의 중대한 과실로 인한 것이라고 하더라도 표의자는 의사표시를 취소할 수 있다(대판 2014.11.27. 2013다49794).

답 ❸

062

의사표시를 한 자가 착오를 이유로 그 의사표시를 취소할 수 없는 경우를 모두 고른 것은?(단, 표의자의 중대한 과실은 없으며 다툼이 있으면 판례에 따름) 　20 노무

> ㄱ. 매매에서 매도인이 목적물의 시가를 몰라서 대금과 시가에 근소한 차이가 있는 경우
> ㄴ. 주채무자의 차용금반환채무를 보증할 의사로 공정증서에 서명·날인하였으나 그 공정증서가 주채무자의 기존의 구상금채무에 관한 준소비대차계약의 공정증서이었던 경우
> ㄷ. 건물 및 부지를 현상태대로 매수하였으나 그 부지의 지분이 근소하게 부족한 경우

① ㄱ
② ㄷ
③ ㄱ, ㄴ
④ ㄴ, ㄷ
⑤ ㄱ, ㄴ, ㄷ

해설

표의자는 법률행위내용의 중요부분에 착오가 있는 경우에는 민법 제109조 제1항에 의하여 이를 취소할 수 있으나, 판례에 의하면 ㄱ, ㄴ, ㄷ의 경우는 중요부분의 착오가 아니라고 하여 취소권을 배제한다.

ㄱ. (×) 부동산 매매에 있어서 시가에 관한 착오는 부동산을 매매하려는 의사를 결정함에 있어 동기의 착오에 불과할 뿐 법률행위의 중요부분에 관한 착오라고 할 수 없다(대판 1992.10.23. 92다29337).

ㄴ. (×) 주채무자의 차용금반환채무를 보증할 의사로 공정증서에 연대보증인으로 서명·날인하였으나 그 공정증서가 주채무자의 기존의 구상금채무 등에 관한 준소비대차계약의 공정증서이었던 경우, 위와 같은 착오는 연대보증계약의 중요부분의 착오가 아니다(대판 2006.12.7. 2006다41457).

ㄷ. (×) 계약의 내용이 피고의 지분등기와 본건 건물 및 그 부지를 현상태대로 매매한 것인 경우, 위 부지(4평)에 관하여 0.211평(계산상 0.201평)에 해당하는 피고의 지분이 부족하다 하더라도 그러한 근소한 차이만으로써는 매매계약의 중요부분에 착오가 있었다거나 기망행위가 있었다고는 보기 어렵다(대판 1984.4.10. 83다카1328).

답 ⑤

063 의사표시에 관한 설명으로 옳지 않은 것은?(다툼이 있으면 판례에 따름)

① 매매계약이 착오로 취소된 경우 특별한 사정이 없는 한 당사자 쌍방의 원상회복의무는 동시이행관계에 있다.
② 동기의 착오가 상대방의 부정한 방법에 의하여 유발된 경우, 동기가 표시되지 않았더라도 표의자는 착오를 이유로 의사표시를 취소할 수 있다.
③ 통정허위표시로 무효인 법률행위도 채권자취소권의 대상이 될 수 있다.
④ 사기에 의해 화해계약이 체결된 경우 표의자는 화해의 목적인 분쟁에 관한 사항에 착오가 있더라도 사기를 이유로 화해계약을 취소할 수 있다.
⑤ 경과실에 의한 착오를 이유로 의사표시를 취소한 자는 상대방이 그 의사표시의 유효를 믿었음으로 인하여 발생한 손해에 대하여 불법행위책임을 진다.

해설

① (○) 대판 2001.7.10. 2001다3764
② (○) 동기의 착오가 법률행위의 내용의 중요부분의 착오에 해당함을 이유로 표의자가 법률행위를 취소하려면 그 동기를 당해 의사표시의 내용으로 삼을 것을 상대방에게 표시하고 의사표시의 해석상 법률행위의 내용으로 되어 있다고 인정되면 충분하고 당사자들 사이에 별도로 그 동기를 의사표시의 내용으로 삼기로 하는 합의까지 이루어질 필요는 없지만, 그 법률행위의 내용의 착오는 보통 일반인이 표의자의 입장에 섰더라면 그와 같은 의사표시를 하지 아니하였으리라고 여겨질 정도로 그 착오가 중요한 부분에 관한 것이어야 한다(대판 2000.5.12. 2000다12259). 다만, 판례는 이에 대한 예외를 인정하여 동기의 착오가 상대방의 부정한 방법에 의하여 유발된 경우, 동기가 표시되지 않았더라도 표의자는 착오를 이유로 의사표시를 취소할 수 있다고 본다(대판 1997.8.26. 97다6063 등).
③ (○) 채무자의 법률행위가 통정허위표시인 경우에도 채권자취소권의 대상으로 된다고 할 것이고, 한편 채권자취소권의 대상으로 된 채무자의 법률행위라도 통정허위표시의 요건을 갖춘 경우에는 무효라고 할 것이다(대판 1998.2.27. 97다50985).
④ (○) 민법 제733조의 규정에 의하면, 화해계약은 화해당사자의 자격 또는 화해의 목적인 분쟁 이외의 사항에 착오가 있는 경우를 제외하고는 착오를 이유로 취소하지 못하지만, 화해계약이 사기로 인하여 이루어진 경우에는 화해의 목적인 분쟁에 관한 사항에 착오가 있는 때에도 민법 제110조에 따라 이를 취소할 수 있다(대판 2008.9.11. 2008다15278).
⑤ (×) 불법행위로 인한 손해배상책임이 성립하기 위하여는 가해자의 고의 또는 과실 이외에 행위의 위법성이 요구되므로, 전문건설공제조합이 계약보증서를 발급하면서 조합원이 수급할 공사의 실제 도급금액을 확인하지 아니한 과실이 있다고 하더라도 민법 제109조에서 중과실이 없는 착오자의 착오를 이유로 한 의사표시의 취소를 허용하고 있는 이상, 전문건설공제조합이 과실로 인하여 착오에 빠져 계약보증서를 발급한 것이나 그 착오를 이유로 보증계약을 취소한 것이 위법하다고 할 수는 없다(대판 1997.8.22. 97다13023). 판례는 착오를 이유로 보증계약을 취소한 것이 불법행위를 구성하지는 않는다는 것이므로 이러한 판례의 취지를 고려할 때 경과실에 의한 착오를 이유로 의사표시를 취소한 자는 상대방에게 불법행위책임을 부담하지 아니한다.

답 ⑤

064 착오에 의한 의사표시에 관한 설명으로 옳은 것은?(다툼이 있으면 판례에 따름) 노무

① 매도인의 담보책임 성립하는 경우, 매수인은 매매계약내용의 중요부분에 착오가 있더라도 이를 취소할 수 없다.
② 소송행위에도 특별한 사정이 없는 한 착오를 이유로 하는 취소가 허용된다.
③ 착오로 인하여 표의자가 경제적 불이익을 입지 않은 경우에는 법률행위내용의 중요부분의 착오라고 볼 수 없다.
④ 표의자에게 중대한 과실이 있다는 사실은 법률행위의 효력을 부인하는 자가 증명하여야 한다.
⑤ 매도인이 매수인의 채무불이행을 이유로 매매계약을 적법하게 해제한 경우에는 매수인은 착오를 이유로 그 매매계약을 취소할 수 없다.

해설

① (×) 민법 제109조 제1항에 의하면 법률행위내용의 중요부분에 착오가 있는 경우 착오에 중대한 과실이 없는 표의자는 법률행위를 취소할 수 있고, 민법 제580조 제1항, 제575조 제1항에 의하면 매매의 목적물에 하자가 있는 경우 하자가 있는 사실을 과실 없이 알지 못한 매수인은 매도인에 대하여 하자담보책임을 물어 계약을 해제하거나 손해배상을 청구할 수 있다. 착오로 인한 취소제도와 매도인의 하자담보책임제도는 취지가 서로 다르고, 요건과 효과도 구별된다. 따라서 매매계약내용의 중요부분에 착오가 있는 경우 매수인은 매도인의 하자담보책임이 성립하는지와 상관없이 착오를 이유로 매매계약을 취소할 수 있다(대판 2018.9.13. 2015다78703).
② (×) 민법상의 법률행위에 관한 규정은 민사소송법상의 소송행위에는 특별한 규정 또는 특별한 사정이 없는 한 적용이 없으므로 사기 또는 착오를 원인으로 하여 소취하 등 소송행위를 취소할 수 없다(대판 1964.9.15. 64다92).
③ (○) 착오가 있었다고 하여 그로 인하여 표의자가 무슨 경제적 불이익을 입은 것은 아니라는 이유로 중요부분의 착오에 해당하지 않는다고 보았다(대판 2006.12.7. 2006다41457).
④ (×) 민법 제109조 제1항 단서에서 규정하는 착오한 표의자의 중대한 과실 유무에 관한 주장과 증명책임은 착오자가 아니라 의사표시를 취소하게 하지 않으려는 상대방에게 있는 것이다(대판 2005.5.12. 2005다6228).
⑤ (×) 매도인이 매수인의 중도금지급채무불이행을 이유로 매매계약을 적법하게 해제한 후라도, 매수인의 계약해제에 따라 자신이 부담하게 될 손해배상책임을 피하기 위해 착오를 이유로 위 매매계약을 취소하여 이를 무효로 돌릴 수 있다(대판 1991.8.27. 91다11308).

 ❸

065 의사표시에 관한 설명 중 옳지 않은 것은?(다툼이 있으면 판례에 따름) 06 사시

① 제3자의 기망행위에 의하여 의사표시를 한 자는 상대방이 그 사실을 알았거나 알 수 있었을 경우에 그 의사표시를 취소할 수 있는 바(민법 제110조 제2항), 상대방의 피용자는 그가 그 의사표시에 관한 상대방의 대리인 등 상대방과 동일시할 수 있는 지위에 있더라도 위 규정에서 말하는 제3자에 해당한다.
② 강박에 의한 법률행위가 취소되는 것에 그치지 않고 무효로 되기 위하여는 의사표시자로 하여금 의사결정을 스스로 할 수 있는 여지를 완전히 박탈한 상태에서 의사표시가 이루어져 단지 법률행위의 외형만이 만들어진 것에 불과한 정도이어야 한다.
③ 법률행위 취소의 원인이 될 강박이 있다고 하기 위하여는 표의자로 하여금 외포심을 생기게 하고 이로 인하여 법률행위 의사를 결정하게 할 고의로써 불법으로 해악을 통고한 경우라야 한다.
④ 민법 제109조 제1항 단서는 착오가 표의자의 중대한 과실로 인한 때에는 표의자는 착오로 인한 의사표시를 취소할 수 없다고 규정하고 있는 바, 여기서 중대한 과실이라 함은 표의자의 직업, 행위의 종류, 목적 등에 비추어 보통 요구되는 주의를 현저히 결여하는 것을 의미한다.
⑤ 부정행위의 대한 고소, 고발이라 하더라도 부정한 이익의 취득을 목적으로 하는 경우에는 위법한 강박행위가 되는 경우가 있고, 목적이 정당하다 하더라도 행위나 수단 등이 부당한 때에는 위법성이 있는 경우가 있을 수 있다.

해설

① (×) 판례의 취지를 고려할 때 상대방의 피용자가 상대방의 대리인 등 상대방과 동일시할 수 있는 지위에 있는 경우에는 민법 제110조 제2항의 제3자에 해당하지 아니한다.

> 의사표시의 상대방이 아닌 자로서 기망행위를 하였으나 민법 제110조 제2항에서 정한 제3자에 해당되지 아니한다고 볼 수 있는 자란 그 의사표시에 관한 상대방의 대리인 등 상대방과 동일시할 수 있는 자만을 의미하고, 단순히 상대방의 피용자이거나 상대방이 사용자책임을 져야 할 관계에 있는 피용자에 지나지 않는 자는 상대방과 동일시할 수는 없어 이 규정에서 말하는 제3자에 해당한다(대판 1998.1.23. 96다41496).

② (○) 강박에 의한 법률행위가 하자 있는 의사표시로서 취소되는 것에 그치지 않고 나아가 무효로 되기 위하여는, 강박의 정도가 단순한 불법적 해악의 고지로 상대방으로 하여금 공포를 느끼도록 하는 정도가 아니고, 의사표시자로 하여금 의사결정을 스스로 할 수 있는 여지를 완전히 박탈한 상태에서 의사표시가 이루어져 단지 법률행위의 외형만이 만들어진 것에 불과한 정도이어야 한다(대판 2002.12.10. 2002다56031).
③ (○), ⑤ (○) 법률행위 취소의 원인이 될 강박이 있다고 하기 위하여서는 표의자로 하여금 외포심을 생기게 하고 이로 인하여 법률행위 의사를 결정하게 할 고의로써 불법으로 장래의 해악을 통고할 경우라야 한다.❸ 일반적으로 부정행위에 대한 고소, 고발은 그것이 부정한 이익을 목적으로 하는 것이 아닌 때에는 정당한 권리행사가 되어 위법하다고 할 수 없으나, 부정한 이익의 취득을 목적으로 하는 경우에는 위법한 강박행위가 되는 경우가 있고 목적이 정당하다 하더라도 행위나 수단 등이 부당한 때에는 위법성이 있는 경우가 있을 수 있다❺(대판 1992.12.24. 92다25120).
④ (○) 법률행위 내용의 중요부분에 착오가 있는 때에는 그의 의사표시를 취소할 수 있으나 그 착오가 표의자의 중대한 과실로 인한 때에는 취소하지 못하는 것인바, 여기서 '중대한 과실'이라 함은 표의자의 직업, 행위의 종류, 목적 등에 비추어 보통 요구되는 주의를 현저히 결여하는 것을 의미한다(대판 2000.5.12. 99다64995).

답 ❶

066

사기 · 강박에 의한 의사표시에 관한 설명으로 옳지 않은 것은?(다툼이 있으면 판례에 따름)

24 노무

① 항거할 수 없는 절대적 폭력에 의해 의사결정을 스스로 할 수 있는 여지를 완전히 박탈당한 상태에서 행해진 의사표시는 무효이다.
② 사기로 인한 의사표시의 취소는 기망행위의 위법성을 요건으로 한다.
③ 강박으로 인한 의사표시의 취소는 강박의 고의를 요건으로 한다.
④ 계약당사자 일방의 대리인이 계약을 하면서 상대방을 기망한 경우, 본인이 그 사실을 몰랐거나 알 수 없었다면 계약의 상대방은 그 기망을 이유로 의사표시를 취소할 수 없다.
⑤ 근로자가 허위의 이력서를 제출하여 근로계약이 체결되어 실제로 노무제공이 행해졌다면 사용자가 후에 사기를 이유로 하여 근로계약을 취소하더라도 그 취소에는 소급효가 인정되지 않는다.

해설

① (○) 어떤 자가 항거할 수 없는 물리적인 힘(예 절대적 폭력)에 의하여 의사결정의 자유를 완전히 빼앗긴 상태에서 행해진 의사표시는 무효이다. 판례도 강박에 의한 법률행위가 하자 있는 의사표시로서 취소되는 것에 그치지 아니하고 더 나아가 무효로 되기 위하여는 강박의 정도가 극심하여 의사표시자의 의사결정의 자유가 완전히 박탈되는 정도에 이른 것임을 요한다(대판 1996.10.11. 95다1460).

② (○) 민법 제110조 제1항에 따라 사기에 의한 의사표시로 취소를 하려면, ㉠ 표의자의 의사표시의 존재, ㉡ 사기자의 사기의 고의(표의자를 기망하여 착오에 빠지게 하려는 고의와 그 착오에 기하여 표의자로 하여금 구체적인 의사표시를 하게 하려는 2단계의 고의), ㉢ 사기자의 기망행위가 인정되어야 하며, ㉣ 사기자의 기망행위는 위법하여야 한다. 그리고 ㉤ 기망행위와 표의자의 의사표시 사이에 인과관계가 인정되어야 한다.

③ (○) 민법 제110조 제1항의 강박에 의한 의사표시의 취소는 강박자의 강박의 고의(故意)를 요건으로 한다. 사기에 의한 의사표시의 취소와 마찬가지로 강박자에게 2단계의 고의(故意), 즉 강박행위에 의하여 표의자를 공포심에 사로잡히게 하려는 고의와 표의자로 하며금 의사표시를 하게 하려는 고의가 필요하다. 판례도 법률행위 취소의 원인이 될 강박이 있다고 하기 위하여서는 표의자로 하여금 외포심을 생기게 하고 이로 인하여 법률행위 의사를 결정하게 할 고의(故意)로써 불법으로 장래의 해악을 통고할 경우라야 한다고 판시하고 있다(대판 1992.12.24. 92다25120).

④ (×) 상대방 있는 의사표시에 관하여 제3자가 사기나 강박을 한 경우에는 상대방이 그 사실을 알았거나 알 수 있었을 경우에 한하여 그 의사표시를 취소할 수 있으나(민법 제110조 제2항), 상대방의 대리인 등 상대방과 동일시할 수 있는 자의 사기나 강박은 제3자의 사기 · 강박에 해당하지 아니한다(대판 1999.2.23. 98다60828). 따라서 계약당사자 일방의 대리인이 계약을 하면서 상대방을 기망한 경우, 본인이 그 사실을 몰랐거나 알 수 없었더라도 계약의 상대방은 민법 제110조 제1항에 따라 그 기망을 이유로 의사표시를 취소할 수 있다.

⑤ (○) 甲 주식회사가 乙에게서 백화점 의류 판매점 매니저로 근무한 경력이 포함된 이력서를 제출받아 그 경력을 보고 甲 회사가 운영하는 백화점 매장에서 乙이 판매 매니저로 근무하는 내용의 근로계약을 체결하였으나, 이력서의 기재와 달리 乙의 일부 백화점 근무 경력은 허위이고, 실제 근무한 경력 역시 근무기간은 1개월에 불과함에도 그 기간을 과장한 것이었으며, 이에 甲 회사가 위 근로계약은 乙이 이력서를 허위 기재함으로써 甲 회사를 기망하여 체결된 것이라는 이유로 이를 취소한다는 의사표시를 한 경우, 백화점에서 의류 판매점을 운영하면서 매장의 매니저를 고용하려는 甲 회사로서는 고용하고자 하는 근로자의 백화점 매장 매니저 근무경력이 노사 간의 신뢰관계를 설정하거나 甲 회사의 내부질서를 유지하는 데 직접적인 영향을 미치는 중요한 부분에 해당하고, 사전에 乙의 경력이 허위임을 알았더라면 乙을 고용하지 않았거나 적어도 같은 조건으로 계약을 체결하지 아니하였을 것이므로, 乙의 기망으로 체결된 위 근로계약은 하자의 정도나 乙의 근무기간 등에 비추어 하자가 치유되었거나 계약의 취소가 부당하다고 볼만한 특별한 사정이 없는 한 甲 회사의 취소의 의사표시로써 적법하게 취소되었고, 다만 취소의 소급효가 제한되어 위 근로계약은 취소의 의사표시 이후의 장래에 관하여만 효력이 소멸할 뿐 이전의 법률관계는 여전히 유효하다(대판 2017.12.22. 2013다25194).

답 ④

067 사기 및 강박에 관한 설명으로 옳지 않은 것은?(다툼이 있으면 판례에 따름)

① 교환계약의 일방 당사자가 자기가 소유하는 목적물의 시가를 상대방에게 고지하지 않은 것은 특별한 사정이 없는 한 기망행위라고 할 수 없다.
② 상대방의 기망으로 법률행위의 내용이 되지 않은 동기에 관하여 착오를 일으켜 의사표시를 한 자는 사기를 이유로 그 의사표시를 취소할 수 있다.
③ 종전 판매가격을 실제보다 높게 표시하고 대폭 할인하는 것처럼 판매하거나 할인율을 기망하는 백화점의 변칙세일은 그 사술의 정도가 사회적으로 용인될 수 있는 상술의 정도를 넘으면 위법성이 인정된다.
④ 단순히 상대방의 피용자이거나 상대방이 사용자책임을 져야 할 관계에 있는 피용자에 지나지 않는 자는 '제3자에 의한 기망'에서의 제3자에 해당하지 아니한다.
⑤ 제3자에 의한 기망행위로 계약을 체결한 자는 그 계약을 취소하지 않고 그 제3자에 대하여 불법행위로 인한 손해배상을 청구할 수 있다.

해설

① (○) 일반적으로 교환계약을 체결하려는 당사자는 서로 자기가 소유하는 교환 목적물은 고가로 평가하고, 상대방이 소유하는 목적물은 염가로 평가하여, 보다 유리한 조건으로 교환계약을 체결하기를 희망하는 이해상반의 지위에 있고, 각자가 자신의 지식과 경험을 이용하여 최대한으로 자신의 이익을 도모할 것이 예상되기 때문에, 당사자 일방이 알고 있는 정보를 상대방에게 사실대로 고지하여야 할 신의칙상의 주의의무가 인정된다고 볼만한 특별한 사정이 없는 한, 일방 당사자가 자기가 소유하는 목적물의 시가를 묵비하여 상대방에게 고지하지 아니하거나, 혹은 허위로 시가보다 높은 가액을 시가라고 고지하였다 하더라도, 이는 상대방의 의사결정에 불법적인 간섭을 한 것이라고 볼 수 없으므로 불법행위가 성립한다고 볼 수 없다(대판 2001.7.13. 99다38583).
② (○) 기망행위로 인하여 법률행위의 중요부분에 관하여 착오를 일으킨 경우 뿐만 아니라 법률행위의 내용으로 표시되지 아니한 의사결정의 동기에 관하여 착오를 일으킨 경우에도 표의자는 그 법률행위를 사기에 의한 의사표시로서 취소할 수 있다(대판 1985.4.9. 85도167).
③ (○) 종전 판매가격을 실제보다 높게 표시하고 대폭 할인하는 것처럼 판매하거나 할인율을 기망하는 백화점의 변칙세일은 물품구매동기에 있어서 중요한 요소인 가격조건에 관하여 기망이 이루어진 것으로서 그 사술의 정도가 사회적으로 용인될 수 있는 상술의 정도를 넘은 것이어서 위법성이 있다(대판 1993.8.13. 92다52665).
④ (×) 의사표시의 상대방이 아닌 자로서 기망행위를 하였으나 민법 제110조 제2항에서 정한 제3자에 해당되지 아니한다고 볼 수 있는 자란 그 의사표시에 관한 상대방의 대리인 등 상대방과 동일시할 수 있는 자만을 의미하고, 단순히 상대방의 피용자이거나 상대방이 사용자책임을 져야 할 관계에 있는 피용자에 지나지 않는 자는 상대방과 동일시할 수는 없어 이 규정에서 말하는 제3자에 해당한다(대판 1998.1.23. 96다41496).
⑤ (○) 제3자의 사기행위로 인하여 피해자가 주택건설사와 사이에 주택에 관한 분양계약을 체결하였다고 하더라도 제3자의 사기행위 자체가 불법행위를 구성하는 이상, 제3자로서는 그 불법행위로 인하여 피해자가 입은 손해를 배상할 책임을 부담하는 것이므로, 피해자가 제3자를 상대로 손해배상청구를 하기 위하여 반드시 그 분양계약을 취소할 필요는 없다(대판 1998.3.10. 97다55829).

답 ④

068

사기·강박에 의한 의사표시에 관한 설명 중 옳지 않은 것을 모두 고른 것은?(다툼이 있으면 판례에 따름)

07 사시

ㄱ. 토지거래허가를 받지 않아 유동적 무효 상태에 있는 거래계약에 관하여 사기 또는 강박에 의한 계약의 취소를 주장할 수 없다.
ㄴ. 매수인이 매도인의 기망에 의하여 타인의 물건을 매도인의 것으로 잘못 알고 매수의 의사표시를 하였는데 만일 타인의 물건인 줄 알았다면 매수하지 아니하였을 사정이 있는 경우 매수인은 자신의 의사표시를 취소할 수 있다.
ㄷ. 제3자의 기망행위에 의하여 신원보증서류에 서명날인한다는 착각에 빠진 상태로 연대보증의 서면에 서명날인한 경우(서명의 착오), 상대방이 제3자의 기망행위를 알 수 있었다면 제3자에 의한 사기를 이유로 취소할 수 있다.
ㄹ. 상대방의 피용자이거나 상대방이 사용자책임을 져야 할 관계에 있는 자는 제3자의 사기에 의한 의사표시에 있어서의 제3자에 해당하지 아니한다.

① ㄱ, ㄷ
② ㄷ
③ ㄱ, ㄹ
④ ㄷ, ㄹ
⑤ ㄱ, ㄷ, ㄹ

해설

ㄱ. (×) 구 국토이용관리법상 규제구역 내에 속하는 토지거래에 관하여 관할 도지사로부터 거래허가를 받지 아니한 거래계약은 처음부터 위 허가를 배제하거나 잠탈하는 내용의 계약이 아닌 한 허가를 받기까지는 유동적 무효의 상태에 있고 거래 당사자는 거래허가를 받기 위하여 서로 협력할 의무가 있으나, <u>그 토지거래가 계약 당사자의 표시와 불일치한 의사(비진의표시, 허위표시 또는 착오) 또는 사기, 강박과 같은 하자 있는 의사에 의하여 이루어진 경우에는, 이들 사유에 의하여 그 거래의 무효 또는 취소를 주장할 수 있는 당사자는 그러한 거래허가를 신청하기 전 단계에서 이러한 사유를 주장하여 거래허가신청 협력에 대한 거절의사를 일방적으로 명백히 함으로써 그 계약을 확정적으로 무효화시키고 자신의 거래허가절차에 협력할 의무를 면할 수 있다</u>(대판 1997.11.14. 97다36118).

ㄴ. (○) 민법 제569조가 타인의 권리의 매매를 유효로 규정한 것은 선의의 매수인의 신뢰 이익을 보호하기 위한 것이므로, 매수인이 매도인의 기망에 의하여 타인의 물건을 매도인의 것으로 알고 매수한다는 의사표시를 한 것은 만일 타인의 물건인줄 알았더라면 매수하지 아니하였을 사정이 있는 경우에는 매수인은 민법 제110조에 의하여 매수의 의사표시를 취소할 수 있다고 해석해야 할 것이다(대판 1973.10.23. 73다268).

ㄷ. (×) 사기에 의한 의사표시란 타인의 기망행위로 말미암아 착오에 빠지게 된 결과 어떠한 의사표시를 하게 되는 경우이므로 거기에는 의사와 표시의 불일치가 있을 수 없고, 단지 의사의 형성과정 즉 의사표시의 동기에 착오가 있는 것에 불과하며, 이 점에서 고유한 의미의 착오에 의한 의사표시와 구분되는데, <u>신원보증서류에 서명날인한다는 착각에 빠진 상태로 연대보증의 서면에 서명날인한 경우</u>, 결국 위와 같은 행위는 강학상 기명날인의 착오(또는 서명의 착오), 즉 어떤 사람이 자신의 의사와 다른 법률효과를 발생시키는 내용의 서면에, 그것을 읽지 않거나 올바르게 이해하지 못한 채 기명날인을 하는 이른바 표시상의 착오에 해당하므로, <u>비록 위와 같은 착오가 제3자의 기망행위에 의하여 일어난 것이라 하더라도 그에 관하여는 사기에 의한 의사표시에 관한 법리, 특히 상대방이 그러한 제3자의 기망행위사실을 알았거나 알 수 있었을 경우가 아닌 한 의사표시자가 취소권을 행사할 수 없다는 민법 제110조 제2항의 규정을 적용할 것이 아니라, 착오에 의한 의사표시에 관한 법리만을 적용하여 취소권 행사의 가부를 가려야 한다</u>(대판 2005.5.27. 2004다43824).

> 취소의 의사표시란 반드시 명시적이어야 하는 것은 아니고, 취소자가 그 착오를 이유로 자신의 법률행위의 효력을 처음부터 배제하려고 한다는 의사가 드러나면 족한 것이며, 취소원인의 진술 없이도 취소의 의사표시는 유효한 것이므로, 신원보증서류에 서명날인하는 것으로 잘못 알고 이행보증보험약정서를 읽어보지 않은 채 서명날인한 것일 뿐 연대보증약정을 한 사실이 없다는 주장은 위 연대보증약정을 착오를 이유로 취소한다는 취지로 볼 수 있다고 한 사례(대판 2005.5.27. 2004다43824).

ㄹ. (×) 의사표시의 상대방이 아닌 자로서 기망행위를 하였으나 민법 제110조 제2항에서 정한 제3자에 해당되지 아니한다고 볼 수 있는 자란 그 의사표시에 관한 상대방의 대리인 등 상대방과 동일시할 수 있는 자만을 의미하고, 단순히 상대방의 피용자이거나 상대방이 사용자책임을 져야 할 관계에 있는 피용자에 지나지 않는 자는 상대방과 동일시할 수는 없어 이 규정에서 말하는 제3자에 해당한다(대판 1998.1.23. 96다41496).

답 ❺

069

사기에 의한 의사표시에 관한 설명으로 옳지 않은 것은?(다툼이 있으면 판례에 따름) 16 노무

① 교환계약의 당사자가 자기 소유 목적물의 시가를 묵비한 것은 특별한 사정이 없는 한 위법한 기망행위가 되지 않는다.
② 제3자의 사기로 상대방 없는 의사표시를 한 표의자는 그 의사표시를 취소할 수 있다.
③ 제3자의 사기로 계약을 체결한 자는 그 계약을 취소하지 않고 그 제3자에 대하여 불법행위로 인한 손해배상만을 청구할 수도 있다.
④ 사기에 의하여 의사표시를 한 자의 포괄승계인은 그 의사표시를 취소할 수 없다.
⑤ 상품의 광고에 있어 다소의 과장·허위가 수반되는 것은 그것이 일반상거래의 관행과 신의칙에 비추어 시인될 수 있는 한 기망행위에 해당하지 않는다.

해설

① (○) 일반적으로 교환계약을 체결하려는 당사자에게 자기가 알고 있는 정보를 상대방에게 사실대로 고지하여야 할 신의칙상의 주의의무가 인정된다고 볼만한 특별한 사정이 없는 한, 일방 당사자가 자기가 소유하는 목적물의 시가를 묵비하여 상대방에게 고지하지 아니하거나, 혹은 허위로 시가보다 높은 가액을 시가라고 고지하였다 하더라도, 이는 상대방의 의사결정에 불법적인 간섭을 한 것이라고 볼 수 없으므로 불법행위가 성립한다고 볼 수 없다(대판 2001.7.13. 99다38583).
② (○) 상대방 있는 의사표시에 관하여 제3자가 사기를 행한 경우를 규정한 민법 제110조 제2항은 상대방 없는 의사표시에는 적용될 여지가 없으므로, 제3자의 사기로 상대방 없는 의사표시를 한 표의자는 언제든지 그 의사표시를 취소할 수 있다.
③ (○) 제3자의 사기행위로 인하여 피해자가 주택건설사와 사이에 주택에 관한 분양계약을 체결하였다고 하더라도 제3자의 사기행위 자체가 불법행위를 구성하는 이상, 제3자로서는 그 불법행위로 인하여 피해자가 입은 손해를 배상할 책임을 부담하는 것이므로, 피해자가 제3자를 상대로 손해배상청구를 하기 위하여 반드시 그 분양계약을 취소할 필요는 없다(대판 1998.3.10. 97다55829).
④ (×) 취소할 수 있는 법률행위는 제한능력자, 착오로 인하거나 사기·강박에 의하여 의사표시를 한 자, 그의 대리인 또는 승계인만이 취소할 수 있다(민법 제140조).
⑤ (○) 대판 2008.7.10. 2008도1664

답 ❹

070 사기·강박에 의한 의사표시에 관한 설명으로 옳지 않은 것은?(다툼이 있으면 판례에 따름)

22 변리

① 아파트 분양자가 아파트 인근에 쓰레기매립장이 건설될 예정이라는 사실을 분양계약자에게 고지하지 않는 것은 기망행위에 해당한다.
② 신의칙에 반하여 정상가격을 높이 책정한 후 할인하여 원래 가격으로 판매하는 백화점 변칙세일은 기망행위에 해당한다.
③ 강박행위의 주체가 국가 공권력이고 그 공권력 행사의 내용이 기본권을 침해하는 것이면 그 강박에 의한 의사표시는 당연히 무효가 된다.
④ 부정한 이익을 목적으로 부정행위에 대한 고소, 고발이 행해지는 경우에는 강박행위가 될 수 있다.
⑤ 제3자에 의한 사기행위로 계약을 체결한 경우, 피해자는 그 계약을 취소하지 않아도 제3자에게 불법행위로 인한 손해배상을 청구할 수 있다.

해설

① (○) 아파트 인근에 쓰레기매립장이 건설될 예정이라는 사실은 아파트 분양자가 거래 당시에 분양계약자에게 고지하여야 할 고지의무의 대상이라 할 것으로, 이와 같이 고지의무의 대상에 대한 고지의무 위반은 부작위에 의한 기망행위에 해당한다.

> 부동산 거래에 있어 거래 상대방이 일정한 사정에 관한 고지를 받았더라면 그 거래를 하지 않았을 것임이 경험칙상 명백한 경우에는 신의성실의 원칙상 사전에 상대방에게 그와 같은 사정을 고지할 의무가 있으며, 그와 같은 고지의무의 대상이 되는 것은 직접적인 법령의 규정뿐 아니라 널리 계약상, 관습상 또는 조리상의 일반원칙에 의하여도 인정될 수 있다. 같은 취지에서 원심이 그 판시와 같은 사정을 종합하여 <u>이 사건 아파트 단지 인근에 이 사건 쓰레기 매립장이 건설예정인 사실이 신의칙상 피고가 분양계약자들에게 고지하여야 할 대상이라고 본 것은 정당하고</u>, 위 사실이 주택공급에 관한 규칙 제8조 제4항에서 규정하고 있는 모집공고시 고지하여야 할 사항에 포함되지 않으므로 고지의무가 없다는 피고의 이 부분 상고이유는 받아들일 수 없다(대판 2006.10.12. 2004다48515).

② (○) 현대산업화 사회에 있어 소비자가 갖는 상품의 품질, 가격에 대한 정보는 대부분 생산자 및 유통업자의 광고에 의존할 수밖에 없고 백화점과 같은 대형유통업체에 대한 소비자들의 신뢰(정당한 품질, 정당한 가격)는 백화점 스스로의 대대적인 광고에 의하여 창출된 것으로서 이에 대한 소비자들의 신뢰와 기대는 보호되어야 한다고 할 것인바, <u>종전에 출하한 일이 없던 신상품에 대하여 첫 출하 시부터 종전가격 및 할인가격을 비교표시하여 막바로 세일에 들어가는 이른바 변칙세일은 진실규명이 가능한 구체적 사실인 가격조건에 관하여 기망이 이루어진 경우로서 그 사술의 정도가 사회적으로 용인될 수 있는 상술의 정도를 넘은 것이어서 사기죄의 기망행위를 구성한다</u>(대판 1992.9.14. 91도2994).

③ (×) 국가기관이 헌법상 보장된 국민의 기본권을 침해하는 위헌적인 공권력을 행사한 결과 국민이 그 공권력의 행사에 외포되어 자유롭지 못한 의사표시를 하였다고 하더라도 그 의사표시의 효력은 의사표시의 하자에 관한 민법의 일반원리에 의하여 판단되어야 할 것이고, <u>그 강박행위의 주체가 국가 공권력이고 그 공권력행사의 내용이 기본권을 침해하는 것이라고 하여 그 강박에 의한 의사표시가 항상 반사회성을 띠게 되어 당연히 무효로 된다고는 볼 수 없다</u>(대판 2002.12.10. 2002다56031).

④ (○) 일반적으로 부정행위에 대한 고소, 고발은 그것이 부정한 이익을 목적으로 하는 것이 아닌 때에는 정당한 권리행사가 되어 위법하다고 할 수 없으나, 부정한 이익의 취득을 목적으로 하는 경우에는 위법한 강박행위가 되는 경우가 있고 목적이 정당하다 하더라도 행위나 수단 등이 부당한 때에는 위법성이 있는 경우가 있을 수 있다(대판 1992.12.24. 92다25120).

⑤ (○) 제3자의 사기행위로 인하여 피해자가 주택건설사와 사이에 주택에 관한 분양계약을 체결하였다고 하더라도 제3자의 사기행위 자체가 불법행위를 구성하는 이상, 제3자로서는 그 불법행위로 인하여 피해자가 입은 손해를 배상할 책임을 부담하는 것이므로, 피해자가 제3자를 상대로 손해배상청구를 하기 위하여 반드시 그 분양계약을 취소할 필요는 없다(대판 1998.3.10. 97다55829).

답 ❸

071 사기나 강박에 의한 의사표시에 관한 설명으로 옳지 않은 것은?(다툼이 있으면 판례에 따름)

17 변리

① 민법상의 법률행위에 관한 규정은 특별한 사정이 없는 한 소송행위에는 적용이 없으므로, 소송행위가 강박에 의하여 이루어지더라도 이를 이유로 취소할 수는 없다.
② 매도인의 기망에 의하여 타인 소유의 물건을 매도인의 것으로 알고 매수한 자는 만일 그것이 타인의 물건인 줄 알았더라면 매수하지 아니하였을 사정이 있는 경우, 매도인의 사기를 이유로 매매계약을 취소할 수 있다.
③ 상대방의 사기에 속아 신원보증서류에 서명날인한다는 착각에 빠진 상태로 연대보증서면에 서명날인한 경우, 이러한 표시상의 착오에서는 착오 이외에 사기를 이유로도 연대보증계약을 취소할 수 있다.
④ 은행 출장소장은 은행 또는 은행과 동일시할 수 있는 자이므로, 그의 사기에 속아 은행과 대출계약을 체결한 사람은 은행이 그 사기사실을 알았거나 알 수 있었을 경우에 한하여 대출계약을 취소할 수 있는 것은 아니다.
⑤ 강박에 의한 법률행위가 동시에 불법행위를 구성하는 경우, 그 취소의 효과로 생기는 부당이득반환청구권과 불법행위로 인한 손해배상청구권은 경합하지만 중첩적으로 행사할 수는 없다.

해설

① (○) 민법상의 법률행위에 관한 규정은 민사소송법상의 소송행위에는 특별한 규정 기타 특별한 사정이 없는 한 적용이 없는 것이므로 소송행위가 강박에 의하여 이루어진 것임을 이유로 취소할 수는 없다(대판 1997.10.10. 96다35484).
② (○) 민법 제569조가 타인의 권리의 매매를 유효로 규정한 것은 선의의 매수인의 신뢰이익을 보호하기 위한 것이므로, 매수인이 매도인의 기망에 의하여 타인의 물건을 매도인의 것으로 알고 매수한다는 의사표시를 한 것은 만일 타인의 물건인줄 알았더라면 매수하지 아니하였을 사정이 있는 경우에는 매수인은 민법 제110조에 의하여 매수의 의사표시를 취소할 수 있다고 해석해야 할 것이다(대판 1973.10.23. 73다268).
③ (×) 사기에 의한 의사표시란 타인의 기망행위로 말미암아 착오에 빠지게 된 결과 어떠한 의사표시를 하게 되는 경우이므로 거기에는 의사와 표시의 불일치가 있을 수 없고, 단지 의사의 형성과정 즉 의사표시의 동기에 착오가 있는 것에 불과하며, 이 점에서 고유한 의미의 착오에 의한 의사표시와 구분되는데, 신원보증서류에 서명날인한다는 착각에 빠진 상태로 연대보증의 서면에 서명날인한 경우, 결국 위와 같은 행위는 강학상 기명날인의 착오(또는 서명의 착오), 즉 어떤 사람이 자신의 의사와 다른 법률효과를 발생시키는 내용의 서면에, 그것을 읽지 않거나 올바르게 이해하지 못한 채 기명날인을 하는 이른바 표시상의 착오에 해당하므로, 비록 위와 같은 착오가 제3자의 기망행위에 의하여 일어난 것이라 하더라도 그에 관하여는 사기에 의한 의사표시에 관한 법리, 특히 상대방이 그러한 제3자의 기망행위사실을 알았거나 알 수 있었을 경우가 아닌 한 의사표시자가 취소권을 행사할 수 없다는 민법 제110조 제2항의 규정을 적용할 것이 아니라, 착오에 의한 의사표시에 관한 법리만을 적용하여 취소권 행사의 가부를 가려야 한다(대판 2005.5.27. 2004다43824).
④ (○) 은행의 출장소장이 어음할인을 부탁받자 그 어음이 부도날 경우를 대비하여 담보조로 받아두는 것이라고 속이고 금전소비대차 및 연대보증약정을 체결한 후 그 대출금을 자신이 인출하여 사용한 경우, 위 출장소장의 행위는 은행 또는 은행과 동일시할 수 있는 자의 사기일 뿐 제3자의 사기로 볼 수 없으므로, 은행이 그 사기사실을 알았거나 알 수 있었을 경우에 한하여 위 약정을 취소할 수 있는 것은 아니다(대판 1999.2.23. 98다60828).
⑤ (○) 판례의 취지를 고려할 때 강박에 의한 법률행위가 동시에 불법행위를 구성하는 경우, 부당이득반환청구권과 불법행위로 인한 손해배상청구권은 선택적으로 행사할 수는 있으나 중첩적으로 행사할 수는 없다.

> 법률행위가 사기에 의한 것으로서 취소되는 경우에 그 법률행위가 동시에 불법행위를 구성하는 때에는 취소의 효과로 생기는 부당이득반환청구권과 불법행위로 인한 손해배상청구권은 경합하여 병존하는 것이므로, 채권자는 어느 것이라도 선택하여 행사할 수 있지만 중첩적으로 행사할 수는 없다(대판 1993.4.27. 92다56087).

답

072 의사표시에 관한 설명으로 옳지 않은 것은?(다툼이 있으면 판례에 따름) [24 변리]

① 상대방 있는 의사표시에 관하여 제3자가 표의자를 강박한 경우, 표의자는 상대방이 그 사실을 알았거나 알 수 있었을 경우에 한하여 강박에 의한 의사표시를 취소할 수 있다.
② 매매목적물에 하자가 있는 사실을 착오로 알지 못하고 매매계약을 체결한 매수인은 착오로 인한 의사표시의 취소 요건을 갖추더라도 매도인의 하자담보책임이 성립하는 경우에는 착오를 이유로 그 계약을 취소할 수 없다.
③ 통정허위표시로 매매계약이 체결된 경우, 매도인이 그 계약상 채무를 이행하지 않더라도 매수인은 매도인에게 채무불이행으로 인한 손해배상을 청구할 수 없다.
④ 경과실로 인한 착오로 의사표시를 한 자가 착오를 이유로 그 의사표시를 취소한 경우, 상대방은 이로 인해 손해를 입더라도 표의자에게 불법행위로 인한 손해배상을 청구할 수 없다.
⑤ 상대방이 표의자의 착오를 알고 이용한 경우에는 착오가 표의자의 중대한 과실로 인한 것이더라도 표의자는 착오를 이유로 의사표시를 취소할 수 있다.

해설

① (○) 상대방있는 의사표시에 관하여 제3자가 사기나 강박을 행한 경우에는 상대방이 그 사실을 알았거나 알 수 있었을 경우에 한하여 그 의사표시를 취소할 수 있다(민법 제110조 제2항).
② (×) 민법 제109조 제1항에 의하면 법률행위내용의 중요부분에 착오가 있는 경우 착오에 중대한 과실이 없는 표의자는 법률행위를 취소할 수 있고, 민법 제580조 제1항, 제575조 제1항에 의하면 매매의 목적물에 하자가 있는 경우 하자가 있는 사실을 과실 없이 알지 못한 매수인은 매도인에 대하여 하자담보책임을 물어 계약을 해제하거나 손해배상을 청구할 수 있다. 착오로 인한 취소제도와 매도인의 하자담보책임제도는 취지가 서로 다르고, 요건과 효과도 구별된다. 따라서 매매계약내용의 중요부분에 착오가 있는 경우 매수인은 매도인의 하자담보책임이 성립하는지와 상관없이 착오를 이유로 매매계약을 취소할 수 있다(대판 2018.9.13. 2015다78703).
③ (○) 통정허위표시로 매매계약이 체결된 경우, 매매계약은 무효이므로(민법 제108조 제1항), 매도인이 그 계약상 채무를 이행하지 않더라도 매수인은 매도인에게 매매계약의 유효를 전제로 하는 채무불이행으로 인한 손해배상을 청구할 수 없다.
④ (○) 판례는 표의자가 착오를 이유로 보증계약을 취소한 것이 상대방에 대한 불법행위를 구성하지는 않는다는 것이므로 이러한 판례의 취지를 고려할 때 취소로 인하여 손해를 입은 상대방은 표의자에게 불법행위로 인한 손해배상을 청구할 수 없다.

> 불법행위로 인한 손해배상책임이 성립하기 위하여는 가해자의 고의 또는 과실 이외에 행위의 위법성이 요구되므로, 전문건설공제조합이 계약보증서를 발급하면서 조합원이 수급할 공사의 실제 도급금액을 확인하지 아니한 과실이 있다고 하더라도 민법 제109조에서 중과실이 없는 착오자의 착오를 이유로 한 의사표시의 취소를 허용하고 있는 이상, 전문건설공제조합이 과실로 인하여 착오에 빠져 계약보증서를 발급한 것이나 그 착오를 이유로 보증계약을 취소한 것이 위법하다고 할 수는 없다(대판 1997.8.22. 97다13023).

⑤ (○) 민법 제109조 제1항 단서는 의사표시의 착오가 표의자의 중대한 과실로 인한 때에는 그 의사표시를 취소하지 못한다고 규정하고 있는데, 위 단서 규정은 표의자의 상대방의 이익을 보호하기 위한 것이므로, 상대방이 표의자의 착오를 알고 이를 이용한 경우에는 착오가 표의자의 중대한 과실로 인한 것이라고 하더라도 표의자는 의사표시를 취소할 수 있다(대판 2014.11.27. 2013다49794).

답 ②

073

甲은 乙을 속여 그 소유의 시가 2억원 상당의 X토지를 1억 5천만원에 매수한 후 이전등기를 마쳤다. 그 후 甲은 丁에게 위 토지를 임대하다가 丙에게 시가보다 높은 2억 4천만원에 매도하고 소유권이전등기를 경료하였다. 이에 관한 설명으로 옳지 않은 것은?(다툼이 있는 경우에는 판례에 의함)

13 변리

① 乙이 사기를 이유로 매매계약을 취소한 경우, 乙은 악의의 丙에 대하여 X토지의 반환을 청구할 수 있다.
② 乙이 사기를 이유로 매매계약을 취소한 후 甲명의의 등기를 말소하지 않던 중에 선의의 丙이 X토지를 매수한 경우, 丙은 그 토지에 대한 소유권을 취득할 수 있다.
③ 乙이 사기를 이유로 매매계약을 취소한 경우, 乙은 선의의 丙을 상대로 부당이득반환청구권을 행사할 수 없다.
④ 甲이 乙의 궁박·경솔·무경험을 이용하려는 악의가 없었다면, 乙은 甲과의 매매계약이 폭리행위임을 이유로 무효를 주장할 수 없다.
⑤ 乙이 사기를 이유로 매매계약을 취소한 경우, 甲을 상대로 하여 임대수익 및 전매차익 전부의 반환을 청구할 수 있다.

해설

① (○) 민법 제110조 제3항 반대해석
② (○) 판례의 취지를 고려할 때 乙이 매매계약을 취소한 후 甲명의의 등기를 말소하지 않던 중에 선의의 丙이 X토지를 매수한 경우, 乙이 취소의 의사표시를 한 후 丙이 X토지를 매수하였더라도 선의의 제3자로서 보호된다고 보아야 하므로 丙은 그 토지에 대한 소유권을 취득할 수 있다.

> 사기에 의한 법률행위의 의사표시를 취소하면 취소의 소급효로 인하여 그 행위의 시초부터 무효인 것으로 되는 것이요 취소한 때에 비로소 무효로 되는 것이 아니므로 취소를 주장하는 자와 양립되지 아니하는 법률관계를 가졌던 것이 취소 이전에 있었던가 이후에 있었던가는 가릴 필요 없이 사기에 의한 의사표시 및 그 취소사실을 몰랐던 모든 제3자에 대하여는 그 의사표시의 취소를 대항하지 못한다고 보아야 할 것이고 이는 거래안전의 보호를 목적으로 하는 민법 제110조 제3항의 취지에도 합당한 해석이 된다(대판 1975.12.23, 75다533).

③ (○) 乙이 사기를 이유로 甲과의 X토지 매매계약을 취소한 경우, 그 의사표시의 취소는 선의의 제3자에게 대항하지 못한다(민법 제110조 제3항). 乙은 선의의 제3자로서 소유권을 취득한 丙에게 매매계약이 취소되었음을 이유로 소유권이전등기청구나 부당이득반환청구를 할 수 없다.
④ (○) 피해당사자가 궁박한 상태에 있었다고 하더라도 그 상대방당사자에게 그와 같은 피해당사자 측의 사정을 알면서 이를 이용하려는 의사, 즉 폭리행위의 악의가 없었다거나 또는 객관적으로 급부와 반대급부 사이에 현저한 불균형이 존재하지 아니한다면 민법 제104조에 규정된 불공정법률행위는 성립하지 않는다(대판 2011.1.27, 2010다53457). 따라서 甲이 乙의 궁박·경솔·무경험을 이용하려는 악의가 없었다면, 乙은 甲과의 매매계약이 폭리행위임을 이유로 무효를 주장할 수 없다.
⑤ (×) 선의의 丙이 甲으로부터 X토지를 매수하여 그 소유권을 취득하였다면, 乙은 甲에게 가액반환으로 불능당시의 시가인 X토지의 가액 2억원과 이에 대한 법정이자 및 임대수익의 반환을 청구할 수 있으나(민법 제748조 제2항), 전매차익(4천만원)은 운용이익에 해당하여 그 반환을 청구할 수 없다.

답

074 사기에 의한 의사표시에 관한 설명으로 옳지 않은 것은?(다툼이 있으면 판례에 따름) 16 변리

① 사기에 의한 의사표시에는 의사와 표시의 불일치가 있을 수 없고, 단지 의사표시의 동기에 착오가 있을 뿐이다.
② 상대방의 대리인 등 상대방과 동일시할 수 있는 자의 사기는 제3자의 사기에 해당하지 않는다.
③ 상품의 선전·광고에 있어서 중요한 사항에 관하여 구체적 사실을 신의성실의 의무에 비추어 비난받을 정도의 방법으로 허위로 고지하는 것은 기망행위에 해당한다.
④ 사기에 의한 법률행위가 동시에 불법행위를 구성하는 때에는, 취소의 효과로 생기는 부당이득반환청구권과 불법행위로 인한 손해배상청구권은 경합하여 병존한다.
⑤ 사기에 의한 의사표시의 취소로써 대항하지 못하는 선의의 제3자란 취소 전부터 취소를 주장하는 자와 양립되지 않는 법률관계를 가졌던 제3자에 한한다.

해설

① (○) 사기에 의한 의사표시란 타인의 기망행위로 말미암아 착오에 빠지게 된 결과 어떠한 의사표시를 하게 되는 경우이므로 거기에는 의사와 표시의 불일치가 있을 수 없고, 단지 의사의 형성과정 즉 의사표시의 동기에 착오가 있는 것에 불과하다(대판 2005.5.27. 2004다43824).
② (○) 상대방의 대리인 등 상대방과 동일시할 수 있는 자의 사기나 강박은 민법 제110조 제2항에서 말하는 제3자의 사기·강박에 해당하지 아니하므로 대리인이 기망행위를 하여 상대방이 의사표시를 한 경우에 본인이 이를 알지 못하였고 알 수도 없었을지라도 상대방은 그 의사표시를 취소할 수 있다(대판 2013.5.9. 2012다54522).
③ (○) 상품의 선전·광고에 있어 다소의 과장이나 허위가 수반되었다고 하더라도 일반상거래의 관행과 신의칙에 비추어 시인될 수 있는 정도의 것이라면 이를 가리켜 기망하였다고 할 수는 없고, 거래에 있어 중요한 사항에 관한 구체적 사실을 신의성실의 의무에 비추어 비난받을 정도의 방법으로 허위로 고지한 경우에는 기망행위에 해당한다(대판 2008.11.27. 2008다56118).
④ (○) 법률행위가 사기에 의한 것으로서 취소되는 경우에 그 법률행위가 동시에 불법행위를 구성하는 때에는 취소의 효과로 생기는 부당이득반환청구권과 불법행위로 인한 손해배상청구권은 경합하여 병존하는 것이므로, 채권자는 어느 것이라도 선택하여 행사할 수 있지만 중첩적으로 행사할 수는 없다(대판 1993.4.27. 92다56087).
⑤ (×) 사기에 의한 법률행위의 의사표시를 취소하면 취소의 소급효로 인하여 그 행위의 시초부터 무효인 것으로 되는 것이요 취소한 때에 비로소 무효로 되는 것이 아니므로 취소를 주장하는 자와 양립되지 아니하는 법률관계를 가졌던 것이 취소 이전에 있었던가 이후에 있었던가는 가릴 필요 없이 사기에 의한 의사표시 및 그 취소사실을 몰랐던 모든 제3자에 대하여는 그 의사표시의 취소를 대항하지 못한다고 보아야 할 것이고 이는 거래안전의 보호를 목적으로 하는 민법 제110조 제3항의 취지에도 합당한 해석이 된다(대판 1975.12.23. 75다533).

답 ⑤

075 의사표시의 효력발생에 관한 설명으로 옳은 것을 모두 고른 것은?(다툼이 있으면 판례에 따름)

16 노무

> ㄱ. 특별한 사정이 없는 한, 아파트 경비원이 집배원으로부터 우편물을 수령한 후 이를 아파트공동 출입구의 우편함에 넣어 두었다는 사실만으로도 수취인이 그 우편물을 수취하였다고 추단할 수 있다.
> ㄴ. 의사표시가 기재된 내용증명 우편물이 발송되고 반송되지 않았다면, 특별한 사정이 없는 한, 그 무렵에 송달되었다고 볼 수 있다.
> ㄷ. 채권양도의 통지와 같은 준법률행위의 도달은 의사표시와 마찬가지로 사회 관념상 채무자가 통지의 내용을 알 수 있는 객관적 상태에 놓여졌을 때를 말한다.
> ㄹ. 법인의 대표이사가 사임서 제출 당시 권한 대행자에게 사표의 처리를 일임한 경우, 권한대행자의 수리행위가 있어야 사임의 효력이 발생한다.

① ㄱ, ㄴ
② ㄴ, ㄷ
③ ㄷ, ㄹ
④ ㄱ, ㄷ, ㄹ
⑤ ㄴ, ㄷ, ㄹ

해설

ㄱ. (×) 우편물이 수취인 가구의 우편함에 투입되었다고 하더라도 분실 등을 이유로 그 우편물이 수취인의 수중에 들어가지 않을 가능성이 적지 않게 존재하는 현실에 비추어, 우편함의 구조를 비롯하여 수취인이 우편물을 수취하였음을 추인할 만한 특별한 사정에 대하여 심리를 다하지 아니한 채 아파트경비원이 집배원으로부터 우편물을 수령한 후 이를 우편함에 넣어 둔 사실만으로 수취인이 그 우편물을 수취하였다고 추단할 수 없다(대판 2006.3.24. 2005다66411).
ㄴ. (○) 대판 2000.10.27. 2000다20052
ㄷ. (○) 대판 1983.8.23. 82다카439
ㄹ. (○) 대판 2007.5.10. 2007다7256

답 ⑤

076 의사표시의 효력발생에 관한 설명으로 옳지 않은 것은?(다툼이 있으면 판례에 따름)

① 준법률행위의 도달은 의사표시와 마찬가지로 사회관념상 상대방이 준법률행위의 내용을 알 수 있는 객관적 상태에 놓여졌을 때를 말한다.
② 의사표시의 상대방이 정당한 사유 없이 통지의 수령을 거절할 경우 상대방이 그 통지의 내용을 알 수 있는 객관적 상태에 놓여 있는 때에 의사표시의 효력이 발생한다.
③ 채권양도의 통지는 채무자의 주소 등에 해당하지 아니하는 장소에서라도 채무자가 사회통념상 그 통지의 내용을 알 수 있는 객관적 상태에 놓여졌을 때에 그 효력이 발생한다.
④ 보통우편의 방법으로 의사표시를 통지한 경우에도 발송되었다는 사실만 증명되면, 상당한 기간 내에 도달한 것으로 추정된다.
⑤ 표의자의 의사표시가 상대방에게 도달하기 전에 그 표의자가 사망한 경우, 상속인은 의사표시의 도달 전에 이를 철회할 수 있다.

해설

① (○) 채권양도의 통지와 같은 준법률행위의 도달은 의사표시와 마찬가지로 사회관념상 채무자가 통지의 내용을 알 수 있는 객관적 상태에 놓여졌을 때를 지칭하고, 그 통지를 채무자가 현실적으로 수령하였거나 그 통지의 내용을 알았을 것까지는 필요하지 않다(대판 1983.8.23. 82다카439).
② (○) 상대방이 정당한 사유 없이 통지의 수령을 거절한 경우에는 상대방이 그 통지의 내용을 알 수 있는 객관적 상태에 놓여 있는 때에 의사표시의 효력이 생기는 것으로 보아야 한다(대판 2008.6.12. 2008다19973).
③ (○) 채권양도의 통지는 채무자에게 도달됨으로써 효력이 발생하는 것이고, 여기서 도달이라 함은 사회통념상 상대방이 통지의 내용을 알 수 있는 객관적 상태에 놓여졌다고 인정되는 상태를 가리킨다. 이와 같이 도달은 보다 탄력적인 개념으로서 송달장소나 수송달자 등의 면에서 민사소송법상의 송달에서와 같은 엄격함은 요구되지 아니하며, 이에 송달장소 등에 관한 민사소송법의 규정을 유추적용할 것이 아니다. 따라서 채권양도의 통지는 민사소송법상의 송달에 관한 규정에서 송달장소로 정하는 채무자의 주소·거소·영업소 또는 사무소 등에 해당하지 아니하는 장소에서라도 채무자가 사회통념상 그 통지의 내용을 알 수 있는 객관적 상태에 놓여졌다고 인정됨으로써 족하다(대판 2011.1.13. 2010다77477).
④ (×) 내용증명우편이나 등기우편과는 달리, 보통우편의 방법으로 발송되었다는 사실만으로는 그 우편물이 상당 기간 내에 도달하였다고 추정할 수 없고 송달의 효력을 주장하는 측에서 증거에 의하여 도달사실을 증명하여야 한다(대판 2002.7.26. 2000다25002).
⑤ (○) 상대방이 있는 의사표시의 도달은 이미 성립한 그 의사표시의 객관적 효력발생요건이므로, 통지를 발송한 후에 표의자가 사망하거나 제한능력자가 되더라도 그 의사표시의 효력에는 아무런 영향을 미치지 아니한다(민법 제111조). 사망한 표의자가 한 의사표시의 효력은 상속인에게 승계되므로, 상속인은 그 의사표시가 도달하기 전에 이를 철회할 수 있다.

답 ❹

077 의사표시의 효력발생에 관한 설명으로 옳지 않은 것은?(다툼이 있으면 판례에 따름) 24 변리

① 상대방 있는 의사표시는 원칙적으로 상대방에게 도달되어야 효력이 발생한다.
② 청약자가 청약의 의사표시를 발송한 후 사망한 경우에도 그 의사표시의 효력에 영향을 미치지 아니한다.
③ 적법하게 성립된 매매에 관하여 해제사유가 발생한 경우, 해제의 의사가 상대방 당사자의 미성년자(子)에게 도달하면 그 즉시 해제의 효력이 발생한다.
④ 상대방이 부당하게 등기취급 우편물의 수취를 거부함으로써 우편물의 내용을 알 수 있는 객관적 상태의 형성을 방해한 것이 신의성실의 원칙에 반한다고 인정되는 경우, 수취 거부 시에 의사표시의 효력이 생긴 것으로 보아야 한다.
⑤ 의사표시가 담긴 우편물이 상대방의 집에 도달하자 가사도우미가 수취한 후 개봉하지 않은 채 식탁 위에 두었는데, 그 즈음 우연히 그 집을 방문한 의사표시자가 그 미개봉된 우편물을 회수하여 가지고 간 경우, 그 의사표시가 도달한 것으로 볼 수 없다.

해설

① (○) 상대방이 있는 의사표시는 상대방에게 도달한 때에 그 효력이 생긴다(민법 제111조 제1항).
② (○) 청약자가 청약의 의사표시를 발송한 후 사망한 경우에도 그 의사표시의 효력에 영향을 미치지 아니한다(민법 제111조 제2항).
③ (×) 적법하게 성립된 매매에 관하여 해제사유가 발생한 경우, 해제의 의사가 상대방 당사자가 아닌 상대방의 미성년자(子)에게 도달하였다면 그 해제의 의사표시로써 상대방에게 대항할 수 없어, 그 즉시 해제의 효력이 발생한다고 할 수 없다.
④ (○) 상대방이 부당하게 등기취급 우편물의 수취를 거부함으로써 우편물의 내용을 알 수 있는 객관적 상태의 형성을 방해한 경우 그러한 상태가 형성되지 아니하였다는 사정만으로 발송인의 의사표시의 효력을 부정하는 것은 신의성실의 원칙에 반하므로 허용되지 아니한다. 이러한 경우에는 부당한 수취 거부가 없었더라면 상대방이 우편물의 내용을 알 수 있는 객관적 상태에 놓일 수 있었던 때, 즉 수취 거부 시에 의사표시의 효력이 생긴 것으로 보아야 한다(대판 2020.8.20. 2019두34630).
⑤ (○) 채권양도의 통지서가 들어 있는 우편물을 채무자의 가정부가 수령한 직후 한집에 거주하고 있는 통지인인 채권자가 그 우편물을 바로 회수해 버렸다면 그 우편물의 내용이 무엇인지를 그 가정부가 알고 있었다는 등의 특별한 사정이 없었던 이상 그 채권양도의 통지는 사회관념상 채무자가 그 통지내용을 알 수 있는 객관적 상태에 놓여 있는 것이라고 볼 수 없으므로 그 통지는 피고에게 도달되었다고 볼 수 없을 것이다(대판 1983.8.23. 82다카439).

답 ③

제4절 법률행위의 대리

078 甲 소유의 X토지를 매도하는 계약을 체결할 대리권을 甲으로부터 수여받은 乙은 甲의 대리인임을 현명하고 丙과 매매계약을 체결하였다. 이에 관한 설명으로 옳지 않은 것은?(다툼이 있으면 판례에 따름) 21 변리

① 乙은 특별한 사정이 없는 한 매매계약을 해제할 권한이 없다.
② 乙이 미성년자인 경우, 甲은 乙의 제한능력을 이유로 X토지에 대한 매매계약을 취소할 수 없다.
③ 丙과의 매매계약이 불공정한 법률행위에 해당하는지 여부가 문제된 경우, 매도인의 무경험은 甲을 기준으로 판단한다.
④ 乙이 丙으로부터 매매대금을 수령한 경우, 甲에게 이를 아직 전달하지 않았더라도 특별한 사정이 없는 한 丙의 매매대금채무는 소멸한다.
⑤ 甲이 乙에게 매매계약의 체결과 이행에 관한 포괄적 대리권을 수여한 경우, 특별한 사정이 없는 한 乙은 약정된 매매대금 지급기일을 연기하여 줄 권한을 가진다.

해설

① (O) 어떠한 계약의 체결에 관한 대리권을 수여받은 대리인이 수권된 법률행위를 하게 되면 그것으로 대리권의 원인된 법률관계는 원칙적으로 목적을 달성하여 종료하는 것이고, 법률행위에 의하여 수여된 대리권은 그 원인된 법률관계의 종료에 의하여 소멸하는 것이므로(민법 제128조), 그 계약을 대리하여 체결하였던 대리인이 체결된 계약의 해제 등 일체의 처분권과 상대방의 의사를 수령할 권한까지 가지고 있다고 볼 수는 없다(대판 2008.6.12. 2008다11276). 따라서 乙은 특별한 사정이 없는 한 매매계약을 해제할 권한이 없다.
② (O) 대리인은 행위능력자임을 요하지 아니하므로(민법 제117조), 본인 甲은 미성년자인 대리인 乙의 제한능력을 이유로 X토지에 대한 매매계약을 취소할 수 없다.
③ (×) 甲의 대리인 乙이 매매한 경우에 있어서 그 매매계약이 민법 제104조의 불공정한 법률행위인가를 판단함에는 甲의 경솔, 무경험은 그 대리인 乙을 기준으로 하여 판단하여야 하고 궁박 상태에 있었는지의 여부는 매도인 본인 甲의 입장에서 판단되어야 한다(대판 1972.4.25. 71다2255).
④ (O) 대리인이 그 권한 내에서 본인을 위한 것임을 표시한 의사표시는 직접 본인에게 대하여 효력이 생긴다(민법 제114조 제1항). 대리인 乙이 계약상대방 丙으로부터 매매대금을 수령한 후 아직 본인 甲에게 전달하지 않았더라도 특별한 사정이 없는 한 계약상대방 丙의 대금지급의무는 변제로 소멸한다.
⑤ (O) 판례의 취지를 고려할 때 甲이 乙에게 매매계약의 체결과 이행에 관한 포괄적 대리권을 수여하였다면 乙은 그 대리권의 범위 내에서 丙에게 약정된 매매대금 지급기일을 연기하여 줄 권한도 가진다고 보아야 한다.

> 부동산의 소유자로부터 매매계약을 체결할 대리권을 수여받은 대리인은 특별한 다른 사정이 없는 한 그 매매계약에서 약정한 바에 따라 중도금이나 잔금을 수령할 수도 있다고 보아야 하고, 매매계약의 체결과 이행에 관하여 포괄적으로 대리권을 수여받은 대리인은 특별한 다른 사정이 없는 한 상대방에 대하여 약정된 매매대금 지급기일을 연기하여 줄 권한도 가진다고 보아야 할 것이다(대판 1992.4.14. 91다43107).

답 ❸

079 대리에 관한 설명으로 옳은 것은?(다툼이 있으면 판례에 따름)

① 대리에 있어 본인을 위한 것임을 표시하는 이른바 현명은 명시적으로 하여야 하고 묵시적으로는 할 수 없다.
② 적법한 대리인에 의하여 체결된 계약이 상대방에 의하여 유효하게 해제된 경우, 대리인이 수령한 상대방의 급부를 본인이 현실적으로 인도받지 못하였더라도, 특별한 사정이 없는 한 본인이 해제로 인한 원상회복의무를 부담한다.
③ 부동산의 이중매매의 경우, 제2매수인의 대리인이 매매대상 토지에 관한 거래의 사정을 잘 알면서 매도인의 배임행위에 가담하였다면, 대리행위의 하자 유무는 본인을 표준으로 판단해야 한다.
④ 대리인의 대리권은 복대리인의 선임에 의해 소멸한다.
⑤ 부동산의 소유자로부터 매매계약을 체결할 대리권을 수여받은 대리인은, 특별한 사정이 없는 한 중도금이나 잔금을 수령할 권한은 없다고 보아야 한다.

해설

① (×) 대리에 있어서 본인을 위한 것임을 표시하는 이른바 현명은 반드시 명시적으로만 할 필요는 없고 묵시적으로도 할 수 있는 것이다(대판 2004.2.13. 2003다43490).
② (○) 계약상 채무의 불이행을 이유로 계약이 상대방 당사자에 의하여 유효하게 해제되었다면, 해제로 인한 원상회복의무는 대리인이 아니라 계약의 당사자인 본인이 부담한다. 이는 본인이 대리인으로부터 그 수령한 급부를 현실적으로 인도받지 못하였다거나 해제의 원인이 된 계약상 채무의 불이행에 관하여 대리인에게 책임 있는 사유가 있다고 하여도 다른 특별한 사정이 없는 한 마찬가지라고 할 것이다(대판 2011.8.18. 2011다30871).
③ (×) 대리인이 본인을 대리하여 매매계약을 체결함에 있어서 매매대상 토지에 관한 저간의 사정을 잘 알고 그 배임행위에 가담하였다면, 대리행위의 하자 유무는 대리인을 표준으로 판단하여야 한다(대판 1998.2.27. 97다45532).
④ (×) 복대리인을 선임하여도 원대리인의 대리권은 소멸하지 아니하고 병존한다.
⑤ (×) 부동산의 소유자로부터 매매계약을 체결할 대리권을 수여받은 대리인은 특별한 사정이 없는 한 그 매매계약에서 약정한 바에 따라 중도금이나 잔금을 수령할 권한도 있다고 보아야 한다(대판 1994.2.8. 93다39379).

답

080 대리에 관한 설명으로 옳지 않은 것은?(다툼이 있으면 판례에 따름)

① 대리는 의사표시를 요소로 하는 법률행위에서 인정되는 것이 원칙이지만, 의사 또는 관념의 통지와 같은 준법률행위에 대리의 규정이 유추적용된다.
② 대리인이 본인을 위한 것임을 표시하지 아니한 법률행위도 대리인으로서 한 것임을 상대방이 알았거나 알 수 있었다면 본인에 대하여 효력이 발생한다.
③ 대리인이 상대방에 대하여 사기·강박을 행한 경우, 상대방은 특별한 사정이 없는 한 본인이 그러한 사정을 알았는지와 관계없이 의사표시를 취소할 수 있다.
④ 민법상 조합대리의 경우에는 조합원 전원의 성명을 제시할 필요는 없고, 상대방이 알 수 있을 정도로 조합을 표시하는 것으로 충분하다.
⑤ 본인을 대리하여 금전소비대차 내지 담보권설정계약을 체결할 권한을 수여받은 대리인은 본래의 계약을 해제할 권한까지 있다.

해설

① (O) 민법상 대리는 행위자 아닌 자에게 법률행위의 효력을 귀속시키는 제도로서 의사표시를 요소로 하는 법률행위에서 인정되는 것이 원칙이지만, '의사 또는 관념의 통지'와 같은 준법률행위에 대하여도 대리에 관한 규정이 유추적용된다(대판 2024.1.4. 2023다225580).
② (O) 대리인이 본인을 위한 것임을 표시하지 아니한 때에는 그 의사표시는 자기를 위한 것으로 본다. 그러나 상대방이 대리인으로서 한 것임을 알았거나 알 수 있었을 때에는 전조 제1항의 규정을 준용한다(민법 제115조).

> **대리행위의 효력(민법 제114조)**
> ① 대리인이 그 권한 내에서 본인을 위한 것임을 표시한 의사표시는 직접 본인에게 대하여 효력이 생긴다.
> ② 전항의 규정은 대리인에 대한 제3자의 의사표시에 준용한다.

③ (O) 의사표시의 효력이 의사의 흠결, 사기, 강박 또는 어느 사정을 알았거나 과실로 알지 못한 것으로 인하여 영향을 받을 경우에 그 사실의 유무는 대리인을 표준하여 결정한다(민법 제116조 제1항).
④ (O) 민법상 조합의 경우 법인격이 없어 조합 자체가 본인이 될 수 없으므로, 이른바 조합대리에 있어서는 본인에 해당하는 모든 조합원을 위한 것임을 표시하여야 하나, 반드시 조합원 전원의 성명을 제시할 필요는 없고, 상대방이 알 수 있을 정도로 조합을 표시하는 것으로 충분하다(대판 2009.1.30. 2008다79340).
⑤ (×) 일반적으로 법률행위에 의하여 수여된 대리권은 원인된 법률관계의 종료에 의하여 소멸하는 것이므로 특별한 다른 사정이 없는 한, 본인을 대리하여 금전소비대차 내지 그를 위한 담보권설정계약을 체결할 권한을 수여받은 대리인에게 본래의 계약관계를 해제할 대리권까지 있다고 볼 수 없다(대판 1993.1.15. 92다39365).

 ❺

081

甲은 X 토지를 丙에게 팔기 위해 乙에 대해 매매계약의 체결에 관한 대리권을 수여하였다. 이에 관한 설명 중 옳지 않은 것은?(각 지문은 독립적이며, 다툼이 있는 경우 판례에 의함) 23 변시

① 丙이 乙과 매매계약을 체결한 후에 매매대금의 지급을 지체하더라도 乙은 이행지체를 이유로 매매계약을 해제할 수 없다.
② 乙이 매매계약을 체결하면서 甲을 위한 것임을 표시하지 않았지만 乙이 甲의 대리인으로서 계약을 체결하고 있다는 점을 丙이 알았다면 甲과 丙 사이에 매매계약이 유효하게 성립한다.
③ 丙이 乙에게 매매대금을 지급하였다면 비록 乙이 매매대금을 甲에게 전달하지 않았다고 하더라도 丙의 변제는 유효하다.
④ 복대리인 선임에 관한 甲의 승낙이 없는 경우에도 부득이한 사유가 있을 때에는 乙은 복대리인을 선임하여 그로 하여금 丙과 매매계약을 체결하도록 할 수 있다.
⑤ 甲이 乙에게 매매계약의 체결과 이행에 관하여 포괄적으로 대리권을 수여했다고 하더라도 乙은 매매대금의 지급기일을 연기해 줄 수 없다.

해설

① (O) 판례의 취지를 고려할 때 지문에서 丙이 乙과 매매계약을 체결한 후에 매매대금의 지급을 지체하더라도 甲으로부터 대리인 乙에게 별도의 수권이 없는 한 乙은 이행지체를 이유로 매매계약을 해제할 수 없다.

> 어떠한 계약의 체결에 관한 대리권을 수여(授與)받은 대리인이 수권된 법률행위를 하게 되면 그것으로 대리권의 원인된 법률관계(기초적 내부관계)는 원칙적으로 목적을 달성하여 종료되는 것이고, 법률행위에 의하여 수여(授與)된 대리권은 그 원인된 법률관계의 종료에 의하여 소멸하는 것이므로(민법 제128조), 그 계약을 대리하여 체결하였다 하여 곧바로 그 사람이 체결된 계약의 해제 등 일체의 처분권과 상대방의 의사를 수령할 권한까지 가지고 있다고 볼 수는 없다(대판 2008.1.31. 2007다74713).

② (O) 민법 제115조에 의하면 대리인이 본인을 위한 것임을 표시하지 아니한 때에는 그 의사표시는 자기를 위한 것으로 보되 상대방이 대리인으로서 한 것임을 알았거나 알 수 있었을 때에는 민법 제114조 제1항의 규정을 준용하여 대리행위에 의한 법률효과가 본인에게 귀속하는 것으로 규정하고 있다. 지문의 경우 乙이 매매계약을 체결하면서 甲을 위한 것임을 표시하지 않았지만 乙이 甲의 대리인으로서 계약을 체결하고 있다는 점을 상대방 丙이 알았다면 甲과 丙 사이에 매매계약이 유효하게 성립한다.
③ (O) 부동산의 소유자로부터 매매계약을 체결할 대리권을 수여받은 대리인은 특별한 사정이 없는 한 그 매매계약에서 약정한 바에 따라 중도금이나 잔금을 수령할 권한도 있다고 보아야 하므로(대판 1994.2.8. 93다39379), 丙이 매매대금을 수령할 권한이 있는 乙에게 매매대금을 지급하였다면 그 법률효과는 직접 甲에게 귀속되므로 비록 乙이 매매대금을 甲에게 전달하지 않았다고 하더라도 丙의 변제는 유효하다고 하여야 한다.
④ (O) 대리권이 법률행위에 의하여 부여된 경우에는 대리인은 본인의 승낙이 있거나 부득이한 사유있는 때가 아니면 복대리인을 선임하지 못하나(민법 제120조), 부득이한 사유가 있을 때에는 乙은 복대리인을 선임하여 그로 하여금 丙과 매매계약을 체결하도록 할 수 있다.
⑤ (×) 부동산의 소유자로부터 매매계약을 체결할 대리권을 수여받은 대리인은 특별한 다른 사정이 없는 한 그 매매계약에서 약정한 바에 따라 중도금이나 잔금을 수령할 수도 있다고 보아야 하고, <u>매매계약의 체결과 이행에 관하여 포괄적으로 대리권을 수여받은 대리인은 특별한 다른 사정이 없는 한 상대방에 대하여 약정된 매매대금 지급기일을 연기하여 줄 권한도 가진다고 보아야 할 것이다</u>(대판 1992.4.14. 91다43107). 따라서 甲이 乙에게 매매계약의 체결과 이행에 관하여 포괄적으로 대리권을 수여하였다면 乙은 丙에게 매매대금의 지급기일을 연기해 줄 수도 있다.

답 ⑤

082 대리에 관한 설명으로 옳지 않은 것은?

① 의사표시의 효력이 의사의 흠결로 인하여 영향을 받을 경우에 그 사실의 유무는 대리인을 표준하여 결정한다.
② 선의의 상대방은 본인의 추인이 있을 때까지 무권대리인과 체결한 계약을 철회할 수 있다.
③ 복대리인은 그 권한 내에서 본인을 대리한다.
④ 대리인은 행위능력자임을 요하지 아니한다.
⑤ 무권대리행위에 대한 본인의 추인은 다른 의사표시가 없는 한, 추인한 때로부터 그 효력이 생긴다.

해설

① (○) 민법 제116조 제1항
② (○) 민법 제134조 본문
③ (○) 민법 제123조 제1항
④ (○) 민법 제117조
⑤ (×) 추인은 다른 의사표시가 없는 때에는 계약 시에 소급하여 그 효력이 생긴다(민법 제133조).

답 ❺

083 대리권의 범위와 제한에 관한 설명으로 옳지 않은 것은?(다툼이 있는 경우에는 판례에 의함)

① 대리인이 수인인 때에는 각자가 본인을 대리하는 것이 원칙이다.
② 대리인이 부동산입찰절차에서 동일물건에 관하여 이해관계가 다른 2인 이상을 대리한 경우, 그가 한 입찰은 무효이다.
③ 대리권의 범위가 명확하지 않은 임의대리인이라 하더라도 소멸시효를 중단시킬 수 있다.
④ 부동산의 소유자로부터 매매계약을 체결할 대리권을 수여받은 대리인은 특별한 사정이 없는 한, 그 매매계약에서 약정한 바에 따라 중도금이나 잔금을 수령할 권한이 있다.
⑤ 예금계약의 체결을 위임받은 자가 가지는 대리권에는 그 예금을 담보로 하여 대출을 받거나 이를 처분할 수 있는 대리권이 포함되어 있다.

해설

① (○) 민법 제119조 본문
② (○) 대결 2004.2.13. 2003마44
③ (○) 재산의 가치를 현상 그대로 유지하는 행위로 대리인은 보존행위를 무제한으로 할 수 있다. 소멸시효의 중단, 기한이 도래한 채무의 변제 등이 이에 속한다.
④ (○) 매매계약 체결의 대리권을 수여받은 대리인은 중도금과 잔금을 수령할 권한이 있다(대판 1994.2.8. 93다39379).
⑤ (×) 예금계약의 체결을 위임받은 자가 가지는 대리권에 당연히 그 예금을 담보로 대출을 받거나 이를 처분할 수 있는 대리권이 포함되어 있는 것은 아니다(대판 2002.6.14. 2000다38992).

답 ❺

084

甲이 乙에게는 자신의 부동산을 매도할 권한을, 丙에게는 다른 사람으로부터 부동산을 매수할 권한을 각기 부여하였다. 그에 따라 甲을 대리하여 乙은 丁과 매도계약을, 丙은 戊와 매수계약을 각기 체결한 경우, 이에 관한 설명으로 옳지 않은 것은?(다툼이 있으면 판례에 따름) 　20　변리

① 乙은 위 매매계약에 따라 丁이 지급하는 중도금이나 잔금을 甲을 대리하여 수령할 권한이 있다.
② 丁이 위 매매계약의 채무를 이행하지 않는 경우, 乙은 그 계약을 해제할 수 있는 권한이 있다.
③ 丙은 위 매매계약을 체결한 후에는 그 매수한 부동산을 다시 처분할 수 있는 권한은 없다.
④ 丙이 위 매매계약을 체결한 경우, 丙에게는 戊로부터 위 매매계약의 해제의 의사표시를 수령할 권한은 없다.
⑤ 丁이 채무불이행을 이유로 위 매매계약을 적법하게 해제한 경우, 乙이 丁으로부터 받은 계약금을 도난당하여 甲에게 전달하지 못하였더라도 甲은 계약금을 반환해 줄 의무가 있다.

해설

① (○) 부동산의 소유자로부터 매매계약을 체결할 대리권을 수여받은 대리인은 특별한 다른 사정이 없는 한 그 매매계약에서 약정한 바에 따라 중도금이나 잔금을 수령할 수도 있다고 보아야 하고, 매매계약의 체결과 이행에 관하여 포괄적으로 대리권을 수여받은 대리인은 특별한 다른 사정이 없는 한 상대방에 대하여 약정된 매매대금지급기일을 연기하여 줄 권한도 가진다고 보아야 할 것이다(대판 1992.4.14. 91다43107). 따라서 특별한 사정이 없는 한 乙은 위 매매계약에 따라 丁이 지급하는 중도금이나 잔금을 甲을 대리하여 수령할 권한이 있다.

② (×), ③ (○), ④ (○) 乙은 甲으로부터 甲의 부동산을 매도할 권한을 부여받은 대리인이므로 丁의 채무불이행을 이유로 매매계약을 해제할 권한은 인정되지 아니하고, 甲으로부터 다른 사람의 부동산을 매수하는 권한만을 부여받은 대리인 丙은 그 매수한 부동산을 다시 처분하거나 戊로부터 매매계약의 해제의 의사표시를 수령할 권한은 없다고 판단된다.

> 어떠한 계약의 체결에 관한 대리권을 수여받은 대리인이 수권된 법률행위를 하게 되면 그것으로 대리권의 원인된 법률관계는 원칙적으로 목적을 달성하여 종료하는 것이고, 법률행위에 의하여 수여된 대리권은 그 원인된 법률관계의 종료에 의하여 소멸하는 것이므로(민법 제128조), 그 계약을 대리하여 체결하였던 대리인이 체결된 계약의 해제 등 일체의 처분권과 상대방의 의사를 수령할 권한까지 가지고 있다고 볼 수는 없다❸❹(대판 2008.6.12. 2008다11276).

⑤ (○) 丁이 채무불이행을 이유로 위 매매계약을 적법하게 해제한 경우, 원상회복의무는 본인인 甲이 부담하게 되므로 乙이 계약금을 도난당하여 甲에게 전달하지 못하였더라도 甲은 계약금을 반환해 줄 의무가 있다.

> 계약상 채무의 불이행을 이유로 계약이 상대방당사자에 의하여 유효하게 해제되었다면, 해제로 인한 원상회복의무는 대리인이 아니라 계약의 당사자인 본인이 부담한다. 이는 본인이 대리인으로부터 그 수령한 급부를 현실적으로 인도받지 못하였다거나 해제의 원인이 된 계약상 채무의 불이행에 관하여 대리인에게 책임 있는 사유가 있다고 하여도 다른 특별한 사정이 없는 한 마찬가지라고 할 것이다(대판 2011.8.18. 2011다30871).

답

085 임의대리권의 범위에 관한 설명으로 옳지 않은 것은?(다툼이 있는 경우에는 판례에 의함)

① 토지매각의 대리권을 수여받은 대리인은 특별한 사정이 없는 한, 중도금이나 잔금을 수령하고 소유권등기를 이전할 권한을 가진다.
② 매매계약의 체결에 대한 포괄적 대리권을 수여받은 자는 특별한 사정이 없는 한, 상대방에게 약정된 매매대금의 지급기일을 연장하여 줄 권한을 가진다.
③ 대여금의 영수권한만을 위임받은 대리인이 그 대여금채무의 일부를 면제하기 위해서는 본인의 특별수권이 필요하다.
④ 본인을 대리하여 금전소비대차 내지 그를 위한 담보권설정계약을 체결할 권한을 수여받은 대리인은 특별한 사정이 없는 한, 본래의 계약관계를 해제할 대리권을 가진다.
⑤ 예금계약의 체결을 위임받은 자가 가지는 대리권에는 그 예금을 담보로 하여 대출을 받거나 이를 처분할 수 있는 대리권이 당연히 포함되어 있는 것은 아니다.

해설

① (○), ② (○) 부동산의 소유자로부터 매매계약을 체결할 대리권을 수여받은 대리인은 특별한 다른 사정이 없는 한 그 매매계약에서 약정한 바에 따라 중도금이나 잔금을 수령할 수도 있다고 보아야 하고,❶ 매매계약의 체결과 이행에 관하여 포괄적으로 대리권을 수여받은 대리인은 특별한 다른 사정이 없는 한 상대방에 대하여 약정된 매매대금지급기일을 연기하여 줄 권한도 가진다고 보아야 할 것이다❷(대판 1992.4.14. 91다43107).
③ (○) 대여금의 영수권한만을 위임받은 대리인이 그 대여금채무의 일부를 면제하기 위하여는 본인의 특별수권이 필요하다(대판 1981.6.23. 80다3221).
④ (×) 임의대리권은 그것을 수여하는 본인의 행위, 즉 수권행위에 의하여 발생하는 것이므로 어느 행위가 대리권범위 내의 행위인지 여부는 개별적인 수권행위의 내용이나 그 해석에 의하여 판단하여야 할 것인바, 통상 사채알선업자가 전주(錢主)를 위하여 금전소비대차계약과 그 담보를 위한 담보권설정계약을 체결할 대리권을 수여받은 것으로 인정되는 경우라 하더라도 특별한 사정이 없는 한 일단 금전소비대차계약과 그 담보를 위한 담보권설정계약이 체결된 후에 이를 해제할 권한까지 당연히 가지고 있다고 볼 수는 없다(대판 1997.9.30. 97다23372).
⑤ (○) 예금계약의 체결을 위임받은 자가 가지는 대리권에 당연히 그 예금을 담보로 하여 대출을 받거나 이를 처분할 수 있는 대리권이 포함되어 있는 것은 아니다(대판 1995.8.22. 94다59042).

답 ④

086 임의대리인의 권한에 관한 설명으로 옳지 않은 것을 모두 고른 것은?(다툼이 있으면 판례에 따름)

> ㄱ. 부동산 매도의 대리권을 수여받은 자는 그 부동산의 매도 후 해당 매매계약을 합의해제할 권한이 있다.
> ㄴ. 자동차 매도의 대리권을 수여받은 자가 본인의 허락 없이 본인의 자동차를 스스로 시가보다 저렴하게 매수하는 계약을 체결한 경우, 그 매매계약은 유동적 무효이다.
> ㄷ. 통상의 오피스텔 분양에 관해 대리권을 수여받은 자는 본인의 명시적 승낙이 없더라도 부득이한 사유없이 복대리인을 선임할 수 있다.
> ㄹ. 원인된 계약관계가 종료되더라도 수권행위가 철회되지 않았다면 대리권은 소멸하지 않는다.

① ㄱ, ㄴ
② ㄴ, ㄷ
③ ㄷ, ㄹ
④ ㄱ, ㄴ, ㄹ
⑤ ㄱ, ㄷ, ㄹ

해설

ㄱ. (×) 부동산 매도의 대리권을 수여받은 대리인은 특별한 사정이 없는 한 그 매매계약에서 약정한 바에 따라 중도금이나 잔금을 수령할 권한이 있다고 할 것(대판 2015.9.10. 2010두1385)이나, 그 부동산의 매도 후 해당 매매계약을 합의해제할 권한도 있다고 볼 수는 없다.

ㄴ. (○) 대리인이 본인을 대리하면서 다른 한편 자기 자신이 상대방으로 계약을 체결하는 경우를 자기계약이라 한다. 본인의 허락이 없는 자기계약은 무권대리로서 본인에 대하여 그 효력이 없는 유동적(불확정적) 무효의 상태에 있으나, 이러한 제한은 본인의 이익을 위한 것이므로 본인이 사후에 추인하면 확정적 유효로 되고 더 이상 대리권의 제한은 문제되지 아니한다. 지문에서 자동차 매도의 대리권을 수여받은 자가 본인의 허락 없이 본인의 자동차를 스스로 시가보다 저렴하게 매수하는 계약을 체결한 경우, 민법 제124조에 위반한 무권대리에 해당하여 그 매매계약은 유동적 무효가 된다(민법 제130조).

ㄷ. (×) 판례의 취지를 고려할 때 통상의 오피스텔 분양에 관해 대리권을 수여받은 자는 본인의 명시적 승낙이 없는 이상 부득이한 사유 없이 복대리인을 선임할 수 없다(민법 제120조 참조).

> 대리의 목적인 법률행위의 성질상 대리인 자신에 의한 처리가 필요하지 아니한 경우에는 본인이 복대리 금지의 의사를 명시하지 아니하는 한 복대리인의 선임에 관하여 묵시적인 승낙이 있는 것으로 보는 것이 타당하다. 그러나 오피스텔의 분양업무는 그 성질상 분양을 위임받은 대리인이 광고를 내거나 그 직원 또는 주변의 부동산중개인을 동원하여 분양사실을 널리 알리고, 분양사무실을 찾아온 사람들에게 오피스텔의 분양가격, 교통 등 입지조건, 오피스텔의 용도, 관리방법 등 분양에 필요한 제반 사항을 설명하고 청약을 유인함으로써 분양계약을 성사시키는 것으로서 대리인의 능력에 따라 본인의 분양사업의 성공 여부가 결정되는 것이므로, 사무처리의 주체가 별로 중요하지 아니한 경우에 해당한다고 보기 어렵다(대판 1996.1.26. 94다30690).

ㄹ. (×) 법률행위에 의하여 수여된 대리권은 전조의 경우(본인의 사망, 대리인의 사망, 대리인의 성년후견의 개시 또는 파산) 외에 그 원인된 법률관계(계약관계)의 종료에 의하여 소멸한다. 법률관계의 종료 전에 본인이 수권행위를 철회한 경우에도 같다(민법 제128조).

답 ⑤

087 민법상 대리에 관한 설명으로 옳지 않은 것은?(다툼이 있으면 판례에 따름)

① 본인을 대리하여 부동산을 매수할 권한을 수여받은 대리인은 특별한 사정이 없으면 그 부동산을 처분할 대리권을 가진다.
② 임의대리인은 행위능력자임을 요하지 아니한다.
③ 대리인이 체결한 계약이 적법하게 해제되면 그로 인한 원상회복의무는 본인이 부담한다.
④ 대리행위가 상대방의 강박으로 취소되는 경우, 특별한 사정이 없으면 그 취소권은 본인에게 귀속한다.
⑤ 복대리인은 그 권한 내에서 본인을 대리한다.

해설

① (×) 법률행위에 의하여 수여된 대리권은 그 원인된 법률관계의 종료에 의하여 소멸하는 것이므로 특별한 다른 사정이 없는 한 부동산을 매수할 권한을 수여받은 대리인에게 그 부동산을 처분할 대리권도 있다고 볼 수 없다(대판 1991.2.12. 90다7364).
② (○) 대리인은 행위능력자임을 요하지 아니한다(민법 제117조). 다만, 민법 제117조가 법정대리에도 적용되는지에 대해 견해의 대립이 있으나, 본인의 의사에 기한 임의대리와 본인의 의사와 무관하게 대리권이 발생하는 법정대리는 그 이익상황이 전혀 다르므로 민법 제117조를 법정대리에 적용하는 것은 타당하지 않다.
③ (○) 계약이 적법한 대리인에 의하여 체결된 경우에 대리인은 다른 특별한 사정이 없는 한 본인을 위하여 계약상 급부를 변제로서 수령할 권한도 가진다. 그리고 대리인이 그 권한에 기하여 계약상 급부를 수령한 경우에, 그 법률효과는 계약 자체에서와 마찬가지로 직접 본인에게 귀속되고 대리인에게 돌아가지 아니한다. 따라서 계약상 채무의 불이행을 이유로 계약이 상대방 당사자에 의하여 유효하게 해제되었다면, 해제로 인한 원상회복의무는 대리인이 아니라 계약의 당사자인 본인이 부담한다(대판 2011.8.18. 2011다30871).
④ (○) 대리행위가 상대방의 강박으로 취소되는 경우, 그 하자 유무는 대리인을 기준으로 판단하고, 취소권은 본인에게 귀속한다.
⑤ (○) 민법 제123조 제1항

088 법률행위의 대리에 관한 설명으로 옳지 않은 것은?

① 甲의 대리인 乙이 대리행위를 하면서 甲을 위한 것임을 표시하지 않은 경우, 乙은 착오를 이유로 의사표시를 취소할 수 있다.
② 甲이 乙에게 재산관리에 관한 대리권을 수여하였지만 그 대리권의 범위가 명확하지 않은 경우, 乙은 甲의 주택을 수선하기 위한 공사계약을 체결할 수는 있지만, 甲의 예금을 주식으로 전환할 수는 없다.
③ 乙이 甲으로부터 예금인출의 대리권을 부여받았는데, 乙의 甲에 대한 금전채권의 기한이 도래한 경우, 乙은 甲의 예금을 인출하여 자신의 채권변제에 충당할 수 있다.
④ 甲이 乙을 대리인으로 선임한 경우, 乙은 甲의 승낙이 없더라도 부득이한 사유가 있는 때에는 복대리인을 선임할 수 있다.
⑤ 甲이 乙을 대리인으로 선임하였는데 乙이 파산선고를 받을 경우, 乙의 대리권은 소멸한다.

해설

① (×) 대리인이 본인을 위한 것임을 표시하지 아니한 때에는 그 의사표시는 자기를 위한 것으로 본다(민법 제115조 본문). 이때 대리인 乙의 상대방은 甲에 대하여 대리행위에 의한 이행을 청구하지 못하고 乙에 대하여만 그 이행을 구할 수 있는데, 乙은 현명하지 아니한 법률행위의 당사자가 되므로 그의 내심의 의사(대리의사)와 표시가 일치하지 아니함을 이유로 착오를 근거하여 의사표시를 취소할 수 없다.

② (○) 대리권의 범위가 명확하지 아니한 경우, 대리인은 보존행위와 대리의 목적인 물건이나 권리의 성질을 변하지 아니하는 범위에서 그 이용 또는 개량하는 행위만을 할 수 있다(민법 제118조). 乙은 甲의 주택을 수선하기 위한 공사계약을 체결할 수는 있지만, 甲의 예금을 주식으로 전환하는 행위는 이용 또는 개량하는 행위의 범위를 벗어난다고 이해된다.

③ (○) 자기계약은 원칙적으로 금지되나, 본인의 이익을 침해할 여지가 없는 경우, 즉 이미 확정되어 있는 법률관계의 결제에 불과한 단순한 기존 채무를 이행하는 경우에는, 자기계약이 허용되므로 乙의 甲에 대한 금전채권의 기한이 도래한 경우, 乙은 甲의 예금을 인출하여 자신의 채권변제에 충당할 수 있다. 다만, 기한이 미도래한 금전채권이나 다툼이 있는 채무의 이행 등에는 허용되지 아니한다.

④ (○) 대리권이 법률행위에 의하여 부여된 경우에는 대리인은 본인의 승낙이 있거나 부득이한 사유 있는 때가 아니면 복대리인을 선임하지 못한다(민법 제120조). 따라서 乙은 甲의 승낙이 없더라도 부득이한 사유가 있는 때에는 복대리인을 선임할 수 있다.

⑤ (○) 甲의 대리인 乙이 파산선고를 받을 경우, 乙의 대리권은 소멸한다.

> **대리권의 소멸사유(민법 제127조)**
> 대리권은 다음 각 호의 어느 하나에 해당하는 사유가 있으면 소멸된다.
> 1. 본인의 사망
> 2. 대리인의 사망, 성년후견의 개시 또는 파산

답 ❶

---

089 甲은 본인, 乙은 甲의 임의대리인, 丙은 대리인과 계약을 체결한 상대방이다. 다음 설명으로 옳지 않은 것은?

① 乙이 甲을 위한 계약임을 표시하지 아니하였으나 丙은 乙이 甲의 대리인으로서 한 것임을 알 수 있었던 경우, 계약의 효력이 甲에게 미친다.
② 甲이 丙의 기망행위를 이유로 계약을 취소하려고 하는 경우, 계약체결이 丙의 기망행위로 영향을 받았는지의 유무는 乙이 아니라 甲을 표준으로 하여 결정한다.
③ 甲이 피한정후견인 乙을 대리인으로 선임한 경우, 甲은 乙의 제한능력을 이유로 대리행위의 효력을 부인할 수 없다.
④ 乙은 부득이한 사유가 있는 때에는 甲의 승낙 없이 복대리인을 선임할 수 있다.
⑤ 乙이 대리인으로 선임된 후 파산선고를 받게 되면 대리권은 소멸한다.

해설

① (O) 대리인이 본인을 위한 것임을 표시하지 아니한 때에는 그 의사표시는 자기를 위한 것으로 본다. 그러나 상대방이 대리인으로서 한 것임을 알았거나 알 수 있었을 때에는 전조 제1항의 규정을 준용한다(민법 제115조). 乙은 현명주의의 원칙에 의하여 甲을 위한 계약임을 표시하여 대리행위의 의사표시를 하여야 하나 상대방 丙은 乙이 甲의 대리인으로서 한 것임을 알 수 있었던 경우, 계약의 효력이 甲에게 미친다.

② (×) 의사표시의 효력이 의사의 흠결, 사기, 강박 또는 어느 사정을 알았거나 과실로 알지 못한 것으로 인하여 영향을 받을 경우에 그 사실의 유무는 대리인을 표준하여 결정한다(민법 제116조 제1항). 甲이 丙의 기망행위를 이유로 계약을 취소하려고 하는 경우, 계약체결이 丙의 기망행위로 영향을 받았는지의 유무는 甲이 아니라 대리인 乙을 표준으로 하여 결정한다.

③ (O) 대리인은 행위능력자임을 요하지 아니하므로(민법 제117조), 본인 甲은 대리인 피한정후견인 乙의 제한능력을 이유로 대리행위의 효력을 부인할 수 없다.

④ (O) 대리권이 법률행위에 의하여 부여된 경우에는 대리인은 본인의 승낙이 있거나 부득이한 사유 있는 때가 아니면 복대리인을 선임하지 못한다(민법 제120조). 따라서 乙은 甲의 승낙이 없더라도 부득이한 사유가 있는 때에는 복대리인을 선임할 수 있다.

⑤ (O) 甲의 대리인 乙이 파산선고를 받을 경우, 乙의 대리권은 소멸한다.

> **대리권의 소멸사유(민법 제127조)**
> 대리권은 다음 각 호의 어느 하나에 해당하는 사유가 있으면 소멸된다.
> 1. 본인의 사망
> 2. 대리인의 사망, 성년후견의 개시 또는 파산

답 ②

---

090 복대리에 관한 설명으로 옳지 않은 것은?(다툼이 있으면 판례에 따름) [24 변리]

① 법정대리인은 원칙적으로 부득이한 사유가 있는 때에 한하여 복임권이 있다.
② 법정대리인이 부득이한 사유로 복대리인을 선임한 경우, 법정대리인은 그 선임감독에 관한 책임이 있다.
③ 임의대리인에게는 원칙적으로 복대리인을 선임할 권한이 없다.
④ 임의대리인이 본인의 승낙을 얻어 복대리인을 선임한 경우, 임의대리인은 그 선임감독에 관한 책임이 있다.
⑤ 임의대리의 목적인 법률행위의 성질상 대리인 자신에 의한 처리가 필요하지 아니한 경우, 본인이 복대리 금지의 의사를 명시하지 아니하는 한 복대리인의 선임에 관하여 묵시적인 승낙이 있는 것으로 보는 것이 타당하다.

해설

① (×), ② (O) 법정대리인의 직무범위가 광범위하다는 등의 이유로 법정대리인은 언제든지 복임권을 가진다. 복대리인의 행위에 의하여 본인이 손해를 입는 경우 복대리인의 선임감독에 관하여 과실이 없더라도 그에 대하여 전적인 책임을 진다. 다만, 부득이한 사유로 복대리인을 선임한 경우에는 그 선임감독상의 과실에 대하여만 책임을 진다(민법 제122조).❷

③ (O) 임의대리인은 본인의 신임을 받은 자이며, 언제든지 사임을 할 수 있기 때문에, 본인의 승낙이 있거나 부득이한 사유가 있는 경우에 한하여 복대리인을 선임할 수 있다(민법 제120조).

④ (○) 임의대리인이 본인의 승낙을 얻어 복대리인을 선임한 경우에는 본인에게 대하여 그 선임감독에 관한 책임이 있다(민법 제121조 제1항). 임의대리인이 본인의 지명에 의하여 복대리인을 선임한 경우에는 그 부적임 또는 불성실함을 알고 본인에 대한 통지나 그 해임을 태만한 때가 아니면 책임이 없다(민법 제121조 제2항)는 점과 구별하여야 한다.

⑤ (○) 대리의 목적인 법률행위의 성질상 대리인 자신에 의한 처리가 필요하지 아니한 경우에는 본인이 복대리 금지의 의사를 명시하지 아니하는 한 복대리인의 선임에 관하여 묵시적인 승낙이 있는 것으로 보는 것이 타당하다(대판 1996.1.26. 94다30690).

답 ❶

091 복대리에 관한 설명으로 옳은 것은?(다툼이 있으면 판례에 따름)

18 변리

① 복대리인은 대리인의 대리인이다.
② 임의대리인은 그 책임으로 언제든지 복대리인을 선임할 수 있다.
③ 대리인이 대리권 소멸 후 선임한 복대리인과 상대방 사이의 법률행위에도 상대방이 대리권소멸사실을 알지 못하여 복대리인에게 적법한 대리권이 있는 것으로 믿었고 그와 같이 믿은 데 과실이 없다면, 대리권 소멸 후의 표현대리(민법 제129조)가 성립할 수 있다.
④ 법정대리인이 부득이한 사유로 복대리인을 선임한 경우에는 그 부적임 또는 불성실함을 알고 본인에 대한 통지나 그 해임을 태만한 때가 아니면 책임이 없다.
⑤ 대리인의 사망으로 대리권이 소멸한 경우에도 복대리권은 소멸하지 않는다.

해설

① (×) 복대리인은 대리인의 이름으로 선임한 본인의 대리인이다(민법 제123조 제1항).
② (×) 대리권이 법률행위에 의하여 부여된 경우(임의대리의 경우)에는 대리인은 본인의 승낙이 있거나 부득이한 사유 있는 때가 아니면 복대리인을 선임하지 못한다(민법 제120조).
③ (○) 표현대리의 법리는 거래의 안전을 위하여 어떠한 외관적 사실을 야기한 데 원인을 준 자는 그 외관적 사실을 믿음에 정당한 사유가 있다고 인정되는 자에 대하여는 책임이 있다는 일반적인 권리외관이론에 그 기초를 두고 있는 것인 점에 비추어 볼 때, 대리인이 대리권 소멸 후 직접 상대방과 사이에 대리행위를 하는 경우는 물론 대리인이 대리권 소멸 후 복대리인을 선임하여 복대리인으로 하여금 상대방과 사이에 대리행위를 하도록 한 경우에도, 상대방이 대리권소멸사실을 알지 못하여 복대리인에게 적법한 대리권이 있는 것으로 믿었고 그와 같이 믿은 데 과실이 없다면 민법 제129조에 의한 표현대리가 성립할 수 있다(대판 1998.5.29. 97다55317).
④ (×) 법정대리인이 부득이한 사유로 복대리인을 선임한 때에는 그 선임감독에 관한 책임만이 있을 뿐이다(민법 제122조 단서). 지문은 임의대리인이 본인의 지명에 의하여 복대리인을 선임한 경우, 그 책임(민법 제121조 제2항)에 대한 내용이다.
⑤ (×) 복대리인의 복대리권은 그 범위나 존립에 있어서 대리인의 대리권에 의존하므로, 대리인의 사망으로 대리권이 소멸한 경우에는 복대리인의 복대리권도 소멸한다.

답 ❸

092

대리에 관한 설명으로 옳은 것을 모두 고른 것은?(다툼이 있으면 판례에 따름)

ㄱ. 복대리인은 본인이나 제3자에 대하여 대리인과 동일한 권리의무가 있다.
ㄴ. 대리행위가 강행법규에 위반하는 경우에는 표현대리의 법리가 적용되지 않는다.
ㄷ. 친권자가 자신의 부동산을 미성년 자녀에게 증여하는 행위는 자기계약이지만 유효하다.
ㄹ. 대리인이 그 권한 내에서 본인을 위한 것임을 표시한 의사표시는 직접 본인에 대하여 효력이 생긴다.

① ㄱ, ㄴ
② ㄷ, ㄹ
③ ㄱ, ㄴ, ㄷ
④ ㄴ, ㄷ, ㄹ
⑤ ㄱ, ㄴ, ㄷ, ㄹ

해설

ㄱ. (○) 민법 제123조 제2항
ㄴ. (○) 증권회사 또는 그 임·직원의 부당권유행위를 금지하는 증권거래법 제52조 제1호는 공정한 증권거래질서의 확보를 위하여 제정된 강행법규로서 이에 위배되는 주식거래에 관한 투자수익보장약정은 무효이고, 투자수익보장이 강행법규에 위반되어 무효인 이상 증권회사의 지점장에게 그와 같은 약정을 체결할 권한이 수여되었는지 여부에 불구하고 그 약정은 여전히 무효이므로 표현대리의 법리가 준용될 여지가 없다(대판 1996.8.23. 94다38199).
ㄷ. (○) 법정대리인인 친권자가 부동산을 매수하여 이를 그 자에게 증여하는 행위는 미성년자인 자에게 이익만을 주는 행위이므로 친권자와 자 사이의 이해상반행위에 속하지 아니하고, 또 자기계약이지만 유효하다(대판 1981.10.13. 81다649).
ㄹ. (○) 민법 제114조 제1항

답 ❺

093

甲으로부터 5억원에 토지매수를 부탁받은 임의대리인 乙이 甲의 허락을 얻어 丙을 복대리인으로 선임하였다. 丙은 매수의뢰가격이 5억원임을 알고 있음에도 丁의 토지를 조속히 매수하기 위하여 丁과 6억원에 매수하는 계약을 체결하였다. 甲, 乙, 丙, 丁의 법률관계에 관한 설명으로 옳은 것은?(다툼이 있는 경우에는 판례에 의함)

① 乙은 甲의 이름으로 丙을 선임한다.
② 乙은 甲에 대하여 丙의 선임감독에 대한 책임을 지지 않는다.
③ 丙은 乙의 동의가 있더라도 특별한 사정이 없는 한, 토지매매계약을 해제할 수 없다.
④ 만약 乙이 사망하더라도 丙의 복대리권은 소멸하지 않는다.
⑤ 토지를 5억원에 매수해달라는 부탁을 받은 丙이 丁과 6억원에 매수하는 계약을 체결한 것은 착오에 의한 의사표시이므로 甲은 매매계약을 취소할 수 있다.

해설

① (×) 대리인 乙은 자신의 권한 내에서 자신의 이름으로 본인의 대리인인 丙을 선임한 것이다.
② (×) 임의대리인 乙이 복대리인 丙을 선임한 때에는 본인 甲에 대하여 그 선임감독에 관한 책임을 부담한다(민법 제121조 제1항).
③ (○) 계약을 대리하여 체결하였다 하여 곧바로 그 사람이 체결된 계약의 해제 등 일체의 처분권과 상대방의 의사를 수령할 권한까지 가지고 있다고 볼 수는 없다(대판 2008.6.12. 2008다11276). 따라서 복대리인 丙은 대리인 乙의 동의가 있더라도 특별한 사정이 없는 한, 丁의 토지에 대한 매매계약을 해제할 수 없다.
④ (×) 복대리인의 대리권은 대리인의 대리권을 전제로 하는 것이므로, 임의대리인 乙이 사망한다면 丙의 복대리권은 소멸한다.
⑤ (×) 의사표시의 효력이 의사의 흠결, 사기, 강박 또는 어느 사정을 알았거나 과실로 알지 못한 것으로 인하여 영향을 받을 경우에 그 사실의 유무는 대리인을 표준으로 하여 결정한다(민법 제116조 제1항). 사안에서 복대리인 丙이 丁과 6억원에 토지매매계약을 체결한 것은 착오에 의한 것이라고 할 수 없으므로, 본인 甲은 매매계약을 취소할 수 없다.

답 ❸

094 민법상 대리에 관한 설명으로 옳지 않은 것은?(다툼이 있으면 판례에 따름) 21 노무

① 매매계약 체결의 대리권을 수여받은 대리인은 특별한 사정이 없는 한 중도금을 수령할 권한이 있다.
② 권한의 정함이 없는 대리인은 기한이 도래한 채무를 변제할 수 있다.
③ 대리인이 수인인 경우 대리인은 특별한 사정이 없는 한 각자가 본인을 대리한다.
④ 대리인의 쌍방대리는 금지되나 채무의 이행은 가능하므로, 쌍방의 허락이 없더라도 경개계약을 체결할 수 있다.
⑤ 사채알선업자가 대주와 차주 쌍방을 대리하여 소비대차계약을 유효하게 체결한 경우, 사채알선업자는 특별한 사정이 없는 한 차주가 한 변제를 수령할 권한이 있다.

해설

① (○) 부동산의 소유자로부터 매매계약을 체결할 대리권을 수여받은 대리인은 특별한 사정이 없는 한 그 매매계약에서 약정한 바에 따라 중도금이나 잔금을 수령할 권한도 있다고 보아야 한다(대판 2015.9.10. 2010다1385).
② (○) 권한을 정하지 아니한 대리인은 보존행위와 대리의 목적인 물건이나 권리의 성질을 변하지 아니하는 범위에서 그 이용 또는 개량하는 행위만을 할 수 있다(민법 제118조). 따라서 권한의 정함이 없는 대리인은 보존행위로서 기한이 도래한 채무를 변제할 수 있다.
③ (○) 대리인이 수인인 때에는 각자가 본인을 대리한다. 그러나 법률 또는 수권행위에 다른 정한 바가 있는 때에는 그러하지 아니하다(민법 제119조).
④ (×) 대리인은 본인의 허락이 없으면 본인을 위하여 자기와 법률행위를 하거나 동일한 법률행위에 관하여 당사자 쌍방을 대리하지 못한다. 그러나 채무의 이행은 할 수 있다(민법 제124조). 단, 채무의 이행일지라도 새로운 이해관계를 수반하는 채무의 이행, 즉 대물변제나 경개계약 체결 등은 본인의 허락이 없는 한 허용되지 아니한다.
⑤ (○) 사채알선업자가 대주(貸主)와 차주(借主) 쌍방을 대리하여 소비대차계약과 담보권설정계약을 체결한 경우, 대주로부터 소비대차계약을 체결할 대리권을 수여받은 대리인[사채알선업자(註)]은 특별한 사정이 없는 한 그 소비대차계약에서 정한 바에 따라 차주로부터 변제를 수령할 권한도 있다고 봄이 상당하므로 차주가 그 사채알선업자에게 하는 변제는 유효하다(대판 1997.7.8. 97다12273).

답 ❹

095 대리에 관한 설명으로 옳은 것을 모두 고른 것은?(다툼이 있으면 판례에 따름)

ㄱ. 어떤 사람이 대리인의 외양을 가지고 행위하는 것을 본인이 알면서도 이의를 하지 아니하고 방임하는 경우, 본인의 대리권 수여가 추단될 수 있다.
ㄴ. 계약이 적법한 대리인에 의하여 체결되었는데 상대방이 채무불이행을 이유로 계약을 해제한 경우, 대리인이 수령한 계약상 급부를 본인이 현실적으로 인도받지 못하였다면 본인에게는 원상회복의무가 없다.
ㄷ. 대리권이 없는 자가 재단법인의 설립행위를 대리한 경우 본인이 추인을 하여도 언제나 무효이며 무권대리인도 이행책임을 지지 않는다.
ㄹ. 대리인이 계약 체결에 관한 권한을 수여받았다면, 그 계약의 해제권 및 상대방의 의사를 수령할 권한은 특별한 사정이 없는 한 대리인에게 부여된다.

① ㄱ, ㄴ
② ㄱ, ㄷ
③ ㄱ, ㄹ
④ ㄴ, ㄷ
⑤ ㄷ, ㄹ

해설

ㄱ. (○) 대판 2016.5.26. 2016다203315
ㄴ. (×) 계약상 채무의 불이행을 이유로 계약이 상대방 당사자에 의하여 유효하게 해제되었다면, 해제로 인한 원상회복의무는 대리인이 아니라 계약의 당사자인 본인이 부담한다. 이는 본인이 대리인으로부터 그 수령한 급부를 현실적으로 인도받지 못하였다거나 해제의 원인이 된 계약상 채무의 불이행에 관하여 대리인에게 책임 있는 사유가 있다고 하여도 다른 특별한 사정이 없는 한 마찬가지라고 할 것이다(대판 2011.8.18. 2011다30871).
ㄷ. (○) 민법 제136조를 고려하면, 상대방 없는 단독행위인 재단법인 설립행위의 무권대리는 본인의 추인 여부를 불문하고 언제나 확정적·절대적으로 무효이고, 무권대리인도 이행책임을 지지 아니한다.
ㄹ. (×) 매수명의자를 대리하여 매매계약을 체결하였다 하여 곧바로 대리인이 매수인을 대리하여 매매계약의 해제 등 일체의 처분권과 상대방의 의사를 수령할 권한까지 가지고 있다고 볼 수는 없다(대판 1997.3.25. 96다51271).

답 ❷

096 대리에 관한 설명으로 옳지 않은 것은?

① 대리인이 그 권한 내에서 본인을 위한 것임을 표시한 의사표시는 직접 본인에게 효력이 생긴다.
② 복대리인은 본인에 대하여 대리인과 동일한 권리의무가 있다.
③ 대리인이 수인(數人)인 때에는 법률 또는 수권행위에서 다른 정함이 없으면 공동으로 본인을 대리한다.
④ 임의대리권은 대리인의 성년후견의 개시로 소멸된다.
⑤ 특정한 법률행위를 위임한 경우에 대리인이 본인의 지시에 좇아 그 행위를 한 때에는 본인은 자기가 안 사정에 관하여 대리인의 부지(不知)를 주장하지 못한다.

해설

① (○) 민법 제114조 제1항
② (○) 민법 제123조 제2항
③ (×) 대리인이 수인인 때에는 각자가 본인을 대리한다. 그러나 법률 또는 수권행위에 다른 정한 바가 있는 때에는 그러하지 아니하다(민법 제119조).
④ (○) 민법 제127조 제2호
⑤ (○) 민법 제116조 제2항

답 ❸

097 임의대리권의 범위에 관한 설명으로 옳지 않은 것은?(다툼이 있으면 판례에 따름)

① 권한을 정하지 않은 대리인은 보존행위를 할 수 있다.
② 대리인이 수인인 때에는 법률 또는 수권행위에서 달리 정한 바가 없으면 공동으로 본인을 대리한다.
③ 토지 매각의 대리권을 수여받은 대리인은 특별한 사정이 없는 한 중도금과 잔금을 수령할 권한을 가진다.
④ 매매계약 체결에 대해 포괄적 대리권을 수여 받은 자는 특별한 사정이 없는 한 상대방에게 약정된 매매대금의 지급기일을 연장하여 줄 권한을 가진다.
⑤ 대여금의 영수권한만을 위임받은 대리인이 그 대여금의 일부를 면제하기 위해서는 본인의 특별수권이 필요하다.

해설

① (○) 민법 제118조 제1호
② (×) 대리인이 수인인 때에는 각자가 본인을 대리한다. 그러나 법률 또는 수권행위에 다른 정한 바가 있는 때에는 그러하지 아니하다(민법 제119조).
③ (○) 매매계약 체결의 대리권을 수여받은 대리인은 중도금과 잔금을 수령할 권한이 있다(대판 2015.9.10. 2010두1385).
④ (○) 대판 1992.4.14. 91다43107
⑤ (○) 대여금의 영수권한만을 위임받은 대리인은 그 대여금채무의 일부를 면제할 권한이 없다. 그러나 본인의 특별수권이 있으면 가능하다(대판 1981.6.23. 80다3221).

답 ❷

098 대리에 관한 설명으로 옳은 것은?(다툼이 있으면 판례에 따름)

① 대리인 乙이 자신을 본인 甲이라고 하면서 계약을 체결한 경우 그것이 대리권의 범위 내일지라도 그 계약의 효력은 甲이 아닌 乙에게 귀속된다.
② 대리행위를 한 자에게 대리권이 있다는 점에 대한 증명책임은 대리행위의 효과를 주장하는 자에게 있다.
③ 금전소비대차계약에서 원리금반환채무변제의 수령권한을 위임받은 대리인은 원칙적으로 그 원리금반환채무를 면제해 줄 대리권도 있다.
④ 수인의 대리인이 본인을 위하여 각각 상충되는 내용의 계약을 체결한 경우 가장 먼저 체결된 계약만이 본인에게 효력이 있다.
⑤ 임의대리인은 본인의 승낙이 있는 경우에만 복대리인을 선임할 수 있다.

해설

① (×) 대리인 乙이 반드시 대리인임을 표시하여 대리행위를 하여야 하는 것은 아니므로, 대리인 乙이 본인 甲이라고 하면서 계약을 체결한 경우일지라도, 대리권의 범위 내라면 그 계약의 효력은 본인 甲에게 미친다. 판례도 같은 취지에서 다음과 같이 판시하고 있다. 甲이 부동산을 농업협동조합중앙회에 담보로 제공함에 있어 동업자인 乙에게 그에 관한 대리권을 주었다면 乙이 동 중앙회와의 사이에 그 부동산에 관하여 근저당권설정계약을 체결함에 있어 그 피담보채무를 동업관계의 채무로 특정하지 아니하고 또 대리관계를 표시함이 없이 마치 자신이 甲 본인인 양 행세하였다 하더라도 위 근저당권설정계약은 대리인인 위 乙이 그의 권한범위 안에서 한 것인 이상 그 효력은 본인인 甲에게 미친다(대판 1987.6.23. 86다카1411).
② (○) 대판 2010.10.14. 2010다44248
③ (×) 금전소비대차계약에 따른 대여금의 영수권한만을 위임받은 대리인이 그 대여금채무의 일부를 면제하기 위하여는 본인의 특별수권이 필요하다(대판 1981.6.23. 80다3221).
④ (×) 대리인이 수인인 때에는 민법 제119조에 의하여 각자가 본인을 대리하는 것이 원칙이므로, 수인의 대리인에 의하여 체결된 계약은 모두 본인에 대하여 효력이 있다.
⑤ (×) 대리권이 법률행위에 의하여 부여된 경우에는 대리인은 본인의 승낙이 있거나 부득이한 사유 있는 때가 아니면 복대리인을 선임하지 못한다(민법 제120조).

099 민법상 대리에 관한 설명으로 옳은 것은?(다툼이 있으면 판례에 의함) `23 변리`

① 대리권은 대리인의 권리이자 의무의 성격을 갖는다.
② 대리권 남용에 대해 진의 아닌 의사표시에 관한 민법 제107조 제1항 단서가 유추적용되는 경우, 선의의 제3자 보호에 관한 동조 제2항도 함께 유추적용된다.
③ 복대리인은 본인의 대리인이므로 원대리인의 복임행위는 본인을 위한 대리행위이다.
④ 대리권이 이미 소멸한 원대리인에 의해 선임된 복대리인의 대리행위에 대해서는 대리권 소멸 후의 표현대리(제129조)가 성립할 여지가 없다.
⑤ 자신에게 유효한 대리권이 있다고 과실 없이 믿었던, 행위능력 있는 선의의 무권대리인은 본인의 추인이 없더라도 상대방에 대한 무권대리인의 책임에 관한 민법 제135조에 따른 책임을 지지 않는다.

해설

① (×) 대리권은 대리인의 권리가 아닌 권한에 해당한다.
② (○) 법정대리인인 친권자의 대리행위가 객관적으로 볼 때 미성년자 본인에게는 경제적인 손실만을 초래하는 반면, 친권자나 제3자에게는 경제적인 이익을 가져오는 행위이고 행위의 상대방이 이러한 사실을 알았거나 알 수 있었을 때에는 민법 제107조 제1항 단서의 규정을 유추적용하여 행위의 효과가 子(자)에게는 미치지 않는다고 해석함이 타당하나, <u>그에 따라 외형상 형성된 법률관계를 기초로 하여 새로운 법률상 이해관계를 맺은 선의의 제3자에 대하여는 같은 조 제2항의 규정을 유추적용하여 누구도 그와 같은 사정을 들어 대항할 수 없으며</u>, 제3자가 악의라는 사실에 관한 주장·증명책임은 무효를 주장하는 자에게 있다(대판 2018.4.26. 2016다3201).
③ (×) 복대리인은 대리인이 대리인 자신의 이름으로 선임한 본인의 대리인이고, 대리인의 복임행위 자체는 대리인에게 그 법률효과가 귀속되는 대리권의 병존적 부여행위이므로, 본인을 위한 대리행위에는 해당하지 아니한다.
④ (×) 표현대리의 법리는 거래의 안전을 위하여 어떠한 외관적 사실을 야기한 데 원인을 준 자는 그 외관적 사실을 믿음에 정당한 사유가 있다고 인정되는 자에 대하여는 책임이 있다는 일반적인 권리외관 이론에 그 기초를 두고 있는 것인 점에 비추어 볼 때, <u>대리인이 대리권 소멸 후 직접 상대방과 사이에 대리행위를 하는 경우는 물론 대리인이 대리권 소멸 후 복대리인을 선임하여 복대리인으로 하여금 상대방과 사이에 대리행위를 하도록 한 경우에도</u>, 상대방이 대리권 소멸 사실을 알지 못하여 복대리인에게 적법한 대리권이 있는 것으로 믿었고 그와 같이 믿은 데 과실이 없다면 <u>민법 제129조에 의한 표현대리가 성립할 수 있다</u>(대판 1998.5.29. 97다55317).
⑤ (×) 민법 제135조 제1항은 "타인의 대리인으로 계약을 한 자가 그 대리권을 증명하지 못하고 또 본인의 추인을 얻지 못한 때에는 상대방의 선택에 좇아 계약의 이행 또는 손해배상의 책임이 있다"고 규정하고 있다. <u>위 규정에 따른 무권대리인의 상대방에 대한 책임은 무과실책임으로서 대리권의 흠결에 관하여 대리인에게 과실 등의 귀책사유가 있어야만 인정되는 것이 아니고, 무권대리행위가 제3자의 기망이나 문서위조 등 위법행위로 야기되었다고 하더라도 책임은 부정되지 아니한다</u>(대판 2014.2.27. 2013다213038). 단, 위 규정에 따른 책임은 대리인으로서 계약을 맺은 자에게 대리권이 없다는 사실을 상대방이 알았거나 알 수 있었을 때 또는 대리인으로서 계약을 맺은 사람이 제한능력자일 때에는 적용하지 아니한다(민법 제135조 제2항).

답 ❷

100 표현대리에 관한 설명으로 옳은 것은?(다툼이 있으면 판례에 따름)

① 표현대리가 성립되면 무권대리의 성질이 유권대리로 전환된다.
② 표현대리의 성립을 위한 대리권 수여의 표시가 인정되기 위해서는 대리권 또는 대리인이라는 말이 사용되어야 한다.
③ 본인의 성명을 모용하여 자기가 마치 본인인 것처럼 기망하여 본인 명의로 직접 법률행위를 한 경우, 특별한 사정이 없는 한 표현대리는 성립될 수 없다.
④ 대리인이 대리권 소멸 후 복대리인을 선임하여 복대리인으로 하여금 상대방과 대리행위를 하도록 한 경우, 대리권 소멸 후의 표현대리는 적용되지 않는다.
⑤ 대리권 소멸 후의 표현대리는 법정대리에는 적용되지 않는다.

해설

① (×) 유권대리에 있어서는 본인이 대리인에게 수여한 대리권의 효력에 의하여 위와 같은 법률효과가 발생하는 반면 표현대리에 있어서는 대리권이 없음에도 불구하고 법률이 특히 거래상대방 보호와 거래안전 유지를 위하여 본래 무효인 무권대리행위의 효과를 본인에게 미치게 한 것으로서 표현대리가 성립된다고 하여 무권대리의 성질이 유권대리로 전환되는 것은 아니다(대판 1983.12.13. 83다카1489[전합]).
② (×) 민법 제125조가 규정하는 대리권 수여의 표시에 의한 표현대리는 본인과 대리행위를 한 자 사이의 기본적인 법률관계의 성질이나 그 효력의 유무와는 직접적인 관계가 없이 어떤 자가 본인을 대리하여 제3자와 법률행위를 함에 있어 본인이 그 자에게 대리권을 수여하였다는 표시를 제3자에게 한 경우에는 성립될 수가 있고, 또 본인에 의한 대리권 수여의 표시는 반드시 대리권 또는 대리인이라는 말을 사용하여야 하는 것이 아니라 사회통념상 대리권을 추단할 수 있는 직함이나 명칭 등의 사용을 승낙 또는 묵인한 경우에도 대리권 수여의 표시가 있은 것으로 볼 수 있다(대판 1998.6.12. 97다53762).
③ (○) 대판 1993.2.23. 92다52436
④ (×) 대리인이 대리권 소멸 후 복대리인을 선임하여 복대리인으로 하여금 상대방과 사이에 대리행위를 하도록 한 경우에도, 상대방이 대리권 소멸사실을 알지 못하여 복대리인에게 적법한 대리권이 있는 것으로 믿었고, 그와 같이 믿은 데 과실이 없다면 민법 제129조에 의한 표현대리가 성립할 수 있다(대판 1998.5.29. 97다55317).
⑤ (×) 대리권 소멸 후의 표현대리(민법 제129조)는 임의대리와 법정대리에 모두 적용된다.

답 ❸

101

乙은 甲으로부터 甲의 부동산을 담보로 3천만원을 차용할 수 있는 대리권을 수여받았다고 하면서 甲을 대리하여 丙과 소비대차계약을 체결하였다. 이에 관한 설명으로 옳지 않은 것은?(다툼이 있으면 판례에 따름)

[20] 변리

① 甲이 丙을 상대로, 乙에게 위와 같은 권한을 부여하였다고 말하였지만 실제로는 대리권을 乙에게 수여하지 않은 경우, 甲은 선의이고 무과실인 丙에게 대리권 수여의 표시에 의한 표현대리의 책임을 진다.

② 乙이 甲으로부터 위와 같은 권한을 적법하게 부여받고서 丙과 5천만원을 차용하는 계약을 체결한 경우, 丙이 乙에게 그런 권한이 있었다고 믿을 만한 정당한 이유가 있었다면 3천만원을 초과하는 부분에 대해서는 甲은 권한을 넘은 표현대리의 책임을 진다.

③ 甲으로부터 위와 같은 권한을 적법하게 부여받은 乙이 선임한 복대리인 丁이 丙으로부터 5천만원을 차용하는 계약을 체결한 경우, 丙이 丁에게 그런 권한이 있었다고 믿을 만한 정당한 이유가 있었다면 3천만원을 초과하는 부분에 대해서는 甲은 권한을 넘은 표현대리의 책임을 진다.

④ 甲으로부터 위와 같은 권한을 적법하게 부여받은 乙이 소비대차계약 대신 丙에게 甲의 대리인으로서 그 부동산을 매도하였다면, 丙이 乙에게 매도할 권한이 있었다고 믿을 만한 정당한 이유가 있었다고 하더라도 매도행위는 차용행위와는 별개이므로 甲은 권한을 넘은 표현대리의 책임을 지지 않는다.

⑤ 권한을 넘은 표현대리에서 정당한 이유의 존부는 자칭 대리인의 대리행위가 행하여질 때에 존재하는 모든 사정을 객관적으로 관찰하여 판단하여야 한다.

해설

① (O) 민법 제125조의 표현대리에 해당하기 위하여는 상대방은 선의·무과실이어야 하므로 상대방에게 과실이 있다면 제125조의 표현대리를 주장할 수 없다(대판 1997.3.25. 96다51271). 甲이 乙에게 대리권 수여의 표시를 하고 대리권은 수여하지 아니한 경우, 丙이 선의·무과실이라면 甲은 丙에게 대리권 수여의 표시에 의한 표현대리의 책임을 진다.

② (O) 乙이 甲으로부터 3천만원을 차용할 수 있는 대리권을 수여받아 이를 기본대리권으로 하여 丙과 5천만원을 차용하는 계약을 체결한 경우, 丙과 소비대차계약의 체결을 대리할 당시에 존재하는 모든 사정을 객관적으로 관찰하여 판단하건대 丙에게 정당한 이유가 인정된다면 3천만원을 초과하는 부분에 대해서는 甲은 권한을 넘은 표현대리의 책임을 진다.

> 권한을 넘은 표현대리의 효과를 주장하려면 자칭 대리인이 본인을 위한다는 의사를 명시 또는 묵시적으로 표시하거나 대리의사를 가지고 권한 외의 행위를 하는 경우에 상대방이 자칭 대리인에게 대리권이 있다고 믿고 그와 같이 믿는 데 정당한 이유가 있을 것을 요건으로 하는 것인데, 여기서 정당한 이유의 존부는 자칭 대리인의 대리행위가 행하여질 때에 존재하는 모든 사정을 객관적으로 관찰하여 판단하여야 한다(대판 2019.5.30. 2019다203545).

③ (O) 판례의 취지를 고려할 때 甲의 대리인 乙이 선임한 복대리인 丁이 丙으로부터 5천만원을 차용하는 계약을 체결한 경우, 丙이 丁에게 그런 권한이 있었다고 믿을 만한 정당한 이유가 있었다면 3천만원을 초과하는 부분에 대해서는 甲은 권한을 넘은 표현대리의 책임을 진다.

> 대리인이 사자 내지 임의로 선임한 복대리인을 통하여 권한 외의 법률행위를 한 경우, 상대방이 그 행위자를 대리권을 가진 대리인으로 믿었고 또한 그렇게 믿는 데에 정당한 이유가 있는 때에는, 복대리인선임권이 없는 대리인에 의하여 선임된 복대리인의 권한도 기본대리권이 될 수 있을 뿐만 아니라, 그 행위자가 사자라고 하더라도 대리행위의 주체가 되는 대리인이 별도로 있고 그들에게 본인으로부터 기본대리권이 수여된 이상, 민법 제126조를 적용함에 있어서 기본대리권의 흠결문제는 생기지 않는다(대판 1998.3.27. 97다48982).

④ (×) 민법 제126조의 표현대리는 문제된 법률행위와 수여받은 대리권 사이에 아무런 관계가 없는 경우에도 적용될 수 있으므로(대판 1963.11.21. 63다418), 甲으로부터 위와 같은 권한을 적법하게 부여받은 乙이 소비대차계약 대신 丙에게 甲의 대리인으로서 그 부동산을 매도한 경우, 丙이 乙에게 매할 권한이 있었다고 믿을 만한 정당한 이유가 있었다면 매도행위에 대하여 甲은 권한을 넘은 표현대리의 책임을 진다.

⑤ (○) 권한을 넘은 표현대리의 효과를 주장하려면 자칭 대리인이 본인을 위한다는 의사를 명시 또는 묵시적으로 표시하거나 대리의사를 가지고 권한 외의 행위를 하는 경우에 상대방이 자칭 대리인에게 대리권이 있다고 믿고 그와 같이 믿는 데 정당한 이유가 있을 것을 요건으로 하는 것인데, 여기서 정당한 이유의 존부는 자칭 대리인의 대리행위가 행하여질 때에 존재하는 모든 사정을 객관적으로 관찰하여 판단하여야 한다(대판 2019.5.30. 2019다203545).

답 ❹

102 표현대리에 관한 설명으로 옳은 것을 모두 고른 것은?(다툼이 있으면 판례에 따름) 25 노무

ㄱ. 표현대리행위가 성립하는 경우에는 상대방에게 과실이 있다고 하더라도 과실상계의 법리를 유추 적용하여 본인의 책임을 경감할 수 없다.
ㄴ. 당사자가 표현대리를 주장하는 경우, 무권대리인과 표현대리에 해당하는 무권대리행위를 특정하여야 한다.
ㄷ. 권한을 넘은 표현대리에서 기본대리권의 내용과 표현대리행위는 동종의 것일 필요는 없다.

① ㄱ
② ㄱ, ㄴ
③ ㄱ, ㄷ
④ ㄴ, ㄷ
⑤ ㄱ, ㄴ, ㄷ

해설

ㄱ. (○) 표현대리행위가 성립하는 경우에 그 본인은 표현대리행위에 의하여 전적인 책임을 져야 하고, 상대방에게 과실이 있다고 하더라도 과실상계의 법리를 유추적용하여 본인의 책임을 경감할 수 없다(대판 1996.7.12. 95다49554).

ㄴ. (○) 표현대리 제도는 대리권이 있는 것 같은 외관이 생긴데 대해 본인이 민법 제125조, 제126조 및 제129조 소정의 원인을 주고 있는 경우에 그러한 외관을 신뢰한 선의·무과실의 제3자를 보호하기 위하여 그 무권대리 행위에 대하여 본인이 책임을 지게 하려는 것이고 이와 같은 문제는 무권대리인과 본인과의 관계, 무권대리인의 행위 당시의 여러가지 사정 등에 따라 결정되어야 할 것이므로 당사자가 표현대리를 주장함에는 무권대리인과 표현대리에 해당하는 무권대리 행위를 특정하여 주장하여야 한다 할 것이고 따라서 당사자의 표현대리의 항변은 특정된 무권대리인의 행위에만 미치고 그 밖의 무권대리인이나 무권대리 행위에는 미치지 아니한다(대판 1984.7.24. 83다카1819).

ㄷ. (○) 권한을 넘은 표현대리에서 기본대리권의 내용과 표현대리행위는 동종의 것일 필요는 없다. 따라서 기본대리권이 등기신청행위라 할지라도 표현대리인이 그 권한을 유월하여 대물변제라는 사법행위를 한 경우에는 표현대리의 법리가 적용된다(대판 1978.3.28. 78다282).

답 ❺

103 권한을 넘은 표현대리에 관한 판례의 입장과 다른 것은?

 05 사시

① 처가 남편으로부터의 특별수권없이 남편 소유의 부동산을 처분한 경우 그것이 민법 제126조의 표현대리가 되려면 처에게 일상가사대리권이 있었다는 것만이 아니라 상대방이 처에게 남편이 그 행위에 관한 대리의 권한을 주었다고 믿었음을 정당화할 만한 객관적 사정이 있어야 한다.
② 사술을 써서 대리행위의 표시를 하지 아니하고 단지 본인의 성명을 모용하여 자기가 마치 본인인 것처럼 기망함으로써 본인 명의로 직접 법률행위를 한 경우에는 특별한 사정이 없는 한 민법 제126조의 표현대리가 성립할 수 없다.
③ 권한을 넘은 표현대리에 있어서 정당한 이유의 유무는 대리행위 당시를 기준으로 하여 판정하여야 하고 대리행위 성립 후의 사정을 고려할 것이 아니다.
④ 주택건설촉진법에 의하여 설립된 주택조합의 대표자가 조합원 총회의 결의를 거치지 아니하고 조합원의 총유에 속하는 건물을 처분한 행위에 관하여는 민법 제126조의 표현대리에 관한 규정이 준용되지 아니한다.
⑤ 표현대리행위와 기본대리권은 동종 내지는 유사한 것이어야 하므로 기본대리권이 등기신청행위임에도 표현대리인이 대물변제를 한 경우와 같이 전혀 별개의 행위를 한 경우에는 민법 제126조의 표현대리가 성립할 수 없다.

해설

① (○) 일반사회 통념상 남편이 처에게 자기 소유의 부동산을 타인에게 담보로 제공 또는 그 권리 명의이전절차를 이행케 하거나 그 원인되는 법률행위를 함에 필요한 대리권을 수여한다는 것은 이례에 속하는 것이므로 처가 특별한 수권없이 남편 소유의 부동산에 관하여 위와 같은 행위를 하였을 경우에 그것이 민법 제126조 소정의 표현대리가 되려면 그 처에게 가사대리권이 있었다는 것뿐만 아니라 상대방에 처에게 남편이 그 행위에 관한 대리의 권한을 주었다고 믿었음을 정당화할 만한 객관적인 사정이 있어야 한다(대판 1981.8.25. 80다3204).
② (○) 민법 제126조의 표현대리는 대리인이 본인을 위한다는 의사를 명시 혹은 묵시적으로 표시하거나 대리의사를 가지고 권한 외의 행위를 하는 경우에 성립하고, 사술을 써서 대리행위의 표시를 하지 아니하고 단지 본인의 성명을 모용하여 자기가 마치 본인인 것처럼 기망하여 본인 명의로 직접 법률행위를 한 경우에는 특별한 사정이 없는 한 위 법조 소정의 표현대리는 성립할 수 없다(대판 1993.2.23. 92다52436). 동일한 판례의 아래와 같은 또 하나의 판결요지도 중요하다. 즉 판례는 본인으로부터 아파트에 관한 임대 등 일체의 관리권한을 위임받아 본인으로 가장하여 아파트를 임대한 바 있는 대리인이 다시 자신을 본인으로 가장하여 임차인에게 아파트를 매도하는 법률행위를 한 경우에는 권한을 넘은 표현대리의 법리를 유추적용하여 본인에 대하여 그 행위의 효력이 미친다고 볼 수 있다고 판시하고 있다(대판 1993.2.23. 92다52436).
③ (○) 권한을 넘은 표현대리에 있어서 정당한 이유의 유무는 대리행위 당시를 기준으로 하여 판정하여야 하고 매매계약 성립 이후의 사정은 고려할 것이 아니다(대판 1997.6.27. 97다3828).
④ (○) 주택조합이 주체가 되어 신축 완공한 건물로서 일반에게 분양되는 부분은 조합원 전원의 총유에 속하며, 총유물의 관리 및 처분에 관하여 주택조합의 정관이나 규약에 정한 바가 있으면 이에 따라야 하고, 그에 관한 정관이나 규약이 없으면 조합원 총회의 결의에 의하여야 할 것이며, 그와 같은 절차를 거치지 않은 행위는 무효라고 할 것이다(대판 2003.7.11. 2001다73626).
⑤ (×) 기본대리권이 등기신청행위라 할지라도 표현대리인이 그 권한을 유월하여 대물변제라는 사법행위를 한 경우에는 표현대리의 법리가 적용된다(대판 1978.3.28. 78다282).

답

104

甲이 乙의 대리인으로서 丙과 매매계약을 체결하였는데, 甲에게는 매매에 관한 대리권이 없었다. 이 경우의 법률관계에 관한 설명 중 옳지 않은 것은?(다툼이 있는 경우에는 판례에 의함)

12 변시

① 甲의 대리행위가 권한을 넘은 표현대리에 해당하는지 여부를 판단함에 있어서 정당한 이유의 존부는 甲의 대리행위시를 기준으로 판단하여야 한다.
② 甲이 乙의 배우자인 경우에는 일상가사대리권을 기본대리권으로 하는 권한을 넘은 표현대리가 성립할 수 있다.
③ 丙이 乙을 상대로 제기한 위 매매계약의 이행청구 소송에서 丙이 甲의 행위가 유권대리에 해당한다고 주장한 경우, 그 주장 속에는 甲의 행위가 표현대리에 해당한다는 주장이 포함되어 있는 것으로 볼 수 없다.
④ 만약 甲이 乙의 복대리인인 경우, 甲의 대리행위는 권한을 넘은 표현대리에 해당할 수 없다.
⑤ 甲의 대리행위가 대리권 소멸 후의 표현대리로 인정되는 경우에도 권한을 넘은 표현대리가 성립할 수 있다.

해설

① (○) 甲의 대리행위가 권한을 넘은 표현대리에 해당하는지 여부를 판단함에 있어서 정당한 이유의 존부는 甲의 매매계약 당시(대리행위시)를 기준으로 판단하여야 하고 매매계약 성립 이후의 사정은 고려할 것이 아니다(대판 1981.12.8. 81다322, 대판 2009.11.12. 2009다46828).
② (○) 판례의 취지를 고려할 때 丙에게 乙이 甲에게 매매계약 체결에 대한 대리권을 주었다고 믿었음을 정당화할 만한 객관적인 사정이 있는 경우에는 일상가사대리권을 기본대리권으로 하는 권한을 넘은 표현대리가 성립할 수 있다.

> 타인의 채무에 대한 보증행위는 그 성질상 아무런 반대급부 없이 오직 일방적으로 불이익만을 입는 것인 점에 비추어 볼 때, 남편이 처에게 타인의 채무를 보증함에 필요한 대리권을 수여한다는 것은 사회통념상 이례에 속하므로, 처가 특별한 수권 없이 남편을 대리하여 위와 같은 행위를 하였을 경우에 그것이 민법 제126조 소정의 표현대리가 되려면 처에게 일상가사대리권이 있었다는 것만이 아니라 상대방이 처에게 남편이 그 행위에 관한 대리의 권한을 주었다고 믿었음을 정당화할 만한 객관적인 사정이 있어야 한다(대판 1998.7.10. 98다18988).

③ (○) 丙이 乙을 상대로 제기한 위 매매계약의 이행청구 소송에서 丙이 甲의 행위가 유권대리에 해당한다고 주장한 경우, 그 주장 속에는 별개의 주요사실에 해당하는 표현대리에 해당한다는 주장이 포함되어 있는 것으로 볼 수 없다.

> 유권대리에 있어서는 본인이 대리인에게 수여한 대리권의 효력에 의하여 위와 같은 법률효과가 발생하는 반면 표현대리에 있어서는 대리권이 없음에도 불구하고 법률이 특히 거래상대방 보호와 거래안전 유지를 위하여 본래 무효인 무권대리행위의 효과를 본인에게 미치게 한 것으로서 표현대리가 성립된다고 하여 무권대리의 성질이 유권대리로 전환되는 것은 아니다(대판 1983.12.13. 83다카1489[전합]).

④ (×) 대리인이 사자 내지 임의로 선임한 복대리인을 통하여 권한 외의 법률행위를 한 경우, 상대방이 그 행위자를 대리권을 가진 대리인으로 믿었고 또한 그렇게 믿는 데에 정당한 이유가 있는 때에는, 복대리인선임권이 없는 대리인에 의하여 선임된 복대리인의 권한도 기본대리권이 될 수 있을 뿐만 아니라, 그 행위자가 사자라고 하더라도 대리행위의 주체가 되는 대리인이 별도로 있고 그들에게 본인으로부터 기본대리권이 수여된 이상, 민법 제126조를 적용함에 있어서 기본대리권의 흠결문제는 생기지 않는다(대판 1998.3.27. 97다48982). 따라서 甲이 乙의 복대리인인 경우, 甲의 대리행위는 권한을 넘은 표현대리에 해당할 수 있다고 판단된다.
⑤ (○) 과거에 가졌던 대리권이 소멸되어 민법 제129조에 의하여 표현대리로 인정되는 경우에 그 표현대리의 권한을 넘는 대리행위가 있을 때에는 민법 제126조에 의한 표현대리가 성립할 수 있으므로, 甲의 대리행위가 대리권 소멸 후의 표현대리로 인정되는 경우에도 권한을 넘은 표현대리가 성립할 수 있다(대판 2008.1.31. 2007다74713).

답 ④

105 대리에 관한 설명 중 옳지 않은 것은?(다툼이 있는 경우에는 판례에 의함) 변시

① 매매계약의 체결과 이행에 관하여 포괄적으로 대리권을 수여받은 대리인이라도 특별한 사정이 없는 한 상대방에 대하여 약정된 매매대금 지급기일을 연기해 줄 권한은 갖지 않는다.
② 부동산입찰절차에서 동일한 물건에 관하여 1인이 이해관계를 달리하는 2인 이상의 대리인이 된 경우, 그 대리인이 한 입찰행위는 원칙적으로 무효이다.
③ 甲 소유의 X토지에 관하여 매매계약을 체결할 대리권을 수여받은 乙이 매수인 丙으로부터 잔금을 수령하였다면, 특별한 사정이 없는 한 乙이 잔금을 甲에게 전달하지 않았더라도 丙의 잔금지급채무는 소멸한다.
④ 상대방의 대리인이 표의자를 기망한 경우에는 상대방이 그 사실을 알았거나 알 수 있었는지 여부에 관계없이 표의자는 자신의 의사표시를 취소할 수 있다.
⑤ 민법 제126조의 표현대리가 성립하기 위하여는 기본대리권이 존재하여야 하는데, 법정대리권도 기본대리권에 해당할 수 있다.

해설

① (×), ③ (○) 매매계약의 체결과 이행에 관하여 포괄적으로 대리권을 수여받은 대리인은 특별한 사정이 없는 한 약정된 매매대금 지급기일을 연기해 줄 권한도 갖는 것이 보통이고, 대리인 乙이 매수인 丙으로부터 잔금을 수령하였다면, 그 법률효과는 직접 甲에게 귀속되므로 특별한 사정이 없는 한 乙이 잔금을 甲에게 전달하지 않았더라도 丙의 잔금지급채무는 소멸한다고 보아야 한다.

> 부동산의 소유자로부터 매매계약을 체결할 대리권을 수여받은 대리인은 특별한 다른 사정이 없는 한 그 매매계약에서 약정한 바에 따라 중도금이나 잔금을 수령할 수도 있다고 보아야 하고, ❸ 매매계약의 체결과 이행에 관하여 포괄적으로 대리권을 수여받은 대리인은 특별한 다른 사정이 없는 한 상대방에 대하여 약정된 매매대금 지급기일을 연기하여 줄 권한도 가진다고 보아야 할 것이다❶(대판 1992.4.14. 91다43107).

② (○) 민법 제124조는 "대리인은 본인의 허락이 없으면 본인을 위하여 자기와 법률행위를 하거나 동일한 법률행위에 관하여 당사자 쌍방을 대리하지 못한다"고 규정하고 있으므로 부동산 입찰절차에서 동일물건에 관하여 이해관계가 다른 2인 이상의 대리인이 된 경우에는 그 대리인이 한 입찰은 무효이다(대결 2004.2.13. 2003마44).

④ (○) 의사표시의 상대방이 아닌 자로서 기망행위를 하였으나 민법 제110조 제2항에서 정한 제3자에 해당되지 아니한다고 볼 수 있는 자란 그 의사표시에 관한 상대방의 대리인 등 상대방과 동일시할 수 있는 자만을 의미하고, 단순히 상대방의 피용자이거나 상대방이 사용자책임을 져야 할 관계에 있는 피용자에 지나지 않는 자는 상대방과 동일시할 수는 없어 이 규정에서 말하는 제3자에 해당한다(대판 1998.1.23. 96다41496). 따라서 상대방의 대리인이 표의자를 기망한 경우에는 상대방이 그 사실을 알았거나 알 수 있었는지 여부에 관계없이 표의자는 자신의 의사표시를 취소할 수 있다.

⑤ (○) 2011년 한정후견인이 피한정후견인의 부동산을 처분하는 경우에는 한정후견감독인의 동의를 받아야 하는 것으로 민법 제950조 제1항이 개정되었지만 법정대리권을 기본대리권으로 하여 민법 제126조의 표현대리가 성립할 수 있다는 아래 판례의 취지는 여전히 유효하다고 보인다.

> 민법 제126조 소정의 권한을 넘는 표현대리규정은 거래의 안전을 도모하여 거래상대방의 이익을 보호하려는 데에 그 취지가 있으므로 법정대리라고 하여 임의대리와는 달리 그 적용이 없다고 할 수 없고, 따라서 한정치산자의 후견인이 친족회의 동의를 얻지 않고 피후견인의 부동산을 처분하는 행위를 한 경우에도 상대방이 친족회의 동의가 있다고 믿은 데에 정당한 사유가 있는 때에는 본인인 한정치산자에게 그 효력이 미친다(대판 1997.6.27. 97다3828).

답 ❶

106 무권대리와 표현대리에 관한 설명 중 옳은 것을 모두 고른 것은?(다툼이 있으면 판례에 따름)

11 사시

ㄱ. 일방 당사자가 대리인을 통하여 계약을 체결하는 경우 대리인을 통하여 본인과의 사이에 계약을 체결하려는 계약 상대방의 의사만 인정되면 대리권의 존부와 관계없이 본인과 상대방이 계약의 당사자가 된다.
ㄴ. 민법 제125조의 대리권수여의 표시에 의한 표현대리는 어떤 자가 본인을 대리하여 제3자와 법률행위를 함에 있어 그 자와 본인 사이의 유효한 법률관계를 기초로 본인이 그 자에게 대리권을 수여하였다는 표시를 한 경우에 한하여 성립한다.
ㄷ. 복대리인 선임권 없는 대리인이 선임한 복대리인이 가진 대리인의 권한 밖의 법률행위를 한 경우 상대방이 그 행위자를 대리권을 가진 대리인으로 믿었고 또한 그렇게 믿은 데 정당한 이유가 있는 때에는 그 법률행위는 본인에게 효력이 발생한다.
ㄹ. 표현대리는 무권대리행위의 효과를 본인에게 미치게 하는 제도로서 표현대리가 성립하면 무권대리의 성질이 유권대리로 전환되므로 유권대리에 관한 주장 속에는 표현대리의 주장이 포함되어 있다.
ㅁ. 무권대리인 甲이 본인 乙의 부동산을 무권대리인임을 모르는 丙에게 임의로 매도한 후 소유권이전등기를 마친 경우 甲이 乙을 상속하였음을 이유로 甲 스스로 위 부동산 매매계약이 무권대리행위임을 주장하여 이미 경료된 소유권이전등기의 말소를 청구하는 것은 신의칙에 반한다.

① ㄱ, ㄷ, ㅁ
② ㄱ, ㄷ
③ ㄴ, ㄹ
④ ㅁ
⑤ ㄴ, ㄷ, ㄹ, ㅁ

해설

ㄱ. (○) 일방 당사자가 대리인을 통하여 계약을 체결하는 경우에 있어서 계약의 상대방이 대리인을 통하여 본인과 사이에 계약을 체결하려는 데 의사가 일치하였다면 대리인의 대리권 존부 문제와는 무관하게 상대방과 본인이 그 계약의 당사자이다(대판 2003.12.12. 2003다44059).
ㄴ. (×) 민법 제125조가 규정하는 대리권 수여의 표시에 의한 표현대리는 본인과 대리행위를 한 자 사이의 기본적인 법률관계의 성질이나 그 효력의 유무와는 관계가 없이 어떤 자가 본인을 대리하여 제3자와 법률행위를 함에 있어 본인이 그 자에게 대리권을 수여하였다는 표시를 제3자에게 한 경우에 성립하는 것이고, 이때 서류를 교부하는 방법으로 민법 제125조 소정의 대리권 수여의 표시가 있었다고 하기 위하여는 본인을 대리한다고 하는 자가 제출하거나 소지하고 있는 서류의 내용과 그러한 서류가 작성되어 교부된 경위나 형태 및 대리행위라고 주장하는 행위의 종류와 성질 등을 종합하여 판단하여야 할 것이다(대판 2001.8.21. 2001다31264).
ㄷ. (○) 대리인이 사자 내지 임의로 선임한 복대리인을 통하여 권한 외의 법률행위를 한 경우, 상대방이 그 행위자를 대리권을 가진 대리인으로 믿었고 또한 그렇게 믿는 데에 정당한 이유가 있는 때에는, 복대리인 선임권이 없는 대리인에 의하여 선임된 복대리인의 권한도 기본대리권이 될 수 있을 뿐만 아니라, 그 행위자가 사자라고 하더라도 대리행위의 주체가 되는 대리인이 별도로 있고 그들에게 본인으로부터 기본대리권이 수여된 이상, 민법 제126조를 적용함에 있어서 기본대리권의 흠결 문제는 생기지 않는다(대판 1998.3.27. 97다48982).
ㄹ. (×) 유권대리에 있어서는 본인이 대리인에게 수여한 대리권의 효력에 의하여 법률효과가 발생하는 반면 표현대리에 있어서는 대리권이 없음에도 불구하고 법률이 특히 거래상대방 보호와 거래안전유지를 위하여 본래 무효인 무권대리행위의 효과를 본인에게 미치게 한 것으로서 표현대리가 성립된다고 하여 무권대리의 성질이 유권대리로 전환되는 것은 아니므로, 양자의 구성요건 해당사실 즉 주요사실은 다르다고 볼 수밖에 없으니 유권대리에 관한 주장 속에 무권대리에 속하는 표현대리의 주장이 포함되어 있다고 볼 수 없다(대판 1983.12.13. 83다카1489[전합]).

ㅁ. (○) 갑이 대리권 없이 을 소유 부동산을 병에게 매도하여 부동산소유권 이전등기 등에 관한 특별조치법에 의하여 소유권이전등기를 마쳐주었다면 그 매매계약은 무효이고 이에 터잡은 이전등기 역시 무효가 되나, 갑은 을의 무권대리인으로서 민법 제135조 제1항의 규정에 의하여 매수인 병에게 부동산에 대한 소유권이전등기를 이행할 의무가 있으므로 그러한 지위에 있는 갑이 을로부터 부동산을 상속받아 그 소유자가 되어 소유권이전등기이행의무를 이행하는 것이 가능하게 된 시점에서 자신이 소유자라고 하여 자신으로부터 부동산을 전전매수한 정에게 원래 자신의 매매행위가 무권대리행위여서 무효였다는 이유로 정 앞으로 경료된 소유권이전등기가 무효의 등기라고 주장하여 그 등기의 말소를 청구하거나 부동산의 점유로 인한 부당이득금의 반환을 구하는 것은 금반언의 원칙이나 신의성실의 원칙에 반하여 허용될 수 없다(대판 1994.9.27. 94다20617).

답 ❶

107 표현대리에 관한 설명으로 옳지 않은 것은?(다툼이 있으면 판례에 따름)

① 비법인사단인 교회의 대표자가 교인총회의 결의를 거치지 않고 총유물인 교회재산을 처분한 행위에 대하여는 민법 제126조(권한을 넘은 표현대리)를 준용할 수 있다.
② 민법 제129조(대리권 소멸 후의 표현대리)에 의하여 인정되는 표현대리를 기본대리권으로 하여 그 권한을 넘는 표현대리가 성립할 수 있다.
③ 민법 제125조(대리권 수여의 표시에 의한 표현대리)의 표현대리가 인정되려면, 대리행위의 상대방이 대리인으로 행위한 사람에게 실제로는 대리권이 없다는 점에 대하여 선의일 뿐만 아니라 무과실이어야 한다.
④ 민법 제126조의 표현대리가 인정되려면, 대리행위의 상대방이 대리행위가 대리권의 범위 내에 있다고 믿고 그와 같이 믿는 데 정당한 이유가 있을 것을 요한다.
⑤ 민법 제125조의 표현대리는 어떤 자가 본인을 대리하여 제3자와 법률행위를 함에 있어 본인이 그 자에게 대리권을 수여하였다는 표시를 제3자에게 한 경우에 성립한다.

해설

① (×) 비법인사단인 교회의 대표자는 총유물인 교회재산의 처분에 관하여 교인총회의 결의를 거치지 아니하고는 이를 대표하여 행할 권한이 없다. 그리고 교회의 대표자가 권한 없이 행한 교회재산의 처분행위에 대하여는 민법 제126조의 표현대리에 관한 규정이 준용되지 아니한다(대판 2009.2.12. 2006다23312).
② (○) 민법 제126조에서 말하는 권한을 넘은 표현대리는 현재에 대리권을 가진 자가 그 권한을 넘은 경우에 성립하는 것이지, 현재에 아무런 대리권도 가지지 아니한 자가 본인을 위하여 한 어떤 대리행위가 과거에 이미 가졌던 대리권을 넘는 경우에까지 성립하는 것은 아니라고 할 것이고, 한편 과거에 가졌던 대리권이 소멸되어 민법 제129조에 의하여 표현대리로 인정되는 경우에 그 표현대리의 권한을 넘는 대리행위가 있을 때에는 민법 제126조에 의한 표현대리가 성립할 수 있다(대판 1979.3.27. 79다234).
③ (○) 민법 제125조의 표현대리에 해당하기 위해서는 상대방은 선의·무과실이어야 하고 상대방에게 과실이 있다면 대리권수여표시에 의한 표현대리를 주장할 수 없다고 할 것이다(대판 1997.3.25. 96다51271).
④ (○) 권한을 넘은 표현대리의 효과를 주장하려면 자칭 대리인이 본인을 위한다는 의사를 명시 또는 묵시적으로 표시하거나 대리의사를 가지고 권한 외의 행위를 하는 경우에 상대방이 자칭 대리인에게 대리권이 있다고 믿고 그와 같이 믿는 데 정당한 이유가 있을 것을 요건으로 하는 것인데, 여기서 정당한 이유의 존부는 자칭 대리인의 대리행위가 행하여질 때에 존재하는 모든 사정을 객관적으로 관찰하여 판단하여야 한다(대판 2019.5.30. 2019다203545).
⑤ (○) 민법 제125조가 규정하는 대리권 수여의 표시에 의한 표현대리는 본인과 대리행위를 한 자 사이의 기본적인 법률관계의 성질이나 그 효력의 유무와는 관계없이 어떤 자가 본인을 대리하여 제3자와 법률행위를 함에 있어 본인이 그 자에게 대리권을 수여하였다는 표시를 제3자에게 한 경우에 성립한다(대판 2007.8.23. 2007다23425).

답 ❶

108

표현대리에 관한 설명으로 옳지 않은 것은?(다툼이 있는 경우에는 판례에 의함) 〔14〕 변리

① 주식거래에 관한 투자수익보장약정이 강행법규의 위반으로 무효인 경우, 그러한 약정을 체결할 권한이 수여되었는지 여부와 관계없이 표현대리에 관한 법리가 적용될 수 없다.
② 대리인이 본인을 위한다는 의사를 표시하지 않고 그의 이름을 모용하여 마치 자기가 본인인 것처럼 기망하여 본인 명의로 직접 대리권의 범위를 넘은 법률행위를 한 때에는, 특별한 사정이 없으면, 권한을 넘은 표현대리가 성립할 수 없다.
③ 권한을 넘은 표현대리에 있어서 정당한 이유의 유무는 대리행위 당시를 기준으로 하고 대리행위 성립 이후의 사정을 참작하여 판정하여야 한다.
④ 표현대리가 성립하면 그 본인은 표현대리행위에 대하여 전적인 책임을 져야 하고 상대방에게 과실이 있다고 하더라도 과실상계의 법리를 유추적용하여 그의 책임을 감경할 수 없다.
⑤ 대리권 소멸 후의 표현대리에 관한 민법 제129조는 임의대리권이 소멸한 경우만이 아니라 법정대리인의 대리권 소멸에 관하여도 그 적용이 있다.

해설

① (○) 증권회사 또는 그 임·직원의 부당권유행위를 금지하는 증권거래법 제52조 제1호는 공정한 증권거래질서의 확보를 위하여 제정된 강행법규로서 이에 위배되는 주식거래에 관한 투자수익보장약정은 무효이고, 투자수익 보장이 강행법규에 위반되어 무효인 이상 증권회사의 지점장에게 그와 같은 약정을 체결할 권한이 수여되었는지 여부에 불구하고 그 약정은 여전히 무효이므로 표현대리의 법리가 준용될 여지가 없다(대판 1996.8.23. 94다38199).
② (○) 민법 제126조의 표현대리는 대리인이 본인을 위한다는 의사를 명시 혹은 묵시적으로 표시하거나 대리의사를 가지고 권한 외의 행위를 하는 경우에 성립하고, 사술을 써서 위와 같은 대리행위의 표시를 하지 아니하고 단지 본인의 성명을 모용하여 자기가 마치 본인인 것처럼 기망하여 본인 명의로 직접 법률행위를 한 경우에는 특별한 사정이 없는 한 위 법조 소정의 표현대리는 성립될 수 없다(대판 2002.6.28. 2001다49814).
③ (×) 권한을 넘은 표현대리에 있어서 무권대리인에게 그 권한이 있다고 믿을 만한 정당한 이유가 있는가의 여부는 매매계약(대리행위) 당시를 기준으로 결정하여야 하고 매매계약 성립 이후의 사정은 고려할 것이 아니다(대판 1981.12.8. 81다322, 대판 2009.11.12. 2009다46828).
④ (○) 표현대리행위가 성립하는 경우에 본인은 표현대리행위에 기하여 전적인 책임을 져야 하는 것이고 상대방에게 과실이 있다고 하더라도 과실상계의 법리를 유추적용하여 본인의 책임을 감경할 수 없는 것이다(대판 1994.12.22. 94다24985).
⑤ (○) 민법 제129조의 표현대리는 임의대리와 법정대리 모두에 적용된다는 것이 학설·판례(대판 1975.1.28. 74다1199)의 일반적인 태도이다.

답 ❸

109 표현대리에 관한 설명으로 옳은 것은?(다툼이 있는 경우에는 판례에 의함)

① 기본대리권 없는 자가 자신이 본인인 것처럼 가장하여 본인 명의로 법률행위를 한 경우에는 특별한 사정이 없는 한, 권한을 넘은 표현대리가 성립하지 않는다.
② 표현대리가 성립하는 경우, 상대방에게 과실이 있으면 과실상계의 법리를 유추적용하여 본인의 책임을 경감할 수 있다.
③ 대리권 수여의 표시에 의한 표현대리에 해당하여 대리행위의 효과가 본인에게 귀속하기 위해서는 대리행위의 상대방의 선의 이외에 무과실까지 요하는 것은 아니다.
④ 권한을 넘은 표현대리규정은 법정대리에는 그 적용이 없다.
⑤ 등기신청의 대리권을 수여받은 자가 그 권한을 유월하여 대물변제라는 사법행위를 한 경우에는 권한을 넘은 표현대리가 성립하지 않는다.

해설

① (○) 민법 제126조의 표현대리는 대리인이 본인을 위한다는 의사를 명시 혹은 묵시적으로 표시하거나 대리의사를 가지고 권한 외의 행위를 하는 경우에 성립하고, 사술을 써서 위와 같은 대리행위의 표시를 하지 아니하고 단지 본인의 성명을 모용하여 자기가 마치 본인인 것처럼 기망하여 본인 명의로 직접 법률행위를 한 경우에는 특별한 사정이 없는 한 위 법조 소정의 표현대리는 성립될 수 없다(대판 2002.6.28, 2001다49814).
② (×) 표현대리행위가 성립하는 경우에 본인은 표현대리행위에 기하여 전적인 책임을 져야 하는 것이고 상대방에게 과실이 있다고 하더라도 과실상계의 법리를 유추적용하여 본인의 책임을 감경할 수 없는 것이다(대판 1994.12.22, 94다24985).
③ (×) 민법 제125조의 표현대리에 해당하기 위해서는 상대방은 선의·무과실이어야 하고 상대방에게 과실이 있다면 대리권수여표시에 의한 표현대리를 주장할 수 없다고 할 것이다(대판 1997.3.25, 96다51271).
④ (×) 2011년 한정후견인이 피한정후견인의 부동산을 처분하는 경우에는 한정후견감독인의 동의를 받아야 하는 것으로 민법 제950조 제1항이 개정되었지만 법정대리권을 기본대리권으로 하여 민법 제126조의 표현대리가 성립할 수 있다는 아래 판례의 취지는 여전히 유효하다고 보인다.

> 민법 제126조 소정의 권한을 넘는 표현대리규정은 거래의 안전을 도모하여 거래상대방의 이익을 보호하려는 데에 그 취지가 있으므로 법정대리라고 하여 임의대리와는 달리 그 적용이 없다고 할 수 없고, 따라서 한정치산자의 후견인이 친족회의 동의를 얻지 않고 피후견인의 부동산을 처분하는 행위를 한 경우에도 상대방이 친족회의 동의가 있다고 믿은 데에 정당한 사유가 있는 때에는 본인인 한정치산자에게 그 효력이 미친다(대판 1997.6.27, 97다3828).

⑤ (×) 기본대리권이 등기신청행위라 할지라도 표현대리인이 그 권한을 유월하여 대물변제라는 사법행위를 한 경우에는 표현대리의 법리가 적용된다(대판 1978.3.28, 78다282).

답 ❶

110

乙은 甲의 대리인으로서 甲을 위하여 丙과 계약을 체결하였다. 이에 관한 설명으로 옳지 않은 것은?(다툼이 있으면 판례에 따름) [19 변리]

① 乙이 임의대리인이라면 乙은 행위능력자임을 요하지 않는다.
② 乙의 대리행위가 무권대리라는 이유로 甲이 무효를 주장하는 경우, 乙의 대리행위가 권한을 넘은 표현대리행위라는 주장 및 증명책임은 丙에게 있다.
③ 매매계약의 체결에 관한 권한을 수여받은 乙이 甲을 대리하여 매매계약을 체결한 경우, 乙은 특별한 사정이 없는 한 甲을 대리하여 매매계약의 해제 등 일체의 처분권을 행사할 수 있다.
④ 甲으로부터 아파트에 관한 일체의 관리권한을 위임받아 甲으로 가장하여 아파트를 丙에게 임대한 乙이 다시 甲으로 가장하여 임차인 丙에게 아파트를 매도하였다면, 권한을 넘은 표현대리의 법리를 유추적용할 수 있다.
⑤ 대리권수여행위는 묵시적인 의사표시로도 할 수 있으므로, 乙이 甲의 대리인의 외양을 가지고 행위하는 것을 甲이 알면서도 이의를 하지 않고 방임하는 등 사실상의 용태에 의하여 대리권의 수여가 추단되는 경우도 있다.

해설

① (○) 乙이 임의대리인이라면 乙은 행위능력자임을 요하지 않는다(민법 제117조).
② (○) 판례는 민법 제126조의 표현대리행위로 인정된다는 점의 주장 및 증명책임은 그것을 유효하다고 주장하는 자에게 있는 것이라고 판시하고 있다(대판 1968.6.18. 68다694). 따라서 乙의 대리행위가 무권대리라는 이유로 甲이 무효를 주장하는 경우, 乙의 대리행위가 권한을 넘은 표현대리행위라는 주장 및 증명책임은 상대방 丙에게 있다.
③ (×) 어떠한 계약의 체결에 관한 대리권을 수여받은 대리인이 수권된 법률행위를 하게 되면 그것으로 대리권의 원인된 법률관계는 원칙적으로 목적을 달성하여 종료하는 것이고, 법률행위에 의하여 수여된 대리권은 그 원인된 법률관계의 종료에 의하여 소멸하는 것이므로(민법 제128조), 그 계약을 대리하여 체결하였던 대리인이 체결된 계약의 해제 등 일체의 처분권과 상대방의 의사를 수령할 권한까지 가지고 있다고 볼 수는 없다(대판 2008.6.12. 2008다11276). 乙이 甲으로부터 매매계약 체결에 관한 대리권을 수여받았다고 하여 대리하여 체결한 매매계약의 해제하는 등의 일체의 처분권을 행사할 수 있는 것은 아니다.
④ (○) 판례의 취지를 고려할 때 무권대리인 乙이 단지 甲의 성명을 모용하여 자기가 마치 甲인 것처럼 기망하여 甲명의로 임차인 丙에게 아파트를 매도한 것이 아니라, 甲으로부터 아파트에 관한 일체의 관리권한을 위임받아 甲으로 가장하여 아파트를 丙에게 임대한 후 다시 임차인 丙에게 아파트를 매도하였다면, 권한을 넘은 표현대리의 법리를 유추적용할 수 있다.

> 민법 제126조의 표현대리는 대리인이 본인을 위한다는 의사를 명시 혹은 묵시적으로 표시하거나 대리의사를 가지고 권한 외의 행위를 하는 경우에 성립하고, 사술을 써서 위와 같은 대리행위의 표시를 하지 아니하고 단지 본인의 성명을 모용하여 자기가 마치 본인인 것처럼 기망하여 본인 명의로 직접 법률행위를 한 경우에는 특별한 사정이 없는 한 위 법조 소정의 표현대리는 성립할 수 없음은 소론 주장과 같으나, 이 사건에서와 같이 본인으로부터 아파트에 관한 임대 등 일체의 관리권한을 위임받아 자신을 본인으로 가장하여 아파트를 임대한 바 있는 대리인이 다시 자신을 본인으로 가장하여 임차인에게 아파트를 매도하는 법률행위를 한 경우에는 권한을 넘은 표현대리의 법리를 유추적용하여 본인에 대하여 그 행위의 효력이 미친다고 볼 수 있는 것이다(대판 1993.2.23. 92다52436).

⑤ (○) 대리권을 수여하는 수권행위는 불요식의 행위로서 명시적인 의사표시에 의함이 없이 묵시적인 의사표시에 의하여 할 수도 있으며, 乙이 대리인의 외양을 가지고 행위하는 것을 甲이 알면서도 이의를 하지 아니하고 방임하는 등 사실상의 용태에 의하여 대리권의 수여가 추단되는 경우도 있다(대판 2016.5.26. 2016다203315).

답

111

甲은 자신 소유의 X토지에 대한 매매계약 체결의 대리권을 乙에게 수여하였고, 그에 따라 乙은 丙과 위 X토지에 대한 매매계약을 체결하였다. 이에 관한 설명으로 옳은 것은?(다툼이 있으면 판례에 따름)

23 노무

① 乙은 원칙적으로 매매계약을 해제할 수 있는 권한을 가진다.
② 乙이 매매계약에 따라 丙으로부터 중도금을 수령하였으나 이를 甲에게 현실로 인도하지 않았더라도 특별한 사정이 없는 한 丙은 중도금 지급채무를 면한다.
③ 乙은 甲의 승낙이 있는 경우에만 복대리인을 선임할 수 있다.
④ 乙의 사기로 매매계약이 체결된 경우, 丙은 甲이 乙의 사기를 알았거나 알 수 있었을 경우에 한하여 사기를 이유로 그 계약을 취소할 수 있다.
⑤ 丙이 甲의 채무불이행을 이유로 계약을 해제한 경우, 그 채무불이행에 乙의 책임사유가 있다면 해제로 인한 원상회복의무는 乙이 부담한다.

해설

① (×) 甲의 X토지에 대한 매매계약 체결의 대리권을 수여받은 乙은 특별한 사정이 없는 한 그 매매계약에서 약정한 바에 따라 중도금이나 잔금을 수령할 권한이 있다고 할 것(대판 2015.9.10. 2010두1385)이나, 丙과 X토지에 대한 매매계약을 체결한 후 해당 매매계약을 해제할 권한도 있다고 볼 수는 없다.

② (○) 대리인이 그 권한에 기하여 계약상 급부를 수령한 경우에, 그 법률효과는 계약 자체에서와 마찬가지로 직접 본인에게 귀속되고 대리인에게 돌아가지 아니한다. 이는 본인이 대리인으로부터 그 수령한 급부를 현실적으로 인도받지 못하였다 하여도 다른 특별한 사정이 없는 한 마찬가지라고 할 것이다(대판 2011.8.18. 2011다30871). 乙이 매매계약에 따라 丙으로부터 중도금을 수령하였으나 이를 甲에게 현실로 인도하지 않았더라도 특별한 사정이 없는 한 丙은 중도금 지급채무를 면한다.

③ (×) 대리권이 법률행위에 의하여 부여된 경우에는 대리인은 본인의 승낙이 있거나 부득이한 사유 있는 때가 아니면 복대리인을 선임하지 못한다(민법 제120조). 따라서 乙은 甲의 승낙이 있는 경우 외에도 부득이한 사유가 있는 경우에는 복대리인을 선임할 수 있다.

④ (×) 상대방 있는 의사표시에 관하여 제3자가 사기나 강박을 행한 경우에는 상대방이 그 사실을 알았거나 알 수 있었을 경우에 한하여 그 의사표시를 취소할 수 있다(민법 제110조 제2항). 그러나 의사표시에 관한 상대방의 대리인 등 상대방과 동일시할 수 있는 자는 민법 제110조 제2항의 제3자에 해당하지 않는다(대판 1998.1.23. 96다41496). 乙의 사기로 매매계약이 체결된 경우, 乙은 甲의 대리인으로서 甲과 동일시할 수 있는 자에 해당하므로 민법 제110조 제2항의 제3자에 해당하지 않는다. 따라서 甲이 乙의 사기를 알았거나 알 수 있었을 경우에 해당하지 않더라도(= 甲이 乙의 사기를 몰랐고 모른데 과실이 없더라도) 丙은 민법 제110조 제1항에 따라 사기를 이유로 그 계약을 취소할 수 있다.

⑤ (×) 계약상 채무의 불이행을 이유로 계약이 상대방 당사자에 의하여 유효하게 해제되었다면, 해제로 인한 원상회복의무는 대리인이 아니라 계약의 당사자인 본인이 부담한다. 이는 본인이 대리인으로부터 그 수령한 급부를 현실적으로 인도받지 못하였다거나 해제의 원인이 된 계약상 채무의 불이행에 관하여 대리인에게 책임 있는 사유가 있다고 하여도 다른 특별한 사정이 없는 한 마찬가지라고 할 것이다(대판 2011.8.18. 2011다30871). 丙이 甲의 채무불이행을 이유로 계약을 해제한 경우, 그 채무불이행에 乙의 책임있는 사유가 있다고 하더라도 해제로 인한 원상회복의무는 甲이 부담한다.

답 ②

112 표현대리에 관한 설명으로 옳지 않은 것은?(다툼이 있으면 판례에 따름)

① 권한을 넘은 표현대리에 해당하는지 여부를 판단할 경우, 정당한 이유가 존재하는지 여부는 대리행위 당시를 기준으로 판단한다.
② 표현대리가 성립했다면 상대방에게 과실이 있다고 하더라도 과실상계의 법리를 유추적용할 수 없다.
③ 대리권수여의 표시에 의한 표현대리에 해당하여 본인에게 대리의 효과가 귀속하기 위해서는 상대방은 선의·무과실이어야 한다.
④ 대리인이 대리권 소멸 후 선임한 복대리인과 상대방 사이의 법률행위에는 대리권 소멸 후 표현대리가 성립할 수 없다.
⑤ 교회의 정관 기타 규약에 교회 재산에 관한 교회대표자의 권한 규정이 없음에도 불구하고, 교회의 대표자가 교인총회의 결의를 거치지 아니하고 교회 재산을 처분한 경우 권한을 넘은 표현대리에 관한 규정을 준용할 수 없다.

해설

① (○) 정당한 이유가 존재하는지의 판정시기는 대리행위 당시이고 그 후의 사정이 고려되어서는 안 된다(대판 1997.6.27. 97다3828).
② (○) 표현대리가 성립하는 경우에 그 본인은 표현대리행위에 의하여 전적인 책임을 져야 하고, 상대방에게 과실이 있다고 하더라도 과실상계의 법리를 유추적용하여 본인의 책임을 경감할 수 없다(대판 1996.7.12. 95다49554).
③ (○) 제3자에 대하여 타인에게 대리권을 수여함을 표시한 자는 그 대리권의 범위내에서 행한 그 타인과 그 제3자 간의 법률행위에 대하여 책임이 있다. 그러나 제3자가 대리권 없음을 알았거나 알 수 있었을 때에는 그러하지 아니하다(민법 제125조). 따라서, 상대방은 선의·무과실이어야 한다.
④ (×) 대리인이 대리권 소멸 후 직접 상대방과 사이에 대리행위를 하는 경우는 물론 대리인이 대리권 소멸 후 복대리인을 선임하여 복대리인으로 하여금 상대방과 사이에 대리행위를 하도록 한 경우에도, 상대방이 대리권 소멸사실을 알지 못하여 복대리인에게 적법한 대리권이 있는 것으로 믿었고 그와 같이 믿은 데 과실이 없다면 민법 제129조에 의한 표현대리가 성립할 수 있다(대판 1998.5.29. 97다55317).
⑤ (○) 비법인사단인 교회의 대표자는 총유물인 교회 재산의 처분에 관하여 교인총회의 결의를 거치지 아니하고는 이를 대표하여 행할 권한이 없다. 그리고 교회의 대표자가 권한 없이 행한 교회 재산의 처분행위에 대하여는 민법 제126조의 표현대리에 관한 규정이 준용되지 않는다(대판 2009.2.12. 2006다23312).

답 ④

113 무권대리 및 표현대리에 관한 설명으로 옳은 것은?(다툼이 있으면 판례에 따름)

① 표현대리가 성립하는 경우에는 대리권 남용이 문제될 여지가 없다.
② 민법 제135조의 상대방에 대한 무권대리인의 책임은 무과실책임이다.
③ 사회통념상 대리권을 추단할 수 있는 직함의 사용을 묵인한 것만으로는 민법 제125조에서 말하는 대리권수여의 표시가 인정될 수 없다.
④ 소멸한 대리권의 범위를 벗어나서 대리행위가 행해진 경우에는 민법 제126조의 권한을 넘은 표현대리가 성립할 수 없다.
⑤ 대리인이 대리권 소멸 후 복대리인을 선임한 경우, 그 복대리인의 대리행위에 대해서는 표현대리가 성립할 여지가 없다.

해설

① (×) 대리권 남용은 표현대리가 성립한 경우에도 똑같이 문제된다(송덕수, 신민법강의 제15판, p.159). 따라서 표현대리가 성립한 경우에도 그 대리인의 진의가 본인의 이익이나 의사에 반하여 자기 또는 제3자의 이익을 위한 배임적인 것임을 그 상대방이 알았거나 알 수 있었을 경우에는 민법 제107조 제1항 단서의 유추해석상 그 대리행위는 무효이다(대판 1987.7.7. 86다카1004).

② (○) 민법 제135조 제1항은 "타인의 대리인으로 계약을 한 자가 그 대리권을 증명하지 못하고 또 본인의 추인을 얻지 못한 때에는 상대방의 선택에 좇아 계약의 이행 또는 손해배상의 책임이 있다"고 규정하고 있다. 위 규정에 따른 무권대리인의 상대방에 대한 책임은 무과실책임으로서 대리권의 흠결에 관하여 대리인에게 과실 등의 귀책사유가 있어야만 인정되는 것이 아니고, 무권대리행위가 제3자의 기망이나 문서위조 등 위법행위로 야기되었다고 하더라도 책임은 부정되지 아니한다(대판 2014.2.27. 2013다213038).

③ (×) 민법 제125조가 규정하는 대리권 수여의 표시에 의한 표현대리는 본인과 대리행위를 한 자 사이의 기본적인 법률관계의 성질이나 그 효력의 유무와는 직접적인 관계가 없이 어떤 자가 본인을 대리하여 제3자와 법률행위를 함에 있어 본인이 그 자에게 대리권을 수여하였다는 표시를 제3자에게 한 경우에는 성립될 수가 있고, 또 본인에 의한 대리권 수여의 표시는 반드시 대리권 또는 대리인이라는 말을 사용하여야 하는 것이 아니라 사회통념상 대리권을 추단할 수 있는 직함이나 명칭 등의 사용을 승낙 또는 묵인한 경우에도 대리권 수여의 표시가 있는 것으로 볼 수 있다(대판 1998.6.12. 97다53762).

④ (×) 과거에 가졌던 대리권이 소멸되어 민법 제129조에 의하여 표현대리로 인정되는 경우에 그 표현대리의 권한을 넘는 대리행위가 있을 때에는 민법 제126조에 의한 표현대리가 성립할 수 있다(대판 2008.1.31. 2007다74713).

⑤ (×) 대리인이 대리권 소멸 후 직접 상대방과 사이에 대리행위를 하는 경우는 물론 대리인이 대리권 소멸 후 복대리인을 선임하여 복대리인으로 하여금 상대방과 사이에 대리행위를 하도록 한 경우에도, 상대방이 대리권 소멸사실을 알지 못하여 복대리인에게 적법한 대리권이 있는 것으로 믿었고 그와 같이 믿은 데 과실이 없다면 민법 제129조에 의한 표현대리가 성립할 수 있다(대판 1998.5.29. 97다55317).

답 ❷

114 대리에 관한 설명으로 옳지 않은 것은?(다툼이 있으면 판례에 따름)

① 대리행위가 강행법규에 위반하여 무효인 경우에도 표현대리가 성립할 수 있다.
② 복임권이 없는 임의대리인이 선임한 복대리인의 행위에도 표현대리가 성립할 수 있다.
③ 하나의 무권대리행위 일부에 대한 본인의 추인은 상대방의 동의가 없으면 무효이다.
④ 무권대리인이 본인을 단독상속한 경우, 특별한 사정이 없는 한 자신이 행한 무권대리행위의 무효를 주장하는 것은 허용되지 않는다.
⑤ 제한능력자가 법정대리인의 동의 없이 계약을 무권대리한 경우, 그 제한능력자는 무권대리인으로서 계약을 이행할 책임을 부담하지 않는다.

해설

① (×) 증권회사 또는 그 임·직원의 부당권유행위를 금지하는 구 증권거래법 제52조 제1호는 공정한 증권거래질서의 확보를 위하여 제정된 강행법규로서 이에 위배되는 주식거래에 관한 투자수익보장약정은 무효이고, 투자수익보장이 강행법규에 위반되어 무효인 이상 증권회사의 지점장에게 그와 같은 약정을 체결할 권한이 수여되었는지 여부에 불구하고 그 약정은 여전히 무효이므로 표현대리의 법리가 준용될 여지가 없다(대판 1996.8.23. 94다38199).
② (○) 대리인이 사자 내지 임의로 선임한 복대리인을 통하여 권한 외의 법률행위를 한 경우, 상대방이 그 행위자를 대리권을 가진 대리인으로 믿었고 또한 그렇게 믿는 데에 정당한 이유가 있는 때에는, 복대리인 선임권이 없는 대리인에 의하여 선임된 복대리인의 권한도 기본대리권이 될 수 있을 뿐만 아니라, 그 행위자가 사자라고 하더라도 대리행위의 주체가 되는 대리인이 별도로 있고 그들에게 본인으로부터 기본대리권이 수여된 이상, 민법 제126조를 적용함에 있어서 기본대리권의 흠결 문제는 생기지 않는다(대판 1998.3.27. 97다48982).
③ (○) 무권대리행위의 추인은 무권대리인에 의하여 행하여진 불확정한 행위에 관하여 그 행위의 효과를 자기에게 직접 발생케 하는 것을 목적으로 하는 의사표시이며, 무권대리인 또는 상대방의 동의나 승낙을 요하지 않는 단독행위로서 추인은 의사표시의 전부에 대하여 행하여져야 하고, 그 일부에 대하여 추인을 하거나 그 내용을 변경하여 추인을 하였을 경우에는 상대방의 동의를 얻지 못하는 한 무효이다(대판 1982.1.26. 81다카549).
④ (○) 무권대리인 甲이 乙로부터 부동산을 상속받아 그 소유자가 되어 소유권이전등기이행의무를 이행하는 것이 가능하게 된 시점에서 자신이 소유자라고 하여 자신으로부터 부동산을 전전매수한 丁에게 원래 자신의 매매행위가 무권대리행위여서 무효였다는 이유로 丁 앞으로 경료된 소유권이전등기가 무효의 등기라고 주장하여 그 등기의 말소를 청구하거나 부동산의 점유로 인한 부당이득금의 반환을 구하는 것은 금반언의 원칙이나 신의성실의 원칙에 반하여 허용될 수 없다(대판 1994.9.27. 94다20617).
⑤ (○) 대리인으로 계약을 맺은 사람이 제한능력자일 때에는 무권대리인으로서 계약을 이행할 책임이 없다(민법 제135조 제2항).

 ①

115 계약의 무권대리에 관한 설명으로 옳은 것은?(다툼이 있으면 판례에 따름)

① 무권대리행위의 목적이 가분적인 경우, 본인은 상대방의 동의 없이 그 일부에 대하여 추인할 수 있다.
② 계약체결 당시 상대방이 대리인의 대리권 없음을 알았다는 사실에 관한 주장·증명책임은 무권대리인에게 있다.
③ 상대방이 무권대리로 인하여 취득한 권리를 양도한 경우, 본인은 그 양수인에게 추인할 수 없다.
④ 무권대리의 추인은 다른 의사표시가 없는 한 추인한 때로부터 그 효력이 생긴다.
⑤ 계약체결 당시 대리인의 무권대리사실을 알 수 있었던 상대방은 최고권을 행사할 수 없다.

해설

① (×) 무권대리행위의 추인은 무권대리인에 의하여 행하여진 불확정한 행위에 관하여 그 행위의 효과를 자기에게 직접 발생케 하는 것을 목적으로 하는 의사표시이며, 무권대리인 또는 상대방의 동의나 승낙을 요하지 않는 단독행위로서 추인은 의사표시의 전부에 대하여 행하여져야 하고, 그 일부에 대하여 추인을 하거나 그 내용을 변경하여 추인을 하였을 경우에는 상대방의 동의를 얻지 못하는 한 무효이다(대판 1982.1.26. 81다카549).
② (○) 민법 제135조 제2항은, 무권대리인의 무과실책임에 관한 원칙규정인 제1항에 대한 예외규정이므로 상대방이 대리권이 없음을 알았다는 사실 또는 알 수 있었는데도 알지 못하였다는 사실에 관한 주장·증명책임은 무권대리인에게 있다(대판 2018.6.28. 2018다210775).
③ (×) 무권대리행위의 추인에 특별한 방식이 요구되는 것이 아니므로 명시적인 방법만 아니라 묵시적인 방법으로도 할 수 있고, 그 추인은 무권대리인, 무권대리행위의 직접의 상대방 및 그 무권대리행위로 인한 권리 또는 법률관계의 승계인에 대하여도 할 수 있다(대판 1981.4.14. 80다2314).
④ (×) 무권대리의 추인은 다른 의사표시가 없는 때에는 계약 시에 소급하여 그 효력이 생긴다. 그러나 제3자의 권리를 해하지 못한다(민법 제133조).
⑤ (×) 대리권 없는 자가 타인의 대리인으로 계약을 한 경우에 상대방은 상당한 기간을 정하여 본인에게 그 추인 여부의 확답을 최고할 수 있다. 본인이 그 기간 내에 확답을 발하지 아니한 때에는 추인을 거절한 것으로 본다(민법 제131조). 이때 상대방의 선·악의에 관계없이 최고권이 인정되나, 추인능력이 있는 본인에게 최고하여야 한다.

답 ❷

116

甲이 대리권 없이 乙의 대리인으로서 상대방 丙과 계약을 체결한 경우에 관한 설명 중 옳은 것은?

03 사시

① 대리권을 증명하지 못한 甲은 자신의 선택에 따라 丙에게 계약을 이행하거나 손해를 배상할 책임을 부담한다.
② 계약체결 사실을 알게 된 乙이 즉시 甲에게 계약을 추인하였는데 그 후 이러한 사정을 모르는 丙이 甲에게 계약의 철회를 통보하자 甲이 丙에게 乙의 계약추인 사실을 통보한 경우 丙은 乙에 대하여 계약의 이행을 거절할 수 없다.
③ 丙이 乙에게 상당한 기간을 정하여 계약의 추인 여부의 확답을 최고하였는데 乙이 그 기간이 지난 후에 丙에게 추인의 통보를 한 경우 丙은 乙에게 계약의 이행을 거절할 수 없다.
④ 乙이 계약의 일부에 대하여 추인을 하는 경우에는 丙의 동의가 있어야 추인의 효력이 발생한다.
⑤ 미성년자라도 법정대리인의 동의 없이 대리행위를 할 수 있으므로 甲이 미성년자인 경우에도 甲은 무권대리인의 책임을 면할 수 없다.

해설

① (×) 대리권을 증명하지 못한 甲은 丙의 선택에 따라 丙에게 계약을 이행할 책임 또는 손해를 배상할 책임이 있다(민법 제135조 제1항).
② (×) 본인 乙이 甲의 무권대리행위에 대한 추인을 甲에게 한 경우에는 상대방 丙이 이를 알고 있는 경우에 한하여 丙에게 대항할 수 있으므로(민법 제132조), 이러한 사정을 모르는 丙이 甲에게 계약의 철회를 통보하였다면 무권대리행위는 확정적으로 무효가 되어 丙은 乙에게 계약의 이행을 거절할 수 있다.
③ (×) 丙이 乙에게 상당한 기간을 정하여 계약의 추인 여부의 확답을 최고하였는데 乙이 그 기간이 지난 후에 丙에게 추인의 통보를 하였다면 최고의 효과로서 계약은 확정적으로 무효가 되어 丙은 乙에게 계약의 이행을 거절할 수 있다.
④ (○) 乙이 계약의 일부에 대하여 추인을 하는 경우는 원칙적으로 허용되지 아니하나 丙의 동의가 있으면 추인의 효력이 발생한다.
⑤ (×) 甲이 미성년자라면 무권대리인으로서의 책임을 부담하지 아니한다(민법 제135조 제2항).

답 ❹

117 무권대리에 관한 설명 중 옳은 것을 모두 고른 것은?

04 사시

ㄱ. 무권대리행위의 상대방은 계약 당시 무권대리임을 알았던 경우에는 자신의 의사표시를 철회할 수 없다.
ㄴ. 무권대리행위에 대하여 본인의 추인이 있으면 무권대리행위는 처음부터 유권대리행위이었던 것과 마찬가지로 다루어지지만 본인과 상대방 사이에 법률행위의 효력발생시기에 관한 다른 약정이 있는 경우에는 그에 의하게 된다.
ㄷ. 판례에 의하면 대리권한 없이 타인의 부동산을 매도한 자가 그 부동산을 상속한 후소유자의 지위에서 자신의 대리행위가 무권대리로 무효임을 주장하여 등기말소 등을 구하는 것은 금반언원칙이나 신의칙상 허용될 수 없다.
ㄹ. 무권대리행위의 상대방이 계약 당시 무권대리임을 안 경우에는 본인에 대한 추인 여부의 확답을 최고할 수 없다.
ㅁ. 본인이 무권대리인의 법률행위에 대하여 추인거절의 의사표시를 한 후에는 다시 추인할 수 없다.
ㅂ. 판례는 본인이 무권대리 사실을 알고 있으면서 이의를 제기하지 않은 것만으로도 추인이 된다고 한다.

① ㄱ, ㄴ, ㄷ
② ㄱ, ㄴ, ㄷ, ㅁ
③ ㄴ, ㄷ, ㅁ
④ ㄷ, ㄹ, ㅁ
⑤ ㄷ, ㄹ, ㅁ, ㅂ

해설

ㄱ. (○) 무권대리행위는 본인의 추인이 있을 때까지 무권대리행위임을 알지 못하는 상대방이 본인이나 그 대리인에 대하여 이를 철회할 수 있다(민법 제134조). 따라서 계약 당시 무권대리임을 알았던 경우에는 자신의 의사표시를 철회할 수 없다.
ㄴ. (○) 무권대리행위에 대하여 본인의 추인이 있으면 무권대리행위는 소급적으로 유권대리와 마찬가지의 법률효과가 발생한다. 다만, 본인과 상대방의 계약으로 추인의 소급효를 배제할 수 있다.
ㄷ. (○) 갑이 대리권 없이 을 소유 부동산을 병에게 매도하여 부동산소유권 이전등기 등에 관한 특별조치법에 의하여 소유권이전등기를 마쳐주었다면 그 매매계약은 무효이고 이에 터잡은 이전등기 역시 무효가 되나, 갑은 을의 무권대리인으로서 민법 제135조 제1항의 규정에 의하여 매수인인 병에게 부동산에 대한 소유권이전등기를 이행할 의무가 있으므로 그러한 지위에 있는 갑이 을로부터 부동산을 상속받아 그 소유자가 되어 소유권이전등기이행의무를 이행하는 것이 가능하게 된 시점에서 자신이 소유자라고 하여 자신으로부터 부동산을 전전매수한 정에게 원래 자신의 매매행위가 무권대리행위여서 무효였다는 이유로 정 앞으로 경료된 소유권이전등기가 무효의 등기라고 주장하여 그 등기의 말소를 청구하거나 부동산의 점유로 인한 부당이득금의 반환을 구하는 것은 금반언의 원칙이나 신의성실의 원칙에 반하여 허용될 수 없다(대판 1994.9.27. 94다20617).
ㄹ. (×) 무권대리행위의 상대방에게 인정되는 최고권은 상대방의 선·악의를 묻지 아니한다는 점에서 선의의 상대방에게만 인정되는 철회권과 구별된다.
ㅁ. (○) 본인의 추인거절에 의하여 무권대리행위는 확정적으로 무효가 된다. 따라서 본인은 더 이상 추인할 수 없다.
ㅂ. (×) 판례는 본인이 무권대리 사실을 알고 있으면서 이의를 제기하지 않은 것만으로는 충분하지 아니하고, 묵시적 추인으로 보아야 할 특별한 사정있는 경우에 추인을 인정하고 있는 것으로 보인다.

묵시적 추인을 부정한 사례	무권대리행위에 대한 추인은 무권대리행위로 인한 효과를 자기에게 귀속시키려는 의사표시이니만큼 무권대리행위에 대한 추인이 있었다고 하려면 그러한 의사가 표시되었다고 볼만한 사유가 있어야 하고, 무권대리행위가 범죄가 되는 경우에 대하여 그 사실을 알고도 장기간 형사고소를 하지 아니하였다 하더라도 그 사실만으로 묵시적인 추인이 있었다고 할 수는 없는바, 권한 없이 기명날인을 대행하는 방식에 의하여 약속어음을 위조한 경우에 피위조자가 이를 묵시적으로 추인하였다고 인정하려면 추인의 의사가 표시되었다고 볼만한 사유가 있어야 한다(대판 1998.2.10. 97다31113).

| 묵시적 추인을 인정한 사례 | 임야를 상속하여 공동소유하고 있는 친족들 중 일부가 가까운 친척에게 임야의 매도를 위임하여 매도대금을 동인들의 생활비로 소비하였고, 나머지 공유자들은 임야의 매각 소식을 전해 듣고도 15년간 아무런 이의를 제기하지 아니하였다면 위 신분관계, 매도경위, 대금의 소비관계 등 제반 사정에 비추어 처분권을 위임하지 아니한 나머지 공유자들도 매매행위를 묵시적으로 추인한 것이라고 보아야 한다(대판 1991.1.29. 90다12717). |

118 민법상 무권대리와 표현대리에 관한 설명으로 옳은 것은?(다툼이 있으면 판례에 따름)

① 표현대리행위가 성립하는 경우에 상대방에게 과실이 있다면 과실상계의 법리가 유추적용되어 본인의 책임이 경감될 수 있다.
② 권한을 넘은 표현대리에 관한 제126조의 제3자는 당해 표현대리행위의 직접 상대방만을 의미한다.
③ 무권대리행위의 상대방이 제134조의 철회권을 유효하게 행사한 후에도 본인은 무권대리행위를 추인할 수 있다.
④ 계약체결 당시 대리인의 무권대리 사실을 알고 있었던 상대방은 최고권을 행사할 수 없다.
⑤ 대리인이 대리권 소멸 후 선임한 복대리인과 상대방 사이의 법률행위에는 대리권소멸 후의 표현대리가 성립할 수 없다.

해설

① (×) 표현대리행위가 성립하는 경우에 본인은 표현대리행위에 기하여 전적인 책임을 져야 하는 것이고 상대방에게 과실이 있다고 하더라도 과실상계의 법리를 유추적용하여 본인의 책임을 감경할 수 없는 것이다(대판 1994.12.22. 94다24985).
② (○) 대판 2002.12.10. 2001다58443
③ (×) 민법 제134조에서 정한 상대방의 철회권은, 무권대리행위가 본인의 추인에 따라 효력이 좌우되어 상대방이 불안정한 지위에 놓이게 됨을 고려하여 대리권이 없었음을 알지 못한 상대방을 보호하기 위하여 상대방에게 부여된 권리로서, 상대방이 유효한 철회를 하면 무권대리행위는 확정적으로 무효가 되어 그 후에는 본인이 무권대리행위를 추인할 수 없다(대판 2017.6.29. 2017다213838).
④ (×) 무권대리 상대방의 철회권이 선의의 상대방에게만 인정되는 것(민법 제134조 단서)과 달리, 무권대리 상대방의 최고권은 악의의 상대방에게도 인정된다(민법 제131조).
⑤ (×) 대리인이 대리권 소멸 후 직접 상대방과 사이에 대리행위를 하는 경우는 물론 대리인이 대리권 소멸 후 복대리인을 선임하여 복대리인으로 하여금 상대방과 사이에 대리행위를 하도록 한 경우에도, 상대방이 대리권 소멸사실을 알지 못하여 복대리인에게 적법한 대리권이 있는 것으로 믿었고 그와 같이 믿은 데 과실이 없다면 민법 제129조에 의한 표현대리가 성립할 수 있다(대판 1998.5.29. 97다55317).

119

乙이 대리권 없이 甲의 대리인으로서 丙과 매매계약을 체결한 경우에 관한 설명으로 옳은 것은?(다툼이 있으면 판례에 따름)

① 甲이 매매계약을 추인하더라도 소급효가 없다.
② 乙이 甲으로부터 추인에 관한 특별수권을 받은 경우, 乙은 매매계약을 추인할 수 있다.
③ 甲은 매매계약의 추인을 거절하였더라도 이를 다시 번복하여 추인할 수 있다.
④ 乙이 미성년자인 경우에도 乙은 무권대리인의 책임을 진다.
⑤ 丙은 甲이 매매계약을 추인한 사실을 안 경우에도 무권대리임을 이유로 乙과 체결한 매매계약을 철회할 수 있다.

해설

① (×) 추인은 다른 의사표시가 없는 때에는 계약 시에 소급하여 그 효력이 생긴다(민법 제133조 본문).
② (O) 추인권자는 본인인 甲이지만, 임의대리인 乙이 甲으로부터 추인에 관한 특별수권을 받은 경우에는, 乙도 매매계약을 추인할 수 있다.
③ (×) 본인의 추인거절이 있으면 무권대리행위는 무효인 것으로 확정되어, 본인은 이제 추인할 수 없다.
④ (×) 다른 자의 대리인으로서 계약을 맺은 자가 그 대리권을 증명하지 못하고 또 본인의 추인을 받지 못한 경우에는 그는 상대방의 선택에 따라 계약을 이행할 책임 또는 손해를 배상할 책임이 있다. 그러나 대리인으로서 계약을 맺은 사람이 제한능력자일 때에는 그러하지 아니하다(민법 제135조).
⑤ (×) 대리권 없는 자가 한 계약은 본인의 추인이 있을 때까지 상대방은 본인이나 대리인에 대하여 이를 철회할 수 있다. 그러나 계약당시에 상대방이 대리권 없음을 안 때에는 그러하지 아니하다(민법 제134조).

답 ❷

120

무권대리에 관한 설명으로 옳은 것은?(다툼이 있으면 판례에 따름)

① 무권대리행위가 제3자의 기망이나 문서위조 등 위법행위로 야기된 경우 무권대리인의 상대방에 대한 책임은 부정된다.
② 상대방이 무권대리인과 계약을 체결할 때 무권대리임을 알고 있는 경우, 상대방은 본인에게 추인 여부를 최고할 수 없다.
③ 무권대리행위가 범죄가 되는 경우에 본인이 그 사실을 알고도 장기간 형사고소를 하지 아니하였다면 무권대리행위를 추인한 것이다.
④ 무권대리인이 부담하는 이행책임 또는 손해배상책임의 선택권은 상대방이 갖는다.
⑤ 무권대리인이 본인을 단독상속한 경우, 무권대리행위의 추인을 거절하는 것은 신의칙에 반하지 않는다.

해설

① (×) 민법 제135조 제1항은 "타인의 대리인으로 계약을 한 자가 그 대리권을 증명하지 못하고 또 본인의 추인을 얻지 못한 때에는 상대방의 선택에 좇아 계약의 이행 또는 손해배상의 책임이 있다"고 규정하고 있다. 위 규정에 따른 무권대리인의 상대방에 대한 책임은 무과실책임으로서 대리권의 흠결에 관하여 대리인에게 과실 등의 귀책사유가 있어야만 인정되는 것이 아니고, 무권대리행위가 제3자의 기망이나 문서위조 등 위법행위로 야기되었다고 하더라도 책임은 부정되지 아니한다(대판 2014.2.27. 2013다213038).
② (×) 대리권 없는 자가 타인의 대리인으로 계약을 한 경우에 상대방은 상당한 기간을 정하여 본인에게 그 추인 여부의 확답을 최고할 수 있다. 본인이 그 기간 내에 확답을 발하지 아니한 때에는 추인을 거절한 것으로 본다(민법 제130조). 따라서 무권대리임을 알고 있다고 하더라도 추인 여부를 최고할 수 있으며, 철회권의 경우에는 선의인 경우에만 행사할 수 있다.

③ (×) 무권대리행위에 대한 추인은 무권대리행위로 인한 효과를 자기에게 귀속시키려는 의사표시이니만큼 무권대리행위에 대한 추인이 있었다고 하려면 그러한 의사가 표시되었다고 볼만한 사유가 있어야 하고, 무권대리행위가 범죄가 되는 경우에 대하여 그 사실을 알고도 장기간 형사고소를 하지 아니하였다 하더라도 그 사실만으로 묵시적인 추인이 있었다고 할 수는 없는 것이다(대판 1998.2.10. 97다31113).
④ (○) 다른 자의 대리인으로서 계약을 맺은 자가 그 대리권을 증명하지 못하고 또 본인의 추인을 받지 못한 경우에는 그는 상대방의 선택에 따라 계약을 이행할 책임 또는 손해를 배상할 책임이 있다(민법 제135조 제1항).
⑤ (×) 무권대리인 甲이 乙로부터 부동산을 상속받아 그 소유자가 되어 소유권이전등기이행의무를 이행하는 것이 가능하게 된 시점에서 자신이 소유자라고 하여 자신으로부터 부동산을 전전매수한 丁에게, 원래 자신의 매매행위가 무권대리행위여서 무효였다는 이유로 丁 앞으로 경료된 소유권이전등기가 무효의 등기라고 주장하여 그 등기의 말소를 청구하거나 부동산의 점유로 인한 부당이득금의 반환을 구하는 것은 금반언의 원칙이나 신의성실의 원칙에 반하여 허용될 수 없다(대판 1994.9.27. 94다20617).

답 ④

121

甲은 그 소유의 X토지에 저당권을 설정하고 금전을 차용하는 계약을 체결할 대리권을 친구 乙에게 수여하였는데, 乙이 甲을 대리하여 X토지를 丙에게 매도하는 계약을 체결하였다. 이에 관한 설명으로 옳은 것은?(다툼이 있으면 판례에 따름) [21 변리]

① 丙이 乙의 대리행위가 유권대리라고 주장하는 경우, 그 주장 속에는 표현대리의 주장이 포함된 것으로 보아야 한다.
② 丙이 계약체결 당시에 乙에게 매매계약 체결의 대리권이 없음을 알았더라도 丙의 甲에 대한 최고권이 인정된다.
③ 丙이 계약체결 당시에 乙에게 매매계약 체결의 대리권이 없음을 알았더라도 계약을 철회할 수 있다.
④ 乙의 행위가 권한을 넘은 표현대리로 인정되는 경우, 丙에게 과실(過失)이 있다면 과실상계의 법리에 따라 甲의 책임이 경감될 수 있다.
⑤ 丙이 乙의 대리행위가 권한을 넘은 표현대리라고 주장하는 경우, 乙에게 매매계약체결의 대리권이 있다고 丙이 믿을 만한 정당한 이유가 있었는지의 여부는 계약성립 이후의 모든 사정을 고려하여 판단해야 한다.

해설

① (×) 유권대리에 있어서는 본인이 대리인에게 수여한 대리권의 효력에 의하여 법률효과가 발생하는 반면 표현대리에 있어서는 대리권이 없음에도 불구하고 법률이 특히 거래상대방 보호와 거래안전유지를 위하여 본래 무효인 무권대리행위의 효과를 본인에게 미치게 한 것으로서 표현대리가 성립된다고 하여 무권대리의 성질이 유권대리로 전환되는 것은 아니므로, 양자의 구성요건 해당사실, 즉 주요사실은 다르다고 볼 수밖에 없으니 유권대리에 관한 주장 속에 무권대리에 속하는 표현대리의 주장이 포함되어 있다고 볼 수 없다(대판 1983.12.13. 83다카1489[전합]). 따라서 丙이 乙의 대리행위가 유권대리라고 주장하는 경우, 그 주장 속에는 표현대리의 주장이 포함된 것으로 볼 수 없다.
② (○) 최고권은 악의자도 행사할 수 있으므로(민법 제131조 참고), 丙이 계약체결 당시에 乙에게 매매계약 체결의 대리권이 없음을 알았더라도 丙의 甲에 대한 최고권이 인정된다.
③ (×) 철회권은 무권대리인과 계약한 선의의 상대방에게만 인정되는 권리이다(민법 제134조 참고). 丙이 계약체결 당시에 乙에게 매매계약 체결의 대리권이 없음을 알았다면 계약을 철회할 수 없다.

④ (×) 표현대리행위가 성립하는 경우에 본인은 표현대리행위에 기하여 전적인 책임을 져야 하는 것이고 상대방에게 과실이 있다고 하더라도 과실상계의 법리를 유추적용하여 본인의 책임을 감경할 수 없는 것이다(대판 1994.12.22. 94다24985). 乙의 행위가 권한을 넘은 표현대리로 인정되는 경우, 丙에게 과실이 있음을 이유로 과실상계의 법리에 따라 甲의 책임을 감경할 수 없다.
⑤ (×) 丙이 乙의 대리행위가 권한을 넘은 표현대리라고 주장하는 경우, 乙에게 매매계약체결의 대리권이 있다고 丙이 믿을 만한 정당한 이유가 있는가의 여부는 매매계약(대리행위) 당시를 기준으로 결정하여야 하고, 매매계약성립 이후의 사정은 고려할 것이 아니다(대판 1981.12.8. 81다322).

답 ②

122

乙은 甲의 X건물에 대하여 甲의 대리인으로서 丙과 매매계약을 체결하였는데, 乙에게는 대리권이 없었다. 이에 관한 설명으로 옳지 않은 것은?(다툼이 있으면 판례에 따름) [15 변리]

① 丙이 甲의 요구에 따라 매매대금 전부를 지급한 경우, 특별한 사정이 없는 한 丙은 甲에게 X건물의 소유권이전등기를 청구할 수 있다.
② 甲이 乙의 대리행위에 대하여 乙에게 추인의 의사표시를 한 경우, 甲은 이러한 사실을 알지 못한 丙에게 그 추인의 효력을 주장하지 못한다.
③ 乙과 丙 사이에 매매계약이 체결된 후, 甲이 X건물을 丁에게 매도하고 소유권이전등기를 해 준 경우, 甲이 乙의 대리행위를 추인하더라도 丁은 유효하게 소유권을 취득한다.
④ 丙이 상당한 기간을 정하여 甲에게 추인 여부의 확답을 최고하였음에도 甲이 그 기간 내에 확답을 발하지 않은 경우, 甲은 추인을 거절한 것으로 본다.
⑤ 丙은 乙과의 매매계약 체결 당시에 乙에게 대리권 없음을 안 경우에도 甲의 추인이 있을 때까지 乙에 대하여 매매계약을 철회할 수 있다.

해설

① (○) 판례의 취지를 고려할 때 丙이 본인 甲의 요구에 따라 매매대금 전부를 지급하였다면 甲은 乙의 무권대리행위를 추인하였다고 보아야 하므로 丙은 甲에게 X건물의 소유권이전등기를 청구할 수 있다.

> 무권리자인 문중 명의로 그것도 대표자로 사칭한 자에 의하여 부동산 매매계약이 체결된 후 진정한 소유자가 그 권리자임을 주장하여 매수인으로부터 중도금을 직접 수령하였다면 위 매매계약에 따른 처분행위가 소유자에 대하여 그 효력이 미치게 되고 따라서 소유자에게 매매를 원인으로 한 소유권이전등기의무가 발생한다(대판 1992.2.28. 91다15584).

② (○) 추인 또는 거절의 의사표시는 상대방에 대하여 하지 아니하면 그 상대방에 대항하지 못한다. 그러나 상대방이 그 사실을 안 때에는 그러하지 아니하다(민법 제132조). 추인의 의사표시를 상대방 丙이 아닌 무권대리인 乙에게 한 경우에는 甲은 丙이 이러한 사실을 알지 못하는 한 丙에게 그 추인의 효력을 주장하지 못한다.
③ (○) 乙과 丙 사이에 매매계약이 체결된 후, 甲이 X건물을 丁에게 매도하고 소유권이전등기를 해 준 경우, 제3자 丁은 甲으로부터 X건물을 매수하고 소유권이전등기를 마쳤으나 甲이 乙의 대리행위를 추인하였더라도 甲과 丙의 매매계약이 유효하게 된 것에 불과하여 제3자와 무권대리인의 상대방이 취득한 권리가 모두 배타적일 경우 추인의 소급효를 제한하는 민법 제133조는 적용될 여지가 없으므로 제3자 丁은 유효하게 소유권을 취득한다.
④ (○) 丙이 상당한 기간을 정하여 甲에게 추인 여부의 확답을 최고하였음에도 甲이 그 기간 내에 확답을 발하지 않은 경우, 甲은 추인을 거절한 것으로 본다(민법 제131조 참고).
⑤ (×) 丙은 乙과의 매매계약 체결 당시에 乙에게 대리권 없음을 안 경우에는 甲의 추인이 있기 전이라도 乙에 대하여 매매계약을 철회할 수 없다(민법 제134조 참고).

답 ⑤

123

제한능력자가 아닌 甲이 乙의 대리인이라고 하면서 丙에게 乙의 부동산을 3억원에 매도하는 계약을 체결하고 丙으로부터 계약금 3천만원을 수령하였다. 그 계약에는 '쌍방이 계약을 불이행하는 경우 계약금을 손해배상금으로 한다'는 위약금약정이 있었다. 그러나 乙은 甲에게 대리권을 수여한 바가 없다. 이에 관한 설명으로 옳지 않은 것은?(다툼이 있으면 판례에 따름) 〔24 변리〕

① 乙이 위 계약을 적법하게 추인하면, 丙은 甲을 상대로 계약상의 책임이나 무권대리인의 책임을 일절 물을 수 없다.
② 乙이 甲에게 추인의 의사표시를 한 경우, 丙은 乙의 추인 사실을 몰랐다면 계약당시 乙의 무권대리 사실에 관하여 선의인 때에 한하여 위 계약을 철회할 수 있다.
③ 乙이 추인을 거절한 경우, 丙은 무권대리사실에 관하여 선의·무과실이라면 甲에게 과실이 없더라도 甲을 상대로 무권대리인으로서의 책임을 추궁할 수 있다.
④ 甲이 무권대리인으로서 책임을 부담하는 경우, 丙은 위 계약에서의 위약금 조항의 효력을 주장할 수 있다.
⑤ 만일 丙이 丁에게 위 부동산을 매도한 경우, 乙이 丁에게만 추인의 의사를 표시하면 추인의 효력은 발생하지 아니한다.

해설

① (○) 무권대리인이 대리권을 증명하지 못하고 또 본인의 추인을 받지 못한 경우에는 그는 상대방의 선택에 따라 계약을 이행할 책임 또는 손해를 배상할 책임이 있으나(민법 제135조 제1항), 본인 乙이 위 계약을 적법하게 추인하면, 丙은 甲을 상대로 계약상의 책임이나 무권대리인의 책임을 일절 물을 수 없다.

② (○) 민법 제132조는 본인이 무권대리인에게 무권대리행위를 추인한 경우에 상대방이 이를 알지 못하는 동안에는 본인은 상대방에게 추인의 효과를 주장하지 못한다는 취지이므로 상대방은 그때까지 민법 제134조에 의한 철회를 할 수 있고, 또 무권대리인에의 추인이 있었음을 주장할 수도 있다(대판 1981.4.14. 80다2314). 따라서 乙이 甲에게 추인의 의사표시를 한 경우, 丙이 乙의 추인 사실을 몰랐다면 계약당시 甲의 무권대리사실에 관하여 선의인 때에 한하여 위 계약을 철회할 수 있다(민법 제134조). 이러한 해설에 의할 때 "계약당시 乙의 무권대리사실에 관하여 선의인 때에 한하여 위 계약을 철회할 수 있다"는 지문 ②를 옳은 지문으로 처리한 것은 의문이 있다.

③ (○) 민법 제135조에 의한 무권대리인의 책임은 무과실책임이므로 乙이 추인을 거절한 경우, 丙이 무권대리사실에 관하여 선의·무과실이라면 甲에게 과실이 없더라도 甲을 상대로 무권대리인으로서의 책임을 추궁할 수 있다.

> 민법 제135조 제1항은 "타인의 대리인으로 계약을 한 자가 그 대리권을 증명하지 못하고 또 본인의 추인을 얻지 못한 때에는 상대방의 선택에 좇아 계약의 이행 또는 손해배상의 책임이 있다"고 규정하고 있다. <u>위 규정에 따른 무권대리인의 상대방에 대한 책임은 무과실책임으로서 대리권의 흠결에 관하여 대리인에게 과실 등의 귀책사유가 있어야만 인정되는 것이 아니고, 무권대리행위가 제3자의 기망이나 문서위조 등 위법행위로 야기되었다고 하더라도 책임은 부정되지 아니한다</u>(대판 2014.2.27. 2013다213038).

④ (○) 판례의 취지를 고려할 때 甲이 무권대리인으로서 책임을 부담하는 경우, 甲이 乙의 무권대리인으로 丙과 체결한 매매계약에 부속하는 위약금약정이 있음을 이유로, 丙은 위 계약에서의 위약금 조항의 효력을 주장할 수 있다.

> 무권대리인이 계약에서 정한 채무를 이행하지 않으면 상대방에게 채무불이행에 따른 손해를 배상할 책임을 진다. 위 계약에서 채무불이행에 대비하여 손해배상액의 예정에 관한 조항을 둔 때에는 특별한 사정이 없는 한 무권대리인은 조항에서 정한 바에 따라 산정한 손해액을 지급하여야 한다. 이 경우에도 손해배상액의 예정에 관한 민법 제398조가 적용됨은 물론이다(대판 2018.6.28. 2018다210775).

⑤ (×) 무권대리행위의 추인에 특별한 방식이 요구되는 것이 아니므로 명시적인 방법만 아니라 묵시적인 방법으로도 할 수 있고, 그 추인은 무권대리인, 무권대리행위의 직접의 상대방 및 그 무권대리행위로 인한 권리 또는 법률관계의 승계인에 대하여도 할 수 있으므로(대판 1981.4.14. 80다2314), 丙이 丁에게 위 부동산을 매도하여, 乙이 丁에게만 추인의 의사를 표시한 경우 추인의 효력은 유효하다고 보아야 한다.

답 ⑤

124

甲의 무권대리인 乙이 丙에게 甲 소유의 부동산을 매도하여 소유권이전등기를 경료해 주었고, 그 후 丙은 이 부동산을 丁에게 매도하고 소유권이전등기를 경료해 주었다. 이에 관한 설명으로 옳지 않은 것은?(다툼이 있으면 판례에 따름) [20] 변리

① 丙은 甲에게 상당한 기간을 정하여 추인 여부의 확답을 최고할 수 있고, 그 기간 내에 甲이 확답을 발하지 않으면 추인을 거절한 것으로 본다.
② 丙이 계약 당시 乙에게 대리권이 없음을 안 경우, 丙은 乙에게 한 매수의 의사표시를 철회할 수 없다.
③ 甲이 丁에게 추인의 의사를 표시하더라도 무권대리행위에 대한 추인의 효과가 발생하지 않는다.
④ 甲이 乙에게 추인의 의사를 표시한 경우, 추인사실을 알게 된 丙은 乙에게 한 매수의 의사표시를 철회할 수 없다.
⑤ 甲의 추인을 얻지 못한 경우, 丙이 무권대리에 관하여 선의이더라도 과실이 있으면 乙은 계약을 이행할 책임을 부담하지 않는다.

해설

① (○) 丙은 甲에게 상당한 기간을 정하여 추인 여부의 확답을 최고할 수 있고, 그 기간 내에 甲이 확답을 발하지 않으면 추인을 거절한 것으로 본다(민법 제131조 참고).
② (○) 철회권은 무권대리인과 계약한 선의의 상대방에게만 인정되는 권리이므로(민법 제134조), 丙이 계약 당시 乙에게 대리권이 없음을 안 경우, 丙은 乙에게 한 매수의 의사표시를 철회할 수 없다.
③ (×) 무권대리행위의 추인에 특별한 방식이 요구되는 것이 아니므로 명시적인 방법만 아니라 묵시적인 방법으로도 할 수 있고, 그 추인은 무권대리인, 무권대리행위의 직접의 상대방 및 그 무권대리행위로 인한 권리 또는 법률관계의 승계인에 대하여도 할 수 있다(대판 1981.4.14. 80다2314). 甲 소유 부동산을 매수한 丁에게 추인을 한 경우에도 무권대리행위에 대한 추인의 효과가 발생한다.
④ (○) 추인 또는 거절의 의사표시는 상대방에 대하여 하지 아니하면 그 상대방에 대항하지 못한다. 그러나 상대방이 그 사실을 안 때에는 그러하지 아니하다(민법 제132조). 본인 甲이 무권대리인 乙에게 추인의 의사를 표시한 경우, 추인 사실을 알게 된 丙은 乙에게 한 매수의 의사표시를 철회할 수 없다.
⑤ (○) 乙의 무권대리행위에 대하여 甲의 추인을 얻지 못한 경우, 丙이 무권대리인 乙에게 책임을 묻기 위해서는 무권대리에 관하여 선의·무과실이어야 하나 丙이 선의이더라도 과실이 있으면 乙은 계약을 이행할 책임을 부담하지 않는다.

> 무권대리인의 상대방에 대한 책임은 상대방의 선의·무과실을 전제로 한다(민법 제135조 제2항). 이는 무권대리인의 무과실책임에 관한 원칙규정인 제1항에 대한 예외규정이므로 상대방이 대리권이 없음을 알았다는 사실 또는 알 수 있었는데도 알지 못하였다는 사실에 관한 주장·증명책임은 무권대리인에게 있다(대판 2018.6.28. 2018다210775).

답 ❸

125

甲은 乙에게 자기 소유의 아파트에 대하여 매매계약의 체결에 관한 대리권을 수여하였고, 이에 따라 乙은 甲을 위하여 丙과 매매계약을 체결하였다. 이에 관한 설명으로 옳지 않은 것은?(다툼이 있으면 판례에 따름)

17 변리

① 특별한 사정이 없는 한, 乙은 丙으로부터 중도금이나 잔금을 수령할 권한이 있다.
② 특별한 사정이 없는 한, 乙은 丙에게 약정된 매매대금지급기일을 연기해 줄 권한은 없다.
③ 丙이 甲에 대하여 소유권이전등기를 청구하는 경우, 乙의 대리권존재사실에 대한 증명책임은 丙이 진다.
④ 만약 乙이 甲을 위한 것임을 표시하지 않고 매매계약을 체결하였는데 乙이 甲의 대리인임을 丙이 알았다면, 그 계약의 효력은 甲에게 미친다.
⑤ 乙이 丙으로부터 받은 매매대금을 유용할 배임적 의도를 갖고 있었고 丙이 이를 알았다면, 그 한도에서 乙은 무권대리가 된다.

해설

① (O), ② (O) 甲으로부터 자기 소유의 아파트에 대하여 매매계약의 체결에 관한 대리권을 수여받은 乙의 대리권의 범위 안에 丙으로부터 중도금이나 잔금을 수령할 권한이 있다고 보이나, 乙이 매매계약의 체결과 이행에 관하여 포괄적으로 대리권을 수여받은 것이 아닌 이상 乙은 丙에게 약정된 매매대금지급기일을 연기해 줄 권한은 없다.

> 부동산의 소유자로부터 매매계약을 체결할 대리권을 수여받은 대리인은 특별한 다른 사정이 없는 한 그 매매계약에서 약정한 바에 따라 중도금이나 잔금을 수령할 수도 있다고 보아야 하고,❶ 매매계약의 체결과 이행에 관하여 포괄적으로 대리권을 수여받은 대리인은 특별한 다른 사정이 없는 한 상대방에 대하여 약정된 매매대금지급기일을 연기하여 줄 권한도 가진다고 보아야 할 것이다❷ (대판 1992.4.14. 91다43107).

③ (O) 대리권 존부에 대한 증명책임은 원칙적으로 대리권의 존재를 주장하는 측에게 있으므로(대판 2008.9.25. 2008다42195), 丙이 甲에 대하여 소유권이전등기를 청구하는 경우, 乙의 대리권존재사실에 대한 증명책임은 丙이 진다.

④ (O) 乙이 甲을 위한 것임을 표시하지 않고 매매계약을 체결한 경우, 乙이 甲의 대리인임을 丙이 알았다면, 그 계약의 효력은 甲에게 미친다(민법 제115조, 민법 제114조 제1항).

⑤ (×) 진의 아닌 의사표시가 대리인에 의하여 이루어지고 그 대리인의 진의가 본인의 이익이나 의사에 반하여 자기 또는 제3자의 이익을 위한 배임적인 것임을 그 상대방이 알았거나 알 수 있었을 경우에는, 민법 제107조 제1항 단서의 유추해석상 그 대리인의 행위는 본인의 대리행위로 성립할 수 없으므로 본인은 대리인의 행위에 대하여 아무런 책임이 없다(대판 1996.4.26. 94다29850). 乙이 丙으로부터 받은 매매대금을 유용할 배임적 의도를 갖고 있었고 丙이 이를 알았다면, 乙의 대리권 남용에 의해 대리행위는 무효가 되나 대리권 자체가 소멸하는 것은 아니므로, 유동적 무효에 해당하는 무권대리와는 구별하여야 한다.

답 ❺

126 무권대리행위의 추인에 관한 설명으로 옳지 않은 것은?(다툼이 있으면 판례에 따름) 　18 노무

① 추인은 제3자의 권리를 해하지 않는 한, 다른 의사표시가 없으면 계약 시에 소급하여 그 효력이 생긴다.
② 무권대리행위의 일부에 대한 추인은 상대방의 동의를 얻지 못하는 한 무효이다.
③ 추인은 무권대리행위로 인한 권리 또는 법률관계의 승계인에게도 할 수 있다.
④ 본인이 무권대리인에게 추인한 경우, 상대방은 추인이 있었음을 주장할 수 있다.
⑤ 무권대리행위가 범죄가 되는 경우에 본인이 그 사실을 알고도 장기간 형사고소를 하지 않은 것만으로 묵시적 추인이 된다.

해설

① (○) 민법 제133조
② (○) 대판 1982.1.26. 81다카549
③ (○) 민법 제132조 본문은 무권대리행위의 상대방만을 추인의 상대방으로 규정하고 있으나, <u>그 무권대리행위로 인한 권리 또는 법률관계의 승계인도 상대방에 포함될 수 있다.</u>
④ (○) <u>본인의 상대방에 대한 추인은 완전한 효력을 발생하지만, 무권대리인에 대하여 하는 경우 상대방이 추인이 있었음을 알지 못하였다면, 그에 대하여 추인의 효력을 주장하지 못한다</u>(민법 제132조 단서). 따라서 추인이 있음을 알 때까지 상대방은 철회할 수 있다. <u>다만, 상대방이 추인이 있었음을 주장하는 것은 가능하다.</u>
⑤ (×) 무권대리행위에 대한 추인은 무권대리행위로 인한 효과를 자기에게 귀속시키려는 의사표시이니만큼 무권대리행위에 대한 추인이 있었다고 하려면 그러한 의사가 표시되었다고 볼만한 사유가 있어야 하고, 무권대리행위가 범죄가 되는 경우에 대하여 그 사실을 알고도 장기간 형사고소를 하지 아니하였다 하더라도 <u>그 사실만으로 묵시적인 추인이 있었다고 할 수는 없다</u>(대판 1998.2.10. 97다31113).

답

127 무권대리인 乙은 자신을 甲의 대리인이라고 하면서 丙과 매매계약을 체결하였다. 이에 관한 설명으로 옳지 않은 것은?(다툼이 있으면 판례에 따름) 　19 변리

① 乙이 무권대리인임을 알았던 丙은 甲에게 乙의 대리행위에 대한 추인 여부의 확답을 최고할 수 없다.
② 丙이 매매계약을 적법하게 철회하였다면 乙의 무권대리행위는 확정적으로 무효가 되어 그 후에는 甲이 매매계약을 추인할 수 없다.
③ 甲이 乙에 대하여 매매계약에 관한 추인의 의사표시를 한 경우, 이러한 추인의 의사표시를 丙이 알지 못하였다면 丙은 철회할 수 있다.
④ 丙이 매매계약을 철회하는 경우, 철회의 효과를 다투는 甲은 丙이 乙에게 대리권이 없다는 사실에 관하여 악의임을 증명할 책임이 있다.
⑤ 乙이 甲을 단독상속한 경우, 乙은 甲의 지위에서 무권대리임을 이유로 매매계약의 무효를 주장하는 것은 허용되지 않는다.

해설

① (×) 무권대리인의 상대방은 선의·악의를 불문하고, 본인에게 무권대리행위의 추인 여부의 확답을 최고할 수 있으므로(민법 제131조 전문), 乙이 무권대리인임을 알았던 경우라도 丙은 甲에게 乙의 대리행위에 대한 추인 여부의 확답을 최고할 수 있다.
② (○) 丙이 무권대리인 乙과의 매매계약을 적법하게 철회하였다면 乙의 무권대리행위는 확정적으로 무효가 되고, 甲도 추인할 수 없게 되며, 丙 역시 무권대리인 乙에게 민법 제135조의 책임을 물을 수 없게 된다.

③ (○) 본인 甲이 상대방 丙에게 추인의 의사표시를 하지 아니하면, 추인사실을 알지 못하는 상대방 丙에게 대항할 수 없다(민법 제132조). 따라서 상대방 丙은 무권대리인과 체결한 계약을 철회할 수 있다.
④ (○) 민법 제134조에서 정한 상대방의 철회권은, 무권대리행위가 본인의 추인에 따라 효력이 좌우되어 상대방이 불안정한 지위에 놓이게 됨을 고려하여 대리권이 없었음을 알지 못한 상대방을 보호하기 위하여 상대방에게 부여된 권리로서, 상대방이 유효한 철회를 하면 무권대리행위는 확정적으로 무효가 되어 그 후에는 본인이 무권대리행위를 추인할 수 없다. 한편 상대방이 대리인에게 대리권이 없음을 알았다는 점에 대한 주장·증명책임은 철회의 효과를 다투는 본인에게 있다(대판 2017.6.29. 2017다213838). 丙이 매매계약을 철회하는 경우, 철회의 효과를 다투는 甲은 丙이 乙에게 대리권이 없다는 사실을 알았음을 증명할 책임이 있다.
⑤ (○) 乙은 甲의 무권대리인으로서 민법 제135조 제1항의 규정에 의하여 매수인인 丙에게 부동산에 대한 소유권이전등기를 이행할 의무가 있으므로 그러한 지위에 있는 乙이 甲으로부터 부동산을 상속받아 그 소유자가 되어 소유권이전등기이행의무를 이행하는 것이 가능하게 된 시점에서 자신이 소유자라고 하여 자신으로부터 부동산을 전전매수한 丁에게 원래 자신의 매매행위가 무권대리행위여서 무효였다는 이유로 丁 앞으로 경료된 소유권이전등기가 무효의 등기라고 주장하여 그 등기의 말소를 청구하거나 부동산의 점유로 인한 부당이득금의 반환을 구하는 것은 금반언의 원칙이나 신의성실의 원칙에 반하여 허용될 수 없다(대판 1994.9.27. 94다20617).

답 ❶

128

甲의 무권대리인 乙은 甲 소유의 X토지에 대한 관련 서류를 위조하여 甲의 이름으로 丙과 매매계약을 체결하였다. 乙의 표현대리가 인정되지 않은 경우, 무권대리행위의 추인과 관련된 설명으로 옳지 않은 것은?(다툼이 있으면 판례에 따름) 17 변리

① 甲은 乙 또는 丙을 상대로 매매계약을 추인할 수 있다.
② 甲은 乙의 처분행위와 사문서위조행위를 불문에 붙이기로 합의하는 등 묵시적인 방법으로도 매매계약을 추인할 수 있다.
③ 乙이 甲을 단독으로 상속하여 X토지의 소유자가 되면, 乙은 본인의 지위에서 매매계약의 추인을 거절할 수 있다.
④ 丙이 매매계약 당시 乙이 무권대리인임을 알지 못하였다면, 丙은 본인의 추인이 있을 때까지 乙을 상대로 매수의 의사표시를 철회할 수 있다.
⑤ 丙이 상당한 기간을 정하여 매매계약의 추인 여부에 대한 확답을 최고하였으나 甲이 그 기간 내에 확답을 발하지 않으면 추인을 거절한 것으로 본다.

해설

① (○), ② (○) 본인 甲은 무권대리인 乙 또는 무권대리인의 상대방 丙에게 乙의 무권대리행위를 추인할 수 있고, 당해 추인은 명시적인 방법뿐만 아니라 묵시적인 방법에 의해서도 가능하다.

> 무권대리행위의 추인에 특별한 방식이 요구되는 것이 아니므로 명시적인 방법만 아니라 묵시적인 방법으로도 할 수 있고, 그 추인은 무권대리인, 무권대리행위의 직접의 상대방 및 그 무권대리행위로 인한 권리 또는 법률관계의 승계인에 대하여도 할 수 있다(대판 1981.4.14. 80다2314).

③ (×) 乙은 甲의 무권대리인으로서 민법 제135조 제1항의 규정에 의하여 매수인인 丙에게 부동산에 대한 소유권이전등기를 이행할 의무가 있으므로 그러한 지위에 있는 乙이 甲으로부터 부동산을 상속받아 그 소유자가 되어 소유권이전등기이행의무를 이행하는 것이 가능하게 된 시점에서 자신이 소유자라고 하여 자신으로부터 부동산을 전전매수한 丁에게 원래 자신의 매매행위가 무권대리행위여서 무효였다는 이유로 丁 앞으로 경료된 소유권이전등기가 무효의 등기라고 주장하여 그 등기의 말소를 청구하거나 부동산의 점유로 인한 부당이득금의 반환을 구하는 것은 금반언의 원칙이나 신의성실의 원칙에 반하여 허용될 수 없다(대판 1994.9.27. 94다20617).

④ (O) 철회의 의사표시는 상대방이 본인의 추인이 있을 때까지 본인이나 무권대리인에게 하여야 하고, 철회권은 선의의 상대방에게만 인정되므로(민법 제134조), 丙이 매매계약 당시 乙이 무권대리인임을 알지 못하였다면, 丙은 본인의 추인이 있을 때까지 乙을 상대로 매수의 의사표시를 철회할 수 있다.

⑤ (O) 대리권 없는 자가 타인의 대리인으로 계약을 한 경우에 상대방은 상당한 기간을 정하여 본인에게 그 추인 여부의 확답을 최고할 수 있다. 본인이 그 기간 내에 확답을 발하지 아니한 때에는 추인을 거절한 것으로 본다(민법 제131조). 따라서 丙이 상당한 기간을 정하여 매매계약의 추인 여부에 대한 확답을 최고하였으나 甲이 그 기간 내에 확답을 발하지 않으면 추인을 거절한 것으로 본다.

답 ❸

129

甲의 대리인 丙은 乙과 甲 소유의 X토지에 관한 매매계약을 체결하였다. 이에 관한 설명 중 옳지 않은 것은?(다툼이 있으면 판례에 따름)   15 사시

① X토지에 관한 매매계약 체결의 대리권을 甲으로부터 수여받은 丙은 특별한 사정이 없는 한 乙의 채무불이행을 이유로 한 계약해제의 대리권을 갖지 않는다.
② 丙이 매매대금을 횡령할 의도를 가지고 甲을 대리하여 乙과 X토지에 관한 매매계약을 체결한 경우, 乙이 이러한 사실을 알고 계약을 체결하였다면 甲은 丙의 대리행위로 인한 매매계약을 이행할 책임이 없다.
③ 丙이 甲의 인장을 위조하여 권한을 넘어서는 무권대리행위를 한 경우, 그 인장의 위조나 행사가 범죄행위를 구성한다고 하더라도 丙에게 대리권이 있다고 믿을 만한 정당한 이유를 가진 乙은 甲에 대하여 민법 제126조의 표현대리책임을 물을 수 있다.
④ 丙이 甲의 인장 등을 무단 이용하여 각종 서류를 발급받아 乙과의 매매계약을 대리하는 경우, 丙의 무권대리행위를 알지 못한 乙은 甲이 이를 추인하지 않는 한 甲과의 계약을 철회하여 丙을 상대로 민법 제135조에 따른 무권대리인의 책임을 물을 수 있다.
⑤ 만약 甲으로부터 X토지의 관리에 관한 대리권만을 수여받은 丙이 마치 甲인 것처럼 행세하여 乙에게 X토지를 매도한 경우 丙을 甲이라고 믿는데 정당한 이유를 가진 乙은 甲에게 X토지의 소유권이전등기를 청구할 수 있다.

해설

① (O) 어떠한 계약의 체결에 관한 대리권을 수여받은 대리인이 수권된 법률행위를 하게 되면 그것으로 대리권의 원인된 법률관계는 원칙적으로 목적을 달성하여 종료하는 것이고, 법률행위에 의하여 수여된 대리권은 그 원인된 법률관계의 종료에 의하여 소멸하는 것이므로(민법 제128조), 그 계약을 대리하여 체결하였던 대리인이 체결된 계약의 해제 등 일체의 처분권과 상대방의 의사를 수령할 권한까지 가지고 있다고 볼 수는 없으므로(대판 2015.12.23. 2013다81019), X토지에 관한 매매계약 체결의 대리권을 甲으로부터 수여받은 丙은 특별한 사정이 없는 한 乙의 채무불이행을 이유로 한 계약해제의 대리권을 갖지 않는다.
② (O) 丙이 매매대금을 횡령할 의도를 가지고 甲을 대리하여 乙과 X토지에 관한 매매계약을 체결한 경우, 乙이 이러한 사실을 알고 계약을 체결하였다면 민법 제107조 제1항 단서의 유추해석상 그 丙의 행위는 甲의 대리행위로 성립할 수 없으므로(대판 1996.4.26. 94다29850), 甲은 丙의 대리행위로 인한 매매계약을 이행할 책임이 없다.
③ (O) 丙이 甲의 인장을 위조하여 권한을 넘어서는 무권대리행위를 한 경우, 그 인장의 위조나 행사가 범죄행위를 구성한다고 하더라도 乙에게 丙의 대리권한이 있다고 믿을 만한 정당한 이유가 인정된다면 乙은 甲에 대하여 민법 제126조의 표현대리책임을 물을 수 있다(대판 1966.6.28. 66다845).
④ (×) 乙이 무권대리인 丙에게 민법 제135조의 책임을 묻기 위해서는 乙은 대리권이 없음을 알지 못하고 알지 못하는데 과실이 없어야 하고 乙이 아직 철회권을 행사하지 않아야 한다. 乙이 甲에게 철회권을 행사한 경우에는 丙에 의한 무권대리행위는 확정적으로 무효가 되므로 乙은 丙에게 무권대리행위에 대한 책임을 물을 여지가 없기 때문이다.

⑤ (○) 판례의 취지를 고려할 때 특별한 사정이 있는 경우에 한하여 민법 제126조 소정의 표현대리의 법리를 유추적용할 수 있게 되는데, 여기서 특별한 사정은 본인을 모용한 사람에게 본인을 대리할 기본대리권이 있었고, 상대방으로서는 모용자가 본인 자신으로서 본인의 권한을 행사하는 것으로 믿은 데 정당한 사유가 있었던 사정을 의미한다고 할 것이므로, 乙에게 丙을 甲이라고 믿는데 정당한 이유가 있었다면 甲에게 X토지의 소유권이전등기를 청구할 수 있다.

> 민법 제126조의 표현대리는 대리인이 본인을 위한다는 의사를 명시 혹은 묵시적으로 표시하거나 대리의사를 가지고 권한 외의 행위를 하는 경우에 성립하고, 사술을 써서 위와 같은 대리행위의 표시를 하지 아니하고 단지 본인의 성명을 모용하여 자기가 마치 본인인 것처럼 기망하여 본인 명의로 직접 법률행위를 한 경우에는 특별한 사정이 없는 한 위 법조 소정의 표현대리는 성립될 수 없다(대판 2002.6.28. 2001다49814).

답 ④

130

甲으로부터 대리권을 수여받지 않은 乙이 甲을 대리하여 甲 소유 X토지를 丙에게 매도하였다. 이에 관한 설명 중 옳은 것을 모두 고른 것은?(乙의 표현대리는 성립하지 않음을 전제로 하고, 다툼이 있는 경우 판례에 의함)   22 변시

> ㄱ. 乙이 甲으로 행세하는 丁의 기망에 속아 甲으로부터 대리권을 수여받은 것으로 과실 없이 오인한 상태에서 위 매매계약을 체결하였다면, 乙은 丙에 대하여 무권대리인으로서의 책임을 지지 않는다.
> ㄴ. 위 매매계약에서 甲의 채무불이행에 대비한 손해배상액이 예정된 경우, 甲의 추인 거절로 丙이 乙에게 매매계약의 이행을 구하였으나 乙이 이행하지 아니하여 乙이 丙에게 손해배상책임을 지더라도 매매계약 자체가 무효이므로 乙은 예정된 손해액을 지급할 의무가 없다.
> ㄷ. 무권대리행위에 대한 甲의 추인은 명시적 또는 묵시적인 방법으로 할 수 있고, 乙과 丙뿐만 아니라 위 매매계약으로 인한 권리 또는 법률관계의 승계인을 상대로도 할 수 있다.
> ㄹ. 丙이 위 매매계약을 철회하려면 乙이 무권대리인임을 계약 당시 알지 못하여야 하는데, 이에 대한 증명책임은 丙에게 있다.

① ㄷ
② ㄱ, ㄷ
③ ㄴ, ㄷ
④ ㄷ, ㄹ
⑤ ㄱ, ㄴ, ㄹ

해설

ㄱ. (×) 판례의 취지를 고려할 때 비록 乙이 丙을 상대방으로 하는 매매계약을 체결한 것이 丁의 기망으로 비롯된 것이어서 乙에게 과실을 인정할 수 없더라도 乙은 丙에 대하여 무권대리인으로서 무과실책임을 지게 된다.

> 민법 제135조 제1항은 "타인의 대리인으로 계약을 한 자가 그 대리권을 증명하지 못하고 또 본인의 추인을 얻지 못한 때에는 상대방의 선택에 좇아 계약의 이행 또는 손해배상의 책임이 있다"고 규정하고 있다. 위 규정에 따른 무권대리인의 상대방에 대한 책임은 무과실책임으로서 대리권의 흠결에 관하여 대리인에게 과실 등의 귀책사유가 있어야만 인정되는 것이 아니고, 무권대리행위가 제3자의 기망이나 문서위조 등 위법행위로 야기되었다고 하더라도 책임은 부정되지 아니한다(대판 2014.2.27. 2013다213038).

ㄴ. (×) 무권대리인이 계약에서 정한 채무를 이행하지 않으면 상대방에게 채무불이행에 따른 손해를 배상할 책임을 진다. 이 계약에서 채무불이행에 대비하여 손해배상액의 예정에 관한 조항을 둔 때에는 특별한 사정이 없는 한 무권대리인은 조항에서 정한 바에 따라 산정한 손해액을 지급하여야 한다. 이 경우에도 손해배상액의 예정에 관한 민법 제398조가 적용됨은 물론이다(대판 2018.6.28. 2018다210775). 지문의 매매계약에서 甲의 채무불이행에 대비한 손해배상액이 예정된 경우, 甲이 매매계약의 추인을 거절하였다면 乙은 민법 제398조에서 정한 바에 따라 丙에게 예정된 손해액을 지급할 의무가 있다.

ㄷ. (○) 무권대리행위의 추인에 특별한 방식이 요구되는 것이 아니므로 명시적인 방법만 아니라 묵시적인 방법으로도 할 수 있고, 그 추인은 무권대리인, 무권대리행위의 직접의 상대방 및 그 무권대리행위로 인한 권리 또는 법률 관계의 승계인에 대하여도 할 수 있으므로(대판 1981.4.14. 80다2314), 甲의 추인은 명시적 또는 묵시적인 방법으로 할 수 있고, 乙과 丙뿐만 아니라 매매계약으로 인한 권리 또는 법률관계의 승계인을 상대로도 할 수 있다.

ㄹ. (×) 상대방 丙이 乙의 무권대리행위에 의한 매매계약을 철회하여 확정적으로 무효로 만들기 위해서는 계약 당시 乙이 무권대리인임을 알지 못하여야 하며, 이 철회의 효과를 다투기 위해서는 甲이 丙이 乙에게 대리권이 없음을 알았다는 점을 주장·증명하여야 한다.

> 민법 제134조에서 정한 상대방의 철회권은, 무권대리행위가 본인의 추인에 따라 효력이 좌우되어 상대방이 불안정한 지위에 놓이게 됨을 고려하여 대리권이 없었음을 알지 못한 상대방을 보호하기 위하여 상대방에게 부여된 권리로서, 상대방이 유효한 철회를 하면 무권대리행위는 확정적으로 무효가 되어 그 후에는 본인이 무권대리행위를 추인할 수 없다. 한편 <u>상대방이 대리인에게 대리권이 없음을 알았다는 점에 대한 주장·증명책임은 철회의 효과를 다투는 본인에게 있다</u>(대판 2017.6.29. 2017다213838).

답 ❶

131

무효행위와 무권대리의 추인에 관한 설명 중 옳지 않은 것을 모두 고른 것은?(다툼이 있는 경우에는 판례에 의함)   14 변시

> ㄱ. 무권대리행위의 추인의 의사표시를 무권대리인에게 한 경우, 상대방은 추인이 있었음을 알지 못하였다고 하더라도 철회할 수 없다.
> ㄴ. 타인의 생명보험에서 보험계약 체결 시 피보험자가 서면으로 동의의 의사표시를 하지 아니하였다면 그 보험계약은 무효이지만, 피보험자가 그 보험계약을 추인한 경우에는 그때부터 유효하게 된다.
> ㄷ. 종중을 대표할 권한 없는 자가 종중을 대표하여 한 소송행위는 효력이 없으나 나중에 종중이 총회 결의에 따라 위 소송행위를 추인하면 그 행위시로 소급하여 유효하게 되며, 이 경우 무권대리행위에 대한 추인의 경우에 있어 배타적 권리를 취득한 제3자에 대하여 그 추인의 소급효를 제한하고 있는 민법 제133조 단서의 규정은 적용될 여지가 없다.
> ㄹ. 무권대리행위의 추인은 무권대리인 또는 무권대리행위의 직접 상대방에게는 할 수 있지만, 그 무권대리행위로 인한 권리 또는 법률관계의 승계인에 대하여는 할 수 없다.

① ㄱ, ㄴ, ㄹ
② ㄱ, ㄴ
③ ㄱ
④ ㄴ, ㄷ, ㄹ
⑤ ㄴ, ㄷ

해설

ㄱ. (×) 민법 제132조는 본인이 무권대리인에게 무권대리행위를 추인한 경우에 상대방이 이를 알지 못하는 동안에는 본인은 상대방에게 추인의 효과를 주장하지 못한다는 취지이므로 상대방은 그때까지 민법 제134조에 의한 철회를 할 수 있고, 또 무권대리인에의 추인이 있었음을 주장할 수도 있다(대판 1981.4.14. 80다2314).

ㄴ. (×) 타인의 생명보험에서 피보험자가 서면으로 동의의 의사표시를 하여야 하는 시점은 '보험계약 체결 시까지'이고, 이는 강행규정으로서 이에 위반한 보험계약은 무효이므로, 타인의 생명 보험계약 성립 당시 피보험자의 서면동의가 없다면 보험계약은 확정적으로 무효가 되고, 피보험자가 이미 무효로 된 보험계약을 추인하였다고 하더라도 보험계약이 유효로 될 수는 없다(대판 2015.10.15. 2014다204178).

ㄷ. (○) 종중을 대표할 권한 없는 자가 종중을 대표하여 한 소송행위는 그 효력이 없으나 나중에 종중이 총회결의에 따라 위 소송행위를 추인하면 그 행위시로 소급하여 유효하게 되며 이 경우 민법 제133조 단서의 규정은 무권대리행위에 대한 추인의 경우에 있어 배타적 권리를 취득한 제3자에 대하여 그 추인의 소급효를 제한하고 있는 것으로서 위와 같은 하자있는 소송행위에 대한 추인의 경우에는 적용될 여지가 없는 것이다(대판 1991.11.8. 91다25383).

ㄹ. (×) 무권대리행위의 추인에 특별한 방식이 요구되는 것이 아니므로 명시적인 방법만 아니라 묵시적인 방법으로도 할 수 있고, 그 추인은 무권대리인, 무권대리행위의 직접 상대방 및 그 무권대리행위로 인한 권리 또는 법률 관계의 승계인에 대하여도 할 수 있다(대판 1981.4.14. 80다2314).

답 ①

132

대리에 관한 설명 중 옳지 않은 것은?(각 지문은 독립적이고, 다툼이 있는 경우 판례에 의함)

15 변시

① 甲이 乙의 대리인 丙과 매매계약을 체결한 후 丙의 기망행위를 이유로 매매계약을 취소하고자 할 경우, 甲은 乙이 丙의 기망행위를 알았거나 알 수 있었는지의 여부를 불문하고 매매계약을 취소할 수 있다.

② 甲이 乙의 무권대리인 丙과 매매계약을 체결한 경우, 乙은 丙의 무권대리행위를 추인할 수 있고, 乙의 추인이 있을 경우 위 매매계약은 계약체결 당시로 소급하여 효력이 발생한다.

③ 甲의 대리인 乙은 甲의 지시에 따라 丙과 통모하여 甲 소유의 부동산에 관하여 丙과 가장매매계약을 체결하고 丙 명의로 소유권이전등기를 경료하여 주었는데, 그 후 丙이 위 부동산을 丁에게 매도하고 丁 명의로 소유권이전등기를 경료하여 준 경우, 丁이 위 가장매매에 대하여 선의라면 유효하게 위 부동산의 소유권을 취득한다.

④ 甲에 의해 대리인으로 선임된 乙이 甲의 승낙 없이 丙을 복대리인으로 선임하더라도, 丙이 甲의 대리인으로 법률행위를 하면 원칙적으로 그 효과는 甲에게 귀속된다.

⑤ 부동산 소유자 甲으로부터 매매계약 체결에 관한 대리권을 수여받은 대리인 乙은 특별한 사정이 없는 한 계약상대방인 丙으로부터 중도금이나 잔금을 수령할 수 있다.

해설

① (○) 상대방 있는 의사표시에 관하여 제3자가 사기나 강박을 한 경우에는 상대방이 그 사실을 알았거나 알 수 있었을 경우에 한하여 그 의사표시를 취소할 수 있으나, 상대방의 대리인 등 상대방과 동일시할 수 있는 자의 사기나 강박은 제3자의 사기·강박에 해당하지 아니하므로(대판 1999.2.23. 98다60828), 甲이 乙의 대리인 丙의 기망행위를 이유로 매매계약을 취소하고자 할 경우, 甲은 乙이 丙의 기망행위를 알았거나 알 수 있었는지의 여부를 불문하고 민법 제110조 제1항에 의하여 매매계약을 취소할 수 있다.

② (○) 甲이 乙의 무권대리인 丙과 매매계약을 체결한 경우, 乙은 丙의 무권대리행위를 추인할 수 있고, 乙의 추인이 있을 경우 매매계약은 계약체결 당시로 소급하여 효력이 발생한다(민법 제130조, 제133조).

③ (○) 지문에서 甲의 대리인 乙이 甲의 지시에 따라 丙과 통모하여 甲 소유의 부동산에 관하여 丙과 가장매매계약을 체결하고 丙명의로 소유권이전등기를 경료하여 주었다는 점에서 丙과의 매매계약은 통정허위표시로서 무효라고 할 것이나(민법 제108조 제1항), 丙이 위 부동산을 丁에게 매도하고 선의의 丁명의로 소유권이전등기를 경료하여 준 경우, 丁은 통정허위표시의 무효로서 대항할 수 없는 제3자에 해당하므로 유효하게 위 부동산의 소유권을 취득한다(민법 제108조 제2항).
④ (×) 임의대리인은 원칙적으로 복임권이 인정되지 아니하나, 본인의 승낙이 있거나 부득이한 사유가 있는 경우에는 예외적으로 복임권이 인정된다(민법 제120조). 지문의 경우 임의대리인 乙은 甲의 승낙이나 부득이한 사유없이 丙을 복대리인으로 선임하였으므로 丙의 대리행위는 무권대리행위이고 그 결과 그 대리행위의 효과는 甲에게 귀속되지 아니한다.
⑤ (○) 부동산의 소유자 甲으로부터 매매계약을 체결할 대리권을 수여받은 대리인 乙은 특별한 다른 사정이 없는 한 그 매매계약에서 약정한 바에 따라 丙으로부터 중도금이나 잔금을 수령할 수도 있다고 보아야 한다(대판 1992.4.14. 91다43107).

답 ❹

133

甲의 대리인이라 칭하는 乙이 甲을 대리하여 丙과 사이에 甲 소유의 X토지를 매도하는 내용의 매매계약을 체결하였다. 이에 관한 설명 중 옳지 않은 것은?(다툼이 있는 경우 판례에 의함)

[20] 변시

① 甲이 乙의 대리권 없음을 이유로 丙에게 위 매매계약을 원인으로 마쳐진 소유권이전등기의 말소를 구하는 소를 제기하는 경우, 甲은 乙의 대리권 부존재를 증명하여야 한다.
② 乙이 甲으로부터 매매계약을 체결할 대리권을 수여받은 경우, 乙은 특별한 사정이 없는 한 그 매매계약에서 약정한 바에 따라 중도금이나 잔금을 수령할 권한도 있다.
③ 乙이 甲으로부터 매매계약을 체결할 대리권을 수여받은 후 자기의 이익을 위하여 배임적 대리행위를 한 경우, 丙이 이러한 사실을 과실없이 알지 못한 때에는 乙의 대리행위는 甲에게 효력이 미친다.
④ 乙이 위 매매계약에 관한 대리권을 증명하지 못하고 甲의 추인도 얻지 못하여 甲에게 대리의 효력이 발생하지 않는 경우, 그 무권대리행위가 제3자 丁의 기망이나 문서위조 등 위법행위로 야기되었다면 丙은 乙을 상대로 계약의 이행이나 손해배상을 청구할 수 없다.
⑤ 위 매매계약에서 甲의 채무불이행에 대비한 손해배상액이 예정된 경우, 乙이 무권대리인으로서 丙에 대하여 계약 이행의 채무를 부담하게 되었으나 이를 이행하지 아니하여 손해배상책임을 진다면, 특별한 사정이 없는 한 그 책임은 위 손해배상액의 예정에 따라 정해진다.

해설

① (○) 판례의 취지를 고려할 때 丙명의로 경료된 소유권이전등기 원인의 적법성이 법률상 추정되므로 전 등기명의인인 甲이 乙의 대리권 없음을 이유로 丙에게 매매계약을 원인으로 마쳐진 소유권이전등기의 말소를 구하는 소를 제기하는 경우, 乙의 대리권 부존재를 증명하여야 한다.

> 소유권이전등기가 전 등기명의인의 직접적인 처분행위에 의한 것이 아니라 제3자가 그 처분행위에 개입된 경우 현 등기명의인이 그 제3자가 전 등기명의인의 대리인이라고 주장하더라도 현 소유명의인의 등기가 적법하게 이루어진 것으로 추정되므로, 그 등기가 원인무효임을 이유로 그 말소를 청구하는 전 소유명의인으로서는 반대사실, 즉 그 제3자에게 전 소유명의인을 대리할 권한이 없었다든가 또는 제3자가 전 소유명의인의 등기서류를 위조하는 등 등기절차가 적법하게 진행되지 아니한 것으로 의심할 만한 사정이 있다는 등의 무효사실에 대한 증명책임을 진다(대판 2009.9.24. 2009다37831).

② (○) 부동산의 소유자 甲으로부터 매매계약을 체결할 대리권을 수여받은 대리인 乙은 특별한 다른 사정이 없는 한 그 매매계약에서 약정한 바에 따라 丙으로부터 중도금이나 잔금을 수령할 수도 있다고 보아야 한다(대판 1992.4.14. 91다43107).

③ (○) 진의 아닌 의사표시가 대리인에 의하여 이루어지고 그 대리인의 진의가 본인의 이익이나 의사에 반하여 자기 또는 제3자의 이익을 위한 배임적인 것임을 그 상대방이 알았거나 알 수 있었을 경우에도 민법 제107조 제1항 단서의 유추해석상 그 대리인의 행위에 대하여 본인은 아무런 책임을 지지 않는다고 보아야 하고, 그 상대방이 대리인의 표시의사가 진의 아님을 알았거나 알 수 있었는가의 여부는 표의자인 대리인과 상대방 사이에 있었던 의사표시 형성 과정과 그 내용 및 그로 인하여 나타나는 효과 등을 객관적인 사정에 따라 합리적으로 판단하여야 한다(대판 2009.6.25. 2008다13838). 따라서 丙이 이러한 배임적 대리행위 사실을 과실없이 알지 못한 경우에는 乙의 대리행위는 甲에게 효력이 미친다고 보아야 한다.

④ (×) 乙이 丙을 상대방으로 하는 매매계약을 체결한 것이 丁의 기망이나 문서위조 등 위법행위로 야기되어 乙에게 과실을 인정할 수 없더라도 乙은 丙에 대하여 무권대리인으로서 무과실책임을 지게 되므로 丙은 乙을 상대로 계약의 이행이나 손해배상을 청구할 수 있다.

> 민법 제135조 제1항은 "타인의 대리인으로 계약을 한 자가 그 대리권을 증명하지 못하고 또 본인의 추인을 얻지 못한 때에는 상대방의 선택에 좇아 계약의 이행 또는 손해배상의 책임이 있다"고 규정하고 있다. 위 규정에 따른 무권대리인의 상대방에 대한 책임은 무과실책임으로서 대리권의 흠결에 관하여 대리인에게 과실 등의 귀책사유가 있어야만 인정되는 것이 아니고, 무권대리행위가 제3자의 기망이나 문서위조 등 위법행위로 야기되었다고 하더라도 책임은 부정되지 아니한다(대판 2014.2.27. 2013다213038).

⑤ (○) 무권대리인이 계약에서 정한 채무를 이행하지 않으면 상대방에게 채무불이행에 따른 손해를 배상할 책임을 진다. 이 계약에서 채무불이행에 대비하여 손해배상액의 예정에 관한 조항을 둔 때에는 특별한 사정이 없는 한 무권대리인은 조항에서 정한 바에 따라 산정한 손해액을 지급하여야 한다. 이 경우에도 손해배상액의 예정에 관한 민법 제398조가 적용됨은 물론이다(대판 2018.6.28. 2018다210775). 지문의 매매계약에서 甲의 채무불이행에 대비한 손해배상액이 예정된 경우, 乙은 계약이행의 채무를 부담하나 이를 이행하지 아니한 경우 특별한 사정이 없는 한 손해배상액의 예정에 따라 乙의 손해배상 책임이 정해진다.

답 ④

134 표현대리에 관한 설명 중 옳지 않은 것은?(다툼이 있는 경우 판례에 의함)

① 표현대리가 성립하는 경우, 본인은 상대방에 대하여 표현대리행위에 따른 전적인 책임을 져야 하고, 상대방에게 과실이 있다고 하더라도 과실상계의 법리는 유추적용되지 아니한다.
② 대리권 수여의 표시에 의한 표현대리는 본인이 무권대리인으로 하여금 대리권의 존재를 추단하게 하는 명칭의 사용을 명시적으로 허락한 경우뿐 아니라 이를 알고 묵인한 경우에도 성립할 수 있다.
③ 대리인이 본인으로부터 복대리인 선임권한을 부여받지 않았음에도 불구하고 복대리인을 선임하였다면 그 복대리인의 대리행위와 관련해서는 표현대리가 성립하지 않는다.
④ 상법에 의한 등기사항으로 대표이사의 퇴임등기가 이루어진 경우에는 대리권 소멸 후의 표현대리가 성립하지 않는다.
⑤ 어음행위자가 대리문구를 어음상에 기재하지 않고 직접 본인 명의로 기명날인을 한 경우에도 제3자가 어음행위를 실제로 한 자에게 그와 같은 어음행위를 할 수 있는 권한이 있다고 믿을 만한 사유가 있고 본인에게 책임을 질 만한 사유가 있는 때에는, 대리방식에 의한 어음행위의 경우와 마찬가지로 민법상의 표현대리 규정을 유추적용하여 본인에게 그 책임을 물을 수 있다.

해설

① (○) 표현대리가 성립하는 경우에 그 본인은 표현대리행위에 의하여 전적인 책임을 져야 하고, 상대방에게 과실이 있다고 하더라도 과실상계의 법리를 유추적용하여 본인의 책임을 경감할 수 없다(대판 1996.7.12. 95다49554).
② (○) 민법 제125조가 규정하는 대리권 수여의 표시에 의한 표현대리는 본인과 대리행위를 한 자 사이의 기본적인 법률관계의 성질이나 그 효력의 유무와는 직접적인 관계가 없이 어떤 자가 본인을 대리하여 제3자와 법률행위를 함에 있어 본인이 그 자에게 대리권을 수여하였다는 표시를 제3자에게 한 경우에는 성립될 수가 있고, 또 본인에 의한 대리권 수여의 표시는 반드시 대리권 또는 대리인이라는 말을 사용하여야 하는 것이 아니라 사회통념상 대리권을 추단할 수 있는 직함이나 명칭 등의 사용을 승낙 또는 묵인한 경우에도 대리권 수여의 표시가 있는 것으로 볼 수 있다(대판 1998.6.12. 97다53762).
③ (×) 대리인이 사자 내지 임의로 선임한 복대리인을 통하여 권한 외의 법률행위를 한 경우, 상대방이 그 행위자를 대리권을 가진 대리인으로 믿었고 또한 그렇게 믿는 데에 정당한 이유가 있는 때에는, 복대리인선임권이 없는 대리인에 의하여 선임된 복대리인의 권한도 기본대리권이 될 수 있을 뿐만 아니라, 그 행위자가 사자라고 하더라도 대리행위의 주체가 되는 대리인이 별도로 있고 그들에게 본인으로부터 기본대리권이 수여된 이상, 민법 제126조를 적용함에 있어서 기본대리권의 흠결문제는 생기지 않는다(대판 1998.3.27. 97다48982). 따라서 그 복대리인의 대리행위에 대하여 권한을 넘은 표현대리가 성립할 수 있다.
④ (○) 상법에 의하여 등기할 사항은 이를 등기하지 아니하면 선의의 제3자에게 대항하지 못하나, 이를 등기한 경우에는 제3자가 등기된 사실을 알지 못한 데에 정당한 사유가 없는 한 선의의 제3자에게도 대항할 수 있는 점(상법 제37조) 등에 비추어, 대표이사의 퇴임등기가 된 경우에 대하여 민법 제129조의 적용 내지 유추적용이 있다고 한다면 상업등기에 공시력을 인정한 의의가 상실될 것이어서, 이 경우에는 민법 제129조의 적용 또는 유추적용을 부정할 것이다(대판 2009.12.24. 2009다60244).
⑤ (○) 다른 사람이 본인을 위하여 한다는 대리문구를 어음상에 기재하지 않고 직접 본인 명의로 기명날인을 하여 어음행위를 하는 이른바 기관 방식 또는 서명대리 방식의 어음행위가 권한 없는 자에 의하여 행하여졌다면 이는 어음행위의 무권대리가 아니라 어음의 위조에 해당하는 것이기는 하나, 그 경우에도 제3자가 어음행위를 실제로 한 자에게 그와 같은 어음행위를 할 수 있는 권한이 있다고 믿을 만한 사유가 있고, 본인에게 책임을 질 만한 사유가 있는 때에는 대리방식에 의한 어음행위의 경우와 마찬가지로 민법상의 표현대리 규정을 유추적용하여 본인에게 그 책임을 물을 수 있다(대판 2000.3.23. 99다50385).

 ❸

제5절 법률행위의 무효와 취소

135 무효와 취소에 관한 설명으로 옳지 않은 것은?(다툼이 있으면 판례에 따름)

① 경개는 법정추인사유이다.
② 불공정한 법률행위에는 무효행위 전환에 관한 민법 제138조가 적용될 수 있다.
③ 취소권의 행사기간은 소멸시효기간이다.
④ 토지거래허가구역 내에 있는 토지에 관한 매매계약이 확정적 무효인 경우, 그 무효에 귀책사유가 있는 자도 계약의 무효를 주장할 수 있다.
⑤ 포괄승계인은 피승계인의 법률행위의 취소권을 행사할 수 있다.

해설

① (○) 경개는 법정추인사유의 하나로 인정된다(민법 제145조 제3호).
② (○) 매매계약이 약정된 매매대금의 과다로 말미암아 민법 제104조에서 정하는 '불공정한 법률행위'에 해당하여 무효인 경우에도 무효행위의 전환에 관한 민법 제138조가 적용될 수 있다(대판 2010.7.15. 2009다50308).
③ (×) 민법 제146조가 규정하는 기간은 소멸시효기간이 아니라 제척기간이고, 재판 외에서 행사하더라도 무방하다(대판 1996.7.20. 96다25371).
④ (○) 구 국토이용관리법상 토지거래허가를 받지 않아 거래계약이 유동적 무효의 상태에 있는 경우, 유동적 무효상태의 계약은 관할 관청의 불허가처분이 있을 때뿐만 아니라 당사자 쌍방이 허가신청협력의무의 이행거절의사를 명백히 표시한 경우에는 허가 전 거래계약관계, 즉 계약의 유동적 무효 상태가 더 이상 지속된다고 볼 수 없으므로, 계약관계는 확정적으로 무효가 된다고 할 것이고, 그와 같은 법리는 거래계약상 일방의 채무가 이행불능임이 명백하고 나아가 상대방이 거래계약의 존속을 더 이상 바라지 않고 있는 경우에도 마찬가지라고 보아야 하며, 거래계약이 확정적으로 무효가 된 경우에는 거래계약이 확정적으로 무효로 됨에 있어서 귀책사유가 있는 자라고 하더라도 그 계약의 무효를 주장할 수 있다(대판 1997.7.25. 97다4357).
⑤ (○) 민법 제140조의 취소권자로서 승계인은 일반적으로 포괄승계인인지 특정승계인인지 불문하나, 취소권만의 승계는 허용되지 아니한다. 포괄승계인은 피승계인의 법률행위의 취소권을 행사할 수 있다.

답 ❸

136 법률행위의 무효와 취소에 관한 설명으로 옳지 않은 것은?(다툼이 있으면 판례에 따름)

[22] 변리

① 법률행위가 무효임을 알고 이를 추인한 때에는 원칙적으로 소급하여 유효가 된다.
② 불공정한 법률행위에도 무효행위 전환의 법리가 적용될 수 있다.
③ 법률행위의 일부가 무효인 경우, 그 무효부분이 없더라도 법률행위를 하였을 것으로 인정되는 때에는 나머지 부분은 무효가 되지 않는다.
④ 취소할 수 있는 법률행위의 상대방이 확정되어 있는 경우에는 그 취소는 그 상대방에 대한 의사표시로 하여야 한다.
⑤ 강박에 의한 의사표시는 법률행위를 한 날로부터 10년이 경과하면 취소하지 못한다.

해설

① (×) 무효인 법률행위는 당사자가 무효임을 알고 추인할 경우 새로운 법률행위를 한 것으로 간주할 뿐이고 소급효가 없는 것이므로 무효인 가등기를 유효한 등기로 전용키로 한 약정은 그때부터 유효하고 이로써 위 가등기가 소급하여 유효한 등기로 전환될 수 없다(대판 1992.5.12. 91다26546).
② (○) 매매계약이 약정된 매매대금의 과다로 말미암아 민법 제104조에서 정하는 '불공정한 법률행위'에 해당하여 무효인 경우에도 무효행위의 전환에 관한 민법 제138조가 적용될 수 있다(대판 2010.7.15. 2009다50308).
③ (○) 민법 제137조 단서
④ (○) 민법 제142조
⑤ (○) 취소권은 추인할 수 있는 날로부터 3년 내에 법률행위를 한 날로부터 10년 내에 행사하여야 하므로(민법 제146조), 강박에 의한 의사표시가 법률행위를 한 날로부터 10년이 경과한 경우 취소할 수 없다.

답 ①

137 토지거래허가구역 내 토지거래계약에 관한 설명 중 판례의 입장과 다른 것은?(다툼이 있으면 판례에 따름)

[05] 사시

① 토지거래허가를 전제로 하는 매매계약의 경우 허가가 있기 전에 매도인이 소유권이전을 위한 등기서류의 이행제공을 하였다고 하더라도 매수인이 이행지체에 빠지는 것은 아니다.
② 유동적 무효상태의 토지거래계약이 확정적으로 무효가 된 경우에 특별한 사정이 없는 한 그 계약이 확정적으로 무효가 되는 데 귀책사유가 있는 자라 하더라도 그 계약의 무효를 주장할 수 있다.
③ 유동적 무효상태에 있는 토지거래계약에 있어서 매매계약의 당사자는 허가신청에 협력하지 아니하는 상대방 당사자에 대하여 협력의무의 이행을 청구할 수 있으므로 이러한 이행청구권도 채권자대위권의 행사에 의하여 보전될 수 있는 채권에 해당한다.
④ 유동적 무효상태에 있는 토지거래계약에 있어서 매매계약의 일방당사자가 허가신청에 이르기 전에 매매계약을 일방적으로 철회함으로써 그 매매계약이 확정적으로 무효가 되는 경우를 대비하여 상대방에게 일정한 손해액을 배상하기로 하는 약정은 유효하게 할 수 있다.
⑤ 토지거래허가제도가 폐지되지 않고 존치되어 있는 이상 토지거래허가구역 지정기간 중에 허가구역 안의 토지에 관하여 체결된 매매계약은 허가구역 지정해제 등이 된 이후에도 여전히 허가를 받아야 유효로 된다.

해설

① (○) 토지거래허가를 전제로 하는 매매계약의 경우 허가가 있기 전에는 매수인에게 그 계약내용에 따른 대금의 지급의무가 없는 것이므로 설사 그전에 매도인이 소유권이전등기 소요서류의 이행제공을 하였다 하더라도 매수인이 이행지체에 빠지는 것이 아니고 허가가 난 다음 그 이행제공을 하면서 대금지급을 최고하고 매수인이 이에 응하지 아니한 경우에 비로소 이행지체에 빠져 매도인이 계약을 해제할 수 있는 것이다(대판 1992.7.28. 91다33612).

② (○) 구 국토이용관리법상 토지거래허가를 받지 않아 거래계약이 유동적 무효의 상태에 있는 경우, 유동적 무효 상태의 계약은 관할 관청의 불허가처분이 있을 때뿐만 아니라 당사자 쌍방이 허가신청협력의무의 이행거절 의사를 명백히 표시한 경우에는 허가 전 거래계약관계, 즉 계약의 유동적 무효 상태가 더 이상 지속된다고 볼 수 없으므로, 계약관계는 확정적으로 무효가 된다고 할 것이고, 그와 같은 법리는 거래계약상 일방의 채무가 이행불능임이 명백하고 나아가 상대방이 거래계약의 존속을 더 이상 바라지 않고 있는 경우에도 마찬가지라고 보아야 하며, 거래계약이 확정적으로 무효가 된 경우에는 거래계약이 확정적으로 무효로 됨에 있어서 귀책사유가 있는 자라고 하더라도 그 계약의 무효를 주장할 수 있다(대판 1997.7.25. 97다4357).

③ (○) 토지거래규제구역 내의 토지에 대하여 갑과 을 사이에 권리이전 약정을 포함한 토지매수 위임계약이 이루어지고 그 수임인인 을과 토지 소유자 병 사이에 매수인을 을로 한 토지 매매계약이 체결된 경우, 갑은 을에 대하여 그 위임계약이 효력이 있는 것으로 완성될 수 있도록 토지거래허가 신청절차에 협력할 것을 청구할 권리가 있고 그와 같은 토지거래허가 신청절차의 협력의무 이행청구권을 보전하기 위하여 을을 대위하여 그에게 토지를 매도한 병을 상대로 을과 병 사이의 토지 매매에 대한 토지거래허가 신청절차에 협력할 것을 청구할 수 있다(대판 1996.10.25. 96다23825).

④ (○) [1] 구 국토이용관리법상 토지거래허가 구역 내의 토지에 대하여 관할 관청의 허가를 받기 전 유동적 무효 상태에 있는 계약을 체결한 당사자는 쌍방이 그 계약이 효력이 있는 것으로 완성될 수 있도록 서로 협력할 의무가 있는 것이므로, 이러한 매매계약을 체결할 당시 당사자 사이에 당사자 일방이 토지거래허가를 받기 위한 협력 자체를 이행하지 아니하거나 허가신청에 이르기 전에 매매계약을 철회하는 경우 상대방에게 일정한 손해액을 배상하기로 하는 약정을 유효하게 할 수 있다.
[2] 토지거래허가 구역 내의 토지에 관한 매매계약을 체결함에 있어서 토지거래허가를 받을 수 없는 경우 이외에 당사자 일방의 계약 위반으로 계약이 해제된 경우에 대한 손해배상액의 약정은, 당사자 일방이 협력의무를 이행하지 아니하거나 매매계약을 일방적으로 철회하여 그 매매계약이 확정적으로 무효가 된 경우를 포함한다(대판 1997.2.28. 96다49933).

⑤ (×) 허가구역 지정기간 중에 허가구역 안의 토지에 대하여 토지거래허가를 받지 아니하고 토지거래계약을 체결한 후 허가구역 지정해제 등이 된 때에는 그 토지거래계약이 허가구역 지정이 해제되기 전에 확정적으로 무효로 된 경우를 제외하고는, 더 이상 관할 행정청으로부터 토지거래허가를 받을 필요가 없이 확정적으로 유효로 되어 거래당사자는 그 계약에 기하여 바로 토지의 소유권 등 권리의 이전 또는 설정에 관한 이행청구를 할 수 있고, 상대방도 반대급부의 청구를 할 수 있다고 보아야 할 것이지, 여전히 그 계약이 유동적 무효상태에 있다고 볼 것은 아니다(대판 1999.6.17. 98다40459[전합]).

답 ⑤

---

138 甲은 부동산 거래신고 등에 관한 법률상 토지거래허가 구역에 있는 자신 소유의 X토지를 乙에게 매도하는 매매계약을 체결하였다. 아직 토지거래허가(이하 '허가')를 받지 않아 유동적 무효 상태에 있는 법률관계에 관한 설명으로 옳지 않은 것은?(다툼이 있으면 판례에 따름) 〔23 노무〕

① 甲은 허가 전에 乙의 대금지급의무의 불이행을 이유로 매매계약을 해제할 수 없다.
② 甲의 허가신청절차 협력의무와 乙의 대금지급의무는 동시이행관계에 있다.
③ 甲과 乙이 허가신청절차 협력의무 위반에 따른 손해배상액을 예정하는 약정은 유효하다.
④ 甲이 허가신청절차에 협력할 의무를 위반한 경우, 乙은 협력의무 위반을 이유로 매매계약을 해제할 수 없다.
⑤ 甲이 허가신청절차에 협력하지 않는 경우, 乙은 협력의무의 이행을 소구할 수 있다.

해설

① (○) 구 국토이용관리법(현행 부동산 거래신고 등에 관한 법률)상 규제구역 내의 토지에 대하여 매매계약을 체결한 경우에 있어 관할 관청으로부터 토지거래허가를 받기까지는 매매계약이 그 계약내용대로의 효력이 있을 수 없는 것이어서 매수인으로서도 그 계약내용에 따른 대금지급의무가 있다고 할 수 없으며, 설사 계약상 매수인의 대금지급의무가 매도인의 소유권이전등기의무에 선행하여 이행하기로 약정되어 있었다고 하더라도, 매수인에게 그 대금지급의무가 없음은 마찬가지여서 매도인으로서는 그 대금지급이 없었음을 이유로 계약을 해제할 수 없다(대판 1991.12.24. 90다12243[전합]).

② (×) 매도인의 토지거래허가 신청절차 협력의무와 매수인의 매매대금 또는 약정에 따른 양도소득세 상당의 금원지급의무가 동시이행의 관계에 있는 것은 아니다(대판 1996.10.25. 96다23825).

③ (○) 구 국토이용관리법상 토지거래허가를 받지 않아 유동적 무효의 상태에 있는 계약을 체결한 당사자는 쌍방이 그 계약이 효력이 있는 것으로 완성될 수 있도록 서로 협력할 의무가 있으므로, 이러한 매매계약을 체결할 당시 당사자 사이에 그 일방이 토지거래허가를 받기 위한 협력 자체를 이행하지 아니하거나 허가신청에 이르기 전에 매매계약을 철회하는 경우 상대방에게 일정한 손해액을 배상하기로 하는 약정을 유효하게 할 수 있다(대판 1998.3.27. 97다36996).

④ (○) 유동적 무효의 상태에 있는 거래계약의 당사자는 상대방이 그 거래계약의 효력이 완성되도록 협력할 의무를 이행하지 아니하였음을 들어 일방적으로 유동적 무효의 상태에 있는 거래계약 자체를 해제할 수 없다(대판 1999.6.17. 98다40459[전합]).

⑤ (○) 구 국토이용관리법(현행 부동산 거래신고 등에 관한 법률)상 규제지역 내의 토지에 대하여 거래계약이 체결된 경우에 계약을 체결한 당사자 사이에 있어서는 그 계약이 효력 있는 것으로 완성될 수 있도록 서로 협력할 의무가 있음이 당연하므로, 계약의 쌍방 당사자는 공동으로 관할 관청의 허가를 신청할 의무가 있고, 이러한 의무에 위배하여 허가신청절차에 협력하지 않는 당사자에 대하여 상대방은 협력의무의 이행을 소송으로써 구할 이익이 있다(대판 1991.12.24. 90다12243[전합]).

답

139 부동산 거래신고 등에 관한 법률에 따른 토지거래허가구역 내에 존재하는 토지에 대하여 매도인 甲과 매수인 乙사이에 허가를 전제로 하여 매매계약이 체결되었으며 계약 당시 乙은 甲에게 계약금을 지급하였다. 이에 관한 설명으로 옳은 것은?(다툼이 있으면 판례에 따름) 〔24 변리〕

① 乙은 甲을 상대로 허가가 나오는 것을 조건으로 하여 잔금과 상환으로 이전등기를 해 달라고 청구할 수 있다.

② 허가가 나오기 전이라도 甲은 乙이 잔금기일에 잔금을 지급하지 않았다는 것을 이유로 위 계약을 해제할 수 있다.

③ 위 계약이 확정적으로 무효가 된 경우, 그에 관해 귀책사유가 있는 당사자도 계약의 무효를 주장할 수 있다.

④ 거래허가를 신청하기 전에는 乙의 기망행위로 위 계약을 체결하였더라도 甲은 그 계약을 취소할 수 없다.

⑤ 만일 계약 당시 합의에 따라 계약금을 乙이 丙에게 지급하였는데 그 후 위 계약이 확정적으로 무효가 된 경우, 특별한 사정이 없는 한 乙은 丙을 상대로 지급한 계약금 상당액의 반환을 청구할 수 있다.

해설

① (×) 토지거래허가를 받기 전이라면 아무런 효력을 인정할 수 없으므로 乙은 甲을 상대로 허가가 나오는 것을 조건으로 하여 잔금과 상환으로 이전등기를 해 달라고 청구할 수 없다고 판단된다.

> 규제지역 내에 있는 토지에 대하여 체결된 매매계약이 처음부터 허가를 배제하거나 잠탈하는 내용의 계약이 아니라 허가를 전제로 한 계약이라고 보여지므로 원심이 원고의 청구 중 피고에 대하여 토지거래허가신청절차의 이행을 구하는 부분을 인용한 것은 정당하지만, 허가가 있을 것을 조건으로 하여 소유권이전등기절차의 이행을 구하는 부분에 있어서는 허가받기 전의 상태에 있다면 아무런 효력이 없어 권리의 이전 또는 설정에 관한 어떠한 이행청구도 할 수 없는 것이므로 원심이 이 부분 청구까지도 인용한 것은 같은 법상의 토지거래허가와 거래계약의 효력에 관한 법리를 오해하여 판결에 영향을 미친 위법이 있다(대판 1991.12.24. 90다12243[전합]).

② (×) 토지거래허가구역 내의 토지에 관한 매매계약은 관할 관청으로부터 허가받기 전의 상태에서는 법률상 미완성의 법률행위로서 이른바 유동적 무효의 상태에 있어 그 계약 내용에 따른 본래적 효력은 발생하지 아니하므로, 관할 관청의 거래허가를 받아 매매계약이 소급하여 유효한 계약이 되기 전까지 양쪽 당사자는 서로 소유권의 이전이나 대금의 지급과 관련하여 어떠한 내용의 이행청구를 할 수 없으며, 일방 당사자는 상대방의 매매계약 내용에 따른 채무불이행을 이유로 하여 계약을 해제할 수도 없다(대판 2010.5.13. 2009다92685). 관할관청으로부터 토지거래허가를 받기 전이라면 甲은 乙이 잔금기일에 잔금을 지급하지 않았다는 것을 이유로 위 계약을 해제할 수 없다.

③ (○) 토지거래허가를 받지 않아 거래계약이 유동적 무효의 상태에 있는 경우, 유동적 무효 상태의 계약은 관할 관청의 불허가처분이 있을 때뿐만 아니라 당사자 쌍방이 허가신청협력의무의 이행거절 의사를 명백히 표시한 경우에는 허가 전 거래계약관계, 즉 계약의 유동적 무효 상태가 더 이상 지속된다고 볼 수 없으므로, 계약관계는 확정적으로 무효가 된다고 할 것이고, 그와 같은 법리는 거래계약상 일방의 채무가 이행불능임이 명백하고 나아가 상대방이 거래계약의 존속을 더 이상 바라지 않고 있는 경우에도 마찬가지라고 보아야 하며, 거래계약이 확정적으로 무효가 된 경우에는 거래계약이 확정적으로 무효로 됨에 있어서 귀책사유가 있는 자라고 하더라도 그 계약의 무효를 주장할 수 있다(대판 1997.7.25. 97다4357).

④ (×) 乙과의 토지매매계약이 乙의 기망행위로 체결되어 취소사유가 있는 경우, 甲은 토지거래허가를 신청하기 전 단계에서 그 계약을 취소함으로 확정적으로 무효로 할 수 있다.

> 구 국토이용관리법상 거래허가를 받지 아니하고 계약당사자의 표시와 불일치한 의사(비진의표시, 허위표시 또는 착오) 또는 사기, 강박과 같은 하자 있는 의사에 의하여 토지거래 등이 이루어진 경우에 있어서, 이들 사유에 기하여 그 거래의 무효 또는 취소를 주장할 수 있는 당사자는 그러한 거래허가를 신청하기 전 단계에서 이러한 사유를 주장하여 거래허가 신청협력에 거절의사를 일방적으로 명백히 함으로써 그 계약을 확정적으로 무효화시키고 자신의 거래허가절차에 협력할 의무를 면함은 물론 기왕에 지급된 계약금 등의 반환도 구할 수 있다(대판 1996.11.8. 96다35309).

⑤ (×) 판례의 취지를 고려할 때 제3자를 위한 계약에서 정한 바에 따라 계약금을 丙에게 지급하였으나 매매계약이 확정적으로 무효가 된 경우, 계약관계의 청산은 요약자인 甲과 낙약자인 乙 사이에 이루어져야 하므로 특별한 사정이 없는 한 乙은 丙에게 계약금 상당액의 부당이득반환을 청구할 수 없다고 판단된다.

> 제3자를 위한 계약관계에서 낙약자와 요약자 사이의 법률관계(이른바 기본관계)를 이루는 계약이 무효이거나 해제된 경우 그 계약관계의 청산은 계약의 당사자인 낙약자와 요약자 사이에 이루어져야 하므로, 특별한 사정이 없는 한 낙약자가 이미 제3자에게 급부한 것이 있더라도 낙약자는 계약해제 등에 기한 원상회복 또는 부당이득을 원인으로 제3자를 상대로 그 반환을 구할 수 없다(대판 2010.8.19. 2010다31860).

답 ③

140

구 국토의 계획 및 이용에 관한 법률상 토지거래허가 대상인 토지거래에 관한 설명 중 옳은 것은?(다툼이 있으면 판례에 따름)

① 토지거래허가를 받지 않은 매매계약에서 계약금만 받은 매도인은 당사자 일방이 이행에 착수하기 전이라도 계약금의 배액을 상환하고 계약을 해제할 수 없다.
② 토지거래허가를 받지 않은 매매계약상의 매수인이 매도인에 대해 토지거래허가 신청절차에 협력할 의무의 이행을 청구하는 경우 매도인은 매매대금지급 의무이행의 제공이 있을 때까지 그 협력의무의 이행을 거절할 수 있다.
③ 토지거래허가를 받지 않은 매매계약상의 매수인의 지위에 관하여 매도인과 매수인 및 제3자 사이에 제3자가 매수인의 지위를 이전받는다는 취지의 합의를 한 경우 매도인과 매수인 사이의 매매계약에 대한 관할 관청의 허가가 없는 이상 제3자가 매도인에 대하여 직접 토지거래허가 신청절차 협력의무의 이행을 청구할 수 없다.
④ 토지거래허가 전의 매매계약의 매수인이 매도인에 대한 토지거래허가 신청절차 협력청구권을 피보전권리로 하여 매매목적 토지의 처분을 금하는 가처분을 신청할 수 없다.
⑤ 토지거래 허가구역 내의 토지에 대한 매매허가가 있기 전에 건물만의 소유권이전등기를 청구할 수 있다.

해설

① (×) 매매 당사자 일방이 계약 당시 상대방에게 계약금을 교부한 경우 당사자 사이에 다른 약정이 없는 한 당사자 일방이 계약 이행에 착수할 때까지 계약금 교부자는 이를 포기하고 계약을 해제할 수 있고, 그 상대방은 계약금의 배액을 상환하고 계약을 해제할 수 있음이 계약 일반의 법리인 이상, 특별한 사정이 없는 한 구 국토이용관리법상의 토지거래허가를 받지 않아 유동적 무효 상태인 매매계약에 있어서도 당사자 사이의 매매계약은 매도인이 계약금의 배액을 상환하고 계약을 해제함으로써 적법하게 해제된다(대판 1997.6.27. 97다9369).

② (×) 구 국토이용관리법상의 토지거래규제구역 내의 토지에 관하여 관할 관청의 토지거래허가 없이 매매계약이 체결됨에 따라 그 매수인이 그 계약을 효력이 있는 것으로 완성시키기 위하여 매도인에 대하여 그 매매계약에 관한 토지거래허가 신청절차에 협력할 의무의 이행을 청구하는 경우, 매도인의 토지거래계약허가 신청절차에 협력할 의무와 토지거래허가를 받으면 매매계약 내용에 따라 매수인이 이행하여야 할 매매대금 지급의무나 이에 부수하여 매수인이 부담하기로 특약한 양도소득세 상당 금원의 지급의무 사이에는 상호 이행상의 견련성이 있다고 할 수 없으므로, 매도인으로서는 그러한 의무이행의 제공이 있을 때까지 그 협력의무의 이행을 거절할 수 있는 것은 아니다(대판 1996.10.25. 96다23825).

③ (○) 구 국토이용관리법 소정의 토지거래허가를 받아야 하는 토지에 관하여 관할 관청의 허가 없이 매매계약이 체결된 경우, 그 매매계약이 처음부터 허가를 배제하거나 잠탈하는 내용의 계약이 아니라 허가를 받을 것을 전제로 하는 계약인 때에는 유동적 무효상태에 있고, 이러한 유동적 무효상태에 있는 매매계약상의 매수인의 지위에 관하여 매도인과 매수인 및 제3자 사이에 제3자가 그와 같은 매수인의 지위를 매수인으로부터 이전받는다는 취지의 합의를 한 경우, 구 국토이용관리법상 토지거래허가 제도가 토지의 투기적 거래를 방지하여 정상적 거래를 조장하려는 데에 그 입법취지가 있음에 비추어 볼 때, 그와 같은 합의는 매도인과 매수인 사이의 매매계약에 대한 관할 관청의 허가가 있어야 비로소 효력이 발생한다고 보아야 하고, 그 허가가 없는 이상 3 당사자 사이의 합의만으로 유동적 무효상태의 매매계약의 매수인 지위가 매수인으로부터 제3자에게 이전하고 제3자가 매도인에 대하여 직접 토지거래허가 신청절차 협력의무의 이행을 구할 수 있다고 할 수는 없다(대판 1996.7.26. 96다7762).

④ (×) 구 국토이용관리법상의 규제구역 내의 토지에 관하여 관할관청의 허가 없이 체결된 매매계약이라 하더라도 거래당사자 사이에는 계약이 효력이 있는 것으로 완성될 수 있도록 서로 협력할 의무가 있어 매매계약의 쌍방 당사자는 공동으로 관할관청의 허가를 신청할 의무가 있고, 이러한 의무에 위배하여 허가신청절차에 협력하지 않는 당사자에 대하여 상대방은 협력의무의 이행을 구할 수 있는 것이므로, 허가를 받을 것을 전제로 하여 체결된 매매계약의 매수인은 비록 그 매매계약이 허가를 받을 때까지는 법률상 미완성의 법률행위로서 소유권의 이전에 관한 계약의 효력이 전혀 발생하지 아니한다고 할지라도 위와 같은 토지거래허가신청절차청구권을 피보전권리로 하여 매매목적물의 처분을 금하는 가처분을 구할 수 있고, 매도인이 그 매매계약을 다투는 경우 그 보전의 필요성도 있다고 보아야 할 것이며, 이러한 가처분이 집행된 후에 진행된 강제경매절차에서 당해 토지를 낙찰받은 제3자는 특별한 사정이 없는 한 이로써 가처분채권자인 매수인의 권리보전에 대항할 수 없다(대판 1998.12.22. 98다44376).

⑤ (×) 민법 제137조는 법률행위의 일부분이 무효인 때에는 그 전부를 무효로 하되, 그 무효부분이 없더라도 법률행위를 하였을 것이라고 인정될 때에는 나머지 부분은 무효가 되지 아니한다고 규정하고 있는바, 구 국토이용관리법상의 규제구역 내의 토지와 건물을 일괄하여 매매한 경우 일반적으로 토지와 그 지상의 건물은 법률적인 운명을 같이하는 것이 거래의 관행이고, 당사자의 의사나 경제의 관념에도 합치되는 것이므로, 토지에 관한 당국의 거래허가가 없으면 건물만이라도 매매하였을 것이라고 볼 수 있는 특별한 사정이 인정되는 경우에 한하여 토지에 대한 매매거래허가가 있기 전에 건물만의 소유권이전등기를 명할 수 있다고 보아야 할 것이고, 그렇지 않은 경우에는 토지에 대한 거래허가가 있어 그 매매계약의 전부가 유효한 것으로 확정된 후에 토지와 함께 이전등기를 명하는 것이 옳을 것이다(대판 1992.10.13. 92다16836).

답 ③

141

민법상 무효 및 취소에 관한 설명 중 옳지 않은 것은?(다툼이 있으면 판례에 따름) 02 사시

① 임의대리에 있어서 대리인의 행위에 취소원인이 있는 경우 임의대리인이 취소를 하려면 원칙적으로 본인으로부터 취소에 관한 대리권이 따로 주어져 있어야 한다.
② 취소할 수 있는 법률행위로부터 생긴 채권에 관하여 취소의 원인이 종료한 후에 취소권자가 이의를 유보하지 않고 상대방에게 이행하거나 상대방의 이행을 받은 경우는 추인한 것으로 본다.
③ 민법 제146조 전단에서 취소권의 제척기간의 기산점으로 삼고 있는 "추인할 수 있는 날"이란 취소의 원인이 종료되어 취소권행사에 관한 장애가 없어져서 취소권자가 취소의 대상인 법률행위를 추인할 수도 있고 취소할 수도 있는 상태가 된 때로 보아야 한다.
④ 하나의 법률행위의 일부분에만 취소사유가 있다고 하더라도 그 법률행위가 가분적이거나 그 목적물의 일부가 특정될 수 있다면 그 나머지 부분이라도 이를 유지하려는 당사자의 가정적 의사가 인정되는 경우 그 일부만의 취소도 가능하다.
⑤ 동일한 대출한도 제한을 회피하기 위하여 실질적인 주채무자가 제3자를 형식상의 주채무자로 내세우고 금융기관도 이를 양해하여 제3자 명의로 대출관계서류를 작성하였다 하더라도 위 대출약정을 통정허위표시에 해당하여 무효라고 할 수 없다.

해설

① (○) 임의대리에 있어서 대리인의 행위에 취소원인이 있는 경우 그 행위에 대한 취소권은 원칙적으로 본인에게 귀속한다. 임의대리인이 이를 취소하려면 본인으로부터 별도로 취소할 수 있는 권한에 대한 수권이 있어야 한다. 판례도 같은 취지에서 일반적으로 법률행위에 의하여 수여된 대리권은 원인된 법률관계의 종료에 의하여 소멸하는 것이므로 특별한 다른 사정이 없는 한, 본인을 대리하여 금전소비대차 내지 그를 위한 담보권설정계약을 체결할 권한을 수여받은 대리인에게 본래의 계약관계를 해제할 대리권까지 있다고 볼 수 없다고 판시하고 있다(대판 1993.1.15. 92다39365).
② (○) 민법은 추인할 수 있은 후 당사자 사이에 일정한 사유가 있으면 당연히 추인한 것으로 간주하는데 이를 법정추인이라고 한다(민법 제145조). 취소할 수 있는 법률행위로부터 생긴 채권에 관하여 취소의 원인이 종료한 후에 취소권자가 이의를 유보하지 않고 상대방에게 이행하거나 상대방의 이행을 받은 경우(민법 제145조 제1호)도 법정추인사유에 해당한다.
③ (○) 민법 제146조 전단은 "취소권은 추인할 수 있는 날로부터 3년 내에 행사하여야 한다"고 규정하는 한편, 민법 제144조 제1항에서는 "추인은 취소의 원인이 종료한 후에 하지 아니하면 효력이 없다"고 규정하고 있는바, 민법 제146조 전단에서 취소권의 제척기간의 기산점으로 삼고 있는 '추인할 수 있는 날'이란 취소의 원인이 종료되어 취소권 행사에 관한 장애가 없어져서 취소권자가 취소의 대상인 법률행위를 추인할 수도 있고 취소할 수도 있는 상태가 된 때를 가리킨다고 보아야 한다(대판 2008.9.11. 2008다27301).
④ (○) 하나의 법률행위의 일부분에만 취소사유가 있다고 하더라도 그 법률행위가 가분적이거나 그 목적물의 일부가 특정될 수 있다면, 그 나머지 부분이라도 이를 유지하려는 당사자의 가정적 의사가 인정되는 경우 그 일부만의 취소도 가능하다 할 것이고, 그 일부의 취소는 법률행위의 일부에 관하여 효력이 생긴다(대판 1998.2.10. 97다44737).

⑤ (×) 동일인에 대한 대출액 한도를 제한한 구 상호신용금고법 제12조의 적용을 회피하기 위하여 실질적인 주채무자가 실제 대출받고자 하는 채무액에 대하여 제3자를 형식상의 주채무자로 내세우고, 상호신용금고도 이를 양해하여 제3자에 대하여는 채무자로서의 책임을 지우지 않을 의도하에 제3자 명의로 대출관계서류를 작성받은 경우에는, 제3자는 형식상의 명의만을 빌려 준 자에 불과하고 그 대출계약의 실질적인 당사자는 상호신용금고와 실질적 주채무자이므로, 제3자 명의로 되어 있는 대출약정은 상호신용금고의 양해하에 그에 따른 채무부담 의사 없이 형식적으로 이루어진 것에 불과하여 통정허위표시에 해당하는 무효의 법률행위이다(대판 2001.2.23. 2000다65864).

답 ⑤

142

법률행위의 무효와 취소에 관한 설명 중 옳은 것을 모두 고른 것은?(다툼이 있으면 판례에 따름)

07 사시

> ㄱ. 불공정한 법률행위는 피해자가 그 무효임을 알고 추인한 때에는 그때로부터 유효한 법류행위가 된다.
> ㄴ. 착오를 이유로 의사표시가 취소된 경우 그로 인해 상대방에게 손해가 발생한 때에도 표의자는 불법행위로 인한 손해배상책임을 지지 않는다.
> ㄷ. 매매계약이 적법하게 해제된 경우에도 그 계약의 취소가 가능하다.
> ㄹ. 취소할 수 있는 법률행위를 적법하게 추인한 후에는 다시 취소할 수 없고, 적법하게 취소한 후에는 무효인 법률행위로서도 다시 추인할 수 없다.
> ㅁ. 법률행위의 취소는 취소의 원인이 종료한 후에 하지 않으면 효력이 없다.

① ㄱ, ㄴ
② ㄴ, ㄷ
③ ㄷ, ㄹ
④ ㄹ, ㅁ
⑤ ㄱ, ㄹ, ㅁ

해설

ㄱ. (×) 불공정한 법률행위로서 무효인 경우에는 추인에 의하여 무효인 법률행위가 유효로 될 수 없다(대판 1994.6.24. 94다10900).

ㄴ. (○) 판례는 표의자가 착오를 이유로 보증계약을 취소한 것이 상대방에 대한 불법행위를 구성하지는 않는다는 것이므로 이러한 판례의 취지를 고려할 때 취소로 인하여 손해를 입은 상대방은 표의자에게 불법행위로 인한 손해배상을 청구할 수 없다.

> 불법행위로 인한 손해배상책임이 성립하기 위하여는 가해자의 고의 또는 과실 이외에 행위의 위법성이 요구되므로, 전문건설공제조합이 계약보증서를 발급하면서 조합원이 수급할 공사의 실제 도급금액을 확인하지 아니한 과실이 있다고 하더라도 민법 제109조에서 중과실이 없는 착오자의 착오를 이유로 한 의사표시의 취소를 허용하고 있는 이상, 전문건설공제조합이 과실로 인하여 착오에 빠져 계약보증서를 발급한 것이나 그 착오를 이유로 보증계약을 취소한 것이 위법하다고 할 수는 없다(대판 1997.8.22. 97다13023).

ㄷ. (○) 매도인이 매수인의 중도금지급채무 불이행을 이유로 매매계약을 적법하게 해제한 후라도 매수인으로서는 상대방이 한 계약해제의 효과로서 발생하는 손해배상책임을 지거나 매매계약에 따른 계약금의 반환을 받을 수 없는 불이익을 면하기 위하여 착오를 이유로 한 취소권을 행사하여 매매계약 전체를 무효로 돌리게 할 수 있다(대판 1996.12.6. 95다24982).

ㄹ. (×) 취소할 수 있는 법률행위를 적법하게 추인한 후에는 다시 취소할 수 없고 그 행위는 확정적으로 유효하게 된다. 취소할 수 있는 법률행위를 적법하게 취소한 경우에 대해 판례는 취소한 법률행위는 처음부터 무효인 것으로 간주되므로 취소할 수 있는 법률행위가 일단 취소된 이상 그 후에는 취소할 수 있는 법률행위의 추인에 의하여 이미 취소되어 무효인 것으로 간주된 당초의 의사표시를 다시 확정적으로 유효하게 할 수는 없고, 다만 무효인 법률행위의 추인의 요건과 효력으로서 추인할 수는 있다고 한다(대판 1997.12.12. 95다38240).

ㅁ. (×) 법률행위의 취소는 취소원인이 종료되었는지 여부와 무관하다. 취소원인이 종료된 후에 하여야 그 효력이 발생하는 것은 취소할 수 있는 법률행위의 추인임을 유의하여야 한다.

답 ❷

143 법률행위의 무효에 관한 설명 중 옳지 않은 것은?(다툼이 있는 경우 판례에 의함) 〔23 변시〕

① 불공정한 법률행위에 해당하여 무효인 법률행위는 추인에 의하여 유효로 될 수 없다.
② 법인 아닌 사단의 총회에서 회의 소집 통지에 목적 사항으로 기재하지 않은 사항에 관하여 결의한 경우, 구성원 전원이 회의에 참석하여 해당 사항에 관하여 의결하였더라도 그 결의는 효력이 없다.
③ 증여계약과 같이 아무런 대가관계 없이 당사자 일방이 상대방에게 일방적인 급부를 하는 법률행위는 불공정한 법률행위의 해당 여부를 논의할 수 있는 성질의 것이 아니다.
④ 양도소득세의 일부를 회피할 목적으로 매매계약서에 실제로 거래한 가액을 매매대금으로 기재하지 아니하고 그보다 낮은 금액을 매매대금으로 기재하였더라도 그 매매계약을 사회질서에 반하는 법률행위로서 무효라고 할 수는 없다.
⑤ 부동산 거래신고 등에 관한 법률상 토지거래허가구역 내의 토지에 대하여 토지거래허가 없이 매매계약이 체결되어 유동적 무효 상태에 있던 중, 토지거래허가구역이 지정해제 되었다면 그 매매계약은 확정적으로 유효로 된다.

해설

① (○) 불공정한 법률행위로서 무효인 경우에는 추인에 의하여 무효 법률행위가 유효로 될 수 없다(대판 1994.6.24. 94다10900).
② (×) 법인 아닌 사단의 총회에서 회의 소집 통지에 목적 사항으로 기재하지 않은 사항에 관하여 결의한 때에는 구성원 전원이 회의에 참석하여 그 사항에 의하여 의결한 경우가 아닌 한 그 결의가 원칙적으로 무효라고 할 것이다(대판 2015.2.16. 2011다101155).
③ (○) 증여계약과 같이 아무런 대가관계 없이 당사자 일방이 상대방에게 일방적인 급부를 하는 법률행위는 그 공정성 여부를 논의할 수 있는 성질의 법률행위가 아니다(대판 2000.2.11. 99다56833).
④ (○) 소득세법령의 규정에 의하여 당해 자산의 양도 당시의 기준시가가 아닌 양도자와 양수자간에 실제로 거래한 가액을 양도가액으로 하는 경우, 양도소득세의 일부를 회피할 목적으로 매매계약서에 실제로 거래한 가액을 매매대금으로 기재하지 아니하고 그보다 낮은 금액을 매매대금으로 기재하였다 하여, 그것만으로 그 매매계약이 사회질서에 반하는 법률행위로서 무효로 된다고 할 수는 없다(대판 2007.6.14. 2007다3285).
⑤ (○) 허가구역 지정기간 중에 허가구역 안의 토지에 대하여 토지거래허가를 받지 아니하고 토지거래계약을 체결한 후 허가구역 지정해제 등이 된 때에는 그 토지거래계약이 허가구역 지정이 해제되기 전에 확정적으로 무효로 된 경우를 제외하고는, 더 이상 관할 행정청으로부터 토지거래허가를 받을 필요가 없이 확정적으로 유효로 되어 거래당사자는 그 계약에 기하여 바로 토지의 소유권 등 권리의 이전 또는 설정에 관한 이행청구를 할 수 있고, 상대방도 반대급부의 청구를 할 수 있다고 보아야 할 것이지, 여전히 그 계약이 유동적 무효상태에 있다고 볼 것은 아니다(대판 1999.6.17. 98다40459[전합]).

답 ❷

144 법률행위의 무효와 취소에 관한 설명 중 옳은 것은?(다툼이 있는 경우 판례에 의함) 22 변시

① 근로자의 기망으로 체결된 근로계약이 사용자에 의해 적법하게 취소된 경우, 이미 제공된 근로자의 노무를 기초로 형성된 취소 이전의 법률관계는 소급적으로 그 효력을 잃는다.
② 매매계약이 약정된 매매대금의 과다로 말미암아 불공정한 법률행위로서 무효인 경우, 당사자 쌍방이 무효를 알았더라면 대금을 다른 액으로 정하여 매매계약에 합의하였을 것이라고 인정되는 때에는, 그 다른 대금액을 내용으로 하는 매매계약이 유효하게 성립할 수 있다.
③ 법률행위의 취소를 당연한 전제로 한 소송상의 이행청구를 하였더라도 그 속에 취소의 의사표시가 포함되어 있다고 볼 수는 없다.
④ 취소할 수 있는 법률행위가 이미 취소되었더라도, 취소할 수 있는 법률행위의 추인에 의하여 취소된 원래의 의사표시를 다시 확정적으로 유효하게 할 수 있다.
⑤ 乙이 甲으로부터 매수한 X부동산이 丙을 거쳐 丁에게 양도되어 丁이 이를 점유하고 있는데, 甲과 乙 사이의 매매계약이 통정허위표시로서 무효인 경우, 丙이 악의라면 丁이 선의라도 甲은 丁을 상대로 X부동산의 인도를 청구할 수 있다.

해설

① (×) 근로계약은 근로자가 사용자에게 근로를 제공하고 사용자는 이에 대하여 임금을 지급하는 것을 목적으로 체결된 계약으로서(근로기준법 제2조 제1항 제4호) 기본적으로 그 법적 성질이 사법상 계약이므로 계약 체결에 관한 당사자들의 의사표시에 무효 또는 취소의 사유가 있으면 상대방은 이를 이유로 근로계약의 무효 또는 취소를 주장하여 그에 따른 법률효과의 발생을 부정하거나 소멸시킬 수 있다. 다만 그와 같이 근로계약의 무효 또는 취소를 주장할 수 있다 하더라도 근로계약에 따라 그동안 행하여진 근로자의 노무 제공의 효과를 소급하여 부정하는 것은 타당하지 않으므로 이미 제공된 근로자의 노무를 기초로 형성된 취소 이전의 법률관계까지 효력을 잃는다고 보아서는 아니 되고, 취소의 의사표시 이후 장래에 관하여만 근로계약의 효력이 소멸된다고 보아야 한다(대판 2017.12.22. 2013다25194).
② (○) 매매계약이 약정된 매매대금의 과다로 말미암아 민법 제104조에서 정하는 '불공정한 법률행위'에 해당하여 무효인 경우에도 무효행위의 전환에 관한 민법 제138조가 적용될 수 있다. 따라서 당사자 쌍방이 위와 같은 무효를 알았더라면 대금을 다른 액으로 정하여 매매계약에 합의하였을 것이라고 예외적으로 인정되는 경우에는, 그 대금액을 내용으로 하는 매매계약이 유효하게 성립한다. 이때 당사자의 의사는 매매계약이 무효임을 계약 당시에 알았다면 의욕하였을 가정적(假定的) 효과의사로서, 당사자 본인이 계약 체결시와 같은 구체적 사정 아래 있다고 상정하는 경우에 거래관행을 고려하여 신의성실의 원칙에 비추어 결단하였을 바를 의미한다(대판 2010.7.15. 2009다50308).
③ (×) 법률행위의 취소는 상대방에 대한 의사표시로 하여야 하나 그 취소의 의사표시는 특별히 재판상 행하여짐이 요구되는 경우 이외에는 특정한 방식이 요구되는 것이 아니고, 취소의 의사가 상대방에 의하여 인식될 수 있다면 어떠한 방법에 의하더라도 무방하다고 할 것이고, 법률행위의 취소를 당연한 전제로 한 소송상의 이행청구나 이를 전제로 한 이행거절 가운데는 취소의 의사표시가 포함되어 있다고 볼 수 있다(대판 1993.9.14. 93다13162).
④ (×) 취소한 법률행위는 처음부터 무효인 것으로 간주되므로 취소할 수 있는 법률행위가 일단 취소된 이상 그 후에는 취소할 수 있는 법률행위의 추인에 의하여 이미 취소되어 무효인 것으로 간주된 당초의 의사표시를 다시 확정적으로 유효하게 할 수는 없고, 다만 무효인 법률행위의 추인의 요건과 효력으로서 추인할 수는 있으나, 무효행위의 추인은 그 무효 원인이 소멸한 후에 하여야 그 효력이 있고, 따라서 강박에 의한 의사표시임을 이유로 일단 유효하게 취소되어 당초의 의사표시가 무효로 된 후에 추인한 경우 그 추인이 효력을 가지기 위하여는 그 무효 원인이 소멸한 후일 것을 요한다고 할 것인데, 그 무효 원인이란 바로 위 의사표시의 취소사유라 할 것이므로 결국 무효 원인이 소멸한 후란 것은 당초의 의사표시의 성립 과정에 존재하였던 취소의 원인이 종료된 후, 즉 강박 상태에서 벗어난 후라고 보아야 한다(대판 1997.12.12. 95다38240).
⑤ (×) 乙이 甲으로부터 매수한 X부동산이 丙을 거쳐 丁에게 양도되어 丁이 이를 점유하고 있는데, 甲과 乙 사이의 매매계약이 통정허위표시로서 무효인 경우, 丙이 악의라도 丁이 선의라면 외관을 신뢰한 자를 보호하려는 민법 제108조 제2항의 취지상 선의의 전득자 丁은 X부동산의 소유권을 취득하게 되므로 甲은 丁을 상대로 X부동산의 인도를 청구할 수 없다고 판단된다.

답 ❷

145 법률행위의 무효·취소에 관한 설명 중 옳지 않은 것은?(다툼이 있는 경우 판례에 의함)

17 변시

① 미성년자가 법정대리인의 동의 없이 한 법률행위를 법정대리인이 적법하게 추인한 이후에는 그 미성년자는 자신의 법률행위를 취소할 수 없다.
② 강박에 의한 의사표시임을 이유로 의사표시를 적법하게 취소한 표의자는 강박상태에서 벗어난 후 이미 취소된 의사표시를 무효행위 추인의 요건을 갖추어 추인할 수 있다.
③ 불공정한 법률행위는 절대적 무효이므로 무효행위의 전환이 인정되지 않는다.
④ 구 국토의 계획 및 이용에 관한 법률의 토지거래허가구역 내의 토지에 대하여 관할 관청의 허가 없이 체결된 매매계약이 확정적으로 무효인 경우가 아니라면 그 매매계약의 일방 당사자는 상대방 당사자에게 공동으로 관할 관청의 허가를 신청하기 위해 필요한 협력의무의 이행을 요구할 수 있다.
⑤ 甲이 乙을 강박하여 乙 소유 건물을 매수한 후 이를 다시 이런 사정을 잘 아는 丙에게 매도한 경우, 乙이 강박을 이유로 매매계약을 취소하려면 丙이 아니라 甲에게 취소의 의사표시를 해야 한다.

해설

① (O) 미성년자가 법정대리인의 동의 없이 한 법률행위는 취소의 원인이 종료한 후에 추인하여야 하므로 미성년자는 성년자가 된 후에 추인할 수 있다. 다만, 미성년자가 법정대리인의 동의를 얻어 추인하는 경우와 법정대리인이 추인하는 경우에는 이러한 제한을 받지 아니한다. 법정대리인이 적법하게 추인한 이후에는 당해 법률행위는 확정적으로 유효하므로 미성년자도 자신의 법률행위를 취소할 수 없다(민법 제143조 제1항).
② (O) 취소한 법률행위는 처음부터 무효인 것으로 간주되므로 취소할 수 있는 법률행위가 일단 취소된 이상 그 후에는 취소할 수 있는 법률행위의 추인에 의하여 이미 취소되어 무효인 것으로 간주된 당초의 의사표시를 다시 확정적으로 유효하게 할 수는 없고, 다만 무효인 법률행위의 추인의 요건과 효력으로서 추인할 수는 있으나, 무효행위의 추인은 그 무효 원인이 소멸한 후에 하여야 그 효력이 있고, 따라서 강박에 의한 의사표시임을 이유로 일단 유효하게 취소되어 당초의 의사표시가 무효로 된 후에 추인한 경우 그 추인이 효력을 가지기 위하여는 그 무효 원인이 소멸한 후일 것을 요한다고 할 것인데, 그 무효 원인이란 바로 위 의사표시의 취소사유라 할 것이므로 결국 무효 원인이 소멸한 후란 것은 당초의 의사표시의 성립 과정에 존재하였던 취소의 원인이 종료한 후, 즉 강박 상태에서 벗어난 후라고 보아야 한다(대판 1997.12.12. 95다38240).
③ (×) 매매계약이 약정된 매매대금의 과다로 말미암아 민법 제104조에서 정하는 '불공정한 법률행위'에 해당하여 무효인 경우에도 무효행위의 전환에 관한 민법 제138조가 적용될 수 있다. 따라서 당사자 쌍방이 위와 같은 무효를 알았더라면 대금을 다른 액으로 정하여 매매계약에 합의하였을 것이라고 예외적으로 인정되는 경우에는, 그 대금액을 내용으로 하는 매매계약이 유효하게 성립한다(대판 2010.7.15. 2009다50308).
④ (O) 구 국토이용관리법(현행 부동산 거래신고 등에 관한 법률)상 규제지역 내의 토지에 대하여 거래계약이 체결된 경우에 계약을 체결한 당사자 사이에 있어서는 그 계약이 효력 있는 것으로 완성될 수 있도록 서로 협력할 의무가 있음이 당연하므로, 계약의 쌍방 당사자는 공동으로 관할 관청의 허가를 신청할 의무가 있고, 이러한 의무에 위배하여 허가신청절차에 협력하지 않는 당사자에 대하여 상대방은 협력의무의 이행을 소송으로써 구할 이익이 있다(대판 1991.12.24. 90다12243[전합]).
⑤ (O) 취소할 수 있는 법률행위의 상대방이 확정한 경우에는 그 취소는 그 상대방에 대한 의사표시로 하여야 한다(민법 제142조). 甲이 乙을 강박하여 乙 소유 건물을 매수한 후 이를 다시 丙에게 매도한 경우, 매매계약의 상대방은 甲이므로 丙이 아니라 甲에게 취소의 의사표시를 해야 한다.

답 ③

146 법률행위의 무효 또는 취소에 관한 설명으로 옳은 것은?(다툼이 있으면 판례에 따름) `20` 노무

① 법률행위의 일부분이 무효인 경우 원칙적으로 그 일부분만 무효이다.
② 제한능력자가 법률행위를 취소한 경우 원칙적으로 그가 받은 이익 전부를 상환하여야 한다.
③ 취소할 수 있는 법률행위는 추인권자의 추인이 있은 후에는 취소하지 못한다.
④ 법률행위의 취소권은 법률행위를 한 날부터 3년 내에, 추인할 수 있는 날부터 10년 내에 행사하여야 한다.
⑤ 매도인에게 부과될 공과금을 매수인이 책임진다는 취지의 특약은 사회질서에 반하므로 무효이다.

해설

① (×) 법률행위의 일부분이 무효인 때에는 그 전부를 무효로 한다. 그러나 그 무효부분이 없더라도 법률행위를 하였을 것이라고 인정될 때에는 나머지 부분은 무효가 되지 아니한다(민법 제137조).
② (×) 취소된 법률행위는 처음부터 무효인 것으로 본다. 다만, 제한능력자는 그 행위로 인하여 받은 이익이 현존하는 한도에서 상환(償還)할 책임이 있다(민법 제141조).
③ (○) 민법 제143조 제1항
④ (×) 취소권은 추인할 수 있는 날로부터 3년 내에, 법률행위를 한 날로부터 10년 내에 행사하여야 한다(민법 제146조).
⑤ (×) 매매계약에서 매도인에게 부과될 공과금을 매수인이 책임진다는 취지의 특약을 하였다 하더라도 이는 공과금이 부과되는 경우 그 부담을 누가 할 것인가에 관한 약정으로서 그 자체가 불법조건이라고 할 수 없고 이것만 가지고 사회질서에 반한다고 단정하기도 어렵다(대판 1993.5.25. 93다296).

답 ❸

147 법률행위의 무효와 취소에 관한 설명 중 옳은 것을 모두 고른 것은?(다툼이 있는 경우 판례에 의함) `20` 변시

ㄱ. 임차권양도계약과 권리금계약이 결합하여 전체가 경제적·사실적으로 일체로서 행하여져 그 계약 전부가 불가분의 관계에 있는 경우, 하나의 계약에 대한 기망 취소의 의사표시는 전체 계약에 대한 취소의 효력이 있다.
ㄴ. 무권리자의 처분 행위가 계약으로 이루어진 경우, 그에 대한 권리자의 추인에는 원칙적으로 소급효가 인정되지 않는다.
ㄷ. 무효행위의 추인은 법률행위가 무효임을 알고 그 행위의 효과를 자기에게 귀속시키도록 하는 단독행위로서 묵시적인 방법으로는 할 수 없다.
ㄹ. 토지거래허가구역 내의 토지매매가 아직 관할청의 허가를 받지 못하여 유동적 무효 상태에 있는 경우라면, 매도인은 계약금의 배액을 상환하고 매매계약을 해제할 수 없다.
ㅁ. 취소할 수 있는 법률행위가 취소되면 무효인 것으로 간주되므로 그 후 취소할 수 있는 법률행위의 추인에 의하여는 당초의 의사표시를 다시 확정적으로 유효하게 할 수 없다.

① ㄱ, ㄹ
② ㄱ, ㅁ
③ ㄴ, ㄷ
④ ㄴ, ㄹ
⑤ ㄷ, ㅁ

해설

ㄱ. (○) 임차권양도계약에 수반되어 체결되는 권리금계약은 임차권양도계약과는 별개의 계약이지만 위 두 계약의 체결 경위와 계약 내용 등에 비추어 볼 때, 권리금계약이 임차권양도계약과 결합하여 전체가 경제적·사실적으로 일체로 행하여진 것으로서, 어느 하나의 존재 없이는 당사자가 다른 하나를 의욕하지 않았을 것으로 보이는 경우에는 그 계약 전부가 하나의 계약인 것과 같은 불가분의 관계에 있다고 보아야 하므로(대판 2017.7.11. 2016다261175), 하나의 계약에 대한 기망 취소의 의사표시는 법률행위의 일부무효이론과 궤를 같이하는 법률행위 일부취소의 법리에 따라 전체 계약에 대한 취소의 효력이 있다(대판 2013.5.9. 2012다115120).

ㄴ. (×) 권리자가 무권리자의 처분을 추인하면 무권대리에 대해 본인이 추인을 한 경우와 당사자들 사이의 이익상황이 유사하므로, 무권대리의 추인에 관한 민법 제130조, 제133조 등을 무권리자의 추인에 유추 적용할 수 있다. 따라서 무권리자의 처분이 계약으로 이루어진 경우에 권리자가 이를 추인하면 원칙적으로 계약의 효과가 계약을 체결했을 때에 소급하여 권리자에게 귀속된다고 보아야 한다(대판 2017.6.8. 2017다3499).

ㄷ. (×) 무효인 법률행위를 추인에 의하여 새로운 법률행위로 보기 위하여서는 당사자가 이전의 법률행위가 무효임을 알고 그 행위에 대하여 추인하여야 한다. 한편 추인은 묵시적으로도 가능하나, 묵시적 추인을 인정하기 위해서는 본인이 그 행위로 처하게 된 법적 지위를 충분히 이해하고 그럼에도 진의에 기하여 그 행위의 결과가 자기에게 귀속된다는 것을 승인한 것으로 볼만한 사정이 있어야 할 것이므로 이를 판단함에 있어서는 관계되는 여러 사정을 종합적으로 검토하여 신중하게 하여야 한다(대판 2014.3.27. 2012다106607).

ㄹ. (×) 매매 당사자 일방이 계약 당시 상대방에게 계약금을 교부한 경우 당사자 사이에 다른 약정이 없는 한 당사자 일방이 계약 이행에 착수할 때까지 계약금 교부자는 이를 포기하고 계약을 해제할 수 있고, 그 상대방은 계약금의 배액을 상환하고 계약을 해제할 수 있음이 계약 일반의 법리인 이상, 특별한 사정이 없는 한 구 국토이용관리법상의 토지거래허가를 받지 않아 유동적 무효 상태인 매매계약에 있어서도 당사자 사이의 매매계약은 매도인이 계약금의 배액을 상환하고 계약을 해제함으로써 적법하게 해제된다(대판 1997.6.27. 97다9369).

ㅁ. (○) 취소한 법률행위는 처음부터 무효인 것으로 간주되므로 취소할 수 있는 법률행위가 일단 취소된 이상 그 후에는 취소할 수 있는 법률행위의 추인에 의하여 이미 취소되어 무효인 것으로 간주된 당초의 의사표시를 다시 확정적으로 유효하게 할 수는 없고, 다만 무효인 법률행위의 추인의 요건과 효력으로서 추인할 수는 있으나, 무효행위의 추인은 그 무효 원인이 소멸한 후에 하여야 그 효력이 있고, 따라서 강박에 의한 의사표시임을 이유로 일단 유효하게 취소되어 당초의 의사표시가 무효로 된 후에 추인한 경우 그 추인이 효력을 가지기 위하여는 그 무효 원인이 소멸한 후일 것을 요한다고 할 것인데, 그 무효 원인이란 바로 위 의사표시의 취소사유라 할 것이므로 결국 무효 원인이 소멸한 후란 것은 당초의 의사표시의 성립 과정에 존재하였던 취소의 원인이 종료된 후, 즉 강박 상태에서 벗어난 후라고 보아야 한다(대판 1997.12.12. 95다38240).

답 ❷

148 부동산 거래신고 등에 관한 법률에 따른 토지거래허가구역 내에 존재하는 토지에 대하여 매도인 甲과 매수인 乙 사이에 허가를 전제로 하여 매매계약이 체결되었으며 계약 당시 乙은 甲에게 계약금을 지급하였다. 이에 관한 설명으로 옳지 않은 것은?(다툼이 있으면 판례에 따름) 23 변리

① 甲과 乙이 관할관청으로부터 허가를 받으면 유동적 무효상태에 있던 위 매매계약은 소급해서 유효로 된다.
② 乙의 매수인 지위를 丙이 이전받는다는 취지의 약정을 甲, 乙, 丙이 한 경우, 그와 같은 합의는 甲과 乙 간의 위 매매계약에 관한 관할관청의 허가가 있어야 비로소 효력이 발생한다.
③ 보전의 필요성이 인정되는 한 乙은 甲에 대한 토지거래허가 신청절차의 협력의무 이행청구권을 피보전권리로 하여 甲의 권리를 대위행사할 수 있다.
④ 甲과 乙이 관할관청에 토지거래허가를 신청하여 그 허가를 받은 후에도 乙은 다른 사유가 없는 한 계약금을 포기하고 위 매매계약을 해제할 수 있다.
⑤ 乙은 특별한 사정이 없는 한 위 매매계약의 허가를 받기 전까지 부당이득반환청구권을 행사하여 甲에게 이미 지급한 계약금의 반환을 청구할 수 있다.

해설

① (O) 허가받을 것을 전제로 한 거래계약은 허가받기 전의 상태에서는 거래계약의 채권적 효력도 전혀 발생하지 않으므로 권리의 이전 또는 설정에 관한 어떠한 내용의 이행청구도 할 수 없으나 일단 허가를 받으면 그 계약은 소급해서 유효화되므로 허가 후에 새로이 거래계약을 체결할 필요는 없다(대판 1991.12.24. 90다12243[전합]). 이에 따라 매도인 甲과 매수인 乙이 관할관청으로부터 허가를 받으면 유동적 무효상태에 있던 위 매매계약은 소급해서 유효로 된다.

② (O) 판례의 취지를 고려할 때 乙의 매수인 지위를 丙이 이전받는다는 취지의 약정을 甲, 乙, 丙이 한 경우, 그와 같은 합의는 甲과 乙 간의 위 매매계약에 관한 관할관청의 허가가 있어야 비로소 효력이 발생한다.

> 유동적 무효상태에 있는 매매계약상의 매수인의 지위에 관하여 매도인과 매수인 및 제3자 사이에 제3자가 그와 같은 매수인의 지위를 매수인으로부터 이전받는다는 취지의 합의를 한 경우, 구 국토이용관리법상 토지거래허가제도가 토지의 투기적 거래를 방지하여 정상적 거래를 조장하려는 데에 그 입법취지가 있음에 비추어 볼 때, 그와 같은 합의는 매도인과 매수인 사이의 매매계약에 대한 관할 관청의 허가가 있어야 비로소 효력이 발생한다고 보아야 하고, 그 허가가 없는 이상 그 3 당사자 사이의 합의만으로 유동적 무효상태의 매매계약의 매수인 지위가 매수인으로부터 제3자에게 이전하고 제3자가 매도인에 대하여 직접 토지거래허가 신청절차 협력의무의 이행을 구할 수 있다고 할 수는 없다(대판 1996.7.26. 96다7762).

③ (O) 구 국토의 계획 및 이용에 관한 법률상의 허가구역에 있는 토지의 거래계약이 토지거래허가를 전제로 체결된 경우에는 유동적 무효의 상태에 있고 거래계약의 채권적 효력도 전혀 발생하지 않으므로 권리의 이전 또는 설정에 관한 어떠한 내용의 이행청구도 할 수 없지만, 계약을 체결한 당사자 사이에서는 계약이 효력 있는 것으로 완성될 수 있도록 서로 협력할 의무가 있으므로, 계약의 쌍방 당사자는 공동으로 관할관청의 허가를 신청할 의무가 있다. 그 결과 경우에 따라서는 매수인이 토지거래허가 신청절차의 협력의무이행청구권을 보전하기 위하여 매도인의 권리를 대위하여 행사하는 것도 허용된다고 할 수 있지만, 보전의 필요성이 인정되어야 한다(대판 2013.5.23. 2010다50014). 지문의 경우 보전의 필요성이 인정되는 한 매수인 乙은 매도인 甲에 대한 토지거래허가 신청절차의 협력의무 이행청구권을 피보전권리로 하여 甲의 권리를 대위행사할 수 있다.

④ (O) 구 국토의 계획 및 이용에 관한 법률에 정한 토지거래계약에 관한 허가구역으로 지정된 구역 안의 토지에 관하여 매매계약이 체결된 후 계약금만 수수한 상태에서 당사자가 토지거래허가신청을 하고 이에 따라 관할관청으로부터 그 허가를 받았다 하더라도, 그러한 사정만으로는 아직 이행의 착수가 있다고 볼 수 없어 매도인으로서는 민법 제565조에 의하여 계약금의 배액을 상환하여 매매계약을 해제할 수 있고(대판 2009.4.23. 2008다62427), 매수인도 민법 제565조에 따라 계약금을 포기하고 위 매매계약을 해제할 수 있으므로, 매도인 甲과 매수인 乙이 관할관청에 토지거래허가를 신청하여 그 허가를 받은 후에도 매수인 乙은 다른 사유가 없는 한 계약금을 포기하고 위 매매계약을 해제할 수 있다.

⑤ (×) 유동적 무효상태에 있는 계약을 체결한 당사자는 쌍방 그 계약이 효력 있는 것으로 완성될 수 있도록 서로 협력할 의무가 있다고 할 것이므로, 위와 같이 허가를 배제하거나 잠탈하는 내용이 아닌 유동적 무효상태의 매매계약을 체결하고 매도인이 이에 기하여 임의로 지급한 계약금은 그 계약이 유동적 무효상태로 있는 한 이를 부당이득으로 반환을 구할 수는 없고 유동적 무효상태가 확정적으로 무효로 되었을 때 비로소 부당이득으로 그 반환을 구할 수 있다(대판 1993.7.27. 91다33766). 乙은 특별한 사정이 없는 한 매매계약의 허가를 받기 전까지의 유동적 무효상태에서는 부당이득반환청구권을 행사하여 甲에게 이미 지급한 계약금의 반환을 청구할 수 없다.

답 ❺

149

법률행위의 무효에 관한 설명으로 옳지 않은 것은?(다툼이 있으면 판례에 따름)   16 노무

① 무효인 법률행위의 내용에 따른 법률효과를 침해하는 것처럼 보이는 위법행위가 있다면 그로 인한 손해의 배상을 청구할 수 있다.
② 토지거래허가를 받지 않아 유동적 무효의 상태에 있는 토지매매계약의 당사자는 허가신청절차에 협력할 의무를 부담한다.
③ 법률행위의 일부가 무효인 때에는 원칙적으로 그 전부를 무효로 한다.
④ 약정된 매매대금의 과다로 말미암아 불공정한 법률행위에 해당하여 무효인 경우에도 무효행위의 전환에 관한 규정이 적용될 수 있다.
⑤ 무효행위의 추인은 묵시적인 방법으로도 할 수 있다.

해설

① (×) 무효인 법률행위는 그 법률행위가 성립한 당초부터 당연히 효력이 발생하지 않는 것이므로, 무효인 법률행위에 따른 법률효과를 침해하는 것처럼 보이는 위법행위나 채무불이행이 있다고 하여도 법률효과의 침해에 따른 손해는 없는 것이므로 그 손해배상을 청구할 수는 없다(대판 2003.3.28. 2002다72125).
② (○) 대판 1991.12.24. 90다12243[전합]
③ (○) 민법 제137조 본문
④ (○) 불공정한 법률행위(민법 제104조)에 해당하여 무효인 경우에도 무효행위의 전환에 관한 민법 제138조가 적용될 수 있다(대판 2010.7.15. 2009다50308).
⑤ (○) 민법 제139조에 의한 무효행위의 추인은 명시적인 방법뿐만 아니라, 묵시적인 방법으로도 할 수 있다.

답

150

甲은 토지거래허가구역 내에 있는 그 소유의 X토지에 대하여 토지거래허가를 받을 것을 전제로 乙과 매매계약을 체결하였다. 이에 관한 설명으로 옳지 않은 것은?(다툼이 있으면 판례에 따름)   21 변리

① 甲이 허가신청절차에 협력하지 않으면 乙은 甲에 대하여 협력의무의 이행을 소구할 수 있다.
② 甲이 허가신청절차에 협력할 의무를 이행하지 않더라도 특별한 사정이 없는 한 乙은 이를 이유로 계약을 해제할 수 없다.
③ 甲과 乙이 허가신청절차 협력의무의 이행거절의사를 명백히 표시한 경우, 매매계약은 확정적으로 무효가 된다.
④ 매매계약이 乙의 사기에 의해 체결된 경우, 甲은 토지거래허가를 신청하기 전에 사기를 이유로 계약을 취소함으로써 허가신청절차의 협력의무를 면할 수 있다.
⑤ X토지가 중간생략등기의 합의에 따라 乙로부터 丙에게 허가 없이 전매된 경우, 丙은 甲에 대하여 직접 허가신청절차의 협력의무 이행청구권을 가진다.

해설

① (○) 허가를 받을 것을 전제로 한 규제지역 내의 거래계약은 허가를 받을 때까지는 법률상 미완성의 법률행위로서 소유권 등 권리의 이전 또는 설정에 관한 거래의 효력이 전혀 발생하지 않음은 확정적 무효의 경우와 다를 바 없지만 일단 허가를 받으면 그 계약은 소급하여 유효한 계약이 되고, 이와 달리 불허가 된 때에는 무효로 확정되므로 허가를 받기까지는 유동적 무효의 상태에 있다고 보는 것이 타당하고, 이러한 계약을 체결한 당사자 사이에 있어서는 그 계약이 효력있는 것으로 완성될 수 있도록 서로 협력할 의무가 있음이 당연하므로, 규제지역 내의 토지에 관하여 거래계약이 체결된 경우에 계약의 쌍방 당사자는 공동으로 관할관청의 허가를 받는 신청절차에 협력하지 않는 상대방에 대하여 협력의무의 이행을 소송으로서 구할 이익이 있다(대판 1995.1.24. 93다25875). 따라서 乙은 허가신청절차에 협력하지 아니하는 甲에 대하여 협력의무의 이행을 소구할 수 있다.

② (○) 유동적 무효의 상태에 있는 거래계약의 당사자는 상대방이 그 거래계약의 효력이 완성되도록 협력할 의무를 이행하지 아니하였음을 들어 일방적으로 유동적 무효의 상태에 있는 거래계약 자체를 해제할 수 없으므로(대판 1999.6.17. 98다40459[전합]), 甲이 허가신청절차에 협력할 의무를 이행하지 않더라도 특별한 사정이 없는 한 乙은 이를 이유로 계약을 해제할 수 없다.

③ (○) 판례의 취지를 고려할 때 X토지에 대한 매매계약은 토지거래 허가를 받기까지는 유동적 무효의 상태에 있고 甲과 乙은 거래허가를 받기 위하여 서로 협력할 의무가 있으나, 甲과 乙이 허가신청절차 협력의무의 이행거절의사를 명백히 표시한 경우, 매매계약은 확정적으로 무효가 된다.

> 구 국토이용관리법상 규제구역 내에 속하는 토지거래에 관하여 관할 도지사로부터 거래허가를 받지 아니한 거래계약은 처음부터 허가를 배제하거나 잠탈하는 내용의 계약이 아닌 한 허가를 받기까지는 유동적 무효의 상태에 있고 거래당사자는 거래허가를 받기 위하여 서로 협력할 의무가 있으므로, 그 유동적 무효상태의 계약에 기하여 임의로 지급한 계약금 등은 유동적 무효 상태가 확정적으로 무효가 되었을 때 비로소 부당이득으로 그 반환을 구할 수 있고, 유동적 무효 상태의 계약이 확정적으로 무효로 되는 경우로서는 관할 도지사에 의한 불허가 처분이 있을 때나 당사자 쌍방이 허가신청협력의무의 이행거절 의사를 명백히 표시한 경우 등이 있다(대판 1996.11.8. 96다35309).

④ (○) 매매계약이 乙의 사기에 의해 체결된 경우, 甲은 토지거래허가를 신청하기 전에 사기를 이유로 계약을 취소함으로써 거래허가신청 협력에 대한 거절의사를 일방적으로 명백히 함으로써 허가신청절차의 협력의무를 면할 수 있다.

> 토지거래가 계약 당사자의 표시와 불일치한 의사(비진의표시, 허위표시 또는 착오) 또는 사기, 강박과 같은 하자 있는 의사에 의하여 이루어진 경우에는, 이들 사유에 의하여 그 거래의 무효 또는 취소를 주장할 수 있는 당사자는 그러한 거래허가를 신청하기 전 단계에서 이러한 사유를 주장하여 거래허가신청 협력에 대한 거절의사를 일방적으로 명백히 함으로써 그 계약을 확정적으로 무효화시키고 자신의 거래허가절차에 협력할 의무를 면할 수 있다(대판 1997.11.14. 97다36118).

⑤ (×) X토지가 중간생략등기의 합의에 따라 乙로부터 丙에게 허가 없이 전매되었더라도 甲과 丙 사이에 X토지에 대한 매매계약이 체결되었다고 할 수 없으므로 丙은 甲에 대하여 직접 허가신청절차의 협력의무 이행청구권을 가지지 아니한다.

> 토지거래허가구역 내의 토지가 관할 관청의 허가 없이 전전매매되고 그 당사자들 사이에 최초의 매도인으로부터 최종 매수인 앞으로 직접 소유권이전등기를 경료하기로 하는 중간생략등기의 합의가 있는 경우, 이러한 중간생략등기의 합의란 부동산이 전전매도된 경우 각 매매계약이 유효하게 성립함을 전제로 그 이행의 편의상 최초의 매도인으로부터 최종의 매수인 앞으로 소유권이전등기를 경료하기로 한다는 당사자 사이의 합의에 불과할 뿐 그러한 합의가 있다고 하여 최초의 매도인과 최종의 매수인 사이에 매매계약이 체결되었다는 것을 의미하는 것은 아니고, 따라서 최종 매수인은 최초 매도인에 대하여 직접 그 토지에 관한 토지거래허가 신청절차의 협력의무 이행청구권을 가지고 있다고 할 수 없으며, 설사 최종 매수인이 자신과 최초 매도인을 매매 당사자로 하는 토지거래허가를 받아 최종 매수인 앞으로 소유권이전등기를 경료하더라도 그러한 소유권이전등기는 적법한 토지거래허가 없이 경료된 등기로서 무효이다(대판 1996.6.28. 96다3982).

답 ⑤

151 법률행위의 무효와 취소에 관한 설명으로 옳은 것은?(다툼이 있으면 판례에 따름) `22 노무`

① 반사회질서의 법률행위는 당사자가 그 무효를 알고 추인하면 원칙적으로 유효가 된다.
② 담보의 제공은 법정추인사유에 해당하지 않는다.
③ 무효행위의 추인은 무효원인이 소멸하기 전에도 할 수 있다.
④ 피성년후견인은 법정대리인의 동의가 있으면 취소할 수 있는 법률행위를 추인할 수 있다.
⑤ 제한능력을 이유로 법률행위가 취소된 경우, 제한능력자는 현존이익의 한도에서 상환할 책임이 있다.

해설

① (×) 반사회질서의 법률행위는 절대적 무효이며 당사자가 무효임을 알고 추인하더라도 그 행위가 유효로 되지는 않는다.
② (×) 담보의 제공은 법정추인 사유에 해당한다(민법 제145조 제4호).
③ (×) 무효행위의 추인은 법률행위가 무효임을 알고 추인해야 하고 무효사유가 소멸한 후에 하여야 그 효력이 있다(대판 1997.12.12. 95다38240).
④ (×) 피성년후견인이 성년후견이 종료되어 자기가 행한 법률행위를 추인하거나 법정대리인이 추인하는 경우 외에는 취소의 원인이 소멸되지 아니하는 한, 피성년후견인은 법정대리인의 동의를 얻어 취소할 수 있는 법률행위를 추인할 수 없다.
⑤ (○) 취소된 법률행위는 처음부터 무효인 것으로 본다. 다만, 제한능력자는 그 행위로 인하여 받은 이익이 현존하는 한도에서 상환(償還)할 책임이 있다(민법 제141조).

답 ⑤

152 법률행위의 무효와 취소에 관한 설명으로 옳지 않은 것은?(다툼이 있으면 판례에 따름) `17 노무`

① 가분적 법률행위의 일부분에만 취소사유가 있는 경우 나머지 부분이라도 이를 유지하려는 당사자의 가정적 의사가 인정되더라도 그 일부만의 취소는 불가능하다.
② 반사회적 법률행위는 당사자의 추인으로 유효하게 될 수 없다.
③ 법정대리인의 동의 없이 행한 미성년자의 법률행위는 미성년자가 단독으로 취소할 수 있다.
④ 법률행위의 일부분이 무효인 경우 원칙적으로 그 전부를 무효로 한다.
⑤ 제한능력을 이유로 법률행위가 취소된 경우, 제한능력자는 현존이익의 한도에서 상환할 책임이 있다.

해설

① (×) 하나의 법률행위의 일부분에만 취소사유가 있다고 하더라도 그 법률행위가 가분적이거나 그 목적물의 일부가 특정될 수 있다면, 그 나머지 부분이라도 이를 유지하려는 당사자의 가정적 의사가 인정되는 경우 그 일부만의 취소도 가능하다고 할 것이고, 그 일부의 취소는 법률행위의 일부에 관하여 효력이 생긴다(대판 2002.9.10. 2002다21509).
② (○) 법률행위가 사회질서에 반하여 무효인 경우에는, 무효행위의 추인의 법리가 적용되지 아니한다.
③ (○) 민법 제140조
④ (○) 민법 제137조 본문
⑤ (○) 민법 제141조 단서

답 ①

153 무효와 취소에 관한 설명으로 옳은 것은?(다툼이 있으면 판례에 따름)

① 무효인 법률행위의 당사자가 그 무효임을 알고 추인한 때에는 새로운 법률행위로 본다.
② 취소권자가 이의의 보류 없이 상대방으로부터 일부의 이행을 수령한 경우에도 법정추인이 되지 않는다.
③ 불공정한 법률행위는 법정추인에 의해 유효로 될 수 있다.
④ 강박에 의한 의사표시를 취소하여 무효가 된 법률행위는 그 무효원인이 종료하더라도 무효행위 추인의 요건에 따라 다시 추인할 수 없다.
⑤ 토지거래허가구역 내의 토지의 매도인은 거래허가 전이라도 매수인의 대금지급의무의 불이행을 이유로 계약을 해제할 수 있다.

해설

① (○) 무효인 법률행위는 추인하여도 그 효력이 생기지 아니한다. 그러나 당사자가 그 무효임을 알고 추인한 때에는 새로운 법률행위로 본다(민법 제139조).
② (×) 이의를 보류함이 없이 일부의 이행을 수령한 경우엔 법정추인에 해당한다(민법 제145조 제1호).
③ (×) 불공정한 법률행위, 반사회적 법률행위, 강행법규의 위반 등은 법정추인에 의해 유효로 될 수 없다.
④ (×) 취소한 법률행위는 처음부터 무효인 것으로 간주되므로 취소할 수 있는 법률행위[강박에 의한 의사표시(註)]가 일단 취소된 이상 그 후에는 취소할 수 있는 법률행위의 추인에 의하여 이미 취소되어 무효인 것으로 간주된 당초의 의사표시를 다시 확정적으로 유효하게 할 수는 없고, 다만 무효인 법률행위의 추인의 요건과 효력으로서 추인할 수는 있다(대판 1997.12.12. 95다38240).
⑤ (×) 구 국토의 계획 및 이용에 관한 법률상의 토지거래허가를 받지 않아 유동적 무효상태인 매매계약에 있어서는 그 계약내용대로의 효력이 있을 수 없는 것이어서 매수인으로서는 아직 그 계약내용에 따른 대금지급의무가 있다고 할 수 없어 매도인이 매수인의 대금지급의무 불이행을 이유로 매매계약을 해제할 수 없다(대판 2010.7.22. 2010다1456).

154 무효행위에 관한 설명으로 옳지 않은 것은?(다툼이 있으면 판례에 따름)

① 취소할 수 있는 법률행위가 취소된 후에는 무효행위의 추인요건을 갖추더라도 다시 추인될 수 없다.
② 무효행위의 추인은 묵시적으로 이루어질 수 있다.
③ 무효행위의 추인이 있었다는 사실은 새로운 법률행위의 성립을 주장하는 자가 증명하여야 한다.
④ 법률행위의 일부분이 무효인 때에는 특별한 사정이 없는 한 그 전부를 무효로 한다.
⑤ 불공정한 법률행위에는 무효행위의 전환에 관한 민법 제138조가 적용될 수 있다.

해설

① (×) 취소한 법률행위는 처음부터 무효인 것으로 간주되므로 취소할 수 있는 법률행위가 일단 취소된 이상 그 후에는 취소할 수 있는 법률행위의 추인에 의하여 이미 취소되어 무효인 것으로 간주된 당초의 의사표시를 다시 확정적으로 유효하게 할 수는 없고, 다만 무효인 법률행위의 추인의 요건과 효력으로서 추인할 수는 있으나, 무효행위의 추인은 그 무효원인이 소멸한 후에 하여야 그 효력이 있다(대판 1997.12.12. 95다38240). 따라서 취소할 수 있는 법률행위가 취소되어 무효가 된 후에는, 무효행위의 추인요건을 갖추어 다시 추인할 수 있다 할 것이다.
② (○) 무권대표행위를 포함하여 무효행위의 추인은 무권대표행위 등이 있음을 알고 그 행위의 효과를 자기에게 귀속시키도록 하는 단독행위로서 그 의사표시의 방법에 관하여 일정한 방식이 요구되는 것이 아니므로 명시적이든 묵시적이든 묻지 않고, 본인이 그 행위로 처하게 된 법적 지위를 충분히 이해하고 진의에 기하여 그 행위의 효과가 자기에게 귀속된다는 것을 승인한 것으로 볼만한 사정이 있다면 인정할 수 있다(대판 2021.4.8. 2020다284496).

③ (O) 무효인 법률행위는 추인하여도 그 효력이 생기지 아니하나, 당사자가 그 무효임을 알고 추인한 때에는 새로운 법률행위로 보게 되므로(민법 제139조), 무효행위의 추인이 있었다는 사실은 새로운 법률행위의 성립을 주장하는 자가 증명하여야 한다.
④ (O) 법률행위의 일부분이 무효인 때에는 그 전부를 무효로 한다. 그러나 그 무효부분이 없더라도 법률행위를 하였을 것이라고 인정될 때에는 나머지 부분은 무효가 되지 아니한다(민법 제137조).
⑤ (O) 매매계약이 약정된 매매대금의 과다로 말미암아 민법 제104조에서 정하는 '불공정한 법률행위'에 해당하여 무효인 경우에도 무효행위의 전환에 관한 민법 제138조가 적용될 수 있다. 따라서 당사자 쌍방이 위와 같은 무효를 알았더라면 대금을 다른 액으로 정하여 매매계약에 합의하였을 것이라고 예외적으로 인정되는 경우에는, 그 대금액을 내용으로 하는 매매계약이 유효하게 성립한다(대판 2010.7.15. 2009다50308).

답 ❶

155

민법상 법률행위의 무효 또는 취소에 관한 설명으로 옳은 것은?(다툼이 있으면 판례에 따름)

23 노무

① 불공정한 법률행위에는 무효행위 전환에 관한 제138조가 적용될 수 없다.
② 선량한 풍속 기타 사회질서에 위반한 사항을 내용으로 하는 법률행위의 무효는 이를 주장할 이익이 있는 자라면 누구든지 무효를 주장할 수 있다.
③ 취소할 수 있는 법률행위를 취소한 후 그 취소 원인이 소멸하였다면, 취소할 수 있는 법률행위의 추인에 의하여 그 법률행위를 다시 확정적으로 유효하게 할 수 있다.
④ 법률행위의 일부분이 무효인 경우 원칙적으로 그 일부분만 무효이다.
⑤ 甲이 乙의 기망행위로 자신의 X토지를 丙에게 매도한 경우, 甲은 매매계약의 취소를 乙에 대한 의사표시로 하여야 한다.

해설

① (×) 매매계약이 약정된 매매대금의 과다로 말미암아 민법 제104조에서 정하는 '불공정한 법률행위'에 해당하여 무효인 경우에도 무효행위의 전환에 관한 민법 제138조가 적용될 수 있다. 따라서 당사자 쌍방이 위와 같은 무효를 알았더라면 대금을 다른 액으로 정하여 매매계약에 합의하였을 것이라고 예외적으로 인정되는 경우에는, 그 대금액을 내용으로 하는 매매계약이 유효하게 성립한다. 이때 당사자의 의사는 매매계약이 무효임을 계약 당시에 알았다면 의욕하였을 가정적(假定的) 효과의사로서, 당사자 본인이 계약 체결시와 같은 구체적 사정 아래 있다고 상정하는 경우에 거래관행을 고려하여 신의성실의 원칙에 비추어 결단하였을 바를 의미한다(대판 2010.7.15. 2009다50308).
② (O) 거래 상대방이 배임행위를 유인·교사하거나 배임행위의 전 과정에 관여하는 등 배임행위에 적극 가담하는 경우에는 실행행위자와 체결한 계약이 반사회적 법률행위에 해당하여 무효로 될 수 있고, 선량한 풍속 기타 사회질서에 위반한 사항을 내용으로 하는 법률행위의 무효는 이를 주장할 이익이 있는 자는 누구든지 무효를 주장할 수 있다(대판 2016.3.24. 2015다11281).
③ (×) 취소한 법률행위는 처음부터 무효인 것으로 간주되므로 취소할 수 있는 법률행위가 일단 취소된 이상 그 후에는 취소할 수 있는 법률행위의 추인에 의하여 이미 취소되어 무효인 것으로 간주된 당초의 의사표시를 다시 확정적으로 유효하게 할 수는 없고, 다만 무효인 법률행위의 추인의 요건과 효력으로서 추인할 수는 있으나, 무효행위의 추인은 그 무효 원인이 소멸한 후에 하여야 그 효력이 있다(대판 1997.12.12. 95다38240).
④ (×) 법률행위의 일부분이 무효인 때에는 그 전부를 무효로 한다. 그러나 그 무효부분이 없더라도 법률행위를 하였을 것이라고 인정될 때에는 나머지 부분은 무효가 되지 아니한다(민법 제137조).
⑤ (×) 취소할 수 있는 법률행위의 상대방이 확정한 경우에는 그 취소는 그 상대방에 대한 의사표시로 하여야 한다(민법 제142조). 甲이 乙의 기망행위로 자신의 X토지를 丙에게 매도한 경우라도 매매계약의 상대방은 乙이 아니라 丙이므로, 甲은 매매계약의 취소를 丙에 대한 의사표시로 하여야 한다.

답 ❷

156 의사표시의 취소에 관한 설명으로 옳은 것을 모두 고른 것은?(다툼이 있는 경우에는 판례에 의함)

ㄱ. 민법은 법률행위의 일부 무효에 대하여는 규정하고 있으나 일부 취소에 대하여는 규정하고 있지 않으므로, 법률행위의 일부 취소는 할 수 없다.
ㄴ. 법정대리인의 동의 없이 신용구매계약을 체결한 미성년자가 그 후에 법정대리인의 동의 없음을 사유로 들어 이를 취소하는 것은 신의칙에 위배되지 않는다.
ㄷ. 상대방의 대리인 등 상대방과 동일시할 수 있는 자의 강박은 제3자의 강박에 해당하지 않는다.

① ㄴ
② ㄱ, ㄴ
③ ㄱ, ㄷ
④ ㄴ, ㄷ
⑤ ㄱ, ㄴ, ㄷ

해설

ㄱ. (×) 하나의 법률행위의 일부분에만 취소사유가 있다고 하더라도 그 법률행위가 가분적이거나 그 목적물의 일부가 특정될 수 있다면, 그 나머지 부분이라도 이를 유지하려는 당사자의 가정적 의사가 인정되는 경우 그 일부만의 취소도 가능하다고 할 것이고, 그 일부의 취소는 법률행위의 일부에 관하여 효력이 생긴다(대판 2002.9.10. 2002다21509).
ㄴ. (○) 제한능력자제도는 사적자치의 원칙이라는 민법의 기본이념, 특히, 자기책임 원칙의 구현을 가능케 하는 도구로서 인정되는 것이고, 거래의 안전을 희생시키더라도 제한능력자를 보호하고자 함에 근본적인 입법취지가 있는바, 법정대리인의 동의 없이 신용구매계약을 체결한 미성년자가 사후에 법정대리인의 동의 없음을 사유로 들어 이를 취소하는 것이 신의칙에 위배된 것이라고 할 수 없다(대판 2007.11.16. 2005다71659).
ㄷ. (○) 의사표시의 상대방이 아닌 자로서 기망행위를 하였으나 민법 제110조 제2항에서 정한 제3자에 해당되지 아니한다고 볼 수 있는 자란 그 의사표시에 관한 상대방의 대리인 등 상대방과 동일시할 수 있는 자만을 의미한다(대판 1998.1.23. 96다41496).

답 ④

157 법률행위의 무효와 취소에 관한 설명으로 옳지 않은 것은?(다툼이 있는 경우에는 판례에 의함)

① 甲이 乙의 사기로 토지를 乙에게 헐값에 판 후 乙이 丙에게 전매한 경우, 사기로 인한 법률행위의 취소의 상대방은 乙이다.
② 토지거래허가구역 내의 토지의 매도인은 거래허가 전에는 매수인의 대금지급의무 불이행을 이유로 계약을 해제할 수 없다.
③ 불공정한 법률행위는 법정추인에 의해 유효로 될 수 없다.
④ 강박으로 인하여 법률행위를 한 자가 강박상태에서 벗어나기 전에 한 추인도 추인으로서의 효력이 있다.
⑤ 허위표시에 기초하여 무효인 가등기를 유효한 등기로 전용하기로 약정한 경우, 가등기가 소급하여 유효한 등기로 전환되지 않는다.

해설

① (○) 취소의 상대방은 취소의 대상이 되는 법률행위의 상대방이다(민법 제142조). 따라서 乙이 甲으로부터 매수한 토지를 丙에게 전매한 경우에도 취소의 상대방은 원래의 계약의 상대방인 乙이 된다.
② (○) 토지거래허가를 전제로 하는 매매계약의 경우 토지거래허가를 받기 전에는, 그 계약내용대로의 효력이 있을 수 없어 당사자는 그 계약내용에 따른 어떠한 의무도 부담하지 아니하고 어떠한 이행청구도 할 수 없으므로 그 계약내용에 따른 상대방의 채무불이행을 이유로 계약을 해제할 수 없다(대판 2010.2.11. 2008다88795).
③ (○) 불공정한 법률행위로서 무효인 경우에는 추인에 의하여 무효인 법률행위가 유효로 될 수 없으므로, 같은 취지에서 법정추인에 의하여 유효로 될 수 없다(대판 1994.6.24. 94다10900).
④ (×) 무효행위의 추인은 그 무효원인이 소멸한 후에 하여야 그 효력이 있고, 따라서 강박에 의한 의사표시임을 이유로 일단 유효하게 취소되어 당초의 의사표시가 무효로 된 후에 추인한 경우 그 추인이 효력을 가지기 위하여는 그 무효원인이 소멸한 후일 것을 요한다고 할 것인데, 그 무효원인이란 바로 위 의사표시의 취소사유라 할 것이므로 결국 무효원인이 소멸한 후란 것은 당초의 의사표시의 성립과정에 존재하였던 취소의 원인이 종료된 후, 즉 강박상태에서 벗어난 후라고 보아야 한다(대판 1997.12.12. 95다38240).
⑤ (○) 무효인 법률행위는 당사자가 무효임을 알고 추인할 경우 새로운 법률행위를 한 것으로 간주할 뿐이고 소급효가 없는 것이므로 무효인 가등기를 유효한 등기로 전용키로 한 약정은 그때부터 유효하고 이로써 위 가등기가 소급하여 유효한 등기로 전환될 수 없다(대판 1992.5.12. 91다26546).

답 ❹

158 법률행위의 무효와 취소에 관한 설명으로 옳은 것은?(다툼이 있으면 판례에 따름) 18 변리

① 법률행위가 무효임을 알고 당사자가 추인한 때에는 새로운 법률행위로 추정한다.
② 취소할 수 있는 법률행위의 상대방이 확정된 경우에는 그 취소는 그 상대방에 대한 의사표시로 하여야 한다.
③ 취소권은 법률행위를 추인할 수 있는 날로부터 5년 뒤에도 소멸하지 않는다.
④ 폭리행위는 그 무효원인이 해소되지 않았더라도 당사자의 추인이 있으면 유효로 될 수 있다.
⑤ 미성년을 이유로 취소할 수 있다는 사실을 알고 법정대리인의 동의 없이 법률행위를 한 미성년자가 그 법률행위를 적법하게 취소한 경우, 미성년자는 그 행위로 받은 이익에 이자를 붙여서 반환하여야 한다.

해설

① (×) 당사자가 그 무효임을 알고 추인한 때에는 새로운 법률행위로 본다(민법 제139조 단서).
② (○) 취소할 수 있는 법률행위의 상대방이 확정한 경우에는 그 취소는 그 상대방에 대한 의사표시로 하여야 한다(민법 제142조).
③ (×) 취소권은 추인할 수 있는 날로부터 3년 내에 법률행위를 한 날로부터 10년 내에 행사하여야 한다(민법 제146조). 따라서 추인할 수 있는 날로부터 5년이 지났다면 취소권은 소멸한다.
④ (×) 불공정한 법률행위로서 무효인 경우에는 추인에 의하여 무효인 법률행위가 유효로 될 수 없다(대판 1994.6.24. 94다10900).
⑤ (×) 제한능력자는 선의·악의를 불문하고, 그 행위로 인하여 받은 이익이 현존하는 한도에서 상환할 책임이 있다(민법 제141조 단서). 민법 제141조 단서는 민법 제748조의 특칙에 해당한다.

답 ❷

159 취소에 관한 설명으로 옳은 것은?(다툼이 있으면 판례에 따름) 24 변리

① 미성년자가 체결한 계약이 법정대리인의 동의없음을 이유로 취소할 수 있는 경우, 계약당사자인 미성년자는 단독으로 그 계약을 취소할 수 없다.
② 계약을 체결할 수 있는 권한만을 가진 임의대리인이 상대방의 사기로 계약을 체결한 경우, 그 임의대리인은 그 계약을 취소할 수 있다.
③ 미성년자인 임의대리인이 계약을 체결한 경우, 본인은 미성년자에 의한 대리행위라는 이유로 취소할 수 있다.
④ 전세권자의 사기에 의해 건물에 전세권이 설정되고 그 건물이 양도된 경우, 건물양수인은 전세권자의 사기를 이유로 전세권 설정 계약을 취소할 수 있다.
⑤ 미성년자가 단독으로 발급받은 신용카드를 이용하여 구입한 물품의 대금을 성년자가 되어 이의없이 결제한 후에도 그 물품구입계약을 미성년자의 행위임을 이유로 취소할 수 있다.

해설

① (×) 미성년자가 체결한 계약이 법정대리인의 동의없음을 이유로 취소할 수 있는 경우, 당해 계약의 취소권은 제한능력자, 착오로 인하거나 사기·강박에 의하여 의사표시를 한 자, 그의 대리인 또는 승계인에게 인정되므로(민법 제140조), 계약당사자인 미성년자는 단독으로 그 계약을 취소할 수 있다.
② (×) 판례의 취지를 고려할 때 임의대리인이 계약을 체결할 수 있는 권한만 가졌다면, 상대방의 사기로 계약을 체결한 경우, 임의대리인은 본인으로부터 취소에 관한 특별수권이 없는 한 그 계약을 취소할 수 없다.

> 어떠한 계약의 체결에 관한 대리권을 수여받은 대리인이 수권된 법률행위를 하게 되면 그것으로 대리권의 원인된 법률관계는 원칙적으로 목적을 달성하여 종료하는 것이고, 법률행위에 의하여 수여된 대리권은 그 원인된 법률관계의 종료에 의하여 소멸하는 것이므로(민법 제128조), <u>그 계약을 대리하여 체결하였던 대리인이 체결된 계약의 해제 등 일체의 처분권과 상대방의 의사를 수령할 권한까지 가지고 있다고 볼 수는 없다</u>(대판 2008.6.12. 2008다11276).

③ (×) 대리인은 행위능력자임을 요하지 아니하므로(민법 제117조), 본인은 미성년자인 임의대리인에 의한 대리행위라는 이유로 이를 취소할 수 없다.
④ (○) 취소할 수 있는 법률행위는 제한능력자, 착오로 인하거나 사기·강박에 의하여 의사표시를 한 자, 그의 대리인 또는 승계인만이 취소할 수 있고(민법 제140조), 지문과 관련된 취소권자인 승계인에는 포괄승계인뿐만 아니라 특정승계인도 포함된다. 지문에서 전세권자의 사기에 의해 건물에 전세권이 설정되고 그 건물이 양도된 경우, 건물양수인은 특정승계인에 해당하므로 전세권자의 사기를 이유로 전세권 설정 계약을 취소할 수 있다.
⑤ (×) 미성년자가 단독으로 발급받은 신용카드를 이용하여 물품을 구입한 행위는 취소할 수 있는 법률행위이나, 미성년자가 성년자가 되어 신용카드대금을 이의없이 결제하였다면 이는 법정추인에 해당하므로(민법 제145조 제1호), 그는 물품구입계약을 미성년자의 행위임을 이유로 더 이상 취소할 수 없다.

답 ❹

160

甲은 토지거래허가구역에 있는 자신 소유의 X토지에 관하여 허가를 받을 것을 전제로 乙과 매매계약을 체결한 후 계약금을 수령하였으나 아직 토지거래허가는 받지 않았다. 이에 관한 설명으로 옳지 않은 것을 모두 고른 것은?(다툼이 있으면 판례에 따름)

ㄱ. 甲은 乙에게 계약금의 배액을 상환하면서 매매계약을 해제할 수 있다.
ㄴ. 甲이 허가신청절차에 협력하지 않는 경우, 乙은 甲의 채무불이행을 이유로 하여 매매계약을 해제할 수 있다.
ㄷ. 乙은 부당이득반환청구권을 행사하여 甲에게 계약금의 반환을 청구할 수 있다.
ㄹ. 매매계약 후 X에 대한 토지거래허가구역 지정이 해제되었다면 더 이상 토지거래허가를 받을 필요 없이 매매계약은 확정적으로 유효로 된다.

① ㄱ, ㄴ
② ㄴ, ㄷ
③ ㄷ, ㄹ
④ ㄱ, ㄴ, ㄷ
⑤ ㄱ, ㄷ, ㄹ

해설

ㄱ. (○) 매도인 甲이 계약금만 수령하고 당사자 일방이 이행에 착수하기 전이므로, 매도인 甲은 매수인 乙에게 계약금의 배액을 상환하면서 매매계약을 해제할 수 있다(민법 제565조 제1항 참조).

> 매매 당사자 일방이 계약 당시 상대방에게 계약금을 교부한 경우 당사자 사이에 다른 약정이 없는 한 당사자 일방이 계약 이행에 착수할 때까지 계약금 교부자는 이를 포기하고 계약을 해제할 수 있고, 그 상대방은 계약금의 배액을 상환하고 계약을 해제할 수 있음이 계약 일반의 법리인 이상, 특별한 사정이 없는 한 구 국토이용관리법상의 토지거래허가를 받지 않아 유동적 무효 상태인 매매계약에 있어서도 당사자 사이의 매매계약은 매도인이 계약금의 배액을 상환하고 계약을 해제함으로써 적법하게 해제된다(대판 1997.6.27. 97다9369).

ㄴ. (×) 구 국토이용관리법상 토지의 거래계약허가구역으로 지정된 구역 안의 토지에 관하여 관할 행정청의 허가를 받지 아니하고 체결한 토지거래계약은 처음부터 그 허가를 배제하거나 잠탈하는 내용의 계약일 경우에는 확정적 무효로서 유효화될 여지가 없으나, 이와 달리 허가받을 것을 전제로 한 거래계약일 경우에는 일단 허가를 받을 때까지는 법률상 미완성의 법률행위로서 거래계약의 채권적 효력도 전혀 발생하지 아니하지만, 일단 허가를 받으면 그 거래계약은 소급해서 유효로 되고 이와 달리 불허가가 된 때에는 무효로 확정되는 이른바 유동적 무효의 상태에 있다고 보아야 할 것이다. 유동적 무효의 상태에 있는 거래계약의 당사자는 상대방이 그 거래계약의 효력이 완성되도록 협력할 의무를 이행하지 아니하였음을 들어 일방적으로 유동적 무효의 상태에 있는 거래계약 자체를 해제할 수 없다(대판 1999.6.17. 98다40459[전합]). 따라서 매도인 甲이 허가신청절차에 협력하지 않더라도 매수인 乙은 甲의 채무불이행을 이유로 하여 매매계약 자체를 해제할 수는 없다.

ㄷ. (×) X토지에 대한 매매계약이 유동적 무효 상태에 있는 한, 乙은 부당이득반환청구권을 행사하여 甲에게 계약금의 반환을 청구할 수 없다.

> 구 국토이용관리법상의 토지거래허가구역 내의 토지에 관하여 관할 관청의 허가를 받기 전에 체결한 매매계약은 처음부터 허가를 배제하거나 잠탈하는 내용의 계약일 경우에는 확정적 무효로서 유효화될 여지가 없지만, 이와 달리 허가받을 것을 전제로 한 거래계약일 경우에는 일단 허가를 받을 때까지는 법률상 미완성의 법률행위로서 소유권 등 권리의 이전에 관한 계약의 효력이 전혀 발생하지 않음은 확정적 무효의 경우와 다를 바 없으나, 일단 허가를 받으면 그 계약은 소급하여 유효한 계약이 되고 이와 달리 불허가된 경우에는 무효로 확정되므로 허가를 받기까지는 유동적 무효의 상태에 있다고 보아야 하고, 이와 같이 허가를 배제하거나 잠탈하는 내용이 아닌 유동적 무효 상태의 매매계약을 체결하고 그에 기하여 임의로 지급한 계약금 등은 그 계약이 유동적 무효 상태로 있는 한 그를 부당이득으로서 반환을 구할 수 없고 유동적 무효 상태가 확정적으로 무효가 되었을 때 비로소 부당이득으로 그 반환을 구할 수 있다(대판 1997.11.11. 97다36965).

ㄹ. (○) 토지거래허가구역 지정기간 중에 허가구역 안의 토지에 대하여 토지거래허가를 받지 아니하고 토지거래계약을 체결한 후 허가구역 지정이 해제되거나 허가구역 지정기간이 만료되었음에도 재지정을 하지 아니한 때에는 그 토지거래계약이 허가구역 지정이 해제되기 전에 확정적으로 무효로 된 경우를 제외하고는, 더 이상 관할 행정청으로부터 토지거래허가를 받을 필요가 없이 확정적으로 유효로 되어 거래 당사자는 그 계약에 기하여 바로 토지의 소유권 등 권리의 이전 또는 설정에 관한 이행청구를 할 수 있고, 상대방도 반대급부의 청구를 할 수 있다고 보아야 할 것이지, 여전히 그 계약이 유동적 무효상태에 있다고 볼 것은 아니다(대판 2010.3.25. 2009다41465). 매매계약 후 X에 대한 토지거래허가구역 지정이 해제되었다면, 더 이상 토지거래허가를 받을 필요 없이 매매계약은 확정적으로 유효로 된다.

답 ❷

161 법률행위의 무효와 취소에 관한 설명으로 옳지 않은 것은?(다툼이 있으면 판례에 따름)

16 변리

① 취소의 의사표시란 반드시 명시적이어야 하는 것은 아니고, 취소자가 자신의 법률행위의 효력을 처음부터 배제하려고 한다는 의사가 드러나면 된다.
② 매매계약 체결 당시 일정한 기간 안에 토지거래허가를 받기로 약정하였다고 하더라도, 특별한 사정이 없는 한 그 약정기간이 경과하였다는 사정만으로 곧바로 매매계약이 확정적으로 무효가 된다고 할 수 없다.
③ 법률행위의 취소를 당연한 전제로 한 소송상의 이행청구나 이행거절 가운데는 취소의 의사표시가 포함되어 있다.
④ 무효인 계약의 성립에 기초하여 외견상 있는 것처럼 보이는 의무를 위반한 계약당사자를 상대로 하여 채무불이행을 이유로 하는 손해배상을 청구할 수 있다.
⑤ 징계해임이 정당한 사유나 절차의 흠결로 인하여 무효인 경우 직권해임으로서 정당한 사유 및 절차적 요건을 갖추었다 하더라도 직권해임으로서의 효력을 발휘할 수 없다.

해설

① (○) 취소의 의사표시란 반드시 명시적이어야 하는 것은 아니고, 취소자가 그 착오를 이유로 자신의 법률행위의 효력을 처음부터 배제하려고 한다는 의사가 드러나면 충분하다(대판 2005.5.27. 2004다43824).
② (○) 매매계약 체결 당시 일정한 기간 안에 토지거래허가를 받기로 약정하였다고 하더라도, 그 약정된 기간 내에 토지거래허가를 받지 못할 경우 계약해제 등의 절차 없이 곧바로 매매계약을 무효로 하기로 약정한 취지라는 등의 특별한 사정이 없는 한, 이를 쌍무계약에서 이행기를 정한 것과 달리 볼 것이 아니므로 위 약정기간이 경과하였다는 사정만으로 곧바로 매매계약이 확정적으로 무효가 된다고 할 수 없다(대판 2009.4.23. 2008다50615).
③ (○) 법률행위의 취소를 당연한 전제로 한 소송상의 이행청구나 이를 전제로 한 이행거절 가운데는 취소의 의사표시가 포함되어 있다고 볼 수 있다(대판 1993.9.14. 93다13162).
④ (×) 무효인 법률행위는 그 법률행위가 성립한 당초부터 당연히 효력이 발생하지 않는 것이므로, 무효인 법률행위에 따른 법률효과를 침해하는 것처럼 보이는 위법행위나 채무불이행이 있다고 하여도 법률효과의 침해에 따른 손해는 없는 것이므로 그 손해배상을 청구할 수는 없다(대판 2003.3.28. 2002다72125).
⑤ (○) 직권해임, 직권휴직 및 징계해임은 모두 근로자에게 불리한 신분적 조치를 규정한 것으로서 각 사유 및 절차를 달리하므로 어느 한 처분이 정당한 사유나 절차의 흠결로 인하여 무효인 경우 다른 처분으로서 정당한 사유 및 절차적 요건을 갖추었다 하더라도 다른 처분으로서의 효력을 발휘할 수 없다(대판 1993.5.25. 91다41750).

답 ❹

162 법률행위의 무효와 취소에 관한 설명으로 옳은 것은?(다툼이 있으면 판례에 따름) 변리

① 토지거래허가구역 내의 토지매매계약은 처음부터 그 허가를 배제하는 내용이더라도 유동적 무효이다.
② 토지거래허가구역 내의 토지매매계약의 당사자는 상대방의 허가신청협력의무 불이행을 이유로 거래계약 그 자체를 해제할 수 있다.
③ 무효인 법률행위의 당사자가 그 무효임을 알면서 추인한 경우에는 소급하여 유효한 법률행위로 된다.
④ 법률행위의 취소를 전제로 한 소송상의 이행청구나 이를 전제로 한 이행거절에는 취소의 의사표시가 포함되어 있다고 볼 수 있다.
⑤ 법정대리인의 동의 없이 매매계약을 체결한 미성년자는 성년이 되지 않았더라도 단독으로 그 계약을 추인할 수 있다.

해설

① (×) 허가를 받기 전의 거래계약이 처음부터 허가를 배제하거나 잠탈하는 내용의 계약일 경우에는 확정적 무효로서 유효화될 여지가 없다(대판 1991.12.24. 90다12243[전합]).
② (×) 유동적 무효의 상태에 있는 거래계약의 당사자는 상대방이 그 거래계약의 효력이 완성되도록 협력할 의무를 이행하지 아니하였음을 들어 일방적으로 유동적 무효의 상태에 있는 거래계약 자체를 해제할 수 없다(대판 1999.6.17. 98다40459[전합]).
③ (×) 무효행위의 추인이라 함은 법률행위로서의 효과가 확정적으로 발생하지 않는 무효행위를 뒤에 유효케 하는 의사표시를 말하는 것으로 무효인 행위를 사후에 유효로 하는 것이 아니라 새로운 의사표시에 의하여 새로운 행위가 있는 것으로 그때부터 유효케 되는 것이므로 원칙적으로 소급효가 인정되지 않는 것이다(대판 1983.9.27. 83므22).
④ (○) 법률행위의 취소는 상대방에 대한 의사표시로 하여야 하나 그 취소의 의사표시는 특별히 재판상 행하여짐이 요구되는 경우 이외에는 특정한 방식이 요구되는 것이 아니고, 취소의 의사가 상대방에 의하여 인식될 수 있다면 어떠한 방법에 의하더라도 무방하다고 할 것이고, 법률행위의 취소를 당연한 전제로 한 소송상의 이행청구나 이를 전제로 한 이행거절 가운데는 취소의 의사표시가 포함되어 있다고 볼 수 있다(대판 1993.9.14. 93다13162).
⑤ (×) 법정대리인의 동의 없이 매매계약을 체결한 미성년자는, 원칙적으로 제한능력자인 상태에서는 단독으로 그 계약을 추인할 수 없다(민법 제144조 제1항).

답 ❹

163 2022.1.12. 당시 18세 1개월이었던 甲은 법정대리인 丁의 동의 없이, 자신이 소유하는 상가건물을 乙에게 매도하는 매매계약을 체결하였다. 그 후 甲은 2022.3.12. 丙과 혼인하였으나, 6개월 후인 2022.9.12. 이혼을 하였다. 이에 관한 설명으로 옳지 않은 것은?(다툼이 있으면 판례에 따름)

23 변리

① 2023.2.18. 현재 甲은 이미 성년이 되었으므로, 매매계약을 취소할 수 없다.
② 만일 甲이 2022.2.17. 丁의 동의 없이 매매계약을 추인하였더라도, 甲은 위 매매계약을 취소할 수 있다.
③ 만일 甲이 2022.5.15. 丁의 동의 없이 매매계약을 추인한 경우, 그 추인은 유효하다.
④ 만일 甲이 2022.10.5. 아무런 이의를 제기하지 않고 乙로부터 매매대금을 수령한 경우, 매매계약을 취소할 수 없다.
⑤ 2023.2.18. 현재 甲은 위 매매계약을 丁의 동의 없이 유효하게 추인할 수 있다.

해설

① (×) 미성년자가 법정대리인의 동의 없이 법률행위를 한 때에는 미성년자 본인이나 법정대리인이 그 법률행위를 취소할 수 있는데(민법 제5조 제2항), 미성년자 본인의 취소권은 추인할 수 있는 날로부터 3년 내, 법률행위를 한 날로부터 10년 내에 행사하여야 한다(민법 제146조). 사안의 경우 甲은 성년의제 시점인 2022.3.12.부터는 추인할 수 있으므로 그로부터 3년이 지나지 않은 2023.2.18. 매매계약을 취소할 수 있다.
② (○) 추인은 취소의 원인이 소멸된 후에 하여야만 효력이 있는데(민법 제144조 제1항), 2022.2.17. 甲은 아직 미성년자이고 성년의제가 되기도 전이므로 유효하게 추인할 수 없다. 따라서 법정대리인 丁의 동의 없이 매매계약을 추인하였더라도, 甲은 위 매매계약을 추후에 취소할 수 있다.
③ (○) 甲은 성년의제 시점인 2022.3.12.부터는 행위능력자로 간주되어 유효하게 법률행위를 할 수 있다. 이에 따라 2022.5.15. 법정대리인 丁의 동의 없이도 유효하게 매매계약을 추인할 수 있다.
④ (○) 지문에서 甲이 성년이 되기 전인 2022.9.12. 혼인이 해소된 경우 성년의제의 효과가 유지되는지가 문제되는데, 통설은 이혼에도 불구하고 성년의제의 효과는 소멸되지 않고 유지된다고 이해하고 있다. 이에 따르면 이혼 후인 2022.10.5.에도 성년의제의 효과가 유지되므로 법정추인도 가능하다. 구체적으로 甲이 성년의제된 이후인 2022.10.5. 아무런 이의를 제기하지 않고 乙로부터 매매대금을 수령하였다면, 이는 민법 제145조 제1호(전부나 일부의 이행 : 취소권자가 이행하거나 상대방의 이행을 취소권자가 수령하는 것도 포함)의 법정추인이 되어 甲은 매매계약을 더 이상 취소할 수 없게 된다.
⑤ (○) 2023.2.18. 현재 甲은 19세 2개월이 넘은 성년자로서 이혼으로 인한 성년의제 효과가 유지되는 여부를 떠나 법정대리인 丁의 동의 없이 단독으로 매매계약을 유효하게 추인할 수 있다(민법 제144조 제1항).

---

164 법률행위의 취소에 관한 설명으로 옳지 않은 것은?(다툼이 있으면 판례에 따름) 21 변리

① 제한능력자의 법률행위에 대한 법정대리인의 추인은 취소의 원인이 소멸된 후에 하여야 그 효력이 있다.
② 취소할 수 있는 법률행위로 취득한 권리를 취소권자의 상대방이 제3자에게 양도한 경우, 법정추인이 되지 않는다.
③ 법률행위의 취소를 전제로 한 소송상의 이행청구나 이를 전제로 한 이행거절에는 취소의 의사표시가 포함되어 있다고 볼 수 있다.
④ 취소할 수 있는 법률행위는 취소권자가 추인할 수 있는 후에 이의를 보류하지 않고 이행청구를 하면 추인한 것으로 본다.
⑤ 취소권자가 취소할 수 있는 법률행위를 적법하게 추인한 경우, 그 법률행위를 다시 취소할 수 없다.

해설

① (×) 추인은 취소의 원인이 소멸된 후에 하여야만 효력이 있으나, 법정대리인의 경우에는 취소의 원인이 소멸되었는지 여부에 상관없이 추인할 수 있다(민법 제144조 참고).
② (○) 민법 제145조 제5호의 '취소할 수 있는 행위로 취득한 권리의 전부나 일부의 양도'는 취소권자가 양도한 경우에 한하여 법정추인사유에 해당한다. 따라서 취소할 수 있는 법률행위로 취득한 권리를 취소권자의 상대방이 제3자에게 양도한 경우, 법정추인이 되지 않는다. 참고로 민법 제145조 제2호의 '이행의 청구'도 취소권자가 채무이행을 청구한 것에 한하여 법정추인사유에 해당한다.
③ (○) 법률행위의 취소는 상대방에 대한 의사표시로 하여야 하나 그 취소의 의사표시는 특별히 재판상 행하여짐이 요구되는 경우 이외에는 특정한 방식이 요구되는 것이 아니고, 취소의 의사가 상대방에 의하여 인식될 수 있다면 어떠한 방법에 의하더라도 무방하다고 할 것이고, 법률행위의 취소를 당연한 전제로 한 소송상의 이행청구나 이를 전제로 한 이행거절 가운데는 취소의 의사표시가 포함되어 있다고 볼 수 있다(대판 1993.9.14. 93다13162).
④ (○) 취소할 수 있는 법률행위는 취소권자가 추인할 수 있는 후에 이의를 보류하지 않고 이행청구를 하면 추인한 것으로 본다(민법 제145조 제2호).
⑤ (○) 취소권자가 취소할 수 있는 법률행위를 적법하게 추인한 경우 그 법률행위는 확정적으로 유효가 되므로 더 이상 취소할 수 없게 된다.

 답 ❶

165

법률행위의 취소에 관한 설명으로 옳지 않은 것은?(다툼이 있는 경우에는 판례에 의함)

13 변리

① 취소할 수 있는 법률행위를 추인하면 이를 다시 취소할 수 없다.
② 법률행위를 취소한 이후에는 무효행위의 추인의 요건에 따라 다시 추인할 수 없다.
③ 매매계약의 체결 시 토지의 일정 부분을 매매의 대상에서 제외시키는 특약을 한 경우, 그 특약만을 기망에 의한 법률행위로서 취소할 수는 없다.
④ 수탁보증인이 보증계약을 취소할 때에는 채권자를 상대방으로 하여 의사표시를 하여야 한다.
⑤ 하나의 법률행위가 가분성이 있거나 또는 그 목적물의 일부를 특정할 수 있는 경우, 나머지 부분이라도 유지하려는 당사자의 가정적 의사가 인정된다면 그 일부만을 취소할 수 있다.

해설

① (○) 적법한 추인이 있으면 더 이상 취소할 수 없게 되므로, 법률행위는 확정적으로 유효가 된다.
② (×) 취소한 법률행위는 처음부터 무효인 것으로 간주되므로 취소할 수 있는 법률행위가 일단 취소된 이상 그 후에는 취소할 수 있는 법률행위의 추인에 의하여 이미 취소되어 무효인 것으로 간주된 당초의 의사표시를 다시 확정적으로 유효하게 할 수는 없고, 다만 무효인 법률행위의 추인의 요건과 효력으로서 추인할 수는 있으나, 무효행위의 추인은 그 무효원인이 소멸한 후에 하여야 그 효력이 있다(대판 1997.12.12. 95다38240).
③ (○) 매매계약 체결 시 토지의 일정 부분을 매매대상에서 제외시키는 특약을 한 경우, 이는 매매계약의 대상토지를 특정하여 그 일정 부분에 대하여는 매매계약이 체결되지 않았음을 분명히 한 것으로써 그 부분에 대한 어떠한 법률행위가 이루어진 것으로는 볼 수 없으므로, 그 특약만을 기망에 의한 법률행위로서 취소할 수는 없다(대판 1999.3.26. 98다56607).
④ (○) 보증계약은 보증인과 채권자 간의 계약으로 성립하므로, 수탁보증인이 보증계약을 취소할 경우에는 채권자를 상대방으로 의사표시를 하여야 한다.
⑤ (○) 하나의 법률행위의 일부분에만 취소사유가 있다고 하더라도 그 법률행위가 가분적이거나 그 목적물의 일부가 특정될 수 있다면, 나머지 부분이라도 이를 유지하려는 당사자의 가정적 의사가 인정되는 경우 그 일부만의 취소도 가능하다고 할 것이고, 그 일부의 취소는 법률행위의 일부에 관하여 효력이 생긴다고 할 것이다(대판 2002.9.4. 2002다18435).

 답 ❷

166

취소할 수 있는 법률행위의 경우, 추인할 수 있는 날로부터 일정한 사유가 있으면(이의를 보류하지 않은 것을 전제) 추인한 것으로 보는 경우로서 옳지 않은 것은?

① 취소권자가 취소할 수 있는 법률행위의 상대방으로부터 이행청구를 받은 경우
② 취소권자가 채권자로서 강제집행한 경우
③ 취소권자가 채권자로서 물적 담보를 취득한 경우
④ 취소권자가 취소할 수 있는 매매계약으로부터 취득한 토지에 지상권을 설정한 경우
⑤ 취소할 수 있는 법률행위로부터 발생한 채권의 일부에 대하여 취소권자가 상대방의 이행을 수령한 경우

해설

① (×) 법정추인사유로서의 '이행청구'는 취소권자가 상대방에 대하여 채무이행을 청구한 경우에 한하고, 취소권자가 상대방으로부터 이행청구를 받은 경우는 포함하지 아니한다(민법 제145조 제2호).
② (○) 취소권자가 채권자로서 강제집행을 하는 경우뿐만 아니라, 채무자로서 이의 없이 강제집행을 받는 경우도 법정추인사유에 포함한다(통설).
③ (○) 취소권자가 물적·인적 담보를 불문하고 그 담보를 제공하는 경우뿐만 아니라, 그 담보를 제공받는 경우도 법정추인사유에 포함한다.
④ (○) 법정추인사유는 취소권자가 취소할 수 있는 행위로써 취득한 권리의 전부나 일부를 양도한 경우에 한하는데, 여기에서의 양도에는 제한적 권리(제한물권이나 임차권 등)를 설정하는 경우도 포함된다.
⑤ (○) 법정추인사유로서의 전부나 일부의 이행에는 취소권자가 이행한 경우뿐만 아니라, 상대방의 이행을 수령한 경우도 포함된다.

> **법정추인(민법 제145조)**
> 취소할 수 있는 법률행위에 관하여 전조의 규정에 의하여 추인할 수 있는 후에 다음 각 호의 사유가 있으면 추인한 것으로 본다. 그러나 이의를 보류한 때에는 그러하지 아니하다.
> 1. 전부나 일부의 이행
> 2. <u>이행의 청구</u>
> 3. 경 개
> 4. 담보의 제공
> 5. 취소할 수 있는 행위로 취득한 권리의 전부나 일부의 양도
> 6. 강제집행

 ❶

제6절 법률행위의 부관

167 조건과 기한에 관한 설명으로 옳지 않은 것은?(다툼이 있으면 판례에 따름)　25 노무

① 장래 반드시 실현되는 사실은 실현 시기가 확정되지 않더라도 조건이 될 수 없다.
② 채무자가 자기 소유의 물적 담보를 고의로 감소하게 하여 남은 담보가 채무를 담보할 수 없게 된 경우, 그 채무자는 기한의 이익을 주장하지 못한다.
③ 현상광고에서 정한 행위의 완료에는 기한을 붙일 수 없다.
④ 기한은 원칙적으로 채무자의 이익을 위한 것으로 추정한다.
⑤ 조건을 붙이고자 하는 의사가 있더라도 외부에 표시되지 않으면 이는 법률행위의 동기에 불과하다.

해설

① (○) 조건은 법률행위 효력의 발생 또는 소멸을 장래의 불확실한 사실의 성부에 의존하게 하는 법률행위의 부관이다. 반면 장래의 사실이더라도 그것이 장래 반드시 실현되는 사실이면 실현되는 시기가 비록 확정되지 않더라도 이는 기한으로 보아야 한다(대판 2018.6.28. 2018다201702).
② (○) 민법 제388조 제1호
③ (×) 민법 제675조에 정하는 현상광고라 함은, 광고자가 어느 행위를 한 자에게 일정한 보수를 지급할 의사를 표시하고 이에 응한 자가 그 광고에 정한 행위를 완료함으로써 그 효력이 생기는 것으로서, 그 광고에 정한 행위의 완료에 조건이나 기한을 붙일 수 있다(대판 2000.8.22. 2000다3675).
④ (○) 민법 제153조 제1항
⑤ (○) 조건은 법률행위의 효력의 발생 또는 소멸을 장래의 불확실한 사실의 성부에 의존하게 하는 법률행위의 부관으로서 해당 법률행위를 구성하는 의사표시의 일체적인 내용을 이루는 것이므로, 의사표시의 일반원칙에 따라 조건을 붙이고자 하는 의사 즉 조건의사와 그 표시가 필요하며, 조건의사가 있더라도 그것이 외부에 표시되지 않으면 법률행위의 동기에 불과할 뿐이고 그것만으로는 법률행위의 부관으로서의 조건이 되지는 아니한다(대판 2015.10.29. 2015다219504).

답 ❸

168 법률행위의 부관에 관한 설명으로 옳은 것은?(다툼이 있으면 판례에 따름)

① 기성조건이 해제조건이면 조건 없는 법률행위로 한다.
② 불능조건이 정지조건이면 조건 없는 법률행위로 한다.
③ 불법조건이 붙어 있는 법률행위는 불법조건만 무효이며, 법률행위 자체는 무효로 되지 않는다.
④ 기한의 효력은 기한 도래시부터 생기며 당사자가 특약을 하더라도 소급효가 없다.
⑤ 어느 법률행위에 어떤 조건이 붙어 있었는지 여부는 법률행위 해석의 문제로서 당사자가 주장하지 않더라도 법원이 직권으로 판단한다.

해설

① (×) 조건이 법률행위의 당시 이미 성취한 것인 경우에는 그 조건이 정지조건이면 조건 없는 법률행위로 하고 해제조건이면 그 법률행위는 무효로 한다(민법 제151조 제2항).
② (×) 조건이 법률행위의 당시에 이미 성취할 수 없는 것인 경우에는 그 조건이 해제조건이면 조건 없는 법률행위로 하고 정지조건이면 그 법률행위는 무효로 한다(민법 제151조 제3항).
③ (×) 조건이 선량한 풍속 기타 사회질서에 위반한 것인 때에는 그 법률행위는 무효로 한다(민법 제151조).
④ (○) 시기 있는 법률행위는 기한이 도래한 때로부터 그 효력이 생기고, 종기 있는 법률행위는 기한이 도래한 때로부터 그 효력을 잃는다. 기한의 본질상 소급효는 없으며 당사자의 특약에 의해서도 소급효를 인정할 수 없다.
⑤ (×) 어떠한 법률행위가 조건의 성취로 법률행위의 효력이 발생하는 이른바 정지조건부 법률행위에 해당한다는 사실은 그 법률행위로 인한 법률효과의 발생을 저지하는 사유로서 그 법률효과의 발생을 다투려는 자에게 주장·증명책임이 있다(대판 2009.4.9. 2008다93117).

답 ④

169 법률행위의 조건에 관한 설명으로 옳은 것은?(다툼이 있으면 판례에 따름)

① 법률행위에 조건이 붙어 있는지 여부는 사실인정의 문제로서 그 조건의 존재를 주장하는 자가 이를 증명하여야 한다.
② 조건의 성취가 미정한 권리의무는 일반규정에 의하여 담보로 할 수 없다.
③ 조건이 선량한 풍속 기타 사회질서에 위반한 경우, 그 조건만 무효로 될 뿐 그 법률행위는 조건없는 법률행위로 유효하다.
④ 법률행위 당시 조건이 이미 성취된 경우, 그 조건이 정지조건이면 그 법률행위는 무효이다.
⑤ 당사자가 조건성취의 효력을 그 성취 전으로 소급하게 할 의사를 표시한 경우, 그 소급의 의사표시는 효력이 없다.

해설

① (○) 대판 2011.8.25. 2008다47367
② (×) 조건의 성취가 미정한 권리의무는 일반규정에 의하여 처분, 상속, 보존 또는 담보로 할 수 있다(민법 제149조).
③ (×) 조건이 선량한 풍속 기타 사회질서에 위반한 것인 때에는 그 법률행위는 무효로 한다(민법 제151조 제1항).
④ (×) 조건이 법률행위의 당시 이미 성취한 것인 경우에는 그 조건이 정지조건이면 조건 없는 법률행위로 하고 해제조건이면 그 법률행위는 무효로 한다(민법 제151조 제2항).
⑤ (×) 당사자가 조건성취의 효력을 그 성취 전에 소급하게 할 의사를 표시한 때에는 그 의사에 의한다(민법 제147조 제3항).

답 ①

170 민법상 조건에 관한 설명으로 옳은 것은?(다툼이 있으면 판례에 따름)   20 노무

① '대금이 완납되면 매매목적물의 소유권이 이전된다'는 조항이 있는 소유권유보부 매매에서 대금완납은 해제조건이다.
② 선량한 풍속에 반하는 불법조건이 붙은 법률행위는 조건 없는 법률행위가 된다.
③ 당사자의 의사표시로 조건성취의 효력을 소급시킬 수 없다.
④ 조건은 법률행위의 내용을 이룬다.
⑤ 유언에는 조건을 붙일 수 없다.

해설

① (×) 동산의 매매계약을 체결하면서, 매도인이 대금을 모두 지급받기 전에 목적물을 매수인에게 인도하지만 대금이 모두 지급될 때까지는 목적물의 소유권은 매도인에게 유보되며 대금이 모두 지급된 때에 그 소유권이 매수인에게 이전된다는 내용의 이른바 소유권유보의 특약을 한 경우, 목적물의 소유권을 이전한다는 당사자 사이의 물권적 합의는 매매계약을 체결하고 목적물을 인도한 때 이미 성립하지만 대금이 모두 지급되는 것을 정지조건으로 한다(대판 1999.9.7. 99다30534).
② (×) 조건이 선량한 풍속 기타 사회질서에 위반한 것인 때에는 그 법률행위는 무효로 한다(민법 제151조 제1항).
③ (×) 당사자가 조건성취의 효력을 그 성취 전에 소급하게 할 의사를 표시한 때에는 그 의사에 의한다(민법 제147조 제3항).
④ (○) 조건이란 법률행위의 효력 발생 또는 소멸을 장래의 불확실한 사실의 성부에 의존케 하는 법률행위의 내용을 이루는 부관을 말한다.
⑤ (×) 신분행위에는 원칙적으로 조건을 붙일 수 없으나 유언에는 정지조건을 부가할 수 있다(민법 제1073조 제2항).

답 ❹

171 조건에 관한 설명 중 옳지 않은 것은?(다툼이 있으면 판례에 따름)   02 사시

① 부부관계의 종료를 해제조건으로 하는 증여계약은 그 조건뿐만 아니라 증여계약 자체도 무효이다.
② 계약당사자 일방이 이행지체에 빠진 상대방에 대하여 일정한 기간을 정하여 채무이행을 최고함과 동시에 그 기간 내에 이행이 없을 때에는 계약을 해제하겠다는 의사표시는 유효하다.
③ 어떠한 법률행위가 정지조건부 법률행위에 해당한다는 사실은 그 법률행위로 인한 법률효과의 발생을 저지하는 사유로서 그 법률효과의 발생을 다투려는 자에게 주장·증명책임이 있다.
④ 합의 내용이 이행되지 않을 경우에 합의를 무효로 하기로 하였다면 계약당사자가 부도가 난 후 상대방에게 합의서상의 채무를 이행할 수 없다고 통고한 것만으로는 "합의서 내용이 불이행된 때"라는 조건이 성취되었다고 볼 수 없다.
⑤ 매수인이 중도금을 약정 일자에 지급하지 아니하면 계약이 해제된 것으로 한다는 특약이 있는 매매계약에서 매수인이 중도금지급의무를 이행하지 아니하면 그 계약은 그 일자에 자동적으로 해제된 것으로 보아야 한다.

해설

① (○) 부첩관계인 부부생활의 종료를 해제조건으로 하는 증여계약은 그 조건만이 무효인 것이 아니라 증여계약 자체가 무효이다(대판 1966.6.21. 66다530).
② (○) 이행지체를 이유로 계약을 해제함에 있어서의 그 전제요건인 이행최고는 미리 일정한 기간을 명시하여 최고하여야 하는 것이 아니고, 최고한 때로부터 상당한 기간이 경과하면 해제권이 발생하는 것일 뿐만 아니라 일정한 기간을 정하여 채무이행을 최고함과 동시에 그 기간 내에 이행이 없을 때에는 계약을 해제하겠다는 의사를 표시한 경우에는 그 기간의 경과로 그 계약은 해제된 것으로 볼 것이다(대판 1979.9.25. 79다1135).
③ (○) 어떠한 법률행위가 조건의 성취로 법률행위의 효력이 발생하는 이른바 정지조건부 법률행위에 해당한다는 사실은 그 법률행위로 인한 법률효과의 발생을 저지하는 사유로서 그 법률효과의 발생을 다투려는 자에게 주장·증명책임이 있다(대판 2009.4.9. 2008다93117).
④ (×) 합의내용이 이행되지 않은 경우 합의를 무효로 하기로 한 경우 계약당사자가 부도가 난 후 상대방에게 합의서상의 채무를 이행할 수 없다고 통고한 것은 합의서 내용이 불이행된 때라는 조건이 성취한 것으로 볼 수 있다(대판 1997.11.11. 96다36579).
⑤ (○) 매매계약에 있어서 매수인이 중도금을 약정한 일자에 지급하지 아니하면 그 계약을 무효로 한다고 하는 특약이 있는 경우 매수인이 약정한대로 중도금을 지급하지 아니하면(해제의 의사표시를 요하지 않고) 그 불이행 자체로써 계약은 그 일자에 자동적으로 해제된 것이라고 보아야 한다(대판 1991.8.13. 91다13717).

답 ❹

172

조건에 관한 설명 중 옳지 않은 것을 모두 고른 것은?(다툼이 있으면 판례에 따름) 09 사시

ㄱ. 주택건설을 위한 원·피고의 토지매매계약에 앞서 양자 간의 협의에 의하여 건축허가를 받을 때 매매계약이 성립하고 건축허가 신청이 불허될 때에는 이를 무효로 한다는 약정 아래 이루어진 원·피고의 토지매매계약은 해제조건부계약이다.
ㄴ. 기한의 이익상실 특약은 특별한 사정이 없는 한 정지조건부 기한의 이익상실의 특약으로 추정된다.
ㄷ. 제작물공급계약의 당사자들이 보수의 지급시기에 관하여 "수급인이 공급한 목적물을 도급인이 검사하여 합격하면 도급인은 수급인에게 그 보수를 지급한다"는 내용의 조건을 붙였다면 이는 순수수의조건에 해당한다.
ㄹ. 불능조건이 해제조건이면 조건 없는 법률행위로 하고 정지조건이면 그 법률행위는 무효로 한다.
ㅁ. 조건의 성취로 인하여 불이익을 받을 당사자가 신의성실에 반하여 조건의 성취를 방해한 경우 조건이 성취된 것으로 의제되는 시점은 이러한 신의성실에 반하는 행위가 있었던 때이다.
ㅂ. 법률행위에 조건이 붙어 있는지의 여부에 대한 증명책임은 그 조건의 존재를 주장하는 자에게 있다.

① ㄱ, ㄴ, ㅂ
② ㄴ, ㄹ, ㅁ
③ ㄴ, ㄷ, ㅁ, ㅂ
④ ㄷ, ㄹ, ㅁ
⑤ ㄴ, ㄷ, ㅁ

해설

ㄱ. (○) 주택건설을 위한 원·피고 간의 토지매매계약에 앞서 양자 간의 협의에 의하여 건축허가를 필할 때 매매계약이 성립하고 건축허가 신청이 불허되었을 때에는 이를 무효로 한다는 약정 아래 이루어진 본건 계약은 해제조건부계약이다(대판 1983.8.23. 83다카552).

ㄴ. (×) [1] 기한이익 상실의 특약은 그 내용에 의하여 일정한 사유가 발생하면 채권자의 청구 등을 요함이 없이 당연히 기한의 이익이 상실되어 이행기가 도래하는 것으로 하는 정지조건부 기한이익 상실의 특약과 일정한 사유가 발생한 후 채권자의 통지나 청구 등 채권자의 의사행위를 기다려 비로소 이행기가 도래하는 것으로 하는 형성권적 기한이익 상실의 특약의 두 가지로 대별할 수 있고, 기한이익 상실의 특약이 위의 양자 중 어느 것에 해당하느냐는 당사자의 의사해석의 문제이지만 일반적으로 기한이익 상실의 특약이 채권자를 위하여 둔 것인 점에 비추어 명백히 정지조건부 기한이익 상실의 특약이라고 볼만한 특별한 사정이 없는 이상 형성권적 기한이익 상실의 특약으로 추정하는 것이 타당하다.
[2] 형성권적 기한이익 상실의 특약이 있는 경우에는 그 특약은 채권자의 이익을 위한 것으로서 기한이익의 상실 사유가 발생하였다고 하더라도 채권자가 나머지 전액을 일시에 청구할 것인가 또는 종래대로 할부변제를 청구할 것인가를 자유로이 선택할 수 있으므로, 이와 같은 기한이익 상실의 특약이 있는 할부채무에 있어서는 1회의 불이행이 있더라도 각 할부금에 대해 그 각 변제기의 도래 시마다 그때부터 순차로 소멸시효가 진행하고 채권자가 특히 잔존 채무 전액의 변제를 구하는 취지의 의사를 표시한 경우에 한하여 전액에 대하여 그때부터 소멸시효가 진행한다(대판 2002.9.4. 2002다28340).

ㄷ. (×) 제작물공급계약의 당사자들이 보수의 지급시기에 관하여 "수급인이 공급한 목적물을 도급인이 검사하여 합격하면, 도급인은 수급인에게 그 보수를 지급한다"는 내용으로 한 약정은 도급인의 수급인에 대한 보수지급의무와 동시이행관계에 있는 수급인의 목적물 인도의무를 확인한 것에 불과하므로, 법률행위의 효력 발생을 장래의 불확실한 사실의 성부에 의존하게 하는 법률행위의 부관인 조건에 해당하지 아니할 뿐만 아니라, 조건에 해당한다 하더라도 검사에의 합격 여부는 도급인의 일방적인 의사에만 의존하지 않고 그 목적물이 계약내용대로 제작된 것인지 여부에 따라 객관적으로 결정되므로 순수수의조건에 해당하지 않는다(대판 2006.10.13. 2004다21862).

ㄹ. (○) 조건이 법률행위의 당시에 이미 성취할 수 없는 것인 경우에는 그 조건이 해제조건이면 조건없는 법률행위로 하고 정지조건이면 그 법률행위는 무효로 한다(민법 제151조 제3항).

ㅁ. (×) 조건의 성취로 인하여 불이익을 받을 당사자가 신의성실에 반하여 조건의 성취를 방해한 경우, 조건이 성취된 것으로 의제되는 시점은 이러한 신의성실에 반하는 행위가 없었더라면 조건이 성취되었으리라고 추산되는 시점이다(대판 1998.12.22. 98다42356).

> 상대방이 하도급받은 부분에 대한 공사를 완공하여 준공필증을 제출하는 것을 정지조건으로 하여 공사대금채무를 부담하거나 위 채무를 보증한 사람은 위 조건의 성취로 인하여 불이익을 받을 당사자의 지위에 있다고 할 것이므로, 이들이 위 공사에 필요한 시설을 해주지 않았을 뿐만 아니라 공사장에의 출입을 통제함으로써 위 상대방으로 하여금 나머지 공사를 수행할 수 없게 하였다면, 그것이 고의에 의한 경우만이 아니라 과실에 의한 경우에도 신의성실에 반하여 조건의 성취를 방해한 때에 해당한다고 할 것이므로, 그 상대방은 민법 제150조 제1항의 규정에 의하여 위 공사대금채무자 및 보증인에 대하여 그 조건이 성취된 것으로 주장할 수 있다고 한 사례(대판 1998.12.22. 98다42356).

ㅂ. (○) 어떠한 법률행위가 조건의 성취로 법률행위의 효력이 발생하는 이른바 정지조건부 법률행위에 해당한다는 사실은 그 법률행위로 인한 법률효과의 발생을 저지하는 사유로서 그 법률효과의 발생을 다투려는 자에게 주장·증명책임이 있다(대판 2009.4.9. 2008다93117).

답 ⑤

173 조건과 기한에 관한 설명 중 옳은 것은?(다툼이 있으면 판례에 따름)

① 기성조건이 정지조건이면 그 법률행위는 무효이고, 해제조건이면 조건 없는 법률행위가 된다.
② 조건의 성취로 인하여 불이익을 받을 당사자가 신의성실의 원칙에 반하여 조건의 성취를 방해한 경우 조건이 성취된 것으로 의제되는 시점은 조건의 성취를 방해한 때이다.
③ 어떤 법률행위가 정지조건부 법률행위에 해당한다는 사실은 그 법률행위의 효과 발생을 다투려는 자에게 증명책임이 있다.
④ 이미 부담하고 있는 채무에 관하여 발생이 불확실한 장래의 사실을 부관으로 붙인 경우에는 특별한 사정이 없는 한 조건을 정한 것으로 보아야 한다.
⑤ 정지조건부 기한이익 상실의 특약이 있는 경우 기한이익 상실사유가 발생하더라도 채권자의 통지나 청구 등이 있어야 이행기가 도래하는 것이 원칙이다.

해설

① (×) 조건이 법률행위의 당시 이미 성취한 것인 경우에는 그 조건이 정지조건이면 조건없는 법률행위로 하고 해제조건이면 그 법률행위는 무효로 한다(민법 제151조 제2항).
② (×) 조건의 성취로 인하여 불이익을 받을 당사자가 신의성실에 반하여 조건의 성취를 방해한 경우, 조건이 성취된 것으로 의제되는 시점은 이러한 신의성실에 반하는 행위가 없었더라면 조건이 성취되었으리라고 추산되는 시점이다(대판 1998.12.22. 98다42356).
③ (○) 어떠한 법률행위가 조건의 성취로 법률행위의 효력이 발생하는 이른바 정지조건부 법률행위에 해당한다는 사실은 그 법률행위로 인한 법률효과의 발생을 저지하는 사유로서 그 법률효과의 발생을 다투려는 자에게 주장·증명책임이 있다(대판 2009.4.9. 2008다93117).
④ (×) 부관이 붙은 법률행위의 경우에, 부관에 표시된 사실이 발생하지 아니하면 채무를 이행하지 아니하여도 된다고 보는 것이 타당한 경우에는 조건으로 보아야 하고, 표시된 사실이 발생한 때에는 물론이고 반대로 발생하지 아니하는 것이 확정된 때에도 채무를 이행하여야 한다고 보는 것이 타당한 경우에는 표시된 사실의 발생 여부가 확정되는 것을 불확정기한으로 정한 것으로 보아야 한다. 그리고 이미 부담하고 있는 채무의 변제에 관하여 일정한 사실이 부관으로 붙여진 경우에는, 특별한 사정이 없는 한 그것은 변제기를 유예한 것(변제기를 연기한 취지로서 불확정기한으로 볼 수 있으므로)으로서 그 사실이 발생한 때 또는 발생하지 아니하는 것으로 확정된 때에 기한이 도래한다(대판 2020.12.24. 2019다293098).
⑤ (×) 채권자의 별도의 의사표시가 없더라도 바로 이행기가 도래한 것과 같은 효과를 발생케 하는 이른바 정지조건부 기한이익 상실의 특약을 하였을 경우에는 그 특약에 정한 기한의 이익 상실사유가 발생함과 동시에 기한의 이익을 상실케 하는 채권자의 의사표시가 없더라도 이행기 도래의 효과가 발생하고, 채무자는 특별한 사정이 없는 한 그때부터 이행지체의 상태에 놓이게 된다(대판 1999.7.9. 99다15184).

답 ❸

174 민법상 조건과 기한에 관한 설명으로 옳은 것은?(다툼이 있으면 판례에 따름)

① 대여금채무의 이행지체에 따른 확정된 지연손해금채무는 그 이행청구를 받은 때부터 지체책임이 발생한다.
② 지명채권의 양도에 대한 채무자의 승낙은 채권양도 사실을 승인하는 의사를 표명하는 행위로 조건을 붙여서 할 수 없다.
③ 부당이득반환채권과 같이 이행기의 정함이 없는 채권이 자동채권으로 상계될 때 상계적상에서 의미하는 변제기는 상계의 의사표시를 한 시점에 도래한다.
④ 조건을 붙이고자 하는 의사는 법률행위의 내용으로 외부에 표시되어야 하므로 묵시적 의사표시나 묵시적 약정으로는 할 수 없다.
⑤ 당사자가 금전소비대차계약에 붙인 기한이익 상실특약은 특별한 사정이 없는 한 정지조건부 기한이익 상실특약으로 추정한다.

해설

① (○) 금전채무의 지연손해금채무는 금전채무의 이행지체로 인한 손해배상채무로서 이행기의 정함이 없는 채무에 해당하므로, 채무자는 확정된 지연손해금채무에 대하여 채권자로부터 이행청구를 받은 때부터 지체책임을 부담하게 된다(대판 2021.5.7. 2018다259213).

② (×) 지명채권 양도의 대항요건인 채무자의 승낙은 채권양도 사실을 채무자가 승인하는 의사를 표명하는 채무자의 행위라고 할 수 있는데, 채무자는 채권양도를 승낙하면서 조건을 붙여서 할 수 있다(대판 2011.6.30. 2011다8614).

③ (×) 쌍방이 서로 같은 종류를 목적으로 한 채무를 부담한 경우 쌍방 채무의 이행기[변제기(註)]가 도래한 때에는 각 채무자는 대등액에 관하여 상계할 수 있다(민법 제492조 제1항). 여기서 '채무의 이행기가 도래한 때'는 채권자가 채무자에게 이행의 청구를 할 수 있는 시기가 도래하였음을 의미하고 채무자가 이행지체에 빠지는 시기를 말하는 것이 아니다. 상계의 의사표시가 있는 경우 채무는 상계적상 시에 소급하여 대등액에 관하여 소멸하게 되므로, 상계에 따른 양 채권의 차액 계산 또는 상계 충당은 상계적상의 시점을 기준으로 한다. 이행기의 정함이 없는 채권의 경우 그 성립과 동시에 이행기에 놓이게 되고, 부당이득반환채권은 이행기의 정함이 없는 채권으로서 채권의 성립과 동시에 언제든지 이행을 청구할 수 있으므로, 그 채권의 성립일에 상계적상에서 의미하는 이행기[변제기(註)]가 도래한 것으로 볼 수 있다(대판 2022.3.17. 2021다287515).

④ (×) 조건을 붙이고자 하는 의사는 법률행위의 내용으로 외부에 표시되어야 하고, 조건을 붙이고자 하는 의사가 있는지는 의사표시에 관한 법리에 따라 판단하여야 한다. 조건을 붙이고자 하는 의사의 표시는 그 방법에 관하여 일정한 방식이 요구되지 않으므로 묵시적 의사표시나 묵시적 약정으로도 할 수 있다(대판 2018.6.28. 2016다221368).

⑤ (×) 기한이익 상실의 특약은 ㉠ 일정한 사유가 발생하면 채권자의 청구 등을 요하지 않고 당연히 기한의 이익이 상실되어 이행기가 도래하는 것으로 보는 정지조건부 기한이익 상실의 특약과 ㉡ 일정한 사유가 발생한 후 채권자의 통지나 청구 등 채권자의 의사행위를 기다려 비로소 이행기가 도래하는 것으로 보는 형성권적 기한이익 상실의 특약 2가지로 구별할 수 있다. 기한이익 상실의 특약이 위 2가지 중 어느 것에 해당하느냐는 법률행위의 해석의 문제이지만 일반적으로 기한이익 상실의 특약이 채권자를 위하여 둔 것인 점에 비추어 명백히 정지조건부 기한이익 상실의 특약이라고 볼만한 특별한 사정이 없는 이상 '형성권적 기한이익 상실의 특약'으로 추정하는 것이 타당하다(대판 2010.8.26. 2008다42416).

답 ❶

175 조건 또는 기한에 관한 설명 중 옳지 않은 것은?(다툼이 있는 경우 판례에 의함)

① 법률행위 효력의 발생 또는 소멸을 장래의 불확실한 사실의 성부에 의존케 하는 조건을 법률행위에 붙이고자 하는 의사가 있다 하더라도 이를 외부에 표시하지 않으면 법률행위의 동기에 불과한 것이다.
② 조건의 성취로 불이익을 받을 당사자가 신의성실에 반하여 조건의 성취를 방해할 경우 상대방은 조건이 성취된 것으로 주장할 수 있고, 이 경우 조건이 성취된 것으로 의제되는 시점은 방해행위가 없었더라면 조건이 성취되었을 것으로 추산되는 시점이다.
③ 이행기가 도래하지 않았거나 조건이 성취되지 않은 청구권에 관하여 채무자가 미리 채무의 존재를 다투기 때문에 이행기가 도래하거나 조건이 성취되었을 때에 임의이행을 기대할 수 없는 경우, 채권자는 장래이행의 소를 제기할 수 있다.
④ 법률행위에 조건이 붙어 있는지 여부에 대한 증명책임은 그 조건의 존재를 주장하는 자에게 있다.
⑤ 기한은 채무자의 이익을 위한 것으로 의제되므로 당사자 사이에 기한 이익의 상실에 관한 특약을 하여도 효력이 없다.

해설

① (○) 조건은 법률행위의 효력의 발생 또는 소멸을 장래의 불확실한 사실의 성부에 의존케 하는 법률행위의 부관으로서 당해 법률행위를 구성하는 의사표시의 일체적인 내용을 이루는 것이므로, 의사표시의 일반원칙에 따라 조건을 붙이고자 하는 의사 즉 조건의사와 그 표시가 필요하며, 조건의사가 있더라도 그것이 외부에 표시되지 않으면 법률행위의 동기에 불과할 뿐이고 그것만으로는 법률행위의 부관으로서의 조건이 되는 것은 아니다(대판 2003.5.13. 2003다10797).
② (○) 조건의 성취로 인하여 불이익을 받을 당사자가 신의성실에 반하여 조건의 성취를 방해한 경우, 조건이 성취된 것으로 의제되는 시점은 이러한 신의성실에 반하는 행위가 없었더라면 조건이 성취되었으리라고 추산되는 시점이다(대판 1998.12.22. 98다42356).
③ (○) 장래이행을 청구하는 소는 미리 청구할 필요가 있는 경우에 한하여 제기할 수 있고, 여기서 미리 청구할 필요가 있는 경우란 이행기가 도래하지 않았거나 조건 미성취의 청구권에 있어 채무자가 미리부터 채무의 존재를 다투기 때문에 이행기가 도래하거나 조건이 성취되었을 때 임의의 이행을 기대할 수 없는 경우를 말한다(대판 2013.4.25. 2010다44880).
④ (○) 어떠한 법률행위가 조건의 성취 시 법률행위의 효력이 발생하는 소위 정지조건부 법률행위에 해당한다는 사실은 그 법률행위로 인한 법률효과의 발생을 저지하는 사유로서 그 법률효과의 발생을 다투려는 자에게 주장증명책임이 있다(대판 1993.9.28. 93다20832).
⑤ (×) 기한의 이익은 채무자의 이익을 위한 것으로 추정될 뿐이므로(민법 제153조), 당사자 사이에 기한 이익의 상실에 관한 특약을 하는 것도 가능하다. 판례도 같은 취지에서 기한이익 상실의 특약을 정할 수 있음을 전제하면서 기한이익 상실의 특약을 명백히 정지조건부 기한이익 상실의 특약이라고 볼만한 특별한 사정이 없는 이상 형성권적 기한이익 상실의 특약으로 추정하는 것이 타당하다고 판시하고 있다(대판 2002.9.4. 2002다28340).

답 ⑤

176 기한이익의 상실에 관한 설명 중 옳은 것을 모두 고른 것은?(다툼이 있는 경우 판례에 의함)

19 변시

ㄱ. 기한이익의 상실에 관한 민법 제388조는 임의규정이므로 당사자 사이에 위 규정과 다른 내용의 약정이 있는 경우에는 그 약정에 따라 기한이익의 상실 여부를 판단하여야 한다.
ㄴ. 일반적으로 기한이익 상실의 특약이 채무자를 위하여 둔 것인 점에 비추어 명백히 형성권적 기한이익 상실의 특약이라고 볼만한 특별한 사정이 없는 이상 정지조건부 기한이익 상실의 특약으로 추정하는 것이 타당하다.
ㄷ. 형성권적 기한이익 상실의 특약이 있는 할부채무에 있어서는 1회의 불이행이 있더라도 각 할부금에 대해 그 각 변제기의 도래 시마다 그때부터 순차로 소멸시효가 진행하고, 채권자가 특히 잔존 채무 전액의 변제를 구하는 취지의 의사를 표시한 경우에 한하여 전액에 대하여 그때부터 소멸시효가 진행한다.
ㄹ. 정지조건부 기한이익 상실의 특약을 하였을 경우에는, 그 특약이 정한 기한이익 상실의 사유가 발생한 이후 특별한 사정이 없는 한 채무자가 채권자로부터 이행청구를 받은 때로부터 이행지체 상태에 놓이게 된다.

① ㄱ, ㄴ
② ㄱ, ㄷ
③ ㄴ
④ ㄱ, ㄴ, ㄷ
⑤ ㄴ, ㄷ, ㄹ

해설

ㄱ. (○) 기한의 이익의 상실에 관한 민법 제388조는 임의규정이므로 당사자 사이에 위 규정과 다른 내용의 약정이 있는 경우에는 그 약정에 따라 기한의 이익의 상실 여부를 판단하여야 한다(대판 2001.10.12. 99다56192).

ㄴ. (×), ㄷ. (○) [1] 기한이익 상실의 특약은 그 내용에 의하여 일정한 사유가 발생하면 채권자의 청구 등을 요함이 없이 당연히 기한의 이익이 상실되어 이행기가 도래하는 것으로 하는 정지조건부 기한이익 상실의 특약과 일정한 사유가 발생한 후 채권자의 통지나 청구 등 채권자의 의사행위를 기다려 비로소 이행기가 도래하는 것으로 하는 형성권적 기한이익 상실의 특약의 두 가지로 대별할 수 있고, 기한이익 상실의 특약이 위의 양자 중 어느 것에 해당하느냐는 당사자의 의사해석의 문제이지만 일반적으로 기한이익 상실의 특약이 채권자를 위하여 둔 것인 점에 비추어 명백히 정지조건부 기한이익 상실의 특약이라고 볼만한 특별한 사정이 없는 이상 형성권적 기한이익 상실의 특약으로 추정하는 것이 타당하다.
[2] 형성권적 기한이익 상실의 특약이 있는 경우에는 그 특약은 채권자의 이익을 위한 것으로서 기한이익의 상실사유가 발생하였다고 하더라도 채권자가 나머지 전액을 일시에 청구할 것인가 또는 종래대로 할부변제를 청구할 것인가를 자유로이 선택할 수 있으므로, 이와 같은 기한이익 상실의 특약이 있는 할부채무에 있어서는 1회의 불이행이 있더라도 각 할부금에 대해 그 각 변제기의 도래시마다 그때부터 순차로 소멸시효가 진행하고 채권자가 특히 잔존 채무 전액의 변제를 구하는 취지의 의사를 표시한 경우에 한하여 전액에 대하여 그때부터 소멸시효가 진행한다(대판 2002.9.4. 2002다28340).

ㄹ. (×) 채권자의 별도의 의사표시가 없더라도 바로 이행기가 도래한 것과 같은 효과를 발생케 하는 이른바 정지조건부 기한이익 상실의 특약을 하였을 경우에는 그 특약에 정한 기한의 이익 상실사유가 발생함과 동시에 기한의 이익을 상실케 하는 채권자의 의사표시가 없더라도 이행기 도래의 효과가 발생하고, 채무자는 특별한 사정이 없는 한 그때부터 이행지체의 상태에 놓이게 된다(대판 1999.7.9. 99다15184).

답 ②

177 조건과 기한에 관한 설명으로 옳지 않은 것은?(다툼이 있는 경우에는 판례에 의함) `15` 노무

① 법률이 요구하는 요건인 법정조건은 법률행위의 부관으로서의 조건이 아니다.
② 조건부 법률행위에서 조건이 불법조건이라고 해서 그 법률행위 전부가 무효로 되는 것은 아니다.
③ 기한이익 상실의 특약은 명백히 정지조건부 기한이익 상실의 특약이라고 볼만한 특별한 사정이 없는 이상 형성권적 기한이익 상실의 특약으로 추정된다.
④ 주택건설을 위한 토지매매계약에 앞서 당사자 간의 협의에 의하여 건축허가를 필할 때에 매매계약이 성립하고 건축허가신청이 불허되었을 때에는 이를 무효로 한다고 약정한 토지매매계약은 해제조건부계약이다.
⑤ 이미 부담하고 있는 채무의 변제에 관하여 일정한 사실이 부관으로 붙여진 경우에는 특별한 사정이 없는 한, 그것은 변제기를 유예한 것으로서 그 사실이 발생한 때 또는 발생하지 아니하는 것으로 확정된 때에 기한이 도래한다.

해설

① (○) 법정조건은 법률행위의 효력이 발생하기 위해서 법률이 명문으로 요구하는 조건을 말한다. 이때의 조건은 당사자가 임의로 정한 것이 아니므로 법률행위의 부관으로서의 조건은 아니다.
② (×) 조건부 법률행위에 있어 조건의 내용 자체가 불법적인 것이어서 무효일 경우 또는 조건을 붙이는 것이 허용되지 아니하는 법률행위에 조건을 붙인 경우 그 조건만을 분리하여 무효로 할 수는 없고 그 법률행위 전부가 무효로 된다(대결 2005.11.8. 2005마541).
③ (○) 기한이익 상실의 특약은 그 내용에 의하여 일정한 사유가 발생하면 채권자의 청구 등을 요함이 없이 당연히 기한의 이익이 상실되어 이행기가 도래하는 것으로 하는 정지조건부 기한이익 상실의 특약과 일정한 사유가 발생한 후 채권자의 통지나 청구 등 채권자의 의사행위를 기다려 비로소 이행기가 도래하는 것으로 하는 형성권적 기한이익 상실의 특약의 두 가지로 대별할 수 있고, 기한이익 상실의 특약이 위의 양자 중 어느 것에 해당하느냐는 당사자의 의사해석의 문제이지만 일반적으로 기한이익 상실의 특약이 채권자를 위하여 둔 것인 점에 비추어 명백히 정지조건부 기한이익 상실의 특약이라고 볼만한 특별한 사정이 없는 이상 형성권적 기한이익 상실의 특약으로 추정하는 것이 타당하다(대판 2010.8.26. 2008다42416).
④ (○) 대판 1983.8.23. 83다카552
⑤ (○) 대판 2003.8.19. 2003다24215

답 ❷

---

178 법률행위의 부관에 관한 설명으로 옳지 않은 것은?(다툼이 있으면 판례에 따름) `21` 변리

① 상계에는 시기(始期)를 붙이지 못한다.
② 현상광고에 정한 행위의 완료에 조건이나 기한을 붙일 수 있다.
③ 무상임치와 무이자 소비대차의 경우, 채무자만이 기한이익을 갖는다.
④ 조건의 성취로 인하여 이익을 받을 당사자가 신의성실에 반하여 조건을 성취시킨 때에는 상대방은 그 조건이 성취하지 아니한 것으로 주장할 수 있다.
⑤ 부관이 붙은 법률행위에 있어서 부관에 표시된 사실이 발생한 때뿐만 아니라 발생하지 않는 것으로 확정된 때에도 그 채무를 이행하여야 한다고 보는 것이 상당한 경우에는 표시된 사실의 발생 여부가 확정되는 것을 불확정기한으로 정한 것으로 본다.

해설
① (○) 상계의 의사표시에는 조건 또는 기한을 붙이지 못하므로(민법 제493조 제1항 후문), 시기(始期)를 붙일 수 없다.
② (○) 민법 제675조에 정하는 현상광고라 함은, 광고자가 어느 행위를 한 자에게 일정한 보수를 지급할 의사를 표시하고 이에 응한 자가 그 광고에 정한 행위를 완료함으로써 그 효력이 생기는 것으로서, 그 광고에 정한 행위의 완료에 조건이나 기한을 붙일 수 있다(대판 2000.8.22. 2000다3675).
③ (×) 무상임치(민법 제693조)의 경우 임치인(채권자)이 기한의 이익을 갖으나, 무이자부 소비대차의 경우에는 차주(채무자)가 기한의 이익을 갖는다.
④ (○) 민법 제150조 제2항
⑤ (○) 부관이 붙은 법률행위에 있어서 부관에 표시된 사실이 발생하지 아니하면 채무를 이행하지 아니하여도 된다고 보는 것이 상당한 경우에는 조건으로 보아야 하고, 표시된 사실이 발생한 때에는 물론이고 반대로 발생하지 아니하는 것이 확정된 때에도 그 채무를 이행하여야 한다고 보는 것이 상당한 경우에는 표시된 사실의 발생 여부가 확정되는 것을 불확정기한으로 정한 것으로 보아야 한다(대판 2003.8.19. 2003다24215).

답 ❸

179 조건에 관한 설명으로 옳은 것은?(다툼이 있으면 판례에 따름) [20 변리]

① 당사자가 조건성취의 효력을 그 성취 전에 소급하게 할 의사를 표시하였더라도 특별한 사정이 없는 한 소급하지 않는다.
② 조건부 법률행위에서 조건이 선량한 풍속에 위반되면 당사자의 의도를 살리기 위하여 그 조건만이 무효이고 법률행위는 유효한 것이 원칙이다.
③ 조건부 권리는 조건의 성부가 미정인 상태에서는 그 가치에 대한 평가가 곤란하므로 담보제공은 할 수 없다.
④ 해제조건부 법률행위의 조건이 법률행위의 당시에 이미 성취할 수 없는 것인 경우에는 조건없는 법률행위로 한다.
⑤ 상계의 의사표시에는 조건을 붙일 수 있다.

해설
① (×) 조건부 법률행위는 조건이 성취된 때로부터 그 효력이 발생·소멸한다(민법 제147조 제1항·제2항). 다만, 이는 임의규정에 불과하므로, 당사자가 조건성취의 효력을 그 성취 전에 소급하게 할 의사를 표시한 때에는, 그 조건성취의 효력은 예외적으로 소급효를 갖는다(민법 제147조 제3항).
② (×) 조건부 법률행위에 있어 조건의 내용 자체가 불법적인 것이어서 무효일 경우 또는 조건을 붙이는 것이 허용되지 아니하는 법률행위에 조건을 붙인 경우 그 조건만을 분리하여 무효로 할 수는 없고 그 법률행위 전부가 무효로 된다(대결 2005.11.8. 2005마541).
③ (×) 조건의 성취가 미정한 권리의무는 일반규정에 의하여 처분, 상속, 보존 또는 담보로 할 수 있다(민법 제149조).
④ (○) 조건이 법률행위의 당시에 이미 성취할 수 없는 것인 경우에는 그 조건이 해제조건이면 조건 없는 법률행위로 하고 정지조건이면 그 법률행위는 무효로 한다(민법 제151조 제3항).
⑤ (×) 행위자의 일방적 의사표시에 따라 효력이 발생하는 단독행위에는 원칙적으로 조건을 붙일 수 없으므로, 상계의 의사표시에는 조건을 붙이지 못한다(민법 제493조 제1항).

답 ❹

180 조건과 기한에 관한 설명으로 옳지 않은 것은?

① 종기 있는 법률행위는 기한이 도래한 때로부터 그 효력을 잃는다.
② 기한의 이익은 이를 포기할 수 있지만, 상대방의 이익을 해하지 못한다.
③ 조건이 법률행위 당시 이미 성취한 것인 경우에는 그 조건이 해제조건이면 그 법률행위는 조건없는 법률행위로 한다.
④ 조건 있는 법률행위의 당사자는 조건의 성부가 미정인 동안에 조건의 성취로 인하여 생길 상대방의 이익을 해하지 못한다.
⑤ 조건의 성취로 인하여 불이익을 받을 당사자가 신의성실에 반하여 조건의 성취를 방해한 때에는 상대방은 그 조건이 성취한 것으로 주장할 수 있다.

해설

① (○) 종기 있는 법률행위는 기한이 도래한 때로부터 그 효력을 잃는다(민법 제152조 제2항).
② (○) 기한의 이익은 이를 포기할 수 있다. 그러나 상대방의 이익을 해하지 못한다(민법 제153조 제2항).
③ (×) 기성조건이란 법률행위 당시 이미 성취되어 있는 조건을 말하는데, 기성조건이 해제조건이면 그 법률행위는 무효가 된다(민법 제151조 제2항).
④ (○) 조건 있는 법률행위의 당사자는 조건의 성부가 미정한 동안에 조건의 성취로 인하여 생길 상대방의 이익을 해하지 못한다(민법 제148조).
⑤ (○) 조건의 성취로 인하여 불이익을 받을 당사자가 신의성실에 반하여 조건의 성취를 방해한 때에는 상대방은 그 조건이 성취한 것으로 주장할 수 있다(민법 제150조 제1항).

답 ❸

181 법률행위의 조건에 관한 설명으로 옳은 것은?(다툼이 있으면 판례에 따름)

① 조건이 선량한 풍속 기타 사회질서에 위반한 것인 때에는 조건 없는 법률행위로 한다.
② 조건의 성취가 미정한 권리의무는 이를 처분할 수 없다.
③ 조건을 붙이는 것이 허용되지 아니하는 법률행위에 조건에 붙인 경우 조건 없는 법률행위로 한다.
④ 정지조건부 채권양도에 있어서 조건이 성취되었다는 사실은 채권양도의 효력을 주장하는 자에게 그 증명책임이 있다.
⑤ 주택건설을 위한 토지매매계약의 당사자가 건축허가 신청이 불허되었을 때에는 이를 무효로 한다는 약정을 한 경우 이는 정지조건부계약이다.

해설

① (×) 조건이 선량한 풍속 기타 사회질서에 위반한 것인 때에는 그 법률행위는 무효로 한다(민법 제151조 제1항).
② (×) 조건의 성취가 미정한 권리의무는 일반규정에 의하여 처분, 상속, 보존 또는 담보로 할 수 있다(민법 제149조).
③ (×) 조건부 법률행위에 있어 조건의 내용 자체가 불법적인 것이어서 무효일 경우 또는 조건을 붙이는 것이 허용되지 아니하는 법률행위에 조건을 붙인 경우 그 조건만을 분리하여 무효로 할 수는 없고 그 법률행위 전부가 무효로 된다(대결 2005.11.8. 2005마541).
④ (○) 정지조건부 법률행위에 있어서 조건이 성취되었다는 사실은 이에 의하여 권리를 취득하고자 하는 측에서 그 증명책임이 있다 할 것이므로, 정지조건부 채권양도에 있어서 정지조건이 성취되었다는 사실은 채권양도의 효력을 주장하는 자에게 그 증명책임이 있다(대판 1983.4.12. 81다카692).
⑤ (×) 주택건설을 위한 원·피고 간의 토지매매계약에 앞서 양자 간의 협의에 의하여 건축허가를 필할 때 매매계약이 성립하고 건축허가 신청이 불허되었을 때에는 이를 무효로 한다는 약정 아래 이루어진 본건 계약은 해제조건부계약이다(대판 1983.8.23. 83다카552).

답 ❹

182 민법상 조건부 법률행위에 관한 설명으로 옳지 않은 것은?(다툼이 있으면 판례에 따름)

17 변리

① 정지조건부 채권양도에 있어서 정지조건이 성취되었다는 사실은 채권양도의 효력을 부정하는 자가 증명해야 한다.
② 어떤 법률행위에 정지조건이 붙어 있는지 여부는 그 조건의 존재를 주장하는 자가 증명해야 한다.
③ 조건이 법률행위 당시에 이미 성취할 수 없는 것인 경우에 그 조건이 해제조건이면 조건 없는 법률행위가 된다.
④ 조건성취의 효력발생시기에 관한 민법의 규정은 임의규정이다.
⑤ 조건부 법률행위에 있어서 조건의 내용 자체가 불법으로 무효인 경우, 특별한 사정이 없는 한 그 조건만을 분리하여 일부만 무효로 할 수는 없다.

해설

① (×) 정지조건부 법률행위에 있어서 조건이 성취되었다는 사실은 이에 의하여 권리를 취득하고자 하는 측에서 그 증명책임이 있다 할 것이므로, 정지조건부 채권양도에 있어서 정지조건이 성취되었다는 사실은 채권양도의 효력을 주장하는 자에게 그 증명책임이 있다(대판 1983.4.12. 81다카692).
② (○) 어떠한 법률행위가 조건의 성취 시 법률행위의 효력이 발생하는 소위 정지조건부 법률행위에 해당한다는 사실은 그 법률행위로 인한 법률효과의 발생을 저지하는 사유로서 그 법률효과의 발생을 다투려는 자에게 주장증명책임이 있다(대판 1993.9.28. 93다20832).
③ (○) 조건이 법률행위의 당시에 이미 성취할 수 없는 것인 경우에는 그 조건이 해제조건이면 조건 없는 법률행위로 하고 정지조건이면 그 법률행위는 무효로 한다(민법 제151조 제3항).
④ (○) 조건부 법률행위는 조건이 성취된 때로부터 그 효력이 발생·소멸한다(민법 제147조 제1항·제2항). 다만, 이는 임의규정에 불과하므로, 당사자가 조건성취의 효력을 그 성취 전에 소급하게 할 의사를 표시한 때에는, 그 조건성취의 효력은 예외적으로 소급효를 갖는다(민법 제147조 제3항).
⑤ (○) 조건부 법률행위에 있어 조건의 내용 자체가 불법적인 것이어서 무효일 경우 또는 조건을 붙이는 것이 허용되지 아니하는 법률행위에 조건을 붙인 경우 그 조건만을 분리하여 무효로 할 수는 없고 그 법률행위 전부가 무효로 된다(대결 2005.11.8. 2005마541).

답 ❶

183 조건과 기한에 관한 설명으로 옳지 않은 것은?(다툼이 있으면 판례에 따름)

① 불확정기한부 법률행위는 특별한 사정이 없는 한 그 법률행위에 따른 채무가 이미 발생한 것으로 본다.
② 기성조건이 정지조건이면 조건 없는 법률행위가 된다.
③ 조건부 법률행위에서 조건은 외부에 표시되지 않으면 그 법률행위의 동기에 불과하다.
④ 조건을 붙이는 것이 허용되지 않는 법률행위에 조건을 붙인 경우 그 법률행위는 조건 없는 법률행위로서 유효하다.
⑤ 부관이 붙은 법률행위에 있어서 부관에 표시된 사실이 발생하지 않으면 채무를 이행하지 않아도 된다고 보는 것이 상당한 경우 그 부관은 조건으로 보아야 한다.

해설

① (○) 어떠한 법률행위에 불확정기한이 부관으로 붙여진 경우에는 특별한 사정이 없는 한 그 법률행위에 따른 채무는 이미 발생하여 있고 불확정기한은 그 변제기나 이행기를 유예한 것에 불과하다(대판 2014.10.15. 2012두22706).
② (○) 기성조건이란 법률행위 당시 이미 성취되어 있는 조건을 말하는데, 기성조건이 정지조건이면 조건없는 법률행위가 된다(민법 제151조 제2항).
③ (○) 조건은 법률행위의 효력의 발생 또는 소멸을 장래의 불확실한 사실의 성부에 의존케 하는 법률행위의 부관으로서 당해 법률행위를 구성하는 의사표시의 일체적인 내용을 이루는 것이므로, 의사표시의 일반원칙에 따라 조건을 붙이고자 하는 의사 즉 조건의사와 그 표시가 필요하며, 조건의사가 있더라도 그것이 외부에 표시되지 않으면 법률행위의 동기에 불과할 뿐이고 그것만으로는 법률행위의 부관으로서의 조건이 되는 것은 아니다(대판 2003.5.13. 2003다10797).
④ (×) 조건을 붙일 수 없는 법률행위에 조건을 붙인 경우에는, 일부무효의 법리에 따라 그 법률행위 전체가 무효가 된다.
⑤ (○) 법률행위에 붙은 부관이 조건인지 기한인지가 명확하지 않은 경우 법률행위의 해석을 통해서 이를 결정해야 한다. 부관에 표시된 사실이 발생하지 않으면 채무를 이행하지 않아도 된다고 보는 것이 합리적인 경우에는 조건으로 보아야 한다. 그러나 부관에 표시된 사실이 발생한 때에는 물론이고 반대로 발생하지 않는 것이 확정된 때에도 채무를 이행하여야 한다고 보는 것이 합리적인 경우에는 표시된 사실의 발생 여부가 확정되는 것을 불확정기한으로 정한 것으로 보아야 한다(대판 2018.6.28. 2018다201702).

답 ④

184

법률행위의 부관에 관한 설명으로 옳지 않은 것은?(다툼이 있으면 판례에 따름) [15 변리]

① 정지조건부 화해계약 당시 이미 그 조건이 성취되었다면, 이는 조건이 없는 화해계약이다.
② 정지조건부 채권양도에서 정지조건이 성취되었다는 사실은 채권양도의 효력을 주장하는 자에게 그 증명책임이 있다.
③ 조건의 성취로 이익을 받게 되는 당사자가 신의성실에 반하여 조건을 성취시킨 경우, 상대방은 그 조건의 불성취를 주장할 수 있다.
④ 기한의 이익은 상대방의 이익을 해하지 않는 한 포기할 수 있으므로, 그 포기의 효과는 소급효를 갖는다.
⑤ 채무자가 담보제공의 의무를 이행하지 않는 경우, 기한의 이익을 주장할 수 없다.

해설

① (O) 기성조건이란 법률행위 당시 이미 성취되어 있는 조건을 말하는데, 기성조건이 정지조건이면 조건없는 법률행위가 된다(민법 제151조 제2항).
② (O) 정지조건부 법률행위에 있어서 조건이 성취되었다는 사실은 이에 의하여 권리를 취득하고자 하는 측에서 그 증명책임이 있다 할 것이므로, 정지조건부 채권양도에 있어서 정지조건이 성취되었다는 사실은 채권양도의 효력을 주장하는 자에게 그 증명책임이 있다(대판 1983.4.12. 81다카692).
③ (O) 조건의 성취로 인하여 이익을 받을 당사자가 신의성실에 반하여 조건을 성취시킨 때에는 상대방은 그 조건이 성취하지 아니한 것으로 주장할 수 있다(민법 제150조 제2항).
④ (×) 기한의 이익은 이를 포기할 수 있다. 그러나 상대방의 이익을 해하지 못한다(민법 제153조 제2항). 다만, 포기는 소급효가 없으므로 장래를 향해서만 효력이 있다.
⑤ (O) 민법 제388조 제2호 참조

기한의 이익의 상실(민법 제388조)
채무자는 다음 각 호의 경우에는 기한의 이익을 주장하지 못한다.
 1. 채무자가 담보를 손상, 감소 또는 멸실하게 한 때
 2. 채무자가 담보제공의 의무를 이행하지 아니한 때

답 ④

185 법률행위의 부관에 관한 설명으로 옳지 않은 것은?(다툼이 있는 경우에는 판례에 의함)

① 조건의 성취로 불이익을 받을 자가 신의성실에 반하여 조건의 성취를 방해한 경우에는 고의에 의한 방해만이 아니라 과실에 의한 경우도 여기에 포함된다.
② 신의성실에 반하여 조건성취를 방해한 경우 조건성취로 의제되는 시기는 그러한 행위가 없었더라면 조건이 성취되었으리라고 추산되는 시점이다.
③ 계약당사자가 정지조건부 기한이익 상실의 특약을 한 경우에는, 그 특약에 정한 기한이익의 상실사유가 발생하면 즉시 이행기가 도래한다.
④ 해제조건부 증여로 인한 부동산소유권이전등기를 마친 경우, 등기된 조건이 성취되기 전에 수증자가 한 처분행위는 조건성취의 효과를 제한하는 한도 내에서 무효이다.
⑤ 조건을 붙이는 것이 허용되지 않는 법률행위에 조건을 붙인 때에는 조건만을 분리하여 무효로 할 수도 있고 그 법률행위 전부를 무효로 할 수도 있다.

해설

① (○) 상대방이 하도급받은 부분에 대한 공사를 완공하여 준공필증을 제출하는 것을 정지조건으로 하여 공사대금채무를 부담하거나 위 채무를 보증한 사람은 위 조건의 성취로 인하여 불이익을 받을 당사자의 지위에 있다고 할 것이므로, 이들이 위 공사에 필요한 시설을 해 주지 않았을 뿐만 아니라 공사장에의 출입을 통제함으로써 위 상대방으로 하여금 나머지 공사를 수행할 수 없게 하였다면, 그것이 고의에 의한 경우만이 아니라 과실에 의한 경우에도 신의성실에 반하여 조건의 성취를 방해한 때에 해당한다고 할 것이므로, 그 상대방은 민법 제150조 제1항의 규정에 의하여 위 공사대금채무자 및 보증인에 대하여 그 조건이 성취된 것으로 주장할 수 있다(대판 1998.12.22. 98다42356).
② (○) 조건의 성취로 인하여 불이익을 받을 당사자가 신의성실에 반하여 조건의 성취를 방해한 경우, 조건이 성취된 것으로 의제되는 시점은 이러한 신의성실에 반하는 행위가 없었더라면 조건이 성취되었으리라고 추산되는 시점이다(대판 1998.12.22. 98다42356).
③ (○) 계약당사자 사이에 일정한 사유가 발생하면 채무자는 기한의 이익을 잃고 채권자의 별도의 의사표시가 없더라도 바로 이행기가 도래한 것과 같은 효과를 발생케 하는 이른바 정지조건부 기한이익 상실의 특약을 한 경우에는 그 특약에 정한 기한이익의 상실사유가 발생함과 동시에 기한의 이익을 상실케 하는 채권자의 의사표시가 없더라도 이행기 도래의 효과가 발생하고, 채무자는 특별한 사정이 없는 한 그때부터 이행지체의 상태에 놓이게 된다(대판 1989.9.29. 88다카14663).
④ (○) 해제조건부 증여로 인한 부동산소유권이전등기를 마쳤다 하더라도 그 해제조건이 성취되면 그 소유권은 증여자에게 복귀한다고 할 것이고, 이 경우 당사자 간에 별단의 의사표시가 없는 한 그 조건성취의 효과는 소급하지 아니하나, 조건성취 전에 수증자가 한 처분행위는 조건성취의 효과를 제한하는 한도 내에서는 무효라고 할 것이고, 다만 그 조건이 등기되어 있지 않는 한 그 처분행위로 인하여 권리를 취득한 제3자에게 위 무효를 대항할 수 없다(대판 1992.5.22. 92다5584).
⑤ (×) 조건을 붙일 수 없는 법률행위에 조건을 붙인 경우에는, 일부무효의 법리에 따라 그 법률행위 전체가 무효가 된다.

답

186 조건과 기한에 관한 설명으로 옳은 것은?(다툼이 있으면 판례에 따름) 노무

① 기한의 이익을 가지고 있는 채무자가 그가 부담하는 담보제공 의무를 이행하지 아니하더라도 그 기한의 이익은 상실되지 않는다.
② 해제조건 있는 법률행위는 조건이 성취한 때로부터 그 효력이 생긴다.
③ 기성조건이 정지조건이면 그 법률행위는 무효로 한다.
④ 기한이익 상실특약은 특별한 사정이 없는 한 정지조건부 기한이익 상실특약으로 본다.
⑤ 기한은 원칙적으로 채무자의 이익을 위한 것으로 추정한다.

해설

① (×) 채무자가 담보제공의 의무를 이행하지 아니한 때에는 기한의 이익을 주장하지 못한다(민법 제388조 제2호).
② (×) 해제조건 있는 법률행위는 조건이 성취한 때로부터 그 효력을 잃는다(민법 제147조 제2항).
③ (×) 조건이 법률행위의 당시 이미 성취한 것인 경우에는 그 조건이 정지조건이면 조건없는 법률행위로 하고 해제조건이면 그 법률행위는 무효로 한다(민법 제151조 제2항).
④ (×) 기한이익 상실의 특약은 그 내용에 의하여 일정한 사유가 발생하면 채권자의 청구 등을 요함이 없이 당연히 기한의 이익이 상실되어 이행기가 도래하는 것으로 하는 정지조건부 기한이익 상실의 특약과 일정한 사유가 발생한 후 채권자의 통지나 청구 등 채권자의 의사행위를 기다려 비로소 이행기가 도래하는 것으로 하는 형성권적 기한이익 상실의 특약의 두 가지로 대별할 수 있고, 기한이익 상실의 특약이 위의 양자 중 어느 것에 해당하느냐는 당사자의 의사해석의 문제이지만 일반적으로 기한이익 상실의 특약이 채권자를 위하여 둔 것인 점에 비추어 명백히 정지조건부 기한이익 상실의 특약이라고 볼만한 특별한 사정이 없는 이상 형성권적 기한이익 상실의 특약으로 추정하는 것이 타당하다(대판 2010.8.26. 2008다42416).
⑤ (○) 민법 제153조 제1항

답 ⑤

187 법률행위의 조건에 관한 설명으로 옳지 않은 것은?(다툼이 있으면 판례에 따름) 18 노무

① 정지조건이 법률행위 당시 이미 성취된 경우에는 그 법률행위는 무효이다.
② 해제조건 있는 법률행위는 조건이 성취한 때로부터 그 효력을 잃는다.
③ 조건의 성취가 미정한 권리의무는 일반규정에 의하여 처분, 상속, 보존 또는 담보로 할 수 있다.
④ 당사자가 합의한 경우에는 조건성취의 효력을 소급시킬 수 있다.
⑤ 정지조건부 법률행위에서 조건성취의 사실은 권리를 취득하는 자가 증명책임을 진다.

해설

① (×) 조건이 법률행위의 당시 이미 성취한 것인 경우에는 그 조건이 정지조건이면 조건 없는 법률행위로 하고 해제조건이면 그 법률행위는 무효로 한다(민법 제151조 제2항).
② (○) 민법 제147조 제2항
③ (○) 민법 제149조
④ (○) 민법 제147조 제3항
⑤ (○) 원고가 피고 교회의 담임 목사직을 자진은퇴하겠다는 의사를 표명한 데 대하여 피고 교회에서 은퇴위로금으로 이 건 부동산을 증여하기로 한 것이라면 이 증여는 원고의 자진사임을 조건으로 한 증여라고 보아야 할 것이므로 원고가 위 증여계약을 원인으로 피고에게 소유권이전등기를 구하려면 적어도 그 후 자진사임함으로써 그 조건이 성취되었음을 증명할 책임이 있다(대판 1984.9.25. 84다카967).

답 ①

188 법률행위의 조건과 기한에 관한 설명으로 옳지 않은 것은?(다툼이 있으면 판례에 따름)

① 조건이 법률행위의 당시 이미 성취한 것인 경우에는 그 조건이 정지조건이면 조건 없는 법률행위이다.
② 조건의 성취 여부가 확정 전인 권리의무는 일반규정에 의하여 처분, 상속, 보존 또는 담보로 할 수 있다.
③ 어느 법률행위에 어떤 조건이 붙어 있었는지 여부는 그 조건의 존재를 주장하는 자가 이를 증명하여야 한다.
④ 당사자의 특약이 없거나 법률행위의 성질상 분명하지 않으면 기한의 이익은 채권자에게 있는 것으로 추정된다.
⑤ 기한의 이익이 상대방에게 있는 경우 당사자 일방은 상대방의 손해를 배상하고 기한의 이익을 포기할 수 있다.

해설

① (○) 민법 제151조 제2항
② (○) 민법 제149조
③ (○) 대판 2011.8.25. 2008다47367
④ (×) 기한은 채무자의 이익을 위한 것으로 추정한다(민법 제153조 제1항).
⑤ (○) 기한의 이익이 상대방의 이익을 위하여도 존재하는 경우에는 상대방의 손해를 배상하고 기한의 이익을 포기할 수 있다(민법 제153조 제2항 단서).

답 ❹

189 조건에 관한 설명으로 옳지 않은 것은?(다툼이 있으면 판례에 따름)

① 정지조건부 권리의 경우, 조건이 미성취인 동안에는 소멸시효가 진행되지 않는다.
② 불법조건이 붙어 있는 법률행위는 그 조건뿐만 아니라 법률행위 전부가 무효로 된다.
③ 조건의 성취가 미정인 조건부 권리도 일반규정에 의하여 담보로 할 수 있다.
④ 기성조건을 해제조건으로 한 법률행위는 무효이다.
⑤ 정지조건부 법률행위는 권리가 성립한 때에 소급하여 그 효력이 생긴다.

해설

① (○) 정지조건부 권리의 경우, 조건의 미성취의 동안에는 권리를 행사할 수 없는 것이어서 소멸시효가 진행되지 아니한다.
② (○) 불법조건이 붙어 있는 법률행위는 그 불법조건뿐만 아니라 법률행위 전부를 무효로 한다(민법 제151조 제1항).
③ (○) 조건의 성취가 미정한 권리의무는 일반규정에 의하여 처분·상속·보존 또는 담보로 할 수 있다(민법 제149조).
④ (○) 민법 제151조 제2항
⑤ (×) 정지조건의 경우, 조건이 성취되면 성취한 때부터 법률행위는 효력이 생긴다(민법 제147조 제1항).

답 ❺

190 민법상 조건에 관한 설명으로 옳지 않은 것은?(다툼이 있으면 판례에 따름)

① 조건을 붙이고자 하는 의사는 법률행위의 내용으로 외부에 표시되어야 하므로 그 의사표시는 묵시적 방법으로는 할 수 없다.
② 조건이 법률행위의 당시 이미 성취한 것인 경우에는 그 조건이 정지조건이면 조건 없는 법률행위이다.
③ 조건의 성취로 인하여 불이익을 받을 당사자가 과실로 신의성실에 반하여 조건의 성취를 방해한 때에는 상대방은 그 조건이 성취한 것으로 주장할 수 있다.
④ 조건의 성취가 미정한 권리의무는 일반규정에 의하여 담보로 할 수 있다.
⑤ 선량한 풍속에 반하는 불법조건이 붙은 법률행위는 무효이다.

해설

① (×) 조건은 법률행위 효력의 발생 또는 소멸을 장래 불확실한 사실의 발생 여부에 따라 좌우되게 하는 법률행위의 부관이고, 법률행위에서 효과의사와 일체적인 내용을 이루는 의사표시 그 자체이다. 조건을 붙이고자 하는 의사는 법률행위의 내용으로 외부에 표시되어야 하고, 조건을 붙이고자 하는 의사가 있는지는 의사표시에 관한 법리에 따라 판단하여야 한다. 조건을 붙이고자 하는 의사의 표시는 그 방법에 관하여 일정한 방식이 요구되지 않으므로 묵시적 의사표시나 묵시적 약정으로도 할 수 있다(대판 2018.6.28. 2016다221368).
② (○) 조건이 법률행위의 당시 이미 성취한 것인 경우에는 그 조건이 정지조건이면 조건없는 법률행위로 하고 해제조건이면 그 법률행위는 무효로 한다(민법 제151조 제2항).
③ (○) 조건의 성취로 인하여 불이익을 받을 당사자가 신의성실에 반하여 조건의 성취를 방해한 때에는 상대방은 그 조건이 성취한 것으로 주장할 수 있다(민법 제150조 제1항).
④ (○) 조건의 성취가 미정한 권리의무는 일반규정에 의하여 처분, 상속, 보존 또는 담보로 할 수 있다(민법 제149조).
⑤ (○) 조건이 선량한 풍속 기타 사회질서에 위반한 것[불법조건(註)]인 때에는 그 법률행위는 무효로 한다(민법 제151조 제1항). 즉, 불법조건만 무효인 것이 아니라 법률행위 전부가 무효가 된다.

 ❶

CHAPTER 06 기 간

제1절 기 간

001 기간에 관한 설명으로 옳지 않은 것은? [25 변리]

① 기간의 계산에 관해 법률행위로 민법과 달리 정할 수 있다.
② 기간을 시, 분, 초로 정한 때는 즉시로부터 기산한다.
③ 기간을 월(月)로 정한 경우, 월의 처음으로부터 기간을 기산하지 아니하는 때는 최후의 월에서 그 기산일에 해당한 날의 24시에 기간이 만료한다.
④ 기간의 말일이 토요일 또는 공휴일에 해당한 때에는 기간은 그 익일로 만료한다.
⑤ 나이는 출생일을 산입하여 만(滿) 나이로 계산하고, 1세에 이르지 아니한 경우에는 월수(月數)로 표시할 수 있다.

해설
① (O) 기간의 계산은 법령, 재판상의 처분 또는 법률행위에 다른 정한 바가 없으면 본장의 규정에 의한다(민법 제155조).
② (O) 기간을 시, 분, 초로 정한 때에는 즉시로부터 기산한다(민법 제156조).
③ (×) 주, 월 또는 연의 처음으로부터 기간을 기산하지 아니하는 때에는 최후의 주, 월 또는 연에서 그 기산일에 해당한 날의 전일로 기간이 만료한다(민법 제160조 제2항).
④ (O) 기간의 말일이 토요일 또는 공휴일에 해당한 때에는 기간은 그 익일로 만료한다(민법 제161조).
⑤ (O) 나이는 출생일을 산입하여 만(滿) 나이로 계산하고, 연수(年數)로 표시한다. 다만, 1세에 이르지 아니한 경우에는 월수(月數)로 표시할 수 있다(민법 제158조).

답 ❸

002 민법상 기간에 관한 설명으로 옳지 않은 것은?(다툼이 있으면 판례에 따름) [25 노무]

① 나이가 1세에 이르지 아니한 경우에는 월수(月數)로 표시할 수 있다.
② 기간을 주(週)로 정한 때에는 역(曆)에 의하여 계산한다.
③ 기간의 말일이 토요일 또는 공휴일에 해당한 때에는 기간은 그 익일로 만료한다.
④ 정년이 60세라 함은 60세에 도달하는 날이 아니라 60세가 만료되는 날을 말한다.
⑤ 사원총회의 선거일이 2025.6.2.인 경우에 '선거일 전 3년간'은 2022.6.2. 00:00부터 2025.6.1. 24:00 사이를 말한다.

해설

① (○) 민법 제158조 단서
② (○) 기간을 주, 월 또는 연으로 정한 때에는 역에 의하여 계산한다(민법 제160조 제1항).
③ (○) 민법 제161조
④ (×) 정년이 60세라 함은 60세가 만료되는 날이 아니라, 만 60세에 도달하는 날을 말한다(대판 1973.6.12. 71다2669 참조).
⑤ (○) 민법이 규정하고 있는 기간의 계산방법은 일정한 기산일로부터 과거에 소급하여 역산되는 기간에도 유추적용되며, 이 경우 초일은 산입하지 않는다(대판 1989.4.11. 87다카2901 참조). 따라서 사원총회의 선거일이 2025.6.2.인 경우 '선거일 전 3년간'의 기산일은 2025.6.1. 24:00이고 만료일은 2022.6.2. 00:00이다. 이에 따라 '선거일 전 3년간'은 2022.6.2. 00:00부터 2025.6.1. 24:00 사이를 말한다.

답 ❹

---

003 민법상 기간의 계산으로 옳지 않은 것은?(다툼이 있으면 판례에 따름) [23 변리]

① 2023년 2월 10일(금요일) 오후 10시 30분부터 12시간이라고 한 경우, 기간의 만료점은 2023년 2월 11일(토요일) 오전 10시 30분이 된다.
② 2004년 1월 17일 오후 2시에 태어난 甲이 성년이 되는 시점은 2023년 1월 17일 24시이다.
③ 2022년 11월 30일 오전 10시부터 3개월이라고 한 경우, 기간의 만료점은 2023년 2월 28일(화요일) 24시이다.
④ 2023년 5월 1일부터 10일간이라고 한 경우, 기간의 만료점은 2023년 5월 10일(수요일) 24시이다.
⑤ 사원총회소집일 1주일 전에 통지를 발송하도록 한 경우, 사원총회소집일이 2023년 3월 10일(금요일) 오후 2시면 소집통지를 늦어도 3월 2일 24시까지 발송하여야 한다.

해설

① (○) 기간을 시, 분, 초로 정한 때에는 즉시로부터 기산하므로(민법 제156조), 기간의 기산점은 2023.2.10. 오후 10시 30분이고, 기간의 만료점은 12시간 후인 2023.2.11. 오전 10시 30분이다.
② (×) 사람은 19세로 성년에 이르게 되는데(민법 제4조), 나이계산에는 출생일을 산입한다(민법 제158조). 이에 따라 甲이 성년이 되는 시점은 2023.1.17. 0시(또는 2023.1.16. 24시)이다.
③ (○) 기간을 일, 주, 월 또는 연으로 정한 때에는 기간의 초일은 산입하지 아니하므로(민법 제157조 본문), 기간의 기산점은 2022.12.1. 오전 0시이고, 주, 월 또는 연의 처음으로부터 기간을 기산하지 아니하는 때에는 최후의 주, 월 또는 연에서 그 기산일에 해당한 날의 전일로 기간이 만료하므로(민법 제160조 제2항), 기간의 만료점은 2023.2.28. 24시이다.
④ (○) 시험 시행일인 2023.2.18. 현 시점에서 2023.5.1.은 민법 제157조 단서의 "기간이 오전 영시로부터 시작하는 때"에 해당하여 기산점 산정 시 초일을 산입해야 한다. 따라서 2023.5.1. 오전 0시부터 10일을 기산하면 기간의 만료점은 2023.5.10. 24시이다.
⑤ (○) 총회의 소집은 1주간 전에 그 회의의 목적사항을 기재한 통지를 발하고 기타 정관에 정한 방법에 의하여야 한다(민법 제71조). 여기서 기간의 역산에 관하여는 민법에 규정이 없어 기간의 순산의 규정을 유추적용한다. 따라서 초일불산입의 원칙은 기간의 역산에도 적용된다. 사원총회 소집일이 2023.3.10. 오후 2시이면 기산점은 2023.3.10. 오전 0시(또는 2023.3.9. 24시)이고, 이로부터 1주간 전까지 발송해야 하므로 2023.3.3. 오전 0시(또는 2023.3.2. 24시)까지 발송해야 한다.

답 ❷

004 1997년 6월 3일(화) 오후 2시에 태어난 사람이 성년이 되는 시기는?

① 2016년 6월 3일(금) 0시
② 2016년 6월 4일(토) 0시
③ 2017년 6월 3일(토) 0시
④ 2017년 6월 4일(일) 0시
⑤ 2017년 6월 6일(화) 0시

해설

연령의 기산점(민법 제158조) 규정은 초일불산입(민법 제157조)의 예외규정으로, 출생일을 산입하여야 한다. 따라서 1997년 6월 3일(화) 오후 2시의 기산일은 그대로 6월 3일이 되고, 만 19세로 성년이 되므로(민법 제4조), 2016년 6월 3일부로 성년이 된다. 즉, 2016년 6월 3일 0시 또는 2016년 6월 2일 24시가 정답이다.

답 ①

005 2021년 5월 8일(토)에 계약기간을 '앞으로 3개월'로 정한 경우, 기산점과 만료점을 바르게 나열한 것은?(단, 기간의 계산방법에 관하여 달리 정함은 없고, 8월 6일은 금요일임)

① 5월 8일, 8월 7일
② 5월 8일, 8월 9일
③ 5월 9일, 8월 8일
④ 5월 9일, 8월 9일
⑤ 5월 10일, 8월 9일

해설

기간을 일·주·월 또는 연으로 정한 때에는 기간의 초일은 산입하지 아니하므로(민법 제157조 본문), 기산점은 5월 9일(일) 오전 0시이고, 기간의 말일이 토요일 또는 공휴일에 해당한 때에는 기간은 그 익일로 만료하므로(민법 제161조), 만료점은 8월 9일(월) 오후 24시이다.

답 ④

006 민법상 기간에 관한 설명으로 옳지 않은 것은?(다툼이 있으면 판례에 따름)

① 기간의 기산점에 관한 제157조의 초일 불산입의 원칙은 당사자의 합의로 달리 정할 수 있다.
② 정관상 사원총회의 소집통지를 1주간 전에 발송하여야 하는 사단법인의 사원총회일이 2023년 6월 2일(금) 10시인 경우, 총회소집통지는 늦어도 2023년 5월 25일 중에는 발송하여야 한다.
③ 2023년 5월 27일(토) 13시부터 9시간의 만료점은 2023년 5월 27일 22시이다.
④ 2023년 5월 21일(일) 14시부터 7일간의 만료점은 2023년 5월 28일 24시이다.
⑤ 2017년 1월 13일(금) 17시에 출생한 사람은 2036년 1월 12일 24시에 성년자가 된다.

해설

① (○) 민법 제157조는 "기간을 일, 주, 월 또는 년으로 정한 때에는 기간의 초일은 산입하지 아니한다"고 규정하여 초일 불산입을 원칙으로 정하고 있으나, 민법 제155조에 의하면 법령이나 법률행위 등에 의하여 위 원칙과 달리 정하는 것도 가능하다(대판 2007.8.23. 2006다62942).
② (○) 사단법인의 사원총회일이 2023년 6월 2일(금) 10시인 경우, 6월 1일(목)이 기산점이 되어(초일 불산입의 원칙, 민법 제157조 본문) 그날부터 역으로 7일을 계산한 날의 말일인 5월 26일(금)의 0시에 만료하기 때문에(민법 제159조), 총회소집통지는 늦어도 2023년 5월 25일(목) 중에는 발송하여야 한다.
③ (○) 기간을 시, 분, 초로 정한 때에는 즉시로부터 기산한다(민법 제156조).
④ (×) 2023년 5월 22일(월)이 기산점이 되고(민법 제157조 본문), 7일의 기간이 만료되는 날은 2023년 5월 28일 24시이다(민법 제159조). 그러나 2023년 5월 28일은 공휴일(일요일)에 해당하므로 그 익일(다음 날)인 2023년 5월 29일 24시로 기간이 만료한다.
⑤ (○) 2017년 1월 13일(금) 17시에 출생한 사람은 1월 13일(금)을 산입(출생일을 산입)하여(민법 제158조) 19년이 되는 2036년 1월 12일 24시(또는 1월 13일 0시)에 성년자가 된다(민법 제159조).

답 ❹

007 민법상 기간에 관한 설명으로 옳지 않은 것은?

① 나이는 출생일을 산입하여 만(滿) 나이로 계산하고, 연수로 표시한다.
② 월의 처음으로부터 기간을 기산하지 아니하는 때에는 최후의 월에서 그 기산일에 해당한 날의 익일로 기간이 만료한다.
③ 기간의 말일이 공휴일에 해당한 때에는 기간은 그 익일로 만료한다.
④ 기간을 분으로 정한 때에는 즉시로부터 기산한다.
⑤ 기간을 월로 정한 때에는 역(曆)에 의하여 계산한다.

해설

① (○) 민법 제158조 본문
② (×) 주, 월 또는 연의 처음으로부터 기간을 기산하지 아니하는 때에는 최후의 주, 월 또는 연에서 그 기산일에 해당한 날의 전일로 기간이 만료한다(민법 제160조 제2항).
③ (○) 기간의 말일이 토요일 또는 공휴일에 해당한 때에는 기간은 그 익일로 만료한다(민법 제161조).
④ (○) 기간을 시, 분, 초로 정한 때에는 즉시로부터 기산한다(민법 제156조).
⑤ (○) 기간을 주, 월 또는 연으로 정한 때에는 역에 의하여 계산한다(민법 제160조 제1항).

답 ❷

008 민법상 기간에 관한 설명으로 옳지 않은 것은?

① 사원총회의 소집통지를 1주간 전에 발송하여야 하므로, 총회일이 3월 15일이라면 늦어도 3월 7일 오후 12시 전까지 소집통지를 발송하여야 한다.
② 기간계산에 관해 당사자의 약정이 있는 때에는 그에 따른다.
③ 과제물을 10월 3일 오후 4시부터 46시간 내에 제출하라고 한 경우, 10월 5일 오후 2시까지 제출하여야 한다.
④ 2012년 1월 31일 오후 3시에 친구로부터 500만원을 무상으로 빌리면서 1개월 후에 갚기로 한 경우, 3월 1일은 공휴일이므로 2012년 3월 2일 오후 12시까지 반환하면 된다.
⑤ 1988년 3월 2일 출생한 사람은 2007년 3월 1일 오후 12시가 지나면 성년이 된다.

해설

① (O) 사원총회의 총회일을 뺀 3월 14일 24시(오후 12시)를 기산점(민법 제157조)으로 하여 1주일 전인 3월 7일 24시(오후 12시)까지 소집통지를 발송하여야 한다.
② (O) 기간의 계산은 법령, 재판상의 처분 또는 법률행위에 다른 정한 바가 없으면 본장의 규정에 의한다(민법 제155조). 따라서 기간계산에 관하여 당사자의 약정이 있는 때에는 그에 따른다.
③ (O) 기간을 시, 분, 초로 정한 때에는 즉시로부터 기산한다(민법 제156조).
④ (×) 기간을 일, 주, 월 또는 연으로 정한 때에는 기간의 초일은 산입하지 아니하고(민법 제157조 본문), 기간 말일의 종료로 기간이 만료한다(민법 제159조). 따라서 2012년 2월 1일부터 기산하여 2012년 2월 말일까지 반환하면 된다.
⑤ (O) 나이의 계산에는 출생일을 산입한다(민법 제158조 본문). 따라서 1988년 3월 2일 출생한 사람은 만 19세가 되는 2007년 3월 1일 오후 12시가 지나면 성년이 된다.

답 ❹

CHAPTER 07 소멸시효

제1절 소멸시효

001 소멸시효와 제척기간에 관한 설명으로 옳은 것은?(다툼이 있으면 판례에 따름) 〔25 노무〕

① 시효의 기산점과 관련하여 사실상 권리의 존재를 알지 못하였다는 것은 법률상 장애 사유에 해당한다.
② 근로계약상 보호의무 위반에 따른 근로자의 손해배상청구권에는 특별한 사정이 없는 한 10년의 민사시효기간이 적용된다.
③ 소멸시효는 법률행위에 의하여 배제할 수 있다.
④ 부동산의 매수인이 그 부동산을 인도받아 계속 점유하는 경우에도 그 소유권이전등기청구권의 소멸시효는 진행한다.
⑤ 법원은 제척기간의 경과 여부를 직권으로 조사할 수 없다.

해설

① (×) 소멸시효는 객관적으로 권리가 발생하여 그 권리를 행사할 수 있는 때로부터 진행하고 그 권리를 행사할 수 없는 동안만은 진행하지 않는바, '권리를 행사할 수 없는'경우라 함은 그 권리행사에 법률상의 장애사유, 예컨대 기간의 미도래나 조건불성취 등이 있는 경우를 말하는 것이고, <u>사실상 권리의 존재나 권리행사 가능성을 알지 못하였고 알지 못함에 과실이 없다고 하여도 이러한 사유는 법률상 장애사유에 해당하지 않는다</u>(대판 2006.4.27. 2006다1381).
② (○) 상법 제64조에서 5년의 상사시효를 정하는 것은 대량, 정형, 신속이라는 상거래 관계 특성상 법률관계를 신속하게 해결할 필요가 있기 때문이다. 사용자가 상인으로서 영업을 위하여 근로자와 체결하는 근로계약이 보조적 상행위에 해당하더라도 사용자가 근로계약에 수반되는 신의칙상의 부수적 의무인 보호의무를 위반하여 근로자에게 손해를 입힘으로써 발생한 근로자의 손해배상청구와 관련된 법률관계는 근로자의 생명, 신체, 건강 침해 등으로 인한 손해의 전보에 관한 것으로서 그 성질상 정형적이고 신속하게 해결할 필요가 있다고 보기 어렵다. 따라서 <u>근로계약상 보호의무 위반에 따른 근로자의 손해배상청구권은 특별한 사정이 없는 한 10년의 민사 소멸시효기간이 적용된다고 봄이 타당하다</u>(대판 2021.8.19. 2018다270876).
③ (×) 소멸시효는 법률행위에 의하여 이를 배제, 연장 또는 가중할 수 없으나, 이를 단축 또는 경감할 수 있다(민법 제184조 제2항).
④ (×) 시효제도는 일정 기간 계속된 사회질서를 유지하고 시간의 경과로 인하여 곤란해지는 증거보전으로부터 구제를 꾀하며 자기 권리를 행사하지 않고 소위 권리 위에 잠자는 자는 법적 보호에서 제외하기 위하여 규정된 제도라고 할 것인바, 부동산에 관하여 인도, 등기 등의 어느 한 쪽에 대하여서라도 권리를 행사하는 자는 전체적으로 보아 그 부동산에 관하여 권리 위에 잠자는 자라고 할 수 없다 할 것이므로, <u>매수인이 목적 부동산을 인도받아 계속 점유하는 경우에는 그 소유권이전등기청구권의 소멸시효가 진행하지 않는다</u>(대판 2010.1.28. 2009다73011).
⑤ (×) <u>매매예약완결권의 제척기간이 도과하였는지 여부는 소위 직권조사 사항으로서 이에 대한 당사자의 주장이 없더라도 법원이 당연히 직권으로 조사하여 재판에 고려하여야 하므로</u>, 상고법원은 매매예약완결권이 제척기간 도과로 인하여 소멸되었다는 주장이 적법한 상고이유서 제출기간 경과 후에 주장되었다 할지라도 이를 판단하여야 한다(대판 2000.10.13. 99다18725).

답 ❷

002 제척기간에 관한 설명으로 옳은 것?(다툼이 있으면 판례에 따름) 〔19 변리〕

① 제척기간이 경과하면 그 기산일에 소급하여 권리소멸의 효과가 발생한다.
② 제척기간은 권리자의 청구나 압류 등이 있으면 중단되고 그때까지 경과된 기간은 산입되지 않는다.
③ 점유보호청구권의 행사기간은 제척기간이기 때문에 점유보호청구권은 재판상·재판 외에서 행사할 수 있다.
④ 제척기간이 지난 후에는 당사자가 책임질 수 없는 사유로 그 기간을 준수하지 못하였더라도 추후에 보완될 수 없다.
⑤ 채권양도의 통지는 그 양도인이 채권이 양도되었다는 사실을 채무자에게 알리는 행위이므로, 채권양도의 통지만으로 제척기간의 준수에 필요한 권리의 재판 외 행사가 이루어졌다고 볼 수 있다.

해설

① (×) 제척기간은 기간의 경과로 장래를 향하여 소멸하므로, 소급효가 인정되지 아니한다.
② (×) 제척기간은 권리관계를 조속히 확정시키기 위한 제도이므로, 중단이 인정되지 아니한다.
③ (×) 점유보호청구권의 제척기간은, 반드시 그 기간 내에 소를 제기하여야 하는 이른바 출소기간으로 해석함이 상당하다(대판 2002.4.26. 2001다8097).
④ (○) 제척기간은 불변기간이 아니어서 그 기간을 지난 후에는 당사자가 책임질 수 없는 사유로 그 기간을 준수하지 못하였더라도 추후에 보완될 수 없다(대결 2003.8.11. 2003스32).
⑤ (×) 채권양도의 통지는 양도인이 채권이 양도되었다는 사실을 채무자에게 알리는 것에 그치는 행위이므로, 그것만으로 제척기간 준수에 필요한 권리의 재판 외 행사에 해당한다고 할 수 없다. 따라서 집합건물인 아파트의 입주자대표회의가 스스로 하자담보추급에 의한 손해배상청구권을 가짐을 전제로 하여 직접 아파트의 분양자를 상대로 손해배상청구소송을 제기하였다가, 소송 계속 중에 정당한 권리자인 구분소유자들에게서 손해배상채권을 양도받고 분양자에게 통지가 마쳐진 후 그에 따라 소를 변경한 경우에는, 채권양도통지에 채권양도의 사실을 알리는 것 외에 이행을 청구하는 뜻이 별도로 덧붙여지거나 그 밖에 구분소유자들이 재판 외에서 권리를 행사하였다는 등 특별한 사정이 없는 한, 위 손해배상청구권은 입주자대표회의가 위와 같이 소를 변경한 시점에 비로소 행사된 것으로 보아야 한다(대판 2012.3.22. 2010다28840[전합]).

답 ❹

003 제척기간과 소멸시효에 관한 설명으로 옳지 않은 것?(다툼이 있으면 판례에 따름) 〔24 노무〕

① 제척기간이 완성된 채권이 그 완성 전에 상계할 수 있었던 것이면 채권자는 이를 자동채권으로 하여 상대방의 채권과 상계할 수 있다.
② 제척기간이 도과하였는지 여부는 법원이 직권으로 조사하여 고려할 수 없고, 당사자의 주장에 따라야 한다.
③ 보증채무의 부종성을 부정하여야 할 특별한 사정이 있는 경우, 보증인은 주채무의 시효소멸을 이유로 보증채무의 시효소멸을 주장할 수 없다.
④ 부작위를 목적으로 하는 채권의 소멸시효는 위반행위를 한 때로부터 진행한다.
⑤ 도급받은 자의 공사에 관한 채권은 3년간 행사하지 아니하면 소멸시효가 완성한다.

해설

① (○) 매도인이나 수급인의 담보책임을 기초로 한 손해배상채권의 제척기간이 지난 경우에도 제척기간이 지나기 전 상대방의 채권과 상계할 수 있었던 경우에는 매수인이나 도급인은 민법 제495조를 유추적용해서 위 손해배상채권을 자동채권으로 해서 상대방의 채권과 상계할 수 있다고 봄이 타당하다(대판 2019.3.14. 2018다255648).

② (×) 매매예약완결권의 제척기간이 도과하였지 여부는 소위 직권조사 사항으로서 이에 대한 당사자의 주장이 없더라도 법원이 당연히 직권으로 조사하여 재판에 고려하여야 하므로, 상고법원은 매매예약완결권이 제척기간 도과로 인하여 소멸되었다는 주장이 적법한 상고이유서 제출기간 경과 후에 주장되었다 할지라도 이를 판단하여야 한다(대판 2000.10.13. 99다18725).

③ (○) 보증채무에 대한 소멸시효가 중단되는 등의 사유로 완성되지 아니하였다고 하더라도 주채무에 대한 소멸시효가 완성된 경우에는 시효완성의 사실로 주채무가 소멸되므로 보증채무의 부종성에 따라 보증채무 역시 당연히 소멸되는 것이 원칙이다. 다만 보증채무의 부종성을 부정하여야 할 특별한 사정이 있는 경우에는 예외적으로 보증인은 주채무의 시효소멸을 이유로 보증채무의 소멸을 주장할 수 없으나, 특별한 사정을 인정하여 보증채무의 본질적인 속성에 해당하는 부종성을 부정하려면 보증인이 주채무의 시효소멸에도 불구하고 보증채무를 이행하겠다는 의사를 표시하거나 채권자와 그러한 내용의 약정을 하였어야 하고, 단지 보증인이 주채무의 시효소멸에 원인을 제공하였다는 것만으로는 보증채무의 부종성을 부정할 수 없다(대판 2018.5.15. 2016다211620).

④ (○) 민법 제166조 제2항

⑤ (○) 민법 제163조 제3호

답 ②

---

004 소멸시효와 제척기간에 관한 설명으로 옳은 것은?(다툼이 있는 경우에는 판례에 의함) 15 노무

① 소멸시효가 완성되면 그 권리는 그때부터 소멸의 효과가 발생한다.
② 당사자가 매매예약 완결권의 행사기간을 정하지 않고 행사할 수 있는 시기만을 정한 경우 완결권은 권리를 행사할 수 있는 때로부터 10년이 경과하면 소멸한다.
③ 취소권은 그 제척기간 내에 소를 제기하는 방법으로 재판상 행사하여야만 하는 것이 아니라, 재판 외에서 취소의 의사표시를 하는 방법으로도 행사할 수 있다.
④ 소멸시효나 제척기간에는 모두 중단이 인정된다.
⑤ 소멸시효의 기간은 법률행위로 단축할 수 없다.

해설

① (×) 소멸시효가 완성되면 그 권리는 기산일에 소급하여 소멸의 효과가 발생한다(민법 제167조).

② (×) 매매예약의 완결권은 일종의 형성권으로서 당사자 사이에 그 행사기간을 약정한 때에는 그 기간 내에, 그러한 약정이 없는 때에는 그 예약이 성립한 때로부터 10년 내에 이를 행사하여야 하고, 그 기간을 지난 때에는 예약 완결권은 제척기간의 경과로 인하여 소멸한다. 제척기간은 권리자로 하여금 당해 권리를 신속하게 행사하도록 함으로써 법률관계를 조속히 확정시키려는 데 그 제도의 취지가 있는 것으로서, 당사자 사이에 매매예약 완결권을 행사할 수 있는 시기를 특별히 약정한 경우에 그 제척기간은 당초 권리의 발생일로부터 10년간의 기간이 경과되면 만료되는 것이지 그 기간을 넘어서 그 약정에 따라 권리를 행사할 수 있는 때로부터 10년이 되는 날까지로 연장된다고 볼 수 없다(대판 1995.11.10. 94다22682).

③ (○) 취소권의 존속기간은 제척기간이라고 보아야 할 것이지만, 그 제척기간 내에 소를 제기하는 방법으로 권리를 재판상 행사하여야만 되는 것은 아니고, 재판 외에서 의사표시를 하는 방법으로도 권리를 행사할 수 있다고 보아야 한다(대판 1993.7.27. 92다52795).

④ (×) 제척기간에 있어서는 소멸시효와 같이 기간의 중단이 있을 수 없다(대판 2003.1.10. 2000다26425).

⑤ (×) 소멸시효는 법률행위에 의하여 이를 배제, 연장 또는 가중할 수 없으나 이를 단축 또는 경감할 수 있다(민법 제184조 제2항).

답 ③

005 소멸시효에 관한 설명으로 옳은 것은?(다툼이 있으면 판례에 따름)

① 부작위채권은 권리의 불행사가 있을 수 없으므로 소멸시효의 대상이 되지 않는다.
② 주채무자가 시효완성의 이익을 포기한 경우 보증인은 주채무의 시효소멸을 원용할 수 없다.
③ "시효의 중단은 당사자 및 그 승계인 간에만 효력이 있다"는 규정(민법 제169조)에서 '승계인'에는 특정승계인이 포함되지 아니한다.
④ 기한을 정하지 않은 채권의 소멸시효의 기산점은 채권이 발생된 때가 아니라 이행청구를 받은 때이다.
⑤ 단기소멸시효에 걸리는 채권이라도 판결에 의하여 확정되면 그 소멸시효기간은 10년이다.

해설

① (×) 부작위채권의 소멸시효는 위반행위를 한 때로부터 진행한다(민법 제166조 제2항).
② (×) 주채무자가 시효로 소멸한 때에는 보증인도 그 시효소멸을 원용할 수 있으며, 주채무자가 시효의 이익을 포기하더라도 보증인에게는 그 효력이 없다(대판 1991.1.29. 89다카1114). 따라서 주채무자의 시효이익 포기에도 불구하고 보증인은 그 시효소멸을 원용할 수 있다.
③ (×) 시효중단의 효력은 당사자 및 그 승계인 간에만 미치는 바, 여기서 당사자라 함은 중단행위에 관여한 당사자를 가리키고 시효의 대상인 권리 또는 청구권의 당사자는 아니며, 승계인이라 함은 '시효중단에 관여한 당사자로부터 중단의 효과를 받는 권리를 그 중단효과 발생 이후에 승계한 자'를 뜻하고, 포괄승계인은 물론 특정승계인도 이에 포함된다(대판 1997.4.25. 96다46484).
④ (×) 기한을 정하지 아니한 채권은 채권성립과 동시에 이행 가능하므로, 원칙적으로 채권성립 당시가 소멸시효의 기산점이 된다.
⑤ (○) 판결에 의하여 확정된 채권은 단기의 소멸시효에 해당한 것이라도 그 소멸시효는 10년으로 한다(민법 제165조 제1항).

답

006 권리행사기간에 관한 설명 중 틀린 것은?(다툼이 있으면 판례에 따름)　02 사시

① 사실상 권리의 존재나 권리행사 가능성을 알지 못하였고 알지 못함에 과실이 없다고 하여도 이러한 사유는 소멸시효의 진행에 영향을 미치지 않는다.
② 과세처분의 취소 또는 무효확인청구의 소는 조세환급을 구하는 부당이득반환청구의 소멸시효 중단사유인 재판상 청구에 해당한다.
③ 면책적 채무인수가 있는 경우 인수채무의 소멸시효기간은 채무인수일로부터 새로이 진행된다.
④ 소장부본의 송달에 의해 환매권 등 형성권을 재판상 행사하는 경우에는 그 소장부본이 그 형성권의 제척기간 내에 상대방에게 송달되어야 한다.
⑤ 환매권 등 형성권의 행사결과 발생하는 소유권이전등기청구권은 그 형성권의 제척기간 내에 행사되어야 한다.

해설

① (○) [1] 민법 제166조 제1항에 의하면 소멸시효는 객관적으로 권리가 발생하고 그 권리를 행사할 수 있는 때로부터 진행하며, 그 권리를 행사할 수 없는 동안에는 진행하지 아니한다. 여기서 '권리를 행사할 수 없다'라고 함은 그 권리행사에 법률상의 장애사유, 예컨대 기간의 미도래나 조건불성취 등이 있는 경우를 말하는 것이고, 사실상 그 권리의 존부나 권리행사의 가능성을 알지 못하였거나 알지 못함에 과실이 없다고 하여도 이러한 사유는 법률상 장애사유에 해당한다고 할 수 없다.
[2] 민법 제686조 제2항에 의하면 수임인은 위임사무를 완료하여야 보수를 청구할 수 있다. 따라서 소송위임계약으로 성공보수를 약정하였을 경우 심급대리의 원칙에 따라 수임한 소송사무가 종료하는 시기인 해당 심급의 판결을 송달받은 때로부터 그 소멸시효기간이 진행되나, 당사자 사이에 보수금의 지급시기에 관한 특약이 있다면 그에 따라 보수채권을 행사할 수 있는 때로부터 소멸시효가 진행한다고 보아야 한다(대판 2023.2.2. 2022다276307).

② (○) 일반적으로 위법한 행정처분의 취소, 변경을 구하는 행정소송은 사권을 행사하는 것으로 볼 수 없으므로 사권에 대한 시효중단사유가 되지 못하는 것이나, 다만 오납한 조세에 대한 부당이득반환청구권을 실현하기 위한 수단이 되는 과세처분의 취소 또는 무효확인을 구하는 소는 그 소송물이 객관적인 조세채무의 존부확인으로서 실질적으로 민사소송인 채무부존재확인의 소와 유사할 뿐 아니라, 과세처분의 유효 여부는 그 과세처분으로 납부한 조세에 대한 환급청구권의 존부와 표리관계에 있어 실질적으로 동일 당사자인 조세부과권자와 납세의무자 사이의 양면적 법률관계라고 볼 수 있으므로, 위와 같은 경우에는 과세처분의 취소 또는 무효확인청구의 소가 비록 행정소송이라고 할지라도 조세환급을 구하는 부당이득반환청구권의 소멸시효중단사유인 재판상 청구에 해당한다고 볼 수 있다(대판 1992.3.31. 91다32053[전합]).

③ (○) [1] 면책적 채무인수라 함은 채무의 동일성을 유지하면서 이를 종래의 채무자로부터 제3자인 인수인에게 이전하는 것을 목적으로 하는 계약으로서, 채무인수로 인하여 인수인은 종래의 채무자와 지위를 교체하여 새로이 당사자로서 채무관계에 들어서서 종래의 채무자와 동일한 채무를 부담하고 동시에 종래의 채무자는 채무관계에서 탈퇴하여 면책되는 것일 뿐이므로, 인수채무가 원래 5년의 상사시효의 적용을 받던 채무라면 그 후 면책적 채무인수에 따라 그 채무자의 지위가 인수인으로 교체되었다고 하더라도 그 소멸시효의 기간은 여전히 5년의 상사시효의 적용을 받는다 할 것이고, 이는 채무인수행위가 상행위나 보조적 상행위에 해당하지 아니한다고 하여 달리 볼 것이 아니다.
[2] 면책적 채무인수가 있는 경우, 인수채무의 소멸시효기간은 채무인수와 동시에 이루어진 소멸시효 중단사유, 즉 채무승인에 따라 채무인수일로부터 새로이 진행된다(대판 1999.7.9. 99다12376).

④ (○) 보험계약의 해지권은 형성권이고, 해지권 행사기간은 제척기간이며, 해지권은 재판상이든 재판외이든 그 기간 내에 행사하면 되는 것이나 해지의 의사표시는 민법의 일반원칙에 따라 보험계약자 또는 그의 대리인에 대한 일방적 의사표시에 의하며, 그 의사표시의 효력은 상대방에게 도달한 때에 발생하므로 해지권자가 해지의 의사표시를 담은 소장 부본을 피고에게 송달함으로써 해지권을 재판상 행사하는 경우에는 그 소장 부본이 피고에게 도달할 때에 비로소 해지권 행사의 효력이 발생한다 할 것이어서, 해지의 의사표시가 담긴 소장 부본이 제척기간 내에 피고에게 송달되어야만 해지권자가 제척기간 내에 적법하게 해지권을 행사하였다고 할 것이고, 그 소장이 제척기간 내에 법원에 접수되었다고 하여 달리 볼 것은 아니다(대판 2000.1.28. 99다50712).

⑤ (×) 환매권의 행사로 발생한 소유권이전등기청구권은 위 기간 제한과는 별도로 환매권을 행사한 때부터 일반채권과 같이 민법 제162조 소정의 10년의 소멸시효 기간이 진행되는 것이지, 위 제척기간 내에 이를 행사하여야 하는 것은 아니다(대판 1991.2.22. 90다13420).

답 ⑤

007 소멸시효에 관한 설명 중 옳지 않은 것은?(다툼이 있으면 판례에 따름)

07 사시

ㄱ. 주채무에 관한 판결이 확정되어 소멸시효가 10년으로 된 경우에는 소송에 참가하지 않은 보증인에 대한 채권의 소멸시효기간은 여전히 종전의 소멸시효기간에 따른다.
ㄴ. 토지매매로 인한 소유권이전등기의무가 이행불능이 된 경우, 손해배상청구권의 소멸시효는 채권자가 채무자로부터 토지를 매수한 때로부터 진행된다.
ㄷ. 시효중단사유인 재판상 청구에는 민사소송뿐만 아니라 공법상의 구제수단인 행정소송도 포함되는 경우가 있다.
ㄹ. 소멸시효가 완성된 경우 그 시효이익을 받으려는 자는 소송상 시효완성의 주장을 하여야 한다.
ㅁ. 시효소멸하는 채권이 그 소멸시효가 완성되기 전 상계할 수 있었던 것이라도 채권자는 이를 자동채권으로 하여 상계를 할 수 없다.

① ㄱ, ㄴ
② ㄴ, ㄷ, ㅁ
③ ㄷ, ㄹ, ㅁ
④ ㄴ, ㅁ
⑤ ㄱ, ㄷ, ㄹ

해설

ㄱ. (○) 채권자와 주채무자 사이의 확정판결에 의하여 주채무가 확정되어 그 소멸시효기간이 10년으로 연장되었다 할지라도 그 보증채무까지 당연히 단기소멸시효의 적용이 배제되어 10년의 소멸시효기간이 적용되는 것은 아니고, 채권자와 연대보증인 사이에 있어서 연대보증채무의 소멸시효기간은 여전히 종전의 소멸시효기간에 따른다(대판 2006.8.24. 2004다26287).

ㄴ. (×) 매매로 인한 부동산소유권이전채무가 이행불능됨으로써 매수인이 매도인에 대하여 갖게 되는 손해배상채권은 그 부동산소유권의 이전채무가 이행불능된 때에 발생하는 것이고 그 계약체결일에 생기는 것은 아니므로 위 손해배상 채권의 소멸시효는 계약체결일 아닌 소유권이전채무가 이행불능된 때부터 진행한다(대판 1990.11.9. 90다카22513).

ㄷ. (○) 일반적으로 위법한 행정처분의 취소, 변경을 구하는 행정소송은 사권을 행사하는 것으로 볼 수 없으므로 사권에 대한 시효중단사유가 되지 못하는 것이나, 다만 오납한 조세에 대한 부당이득반환청구권을 실현하기 위한 수단이 되는 과세처분의 취소 또는 무효확인을 구하는 소는 그 소송물이 객관적인 조세채무의 존부확인으로서 실질적으로 민사소송인 채무부존재확인의 소와 유사할 뿐 아니라, 과세처분의 유효 여부는 그 과세처분으로 납부한 조세에 대한 환급청구권의 존부와 표리관계에 있어 실질적으로 동일 당사자인 조세부과권자와 납세의무자 사이의 양면적 법률관계라고 볼 수 있으므로, 위와 같은 경우에는 과세처분의 취소 또는 무효확인청구의 소가 비록 행정소송이라고 할지라도 조세환급을 구하는 부당이득반환청구권의 소멸시효중단사유인 재판상 청구에 해당한다고 볼 수 있다(대판 1992.3.31. 91다32053[전합]).

ㄹ. (○) 피담보채무가 소멸시효의 완성으로 당연히 소멸하였다고 하더라도 변론주의의 원칙상 그 소멸시효의 이익을 받는 자가 소멸시효 완성의 주장을 하지 않으면 그 의사에 반하여 재판할 수는 없다(대판 2014.1.23. 2013다64793).

ㅁ. (×) 민법 제495조는 "소멸시효가 완성된 채권이 그 완성 전에 상계할 수 있었던 것이면 그 채권자는 상계할 수 있다"라고 규정하고 있다. 이는 당사자 쌍방의 채권이 상계적상에 있었던 경우에 당사자들은 그 채권·채무관계가 이미 정산되어 소멸하였다고 생각하는 것이 일반적이라는 점을 고려하여 당사자들의 신뢰를 보호하기 위한 것이다. 다만 이는 '자동채권의 소멸시효 완성 전에 양 채권이 상계적상에 이르렀을 것'을 요건으로 한다(대판 2021.2.10. 2017다258787).

답 ④

008 소멸시효의 기산점에 관한 설명 중 옳지 않은 것은?(다툼이 있는 경우 판례에 의함) 23 변시

① 甲의 乙에 대한 대여금반환 청구소송에서 乙이 주장하는 소멸시효의 기산일과 본래의 소멸시효 기산일이 다른 경우, 법원은 본래의 소멸시효 기산일을 기준으로 소멸시효를 계산하여야 한다.
② 무권대리인 甲이 대리권을 증명하지 못하고 본인의 추인도 얻지 못한 경우, 그 상대방 乙이 甲에 대해 가지는 계약이행청구권이나 손해배상청구권의 소멸시효는 乙이 위 두 청구권 중 하나를 선택할 수 있을 때부터 진행한다.
③ 부작위를 목적으로 하는 채권의 소멸시효는 위반행위를 한 때로부터 진행한다.
④ 甲이 乙에 대해 상해를 입힌 시점부터 5년이 지난 후에 가해행위 당시 예상할 수 없었던 후유증이 乙에게 발생한 경우, 그 후유증에 대한 손해배상청구권의 소멸시효는 후유증이 판명된 때부터 진행된다.
⑤ 甲이 乙에 대해 부당이득반환채권을 가지는 경우, 甲에게 부당이득반환채권이 발생한 때부터 그 채권의 소멸시효가 진행된다.

해설

① (×) 변론주의의 원칙상 당사자가 주장하지 아니한 주요사실을 사실인정의 자료로 사용할 수 없기 때문에 乙이 주장하는 소멸시효의 기산일과 본래의 소멸시효 기산일이 다른 경우 법원은 乙이 주장하는 기산일을 기준으로 소멸시효를 계산하여야 한다.

> 소멸시효의 기산일은 채무의 소멸이라고 하는 법률효과 발생의 요건에 해당하는 소멸시효 기간 계산의 시발점으로서 소멸시효 항변의 법률요건을 구성하는 구체적인 사실에 해당하므로 이는 변론주의의 적용 대상이고, 따라서 본래의 소멸시효 기산일과 당사자가 주장하는 기산일이 서로 다른 경우에는 변론주의의 원칙상 법원은 당사자가 주장하는 기산일을 기준으로 소멸시효를 계산하여야 하는데, 이는 당사자가 본래의 기산일보다 뒤의 날짜를 기산일로 하여 주장하는 경우는 물론이고 특별한 사정이 없는 한 그 반대의 경우에 있어서도 마찬가지이다(대판 1995.8.25. 94다35886).

② (○) 타인의 대리인으로 계약을 한 자가 그 대리권을 증명하지 못하고 또 본인의 추인을 얻지 못한 때에는 상대방의 선택에 좇아 계약의 이행 또는 손해배상의 책임이 있는 것인바 이 상대방이 가지는 계약이행 또는 손해배상청구권의 소멸시효는 그 선택권을 행사할 수 있는 때로부터 진행한다 할 것이고 또 선택권을 행사할 수 있는 때라고 함은 대리권의 증명 또는 본인의 추인을 얻지 못한 때라고 할 것이다(대판 1965.8.24. 64다1156). 따라서 상대방 乙이 甲에 대해 가지는 계약이행청구권이나 손해배상청구권의 소멸시효는 乙이 두 청구권 중 하나를 선택할 수 있을 때부터 진행한다고 보아야 한다.

③ (○) 부작위를 목적으로 하는 채권의 소멸시효는 위반행위를 한 때로부터 진행한다(민법 제166조 제2항).

④ (○) 판례의 취지를 고려할 때 甲이 乙에 대해 상해를 입힌 시점부터 5년이 지난 후에 가해행위 당시 예상할 수 없었던 후유증이 乙에게 발생한 경우, 그러한 사유가 판명된 때에 새로이 발생하거나 확대된 손해를 알았다고 보아야 하므로 그 후유증에 대한 손해배상청구권의 소멸시효는 후유증이 판명된 때부터 진행된다.

> 불법행위로 인한 손해배상청구권은 민법 제766조 제1항에 따라 피해자나 그 법정대리인이 그 손해와 가해자를 안 날부터 3년간 행사하지 않으면 소멸시효가 완성한다. 여기에서 손해를 안다는 것은 현실로 손해가 발생한 것을 안 경우뿐만 아니라 손해발생을 예견할 수 있을 때를 포함한다. 이때 그 손해의 정도나 액수를 구체적으로 알아야 하는 것은 아니므로, 일반적으로 상해의 피해자는 상해를 입었을 때 그 손해를 알았다고 보아야 할 것이지만, 그 후 후유증 등으로 불법행위 당시에는 전혀 예견할 수 없었던 새로운 손해가 발생하였다거나 예상외로 손해가 확대된 경우에는 그러한 사유가 판명된 때에 새로이 발생하거나 확대된 손해를 알았다고 보아야 한다. 이와 같이 새로이 발생하거나 확대된 손해 부분에 대해서는 그러한 사유가 판명된 때부터 민법 제766조 제1항에서 정한 소멸시효기간이 진행된다(대판 2021.7.29. 2016다11257).

⑤ (○) 부당이득반환청구권은 법률상 원인 없이 타인의 재산 또는 노무로 인하여 이익을 얻고 이로 인하여 타인에게 손해를 가한 경우에 성립하며, 그 성립과 동시에 권리를 행사할 수 있으므로(대판 2017.7.18. 2017다9039), 청구권이 성립한 때, 즉 甲에게 부당이득반환채권이 발생한 때부터 그 채권의 소멸시효가 진행된다.

답 ❶

009

가구상 甲이 乙에게 고가의 가구를 외상으로 판매한 후 乙을 상대로 외상대금의 지급을 청구하는 소를 제기하였다. 다음 설명 중 옳지 않은 것은?(각 지문은 독립적이고, 다툼이 있는 경우에는 판례에 의함)

12 변시

① 외상대금채권의 소멸시효가 완성되었더라도, 법원은 乙의 원용이 없는 한 직권으로 외상대금채권의 소멸시효가 완성되었다고 인정할 수 없다.
② 위 소송에서 乙이 외상대금채권의 변제기를 2006.4.2.이라고 주장한 경우, 증거조사결과 변제기가 2005.4.2.인 사실이 인정되더라도, 법원은 2005.4.2.을 소멸시효의 기산일로 삼아 소멸시효 완성 여부를 판단할 수 없다.
③ 위 소송에서 乙이 외상대금채권의 변제기를 2006.4.2.이라고 주장한 경우, 증거조사결과 변제기가 2007.4.2.인 사실이 인정된다면, 법원은 2007.4.2.을 소멸시효의 기산일로 삼아 소멸시효 완성 여부를 판단할 수 있다.
④ 외상대금채권의 변제기가 2005.4.2.인데, 甲이 2008.3.27. 乙에게 외상대금을 지급하라고 최고하였으나, 2008.4.14. 乙로부터 그 이행의무의 존부에 관하여 조사할 것이 있으니 기다려달라는 답변을 받고 다시 2008.4.20. 乙로부터 그 이행을 거절한다는 통지를 받은 후 2008.10.15. 위 소를 제기하였다면, 위 최고시에 외상대금채권의 소멸시효는 중단된다.
⑤ 위 소송에서 甲과 乙이 외상대금채권의 소멸시효기간을 상법이 정한 5년이라고 주장하였더라도, 법원은 그 소멸시효기간을 민법이 정한 3년으로 판단할 수 있다.

해설

① (○) 외상대금채권의 소멸시효가 완성되었더라도, 변론주의의 원칙상 乙이 권리멸각규정의 요건사실에 해당하는 소멸시효 완성사실을 주장하지 아니하면 법원은 직권으로 외상대금채권의 소멸시효가 완성되었다고 인정할 수 없다.
② (○), ③ (×) 변론주의의 원칙상 당사자가 주장하지 아니한 주요사실을 사실인정의 자료로 사용할 수 없기 때문에 乙이 주장하는 소멸시효의 기산일과 본래의 소멸시효 기산일이 다른 경우 법원은 乙이 주장하는 2006.4.2.를 소멸시효의 기산일로 삼아 소멸시효 완성 여부를 판단하여야 한다. 이는 특별한 사정이 없는 한 乙이 주장하는 2006.4.2.이 본래의 기산일보다 전의 날짜라고 하더라도 마찬가지라는 것이 판례이다.

> 소멸시효의 기산일은 채무의 소멸이라고 하는 법률효과 발생의 요건에 해당하는 소멸시효 기간 계산의 시발점으로서 소멸시효 항변의 법률요건을 구성하는 구체적인 사실에 해당하므로 이는 변론주의의 적용 대상이고, 따라서 본래의 소멸시효 기산일과 당사자가 주장하는 기산일이 서로 다른 경우에는 변론주의의 원칙상 법원은 당사자가 주장하는 기산일을 기준으로 소멸시효를 계산하여야 하는데, 이는 당사자가 본래의 기산일보다 뒤의 날짜를 기산일로 하여 주장하는 경우는 물론이고 특별한 사정이 없는 한 그 반대의 경우에 있어서도 마찬가지이다(대판 1995.8.25. 94다35886).

④ (○) 판례의 취지를 고려할 때 甲이 乙에게 외상대금을 지급하라고 최고한 2008.3.27.부터 6개월 이내에 재판상 청구를 하지 아니하면 시효중단의 효력이 없으나, 乙로부터 그 이행의무의 존부에 관하여 조사할 것이 있으니 기다려달라는 답변을 받은 경우, 6월의 기산점은 乙로부터 그 이행을 거절한다는 통지를 받은 2008.4.20. 부터 기산되므로 그로부터 6월 내인 2008.10.15. 위 소를 제기하였다면, 최고시에 외상대금채권의 소멸시효는 중단된다(민법 제174조).

> 민법 제174조에서 정한 시효중단 사유로서의 최고는 채무이행을 최고받은 채무자가 그 이행의무의 존부 등에 대하여 조사를 해 볼 필요가 있다는 이유로 채권자에 대하여 그 이행의 유예를 구한 경우에는 채권자가 그 회답을 받을 때까지 그 효력이 계속된다고 보아야 하므로, 같은 조에서 정한 6월의 기간은 채권자가 채무자로부터 회답을 받은 때로부터 기산된다. 그러나 채무이행을 최고받은 채무자가 채권자에 대하여 그 이행의 유예를 구한 경우가 아니라면 특별한 사정이 없는 한 위 6월의 기간은 최고가 있은 때로부터 기산되는 것이라고 보아야 하고, 이때 채무자가 채권자에 대하여 그 이행의 유예를 구하였는지에 관한 증명책임은 시효중단의 효력을 주장하는 채권자에게 있다(대판 2022.1.27. 2021다271947).

⑤ (○) 어떤 권리의 소멸시효기간이 얼마나 되는지에 관한 주장은 단순한 법률상의 주장에 불과하여 변론주의의 적용대상이 되지 않아 법원이 직권으로 판단할 수 있으므로(대판 2023.12.14. 2023다248903), 위 소송에서 甲과 乙이 외상대금채권의 소멸시효기간을 상법이 정한 5년이라고 주장하였더라도, 법원은 그 소멸시효기간을 민법이 정한 3년으로 판단할 수 있다.

답 ❸

010 소멸시효에 관한 설명 중 옳지 않은 것은?(다툼이 있는 경우 판례에 의함) 〔15 변시〕

① 부동산 매수인이 매도인으로부터 부동산을 인도받아 사용·수익하다가 이를 타인에게 처분하고 그 점유를 승계하여 준 경우에도 위 부동산 매수인의 매도인에 대한 소유권이전등기청구권에 관한 소멸시효는 진행되지 않는다.
② 채권양도의 대항요건이 구비되지 않은 상태에서 양수인이 채무자를 상대로 재판상 청구를 한 경우, 소멸시효는 중단된다.
③ 수급인인 건설회사의 도급인에 대한 공사대금채권은 상거래에 관한 것으로 5년의 단기소멸시효에 걸린다.
④ 사해행위취소소송에서 수익자는 취소채권자의 피보전채권에 대하여 시효소멸을 주장할 수 있다.
⑤ 확정기한부 채권은 반대채권과 동시이행관계에 있는 경우에도 그 기한이 도래한 때부터 소멸시효가 진행된다.

해설

① (○) 부동산의 매수인이 매매목적물을 인도 받아 사용·수익하고 있는 경우 매수인의 이전등기청구권은 소멸시효에 걸리지 아니하나, 매수인이 그 목적물의 점유를 상실하여 더 이상 사용·수익하고 있는 상태가 아니라면 점유상실 시부터 매수인의 이전등기청구권에 관한 소멸시효가 진행함이 원칙이다. 다만, 부동산의 매수인이 그 부동산을 인도받아 사용·수익하다가 이에 대한 보다 적극적인 권리 행사의 일환으로 다른 사람에게 그 부동산을 처분하고 점유를 승계하여 준 경우에는 그 이전등기청구권의 행사 여부에 관하여 그 부동산을 자신이 계속 사용·수익하고 있는 경우와 특별히 다르지 않으므로 이전등기청구권의 소멸시효는 진행되지 않는다고 보아야 한다(대판 2023.9.21. 2023다249876).
② (○) 채권양도로 채권은 그 동일성을 잃지 않고 양도인으로부터 양수인에게 이전되며 이러한 법리는 채권양도의 대항요건을 갖추지 못하였다고 하더라도 마찬가지인 점, 민법 제149조의 "조건의 성취가 미정한 권리의무는 일반규정에 의하여 처분, 상속, 보존 또는 담보로 할 수 있다"라는 규정은 대항요건을 갖추지 못하여 채무자에게 대항하지 못하더라도 채권양도로 채권을 이전받은 양수인의 경우에도 그대로 준용될 수 있는 점, 채무자를 상대로 재판상 청구를 한 채권 양수인을 '권리 위에 잠자는 자'라고 할 수 없는 점 등에 비추어 보면, 비록 대항요건을 갖추지 못하여 채무자에게 대항하지 못한다고 하더라도 채권의 양수인이 채무자를 상대로 재판상 청구를 하였다면 이는 소멸시효 중단사유인 재판상 청구에 해당한다고 보아야 한다(대판 2020.4.29. 2018다267689).
③ (×) 민법 제163조 제3호에서 3년의 단기소멸시효에 걸리는 것으로 규정한 '도급받은 자의 공사에 관한 채권'은 수급인이 도급인에 대하여 갖는 공사에 관한 채권을 말한다(대판 2016.8.29. 2015다5811).

④ (○) 소멸시효를 원용할 수 있는 사람은 권리의 소멸에 의하여 직접 이익을 받는 자에 한정되는바, 사해행위취소소송의 상대방이 된 사해행위의 수익자는, 사해행위가 취소되면 사해행위에 의하여 얻은 이익을 상실하고 사해행위취소권을 행사하는 채권자의 채권이 소멸하면 그와 같은 이익의 상실을 면하는 지위에 있어, 그 채권의 소멸에 의하여 직접 이익을 받는 자에 해당하므로(대판 2007.11.29. 2007다54849), 수익자는 취소채권자의 피보전채권에 대하여 시효소멸을 주장할 수 있다.

⑤ (○) 판례의 취지를 고려할 때 확정기한부 채권은 반대채권과 동시이행관계에 있더라도 그 기한이 도래한 때부터 소멸시효가 진행된다고 보아야 한다.

> 부동산에 대한 매매대금채권이 소유권이전등기청구권과 동시이행의 관계에 있다고 할지라도 매도인은 매매대금의 지급기일 이후 언제라도 그 대금의 지급을 청구할 수 있는 것이며, 다만 매수인은 매도인으로부터 그 이전등기에 관한 이행의 제공을 받기까지 그 지급을 거절할 수 있는 데 지나지 아니하므로 매매대금청구권은 그 지급기일 이후 시효의 진행에 걸린다(대판 1991.3.22. 90다9797).

답 ❸

011 소멸시효에 관한 설명 중 옳지 않은 것은?(다툼이 있는 경우 판례에 의함) 19 변시

① 채무자가 소멸시효 완성 후 시효를 원용하지 아니할 것 같은 태도를 보여 권리자로 하여금 이를 신뢰하게 하였고 그 후 채권자가 권리행사를 기대할 수 있는 상당한 기간 내에 권리를 행사한 경우, 채무자가 소멸시효의 완성을 주장하는 것은 허용되지 않는다.
② 체납처분에 의한 채권압류로 인하여 압류채권자의 채무자에 대한 채권의 시효가 중단되었으나 그 후 피압류채권이 기본계약관계의 해지·실효 또는 소멸시효의 완성 등으로 소멸하여 압류 자체가 실효된 경우, 시효중단 사유는 종료되고 그때부터 시효가 새로이 진행한다.
③ 보증채무의 부종성을 부정하여야 할 특별한 사정이 있는 경우, 보증인은 주채무의 시효소멸을 이유로 보증채무의 시효소멸을 주장할 수 없다.
④ 시효완성 후 소멸시효 중단사유에 해당하는 채무승인 행위가 있었더라도 그것만으로는 곧바로 소멸시효 이익의 포기라는 의사표시가 있었다고 단정할 수 없다.
⑤ 법률의 규정에 따른 적법한 가압류가 있었으나 제소기간의 도과로 인하여 가압류가 취소된 경우에는 소멸시효 중단의 효력이 없다.

해설

① (○) 소멸시효를 이유로 한 항변권의 행사도 민법의 대원칙인 신의성실의 원칙과 권리남용금지의 원칙의 지배를 받는 것이어서 채무자가 소멸시효 완성 후 시효를 원용하지 아니할 것 같은 태도를 보여 권리자로 하여금 이를 신뢰하게 하였고, 권리자가 그로부터 권리행사를 기대할 수 있는 상당한 기간 내에 자신의 권리를 행사하였다면, 채무자가 소멸시효 완성을 주장하는 것은 신의성실 원칙에 반하는 권리남용으로 허용될 수 없다(대판 2013.5.16. 2012다202819[전합]).

② (○) 체납처분에 의한 채권압류로 인하여 채권자의 채무자에 대한 채권의 시효가 중단된 경우에 압류에 의한 체납처분 절차가 채권추심 등으로 종료된 때뿐만 아니라, 피압류채권이 기본계약관계의 해지·실효 또는 소멸시효 완성 등으로 인하여 소멸함으로써 압류의 대상이 존재하지 않게 되어 압류 자체가 실효된 경우에도 체납처분 절차는 더 이상 진행될 수 없으므로 시효중단사유가 종료한 것으로 보아야 하고, 그때부터 시효가 새로이 진행한다(대판 2017.4.28. 2016다239840).

③ (○) 보증채무에 대한 소멸시효가 중단되는 등의 사유로 완성되지 아니하였다고 하더라도 주채무에 대한 소멸시효가 완성된 경우에는 시효완성의 사실로 주채무가 소멸되므로 보증채무의 부종성에 따라 보증채무 역시 당연히 소멸되는 것이 원칙이다. 다만 보증채무의 부종성을 부정하여야 할 특별한 사정이 있는 경우에는 예외적으로 보증인은 주채무의 시효소멸을 이유로 보증채무의 소멸을 주장할 수 없으나, 특별한 사정을 인정하여 보증채무의 본질적인 속성에 해당하는 부종성을 부정하려면 보증인이 주채무의 시효소멸에도 불구하고 보증채무를 이행하겠다는 의사를 표시하거나 채권자와 그러한 내용의 약정을 하였어야 하고, 단지 보증인이 주채무의 시효소멸에 원인을 제공하였다는 것만으로는 보증채무의 부종성을 부정할 수 없다(대판 2018.5.15. 2016다211620).

④ (○) 시효이익 포기는 단순히 채무에 관한 인식을 표시하는 것을 넘어, 자신에게 법적으로 보장된 시효이익의 포기라는 법적 효과를 의욕하는 효과의사의 표시가 있어야 한다는 점에서 채무승인과 뚜렷하게 구별된다. 이러한 효과의사는 채무자에게 불리한 법적 결과를 채무자의 자기결정에 따라 정당화하는 시효이익 포기의 핵심적인 요소이다. 이는 채무승인 행위에는 요구되지 않는 요소이므로, 시효완성 후 소멸시효 중단사유에 해당하는 채무승인 행위가 있었더라도 그것만으로는 곧바로 소멸시효 이익의 포기라는 의사표시가 있었다고 단정할 수 없다(대판 2025.7.24. 2023다240299[전합]).

⑤ (×) 민법 제175조는 가압류가 '권리자의 청구에 의하여 또는 법률의 규정에 따르지 아니함으로 인하여 취소된 때에는 소멸시효 중단의 효력이 없다'고 규정하고 있고, 이는 그러한 사유가 가압류 채권자에게 권리행사의 의사가 없음을 객관적으로 표명하는 행위이거나 또는 처음부터 적법한 권리행사가 있었다고 볼 수 없는 사유에 해당한다고 보기 때문이므로, 법률의 규정에 따른 적법한 가압류가 있었으나 제소기간의 도과로 인하여 가압류가 취소된 경우에는 위 법조가 정한 소멸시효 중단의 효력이 없는 경우에 해당한다고 볼 수 없다(대판 2011.1.13. 2010다88019).

답 ❺

012 소멸시효에 관한 설명으로 옳지 않은 것은?(다툼이 있으면 판례에 따름)   21 노무

① 공유관계가 존속하는 한 공유물분할청구권은 소멸시효에 걸리지 않는다.
② 소멸시효는 그 기산일에 소급하여 효력이 생긴다.
③ 정지조건부 채권의 소멸시효는 조건성취 시부터 진행된다.
④ 시효중단의 효력 있는 승인에는 상대방의 권리에 관한 처분의 능력이나 권한 있음을 요하지 아니한다.
⑤ 천재지변으로 인하여 소멸시효를 중단할 수 없을 경우, 그 사유가 종료한 때로부터 6월 내에는 시효가 완성되지 아니한다.

해설

① (○) 공유물분할청구권은 공유관계에서 수반되는 형성권이므로 공유관계가 존속하는 한 그 분할청구권만이 독립하여 시효소멸될 수 없다(대판 1981.3.24. 80다1888).
② (○) 민법 제167조
③ (○) 소멸시효는 권리를 행사할 수 있는 때로부터 진행하고, 여기서 권리를 행사할 수 있는 때라 함은 권리행사에 법률상의 장애가 없는 때를 말하므로, 정지조건부 권리에 있어서 조건미성취의 동안은 권리를 행사할 수 없어 소멸시효가 진행되지 아니한다(대판 2009.12.24. 2007다64556).
④ (○) 민법 제177조
⑤ (×) 천재 기타 사변으로 인하여 소멸시효를 중단할 수 없을 때에는 그 사유가 종료한 때로부터 1월 내에는 시효가 완성하지 아니한다(민법 제182조).

답 ❺

013 소멸시효에 관한 설명으로 옳지 않은 것은?(다툼이 있으면 판례에 따름)

① 음식료 채권의 시효기간은 1년이다.
② 소멸시효의 이익은 시효가 완성한 뒤에는 포기할 수 있다.
③ 가처분은 소멸시효 정지사유 중의 하나이다.
④ 가압류에 의한 시효중단의 효력은 가압류의 집행보전의 효력이 존속하는 동안 계속된다.
⑤ 동시이행항변권이 붙은 매매대금채권은 그 지급기일 이후부터 소멸시효가 진행한다.

해설

① (○) 민법 제164조 제1호

> **1년의 단기소멸시효(민법 제164조)**
> 다음 각 호의 채권은 1년간 행사하지 아니하면 소멸시효가 완성한다.
> 1. 여관, 음식점, 대석, 오락장의 숙박료, 음식료, 대석료, 입장료, 소비물의 대가 및 체당금의 채권
> 2. 의복, 침구, 장구 기타 동산의 사용료의 채권
> 3. 노역인, 연예인의 임금 및 그에 공급한 물건의 대금채권
> 4. 학생 및 수업자의 교육, 의식 및 유숙에 관한 교주, 숙주, 교사의 채권

② (○) 민법 제184조 제1항의 반대해석상 소멸시효가 완성된 후에 시효이익을 포기하는 것은 유효하다.
③ (×) 가처분은 소멸시효 중단사유에 해당한다(민법 제168조 제2호).
④ (○) 대판 2013.11.14. 2013다18622
⑤ (○) 부동산에 대한 매매대금채권이 소유권이전등기청구권과 동시이행의 관계에 있다고 할지라도 매도인은 매매대금의 지급기일 이후 언제라도 그 대금의 지급을 청구할 수 있는 것이며, 다만 매수인은 매도인으로부터 그 이전등기에 관한 이행의 제공을 받기까지 그 지급을 거절할 수 있는 데 지나지 아니하므로 매매대금청구권은 그 지급기일 이후 시효의 진행에 걸린다(대판 1991.3.22. 90다9797).

답 ❸

014 소멸시효기간의 기산점에 관한 설명으로 옳은 것은?

① 불확정기한부 권리는 채권자가 기한도래사실을 안 때부터 소멸시효가 진행한다.
② 동시이행항변권이 붙은 채권은 이행기가 도래하더라도 소멸시효가 진행하지 않는다.
③ 이행불능으로 인한 손해배상청구권은 이행불능이 된 때로부터 소멸시효가 진행한다.
④ 선택채권은 선택권을 행사한 때로부터 소멸시효가 진행한다.
⑤ 부작위를 목적으로 하는 채권은 성립시부터 소멸시효가 진행한다.

해설

① (×) 변제기가 불확정기한인 때에는 그 기한이 객관적으로 도래한 때부터 소멸시효가 진행한다.
② (×) 매매대금채권이 비록 소유권이전등기청구권과 동시이행의 관계에 있다 할지라도 매도인은 매매대금의 지급기일 이후 언제라도 그 대금의 지급을 청구할 수 있는 것이며, 다만 매수인은 매도인으로부터 그 이전등기에 관한 이행의 제공을 받기까지 그 지급을 거절할 수 있는 데 지나지 아니하므로 매매대금청구권은 그 지급기일 이후 시효의 진행에 걸린다고 할 것이다(대판 1991.3.22. 90다9797).

③ (○) 대판 2002.12.27. 2000다47361
④ (×) 선택채권의 소멸시효는 그 선택권을 행사할 수 있는 때로부터 진행한다(대판 2000.5.12. 98다23195).
⑤ (×) 부작위를 목적으로 하는 채권은 위반행위를 한 때부터 소멸시효가 진행한다(민법 제166조 제2항).

권리의 유형	이행지체의 시기	소멸시효의 기산점
확정기한부 채권	기한의 도래시 (기한이 도래한 다음 날부터)	기한의 도래시
불확정기한부 채권	채무자가 그 기한이 도래함을 안 때	기한이 객관적으로 도래한 때
기한을 정하지 아니한 채권	채무자가 이행청구를 받은 때부터 (최고가 도달한 다음 날부터)	채권성립(발생)시

답 ❸

015 소멸시효에 관한 설명으로 옳지 않은 것은?(다툼이 있으면 판례에 따름) 25 변리

① 파산절차참가는 채권자가 이를 취소하거나 그 청구가 각하된 때에는 시효중단의 효력이 없다.
② 변리사의 직무에 관한 채권은 10년의 소멸시효가 적용된다.
③ 도급공사 중 발생한 홍수피해의 복구공사로 도급인에 대해 가지는 수급인의 복구공사비채권은 공사도급계약에 부수되는 채권으로 3년의 단기소멸시효에 걸린다.
④ 재산을 관리하는 후견인에 대한 제한능력자의 권리는 그가 능력자가 되거나 후임 법정대리인이 취임한 때부터 6개월 내에는 소멸시효가 완성되지 아니한다.
⑤ 대여금채권을 담보하기 위한 근저당권설정등기청구권은 그 피담보채권인 대여금채권과 별개의 권리로 시효기간이 독자적으로 진행된다.

해설

① (○) 파산절차참가는 채권자가 이를 취소하거나 그 청구가 각하된 때에는 시효중단의 효력이 없다(민법 제171조).
② (×) 변호사, 변리사, 공증인, 공인회계사 및 법무사의 직무에 관한 채권은 3년간 행사하지 아니하면 소멸시효가 완성한다(민법 제163조 제5호).
③ (○) 도급받은 자, 기사 기타 공사의 설계 또는 감독에 종사하는 자의 공사에 관한 채권은 3년간 행사하지 아니하면 소멸시효가 완성한다(민법 제163조).
④ (○) 소멸시효의 기간만료 전 6개월 내에 제한능력자에게 법정대리인이 없는 경우에는 그가 능력자가 되거나 법정대리인이 취임한 때부터 6개월 내에는 시효가 완성되지 아니한다(민법 제179조).
⑤ (○) 저당권설정 약정에 의한 근저당권설정등기청구권이 그 피담보채권이 될 채권과 별개로 소멸시효에 걸린다(대판 2004.2.13. 2002다7213).

답 ❷

016 소멸시효에 관한 설명으로 옳지 않은 것을 모두 고른 것은?(다툼이 있으면 판례에 따름)

ㄱ. 보험금청구권의 소멸시효는 보험계약자가 보험회사에 보험금을 청구한 때로부터 진행한다.
ㄴ. 동일한 채권자에게 다수의 채무를 부담하는 채무자가 변제 충당을 지정하지 않고 일부 금원을 변제한 경우, 특별한 사정이 없는 한 그 변제는 모든 채무에 대한 승인으로서 소멸시효를 중단하는 효력이 있다.
ㄷ. 중첩적 채무인수에 의하여 인수인이 부담하는 채무에 대해서는 기존채무와 동일한 소멸시효기간이 적용된다.
ㄹ. 보험계약자가 보험금을 부정 취득할 목적으로 다수의 보험계약을 체결한 것이 민법 제103조(반사회질서의 법률행위)에 의해 무효로 된 경우, 보험자가 지급한 보험금에 대한 부당이득반환청구권은 10년의 민사 소멸시효기간이 적용된다.

① ㄱ, ㄷ
② ㄱ, ㄹ
③ ㄴ, ㄷ
④ ㄴ, ㄹ
⑤ ㄱ, ㄷ, ㄹ

해설

ㄱ. (×) 보험금청구권의 소멸시효는 특별한 다른 사정이 없는 한 원칙적으로 보험사고가 발생한 때부터 진행한다. 그렇지만 보험사고가 발생한 것인지 여부가 객관적으로 분명하지 아니하여 보험금청구권자가 과실 없이 보험사고의 발생을 알 수 없었던 경우에도 보험사고가 발생한 때부터 보험금청구권의 소멸시효가 진행한다고 해석하는 것은, 보험금청구권자에게 너무 가혹하여 사회정의와 형평의 이념에 반하고 소멸시효 제도의 존재이유에도 부합하지 않으므로, 이와 같이 객관적으로 보아 보험사고가 발생한 사실을 확인할 수 없는 사정이 있는 경우에는 보험금청구권자가 보험사고의 발생을 알았거나 알 수 있었던 때부터 보험금청구권의 소멸시효가 진행한다(대판 2021.2.4. 2017다281367).

ㄴ. (○) 동일한 채권자와 채무자 사이에 다수의 채권이 존재하는 경우 채무자가 변제를 충당하여야 할 채무를 지정하지 않고 모든 채무를 변제하기에 부족한 금액을 변제한 때에는 특별한 사정이 없는 한 그 변제는 모든 채무에 대한 승인으로서 소멸시효를 중단하는 효력을 가진다. 채무자는 자신이 계약당사자로 있는 다수의 계약에 기초를 둔 채무들이 존재한다는 사실을 인식하고 있는 것이 통상적이므로, 변제 시에 충당할 채무를 지정하지 않고 변제를 하였으면 특별한 사정이 없는 한 다수의 채무 전부에 대하여 그 존재를 알고 있다는 것을 표시했다고 볼 수 있기 때문이다(대판 2021.9.30. 2021다239745).

ㄷ. (○) 중첩적 채무인수라 함은 제3자인 인수인이 종래의 채무자와 함께 동일한 내용의 채무를 부담하는 것을 목적으로 하는 계약으로서, 중첩적 채무인수로 인하여 인수인은 새로이 당사자로서 기존의 채무관계에 들어가 기존채무와 동일한 내용의 채무를 부담하게 된다. 이와 같이 중첩적 채무인수에 의하여 인수되는 채무는 기존채무와 내용이 동일하고 인수행위로 인하여 그 채무의 성질 등이 변하는 것은 아니므로, 인수인이 부담하는 인수채무에 대해서는 기존채무와 동일한 소멸시효기간이 적용된다(대판 2021.9.30. 2019다209345).

ㄹ. (×) 보험계약자가 다수의 계약을 통하여 보험금을 부정 취득할 목적으로 보험계약을 체결하여 그것이 민법 제103조에 따라 선량한 풍속 기타 사회질서에 반하여 무효인 경우 보험자의 보험금에 대한 부당이득반환청구권은 상법 제64조를 유추적용하여 5년의 상사 소멸시효기간이 적용된다고 봄이 타당하다(대판 2021.7.22. 2019다277812[전합]).

답 ❷

017

소멸시효에 관한 설명으로 옳지 않은 것은?(다툼이 있으면 판례에 따름)   22 변리

① 부동산의 매수인이 목적 부동산을 인도받아 계속 점유하는 경우, 그 매매로 인한 매수인의 소유권이전등기청구권의 소멸시효는 진행하지 않는다.
② 신축 중인 건물에 관한 소유권이전등기청구권의 소멸시효는 그 건물이 완공되지 아니한 동안에는 진행하지 않는다.
③ 부작위를 목적으로 하는 채권의 소멸시효는 위반행위를 한 때로부터 진행한다.
④ 단기의 소멸시효에 해당하는 주채무의 소멸시효기간이 확정판결에 의하여 10년으로 연장되면 보증채무의 소멸시효기간도 10년으로 연장된다.
⑤ 소멸시효의 중단을 위한 승인은 묵시적인 방법으로도 할 수 있다.

해설

① (○) 시효제도는 일정 기간 계속된 사회질서를 유지하고 시간의 경과로 인하여 곤란해지는 증거보전으로부터의 구제를 꾀하며 자기 권리를 행사하지 않고 소위 권리 위에 잠자는 자는 법적 보호에서 이를 제외하기 위하여 규정된 제도라 할 것인바, 부동산에 관하여 인도, 등기 등의 어느 한 쪽만에 대하여서라도 권리를 행사하는 자는 전체적으로 보아 그 부동산에 관하여 권리 위에 잠자는 자라고 할 수 없다 할 것이므로, 매수인이 목적 부동산을 인도받아 계속 점유하는 경우에는 그 소유권이전등기청구권의 소멸시효가 진행하지 않는다(대판 1999.3.18. 98다32175[전합]).
② (○) 소멸시효는 객관적으로 권리가 발생하여 그 권리를 행사할 수 있는 때로부터 진행하고 그 권리를 행사할 수 없는 동안만은 진행하지 않는바, '권리를 행사할 수 없는' 경우란, 권리자가 권리의 존재나 권리행사 가능성을 알지 못하였다는 등의 사실상 장애사유가 있는 경우가 아니라, 법률상의 장애사유, 예컨대 기간의 미도래나 조건불성취 등이 있는 경우를 말하는데, 건물에 관한 소유권이전등기청구권에 있어서 그 목적물인 건물이 완공되지 아니하여 이를 행사할 수 없었다는 사유는 법률상의 장애사유에 해당한다(대판 2007.8.23. 2007다28024).
③ (○) 민법 제166조 제2항
④ (×) 채권자와 주채무자 사이의 확정판결에 의하여 주채무가 확정되어 그 소멸시효기간이 10년으로 연장되었다 할지라도 그 보증채무까지 당연히 단기소멸시효의 적용이 배제되어 10년의 소멸시효기간이 적용되는 것은 아니고, 채권자와 연대보증인 사이에 있어서 연대보증채무의 소멸시효기간은 여전히 종전의 소멸시효 기간에 따른다(대판 2006.8.24. 2004다26287).
⑤ (○) 소멸시효 중단사유인 승인은 시효이익을 받을 당사자인 채무자가 소멸시효의 완성으로 권리를 상실하게 될 자 또는 그 대리인에게 권리가 존재함을 인식하고 있다는 뜻을 표시함으로써 성립한다. 표시의 방법은 아무런 형식을 요구하지 않고, 명시적이든 묵시적이든 상관없다. 묵시적인 승인의 표시는 채무자가 채무의 존재와 액수를 인식하고 있음을 전제로 상대방으로 하여금 채무자가 채무를 인식하고 있음을 표시를 통해 추단하게 할 수 있는 방법으로 하면 충분하다(대판 2018.4.24. 2017다205127).

답 ④

018 소멸시효에 관한 설명으로 옳지 않은 것은?(다툼이 있으면 판례에 따름)

① 주채무자가 소멸시효 이익을 포기하면, 보증인에게도 그 효력이 미친다.
② 소멸시효의 기간만료 전 6개월 내에 제한능력자에게 법정대리인이 없는 경우에는 그가 능력자가 되거나 법정대리인이 취임한 때부터 6개월 내에는 시효가 완성되지 않는다.
③ 시효중단의 효력 있는 승인에는 상대방의 권리에 관한 처분의 능력이나 권한 있음을 요하지 않는다.
④ 채무자가 제기한 소에 채권자인 피고가 응소하여 권리를 주장하였으나, 그 소가 각하된 경우에 6개월 이내에 재판상 청구를 하면 응소시에 소급하여 시효중단의 효력이 있다.
⑤ 당사자가 주장하는 소멸시효 기산일이 본래의 기산일보다 뒤의 날짜인 경우에는 당사자가 주장하는 기산일을 기준으로 소멸시효를 계산하여야 한다.

해설

① (×) 주채무가 시효로 소멸한 때에는 보증인도 그 시효소멸을 원용할 수 있으며, 주채무자가 시효의 이익을 포기하더라도 보증인에게는 그 효력이 없다(대판 1991.1.29. 89다카1114).
② (○) 민법 제179조
③ (○) 민법 제177조
④ (○) 민법 제168조 제1호, 제170조 제1항에서 시효중단사유의 하나로 규정하고 있는 재판상의 청구는, 권리자가 시효를 주장하는 자를 상대로 소로써 권리를 주장하는 경우뿐 아니라, 시효를 주장하는 자가 원고가 되어 소를 제기한 데 대하여 피고로서 응소하여 그 소송에서 적극적으로 권리를 주장하고 그것이 받아들여진 경우도 포함한다. 권리자인 피고가 응소하여 권리를 주장하였으나 그 소가 각하되거나 취하되는 등의 사유로 본안에서 그 권리주장에 관한 판단 없이 소송이 종료된 경우에도 민법 제170조 제2항을 유추적용하여 그때부터 6월 내에 재판상의 청구 등 다른 시효중단 조치를 취하면 응소 시에 소급하여 시효중단의 효력이 인정된다(대판 2019.3.14. 2018두56435).
⑤ (○) 소멸시효의 기산일은 채권의 소멸이라고 하는 법률효과 발생의 요건에 해당하는 소멸시효기간 계산의 시발점으로서 시효소멸 항변의 법률요건을 구성하는 구체적인 사실에 해당하므로 이는 변론주의의 적용대상이라 할 것이고, 따라서 본래의 소멸시효 기산일과 당사자가 주장하는 기산일이 서로 다른 경우에는 변론주의의 원칙상 법원은 당사자가 주장하는 기산일을 기준으로 소멸시효를 계산하여야 하는데, 이는 당사자가 본래의 기산일보다 뒤의 날짜를 기산일로 하여 주장하는 경우는 물론이고, 특별한 사정이 없는 한 그 반대의 경우에 있어서도 마찬가지라고 보아야 할 것이다(대판 2009.12.24. 2009다60244).

답 ❶

019 소멸시효에 관한 설명으로 옳은 것은?(다툼이 있으면 판례에 따름)

① 소멸시효 완성에 의한 권리의 소멸은 법원의 직권조사사항이다.
② 소멸시효는 그 시효기간이 완성된 때로부터 장래에 향하여 권리가 소멸한다.
③ 소멸시효는 법률행위에 의하여 그 기간을 단축할 수 없다.
④ 시효완성 후 소멸시효 중단사유에 해당하는 채무승인 행위가 있었더라도 그것만으로는 곧바로 소멸시효 이익의 포기라는 의사표시가 있었다고 단정할 수 없다.
⑤ 부작위를 목적으로 하는 채권의 소멸시효는 채권이 성립한 때로부터 진행한다.

해설

① (×) 소멸시효 완성에 의한 권리의 소멸은 변론주의 원칙상 이를 주장하는 자가 원용한 때에 비로소 고려된다. 참고로 제척기간의 경과로 인한 권리의 소멸은 법원의 직권조사사항이다.
② (×) 소멸시효는 그 기산일에 소급하여 효력이 생긴다(민법 제167조).

③ (×) 소멸시효는 법률행위에 의하여 이를 배제, 연장 또는 가중할 수 없으나 이를 단축 또는 경감할 수 있다(민법 제184조 제2항).
④ (○) 시효이익 포기는 단순히 채무에 관한 인식을 표시하는 것을 넘어, 자신에게 법적으로 보장된 시효이익의 포기라는 법적 효과를 의욕하는 효과의사의 표시가 있어야 한다는 점에서 채무승인과 뚜렷하게 구별된다. 이러한 효과의사는 채무자에게 불리한 법적 결과를 채무자의 자기결정에 따라 정당화하는 시효이익 포기의 핵심적인 요소이다. 이는 채무승인 행위에는 요구되지 않는 요소이므로, 시효완성 후 소멸시효 중단사유에 해당하는 채무승인 행위가 있었더라도 그것만으로는 곧바로 소멸시효 이익의 포기라는 의사표시가 있었다고 단정할 수 없다(대판 2025.7.24. 2023다240299[전합]).
⑤ (×) 부작위를 목적으로 하는 채권의 소멸시효는 위반행위를 한 때로부터 진행한다(민법 제166조 제2항).

답 ④

020 소멸시효에 관한 설명으로 옳지 않은 것은?(다툼이 있으면 판례에 따름) 23 노무

① 주채무자가 소멸시효 이익을 포기하더라도 보증인에게는 그 효력이 미치지 않는다.
② 시효중단의 효력 있는 승인에는 상대방의 권리에 관한 처분의 능력이나 권한 있음을 요하지 않는다.
③ 당사자가 주장하는 소멸시효 기산일이 본래의 기산일과 다른 경우, 특별한 사정이 없는 한 당사자가 주장하는 기산일을 기준으로 소멸시효를 계산하여야 한다.
④ 어떤 권리의 소멸시효 기간이 얼마나 되는지는 법원이 직권으로 판단할 수 있다.
⑤ 민법 제163조 제1호의 '1년 이내의 기간으로 정한 금전 또는 물건의 지급을 목적으로 한 채권'이란 변제기가 1년 이내의 채권을 말한다.

해설

① (○) 주채무가 시효로 소멸한 때에는 보증인도 그 시효소멸을 원용할 수 있으며, 주채무자가 시효의 이익을 포기하더라도 보증인에게는 그 효력이 없다(대판 1991.1.29. 89다카1114).
② (○) 민법 제177조
③ (○) 소멸시효의 기산일은 채무의 소멸이라고 하는 법률효과 발생의 요건에 해당하는 소멸시효 기간 계산의 시발점으로서 소멸시효 항변의 법률요건을 구성하는 구체적인 사실에 해당하므로 이는 변론주의의 적용 대상이고, 따라서 본래의 소멸시효 기산일과 당사자가 주장하는 기산일이 서로 다른 경우에는 변론주의의 원칙상 법원은 당사자가 주장하는 기산일을 기준으로 소멸시효를 계산하여야 하는데, 이는 당사자가 본래의 기산일보다 뒤의 날짜를 기산일로 하여 주장하는 경우는 물론이고 특별한 사정이 없는 한 그 반대의 경우에 있어서도 마찬가지이다(대판 1995.8.25. 94다35886).
④ (○) 어떤 권리의 소멸시효기간이 얼마나 되는지에 관한 주장은 단순한 법률상의 주장에 불과하므로 변론주의의 적용대상이 되지 않고 법원이 직권으로 판단할 수 있다(대판 2008.3.27. 2006다70929).
⑤ (×) 민법 제163조 제1호 소정의 "1년 이내의 기간으로 정한 금전 또는 물건의 지급을 목적으로 하는 채권"이란 1년 이내의 정기에 지급되는 채권을 의미하는 것이지, 변제기가 1년 이내의 채권을 말하는 것이 아니므로, 이자채권이라고 하더라도 1년 이내의 정기에 지급하기로 한 것이 아닌 이상 위 규정 소정의 3년의 단기소멸시효에 걸리는 것이 아니다(대판 1996.9.20. 96다25302).

답 ⑤

021 소멸시효에 관한 설명으로 옳지 않은 것은?(다툼이 있으면 판례에 따름)

① 변론주의의 원칙상 법원은 당사자가 주장하는 기산점을 기준으로 소멸시효를 계산하여야 한다.
② 매수인이 목적부동산을 인도받아 계속 점유하고 있다면 그 소유권이전등기청구권의 소멸시효는 진행하지 않는다.
③ 계속적 물품공급계약에 기하여 발생한 외상대금채권은 특별한 사정이 없는 한 거래종료일로부터 외상대금채권총액에 대하여 한꺼번에 소멸시효가 기산한다.
④ 건물신축공사도급계약에서의 수급인의 도급인에 대한 저당권설정청구권의 소멸시효기간은 3년이다.
⑤ 변론주의원칙상 당사자의 주장이 없으면 법원은 소멸시효의 중단에 관해서 직권으로 판단할 수 없다.

해설

① (○) 본래의 소멸시효 기산일과 당사자가 주장하는 기산일이 서로 다른 경우에는 변론주의의 원칙상 법원은 당사자가 주장하는 기산일을 기준으로 소멸시효를 계산하여야 한다(대판 1995.8.25. 94다35886).
② (○) 부동산에 관하여 인도, 등기 등의 어느 한쪽만에 대하여서라도 권리를 행사하는 자는 전체적으로 보아 그 부동산에 관하여 권리 위에 잠자는 자라고 할 수 없다 할 것이므로, 매수인이 목적부동산을 인도받아 계속 점유하는 경우에는 그 소유권이전등기청구권의 소멸시효가 진행하지 않는다(대판 1999.3.18. 98다32175[전합]).
③ (×) 계속적 물품공급계약에 기하여 발생한 외상대금채권은 특별한 사정이 없는 한 개별거래로 인한 각 외상대금채권이 발생한 때로부터 개별적으로 소멸시효가 진행하는 것이지 거래종료일부터 외상대금채권총액에 대하여 한꺼번에 소멸시효가 기산한다고 할 수 없다(대판 2007.1.25. 2006다68940).
④ (○) 도급받은 공사의 공사대금채권은 민법 제163조 제3호에 따라 3년의 단기소멸시효가 적용되고, 공사에 부수되는 채권도 마찬가지인데, 민법 제666조에 따른 저당권설정청구권은 공사대금채권을 담보하기 위하여 저당권설정등기절차의 이행을 구하는 채권적 청구권으로서 공사에 부수되는 채권에 해당하므로 소멸시효기간 역시 3년이다(대판 2016.10.27. 2014다211978).
⑤ (○) 시효중단사유는 변론주의의 대상이어서 당사자의 주장이 없으면 법원이 이에 관하여 판단할 필요가 없다. 그에 대한 증명책임은 시효 완성을 다투는 당사자가 진다.

답

022 소멸시효의 중단과 정지에 관한 설명으로 옳은 것은?(다툼이 있으면 판례에 따름)

① 형사소송에서 피해자가 신청하는 배상명령은 시효중단사유가 아니다.
② 채권자가 전소(前訴)로 이행청구를 하여 승소 확정판결을 받은 경우, 시효중단을 위해 후소(後訴)로서 재판상의 청구가 있다는 점에 대하여만 확인을 구하는 소는 허용되지 아니한다.
③ 시효중단의 효력 있는 승인에는 상대방의 권리에 관한 처분의 능력을 요한다.
④ 이행인수인이 채권자에 대하여 채무자의 채무를 승인하면 특별한 사정이 없으면 그 승인은 시효중단 효력이 없다.
⑤ 유체동산에 대한 가압류결정을 집행한 경우, 가압류에 의한 시효중단의 효력은 본압류가 되면 소멸한다.

해설

① (×) 형사소송은 피고인에 대한 국가형벌권의 행사를 그 목적으로 하는 것이므로, 피해자가 형사소송에서 소송촉진 등에 관한 특례법에서 정한 배상명령을 신청한 경우를 제외하고는 단지 피해자가 가해자를 상대로 고소하거나 그 고소에 기하여 형사재판이 개시되어도 이를 가지고 소멸시효의 중단사유인 재판상의 청구로 볼 수는 없다(대판 1999.3.12. 98다18124). 이러한 판례의 취지를 고려할 때 형사소송에서 피해자가 신청하는 배상명령은 소멸시효중단 사유로 보아야 한다.

② (×) 채권자가 전소로 이행청구를 하여 승소 확정판결을 받은 후 그 채권의 시효중단을 위한 후소를 제기하는 경우, 후소의 형태로서 항상 전소와 동일한 이행청구만이 시효중단사유인 '재판상의 청구'에 해당한다고 볼 수는 없다. 따라서 시효중단을 위한 후소로서 이행소송 외에 전소 판결로 확정된 채권의 시효를 중단시키기 위한 조치, 즉 '재판상의 청구'가 있다는 점에 대하여만 확인을 구하는 형태의 '새로운 방식의 확인소송'이 허용되고, 채권자는 두 가지 형태의 소송 중 자신의 상황과 필요에 보다 적합한 것을 선택하여 제기할 수 있다고 보아야 한다(대판 2018.10.18. 2015다232316[전합]).

③ (×) 시효중단의 효력 있는 승인에는 상대방의 권리에 관한 처분의 능력이나 권한 있음을 요하지 아니한다(민법 제177조).

④ (○) 소멸시효 중단사유인 채무의 승인은 시효이익을 받을 당사자나 대리인만 할 수 있으므로 이행인수인이 채권자에 대하여 채무자의 채무를 승인하더라도 다른 특별한 사정이 없는 한 시효중단 사유가 되는 채무승인의 효력은 발생하지 않는다(대판 2016.10.27. 2015다239744).

⑤ (×) 민법 제168조에서 가압류를 시효중단사유로 정하고 있는 것은 가압류에 의하여 채권자가 권리를 행사하였다고 할 수 있기 때문인데 가압류에 의한 집행보전의 효력이 존속하는 동안은 가압류채권자에 의한 권리행사가 계속되고 있다고 보아야 할 것이므로 가압류에 의한 시효중단의 효력은 가압류 집행보전의 효력이 존속하는 동안은 계속된다. 따라서 유체동산에 대한 가압류결정을 집행한 경우 가압류에 의한 시효중단 효력은 가압류집행보전의 효력이 존속하는 동안 계속된다(대판 2011.5.13. 2011다10044). 민법 제168조에서 가압류와 재판상의 청구를 별도의 시효중단사유로 규정하고 있는데 비추어 보면, 가압류의 피보전채권에 관하여 본안의 승소판결이 확정되었다고 하더라도 가압류에 의한 시효중단의 효력이 이에 흡수되어 소멸된다고 할 수 없다(대판 2000.4.25. 2000다11102). 이러한 판례의 취지를 고려할 때 본안의 승소판결 등 집행권원을 얻어 유체동산에 대한 가압류결정이 본압류로 전이되었다고 하더라도, 가압류에 의한 시효중단의 효력은 계속된다고 이해된다.

답 ④

023 소멸시효의 중단에 관한 설명으로 옳지 않은 것은?(다툼이 있으면 판례에 따름) 22 노무

① 3년의 소멸시효기간이 적용되는 채권이 지급명령에서 확정된 경우, 그 시효기간은 10년으로 한다.
② 채권자가 동일한 목적을 달성하기 위하여 복수의 채권을 가지고 있는 경우, 특별한 사정이 없으면 그중 하나의 채권을 행사한 것만으로는 다른 채권에 대한 시효중단의 효력은 없다.
③ 대항요건을 갖추지 못한 채권양도의 양수인이 채무자를 상대로 재판상 청구를 하여도 시효중단사유인 재판상 청구에 해당하지 아니한다.
④ 채권자가 최고를 여러 번 거듭하다가 재판상 청구를 한 경우, 시효중단의 효력은 재판상 청구를 한 시점을 기준으로 하여 이로부터 소급하여 6월 이내에 한 최고시에 발생한다.
⑤ 동일한 당사자 사이에 계속적 거래관계로 인한 수개의 금전채무가 있고, 채무자가 그 채무 전액을 변제하기에는 부족한 금액으로 채무의 일부를 변제하는 경우에 그 수개의 채무전부에 관하여 시효중단의 효력이 발생하는 것이 원칙이다.

해설

① (○) 민사소송법 제474조, 민법 제165조 제2항에 의하면, 지급명령에서 확정된 채권은 단기의 소멸시효[3년의 소멸시효(註)]에 해당하는 것이라도 그 소멸시효기간이 10년으로 연장된다(대판 2009.9.24. 2009다39530).
② (○) 채권자가 동일한 목적을 달성하기 위하여 복수의 채권을 갖고 있는 경우, 채권자로서는 그 선택에 따라 권리를 행사할 수 있되, 그중 어느 하나의 청구를 한 것만으로는 다른 채권 그 자체를 행사한 것으로 볼 수는 없으므로, 특별한 사정이 없는 한 다른 채권에 대한 소멸시효 중단의 효력은 없다(대판 2020.3.26. 2018다221867).
③ (×) 채권양도는 구 채권자인 양도인과 신 채권자인 양수인 사이에 채권을 그 동일성을 유지하면서 전자로부터 후자에게로 이전시킬 것을 목적으로 하는 계약을 말한다 할 것이고, 채권양도에 의하여 채권은 그 동일성을 잃지 않고 양도인으로부터 양수인에게 이전되며, 이러한 법리는 채권양도의 대항요건을 갖추지 못하였다고 하더라도 마찬가지인 점, 민법 제149조의 "조건의 성취가 미정한 권리의무는 일반규정에 의하여 처분, 상속, 보존 또는 담보로 할 수 있다"는 규정은 대항요건을 갖추지 못하여 채무자에게 대항하지 못한다고 하더라도 채권양도에 의하여 채권을 이전받은 양수인의 경우에도 그대로 준용될 수 있는 점, 채무자를 상대로 재판상의 청구를 한 채권의 양수인을 '권리 위에 잠자는 자'라고 할 수 없는 점 등에 비추어 보면, 비록 대항요건을 갖추지 못하여 채무자에게 대항하지 못한다고 하더라도 채권의 양수인이 채무자를 상대로 재판상의 청구를 하였다면 이는 소멸시효 중단사유인 재판상의 청구에 해당한다고 보아야 한다(대판 2005.11.10. 2005다41818).
④ (○) 최고를 여러 번 거듭하다가 재판상 청구 등을 한 경우에 있어서의 시효중단의 효력은 항상 최초의 최고시에 발생하는 것이 아니라 재판상 청구 등을 한 시점을 기준으로 하여 이로부터 소급하여 6월 이내에 한 최고시에 발생한다(대판 1987.12.22. 87다카2337).
⑤ (○) 동일 당사자 간의 계속적인 금전거래로 인하여 수개의 금전채무가 있는 경우에 채무의 일부 변제는 채무의 일부로서 변제한 이상 그 채무전부에 관하여 시효중단의 효력을 발생하는 것으로 보아야 하고 동일 당사자 간에 계속적인 거래관계로 인하여 수개의 금전채무가 있는 경우에 채무자가 전 채무액을 변제하기에 부족한 금액을 채무의 일부로 변제한 때에는 특별한 사정이 없는 한 기존의 수개의 채무전부에 대하여 승인을 하고 변제한 것으로 보는 것이 상당하다(대판 1980.5.13. 78다1790).

답 ❸

024

甲은 乙에 대하여 2023.10.17.을 변제기로 하는 대여금채권을 갖고 있다. 이에 관한 설명으로 옳은 것을 모두 고른 것은?(다툼이 있으면 판례에 따름)

ㄱ. 甲이 乙을 상대로 2023.12.20. 대여금의 지급을 구하는 소를 제기하였으나 그 소가 취하된 경우, 甲의 재판상 청구는 재판 외의 최고의 효력을 갖는다.
ㄴ. 甲이 乙에 대한 대여금채권을 丙에게 양도한 경우, 채권양도의 대항요건을 갖추지 못한 상태에서 2023.12.20. 丙이 乙을 상대로 양수금의 지급을 구하는 소를 제기하였다면 양수금채권의 소멸시효가 중단되지 않는다.
ㄷ. 甲이 乙을 상대로 2023.12.20. 대여금의 지급을 구하는 소를 제기하여 2024.4.20. 판결이 확정된 경우, 甲의 乙에 대한 대여금채권의 소멸시효는 2023.10.17.부터 다시 진행된다.

① ㄱ
② ㄴ
③ ㄱ, ㄷ
④ ㄴ, ㄷ
⑤ ㄱ, ㄴ, ㄷ

해설

ㄱ. (○) 민법 제170조의 해석상, 재판상의 청구는 그 소송이 취하된 경우에는 그로부터 6월 내에 다시 재판상의 청구를 하지 않는 한 시효중단의 효력이 없고 다만 재판외의 최고의 효력만 있다(대판 1987.12.22. 87다카2337). 甲이 乙을 상대로 2023.12.20. 대여금의 지급을 구하는 소를 제기하였으나 그 소가 취하된 경우, 甲의 재판상 청구는 재판 외의 최고의 효력을 갖는다.

ㄴ. (×) 판례의 취지를 고려할 때 채권양도의 대항요건을 갖추지 못한 상태에서 2023.12.20. 丙이 乙을 상대로 양수금의 지급을 구하는 소를 제기하였더라도 이는 소멸시효 중단사유인 재판상의 청구에 해당한다고 보아야 하므로 양수금채권의 소멸시효는 중단된다.

> 채권양도에 의하여 채권은 그 동일성을 잃지 않고 양도인으로부터 양수인에게 이전되며, 이러한 법리는 채권양도의 대항요건을 갖추지 못하였다고 하더라도 마찬가지인 점, 민법 제149조의 "조건의 성취가 미정한 권리의무는 일반규정에 의하여 처분, 상속, 보존 또는 담보로 할 수 있다"는 규정은 대항요건을 갖추지 못하여 채무자에게 대항하지 못한다고 하더라도 채권양도에 의하여 채권을 이전받은 양수인의 경우에도 그대로 준용될 수 있는 점, 채무자를 상대로 재판상의 청구를 한 채권의 양수인을 '권리 위에 잠자는 자'라고 할 수 없는 점 등에 비추어 보면, 비록 대항요건을 갖추지 못하여 채무자에게 대항하지 못한다고 하더라도 채권의 양수인이 채무자를 상대로 재판상의 청구를 하였다면 이는 소멸시효 중단사유인 재판상의 청구에 해당한다고 보아야 한다(대판 2005.11.10. 2005다41818).

ㄷ. (×) 재판상의 청구로 인한 시효의 중단은 재판이 확정된 때로부터 새로이 진행한다(민법 제178조 제2항). 甲이 乙을 상대로 2023.12.20. 대여금의 지급을 구하는 소를 제기하여 2024.4.20. 판결이 확정된 경우, 甲의 乙에 대한 대여금채권의 소멸시효는 판결이 확정된 때의 다음 날인 2024.4.21.부터 다시 진행한다.

답 ①

025 소멸시효에 관한 설명 중 옳은 것은?(다툼이 있으면 판례에 따름)

① 소멸시효가 완성된 경우 그 채무자에 대한 다른 일반채권자는 자기의 채권을 보전하기 위하여 필요한 한도 내에서 채무자를 대위하여 소멸시효의 완성을 주장할 수 있을 뿐 채권자의 지위에서 독자적으로 소멸시효의 완성을 주장할 수 없다.
② 대금을 완납한 부동산 매수인이 그 부동산을 인도받아 사용·수익하다가 다른 사람에게 그 부동산을 처분하고 점유를 승계하여 준 경우에는 매수인의 매도인에 대한 이전등기청구권의 소멸시효가 진행된다.
③ 청구부분이 특정될 수 있는 채권의 일부임을 명시하여 재판상 청구하는 경우 그 일부청구와 동시에 채권 전부에 대하여 소멸시효 중단의 효력이 생긴다.
④ 원인채권의 지급을 확보하기 위한 방법으로 어음이 수수된 경우에 원인채권의 행사는 어음채권을 실현하기 위한 것이므로 어음채권의 소멸시효를 중단시키는 효력이 있다.
⑤ 이행최고를 한 다음 6월 내에 거듭 최고를 하고 그때부터 6월 내에 재판상 청구를 하면 시효중단의 효력은 최초의 최고시에 소급하여 발생한다.

해설

① (○) 소멸시효가 완성된 경우 이를 주장할 수 있는 사람은 시효로 인하여 채무가 소멸되는 결과 직접적인 이익을 받는 사람에 한정되므로, 채무자에 대한 일반 채권자는 자기의 채권을 보전하기 위하여 필요한 한도 내에서 채무자를 대위하여 소멸시효 주장을 할 수 있을 뿐 채권자의 지위에서 독자적으로 소멸시효의 주장을 할 수 없다(대판 1997.12.26. 97다22676).

② (×) [1] 시효제도는 일정 기간 계속된 사회질서를 유지하고 시간의 경과로 인하여 곤란해지는 증거보전으로부터의 구제를 꾀하며 자기 권리를 행사하지 않고 소위 권리 위에 잠자는 자는 법적 보호에서 이를 제외하기 위하여 규정된 제도라 할 것인바, 부동산에 관하여 인도, 등기 등의 어느 한 쪽만에 대하여서라도 권리를 행사하는 자는 전체적으로 보아 그 부동산에 관하여 권리 위에 잠자는 자라고 할 수 없다 할 것이므로, 매수인이 목적 부동산을 인도받아 계속 점유하는 경우에는 그 소유권이전등기청구권의 소멸시효가 진행하지 않는다.
[2] 부동산의 매수인이 그 부동산을 인도받은 이상 이를 사용·수익하다가 그 부동산에 대한 보다 적극적인 권리행사의 일환으로 다른 사람에게 그 부동산을 처분하고 그 점유를 승계하여 준 경우에도 그 이전등기청구권의 행사 여부에 관하여 그가 그 부동산을 스스로 계속 사용·수익만 하고 있는 경우와 특별히 다를 바 없으므로 위 두 어느 경우에나 이전등기청구권의 소멸시효는 진행되지 않는다고 보아야 한다(대판 1999.3.18. 98다32175[전합]).

③ (×) 한 개의 채권 중 일부에 관하여만 판결을 구한다는 취지를 명백히 하여 소송을 제기한 경우에는 소제기에 의한 소멸시효중단의 효력이 그 일부에 관하여만 발생하고 나머지 부분에는 발생하지 아니하지만, 비록 그중 일부만을 청구한 경우에도 그 취지로 보아 채권 전부에 관하여 판결을 구하는 것으로 해석된다면 그 청구액을 소송물인 채권의 전부로 보아야 하고, 이러한 경우에는 그 채권의 동일성의 범위 내에서 그 전부에 관하여 시효중단의 효력이 발생한다고 해석하여야 한다(대판 2020.3.26. 2017다217724).

④ (×) [1] 원인채권의 지급을 확보하기 위한 방법으로 어음이 수수된 경우에 원인채권과 어음채권은 별개로서 채권자는 그 선택에 따라 권리를 행사할 수 있고, 원인채권에 기하여 청구를 한 것만으로는 어음채권 그 자체를 행사한 것으로 볼 수 없어 어음채권의 소멸시효를 중단시키지 못한다.
[2] 원인채권의 지급을 확보하기 위한 방법으로 어음이 수수된 경우, 이러한 어음은 경제적으로 동일한 급부를 위하여 원인채권의 지급수단으로 수수된 것으로서 그 어음채권의 행사는 원인채권을 실현하기 위한 것일 뿐만 아니라, 원인채권의 소멸시효는 어음금 청구소송에 있어서 채무자의 인적항변 사유에 해당하는 관계로 채권자가 어음채권의 소멸시효를 중단하여 두어도 채무자의 인적항변에 따라 그 권리를 실현할 수 없게 되는 불합리한 결과가 발생하게 되므로, 채권자가 원인채권에 기하여 청구를 한 것이 아니라 어음채권에 기하여 청구를 하는 반대의 경우에는 원인채권의 소멸시효를 중단시키는 효력이 있다고 봄이 상당하고, 이러한 법리는 채권자가 어음채권을 피보전권리로 하여 채무자의 재산을 가압류함으로써 그 권리를 행사한 경우에도 마찬가지로 적용된다(대판 1999.6.11. 99다16378).

⑤ (×) [1] 민법 제168조 제1호, 제170조 제1항에서 시효중단 사유의 하나로 규정하고 있는 재판상의 청구는, 권리자가 시효를 주장하는 자를 상대로 소로써 권리를 주장하는 경우뿐 아니라, 시효를 주장하는 자가 원고가 되어 소를 제기한 데 대하여 피고로서 응소하여 그 소송에서 적극적으로 권리를 주장하고 그것이 받아들여진 경우도 포함한다. 권리자인 피고가 응소하여 권리를 주장하였으나 그 소가 각하되거나 취하되는 등의 사유로 본안에서 그 권리 주장에 관한 판단 없이 소송이 종료된 경우에도 민법 제170조 제2항을 유추적용하여 그때부터 6월 내에 재판상의 청구 등 다른 시효중단 조치를 취하면 응소 시에 소급하여 시효중단의 효력이 인정된다.

[2] 민법 제174조가 시효중단 사유로 규정하고 있는 최고를 여러 번 거듭하다가 재판상 청구 등을 한 경우에 시효중단의 효력은 항상 최초의 최고 시에 발생하는 것이 아니라 재판상 청구 등을 한 시점을 기준으로 하여 이로부터 소급하여 6월 이내에 한 최고 시에 발생하고, 민법 제170조의 해석상 재판상의 청구는 그 소송이 취하된 경우에는 그로부터 6월 내에 다시 재판상의 청구를 하지 않는 한 시효중단의 효력이 없고 다만 재판 외의 최고의 효력만을 갖게 된다. 이러한 법리는 그 소가 각하된 경우에도 마찬가지로 적용된다(대판 2019.3.14. 2018두56435).

답 ❶

026 소멸시효의 중단에 관한 설명으로 옳지 않은 것은?(다툼이 있으면 판례에 따름) 20 변리

① 시효의 중단은 당사자 및 그 승계인 간에만 효력이 있다.
② 주채무자에 대한 시효의 중단은 보증인에 대하여도 효력이 있다.
③ 연대채무자 중 1인이 소유하는 부동산에 대한 압류에 따른 시효중단의 효력은 다른 연대채무자에게는 미치지 않는다.
④ 채권자가 피고로서 응소하여 적극적으로 권리를 주장하고 그것이 받아들여진 경우 시효중단사유인 재판상의 청구에 해당한다.
⑤ 권리자인 피고가 응소하여 권리를 주장하였으나 그 소가 취하되어 본안에서 그 권리주장에 관한 판단 없이 소송이 종료된 후 종료된 때부터 6월 내에 가압류를 하면, 권리자가 가압류를 한 때부터 시효중단의 효력이 인정된다.

해설

① (○) 시효의 중단은 당사자 및 그 승계인 간에만 효력이 있다(민법 제169조).
② (○) 주채무자에 대한 시효의 중단은 보증인에 대하여 그 효력이 있다(민법 제440조).
③ (○) 채권자의 신청에 의한 경매개시결정에 따라 연대채무자 1인의 소유 부동산이 압류된 경우, 이로써 위 채무자에 대한 채권의 소멸시효는 중단되지만, 압류에 의한 시효중단의 효력은 다른 연대채무자에게 미치지 아니하므로, 경매개시결정에 의한 시효중단의 효력을 다른 연대채무자에 대하여 주장할 수 없다(대판 2001.8.21. 2001다22840).
④ (○), ⑤ (×) 민법 제168조 제1호, 제170조 제1항에서 시효중단사유의 하나로 규정하고 있는 재판상의 청구란, 통상적으로는 권리자가 원고로서 시효를 주장하는 자를 피고로 하여 소송물인 권리를 소의 형식으로 주장하는 경우를 가리키나, 이와 반대로 시효를 주장하는 자가 원고가 되어 소를 제기한 데 대하여 피고로서 응소하여 소송에서 적극적으로 권리를 주장하고 그것이 받아들여진 경우도 이에 포함되고, ❹ 응소행위로 인한 시효중단의 효력은 피고가 현실적으로 권리를 행사하여 응소한 때에 발생하지만, 권리자인 피고가 응소하여 권리를 주장하였으나 소가 각하되거나 취하되는 등의 사유로 본안에서 권리주장에 관한 판단 없이 소송이 종료된 경우에는 민법 제170조 제2항을 유추적용하여 그때부터 6월 이내에 재판상의 청구 등 다른 시효중단조치를 취한 경우에 한하여 응소 시에 소급하여 시효중단의 효력이 있다고 보아야 한다❺(대판 2012.1.12. 2011다78606).

답 ❺

027 소멸시효의 중단에 관한 설명 중 옳은 것을 모두 고른 것은?(다툼이 있으면 판례에 따름)

11 사시

ㄱ. 甲과 乙이 丙에 대해 부진정연대채무를 부담하고 있는 경우, 丙의 甲에 대한 이행의 청구는 乙의 채무에 대해 시효중단의 효력이 발생하지 않는다.
ㄴ. 한 개의 채권 중 일부에 관하여만 판결을 구한다는 취지를 명백히 하여 소송을 제기한 경우에는 소제기에 의한 소멸시효중단의 효력이 그 일부에 관하여만 발생하지만 그 취지로 보아 채권 전부에 관하여 판결을 구하는 것으로 해석된다면 그 청구액을 소송물인 채권의 전부로 보아야 하고, 이러한 경우에는 그 채권의 동일성의 범위 내에서 그 전부에 관하여 시효중단의 효력이 발생한다.
ㄷ. 교직원의 학교법인을 상대로 한 의원면직처분 무효확인청구의 소도 교직원의 학교법인에 대한 급여청구의 한 실현수단이 될 수 있어 소멸시효의 중단사유인 재판상 청구에 해당한다.
ㄹ. 형사소송에서 소송촉진등에 관한 특례법에서 정한 배상명령을 신청한 경우를 제외하고는 피해자를 상대로 고소하거나 그 고소에 기하여 형사재판이 개시되어도 이를 소멸시효의 중단사유인 재판상의 청구로 볼 수 없다.

① ㄱ, ㄴ, ㄷ
② ㄴ, ㄷ, ㄹ
③ ㄴ, ㄷ, ㅁ
④ ㄷ, ㄹ, ㅁ
⑤ ㄱ, ㄴ, ㄷ, ㄹ

해설

ㄱ. (○) 부진정연대채무에서는 채무자 1인에 대한 이행청구 또는 채무자 1인이 행한 채무의 승인 등 소멸시효의 중단사유나 시효이익의 포기가 다른 채무자에게 효력을 미치지 아니한다(대판 2011.4.14. 2010다91886).
ㄴ. (○) <u>한 개의 채권 중 일부에 관하여만 판결을 구한다는 취지를 명백히 하여 소송을 제기한 경우에는 소제기에 의한 소멸시효중단의 효력이 그 일부에 관하여만 발생하고 나머지 부분에는 발생하지 아니하지만, 비록 그중 일부만을 청구한 경우에도 그 취지로 보아 채권 전부에 관하여 판결을 구하는 것으로 해석된다면 그 청구액을 소송물인 채권의 전부로 보아야 하고, 이러한 경우에는 그 채권의 동일성의 범위 내에서 그 전부에 관하여 시효중단의 효력이 발생한다고 해석하여야</u> 한다(대판 2020.3.26. 2017다217724).
ㄷ. (○) 교직원의 학교법인을 상대로 한 의원면직처분무효확인청구의 소도 교직원의 학교법인에 대한 급여청구의 한 실현수단이 될 수 있어 소멸시효의 중단사유로서의 재판상 청구에 해당한다(대판 1994.5.10. 93다21606).
ㄹ. (○) 형사소송은 피고인에 대한 국가형벌권의 행사를 그 목적으로 하는 것이므로, 피해자가 형사소송에서 소송촉진 등에 관한 특례법에서 정한 배상명령을 신청한 경우를 제외하고는 단지 피해자가 가해자를 상대로 고소하거나 그 고소에 기하여 형사재판이 개시되어도 이를 가지고 소멸시효의 중단사유인 재판상의 청구로 볼 수는 없다(대판 1999.3.12. 98다18124).

답 ⑤

028

甲은 2017.10.1. 친구 乙에게 3,000만원을 대여하면서 이자는 월 1%, 변제기는 2018.10.1.로 정하였는데, 2019.2.16. 현재까지 乙은 원금과 이자를 전혀 변제하지 않고 있다. 이에 관한 설명으로 옳지 않은 것은?(다툼이 있으면 판례에 따름) ⟨19 변리⟩

① 甲의 원금반환채권은 10년간 행사하지 아니하면 소멸시효가 완성한다.
② 甲이 乙을 사기죄로 고소하여 형사소송이 제기되었는데, 이 과정에서 배상명령을 신청하지 않은 경우에는 甲의 대여금채권의 소멸시효는 중단되지 않는다.
③ 甲이 乙을 상대로 대여금반환청구의 소를 제기하였다가 이후 그 소를 취하한 경우에도 甲의 대여금반환청구의 소제기로 인한 시효중단의 효력은 유지된다.
④ 乙의 재산에 대하여 甲의 가압류가 있는 경우에도 시효중단의 효력이 인정되지만, 당연무효의 가압류는 소멸시효의 중단사유에 해당하지 않는다.
⑤ 甲이 乙에게 대여금반환채무의 이행을 최고한 경우, 최고 후 6개월 내에 재판상의 청구를 하였다면 최고 시에 시효중단의 효력이 발생한다.

해설

① (○) 甲의 원금반환채권은 10년간 행사하지 아니하면 소멸시효가 완성한다(민법 제162조 제1항).
② (○) 甲이 乙을 사기죄로 고소하여 검사의 기소로 형사소송이 계속된 경우, 이 과정에서 배상명령을 신청하지 않았다면 甲의 대여금채권의 소멸시효는 중단되지 않는다.

> 형사소송은 피고인에 대한 국가형벌권의 행사를 그 목적으로 하는 것이므로, 피해자가 형사소송에서 소송촉진 등에 관한 특례법에서 정한 배상명령을 신청한 경우를 제외하고는 단지 피해자가 가해자를 상대로 고소하거나 그 고소에 기하여 형사재판이 개시되어도 이를 가지고 소멸시효의 중단사유인 재판상의 청구로 볼 수는 없다(대판 1999.3.12. 98다18124).

③ (×) 甲이 乙을 상대로 대여금반환청구의 소를 제기하였다가 이후 그 소를 취하한 경우 甲의 대여금반환청구의 소제기로 인한 시효중단의 효력은 없다(민법 제170조 제1항).
④ (○) 乙의 재산에 대하여 甲의 신청에 의한 법원의 가압류결정이 있는 경우에는 시효중단의 효력이 인정되지만 그 가압류결정이 당연무효라면 소멸시효의 중단사유에 해당하지 않는다.

> 사망한 사람을 피신청인으로 한 가압류신청은 부적법하고 그 신청에 따른 가압류결정이 내려졌다고 하여도 그 결정은 당연무효로서 그 효력이 상속인에게 미치지 않으며, 이러한 당연무효의 가압류는 민법 제168조 제1호에 정한 소멸시효의 중단사유에 해당하지 않는다(대판 2006.8.24. 2004다26287).

⑤ (○) 최고는 6월 내에 재판상의 청구, 파산절차참가, 화해를 위한 소환, 임의출석, 압류 또는 가압류, 가처분을 하지 아니하면 시효중단의 효력이 없다(민법 제174조). 甲이 乙에게 대여금반환채무의 이행을 최고한 경우, 최고 후 6개월 내에 재판상의 청구를 하였다면 최고 한 때로 소급하여 시효중단의 효력이 발생한다.

답 ❸

029

소멸시효 중단사유에 관한 설명으로 옳지 않은 것은?(다툼이 있으면 판례에 따름) 24 변리

① 채권자가 채무자에게 등기우편으로 이행청구를 한 경우, 법에서 정한 후속수단을 취하지 않으면 그 이행청구만으로는 시효가 중단되지 않는다.
② 채권자가 채무자를 상대로 제기한 소송에서, 피고인 채무자에게 소송서류가 송달된 적이 없는 상태에서 판결이 선고되더라도 시효중단의 효력은 있다.
③ 채무자가 채권자를 상대로 채무부존재확인소송을 제기하여 채권자가 이를 적극적으로 다툰 경우, 그 소가 법원에 접수된 때부터 시효중단의 효력이 인정된다.
④ 채권양수인이 채무자를 상대로 소를 제기하였다가 채무자에 대한 양도통지가 없었다는 이유로 청구가 기각되어 확정된 후, 양도통지를 하고 그 확정된 때로부터 6개월 내에 다시 소를 제기한 경우, 시효중단의 효력은 전소(前訴)제기 시로 소급하여 발생한다.
⑤ 채권자가 연대채무자의 1인에 대하여 가압류를 한 경우, 다른 연대채무자의 채무에 대해서는 시효가 중단되지 않는다.

해설

① (○) 채권자가 채무자에게 등기우편으로 이행청구를 한 경우, 이는 채무자에게 채무의 이행을 청구하는 의사의 통지인 최고에 해당한다. 최고는 6월 내에 재판상의 청구, 파산절차참가, 화해를 위한 소환, 임의출석, 압류 또는 가압류, 가처분을 하지 아니하면 시효중단의 효력이 없다(민법 제174조).

② (○) 민사소송법 제265조에 의하면, 시효중단사유 중 하나인 '재판상의 청구'(민법 제168조 제1호, 제170조)는 소를 제기한 때 시효중단의 효력이 발생한다. 이는 소장 송달 등으로 채무자가 소 제기 사실을 알기 전에 시효중단의 효력을 인정한 것이다. 가압류에 관해서도 위 민사소송법 규정을 유추적용하여 '재판상의 청구'와 유사하게 가압류를 신청한 때 시효중단의 효력이 생긴다고 보아야 한다. '가압류'는 법원의 가압류명령을 얻기 위한 재판절차와 가압류명령의 집행절차를 포함하는데, 가압류도 재판상의 청구와 마찬가지로 법원에 신청을 함으로써 이루어지고(민사집행법 제279조), 가압류명령에 따른 집행이나 가압류명령의 송달을 통해서 채무자에게 고지가 이루어지기 때문이다(대판 2017.4.7. 2016다35451).

③ (×) 판례의 취지를 고려할 때 채무자(원고)의 채무부존재확인소송이 법원에 제기된 때가 아니라, 채권자(피고)가 응소한 때에 시효중단의 효력이 발생한다.

> 민법 제168조 제1호, 제170조 제1항에서 시효중단사유의 하나로 규정하고 있는 재판상의 청구란, 통상적으로는 권리자가 원고로서 시효를 주장하는 자를 피고로 하여 소송물인 권리를 소의 형식으로 주장하는 경우를 가리키나, 이와 반대로 시효를 주장하는 자가 원고가 되어 소를 제기한 데 대하여 피고로서 응소하여 소송에서 적극적으로 권리를 주장하고 그것이 받아들여진 경우도 이에 포함되고, 응소행위로 인한 시효중단의 효력은 피고가 현실적으로 권리를 행사하여 응소한 때에 발생하지만, 권리자인 피고가 응소하여 권리를 주장하였으나 소가 각하되거나 취하되는 등의 사유로 본안에서 권리주장에 관한 판단 없이 소송이 종료된 경우에는 민법 제170조 제2항을 유추적용하여 그때부터 6월 이내에 재판상의 청구 등 다른 시효중단조치를 취한 경우에 한하여 응소 시에 소급하여 시효중단의 효력이 있다고 보아야 한다(대판 2012.1.12. 2011다78606).

④ (○) 채권양도 후 대항요건이 구비되기 전의 양도인은 채무자에 대한 관계에서는 여전히 채권자의 지위에 있으므로 채무자를 상대로 시효중단의 효력이 있는 재판상의 청구를 할 수 있고, 이 경우 양도인이 제기한 소송 중에 채무자가 채권양도의 효력을 인정하는 등의 사정으로 인하여 양도인의 청구가 기각됨으로써 민법 제170조 제1항에 의하여 시효중단의 효과가 소멸된다고 하더라도, 양도인의 청구가 당초부터 무권리자에 의한 청구로 되는 것은 아니므로, 양수인이 그로부터 6월 내에 채무자를 상대로 재판상의 청구 등을 하였다면, 민법 제169조 및 제170조 제2항에 의하여 양도인의 최초의 재판상 청구로 인하여 시효가 중단된다(대판 2009.2.12. 2008두20109).

⑤ (○) 채권자의 신청에 의한 경매개시결정에 따라 연대채무자 1인의 소유 부동산이 압류된 경우, 이로써 위 채무자에 대한 채권의 소멸시효는 중단되지만, 압류에 의한 시효중단의 효력은 다른 연대채무자에게 미치지 아니하므로, 경매개시결정에 의한 시효중단의 효력을 다른 연대채무자에 대하여 주장할 수 없다(대판 2001.8.21. 2001다22840). 이 판례의 법리는 보전처분으로서의 가압류의 경우에도 동일하게 적용된다.

답 ③

030 소멸시효에 관한 설명으로 옳지 않은 것은?(다툼이 있으면 판례에 따름)   21 변리

① 소멸시효에 관한 규정은 강행규정이지만, 법률행위에 의하여 경감할 수 있다.
② 공유물분할청구권은 공유관계가 존속하는 한 별도로 소멸시효가 진행되지 않는다.
③ 부당이득반환청구권의 소멸시효는 청구권이 성립한 때로부터 진행하고, 원칙적으로 권리의 존재나 발생을 알지 못하였다고 하더라도 소멸시효의 진행에 장애가 되지 않는다.
④ 부동산매수인이 소유권이전등기 없이 부동산을 인도받아 사용·수익하다가 제3자에게 그 부동산을 처분하고 점유를 승계하여 준 경우, 소유권이전등기청구권의 소멸시효가 진행되지 않는다.
⑤ 원인채권의 지급을 확보하기 위하여 어음이 수수된 당사자 사이에 채권자가 어음채권에 관한 집행권원에 기하여 한 배당요구는 그 원인채권의 소멸시효를 중단시키는 효력이 없다.

해설

① (○) 시효에 관한 규정은 원칙적으로 편면적 강행규정에 해당하므로, 소멸시효를 법률행위에 의하여 배제, 연장 또는 가중할 수는 없으나, 단축 또는 경감할 수는 있다(민법 제184조 제2항).
② (○) 공유물분할청구권은 공유관계에서 수반되는 형성권이므로 공유관계가 존속하는 한 그 분할청구권만이 독립하여 시효소멸될 수 없다(대판 1981.3.24. 80다1888).
③ (○) 판례의 취지를 고려할 때 부당이득반환청구권은 기한의 정함이 없는 채권으로 그 소멸시효는 권리가 발생한 때인 청구권이 성립한 때로부터 진행하고 채권자가 권리의 존재나 발생을 알지 못하였다고 하더라도 원칙적으로 소멸시효의 진행에 장애가 되지 않는다.

> [1] 부당이득반환청구권은 법률상 원인 없이 타인의 재산 또는 노무로 인하여 이익을 얻고 이로 인하여 타인에게 손해를 가한 경우에 성립하며, 그 성립과 동시에 권리를 행사할 수 있으므로 청구권이 성립한 때부터 소멸시효가 진행한다(대판 2017.7.18. 2017다9039).
> [2] 소멸시효의 진행은 당해 청구권이 성립한 때로부터 발생하고 원칙적으로 권리의 존재나 발생을 알지 못하였다고 하더라도 소멸시효의 진행에 장애가 되지 않는다고 할 것이지만, 법인의 이사회결의가 부존재함에 따라 발생하는 제3자의 부당이득반환청구권처럼 법인이나 회사의 내부적인 법률관계가 개입되어 있어 청구권자가 권리의 발생 여부를 객관적으로 알기 어려운 상황에 있고 청구권자가 과실 없이 이를 알지 못한 경우에도 청구권이 성립한 때부터 바로 소멸시효가 진행한다고 보는 것은 정의와 형평에 맞지 않을 뿐만 아니라 소멸시효제도의 존재이유에도 부합한다고 볼 수 없으므로, 이러한 경우에는 이사회결의부존재 확인판결의 확정과 같이 객관적으로 청구권의 발생을 알 수 있게 된 때로부터 소멸시효가 진행된다고 보는 것이 타당하다(대판 2003.4.8. 2002다64957).

④ (○) 부동산의 매수인이 그 부동산을 인도받은 이상 이를 사용·수익하다가 그 부동산에 대한 보다 적극적인 권리행사의 일환으로 다른 사람에게 그 부동산을 처분하고 그 점유를 승계하여 준 경우에도 그 이전등기청구권의 행사 여부에 관하여 그가 그 부동산을 스스로 계속 사용·수익만 하고 있는 경우와 특별히 다를바 없으므로 위 두 어느 경우에나 이전등기청구권의 소멸시효는 진행되지 않는다고 보아야 한다(대판 1993.3.18. 98다32175[전합]).
⑤ (×) 원인채권의 지급을 확보하기 위하여 어음이 수수된 당사자 사이에서 채권자가 어음채권을 피보전권리로 하여 채무자의 재산을 가압류함으로써 그 권리를 행사한 경우에는 그 원인채권의 소멸시효를 중단시키는 효력이 있고, 이러한 법리는 채권자가 어음채권을 청구채권으로 하여 채무자의 재산을 압류함으로써 그 권리를 행사한 경우에도 마찬가지이며, 한편 집행력 있는 집행권원 정본을 가진 채권자는 이에 기하여 강제경매를 신청할 수 있으며, 다른 채권자의 신청에 의하여 개시된 경매절차를 이용하여 배당요구를 신청하는 행위도 집행권원에 기하여 능동적으로 그 권리를 실현하려고 하는 점에서는 강제경매의 신청과 동일하다고 할 수 있으므로, 부동산경매절차에서 집행력 있는 집행권원 정본을 가진 채권자가 하는 배당요구는 민법 제168조 제2호의 압류에 준하는 것으로서 배당요구에 관련된 채권에 관하여 소멸시효를 중단하는 효력이 생긴다고 할 것이고, 따라서 원인채권의 지급을 확보하기 위하여 어음이 수수된 당사자 사이에 채권자가 어음채권에 관한 집행력 있는 집행권원 정본에 기하여 한 배당요구는 그 원인채권의 소멸시효를 중단시키는 효력이 있다(대판 2002.2.26. 2000다25484).

답 ⑤

031

甲은 A호텔에서 2015.12.5. 회갑연을 하고, 당일 지급하기로 한 3천만원의 음식료채무를 그의 친구 乙과 연대하여 부담하기로 약정하였다. A호텔이 2016.11.21. 3천만원을 받기 위하여 甲을 상대로 이행청구의 소를 제기하였다. 다음 설명 중 옳지 않은 것은?(다툼이 있으면 판례에 따름)

[17] 변리

① A호텔의 음식료채권은 1년의 소멸시효에 걸린다.
② 소멸시효가 완성되기 전에 A호텔이 소를 제기했으므로, 소멸시효의 진행이 중단된다.
③ A호텔이 소송을 취하하면 소멸시효 중단의 효력은 없으나, 6개월 내에 가압류를 하면 최초의 재판상 청구로 인하여 소멸시효가 중단된 것으로 본다.
④ A호텔의 청구에 대하여 기각판결이 확정된 후, A호텔이 재심을 청구하면 소멸시효의 진행이 중단된다.
⑤ A호텔의 재판상 청구로 인한 소멸시효 중단의 효력은 乙에게도 미친다.

해설

① (○) 민법 제164조 제1호 참조

> **1년의 단기소멸시효(민법 제164조)**
> 다음 각 호의 채권은 1년간 행사하지 아니하면 소멸시효가 완성한다.
> 1. 여관, 음식점, 대석, 오락장의 숙박료, 음식료, 대석료, 입장료, 소비물의 대가 및 체당금의 채권
> 2. 의복, 침구, 장구 기타 동산의 사용료의 채권
> 3. 노역인, 연예인의 임금 및 그에 공급한 물건의 대금채권
> 4. 학생 및 수업자의 교육, 의식 및 유숙에 관한 교주, 숙주, 교사의 채권

② (○) 3천만원의 음식료채권을 가지고 있던 A호텔이 소멸시효가 완성되기 전에 연대채무자 중의 1인인 甲을 피고로 음식료지급청구의 소를 제기하였으므로 甲의 음식료채무의 소멸시효 진행은 중단된다(민법 제168조 제1호 참고).

> 시효중단사유로서의 재판상의 청구에는 그 권리 자체의 이행청구를 하는 경우뿐만 아니라 그 권리가 발생한 기본적 권리관계에 관한 이행청구나 확인청구를 하는 경우에도 그 기본적 권리관계의 이행청구나 확인청구가 그로부터 발생한 권리의 실현수단이 될 수 있어 권리 위에 잠자는 것이 아님을 표명한 것으로 볼 수 있는 때에는 그 기본적 권리관계에 관한 이행청구나 확인청구도 시효중단사유로서의 재판상 청구에 포함된다(대판 1995.6.30. 94다13435).

③ (○) A호텔이 甲을 피고로 제기한 음식료지급청구의 소를 취하하면 소멸시효 중단의 효력은 없으나, 6개월 내에 가압류를 하면 최초의 재판상 청구로 인하여 소멸시효가 중단된 것으로 본다(민법 제170조 제1항·제2항 참고).
④ (×) 재판상 청구는 소송의 각하, 기각, 취하의 경우에는 시효중단의 효력이 없고 다만 각하 또는 취하되었다가 6월 내에 다시 재판상 청구를 하면 시효는 중단되나 기각판결이 확정된 경우에는 청구권의 부존재가 확정됨으로써 중단의 효력이 생길 수 없으므로 청구기각판결의 확정 후 재심을 청구하였다 하더라도 시효의 진행이 중단된다고 할 수 없다(대판 1992.4.24. 92다6983). 따라서 A호텔의 청구에 대하여 기각판결이 확정된 후, A호텔이 재심을 청구하는 경우에도 소멸시효의 진행은 중단되지 아니한다.
⑤ (○) A호텔이 甲을 피고로 음식료지급청구의 소를 제기함으로써 연대채무자 甲의 음식료채무의 소멸시효가 중단된 경우, 연대채무자 1인에 대한 이행청구는 절대적 효력을 가지므로 다른 연대채무자 乙의 음식료채무의 소멸시효도 중단된다(민법 제416조).

답 ④

032 소멸시효의 중단사유에 관한 설명으로 옳은 것은?(다툼이 있는 경우에는 판례에 의함)

① 채권양도 후 대항요건이 구비되기 전에 양도인은 채무자를 상대로 시효중단의 효력이 있는 재판상 청구를 할 수 없다.
② 채권양도 후 대항요건이 구비되기 전에 양수인은 채무자를 상대로 시효중단의 효력이 있는 재판상 청구를 할 수 없다.
③ 채권자가 가분채권의 일부분을 피보전채권으로 하여 가압류를 한 경우에는 피보전채권에 포함되지 않은 나머지 채권에 대하여도 시효중단의 효력이 생긴다.
④ 시효완성 전에 한 면책적 채무인수는 소멸시효의 중단사유가 되지 않는다.
⑤ 시효중단의 효력이 있는 승인에는 상대방의 권리에 관한 처분의 능력이나 권한이 있음을 요하지 않는다.

해설

① (×) 채권양도 후 대항요건이 구비되기 전의 양도인은 채무자에 대한 관계에서는 여전히 채권자의 지위에 있으므로 채무자를 상대로 시효중단의 효력이 있는 재판상의 청구를 할 수 있다(대판 2009.2.12. 2008두20109).
② (×) 비록 대항요건을 갖추지 못하여 채무자에게 대항하지 못한다고 하더라도 채권의 양수인이 채무자를 상대로 재판상의 청구를 하였다면 이는 소멸시효중단사유인 재판상의 청구에 해당한다고 보아야 한다(대판 2005.11.10. 2005다41818).
③ (×) 채권자가 가분채권의 일부분을 피보전채권으로 주장하여 채무자 소유의 재산에 대하여 가압류를 한 경우에 있어서는 그 피보전채권부분만에 한하여 시효중단의 효력이 있다 할 것이고 가압류에 의한 보전채권에 포함되지 아니한 나머지 채권에 대하여는 시효중단의 효력이 발생할 수 없다 할 것이다(대판 1976.2.24. 75다1240).
④ (×) 면책적 채무인수가 있는 경우, 인수채무의 소멸시효기간은 채무인수와 동시에 이루어진 소멸시효중단 사유, 즉 채무승인에 따라 채무인수일로부터 새로이 진행된다(대판 1999.7.9. 99다12376).
⑤ (○) 시효중단의 효력 있는 승인에는 상대방의 권리에 관한 처분의 능력이나 권한 있음을 요하지 아니한다(민법 제177조).

 ⑤

033 소멸시효에 관한 설명으로 옳은 것은?

① 재산을 관리하는 후견인에 대한 제한능력자의 권리는 그가 능력자가 된 때로부터 6개월 내에는 소멸시효가 완성되지 아니한다.
② 채권자가 채무자를 상대로 법원에 신청한 화해가 불성립되어 채권자가 그로부터 1월 내에 소를 제기한 경우, 채권의 소멸시효는 소제기 시부터 중단된다.
③ 소멸시효의 기간만료 전 1년 내에 제한능력자에게 법정대리인이 없는 경우, 그가 능력자가 되거나 법정대리인이 취임한 때로부터 1년 내에는 소멸시효가 완성되지 아니한다.
④ 상속재산에 대한 권리는 상속인의 확정, 관리인의 선임 또는 파산선고가 있는 때로부터 1년 내에는 소멸시효가 완성되지 아니한다.
⑤ 채무자가 시효중단의 효력이 있는 승인을 하려면 채권자의 채권에 관한 처분의 능력이나 권한이 있어야 한다.

해설

① (○) 재산을 관리하는 아버지, 어머니 또는 후견인에 대한 제한능력자의 권리는 그가 능력자가 되거나 후임법정대리인이 취임한 때부터 6개월 내에는 소멸시효가 완성되지 아니한다(민법 제180조 제1항).
② (×) 채권자가 채무자를 상대로 법원에 신청한 화해가 불성립되어 채권자가 그로부터 1월 내에 소를 제기한 경우, 그 채권의 소멸시효 중단의 효력은 화해를 신청한 때에 발생한다(민법 제173조 참고).
③ (×) 소멸시효의 기간만료 전 6개월 내에 제한능력자에게 법정대리인이 없는 경우에는 그가 능력자가 되거나 법정대리인이 취임한 때부터 6개월 내에는 시효가 완성되지 아니한다(민법 제179조).
④ (×) 상속재산에 속한 권리나 상속재산에 대한 권리는 상속인의 확정, 관리인의 선임 또는 파산선고가 있는 때로부터 6월 내에는 소멸시효가 완성하지 아니한다(민법 제181조).
⑤ (×) 시효중단의 효력 있는 승인에는 상대방의 권리에 관한 처분의 능력이나 권한 있음을 요하지 아니한다(민법 제177조).

답 ❶

034 소멸시효에 관한 설명으로 옳지 않은 것은?(다툼이 있는 경우에는 판례에 의함) 변리

① 가분채무의 일부에 대한 시효이익의 포기는 허용되지 않는다.
② 시효완성 후 소멸시효 중단사유에 해당하는 채무승인 행위가 있었더라도 그것만으로는 곧바로 소멸시효 이익의 포기라는 의사표시가 있었다고 단정할 수 없다.
③ 소멸시효가 완성된 후에 채권자의 제소기간연장요청에 대한 채무자의 동의는 시효이익을 포기하는 의사표시를 포함하지 않는다.
④ 특정한 채무의 이행을 청구할 수 있는 기간을 제한하고 그 기간이 경과하면 채무가 소멸하도록 하는 약정은 법률이 정하는 소멸시효기간을 단축하는 것으로서, 특별한 사정이 없으면 유효하다.
⑤ 채권자와 주채무자 사이의 확정판결로 주채무의 소멸시효기간이 10년으로 연장되더라도 보증채무의 소멸시효기간은 여전히 종전의 소멸시효기간에 따른다.

해설

① (×) 소멸시효이익의 포기는 가분채무의 일부에 대하여도 가능하다(대판 2012.5.10. 2011다109500).
② (○) 시효이익 포기는 단순히 채무에 관한 인식을 표시하는 것을 넘어, 자신에게 법적으로 보장된 시효이익의 포기라는 법적 효과를 의욕하는 효과의사의 표시가 있어야 한다는 점에서 채무승인과 뚜렷하게 구별된다. 이러한 효과의사는 채무자에게 불리한 법적 결과를 채무자의 자기결정에 따라 정당화하는 시효이익 포기의 핵심적인 요소이다. 이는 채무승인 행위에는 요구되지 않는 요소이므로, 시효완성 후 소멸시효 중단사유에 해당하는 채무승인 행위가 있었더라도 그것만으로는 곧바로 소멸시효 이익의 포기라는 의사표시가 있었다고 단정할 수 없다(대판 2025.7.24. 2023다240299[전합]).
③ (○) 채무자가 소멸시효가 완성된 이후에 여러 차례에 걸쳐 채권자의 제소기간 연장요청에 동의한 바 있더라도 그 동의는 그 연장된 기간까지는 언제든지 채권자가 제소하더라도 이의가 없다는 취지에 불과한 것이지 완성한 소멸시효 이익을 포기하는 의사표시까지 함축하고 있는 것은 아니다(대판 1987.6.23. 86다카2107).

> [유사판례]
> 소멸시효중단사유로서의 채무승인은 시효이익을 받는 당사자인 채무자가 소멸시효의 완성으로 채권을 상실하게 될 자에 대하여 상대방의 권리 또는 자신의 채무가 있음을 알고 있다는 뜻을 표시함으로써 성립하는 이른바 관념의 통지로 여기에 어떠한 효과의사가 필요하지 않다. 이에 반하여 시효완성 후 시효이익의 포기가 인정되려면 시효이익을 받는 채무자가 시효의 완성으로 인한 법적인 이익을 받지 않겠다는 효과의사가 필요하기 때문에 시효완성 후 소멸시효중단사유에 해당하는 채무의 승인이 있었다 하더라도 그것만으로는 곧바로 소멸시효이익의 포기라는 의사표시가 있었다고 단정할 수 없다(대판 2013.2.28. 2011다21556).

④ (○) 특정한 채무의 이행을 청구할 수 있는 기간을 제한하고 그 기간을 도과할 경우 채무가 소멸하도록 하는 약정은 민법 또는 상법에 의한 소멸시효기간을 단축하는 약정으로서 특별한 사정이 없는 한 민법 제184조 제2항에 의하여 유효하다(대판 2006.4.14. 2004다70253).
⑤ (○) 채권자와 주채무자 사이의 확정판결에 의하여 주채무가 확정되어 그 소멸시효기간이 10년으로 연장되었다 할지라도 그 보증채무까지 당연히 단기소멸시효의 적용이 배제되어 10년의 소멸시효기간이 적용되는 것은 아니고, 채권자와 연대보증인 사이에 있어서 연대보증채무의 소멸시효기간은 여전히 종전의 소멸시효 기간에 따른다(대판 2006.8.24. 2004다26287).

답 ❶

035 시효이익의 포기에 관한 설명으로 옳지 않은 것은?(다툼이 있는 경우에는 판례에 의함)

13 변리

① 소멸시효의 이익은 미리 포기하지 못하지만, 소멸시효가 완성된 후에는 자유롭게 포기할 수 있다.
② 채무자가 시효완성 후 채무를 승인한 경우에는 시효완성의 사실을 알고 그 이익을 포기한 것으로 추정된다.
③ 소멸시효기간을 단축하는 약정은 특별한 사정이 없는 한 유효하다.
④ 소멸시효이익 포기의 의사표시를 할 수 있는 자는 시효완성의 이익을 받을 당사자 또는 그 대리인에 한정된다.
⑤ 소멸시효 포기의 효력은 그 의사표시가 상대방에게 도달한 때에 발생한다.

해설

① (○) 소멸시효의 이익은 미리 포기하지 못하나, 민법 제184조 제1항의 반대해석상 소멸시효 완성 후에는 포기할 수 있다.
② (×) 시효이익 포기는 단순히 채무에 관한 인식을 표시하는 것을 넘어, 자신에게 법적으로 보장된 시효이익의 포기라는 법적 효과를 의욕하는 효과의사의 표시가 있어야 한다는 점에서 채무승인과 뚜렷하게 구별된다. 이러한 효과의사는 채무자에게 불리한 법적 결과를 채무자의 자기결정에 따라 정당화하는 시효이익 포기의 핵심적인 요소이다. 이는 채무승인 행위에는 요구되지 않는 요소이므로, 시효완성 후 소멸시효 중단사유에 해당하는 채무승인 행위가 있었더라도 그것만으로는 곧바로 소멸시효 이익의 포기라는 의사표시가 있었다고 단정할 수 없다(대판 2025.7.24. 2023다240299[전합]).
③ (○) 소멸시효는 법률행위에 의하여 이를 배제, 연장 또는 가중할 수 없으나 이를 단축 또는 경감할 수 있다(민법 제184조 제2항). 따라서 소멸시효기간을 단축하는 약정은 특별한 사정이 없는 한 유효하다.
④ (○) 시효완성의 이익포기의 의사표시를 할 수 있는 자는 시효완성의 이익을 받을 당사자 또는 그 대리인에 한정되고, 그 밖의 제3자가 시효완성의 이익포기의 의사표시를 하였다 하더라도 이는 시효완성의 이익을 받을 자에 대한 관계에서 아무 효력이 없다(대판 2014.1.23. 2013다64793).
⑤ (○) 시효이익의 포기와 같은 상대방 있는 단독행위는 그 의사표시로 인하여 권리에 직접적인 영향을 받는 상대방에게 도달하는 때에 효력이 발생한다(대판 1994.12.23. 94다40734).

답 ❷

CHAPTER 01　채권법 서론

CHAPTER 02　채권의 목적

CHAPTER 03　채권의 효력

CHAPTER 04　다수당사자의 채권관계

CHAPTER 05　채권양도와 채무인수

CHAPTER 06　채권의 소멸

PART 2

채권총론

CHAPTER 01 채권법 서론

제1절 채권법의 의의

제2절 채권의 목적(급부)

제3절 채무의 내용(채무구조론)

001
CHECK
○△×

계약교섭의 당사자 또는 유효한 계약의 당사자가 부담하는 의무에 관한 설명으로 옳은 것은?(다툼이 있는 경우에는 판례에 의함)

12 변리

① 통상의 임대차에서 임대인은 임차인에게 임대목적물을 제공하여 이를 사용·수익하게 해야 할 뿐만 아니라, 특별한 사정이 없는 한 안전배려 또는 도난방지 등의 보호의무를 부담한다.
② 사용자가 피용자의 안전을 위한 인적·물적 환경의 정비 등 필요한 조치를 강구할 보호의무를 위반하여 피용자에게 손해가 발생한 경우, 특별한 사정이 없는 한 그 사고가 피용자의 업무와 관련성이 없거나 예측할 수 없는 때에도 사용자는 손해배상의 책임을 진다.
③ 건축공사 일부분의 수급인 甲이 구체적인 지휘·감독권을 유보하고 재료와 설비를 공급하면서 시공부분만을 시공기술자 乙에게 다시 도급을 준 노무도급관계에서, 甲은 乙이 시공하는 과정에서 그의 생명이나 건강 등을 해치지 않도록 인적·물적 환경을 정비하고 필요한 조치를 강구할 보호의무를 부담한다.
④ 부동산거래에서 거래상대방이 일정한 사정을 알았다면 그 거래를 하지 않았을 것임이 경험칙상 명백한 경우라도, 계약자유의 원칙에 따라 교섭에서 우월적 지위를 확보하는 수단은 보장되어야 하므로 상대방에게 그런 사정을 사전에 고지할 의무는 없다.
⑤ 어느 일방이 교섭단계에서 계약이 확실하게 체결되리라는 정당한 기대 내지 신뢰를 부여하여 상대방이 그 신뢰에 따라 행동하였음에도 상당한 이유 없이 계약의 체결을 거부하여 손해를 입은 경우, 계약책임을 물을 수 있다.

해설

① (×) 통상의 임대차관계에 있어서 임대인의 임차인에 대한 의무는 특별한 사정이 없는 한 단순히 임차인에게 임대목적물을 제공하여 임차인으로 하여금 이를 사용·수익하게 함에 그치는 것이고, 더 나아가 임차인의 안전을 배려하여 주거나 도난을 방지하는 등의 보호의무까지 부담한다고 볼 수 없을 뿐만 아니라 임대인이 임차인에게 임대목적물을 제공하여 그 의무를 이행한 경우 임대목적물은 임차인의 지배 아래 놓이게 되어 그 이후에는 임차인의 관리하에 임대목적물의 사용·수익이 이루어지는 것이다(대판 1999.7.9. 99다10004).
② (×) [1] 사용자는 근로계약에 수반되는 신의칙상의 부수적 의무로서 피용자가 노무를 제공하는 과정에서 생명, 신체, 건강을 해치는 일이 없도록 인적·물적 환경을 정비하는 등 필요한 조치를 강구하여야 할 보호의무를 부담하고, 이러한 보호의무를 위반함으로써 피용자가 손해를 입은 경우 이를 배상할 책임이 있다.
[2] 보호의무 위반을 이유로 사용자에게 손해배상책임을 인정하기 위하여는 특별한 사정이 없는 한 그 사고가 피용자의 업무와 관련성을 가지고 있을 뿐 아니라 또한 그 사고가 통상 발생할 수 있다고 하는 것이 예측되거나 예측할 수 있는 경우라야 할 것이고, 그 예측가능성은 사고가 발생한 때와 장소, 가해자의 분별능력, 가해자의 성행, 가해자와 피해자의 관계 기타 여러 사정을 고려하여 판단하여야 한다(대판 2001.7.27. 99다56734).

③ (○) 판례의 취지를 고려할 때 건축공사 일부분의 수급인 甲과 시공기술자 乙이 노무도급관계에 있다면 노무도급의 수급인과 시공기술자는 실질적으로 사용자와 피용자의 관계에 있는 것이 되어, 甲은 乙이 시공하는 과정에서 그의 생명이나 건강 등을 해치지 않도록 인적·물적 환경을 정비하고 필요한 조치를 강구할 보호의무를 부담한다.

> [1] 건축공사의 일부분을 하도급받은 자가 구체적인 지휘·감독권을 유보한 채, 재료와 설비는 자신이 공급하면서 시공부분만을 시공기술자에게 재하도급하는 경우와 같은 노무도급의 경우, 그 노무도급의 도급인과 수급인은 실질적으로 사용자와 피용자의 관계에 있다.
> [2] 노무도급의 도급인은 수급인이 노무를 제공하는 과정에서 생명·신체·건강을 해치는 일이 없도록 물적 환경을 정비하고 필요한 조치를 강구할 보호의무를 부담하며, 이러한 보호의무는 실질적인 고용계약의 특수성을 고려하여 신의칙상 인정되는 부수적 의무로서 구 산업안전보건법 시행령 제3조 제1항에 의하여 사업주의 안전상 조치의무를 규정한 산업안전보건법 제23조가 적용되지 아니하는 사용자일지라도 마찬가지로 인정된다고 할 것이고, 만일 실질적인 사용관계에 있는 노무도급인이 고의 또는 과실로 이러한 보호의무를 위반함으로써 노무수급인의 생명·신체·건강을 침해하여 손해를 입힌 경우 노무도급인은 노무도급계약상의 채무불이행책임과 경합하여 불법행위로 인한 손해배상책임을 부담한다(대판 1997.4.25. 96다53086).

④ (×) 부동산거래에 있어 거래상대방이 일정한 사정에 관한 고지를 받았더라면 그 거래를 하지 않았을 것임이 경험칙상 명백한 경우에는 신의성실의 원칙상 사전에 상대방에게 그와 같은 사정을 고지할 의무가 있으며, 그와 같은 고지의무의 대상이 되는 것은 직접적인 법령의 규정뿐 아니라 널리 계약상, 관습상 또는 조리상의 일반원칙에 의하여도 인정될 수 있고, 일단 고지의무의 대상이 되는 사실이라고 판단되는 경우 이미 알고 있는 자에 대하여는 고지할 의무가 별도로 인정될 여지가 없지만, 상대방에게 스스로 확인할 의무가 인정되거나 거래관행상 상대방이 당연히 알고 있을 것으로 예상되는 예외적인 경우가 아닌 한, 실제 그 대상이 되는 사실을 알지 못하였던 상대방에 대하여는 비록 알 수 있었음에도 알지 못한 과실이 있다 하더라도 그 점을 들어 추후 책임을 일부 제한할 여지가 있음은 별론으로 하고 고지할 의무 자체를 면하게 된다고 할 수는 없다(대판 2007.6.1. 2005다5812).

⑤ (×) 어느 일방이 교섭단계에서 계약이 확실하게 체결되리라는 정당한 기대 내지 신뢰를 부여하여 상대방이 그 신뢰에 따라 행동하였음에도 상당한 이유 없이 계약의 체결을 거부하여 손해를 입혔다면 이는 신의성실의 원칙에 비추어 볼 때 계약자유원칙의 한계를 넘는 위법한 행위로서 불법행위를 구성한다고 할 것이다(대판 2001.6.15. 99다40418).

답 ❸

CHAPTER 02 채권의 목적

제1절 특정물채권

001 특정물채권에 관한 설명으로 옳지 않은 것은?(다툼이 있으면 판례에 따름) 〔24 변리〕

① 특정물매매에 있어서 매수인의 대금지급채무가 이행지체에 빠졌다고 하더라도 그 목적물이 매수인에게 인도될 때까지는 매수인은 매매대금의 이자를 지급할 필요가 없다.
② 특정물매매의 경우, 매수인이 매매대금을 지급하지 않더라도 인도받지 않은 목적물로부터 생긴 과실에 대한 수취권은 특별한 사정이 없는 한 매수인에게 귀속된다.
③ 채권자는 특정물에 관한 자신의 채권을 보전하기 위하여 채무자의 제3채무자에 대한 그 특정물에 관한 권리만을 대위행사할 수 있다.
④ 103동 607호, 107동 203호 등으로 아파트를 지정하여 매매하는 것을 내용으로 하는 아파트분양계약은 수량을 지정한 매매가 아닌 특정물을 목적으로 한 매매에 해당한다.
⑤ 채권자가 특정물채권을 보전하기 위해 채권자취소권을 행사하는 것은 허용되지 않는다.

해설

① (○) 특정물의 매매에 있어서 매수인의 대금지급채무가 이행지체에 빠졌다 하더라도 그 목적물이 매수인에게 인도될 때까지는 매수인은 매매대금의 이자를 지급할 필요가 없는 것이므로(민법 제587조 참조), 그 목적물의 인도가 이루어지지 아니하는 한 매도인은 매수인의 대금지급의무 이행의 지체를 이유로 매매대금의 이자 상당액의 손해배상청구를 할 수 없다(대판 1995.6.30. 95다14190).
② (×) 특별한 사정이 없는 한 매매계약이 있은 후에도 인도하지 아니한 목적물로부터 생긴 과실은 매도인에게 속하지만(민법 제587조), 매매목적물의 인도 전이라도 매수인이 매매대금을 완납한 때에는 그 이후의 과실수취권은 매수인에게 귀속된다고 보아야 할 것이다(대판 2021.6.24. 2021다220666).
③ (○) 채권자대위권은 채무자의 채권을 대위행사함으로써 채권자의 채권이 보전되는 관계가 존재하는 경우에 한하여 이를 행사할 수 있으므로 특정물에 관한 채권자는 채권을 보전하기 위하여 채무자의 제3채무자에 대한 그 특정물에 관한 권리만을 대위행사할 수 있다(대판 1993.4.23. 93다289).
④ (○) 원고와 피고들 간에 체결된 아파트분양계약이 아파트의 6층 607호, 1층 102호 등으로 특정된 아파트 1동씩을 특정하여 매매한 것이므로 이는 수량을 지정한 매매가 아니라 특정물을 목적으로 한 매매로서 설사 분양안내 카탈로그가 잘못되어 피고들이 분양받은 아파트의 실제면적이 분양계약서상에 표시된 분양면적보다 다소 넓다 하더라도 피고들이 법률상 원인없이 이득을 얻은 것이라 할 수 없다(대판 1991.3.27. 90다13888).
⑤ (○) 채권자취소권을 특정물에 대한 소유권이전등기청구권을 보전하기 위하여 행사하는 것은 허용되지 않으므로, 부동산의 제1양수인은 자신의 소유권이전등기청구권 보전을 위하여 양도인과 제3자 사이에서 이루어진 이중양도행위에 대하여 채권자취소권을 행사할 수 없다(대판 1999.4.27. 98다56690).

답

002 채권에 관한 설명으로 옳지 않은 것은?(다툼이 있으면 판례에 따름) [16 변리]

① 목적물의 인도장소가 정해지지 않은 경우 특정물의 인도는 채권성립 당시 그 물건이 있던 장소에서 하여야 한다.
② 특정물채권에서 채무자의 목적물에 대한 선관주의의무의 존속기간은 특정물채무의 성립 시부터 이행기까지이다.
③ 종류채권에서 지정권자로 된 채무자가 이행기가 지나도 이행할 물건을 지정하지 않는 경우, 채권자가 상당한 기간을 정하여 최고하였으나 채무자가 이행할 물건을 지정하지 않으면 지정권은 채권자에게 이전한다.
④ 이미 발생한 이자에 관하여 채무자가 이행을 지체한 경우에는 그 이자에 대한 지연손해금을 청구할 수 있다.
⑤ 채무자가 자신이 가진 주식의 일부분을 담보로 제공하기로 한 경우, 담보약정에 기한 채권은 제한종류채권에 해당한다.

해설

① (○) 채무의 성질 또는 당사자의 의사표시로 변제장소를 정하지 아니한 때에는 특정물의 인도는 채권성립 당시에 그 물건이 있던 장소에서 하여야 한다(민법 제467조 제1항).
② (×) 특정물의 인도가 채권의 목적인 때에는 채무자는 그 물건을 인도하기까지 선량한 관리자의 주의로 보존하여야 한다(민법 제374조).
③ (○) 제한종류채권에서 급부목적물의 특정은, 원칙적으로 종류채권의 급부목적물의 특정에 관한 민법 제375조 제2항이 적용되므로, 채무자가 이행에 필요한 행위를 완료하거나 채권자의 동의를 얻어 이행할 물건을 지정한 때에는 그 물건이 채권의 목적물이 되지만, 당사자 사이에 지정권의 부여 및 지정의 방법에 관한 합의가 없고, 채무자가 이행에 필요한 행위를 하지 아니하거나 지정권자로 된 채무자가 이행할 물건을 지정하지 아니하는 경우에는, 선택채권의 선택권 이전에 관한 민법 제381조를 준용하여, 채권의 기한이 도래한 후 채권자가 상당한 기간을 정하여 지정권이 있는 채무자에게 그 지정을 최고하여도 채무자가 이행할 물건을 지정하지 않으면 지정권이 채권자에게 이전한다(대판 2009.1.30. 2006다37465).
④ (○) 이미 발생한 이자에 관하여 채무자가 이행을 지체한 경우에는 그 이자에 대한 지연손해금을 청구할 수 있다(대판 1996.9.20. 96다25302).
⑤ (○) 보유주식 일정량을 담보로 제공하기로 한 담보제공약정은 특정한 "주권"에 대한 담보약정이 아니라 기명의 "주식"에 관한 담보약정이고 다만 그 담보약정의 이행으로서 약정한 기명주식을 표창하는 주권을 인도할 의무가 있는 것인데, 주식은 동가성이 있고 상법 등의 규정에 따른 소각, 변환, 병합 등 변화가능성이 있으며 담보약정에 이르게 된 경위 등에 비추어 볼 때, 담보약정 후 주권의 이행제공 전에 갖고 있던 주식에 대한 처분이나 새로운 주식의 취득이 있더라도 약정된 수의 기명주식을 표창하는 주권만 인도하면 되고 인도할 주권의 특정은 쌍방 어느 쪽에서도 할 수 있는 것으로서 담보약정에 기한 채권은 일종의 제한종류채권이다(대판 1994.8.26. 93다20191).

답 ❷

제2절 종류채권

003 민법상 채권의 목적에 관한 설명으로 옳지 않은 것은?(다툼이 있으면 판례에 따름) 22 노무

① 선택채권의 경우, 특별한 사정이 없는 한 선택의 효력은 소급하지 않는다.
② 금전으로 가액을 산정할 수 없는 것이라도 채권의 목적으로 할 수 있다.
③ 종류채권의 경우, 목적물이 특정된 때부터 그 특정된 물건이 채권의 목적물이 된다.
④ 특정물매매계약의 매도인은 특별한 사정이 없는 한 그 목적물을 인도할 때까지 선량한 관리자의 주의로 그 물건을 보존하여야 한다.
⑤ 금전채무에 관하여 이행지체에 대비한 지연손해금 비율을 따로 약정한 경우, 그 약정은 일종의 손해배상액의 예정이다.

해설

① (×) 선택의 효력은 <u>그 채권이 발생한 때에 소급한다. 그러나 제3자의 권리를 해하지 못한다</u>(민법 제386조).
② (○) 민법 제373조
③ (○) 종류채권의 목적물은 <u>채무자가 이행에 필요한 행위를 완료하거나 채권자의 동의를 얻어 이행할 물건을 지정한 때 특정되므로</u> 그때로부터 그 물건을 채권의 목적물로 한다(민법 제375조 제2항).
④ (○) 민법 제374조
⑤ (○) 민법 제398조 제2항은 손해배상의 예정액이 부당히 과다한 경우에는 법원이 이를 적당히 감액할 수 있다고 규정하고 있고, 금전채무의 불이행에 관하여 적용을 배제하지 않고 있다. 또한 이자제한법 제6조는 법원은 당사자가 금전을 목적으로 한 채무의 불이행에 관하여 예정한 배상액을 부당하다고 인정한 때에는 상당한 액까지 이를 감액할 수 있다고 규정하고 있다. 따라서 <u>금전채무에 관하여 이행지체에 대비한 지연손해금 비율을 따로 약정한 경우에 이는 손해배상액의 예정으로서 감액의 대상이 된다</u>(대판 2017.7.11. 2016다52265).

답 ❶

004 채권의 목적에 관한 설명으로 옳은 것은?(다툼이 있다면 판례에 따름) [22 변리]

① 주채무가 외화채무인 경우, 채권자와 보증인 사이에 미리 약정한 환율로 환산한 원화로 보증채무를 이행하기로 하는 약정은 허용되지 않는다.
② 특정물채권의 경우, 채무의 성질 또는 당사자의 의사표시로 변제장소를 정하지 아니한 때에는 특정물의 인도는 채권자의 현주소에서 해야 한다.
③ 선택채권의 경우, 선택권 없는 당사자의 과실로 인하여 수개의 급부 중 일부가 이행불능이 된 때에는 채권의 목적은 잔존한 것에 존재한다.
④ 금전채무의 이행지체로 인하여 발생하는 지연이자는 그 성질이 이자이다.
⑤ 종류채권이 특정되면 그 채권은 특정물채권으로 전환되고, 특별한 사정이 없는 한 채무자는 그 특정물을 인도할 때까지 선량한 관리자의 주의로 보존해야 한다.

해설

① (×) 보증채무는 채권자와 보증인 간의 보증계약에 의하여 성립하고, 주채무와는 별개 독립의 채무이지만 주채무와 동일한 내용의 급부를 목적으로 함이 원칙이라고 할 것이나 채권자와 보증인은 보증채무의 내용, 이행의 시기, 방법 등에 관하여 특약을 할 수 있고, 그 특약에 따른 보증인의 부담이 주채무의 목적이나 형태보다 중하지 않는 한 그러한 특약이 무효라고 할 수도 없으므로(민법 제430조 참고), 주채무가 외화채무인 경우에도 채권자와 보증인 사이에 미리 약정한 환율로 환산한 원화로 보증채무를 이행하기로 약정하는 것도 허용된다(대판 2002.8.27. 2000다9734).
② (×) 특정물채권의 경우, 채무의 성질 또는 당사자의 의사표시로 변제장소를 정하지 아니한 때에는 특정물의 인도는 채권성립당시에 그 물건이 있던 장소에서 하여야 한다(민법 제467조 제1항).
③ (×) 선택채권의 경우, 선택권 없는 당사자의 과실로 인하여 수개의 급부 중 일부가 이행불능이 된 때에는 선택채권의 존속에 영향이 없다. 즉, 선택권자는 불능이 된 급부를 선택할 수 있고, 이때 선택한 급부 자체의 이행이 불가능하므로 제1차적 급부의무는 소멸하고 그 대신 전보배상이 문제될 뿐이다(민법 제385조 제2항 참고).
④ (×) 변제기 이후에 지급하는 지연이자는 금전채무의 이행을 지체함으로 인한 손해배상금이지 이자가 아니고 또 민법 제163조 제1호 소정의 1년 이내의 기간으로 정한 채권도 아니므로 단기소멸시효의 대상이 되는 것도 아니다(대판 1989.2.28. 88다카214).
⑤ (○) 종류채권이 특정되면 그 채권은 특정물채권으로 전환되고, 특별한 사정이 없는 한 채무자는 그 특정물을 인도할 때까지 선량한 관리자의 주의로 보존해야 한다(민법 제374조).

답

제3절 금전채권

005 채권의 목적에 관한 설명으로 옳지 않은 것은?(다툼이 있으면 판례에 따름) 23 변리

① 특정물채권의 채무자는 이행기에 이행하여도 손해를 면할 수 없는 경우가 아닌 한, 이행지체 중에 과실 없이 목적물이 멸실되더라도 배상책임을 부담한다.
② 원본채권이 시효로 소멸한 경우 그로부터 발생한 지분적 이자채권도 함께 소멸한다.
③ 금전채무불이행에 따른 통상 손해배상의 경우 채권자는 자신의 손해를 증명할 필요가 없다.
④ 채무자가 금전채무를 이행하지 않아 발생한 확정된 지연손해금에 대하여 채권자가 이행청구를 하는 경우 그 지연손해금에 대하여 다시 지연손해금의 지급을 구할 수는 없다.
⑤ 무권대리에서 상대방이 그의 선택에 따라 행사할 수 있는 계약의 이행 또는 손해배상청구권은 선택권을 행사할 수 있는 때부터 소멸시효가 진행한다.

해설

① (○) 채무자는 자기에게 과실이 없는 경우에도 그 이행지체 중에 생긴 손해를 배상하여야 한다. 그러나 채무자가 이행기에 이행하여도 손해를 면할 수 없는 경우에는 그러하지 아니하다(민법 제392조).
② (○) 원본채권의 소멸시효가 지분권 이자채권(변제기가 도달한 이자채권)의 소멸시효에 앞서 완성된 경우, 비록 지분적 이자채권 자체의 소멸시효는 완성되지 않았더라도 민법 제167조(소멸시효는 그 기산일에 소급하여 효력이 생긴다.), 제183조(주된 권리의 소멸시효가 완성한 때에는 종속된 권리에 그 효력이 미친다.)에 의하여 지분적 이자채권도 소멸한다고 보아야 한다.
③ (○) 금전채무불이행에 따른 손해배상에 관하여는 채권자는 손해의 증명을 요하지 아니하고, 채무자는 과실없음을 항변하지 못한다(민법 제397조 제2항).
④ (×) 금전채무의 지연손해금채무는 금전채무의 이행지체로 인한 손해배상채무로서 이행기의 정함이 없는 채무에 해당하므로, 채무자는 확정된 지연손해금채무에 대하여 채권자로부터 이행청구를 받은 때부터 지체책임을 부담하게 된다. 한편 원금채권과 금전채무불이행의 경우에 발생하는 지연손해금채권은 별개의 소송물이다. 따라서 판결이 확정된 채권자가 시효중단을 위한 신소를 제기하면서 확정판결에 따른 원금과 함께 원금에 대한 확정 지연손해금 및 이에 대한 지연손해금을 청구하는 경우, 확정 지연손해금에 대한 지연손해금채권은 채권자가 신소로써 확정 지연손해금을 청구함에 따라 비로소 발생하는 채권으로서 전소의 소송물인 원금채권이나 확정 지연손해금채권과는 별개의 소송물이므로, 채무자는 확정 지연손해금에 대하여도 이행청구를 받은 다음 날부터 지연손해금을 별도로 지급하여야 하되 그 이율은 신소에 적용되는 법률이 정한 이율을 적용하여야 한다(대판 2022.4.14. 2020다268760).
⑤ (○) 타인의 대리인으로 계약을 한 자가 그 대리권을 증명하지 못하고 또 본인의 추인을 얻지 못한 때에는 상대방의 선택에 좇아 계약의 이행 또는 손해배상의 책임이 있는 것인바 이 상대방이 가지는 계약이행 또는 손해배상청구권의 소멸시효는 그 선택권을 행사할 수 있는 때로부터 진행한다 할 것이고 또 선택권을 행사할 수 있는 때라고 함은 대리권의 증명 또는 본인의 추인을 얻지 못한 때라고 할 것이다(대판 1965.8.24. 64다1156).

답 ④

006 금전채권에 관한 설명으로 옳지 않은 것은?(다툼이 있으면 판례에 따름)   `20` 노무

① 우리나라 통화를 외화채권에 변제충당할 때 특별한 사정이 없는 한 채무이행기의 외국환시세에 의해 환산한다.
② 금전채무의 이행지체로 발생하는 지연손해금의 성질은 손해배상금이지 이자가 아니다.
③ 금전채무의 이행지체로 인한 지연손해금채무는 이행기의 정함이 없는 채무에 해당한다.
④ 금전채무의 약정이율은 있었지만 이행지체로 인해 발생한 지연손해금에 관한 약정이 없는 경우, 특별한 사정이 없는 한 지연손해금은 그 약정이율에 의해 산정한다.
⑤ 금전채무에 관하여 이행지체에 대비한 지연손해금 비율을 따로 약정한 경우, 이는 일종의 손해배상액의 예정이다.

해설

① (×) 채권액이 외국통화로 지정된 금전채권인 외화채권을 채무자가 우리나라 통화로 변제함에 있어서는 민법 제378조가 그 환산시기에 관하여 외화채권에 관한 같은 법 제376조, 제377조 제2항의 "변제기"라는 표현과는 다르게 "지급할 때"라고 규정한 취지에서 새겨 볼 때 그 환산시기는 이행기가 아니라 현실로 이행하는 때, 즉 현실 이행 시의 외국환시세에 의하여 환산한 우리나라 통화로 변제하여야 한다고 풀이함이 상당하다(대판 1991.3.12. 90다2147[전합]).
② (○) 금전채무의 이행지체로 인하여 발생하는 지연손해금은 그 성질이 손해배상금이지 이자가 아니며, 민법 제163조 제1호가 규정한 '1년 이내의 기간으로 정한 채권'도 아니므로 3년간의 단기소멸시효의 대상이 되지 아니한다(대판 1998.11.10. 98다42141).
③ (○) 금전채무의 지연손해금채무는 금전채무의 이행지체로 인한 손해배상채무로서 이행기의 정함이 없는 채무에 해당하므로, 채무자는 확정된 지연손해금채무에 대하여 채권자로부터 이행청구를 받은 때로부터 지체책임을 부담하게 된다(대판 2010.12.9. 2009다59237).
④ (○) 계약 해제 시 반환할 금전에 가산할 이자에 관하여 당사자 사이에 약정이 있는 경우에는 특별한 사정이 없는 한 이행지체로 인한 지연손해금도 그 약정이율에 의하기로 하였다고 보는 것이 당사자의 의사에 부합한다(대판 2013.4.26. 2011다50509).
⑤ (○) 금전채무에 관하여 이행지체에 대비한 지연손해금 비율을 따로 약정한 경우에 이는 일종의 손해배상액의 예정으로서 민법 제398조 제2항에 의한 감액의 대상이 된다(대판 2017.5.30. 2016다275402).

답 ❶

007 금전채권 및 이자채권에 관한 설명으로 옳지 않은 것은?(다툼이 있는 경우에는 판례에 의함)   `15` 노무

① 금전채무불이행의 손해배상에 관하여 채권자는 손해의 증명을 요하지 않는다.
② 금전채무불이행의 손해배상에 관하여 채무자는 과실 없음을 항변하지 못한다.
③ 금전채무의 지연손해금채무는 금전채무의 이행지체로 인한 손해배상채무로서 이행기의 정함이 없는 채무에 해당한다.
④ 원본채권이 양도된 경우 이미 변제기에 도달한 이자채권은 원본채권의 양도 당시 그 이자채권도 양도한다는 의사표시가 없어도 당연히 양도된다.
⑤ 채권의 목적이 어느 종류의 통화로 지급할 것인 경우에 그 통화가 변제기에 강제통용력을 잃은 때에는 채무자는 다른 통화로 변제하여야 한다.

해설

① (○) 민법 제397조 제2항
② (○) 민법 제397조 제2항
③ (○) 금전채무의 지연손해금채무는 금전채무의 이행지체로 인한 손해배상채무로서 이행기의 정함이 없는 채무에 해당하므로, 채무자는 확정된 지연손해금채무에 대하여 채권자로부터 이행청구를 받은 때부터 지체책임을 부담하게 된다(대판 2010.12.9. 2009다59237).
④ (×) 원본채권이 양도된 경우 이미 변제기에 도달한 이자채권은 원본채권의 양도당시 그 이자채권도 양도한다는 의사표시가 없는 한 당연히 양도되지는 않는다(대판 1989.3.28. 88다카12803).
⑤ (○) 민법 제376조

답 ❹

008 채권의 목적에 관한 설명으로 옳지 않은 것은?(다툼이 있으면 판례에 따름) 〔21 변리〕

① 수임인이 위임사무의 처리과정에서 받은 물건으로 위임인에게 인도할 목적물이 대체물이더라도 당사자 사이에는 특정된 물건과 같은 것으로 보아야 한다.
② 채권의 성질 또는 당사자의 의사표시로 달리 정한 바가 없는 이상, 특정물의 인도는 채권성립 당시의 그 물건의 소재지에서 한다.
③ 제한종류채권에서 채무자가 지정권자인 경우, 채권의 기한이 도래한 후 채권자의 최고에도 불구하고 채무자가 이행할 물건을 지정하지 않으면 그 지정권은 채권자에게 이전한다.
④ 채권액이 외국통화로 지정된 금액채권인 외화채권의 경우, 채권자는 대용급부권을 행사하여 우리나라 통화로 환산하여 청구할 수 없다.
⑤ 이자제한법상 제한이자를 초과하는 이자채권을 자동채권으로 하여 상계의 의사표시를 하더라도 그 상계의 효력은 발생하지 않는다.

해설

① (○) 수임인이 위임사무를 처리함에 있어 받은 물건으로 위임인에게 인도할 목적물은 그것이 대체물이더라도 당사자 간에 있어서는 특정된 물건과 같은 것으로 보아야 한다(대판 1962.12.16. 67다1525).
② (○) 채무의 성질 또는 당사자의 의사표시로 변제장소를 정하지 아니한 때에는 특정물의 인도는 채권성립 당시에 그 물건이 있던 장소에서 하여야 한다(민법 제467조 제1항).
③ (○) 제한종류채권에서 급부목적물의 특정은, 원칙적으로 종류채권의 급부목적물의 특정에 관한 민법 제375조 제2항이 적용되므로, 채무자가 이행에 필요한 행위를 완료하거나 채권자의 동의를 얻어 이행할 물건을 지정한 때에는 그 물건이 채권의 목적물이 되지만, 당사자 사이에 지정권의 부여 및 지정의 방법에 관한 합의가 없고, 채무자가 이행에 필요한 행위를 하지 아니하거나 지정권자로 된 채무자가 이행할 물건을 지정하지 아니하는 경우에는, 선택채권의 선택권 이전에 관한 민법 제381조를 준용하여, 채권의 기한이 도래한 후 채권자가 상당한 기간을 정하여 지정권이 있는 채무자에게 그 지정을 최고하여도 채무자가 이행할 물건을 지정하지 않으면 지정권이 채권자에게 이전한다(대판 2009.1.30. 2006다37465).
④ (×) 채권액이 외국통화로 지정된 금전채권인 외화채권을 채권자가 대용급부의 권리를 행사하여 우리나라 통화로 환산하여 청구하는 경우 법원이 채무자에게 그 이행을 명함에 있어서는 채무자가 현실로 이행할 때에 가장 가까운 사실심 변론종결 당시의 외국환시세를 우리나라 통화로 환산하는 기준시로 삼아야 한다(대판 2007.7.12. 2007다13640).
⑤ (○) 계약상의 이자로서 이자제한법 소정의 제한이율을 초과하는 부분은 무효(이자제한법 제2조 제3항)이고, 이러한 제한초과의 이자에 대하여 자동채권으로 상계의 의사표시를 하더라도 그 상계의 효력은 발생하지 않는다(대판 1998.10.13. 98다17046 참고).

답 ❹

009 금전채무에 관한 설명으로 옳은 것은?(다툼이 있으면 판례에 따름) 17 노무

① 채권의 목적이 다른 나라 통화로 지급할 것인 경우, 채무자는 그 국가의 강제통용력 있는 각종 통화로 변제할 수 있다.
② 민사채권과 상사채권의 법정이율은 모두 연 5분이다.
③ 금전채무불이행책임의 경우, 그 손해에 대한 채권자의 증명이 필요하다.
④ 금전채무의 이행지체로 인하여 발생하는 지연손해금은 3년간의 단기소멸시효의 대상이다.
⑤ 금전채권의 경우, 특정물채권이 될 여지가 없다.

해설

① (○) 민법 제377조 제1항
② (×) 이자 있는 채권의 이율은 다른 법률의 규정이나 당사자의 약정이 없으면 연 5분으로 한다(민법 제379조). 상행위로 인한 채무의 법정이율은 연 6분으로 한다(상법 제54조).
③ (×) 금전채무불이행의 손해배상에 관하여는 채권자는 손해의 증명을 요하지 아니하고 채무자는 과실 없음을 항변하지 못한다(민법 제397조 제2항).
④ (×) 금전채무의 이행지체로 인하여 발생하는 지연손해금은 그 성질이 손해배상금이지 이자가 아니며, 민법 제163조 제1호가 규정한 '1년 이내의 기간으로 정한 채권'도 아니므로 3년간의 단기소멸시효의 대상이 되지 아니한다고 할 것이다(대판 2010.9.9. 2010다24435). 즉, 지연배상금의 소멸시효기간(10년)은 원본 채권의 그것과 동일하다.
⑤ (×) 진열용 또는 소장용 등 특정의 화폐의 인도를 목적으로 하는 채권을 특정금전채권이라고 하는데, 이 경우에는 특정물채권이 될 수 있다.

답 ❶

010 금전채권에 대한 설명 중 옳은 것은?(다툼이 있으면 판례에 따름) 08 사시

ㄱ. 금융실명제 아래에서는 원칙적으로 예금명의자를 예금계약상의 채권자로 보아야 하지만, 특별한 사정으로 예금의 출연자와 금융기관 사이에 예금명의인이 아닌 출연자에게 예금반환채권을 귀속시키기로 하는 약정이 있는 경우에는 그 출연자를 예금주로 하는 금융거래계약이 성립한다.
ㄴ. 채권액이 외국통화로 지정된 경우 채무자에게만 대용권을 인정하고 있는 민법하에서는 특별한 사정이 없는 한 채권자는 본래의 급부목적인 외국통화의 지급만을 청구할 수밖에 없다.
ㄷ. 민법은 금전채무의 불이행으로 인한 손해배상에 대하여 채무불이행 사실만으로 지연이자만큼의 손해발생을 의제하고 있으나 소송에서 채권자가 손해발생의 주장조차 하지 않은 경우에는 지연이자만큼의 손해는 인용될 수 없다.
ㄹ. 甲이 乙에게 갖고 있는 금전채권이 甲의 채권자인 丙에 의하여 가압류되었을 때에는 乙의 甲에 대한 지급이 금지되기 때문에 乙은 이행기에 채무를 이행하지 않더라도 지체책임을 부담하지 않는다.

① ㄱ, ㄷ
② ㄱ, ㄴ, ㄷ
③ ㄱ, ㄷ
④ ㄱ, ㄷ, ㄹ
⑤ ㄴ, ㄷ

해설

ㄱ. (○) 금융실명거래 및 비밀보장에 관한 법률 제3조 제1항에 따라 금융기관은 거래자의 실지명의에 의하여 금융거래를 하여야 하므로, 원칙적으로 예금명의자를 예금주로 보아야 하지만, 특별한 사정으로 예금의 출연자와 금융기관 사이에 예금명의인이 아닌 출연자에게 예금반환채권을 귀속시키기로 하는 명시적 또는 묵시적 약정이 있는 경우에는 그 출연자를 예금주로 하는 금융거래계약이 성립된다(대판 2002.5.14. 2001다75660).

ㄴ. (×) 채권액이 외국통화로 지정된 금전채권인 외화채권을 채무자가 우리나라 통화로 변제할 경우, 민법 제378조가 그 환산시기에 관하여 외화채권에 관한 민법 제376조, 제377조 제2항의 '변제기'라는 표현과는 다르게 '지급할 때'라고 규정한 취지에 비추어 볼 때, 그 환산시기는 이행기가 아니라 현실로 이행하는 때, 즉 현실이행 시의 외국환 시세에 의하여 환산한 우리나라 통화로 변제하여야 한다고 풀이함이 타당하다. 따라서 채권자가 위와 같은 외화채권을 대용급부의 권리를 행사하여 우리나라 통화로 환산하여 청구하는 경우에도, 법원은 원고가 청구취지로 구하는 금액 범위 내에서는, 채무자가 현실로 이행할 때에 가장 가까운 사실심 변론종결 당시를 우리나라 통화로 환산하는 기준시로 삼아 그 당시의 외국환 시세를 기초로 채권액을 다시 환산한 금액에 대하여 이행을 명하여야 한다(대판 2012.10.25. 2009다77754).

ㄷ. (○) 금전채무 불이행에 관한 특칙을 규정한 민법 제397조는 그 이행지체가 있으면 지연이자 부분만큼의 손해가 있는 것으로 의제하려는 데에 그 취지가 있는 것이므로 지연이자를 청구하는 채권자는 그 만큼의 손해가 있었다는 것을 증명할 필요가 없는 것이나, 그렇다고 하더라도 채권자가 금전채무의 불이행을 원인으로 손해배상을 구할 때에 지연이자 상당의 손해가 발생하였다는 취지의 주장은 하여야 하는 것이지 주장조차 하지 아니하여 그 손해를 청구하고 있다고 볼 수 없는 경우까지 지연이자 부분만큼의 손해를 인용해 줄 수는 없는 것이다(대판 2000.2.11. 99다49644).

ㄹ. (×) 판례의 취지를 고려할 때 甲이 乙에게 갖고 있는 금전채권이 甲의 채권자인 丙에 의하여 가압류되었더라도 乙의 채무가 이행기가 도래함으로써 乙은 지체책임을 부담한다.

> 채권의 가압류는 제3채무자에 대하여 채무자에게 지급하는 것을 금지하는 데 그칠 뿐이므로, 가압류가 있더라도 채권의 이행기가 도래한 때에는 제3채무자는 지체책임을 면할 수 없고, 이러한 경우 제3채무자로서는 민사집행법 제291조, 제248조 제1항에 의한 공탁을 함으로써 이중변제의 위험에서 벗어날 수 있으며, 이로써 이행지체의 책임도 면하게 된다(대판 2020.6.25. 2016두55896).

답 ❸

011 금전채권의 이자 및 지연손해금에 관한 설명 중 옳지 않은 것은?(다툼이 있는 경우 판례에 의함)

19 변시

① 금전소비대차에서 지연손해금에 관한 약정 없이 이자에 관한 약정만이 있는 경우 특별한 사정이 없는 한 금전반환채무의 이행지체로 인한 지연손해금도 그 약정이율에 의하기로 하였다고 보는 것이 당사자의 의사에 부합하지만, 그 약정이율이 법정이율보다 낮은 경우에는 법정이율에 의한 지연손해금을 청구할 수 있다.

② 계약 당사자 쌍방이 합의에 의하여 계약을 해제할 경우에는 당사자 사이에 별도의 약정이 없는 이상 합의해제로 인하여 반환할 금전에 그 받은 날로부터의 이자를 더하여 반환할 의무가 없다.

③ 이자 또는 지연손해금 채권은 원본채권과 별개의 채권이기는 하나 원본의 존재를 전제로 그에 대응하여 발생하는 권리이므로, 원본채권의 소멸시효 완성의 효력은 그 시효완성 전에 이미 발생한 이자 및 지연손해금 채권에도 미친다.

④ 손해배상의 예정액이 부당히 과다한 경우 법원은 이를 적당히 감액할 수 있으나, 금전채무불이행을 원인으로 한 손해배상에 관하여는 채권자는 손해의 증명을 요하지 아니하고 채무자는 과실없음을 항변하지 못하므로, 금전채무의 이행지체에 대비한 지연손해금을 따로 약정하였더라도 이는 감액의 대상이 될 수 없다.

⑤ 금전채무 이행에 불확정한 기한이 있는 경우에 채무자가 그 기한이 도래함을 알지 못하였다면 이행지체로 인한 지연손해금 지급의무가 발생하지 않는다.

해설

① (○) 판례의 취지를 고려할 때 금전소비대차에서 이자에 관한 약정만이 있는 경우에 금전반환채무의 이행지체로 인한 지연손해금도 그 약정이율에 의하기로 하였다고 보는 것이 타당하지만, 그 약정이율이 법정이율보다 낮은 경우에는 법정이율에 의한 지연손해금을 청구할 수 있다고 판단된다.

> 계약해제 시 반환할 금전에 가산할 이자에 관하여 당사자 사이에 약정이 있는 경우에는 특별한 사정이 없는 한 이행지체로 인한 지연손해금도 그 약정이율에 의하기로 하였다고 보는 것이 당사자의 의사에 부합한다. 다만 그 약정이율이 법정이율보다 낮은 경우에는 약정이율에 의하지 아니하고 법정이율에 의한 지연손해금을 청구할 수 있다고 봄이 타당하다. 계약해제로 인한 원상회복 시 반환할 금전에 받은 날로부터 가산할 이자의 지급의무를 면제하는 약정이 있는 때에도 그 금전반환의무가 이행지체 상태에 빠진 경우에는 법정이율에 의한 지연손해금을 청구할 수 있는 점과 비교해 볼 때 그렇게 보는 것이 논리와 형평의 원리에 맞기 때문이다(대판 2013.4.26. 2011다50509).

② (○) 당사자 사이에 약정이 없는 이상 합의해제로 인하여 반환할 금전에 그 받은 날로부터의 이자를 가하여야 할 의무가 있는 것은 아니다(대판 1996.7.30. 95다16011).

③ (○) 이자 또는 지연손해금은 주된 채권인 원본의 존재를 전제로 그에 대응하여 일정한 비율로 발생하는 종된 권리인데, 하나의 금전채권의 원금 중 일부가 변제된 후 나머지 원금에 대하여 소멸시효가 완성된 경우, 가분채권인 금전채권의 성질상 변제로 소멸한 원금 부분과 소멸시효 완성으로 소멸한 원금 부분을 구분하는 것이 가능하고, 이 경우 원금에 종속된 권리인 이자 또는 지연손해금 역시 변제로 소멸한 원금 부분에서 발생한 것과 시효완성으로 소멸된 원금 부분에서 발생한 것으로 구분하는 것이 가능하므로, 소멸시효 완성의 효력은 소멸시효가 완성된 원금 부분으로부터 그 완성 전에 발생한 이자 또는 지연손해금에는 미치나, 변제로 소멸한 원금 부분으로부터 그 변제 전에 발생한 이자 또는 지연손해금에는 미치지 않는다(대판 2008.3.14. 2006다2940).

④ (×) 금전채무에 관하여 이행지체에 대비한 지연손해금 비율을 따로 약정한 경우에 이는 일종의 손해배상액의 예정으로서 민법 제398조 제2항에 의한 감액의 대상이 된다. 민법 제398조 제2항은 손해배상의 예정액이 부당히 과다한 경우에는 법원이 이를 적당히 감액할 수 있다고 규정하고 있는데, 여기서 '부당히 과다한 경우'란 채권자와 채무자의 각 지위, 계약의 목적 및 내용, 손해배상액을 예정한 동기, 채무액에 대한 예정액의 비율, 예상 손해액의 크기, 그 당시의 거래관행 등 모든 사정을 참작하여 일반 사회 관념에 비추어 예정액의 지급이 경제적 약자의 지위에 있는 채무자에게 부당한 압박을 가하여 공정성을 잃는 결과를 초래한다고 인정되는 경우를 뜻하는 것으로 보아야 하고, 한편 위 규정의 적용에 따라 손해배상의 예정액이 부당하게 과다한지 및 그에 대한 적당한 감액의 범위를 판단하는 데 있어서는, 법원이 구체적으로 그 판단을 하는 때 즉, 사실심의 변론종결 당시를 기준으로 하여 그 사이에 발생한 위와 같은 모든 사정을 종합적으로 고려하여야 한다(대판 2017.7.18. 2017다206922).

⑤ (○) 금전채무 이행에 불확정한 기한이 있는 경우에 채무자는 기한이 도래함을 안 때로부터 지체책임이 있으므로(민법 제387조 제1항), 채무자가 그 기한이 도래함을 알지 못하였다면 이행지체로 인한 지연손해금 지급의무가 발생하지 않는다. 아래의 판례도 같은 취지로 판시하고 있음에 유의하여야 한다.

> 채무이행 시기가 확정기한으로 되어 있는 경우에는 기한이 도래한 때부터 지체책임이 있으나, 불확정기한으로 되어 있는 경우에는 채무자가 기한이 도래함을 안 때부터 지체책임이 발생한다고 할 것인데, 이 사건 매매대금 지급기일을 '소유권이전등기를 필한 후'로 정한 것은 매매대금 지급의무의 이행기를 장래 도래할 시기가 확정되지 아니한 때, 즉 불확정기한으로 정한 경우라고 할 것이므로, 매매대금 지급의무의 이행을 지체하였다고 하기 위해서는 소유권이전등기가 경료된 것만으로는 부족하고 채무자인 피고가 그 사실을 알아야 하고(민법 제387조 제1항), 이때 그 사실을 알게 된 때가 언제인지는 이를 주장하는 원고에게 증명책임이 있다(대판 2011.2.24. 2010다83755).

답 ④

제4절 이자채권

제5절 선택채권

012 채권의 목적에 관한 설명으로 옳지 않은 것은?(다툼이 있으면 판례에 따름) 25 변리

CHECK ☐△✕

① 선택채권에서 선택권이 있는 제3자가 선택하지 아니하는 경우 채권자는 상당한 기간을 정하여 그 선택을 최고할 수 있고 제3자가 그 기간 내에 선택하지 아니하면 선택권은 채권자에게 있다.
② 채권액이 다른 나라 통화로 지정된 때에는 채무자는 지급할 때에 있어서의 이행지의 환금시가에 의하여 우리나라 통화로 변제할 수 있다.
③ 금전채무를 불이행한 경우의 손해배상에 관하여 채권자는 손해를 증명할 필요가 없고, 채무자는 과실이 없다고 항변할 수 없다.
④ 원본채권이 양도된 경우 이미 변제기에 도달한 이자채권은 원본채권의 양도당시 그 이자채권도 양도한다는 의사표시가 없는 한 당연히 양도되지는 않는다.
⑤ 제한종류채권의 특정에 관하여 합의가 없으면 채무자가 이행에 필요한 행위를 완료하거나 채권자의 동의를 얻어 이행할 물건을 지정한 때에 특정이 이루어진다.

해설

① (✕) 선택채권에서 선택권이 있는 제3자가 선택하지 아니하는 경우에는 채권자나 채무자는 상당한 기간을 정하여 그 선택을 최고할 수 있고, 제3자가 그 기간 내에 선택하지 아니하면 선택권은 채무자에게 있다(민법 제384조 제2항).
② (○) 채권액이 다른 나라 통화로 지정된 때에는 채무자는 지급할 때에 있어서의 이행지의 환금시가에 의하여 우리나라 통화로 변제할 수 있다(민법 제378조).
③ (○)

> **금전채무불이행에 대한 특칙(민법 제397조)**
> ① 금전채무불이행의 손해배상액은 법정이율에 의한다. 그러나 법령의 제한에 위반하지 아니한 약정이율이 있으면 그 이율에 의한다.
> ② 전항의 손해배상에 관하여는 채권자는 손해의 증명을 요하지 아니하고 채무자는 과실없음을 항변하지 못한다.

④ (○) 원본채권과 분리하여 지분적 이자채권만의 양도가 가능하며, 원본채권을 양도할 때 이미 발생한 지분적 이자채권까지도 양도한다는 의사표시가 없는 한 당연히 수반하여 양도되지는 않는다(통설, 대판 1989.3.28. 88다카12803).
⑤ (○) 제한종류채권에서 급부목적물의 특정은, 원칙적으로 종류채권의 급부목적물의 특정에 관한 민법 제375조 제2항이 적용되므로, 채무자가 이행에 필요한 행위를 완료하거나 채권자의 동의를 얻어 이행할 물건을 지정한 때에는 그 물건이 채권의 목적물이 되지만, 당사자 사이에 지정권의 부여 및 지정의 방법에 관한 합의가 없고, 채무자가 이행에 필요한 행위를 하지 아니하거나 지정권자로 된 채무자가 이행할 물건을 지정하지 아니하는 경우에는 선택채권의 선택권 이전에 관한 민법 제381조를 준용하여 채권의 기한이 도래한 후 채권자가 상당한 기간을 정하여 지정권이 있는 채무자에게 그 지정을 최고하여도 채무자가 이행할 물건을 지정하지 않으면 지정권이 채권자에게 이전한다(대판 2009.1.30. 2006다37465).

답 ①

013 채권의 목적에 관한 설명으로 옳지 않은 것은?(다툼이 있으면 판례에 따름)

① 특정물채권에서 채무자는 원칙적으로 그 물건을 인도하기까지 선량한 관리자의 주의로 보존하여야 한다.
② 금전채무의 이행지체로 인한 손해배상에서 채권자는 손해를 증명할 필요가 없다.
③ 외화채권에서 채무자는 우리나라 통화로 변제할 수 있고 그 환산시기는 현실 지급시가 아니라 이행기이다.
④ 선택채권에서 다른 정함이 없으면 그 선택권은 채무자에게 있다.
⑤ 선택채권의 목적으로 선택할 수개의 행위 중에 처음부터 불능한 것이 있으면 채권의 목적은 잔존한 것에 존재한다.

해설

① (○) 특정물의 인도가 채권의 목적인 때에는 채무자는 그 물건을 인도하기까지 선량한 관리자 주의로 보존하여야 한다(민법 제374조).
② (○) 금전채무의 이행지체로 인한 손해배상에 관하여 채권자는 손해의 증명을 요하지 아니하고 채무자는 과실 없음을 항변하지 못한다(민법 제397조 제2항).
③ (×) 채권액이 외국통화로 지정된 금전채권인 외화채권을 채무자가 우리나라 통화로 변제할 경우, 민법 제378조가 그 환산시기에 관하여 외화채권에 관한 민법 제376조, 제377조 제2항의 '변제기'라는 표현과는 다르게 '지급할 때'라고 규정한 취지에 비추어 볼 때, 그 환산시기는 이행기가 아니라 현실로 이행하는 때, 즉 현실이행 시의 외국환 시세에 의하여 환산한 우리나라 통화로 변제하여야 한다고 풀이함이 타당하다. 따라서 채권자가 위와 같은 외화채권을 대용급부의 권리를 행사하여 우리나라 통화로 환산하여 청구하는 경우에도, 법원은 원고가 청구취지로 구하는 금액 범위 내에서는, 채무자가 현실로 이행할 때에 가장 가까운 사실심 변론종결 당시를 우리나라 통화로 환산하는 기준시로 삼아 그 당시의 외국환 시세를 기초로 채권액을 다시 환산한 금액에 대하여 이행을 명하여야 한다(대판 2012.10.25. 2009다77754).
④ (○) 채권의 목적이 수개의 행위 중에서 선택에 좇아 확정될 경우에 다른 법률의 규정이나 당사자의 약정이 없으면 선택권은 채무자에게 있다(민법 제380조).
⑤ (○) 채권의 목적으로 선택할 수개의 행위 중에 처음부터 불능한 것이나 또는 후에 이행불능하게 된 것이 있으면 채권의 목적은 잔존한 것에 존재한다(민법 제385조 제1항).

답 ❸

014 채권의 목적에 관한 설명으로 옳은 것은?(다툼이 있으면 판례에 따름)

15 변리

① 집행법원이 경매절차에서 외화채권자에 대하여 배당할 때에는 특별한 사정이 없는 한 외화채권성립 당시의 외국환시세를 우리나라 통화로 환산하는 기준으로 삼아야 한다.
② 토지소유자가 수필의 토지 중 일정 면적을 상대방에게 매도한 경우, 양도할 토지의 위치가 확정되지 않았다면 특별한 사정이 없는 한 상대방의 채권은 종류채권에 해당한다.
③ 계약해제로 인한 원상회복의무가 이행지체에 빠진 이후의 지연손해금률에 관하여 약정이 있는 경우, 그 지연손해금률이 법정이율보다 낮더라도 약정에 따른 지연손해금률이 적용된다.
④ 선택권 없는 당사자의 과실로 인하여 수개의 급부 중 일부가 이행불능이 된 때에는 채권의 목적은 잔존한 것에 존재한다.
⑤ 이자제한법의 최고이자율을 초과하는 이자에 대하여 당사자가 준소비대차계약을 체결하면, 그 초과 부분은 유효하다.

해설

① (×) 채권액이 외국통화로 정해진 금전채권인 외화채권을 채무자가 우리나라 통화로 변제하는 경우에 그 환산시기는 이행기가 아니라 현실로 이행하는 때, 즉 현실이행 시의 외국환시세에 의하여 환산한 우리나라 통화로 변제하여야 하고, 이와 같은 법리는 외화채권자가 경매절차를 통하여 변제를 받는 경우에도 동일하게 적용되어야 할 것이므로, 집행법원이 경매절차에서 외화채권자에 대하여 배당을 할 때에는 특별한 사정이 없는 한 배당기일 당시의 외국환시세를 우리나라 통화로 환산하는 기준으로 삼아야 한다(대판 2011.4.14. 2010다103642).

② (×) 토지소유자가 1필 또는 수필의 토지 중 일정 면적의 소유권을 상대방에게 양도하기로 하는 계약을 체결한 경우, 상대방이 토지소유자에 대하여 구체적으로 어떠한 내용의 권리를 가지는지는 원칙적으로 당해 계약의 해석문제로 귀착되는 것이지만, 위치와 형상이 중요시되는 토지의 특성 등을 감안하여 볼 때 특별한 사정이 없는 한 위치가 특정된 일정 면적의 토지소유권을 양도받을 수 있는 권리를 가지는 것으로 보아야 하고, 따라서 위와 같은 계약에서 양도받을 토지위치가 확정되지 아니하였다면 상대방이 토지소유자에게 가지는 채권은 민법 제380조에서 정한 선택채권에 해당하는 것으로 보아야 한다(대판 2011.6.30. 2010다16090).

③ (○) 당사자 일방이 계약을 해제한 때에는 각 당사자는 상대방에 대하여 원상회복의무가 있고, 이 경우 반환할 금전에는 받은 날로부터 이자를 가산하여 지급하여야 한다(민법 제548조 참고). 여기서 가산되는 이자는 원상회복의 범위에 속하는 것으로서 일종의 부당이득 반환의 성질을 가지는 것이고 반환의무의 이행지체로 인한 지연손해금이 아니다. 따라서 당사자 사이에 그 이자에 관하여 특별한 약정이 있으면 그 약정이율이 우선적용되고 약정이율이 없으면 민사 또는 상사 법정이율이 적용된다. 반면 원상회복의무가 이행지체에 빠진 이후의 기간에 대해서는 부당이득반환의무로서의 이자가 아니라 반환채무에 대한 지연손해금이 발생하게 되므로 거기에는 지연손해금률이 적용되어야 한다. 그 지연손해금률에 관하여도 당사자 사이에 별도의 약정이 있으면 그에 따라야 할 것이고, 설사 그것이 법정이율보다 낮다 하더라도 마찬가지이다(대판 2013.4.26. 2011다50509).

> 한편 계약해제 시 반환할 금전에 가산할 이자에 관하여 당사자 사이에 약정이 있는 경우에는 특별한 사정이 없는 한 이행지체로 인한 지연손해금도 그 약정이율에 의하기로 하였다고 보는 것이 당사자의 의사에 부합한다. 다만 그 약정이율이 법정이율보다 낮은 경우에는 약정이율에 의하지 아니하고 법정이율에 의한 지연손해금을 청구할 수 있다고 봄이 상당하다. 계약해제로 인한 원상회복 시 반환할 금전에 그 받은 날로부터 가산할 이자의 지급의무를 면제하는 약정이 있는 때에도 그 금전반환의무가 이행지체 상태에 빠진 경우에는 법정이율에 의한 지연손해금을 청구할 수 있는 점과 비교해 볼 때 그렇게 보는 것이 논리와 형평의 원리에 맞기 때문이다(대판 2013.4.26. 2011다50509).

④ (×) 선택권 없는 당사자의 과실로 인하여 이행불능이 된 때에는 민법 제385조 제1항의 규정을 적용하지 아니한다(민법 제385조 제2항). 따라서 선택권자는 불능이 된 급부를 선택할 수 있다.

⑤ (×) 구 이자제한법 제2조 제1항, 제3항, 제4항 및 구 이자제한법 제2조 제1항의 최고이자율에 관한 규정에 의하면, 금전대차에 관한 계약상의 최고이자율은 연 30%이고, 계약상의 이자로서 최고이자율을 초과하는 부분은 무효이며, 채무자가 최고이자율을 초과하는 이자를 임의로 지급한 경우에는 초과지급된 이자상당 금액은 원본에 충당되고, 이러한 초과지급된 이자 상당 금액에 대하여 준소비대차계약 또는 경개계약을 체결하더라도 그 금액부분에 대하여는 효력이 발생하지 아니한다(대판 2015.1.15. 2014다223506).

답 ❸

015

甲은 자신이 사용하던 노트북 X, Y 중에 하나를 乙에게 팔기로 하였고, 대금지급일에 乙이 선택하기로 하였다. 그런데 대금지급일 전에 甲이 X노트북을 丙에게 매도하고 인도까지 해주었다. 이에 관한 설명으로 옳은 것은?(다툼이 있으면 판례에 따름) 〔18〕 변리

① 乙이 Y노트북을 선택하고 그 의사를 甲에게 전달한 경우, 乙은 특별한 사정이 없는 한 甲의 동의 없이도 이를 철회할 수 있다.
② 乙은 Y노트북을 선택하면서 조건을 붙일 수 있다.
③ 乙이 X노트북을 선택하더라도 채권의 목적물은 Y노트북으로 확정된다.
④ 乙은 X노트북을 선택하고 丙에게 X노트북의 반환을 청구할 수 있다.
⑤ 乙은 X노트북을 선택하고 甲에게 채무불이행을 이유로 손해배상을 청구할 수 있다.

해설

① (×) 사안은 선택채권에 해당하고, 乙에게 선택권이 있다. 선택권은 상대방에 대한 의사표시로 하고(민법 제382조 제1항), 선택의 의사표시가 상대방에게 도달한 이후에는, 그 효력이 발생하여 상대방의 동의가 없으면 철회하지 못한다(민법 제382조 제2항). Y노트북에 대한 乙의 선택의 의사표시가 甲에게 도달한 이상, 乙은 甲의 동의 없이 이를 철회할 수 없다.
② (×) 선택권은 선택권자의 일방적 의사표시로써 채권의 내용을 변경할 수 있는 형성권에 해당하므로 원칙적으로 선택권 행사 시에는 조건이나 기한을 붙일 수 없다.
③ (×), ⑤ (○) 선택권 없는 당사자 甲이 X노트북을 丙에게 매도·인도함으로써 이행불능이 되었으므로, 채권의 목적물은 잔존한 Y노트북으로 특정되지 아니하고, 乙은 여전히 X노트북을 선택할 수 있다(민법 제385조 제2항). 또한 乙은 甲이 X노트북을 丙에게 매도하고 인도함으로써 X노트북인도의무가 이행불능되었음을 이유로 한 전보배상청구권(민법 제390조)이나 해제권(민법 제546조)을 행사할 수도 있다.
④ (×) 선택의 효력은 그 채권이 발생한 때에 소급한다. 그러나 제3자의 권리를 해하지 못하므로(민법 제386조), 乙이 X노트북을 선택하더라도, 丙에게 그 반환을 청구할 수는 없다.

답 ❺

제6절 임의채권

CHAPTER 03 채권의 효력

제1절 서 설

제2절 채무불이행의 유형과 그 효과

001 이행지체에 관한 설명으로 옳은 것은?(다툼이 있으면 판례에 따름) 25 노무

① 금전채무의 이행지체로 인해 확정된 지연손해금채무의 경우, 채무자는 채권자로부터 이행청구를 받은 때부터 지체책임을 진다.
② 반환시기의 약정이 없는 소비대차의 경우, 대주가 반환을 최고한 때부터 이행지체가 된다.
③ 은행의 양도성예금증서에 변제기한이 있는 경우, 은행은 그 기한이 도래한 때부터 지체책임을 진다.
④ 채무이행의 불확정한 기한이 있는 경우, 채무자는 그 기한이 객관적으로 도래한 때부터 지체책임을 진다.
⑤ 불법행위로 인한 손해배상책임은 인정되지만 그 배상액이 확정되지 않은 경우, 채무자는 지체책임을 면한다.

해설

① (○) 금전채무의 지연손해금채무는 금전채무의 이행지체로 인한 손해배상채무로서 이행기의 정함이 없는 채무에 해당하므로, 채무자는 확정된 지연손해금채무에 대하여 <u>채권자로부터 이행청구를 받은 때부터</u> 지체책임을 부담하게 된다(대판 2010.12.9. 2009다59237).
② (×) 반환시기의 약정이 없는 소비대차의 경우 대주는 상당한 기간을 정하여 반환을 최고하여야 하므로(민법 제603조 제2항 본문), 차주의 이행지체 책임은 상당한 기간이 경과한 때로부터 발생한다.
③ (×) 은행의 양도성예금증서(CD)는 일반적으로 무기명 할인식으로 발행되는 무기명채권의 일종으로, 무기명채권이란 증서면에 권리자의 이름이 표시되어 있지 아니하고 증서의 소지인에게 변제하여야 하는 증권적 채권을 말한다. 은행의 양도성예금증서에 변제기한이 있는 경우, <u>그 기한이 도래한 후에 소지인이 증서를 제시하여 이행을 청구한 때로부터 은행은 지체책임이 있다</u>(민법 제524조, 제517조).
④ (×) 채무이행의 불확정한 기한이 있는 경우에는 채무자는 기한이 도래함을 안 때로부터 지체책임이 있다(민법 제387조 제1항 후문). 한편 불확정기한부 채권의 소멸시효는 그 기한이 객관적으로 도래한 때부터 진행한다.
⑤ (×) 청구금액이 확정되지 아니하였다는 이유만으로 채무자가 지체책임을 면할 수는 없다. 청구권은 이미 발생하였고 가액이 아직 확정되지 아니한 것일 뿐이므로, 지연손해금 발생의 전제가 되는 원본 채권이 부존재한다고 말할 수는 없기 때문이다. 불법행위로 인한 손해배상채무의 경우 불법행위가 발생한 시점에는 손해배상액을 확정할 수 없는 경우가 대부분이지만, 그 발생시점부터 지체책임이 성립하는 점에 비추어도 그러하다(대판 2018.7.20. 2015다207044).

답 ❶

002 채무불이행에 관한 설명으로 옳은 것은?(다툼이 있으면 판례에 따름) 〔25〕 변리

① 타인의 토지를 점유함으로 인한 부당이득반환채무는 점유시부터 이행기가 도래하고 지체책임이 발생한다.
② 이행거절을 이유로 해제권을 행사하는 경우 그 이행거절의 의사를 표명한 것으로 볼 것인지 여부는 이행거절시를 기준으로 판단한다.
③ 위약벌의 약정에 손해배상액의 예정에 관한 민법 제398조 제2항을 유추적용하여 그 액을 감액할 수 있다.
④ 재산상 손해액의 확정이 가능한 경우에도 위자료를 증액하는 방법으로 손해의 전보를 꾀할 수 있다.
⑤ 채무자가 채무의 이행을 지체한 경우에 채권자가 상당한 기간을 정하여 이행을 최고하여도 그 기간 내에 이행하지 아니하거나 지체후의 이행이 채권자에게 이익이 없는 때에는 채권자는 수령을 거절하고 이행에 갈음한 손해배상을 청구할 수 있다.

해설

① (×) 타인의 토지를 점유함으로 인한 부당이득반환채무는 이행의 기한이 없는 채무로서 이행청구를 받은 때로부터 지체책임이 있다(대판 2008.2.1. 2007다8914).
② (×) 쌍무계약에서 당사자 일방이 미리 이행을 하지 아니할 의사를 표시하거나 상대방이 이행을 제공하더라도 자기의 채무를 이행하지 아니할 것이 객관적으로 명백한 경우에는 상대방은 이를 이유로 계약을 해제할 수 있다고 할 것인바, 당사자 일방이 자기의 채무를 아직 다 이행하지 아니하였으면서도 이미 다 이행하였다고 주장하면서 상대방 채무의 이행을 구하는 제소까지 하였다면 그것이 계산상의 착오 때문이라는 등 특별한 사정이 없는 한 미리 자기의 채무를 이행하지 아니할 의사를 표명한 것으로 볼 것이고, 따라서 상대방은 계약을 해제할 수 있다. 그리고 당사자 일방이 위와 같은 의사를 표명한 것으로 볼 것인지 여부는 계약해제 시를 기준으로 하여 판단하여야 한다(대판 2014.10.6. 2014다210531).
③ (×) 위약벌의 약정은 채무의 이행을 확보하기 위하여 정해지는 것으로서 손해배상의 예정과는 그 내용이 다르므로 손해배상의 예정에 관한 민법 제398조 제2항을 유추 적용하여 그 액을 감액할 수는 없고 다만 그 의무의 강제에 의하여 얻어지는 채권자의 이익에 비하여 약정된 벌이 과도하게 무거울 때에는 그 일부 또는 전부가 공서양속에 반하여 무효로 된다(대판 1993.3.23. 92다46905).
④ (×) 재산적 손해의 발생이 인정되는데도 입증곤란 등의 이유로 그 손해액의 확정이 불가능하여 그 배상을 받을 수 없는 경우에 이러한 사정을 위자료의 증액사유로 참작할 수는 있다고 할 것이나, 이러한 위자료의 보완적 기능은 재산적 손해의 발생이 인정되는데도 손해액의 확정이 불가능하여 그 손해 전보를 받을 수 없게 됨으로써 피해회복이 충분히 이루어지지 않는 경우에 이를 참작하여 위자료액을 증액함으로써 손해 전보의 불균형을 어느 정도 보완하고자 하는 것이므로, 함부로 그 보완적 기능을 확장하여 재산상 손해액의 확정이 가능함에도 불구하고 편의한 방법으로 위자료의 명목 아래 사실상 재산적 손해의 전보를 꾀하는 것과 같은 일은 허용될 수 없다(대판 2007.12.13. 2007다18959).
⑤ (○) 채무자가 채무의 이행을 지체한 경우에 채권자가 상당한 기간을 정하여 이행을 최고하여도 그 기간 내에 이행하지 아니하거나 지체후의 이행이 채권자에게 이익이 없는 때에는 채권자는 수령을 거절하고 이행에 갈음한 손해배상을 청구할 수 있다(민법 제395조).

답 ⑤

003 이행지체에 관한 설명 중 옳은 것은?(다툼이 있으면 판례에 따름) `11 사시`

① 이행지체에 빠져 원본과 지연이자를 지급할 의무가 있는 금전채무자가 원본과 지연이자를 합한 전액에 부족한 이행제공을 하면서 이를 원본에 대한 변제로 지정하였다면 그 지정은 변제충당의 법리에 따라서 채권자에 대해 효력이 있으므로 채권자는 그 수령을 거절할 수 없다.

② 매수인과 매도인 간의 물품대금 지급방법에 관한 약정에 따라 대금지급을 위해서 매도인에게 지급기일이 물품공급일자 이후로 된 약속어음이 발행되어 교부된 경우 발행인의 지급정지사유로 그 지급기일 이전에 지급이 거절되었다면 매수인의 물품대금채무는 그 지급이 거절된 때 이행기 도래의 효과가 발생한다.

③ 금전채무의 이행지체로 인하여 발생하는 지연이자는 단기소멸시효에 관한 민법 제163조 제1호가 규정한 "1년 이내의 기간으로 정한 채권"에 해당하여 3년의 단기소멸시효의 대상이 된다.

④ 부동산 매수인이 선이행의무 있는 중도금을 지급하지 않고 있던 중에 잔대금 지급과 동시이행관계에 있는 매도인의 소유권이전등기서류의 교부가 되지 않은 상태에서 잔대금지급기일이 도과되었다면 매수인은 특별한 사정이 없는 한 그 도과된 때부터의 중도금지급에 대한 이행지체책임을 지지 않는다.

⑤ 정지조건부 기한이익 상실특약이 있는 경우 그 특약에서 정한 기한의 이익 상실사유가 발생하고 기한의 이익을 상실하게 하는 채권자의 의사표시가 있어야 이행기도래의 효과가 발생한다.

해설

① (×) 판례의 취지를 고려할 때 금전채무자가 원본에 대한 변제에 먼저 충당하는 것에 대해 채권자와 합의가 있거나 묵시적 합의가 되었다고 보이는 경우가 아니라면 금전채무자가 이를 원본에 대한 변제로 지정하였더라도 그 지정은 변제충당의 법리에 따라서 채권자에 대해 효력이 없으므로 채권자는 그 수령을 거절할 수 있다.

> 비용, 이자, 원본에 대한 변제충당에 있어서는 민법 제479조에 그 충당 순서가 법정되어 있고 지정 변제충당에 관한 민법 제476조는 준용되지 않으므로 원칙적으로 비용, 이자, 원본의 순서로 충당하여야 하고, 채무자는 물론 채권자라 할지라도 위 법정 순서와 다르게 일방적으로 충당의 순서를 지정할 수는 없다. 그러나 당사자 사이에 특별한 합의가 있는 경우이거나 당사자의 일방적인 지정에 대하여 상대방이 지체 없이 이의를 제기하지 아니함으로써 묵시적인 합의가 되었다고 보이는 경우에는 그 법정충당의 순서와는 달리 충당의 순서를 인정할 수 있다(대판 2014.12.11. 2012다15602).

② (×) 매수인이 매도인으로부터 물품을 공급받은 다음 그들 사이의 물품대금 지급방법에 관한 약정에 따라 대금의 지급을 위하여 물품 매도인에게 지급기일이 물품공급일자 이후로 된 약속어음을 발행·교부한 경우, 물품대금 지급채무의 이행기는 다른 특별한 사정이 없는 한 약속어음의 지급기일이고, 위 약속어음이 발행인에게 발생한 지급정지사유로 지급기일이 도래하기 전에 지급거절되었더라도 지급거절된 때에 물품대금 지급채무의 이행기가 도래하는 것은 아니다(대판 2014.6.26. 2011다101599).

③ (×) 금전채무의 이행지체로 인하여 발생하는 지연손해금은 그 성질이 손해배상금이지 이자가 아니며, 민법 제163조 제1호가 규정한 "1년 이내의 기간으로 정한 채권"도 아니므로 3년간의 단기소멸시효의 대상이 되지 아니한다고 할 것이다(대판 2010.9.9. 2010다24435).

④ (○) 매수인이 선이행의무 있는 중도금을 지급하지 않았다 하더라도, 계약이 해제되지 않은 상태에서 잔대금 지급기일이 도래할 때까지 중도금과 잔대금이 지급되지 아니하였고 잔대금과 동시이행관계에 있는 매도인의 소유권이전등기 소요서류가 제공된 바 없이 그 기일이 도과하였다면, 특별한 다른 사정이 없는 한 매수인의 중도금 및 잔대금의 지급과 매도인의 소유권이전등기 소요서류의 제공은 동시이행관계에 있다 할 것이어서 그때부터는 매수인이 중도금을 지급하지 아니한 것에 대한 이행지체의 책임을 지지 아니한다(대판 2012.5.10. 2011다19522).

⑤ (×) 계약당사자 사이에 일정한 사유가 발생하면 채무자는 기한의 이익을 잃고 채권자의 별도의 의사표시가 없더라도 바로 이행기가 도래한 것과 같은 효과를 발생케 하는 이른바 정지조건부 기한이익 상실의 특약을 한 경우에는 그 특약에 정한 기한이익의 상실사유가 발생함과 동시에 기한의 이익을 상실케 하는 채권자의 의사표시가 없더라도 이행기 도래의 효과가 발생하고, 채무자는 특별한 사정이 없는 한 그때부터 이행지체의 상태에 놓이게 된다(대판 1989.9.29. 88다카14663).

답 ④

004 이행지체에 관한 설명 중 옳은 것을 모두 고른 것은?(다툼이 있는 경우 판례에 의함) [21 변시]

ㄱ. 이행지체를 이유로 계약을 해제할 때 그 전제요건인 이행의 최고는 반드시 미리 일정기간을 명시하여 행해야 하며 이를 명시하지 아니한 최고는 부적법하다.
ㄴ. 신원보증인의 채무는 피보증인의 불법행위로 인한 손해배상채무 그 자체가 아니고 신원보증계약에 기하여 발생한 채무로서 이행기의 정함이 없는 채무이므로 채권자로부터 이행청구를 받지 않으면 지체의 책임이 생기지 않는다.
ㄷ. 금전채무에 관하여 이행지체에 대비한 지연손해금 비율을 따로 약정한 경우에 이를 손해배상액의 예정이라고 할 수는 없으므로 법원의 감액 대상이 되지 않는다.
ㄹ. 매매계약이 무효로 되는 때에는 매도인이 악의의 수익자인 경우 특별한 사정이 없는 한 매도인은 반환할 매매대금에 대하여 민법이 정한 연 5%의 법정이율에 의한 이자를 붙여 반환하여야 하는데, 위와 같은 법정이자의 지급의무는 반환의무의 이행지체로 인한 손해배상이므로, 매도인의 매매대금반환의무와 매수인의 소유권이전등기 말소등기절차 이행의무가 동시이행의 관계에 있는 경우에는 발생하지 않는다.
ㅁ. 이행기의 정함이 없는 채권을 양수한 채권양수인이 채무자를 상대로 그 이행을 구하는 소를 제기하고 소송계속 중 채무자에 대한 채권양도통지가 이루어진 경우에는 특별한 사정이 없는 한 채무자는 채권양도통지가 도달된 다음 날부터 이행지체의 책임을 진다.

① ㅁ
② ㄴ, ㅁ
③ ㄱ, ㄴ, ㅁ
④ ㄱ, ㄷ, ㄹ
⑤ ㄴ, ㄹ, ㅁ

해설

ㄱ. (×) 이행지체를 이유로 하는 계약의 해제에서 그 전제요건인 이행의 최고는 반드시 일정기간을 명시하여 최고하여야 하는 것은 아니고, 최고한 때로부터 상당한 기간이 경과하면 해제권이 발생한다(대판 2018.12.28. 2017다25611).
ㄴ. (○) 신원보증인의 채무는 피보증인의 불법행위로 인한 손해배상채무 그 자체가 아니고 신원보증계약에 기하여 발생한 채무로서 이행기의 정함이 없는 채무이므로 채권자로부터 이행청구를 받지 않으면 지체의 책임이 생기지 아니한다(대판 2016.5.24. 2014다202837).
ㄷ. (×) 민법 제398조 제2항은 손해배상의 예정액이 부당히 과다한 경우에는 법원이 이를 적당히 감액할 수 있다고 규정하고 있고, 금전채무의 불이행에 관하여 적용을 배제하지 않고 있다. 또한 이자제한법 제6조는 법원은 당사자가 금전을 목적으로 한 채무의 불이행에 관하여 예정한 배상액을 부당하다고 인정한 때에는 상당한 액까지 이를 감액할 수 있다고 규정하고 있다. 따라서 금전채무에 관하여 이행지체에 대비한 지연손해금 비율을 따로 약정한 경우에 이는 손해배상액의 예정으로서 감액의 대상이 된다(대판 2017.7.11. 2016다52265).
ㄹ. (×) 계약무효의 경우 각 당사자가 상대방에 대하여 부담하는 반환의무는 성질상 부당이득반환의무로서 악의의 수익자는 그 받은 이익에 법정이자를 붙여 반환하여야 하므로(민법 제748조 제2항), 매매계약이 무효로 되는 때에는 매도인이 악의의 수익자인 경우 특별한 사정이 없는 한 매도인은 반환할 매매대금에 대하여 민법이 정한 연 5%의 법정이율에 의한 이자를 붙여 반환하여야 한다. 그리고 위와 같은 법정이자의 지급은 부당이득반환의 성질을 가지는 것이지 반환의무의 이행지체로 인한 손해배상이 아니므로, 매도인의 매매대금 반환의무와 매수인의 소유권이전등기 말소등기절차 이행의무가 동시이행의 관계에 있는지 여부와는 관계가 없다(대판 2017.3.9. 2016다47478).
ㅁ. (○) 채무에 이행기의 정함이 없는 경우에는 채무자가 이행의 청구를 받은 다음 날부터 이행지체의 책임을 지는 것이나, 한편 지명채권이 양도된 경우 채무자에 대한 대항요건이 갖추어질 때까지 채권양수인은 채무자에게 대항할 수 없으므로, 이행기의 정함이 없는 채권을 양수한 채권양수인이 채무자를 상대로 그 이행을 구하는 소를 제기하고 소송 계속 중 채무자에 대한 채권양도통지가 이루어진 경우에는 특별한 사정이 없는 한 채무자는 채권양도통지가 도달된 다음 날부터 이행지체의 책임을 진다(대판 2014.4.10. 2012다29557).

답 ②

005 이행지체에 관한 설명 중 옳은 것은?(다툼이 있는 경우 판례에 의함)

① 매수인이 매도인으로부터 물품을 공급받은 다음 그들 사이의 물품대금 지급방법에 관한 약정에 따라 그 대금의 지급을 위하여 매도인에게 지급기일이 물품 공급일자 이후로 된 약속어음을 발행·교부한 경우 물품대금 지급채무의 이행기는 그 약속어음의 지급기일이지만, 예외적으로 그 약속어음이 발행인의 지급정지의 사유로 그 지급기일 이전에 지급거절된 때에는 그때 위 물품대금 지급채무의 이행기가 도달한다.
② 이행기의 정함이 없는 채권을 양수받은 채권양수인이 채무자를 상대로 이행청구를 하면 그 다음 날부터 이행지체 책임이 발생하며, 이는 채무자에 대한 지명채권 양도의 통지가 이행청구 이후에 도달한 경우에도 동일하다.
③ 乙이 甲에게 기존 매매대금 채무의 이행확보를 위해 약속어음을 발행한 경우 약정된 매매대금채무의 변제기가 도과하더라도 甲이 乙에게 위 약속어음을 반환하지 않는 이상 원칙적으로 이행지체가 발생하지 않는다.
④ 甲의 乙에 대한 매매대금채권의 지급을 금지하는 채권가압류 명령이 乙에게 송달되었다면 그 매매대금채권의 변제기가 도래하더라도 乙은 이행지체 책임을 면한다.
⑤ 특정물의 매매에 있어서 매수인의 대금지급채무가 이행지체에 빠졌다 하더라도 그 목적물의 인도가 이루어지지 아니하는 한 매도인은 매수인의 대금지급채무의 이행지체를 이유로 매매대금의 이자 상당액의 손해배상청구를 할 수 없다.

해설

① (×) 매수인이 매도인으로부터 물품을 공급받은 다음 그들 사이의 물품대금 지급방법에 관한 약정에 따라 대금의 지급을 위하여 물품 매도인에게 지급기일이 물품공급일자 이후로 된 약속어음을 발행·교부한 경우, 물품대금 지급채무의 이행기는 다른 특별한 사정이 없는 한 약속어음의 지급기일이고, 위 약속어음이 발행인에게 발생한 지급정지사유로 지급기일이 도래하기 전에 지급거절되었더라도 지급거절된 때에 물품대금 지급채무의 이행기가 도래하는 것은 아니다(대판 2014.6.26. 2011다101599).

② (×) 채무에 이행기의 정함이 없는 경우에는 채무자가 이행의 청구를 받은 다음 날부터 이행지체의 책임을 지는 것이나, 한편 지명채권이 양도된 경우 채무자에 대한 대항요건이 갖추어질 때까지 채권양수인은 채무자에게 대항할 수 없으므로, 이행기의 정함이 없는 채권을 양수한 채권양수인이 채무자를 상대로 그 이행을 구하는 소를 제기하고 소송 계속 중 채무자에 대한 채권양도통지가 이루어진 경우에는 특별한 사정이 없는 한 채무자는 채권양도통지가 도달된 다음 날부터 이행지체의 책임을 진다(대판 2014.4.10. 2012다29557).

③ (×) 채무자가 어음의 반환이 없음을 이유로 원인채무의 변제를 거절할 수 있는 것은 채무자로 하여금 무조건적인 원인채무의 이행으로 인한 이중지급의 위험을 면하게 하려는 데에 그 목적이 있는 것이지, 기존의 원인채권에 터잡은 이행청구권과 상대방의 어음 반환청구권이 민법 제536조에 정하는 쌍무계약상의 채권채무관계나 그와 유사한 대가관계가 있어서 그러는 것은 아니므로, 원인채무 이행의무와 어음 반환의무가 동시이행의 관계에 있다 하더라도 이는 어음의 반환과 상환으로 하지 아니하면 지급을 할 필요가 없으므로 이를 거절할 수 있다는 것을 의미하는 것에 지나지 아니하는 것이며, 따라서 채무자가 어음의 반환이 없음을 이유로 원인채무의 변제를 거절할 수 있는 권능을 가진다고 하여 채권자가 어음의 반환을 제공하지 아니하면 채무자에게 적법한 이행의 최고를 할 수 없다고 할 수는 없고, 채무자는 원인채무의 이행기를 도과하면 원칙적으로 이행지체의 책임을 진다(대판 1999.7.9. 98다47542).

④ (×) 채권의 가압류는 제3채무자에 대하여 채무자에게 지급하는 것을 금지하는 데 그칠 뿐 채무 그 자체를 면하게 하는 것이 아니고, 가압류가 있다 하여도 그 채권의 이행기가 도래한 때에는 제3채무자는 그 지체책임을 면할 수 없다고 할 것이다(대판 2004.7.9. 2004다16181).

⑤ (○) 특정물의 매매에 있어서 매수인의 대금지급채무가 이행지체에 빠졌다 하더라도 그 목적물이 매수인에게 인도될 때까지는 매수인은 매매대금의 이자를 지급할 필요가 없는 것이므로, 그 목적물의 인도가 이루어지지 아니하는 한 매도인은 매수인의 대금지급의무 이행의 지체를 이유로 매매대금의 이자 상당액의 손해배상청구를 할 수 없다(대판 1995.6.30. 95다14190).

답 ⑤

006 이행불능에 관한 설명 중 옳지 않은 것은?(다툼이 있는 경우 판례에 의함) 23 변시

① 매매의 목적이 된 부동산에 관하여 이미 제3자의 처분금지가처분등기가 기입되었다 할지라도, 바로 계약의 이행이 불능으로 되는 것은 아니다.
② 채무불이행의 요건인 이행불능은 사회생활에 있어서의 경험법칙 또는 거래상의 관념에 비추어 볼 때 채권자가 채무자의 이행의 실현을 기대할 수 없는 경우를 말한다.
③ 증여의 대상인 권리가 계약 당시 타인에게 귀속되어 있다면 증여자의 계약에 따른 이행은 불능이라고 보아야 한다.
④ 매매 목적 부동산에 관하여 매도인이 이중으로 제3자와 매매계약을 체결하였다는 사실만 가지고는 선행 매매계약이 이행불능이라고 할 수 없다.
⑤ 임대차계약상 목적물을 사용·수익하게 할 임대인의 의무는 임대인이 소유권을 상실하였다는 이유만으로는 불능하게 된 것이라고 단정할 수 없다.

해설

① (○) 매매목적부동산에 관하여 이미 제3자의 처분금지가처분등기가 기입되었다 할지라도 이는 단지 그에 저촉되는 범위 내에서 가처분채권자에게 대항할 수 없는 효과가 있다는 것일 뿐 그것에 의하여 곧바로 부동산 위에 어떤 지배관계가 생겨서 채무자가 그 부동산을 임의로 타에 처분하는 행위 자체를 금지하는 것은 아니라 하겠으므로 가처분등기로 인하여 바로 계약이 이행불능으로 되는 것은 아니다(대판 1993.5.27. 92다20163).
② (○) 채무의 이행불능이란 단순히 절대적·물리적으로 불능인 경우가 아니라, 사회생활의 경험법칙 또는 거래상의 관념에 비추어 채권자가 채무자의 이행 실현을 기대할 수 없는 경우를 말한다. 이와 같이 사회통념상 이행불능이라고 보기 위해서는 이행의 실현을 기대할 수 없는 객관적 사정이 충분히 인정되어야 하고, 특히 계약은 어디까지나 그 내용대로 지켜져야 하는 것이 원칙이므로, 채권자가 굳이 채무의 본래 내용대로의 이행을 구하고 있는 경우에는 쉽사리 그 채무의 이행이 불능으로 되었다고 보아서는 아니 된다(대판 2016.5.12. 2016다200729).
③ (×) 민법이 타인의 권리의 매매를 인정하고 있는 것처럼 타인의 권리의 증여도 가능하며, 이 경우 채무자는 권리를 취득하여 채권자에게 이전하여야 하고, 이같은 사정은 계약 당시부터 예정되어 있으므로, 매매나 증여의 대상인 권리가 타인에게 귀속되어 있다는 이유만으로 채무자의 계약에 따른 이행이 불능이라고 할 수는 없다(대판 2016.5.12. 2016다200729).
④ (○) 매매목적물에 관하여 이중으로 제3자와 매매계약을 체결하였다는 사실만 가지고는 매매계약이 법률상 이행불능이라고 할 수 없다(대판 1959.9.24. 4291민상423).
⑤ (○) 계약의 이행불능 여부는 사회통념에 의하여 이를 판정하여야 할 것인바, 임대차계약상의 임대인의 의무는 목적물을 사용·수익케 할 의무로서, 목적물에 대한 소유권 있음을 성립요건으로 하고 있지 아니하여 임대인이 소유권을 상실하였다는 이유만으로 그 의무가 불능하게 된 것이라고 단정할 수 없다(대판 1994.5.10. 93다37977).

답 ❸

007

甲과 乙은 2011.5.20. 甲 소유의 X토지에 관한 매매계약을 체결하면서 계약금 3,000만원은 당일 지급하였고, 중도금과 잔금 2억 7,000만원은 같은 해 8.20. 지급하기로 하였는데, 같은 해 7.10. X토지가 수용되어 甲이 보상금으로 4억원을 받았다. 다음 설명 중 옳은 것을 모두 고른 것은?(다툼이 있는 경우에는 판례에 의함)

> ㄱ. 乙은 甲에 대하여 보상금의 지급을 구하지 않고, 계약금 3,000만원에 대한 부당이득반환청구권을 행사할 수 있다.
> ㄴ. X토지의 수용은 甲의 귀책사유에 의한 것이 아니므로 위험부담의 법리에 따라 乙의 반대급부의무 역시 소멸하고, 이는 乙이 甲에 대하여 보상금의 반환을 청구하더라도 마찬가지이다.
> ㄷ. 甲이 지급받은 보상금의 반환을 청구할 수 있는 乙의 권리는 특별한 사정이 없는 한 X토지가 수용된 시점부터 소멸시효가 진행한다.

① ㄱ, ㄷ
② ㄱ, ㄴ, ㄷ
③ ㄱ
④ ㄴ
⑤ ㄷ

해설

ㄱ. (○) 쌍무계약에서 당사자 쌍방의 귀책사유 없이 채무를 이행할 수 없게 된 경우 채무자는 민법 제537조에 따라 자신의 채무를 이행할 의무를 면함과 더불어 상대방의 이행도 청구하지 못한다. 쌍방 채무의 이행이 없었던 경우에는 계약상 의무의 이행을 청구하지 못하고 이미 이행한 급부는 법률상 원인 없는 급부가 되어 부당이득 법리에 따라 반환을 청구할 수 있으므로(대판 2021.5.27. 2017다254228), 乙은 甲에 대하여 보상금의 지급을 구하지 않고, 위험부담의 법리를 주장하면서 반대급부인 乙의 매매대금지급채무가 소멸되었음을 이유로 계약금 3,000만원에 대한 부당이득반환청구권을 행사할 수 있다.

ㄴ. (×) 쌍무계약의 당사자 일방의 채무가 당사자 쌍방의 책임없는 사유로 이행할 수 없게 된 경우 채권자는 민법 제537조에 의한 위험부담의 법리를 주장하여 자기의 채무의 소멸을 주장하거나, 자신의 채무이행을 이행하면서 채무자에게 대상청구권을 행사함으로써 채무자가 취득한 대상에 대하여 급부이행을 청구할 수도 있다. 지문에서 乙이 甲에 대하여 X토지에 대한 4억원의 수용보상금의 반환을 청구하는 경우에는 甲에게 2억 7,000만원의 중도금 및 잔금지급 채무를 이행하여야 한다.

ㄷ. (○) 대상청구권은 원칙적으로 채무자의 채무이행이 불능이 된 불능시점으로부터 소멸시효가 진행한다. 다만, 보상법 규가 흠결되어 보상을 청구할 수 없는 장애는 법률적 장애가 있는 경우이므로 그와 같은 사정에서는 보상법규가 마련된 때로부터 소멸시효가 진행한다. 지문의 경우에는 乙의 대상청구권의 시효진행을 방해하는 법률적 장애사유가 없으므로 불능으로 되는 시점인 X토지가 수용된 시점부터 소멸시효가 진행한다.

> 대상청구권은 특별한 사정이 없는 한 매매 목적물의 수용 또는 국유화로 인하여 매도인의 소유권이전등기의무가 이행불능 되었을 때 매수인이 그 권리를 행사할 수 있다고 보아야 할 것이고 따라서 그때부터 소멸시효가 진행하는 것이 원칙이라 할 것이나, 국유화가 된 사유의 특수성과 법규의 미비 등으로 그 보상금의 지급을 구할 수 있는 방법이나 절차가 없다가 상당한 기간이 지난 뒤에야 보상금청구의 방법과 절차가 마련된 경우라면, 대상청구권자로서는 그 보상금청구의 방법이 마련되기 전에는 대상청구권을 행사하는 것이 불가능하였던 것이고, 따라서 이러한 경우에는 보상금을 청구할 수 있는 방법이 마련된 시점부터 대상청구권에 대한 소멸시효가 진행하는 것으로 봄이 상당할 것인바, 이는 대상청구권자가 보상금을 청구할 길이 없는 상태에서 추상적인 대상청구권이 발생하였다는 사유만으로 소멸시효가 진행한다고 해석하는 것은 대상청구권자에게 너무 가혹하여 사회정의와 형평의 이념에 반할 뿐만 아니라 소멸시효제도의 존재이유에 부합된다고 볼 수 없기 때문이다(대판 2002.2.8. 99다23901).

답

008 통상손해와 특별손해에 관한 다음 설명 중 옳지 않은 것은?(다툼이 있는 경우에는 판례에 의함)

12 변시

① 매수인이 잔금지급을 지체한 경우, 계약을 해제하지 아니한 매도인이 지체된 기간 동안 입은 손해 중 그 미지급 잔금에 대한 법정이율에 따른 이자 상당의 금액은 통상손해이다.
② 금융기관이 약속어음할인을 하고 취득한 어음을 지급기일에 적법하게 지급제시를 하지 아니하여 소구권을 보전하지 아니한 경우, 지급기일 후에 어음발행인의 자력이 악화되는 바람에 어음환매자가 발행인에 대한 어음채권과 원인채권의 어느 것도 받을 수 없게 됨으로 인하여 손해를 입었다면, 이러한 손해는 발행인의 자력의 악화라는 특별 사정으로 인한 손해이다.
③ 불법행위로 인하여 영업용 물건이 멸실되거나 일부 손괴되어, 이를 대체할 다른 물건을 마련하기 위하여 필요한 합리적인 기간 동안 그 물건을 이용하여 영업을 계속하지 못함으로 인한 손해는 통상의 손해이다.
④ 건물을 신축할 목적으로 토지를 매수한 매수인이 설계비 또는 공사계약금을 지출하였다가 토지매매계약이 해제됨으로 말미암아 이를 회수하지 못하는 손해는 통상손해이다.
⑤ 매수인이 잔금지급을 지체한 경우, 지체된 기간 동안 매매대상토지의 개별공시지가가 급등하여 계약을 해제하지 아니한 매도인의 양도소득세 부담이 늘어났다면, 그 늘어난 부담은 특별한 사정에 의하여 발생한 손해에 해당한다.

해설

① (○), ⑤ (○) 매수인의 잔금지급 지체로 인하여 계약을 해제하지 아니한 매도인이 지체된 기간 동안 입은 손해 중 그 미지급 잔금에 대한 법정이율에 따른 이자 상당의 금액은 통상손해라고 할 것이지만,❶ 그 사이에 매매대상 토지의 개별공시지가가 급등하여 매도인의 양도소득세 부담이 늘었다고 하더라도 그 손해는 사회일반의 관념상 매매계약에서의 잔금지급의 이행지체의 경우 통상 발생하는 것으로 생각되는 범위의 통상손해라고 할 수는 없고, 이는 특별한 사정에 의하여 발생한 손해에 해당한다❺(대판 2006.4.13. 2005다75897).
② (○) 금융기관이 어음할인을 하고 취득한 어음을 지급기일에 적법하게 지급제시를 하지 아니하여 소구권을 보전하지 아니하였다 할지라도, 지급기일 후에 어음발행인의 자력이 악화되어 무자력이 되는 바람에 어음환매자가 발행인에 대한 어음채권과 원인채권의 어느 것도 받을 수 없게 됨으로 인하여 손해를 입게 된 것이라면, 이러한 손해는 어음 주채무자인 발행인의 자력의 악화라는 특별 사정으로 인한 손해로서 지급제시 의무를 불이행한 금융기관이 그 의무 불이행 당시인 어음의 지급기일에 장차 어음발행인의 자력이 악화될 것임을 알았거나 알 수 있었을 때라야 어음을 환매하는 자에 대하여 손해배상 채무를 진다(대판 2003.1.24. 2002다59849).
③ (○) [1] 불법행위로 영업용 물건이 멸실된 경우, 이를 대체할 다른 물건을 마련하기 위하여 필요한 합리적인 기간 동안 그 물건을 이용하여 영업을 계속하였더라면 얻을 수 있었던 이익, 즉 휴업손해는 그에 대한 증명이 가능한 한 통상의 손해로서 그 교환가치와는 별도로 배상하여야 하고, 이는 영업용 물건이 일부 손괴된 경우, 수리를 위하여 필요한 합리적인 기간 동안의 휴업손해와 마찬가지라고 보아야 할 것이다.
[2] 일반적으로 타인의 불법행위 등에 의하여 재산권이 침해된 경우에는 그 재산적 손해의 배상에 의하여 정신적 고통도 회복된다고 보아야 할 것이므로 재산적 손해의 배상에 의하여 회복할 수 없는 정신적 손해가 발생하였다면, 이는 특별한 사정으로 인한 손해로서 가해자가 그러한 사정을 알았거나 알 수 있었을 경우에 한하여 그 손해에 대한 위자료를 청구할 수 있다(대판 2004.3.18. 2001다82507[전합]).
④ (×) 매매대금을 완불하지 않은 토지의 매수인이 그 토지상에 건물을 신축하기 위하여 설계비 또는 공사계약금을 지출하였다가 계약이 해제됨으로 말미암아 이를 회수하지 못하는 손해를 입게 되었다 하더라도 이는 이례적인 사정에 속하는 것으로서, 설사 토지의 매도인이 매수인의 취득 목적을 알았다 하더라도 마찬가지라 할 것이므로, 토지의 매도인으로서는 소유권이전의무의 이행기까지 최소 매수인이 설계계약 또는 공사도급계약을 체결하였다는 점을 알았거나 알 수 있었을 때에 한하여 그 배상책임을 부담한다(대판 1996.2.13. 95다47619).

답 ❹

009 이행지체에 관한 설명으로 옳지 않은 것은?(다툼이 있으면 판례에 따름)   21 변리

① 동산매매계약에서 매도인 甲이 매수인 乙에 대해 잔금 지급기일 도과를 이유로 지연손해금을 청구하려면 甲은 자기 채무의 이행제공을 계속하여야 한다.
② 신축 중인 상가를 乙에게 분양한 甲이 분양대금의 중도금 지급기한을 1층 골조공사 완료시로 약정한 경우, 1층 골조공사 완료 후 乙이 그 사실을 안 날의 다음 날부터 중도금 지급채무의 지체책임을 진다.
③ 이행기의 정함이 없는 매매대금채권을 甲으로부터 양수한 丙이 채무자 乙을 상대로 그 이행을 구하는 소를 제기하고 소송 계속 중 甲이 乙에 대해 채권양도통지를 한 경우, 특별한 사정이 없는 한 乙은 채권양도통지가 도달된 날의 다음 날부터 이행지체의 책임을 진다.
④ 매수인 乙이 매도인 甲의 영업소에서 쌀 10포대를 받아가기로 약정한 경우, 乙이 변제기 이후에 오지 않은 이상 甲은 지연에 따른 손해배상책임을 지지 않는다.
⑤ 甲은 乙로부터 1억원을 빌리면서 5회에 걸쳐 매회 2천만원씩 분할상환하되, 분할변제기한을 1회라도 지체하였을 때는 기한의 이익을 잃는 것으로 특약한 경우, 특별한 사정이 없는 한 甲은 1회 변제기한이라도 지체하면 미상환금액 전부에 대하여 지체책임을 진다.

해설

① (O) 판례의 취지를 고려할 때 매도인 甲이 매수인 乙의 동시이행항변권을 소멸시켜 乙에 대하여 잔금 지급기일 도과를 이유로 지연손해금을 청구하려면 甲은 자기 채무의 이행제공을 계속하여야 한다.

> 쌍무계약의 당사자 일방이 먼저 한번 현실의 제공을 하고 상대방을 수령지체에 빠지게 하였다 하더라도 그 이행의 제공이 계속되지 않는 경우는 과거에 이행의 제공이 있었다는 사실만으로 상대방이 가지는 동시이행의 항변권이 소멸하는 것은 아니므로, 일시적으로 당사자 일방의 의무의 이행제공이 있었으나 곧 그 이행의 제공이 중지되어 더 이상 그 제공이 계속되지 아니하는 기간 동안에는 상대방의 의무가 이행지체 상태에 빠졌다고 할 수는 없다고 할 것이고, 따라서 그 이행의 제공이 중지된 이후에 상대방의 의무가 이행지체되었음을 전제로 하는 손해배상청구도 할 수 없다(대판 1999.7.9. 98다13754).

② (O) 신축 중인 상가를 乙에게 분양한 甲이 분양대금의 중도금 지급기한을 1층 골조공사 완료시로 약정한 경우, 이는 불확정기한으로 이행기를 정한 경우에 해당한다고 할 것이어서 1층 골조공사 완료 후 乙이 그 사실을 안 날의 다음 날부터 중도금 지급채무의 지체책임을 진다.

> 채무이행시기가 확정기한으로 되어 있는 경우에는 기한이 도래한 때로부터 지체책임이 있으나, 불확정기한으로 되어 있는 경우에는 채무자가 기한이 도래함을 안 때로부터 지체책임이 발생한다고 할 것인바, 이 사건 중도금 지급기일을 '1층 골조공사 완료시'로 정한 것은 중도금 지급의무의 이행기를 장래 도래할 시기가 확정되지 아니한 때, 즉 불확정기한으로 이행기를 정한 경우에 해당한다고 할 것이므로, 중도금 지급의무의 이행지체의 책임을 지우기 위해서는 1층 골조공사가 완료된 것만으로는 부족하고 채무자인 원고가 그 완료 사실을 알아야 한다고 할 것이다(대판 2005.10.7. 2005다38546).

③ (O) 이행기의 정함이 없는 채권을 양수한 채권양수인이 채무자를 상대로 그 이행을 구하는 소를 제기하고 소송 계속 중 채무자에 대한 채권양도통지가 이루어진 경우에는 특별한 사정이 없는 한 채무자는 채권양도통지가 도달된 다음 날부터 이행지체의 책임을 진다(대판 2014.4.10. 2012다29557). 따라서 甲이 乙에 대해 채권양도통지를 하여 乙에게 채권양도통지가 도달된 날의 다음 날부터 乙은 이행지체의 책임을 진다.

④ (O) 매도인 甲이 매수인 乙에게 부담하는 쌀 10포대 인도채무는 종류채무로, 이의 특정을 위해서는 매수인 乙이 매도인 甲의 영업소에서 쌀 10포대를 받아가는 것이 필요하나(추심채무), 매수인 乙이 매도인 甲의 영업소에 변제기 이후에 오지 않은 이상 매도인 甲은 지연에 따른 손해배상책임을 지지 않는다.

⑤ (×) 甲은 乙로부터 1억원을 빌리면서 5회에 걸쳐 매회 2천만원씩 분할상환하되, 분할변제기한을 1회라도 지체하였을 때는 기한의 이익을 잃는 것으로 특약한 경우, 확정기한부 채무는 기한이 도래함으로써 지체책임을 지게 되어 특별한 사정이 없는 한 당사자 간에 형성권적 기한 이익상실의 특약이 있는 것으로 추정되므로, 甲이 1회 변제기한이라도 지체하면 2천만원씩 분할상환금의 변제기도래 시마다 순차적으로 지체책임을 진다고 이해하는 것이 타당하다.

> 기한이익 상실의 특약은 그 내용에 의하여 일정한 사유가 발생하면 채권자의 청구 등을 요함이 없이 당연히 기한의 이익이 상실되어 이행기가 도래하는 것으로 하는 정지조건부 기한이익 상실의 특약과 일정한 사유가 발생한 후 채권자의 통지나 청구 등 채권자의 의사행위를 기다려 비로소 이행기가 도래하는 것으로 하는 형성권적 기한이익 상실의 특약의 두 가지로 대별할 수 있고, 기한이익 상실의 특약이 위의 양자 중 어느 것에 해당하느냐는 당사자의 의사해석의 문제이지만 일반적으로 기한이익 상실의 특약이 채권자를 위하여 둔 것인 점에 비추어 명백히 정지조건부 기한이익 상실의 특약이라고 볼만한 특별한 사정이 없는 이상 형성권적 기한이익 상실의 특약으로 추정하는 것이 타당하다(대판 2002.9.4. 2002다28340).

답 ⑤

010 이행지체책임의 발생시기에 관한 설명으로 옳은 것을 모두 고른 것은?(다툼이 있으면 판례에 따름)

20 변리

ㄱ. 채무이행의 확정한 기한이 있는 경우에는 채무자는 기한이 도래한 때로부터 지체책임이 있고, 채무이행의 불확정한 기한이 있는 경우에는 채무자는 기한이 도래함을 안 때로부터 지체책임이 있다.
ㄴ. 채무이행의 기한이 없는 경우에는 채무자는 이행청구를 받은 다음 날부터 지체책임이 있다.
ㄷ. 불법행위로 인한 손해배상의 경우 채무자는 불법행위일 다음 날부터 재산상 손해와 위자료를 합산한 금액 전부에 대하여 지체책임이 있다.
ㄹ. 불법행위에서 위법행위 시점과 손해발생 시점 사이에 시간적 간격이 있는 경우에 불법행위로 인한 손해배상청구권의 지연손해금은 손해발생 시점을 기산일로 하여 발생한다.

① ㄱ, ㄴ
② ㄴ, ㄷ
③ ㄷ, ㄹ
④ ㄱ, ㄴ, ㄹ
⑤ ㄱ, ㄷ, ㄹ

해설

ㄱ. (○), ㄴ. (○) 민법 제387조 제1항, 제2항 참조

> **이행기와 이행지체(민법 제387조)**
> ① 채무이행의 확정한 기한이 있는 경우에는 채무자는 기한이 도래한 때로부터 지체책임이 있다. 채무이행의 불확정한 기한이 있는 경우에는 채무자는 기한이 도래함을 안 때로부터 지체책임이 있다.
> ② 채무이행의 기한이 없는 경우에는 채무자는 이행청구를 받은 때로부터 지체책임이 있다.

ㄷ. (×) 불법행위로 인한 손해배상채무의 지연손해금의 기산일은 원칙적으로 불법행위성립일이므로(대판 2010.7.22. 2010다18829), 최고나 이행청구 여부와 상관없이 불법행위가 발생한 때로부터 손해배상채무의 성립과 동시에 지체책임이 인정된다.

ㄹ. (○) 불법행위로 인한 손해배상채무의 지연손해금의 기산일은 불법행위성립일임이 원칙이고, 불법행위에 있어 위법행위 시점과 손해발생 시점 사이에 시간적 간격이 있는 경우에는 손해발생 시점이 기산일이 된다고 할 것이다(대판 2012.2.23. 2010다97426).

답 ④

011 채무불이행에 관한 설명으로 옳지 않은 것은?(다툼이 있으면 판례에 따름)

① 이행보조자는 채무자의 의사 관여 아래 채무의 이행행위에 속하는 활동을 하는 자이면 충분하고, 반드시 채무자의 지시 또는 감독을 받는 관계에 있어야 하는 것은 아니다.
② 이행기의 정함이 없는 지명채권을 양수한 채권양수인이 채무자를 상대로 그 이행을 구하는 소를 제기하고, 그 소송 계속 중 채무자에 대한 채권양도통지가 이루어진 경우에는 특별한 사정이 없는 한 채무자는 그 소가 제기된 날부터 채권양수인에 대해 이행지체의 책임을 진다.
③ 매매목적물에 관하여 이중으로 제3자와 매매계약을 체결하였다는 사실만 가지고는 먼저 체결된 매매계약이 법률상 이행불능이라고 할 수 없다.
④ 매매목적물이 채무자의 과실에 의한 화재로 소실됨으로써 채무자의 매매목적물에 대한 인도의무가 이행불능으로 된 경우, 채권자는 화재사고로 채무자가 지급받게 되는 화재보험금에 대하여 대상청구권을 행사할 수 있다.
⑤ 임대인이 임대물수선의무를 이행하기 위하여 제3자에게 도급을 주어 임차물을 공사하던 중 그 수급인의 과실에 의한 임차물의 화재로 인해 임차인의 손해가 발생한 경우, 임대인은 임차인에 대하여 채무불이행에 따른 손해배상책임을 부담한다.

해설

① (○) 민법 제391조는 이행보조자의 고의·과실을 채무자의 고의·과실로 본다고 정하고 있는데, 이러한 이행보조자는 채무자의 의사 관여 아래 채무의 이행행위에 속하는 활동을 하는 사람이면 충분하고 반드시 채무자의 지시 또는 감독을 받는 관계에 있어야 하는 것은 아니다. 따라서 그가 채무자에 대하여 종속적인 지위에 있는지, 독립적인 지위에 있는지는 상관없다. 또한 이행보조자가 채무자와 계약 그 밖의 법률관계가 있어야 하는 것이 아니다. 제3자가 단순히 호의로 행위를 한 경우에도 그것이 채무자의 용인 아래 이루어지는 것이면 제3자는 이행보조자에 해당한다. 이행보조자의 활동이 일시적인지 계속적인지도 문제되지 않는다(대판 2018.2.13. 2017다275447).
② (×) 채무에 이행기의 정함이 없는 경우에는 채무자가 이행의 청구를 받은 다음 날부터 이행지체의 책임을 지는 것이나, 한편 지명채권이 양도된 경우 채무자에 대한 대항요건이 갖추어질 때까지 채권양수인은 채무자에게 대항할 수 없으므로, 이행기의 정함이 없는 채권을 양수한 채권양수인이 채무자를 상대로 그 이행을 구하는 소를 제기하고 소송 계속 중 채무자에 대한 채권양도통지가 이루어진 경우에는 특별한 사정이 없는 한 채무자는 채권양도통지가 도달된 다음 날부터 이행지체의 책임을 진다(대판 2014.4.10. 2012다29557).
③ (○) 매매목적물에 관하여 이중으로 제3자와 매매계약을 체결하였다는 사실만 가지고는 매매계약이 법률상 이행불능이라고 할 수 없고, 채무의 이행이 불능이라는 것은 단순히 절대적, 물리적으로 불능인 경우가 아니라 사회생활에 있어서의 경험법칙 또는 거래상의 관념에 비추어 볼 때 채권자가 채무자의 이행의 실현을 기대할 수 없는 경우를 말한다(대판 1996.7.26. 96다14616).
④ (○) 매매의 목적물이 화재로 소실됨으로써 채무자인 매도인의 매매목적물에 대한 인도의무가 이행불능이 되었다면, 채권자인 매수인은 화재사고로 매도인이 지급받게 되는 화재보험금, 화재공제금에 대하여 대상청구권을 행사할 수 있다(대판 2016.10.27. 2013다7769).
⑤ (○) 임대인이 임차인과의 임대차계약상의 약정에 따라 제3자에게 도급을 주어 임대차목적 시설물을 수선한 경우에는 그 수급인도 임대인에 대하여 종속적인지 여부를 불문하고 이행보조자로서의 피용자라고 보아야 할 것이고, 이러한 수급인이 시설물 수선 공사 등을 하던 중 수급인의 과실로 인하여 화재가 발생한 경우에는 임대인은 민법 제391조에 따라 위 화재발생에 귀책사유가 있다 할 것이어서 임차인에 대한 채무불이행상의 손해배상책임이 있다(대판 2002.7.12. 2001다44338).

답 ②

012 이행지체의 성립과 관련한 설명으로 옳지 않은 것은?(다툼이 있으면 판례에 따름) 16 변리

① 2016년 1월 12일(화)까지 채무를 이행하기로 한 경우에는 2016년 1월 13일부터 지체책임을 진다.
② 지시채권의 경우 확정기한이 정하여져 있는 때에도 그 기한이 도래한 후 소지인이 증서를 제시하여 이행을 청구한 때로부터 지체책임이 있다.
③ 2016년 1월 12일(화)에 채권자가 방문하면 상품을 인도하기로 하였으나 채권자가 오지 않아서 이행을 못한 때에는, 2016년 1월 13일이 지나도 채무자는 지체책임을 지지 않는다.
④ 원인채무의 이행확보를 위해 발행한 어음의 반환과 원인채무의 이행이 동시이행관계에 있는 경우, 원인채무의 이행기가 지났다 하더라도 채무자는 어음을 반환받을 때까지는 이행지체책임을 지지 않는다.
⑤ 금전채무의 채무자는 확정된 지연손해금채무에 대하여 채권자로부터 이행청구를 받은 때부터 지체책임을 진다.

해설

① (○) 확정기한부 채무는 기한이 도래한 때로부터 지체책임이 있다(민법 제387조 제1항 전문). 판례에 의하면, 기한이 도래한 때란 기한이 도래한 다음 날을 의미하므로(대판 1988.11.8. 88다3253), 2016년 1월 13일부터 지체책임을 진다.
② (○) 지시채권의 변제기한이 있는 경우에도 그 기한이 도래한 후에 소지인이 증서를 제시하여 이행을 청구한 때로부터 채무자는 지체책임이 있다(민법 제517조).
③ (○) 지문의 경우, 채권자가 방문하면 상품을 인도하기로 하였으므로, 추심채무에 해당한다. 채권자의 협력을 필요로 하는 추심채무는, 채권자가 먼저 필요한 협력이나 제공을 하여 이행을 최고한 경우에만 지체책임을 진다. 따라서 채권자가 2016년 1월 12일(화)에 오지 않아서 이행을 못한 경우 변제기인 2016년 1월 12일(화)를 도과하여 2016년 1월 13일이 지나도 채무자는 지체책임을 지지 않는다.
④ (×) 채무자가 어음의 반환이 없음을 이유로 원인채무의 변제를 거절할 수 있는 것은 채무자로 하여금 무조건적인 원인채무의 이행으로 인한 이중지급의 위험을 면하게 하려는 데에 그 목적이 있는 것이지, 기존의 원인채권에 터 잡은 이행청구권과 상대방의 어음반환청구권이 민법 제536조에 정하는 쌍무계약상의 채권채무관계나 그와 유사한 대가관계가 있어서 그러는 것은 아니므로, 원인채무이행의무와 어음반환의무가 동시이행의 관계에 있다 하더라도 이는 어음의 반환과 상환으로 하지 아니하면 지급을 할 필요가 없으므로 이를 거절할 수 있다는 것을 의미하는 것에 지나지 아니하는 것이며, 따라서 채무자가 어음의 반환이 없음을 이유로 원인채무의 변제를 거절할 수 있는 권능을 가진다고 하여 채권자가 어음의 반환을 제공하지 아니하면 채무자에게 적법한 이행의 최고를 할 수 없다고 할 수는 없고, 채무자는 원인채무의 이행기를 도과하면 원칙적으로 이행지체의 책임을 진다(대판 1999.7.9. 98다47542).
⑤ (○) 금전채무의 지연손해금채무는 금전채무의 이행지체로 인한 손해배상채무로서 이행기의 정함이 없는 채무에 해당하므로, 채무자는 확정된 지연손해금채무에 대하여 채권자로부터 이행청구를 받은 때부터 지체책임을 부담하게 된다(대판 2010.12.9. 2009다59237).

답 ❹

013

甲은 그 소유의 토지를 乙에게 매도하면서 매매대금채무의 불이행에 관하여 손해배상액의 예정을 하였다. 甲이 乙의 채무불이행을 이유로 그 예정된 손해배상액을 청구하는 경우에 관한 설명 중 옳은 것은?(다툼이 있는 경우에는 판례에 의함)

① 甲은 乙의 이행지체 및 손해발생사실을 증명하여야 하고, 손해액을 증명할 필요는 없다.
② 乙이 甲의 과실을 증명하여 과실상계를 주장하는 경우, 법원은 손해배상액의 산정에 그 과실을 참작하여야 한다.
③ 다른 약정이 없는 한 乙은 자신에게 귀책사유가 없다는 것을 주장·증명하더라도 예정배상액의 지급책임을 면할 수 없다.
④ 손해배상예정액이 부당하게 과다한지 여부는 손해배상예정의 약정시를 기준으로 판단하여야 한다.
⑤ 甲은 특약이 없는 한 통상의 손해뿐만 아니라 특별한 사정으로 인한 손해에 관하여도 예정된 배상액만을 청구할 수 있다.

해설

① (×), ③ (×) 甲은 乙과 매매대금채무의 불이행에 관하여 손해배상의 예정을 하였으므로 乙의 이행지체사실을 증명하면 예정배상액을 청구할 수 있다. 乙로서는 다른 약정이 없는 한 자신의 귀책사유가 없음을 주장·증명함으로써 예정배상액의 지급책임을 면할 수 있다.

> 채무불이행으로 인한 손해배상액이 예정되어 있는 경우에는 채권자는 채무불이행 사실만 증명하면 손해의 발생과 그 액을 증명하지 않고 예정배상액을 청구할 수 있다. 채무자는 채권자와 채무불이행에 있어 채무자의 귀책사유를 묻지 아니한다는 약정을 하지 아니한 이상 자신의 귀책사유가 없음을 주장·증명함으로써 예정배상액의 지급책임을 면할 수 있다(대판 2018.10.25. 2017다263543).

② (×) 지체상금이 손해배상의 예정으로 인정되어 이를 감액함에 있어서는 채무자가 계약을 위반한 경우 등 제반 사정이 참작되므로 손해배상액의 감경에 앞서 채권자의 과실 등을 들어 따로 감경할 필요는 없다(대판 2002.1.25. 99다57126). 따라서 乙이 甲의 과실을 이유로 과실상계를 주장하는 경우에도, 법원은 손해배상액의 산정에 그 과실을 참작할 필요가 없다고 판단된다.

④ (×) 민법 제398조 제2항은 손해배상의 예정액이 부당히 과다한 경우에는 법원이 이를 적당히 감액할 수 있다고 규정하고 있는데, 여기서 '부당히 과다한 경우'란 채권자와 채무자의 각 지위, 계약의 목적 및 내용, 손해배상액을 예정한 동기, 채무액에 대한 예정액의 비율, 예상 손해액의 크기, 그 당시의 거래관행 등 모든 사정을 참작하여 일반 사회 관념에 비추어 예정액의 지급이 경제적 약자의 지위에 있는 채무자에게 부당한 압박을 가하여 공정성을 잃는 결과를 초래한다고 인정되는 경우를 뜻하는 것으로 보아야 하고, 한편 위 규정의 적용에 따라 손해배상의 예정액이 부당하게 과다한지 및 그에 대한 적당한 감액의 범위를 판단하는 데 있어서는, 법원이 구체적으로 그 판단을 하는 때 즉, 사실심의 변론종결 당시를 기준으로 하여 그 사이에 발생한 위와 같은 모든 사정을 종합적으로 고려하여야 한다(대판 2017.7.18. 2017다206922).

⑤ (○) 손해배상액의 예정은 손해의 발생사실과 손해액에 대한 증명의 곤란을 덜고 분쟁의 발생을 미리 방지하여 법률관계를 쉽게 해결하고자 하는 등의 목적으로 규정된 것이고, 계약 당시 손해배상액을 예정한 경우에는 다른 특약이 없는 한 채무불이행으로 인하여 입은 통상손해는 물론 특별손해까지도 예정액에 포함되고 채권자의 손해가 예정액을 초과한다 하더라도 초과 부분을 따로 청구할 수 없다(대판 2012.12.27. 2012다60954).

답 ⑤

014 채무불이행에 관한 설명으로 옳지 않은 것은?(다툼이 있으면 판례에 따름)   23 변리

① 계약당사자 일방이 자신의 계약상 채무 이행에 장애가 될 수 있는 사유를 계약체결 시에 예견할 수 있었음에도 상대방에게 고지하지 않은 경우, 그 사유로 인해 채무불이행이 되는 것에 어떠한 잘못도 없었다면 채무불이행에 대한 귀책사유를 인정할 수 없다.
② 이행보조자의 행위가 채무자의 이행업무와 객관적, 외형적으로 관련된 경우, 그 행위가 채권자에게 불법행위가 되더라도 채무자는 채권자에 대하여 책임을 부담한다.
③ 매매목적물의 인도 전 화재로 매도인이 수령할 화재보험금에 대하여 매수인이 대상청구권을 행사할 수 있는 경우, 그 범위는 매매대금의 범위 내로 제한되지 않는다.
④ 대상청구권을 행사하려는 일방당사자가 부담하는 급부도 전부불능이 된 경우, 대상청구권의 행사는 허용되지 않는다.
⑤ 이행기의 정함이 없는 채권을 양수한 자가 채무자를 상대로 이행의 소를 제기하고 소송계속 중 채무자에 대하여 채권양도통지가 된 경우, 채무자는 원칙적으로 그 통지가 도달된 다음 날부터 이행지체책임을 진다.

해설

① (×) 계약당사자 일방이 자신이 부담하는 계약상 채무를 이행하는 데 장애가 될 수 있는 사유를 계약을 체결할 당시에 알았거나 예견할 수 있었음에도 이를 상대방에게 고지하지 아니한 경우에는, 비록 그 사유로 말미암아 후에 채무불이행이 되는 것 자체에 대하여는 그에게 어떠한 잘못이 없다고 하더라도, 상대방이 그 장애사유를 인식하고 이에 관한 위험을 인수하여 계약을 체결하였다거나 채무불이행이 상대방의 책임있는 사유로 인한 것으로 평가되어야 하는 등의 특별한 사정이 없는 한, 그 채무가 불이행된 것에 대하여 귀책사유가 없다고 할 수 없다. 그것이 계약의 원만한 실현과 관련하여 각각의 당사자가 부담하여야 할 위험을 적절하게 분배한다는 계약법의 기본적 요구에 부합한다(대판 2011.8.25. 2011다43778).
② (○) 민법 제391조의 이행보조자로서의 피용자라 함은 일반적으로 채무자의 의사관여 아래 그 채무의 이행행위에 속하는 활동을 하는 사람이면 족하고, 반드시 채무자의 지시 또는 감독을 받는 관계에 있어야 하는 것은 아니므로 채무자에 대하여 종속적인가 또는 독립적인 지위에 있는가는 문제되지 않는다. 다만, 이행보조자의 행위가 채무자에 의하여 그에게 맡겨진 이행업무와 객관적, 외형적으로 관련을 가지는 경우에는 채무자는 그 행위에 대하여 책임을 져야 하고, 채무의 이행에 관련된 행위이면 가사 이행보조자의 행위가 채권자에 대한 불법행위가 된다고 하더라도 채무자가 면책될 수는 없다(대판 2008.2.15. 2005다69458).
③ (○) 손해보험은 본래 보험사고로 인하여 생길 피보험자의 재산상 손해의 보상을 목적으로 하는 것으로(상법 제665조), 보험자가 보상할 손해액은 당사자 간에 다른 약정이 없는 이상 손해가 발생한 때와 곳의 가액에 의하여 산정하고(상법 제676조 제1항), 이 점은 손해공제의 경우도 마찬가지이므로, 매매의 목적물이 화재로 소실됨으로써 매도인이 지급받게 되는 화재보험금, 화재공제금에 대하여 매수인의 대상청구권이 인정되는 이상, 매수인은 특별한 사정이 없는 한 목적물에 대하여 지급되는 화재보험금, 화재공제금 전부에 대하여 대상청구권을 행사할 수 있고, 인도의무의 이행불능 당시 매수인이 지급하였거나 지급하기로 약정한 매매대금 상당액의 한도 내로 범위가 제한된다고 할 수 없다(대판 2016.10.27. 2013다7769).
④ (○) 쌍무계약의 당사자 일방이 상대방의 급부가 이행불능이 된 사정의 결과로 상대방이 취득한 대상에 대하여 급부청구권을 행사할 수 있다고 하더라도, 그 당사자 일방이 대상청구권을 행사하려면 상대방에 대하여 반대급부를 이행할 의무가 있는바, 이 경우 당사자 일방의 반대급부도 그 전부가 이행불능이 되거나 그 일부가 이행불능이 되고 나머지 잔부의 이행만으로는 상대방의 계약목적을 달성할 수 없는 등 상대방에게 아무런 이익이 되지 않는다고 인정되는 때에는, 상대방이 당사자 일방의 대상청구를 거부하는 것이 신의칙에 반한다고 볼만한 특별한 사정이 없는 한, 당사자 일방은 상대방에 대하여 대상청구권을 행사할 수 없다(대판 1996.6.25. 95다6601).
⑤ (○) 채무에 이행기의 정함이 없는 경우에는 채무자가 이행의 청구를 받은 다음 날부터 이행지체의 책임을 지는 것이나, 한편 지명채권이 양도된 경우 채무자에 대한 대항요건이 갖추어질 때까지 채권양수인은 채무자에게 대항할 수 없으므로, 이행기의 정함이 없는 채권을 양수한 채권양수인이 채무자를 상대로 그 이행을 구하는 소를 제기하고 소송 계속 중 채무자에 대한 채권양도통지가 이루어진 경우에는 특별한 사정이 없는 한 채무자는 채권양도통지가 도달된 다음 날부터 이행지체의 책임을 진다(대판 2014.4.10. 2012다29557).

답 ①

015 채무불이행으로 인한 손해배상책임에 관한 설명으로 옳지 않은 것은?(다툼이 있으면 판례에 따름)

19 변리

① 손해배상방법으로서 금전배상의 경우, 금전은 우리나라 통화를 의미하지만, 당사자의 약정이 있으면 외국통화로 배상할 수 있다.
② 채무불이행으로 인한 손해배상책임과 달리 매매계약의 해제로 인한 원상회복의무의 이행으로서 이미 지급한 매매대금 기타 급부의 반환을 구하는 경우에는 과실상계의 법리가 적용되지 않는다.
③ 지체상금이 손해배상의 예정으로 인정되어 감액할 때, 채무자가 계약을 위반한 경위 등 제반사정이 참작되므로, 손해배상액의 감경에 앞서 채권자의 과실 등을 들어 따로 감경할 필요는 없다.
④ 특별손해의 배상에서 채무자가 그 사정을 알았거나 알 수 있었는지의 여부는 채무의 이행기가 아니라 계약체결 당시를 기준으로 판단하여야 한다.
⑤ 매도인이 매수인으로부터 부동산매매대금을 약정기일에 지급받지 못한 결과 제3자로부터 이와 유사한 부동산을 매수하고 그 잔대금을 지급하지 못하여 계약금이 몰수되는 손해를 입었다면, 이는 특별한 사정으로 인한 손해에 해당한다.

해설

① (○) 채무불이행으로 인한 손해배상을 규정하고 있는 민법 제394조는 다른 의사표시가 없는 한 손해는 금전으로 배상하여야 한다고 규정하고 있는바, 위 법조 소정의 금전이라 함은 우리나라의 통화를 가리키는 것이어서 채무불이행으로 인한 손해배상을 구하는 채권은 당사자가 외국통화로 지급하기로 약정하였다는 등의 특별한 사정이 없는 한 채권액이 외국통화로 지정된 외화채권이라고 할 수 없다(대판 2005.7.28. 2003다12083).
② (○) 과실상계는 본래 채무불이행 또는 불법행위로 인한 손해배상책임에 대하여 인정되는 것이고, 매매계약이 해제되어 소급적으로 효력을 잃은 결과 매매당사자에게 당해 계약에 기한 급부가 없었던 것과 동일한 재산상태를 회복시키기 위한 원상회복의무의 이행으로서 이미 지급한 매매대금 기타의 급부의 반환을 구하는 경우에는 적용되지 아니한다(대판 2014.3.13. 2013다34143).
③ (○) 지체상금이 손해배상의 예정으로 인정되어 이를 감액함에 있어서는 채무자가 계약을 위반한 경위 등 제반 사정이 참작되므로 손해배상액의 감경에 앞서 채권자의 과실 등을 들어 따로 감경할 필요는 없다(대판 2002.1.25. 99다57126).
④ (×) 민법 제393조 제2항 소정의 특별사정으로 인한 손해배상에 있어서 채무자가 그 사정을 알았거나 알 수 있었는지의 여부를 가리는 시기는 계약체결 당시가 아니라 채무의 이행기까지를 기준으로 판단하여야 한다(대판 1985.9.10. 84다카1532).
⑤ (○) 매도인이 매수인으로부터 매매대금을 약정된 기일에 지급받지 못한 결과 제3자로부터 부동산을 매수하고 그 잔대금을 지급하지 못하여 그 계약금을 몰수당함으로써 손해를 입었다고 하더라도 이는 특별한 사정으로 인한 손해이므로 매수인이 이를 알았거나 알 수 있었던 경우에만 그 손해를 배상할 책임이 있다(대판 1991.10.11. 91다25369).

답 ④

016 민법 제391조(이행보조자의 고의, 과실)에 관한 설명으로 옳지 않은 것은?(다툼이 있으면 판례에 따름)

① 이행보조자의 피용자라 함은 일반적으로 채무자의 의사관여 아래 그 채무의 이행행위에 속하는 활동을 하는 사람이면 족하다.
② 임대인이 임차인과의 임대차계약상의 약정에 따라 제3자에게 도급을 주어 임차목적물을 수선한 경우, 그 수급인인 제3자는 임대인에 대하여 이행보조자로서 피용자가 아니다.
③ 이행보조자가 채무의 이행을 위하여 제3자를 복이행보조자로서 사용하는 경우, 채무자가 이를 승낙하였거나 적어도 묵시적으로 동의했다면 채무자는 복이행보조자의 고의·과실에 관하여 민법 제391조에 따라 책임을 부담한다.
④ 이행보조자의 행위가 채무자에 의하여 그에게 맡겨진 이행업무와 객관적·외형적으로 관련을 가지는 경우에는 채무자는 그 행위에 대하여 책임을 져야 한다.
⑤ 임대인의 이행보조자가 임차인으로 하여금 임차목적물을 사용·수익하지 못하게 함으로써 임대인은 채무불이행책임을 지고 그 이행보조자는 불법행위책임을 지는 경우, 양 책임은 부진정연대채무관계에 있다.

해설

① (○) 민법 제391조의 이행보조자로서의 피용자라 함은 일반적으로 채무자의 의사관여 아래 그 채무의 이행행위에 속하는 활동을 하는 사람이면 족하고, 반드시 채무자의 지시 또는 감독을 받는 관계에 있어야 하는 것은 아니므로 채무자에 대하여 종속적인가 또는 독립적인 지위에 있는가는 문제되지 않는다(대판 2008.2.15. 2005다69458).
② (×) 임대인이 임차인과의 임대차계약상의 약정에 따라 제3자에게 도급을 주어 임대차목적물에 시설물을 설치하던 중 원인불명의 화재가 발생하였는데, 제반 사정에 비추어 그 설치공사를 맡은 수급인이 임대차목적물의 전력용량을 초과한 전기용접기를 연결하여 계속 사용함으로써 과부하로 인한 전선의 발열로 인하여 화재가 발생한 것으로 추정함이 타당하여 공사수급인에게 화재발생에 대한 과실이 인정되는 경우, 공사수급인은 임대차계약에 따른 임대인의 이행보조자라 할 것이어서 임대인은 민법 제391조에 따라 위 화재발생에 귀책사유가 있으므로 임차인에 대한 채무불이행상의 손해배상책임이 있다(대판 1999.4.13. 98다51077).
③ (○) 민법 제391조는 이행보조자의 고의·과실을 채무자의 고의·과실로 본다고 규정하고 있는데, 이러한 이행보조자는 채무자의 의사관여 아래 채무이행행위에 속하는 활동을 하는 사람이면 족하고 반드시 채무자의 지시 또는 감독을 받는 관계에 있어야 하는 것은 아니므로, 그가 채무자에 대하여 종속적 또는 독립적인 지위에 있는가는 문제되지 않으며, 이행보조자가 채무의 이행을 위하여 제3자를 복이행보조자로서 사용하는 경우에도 채무자가 이를 승낙하였거나 적어도 묵시적으로 동의한 경우에는 채무자는 복이행보조자의 고의·과실에 관하여 민법 제391조에 의하여 책임을 부담한다(대판 2011.5.26. 2011다1330).
④ (○) 이행보조자의 행위가 채무자에 의하여 그에게 맡겨진 이행업무와 객관적, 외형적으로 관련을 가지는 경우에는 채무자는 그 행위에 대하여 책임을 져야 하고, 채무의 이행에 관련된 행위이면 가사 이행보조자의 행위가 채권자에 대한 불법행위가 된다고 하더라도 채무자가 면책될 수는 없다(대판 2008.2.15. 2005다69458).
⑤ (○) 임대인인 피고 甲은 이행보조자인 피고 乙이 임차물인 점포의 출입을 봉쇄하고 내부시설공사를 중단시켜 임차인인 원고로 하여금 그 사용·수익을 하지 못하게 한 행위에 대하여 임대인으로서의 채무불이행으로 인한 손해를 배상할 의무가 있고, 또한 피고 乙이 원고가 임차인이라는 사정을 알면서도 위와 같은 방법으로 원고로 하여금 점포를 사용·수익하지 못하게 한 것은 원고의 임차권을 침해하는 불법행위를 이룬다고 할 것이므로 피고 乙은 원고에게 불법행위로 인한 손해배상의무가 있다고 할 경우, 피고 甲의 채무불이행책임과 피고 乙의 불법행위책임은 동일한 사실관계에 기한 것으로 부진정연대채무관계에 있다(대판 1994.11.11. 94다22446).

답

017 이행보조자의 책임에 관한 설명 중 옳지 않은 것은?(다툼이 있는 경우에는 판례에 의함)

13 변리

① 채무자로부터 지시 또는 감독을 받는 관계에 있지 않은 자도 이행보조자가 될 수 있다.
② 채무자의 묵시적 동의하에 이행보조자가 채무의 이행을 위하여 제3자를 복이행보조자로 사용하는 경우, 복이행보조자의 고의·과실에 관하여도 채무자가 그 책임을 진다.
③ 채무의 성질상 반드시 변제자 본인의 행위에 의해서만 가능한 것이 아닌 이상, 제3자를 이행보조자로 사용하여 변제할 수 있다.
④ 채무자가 이행보조자의 선임·감독에 상당한 주의를 다하였음을 증명한 경우, 채무자는 이행보조자의 과책에 대하여 그 책임을 면한다.
⑤ 이행보조자의 행위가 채무이행과 객관적·외형적으로 관련이 있으면 그 행위가 채권자에 대한 불법행위가 된다고 하더라도 채무자는 면책될 수 없다.

해설

① (○) 민법 제391조의 이행보조자는 채무자의 의사 관여 아래 채무의 이행행위에 속하는 활동을 하는 사람이면 충분하고 반드시 채무자의 지시 또는 감독을 받는 관계에 있어야 하는 것은 아니므로, 그가 채무자에 대하여 종속적인 지위에 있는지, 독립적인 지위에 있는지는 상관없다(대판 2020.6.11. 2020다201156).

② (○) 민법 제391조는 이행보조자의 고의·과실을 채무자의 고의·과실로 본다고 규정하고 있는데, 이러한 이행보조자는 채무자의 의사관여 아래 채무이행행위에 속하는 활동을 하는 사람이면 족하고 반드시 채무자의 지시 또는 감독을 받는 관계에 있어야 하는 것은 아니므로, 그가 채무자에 대하여 종속적 또는 독립적인 지위에 있는가는 문제되지 않으며, 이행보조자가 채무의 이행을 위하여 제3자를 복이행보조자로서 사용하는 경우에도 채무자가 이를 승낙하였거나 적어도 묵시적으로 동의한 경우에는 채무자는 복이행보조자의 고의·과실에 관하여 민법 제391조에 의하여 책임을 부담한다(대판 2011.5.26. 2011다1330).

③ (○) 채무의 변제는 원칙적으로 채무자뿐만 아니라 제3자도 할 수 있고, 채무의 성질상 반드시 변제자 본인의 행위에 의해서만 가능한 것이 아닌 이상 제3자를 이행보조자 내지 이행대행자로 사용하여 대위변제할 수도 있다(대판 2001.6.15. 99다13515).

④ (×) 이행보조자의 고의나 과실은 채무자의 고의나 과실로 간주되므로(민법 제391조), 채무자가 이행보조자의 선임·감독에 상당한 주의를 다하였다 하더라도, 면책되지 아니한다.

⑤ (○) 민법 제391조의 이행보조자로서의 피용자라 함은 일반적으로 채무자의 의사관여 아래 그 채무의 이행행위에 속하는 활동을 하는 사람이면 족하고, 반드시 채무자의 지시 또는 감독을 받는 관계에 있어야 하는 것은 아니므로 채무자에 대하여 종속적인가 또는 독립적인 지위에 있는가는 문제되지 않는다. 다만, 이행보조자의 행위가 채무자에 의하여 그에게 맡겨진 이행업무와 객관적, 외형적으로 관련을 가지는 경우에는 채무자는 그 행위에 대하여 책임을 져야 하고, 채무의 이행에 관련된 행위이면 가사 이행보조자의 행위가 채권자에 대한 불법행위가 된다고 하더라도 채무자가 면책될 수는 없다(대판 2008.2.15. 2005다69458).

답 ④

018 이행지체책임의 발생 시기에 관한 설명으로 옳지 않은 것은?(다툼이 있으면 판례에 따름)

① 지시채권의 경우, 기한이 도래한 후 소지인이 그 증서를 제시하여 이행을 청구한 때로부터 지체책임을 진다.
② 동시이행관계에 있는 채무는 상대방이 채무의 이행을 제공하지 않는 한, 이행기가 도래하여도 지체책임을 지지 않는다.
③ 불확정기한부 채무의 경우, 기한도래사실의 인식 여부를 불문하고 기한이 객관적으로 도래한 때로부터 지체책임을 진다.
④ 채무이행의 기한이 없는 경우, 채무자는 이행청구를 받은 때부터 지체책임을 진다.
⑤ 불법행위로 인한 손해배상채무는 원칙적으로 그 성립과 동시에 당연히 이행지체가 성립된다.

해설

① (○) 민법 제517조
② (○) 쌍무계약에서 쌍방의 채무가 동시이행관계에 있는 경우 일방의 채무의 이행기가 도래하더라도 상대방 채무의 이행제공이 있을 때까지는 그 채무를 이행하지 않아도 이행지체의 책임을 지지 않는다(대판 2001.7.10. 2001다3764).
③ (×) 채무이행의 불확정한 기한이 있는 경우에는 채무자는 기한이 도래함을 안 때로부터 지체책임이 있다(민법 제387조 제1항).
④ (○) 채무이행의 기한이 없는 경우에는 채무자는 이행청구를 받은 때로부터 지체책임이 있다(민법 제387조 제2항).
⑤ (○) 불법행위로 인한 손해배상채무에 대하여는 원칙적으로 별도의 이행최고가 없더라도 공평의 관념에 비추어 불법행위로 그 채무가 성립함과 동시에 지연손해금이 발생한다(대판 2016.9.28. 2014다221517).

답 ❸

019 채무불이행에 관한 설명으로 옳은 것은?(다툼이 있으면 판례에 따름)

① 기한이 정해져 있는 지시채권이나 무기명채권의 경우에는 그 증서의 제시 없이도 이행기에 도달하면 당연히 지체책임을 진다.
② 당사자가 불확정한 사실이 발생한 때를 이행기한으로 정한 경우에는 그 사실이 발생한 때는 물론 그 사실의 발생이 불가능하게 된 때에도 이행기한은 도래한 것으로 보아야 한다.
③ 부동산 이중매매의 경우, 제1매수인이 아닌 제2매수인과 그 부동산에 관한 매매계약이 체결된 사실이 있으면, 이행불능으로서 채무불이행에 해당한다.
④ 부동산의 이중매매에서 매매목적물을 제2매수인에게 처분한 가격이 통상가격을 넘는 경우, 그 처분가격이 매도인의 제1매수인에 대한 배상액 산정의 기준이 된다.
⑤ 아파트 광고모델계약을 체결하면서 품위유지약정을 한 유명 연예인이 남편과의 물리적 충돌로 멍들고 부은 얼굴 등을 언론에 공개한 행위는 채무불이행에 해당하지 않는다.

해설

① (×) 지시채권이나 무기명채권의 채무자는 그 이행에 관하여 기한이 정해진 경우에도 기한이 도래한 후 소지인이 증서를 제시하고 이행을 청구한 때부터 지체책임을 진다(민법 제517조, 제524조).
② (○) 대판 2002.3.29. 2001다41766
③ (×) 매매목적물에 관하여 이중으로 제3자와 매매계약을 체결하였다는 사실만 가지고는 매매계약이 법률상 이행불능이라고 할 수 없고, 채무의 이행이 불능이라는 것은 단순히 절대적, 물리적으로 불능인 경우가 아니라 사회생활에 있어서의 경험법칙 또는 거래상의 관념에 비추어 볼 때 채권자가 채무자의 이행의 실현을 기대할 수 없는 경우를 말한다(대판 1996.7.26. 96다14616).

④ (×) 토지의 소유권이전등기가 이행불능된 데 대한 전보배상을 명함에 있어 이행불능사유 발생 당시의 시가를 감정하여 그 가액 상당의 배상을 명한 것은 정당한 것이고, 매도인이 그것을 타에 처분한 가격이 통상가격을 넘는다고 하더라도 그것을 배상액산정의 기준으로 삼을 수는 없다(대판 1990.12.7. 90다5672).

⑤ (×) 광고주가 모델이나 유명 연예인, 운동선수 등과 광고모델계약을 체결하면서 출연하는 유명 연예인 등에게 일정한 수준의 명예를 유지할 의무를 부과하는 품위유지약정을 한 경우, 위와 같은 광고모델계약은 유명 연예인 등을 광고에 출연시킴으로써 유명 연예인 등이 일반인들에 대하여 가지는 신뢰성, 가치, 명성 등 긍정적인 이미지를 이용하여 광고되는 제품에 대한 일반인들의 구매욕구를 불러일으키기 위한 목적으로 체결되는 것이므로, 위 광고에 출연하기로 한 모델은 위와 같이 일정한 수준의 명예를 유지하기로 한 품위유지약정에 따라 계약기간 동안 광고에 적합한 자신의 긍정적인 이미지를 유지함으로써 그것으로부터 발생하는 구매유인효과 등 경제적 가치를 유지하여야 할 계약상 의무, 이른바 품위유지의무가 있고, 이를 이행하지 않는 경우에는 광고모델계약에 관한 채무불이행으로 인한 손해배상채무를 면하지 못한다(대판 2009.5.28. 2006다32354).

답 ❷

020 이행보조자에 관한 설명으로 옳은 것은?(다툼이 있으면 판례에 따름) 〔21〕 노무

① 이행보조자는 채무자에게 종속되어 지시·감독을 받는 관계에 있는 자를 말한다.
② 동일한 사실관계에 기하여 채무자와 이행보조자가 각 채무불이행책임과 불법행위책임을 지는 경우, 이들의 책임은 연대채무관계에 있다.
③ 채무자가 이행보조자의 선임·감독상의 주의의무를 다하더라도 채무자는 이행보조자에 의해 유발된 채무불이행책임을 면하지 못한다.
④ 이행보조자의 경과실에 대하여 채무자가 채무불이행책임을 지지 아니한다는 내용의 특약은 원칙적으로 무효이다.
⑤ 이행보조자가 제3자를 복이행보조자로 사용하는 경우, 채무자가 이를 묵시적으로 동의했다면 복이행보조자의 경과실에 대해서 채무자는 책임을 부담하지 않는다.

해설

① (×) 민법 제391조는 이행보조자의 고의·과실을 채무자의 고의·과실로 본다고 정하고 있는데, 이러한 이행보조자는 채무자의 의사 관여 아래 채무의 이행행위에 속하는 활동을 하는 사람이면 충분하고 반드시 채무자의 지시 또는 감독을 받는 관계에 있어야 하는 것은 아니다. 따라서 그가 채무자에 대하여 종속적인 지위에 있는지, 독립적인 지위에 있는지는 상관없다(대판 2018.2.13. 2017다275447).

② (×) 채무자의 채무불이행책임과 이행보조자의 불법행위책임이 동일한 사실관계에 기한 경우에는, 부진정연대채무관계에 있다는 것이 판례이다(대판 1994.11.11. 94다22446).

③ (○) 사용자책임과는 달리, 채무자는 이행보조자에 대하여 선임·감독상의 주의의무를 다하였음을 증명하더라도, 이행보조자에 의하여 유발된 채무불이행책임을 면하지 못한다(민법 제391조 참고).

④ (×) 계약자유의 원칙상 이행보조자의 경과실에 대한 채무자의 면책을 내용으로 하는 경과실면책특약은 유효하나, 고의·중과실면책특약에 관하여는 학설이 대립하고 있다.

⑤ (×) 이행보조자가 채무의 이행을 위하여 제3자를 복이행보조자로 사용하는 경우에도 채무자가 이를 승낙하였거나 적어도 묵시적으로 동의한 경우 채무자는 복이행보조자의 고의·과실에 관하여 민법 제391조에 따라 책임을 부담한다고 보아야 한다(대판 2020.6.11. 2020다201156).

답 ❸

021

채무불이행책임에 관한 설명으로 옳은 것은?(다툼이 있으면 판례에 따름)

① 강제이행과 손해배상청구는 양립할 수 없다.
② 채권자의 단순한 부주의라도 그것이 손해확대의 원인이 되는 경우, 이를 이유로 과실상계할 수 있다.
③ 하는 채무에 대한 대체집행은 허용되지 않는다.
④ 손해배상청구권의 소멸시효는 본래의 채권을 행사할 수 있는 때로부터 진행된다.
⑤ 채무불이행으로 인하여 채권자의 생명침해가 있는 경우, 채권자의 직계존속은 민법 제752조를 유추적용하여 채무불이행을 이유로 한 위자료를 청구할 수 있다.

해설

① (×) 강제이행청구는 손해배상청구에 영향을 미치지 아니하므로(민법 제389조 제4항), 강제이행과 손해배상청구는 양립할 수 있다고 보아야 한다.
② (○) 민법상 과실상계제도는 채권자가 신의칙상 요구되는 주의를 다하지 아니한 경우 공평의 원칙에 따라 손해배상액을 정함에 있어 채권자의 그와 같은 부주의를 참작하게 하려는 것이므로, 단순한 부주의라도 그로 말미암아 손해가 발생하거나 확대된 원인을 이루었다면 과실이 있는 것으로 보아 과실상계를 할 수 있다(대판 2000.6.13. 98다35389).
③ (×) 하는 채무는 대체성의 존재 여부에 따라 대체적 작위급부와 부대체적 작위급부로 나뉘는데, 대체적 작위급부를 내용으로 하는 채무불이행이 있는 경우, 채권자는 법원에 대체집행을 청구할 수 있다(민법 제389조 제2항).
④ (×) 채무불이행으로 인한 손해배상청구권의 소멸시효의 기산점은 채무불이행 시라는 것이 판례의 태도이다(대판 2002.12.27. 2000다47361). 한편 불법행위로 인한 손해배상청구권의 소멸시효의 기산점은 민법 제766조가 규정하고 있다.
⑤ (×) 숙박업자가 숙박계약상의 고객보호의무를 다하지 못하여 투숙객이 사망한 경우, 숙박계약의 당사자가 아닌 그 투숙객의 근친자가 그 사고로 인하여 정신적 고통을 받았다 하더라도 숙박업자의 그 망인에 대한 숙박계약상의 채무불이행을 이유로 위자료를 청구할 수는 없다(대판 2000.11.24. 2000다38718). 따라서 위와 같은 경우, 채권자의 직계존속은 민법 제752조를 유추적용하여 채무불이행을 이유로 한 위자료를 청구할 수 없다.

답 ❷

022

이행지체에 관한 설명으로 옳지 않은 것은?(다툼이 있으면 판례에 따름)

① 이행지체를 이유로 채권자에게 전보배상청구가 인정되는 경우, 그 손해액은 원칙적으로 최고할 당시의 시가를 기준으로 산정하여야 한다.
② 중도금지급기일을 '2층 골조공사 완료시'로 한 경우, 그 공사가 완료되었더라도 채무자가 그 완료사실을 알지 못하였다면 특별한 사정이 없는 한 지체책임을 지지 않는다.
③ 금전채무의 이행지체로 인하여 발생하는 지연이자의 성질은 손해배상금이다.
④ 저당권이 설정된 부동산 매도인의 담보책임에 기한 손해배상채무는 이행청구를 받은 때부터 지체책임이 있다.
⑤ 이행기의 정함이 없는 채권을 양수한 채권양수인이 채무자를 상대로 그 이행을 구하는 소를 제기하고 소송 계속 중 채무자에 대한 채권양도통지가 이루어진 경우, 특별한 사정이 없는 한 채무자는 채권양도통지가 도달된 다음 날부터 지체책임을 진다.

해설

① (×) 이행지체에 의한 전보배상에 있어서의 손해액 산정은 본래의 의무이행을 최고한 후 상당한 기간이 경과한 당시의 시가를 표준으로 하고, 이행불능으로 인한 전보배상액은 이행불능 당시의 시가 상당액을 표준으로 할 것인바, 채무자의 이행거절로 인한 채무불이행에서의 손해액 산정은, 채무자가 이행거절의 의사를 명백히 표시하여 최고 없이 계약의 해제나 손해배상을 청구할 수 있는 경우에는 이행거절 당시의 급부목적물의 시가를 표준으로 해야 한다(대판 2007.9.20. 2005다63337).

② (○) 채무이행시기가 확정기한으로 되어 있는 경우에는 기한이 도래한 때로부터 지체책임이 있으나, 불확정기한으로 되어 있는 경우에는 채무자가 기한이 도래함을 안 때로부터 지체책임이 발생한다고 할 것인바, 이 사건 중도금 지급기일을 '2층 골조공사 완료시'로 정한 것은 중도금 지급의무의 이행기를 장래 도래할 시기를 확정되지 아니한 때, 즉 불확정기한으로 이행기를 정한 경우에 해당한다고 할 것이므로, 중도금 지급의무의 이행지체의 책임을 지우기 위해서는 2층 골조공사가 완료된 것만으로는 부족하고 채무자인 원고가 그 완료 사실을 알아야 한다고 할 것이다(대판 2005.10.7. 2005다38546 참조). 그 공사가 완료되었더라도 채무자가 그 완료사실을 알지 못하였다면 특별한 사정이 없는 한 지체책임을 지지 않는다.

③ (○) 금전채무의 이행지체로 인하여 발생하는 지연손해금은 그 성질이 손해배상금이지 이자가 아니며, 민법 제163조 제1호의 1년 이내의 기간으로 정한 채권도 아니므로 3년간의 단기소멸시효의 대상이 되지 아니한다(대판 1995.10.13. 94다57800).

④ (○) 매매의 목적이 된 부동산에 설정된 저당권의 행사로 인하여 매수인이 그 소유권을 취득할 수 없거나 취득한 소유권을 잃은 때에는 매수인은 계약을 해제할 수 있다. 이 경우에 매수인이 손해를 받은 때에는 그 배상을 청구할 수 있다(민법 제576조 제1항, 제3항). 민법 제576조에서 정하는 매도인의 담보책임에 기한 손해배상의무는 이행의 기한이 없는 채무로서 이행청구를 받은 때부터 지체책임이 있다(대판 2015.4.23. 2013다92873).

⑤ (○) 채무에 이행기의 정함이 없는 경우에는 채무자가 이행의 청구를 받은 다음 날부터 이행지체의 책임을 지는 것이나, 한편 지명채권이 양도된 경우 채무자에 대한 대항요건이 갖추어질 때까지 채권양수인은 채무자에게 대항할 수 없으므로, 이행기의 정함이 없는 채권을 양수한 채권양수인이 채무자를 상대로 그 이행을 구하는 소를 제기하고 소송 계속 중 채무자에 대한 채권양도통지가 이루어진 경우에는 특별한 사정이 없는 한 채무자는 채권양도통지가 도달된 다음 날부터 이행지체의 책임을 진다(대판 2014.4.10. 2012다29557).

답 ❶

023

채무자의 이행지체책임 발생시기로 옳은 것을 모두 고른 것은?(다툼이 있으면 판례에 따름)

 노무

> ㄱ. 불확정기한부채무의 경우, 채무자가 기한이 도래함을 안 때
> ㄴ. 부당이득반환채무의 경우, 수익자가 이행청구를 받은 때
> ㄷ. 불법행위로 인한 손해배상채무의 경우, 가해자가 피해자로부터 이행청구를 받은 때

① ㄱ
② ㄱ, ㄴ
③ ㄱ, ㄷ
④ ㄴ, ㄷ
⑤ ㄱ, ㄴ, ㄷ

해설

ㄱ. (○) 채무이행의 불확정한 기한이 있는 경우에는 채무자는 기한이 도래함을 안 때로부터 지체책임이 있다(민법 제387조 제1항 후문).

ㄴ. (○) 타인의 토지를 점유함으로 인한 부당이득반환채무는 이행의 기한이 없는 채무로서 이행청구를 받은 때로부터 지체책임이 있다(대판 2008.2.1. 2007다8914).

ㄷ. (×) 불법행위로 인한 손해배상채무에 대하여는 원칙적으로 별도의 이행최고가 없더라도 공평의 관념에 비추어 불법행위로 그 채무가 성립함과 동시에 지연손해금이 발생한다(대판 2016.9.28. 2014다221517).

답 ❷

024

'민법 제390조의 채무불이행책임과 제750조의 불법행위책임'(이하 '양 책임')에 관한 비교 설명으로 옳지 않은 것은?

① 양 책임이 성립하기 위해서는 채무자 또는 가해자에게 귀책사유가 있어야 한다는 점에서 공통된다.
② 양 책임이 성립하는 경우, 채권자나 피해자에게 과실이 있다면 과실상계가 적용된다는 점에서 공통된다.
③ 양 책임이 성립하는 경우, 채권자나 피해자가 행사하는 손해배상채권의 소멸시효는 3년이 적용된다는 점에서 공통된다.
④ 양 책임이 성립하는 경우, 손해배상은 통상의 손해를 그 한도로 한다는 점에서 공통된다.
⑤ 양 책임이 성립하는 경우, 채무자나 가해자가 발생한 손해 전부를 배상한 때에는 손해배상자의 대위가 인정된다는 점에서 공통된다.

해설

① (○) 민법 제390조는 "채무자가 채무의 내용에 좇은 이행을 하지 아니한 때에는 채권자는 손해배상을 청구할 수 있다. 그러나 채무자의 고의나 과실 없이 이행할 수 없게 된 때에는 그러하지 아니하다"고 하여, 채무불이행책임의 성립에 채무자의 귀책사유(고의 또는 과실)를 요구한다. 민법 제750조 또한 "고의 또는 과실로 인한 위법행위로 타인에게 손해를 가한 자는 그 손해를 배상할 책임이 있다"고 하여, 불법행위책임의 성립에 가해자의 귀책사유(고의 또는 과실)를 요구한다.
② (○) 채무불이행책임에서 규정된 과실상계 규정(민법 제396조)은 불법행위책임에서도 준용(민법 제763조)된다.
③ (×) 민법 제390조의 채무불이행으로 인한 손해배상청구권의 소멸시효는 원칙적으로 채무불이행시부터 10년이다(민법 제162조 제1항, 대판 1995.6.30. 94다54269). 반면 불법행위로 인한 손해배상의 청구권의 소멸시효는 피해자나 그 법정대리인이 그 손해 및 가해자를 안 날로부터 3년, 불법행위를 한 날로부터 10년이다(민법 제766조 제1항, 제2항).
④ (○) 채무불이행책임에서 규정된 손해배상의 범위에 대한 규정(민법 제393조)은 불법행위책임에서도 준용(민법 제763조)되므로 양 책임이 성립하는 경우, 손해배상은 통상의 손해를 그 한도로 하게 된다.
⑤ (○) 채무불이행책임에서 규정된 손해배상자의 대위에 대한 규정(민법 제399조)은 불법행위책임에서도 준용(민법 제763조)된다.

답 ❸

025 민법상 채무의 종류에 따른 이행지체책임의 발생시기가 잘못 연결된 것을 모두 고른 것은?(당사자 사이에 다른 약정은 없으며, 다툼이 있으면 판례에 따름)   23 노무

> ㄱ. 부당이득반환채무 – 수익자가 이행청구를 받은 때
> ㄴ. 불확정기한부 채무 – 채무자가 기한의 도래를 안 때
> ㄷ. 동시이행의 관계에 있는 쌍방의 채무 – 쌍방의 이행제공 없이 쌍방 채무의 이행기가 도래한 때

① ㄱ
② ㄴ
③ ㄷ
④ ㄱ, ㄴ
⑤ ㄴ, ㄷ

해설

ㄱ. (○) 채무이행의 기한이 없는 경우에는 채무자는 이행청구를 받은 때로부터 지체책임이 있다(민법 제387조 제2항). 부당이득반환의무는 이행기한의 정함이 없는 채무이므로 그 채무자[수익자(註)]는 이행청구를 받은 때에 비로소 지체책임을 진다(대판 2010.1.28. 2009다24187).

ㄴ. (○) 채무이행의 확정한 기한이 있는 경우에는 채무자는 기한이 도래한 때로부터 지체책임이 있고, 채무이행의 불확정한 기한이 있는 경우에는 채무자는 기한이 도래함을 안 때로부터 지체책임이 있다(민법 제387조 제1항).

ㄷ. (×) 쌍무계약에서 쌍방의 채무가 동시이행관계에 있는 경우 일방의 채무의 이행기가 도래하더라도 상대방 채무의 이행제공이 있을 때까지는 그 채무를 이행하지 않아도 이행지체의 책임을 지지 않는 것이며, 이와 같은 효과는 이행지체의 책임이 없다고 주장하는 자가 반드시 동시이행의 항변권을 행사하여야만 발생하는 것은 아니므로, 동시이행관계에 있는 쌍무계약상 자기채무의 이행을 제공하는 경우 그 채무를 이행함에 있어 상대방의 행위를 필요로 할 때에는 언제든지 현실로 이행을 할 수 있는 준비를 완료하고 그 뜻을 상대방에게 통지하여 그 수령을 최고하여야만 상대방으로 하여금 이행지체에 빠지게 할 수 있는 것이다(대판 2001.7.10. 2001다3764).

 ❸

026 이행불능에 관한 설명으로 옳지 않은 것은?(다툼이 있으면 판례에 따름)   변리

① 증여계약의 대상인 권리가 타인에게 귀속되어 있다는 이유만으로 증여자의 계약에 따른 이행이 불능이라고 할 수는 없다.
② 매매목적물인 부동산이 가압류되었다는 사유만으로 매도인의 이행불능을 이유로 매매계약을 해제할 수는 없다.
③ 부동산의 소유권이전등기의무자가 그 부동산에 제3자 명의로 가등기를 마쳐 주면, 부동산의 처분권한 상실로 소유권이전등기의무가 이행불능이 된다.
④ 매수인의 잔대금지급의무가 소유권이전등기의무와 동시이행관계에 있더라도, 소유권이전등기의무의 이행불능을 이유로 매수인이 매매계약을 해제하기 위해서는 매수인이 대금지급의무의 이행제공을 할 필요가 없다.
⑤ 임대인에게 임대목적물에 대한 소유권이 없는 경우, 임차인이 진실한 소유자로부터 목적물의 반환청구를 받는 등의 이유로 임차인이 이를 사용·수익할 수가 없게 되면 임대인의 채무는 이행불능이 된다.

해설

① (○) 민법이 타인의 권리의 매매를 인정하고 있는 것처럼 타인의 권리의 증여도 가능하며, 이 경우 채무자는 권리를 취득하여 채권자에게 이전하여야 하고, 이같은 사정은 계약 당시부터 예정되어 있으므로, 매매나 증여의 대상인 권리가 타인에게 귀속되어 있다는 이유만으로 채무자의 계약에 따른 이행이 불능이라고 할 수는 없다(대판 2016.5.12. 2016다200729).

② (○) 매수인은 매매목적물에 대하여 가압류집행이 되었다고 하여 매매에 따른 소유권이전등기가 불가능한 것도 아니므로, 이러한 경우 매수인으로서는 신의칙 등에 의해 대금지급채무의 이행을 거절할 수 있음은 별론으로 하고, 매매목적물이 가압류되었다는 사유만으로 매도인의 계약위반을 이유로 매매계약을 해제할 수는 없다(대판 1999.6.11. 99다11045).

③ (×) 부동산소유권이전등기의무자가 그 부동산상에 가등기를 경료한 경우 가등기는 본등기의 순위보전의 효력을 가지는 것에 불과하고 또한 그 소유권이전등기의무자의 처분권한이 상실되지도 아니하므로 그 가등기만으로는 소유권이전등기의무가 이행불능이 된다고 할 수 없다(대판 1991.7.26. 91다8104).

④ (○) 매도인의 매매계약상의 의무가 이행불능이 되어 이를 이유로 매매계약을 해제함에 있어서는 상대방인 원고의 잔대금지급의무가 매도인의 위 의무와 동시이행관계에 있다고 하더라도 그 이행의 제공을 필요로 하는 것이 아니다(대판 2003.1.24. 2000다22850).

⑤ (○) 임대인은 임차인으로 하여금 그 목적물을 완전하게 사용·수익하게 할 의무가 있고, 또한 임차인은 이러한 임대인의 의무가 이행불능으로 되지 아니하는 한 그 사용·수익의 대가로 차임을 지급할 의무가 있으며, 그 임대차관계가 종료되면 임차인은 임차목적물을 임대인에게 반환하여야 할 계약상의 의무가 있다. 다만 이러한 경우 <u>임차인이 진실한 소유자로부터 목적물의 반환청구나 임료 내지 그 해당액의 지급요구를 받는 등의 이유로 임대인이 임차인으로 하여금 사용·수익하게 할 수가 없게 되면 임대인의 채무는 이행불능으로 되고 임차인은 이행불능으로 인한 임대차의 종료</u>를 이유로 그때 이후의 임대인의 차임지급청구를 거절할 수 있다(대판 2009.9.24. 2008다38325).

답 ❸

---

027 이행불능에 관한 설명으로 옳은 것은?(다툼이 있는 경우에는 판례에 의함) 〔14 변리〕

① 甲은 그 소유의 X토지를 乙에게 증여하는 계약을 체결한 후 다시 丙에게 노무제공에 대한 보수로 X토지를 양도하는 계약을 체결하였다. 이어서 甲은 乙에게 X토지의 소유권이전등기를 마쳤다. 丙이 甲과 계약할 당시 甲이 乙에게 증여한 사실을 알았다면 甲은 丙에게 손해를 배상할 책임이 없다.

② 甲은 그 소유의 X토지를 乙에게 매도하는 계약을 체결하고 乙에게 인도하였으나 아직 소유권이전등기를 마치지 않았다. 그동안 甲의 사망으로 甲의 상속인 丙이 자기 명의로 X토지에 대한 소유권이전등기를 하였다면, 乙의 소유권이전등기청구권은 이행불능이 된다.

③ 甲 소유의 X토지를 임차한 乙이 甲으로부터 X토지의 소유권을 취득한 丙의 요구에 따라 丙에게 직접 X토지를 인도한 때에는 甲의 乙에 대한 임대차계약상의 의무는 이행불능이 되지 않는다.

④ 甲 소유의 X토지와 乙 소유의 Y토지를 교환하는 계약이 체결된 후 공익사업을 위한 토지 등의 취득 및 보상에 관한 법률에 의해 X토지는 1억 2천만원에, Y토지는 1억원에 각각 수용되어 甲과 乙이 모두 계약을 이행할 수 없게 된 때에는, 특별한 사정이 없으면 乙은 甲에게 대상청구권을 행사할 수 없다.

⑤ 甲이 그 소유의 X토지를 乙에게 매도하는 계약을 체결하였으나 甲의 乙에 대한 X토지소유권이전등기의무가 후발적 불능으로 된 것에 대하여 甲의 귀책사유가 존재하는 경우, 乙은 대상청구권을 행사하지 못한다.

해설

① (×) 甲이 토지를 乙에게 증여하기로 하는 계약을 체결하고, 또 丙에게도 노무제공에 대한 보수조로 양도하기로 하는 계약을 체결하는 등의 2중양도약정을 하였다가 위 乙에게 소유권이전등기가 됨으로써 丙에게는 그 소유권이전등기를 하여 줄 수 없게 된 것이라면 甲으로서는 丙에게 위 약정의 이행불능으로 인한 손해를 배상할 의무가 있다 할 것이고, <u>이 경우, 丙이 토지를 양도받기로 하는 약정을 할 때 甲의 위 乙에 대한 증여사실을 알고 있었는지의 여부는 甲의 이행불능으로 인한 손해배상의무와는 아무런 관련이 없다</u>(대판 1984.11.27. 84다카1542).

② (×) 甲이 X토지를 乙에게 매도하여 소유권이전등기를 경료하지 아니한 상태에서 甲의 상속인 丙이 자기 명의로 X토지에 대한 소유권이전등기를 하였더라도 丙은 X토지에 대한 甲의 채무를 포괄승계한 것이므로 여전히 乙에게 X토지소유권이전등기의무를 부담한다.

> 부동산소유권이전등기의무자가 그 목적물을 제3자에게 양도하고 아직 그 소유권이전등기를 경유하지 아니한 경우에는 특단의 사유가 없는 한 위 소유권이전등기의무는 이행불능의 상태에 있다고 볼 수 없음은 물론 위 소유권이전등기의무를 상속한 위 제3자가 그 명의로 소유권이전등기를 경료하였다고 할지라도 상속한 소유권이전등기의무가 이행불능이 되었다고는 볼 수 없다(대판 1984.4.10. 83다카1222).

③ (×) 판례의 취지를 고려할 때 甲 소유의 X토지를 임차한 乙이 甲으로부터 X토지의 소유권을 취득한 丙의 요구에 따라 丙에게 직접 X토지를 인도하였다면, 乙로 하여금 X토지를 완전하게 사용·수익하게 할 甲의 의무는 이행불능이 되었다고 보아야 한다.

> 임대차는 당사자 일방이 상대방에게 목적물을 사용·수익하게 할 것을 약정하고 상대방이 이에 대하여 차임을 지급할 것을 약정함으로써 성립하는 것으로서(민법 제618조), 임대인이 그 목적물에 대한 소유권 기타 이를 임대할 권한이 없다고 하더라도 임대차계약은 유효하게 성립한다. 따라서 임대인은 임차인으로 하여금 그 목적물을 완전하게 사용·수익하게 할 의무가 있고, 또한 임차인은 이러한 임대인의 의무가 이행불능으로 되지 아니하는 한 그 사용·수익의 대가로 차임을 지급할 의무가 있으며, 그 <u>임대차관계가 종료되면 임차인은 임차목적물을 임대인에게 반환하여야 할 계약상의 의무가 있다. 다만 이러한 경우 임차인이 진실한 소유자로부터 목적물의 반환청구나 임료 내지 그 해당액의 지급요구를 받는 등의 이유로 임대인이 임차인으로 하여금 사용·수익하게 할 수가 없게 되면 임대인의 채무는 이행불능으로 되고 임차인은 이행불능으로 인한 임대차의 종료를 이유로 그때 이후의 임대인의 차임지급청구를 거절할 수 있다</u>(대판 2009.9.24. 2008다38325).

④ (○) 甲과 乙이 교환계약을 체결한 후 교환계약의 대상토지인 X토지와 Y토지가 모두 수용된 경우, 甲과 乙이 모두 계약을 이행할 수 없게 되어 계약의 이행이 상대방에게 아무런 이익이 되지 아니한다면 특별한 사정이 없는 한 乙은 甲에게 대상청구권을 행사할 수 없다.

> <u>쌍무계약의 당사자 일방이 상대방의 급부가 이행불능이 된 사정의 결과로 상대방이 취득한 대상에 대하여 급부청구권을 행사할 수 있다고 하더라도</u>, 그 당사자 일방이 대상청구권을 행사하려면 상대방에 대하여 반대급부를 이행할 의무가 있는바, <u>이 경우 당사자 일방의 반대급부도 그 전부가 이행불능이 되거나 그 일부가 이행불능이 되고 나머지 잔부의 이행만으로는 상대방의 계약목적을 달성할 수 없는 등 상대방에게 아무런 이익이 되지 않는다고 인정되는 때에는, 상대방이 당사자 일방의 대상청구를 거부하는 것이 신의칙에 반한다고 볼만한 특별한 사정이 없는 한, 당사자 일방은 상대방에 대하여 대상청구권을 행사할 수 없다</u>(대판 1996.6.25. 95다6601).

⑤ (×) 급부가 후발적 불능이면 채무자인 甲의 귀책사유 존재 여부는 불문하므로, 불능이 甲의 귀책사유에 기한 경우에도 대상청구권이 인정된다. 따라서 乙은 대상청구권을 행사할 수 있다.

답 ④

028

甲은 자신의 X토지를 乙에게 1억원에 매도하는 계약을 체결하였다. 乙은 계약금과 중도금으로 6천만원을 甲에게 지급하였다. 그 후 X토지의 가격이 폭등하자 甲은 X토지를 丙에게 1억 5천만원에 매도하고 丙 명의로 소유권이전등기를 마쳐 주었다. 이에 관한 설명으로 옳은 것을 모두 고른 것은?(각 지문은 독립적이며, 다툼이 있으면 판례에 따름) [22 변리]

> ㄱ. 甲과 乙의 매매계약은 특별한 사정이 없는 한 甲이 丙과 매매계약을 맺은 때에 이행불능이 된다.
> ㄴ. 특별한 사정이 없는 한 乙은 甲을 상대로 X토지의 인도 및 소유권이전등기의 청구를 할 수 없다.
> ㄷ. 만일 甲이 乙의 잔금미지급을 이유로 계약을 적법하게 해제할 수 있었으나 해제하지 않은 상태에서 甲이 丙에게 X토지를 매도하고 소유권이전등기를 마쳐준 경우라면, 특별한 사정이 없는 한 甲은 乙에게 이행불능에 따른 책임을 부담하지 않는다.
> ㄹ. 만일 甲이 丙에게 X토지의 소유권이전등기가 아니라 소유권이전등기청구권 보전을 위한 가등기만을 마쳐준 경우라면, 특별한 사정이 없는 한 甲은 乙에게 이행불능에 따른 책임을 부담하지 않는다.

① ㄴ
② ㄱ, ㄷ
③ ㄴ, ㄹ
④ ㄱ, ㄷ, ㄹ
⑤ ㄴ, ㄷ, ㄹ

해설

ㄱ. (×), ㄴ. (○) 판례는 매수인에게 부동산의 소유권이전등기를 해줄 의무를 지는 매도인이 그 부동산에 관하여 다른 사람에게 이전등기를 마쳐 준 때에는 매도인이 그 부동산의 소유권에 관한 등기를 회복하여 매수인에게 이전등기해줄 수 있는 특별한 사정이 없어야 비로소 매수인에 대한 소유권이전등기의무가 이행불능의 상태에 이르렀다(대판 2010.4.29. 2009다99129)고 판시한바, 매도인 甲이 제2매수인 丙과 X토지에 대한 매매계약을 체결한 것만으로는 甲의 乙에 대한 X토지소유권이전등기의무가 이행불능이 된다고 할 수 없으나,❶ 甲이 제2매수인 丙에게 소유권이전등기를 경료하여 준 경우, 매도인 甲이 등기를 회복하여 제1매수인 乙에게 이전등기를 해 줄 수 있는 특별한 사정이 없는 한 乙은 甲을 상대로 X토지의 인도 및 소유권이전등기의 청구를 할 수 없다고 판단된다.❷

ㄷ. (×) 판례의 취지를 고려할 때 매도인 甲이 제매수인 乙의 잔금미지급을 이유로 계약을 적법하게 해제할 수 있었으나 해제하지 않은 상태에서 甲이 제2매수인 丙에게 X토지를 매도하고 소유권이전등기를 마쳐준 경우라도, 특별한 사정이 없는 한 甲은 乙에게 이행불능에 따른 책임을 부담한다.

> 부동산 매매계약에서 계약금만 지급된 단계에서는 어느 당사자나 계약금을 포기하거나 그 배액을 상환함으로써 자유롭게 계약의 구속력에서 벗어날 수 있다. 그러나 중도금이 지급되는 등 계약이 본격적으로 이행되는 단계에 이른 때에는 계약이 취소되거나 해제되지 않는 한 매도인은 매수인에게 부동산의 소유권을 이전해 줄 의무에서 벗어날 수 없다(대판 2018.5.17. 2017도4027[전합]).

ㄹ. (○) 소유권이전등기의무자가 그 부동산상에 제3자 명의로 가등기를 마쳐 주었다 하여도 가등기는 본등기의 순위보전의 효력을 가지는 것에 불과하고, 또한 그 소유권이전등기의무자의 처분권한이 상실되는 것도 아니므로 그 가등기만으로는 소유권이전등기의무가 이행불능이 된다고 할 수 없으므로(대판 1993.9.14. 93다12268), 특별한 사정이 없는 한 매도인 甲은 제1매수인 乙에게 이행불능에 따른 책임을 부담하지 않는다.

답

029 이행불능에 관한 설명으로 옳지 않은 것은?(다툼이 있으면 판례에 따름)

① 토지거래허가구역 내의 토지에 관하여 허가를 조건으로 매매계약을 체결한 경우, 그 허가 전에는 거래계약상의 채무를 이행할 수 없게 되더라도 그에 따른 손해배상책임을 지지 않는다.
② 쌍무계약에서 당사자 일방이 부담하는 채무의 일부만이 채무자의 책임 있는 사유로 이행할 수 없게 된 경우, 이행가능한 나머지 부분만의 이행으로 계약목적을 달성할 수 없다면 채무의 이행은 전부가 불능이라고 보아야 한다.
③ 민법상 임대차에서 목적물을 사용·수익하게 할 임대인의 의무는 임대인이 임대차목적물의 소유권을 상실한 것만으로 이행불능이 된다.
④ 매매목적물에 관하여 매도인의 다른 채권자가 강제경매를 신청하여 그 절차가 진행 중에 있다는 사유만으로 매도인의 채무가 이행불능이 되는 것은 아니다.
⑤ 쌍무계약에서 당사자 일방의 급부뿐만 아니라 상대방의 반대급부도 전부 이행불능이 된 경우, 특별한 사정이 없는 한 당사자 일방은 상대방에게 대상청구를 할 수 없다.

해설

① (○) 구 국토이용관리법상 토지거래허가구역 내에 있는 토지에 관하여 소유권 등 권리를 이전 또는 설정하는 내용의 거래계약은 관할 시장·군수 또는 구청장의 허가를 받아야만 효력이 발생하고 허가를 받기 전에는 물권적 효력은 물론 채권적 효력도 발생하지 아니하여 무효라고 보아야 할 것이므로, 따라서 허가받을 것을 전제로 하는 거래계약은 허가를 받을 때까지는 법률상 미완성의 법률행위로서 소유권 등 권리의 이전 또는 설정에 관한 거래의 효력이 전혀 발생하지 않으나 일단 허가를 받으면 그 계약은 소급하여 유효한 계약이 되고, 이와 달리 불허가가 된 때에 무효로 확정되므로 허가를 받기까지는 유동적 무효의 상태에 있다고 볼 것인바, 허가를 받을 것을 전제로 한 거래계약은 허가받기 전의 상태에서는 거래계약의 채권적 효력도 전혀 발생하지 않으므로 권리의 이전 또는 설정에 관한 어떠한 내용의 이행청구도 할 수 없고, 그러한 거래계약의 당사자로서는 허가받기 전의 상태에서 상대방의 거래계약상 채무불이행을 이유로 거래계약을 해제하거나 그로 인한 손해배상을 청구할 수 없다(대판 1997.7.25. 97다4357).
② (○) 쌍무계약에 있어 당사자 일방이 부담하는 채무의 일부만이 채무자의 책임 있는 사유로 이행할 수 없게 된 때에는, 그 이행이 불가능한 부분을 제외한 나머지 부분만의 이행으로는 계약의 목적을 달성할 수 없다면 채무의 이행은 전부가 불능이라고 보아야 할 것이므로, 채권자로서는 채무자에 대하여 계약 전부를 해제하거나 또는 채무 전부의 이행에 갈음하는 전보배상을 청구할 수 있을 뿐이지 이행이 가능한 부분만의 급부를 청구할 수는 없다(대판 1995.7.25. 95다5929).
③ (×) 계약의 이행불능 여부는 사회통념에 의하여 이를 판정하여야 할 것인바, 임대차계약상의 임대인의 의무는 목적물을 사용수익케 할 의무로서, 목적물에 대한 소유권 있음을 성립요건으로 하고 있지 아니하여 임대인이 소유권을 상실하였다는 이유만으로 그 의무가 불능하게 된 것이라고 단정할 수 없다(대판 1994.5.10. 93다37977).
④ (○) 매매목적물에 관하여 매도인의 다른 채권자가 강제경매를 신청하여 그 절차가 진행 중에 있다는 사유만으로는 아직 매도인이 그 목적물의 소유권을 취득할 수 없는 때에 해당한다고 할 수 없으므로 매수인은 이를 이유로 계약을 해제하거나 위약금의 청구를 할 수 없다고 할 것이고 그와 같은 법리는 매매목적물에 관하여 강제경매가 진행 중인데 대한 책임이 누구에게 있느냐에 따라 달라지는 것이 아니다(대판 1987.9.8. 87다카655).
⑤ (○) 쌍무계약의 당사자 일방이 상대방의 급부가 이행불능이 된 사정의 결과로 상대방이 취득한 대상에 대하여 급부청구권을 행사할 수 있다고 하더라도, 그 당사자 일방이 대상청구권을 행사하려면 상대방에 대하여 반대급부를 이행할 의무가 있는바, 이 경우 당사자 일방의 반대급부도 그 전부가 이행불능이 되거나 그 일부가 이행불능이 되고 나머지 잔부의 이행만으로는 상대방의 계약목적을 달성할 수 없는 등 상대방에게 아무런 이익이 되지 않는다고 인정되는 때에는, 상대방이 당사자 일방의 대상청구를 거부하는 것이 신의칙에 반한다고 볼만한 특별한 사정이 없는 한, 당사자 일방은 상대방에 대하여 대상청구권을 행사할 수 없다(대판 1996.6.25. 95다6601).

 ❸

030 채무불이행으로서 이행거절에 관한 설명으로 옳지 않은 것은?(다툼이 있으면 판례에 따름)

[20] 변리

① 이행거절을 이유로 계약을 해제하기 위해서는 채권자는 채무자에게 채무이행을 최고하여야 한다.
② 채무자가 계약을 이행하지 않을 의사를 명백히 표시하였는지 여부는 계약이행에 관한 당사자의 행동과 계약 전·후의 구체적인 사정 등을 종합적으로 고려하여 판단하여야 한다.
③ 쌍무계약에서 당사자 일방이 자기의 채무를 아직 다 이행하지 아니하였으면서도 이미 다 이행하였다고 주장하면서 상대방 채무의 이행을 구하는 제소까지 하였다면, 특별한 사정이 없는 한 미리 자기의 채무를 이행하지 아니할 의사를 표명한 것으로 볼 수 있다.
④ 이행거절을 이유로 채권자가 해제권을 행사하는 경우 그 이행거절의사를 표명했는지 여부에 대한 판단시기는 계약해제 시이다.
⑤ 이행거절이라는 채무불이행이 인정되기 위해서는 채무를 이행하지 아니할 채무자의 명백한 의사표시가 위법한 것으로 평가되어야 한다.

해설

① (×) 쌍무계약에 있어서 계약당사자의 일방은 상대방이 채무를 이행하지 아니할 의사를 명백히 표시한 경우에는 최고나 자기채무의 이행제공 없이 그 계약을 적법하게 해제할 수 있으나, 그 이행거절의 의사표시가 적법하게 철회된 경우 상대방으로서는 자기채무의 이행을 제공하고 상당한 기간을 정하여 이행을 최고한 후가 아니면 채무불이행을 이유로 계약을 해제할 수 없다(대판 2003.2.26. 2000다40995).
② (○) 채무자가 채무를 이행하지 아니할 의사를 명백히 표시한 경우에 채권자는 신의성실의 원칙상 이행기 전이라도 이행의 최고 없이 채무자의 이행거절을 이유로 계약을 해제하거나 채무자를 상대로 손해배상을 청구할 수 있고, 채무자가 채무를 이행하지 아니할 의사를 명백히 표시하였는지 여부는 채무이행에 관한 당사자의 행동과 계약 전후의 구체적인 사정 등을 종합적으로 살펴서 판단하여야 한다(대판 2007.9.20. 2005다63337).
③ (○), ④ (○) 쌍무계약에서 당사자 일방이 미리 이행을 하지 아니할 의사를 표시하거나 상대방이 이행을 제공하더라도 자기의 채무를 이행하지 아니할 것이 객관적으로 명백한 경우에는 상대방은 이를 이유로 계약을 해제할 수 있다고 할 것인바, 당사자 일방이 자기의 채무를 아직 다 이행하지 아니하였으면서도 이미 다 이행하였다고 주장하면서 상대방 채무의 이행을 구하는 제소까지 하였다면 그것이 계산상의 착오 때문이라는 등 특별한 사정이 없는 한 미리 자기의 채무를 이행하지 아니할 의사를 표명한 것으로 볼 것이고,❸ 따라서 상대방은 계약을 해제할 수 있다. 그리고 당사자 일방이 위와 같은 의사를 표명한 것으로 볼 것인지 여부는 계약해제 시를 기준으로 하여 판단하여야 한다❹(대판 2014.10.6. 2014다210531).
⑤ (○) 채무자가 채무를 이행하지 아니할 의사를 명백히 표시한 경우에 채권자는 신의성실의 원칙상 이행기 전이라도 이행의 최고 없이 채무자의 이행거절을 이유로 계약을 해제하거나 채무자를 상대로 손해배상을 청구할 수 있지만, 이러한 이행거절이라는 채무불이행이 인정되기 위해서는 채무를 이행하지 아니할 채무자의 명백한 의사표시가 위법한 것으로 평가되어야 한다(대판 2015.2.12. 2014다227225).

 ❶

031 채무불이행에 관한 설명으로 옳지 않은 것은?(다툼이 있으면 판례에 따름)

① 매매계약 당시 매매목적토지의 소유권이 매도인에게 속하지 아니함을 알고 있던 매수인은 소유권이전의무의 이행불능에 매도인의 귀책사유가 있다면 채무불이행을 이유로 계약을 해제하고 손해배상을 청구할 수 없다.
② 이행보증계약에 기한 보증인의 보증금지급의무에 관하여 지급금지가처분결정이 있었다고 하더라도, 이로써 보증인에게 지급거절의 권능이 발생한다고 할 수 없다.
③ 매매의 대상인 권리가 타인에게 귀속되어 있다는 이유만으로 채무자의 계약에 따른 이행이 불능이라고 할 수는 없다.
④ 부당이득반환의무는 이행기한의 정함이 없는 채무이므로 그 채무자는 이행청구를 받은 그 다음 날부터 지체책임을 진다.
⑤ 채무자가 채무발생원인 내지 존재에 관한 잘못된 법률적 판단을 통하여 자신의 채무가 없다고 믿고 채무이행을 거부한 채 소송을 통하여 다툰 경우, 특별한 사정이 없는 한 채무불이행에 관하여 채무자에게 고의나 과실이 인정된다.

해설

① (×) 타인의 권리를 매매의 목적으로 한 경우에 있어서 그 권리를 취득하여 매수인에게 이전하여야 할 매도인의 의무가 매도인의 귀책사유로 인하여 이행불능이 되었다면 매수인이 매도인의 담보책임에 관한 민법 제570조 단서의 규정에 의해 손해배상을 청구할 수 없다 하더라도 채무불이행 일반의 규정(민법 제546조, 제390조)에 좇아서 계약을 해제하고 손해배상을 청구할 수 있다(대판 1993.11.23. 93다37328).
② (○) 이행보증계약에 기한 보증인의 보증금지급의무에 관하여 지급금지가처분결정이 있었다고 하더라도 그것으로써 보증인에게 그 지급을 거절할 수 있는 사유, 즉 지급거절의 권능이 발생한다고 할 수 없고, 보증금지급의무가 실제로 발생하여 그 이행기가 도래하면 보증인은 보증채권자에게 이를 이행하여야 하며, 이를 이행하지 아니하는 경우에는 지체책임 발생의 다른 요건이 갖추어지는 한 그 이행의 지체로 인한 손해배상 등 법적 책임을 져야 한다. 다만, 그는 보증금을 채권자의 수령불능을 이유로 변제공탁함으로써 자신의 보증금지급채무로부터 벗어날 수 있고, 그에 따라 위에서 본 바와 같은 지체책임도 면하게 된다(대판 2010.2.25. 2009다22778).
③ (○) 민법이 타인의 권리의 매매를 인정하고 있는 것처럼 타인의 권리의 증여도 가능하며, 이 경우 채무자는 권리를 취득하여 채권자에게 이전하여야 하고, 이같은 사정은 계약 당시부터 예정되어 있으므로, 매매나 증여의 대상인 권리가 타인에게 귀속되어 있다는 이유만으로 채무자의 계약에 따른 이행이 불능이라고 할 수는 없다(대판 2016.5.12. 2016다200729).
④ (○) 부당이득반환의무는 이행기한의 정함이 없는 채무이므로 그 채무자는 이행청구를 받은 때에 비로소 지체책임을 진다(대판 2017.3.30. 2016다253297). 즉 이행청구를 받은 다음 날부터 지체책임을 진다.
⑤ (○) 채무불이행으로 인한 손해배상청구에 있어서 확정된 채무의 내용에 좇은 이행을 하지 아니하였다면 그 자체가 바로 위법한 것으로 평가되는 것이고, 다만 채무불이행에 채무자의 고의나 과실이 없는 때에는 채무자는 손해배상책임을 부담하지 않는다(민법 제390조). 한편 채무자가 자신에게 채무가 없다고 믿었고 그렇게 믿은 데 정당한 사유가 있는 경우에는 채무불이행에 고의나 과실이 없는 때에 해당한다고 할 수 있다. 그러나 채무자가 채무의 발생원인 내지 존재에 관한 법률적인 판단을 통하여 자신의 채무가 없다고 믿고 채무의 이행을 거부한 채 소송을 통하여 이를 다투었다고 하더라도, 채무자의 그러한 법률적 판단이 잘못된 것이라면 특별한 사정이 없는 한 채무불이행에 관하여 채무자에게 고의나 과실이 없다고는 할 수 없다(대판 2013.12.26. 2011다85352).

답 ①

032 대상청구권에 관한 설명으로 옳지 않은 것은?(다툼이 있으면 판례에 따름) `20` 변리

① 쌍무계약의 당사자 일방이 대상청구권을 행사하는 경우 상대방에 대하여 반대급부를 이행할 의무가 있다.
② 대상(代償)을 발생시키는 매매목적물의 후발적 불능에 대하여 매도인의 귀책사유가 존재하는 경우, 매수인은 대상청구권을 행사할 수 있다.
③ 매매목적물인 부동산이 수용되어 그 소유권이전등기의무가 이행불능이 된 경우, 등기청구권자는 등기의무자에게 대상청구권의 행사로써 등기의무자가 지급받은 수용보상금의 반환을 구하거나 또는 등기의무자가 취득한 수용보상금청구권의 양도를 구할 수 있다.
④ 대상청구의 대상이 되는 보상금을 채권자가 직접 자신의 명의로 지급받았다면 채무자에 대한 관계에서 바로 부당이득이 된다.
⑤ 매매목적물의 이중매매로 인하여 매도인의 소유권이전등기의무가 이행불능된 경우, 매수인에게 인정되는 대상청구권은 특별한 사정이 없는 한 매도인의 소유권이전등기의무가 이행불능되었을 때부터 소멸시효가 진행하는 것이 원칙이다.

해설

① (○) 쌍무계약의 당사자 일방이 상대방의 급부가 이행불능이 된 사정의 결과로 상대방이 취득한 대상에 대하여 급부청구권을 행사할 수 있다고 하더라도, 그 당사자 일방이 대상청구권을 행사하려면 상대방에 대하여 반대급부를 이행할 의무가 있는바, 이 경우 당사자 일방의 반대급부도 그 전부가 이행불능이 되거나 그 일부가 이행불능이 되고 나머지 잔부의 이행만으로는 상대방의 계약목적을 달성할 수 없는 등 상대방에게 아무런 이익이 되지 않는다고 인정되는 때에는, 상대방이 당사자 일방의 대상청구를 거부하는 것이 신의칙에 반한다고 볼만한 특별한 사정이 없는 한, 당사자 일방은 상대방에 대하여 대상청구권을 행사할 수 없다(대판 1996.6.25. 95다6601).
② (○) 급부가 후발적 불능이면 채무자인 매도인의 귀책사유 존재 여부는 불문하므로, 불능이 매도인의 귀책사유에 기한 경우에도 대상청구권이 인정된다. 따라서 매수인은 대상청구권을 행사할 수 있다.
③ (○) 소유권이전등기의무의 목적부동산이 수용되어 그 소유권이전등기의무가 이행불능이 된 경우, 등기청구권자는 등기의무자에게 대상청구권의 행사로써 등기의무자가 지급받은 수용보상금의 반환을 구하거나 또는 등기의무자가 취득한 수용보상금청구권의 양도를 구할 수 있을 뿐 그 수용보상금청구권 자체가 등기청구권자에게 귀속되는 것은 아니다(대판 1996.10.29. 95다56910).
④ (×) 채무자가 수령하게 되는 보상금이나 그 청구권에 대하여 채권자가 대상청구권을 가지는 경우에도 채권자는 채무자에 대하여 그가 지급받은 보상금의 반환을 청구하거나 채무자로부터 보상청구권을 양도받아 보상금을 지급받아야 할 것이나, 어떤 사유로 채권자가 직접 자신의 명의로 대상청구의 대상이 되는 보상금을 지급받았다고 하더라도 이로써 채무자에 대한 관계에서 바로 부당이득이 되는 것은 아니라고 보아야 할 것이다(대판 2002.2.8. 99다23901).
⑤ (○) 매매목적물의 수용 또는 국유화로 인하여 매도인의 소유권이전등기의무가 이행불능된 경우 매수인에게 인정되는 대상청구권에 대하여는 특별한 사정이 없는 한 매수인이 그 대상청구권을 행사할 수 있는 시점인 매도인의 소유권이전등기의무가 이행불능되었을 때부터 소멸시효가 진행하는 것이 원칙이다. 그리고 이러한 대상청구권의 소멸시효기산점에 관한 법리는 매매목적물의 이중매매로 인하여 매도인의 소유권이전등기의무가 이행불능된 경우와 같이 그 대상청구권이 채무자의 귀책사유로 발생한 때에도 마찬가지로 적용된다(대판 2018.11.15. 2018다248244).

답 ④

033 채무불이행에 따른 손해배상에 관한 설명으로 옳은 것은?(다툼이 있으면 판례에 따름) 24 변리

① 숙박업자가 숙박계약에 따른 의무를 다하지 못하여 투숙객이 사망한 경우, 숙박계약의 당사자가 아니면서 그 사고로 인하여 정신적 고통을 받은 그 투숙객의 근친자는 그 투숙객에 대한 숙박계약상의 채무불이행을 이유로 숙박업자에게 위자료를 청구할 수 있다.
② 채무불이행을 이유로 계약이 해제된 경우에 채권자는 이행이익의 배상 대신에 계약이 이행되리라고 믿고 지출한 비용을 채무불이행으로 인한 손해로 배상을 청구할 수 있으며, 그 지출비용이 이행이익의 범위를 초과하더라도 그 전부를 청구할 수 있다.
③ 부동산매매계약에서 매도인의 이행거절로 인한 채무불이행에서의 손해액 산정은 이행거절 당시의 부동산의 시가를 표준으로 한다.
④ 채무자의 채무불이행으로 인한 손해배상액이 예정되어 있는 경우에 채무불이행으로 인한 손해의 발생 및 확대에 채권자에게도 과실이 있다면 과실상계를 할 수 있다.
⑤ 위약금이 위약벌로 해석되기 위해 특별한 사정이 주장·증명될 필요는 없으며, 도급계약서에 계약보증금 외에 지체상금도 규정되어 있다면 이 자체로 계약보증금은 위약벌이 된다.

해설

① (×) 숙박업자가 숙박계약상의 고객보호의무를 다하지 못하여 투숙객이 사망한 경우, 숙박계약의 당사자가 아닌 그 투숙객의 근친자가 그 사고로 인하여 정신적 고통을 받았다 하더라도 숙박업자의 그 망인에 대한 숙박계약상의 채무불이행을 이유로 위자료를 청구할 수는 없다(대판 2000.11.24. 2000다38718). 따라서 위와 같은 경우, 투숙객의 근친자는 민법 제752조를 유추적용하여 채무불이행을 이유로 한 위자료를 청구할 수 없다.
② (×) 채무불이행을 이유로 계약해제와 아울러 손해배상을 청구하는 경우에 그 계약이행으로 인하여 채권자가 얻을 이익 즉 이행이익의 배상을 구하는 것이 원칙이지만, 그에 갈음하여 그 계약이 이행되리라고 믿고 채권자가 지출한 비용 즉 신뢰이익의 배상을 구할 수도 있다고 할 것이고, 그 신뢰이익 중 계약의 체결과 이행을 위하여 통상적으로 지출되는 비용은 통상의 손해로서 상대방이 알았거나 알 수 있었는지의 여부와는 관계없이 그 배상을 구할 수 있고, 이를 초과하여 지출되는 비용은 특별한 사정으로 인한 손해로서 상대방이 이를 알았거나 알 수 있었던 경우에 한하여 그 배상을 구할 수 있다고 할 것이나, 그 신뢰이익은 과잉배상금지의 원칙에 비추어 이행이익의 범위를 초과할 수 없다(대판 2002.6.11. 2002다2539).
③ (○) 이행지체에 의한 전보배상에 있어서의 손해액 산정은 본래의 의무이행을 최고하였던 상당한 기간이 경과한 당시의 시가를 표준으로 하고, 이행불능으로 인한 전보배상액은 이행불능 당시의 시가 상당액을 표준으로 해야 할 것인바, 채무자의 이행거절로 인한 채무불이행에서의 손해액 산정은 채무자가 이행거절의 의사를 명백히 표시하여 최고 없이 계약의 해제나 손해배상을 청구할 수 있는 경우에는 이행거절 당시의 급부목적물의 시가를 표준으로 해야 할 것이다(대판 2008.5.15. 2007다37721).
④ (×) 당사자 사이의 계약에서 채무자의 채무불이행으로 인한 손해배상액이 예정되어 있는 경우, 채무불이행으로 인한 손해의 발생 및 확대에 채권자에게도 과실이 있더라도 민법 제398조 제2항에 따라 채권자의 과실을 비롯하여 채무자가 계약을 위반한 경위 등 제반 사정을 참작하여 손해배상예정액을 감액할 수는 있을지언정 채권자의 과실을 들어 과실상계를 할 수는 없다(대판 2016.6.10. 2014다200763).
⑤ (×) 위약금은 민법 제398조 제4항에 의하여 손해배상액의 예정으로 추정되므로 위약금이 위약벌로 해석되기 위하여는 특별한 사정이 주장·증명되어야 하는바, 도급계약서에 계약보증금 외에 지체상금도 규정되어 있다는 점만을 이유로 하여 계약보증금을 위약벌이라고 보기는 어렵다(대판 2005.11.10. 2004다40597).

답 ③

034 손해배상에 관한 설명으로 옳은 것은?(다툼이 있으면 판례에 따름)

① 채무불이행으로 인한 손해배상액이 예정되어 있는 경우, 채권자는 채무불이행 사실 및 손해의 발생 사실을 모두 증명하여야 예정배상액을 청구할 수 있다.
② 특별한 사정으로 인한 손해배상에서 채무자가 그 사정을 알았거나 알 수 있었는지의 여부는 계약체결 당시를 기준으로 판단한다.
③ 부동산소유권이전채무가 이행불능이 되어 채권자가 채무자에게 갖게 되는 손해배상채권의 소멸시효는 계약체결시부터 진행된다.
④ 채무불이행으로 인한 손해배상액을 예정한 경우에는 특별한 사정이 없는 한 통상손해는 물론 특별손해까지도 예정액에 포함된다.
⑤ 불법행위로 영업용 건물이 일부 멸실된 경우, 그에 따른 휴업손해는 특별손해에 해당한다.

해설

① (×) 채무불이행으로 인한 손해배상액이 예정되어 있는 경우에는 채권자는 채무불이행 사실만 증명하면 손해의 발생 및 그 액을 증명하지 아니하고 예정배상액을 청구할 수 있고, 채무자는 채권자와 채무불이행에 있어 채무자의 귀책사유를 묻지 아니한다는 약정을 하지 아니한 이상 자신의 귀책사유가 없음을 주장·증명함으로써 예정배상액의 지급책임을 면할 수 있다(대판 2007.12.27. 2006다9408).
② (×) 민법 제393조 제2항 소정의 특별사정으로 인한 손해배상에 있어서 채무자가 그 사정을 알았거나 알 수 있었는지의 여부를 가리는 시기는 계약체결당시가 아니라 채무의 이행기까지를 기준으로 판단하여야 한다(대판 1985.9.10. 84다카1532).
③ (×) 매매로 인한 부동산소유권이전채무가 이행불능됨으로써 매수인이 매도인에 대하여 갖게 되는 손해배상채권은 그 부동산소유권의 이전채무가 이행불능된 때에 발생하는 것이고 그 계약체결일에 생기는 것은 아니므로 위 손해배상채권의 소멸시효는 계약체결일 아닌 소유권이전채무가 이행불능된 때부터 진행한다(대판 1990.11.9. 90다카22513).
④ (○) 계약 당시 손해배상액을 예정한 경우에는 다른 특약이 없는 한 채무불이행으로 인하여 입은 통상손해는 물론 특별손해까지도 예정액에 포함되고 채권자의 손해가 예정액을 초과한다 하더라도 초과부분을 따로 청구할 수 없다(대판 1993.4.23. 92다41719).
⑤ (×) 불법행위로 영업용 물건이 멸실된 경우, 이를 대체할 다른 물건을 마련하기 위하여 필요한 합리적인 기간 동안 그 물건을 이용하여 영업을 계속하였더라면 얻을 수 있었던 이익, 즉 휴업손해는 그에 대한 증명이 가능한 한 통상의 손해로서 그 교환가치와는 별도로 배상하여야 하고, 이는 영업용 물건이 일부 손괴된 경우, 수리를 위하여 필요한 합리적인 기간 동안의 휴업손해와 마찬가지라고 보아야 할 것이다(대판 2004.3.18. 2001다82507[전합]).

답 ④

035 민법상 과실상계에 관한 설명으로 옳지 않은 것은?(다툼이 있으면 판례에 따름)

① 불법행위의 성립에 관한 가해자의 과실과 과실상계에서의 피해자의 과실은 그 의미를 달리한다.
② 피해자에게 과실이 있는 경우 가해자가 과실상계를 주장하지 않았더라도 법원은 손해배상액을 정함에 있어서 이를 참작하여야 한다.
③ 매도인의 하자담보책임은 법이 특별히 인정한 무과실책임이지만 그 하자의 발생 및 확대에 가공한 매수인의 잘못이 있다면 법원은 이를 참작하여 손해배상의 범위를 정하여야 한다.
④ 피해자의 부주의를 이용하여 고의의 불법행위를 한 자는 특별한 사정이 없는 한 피해자의 그 부주의를 이유로 과실상계를 주장할 수 없다.
⑤ 손해를 산정함에 있어서 손익상계와 과실상계를 모두 하는 경우 손익상계를 먼저 하여야 한다.

해설

① (○) 공동불법행위자는 채권자에 대한 관계에서 연대책임(부진정연대채무)을 지되 공동불법행위자들 내부관계에서는 일정한 부담부분이 있고, 이 부담부분은 공동불법행위자의 채권자에 대한 가해자로서의 과실 정도에 따라 정하여지는 것으로서 여기에서의 과실은 의무 위반이라는 강력한 과실임에 반하여, 불법행위에 있어서 피해자의 과실을 따지는 과실상계에서의 과실은 가해자의 과실과 달리 사회통념이나 신의성실의 원칙에 따라 공동생활에 있어 요구되는 약한 의미의 부주의를 가리키는 것이다(대판 2000.8.22. 2000다29028).
② (○) 법원은 불법행위로 인하여 배상할 손해의 범위를 정함에 있어서 상대방의 과실상계 항변이 없더라도 피해자의 과실을 참작하여야 한다(대판 2008.2.28. 2005다60369).
③ (○) 민법 제581조, 제580조에 기한 매도인의 하자담보책임은 법이 특별히 인정한 무과실책임으로서 여기에 민법 제396조의 과실상계규정이 준용될 수는 없다 하더라도, 담보책임이 민법의 지도이념인 공평의 원칙에 입각한 것인 이상 하자 발생 및 그 확대에 가공한 매수인의 잘못을 참작하여 손해배상의 범위를 정함이 상당하다(대판 1995.6.30. 94다23920).
④ (○) 피해자의 부주의를 이용하여 고의로 불법행위를 저지른 자가 바로 그 피해자의 부주의를 이유로 자신의 책임을 감하여 달라고 주장하는 것은 허용될 수 없다(대판 2005.11.10. 2003다66066).
⑤ (×) 불법행위로 인하여 손해가 발생하고 그 손해 발생으로 이득이 생기고 동시에 그 손해 발생에 피해자에게도 과실이 있어 과실상계를 하여야 할 경우에는 먼저 산정된 손해액에서 과실상계를 한 다음에 위 이득을 공제하여야 한다(대판 1990.5.8. 89다카29129).

답 ⑤

036 과실상계에 관한 설명으로 옳은 것은?(다툼이 있으면 판례에 따름)

① 과실상계의 비율에 대한 당사자의 주장은 법원을 구속한다.
② 배상의무자가 피해자의 과실에 관하여 주장하지 않는 경우, 법원이 이를 직권으로 심리·판단할 수 없다.
③ 한 개의 손해배상청구권 중 일부가 소송상 청구된 경우, 법원은 과실상계를 함에 있어서 손해의 전액에서 과실비율에 의한 감액을 하고 그 잔액이 청구액을 초과하지 않을 경우에는 그 잔액을 인용해야 한다.
④ 채무내용에 따른 본래의 급부의 이행을 구하는 경우에도 과실상계는 적용된다.
⑤ 채무불이행에 관하여 채권자의 과실이 있고 채권자가 그로 인하여 이익을 받은 경우, 손해배상액을 산정함에 있어서 손익상계를 한 다음 과실상계를 해야 한다.

해설

① (×) 과실상계에는 변론주의가 적용되지 아니하므로 채권자의 과실 유무, 비율 등은 당사자의 주장과 달리 법원이 직권으로 조사·결정할 사항이라 할 것이다.
② (×) 손해배상청구소송에서 피해자에게 과실이 인정되면 법원은 손해배상의 책임 및 그 금액을 정함에 있어서 이를 참작하여야 하며, 배상의무자가 피해자의 과실에 관하여 주장하지 않는 경우에도 소송자료에 의하여 과실이 인정되는 경우에는 이를 법원이 직권으로 심리·판단하여야 한다(대판 2005.10.7. 2005다32197).
③ (○) 일개의 손해배상청구권 중 일부가 소송상 청구되어 있는 경우에 과실상계를 함에 있어서는 손해의 전액에서 과실비율에 의한 감액을 하고 그 잔액이 청구액을 초과하지 않을 경우에는 그 잔액을 인용할 것이고 잔액이 청구액을 초과할 경우에는 청구의 전액을 인용하는 것으로 해석하여야 할 것이며, 이와 같이 풀이하는 것이 일부청구를 하는 당사자의 통상적 의사라고 할 것이고, 이러한 방식에 따라 원고의 청구를 인용한다고 하여도 처분권주의에 위배되는 것이라고 할 수는 없다(대판 2008.12.24. 2008다51649).
④ (×) 채무내용에 따른 본래의 급부의 이행을 구하는 때에는 적용되지 않는다(대판 1996.5.10. 96다8468).
⑤ (×) 과실상계를 먼저 한 후에 손익상계를 하여야 한다(대판 1990.5.8. 89다카29129).

답 ③

037 과실상계에 관한 설명 중 판례의 입장에 부합하는 것을 모두 고른 것은?

04 사시

ㄱ. 매도인의 하자담보책임은 민법이 특별히 인정한 무과실책임으로서 과실상계에 관한 규정이 준용될 수 없으므로 하자의 발생 및 그 확대에 가공한 매수인의 과실은 손해배상의 범위를 정함에 있어 참작될 수 없다.
ㄴ. 채권자의 청구가 연대보증인에 대하여 그 보증채무의 이행을 구하고 있음이 명백한 경우에는 과실상계의 법리는 적용될 여지가 없다.
ㄷ. 불법행위를 원인으로 하는 손해배상의 경우 피해자와 일정한 관계에 있는 자의 과실도 고려한다.
ㄹ. 법원은 채권자의 과실을 인정한 이상 반드시 이를 참작하여야 한다.
ㅁ. 불법행위로 인한 손해배상액을 산정함에 있어서 손익상계를 한 다음 과실상계를 하여야 한다.
ㅂ. 피해자의 부주의가 아닌 체질적인 소인과 같이 귀책사유와 무관한 것인 경우에는 과실상계의 법리가 유추적용되지 않는다.

① ㄱ, ㄴ, ㄹ
② ㄱ, ㅁ, ㅂ
③ ㄴ, ㄷ, ㄹ
④ ㄴ, ㄷ, ㅁ
⑤ ㄷ, ㄹ, ㅁ

해설

ㄱ. (×) 민법 제581조, 제580조에 기한 매도인의 하자담보책임은 법이 특별히 인정한 무과실책임으로서 여기에 민법 제396조의 과실상계 규정이 준용될 수는 없다 하더라도, <u>담보책임이 민법의 지도이념인 공평의 원칙에 입각한 것인 이상 하자 발생 및 그 확대에 가공한 매수인의 잘못을 참작하여 손해배상의 범위를 정함이 상당하다</u>(대판 1995.6.30. 94다23920).

ㄴ. (○) 채권자의 청구가 연대보증인들에 대하여 그 보증채무의 이행을 구하고 있다면 손해배상책임의 유무 또는 배상의 범위를 정함에 있어 채권자의 과실이 참작되는 과실상계의 법리는 적용될 여지가 없다(대판 1987.3.24. 84다카1324).

ㄷ. (○) 판례의 취지를 고려할 때 교통사고 사례에서 동승자인 피해자와 운전자가 신분상 또는 생활관계상 일체를 이루고 있다는 구체적 사정이 인정되는 경우에는 불법행위를 원인으로 하는 손해배상의 청구에서 피해자와 일정한 관계에 있는 자의 과실도 고려될 수 있다고 판단된다.

> 차량사고에 있어 운전자의 과실을 피해자 측의 과실로 보아 동승자에 대하여 과실상계를 하기 위하여는, 그 차량 운전자가 동승자와 신분상 또는 생활관계상 일체를 이루고 있어 운전자의 과실을 동승자에 대한 과실상계 사유로 삼는 것이 공평의 원칙에 합치한다는 구체적인 사정이 전제가 되어야 한다(대판 1998.8.21. 98다23232).

ㄹ. (○) 민법상의 과실상계제도의 적용과 관련하여 피해자에게 과실이 인정되면 <u>법원은 손해배상의 책임 및 그 금액을 정함에 있어서 이를 참작하여야</u> 하고, 배상의무자가 피해자의 과실에 관하여 주장을 하지 아니한 경우에도 소송자료에 의하여 과실이 인정되는 경우에는 법원이 이를 직권으로 심리·판단하여야 한다. 그리고 이러한 법리는 손해분담의 공평이라는 손해배상제도의 이념에 비추어 손해배상액을 제한하는 경우에 있어서 그 책임감경사유에 관하여도 마찬가지라고 할 것이다(대판 2013.12.12. 2013다70521).

ㅁ. (×) 불법행위 또는 채무불이행에 관하여 채권자의 과실이 있고 채권자가 그로 인하여 이익을 받은 경우에 손해배상액을 산정함에 있어서는 <u>과실상계를 한 다음 손익상계를 하여야</u> 하고, 이는 과실상계뿐만 아니라 손해부담의 공평을 기하기 위한 책임제한의 경우에도 마찬가지이다(대판 2019.4.3. 2016다55905).

ㅂ. (×) <u>의사의 의료행위에 주의의무 위반이 있어 불법행위로 인한 손해배상책임이 인정되더라도 손해가 의료행위의 과오와 피해자 측의 요인이 경합하여 손해가 발생하거나 확대된 경우에는 피해자 측의 요인이 체질적인 소인 또는 질병의 위험도와 같이 피해자 측의 귀책사유와 무관한 것이라고 할지라도</u>, 질환의 태양·정도 등에 비추어 가해자에게 손해의 전부를 배상하게 하는 것이 공평의 이념에 반하는 경우에는, <u>법원은 손해배상액을 정하면서 과실상계의 법리를 유추적용하여 손해의 발생 또는 확대에 기여한 피해자 측의 요인을 참작할 수 있다</u>(대판 2016.6.23. 2015다55397).

답 ③

038 손해배상액의 예정(민법 제398조)에 관한 설명으로 옳지 않은 것은? 11 사시

① 손해배상의 예정액이 부당히 과다한 경우에는 법원이 이를 적당히 감액할 수 있는데 그 손해배상의 예정액이 부당하게 과다한지의 여부 내지 그에 대한 적당한 감액의 범위를 판단하는 데 있어서는 사실심의 변론종결 당시를 기준으로 그때까지 발생한 사정들을 종합적으로 고려하여야 한다.
② 매매당사자가 계약금으로 수수한 금액에 관하여 매수인이 위약하면 이에 관한 권리를 잃은 것으로 하고 매도인이 위약하면 그 배액을 상환하기로 약정한 경우, 그 약정은 손해배상액의 예정으로 추정된다.
③ 위약벌의 약정은 채무의 이행을 확보하기 위하여 정해지는 것으로서 손해배상액의 예정과는 그 내용이 다르므로 손해배상액의 예정에 관한 민법 제398조 제2항을 유추적용하여 그 액을 감액할 수 없다.
④ 손해배상액을 예정하는 내용의 약정이 있는 경우, 그것은 계약상의 채무불이행으로 인한 손해액뿐만 아니라 계약과 관련된 불법행위로 인한 손해액까지 예정한 것으로 보아야 한다.
⑤ 지체상금이 손해배상액의 예정으로 인정되어 이를 감액함에 있어서는 채무자가 계약을 위반한 경위 등 제반 사정이 참작되므로 손해배상액의 감경에 앞서 채권자의 과실등을 들어 따로 과실상계를 적용하여 감경할 필요는 없다.

해설

① (○) 민법 제398조 제2항은 손해배상의 예정액이 부당히 과다한 경우에는 법원이 이를 적당히 감액할 수 있다고 규정하고 있는데, 여기서 '부당히 과다한 경우'란 채권자와 채무자의 각 지위, 계약의 목적 및 내용, 손해배상액을 예정한 동기, 채무액에 대한 예정액의 비율, 예상 손해액의 크기, 그 당시의 거래관행 등 모든 사정을 참작하여 일반 사회 관념에 비추어 예정액의 지급이 경제적 약자의 지위에 있는 채무자에게 부당한 압박을 가하여 공정성을 잃는 결과를 초래한다고 인정되는 경우를 뜻하는 것으로 보아야 하고, 한편 위 규정의 적용에 따라 손해배상의 예정액이 부당하게 과다한지 및 그에 대한 적당한 감액의 범위를 판단하는 데 있어서는, 법원이 구체적으로 그 판단을 하는 때 즉, 사실심의 변론종결 당시를 기준으로 하여 그 사이에 발생한 위와 같은 모든 사정을 종합적으로 고려하여야 한다(대판 2017.7.18. 2017다206922).
② (○) 매매계약을 체결함에 있어 당사자 사이에 계약금을 수수하면서 매도인이 위 계약을 위반할 때에는 매수인에게 계약금의 배액을 지급하고 매수인이 이를 위반할 때에는 계약금의 반환청구권을 상실하기로 약정하였다면 이는 위 매매계약에 따른 채무불이행에 대한 위약금의 약정을 한 것으로 보아야 할 것이고 이러한 약정은 특단의 사정이 없는 한 손해배상액 예정의 성질을 지닌다(대판 1989.12.12. 89다카10811).
③ (○) 위약벌의 약정은 채무의 이행을 확보하기 위하여 정하는 것으로서 손해배상액의 예정과 그 내용이 다르므로 손해배상액의 예정에 관한 민법 제398조 제2항을 유추적용하여 그 액을 감액할 수 없다(대판 2022.7.21. 2018다248855[전합]).
④ (×) 계약 당시 당사자 사이에 손해배상액을 예정하는 내용의 약정이 있는 경우에는 그것은 계약상의 채무불이행으로 인한 손해액에 관한 것이고 이를 그 계약과 관련된 불법행위상의 손해까지 예정한 것이라고는 볼 수 없다(대판 1999.1.15. 98다48033).
⑤ (○) 지체상금이 손해배상의 예정으로 인정되어 이를 감액함에 있어서는 채무자가 계약을 위반한 경위 등 제반사정이 참작되므로 손해배상액의 감경에 앞서 채권자의 과실 등을 들어 따로 감경할 필요는 없다(대판 2002.1.25. 99다57126).

답 ④

039 손해배상액의 예정에 관한 설명 중 옳은 것은?(다툼이 있으면 판례에 따름)

ㄱ. 도급계약에서 지체상금을 계약 총액에서 지체상금률을 곱하여 산출하기로 약정한 경우, 손해배상액의 예정에 해당하는 지체상금이 과다한지 여부는 지체상금 총액이 아니라 지체상금률을 기준으로 판단하여야 한다.
ㄴ. 매매당사자가 계약금으로 수수한 금액에 관하여 매수인이 위약하면 이를 포기한 것으로 보고 매도인이 위약하면 그 배액을 상환하기로 하는 뜻의 약정을 한 경우 그 위약금의 약정은 손해배상액의 예정으로 추정된다.
ㄷ. 금전채무에 관하여 이행지체에 대비한 지연손해금 비율을 따로 약정한 경우 그 약정은 손해배상액의 예정에 해당한다.
ㄹ. 공사수급인의 연대보증인이 부담하는 지체상금이 과다한지 여부는 연대보증인을 기준으로 판단하여야 할 것이지 주채무자인 공사수급인을 기준으로 판단할 것은 아니다.
ㅁ. 손해배상액이 예정된 경우 채권자는 실제 손해액을 구체적으로 주장·증명할 필요가 없으나 법원이 그 예정액이 과다하다고 하여 감경을 할 경우에는 손해배상 예정액의 과다 여부를 판단하기 위하여 실제의 손해액을 구체적으로 심리·확정하여야 한다.

① ㄱ, ㄷ
② ㄴ, ㄷ
③ ㄷ, ㅁ
④ ㄱ, ㄹ
⑤ ㄹ, ㅁ

해설

ㄱ. (×) 손해배상의 예정액이 부당하게 과다한지 및 그에 대한 적당한 감액의 범위를 판단하는 데 있어서는 법원이 구체적으로 그 판단을 하는 때 즉, 사실심의 변론종결 당시를 기준으로 하여 그 사이에 발생한 위와 같은 모든 사정을 종합적으로 고려하여야 할 것이며, 여기의 "손해배상의 예정액"이라 함은 문언상 배상비율 자체를 말하는 것이 아니라 그 비율에 따라 계산한 예정배상액의 총액을 의미한다고 해석하여야 한다(대판 2000.7.28. 99다38637).
ㄴ. (○) 매매계약을 체결함에 있어 당사자 사이에 계약금을 수수하면서 매도인이 위 계약을 위반할 때에는 매수인에게 계약금의 배액을 지급하고 매수인이 이를 위반할 때에는 계약금의 반환청구권을 상실하기로 약정하였다면 이는 위 매매계약에 따른 채무불이행에 대한 위약금의 약정을 한 것으로 보아야 할 것이고 이러한 약정은 특단의 사정이 없는 한 손해배상액 예정의 성질을 지닌다(대판 1989.12.12. 89다카10811).
ㄷ. (○) 금전채무에 관하여 이행지체에 대비한 지연손해금 비율을 따로 약정한 경우에 이는 일종의 손해배상액의 예정으로서 민법 제398조 제2항에 의한 감액의 대상이 된다(대판 2017.5.30. 2016다275402).
ㄹ. (×) 공사수급인의 연대보증인이 부담하는 지체상금 지급의무는 주채무자인 공사수급인이 지급하여야 할 지체상금의 범위에 부종하는 것이므로, 이른바 손해배상액의 예정으로서 지체상금액이 과다한지 여부는 주채무자인 공사수급인을 기준으로 판단하여야 할 것이지 연대보증인을 중심으로 판단할 것은 아니다(대판 2005.8.19. 2002다59764).
ㅁ. (×) 손해배상의 예정액이 부당히 과다한지는 채권자와 채무자의 지위, 계약의 목적 및 내용, 손해배상액을 예정한 동기, 채무액에 대한 예정액의 비율, 예상 손해액의 크기, 그 당시의 거래관행과 경제상태 등 모든 사정을 참작하여 판단하여야 한다. 그리고 이 경우 실제 발생할 것으로 예상되는 손해의 크기를 참작하여 손해배상의 예정액이 부당하게 과다한지를 판단함에 있어서는 실제 손해액을 구체적으로 심리·확정할 필요는 없으나 기록상 실제 손해액 또는 예상 손해액을 알 수 있는 경우에는 그 예정액과 대비하여 볼 필요가 있다(대판 2014.1.16. 2013다64090).

답 ②

040 손해배상에 관한 설명으로 옳지 않은 것은?(다툼이 있으면 판례에 따름)

① 계약 당시 당사자 사이에 손해배상액을 예정하는 내용의 약정이 있는 경우, 특별한 사정이 없는 한 위 약정은 그 계약과 관련된 불법행위책임에 따른 손해배상까지 예정한 것이라고는 볼 수 없다.
② 채권자가 그 채권의 목적인 물건 또는 권리의 가액 전부를 손해배상으로 받은 때에는 채무자는 그 물건 또는 권리에 관하여 당연히 채권자를 대위한다.
③ 숙박업자가 숙박계약상의 고객보호의무를 다하지 못하여 투숙객이 사망한 경우, 그 투숙객의 근친자가 그 사고로 인하여 정신적 고통을 받았다면, 숙박계약의 당사자가 아닌 그 근친자는 숙박업자의 그 망인에 대한 숙박계약상의 채무불이행을 이유로 위자료를 청구할 수 있다.
④ 피용자의 고의에 의한 불법행위로 인하여 사용자가 사용자책임을 부담하는 경우, 사용자책임의 범위를 정함에 있어서 피해자의 과실을 고려하여 그 책임을 제한할 수 있다.
⑤ 과실상계는 매매계약이 해제되어 원상회복의무의 이행으로서 이미 지급한 매매대금 기타 급부의 반환을 구하는 경우에는 적용되지 않는다.

해설

① (○) 계약 당시 당사자 사이에 손해배상액을 예정하는 내용의 약정이 있는 경우에는 그것은 계약상의 채무불이행으로 인한 손해액에 관한 것이고 이를 그 계약과 관련된 불법행위상의 손해까지 예정한 것이라고는 볼 수 없다(대판 1999.1.15. 98다48033).
② (○) 채권자가 그 채권의 목적인 물건 또는 권리의 가액 전부를 손해배상으로 받은 때에는 채무자는 그 물건 또는 권리에 관하여 당연히 채권자를 대위한다(민법 제399조).
③ (×) 숙박업자가 숙박계약상의 고객보호의무를 다하지 못하여 투숙객이 사망한 경우, 숙박계약의 당사자가 아닌 그 투숙객의 근친자가 그 사고로 인하여 정신적 고통을 받았다 하더라도 숙박업자의 그 망인에 대한 숙박계약상의 채무불이행을 이유로 위자료를 청구할 수는 없다(대판 2000.11.24. 2000다38718).
④ (○) 사용자가 피용자의 과실에 의한 불법행위로 인한 사용자책임을 부담하는 경우와 마찬가지로 피용자의 고의에 의한 불법행위로 인하여 사용자책임을 부담하는 경우에도 피해자에게 그 손해의 발생과 확대에 기여한 과실이 있다면 사용자책임의 범위를 정함에 있어서 이러한 피해자의 과실을 고려하여 그 책임을 제한할 수 있다(대판 2002.12.26. 2000다56952).
⑤ (○) 과실상계는 본래 채무불이행 또는 불법행위로 인한 손해배상책임에 대하여 인정되는 것이고, 매매계약이 해제되어 소급적으로 효력을 잃은 결과 매매당사자에게 당해 계약에 기한 급부가 없었던 것과 동일한 재산상태를 회복시키기 위한 원상회복의무의 이행으로서 이미 지급한 매매대금 기타의 급부의 반환을 구하는 경우에는 적용되지 아니한다(대판 2014.3.13. 2013다34143).

답

041 손해배상액의 예정에 관한 설명으로 옳은 것은?(다툼이 있으면 판례에 따름)   18 노무

① 특별손해는 예정액을 초과하더라도 원칙적으로 청구할 수 있다.
② 계약 체결 시 손해배상액 예정을 한 경우, 그 예정은 그 계약과 관련된 불법행위로 인한 손해배상까지 예정한 것으로 볼 수 있다.
③ 손해배상예정액이 부당하게 과다한 경우에는 법원은 당사자의 주장이 없더라도 직권으로 이를 감액할 수 있다.
④ 채권자가 예정된 손해배상액을 청구하기 위하여 손해배상액을 증명할 필요는 없으나 적어도 손해의 발생은 증명하여야 한다.
⑤ 손해배상액 예정이 있어도 손해의 발생에 있어서 채권자의 과실이 있으면, 공평의 원칙상 과실상계를 한다.

해설

① (×) 손해배상액의 예정은 손해의 발생사실과 손해액에 대한 증명의 곤란을 덜고 분쟁의 발생을 미리 방지하여 법률관계를 쉽게 해결하고자 하는 등의 목적으로 규정된 것이고, 계약 당시 손해배상액을 예정한 경우에는 다른 특약이 없는 한 채무불이행으로 인하여 입은 통상손해는 물론 특별손해까지도 예정액에 포함되고 채권자의 손해가 예정액을 초과한다 하더라도 초과 부분을 따로 청구할 수 없다(대판 2012.12.27. 2012다60954).
② (×) 계약 당시 당사자 사이에 손해배상액을 예정하는 내용의 약정이 있는 경우에는 그것은 계약상의 채무불이행으로 인한 손해액에 관한 것이고 이를 그 계약과 관련된 불법행위상의 손해까지 예정한 것이라고는 볼 수 없다(대판 1999.1.15. 98다48033).
③ (○) 대판 2002.12.24. 2000다54536
④ (×) 채무불이행으로 인한 손해배상액이 예정되어 있는 경우에는 채권자는 채무불이행사실만 증명하면 손해의 발생 및 그 액을 증명하지 아니하고 예정배상액을 청구할 수 있고, 채무자는 채권자와 채무불이행에 있어 채무자의 귀책사유를 묻지 아니한다는 약정을 하지 아니한 이상 자신의 귀책사유가 없음을 주장·증명함으로써 예정배상액의 지급책임을 면할 수 있다(대판 2007.12.27. 2006다9408).
⑤ (×) 당사자 사이의 계약에서 채무자의 채무불이행으로 인한 손해배상액이 예정되어 있는 경우, 채무불이행으로 인한 손해의 발생 및 확대에 채권자에게도 과실이 있더라도 민법 제398조 제2항에 따라 채권자의 과실을 비롯하여 채무자가 계약을 위반한 경위 등 제반 사정을 참작하여 손해배상예정액을 감액할 수는 있을지언정 채권자의 과실을 들어 과실상계를 할 수는 없다(대판 2016.6.10. 2014다200763).

답 ❸

042 손해배상액의 예정에 관한 설명으로 옳지 않은 것은?(다툼이 있으면 판례에 따름) 21 노무

① 채무자는 특별한 사정이 없는 한 자신의 귀책사유 없음을 이유로 예정배상액의 지급책임을 면할 수 있다.
② 손해배상액의 예정에는 특별한 사정이 없는 한 통상손해뿐만 아니라 특별손해도 포함된다.
③ 손해배상액이 예정되어 있는 경우라도 과실상계할 수 있다.
④ 예정배상액의 감액범위에 대한 판단은 사실심 변론종결 당시를 기준으로 한다.
⑤ 금전채무에 관하여 이행지체에 대비한 지연손해금 비율에 대한 합의는 손해배상액의 예정으로 보아 감액의 대상이 된다.

해설

① (○) 채무불이행으로 인한 손해배상액이 예정되어 있는 경우 채권자는 채무불이행사실만 증명하면 손해의 발생 및 그 액수를 증명하지 아니하고 예정배상액을 청구할 수 있으나, 반면 채무자는 채권자와 채무불이행에 있어 채무자의 귀책사유를 묻지 아니한다는 약정을 하지 아니한 이상 자신의 귀책사유가 없음을 주장·증명함으로써 위 예정배상액의 지급책임을 면할 수 있다(대판 2010.2.25. 2009다83797).

② (○) 계약 당시 손해배상액을 예정한 경우에는 다른 특약이 없는 한 채무불이행으로 인하여 입은 통상손해는 물론 특별손해까지도 예정액에 포함되고 채권자의 손해가 예정액을 초과한다 하더라도 초과부분을 따로 청구할 수 없다(대판 2012.12.27. 2012다60954).

③ (×) 당사자 사이의 계약에서 채무자의 채무불이행으로 인한 손해배상액이 예정되어 있는 경우, 채무불이행으로 인한 손해의 발생 및 확대에 채권자에게도 과실이 있더라도 민법 제398조 제2항에 따라 채권자의 과실을 비롯하여 채무자가 계약을 위반한 경위 등 제반 사정을 참작하여 손해배상예정액을 감액할 수는 있을지언정 채권자의 과실을 들어 과실상계를 할 수는 없다(대판 2016.6.10. 2014다200763).

④ (○) 손해배상예정액을 감액하기 위한 요건인 '부당성'은 채권자와 채무자의 지위, 계약의 목적과 내용, 손해배상액을 예정한 동기, 채무액에 대한 예정액의 비율, 예상손해액의 크기, 당시의 거래관행 등 모든 사정을 참작하여 일반 사회관념에 비추어 예정액의 지급이 경제적 약자의 지위에 있는 채무자에게 부당한 압박을 가하여 공정성을 잃는 결과를 초래하는 경우에 인정된다. 특히 금전채무의 불이행에 대하여 손해배상액을 예정한 경우에는 위에서 든 고려요소 이외에 통상적인 연체금리도 고려하여야 한다. 이와 같이 손해배상의 예정액이 부당한지 여부나 그에 대한 적당한 감액의 범위를 판단하는 기준시점은 법원이 구체적으로 판단을 하는 때, 즉 사실심의 변론종결 당시이다(대판 2017.8.18. 2017다228762).

⑤ (○) 민법 제398조 제2항은 손해배상의 예정액이 부당히 과다한 경우에는 법원이 이를 적당히 감액할 수 있다고 규정하고 있고, 금전채무의 불이행에 관하여 적용을 배제하지 않고 있다. 또한 이자제한법 제6조는 법원은 당사자가 금전을 목적으로 한 채무의 불이행에 관하여 예정한 배상액을 부당하다고 인정한 때에는 상당한 액까지 이를 감액할 수 있다고 규정하고 있다. 따라서 금전채무에 관하여 이행지체에 대비한 지연손해금 비율을 따로 약정한 경우에 이는 손해배상액의 예정으로서 감액의 대상이 된다(대판 2017.7.11. 2016다52265).

답 ❸

043 민법상 손해배상액의 예정에 관한 설명으로 옳지 않은 것은?(다툼이 있으면 판례에 따름)

① 채권자는 특약이 없는 한 손해배상예정액을 초과한 배상액을 청구할 수는 없다.
② 손해배상예정액의 감액비율을 정하는 것은 원칙적으로 사실심의 전권에 속한다.
③ 채권자가 예정된 손해배상액을 청구하기 위하여 손해의 발생 및 그 액을 증명할 필요는 없으나 적어도 채무불이행 사실은 증명하여야 한다.
④ 위약벌 약정액이 부당히 과다한 경우, 손해배상액의 예정에 관한 민법 제398조 제2항을 유추적용하여 그 액을 감액할 수 있다.
⑤ 지체상금을 계약 총액에 지체상금률을 곱하여 산출하기로 정한 경우, 손해배상의 예정에 해당하는 지체상금의 과다 여부는 지체상금 총액을 기준으로 판단하여야 한다.

해설

① (○) 당사자 사이의 채무불이행에 관하여 손해배상액을 예정한 경우에 채권자는 통상의 손해뿐만 아니라 특별한 사정으로 인한 손해에 관하여도 예정된 배상액만을 청구할 수 있고, 특약이 없는 한 예정액을 초과한 배상액을 청구할 수는 없다(대판 1988.9.27. 86다카2375).

② (○) 손해배상의 예정액이 부당하게 과다한지 및 그에 대한 적당한 감액의 범위를 판단하는 데 있어서는, 법원이 구체적으로 그 판단을 하는 때 즉, 사실심의 변론종결 당시를 기준으로 하여 그 사이에 발생한 위와 같은 모든 사정을 종합적으로 고려하여야 한다. 이때 감액사유에 대한 사실인정이나 그 비율을 정하는 것은 형평의 원칙에 비추어 현저히 불합리하다고 인정되지 않는 한 사실심의 전권에 속하는 사항이다(대판 2017.5.30. 2016다275402).

③ (○) 채무불이행으로 인한 손해배상액이 예정되어 있는 경우에는 채권자는 채무불이행 사실만 증명하면 손해의 발생 및 그 액을 증명하지 아니하고 예정배상액을 청구할 수 있고, 채무자는 채권자와 채무불이행에 있어 채무자의 귀책사유를 묻지 아니한다는 약정을 하지 아니한 이상 자신의 귀책사유가 없음을 주장·입증함으로써 예정배상액의 지급책임을 면할 수 있다(대판 2007.12.27. 2006다9408).

④ (×) 위약벌의 약정은 채무의 이행을 확보하기 위하여 정하는 것으로서 손해배상액의 예정과 그 내용이 다르므로 손해배상액의 예정에 관한 민법 제398조 제2항을 유추적용하여 그 액을 감액할 수 없다. 위와 같은 현재의 판례는 타당하고 그 법리에 따라 거래계의 현실이 정착되었다고 할 수 있으므로 그대로 유지되어야 한다(대판 2022.7.21. 2018다248855[전합]).

⑤ (○) 지체상금을 계약 총액에서 지체상금률을 곱하여 산출하기로 정한 경우, 민법 제398조 제2항에 의하면, 손해배상액의 예정액이 부당히 과다한 경우에는 법원은 적당히 감액할 수 있다고 규정되어 있고 여기의 손해배상의 예정액이란 문언상 그 예정한 손해배상액의 총액을 의미한다고 해석되므로, 손해배상의 예정에 해당하는 지체상금의 과다 여부는 지체상금 총액을 기준으로 하여 판단하여야 한다(대판 2002.12.24. 2000다54536).

답 ❹

044 손해배상액의 예정에 관한 설명으로 옳은 것은?(다툼이 있는 경우 판례에 따름) 노무

① 사용자는 근로계약 불이행에 대한 위약금 또는 손해배상액을 예정하는 계약을 체결할 수 있다.
② 매매계약에서 채권자는 실제 손해액이 예정액을 초과하는 경우에 그 초과액을 청구할 수 있다.
③ 계약내용에 손해배상액을 예정하는 약정이 있는 경우에는 계약상의 채무불이행으로 인한 손해액과 함께 그 계약과 관련된 불법행위상의 손해액까지 예정한 것이다.
④ 건물 신축공사에 있어 준공 후에도 건물에 다수의 하자와 미시공 부분이 있어 수급인이 약정기한 내에 그 하자와 미시공 부분에 대한 공사를 완료하지 못할 경우 미지급 공사비 등을 포기하고 이를 도급인의 손해배상금으로 충당한다는 내용의 합의각서를 작성한 경우, 채무불이행에 관한 손해배상액을 예정한 경우에 해당한다.
⑤ 금전채무에 관하여 이행지체에 대비한 지연손해금 비율을 따로 약정한 경우, 손해배상액의 예정으로서 감액의 대상이 되지 않는다.

해설

① (×) 사용자는 근로계약 불이행에 대한 위약금 또는 손해배상액을 예정하는 계약을 체결하지 못한다(근기법 제20조).
② (×) 매매당사자가 계약금으로 수수한 금액에 관하여 매수인이 위약하면 이를 무효로 하고 매도인이 위약하면 그 배액을 상환하기로 하는 뜻의 약정을 한 경우에 있어서 그 위약금의 약정은 손해배상의 예정으로 추정되는 것이고, 이와 같은 약정이 있는 경우에는 채무자에게 채무불이행이 있으면 채권자는 실제손해액을 증명할 필요 없이 그 예정액을 청구할 수 있는 반면에 실제손해액이 예정액을 초과하더라도 그 초과액을 청구할 수 없다(대판 1988.5.10. 87다카3101).
③ (×) 계약 당시 당사자 사이에 손해배상액을 예정하는 내용의 약정이 있는 경우에는 그것은 계약상의 채무불이행으로 인한 손해액에 관한 것이고 이를 그 계약과 관련된 불법행위상의 손해까지 예정한 것이라고는 볼 수 없다(대판 1999.1.15. 98다48033).
④ (○) 대판 2008.7.24. 2007다69186
⑤ (×) 금전채무에 관하여 이행지체에 대비한 지연손해금 비율을 따로 약정한 경우에 이는 손해배상액의 예정으로서 감액의 대상이 된다(대판 2017.7.11. 2016다52265).

답 ④

045
甲은 자기 소유의 토지에 대해 乙과 매매계약을 체결하면서 이행지체로 인한 손해배상액을 예정하였다. 乙의 이행지체를 이유로 甲이 손해배상을 청구하는 경우에 관한 설명으로 옳지 않은 것은?(다툼이 있으면 판례에 따름)

① 甲은 손해액에 대한 증명을 하지 않더라도 乙의 이행지체가 있었던 사실을 증명하면 예정배상액을 청구할 수 있다.
② 甲에게 손해가 발생하였더라도 특별한 사정이 없는 한 乙은 자신에게 귀책사유가 없음을 증명함으로써 예정배상액의 지급책임을 면할 수 있다.
③ 乙은 甲에게 손해가 발생하지 않았다는 사실을 증명하더라도 예정배상액의 지급책임을 면할 수 없다.
④ 甲은 乙의 이행지체로 인하여 입은 실제 손해액이 예정배상액보다 크다는 사실을 증명하더라도 다른 특약이 없는 한 그 초과 부분을 따로 청구할 수 없다.
⑤ 乙의 이행지체로 인하여 특별손해가 발생한 경우, 다른 특약이 없는 한 甲은 乙에게 특별손해에 대한 손해배상을 별도로 청구할 수 있다.

해설

① (O) 채무불이행으로 인한 손해배상액의 예정이 있는 경우에는 甲은 乙의 이행지체가 있었던 사실을 증명하면 손해액에 대한 증명을 하지 않더라도 예정배상액을 청구할 수 있다(대판 2000.12.8. 2000다50350).
② (O) 乙은 甲에게 손해가 발생하였더라도 甲과 채무불이행에 있어 乙의 귀책사유를 묻지 아니한다는 약정을 하지 않는 이상 자신의 귀책사유가 없음을 주장·증명함으로써 예정배상액의 지급책임을 면할 수 있다(대판 2007.12.27. 2006다9408).
③ (O) 채무자가 실제로 손해 발생이 없다거나 손해액이 예정액보다 적다는 것을 증명하더라도 채무자는 그 예정액의 지급을 면하거나 감액을 청구하지 못한다(대판 2008.11.13. 2008다46906). 乙은 甲에게 손해가 발생하지 않았다는 사실을 증명하더라도 예정배상액의 지급책임을 면할 수 없다.
④ (O) 매매당사자가 계약금으로 수수한 금액에 관하여 매수인이 위약하면 이를 무효로 하고 매도인이 위약하면 그 배액을 상환하기로 하는 뜻의 약정을 한 경우에 있어서 그 위약금의 약정은 민법 제398조 제4항이 정한 손해배상의 예정으로 추정되는 것이고, 이와 같은 약정이 있는 경우에는 채무자에게 채무불이행이 있으면 채권자는 실제손해액을 증명할 필요없이 그 예정액을 청구할 수 있는 반면에 실제손해액이 예정액을 초과하더라도 그 초과액을 청구할 수 없다(대판 1988.5.10. 87다카3101). 따라서 甲이 실제손해액이 예정배상액보다 크다는 사실을 증명하더라도 다른 특약이 없는 한 그 초과 부분을 따로 청구할 수 없다.
⑤ (×) 특약이 없는 한 예정배상액에는 통상손해와 특별손해가 모두 포함된 것으로 보므로, 특별손해에 대해 별도로 청구할 수 없다(대판 1988.9.27. 86다카2375). 이런 판례의 태도에 따르면 乙의 이행지체로 인하여 특별손해가 발생한 경우, 다른 특약이 없는 한 甲은 乙에게 특별손해에 대한 손해배상을 별도로 청구할 수 없다고 이해된다.

답 ❺

046 손해배상액의 예정에 관한 설명으로 옳지 않은 것은?(다툼이 있는 경우에는 판례에 의함)

14 변리

① 채무불이행으로 인한 손해배상액의 예정이 있는 경우에는 채권자는 손해의 발생과 실제손해액을 증명하지 아니하고 채무불이행사실만 증명하여 손해배상예정액을 청구할 수 있다.
② 특별한 사정이 없으면, 당사자들이 계약보증금 외에 지체상금을 약정하였다는 이유만으로는 계약보증금을 위약벌로 보기 어렵다.
③ 손해배상예정액이 부당하게 과다한 경우에는 법원은 당사자의 주장이 없더라도 직권으로 이를 감액할 수 있다.
④ 손해배상예정액이 부당하게 과다한지의 여부와 그에 대한 적당한 감액의 범위를 판단하는 기준시점은 사실심의 변론종결 시이다.
⑤ 손해배상예정액의 감액에 관한 민법규정은 위약벌에 유추적용된다.

해설

① (○) 채무불이행으로 인한 손해배상액이 예정되어 있는 경우 채권자는 채무불이행사실만 증명하면 손해의 발생 및 그 액수를 증명하지 아니하고 예정배상액을 청구할 수 있으나, 반면 채무자는 채권자와 채무불이행에 있어 채무자의 귀책사유를 묻지 아니한다는 약정을 하지 아니한 이상 자신의 귀책사유가 없음을 주장·증명함으로써 위 예정배상액의 지급책임을 면할 수 있다(대판 2010.2.25. 2009다83797).
② (○) 위약금은 민법 제398조 제4항에 의하여 손해배상액의 예정으로 추정되므로 위약금이 위약벌로 해석되기 위하여는 특별한 사정이 주장·증명되어야 하는바, 도급계약서에 계약보증금 외에 지체상금도 규정되어 있다는 점만을 이유로 하여 계약보증금을 위약벌이라고 보기는 어렵다(대판 2005.11.10. 2004다40597).
③ (○) 손해배상예정액이 부당하게 과다한 경우에는 법원은 당사자의 주장이 없더라도 직권으로 이를 감액할 수 있다(대판 2002.12.24. 2000다54536).
④ (○) 손해배상의 예정액이 부당하게 과다한지의 여부 내지 그에 대한 적당한 감액의 범위를 판단하는 데 있어서는, 법원이 구체적으로 그 판단을 하는 때, 즉 사실심의 변론종결 당시를 기준으로 하여 그 사이에 발생한 위와 같은 모든 사정을 종합적으로 고려하여야 할 것이다(대판 2009.11.26. 2009다58692).
⑤ (×) 위약벌의 약정은 채무의 이행을 확보하기 위하여 정해지는 것으로서 손해배상의 예정과는 그 내용이 다르므로 손해배상의 예정에 관한 민법 제398조 제2항을 유추적용하여 그 액을 감액할 수는 없고 다만 그 의무의 강제에 의하여 얻어지는 채권자의 이익에 비하여 약정된 벌이 과도하게 무거울 때에는 그 일부 또는 전부가 공서양속에 반하여 무효로 된다(대판 1993.3.23. 92다46905).

답 ⑤

047 손해배상액의 예정에 관한 설명으로 옳은 것은?(다툼이 있는 경우에는 판례에 의함) 13 변리

① 법원은 손해배상의 예정액이 부당하게 과다한지의 여부를 판단함에 있어서 실제손해액을 구체적으로 심리·확정하여야 한다.
② 일방당사자의 귀책사유로 계약이 해제된 경우에 관해서만 위약금약정을 둔 경우, 그 상대방의 귀책사유로 계약이 해제되는 경우에도 당연히 위약금지급의무가 인정된다.
③ 계약 당시 손해배상액을 예정한 경우, 다른 특약이 없는 한, 채무불이행으로 인하여 채권자가 입은 통상손해와 특별손해까지 예정액에 포함되고, 예정액을 초과하는 부분을 별도로 청구할 수는 없다.
④ 채무자는 특약이 없는 한, 자신에게 귀책사유가 없음을 증명하더라도 예정배상액의 지급책임을 면할 수 없다.
⑤ 법원은 채무불이행 시를 기준으로 그 사이에 발생한 여러 사정을 종합적으로 고려하여 손해배상의 예정액이 부당하게 과다한지의 여부 및 그에 대한 적당한 감액의 범위를 판단하여야 한다.

해설

① (×) 손해배상의 예정액이 부당히 과다한지의 여부를 판단함에 있어서는 실제의 손해액을 구체적으로 심리할 필요는 없다(대판 1987.5.12. 86다카2070).
② (×) 계약의 일방당사자인 피고의 귀책사유로 인하여 계약이 해제되는 경우에는 위약금약정을 두지 않고 그 상대방인 원고의 귀책사유로 인하여 계약이 해제된 경우에 대해서만 위약금약정을 두었다 하더라도, 그 위약금약정이 무효로 되는지 여부는 별론으로 하고 원고에 대한 위약금규정이 있다고 하여 공평의 원칙상 그 상대방인 피고의 귀책사유로 계약이 해제되는 경우에도 원고의 귀책사유로 인한 해제의 경우와 마찬가지로 피고에게 위약금지급의무가 인정되는 것은 아니다(대판 2008.2.14. 2006다37892).
③ (○) 당사자 사이의 채무불이행에 관하여 손해배상액을 예정한 경우에 채권자는 통상의 손해뿐만 아니라 특별한 사정으로 인한 손해에 관하여도 예정된 배상액만을 청구할 수 있고 특약이 없는 한 예정액을 초과한 배상액을 청구할 수는 없다(대판 1988.9.27. 86다카2375).
④ (×) 채무불이행으로 인한 손해배상액이 예정되어 있는 경우 채권자는 채무불이행사실만 증명하면 손해의 발생 및 그 액수를 증명하지 아니하고 예정배상액을 청구할 수 있으나, 반면 채무자는 채권자와 채무불이행에 있어 채무자의 귀책사유를 묻지 아니한다는 약정을 하지 아니한 이상 자신의 귀책사유가 없음을 주장·증명함으로써 위 예정배상액의 지급책임을 면할 수 있다(대판 2010.2.25. 2009다83797).
⑤ (×) 손해배상의 예정액이 부당하게 과다한지의 여부 내지 그에 대한 적당한 감액의 범위를 판단하는 데있어서는, 법원이 구체적으로 그 판단을 하는 때, 즉 사실심의 변론종결 당시를 기준으로 하여 그 사이에 발생한 위와 같은 모든 사정을 종합적으로 고려하여야 할 것이다(대판 2009.11.26. 2009다58692).

답 ❸

048 채권자지체에 관한 설명으로 옳은 것은?(다툼이 있으면 판례에 따름) [18 변리]

① 채권자지체 중에 채무자가 채권의 목적물을 보관하던 중 그의 경과실로 목적물이 멸실된 경우, 채무자는 그 멸실로 인한 책임이 없다.
② 채권자지체 중에 이행불능이 된 경우, 채권자지체가 발생한 사실에 대한 증명책임은 채권자에게 있다.
③ 채권자지체로 인하여 채권의 목적물을 보관 또는 변제하기 위한 비용이 증가된 때에 그 증가액은 채무자가 부담한다.
④ 이자 있는 채권의 경우에 채권자지체 중에도 채무자는 이자를 지급할 의무가 있다.
⑤ 민법 제538조 제1항의 '채권자의 수령지체 중에 당사자 쌍방의 책임 없는 사유로 채무를 이행할 수 없게 된 때'에 해당하기 위해서 채무자의 현실제공 또는 구두제공이 필요한 것은 아니다.

해설

① (○) 채권자지체 중에는 채무자는 고의 또는 중대한 과실(중과실)이 없으면 불이행으로 인한 모든 책임이 없다(민법 제401조). 따라서 채권자지체 중에 채무자에게 경과실이 있는 때에는 그에게 목적물의 멸실로 인한 책임을 물을 수 없으나 채무자는 채권자에게 반대급부를 청구할 수 있다(민법 제538조 제1항).
② (×) 채권자지체 발생사실에 대한 주장·증명책임은 채무자에게 있다.
③ (×) 채권자지체로 인하여 그 목적물의 보관 또는 변제의 비용이 증가된 때에는 그 증가액은 채권자의 부담으로 한다(민법 제403조).
④ (×) 채권자지체 중에는 이자 있는 채권이라도 채무자는 이자를 지급할 의무가 없다(민법 제402조).
⑤ (×) 민법 제538조 제1항 제2문 소정의 '채권자의 수령지체 중에 당사자 쌍방의 책임 없는 사유로 이행할 수 없게 된 때'에 해당하기 위해서는 현실제공이나 구두제공이 필요하다(다만, 그 제공의 정도는 그 시기와 구체적인 상황에 따라 신의성실의 원칙에 어긋나지 않게 합리적으로 정하여야 한다)(대판 2004.3.12. 2001다79013).

답 ❶

제3절 채권의 대외적 효력(제3자에 의한 채권침해)

제4절 책임재산의 보전

049 채권자대위권에 관한 설명으로 옳지 않은 것은?(다툼이 있으면 판례에 따름) 25 변리

CHECK
O △ ×

① 토지거래허가구역 내의 토지가 매매된 경우에 매수인이 매도인에 대하여 가지는 토지거래허가신청 절차의 협력의무의 이행청구권은 채권자대위권의 피보전채권이 될 수 있다.
② 임대차보증금반환채권을 양수한 채권자가 그 이행을 청구하기 위하여 임차인의 가옥 인도가 먼저 이행되어야 할 필요가 있어서 임대인을 대위하여 임차인을 상대로 인도를 구하는 경우에는 임대인의 무자력을 요건으로 하지 않는다.
③ 甲의 乙에 대한 채권의 소멸시효가 완성된 경우, 乙에 대한 일반채권자 丙은 자기의 채권을 보전하기 위하여 필요한 한도 내라 하더라도 乙을 대위하여 소멸시효 주장을 할 수는 없다.
④ 채권자대위권을 행사하는 경우, 제3채무자는 특별한 사정이 없는 한 채무자에 대하여 가지는 항변사유로써 채권자에게 대항할 수 있다.
⑤ 채무자가 제3채무자에 대한 권리를 재판상 행사하여 패소확정판결을 받았다면 채권자는 채무자의 권리를 대위행사할 수 없다.

해설

① (○) 국토이용관리법상의 토지거래규제구역 내의 토지에 관하여 관할 관청의 허가 없이 체결된 매매계약이라고 하더라도, 거래 당사자 사이에는 그 계약이 효력이 있는 것으로 완성될 수 있도록 서로 협력할 의무가 있어, 그 매매계약의 쌍방 당사자는 공동으로 관할 관청의 허가를 신청할 의무가 있고, 이러한 의무에 위배하여 허가신청에 협력하지 아니하는 당사자에 대하여 상대방은 협력의무의 이행을 청구할 수 있는 것이므로, 이와 같은 매수인이 매도인에 대하여 가지는 토지거래허가신청 절차의 협력의무의 이행청구권도 채권자대위권의 행사에 의하여 보전될 수 있는 채권에 해당한다(대판 1995.9.5. 95다22917).
② (○) 채권자가 자기채권을 보전하기 위하여 채무자의 권리를 행사하려면 채무자의 무자력을 요건으로 하는 것이 통상이지만 임대차보증금반환채권을 양수한 채권자가 그 이행을 청구하기 위하여 임차인의 가옥명도가 선이행되어야 할 필요가 있어서 그 명도를 구하는 경우에는 그 채권의 보전과 채무자인 임대인의 자력유무는 관계가 없는 일이므로 무자력을 요건으로 한다고 할 수 없다(대판 1989.4.25. 88다카4253・4260).
③ (×) 소멸시효가 완성된 경우 이를 주장할 수 있는 사람은 시효로 인하여 채무가 소멸되는 결과 직접적인 이익을 받는 사람에 한정되므로, 채무자에 대한 일반 채권자는 자기의 채권을 보전하기 위하여 필요한 한도 내에서 채무자를 대위하여 소멸시효 주장을 할 수 있을 뿐, 채권자의 지위에서 독자적으로 소멸시효의 주장을 할 수 없다(대판 1997.12.26. 97다22676).
④ (○) 채무자가 채권자대위권행사의 통지를 받은 후에 채무를 불이행함으로써 통지 전에 체결된 약정에 따라 매매계약이 자동적으로 해제되거나, 채권자대위권행사의 통지를 받은 후에 채무자의 채무불이행을 이유로 제3채무자가 매매계약을 해제한 경우 제3채무자는 계약해제로써 대위권을 행사하는 채권자에게 대항할 수 있다(대판[전합] 2012.5.17. 2011다87235).
⑤ (○) 채권자대위권은 채무자가 제3채무자에 대한 권리를 행사하지 아니하는 경우에 한하여 채권자가 자기의 채권을 보전하기 위하여 행사할 수 있는 것이기 때문에 채권자가 대위권을 행사할 당시 이미 채무자가 그 권리를 재판상 행사하였을 때에는 설사 패소의 확정판결을 받았더라도 채권자는 채무자를 대위하여 채무자의 권리를 행사할 당사자적격이 없다(대판 1993.3.26. 92다32876).

답 ❸

050 채권자대위권에 관한 설명으로 옳은 것은?(다툼이 있으면 판례에 따름) 16 노무

① 채권자대위권은 절차법상의 권리이다.
② 채권자대위권으로 보전되는 채권은 제3채무자에게 대항할 수 있는 것임을 요하지 않는다.
③ 채무자와 제3채무자 사이의 소송이 계속된 이후의 소송수행과 관련한 개개의 소송상 행위도 채권자대위가 허용된다.
④ 채무자가 대위권 행사의 통지를 받지 못한 경우에는 채권자가 대위권을 행사한다는 것을 알았더라도, 채무자는 대위 행사되는 권리를 처분할 수 있으며 이를 가지고 채권자에게 대항할 수 있다.
⑤ 채권자대위소송의 제기로 인한 소멸시효 중단의 효과는 채무자에게 미치지 않는다.

해설

① (×) 채권자취소권뿐만 아니라 채권자대위권도 실체법인 민법에 의하여 인정되는 실체법상의 권리이다.
② (○) 채무자에 대한 채권이 제3채무자에게까지 대항할 수 있는 것임을 요하지 않는다(대판 2003.4.11. 2003다1250).
③ (×) 채권을 보전하기 위하여 대위행사가 필요한 경우는 실체법상의 권리뿐만 아니라 소송법상의 권리에 대하여서도 대위가 허용된다고 할 것이나, 채무자와 제3채무자 사이의 소송이 계속된 이후의 소송수행과 관련한 개개의 소송상의 행위는 그 권리의 행사를 소송당사자인 채무자의 의사에 맡기는 것이 타당하므로 채권자대위가 허용될 수 없다고 보아야 한다(대판 2012.12.27. 2012다75239).
④ (×) 채권자가 채권자대위권에 기하여 채무자의 권리를 행사하면서 그 사실을 채무자에게 통지를 하지 아니한 경우라도 채무자가 자기의 채권이 채권자에 의하여 대위행사되고 있는 사실을 알고 있는 경우에는 그 대위행사한 권리의 처분을 가지고 채권자에게 대항할 수 없다(대판 1988.1.19. 85다카1792).
⑤ (×) 채권자대위권 행사의 효과는 채무자에게 귀속되는 것이므로 채권자대위소송의 제기로 인한 소멸시효중단의 효과 역시 채무자에게 생긴다(대판 2013.3.14. 2012다37565).

답 ❷

051 채권자대위권에 관한 설명으로 옳지 않은 것은?(다툼이 있으면 판례에 따름) 22 노무

① 물권적 청구권도 채권자대위권의 피보전권리가 될 수 있다.
② 피보전채권의 이행기가 도래하기 전이라도 채권자는 법원의 허가를 얻어 채무자의 제3자에 대한 채권자취소권을 대위행사할 수 있다.
③ 민법상 조합원의 조합탈퇴권은 특별한 사정이 없는 한 채권자대위권의 목적이 될 수 없다.
④ 행사상 일신전속권은 채권자대위권의 목적이 되지 못한다.
⑤ 채권자대위소송에서 피보전채권의 존재 여부는 법원의 직권조사사항이다.

해설

① (○) 피보전채권이 특정채권이라 하여 반드시 순차매도 또는 임대차에 있어 소유권이전등기청구권이나 인도청구권 등의 보전을 위한 경우에만 한하여 채권자대위권이 인정되는 것은 아니며, 물권적 청구권에 대하여도 채권자대위권에 관한 민법 제404조의 규정과 위와 같은 법리가 적용될 수 있다(대판 2007.5.10. 2006다82700).
② (○) 채권자는 피보전채권의 이행기가 도래하기 전이라도 법원의 허가를 얻어 채권자대위권의 대상이 되는 채무자의 제3자에 대한 채권자취소권(대판 2001.12.27. 2000다73049)을 대위행사할 수 있다.
③ (×) 조합원이 조합을 탈퇴할 권리는 그 성질상 조합계약의 해지권으로서 그의 일반재산을 구성하는 재산권의 일종이라 할 것이고 채권자대위가 허용되지 않는 일신전속적 권리라고는 할 수 없다(대결 2007.11.30. 2005마1130).
④ (○) 친족 간의 부양청구권, 위자료청구권 등과 같은 행사상 일신전속권은 그 행사에 의하여 채무자의 재산이 유지되고 채권보전에 기여하더라도 대위의 목적이 되지 못한다(민법 제404조 제1항 단서).
⑤ (○) 대판 2012.3.29. 2011다106136

답 ❸

052 채권자대위권에 관한 설명으로 옳은 것을 모두 고른 것은?(다툼이 있으면 판례에 따름)

ㄱ. 피보전채권이 특정채권인 경우에 채무자의 무자력은 그 요건이 아니다.
ㄴ. 임차인은 특별한 사정이 없는 한 임차권 보전을 위하여 제3자에 대한 임대인의 임차목적물 인도청구권을 대위행사할 수 있다.
ㄷ. 채권자대위권도 채권자대위권의 피대위권리가 될 수 있다.

① ㄱ
② ㄷ
③ ㄱ, ㄴ
④ ㄴ, ㄷ
⑤ ㄱ, ㄴ, ㄷ

해설

ㄱ. (O) 채권자는 자기의 채무자에 대한 부동산의 소유권이전등기청구권 등 특정채권을 보전하기 위하여 채무자가 방치하고 있는 그 부동산에 관한 특정권리를 대위하여 행사할 수 있고 그 경우에는 채무자의 무자력을 요건으로 하지 아니하는 것이다(대판 1992.10.27. 91다483).

ㄴ. (O) 임대인 乙이 그 소유 토지를 피고 丙에게 임대하였다가 이를 해지한 뒤 다시 위 토지를 원고 甲에게 임대한 경우에 그 뒤 임대인 乙이 위 토지를 다른 사람 丁에게 매도하고 소유권이전등기를 완료함으로써 소유권을 상실하였다 하더라도 임대인 乙로서는 임차인인 원고 甲에게 임대물을 인도하여 그 사용수익에 필요한 상태를 제공·유지하여야 할 의무가 있고 또 임대인 乙은 피고 丙과의 임대차계약을 해지함으로써 피고 丙에게 임대물의 인도를 청구할 권리가 있다 할 것이므로 임대인 乙이 丁에게 매도함으로써 소유권은 상실하였다 해도 위와 같은 권리의무는 있다 할 것인즉 임차인인 원고 甲은 임대인 乙의 피고 丙에 대한 위와 같은 임대물의 인도를 청구할 권리를 대위하여 행사할 수 있다(대판 1964.12.29. 64다804).

ㄷ. (O) 채권자대위권도 채권자대위권의 피대위권리가 될 수 있다(대판 1992.7.14. 92다527; 대판 1968.1.23. 67다2440 참조).

답 ❺

053
CHECK ○△×

乙의 채권자 甲이 乙의 丙에 대한 금전채권에 대하여 채권자대위권을 행사하는 경우에 관한 설명으로 옳지 않은 것은?(다툼이 있으면 판례에 따름) 〔19〕노무

① 甲의 乙에 대한 채권의 소멸시효가 이미 완성된 경우, 丙은 乙의 甲에 대한 소멸시효의 항변을 원용할 수 없다.
② 丙이 乙의 이행청구에 대하여 동시이행항변권을 행사할 수 있는 경우, 丙은 甲에게 그 동시이행항변권을 가지고 대항할 수 있다.
③ 채권자대위소송에서 甲의 乙에 대한 채권이 존재하는지 여부는 법원의 직권조사사항이 아니다.
④ 甲의 乙에 대한 채권의 이행기가 도래하기 전이라도 甲은 법원의 허가를 받아 乙의 丙에 대한 채권을 대위행사할 수 있다.
⑤ 甲은 丙에게 직접 자기에게 이행하도록 청구하여 급부를 대위수령할 수 있다.

해설

① (○) 甲의 乙에 대한 채권의 소멸시효가 완성된 경우에, 이를 원용할 수 있는 자는 시효이익을 직접 받는 乙이고 丙은 이를 주장할 수 없다(대판 1992.11.10. 92다35899).
② (○) 제3채무자(丙)는 대위채권자(甲)에 대하여 채무자(乙)에 대하여 가지는 모든 항변사유, 예컨대 권리소멸의 항변, 상계의 항변, 동시이행의 항변 등으로써 채권자에게 대항할 수 있다(대판 2009.5.28. 2009다4787).
③ (×) 채권자대위소송에서 대위에 의하여 보전될 甲의 乙에 대한 권리(피보전채권)가 존재하는지 여부는 소송요건으로서 법원의 직권조사사항이다(대판 2009.4.23. 2009다3234).
④ (○) 피보전채권의 이행기 도래가 채권자 대위권 행사의 요건이다. 그러나 채권의 이행기 전이라도 법원의 허가가 있거나 시효중단·보존등기와 같은 보전행위의 경우에는 대위권을 행사할 수 있다(민법 제404조 제2항). 따라서 甲의 乙에 대한 채권의 이행기가 도래하기 전이라도 甲은 법원의 허가를 받아 乙의 丙에 대한 채권을 대위행사할 수 있다.
⑤ (○) 채권자(甲)는 제3채무자(丙)에 대하여 채무자에게 인도할 것을 청구할 수 있음은 물론이고 직접 자기에게 인도할 것을 청구할 수도 있다(대판 1962.1.11. 4294민상195).

답 ❸

054 채권자대위권에 관한 설명으로 옳은 것은?(다툼이 있으면 판례에 따름)

① 채권자는 피보전채권의 변제기 전에 채권자대위권을 행사해서 피대위채권의 시효중단을 위한 이행청구를 하지 못한다.
② 임대인의 동의 없는 임차권의 양도는 당사자 사이에서는 유효하므로 임차권의 양수인은 임대인의 권한을 대위행사할 수 있다.
③ 조합원이 조합을 탈퇴할 권리는 일신전속적 권리가 아니므로, 특별한 사정이 없는 한 피대위권리가 될 수 있다.
④ 채권자가 채무자의 토지 소유권이전등기청구권을 대위행사한 후 이를 채무자에게 통지한 경우, 채무자가 그 토지 소유권을 이전받는 것은 처분권제한에 위배되어 무효이다.
⑤ 제3채무자가 직접 대위채권자에게 금전을 지급하도록 하는 채권자대위소송의 판결이 확정된 경우, 대위채권자의 채권자는 대위채권자가 제3채무자로부터 지급받을 권리를 압류할 수 있다.

해설

① (×) 대위권을 행사하려는 채권자의 채권의 이행기가 아직 도래하기 전에는 대위권의 행사가 허용되지 않는 것이 원칙이나, 법원의 허가를 얻어서 하는 재판상의 대위와 보존행위의 대위는 이행기 전이라도 할 수 있다(민법 제404조 제2항).
② (×) 임대인의 동의 없는 임차권의 양도는 당사자 사이에서는 유효하다 하더라도 다른 특약이 없는 한 임대인에게는 대항할 수 없는 것이고 임대인에 대항할 수 없는 임차권의 양수인으로서는 임대인의 권한을 대위행사할 수 없다(대판 1985.2.8. 84다카188).
③ (○) 조합원이 조합을 탈퇴할 권리는 그 성질상 조합계약의 해지권으로서 그의 일반재산을 구성하는 재산권의 일종이라 할 것이고 채권자대위가 허용되지 않는 일신전속적 권리라고는 할 수 없다. 따라서 채무자의 재산인 조합원 지분을 압류한 채권자는, 당해 채무자가 속한 조합에 존속기간이 정하여져 있다거나 기타 채무자 본인의 조합탈퇴가 허용되지 아니하는 것과 같은 특별한 사유가 있지 않은 한, 채권자대위권에 의하여 채무자의 조합 탈퇴의 의사표시를 대위행사할 수 있다 할 것이고, 일반적으로 조합원이 조합을 탈퇴하면 조합목적의 수행에 지장을 초래할 것이라는 사정만으로는 이를 불허할 사유가 되지 아니한다(대결 2007.11.30. 2005마1130).
④ (×) 채권자가 채무자를 대위하여 채무자의 제3채무자에 대한 권리를 행사하고 채무자에게 통지를 하거나 채무자가 채권자의 대위권 행사사실을 안 후에는 채무자는 그 권리에 대한 처분권을 상실하여 그 권리의 양도나 포기등 처분행위를 할 수 없고 채무자의 처분행위에 기하여 취득한 권리로서는 채권자에게 대항할 수 없으나, 채무자의 변제수령은 처분행위라 할 수 없고 같은 이치에서 채무자가 그 명의로 소유권이전등기를 경료하는 것 역시 처분행위라고 할 수 없으므로 소유권이전등기청구권의 대위행사 후에도 채무자는 그 명의로 소유권이전등기를 경료하는 데 아무런 지장이 없다(대판 1991.4.12. 90다9407).
⑤ (×) 판례의 취지를 고려할 때 대위채권자는 자신의 채권에 대한 변제로서 수령하게 되는 것이 아니므로 대위채권자의 채권자는 대위채권자가 제3채무자로부터 지급받을 권리를 압류할 수 없다. 그러나 채무자의 다른 채권자는 피대위채권이 변제 등으로 소멸하기 전이라면 이를 압류·가압류할 수 있다는 것을 유의하여야 한다.

> 채권자대위소송에서 제3채무자로 하여금 직접 대위채권자에게 금전의 지급을 명하는 판결이 확정되더라도, 대위의 목적인 권리, 즉 채무자의 제3채무자에 대한 피대위채권이 판결의 집행채권으로서 존재하고 대위채권자는 채무자를 대위하여 피대위채권에 대한 변제를 수령하게 될 뿐 자신의 채권에 대한 변제로서 수령하게 되는 것이 아니므로, 피대위채권이 변제 등으로 소멸하기 전이라면 채무자의 다른 채권자는 이를 압류·가압류할 수 있다(대판 2016.8.29. 2015다236547).

답 ③

055 책임재산의 보전에 관한 설명으로 옳지 않은 것은?(다툼이 있으면 판례에 따름) 24 변리

① 농지취득자격증명 발급신청권은 채권자대위권의 행사대상이 될 수 있다.
② 채권자대위권 행사의 효과는 채무자에게 귀속되는 것이므로 채권자대위소송의 제기로 인한 피대위채권의 소멸시효 중단의 효과는 채무자에게 생긴다.
③ 채권자가 채권자대위권을 행사하여 제3채무자에 대하여 하는 청구에서, 제3채무자는 채무자가 채권자에 대하여 가지는 동시이행의 항변권을 행사하여 대항할 수 있다.
④ 채권자는 원칙적으로 자신의 채권액을 초과하여 채권자취소권을 행사할 수 없다.
⑤ 사해행위에 해당하는지가 문제되는 법률행위가 수익자의 대리인에 의하여 이루어진 때에는 특별한 사정이 없는 한 수익자의 사해의사는 대리인을 표준으로 결정한다.

해설

① (○) 농지를 취득하려는 자가 농지에 대한 매매계약을 체결하는 등으로 농지에 관한 소유권이전등기청구권을 취득하였다면, 농지취득자격증명 발급신청권을 보유하게 된다. 이러한 농지취득자격증명 발급신청권은 채권자대위권의 행사대상이 될 수 있다(대판 2018.7.11. 2014두36518).
② (○) 채권자대위권 행사의 효과는 채무자에게 귀속되는 것이므로 채권자대위소송의 제기로 인한 소멸시효 중단의 효과 역시 채무자에게 생긴다(대판 2013.3.14. 2012다37565).
③ (×) 채권자대위권을 행사하는 사건에 있어서, 제3채무자는 채무자가 채권자에게 주장할 수 있는 사유를 원용할 수 있는 것이 아니다(대판 1995.5.12. 93다59502). 따라서 제3채무자는 채무자가 채권자에 대하여 가지는 동시이행의 항변권을 행사하여 대항할 수 없다.
④ (○) 채권자가 채권자취소권을 행사할 때에는 원칙적으로 자신의 채권액을 초과하여 취소권을 행사할 수 없고, 이때 채권자의 채권액에는 사해행위 이후 사실심 변론종결시까지 발생한 이자나 지연손해금이 포함된다(대판 2001.9.4. 2000다66416).
⑤ (○) 사해행위인지가 문제되는 법률행위가 대리인에 의하여 이루어진 때에는 수익자의 사해의사 또는 전득자의 사해행위에 대한 악의의 유무는 대리인을 표준으로 결정하여야 한다(대판 2006.9.8. 2006다22661).

답 ❸

056 채권자대위권에 관한 설명으로 옳지 않은 것은?(다툼이 있는 경우에는 판례에 의함) 15 노무

① 재심의 소 제기는 채권자대위권의 목적이 될 수 있다.
② 특별한 사정이 없는 한, 유류분반환청구권은 행사상의 일신전속성을 가지므로 채권자대위권의 목적이 될 수 없다.
③ 채권자취소권도 채권자가 채무자를 대위하여 행사하는 것이 가능하다.
④ 토지거래허가구역 내의 토지매매에서 토지거래허가신청절차 협력의무의 이행청구권은 채권자대위의 목적이 될 수 있다.
⑤ 채무자가 제3채무자에 대한 권리를 재판상 행사하여 패소의 확정판결을 받은 경우에는 채권자는 채권자대위권을 행사할 수 없다.

해설

① (×) 종전 재심대상판결에 대하여 불복하여 종전 소송절차의 재개, 속행 및 재심판을 구하는 재심의 소 제기는 채권자대위권의 목적이 될 수 없다(대판 2012.12.27. 2012다75239).
② (○) 유류분반환청구권은 그 행사 여부가 유류분권리자의 인격적 이익을 위하여 그의 자유로운 의사결정에 전적으로 맡겨진 권리로서 행사상의 일신전속성을 가진다고 보아야 하므로, 유류분권리자에게 그 권리행사의 확정적 의사가 있다고 인정되는 경우가 아니라면 채권자대위권의 목적이 될 수 없다(대판 2010.5.27. 2009다93992).
③ (○) 채무자가 제3채무자에 대해 채권자취소권을 가지는 경우, 이 권리가 채무자의 책임재산의 보전과 관련이 있는 이상, 그 채무자의 채권자도 채권자취소권을 대위행사(대판 2001.12.27. 2000다73049)할 수 있다.

④ (○) 토지거래규제구역 내의 토지에 대하여 갑과 을 사이에 권리이전 약정을 포함한 토지매수 위임계약이 이루어지고 그 수임인인 을과 토지 소유자 병 사이에 매수인을 을로 한 토지 매매계약이 체결된 경우, 갑은 을에 대하여 그 위임계약이 효력이 있는 것으로 완성될 수 있도록 토지거래허가 신청절차에 협력할 것을 청구할 권리가 있고 그와 같은 토지거래허가 신청절차의 협력의무 이행청구권을 보전하기 위하여 을을 대위하여 그에게 토지를 매도한 병을 상대로 을과 병 사이의 토지 매매에 대한 토지거래허가 신청절차에 협력할 것을 청구할 수 있다(대판 1996.10.25. 96다23825).

⑤ (○) 채권자대위권은 채무자가 제3채무자에 대한 권리를 행사하지 아니하는 경우에 한하여 채권자가 자기의 채권을 보전하기 위하여 행사할 수 있는 것이기 때문에 채권자가 대위권을 행사할 당시 이미 채무자가 그 권리를 재판상 행사하였을 때에는 설사 패소의 확정판결을 받았더라도 채권자는 채무자를 대위하여 채무자의 권리를 행사할 당사자 적격이 없다(대판 1993.3.26. 92다32876).

답 ❶

057

乙의 채권자 甲이 乙의 丙에 대한 금전채권에 대하여 채권자대위권을 행사하는 경우에 관한 설명으로 옳은 것은?(다툼이 있으면 판례에 따름)

23 노무

① 甲은 乙의 동의를 받지 않는 한 채권자대위권을 행사할 수 없다.
② 甲의 乙에 대한 채권이 금전채권인 경우, 甲은 丙에게 직접 자기에게 이행하도록 청구하여 상계적상에 있는 자신의 채권과 상계할 수 없다.
③ 甲이 丙을 상대로 채권자대위권을 행사한 경우, 甲의 채권자대위소송의 제기로 인한 소멸시효 중단의 효력은 乙의 丙에 대한 채권에 생긴다.
④ 甲이 丙을 상대로 채권자대위권을 행사하고 그 사실을 乙에게 통지한 이후 乙이 丙에 대한 채권을 포기한 경우, 丙은 乙의 채권포기 사실을 들어 甲에게 대항할 수 있다.
⑤ 乙이 丙을 상대로 금전채무 이행청구의 소를 제기하여 패소판결이 확정된 경우, 甲은 乙에 대한 금전채권을 보전하기 위해 丙을 상대로 채권자대위권을 행사할 수 있다.

해설

① (×) 채권자(甲)가 채권자대위권 행사에 채무자(乙)의 동의를 받아야 하는 것은 아니며, 채무자가 채권자대위권의 행사를 반대하는 경우에도 가능하다(대판 1963.11.21. 63다634).
② (×) 채권자가 자기의 금전채권을 보전하기 위하여 채무자의 금전채권을 대위행사하는 경우 제3채무자로 하여금 채무자에게 지급의무를 이행하도록 청구할 수도 있지만, 직접 대위채권자 자신에게 이행하도록 청구할 수도 있다(대판 2016.8.29. 2015다236547). 이때 채권자(甲)의 채무자(乙)에 대한 채권과 채무자(乙)의 채권자(甲)에 대한 채권이 상계적상에 있다면 상계의 의사표시에 의하여 '사실상'의 우선변제를 받을 수 있다.
③ (○) 채권자대위권 행사의 효과는 채무자에게 귀속되는 것이므로 채권자대위소송의 제기로 인한 소멸시효 중단의 효과 역시 채무자에게 생긴다(대판 2011.10.13. 2010다80930). 따라서 甲이 丙을 상대로 채권자대위권을 행사한 경우, 甲의 채권자대위소송의 제기로 인한 소멸시효 중단의 효력은 乙의 丙에 대한 채권에 생긴다.
④ (×) 채권자가 채무자를 대위하여 채무자의 제3채무자에 대한 권리를 행사하고 채무자에게 통지를 하거나 채무자가 채권자의 대위권 행사사실을 안 후에는 채무자는 그 권리에 대한 처분권을 상실하여 그 권리의 양도나 포기 등 처분행위를 할 수 없고 채무자의 처분행위에 기하여 취득한 권리로서는 채권자에게 대항할 수 없다(대판 1991.4.12. 90다9407). 甲이 丙을 상대로 채권자대위권을 행사하고 그 사실을 乙에게 통지한 이후 乙이 丙에 대한 채권을 포기한 경우, 丙은 乙의 채권포기 사실을 들어 甲에게 대항할 수 없다.
⑤ (×) 채권자대위권은 채무자가 제3채무자에 대한 권리를 행사하지 아니하는 경우에 한하여 채권자가 자기의 채권을 보전하기 위하여 행사할 수 있는 것이기 때문에 채권자가 대위권을 행사할 당시 이미 채무자가 그 권리를 재판상 행사하였을 때에는 설사 패소의 확정판결을 받았더라도 채권자는 채무자를 대위하여 채무자의 권리를 행사할 당사자 적격이 없다(대판 1993.3.26. 92다32876). 乙이 丙을 상대로 금전채무 이행청구의 소를 제기하여 패소판결이 확정된 경우, 甲은 乙에 대한 금전채권을 보전하기 위해 丙을 상대로 채권자대위권을 행사할 수 없다.

답 ❸

058

甲은 乙에게 변제기가 도래한 1억원의 금전채권을 가지고 있다. 乙은 현재 무자력상태에 있고 丙에 대하여 변제기가 도래한 5,000만원의 금전채권을 가지고 있다. 이에 관한 설명으로 옳지 않은 것은?(다툼이 있으면 판례에 따름)

① 乙이 반대하는 경우에도 甲은 丙에 대하여 채권자대위권을 행사할 수 있다.
② 甲이 채권자대위권을 행사하는 경우에 丙은 乙에 대해 가지는 모든 항변사유로써 甲에게 대항할 수 있다.
③ 甲은 丙에게 5,000만원을 乙에게 이행할 것을 청구할 수 있을 뿐만 아니라, 직접 자기에게 이행할 것을 청구할 수 있다.
④ 甲이 丙으로부터 5,000만원을 대위수령한 경우, 甲은 상계적상에 있는 때에는 상계함으로써 사실상 우선변제를 받을 수 있다.
⑤ 甲이 丙에게 채권자대위소송을 제기한 경우, 乙은 소송당사자가 아니므로 乙의 丙에 대한 채권은 소멸시효가 중단되지 않는다.

해설

① (○) 채권자가 자기의 채권을 보전하기 위하여 채무자의 권리를 행사할 경우에는 채무자가 그 권리 행사에 대하여 반대의 의사를 표명한다 할지라도 그 대위권 행사는 가능하다 할 것이다(대판 1963.11.21. 63다634). 乙이 반대하는 경우에도 채권자 甲은 채권자대위권을 행사할 수 있다.
② (○) 甲의 채권자대위권 행사로 인하여 제3채무자 丙의 지위가 더 열악해져서는 안 되기 때문에, 丙은 대위행사하는 채권자 甲에게도 채무자 乙에 대한 항변사유를 주장할 수 있다.
③ (○) 채권자가 자기의 금전채권을 보전하기 위하여 채무자의 금전채권을 대위행사하는 경우 제3채무자로 하여금 채무자에게 지급의무를 이행하도록 청구할 수도 있지만, 직접 대위채권자 자신에게 이행하도록 청구할 수도 있다(대판 2016.8.29. 2015다236547).
④ (○) 제3채무자 丙으로부터 5,000만원을 대위수령한 채권자 甲은 5,000만원을 채무자 乙에게 인도하여야 하지만, 甲의 乙에 대한 채권과 乙의 甲에 대한 인도채권이 상계적상에 있다면, 甲의 상계로 甲은 사실상 자기채권의 우선변제를 받을 수 있다.
⑤ (×) 채권자대위권 행사의 효과는 채무자에게 귀속되는 것이고 채권자대위소송의 제기로 인한 소멸시효 중단의 효과 역시 채무자에게 생기므로(대판 2011.10.13. 2010다80930), 乙의 丙에 대한 채권은 소멸시효가 중단된다.

답 ❺

059 채권자대위권에 관한 설명으로 옳은 것은?(다툼이 있으면 판례에 따름)

① 채권자대위권 행사는 채무자의 무자력을 요하므로, 소유권이전등기청구권은 피보전채권이 될 수 없다.
② 토지거래규제구역 내의 토지 매매의 경우, 매수인이 매도인에 대하여 가지는 토지거래허가신청절차 협력의무의 이행청구권도 채권자대위권 행사의 대상이 될 수 있다.
③ 채무자의 채권자대위권은 대위할 수 있지만, 채무자의 채권자취소권은 대위할 수 없다.
④ 조합원의 조합탈퇴권은 일신전속적 권리이므로 채권자대위권의 대상이 되지 못한다.
⑤ 피보전채권이 금전채권인 경우, 대위채권자는 채무자의 금전채권을 자신에게 직접 이행하도록 청구할 수 없다.

해설

① (×) 채권자는 자기의 채무자에 대한 부동산의 소유권이전등기청구권 등 특정채권을 보전하기 위하여 채무자가 방치하고 있는 그 부동산에 관한 특정권리를 대위하여 행사할 수 있고 그 경우에는 채무자의 무자력을 요건으로 하지 아니하는 것이다(대판 1992.10.27. 91다483).

② (○) 토지거래규제구역 내의 토지에 대하여 갑과 을 사이에 권리이전 약정을 포함한 토지매수 위임계약이 이루어지고 그 수임인인 을과 토지 소유자 병 사이에 매수인을 을로 한 토지 매매계약이 체결된 경우, 갑은 을에 대하여 그 위임계약이 효력이 있는 것으로 완성될 수 있도록 토지거래허가 신청절차에 협력할 것을 청구할 권리가 있고 그와 같은 토지거래허가 신청절차의 협력의무 이행청구권을 보전하기 위하여 을을 대위하여 그에게 토지를 매도한 병을 상대로 을과 병 사이의 토지 매매에 대한 토지거래허가 신청절차에 협력할 것을 청구할 수 있다(대판 1996.10.25. 96다23825).

③ (×) 채무자가 제3채무자에 대해 채권자대위권·채권자취소권을 가지는 경우, 이들 권리도 채무자의 책임재산의 보전과 관련이 있는 이상, 그 채무자의 채권자도 채권자대위권(대판 1968.1.23. 67다2440), 채권자취소권(대판 2001.12.27. 2000다73049)을 대위행사할 수 있다.

④ (×) 조합원이 조합을 탈퇴할 권리는 그 성질상 조합계약의 해지권으로서 그의 일반재산을 구성하는 재산권의 일종이라 할 것이고 채권자대위가 허용되지 않는 일신전속적 권리라고는 할 수 없다(대결 2007.11.30. 2005마1130).

⑤ (×) 채권자가 자기의 금전채권을 보전하기 위하여 채무자의 금전채권을 대위행사하는 경우 제3채무자로 하여금 채무자에게 지급의무를 이행하도록 청구할 수도 있지만, 직접 대위채권자 자신에게 이행하도록 청구할 수도 있다(대판 2016.8.29. 2015다236547).

060 채권자대위권에 관한 설명으로 옳은 것은?(다툼이 있으면 판례에 따름)

17 변리

① 채권자대위소송에서 제3채무자로 하여금 직접 대위채권자에게 금전의 지급을 명하는 판결이 확정된 경우, 피대위채권이 변제 등으로 소멸하기 전이라면 채무자의 다른 채권자가 이를 압류 또는 가압류할 수 있다.
② 채권자대위소송에서 제3채무자는 채권자의 채무자에 대한 권리의 발생원인이 된 법률행위가 무효라거나 변제 등으로 소멸하였다는 등의 사실을 주장하여 채권자의 채무자에 대한 권리가 인정되는지를 다툴 수 없다.
③ 토지거래허가구역에 있는 토지의 매수인은 채권보전의 필요성 여부와 무관하게 토지거래허가신청절차의 협력의무이행청구권을 보전하기 위하여 매도인의 권리를 대위하여 행사할 수 있다.
④ 이행인수약정이 체결된 경우, 채무자는 인수인이 그 채무를 이행하지 아니하면 인수인에 대하여 채권자에게 이행할 것을 청구할 수 있으나, 채무자의 인수인에 대한 위 청구권을 채권자가 대위행사할 수 없다.
⑤ 지하도상가 내 점포의 사용청구권을 가지는 자는 상가의 소유자인 시(市)가 불법점유자들에 대하여 가지는 점포의 인도청구권을 대위행사할 수 없다.

해설

① (○) 채권자가 자기의 금전채권을 보전하기 위하여 채무자의 금전채권을 대위행사하는 경우 제3채무자로 하여금 채무자에게 지급의무를 이행하도록 청구할 수도 있지만, 직접 대위채권자 자신에게 이행하도록 청구할 수도 있다. 그런데 채권자대위소송에서 제3채무자로 하여금 직접 대위채권자에게 금전의 지급을 명하는 판결이 확정되더라도, 대위의 목적인 권리, 즉 채무자의 제3채무자에 대한 피대위채권이 판결의 집행채권으로서 존재하고 대위채권자는 채무자를 대위하여 피대위채권에 대한 변제를 수령하게 될 뿐 자신의 채권에 대한 변제로서 수령하게 되는 것이 아니므로, 피대위채권이 변제 등으로 소멸하기 전이라면 채무자의 다른 채권자는 이를 압류·가압류할 수 있다(대판 2016.8.29. 2015다236547).
② (×) 채권자가 채권자대위소송을 제기한 경우, 제3채무자는 채무자가 채권자에 대하여 가지는 항변권이나 형성권 등과 같이 권리자에 의한 행사를 필요로 하는 사유를 들어 채권자의 채무자에 대한 권리가 인정되는지 여부를 다툴 수 없지만, 채권자의 채무자에 대한 권리의 발생원인이 된 법률행위가 무효라거나 위 권리가 변제 등으로 소멸하였다는 등의 사실을 주장하여 채권자의 채무자에 대한 권리가 인정되는지 여부를 다투는 것은 가능하고, 이 경우 법원은 제3채무자의 주장을 고려하여 채권자의 채무자에 대한 권리가 인정되는지 여부에 관하여 직권으로 심리·판단하여야 한다(대판 2015.9.10. 2013다55300).
③ (×) [1] 채권자대위권의 행사가 채무자의 자유로운 재산관리행위에 대한 부당한 간섭이 된다는 등의 특별한 사정이 있는 경우에는 보전의 필요성을 인정할 수 없다.
[2] 매수인이 토지거래허가신청절차의 협력의무이행청구권을 보전하기 위하여 매도인의 권리를 대위하여 행사하는 것도 허용된다고 할 수 있지만, 보전의 필요성이 인정되어야 한다(대판 2013.5.23. 2010다50014).
④ (×) 이행인수는 인수인이 채무자에 대하여 그 채무를 이행할 것을 약정하는 채무자와 인수인 간의 계약으로서, 인수인은 채무자와 사이에 채권자에게 채무를 이행할 의무를 부담하는 데 그치고 직접 채권자에 대하여 채무를 부담하는 것이 아니므로 채권자는 직접 인수인에게 채무를 이행할 것을 청구할 수 없으나, 채무자는 인수인이 그 채무를 이행하지 아니하는 경우 인수인에 대하여 채권자에게 이행할 것을 청구할 수 있고, 그에 관한 승소의 판결을 받은 때에는 금전채권의 집행에 관한 규정을 준용하여 강제집행을 할 수도 있다. 이러한 채무자의 인수인에 대한 청구권은 그 성질상 재산권의 일종으로서 일신전속적 권리라고 할 수는 없으므로, 채권자는 채권자대위권에 의하여 채무자의 인수인에 대한 청구권을 대위행사할 수 있다(대판 2009.6.11. 2008다75072).
⑤ (×) 지하도상가의 운영을 목적으로 한 도로점용허가를 받은 자로서 그 상가의 소유자 겸 관리주체인 시에 대하여 그 상가 내 각 점포의 사용을 청구할 수 있는 권리를 가지는 자는, 시(市)에 대한 위 각 점포사용청구권을 보전하기 위하여 그 점포들의 소유자인 시(市)가 불법점유자들에 대하여 가지는 명도청구권을 대위행사할 수 있고, 이러한 경우 불법점유자들에 대하여 직접 자기에게 그 점포들을 명도할 것을 청구할 수도 있다(대판 1995.5.12. 93다59502).

답 ❶

061

甲이 乙을 대위하여 丙에 대하여 채권자대위권을 행사한 경우에 관한 설명으로 옳은 것은?(다툼이 있으면 판례에 따름)

① 乙이 丙에 대하여 채무의 이행을 청구하는 소를 제기하였다가 패소한 경우에도 甲은 丙에 대하여 채권자대위권을 행사할 수 있다.
② 甲이 丙에 대하여 채권자대위권을 행사한 경우 丙은 甲의 乙에 대한 채권이 시효로 소멸하였음을 주장할 수 있다.
③ 甲이 乙에 대하여 이행청구의 소를 제기하여 승소한 경우에도, 丙은 甲의 채권자대위권 행사에 대항하여 乙에 대한 甲의 채권이 무효임을 주장할 수 있다.
④ 무자력인 丙이 자신의 채무자인 丁의 채무를 면제함으로써 乙에 대한 관계에서 사해행위를 한 경우, 甲은 丙의 사해행위를 취소하기 위하여 乙의 채권자취소권을 대위할 수 있다.
⑤ 甲이 채권자대위권을 행사하는 과정에서 비용을 지출하였더라도 甲은 乙에게 그 비용의 상환을 청구할 수 없다.

해설

① (×) 乙이 丙에 대하여 채무의 이행을 청구하는 소를 제기하였다가 패소하였다면 이미 채무자가 그 권리를 재판상 행사한 경우이므로 甲은 丙에 대하여 채권자대위권을 행사할 수 없다.

> 채권자대위권은 채무자가 제3채무자에 대한 권리를 행사하지 아니하는 경우에 한하여 채권자가 자기의 채권을 보전하기 위하여 행사할 수 있는 것이어서, 채권자가 대위권을 행사할 당시에 이미 채무자가 그 권리를 재판상 행사하였을 때에는 채권자는 채무자를 대위하여 채무자의 권리를 행사할 수 없다(대판 2009.3.12. 2008다65839).

② (×) 채권자가 채권자대위권을 행사하여 제3자에 대하여 하는 청구에 있어서, 제3채무자는 채무자가 채권자에 대하여 가지는 항변으로 대항할 수 없고, 채권의 소멸시효가 완성된 경우 이를 원용할 수 있는 자는 원칙적으로는 시효이익을 직접 받는 자뿐이고, 채권자대위소송의 제3채무자는 이를 행사할 수 없으므로(대판 2004.2.12. 2001다10151), 丙은 甲의 乙에 대한 채권이 시효로 소멸하였음을 주장할 수 없다.

③ (×) 甲이 乙에 대하여 이행청구의 소를 제기하여 승소하여 판결이 확정된 경우 그 확정판결에 기한 청구권을 피보전채권으로 하여 甲이 채권자대위소송을 제기한 것이라면 丙은 甲의 채권자대위권 행사에 대항하여 乙에 대한 甲의 채권이 무효임을 주장할 수 없다.

> 채권자가 채무자를 상대로 그 보전되는 청구권에 기한 이행청구의 소를 제기하여 승소판결이 확정되고 채권자가 그 확정판결에 기한 청구권을 피보전채권으로 하여 제3채무자를 상대로 채권자대위소송을 제기한 경우, 제3채무자는 채권자와 채무자 사이에 확정된 그 청구권의 존재를 다툴 수 없다(대판 2010.11.11. 2010다43597).

④ (○) 채권자취소권도 채권자가 채무자를 대위하여 행사하는 것이 가능하므로(대판 2001.12.27. 2000다73049), 甲은 丙의 사해행위를 취소하기 위하여 乙의 채권자취소권을 대위할 수 있다.

⑤ (×) 甲이 채권자대위권을 행사하는 과정에서 지출한 비용은 채권자대위권을 행사하는 甲과 법정위임관계에 있는 乙에게 상환청구할 수 있다고 보는 것이 타당하다고 판단된다.

> 채권자대위권을 행사하는 경우 채권자와 채무자는 일종의 법정위임의 관계에 있으므로 채권자는 민법 제688조를 준용하여 채무자에게 그 비용의 상환을 청구할 수 있고, 그 비용상환청구권은 강제집행을 직접 목적으로 하여 지출된 집행비용이라고는 볼 수 없으므로 지급명령신청에 의하여 지급을 구할 수 있다(대결 1996.8.21. 96그8).

답 ④

062 채권자대위권에 관한 설명으로 옳은 것은?(다툼이 있는 경우에는 판례에 의함) 　14　변리

① 특별한 사정이 없으면, 계약의 청약 또는 승낙의 의사표시는 채권자대위권의 목적이 될 수 없다.
② 채권보전의 필요성은 이행기를 표준으로 판단하여야 하며, 그 채권이 금전채권일 경우 채권자가 채무자의 무자력과 그 일반재산의 감소를 방지할 필요를 주장·증명하여야 한다.
③ 채무자가 제3자 명의로 소유권이전청구권을 보전하기 위한 가등기가 된 부동산을 소유한 경우, 특별한 사정이 없으면 그 부동산은 채무자의 무자력요건 판단에서 적극재산에 산입되어야 한다.
④ 채무자에게 채권자대위권의 행사가 통지된 후에는 제3채무자가 채무자의 채무불이행을 이유로 채무자와의 계약을 해제한 때에도 제3채무자는 계약해제로써 채권자에게 대항하지 못한다.
⑤ 채무자의 채권자취소권을 대위행사하는 경우 채권자가 그 취소원인을 안 지 1년이 지났다면, 비록 채무자가 취소원인을 안 날로부터 1년, 법률행위를 한 날로부터 5년 내라 하더라도 취소권의 대위행사는 허용되지 않는다.

해설

① (○) 계약의 청약이나 승낙과 같이 비록 행사상의 일신전속권은 아니지만 이를 행사하면 그로써 새로운 권리의무관계가 발생하는 등으로 권리자 본인이 그로 인한 법률관계 형성의 결정권한을 가지도록 할 필요가 있는 경우에는, 채무자에게 이미 그 권리행사의 확정적 의사가 있다고 인정되는 등 특별한 사정이 없는 한, 그 권리는 채권자대위권의 목적이 될 수 없다고 봄이 상당하다. 그리고 이는 일반채권자의 책임재산의 보전을 위한 경우뿐만 아니라 특정채권의 보전이나 실현을 위하여 채권자대위권을 행사하고자 하는 경우에 있어서도 마찬가지라고 할 것이다(대판 2012.3.29. 2011다100527).

② (×) 채권자대위권의 행사로서 채권자가 채권을 보전하기에 필요한 여부는 변론종결 당시를 표준으로 판단되어야 할 것이며 그 채권이 금전채권일 때에는 채무자가 무자력하여 그 일반재산의 감소를 방치할 필요가 있는 경우에 허용되고 이와 같은 요건의 존재사실은 채권자가 주장·증명하여야 하는 것이라고 할 것이다(대판 1976.7.13. 75다1086).

③ (×) 채권자 대위의 요건으로서의 무자력이란 채무자의 변제자력이 없음을 뜻하고 특히 임의변제를 기대할 수 없는 경우에는 강제집행을 통한 변제가 고려되어야 하므로, 소극재산이든 적극재산이든 위와 같은 목적에 부합할 수 있는 재산인지 여부가 변제자력 유무 판단의 중요한 고려요소가 되어야 한다. 따라서 채무자의 적극재산인 부동산에 이미 제3자 명의로 소유권이전청구권 보전의 가등기가 마쳐져 있는 경우에는 강제집행을 통한 변제가 사실상 불가능하므로, 그 가등기가 가등기담보 등에 관한 법률에 정한 담보가등기로서 강제집행을 통한 매각이 가능하다는 등의 특별한 사정이 없는 한, 위 부동산은 실질적으로 재산적 가치가 없어 적극재산을 산정할 때 제외하여야 한다(대판 2009.2.26. 2008다76556).

④ (×) 채무자의 채무불이행사실 자체만으로는 권리변동의 효력이 발생하지 않아 이를 채무자가 제3채무자에 대하여 가지는 채권을 소멸시키는 적극적인 행위로 파악할 수 없는 점, 더구나 법정해제는 채무자의 객관적 채무불이행에 대한 제3채무자의 정당한 법적 대응인 점, 채권이 압류·가압류된 경우에도 압류 또는 가압류된 채권의 발생원인이 된 기본계약의 해제가 인정되는 것과 균형을 이룰 필요가 있는 점 등을 고려할 때 채무자가 자신의 채무불이행을 이유로 매매계약이 해제되도록 한 것을 두고 민법 제405조 제2항에서 말하는 '처분'에 해당한다고 할 수 없다. 따라서 채무자가 채권자대위권 행사의 통지를 받은 후에 채무를 불이행함으로써 통지 전에 체결된 약정에 따라 매매계약이 자동적으로 해제되거나, 채권자대위권 행사의 통지를 받은 후에 채무자의 채무불이행을 이유로 제3채무자가 매매계약을 해제한 경우 제3채무자는 계약해제로써 대위권을 행사하는 채권자에게 대항할 수 있다. 다만 형식적으로는 채무자의 채무불이행을 이유로 한 계약해제인 것처럼 보이지만 실질적으로는 채무자와 제3채무자 사이의 합의에 따라 계약을 해제한 것으로 볼 수 있거나, 채무자와 제3채무자가 단지 대위채권자에게 대항할 수 있도록 채무자의 채무불이행을 이유로 하는 계약해제인 것처럼 외관을 갖춘 것이라는 등의 특별한 사정이 있는 경우에는 채무자가 피대위채권을 처분한 것으로 보아 제3채무자는 계약해제로써 대위권을 행사하는 채권자에게 대항할 수 없다(대판 2012.5.17. 2011다87235[전합]).

⑤ (×) 민법 제404조 소정의 채권자대위권은 채권자가 자신의 채권을 보전하기 위하여 채무자의 권리를 자신의 이름으로 행사할 수 있는 권리라 할 것이므로, 채권자가 채무자의 채권자취소권을 대위행사하는 경우, 제소기간은 대위의 목적으로 되는 권리의 채권자인 채무자를 기준으로 하여 그 준수 여부를 가려야 할 것이고, 따라서 채권자취소권을 대위행사하는 채권자가 취소원인을 안 지 1년이 지났다 하더라도 채무자가 취소원인을 안 날로부터 1년, 법률행위가 있은 날로부터 5년 내라면 채권자 취소의 소를 제기할 수 있다(대판 2001.12.27. 2000다73049).

 ❶

063 채권자대위권에 관한 설명으로 옳은 것은?(다툼이 있으면 판례에 따름)

① 토지거래허가구역 내의 토지에 관한 매매계약에서 매수인이 매도인에 대하여 가지는 토지거래 허가 신청절차의 협력의무의 이행청구권은 채권자대위권의 피보전채권에 해당하지 않는다.
② 특정채권도 채권자대위권의 피보전채권이 될 수 있지만, 순차매도에서 소유권이전등기청구권이나 임대차에 있어 명도청구권 등의 보전을 위한 경우에 한하여 채권자대위권이 인정된다.
③ 채권자대위권의 피보전채권이 되기 위해서는 그 채권이 제3채무자에게까지 대항할 수 있는 것이어야 한다.
④ 채권자가 채권자대위권을 행사하여 제3채무자에 대하여 하는 청구에서, 제3채무자는 채무자가 채권자에 대하여 가지는 동시이행의 항변권을 행사하여 대항할 수 있다.
⑤ 임대인의 동의 없는 임차권의 양도는 다른 특약이 없는 한 임대인에게는 대항할 수 없고, 그 임차권의 양수인은 임대인의 권한을 대위행사할 수 없다.

해설

① (×) 구 국토의 계획 및 이용에 관한 법률상의 허가구역에 있는 토지의 거래계약이 토지거래허가를 전제로 체결된 경우에는 유동적 무효의 상태에 있고 거래계약의 채권적 효력도 전혀 발생하지 않으므로 권리의 이전 또는 설정에 관한 어떠한 내용의 이행청구도 할 수 없지만, 그 계약을 체결한 당사자 사이에서는 그 계약이 효력 있는 것으로 완성될 수 있도록 서로 협력할 의무가 있으므로, 그 계약의 쌍방 당사자는 공동으로 관할 관청의 허가를 신청할 의무가 있다. 그 결과 경우에 따라서는 매수인이 토지거래허가신청절차의 협력의무 이행청구권을 보전하기 위하여 매도인의 권리를 대위하여 행사하는 것도 허용된다고 할 수 있다(대판 2013.5.23. 2010다50021).
② (×) 피보전채권이 특정채권이라 하여 반드시 순차매도 또는 임대차에 있어 소유권이전등기청구권이나 명도청구권 등의 보전을 위한 경우에만 한하여 채권자대위권이 인정되는 것은 아니다(대판 2001.5.8. 99다38699).
③ (×) 민법 제404조에서 규정하고 있는 채권자대위권은 채권자가 채무자에 대한 자기의 채권을 보전하기 위하여 필요한 경우에 채무자의 제3자에 대한 권리를 대위행사할 수 있는 권리를 말하는 것으로서, 이때 보전되는 채권은 보전의 필요성이 인정되고 이행기가 도래한 것이면 족하고, 그 채권의 발생원인이 어떠하든 대위권을 행사함에는 아무런 방해가 되지 아니하며, 또한 채무자에 대한 채권이 제3채무자에게까지 대항할 수 있는 것임을 요하는 것도 아니다(대판 2003.4.11. 2003다1250).
④ (×) 채권자대위권을 행사하는 사건에 있어서, 제3채무자는 채무자가 채권자에게 주장할 수 있는 사유를 원용할 수 있는 것이 아니다(대판 1995.5.12. 93다59502). 따라서 제3채무자는 채무자가 채권자에 대하여 가지는 동시이행의 항변권을 행사하여 대항할 수 없다.
⑤ (○) 임대인의 동의 없는 임차권의 양도는 당사자 사이에서는 유효하다 하더라도 다른 특약이 없는 한 임대인에게는 대항할 수 없는 것이고 임대인에 대항할 수 없는 임차권의 양수인으로서는 임대인의 권한을 대위행사할 수 없다(대판 1985.2.8. 84다카188).

 ❺

064

甲이 자신의 부동산을 乙에게 매도하고, 乙은 그 부동산을 丙에게 매도하였으나 아직 그 부동산의 등기명의가 甲으로 되어 있다. 다음 설명으로 옳지 않은 것은?(다툼이 있는 경우에는 판례에 의함)

12 변리

① 丙이 乙의 甲에 대한 등기청구권을 대위행사하기 위해서는, 乙의 무자력을 필요로 하지 않는다.
② 乙이 丙의 채권자대위권행사사실을 알게 된 후에 甲과의 매매계약을 합의해제하여 乙의 소유권이전등기청구권을 소멸시켰더라도 乙은 이로써 丙에게 대항할 수 없다.
③ 丙이 甲을 상대로 채권자대위소송을 제기하여 확정판결을 받은 경우, 乙이 채권자대위소송이 제기된 사실을 알았다면 그 판결의 효력은 乙에게 미친다.
④ 乙이 甲에 대한 권리를 재판상 행사하여 패소의 판결을 받은 경우, 丙은 乙의 등기청구권을 대위행사할 수 없다.
⑤ 丙의 乙에 대한 소유권이전등기청구권의 소멸시효가 완성된 경우, 甲은 乙의 소유권이전등기청구권을 대위행사하는 丙에게 소멸시효의 완성을 원용할 수 있다.

해설

① (○) 丙이 乙의 甲에 대한 등기청구권을 대위행사하는 경우는 그 부동산에 관한 특정권리를 대위행사하는 것으로서 乙의 무자력을 필요로 하지 않는다.

> 채권자는 자기의 채무자에 대한 부동산의 소유권이전등기청구권 등 특정채권을 보전하기 위하여 채무자가 방치하고 있는 그 부동산에 관한 특정권리를 대위하여 행사할 수 있고 그 경우에는 채무자의 무자력을 요건으로 하지 아니하는 것이다(대판 1992.10.27. 91다483).

② (○) 丙이 乙에게 채권자대위권 행사사실을 통지하지 아니한 경우에도 乙이 丙의 채권자대위권행사사실을 알게 되었다면, 甲과의 매매계약을 합의해제하여 乙의 소유권이전등기청구권을 소멸시켰더라도 乙은 이로써 丙에게 대항할 수 없다.

> 채무자가 채권자대위권행사사실을 알게 된 후에 그 매매계약을 합의해제함으로써 채권자대위권의 객체인 부동산 소유권이전등기청구권을 소멸시켰다 하더라도 이로써 채권자에게 대항할 수 없고, 그 결과 제3채무자 또한 그 계약해제로써 채권자에게 대항할 수 없다(대판 2007.6.28. 2006다85921).

③ (○) 丙이 채권자대위권을 행사하는 방법으로 甲을 상대로 소송을 제기하고 판결을 받은 경우에는 어떠한 사유로 인하였든 적어도 乙이 채권자대위권에 의한 소송이 제기된 사실을 알았을 경우에는 그 판결의 효력은 乙에게 미친다(대판 1975.5.13. 74다1664[전합]).

④ (○) 乙이 甲에 대하여 채무의 이행을 청구하는 소를 제기하였다가 패소하였다면 이미 채무자가 그 권리를 재판상 행사한 경우이므로 丙은 乙의 등기청구권을 대위행사할 수 없다.

> 채권자대위권은 채무자가 제3채무자에 대한 권리를 행사하지 아니하는 경우에 한하여 채권자가 자기의 채권을 보전하기 위하여 행사할 수 있는 것이어서, 채권자가 대위권을 행사할 당시에 이미 채무자가 그 권리를 재판상 행사하였을 때에는 채권자는 채무자를 대위하여 채무자의 권리를 행사할 수 없다(대판 2009.3.12. 2008다65839).

⑤ (×) 채권자가 채권자대위권을 행사하여 제3자에 대하여 하는 청구에 있어서, 제3채무자는 채무자가 채권자에 대하여 가지는 항변으로 대항할 수 없고, 채권의 소멸시효가 완성된 경우 이를 원용할 수 있는 자는 원칙적으로는 시효이익을 직접 받는 자뿐이고, 채권자대위소송의 제3채무자는 이를 행사할 수 없으므로(대판 2004.2.12. 2001다10151), 甲은 乙의 소유권이전등기청구권을 대위행사하는 丙에게 소멸시효의 완성을 원용할 수 없다.

답 ⑤

065

채권자대위권에 관한 설명으로 옳지 않은 것은?(다툼이 있는 경우에는 판례에 의함) 〔13〕 변리

① 채무자의 적극재산인 부동산에 이미 제3자 명의로 소유권이전등기청구권 보전의 가등기가 경료되어 있는 경우, 특별한 사정이 없는 한 그 부동산은 적극재산을 산정할 때 제외하여야 한다.
② 채무자의 채권자취소권을 대위행사하는 경우 채권자가 그 취소원인을 안 지 1년이 지났더라도, 채무자가 취소원인을 안 날로부터 1년, 법률행위를 한 날로부터 5년 내라면 취소권의 대위행사는 허용된다.
③ 채권자대위권의 행사가 통지된 후에 채무자의 채무불이행을 이유로 제3채무자가 채무자와의 계약을 해제하더라도, 원칙적으로 제3채무자는 이로써 대위채권자에게 대항할 수 없다.
④ 채권자대위소송의 제3채무자는 원칙적으로 채무자가 채권자에 대하여 가지는 항변으로써 대위채권자에게 대항할 수 없다.
⑤ 채권자대위소송에서 채권자의 채무자에 대한 피보전권리의 존재 여부는 법원의 직권조사사항이다.

해설

① (○) 채권자 대위의 요건으로서의 무자력이란 채무자의 변제자력이 없음을 뜻하고 특히 임의변제를 기대할 수 없는 경우에는 강제집행을 통한 변제가 고려되어야 하므로, 소극재산이든 적극재산이든 위와 같은 목적에 부합할 수 있는 재산인지 여부가 변제자력 유무 판단의 중요한 고려요소가 되어야 한다. 따라서 채무자의 적극재산인 부동산에 이미 제3자 명의로 소유권이전청구권 보전의 가등기가 마쳐져 있는 경우에는 강제집행을 통한 변제가 사실상 불가능하므로, 그 가등기가 가등기담보 등에 관한 법률에 정한 담보가등기로서 강제집행을 통한 매각이 가능하다는 등의 특별한 사정이 없는 한, 위 부동산은 실질적으로 재산적 가치가 없어 적극재산을 산정할 때 제외하여야 한다(대판 2009.2.26. 2008다76556).

② (○) 민법 제404조 소정의 채권자대위권은 채권자가 자신의 채권을 보전하기 위하여 채무자의 권리를 자신의 이름으로 행사할 수 있는 권리라 할 것이므로, 채권자가 채무자의 채권자취소권을 대위행사하는 경우, 제소기간은 대위의 목적으로 되는 권리의 채권자인 채무자를 기준으로 하여 그 준수 여부를 가려야 할 것이고, 따라서 채권자취소권을 대위행사하는 채권자가 취소원인을 안 지 1년이 지났다 하더라도 채무자가 취소원인을 안 날로부터 1년, 법률행위가 있은 날로부터 5년 내라면 채권자 취소의 소를 제기할 수 있다(대판 2001.12.27. 2000다73049).

③ (×) 채무자의 채무불이행사실 자체만으로는 권리변동의 효력이 발생하지 않아 이를 채무자가 제3채무자에 대하여 가지는 채권을 소멸시키는 적극적인 행위로 파악할 수 없는 점, 더구나 법정해제는 채무자의 객관적 채무불이행에 대한 제3채무자의 정당한 법적 대응인 점, 채권이 압류ㆍ가압류된 경우에도 압류 또는 가압류된 채권의 발생원인이 된 기본계약의 해제가 인정되는 것과 균형을 이룰 필요가 있는 점 등을 고려할 때 채무자가 자신의 채무불이행을 이유로 매매계약이 해제되도록 한 것을 두고 민법 제405조 제2항에서 말하는 '처분'에 해당한다고 할 수 없다. 따라서 채무자가 채권자대위권 행사의 통지를 받은 후에 채무를 불이행함으로써 통지 전에 체결된 약정에 따라 매매계약이 자동적으로 해제되거나, 채권자대위권 행사의 통지를 받은 후에 채무자의 채무불이행을 이유로 제3채무자가 매매계약을 해제한 경우 제3채무자는 계약해제로써 대위권을 행사하는 채권자에게 대항할 수 있다. 다만 형식적으로는 채무자의 채무불이행을 이유로 한 계약해제인 것처럼 보이지만 실질적으로는 채무자와 제3채무자 사이의 합의에 따라 계약을 해제한 것으로 볼 수 있거나, 채무자와 제3채무자가 단지 대위채권자에게 대항할 수 있도록 채무자의 채무불이행을 이유로 하는 계약해제인 것처럼 외관을 갖춘 것이라는 등의 특별한 사정이 있는 경우에는 채무자가 피대위채권을 처분한 것으로 보아 제3채무자는 계약해제로써 대위권을 행사하는 채권자에게 대항할 수 없다(대판 2012.5.17. 2011다87235[전합]).

④ (○) 채권자가 채권자대위권을 행사하여 제3자에 대하여 하는 청구에 있어서, 제3채무자는 채무자가 채권자에 대하여 가지는 항변으로 대항할 수 없고, 채권의 소멸시효가 완성된 경우 이를 원용할 수 있는 자는 원칙적으로는 시효이익을 직접 받는 자뿐이고, 채권자대위소송의 제3채무자는 이를 행사할 수 없다(대판 2004.2.12. 2001다10151).

⑤ (○) 채권자대위소송에서 대위에 의하여 보전될 채권자의 채무자에 대한 권리(피보전채권)가 존재하는지 여부는 소송요건으로서 법원의 직권조사사항이므로, 법원으로서는 그 판단의 기초자료인 사실과 증거를 직권으로 탐지할 의무까지는 없다 하더라도, 법원에 현출된 모든 소송자료를 통하여 살펴보아 피보전채권의 존부에 관하여 의심할 만한 사정이 발견되면 직권으로 추가적인 심리ㆍ조사를 통하여 그 존재 여부를 확인하여야 할 의무가 있다(대판 2009.4.23. 2009다3234).

답 ③

066

甲이 乙에 대한 A채권을 보전하기 위하여 丙을 상대로 채권자대위소송을 제기하는 경우, A채권에 관한 설명으로 옳지 않은 것은?(다툼이 있으면 판례에 따름) **19 변리**

① A채권의 존재뿐만 아니라 그 발생원인도 甲이 증명할 책임이 있다.
② A채권은 丙에게 대항할 수 있는 권리가 아니어도 된다.
③ 토지거래허가신청절차의 협력의무이행청구권도 A채권이 될 수 있다.
④ 丙은 특별한 사정이 없는 한 甲에 대하여 A채권의 소멸시효가 완성되었음을 항변할 수 없다.
⑤ 丙은 甲에 대하여 A채권의 발생원인이 된 법률행위가 무효라는 사실을 주장하여 A채권의 인정 여부를 다툴 수 있다.

해설

① (×), ② (○) 甲이 乙에 대한 A채권을 보전하기 위하여 丙을 상대로 채권자대위소송을 제기하는 경우, 甲은 A채권의 존재를 증명하는 것으로 족하다. 또한 甲의 피보전채권인 A채권이 제3채무자 丙에게까지 대항할 수 있는 것임을 요하는 것은 아니다.

> [1] 민법 제404조에서 규정하고 있는 채권자대위권은 채권자가 채무자에 대한 자기의 채권을 보전하기 위하여 필요한 경우에 채무자의 제3자에 대한 권리를 대위행사할 수 있는 권리를 말하는 것으로서, 이때 보전되는 채권은 보전의 필요성이 인정되고 이행기가 도래한 것이면 족하고, 그 채권의 발생원인이 어떠하든 대위권을 행사함에는 아무런 방해가 되지 아니하며, 또한 채무자에 대한 채권이 제3채무자에게까지 대항할 수 있는 것임을 요하는 것도 아니다.❷
> [2] 채권자대위권을 재판상 행사하는 경우에 있어서도 채권자인 원고는 그 채권의 존재사실 및 보전의 필요성, 기한의 도래 등을 증명하면 족한 것이지, 채권의 발생원인사실 또는 그 채권이 제3채무자인 피고에게 대항할 수 있는 채권이라는 사실까지 증명할 필요는 없으며,❶ 따라서 채권자가 채무자를 상대로 하여 그 보전되는 청구권에 기한 이행청구의 소를 제기하여 승소판결이 확정되면 제3채무자는 그 청구권의 존재를 다툴 수 없다(대판 2003.4.11. 2003다1250).

③ (○) 판례의 취지를 고려할 때 토지거래허가신청절차의 협력의무이행청구권도 甲이 丙을 상대로 제기한 채권자대위소송의 피보전채권이 될 수 있다.

> 구 국토의 계획 및 이용에 관한 법률상의 허가구역에 있는 토지의 거래계약이 토지거래허가를 전제로 체결된 경우에는 유동적 무효의 상태에 있고 거래계약의 채권적 효력도 전혀 발생하지 않으므로 권리의 이전 또는 설정에 관한 어떠한 내용의 이행청구도 할 수 없지만, 그 계약을 체결한 당사자 사이에서는 그 계약이 효력 있는 것으로 완성될 수 있도록 서로 협력할 의무가 있으므로, 그 계약의 쌍방 당사자는 공동으로 관할 관청의 허가를 신청할 의무가 있다. 그 결과 경우에 따라서는 매수인이 토지거래허가신청절차의 협력의무 이행청구권을 보전하기 위하여 매도인의 권리를 대위하여 행사하는 것도 허용된다고 할 수 있다(대판 2013.5.23. 2010다50021).

④ (○) 채권자가 채권자대위권을 행사하여 제3자에 대하여 하는 청구에 있어서, 제3채무자는 채무자가 채권자에 대하여 가지는 항변으로 대항할 수 없고, 채권의 소멸시효가 완성된 경우 이를 원용할 수 있는 자는 원칙적으로는 시효이익을 직접 받는 자뿐이고, 채권자대위소송의 제3채무자는 이를 행사할 수 없으므로(대판 2004.2.12. 2001다10151), 丙은 특별한 사정이 없는 한 甲에 대하여 A채권의 소멸시효가 완성되었음을 항변할 수 없다.

⑤ (○) 甲이 채권자대위소송을 제기하는 경우, 丙은 乙이 甲에게 가지는 항변권이나 형성권의 행사에 대하여는 다툴 수 없으나, 甲에 대하여 A채권의 발생원인이 된 법률행위가 무효라는 사실을 주장하여 A채권의 인정 여부를 다툴 수 있다고 이해된다.

채권자가 채권자대위소송을 제기한 경우, 제3채무자는 채무자가 채권자에 대하여 가지는 항변권이나 형성권 등과 같이 권리자에 의한 행사를 필요로 하는 사유를 들어 채권자의 채무자에 대한 권리가 인정되는지 여부를 다툴 수 없지만, 채권자의 채무자에 대한 권리의 발생원인이 된 법률행위가 무효라거나 위 권리가 변제 등으로 소멸하였다는 등의 사실을 주장하여 채권자의 채무자에 대한 권리가 인정되는지 여부를 다투는 것은 가능하고, 이 경우 법원은 제3채무자의 주장을 고려하여 채권자의 채무자에 대한 권리가 인정되는지 여부에 관하여 직권으로 심리·판단하여야 한다(대판 2015.9.10. 2013다55300).

답 ①

067 채권자대위권에 관한 설명 중 옳지 않은 것은?(다툼이 있으면 판례에 따름) 〔08〕 사시

① 금전채권에서는 원칙적으로 채무자의 무자력이 채권자대위권의 요건이나 임대차보증금반환채권을 양수한 채권자가 임대인의 임차인에 대한 임차가옥인도청구권을 대위행사하는 경우에는 임대인의 무자력을 요건으로 하지 않는다.
② 채권자는 채무자가 스스로 그 권리를 행사하지 않은 때에만 채무자의 권리를 대위행사할 수 있으며, 채무자가 스스로 그 권리를 행사하고 있는 경우에는 그 행사방법이나 결과가 부적당하더라도 채무자의 권리를 대위행사할 수 없다.
③ 대위권행사의 통지 후에는 채무자가 권리를 소멸시키는 행위를 하더라도 제3채무자가 이를 채권자에게 대항할 수 없으나, 통지나 법원의 고지가 있은 후에도 채무자에 대한 변제·상계 등 채무자의 처분행위에 의하지 않고 취득한 항변권이 있으면 채권자에게 대항할 수 있다.
④ 채권자는 대위권을 행사하여 제3채무자에게 그 명의의 소유권보존등기나 소유권이전등기의 말소절차를 직접 자기에게 이행할 것을 청구할 수 있다.
⑤ 상대방 배우자가 무자력인 경우, 배우자의 일방은 협의 또는 심판에 의하여 이혼으로 인한 재산분할청구권의 구체적 내용이 형성되기 전이라 할지라도 상대방 배우자에 대한 재산분할청구권을 피보전채권으로 하여 채권자대위권을 행사할 수 있다.

해설

① (○) 채권자가 자기채권을 보전하기 위하여 채무자의 권리를 행사하려면 채무자의 무자력을 요건으로 하는 것이 통상이지만 임대차보증금반환채권을 양수한 채권자가 그 이행을 청구하기 위하여 임차인의 가옥명도가 선 이행되어야 할 필요가 있어서 그 명도를 구하는 경우에는 그 채권의 보전과 채무자인 임대인의 자력유무는 관계가 없는 일이므로 무자력을 요건으로 한다고 할 수 없다(대판 1989.4.25. 88다카4253).
② (○) 판례의 취지를 고려할 때 채무자가 스스로 그 권리를 행사하고 있는 경우에는 그 행사방법이나 결과가 부적당하더라도 채무자의 권리를 대위행사할 수 없다.

채권자대위권은 채무자가 제3채무자에 대한 권리를 행사하지 아니하는 경우에 한하여 채권자가 자기의 채권을 보전하기 위하여 행사할 수 있는 것이기 때문에 채권자가 대위권을 행사할 당시 이미 채무자가 그 권리를 재판상 행사하였을 때에는 설사 패소의 확정판결을 받았더라도 채권자는 채무자를 대위하여 채무자의 권리를 행사할 당사자적격이 없다(대판 1993.3.26. 92다32876).

③ (○) 채권자의 통지나 법원의 고지가 있은 후에도 처분행위라고 할 수 없는 채무자에 대한 변제·상계 등으로 채무자가 취득한 항변권이 있으면 제3채무자는 이 항변을 주장함으로써 채권자에게 대항할 수 있다.

> 채권자가 채무자를 대위하여 채무자의 제3채무자에 대한 권리를 행사하고 채무자에게 통지를 하거나 채무자가 채권자의 대위권행사 사실을 안 후에는 채무자는 그 권리에 대한 처분권을 상실하며 따라서 그 권리의 양도나 포기 등 처분행위를 할 수 없고, 채무자의 처분행위에 기하여 취득한 권리로서는 채권자에게 대항할 수 없다. 그러나 채무자의 변제수령은 처분행위라 할 수 없고 같은 이치에서 채무자가 그 명의로 소유권이전등기를 경료하는 것 역시 처분행위라고 할 수 없는 것이다(대판 1991.4.12. 90다9407).

④ (○) 채권자대위권을 행사함에 있어서 채권자가 제3채무자에 대하여 자기에게 직접 급부를 요구하여도 상관없는 것이고 자기에게 급부를 요구하여도 어차피 그 효과는 채무자에게 귀속되는 것이므로, 채권자대위권을 행사하여 채권자가 제3채무자에게 그 명의의 소유권보존등기나 소유권이전등기의 말소절차를 직접 자기에게 이행할 것을 청구하여 승소하였다고 하여도 그 효과는 원래의 소유자인 채무자에게 귀속되는 것이니, 법원이 채권자대위권을 행사하는 채권자에게 직접 말소등기 절차를 이행할 것을 명하였다고 하여 무슨 위법이 있다고 할 수 없다(대판 1996.2.9. 95다27998).

⑤ (×) 이혼으로 인한 재산분할청구권은 협의 또는 심판에 의하여 그 구체적 내용이 형성되기까지는 그 범위 및 내용이 불명확·불확정하기 때문에 구체적으로 권리가 발생하였다고 할 수 없으므로 이를 보전하기 위하여 채권자대위권을 행사할 수 없다(대판 1999.4.9. 98다58016).

> [비교판례]
> 이혼으로 인한 재산분할청구권은 이혼을 한 당사자의 일방이 다른 일방에 대하여 재산분할을 청구할 수 있는 권리로서 이혼이 성립한 때에 그 법적 효과로서 비로소 발생하는 것일 뿐만 아니라, 협의 또는 심판에 의하여 구체적 내용이 형성되기까지는 그 범위 및 내용이 불명확·불확정하기 때문에 구체적으로 권리가 발생하였다고 할 수 없으므로 협의 또는 심판에 의하여 구체화되지 않은 재산분할청구권은 채무자의 책임재산에 해당하지 아니하고, 이를 포기하는 행위 또한 채권자취소권의 대상이 될 수 없다(대판 2013.10.11. 2013다7936).

답 ❺

068

甲은 乙에 대하여 1억원의 대여금채권을 가지고 있고, 乙은 丙에 대하여 1억원의 자동차 매매대금채권을 가지고 있다. 甲은 乙에 대한 채권을 보전하기 위하여 乙을 대위하여 丙에 대하여 매매대금을 직접 자신에게 지급하라는 소송을 제기하고 이러한 사실을 乙에게 통지하였다. 다음 설명 중 옳지 않은 것은?(다툼이 있는 경우에는 판례에 의함) 12 변시

① 甲의 乙에 대한 대여금채권의 소멸시효가 완성된 경우, 특별한 사정이 없는 한 丙은 위 소멸시효 완성을 원용하여 항변할 수 없다.
② 채권자대위권을 행사하는 甲에게 변제수령의 권한을 인정하는 것은 채권자평등의 원칙에 어긋날 뿐만 아니라 丙을 이중변제의 위험에 빠지게 하는 것이므로 丙은 甲의 이행청구를 거절할 수 있다.
③ 위 채권자대위소송의 판결의 효력은 乙에게 미친다.
④ 위 소가 제기되기 이전에 乙이 丙을 상대로 1억원의 매매대금 채권의 지급을 구하는 소를 제기하였으나 이미 패소확정판결을 받은 경우, 甲은 乙을 대위하여 권리를 행사할 수 없다.
⑤ 丙은 乙에게 매매대금 1억원을 변제하고, 이를 항변사유로 하여 甲에게 대항할 수 있다.

해설

① (○) 채권자가 채권자대위권을 행사하여 제3자에 대하여 하는 청구에 있어서, 제3채무자는 채무자가 채권자에 대하여 가지는 항변으로 대항할 수 없으며, 채권의 소멸시효가 완성된 경우 이를 원용할 수 있는 자는 원칙적으로는 시효이익을 직접 받는 자뿐이고, 채권자대위소송의 제3채무자는 이를 행사할 수 없으므로(대판 2009.9.10. 2009다34160), 甲의 乙에 대한 대여금채권의 소멸시효가 완성된 경우, 시효이익을 직접 받는 자인 乙이 甲의 대여금 반환청구에 대하여 소멸시효 완성의 항변을 제출하는 것은 별론으로 하고, 제3채무자에 불과한 丙이 위 소멸시효 완성을 원용하여 항변할 수 없다.

② (×) 대위채권자 甲은 제3채무자 丙에게 직접 자기에게 1억원의 매매대금지급채무를 이행하라고 청구할 수 있으며 丙은 이러한 甲의 이행청구를 거절할 수 없다.

> 집행채무자의 채권자가 그 집행채권자를 상대로 부당이득금 반환채권을 대위행사하는 경우 집행채무자에게 그 반환의무를 이행하도록 청구할 수도 있지만, 직접 대위채권자에게 이행하도록 청구할 수도 있다고 보아야 하는데, 이와 같이 채권자대위권을 행사하는 채권자에게 변제수령의 권한을 인정하더라도 그것이 채권자 평등의 원칙에 어긋난다거나 제3채무자를 이중변제의 위험에 빠뜨리게 하는 것이라고 할 수 없다(대판 2005.4.15. 2004다70024).

③ (○) 지문에서 甲은 丙에 대하여 매매대금을 직접 자신에게 지급하라는 채권자대위소송을 제기하고 이러한 사실을 乙에게 통지하였으므로 채권자대위소송의 확정판결의 기판력은 乙에게 미친다.

> 채권자가 채권자대위권을 행사하는 방법으로 제3채무자를 상대로 소송을 제기하고 판결을 받은 경우 채권자가 채무자에 대하여 민법 제405조 제1항에 의한 보존행위 이외의 권리행사의 통지, 또는 민사소송법 제84조에 의한 소송고지 혹은 비송사건절차법 제49조 제1항에 의한 법원에 의한 재판상 대위의 허가를 고지하는 방법 등 어떠한 사유로 인하였든 적어도 채권자대위권에 의한 소송이 제기된 사실을 채무자가 알았을 때에는 그 판결의 효력이 채무자에게 미친다고 보아야 한다(대판 2014.1.23. 2011다108095).

④ (○) 채권자대위권은 채무자가 제3채무자에 대한 권리를 행사하지 아니하는 경우에 한하여 채권자가 자기의 채권을 보전하기 위하여 행사할 수 있는 것이기 때문에 甲이 채권자대위권을 행사할 당시 이미 乙이 丙을 상대로 1억원의 매매대금 채권의 지급을 구하는 소를 제기하였으나 패소확정판결을 받은 경우, 甲은 乙을 대위하여 권리를 행사할 수 없다(대판 1993.3.26. 92다32876).

⑤ (○) 판례의 취지를 고려할 때 채무자의 처분행위에 기하여 취득한 권리로서는 채권자에게 대항할 수 없으나, 채무자의 변제수령은 처분행위라 할 수 없다는 것이므로, 丙은 乙에게 매매대금 1억원을 변제하고, 이를 항변사유로 하여 甲에게 대항할 수 있다고 보는 것이 타당하다.

> 채권자가 채무자를 대위하여 채무자의 제3채무자에 대한 권리를 행사하고 채무자에게 통지를 하거나 채무자가 채권자의 대위권 행사사실을 안 후에는 채무자는 그 권리에 대한 처분권을 상실하여 그 권리의 양도나 포기 등 처분행위를 할 수 없고 채무자의 처분행위에 기하여 취득한 권리로서는 채권자에게 대항할 수 없으나, 채무자의 변제수령은 처분행위라 할 수 없고 같은 이치에서 채무자가 그 명의로 소유권이전등기를 경료하는 것 역시 처분행위라고 할 수 없으므로 소유권이전등기청구권의 대위행사 후에도 채무자는 그 명의로 소유권이전등기를 경료하는 데 아무런 지장이 없다(대판 1991.4.12. 90다9407).

답 ②

069 채권자대위권에 관한 설명 중 옳지 않은 것은?(다툼이 있는 경우 판례에 의함) `21 변시`

① 가처분결정에 대한 본안제소명령의 신청권이나 제소기간의 도과에 의한 가처분의 취소신청권은 채권자대위권의 목적이 될 수 있다.
② 채무자와 제3채무자 사이에 있었던 소송의 재심대상판결에 대하여 재심의 소를 제기하는 것은 채권자대위권의 목적이 될 수 없다.
③ 채권자대위소송의 제기로 인한 피대위권리의 소멸시효중단 효과는 채무자에게 발생한다.
④ 채권자가 채권자대위권을 행사하여 제3채무자에 대하여 그 명의의 소유권보존등기나 소유권이전등기의 말소등기절차를 직접 자기에게 이행할 것을 청구하는 소송에서 제3채무자의 말소등기의무가 인정된다고 하더라도, 법원은 제3채무자에 대하여 채권자에게 직접 말소등기절차를 이행할 것을 명할 수 없다.
⑤ 채권자가 채무자를 상대로 하여 그 보전되는 청구권에 기한 이행청구의 소를 제기하여 승소판결을 선고받고 그 판결이 확정되면, 채권자가 제기한 대위소송의 피고인 제3채무자는 그 청구권의 존재를 다툴 수 없다.

해설

① (○) 민사소송법 제715조에 의하여 가처분절차에도 준용되는 같은 법 제705조 제1항에 따라 가압류·가처분결정에 대한 본안의 제소명령을 신청할 수 있는 권리나 같은 조 제2항에 따라 제소기간의 도과에 의한 가압류·가처분의 취소를 신청할 수 있는 권리는 가압류·가처분신청에 기한 소송을 수행하기 위한 소송절차상의 개개의 권리가 아니라, 제소기간의 도과에 의한 가압류·가처분의 취소신청권은 가압류·가처분신청에 기한 소송절차와는 별개의 독립된 소송절차를 개시하게 하는 권리이고, 본안제소명령의 신청권은 제소기간의 도과에 의한 가압류·가처분의 취소신청권을 행사하기 위한 전제요건으로 인정된 독립된 권리이므로, 본안제소명령의 신청권이나 제소기간의 도과에 의한 가압류·가처분의 취소신청권은 채권자대위권의 목적이 될 수 있는 권리라고 봄이 상당하다(대결 1993.12.27. 93마1655).
② (○) 채권을 보전하기 위하여 대위행사가 필요한 경우는 실체법상 권리뿐만 아니라 소송법상 권리에 대하여서도 대위가 허용되나, 채무자와 제3채무자 사이의 소송이 계속된 이후의 소송수행과 관련한 개개의 소송상 행위는 그 권리의 행사를 소송당사자인 채무자의 의사에 맡기는 것이 타당하므로 채권자대위가 허용될 수 없다. 같은 취지에서 볼 때 상소의 제기와 마찬가지로 종전 재심대상판결에 대하여 불복하여 종전 소송절차의 재개, 속행 및 재심판을 구하는 재심의 소 제기는 채권자대위권의 목적이 될 수 없다(대판 2012.12.27. 2012다75239).
③ (○) 채권자대위권 행사의 효과는 채무자에게 귀속되는 것이므로 채권자대위소송의 제기로 인한 소멸시효 중단의 효과 역시 채무자에게 미치므로(대판 2021.12.10. 2019다239988), 채권자대위소송의 제기로 인한 피대위권리의 소멸시효중단 효과는 채무자에게 발생한다.
④ (×) 채권자대위권을 행사함에 있어서 채권자가 제3채무자에 대하여 자기에게 직접 급부를 요구하여도 상관없는 것이고 자기에게 급부를 요구하여도 어차피 그 효과는 채무자에게 귀속되는 것이므로, 채권자대위권을 행사하여 채권자가 제3채무자에게 그 명의의 소유권보존등기나 소유권이전등기의 말소절차를 직접 자기에게 이행할 것을 청구하여 승소하였다고 하여도 그 효과는 원래의 소유자인 채무자에게 귀속되는 것이니, 법원이 채권자대위권을 행사하는 채권자에게 직접 말소등기 절차를 이행할 것을 명하였다고 하여 무슨 위법이 있다고 할 수 없다(대판 1996.2.9. 95다27998).
⑤ (○) 채권자대위권은 채권자가 채무자에 대한 자기의 채권을 보전하기 위하여 필요한 경우에 채무자의 제3자에 대한 권리를 대위행사할 수 있는 권리를 말하는 것으로서, 이때 보전되는 채권은 보전의 필요성이 인정되고 이행기가 도래한 것이면 족하고, 그 채권의 발생원인이 어떠하든 대위권을 행사함에는 아무런 방해가 되지 아니하며, 또한 채무자에 대한 채권이 제3채무자에게까지 대항할 수 있는 것임을 요하는 것도 아니라고 할 것이므로, 채권자대위권을 재판상 행사하는 경우에 있어서도 채권자인 원고는 그 채권의 존재사실 및 보전의 필요성, 기한의 도래 등을 증명하면 족한 것이지, 채권의 발생원인사실 또는 그 채권이 제3채무자인 피고에게 대항할 수 있는 채권이라는 사실까지 증명할 필요는 없으며, 따라서 채권자가 채무자를 상대로 하여 그 보전되는 청구권에 기한 이행청구의 소를 제기하여 승소판결이 확정되면 제3채무자는 그 청구권의 존재를 다툴 수 없다(대판 2000.6.9. 98다18155).

답 ④

070

乙의 채권자 甲은 乙이 채무초과상태에서 자신의 유일한 재산인 X부동산을 丙에게 매도하고 소유권이전등기를 해 준 사실을 알고 채권자취소권을 행사하려고 한다. 이에 관한 설명으로 옳은 것은? (다툼이 있으면 판례에 따름)

① 甲이 채권자취소권을 행사하기 위해서는 재판외 또는 재판상 이를 행사하여야 한다.
② 甲이 채권자취소권을 행사하기 위해서는 乙 및 丙의 사해의사 및 사해행위에 대한 악의를 증명하여야 한다.
③ 甲의 乙에 대한 채권이 X부동산에 대한 소유권이전등기청구권인 경우, 甲은 이를 피보전채권으로 하여 채권자취소권을 행사할 수 없다.
④ 甲이 채권자취소권을 재판상 행사하는 경우, 사해행위를 직접 행한 乙을 피고로 하여 그 권리를 행사하여야 한다.
⑤ 甲의 乙에 대한 채권이 시효로 소멸한 경우, 丙은 이를 들어 채권자취소권을 행사하는 甲에게 대항할 수 없다.

해설

① (×) 채권자는 사해행위의 취소 및 원상회복을 "법원에 청구"할 수 있다(민법 제406조 제1항 본문). 따라서 채권자는 채권자취소권을 재판상으로만 행사할 수 있다(대판 1998.3.13. 95다48599 참고). 반면, 채권자대위권은 재판상 또는 재판 외에서 행사할 수 있다.
② (×) 사해행위취소소송에 있어서 채무자(乙)가 악의라는 점에 대하여는 그 취소를 주장하는 채권자(甲)에게 증명책임이 있으나 수익자(丙) 또는 전득자가 악의라는 점에 관하여는 증명책임이 채권자에게 있는 것이 아니고 수익자(丙) 또는 전득자 자신에게 선의라는 사실을 증명할 책임이 있다(대판 1997.5.23. 95다51908).
③ (○) 채권자취소권을 특정물에 대한 소유권이전등기청구권을 보전하기 위하여 행사하는 것은 허용되지 않으므로, 부동산의 제양수인은 자신의 소유권이전등기청구권 보전을 위하여 양도인과 제3자 사이에서 이루어진 이중양도행위에 대하여 채권자취소권을 행사할 수 없다(대판 1999.4.27. 98다56690).
④ (×) 채권자가 채권자취소권을 행사하려면 사해행위로 인하여 이익을 받은 자나 전득한 자를 상대로 그 법률행위의 취소를 청구하는 소송을 제기하여야 되는 것으로서 채무자를 상대로 그 소송을 제기할 수는 없다(대판 2004.8.30. 2004다21923). 甲이 채권자취소권을 재판상 행사하는 경우, 수익자인 丙을 피고로 하여 그 권리를 행사하여야 한다.
⑤ (×) 소멸시효를 원용할 수 있는 사람은 권리의 소멸에 의하여 직접 이익을 받는 자에 한정되는바, 사해행위취소소송의 상대방이 된 사해행위의 수익자는, 사해행위가 취소되면 사해행위에 의하여 얻은 이익을 상실하고 사해행위취소권을 행사하는 채권자의 채권이 소멸하면 그와 같은 이익의 상실을 면하는 지위에 있으므로, 그 채권의 소멸에 의하여 직접 이익을 받는 자에 해당하는 것으로 보아야 한다(대판 2007.11.29. 2007다54849). 甲의 乙에 대한 채권이 시효로 소멸한 경우, 丙은 소멸시효를 원용하여 채권자취소권을 행사하는 甲에게 대항할 수 있다.

답 ❸

071 채권자취소권에 관한 설명으로 옳은 것은?(다툼이 있으면 판례에 따름)

① 채권자취소권은 재판상 또는 재판 외에도 행사할 수 있다.
② 특정물에 대한 소유권이전등기청구권과 같은 특정채권도 채권자취소권의 피보전채권이 될 수 있다.
③ 채권자취소권에 의해 보전되는 채권은 특별한 경우 사해행위 이후에도 성립할 수 있다.
④ 상속재산의 분할협의는 채권자취소권의 대상이 될 수 없다.
⑤ 수인의 채권자 중 일부가 제기한 채권자취소권 행사의 효력은 취소소송을 행한 채권자에게만 귀속된다.

해설

① (×) 채무자가 채권자를 해함을 알고 재산권을 목적으로 한 법률행위를 한 때에는 채권자는 그 취소 및 원상회복을 법원에 청구할 수 있다(민법 제406조 제1항 본문).
② (×) 채권자취소권을 특정물에 대한 소유권이전등기청구권을 보전하기 위하여 행사하는 것은 허용되지 않으므로, 부동산의 제1양수인은 자신의 소유권이전등기청구권 보전을 위하여 양도인과 제3자 사이에서 이루어진 이중양도행위에 대하여 채권자취소권을 행사할 수 없다(대판 1999.4.27. 98다56690).
③ (○) 채권자취소권에 의하여 보호될 수 있는 채권은 원칙적으로 사해행위라고 볼 수 있는 행위가 행하여지기 전에 발생된 것임을 요하지만 그 사해행위 당시에 이미 채권 성립의 기초가 되는 법률관계가 발생되어 있고, 가까운 장래에 그 법률관계에 터 잡아 채권이 성립되리라는 점에 대한 고도의 개연성이 있으며, 실제로 가까운 장래에 그 개연성이 현실화되어 채권이 성립된 경우에는 그 채권도 채권자취소권의 피보전채권이 될 수 있다(대판 2009.11.12. 2009다53437). 따라서 사해행위 이후에 채권자취소권의 피보전채권이 성립한 경우에도 예외적으로 채권자취소권을 행사할 수 있다.
④ (×) 상속재산의 분할협의는 상속이 개시되어 공동상속인 사이에 잠정적 공유가 된 상속재산에 대하여 그 전부 또는 일부를 각 상속인의 단독소유로 하거나 새로운 공유관계로 이행시킴으로써 상속재산의 귀속을 확정시키는 것으로 그 성질상 재산권을 목적으로 하는 법률행위이므로 사해행위취소권 행사의 대상이 될 수 있다(대판 2008.3.13. 2007다73765).
⑤ (×) 채권자취소권에 의한 취소와 원상회복은 모든 채권자의 이익을 위하여 그 효력이 있다(민법 제407조).

답 ❸

072

채권자취소권에 관한 설명으로 옳지 않은 것은?(다툼이 있으면 판례에 따름)   25 변리

① 채권자의 채권이 사해행위 이전에 성립한 이상 사해행위 이후에 양도되었다고 하더라도 양수인은 이를 피보전채권으로 하여 채권자취소권을 행사할 수 있다.
② 부동산의 이중매매에서 제1양수인은 자신의 소유권이전등기청구권을 보전하기 위하여 양도인과 제2양수인 사이의 이중양도행위에 대하여 채권자취소권을 행사할 수 있다.
③ 채권자의 채권이 정지조건부 채권이라 하더라도 특별한 사정이 없는 한 이를 피보전채권으로 하여 채권자취소권을 행사할 수 있다.
④ 채권자가 전득자를 상대로 사해행위취소의 소를 제기한 경우에 수익자와 전득자 사이의 법률행위는 취소의 대상이 되지 않는다.
⑤ 채권자취소권의 행사를 소송상의 공격방어방법으로 할 수는 없다.

해설

① (○) 채권자의 채권이 사해행위 이전에 성립되어 있는 이상 그 채권이 양도된 경우에도 그 양수인이 채권자취소권을 행사할 수 있고, 이 경우 채권양도의 대항요건을 사해행위 이후에 갖추었더라도 채권양수인이 채권자취소권을 행사하는 데 아무런 장애사유가 될 수 없다(대판 2006.6.29. 2004다5822).
② (×) 채권자취소권(사해행위취소권)은 채권자의 공동담보인 채무자의 책임재산의 감소를 방지하기 위한 것이므로 특정물에 대한 소유권이전등기청구권을 보전하기 위하여는 채권자취소권을 행사할 수 없고 또 채권자취소의 소에 있어 상대방은 채무자가 아니라 그 수익자나 전득자가 되어야 한다(대판 1988.2.23. 87다카1586).
③ (○) 채권자취소권 행사는 채무 이행을 구하는 것이 아니라 총채권자를 위하여 이행기에 채무 이행을 위태롭게 하는 채무자의 자력 감소를 방지하는 데 목적이 있는 점과 민법이 제148조, 제149조에서 조건부권리의 보호에 관한 규정을 두고 있는 점을 종합해 볼 때, 취소채권자의 채권이 정지조건부채권이라 하더라도 장래에 정지조건이 성취되기 어려울 것으로 보이는 등 특별한 사정이 없는 한, 이를 피보전채권으로 하여 채권자취소권을 행사할 수 있다(대판 2011.12.8. 2011다55542).
④ (○) 채권자가 전득자를 상대로 하여 사해행위의 취소와 함께 책임재산의 회복을 구하는 소를 제기한 경우에 그 취소의 효과는 채권자와 전득자 사이의 상대적인 관계에서만 생기는 것이고 채무자 또는 채무자와 수익자 사이의 법률관계에는 미치지 않는 것이므로, 이 경우 취소의 대상이 되는 사해행위는 채무자와 수익자 사이에서 행하여진 법률행위에 국한되고, 수익자와 전득자 사이의 법률행위는 취소의 대상이 되지 않는다(대판 2004.8.30. 2004다21923).
⑤ (○) 채무자가 채권자를 해함을 알고 재산권을 목적으로 한 법률행위를 한 때에는 채권자는 사해행위의취소를 법원에 소를 제기하는 방법으로 청구할 수 있을 뿐 소송상의 공격방어방법으로 주장할 수 없다(대판1993.1.26. 92다11008).

답 ②

073 채권자취소권에 관한 설명으로 옳은 것은?(다툼이 있으면 판례에 따름)

① 정지조건부 채권은 특별한 사정이 없는 한 채권자취소권의 피보전채권이 될 수 없다.
② 사해행위 이전에 성립된 채권을 양수하였으나, 그 대항요건을 사해행위 이후에 갖춘 양수인은 그 채권을 피보전채권으로 하는 채권자취소권을 행사할 수 있다.
③ 채무자가 소멸시효 완성 후에 한 소멸시효이익의 포기행위는 채권자취소권의 대상인 사해행위가 될 수 없다.
④ 채권자가 전득자를 상대로 사해행위취소의 소를 제기한 경우, 그 취소의 대상은 수익자와 전득자 사이의 법률행위이다.
⑤ 사해행위 이후에 성립한 채권의 채권자는 사해행위취소와 원상회복의 효력을 받는 채권자에 포함된다.

해설

① (×) 채권자취소권 행사는 채무 이행을 구하는 것이 아니라 총채권자를 위하여 이행기에 채무 이행을 위태롭게 하는 채무자의 자력 감소를 방지하는 데 목적이 있는 점과 민법이 제148조, 제149조에서 조건부권리의 보호에 관한 규정을 두고 있는 점을 종합해 볼 때, 취소채권자의 채권이 정지조건부채권이라 하더라도 장래에 정지조건이 성취되기 어려울 것으로 보이는 등 특별한 사정이 없는 한, 이를 피보전채권으로 하여 채권자취소권을 행사할 수 있다(대판 2011.12.8. 2011다55542).
② (○) 채권자의 채권이 사해행위 이전에 성립되어 있는 이상 그 채권이 양도된 경우에도 그 양수인이 채권자취소권을 행사할 수 있고, 이 경우 채권양도의 대항요건을 사해행위 이후에 갖추었더라도 채권양수인이 채권자취소권을 행사하는 데 아무런 장애사유가 될 수 없다(대판 2006.6.29. 2004다5822).
③ (×) 채무자가 소멸시효 완성 후에 한 소멸시효이익의 포기행위는 소멸하였던 채무가 소멸하지 않았던 것으로 되어 결과적으로 채무자가 부담하지 않아도 되는 채무를 새롭게 부담하게 되는 것이므로 채권자취소권의 대상인 사해행위가 될 수 있다(대결 2013.5.31. 2012마712).
④ (×) 채권자가 전득자를 상대로 하여 사해행위의 취소와 함께 책임재산의 회복을 구하는 사해행위취소의 소를 제기한 경우에 그 취소의 효과는 채권자와 전득자 사이의 상대적인 관계에서만 생기는 것이고 채무자 또는 채무자와 수익자 사이의 법률관계에는 미치지 않는 것이므로, 이 경우 취소의 대상이 되는 사해행위는 채무자와 수익자 사이에서 행하여진 법률행위에 국한되고, 수익자와 전득자 사이의 법률행위는 취소의 대상이 되지 않는다(대판 2004.8.30. 2004다21923).
⑤ (×) 채권자취소권은 채무자가 채권자를 해함을 알면서 자기의 일반재산을 감소시키는 행위를 한 경우에 그 행위를 취소하여 채무자의 재산을 원상회복시킴으로써 모든 채권자를 위하여 채무자의 책임재산을 보전하는 권리이나, 사해행위 이후에 채권을 취득한 채권자는 채권의 취득 당시에 사해행위취소에 의하여 회복되는 재산을 채권자의 공동담보로 파악하지 아니한 자로서 민법 제407조에 정한 사해행위취소와 원상회복의 효력을 받는 채권자에 포함되지 아니한다(대판 2009.6.23. 2009다18502).

답 ❷

074

채권자 甲, 채무자 乙, 수익자 丙을 둘러싼 채권자취소소송에 관한 설명으로 옳은 것은?(단, 乙에게는 甲 외에 다수의 채권자가 존재하며 다툼이 있으면 판례에 따름) `20` 노무

① 채권자취소소송에서 원고는 甲이고 피고는 乙과 丙이다.
② 원상회복으로 丙이 금전을 지급하여야 하는 경우에 甲은 직접 자신에게 이를 지급할 것을 청구할 수 있다.
③ 채권자취소권 행사의 효력은 소를 제기한 甲의 이익을 위해서만 발생한다.
④ 乙의 사해의사는 특정 채권자인 甲을 해한다는 인식이 필요하다.
⑤ 채권자취소소송은 甲이 乙의 대리인으로서 수행하는 것이다.

해설

① (×) 채권자취소소송의 원고는 채권자인 甲이고, 채무자는 채권자취소소송의 피고가 될 수 없으므로, 피고는 수익자 丙이 된다.
② (○) 사해행위 취소로 인한 원상회복으로서 가액배상을 명하는 경우에는, 취소채권자는 직접 자기에게 가액배상금을 지급할 것을 청구할 수 있다는 것이 판례(대판 2008.11.13. 2006다1442)이다. 따라서 채권자 甲은 수익자 丙에 대하여 금전을 직접 자기에게 지급할 것을 청구할 수 있다.
③ (×) 채권자취소권의 규정에 의한 취소와 원상회복은 모든 채권자의 이익을 위하여 그 효력이 있다(민법 제407조).
④ (×) 乙의 사해의사는 소극적인 인식으로 족하므로 특정의 채권자 甲을 해하게 된다는 것을 인식할 필요는 없으며, 일반채권자에 대한 관계에서 공동담보에 부족이 생긴다는 정도를 인식하는 것으로 족하다(대판 2009.3.26. 2007다63102).
⑤ (×) 채권자취소소송은 채권자 甲이 자기의 이름으로 반드시 재판상 소송의 형태로써 행사하여야 하고, 그 행사의 효과도 채권자 甲과 수익자 丙에게만 미치므로, 채권자 甲이 乙의 대리인으로서 채권자취소소송을 수행하는 것이라고 볼 여지는 없다.

답 ❷

075

채권자취소권에 관한 설명으로 옳지 않은 것은?(다툼이 있으면 판례에 따름) `19` 노무

① 채권자가 사해행위 취소소송을 통해 원상회복만을 구하는 경우, 법원은 가액배상을 명할 수 없다.
② 채권자가 사해행위의 취소와 원상회복을 구하는 경우, 사해행위의 취소만을 먼저 청구한 다음 원상회복을 나중에 청구할 수도 있다.
③ 채무초과상태의 채무자가 유일한 재산을 우선변제권 있는 채권자에게 대물변제로 제공하는 경우, 특별한 사정이 없는 한 사해행위가 되지 않는다.
④ 사해행위 취소소송에서 채무자는 피고적격이 없다.
⑤ 채권자취소권의 행사에 있어서 제척기간의 도과에 관한 증명책임은 사해행위 취소소송의 상대방에게 있다.

해설

① (×) 사해행위를 전부 취소하고 원상회복을 구하는 채권자의 주장 속에는 사해행위를 일부 취소하고 가액의 배상을 구하는 취지도 포함되어 있으므로, 채권자가 원상회복만을 구하는 경우에도 법원은 가액의 배상을 명할 수 있다(대판 2001.9.4. 2000다66416).
② (○) 대판 2001.9.4. 2001다14108

③ (○) 채무자의 재산이 채무의 전부를 변제하기에 부족한 경우에 채무자가 그의 유일한 재산을 어느 특정 채권자에게 대물변제로 제공하는 행위는 다른 특별한 사정이 없는 한 다른 채권자들에 대한 관계에서 사해행위가 되지만, 우선변제권 있는 채권자에 대한 대물변제의 제공행위는 특별한 사정이 없는 한 다른 채권자들의 이익을 해한다고 볼 수 없어 사해행위가 되지 않는다(대판 2008.2.14. 2006다33357).
④ (○) 악의의 수익자 혹은 전득자만이 피고가 되며, 채무자는 피고적격이 없다.
⑤ (○) 대판 2013.4.26. 2013다5855

답 ❶

076
채권자취소권에 관한 설명으로 옳은 것을 모두 고른 것은?(다툼이 있으면 판례에 따름)

21 노무

ㄱ. 채권자 취소의 소는 취소원인을 안 날로부터 3년, 법률행위가 있은 날로부터 10년 내에 제기하여야 한다.
ㄴ. 채권자가 채무자의 사해의사를 증명하면 수익자의 악의는 추정된다.
ㄷ. 채무초과상태에 있는 채무자의 상속포기는 채권자취소권의 대상이 되지 못한다.
ㄹ. 사해행위 이전에 성립된 채권을 양수하였으나, 그 대항요건을 사해행위 이후에 갖춘 양수인은 이를 피보전채권으로 하는 채권자취소권을 행사할 수 없다.
ㅁ. 건물신축의 도급인이 민법 제666조에 따른 수급인의 저당권설정청구권 행사에 의해 그 건물에 저당권을 설정하는 행위는 특별한 사정이 없는 한 사해행위에 해당하지 않는다.

① ㄱ, ㄴ, ㅁ
② ㄱ, ㄷ, ㄹ
③ ㄱ, ㄹ, ㅁ
④ ㄴ, ㄷ, ㄹ
⑤ ㄴ, ㄷ, ㅁ

해설

ㄱ. (×) 채권자 취소의 소는 채권자가 취소원인을 안 날로부터 1년, 법률행위 있은 날로부터 5년 내에 제기하여야 한다(민법 제406조 제2항).
ㄴ. (○) 채무자의 제3자에 대한 재산양도행위가 채권자취소권의 대상이 되는 사해행위에 해당하는 경우 수익자의 악의는 추정되는 것이므로 수익자가 그 법률행위 당시 선의이었다는 증명을 다하지 못하는 한 채권자는 그 양도행위를 취소하고 원상회복을 청구할 수 있다(대판 1988.4.25. 87다카1380). 따라서 채권자가 채무자의 재산권을 목적으로 하는 법률행위의 사해의사를 증명하면, 수익자의 악의는 추정된다.
ㄷ. (○) 상속의 포기는 민법 제406조 제1항에서 정하는 "재산권에 관한 법률행위"에 해당하지 아니하여 사해행위 취소의 대상이 되지 못한다(대판 2011.6.9. 2011다29307).
ㄹ. (×) 채권자의 채권이 사해행위 이전에 성립되어 있는 이상 그 채권이 양도된 경우에도 그 양수인이 채권자취소권을 행사할 수 있고, 이 경우 채권양도의 대항요건을 사해행위 이후에 갖추었더라도 채권양수인이 채권자취소권을 행사하는 데 아무런 장애사유가 될 수 없다(대판 2006.6.29. 2004다5822).
ㅁ. (○) 신축건물의 도급인이 민법 제666조가 정한 수급인의 저당권설정청구권의 행사에 따라 공사대금채무의 담보로 그 건물에 저당권을 설정하는 행위는 특별한 사정이 없는 한 사해행위에 해당하지 아니한다(대판 2018.11.29. 2015다19827).

답 ❺

077

乙이 유일하게 소유하고 있는 X토지를 丙에게 매도한 후 소유권이전등기를 마쳐 주었고, 甲은 乙에 대한 대여금채권을 보전하기 위하여 丙을 상대로 채권자취소소송을 제기하여 승소하였다. 이에 관한 설명으로 옳은 것을 모두 고른 것은?(다툼이 있으면 판례에 따름)

> ㄱ. 채권자취소소송의 확정판결에 따라 丙 명의의 소유권이전등기가 말소되면 乙은 소유권이전등기명의의 회복으로 X토지의 소유권을 취득한다.
> ㄴ. 甲의 대여금채권이 乙과 丙 사이의 매매계약 전에 성립되었다면 그 액수나 범위가 구체적으로 확정되지 않아도 피보전채권이 된다.
> ㄷ. 甲이 사해행위의 취소만을 먼저 구한 다음 원상회복을 나중에 청구하는 경우, 사해행위취소청구가 채권자취소권의 행사기간 내에 제기되었다면 원상회복청구는 그 기간이 지난 뒤에도 할 수 있다.
> ㄹ. 채권자취소소송의 확정판결에 따라 丙 명의의 소유권이전등기가 말소된 후, 乙이 회복된 소유권이전등기명의를 기화로 丁에게 X토지를 매도하고 소유권이전등기를 마쳐 준 경우, 사해행위 취소와 원상회복의 효력을 받는 乙의 다른 일반채권자 戊는 丁을 상대로 소유권이전등기 말소를 청구할 수 없다.

① ㄱ, ㄷ
② ㄴ, ㄷ
③ ㄷ, ㄹ
④ ㄱ, ㄴ, ㄹ
⑤ ㄴ, ㄷ, ㄹ

해설

ㄱ. (×), ㄹ. (×) 채권자취소소송의 확정판결에 따라 丙 명의의 소유권이전등기가 말소되어 乙의 등기명의가 회복되더라도 乙이 부동산의 소유권을 취득하는 것으로 볼 수 없다. 乙이 회복된 소유권이전등기명의를 기화로 丁에게 X토지를 매도하고 소유권이전등기를 마쳐 준 경우, 이는 무권리자의 처분에 불과하여 효력이 없으므로, 사해행위 취소와 원상회복의 효력을 받는 乙의 다른 일반채권자 戊는 丁을 상대로 소유권이전등기 말소를 청구할 수 있다.

> [1] 사해행위의 취소는 채권자와 수익자의 관계에서 상대적으로 채무자와 수익자 사이의 법률행위를 무효로 하는 데에 그치고 채무자와 수익자 사이의 법률관계에는 영향을 미치지 아니하므로, 채무자와 수익자 사이의 부동산매매계약이 사해행위로 취소되고 그에 따른 원상회복으로 수익자 명의의 소유권이전등기가 말소되어 채무자의 등기명의가 회복되더라도, 그 부동산은 취소채권자나 민법 제407조에 따라 사해행위 취소와 원상회복의 효력을 받는 채권자와 수익자 사이에서 채무자의 책임재산으로 취급될 뿐, 채무자가 직접 부동산을 취득하여 권리자가 되는 것은 아니다.
> [2] 채무자가 사해행위 취소로 등기명의를 회복한 부동산을 제3자에게 처분하더라도 이는 무권리자의 처분에 불과하여 효력이 없으므로, 채무자로부터 제3자에게 마쳐진 소유권이전등기나 이에 기초하여 순차로 마쳐진 소유권이전등기 등은 모두 원인무효의 등기로서 말소되어야 한다. 이 경우 취소채권자나 민법 제407조에 따라 사해행위 취소와 원상회복의 효력을 받는 채권자는 채무자의 책임재산으로 취급되는 부동산에 대한 강제집행을 위하여 원인무효등기의 명의인을 상대로 등기의 말소를 청구할 수 있다(대판 2017.3.9. 2015다217980).

ㄴ. (○) 甲의 대여금채권이 사해행위인 乙과 丙 사이의 매매계약 전에 성립된 이상 그 액수나 범위가 구체적으로 확정되지 않아도 피보전채권이 된다.

> 채권자취소권 행사는 채무이행을 구하는 것이 아니라 총채권자를 위하여 채무자의 자력감소를 방지하고, 일탈된 채무자의 책임재산을 회수하여 채권의 실효성을 확보하는 데 목적이 있으므로, 피보전채권이 사해행위 이전에 성립되어 있는 이상 액수나 범위가 구체적으로 확정되지 않은 경우라고 하더라도 채권자취소권의 피보전채권이 된다(대판 2018.6.28. 2016다1045).

ㄷ. (O) 甲이 민법 제406조 제1항에 따라 사해행위의 취소와 원상회복을 청구하는 경우 사해행위취소청구가 민법 제406조 제2항에 정하여진 기간 안에 제기되었다면 원상회복의 청구는 그 기간이 지난 뒤에도 할 수 있다(대판 2001.9.4. 2001다14108).

답 ❷

078

채권자취소권의 대상이 되는 사해행위에 관한 설명으로 옳지 않은 것은?(다툼이 있으면 판례에 따름)

20 변리

① 사해행위는 채무자가 재산을 처분하기 이전에 이미 채무초과상태에 있는 경우뿐만 아니라, 문제된 처분행위로 말미암아 비로소 채무초과상태에 빠지는 경우에도 성립할 수 있다.
② 채권양도행위가 사해행위에 해당하지 않는 경우에 양도통지가 따로 채권자취소권 행사의 대상이 될 수는 없다.
③ 채무자의 재산적 법률행위라 하더라도 채무자의 책임재산이 아닌 재산에 관한 법률행위인 경우에는 채권자취소권의 대상이 될 수 없다.
④ 채권자취소권에서 취소의 대상이 되는 사해행위는 채권행위거나 물권행위임을 불문한다.
⑤ 채무자의 법률행위가 통정허위표시로서 무효이거나 이미 해지된 경우에는 채권자취소권의 대상이 되지 않는다.

해설

① (O) 민법 제406조에서 정하는 채권자취소권의 대상인 '사해행위'란 채무자가 적극재산을 감소시키거나 소극재산을 증가시킴으로써 채무초과상태에 이르거나 이미 채무초과상태에 있는 것을 심화시킴으로써 채권자를 해하는 행위를 가리킨다(대판 2013.4.26. 2012다118334).
② (O) 채권자취소권은 채무자가 채권자에 대한 책임재산을 감소시키는 행위를 한 경우 이를 취소하고 원상회복을 하여 공동담보를 보전하는 권리이고, 채권양도의 경우 권리이전의 효과는 원칙적으로 당사자 사이의 양도계약 체결과 동시에 발생하며 채무자에 대한 통지 등은 채무자를 보호하기 위한 대항요건일 뿐이므로, 채권양도행위가 사해행위에 해당하지 않는 경우에 양도통지가 따로 채권자취소권 행사의 대상이 될 수는 없다(대판 2012.8.30. 2011다32785).
③ (O) 채권자취소권은 채무자가 채권자를 해함을 알면서 일반채권자의 공동담보인 채무자의 책임재산을 감소하게 하는 법률행위를 한 경우에 그 감소행위의 효력을 부인하여 채무자의 재산을 원상회복함으로써 채권의 공동담보를 유지보전하게 하기 위하여 채권자에게 부여된 권리이므로, 채무자의 재산적 법률행위라 하더라도 채무자의 책임재산이 아닌 재산에 관한 법률행위인 경우에는 이를 채권자취소권의 대상이 된다고 할 수 없다(대판 2013.4.11. 2011다27158).
④ (O) 채권자취소권에서 취소의 대상이 되는 사해행위는 채권행위거나 물권행위임을 불문한다(대판 1975.4.8. 74다1700).
⑤ (×) 채무자의 법률행위가 통정허위표시인 경우에도 채권자취소권의 대상이 되고, 한편 채권자취소권의 대상으로 된 채무자의 법률행위라도 통정허위표시의 요건을 갖춘 경우에는 무효라고 할 것이다(대판 1998.2.27. 97다50985).

답 ❺

079

채권자취소권에 관한 설명으로 옳은 것은?(다툼이 있으면 판례에 따름)   18 변리

① 채무자의 법률행위가 통정허위표시로 무효인 경우에는 채권자취소권의 대상이 될 수 없다.
② 매매계약을 원인으로 하는 가등기에 기하여 본등기가 경료된 경우, 사해행위요건의 구비 여부는 특별한 사정이 없는 한 본등기를 한 시점을 기준으로 판단하여야 한다.
③ 부동산이 이중(二重)으로 매도되고 제2매수인에게 소유권이전등기가 이루어진 경우, 제1매수인은 자신의 소유권이전등기청구권을 보전하기 위하여, 매도인과 제2매수인 사이에 이루어진 양도행위에 대하여 채권자취소권을 행사할 수 없다.
④ 채무자가 저당권이 설정되어 있는 자신의 유일한 재산을 양도한 경우, 저당권의 피담보채권액이 그 재산의 가액을 초과하더라도 당해 재산의 양도는 사해행위에 해당한다.
⑤ 채권자가 채무자와 수익자 사이의 부동산매매계약을 사해행위로 취소함에 따라 수익자 명의의 소유권이전등기가 말소되어 채무자의 등기명의가 회복된 경우, 채무자는 그 부동산의 소유권을 제3자에게 유효하게 양도할 수 있다.

해설

① (×) 채무자의 법률행위가 통정허위표시인 경우에도 채권자취소권의 대상이 되고, 한편 채권자취소권의 대상으로 된 채무자의 법률행위라도 통정허위표시의 요건을 갖춘 경우에는 무효라고 할 것이다(대판 1998.2.27. 97다50985).
② (×) 가등기에 기하여 본등기가 경료된 경우 가등기의 원인인 법률행위와 본등기의 원인인 법률행위가 명백히 다른 것이 아닌 한 사해행위요건의 구비 여부는 가등기의 원인된 법률행위 당시를 기준으로 판단하여야 한다(대판 2014.3.27. 2013다1518).
③ (○) 채권자취소권을 특정물에 대한 소유권이전등기청구권을 보전하기 위하여 행사하는 것은 허용되지 않으므로, 부동산의 제1양수인은 자신의 소유권이전등기청구권 보전을 위하여 양도인과 제3자 사이에서 이루어진 이중양도행위에 대하여 채권자취소권을 행사할 수 없다(대판 1999.4.27. 98다56690).
④ (×) 저당권이 설정되어 있는 재산이 사해행위로 양도된 경우에 그 사해행위는 그 재산의 가액, 즉 시가에서 저당권의 피담보채권액을 공제한 잔액의 범위 내에서 성립하고, 피담보채권액이 그 재산의 가액을 초과하는 때에는 당해 재산의 양도는 사해행위에 해당한다고 할 수 없다(대판 2006.4.13. 2005다70090).
⑤ (×) 판례의 취지를 고려할 때 채무자의 등기명의가 회복되더라도, 그 부동산은 채권자와 수익자 사이에서 채무자의 책임재산으로 취급될 뿐, 채무자가 직접 부동산을 취득하여 권리자가 되는 것은 아니므로 채무자가 사해행위의 취소로 인하여 등기명의가 회복된 부동산을 제3자에게 처분하더라도, 이는 무권리자의 처분행위에 불과하여 효력이 없다.

> 사해행위의 취소는 채권자와 수익자의 관계에서 상대적으로 채무자와 수익자 사이의 법률행위를 무효로 하는 데에 그치고 채무자와 수익자 사이의 법률관계에는 영향을 미치지 아니하므로, 채무자와 수익자 사이의 부동산매매계약이 사해행위로 취소되고 그에 따른 원상회복으로 수익자 명의의 소유권이전등기가 말소되어 채무자의 등기명의가 회복되더라도, 그 부동산은 취소채권자나 민법 제407조에 따라 사해행위 취소와 원상회복의 효력을 받는 채권자와 수익자 사이에서 채무자의 책임재산으로 취급될 뿐, 채무자가 직접 부동산을 취득하여 권리자가 되는 것은 아니다(대판 2017.3.9. 2015다217980).

답 ❸

080

甲은 乙에 대하여 1억원의 물품대금채권을 가지고 있고, 乙은 丙에 대한 1억원의 대여금채권을 채무초과상태에서 丁에게 양도한 후 이를 丙에게 통지하였다. 甲은 丁을 피고로 하여 채권자취소소송을 제기하였다. 이에 관한 설명으로 옳은 것을 모두 고른 것은?(다툼이 있으면 판례에 따름)

24 노무

> ㄱ. 甲의 乙에 대한 물품대금채권이 시효로 소멸한 경우, 丁은 이를 甲에게 원용할 수 있다.
> ㄴ. 乙의 丁에 대한 채권양도행위가 사해행위로 취소되는 경우, 丁이 丙에게 양수금채권을 추심하지 않았다면 甲은 원상회복으로서 丁이 丙에게 채권양도가 취소되었다는 취지의 통지를 하도록 청구할 수 있다.
> ㄷ. 乙의 丁에 대한 채권양도행위가 사해행위로 취소되어 원상회복이 이루어진 경우, 甲은 乙을 대위하여 丙에게 대여금채권의 지급을 청구할 수 있다.

① ㄱ
② ㄷ
③ ㄱ, ㄴ
④ ㄴ, ㄷ
⑤ ㄱ, ㄴ, ㄷ

해설

ㄱ. (○) 사해행위취소권을 행사하는 채권자 甲의 채무자 乙에 대한 물품대금채권(피보전채권)이 시효로 소멸한 경우, 수익자 丁은 물품대금채권의 시효소멸로 직접 이익을 받는 자에 해당하므로 이를 채권자 甲에게 원용할 수 있다.

> 소멸시효를 원용할 수 있는 사람은 권리의 소멸에 의하여 직접 이익을 받는 자에 한정되는바, 사해행위취소소송의 상대방이 된 사해행위의 수익자는, 사해행위가 취소되면 사해행위에 의하여 얻은 이익을 상실하고 사해행위취소권을 행사하는 채권자의 채권이 소멸하면 그와 같은 이익의 상실을 면하는 지위에 있으므로, 그 채권의 소멸에 의하여 직접 이익을 받는 자에 해당하는 것으로 보아야 한다(대판 2007.11.29. 2007다54849).

ㄴ. (○) 채무자(乙)의 수익자(丁)에 대한 채권양도가 사해행위로 취소되는 경우, 수익자(丁)가 제3채무자(丙)에게서 아직 채권을 추심하지 아니한 때에는, 채권자(甲)는 사해행위취소에 따른 원상회복으로서 수익자(丁)가 제3채무자(丙)에게 채권양도가 취소되었다는 취지의 통지를 하도록 청구할 수 있다(대판 2015.11.17. 2012다2743).

ㄷ. (×) 사해행위의 취소는 채권자와 수익자의 관계에서 상대적으로 채무자와 수익자 사이의 법률행위를 무효로 하는 데에 그치고, 채무자와 수익자 사이의 법률관계에는 영향을 미치지 아니한다. 따라서 채무자(乙)의 수익자(丁)에 대한 채권양도가 사해행위로 취소되고, 그에 따른 원상회복으로서 제3채무자(丙)에게 채권양도가 취소되었다는 취지의 통지가 이루어지더라도, 채권자(甲)와 수익자(丁)의 관계에서 채권이 채무자(乙)의 책임재산으로 취급될 뿐, 채무자(乙)가 직접 채권을 취득하여 권리자로 되는 것은 아니므로, 채권자(甲)는 채무자(乙)를 대위하여 제3채무자(丙)에게 채권에 관한 지급을 청구할 수 없다(대판 2015.11.17. 2012다2743).

답 ③

081 채권자취소권에 관한 설명으로 옳지 않은 것은?(다툼이 있으면 판례에 따름) 23 변리

① 채권자취소권은 재판상으로만 행사할 수 있다.
② 채권자가 채무자 소유의 부동산에 저당권을 설정받아 채권 전액에 대한 우선변제권을 확보하고 있다면, 그 채무의 수탁보증인은 사전구상권을 피보전권리로 하여 채무자의 법률행위를 사해행위로 취소하지 못한다.
③ 저당권이 설정된 부동산이 사해행위로 양도된 후 그 저당권의 실행으로 양수인인 수익자에게 배당이 되었다면 취소채권자는 수익자를 상대로 배당금 상당액의 반환을 청구할 수 있다.
④ 사해행위 취소로 등기명의를 회복한 부동산을 채무자가 제3자에게 처분한 경우, 취소채권자뿐만 아니라 사해행위 취소와 원상회복의 효력을 받는 채권자도 명의인을 상대로 등기의 말소를 청구할 수 있다.
⑤ 취소채권자는 수익자가 사해행위로 취득한 근저당권에 배당된 배당금을 가압류한 수익자의 채권자에 대하여서도 우선하여 배당을 받을 수 있다.

해설

① (O) 채무자가 채권자를 해함을 알고 재산권을 목적으로 한 법률행위를 한 때에는, 채권자는 그 사해행위의 취소를 법원에 소를 제기하는 방법으로 청구할 수 있을 뿐, 소송상의 공격 또는 방어방법으로는 주장할 수 없는 것이다(대판 1993.1.26. 92다11008).
② (O) 채무자가 다른 재산을 처분하는 법률행위를 하더라도, 채무자 소유의 부동산에 채권자 앞으로 근저당권이 설정되어 있고 그 부동산의 가액 및 채권최고액이 당해 채권액을 초과하여 채권자에게 채권 전액에 대한 우선변제권이 확보되어 있다면, 그와 같은 재산처분행위는 채권자를 해하지 아니하므로 채권자에 대하여 사해행위가 성립하지 않는다. 이러한 경우 주채무의 보증인이 있더라도 채무자가 보증인에 대하여 부담하는 사전구상채무를 별도로 소극재산으로 평가할 수는 없고, 보증인이 변제로 채권자를 대위할 경우 자기의 권리에 의하여 구상할 수 있는 범위에서 채권 및 그 담보에 관한 권리를 행사할 수 있으므로, 사전구상권을 피보전권리로 주장하는 보증인에 대하여도 사해행위가 성립하지 않는다(대판 2009.6.23. 2009다549).
③ (O) 저당권이 설정된 부동산에 관하여 사해행위를 원인으로 저당권을 취득하였다가 선행 저당권의 실행으로 사해의 저당권이 말소되었으나 수익자에게 돌아갈 배당금채권이 있는 경우의 원상회복의 방법으로는, 그 배당금채권이 수익자에게 지급된 경우에는 동액 상당의 가액의 배상으로, 배당금지급금지가처분 등으로 인하여 지급되지 못한 경우에는 그 배당금채권의 양도절차의 이행으로 각 이루어져야 할 것이고, 이러한 법리는 저당권이 설정된 부동산의 소유권이 사해행위로서 양도되었다가 그 저당권의 실행으로 말미암아 양수인인 수익자에게 배당이 이루어진 경우에도 마찬가지라 할 것이다(대판 2005.5.27. 2004다67806).
④ (O) 채무자가 사해행위 취소로 등기명의를 회복한 부동산을 제3자에게 처분하더라도 이는 무권리자의 처분에 불과하여 효력이 없으므로, 채무자로부터 제3자에게 마쳐진 소유권이전등기나 이에 기초하여 순차로 마쳐진 소유권이전등기 등은 모두 원인무효의 등기로서 말소되어야 한다. 이 경우 취소채권자나 민법 제407조에 따라 사해행위 취소와 원상회복의 효력을 받는 채권자는 채무자의 책임재산으로 취급되는 부동산에 대한 강제집행을 위하여 원인무효 등기의 명의인을 상대로 등기의 말소를 청구할 수 있다(대판 2017.3.9. 2015다217980).
⑤ (×) 사해행위의 취소에 상대적 효력만을 인정하는 것은 사해행위 취소채권자와 수익자 그리고 제3자의 이익을 조정하기 위한 것으로 그 취소의 효력이 미치지 아니하는 제3자의 범위를 사해행위를 기초로 목적부동산에 관하여 새롭게 법률행위를 한 그 목적부동산의 전득자 등만으로 한정할 것은 아니므로, 수익자와 새로운 법률관계를 맺은 것이 아니라 수익자의 고유채권자로서 이미 가지고 있던 채권 확보를 위하여 수익자가 사해행위로 취득한 근저당권에 배당된 배당금을 가압류한 자에게 사해행위취소 판결의 효력이 미친다고 볼 수 없다(대판 2009.6.11. 2008다7109).

답 ⑤

082

甲에 대하여 금전채무를 부담하고 있는 乙은 그 채무를 이행하지 않을 목적으로 丙과 공모하여 그의 유일한 재산인 X토지를 丙에게 매도한 후 소유권이전등기를 마쳐 주었다. 甲이 채권자취소소송을 제기한 경우에 관한 설명으로 옳은 것은?(다툼이 있는 경우에는 판례에 의함) 13 변리

① 甲은 X토지의 등기를 乙에게 회복시키기 위하여 丙을 상대로 乙 앞으로 직접 소유권이전등기절차의 이행을 청구할 수 없다.
② 甲이 원상회복을 구하고 있으면 법원은 가액배상을 명할 수 없다.
③ 丙이 취득한 X토지를 제3자인 丁에게 임대한 경우, 丙이 丁으로부터 받은 임대료 상당액은 원상회복의 대상이 되지 않는다.
④ 원상회복이 가액배상의 방법으로 이루어지는 경우, 甲이 보전하고자 하는 채권액에는 乙과 丙 사이의 매매계약 이후 사실심 변론종결 시까지 발생한 이자나 지연손해금은 포함되지 않는다.
⑤ 甲의 청구가 인용되면 乙·丙 사이의 법률관계는 소급적으로 소멸한다.

해설

① (×) 甲은 채권자취소소송을 제기하여 X토지의 등기를 乙에게 회복시키기 위하여 丙에게 경료된 X부동산의 소유권이전등기의 말소를 청구하는 이외에 丙을 상대로 乙 앞으로 직접 소유권이전등기절차의 이행을 청구할 수도 있다.

> 자기 앞으로 소유권을 표상하는 등기가 되어 있었거나 법률에 의하여 소유권을 취득한 자가 진정한 등기명의를 회복하기 위한 방법으로는 그 등기의 말소를 구하는 외에 현재의 등기명의인을 상대로 직접 소유권이전등기절차의 이행을 구하는 것도 허용되어야 하는바, 이러한 법리는 사해행위취소소송에 있어서 취소목적부동산의 등기명의를 수익자로부터 채무자 앞으로 복귀시키고자 하는 경우에도 그대로 적용될 수 있다고 할 것이고, 따라서 채권자는 사해행위의 취소로 인한 원상회복방법으로 수익자 명의의 등기의 말소를 구하는 대신 수익자를 상대로 채무자 앞으로 직접 소유권이전등기절차를 이행할 것을 구할 수도 있다(대판 2000.2.25. 99다53704).

② (×) 사해행위를 전부취소하고 원상회복을 구하는 채권자의 주장 속에는 사해행위를 일부취소하고 가액의 배상을 구하는 취지도 포함되어 있으므로, 채권자가 원상회복만을 구하는 경우에도 법원은 가액의 배상을 명할 수 있다(대판 2001.9.4. 2000다66416). 지문의 경우 甲이 원상회복을 구하고 있더라도 법원은 가액배상을 명할 수 있다.

③ (○) 丙이 취득한 X토지를 제3자인 丁에게 임대한 경우, 丙이 丁으로부터 받은 임대료 상당액은 乙의 책임재산이라고 할 수 없어 원상회복의 대상이 되지 않는다.

> 부동산에 관한 법률행위가 사해행위에 해당하여 민법 제406조 제1항에 의하여 취소된 경우에 수익자 또는 전득자가 사해행위 이후 그 부동산을 직접 사용하거나 제3자에게 임대하였다고 하더라도, 당초 채권자의 공동담보를 이루는 채무자의 책임재산은 당해 부동산이었을 뿐 수익자 또는 전득자가 그 부동산을 사용함으로써 얻은 사용이익이나 임차인으로부터 받은 임료 상당액까지 채무자의 책임재산이었다고 볼 수 없으므로 수익자 등이 원상회복으로서 당해 부동산을 반환하는 이외에 그 사용이익이나 임료 상당액을 반환해야 하는 것은 아니다(대판 2008.12.11. 2007다69162).

④ (×) 원상회복이 가액배상의 방법으로 이루어지는 경우, 甲이 보전하고자 하는 채권액에는 乙과 丙 사이의 매매계약 이후 사실심 변론종결 시까지 발생한 이자나 지연손해금을 더한 금액의 범위 내에서 채권자취소권을 행사할 수 있다(대판 2002.10.25. 2000다64441).

⑤ (×) 甲이 제기한 채권자취소소송이 인용되어 甲이 승소한 경우 취소권자인 甲과 취소의 상대방인 丙 사이에서만 사해행위는 무효가 될 뿐이고, 乙과 수익자 丙 사이의 법률관계는 유효하게 존속한다. 이를 취소의 상대효라고 한다(학설·판례).

답 ❸

083

甲은 乙에 대해 8,000만원의 금전채무를, 丙에 대해서는 4,000만원의 금전채무를 부담하고 있다. 甲은 乙에 대한 8,000만원의 채무를 담보하기 위해, 자신의 X주택(시가 1억원)에 乙명의로 저당권을 설정해 주었다. 그 후 채무초과상태에 빠진 甲이 자신의 유일한 재산인 X주택을 丁에게 1억원에 매도하여 소유권이전등기를 해 주었다. 다음 설명으로 옳지 않은 것은?(다툼이 있는 경우에는 판례에 의함)

[12] 변리

① 丁이 그와 甲의 거래행위가 채권자를 해함을 안 경우, 乙은 채권자취소권을 행사할 수 있다.
② 丙의 丁에 대한 사해행위취소소송에서 丁이 사해행위임을 몰랐다는 사실에 대한 증명책임은 丁에게 있고, 丁의 선의에 과실이 있는지 여부는 문제되지 않는다.
③ 丙은 법원에 소를 제기하는 방법으로 사해행위의 취소를 청구할 수 있을 뿐 소송상의 공격·방어방법으로는 주장할 수 없다.
④ 甲의 사해행위 이후에 甲에게 금전을 빌려준 채권자는 특별한 사정이 없는 한 사해행위의 취소와 원상회복의 효력을 받는 채권자에 포함되지 않는다.
⑤ 채권자취소권의 행사에 있어서 제척기간의 기산점인 채권자가 '취소원인을 안 날'은 채무자가 채권자를 해함을 알면서 사해행위를 하였다는 사실을 알게 된 날을 의미한다.

해설

① (×) 판례의 취지를 고려할 때 채권자 乙은 채무자 甲 소유 X주택(시가 1억원)에 설정된 저당권에 기하여 피담보채권 8천만원 전부에 대한 우선변제권을 확보한 자이므로, 甲이 매수인 丁에게 X주택을 매도하였더라도, 채권자취소권을 행사할 수 없다.

> 주채무자 또는 제3자 소유의 부동산에 대하여 채권자 앞으로 근저당권이 설정되어 있고, 그 부동산의 가액 및 채권최고액이 당해 채무액을 초과하여 채무 전액에 대하여 채권자에게 우선변제권이 확보되어 있다면, 그 범위 내에서는 채무자의 재산처분행위는 채권자를 해하지 아니하므로 연대보증인이 비록 유일한 재산을 처분하는 법률행위를 하더라도 채권자에 대하여 사해행위가 성립되지 않는다고 보아야 할 것이고, 당해 채무액이 그 부동산의 가액 및 채권최고액을 초과하는 경우에는 그 담보물로부터 우선변제받을 액을 공제한 나머지 채권액에 대하여만 채권자취소권이 인정된다고 할 것이며, 피보전채권의 존재와 그 범위는 채권자취소권 행사의 한 요건에 해당된다고 할 것이므로 이 경우 채권자취소권을 행사하는 채권자로서는 그 담보권의 존재에도 불구하고 자신이 주장하는 피보전채권이 그 우선변제권범위 밖에 있다는 점을 주장·증명하여야 한다(대판 2002.11.8. 2002다41589).

② (○) 사해행위취소소송에 있어서 수익자가 사해행위임을 몰랐다는 사실은 그 수익자 자신에게 증명책임이 있다고 할 것이지만, 수익자의 선의에 과실이 있는지 여부는 문제되지 아니하므로(대판 2007.11.29. 2007다52430), 丁이 사해행위임을 몰랐다는 사실에 대한 증명책임은 丁에게 있고, 丁의 선의에 과실이 있는지 여부는 문제되지 않는다.
③ (○) 甲이 채권자를 해함을 알고 재산권을 목적으로 한 법률행위를 한 때에는 丙은 사해행위의 취소를 법원에 소를 제기하는 방법으로 청구할 수 있을 뿐 소송상의 공격·방어방법으로 주장할 수 없다(대판 1993.1.26. 92다11008).
④ (○) 甲의 사해행위 이후에 甲에게 금전을 빌려준 채권자는 사해행위 취소에 의하여 회복되는 재산을 채권자의 공동담보로 파악하지 아니한 자로서, 특별한 사정이 없는 한 사해행위의 취소와 원상회복의 효력을 받는 채권자에 포함되지 않는다.

> 채권자취소권은 채무자가 채권자를 해함을 알면서 자기의 일반재산을 감소시키는 행위를 한 경우에 그 행위를 취소하여 채무자의 재산을 원상회복시킴으로써 모든 채권자를 위하여 채무자의 책임재산을 보전하는 권리이나, 사해행위 이후에 채권을 취득한 채권자는 채권의 취득 당시에 사해행위 취소에 의하여 회복되는 재산을 채권자의 공동담보로 파악하지 아니한 자로서 민법 제407조에 정한 사해행위 취소와 원상회복의 효력을 받는 채권자에 포함되지 아니한다(대판 2009.6.23. 2009다18502).

⑤ (○) 채권자취소소송은 채권자가 취소원인을 안 날로부터 1년, 법률행위 있은 날로부터 5년 내에 제기하여야 한다(민법 제406조 제2항). 여기서 제척기간의 기산점인 채권자가 '취소원인을 안 날'은 채권자가 채권자취소권의 요건을 안 날, 즉 채무자가 채권자를 해함을 알면서 사해행위를 하였다는 사실을 알게 된 날을 의미하므로, 단순히 채무자가 재산의 처분행위를 하였다는 사실을 아는 것만으로는 부족하고, 그 법률행위가 채권자를 해하는 행위라는 것, 즉 그에 의하여 채권의 공동담보에 부족이 생기거나 이미 부족상태에 있는 공동담보가 한층 더 부족하게 되어 채권을 완전하게 만족시킬 수 없게 되었으며 나아가 채무자에게 사해의 의사가 있었다는 사실까지 알 것을 요한다고 할 것이나, 그렇다고 하여 채권자가 수익자나 전득자의 악의까지 알아야 하는 것은 아니다(대판 2012.1.12. 2011다82384).

답 ❶

084

사해행위취소의 소에 관한 설명으로 옳지 않은 것을 모두 고른 것은?(다툼이 있으면 판례에 따름)

24 노무

ㄱ. 취소채권자의 채권이 정지조건부 채권인 경우에는 특별한 사정이 없는 한 이를 피보전채권으로 하여 채권자취소권을 행사할 수 없다.
ㄴ. 사해행위 후 그 목적물에 관하여 선의의 제3자가 저당권을 취득하였음을 이유로 가액배상을 명하는 경우, 그 목적물의 가액에서 제3자가 취득한 저당권의 피담보채권액을 공제하여야 한다.
ㄷ. 사해행위의 목적물이 동산이고 그 원상회복으로 현물반환이 가능하더라도 취소채권자는 직접 자기에게 그 목적물의 인도를 청구할 수 없다.

① ㄱ
② ㄷ
③ ㄱ, ㄴ
④ ㄴ, ㄷ
⑤ ㄱ, ㄴ, ㄷ

해설

ㄱ. (×) 채권자취소권 행사는 채무 이행을 구하는 것이 아니라 총채권자를 위하여 이행기에 채무 이행을 위태롭게 하는 채무자의 자력 감소를 방지하는 데 목적이 있는 점과 민법 제148조, 제149조에서 조건부권리의 보호에 관한 규정을 두고 있는 점을 종합해 볼 때, 취소채권자의 채권이 정지조건부채권이라 하더라도 장래에 정지조건이 성취되기 어려울 것으로 보이는 등 특별한 사정이 없는 한, 이를 피보전채권으로 하여 채권자취소권을 행사할 수 있다(대판 2011.12.8. 2011다55542).
ㄴ. (×) 사해행위 후 그 목적물에 관하여 선의의 제3자가 저당권을 취득하였음을 이유로 가액배상을 명하는 경우에는 사해행위 당시 일반 채권자들의 공동담보로 되어 있었던 부동산 가액 전부의 배상을 명하여야 할 것이고, 그 가액에서 제3자가 취득한 저당권의 피담보채권액을 공제할 것은 아니고, 증여의 형식으로 이루어진 사해행위를 취소하고 원물반환에 갈음하여 그 목적물 가액의 배상을 명함에 있어서는 수익자에게 부과된 증여세액과 취득세액을 공제하여 가액배상액을 산정할 것도 아니다(대판 2003.12.12. 2003다40286).
ㄷ. (×) 민법 제406조에 의한 사해행위의 취소에 따른 원상회복은 원칙적으로 그 목적물 자체의 반환에 의하여야 하는바, 이때 사해행위의 목적물이 동산이고 그 현물반환이 가능한 경우에는 취소채권자는 직접 자기에게 그 목적물의 인도를 청구할 수 있다(대판 1999.8.24. 99다23468).

답 ❺

085

甲은 乙에 대하여 1억원의 금전채권을 가지고 있었는데, 乙은 자기의 유일한 재산인 X부동산을 丙에게 매도하고 소유권이전등기까지 마쳐주었고, 그 후 X부동산에 관하여 A가 저당권을 취득하였다. 甲이 丙을 상대로 사해행위취소 및 원상회복을 구하는 소를 제기한 경우에 관한 설명 중 틀린 것을 모두 고른 것은?(다툼이 있는 경우 판례에 의함)

ㄱ. 丙이 X부동산을 저당권의 제한이 없는 상태로 회복하여 乙에게 이전하여 줄 수 있다는 등의 특별한 사정이 없는 한, 甲은 丙을 상대로 원물반환 대신 가액 상당의 배상을 구할 수 있다.
ㄴ. 甲이 원상회복의 방법으로 가액배상 대신 丙을 상대로 丙 명의 소유권이전등기의 말소를 구하거나, 乙 앞으로 직접 소유권이전등기절차를 이행할 것을 구할 수는 없다.
ㄷ. 원물반환과 가액배상이 모두 가능한 경우, 법원은 甲의 선택에도 불구하고 직권으로 사해행위취소로 인한 원상회복을 원물반환과 가액배상 중 어느 하나로 확정할 수 있다.
ㄹ. 甲이 일단 사해행위취소 및 원상회복으로서 丙 명의 등기의 말소를 청구하여 승소판결이 확정되었다면, 어떠한 사유로 丙명의 등기를 말소하는 것이 불가능하게 되었다고 하더라도 다시 丙을 상대로 원상회복청구권을 행사하여 가액배상을 청구하거나 원물반환으로서 乙 앞으로 직접 소유권이전등기절차를 이행할 것을 청구할 수는 없다.

① ㄱ, ㄷ
② ㄴ, ㄷ
③ ㄷ
④ ㄱ, ㄴ, ㄷ
⑤ ㄱ, ㄴ

해설

ㄱ. (○), ㄴ. (×) 판례(대판 2018.12.28. 2017다265815)의 취지를 고려하건대, 乙이 자신의 유일한 재산인 X부동산을 丙에게 매도하고 소유권이전등기를 경료하여 준 사해행위 이후에 X부동산에 관하여 A가 저당권을 취득한 경우, 특별한 사정이 없는 한, 乙의 채권자 甲은 丙을 상대로 원물반환 대신 가액 상당의 배상을 청구할 수 있다. 다만, 甲이 스스로 불이익을 감수하여 원상회복의 방법으로 가액배상 대신 丙을 상대로 丙 명의 소유권이전등기의 말소를 구하거나, 乙 앞으로 직접 소유권이전등기절차를 이행할 것을 구하는 것도 가능하다.

ㄷ. (×), ㄹ. (○) 원물반환과 가액배상이 모두 가능한 경우, 원상회복청구권은 사실심 변론종결 당시의 甲의 선택에 따라 원물반환과 가액배상 중 어느 하나로 확정된다. 甲이 일단 사해행위취소 및 원상회복으로서 丙 명의 등기의 말소를 청구하여 승소판결이 확정되었다면, 다시 丙을 상대로 원상회복청구권을 행사하여 가액배상을 청구하거나 원물반환으로서 乙 앞으로 직접 소유권이전등기절차를 이행할 것을 청구할 수는 없다고 이해하여야 한다.

> 사해행위로 부동산 소유권이 이전된 후 그 부동산에 관하여 제3자가 저당권이나 지상권 등의 권리를 취득한 경우에는 수익자가 부동산을 저당권 등의 제한이 없는 상태로 회복하여 채무자에게 이전하여 줄 수 있다는 등의 특별한 사정이 없는 한 채권자는 수익자를 상대로 원물반환 대신 가액 상당의 배상을 구할 수 있지만, 그렇다고 하여 채권자가 스스로 위험이나 불이익을 감수하면서 원물반환을 구하는 것까지 허용되지 않는 것은 아니다. 채권자는 원상회복 방법으로 가액배상 대신 수익자 명의 등기의 말소를 구하거나 수익자를 상대로 채무자 앞으로 직접 소유권이전등기절차를 이행할 것을 구할 수도 있다. 이 경우 원상회복청구권은 사실심 변론종결 당시 채권자의 선택에 따라 원물반환과 가액배상 중 어느 하나로 확정된다. 채권자가 일단 사해행위취소 및 원상회복으로서 수익자 명의 등기의 말소를 청구하여 승소판결이 확정되었다면, 어떠한 사유로 수익자 명의 등기를 말소하는 것이 불가능하게 되었다고 하더라도 다시 수익자를 상대로 원상회복청구권을 행사하여 가액배상을 청구하거나 원물반환으로서 채무자 앞으로 직접 소유권이전등기절차를 이행할 것을 청구할 수는 없으므로, 그러한 청구는 권리보호의 이익이 없어 허용되지 않는다(대판 2018.12.28. 2017다265815).

답

# CHAPTER 04 다수당사자의 채권관계

제1절	서 설
제2절	분할채권관계
제3절	불가분채권관계

001 불가분약정 등 특별한 사정이 없는 한, 불가분채권인 것은?(다툼이 있으면 판례에 따름)

16 노무

① A의 소유 건물을 B와 C가 공동으로 매수하는 경우, B와 C의 건물인도청구권
② A의 소유 건물을 B와 C가 공동으로 매수하는 경우, A의 매매대금청구권
③ A와 B가 공유하는 건물을 C에게 매도하는 경우, A와 B의 매매대금청구권
④ A와 B가 공유하는 건물을 C에게 매도하는 경우, C의 건물인도청구권
⑤ A와 B가 공유하는 토지를 C가 불법으로 점유한 경우, A와 B의 C에 대한 부당이득반환청구권

해설

① (○) 급부가 성질상 불가분인 경우뿐만 아니라, 성질상 가분이지만 당사자의 의사표시에 의하여 불가분인 경우에도 불가분채권관계가 성립한다. 따라서 B와 C의 건물인도청구권은 불가분채권이고, A의 건물인도채무는 불가분채무에 해당한다.
② (×) 하나의 가분급부에 대하여 채무자가 수인이라면 원칙적으로 분할채권관계가 성립한다. 따라서 특별한 의사표시가 없는 한 A의 매매대금청구권은 분할채권이고, B와 C의 매매대금지급채무는 분할채무에 해당한다.
③ (×) A와 B의 매매대금청구권은 특별한 의사표시가 없는 한 분할채권에 해당한다.

> **분할채권관계(민법 제408조)**
> 채권자나 채무자가 수인인 경우에 특별한 의사표시가 없으면 각 채권자 또는 각 채무자는 균등한 비율로 권리가 있고 의무를 부담한다.
>
> **불가분채권(민법 제409조)**
> 채권의 목적이 그 성질 또는 당사자의 의사표시에 의하여 불가분인 경우에 채권자가 수인인 때에는 각 채권자는 모든 채권자를 위하여 이행을 청구할 수 있고 채무자는 모든 채권자를 위하여 각 채권자에게 이행할 수 있다.

④ (×) C의 건물인도청구권은 공유자인 A와 B에게 각 공유지분별로 행사할 수 있으므로, 특별한 의사표시가 없는 한 분할채권에 해당한다.
⑤ (×) A와 B의 C에 대한 부당이득반환청구권 역시 특별한 의사표시가 없는 한 분할채권에 해당한다. 다만, 판례는 여러 사람이 공동으로 법률상 원인 없이 타인의 재산을 사용한 경우의 부당이득반환채무를 불가분채무(대판 2001.12.11. 2000다13948)로 이해하고 있음을 유의하여야 한다.

답 ❶

002 다수당사자의 채권관계에 관한 설명으로 옳지 않은 것은?(다툼이 있으면 판례에 따름) 21 변리

① 甲과 乙이 공유하는 부동산을 丙에게 공동으로 임대한 경우, 임대차 종료 시 甲과 乙은 지분비율에 따라 丙에게 임대차보증금을 반환할 채무를 부담한다.
② 丙에 대해 불가분채권을 가지고 있는 甲과 乙 중 甲이 丙에게 이행을 청구하여 丙이 이행지체에 빠진 경우, 丙은 乙에게도 이행지체 책임을 진다.
③ 甲과 乙이 공유하는 부동산을 丙이 무단으로 점유·사용하고 있는 경우, 특별한 사정이 없는 한 甲과 乙은 丙에 대해 지분비율에 따른 부당이득반환청구권을 갖는다.
④ 甲이 乙의 丙에 대한 채무를 중첩적으로 인수하는 경우, 甲과 乙은 원칙적으로 연대채무를 부담한다.
⑤ 甲의 채권자 丁이 甲의 연대채무자 乙, 丙에 대한 채권 중 甲의 乙에 대한 채권에 대해 압류 및 추심명령을 발령받았더라도 甲은 丙에 대해 이행을 청구할 수 있다.

해설

① (×) 건물의 공유자가 공동으로 건물을 임대하고 보증금을 수령한 경우, 특별한 사정이 없는 한 그 임대는 각자 공유지분을 임대한 것이 아니고 임대목적물을 다수의 당사자로서 공동으로 임대한 것이고 그 보증금반환채무는 성질상 불가분채무에 해당된다고 보아야 할 것이다(대판 1998.12.8. 98다43137). 따라서 공유부동산을 丙에게 공동으로 임대한 甲과 乙의 丙에 대한 임대차보증금반환채무는 불가분채무에 해당하므로 이에 따라 임대차보증금을 반환할 채무를 부담한다.
② (○) 불가분채권에서 각 채권자는 모든 채권자를 위하여 이행을 청구할 수 있고, 그 효과는 다른 채권자에게도 미치므로 (절대효), 채권자 甲이 채무자 丙에게 이행을 청구하여 丙이 이행지체에 빠진 경우 丙은 乙에게도 이행지체 책임을 진다.
③ (○) 토지공유자는 특별한 사정이 없는 한 그 지분에 대응하는 비율의 범위 내에서만 그 차임상당의 부당이득금반환의 청구권을 행사할 수 있으므로(대판 1979.1.30. 78다2088), 부동산 공유자 甲과 乙은 그 부동산을 무단으로 점유한 丙에게 지분비율에 따른 부당이득반환청구권을 갖는다.
④ (○) 중첩적 채무인수에서 인수인이 채무자의 부탁 없이 채권자와의 계약으로 채무를 인수하는 것은 매우 드문 일이므로 채무자와 인수인은 원칙적으로 주관적 공동관계가 있는 연대채무관계에 있고, 인수인이 채무자의 부탁을 받지 아니하여 주관적 공동관계가 없는 경우에는 부진정연대관계에 있는 것으로 보아야 한다(대판 2009.8.20. 2009다32409). 이러한 판례의 태도에 따를 때 甲이 乙의 丙에 대한 채무를 중첩적으로 인수하는 경우, 甲과 乙은 원칙적으로 연대채무를 부담한다.
⑤ (○) 甲의 채권자 丁이 甲의 연대채무자 乙, 丙에 대한 채권 중 甲의 乙에 대한 채권에 대해 압류 및 추심명령을 발령받았더라도 추심채무자 甲은 丙에 대하여는 여전히 채권자로서 추심권한을 가지고 있다고 볼 것이어서 다른 연대채무자 丙에 대해 이행을 청구할 수 있다.

> 2인 이상의 불가분채무자 또는 연대채무자(이하 '불가분채무자 등')가 있는 금전채권의 경우에, 그 불가분채무자 등 중 1인을 제3채무자로 한 채권압류 및 추심명령이 이루어지면 그 채권압류 및 추심명령을 송달받은 불가분채무자 등에 대한 피압류채권에 관한 이행의 소는 추심채권자만이 제기할 수 있고 추심채무자는 그 피압류채권에 대한 이행소송을 제기할 당사자적격을 상실하지만, 그 채권압류 및 추심명령의 제3채무자가 아닌 나머지 불가분채무자 등에 대하여는 추심채무자가 여전히 채권자로서 추심권한을 가지므로 나머지 불가분채무자 등을 상대로 이행을 청구할 수 있고, 이러한 법리는 위 금전채권 중 일부에 대하여만 채권압류 및 추심명령이 이루어진 경우에도 마찬가지이다(대판 2013.10.31. 2011다98426).

답

제4절 연대채무

003 甲, 乙, 丙이 丁에 대하여 부담부분이 균등한 9억원의 연대채무를 부담하는 경우에 관한 설명으로 옳은 것을 모두 고른 것은?(원본만을 고려하며, 다툼이 있으면 판례에 따름) 〔25〕 노무

> ㄱ. 甲이 9억원의 지급에 갈음하여 丁에게 자신의 X토지의 소유권이전을 내용으로 하는 경개계약을 체결하면, 乙과 丙의 연대채무는 모두 소멸한다.
> ㄴ. 丁이 甲에 대하여 4억원의 채무를 면제하면, 乙과 丙은 5억원에 관하여 연대채무를 부담한다.
> ㄷ. 丁이 甲에 대하여 8억원의 채무를 면제하면, 乙과 丙은 7억원에 관하여 연대채무를 부담한다.

① ㄱ
② ㄴ
③ ㄱ, ㄷ
④ ㄴ, ㄷ
⑤ ㄱ, ㄴ, ㄷ

해설

ㄱ. (○) 경개는 일체형 절대효가 인정되므로(민법 제417조 참조), 연대채무자 甲이 채권자 丁에게 9억원의 연대채무액의 지급에 갈음하여 자신의 X토지의 소유권이전을 내용으로 하는 경개계약을 체결하면, 乙과 丙의 연대채무는 모두 소멸하게 된다.

ㄴ. (×), ㄷ. (○) 연대채무자 중 1인에 대한 채무의 일부 면제에 상대적 효력만 있다고 볼 특별한 사정이 없는 한 일부 면제의 경우에도 면제된 부담부분에 한하여 면제의 절대적 효력이 인정된다고 보아야 한다. 구체적으로 연대채무자 중 1인이 채무 일부를 면제받는 경우에 그 연대채무자가 지급해야 할 잔존 채무액이 부담부분을 초과하는 경우에는 그 연대채무자의 부담부분이 감소한 것은 아니므로 다른 연대채무자의 채무에도 영향을 주지 않아 다른 연대채무자는 채무 전액을 부담하여야 한다. 반대로 일부 면제에 의한 피면제자의 잔존 채무액이 부담부분보다 적은 경우에는 차액(부담부분 – 잔존 채무액)만큼 피면제자의 부담부분이 감소하였으므로, 차액의 범위에서 면제의 절대적 효력이 발생하여 다른 연대채무자의 채무도 차액만큼 감소한다(대판 2019.8.14. 2019다216435). 따라서 채권자 丁이 연대채무자 甲에 대하여 4억원의 채무를 면제하면, 이는 연대채무자 甲이 지급해야 할 잔존 채무액(5억원)이 부담부분(3억원)을 초과하는 경우로, 그 연대채무자의 부담부분이 감소한 것은 아니므로 다른 연대채무자의 채무에도 영향을 주지 않아 다른 연대채무자 乙과 丙은 채무 전액(9억원)을 부담해야 한다. 반대로 채권자 丁이 연대채무자 甲에 대하여 8억원의 채무를 면제하면, 이는 일부 면제에 의한 피면제자 甲의 잔존 채무액(1억원)이 부담부분(3억원)보다 적은 경우로, 차액(부담부분 – 잔존 채무액 : 2억원)만큼 피면제자의 부담부분이 감소하였으므로 차액의 범위(2억원)에서 면제의 절대적 효력이 발생하여 다른 연대채무자 乙과 丙의 채무도 차액만큼 감소한 7억원에 관하여 연대채무를 부담한다.

답 ❸

004 다수당사자의 채권관계에 관한 설명으로 옳지 않은 것은?(다툼이 있으면 판례에 따름) 25 변리

① 수탁보증인이 주채무자를 위해 출재를 함에 있어 과실이 존재한다면 그와 인과관계가 있는 범위에서는 사후구상권이 발생하지 않는다.
② 임대인 지위를 공동으로 승계한 공동임대인들의 임차보증금반환채무는 성질상 불가분 채무이다.
③ 공동불법행위자들의 피해자에 대한 과실비율이 달라 손해배상액이 달라졌는데 다액채무자인 공동불법행위자가 손해배상액의 일부를 변제한 경우 이로 인하여 먼저 소멸하는 부분은 채무자들이 공동으로 채무를 부담하는 부분이다.
④ 부진정연대채무자 중 1인이 자신의 채권자에 대한 반대채권으로 상계를 한 경우, 다른 부진정연대채무자에 대하여 절대적 효력이 있다.
⑤ 피해자가 공동불법행위자 중 1인에 대하여 한 채무면제의 효력은 다른 공동불법행위자에게는 미치지 아니한다.

해설

① (○) 주채무자의 부탁으로 보증인이 된 자가 과실없이 변제 기타의 출재로 주채무를 소멸하게 한 때에는 주채무자에 대하여 구상권이 있다(민법 제441조 제1항).
② (○) 상가건물 임대차보호법 제3조는 '대항력 등'이라는 표제로 제1항에서 대항력의 요건을 정하고, 제2항에서 "임차건물의 양수인(그 밖에 임대할 권리를 승계한 자를 포함한다)은 임대인의 지위를 승계한 것으로 본다."라고 정하고 있다. 이 조항은 임차인이 취득하는 대항력의 내용을 정한 것으로, 상가건물의 임차인이 제3자에 대한 대항력을 취득한 다음 임차건물의 양도 등으로 소유자가 변동된 경우에는 양수인 등 새로운 소유자(이하 '양수인'이라 한다)가 임대인의 지위를 당연히 승계한다는 의미이다. 소유권 변동의 원인이 매매 등 법률행위든 상속·경매 등 법률의 규정이든 상관없이 이 규정이 적용되므로, 상속에 따라 임차건물의 소유권을 취득한 자도 위 조항에서 말하는 임차건물의 양수인에 해당한다. 임대인 지위를 공동으로 승계한 공동임대인들의 임차보증금 반환채무는 성질상 불가분채무에 해당한다(대판 2021.1.28. 2015다59801).
③ (×) 금액이 다른 채무가 서로 부진정연대 관계에 있을 때 다액채무자가 일부 변제를 하는 경우 변제로 인하여 먼저 소멸하는 부분은 당사자의 의사와 채무 전액의 지급을 확실히 확보하려는 부진정연대채무 제도의 취지에 비추어 볼 때 다액채무자가 단독으로 채무를 부담하는 부분으로 보아야 한다. 이러한 법리는 사용자의 손해배상액이 피해자의 과실을 참작하여 과실상계를 한 결과 타인에게 직접 손해를 가한 피용자 자신의 손해배상액과 달라졌는데 다액채무자인 피용자가 손해배상액의 일부를 변제한 경우에 적용되고, 공동불법행위자들의 피해자에 대한 과실비율이 달라 손해배상액이 달라졌는데 다액채무자인 공동불법행위자가 손해배상액의 일부를 변제한 경우에도 적용된다. 또한 중개보조원을 고용한 개업공인중개사의 공인중개사법 제30조 제1항에 따른 손해배상액이 과실상계를 한 결과 거래당사자에게 직접 손해를 가한 중개보조원 자신의 손해배상액과 달라졌는데 다액채무자인 중개보조원이 손해배상액의 일부를 변제한 경우에도 마찬가지이다(대판[전합] 2018.3.22. 2012다74236).
④ (○) 부진정연대채무자 중 1인이 자신의 채권자에 대한 반대채권으로 상계를 한 경우에도 채권은 변제, 대물변제, 또는 공탁이 행하여진 경우와 동일하게 현실적으로 만족을 얻어 그 목적을 달성하는 것이므로, 그 상계로 인한 채무소멸의 효력은 소멸한 채무 전액에 관하여 다른 부진정연대채무자에 대하여도 미친다고 보아야 한다. 이는 부진정연대채무자 중 1인이 채권자와 상계계약을 체결한 경우에도 마찬가지이다. 나아가 이러한 법리는 채권자가 상계 내지 상계계약이 이루어질 당시 다른 부진정연대채무자의 존재를 알았는지 여부에 의하여 좌우되지 아니한다(대판[전합] 2010.9.16. 2008다97218 - 다수의견).
⑤ (○) 피해자가 공동불법행위자 중 1인에 대하여 한 채무면제 또는 합의의 효력은 다른 공동불법행위자에게는 미치지 아니하므로, 피해자가 공동불법행위자 중 갑으로부터 손해배상의 일부를 변제받고 나머지 손해배상채권은 모두 포기하기로 하는 합의를 하였으나 그 사실을 모르는 공동불법행위자 을이 손해배상금 및 위자료 명목으로 금원을 지급한 경우, 을이 갑의 변제 사실을 확인해 보지 않았다고 하여 그 지급이 위법 또는 무효라고 할 수는 없는 것으로서, 을은 공동면책된 위 금원 중 갑의 부담 비율에 해당하는 구상권을 자동채권으로 하여 갑의 을에 대한 구상채권과 대등액에서 상계할 것을 주장할 수 있다(대판 1997.10.10. 97다28391).

답 ❸

005

甲에 대하여 乙 및 丙은 1억 8,000만원의 연대채무를 부담하고 있으며, 乙과 丙의 부담부분은 각각 $\frac{1}{3}$과 $\frac{2}{3}$이다. 이에 관한 설명으로 옳은 것은?(원본만을 고려하며, 다툼이 있으면 판례에 따름)

24 노무

① 乙이 甲으로부터 위 1억 8,000만원의 채권을 양수받은 경우, 丙의 채무는 전부 소멸한다.
② 乙이 甲에 대하여 9,000만원의 반대채권이 있으나 乙이 상계를 하지 않은 경우, 丙은 그 반대채권 전부를 자동채권으로 하여 甲의 채권과 상계할 수 있다.
③ 甲이 乙에게 이행을 청구한 경우, 丙의 채무에 대해서는 시효중단의 효력이 없다.
④ 甲이 乙에게 채무를 면제해 준 경우, 丙도 1억 2,000만원의 채무를 면한다.
⑤ 丁이 乙 및 丙의 부탁을 받아 그 채무를 연대보증한 후에 甲에게 위 1억 8,000만원을 변제하였다면, 丁은 乙에게 1억 8,000만원 전액을 구상할 수 있다.

해설

① (×) 채권과 채무가 동일한 주체에 귀속한 때에는 채권은 소멸한다(민법 제507조). 乙이 甲으로부터 위 1억 8,000만원의 채권을 양수받은 경우, 채권과 채무가 동일한 주체인 乙에게 귀속하므로 乙의 甲에 대한 연대채무 1억 8,000만원은 혼동으로 인하여 전부 소멸한다. 한편, 어느 연대채무자와 채권자 간에 혼동이 있는 때에는 그 채무자의 부담부분에 한하여 다른 연대채무자도 의무를 면하므로(민법 제420조), 乙의 甲에 대한 연대채무 1억 8,000만원이 전부 혼동으로 인하여 소멸하더라도, 다른 연대채무자 丙의 채무는 乙의 부담부분인 6,000만원(1억 8,000만원 × $\frac{1}{3}$)에 한하여 소멸한다. 결과적으로 丙은 단독으로 乙에게 1억 2,000만원의 채무를 부담하게 된다.
② (×) 상계할 채권이 있는 연대채무자가 상계하지 아니한 때에는 그 채무자의 부담부분에 한하여 다른 연대채무자가 상계할 수 있다(민법 제418조 제2항). 따라서 연대채무자 乙이 채권자 甲에 대하여 9,000만원의 반대채권이 있으나 乙이 상계를 하지 않은 경우, 다른 연대채무자 丙은 乙의 부담부분인 6,000만원(1억 8,000만원 × $\frac{1}{3}$)에 한하여 甲에 대한 반대채권을 자동채권으로 하여 甲의 채권과 상계할 수 있다.
③ (×) 어느 연대채무자에 대한 이행청구는 다른 연대채무자에게도 효력이 있다(민법 제416조, 이행청구의 절대적 효력). 그에 따라 연대채무의 경우에는 이행청구를 원인으로 한 소멸시효의 중단(민법 제168조 제1호)에도 절대적 효력이 인정된다(통설). 따라서 甲이 乙에게 이행을 청구한 경우, 丙의 채무에 대해서도 시효중단의 효력이 있다.
④ (×) 어느 연대채무자에 대한 채무면제는 그 채무자의 부담부분에 한하여 다른 연대채무자의 이익을 위하여 효력이 있다(민법 제419조). 따라서 甲이 연대채무자 중 1인에 해당하는 乙에게 채무 전부를 면제해 준 경우, 다른 연대채무자 丙은 乙의 부담부분인 6,000만원(1억 8,000만원 × $\frac{1}{3}$)에 한하여 채무를 면한다. 결과적으로 丙은 단독으로 甲에게 1억 2,000만원의 채무를 부담하게 된다.
⑤ (○) 연대채무자가 수인이 있는 경우에 이들 모두를 위한 연대보증인은 보증채무의 이행으로 한 출연액 전부에 대하여 어느 연대채무자에게나 구상권을 가지는 것이다(대판 1992.5.12. 91다3062). 丁이 乙 및 丙의 부탁을 받아 그 채무를 연대보증한 후에 甲에게 위 1억 8,000만원을 변제하였다면, 丁은 乙에게 1억 8,000만원 전액을 구상할 수 있다.

답 ⑤

006

연대채무자 甲·乙·丙이 채권자 丁에게 대여금 3억원을 변제하기로 하는 채무를 부담하는 경우, 이에 관한 설명으로 옳지 않은 것은?(甲·乙·丙의 부담부분은 균등하며 원본만 고려함. 각 지문은 독립적이고, 다툼이 있으면 판례에 따름) **24 변리**

① 丁이 변제기에 甲을 상대로 채무이행의 소를 제기하여 승소판결이 확정된 경우, 그 소멸시효 중단의 효과는 乙과 丙에게도 발생한다.
② 乙이 丁에 대해 상계적상에 있는 2억원의 채권을 가지고 있으나 상계하지 아니한 경우, 丙은 乙의 丁에 대한 2억원의 채권 중 1억원에 한해 상계할 수 있다.
③ 丙이 채무 3억원의 지급에 갈음하여 자신이 소유하는 부동산의 소유권을 丁에게 이전하기로 하는 경개계약을 丁과 유효하게 체결한 경우, 丁에 대한 甲과 乙의 채무는 소멸한다.
④ 丁이 甲에 대해 채무 전부를 면제한 경우, 丁에 대한 乙과 丙의 채무 전부도 소멸한다.
⑤ 丙이 丁의 위 채권(3억원)을 유효하게 양수한 경우, 甲과 乙은 丙에게 각 1억원을 변제하여야 한다.

해설

① (○) 丁이 변제기에 甲을 상대로 채무이행의 소를 제기하여 승소판결이 확정된 경우, 연대채무자 1인에 대한 이행청구는 다른 연대채무자에게도 효력이 있으므로, 그 소멸시효 중단의 효과는 乙과 丙에게도 발생한다(민법 제416조, 민법 제168조 제1호).
② (○) 상계적상에 있는 2억원의 채권을 가지고 있는 乙이 丁에 대해 상계하지 아니한 경우, 다른 연대채무자 丙은 乙의 丁에 대한 2억원의 채권 중 乙의 부담부분에 해당하는 1억원에 한해 상계할 수 있다(민법 제418조 제2항).
③ (○) 어느 연대채무자와 채권자 간에 채무의 경개가 있는 때에는 채권은 모든 연대채무자의 이익을 위하여 소멸한다(민법 제417조). 따라서 丙이 채무 3억원의 지급에 갈음하여 자신이 소유하는 부동산의 소유권을 丁에게 이전하기로 하는 경개계약을 丁과 유효하게 체결한 경우, 丙은 연대채무를 면하고 丁에 대한 甲과 乙의 채무는 소멸하므로, 丙은 甲과 乙에게 각각 1억원을 구상할 수 있다(민법 제425조 제1항).
④ (×) 어느 연대채무자에 대한 채무면제는 그 채무자의 부담부분에 한하여 다른 연대채무자의 이익을 위하여 효력이 있으므로(민법 제419조), 丁이 甲에 대해 채무 전부를 면제한 경우, 甲은 연대채무관계에서 탈락하고 甲의 부담부분인 1억원에 한하여 乙과 丙에 효력이 미친다. 결국 乙과 丙은 丁에 대하여 2억원의 연대채무를 부담한다.
⑤ (○) 어느 연대채무자와 채권자 간에 혼동이 있는 때에는 그 채무자의 부담부분에 한하여 다른 연대채무자도 의무를 면한다(민법 제420조). 연대채무자 丙이 丁으로부터 3억원의 대여금채권을 양수한 경우 혼동에 의하여 丙은 연대채무를 면하고 丙의 부담부분인 1억원의 범위에서 甲과 乙도 그 채무를 면하므로, 이제 혼동에 의하여 채권자가 된 丙에게 甲과 乙은 연대채무자로서 2억원의 연대채무를 부담한다. 이러한 해설에 의할 때 "甲과 乙은 丙에게 각 1억원을 변제하여야 한다"는 지문 ⑤를 옳은 지문으로 처리한 것은 의문이 있다.

답 ④

007 다수당사자의 채권관계에 관한 설명으로 옳은 것은?(다툼이 있으면 판례에 따름) 〔22〕 변리

① 甲과 乙이 공유하는 건물을 丙에게 공동으로 임대하고 임차보증금을 수령한 경우, 특별한 사정이 없는 한 임대차 종료 시 甲과 乙은 지분비율에 따라 丙에게 임차보증금을 반환할 채무를 부담한다.
② 甲의 乙에 대한 금전채무에 대하여 丙이 乙과 보증계약을 체결한 경우, 주채무자 甲이 시효이익을 포기하면 보증인 丙에게도 그 효력이 있다.
③ 甲, 乙, 丙이 균등한 부담으로 丁에 대하여 3억원의 연대채무를 부담하고 있는 경우, 甲이 丁에게 9천만원을 변제하였다면 甲은 乙과 丙에게 각 3천만원씩 구상할 수 있다.
④ 甲, 乙, 丙이 균등한 부담으로 丁에 대하여 6천만원의 연대채무를 부담하고, 甲이 丁에 대한 4천만원의 반대채권을 가지고 유효하게 상계한 경우, 丙은 丁에 대하여 2천만원의 채무를 면한다.
⑤ 甲의 乙에 대한 금전채무에 대하여 丙이 乙과 연대보증계약을 체결하고, 乙이 丙에게 채무의 이행을 청구한 경우, 丙은 최고·검색의 항변권을 행사할 수 있다.

해설

① (×) 건물의 공유자가 공동으로 건물을 임대하고 보증금을 수령한 경우, 특별한 사정이 없는 한 그 임대는 각자 공유지분을 임대한 것이 아니고 임대목적물을 다수의 당사자로서 공동으로 임대한 것이고 그 보증금반환채무는 성질상 불가분채무에 해당된다고 보아야 하므로(대판 1998.12.8. 98다43137) 공유부동산을 丙에게 공동으로 임대한 甲과 乙의 丙에 대한 임대차보증금반환채무는 불가분채무에 해당하므로 이에 따라 임대차보증금을 반환할 채무를 부담한다.
② (×) 주채무가 시효로 소멸한 때에는 보증인도 그 시효소멸을 원용할 수 있으며, 주채무자가 시효의 이익을 포기하더라도 보증인에게는 그 효력이 없으므로(대판 1991.1.29. 89다카1114) 주채무자 甲이 시효이익을 포기한 경우에도 보증인 丙에게는 그 효력이 없다.
③ (○) 민법은 연대보증인 중의 한 사람이 공동면책을 이유로 다른 연대보증인에게 구상권을 행사하려면 '자기의 부담부분을 넘은' 변제를 하였을 것을 그 요건으로 규정하고 있으나(제448조 제2항), 연대채무자 중의 한 사람이 공동면책을 이유로 다른 연대채무자에게 구상권을 행사하는 데 있어서는 그러한 제한 없이 '부담부분'에 대하여 구상권을 행사할 수 있는 것으로 규정하고 있다(제425조 제1항). 따라서 연대채무자 사이의 구상권행사에 있어서 '부담부분'이란 연대채무자가 그 내부관계에서 출재를 분담하기로 한 비율을 말한다고 봄이 타당하므로(대판 2013.11.14. 2013다46023) 연대채무자 甲, 乙, 丙이 균등한 부담으로 丁에 대하여 3억원의 연대채무를 부담하고 있는 경우, 甲이 丁에게 9천만원을 변제하였다면 출재를 분담하기로 한 비율($\frac{1}{3}$) 만큼 甲은 다른 연대채무자 乙과 丙에게 각 3천만원씩 구상할 수 있다.
④ (×) 연대채무자 甲이 丁에 대하여 가지고 있는 4천만원의 반대채권으로 상계한 경우 일체형 절대효가 발생하여 6천만원 중 4천만원의 연대채무는 소멸하고(민법 제418조 제1항), 甲, 乙, 丙은 2천만원의 연대채무를 부담하게 된다.
⑤ (×) 연대보증인에게는 최고·검색의 항변권이 인정되지 않는다. 따라서 乙이 丙에게 채무의 이행을 청구한 경우, 연대보증인 丙은 최고·검색의 항변권을 행사할 수 없다.

답 ❸

008 A, B, C, D(부담부분은 균등)는 E에 대하여 1,200만원의 연대채무를 부담하고 있다. E는 A에 대하여 연대의 면제를 하였다. 그 후 B는 무자력이 되었다. A, C, D가 최종적으로 부담하는 금액은?(다툼이 있으면 판례에 따름)   16 노무

① A는 100만원, C는 300만원, D는 300만원
② A는 300만원, C는 300만원, D는 300만원
③ A는 300만원, C는 400만원, D는 400만원
④ A는 350만원, C는 350만원, D는 350만원
⑤ A는 400만원, C는 400만원, D는 400만원

해설

우선 A, B, C, D의 부담부분은 균등하므로, E에 대한 1,200만원의 연대채무 중 각자의 부담부분은 300만원이다. 여기서 B가 무자력이 되었기 때문에 나머지 A, C, D가 균등하게 100만원씩 추가로 부담(민법 제427조 제1항)하지만 A의 경우에는 E로부터 연대의 면제를 받았으므로, A가 기존에 부담하던 300만원 외에 B의 무자력으로 인한 추가적인 부담금 100만원은 연대의 면제를 한 E가 부담(민법 제427조 제2항)하게 된다. 따라서 최종적으로 부담하는 금액은 A : 300만원, C : 400만원, D : 400만원이 되며, 나머지 100만원은 E가 부담한다.

답 ❸

009 甲과 乙은 A에 대하여 2억원의 연대채무를 부담하고 있으며, 甲과 乙 사이의 부담부분은 균등하다. 이에 관한 설명으로 옳은 것은?(다툼이 있으면 판례에 따름)   22 노무

① 甲의 A에 대한 위 채무가 시효완성으로 소멸한 경우, 乙도 A에 대하여 위 채무 전부를 이행할 의무를 면한다.
② 甲이 A에게 2억원의 상계할 채권을 가지고 있음에도 상계를 하지 않는 경우, 乙은 甲이 A에게 가지는 2억원의 채권으로 위 채무 전부를 상계할 수 있다.
③ A가 甲에 대하여 채무의 이행을 청구하여 시효가 중단된 경우, 乙에게도 시효중단의 효력이 있다.
④ A의 신청에 의한 경매개시결정에 따라 甲 소유의 부동산이 압류되어 시효가 중단된 경우, 乙에게도 시효중단의 효력이 있다.
⑤ A가 甲에 대하여 위 채무를 전부 면제해 준 경우, 乙도 A에 대하여 위 채무 전부를 이행할 의무를 면한다.

해설

① (×) 연대채무자 甲에 대하여 소멸시효가 완성한 때에는 그 부담부분인 1억원에 한하여 다른 연대채무자 乙도 의무를 면하게 된다(민법 제421조). 따라서 乙은 A에게 자기의 부담부분인 1억원에 대하여 연대채무를 부담한다.
② (×) 상계할 채권이 있는 연대채무자 甲이 상계하지 아니한 때에는 다른 연대채무자 乙은 甲의 부담부분인 1억원에 한하여 상계할 수 있다(민법 제418조 제2항).
③ (○) 채권자 A가 연대채무자 甲에 대하여 채무의 이행을 청구하여 시효가 중단된 경우, 다른 연대채무자 乙에게도 시효중단의 효력이 있다(민법 제416조, 민법 제168조 제1호).
④ (×) 연대채무자와 채권자 사이에 절대적 효력이 있는 사유 외에는 상대적 효력이 인정되는 데 그치므로(민법 제423조), 채권자 A의 이행청구 외의 압류로 인한 소멸시효 중단의 효력은 다른 연대채무자인 乙에게 미치지 아니한다.
⑤ (×) 어느 연대채무자에 대한 채무면제는 그 채무자의 부담부분에 한하여 다른 연대채무자의 이익을 위하여 효력이 있으므로(민법 제419조), 채권자 A가 연대채무자 甲에 대하여 채무를 전부 면제해 준 경우, 甲은 연대채무를 면하게 되고 다른 연대채무자 乙은 A에 대하여 자기의 부담부분인 1억원에 한하여 연대채무를 이행할 의무가 있다.

답 ❸

010

다수당사자 간의 법률관계에 관한 설명으로 옳지 않은 것은?(다툼이 있으면 판례에 따름)

① 공동임차인의 차임지급의무는 특별한 사정이 없는 한 불가분채무이다.
② 특별한 사정이 없는 한 연대채무자 중 1인이 채무 일부를 면제받더라도 그가 지급해야 할 잔존채무액이 그의 부담부분을 초과한다면, 다른 연대채무자는 채무 전액을 부담한다.
③ 연대채무자 중 1인이 연대의 면제를 받더라도, 다른 연대채무자는 채무 전액을 부담한다.
④ 부진정연대채무의 다액채무자가 일부변제한 경우, 그 변제로 인하여 먼저 소멸하는 부분은 다액채무자가 단독으로 부담하는 부분이다.
⑤ 보증채무의 이행을 확보하기 위하여 채권자와 보증인은 보증채무에 관해서만 손해배상액을 예정할 수 있다.

해설

① (×) 공동임차인의 차임지급의무는 연대채무이다(민법 제654조, 제616조).
② (○) 연대채무자 중 1인이 채무 일부를 면제받는 경우에 그 연대채무자가 지급해야 할 잔존채무액이 부담부분을 초과하는 경우에는 그 연대채무자의 부담부분이 감소한 것은 아니므로 다른 연대채무자의 채무에도 영향을 주지 않아 다른 연대채무자는 채무 전액을 부담하여야 한다(대판 2019.8.14. 2019다216435).
③ (○) 연대채무자 중 1인이 연대의 면제를 받으면 그는 연대채무관계에서 이탈하여 자기의 부담부분에 대하여만 채무를 부담하게 되고, 구상에서의 무자력위험은 채권자가 부담하게 된다(민법 제427조 제2항). 물론 다른 연대채무자는 채무 전액을 부담한다. 한편 연대채무의 면제는 면제받은 채무자의 부담부분의 범위에서 다른 연대채무자도 채무를 면하게 된다는 것을 유의하여야 한다.
④ (○) 금액이 다른 채무가 서로 부진정연대관계에 있을 때 다액채무자가 일부변제를 하는 경우 변제로 인하여 먼저 소멸하는 부분은 당사자의 의사와 채무 전액의 지급을 확실히 확보하려는 부진정연대채무제도의 취지에 비추어 볼 때 다액채무자가 단독으로 채무를 부담하는 부분으로 보아야 한다(대판 2018.3.22. 2012다74236[전합]).
⑤ (○) 보증채무는 주된 채무에 대하여 부종성을 가지나 주된 채무와 별개의 독립한 채무이므로, 보증채무에 대하여만 위약금을 약정하거나 손해배상액을 예정할 수 있다. 이는 보증채무 자체의 이행을 확보하기 위한 것이므로, 부종성의 원리에 반하지 아니한다.

답 ❶

011

甲, 乙, 丙이 丁에 대하여 9백만원의 연대채무를 부담하고 있고, 각자의 부담부분은 균등하다. 甲이 丁에 대하여 6백만원의 상계적상에 있는 반대채권을 가지고 있는 경우에 관한 설명으로 옳은 것은?(당사자 사이에 다른 약정은 없으며, 다툼이 있으면 판례에 따름)

① 甲이 6백만원에 대해 丁의 채무와 상계한 경우, 남은 3백만원에 대해 乙과 丙이 丁에게 각각 1백5십만원의 분할채무를 부담한다.
② 甲이 6백만원에 대해 丁의 채무와 상계한 경우, 甲, 乙, 丙은 丁에게 3백만원의 연대채무를 부담한다.
③ 甲이 상계권을 행사하지 않은 경우, 乙과 丙은 甲의 상계권을 행사할 수 없고, 甲, 乙, 丙은 丁에게 3백만원의 연대채무를 부담한다.
④ 甲이 상계권을 행사하지 않은 경우, 乙은 丁을 상대로 甲의 6백만원에 대해 상계할 수 있고, 乙과 丙이 丁에게 각각 1백 5십만원의 분할채무를 부담한다.
⑤ 甲이 상계권을 행사하지 않은 경우, 丙은 丁을 상대로 甲의 6백만원에 대해 상계할 수 있고, 乙과 丙이 丁에게 3백만원의 연대채무를 부담한다.

해설

① (×) 어느 연대채무자가 채권자에 대하여 채권이 있는 경우에 그 채무자가 상계한 때에는 채권은 모든 연대채무자의 이익을 위하여 소멸한다(민법 제418조 제1항). 따라서 甲이 6백만원에 대해 丁의 채무와 상계한 경우, 6백만원의 채무는 공동면책되고, 甲, 乙, 丙은 丁에게 남은 3백만원에 대한 연대채무를 부담한다.
② (○) 甲이 6백만원에 대해 丁의 채무와 상계한 경우, 6백만원의 채무가 공동면책되고(민법 제418조 제1항), 甲, 乙, 丙은 丁에게 남은 3백만원에 대한 연대채무를 부담한다.
③ (×) 상계할 채권이 있는 연대채무자가 상계하지 아니한 때에는 그 채무자의 부담부분에 한하여 다른 연대채무자가 상계할 수 있다(민법 제418조 제2항). 따라서 甲이 상계권을 행사하지 않은 경우, 乙과 丙은 甲의 부담부분(3백만원)에 한하여 상계권을 행사할 수 있고, 상계권 행사 후 甲, 乙, 丙은 丁에게 6백만원에 대한 연대채무를 부담한다.
④ (×) 상계할 채권이 있는 연대채무자가 상계하지 아니한 때에는 그 채무자의 부담부분에 한하여 다른 연대채무자가 상계할 수 있다(민법 제418조 제2항). 따라서 甲이 상계권을 행사하지 않은 경우, 乙은 丁을 상대로 甲의 부담부분(3백만원)에 한하여 상계권을 행사할 수 있고, 상계권 행사 후 甲, 乙, 丙은 丁에게 6백만원에 대한 연대채무를 부담한다.
⑤ (×) 甲이 상계권을 행사하지 않은 경우, 丙은 丁을 상대로 甲의 부담부분(3백만원)에 한하여 상계권을 행사할 수 있고(민법 제418조 제2항), 상계권 행사 후 甲, 乙, 丙은 丁에게 6백만원에 대한 연대채무를 부담한다.

답 ❷

012

乙, 丙, 丁은 연대하여 甲에 대하여 6,000만원의 채무를 부담하고 있다. 다음 설명 중 옳은 것을 모두 고른 것은?(단, 乙, 丙, 丁의 부담부분은 균등함) `15` 노무

ㄱ. 乙이 甲에 대한 3,000만원의 반대채권으로 상계를 한 때에는 乙, 丙과 丁은 3,000만원에 대하여 연대채무를 부담한다.
ㄴ. 甲이 丙에 대하여 채무 전부를 면제한 때에는 乙과 丁의 채무도 전부 소멸한다.
ㄷ. 乙 한사람에 대하여 소멸시효가 완성한 때에는 丙과 丁은 4,000만원에 대하여 연대채무를 부담한다.
ㄹ. 乙, 丙, 丁의 채무가 기한이 없는 연대채무인 경우, 甲이 乙에게 이행청구를 하였다면 丙과 丁의 채무는 이행기가 도래한다.

① ㄱ, ㄷ
② ㄷ, ㄹ
③ ㄱ, ㄴ, ㄹ
④ ㄱ, ㄷ, ㄹ
⑤ ㄱ, ㄴ, ㄷ, ㄹ

해설

ㄱ. (○) 어느 연대채무자가 채권자에 대하여 채권이 있는 경우에 그 채무자가 상계한 때에는 채권은 모든 연대채무자의 이익을 위하여 소멸한다(민법 제418조 제1항). 따라서 乙이 3,000만원의 반대채권으로 상계한 때에는 乙, 丙과 丁은 3,000만원에 대하여 연대채무를 부담한다.
ㄴ. (×) 甲이 丙에 대하여 채무 전부를 면제한 때에는 丙은 연대채무관계에서 완전히 탈락하고 다른 연대채무자 乙과 丁은 丙의 부담부분인 2,000만원에 한하여 채무를 면하게 되어 결국 乙과 丁이 4,000만원에 대하여 연대채무를 부담하게 된다(민법 제419조).
ㄷ. (○) 어느 연대채무자에 대하여 소멸시효가 완성한 때에는 그 부담부분에 한하여 다른 연대채무자도 의무를 면한다(민법 제421조).
ㄹ. (○) 어느 연대채무자에 대한 이행청구는 다른 연대채무자에게도 효력이 있다(민법 제416조).

답 ❹

013 부진정연대채무에 관한 설명으로 옳은 것은?(다툼이 있는 경우에는 판례에 의함) 　12　변리

① 공동임차인의 차임지급채무는 부진정연대채무이다.
② 어느 부진정연대채무자가 채권자에 대하여 상계할 채권을 가지고 있음에도 상계를 하지 않은 경우, 다른 부진정연대채무자는 그 채권을 가지고 상계할 수 없다.
③ 손해를 배상한 공동불법행위자는 다른 공동불법행위자에게 그 과실의 비율에 따라 구상할 수 있고, 이 경우 다른 공동불법행위자의 구상채무는 부진정연대채무에 해당한다.
④ 채권자가 부진정연대채무자 중 1인에 대하여 이행청구를 한 경우, 다른 채무자에 대하여 시효중단의 효과가 발생한다.
⑤ 피해자가 공동불법행위자 중 1인에 대하여 한 채무면제의 효력은 다른 공동불법행위자에게 미친다.

해설

① (×) 수인이 공동하여 물건을 차용한 때에는 연대하여 그 의무를 부담한다(민법 제616조). 따라서 공동임차인의 차임지급채무는 연대채무이다.
② (○) 부진정연대채무에 있어서 부진정연대채무자 1인이 한 상계가 다른 부진정연대채무자에 대한 관계에 있어서도 공동면책의 효력 내지 절대적 효력이 있는 것인지는 별론으로 하더라도, 부진정연대채무자 사이에는 고유의 의미에 있어서의 부담부분이 존재하지 아니하므로 위와 같은 고유의 의미의 부담부분의 존재를 전제로 하는 민법 제418조 제2항은 부진정연대채무에는 적용되지 아니하는 것으로 봄이 상당하고, 따라서 부진정연대채무에 있어서는 한 부진정연대채무자가 채권자에 대하여 상계할 채권을 가지고 있음에도 상계를 하지 않고 있다 하더라도 다른 부진정연대채무자가 그 채권을 가지고 상계를 할 수는 없는 것으로 보아야 한다(대판 1994.5.27. 93다21521).
③ (×) 공동불법행위자 중 1인에 대하여 구상의무를 부담하는 다른 공동불법행위자가 수인인 경우에는 특별한 사정이 없는 이상 그들의 구상권자에 대한 채무는 각자의 부담부분에 따른 분할채무로 봄이 상당하지만, 구상권자인 공동불법행위자 측에 과실이 없는 경우, 즉 내부적인 부담부분이 전혀 없는 경우에는 이와 달리 그에 대한 수인의 구상의무 사이의 관계를 부진정연대관계로 봄이 상당하다(대판 2005.10.13. 2003다24147).
④ (×) 부진정연대채무의 경우 채권의 만족을 주는 사유(변제, 대물변제, 공탁, 상계 등) 이외에는 모두 상대적 효력이 있다. 따라서 부진정연대채무에서는 채무자 1인에 대한 이행청구 또는 채무자 1인이 행한 채무의 승인 등 소멸시효의 중단사유나 시효이익의 포기가 다른 채무자에게 효력을 미치지 아니한다(대판 2011.4.14. 2010다91886).
⑤ (×) 공동불법행위자 중 1인이 한 변제·대물변제·공탁·상계 등 채권의 만족을 주는 사유는 절대효가 인정되나, 면제와 같은 사유는 다른 부진정연대채무자에게 그 효력이 미치지 아니한다.

답 ❷

014 甲, 乙, 丙이 균등한 부담으로 丁에 대하여 6천만원의 연대채무를 부담하고 있다. 이에 관한 설명으로 옳지 않은 것은? 　18　변리

① 甲이 丁에 대한 4천만원의 반대채권을 가지고 유효하게 상계한 경우, 丙은 2천만원의 채무를 면한다.
② 乙이 6천만원의 지급에 갈음하여 丁에게 자신의 주택의 소유권 이전을 내용으로 하는 경개계약을 체결한 경우, 甲과 丙의 丁에 대한 연대채무는 소멸한다.
③ 甲이 丁에게 6천만원을 변제하고 과실(過失) 없이 바로 乙과 丙에게 구상하려는데 乙이 무자력이 된 경우, 甲은 丙에게 3천만원을 구상할 수 있다.
④ 丁이 丙의 채무를 면제한 경우, 甲과 乙은 丁에 대해 4천만원에 대하여 연대채무를 부담한다.
⑤ 甲이 乙과 丙에게 사전통지를 하지 않은 채 丁에게 채무 전부를 변제하고 乙과 丙에게 구상권을 행사하였는데 乙이 甲의 변제 전에 丁에 대하여 4천만원의 상계적상인 반대채권을 갖고 있었던 경우, 乙의 丁에 대한 채권은 2천만원에 한하여 甲에게 이전된다.

해설

① (×) 어느 연대채무자가 채권자에 대하여 채권이 있는 경우에 그 채무자가 상계한 때에는 채권은 모든 연대채무자의 이익을 위하여 소멸한다(민법 제418조 제1항). 따라서 丙은 4천만원의 채무를 면한다.

② (○) 어느 연대채무자와 채권자 간에 채무의 경개가 있는 때에는 채권은 모든 연대채무자의 이익을 위하여 소멸한다(민법 제417조). 따라서 乙이 6천만원의 지급에 갈음하여 丁과 경개계약을 체결한 경우에는, 甲과 丙의 丁에 대한 연대채무는 소멸하고, 이 경우 乙은 甲과 丙에게 각 2천만원씩을 구상할 수 있다(민법 제425조 제1항).

③ (○) 연대채무자 중에 상환할 자력이 없는 자가 있는 때에는 그 채무자의 부담부분은 구상권자 및 다른 자력이 있는 채무자가 그 부담부분에 비례하여 분담한다. 그러나 구상권자에게 과실이 있는 때에는 다른 연대채무자에 대하여 분담을 청구하지 못한다(민법 제427조 제1항). <u>무자력자 乙의 부담부분인 2천만원은, 구상권자 甲 및 다른 자력이 있는 채무자 丙이 그 부담부분에 비례하여 분담하게 되므로, 甲은 丙에게 3천만원을 구상할 수 있다.</u>

④ (○) 어느 연대채무자에 대한 채무면제는 그 채무자의 부담부분에 한하여 다른 연대채무자의 이익을 위하여 효력이 있다(민법 제419조). 따라서 丁이 丙의 채무를 면제한 경우에는, 丙의 부담부분인 2천만원에 한하여 甲과 乙에게 효력이 미친다. 즉, 甲과 乙은 丁에 대하여 4천만원에 대하여 연대채무를 부담한다.

⑤ (○) 어느 연대채무자가 다른 연대채무자에게 통지하지 아니하고 변제 기타 자기의 출재로 공동면책이 된 경우에 다른 연대채무자가 채권자에게 대항할 수 있는 사유가 있었을 때에는 그 부담부분에 한하여 이 사유로 면책행위를 한 연대채무자에게 대항할 수 있고 그 대항사유가 상계인 때에는 상계로 소멸할 채권은 그 연대채무자에게 이전된다(민법 제426조 제1항). <u>乙이 甲의 변제 전에 丁에 대하여 4천만원의 상계적상인 반대채권을 갖고 있었던 경우에는, 부담부분인 2천만원에 한하여 甲에 대한 상계항변권이 있음을 주장함으로써 그 구상을 거부할 수 있고, 이 경우 부담부분인 2천만원은 甲에게 이전된다.</u>

답 ❶

---

015 甲은 乙의 피용자 丙의 과실에 의한 불법행위로 2억원의 손해를 입었는데, 丙의 위 불법행위에 대해 乙의 사용자책임이 인정되었다. 丙의 손해배상채무액은 2억원으로 인정되었고, 乙의 손해배상채무액은 甲의 과실을 참작하여 과실상계를 한 결과 1억 5천만원으로 인정되었다. 이에 관한 설명으로 옳지 않은 것은?(다툼이 있으면 판례에 따름) 변리

① 甲에 대한 丙의 손해배상채무와 乙의 손해배상채무는 부진정연대채무의 관계에 있다.
② 丙이 甲에게 1억원을 변제한 경우, 甲에 대한 乙의 손해배상채무액은 5천만원이 남게 된다.
③ 甲이 乙에 대한 손해배상채권의 소멸시효를 중단시키더라도 丙에 대한 손해배상채권의 소멸시효는 중단되지 않는다.
④ 丙이 자신의 甲에 대한 2억원의 대여금채권으로 적법하게 상계한 경우, 그 상계로 인한 채무소멸의 효력은 乙에 대하여도 미친다.
⑤ 丙이 甲에 대하여 상계할 채권을 가지고 있으면서 상계하지 않고 있는 경우, 乙이 그 채권을 가지고 상계할 수는 없다.

해설

① (○) 사용자의 손해배상책임은 피용자의 배상책임에 대한 대체적 책임이어서 사용자도 제3자와 부진정연대관계에 있다고 보아야 할 것이므로, 사용자가 피용자와 제3자의 책임비율에 의하여 정해진 피용자의 부담부분을 초과하여 피해자에게 손해를 배상한 경우에는 사용자는 제3자에 대하여도 구상권을 행사할 수 있다(대판 2006.2.9. 2005다28426). 따라서 甲에 대한 피용자 丙의 손해배상채무와 사용자 乙의 손해배상채무는 부진정연대채무의 관계에 있다.

② (×) 판례의 태도에 의하면 丙이 甲에게 1억원을 변제한 경우, 그 변제로 인하여 먼저 소멸하는 부분은 丙이 단독으로 부담하는 5천만원이고, 나머지 5천만원은 공동부분에서 소멸하게 되므로 甲에 대한 乙의 손해배상채무액은 1억원이 남게 된다.

> 금액이 다른 채무가 서로 부진정연대관계에 있을 때 다액채무자가 일부변제를 하는 경우 변제로 인하여 먼저 소멸하는 부분은 당사자의 의사와 채무 전액의 지급을 확실히 확보하려는 부진정연대채무제도의 취지에 비추어 볼 때 다액채무자가 단독으로 채무를 부담하는 부분으로 보아야 한다. 이러한 법리는 사용자의 손해배상액이 피해자의 과실을 참작하여 과실상계를 한 결과 타인에게 직접 손해를 가한 피용자 자신의 손해배상액과 달라졌는데 다액채무자인 피용자가 손해배상액의 일부를 변제한 경우에 적용되고, 공동불법행위자들의 피해자에 대한 과실비율이 달라 손해배상액이 달라졌는데 다액채무자인 공동불법행위자가 손해배상액의 일부를 변제한 경우에도 적용된다(대판 2018.3.22. 2012다74236[전합]).

③ (○) 부진정연대채무의 경우 채권의 만족을 주는 사유 이외에는 모두 상대적 효력을 가지는데 불과하여 甲이 乙에 대한 손해배상채권의 소멸시효를 중단시키더라도 丙에 대한 손해배상채권의 소멸시효는 중단되지 않는다.

> 부진정연대채무의 경우 채권의 만족을 주는 사유(변제, 대물변제, 공탁, 상계 등) 이외에는 모두 상대적 효력이 있다. 따라서 부진정연대채무에서는 채무자 1인에 대한 이행청구 또는 채무자 1인이 행한 채무의 승인 등 소멸시효의 중단사유나 시효이익의 포기가 다른 채무자에게 효력을 미치지 아니한다(대판 2011.4.14. 2010다91886).

④ (○) 부진정연대채무자인 丙의 상계의 효력은 다른 부진정연대채무자인 乙에게 절대적 효력이 있으므로 丙의 상계로 인한 채무소멸의 효력은 乙에 대하여도 미친다.

> 부진정연대채무자 중 1인이 자신의 채권자에 대한 반대채권으로 상계를 한 경우에도 채권은 변제, 대물변제, 또는 공탁이 행하여진 경우와 동일하게 현실적으로 만족을 얻어 그 목적을 달성하는 것이므로, 그 상계로 인한 채무소멸의 효력은 소멸한 채무 전액에 관하여 다른 부진정연대채무자에 대하여도 미친다고 보아야 한다. 이는 부진정연대채무자 중 1인이 채권자와 상계계약을 체결한 경우에도 마찬가지이다. 나아가 이러한 법리는 채권자가 상계 내지 상계계약이 이루어질 당시 다른 부진정연대채무자의 존재를 알았는지 여부에 의하여 좌우되지 아니한다(대판 2010.9.16. 2008다97218[전합]).

⑤ (○) 부진정연대채무에 있어서 부진정연대채무자 1인이 한 상계가 다른 부진정연대채무자에 대한 관계에 있어서도 공동면책의 효력 내지 절대적 효력이 있는 것인지는 별론으로 하더라도, 부진정연대채무자 사이에는 고유의 의미에 있어서의 부담부분이 존재하지 아니하므로 위와 같은 고유의 의미의 부담부분의 존재를 전제로 하는 민법 제418조 제2항은 부진정연대채무에는 적용되지 아니하는 것으로 봄이 상당하고, 따라서 부진정연대채무에 있어서는 한 부진정연대채무자가 채권자에 대하여 상계할 채권을 가지고 있음에도 상계를 하지 않고 있다 하더라도 다른 부진정연대채무자가 그 채권을 가지고 상계를 할 수는 없는 것으로 보아야 한다(대판 1994.5.27. 93다21521). 丙이 甲에게 상계할 채권을 가지고 있으나 상계하지 아니하는 경우에도 乙이 당해 채권을 가지고 상계할 수 없다고 이해된다.

답 ②

016 다음 기술 중 옳지 않은 것은?(다툼이 있으면 판례에 따름)

05 사시

① 甲·乙이 丙에 대하여 1,000만원의 연대채무를 부담하고 있고(甲·乙의 부담부분은 균등함), 한편 甲은 丙에 대하여 800만원의 반대채권을 가지고 있는데, 甲이 상계할 수 있음에도 불구하고 상계를 하지 않는 경우, 乙은 500만원의 범위 내에서 甲의 丙에 대한 채권을 가지고 丙의 甲에 대한 채권과 상계할 수 있다.

② 甲·乙이 丙에 대하여 기한이 없는 1,000만원의 연대채무를 부담하고 있는 경우에 丙이 甲에게 이행청구를 하여 甲의 채무가 이행기에 도래하면 乙의 채무 역시 이행기가 도래한다.

③ 甲·乙이 丙에 대하여 1,000만원의 연대채무를 부담하고 있는데(甲·乙의 부담부분은 균등함), 甲이 위 연대채무의 발생원인이었던 甲, 丙 사이의 원인계약을 丙의 기망행위를 이유로 적법하게 취소한 경우, 乙은 여전히 丙에 대해 1,000만원의 채무를 부담한다.

④ 甲이 丙에 대하여 1,000만원의 채무를 부담하고 있고, 乙이 이에 대해 연대보증채무를 부담하고 있는 경우, 본래 상사(商事)채권이었던 丙의 甲에 대한 채권이 甲과 丙 사이의 판결에 의해 확정됨으로써 소멸시효기간이 10년으로 변경되었다면 본래 상사채무였던 乙의 丙에 대한 보증채무 역시 소멸시효기간이 10년으로 변경된다.

⑤ 甲·乙이 중첩적 채무인수인으로서 丙에 대하여 1,000만원의 채무를 지고 있는 경우, 甲이 丙에 대한 800만원의 반대채권을 가지고 丙의 채권과 상계하였다면 乙의 丙에 대한 채무는 200만원으로 감축된다.

해설

① (○) 상계할 채권이 있는 연대채무자가 상계하지 아니한 때에는 그 채무자의 부담부분에 한하여 다른 연대채무자가 상계할 수 있다(민법 제418조 제2항). 따라서 甲이 상계할 반대채권을 가지고 있음에도 상계를 하지 않고 있는 경우에는 다른 연대채무자 乙은 甲의 부담부분인 500만원에 한하여 甲의 丙에 대한 채권을 가지고 丙의 甲에 대한 채권과 상계할 수 있다.

② (○) 어느 연대채무자에 대한 이행청구는 다른 연대채무자에게도 효력이 있으므로(민법 제416조), 丙이 甲에게 기한이 없는 연대채무에 대하여 이행청구를 하여 甲의 채무가 이행기에 도래하면 乙의 채무 역시 이행기가 도래한다.

③ (○) 어느 연대채무자에 대한 법률행위의 무효나 취소의 원인은 다른 연대채무자의 채무에 영향을 미치지 아니한다(민법 제415조). 甲, 丙 사이의 원인계약을 丙의 기망행위를 이유로 甲이 적법하게 취소한 경우, 乙은 여전히 丙에 대해 1,000만원의 채무를 부담한다.

④ (×) 판례의 취지를 고려할 때 판결확정에 의한 시효기간 연장의 효과는 그 판결의 당사자에 한하여 그 효력이 있다. 판결확정에 의하여 주채무자인 甲의 채무의 시효기간이 10년으로 확장된다고 하더라도 연대보증인 乙의 채무의 시효기간은 종전대로 5년이라고 보아야 한다.

> 민법 제165조가 판결에 의하여 확정된 채권, 판결과 동일한 효력이 있는 것에 의하여 확정된 채권은 단기의 소멸시효에 해당한 것이라도 그 소멸시효는 10년으로 한다고 규정하는 것은 당해 판결 등의 당사자 사이에 한하여 발생하는 효력에 관한 것이고 채권자와 주채무자 사이의 판결 등에 의해 채권이 확정되어 그 소멸시효가 10년으로 되었다 할지라도 위 당사자 이외의 채권자와 연대보증인 사이에 있어서는 위 확정판결 등은 그 시효기간에 대하여는 아무런 영향도 없고 채권자의 연대보증인의 연대보증채권의 소멸시효기간은 여전히 종전의 소멸시효기간에 따른다(대판 1986.11.25. 86다카1569).

⑤ (○) 중첩적 채무인수에서 인수인이 채무자의 부탁 없이 채권자와의 계약으로 채무를 인수하는 것은 매우 드문 일이므로 채무자와 인수인은 원칙적으로 주관적 공동관계가 있는 연대채무관계에 있고, 인수인이 채무자의 부탁을 받지 아니하여 주관적 공동관계가 없는 경우에는 부진정연대관계에 있는 것으로 보아야 한다(대판 2023.3.16. 2022다288386). 원칙적으로 乙과 연대채무관계에 있는 甲이 丙에 대한 800만원의 반대채권을 가지고 丙의 甲에 대한 채권과 상계하였다면 연대채무에서의 상계의 절대적 효력으로 인해 乙의 丙에 대한 채무는 200만원으로 감축된다.

답 ④

017 부진정연대채무에 관한 설명으로 옳지 않은 것은?(다툼이 있으면 판례에 따름) 〔09 사시〕

① 금융기관이 회사 임직원의 대규모 분식회계로 그 회사의 재무구조를 잘못 파악하고 대출을 하여 준 경우, 회사의 대출금채무와 회사 임직원의 손해배상채무는 부진정연대의 관계에 있다.
② 부진정연대채무자 중 1인이 채권자에 대한 반대채권으로 채무를 대등액에서 상계한 경우 그 상계로 인한 채무소멸의 효력은 다른 부진정연대채무자에게 미친다.
③ 부진정연대채무자 사이에 일정한 책임부담부분이 인정되는 경우 제3자가 부진정연대채무자 중 1인을 위하여 변제한 때에는 다른 부진정연대채무자에 대하여 면책범위 내에서 책임부담 부분비율에 한하여 구상권을 행사할 수 있다.
④ 부진정연대채무자 중 1인이 채권자로부터 손해배상채무의 일부를 면제받았으나 후에 다른 부진정연대채무자가 손해배상 전액을 변제한 후 그들 내부관계의 부담부분에 따라 일부 면제를 받은 부진정연대채무자에게 구상권을 행사할 수 있다.
⑤ 부진정연대채무자 중 1인이 사전 또는 사후 통지를 하지 않고 변제를 하여 공동면책이 되었다면 구상권이 제한된다.

해설

① (○) 금융기관이 회사 임직원의 대규모 분식회계로 인하여 회사의 재무구조를 잘못 파악하고 회사에 대출을 해 준 경우, 회사의 금융기관에 대한 대출금채무와 회사 임직원의 분식회계 행위로 인한 금융기관에 대한 손해배상채무는 서로 동일한 경제적 목적을 가진 채무로서 서로 중첩되는 부분에 관하여는 일방의 채무가 변제 등으로 소멸하면 타방의 채무도 소멸하는 이른바 부진정연대의 관계에 있다(대판 2008.1.18. 2005다65579).
② (○) 부진정연대채무자 중 1인이 자신의 채권자에 대한 반대채권으로 상계를 한 경우에도 채권은 변제, 대물변제, 또는 공탁이 행하여진 경우와 동일하게 현실적으로 만족을 얻어 그 목적을 달성하는 것이므로, 그 상계로 인한 채무소멸의 효력은 소멸한 채무 전액에 관하여 다른 부진정연대채무자에 대하여도 미친다고 보아야 한다. 이는 부진정연대채무자 중 1인이 채권자와 상계계약을 체결한 경우에도 마찬가지이다. 나아가 이러한 법리는 채권자가 상계 내지 상계계약이 이루어질 당시 다른 부진정연대채무자의 존재를 알았는지 여부에 의하여 좌우되지 아니한다(대판 2010.9.16. 2008다97218[전합]).
③ (○) 제3자가 부진정연대채무자의 1인을 위하여 변제를 하여 다른 부진정연대채무자가 공동 면책된 경우에 면책된 다른 부진정연대채무자는 면책 범위 내에서 책임부담 부분 비율에 따른 구상책임을 부담할 뿐이므로(대판 1982.1.19. 80다3075), 제3자는 책임부담 부분비율에 한하여 구상권을 행사할 수 있다.
④ (○) 부진정연대채무자 상호 간에 있어서 채권의 목적을 달성시키는 변제와 같은 사유는 채무자 전원에 대하여 절대적 효력을 발생하지만 그 밖의 사유는 상대적 효력을 발생하는 데에 그치는 것이므로 피해자가 채무자 중의 1인에 대하여 손해배상에 관한 권리를 포기하거나 채무를 면제하는 의사표시를 하였다 하더라도 다른 채무자에 대하여 그 효력이 미친다고 볼 수는 없다 할 것이고, 이러한 법리는 채무자들 사이의 내부관계에 있어 1인이 피해자로부터 합의에 의하여 손해배상채무의 일부를 면제받고도 사후에 면제받은 채액을 자신의 출재로 변제한 다른 채무자에 대하여 다시 그 부담 부분에 따라 구상의무를 부담하게 된다 하여 달리 볼 것은 아니다(대판 2006.1.27. 2005다19378).
⑤ (×) 출연분담에 관한 주관적인 밀접한 연관관계가 없고 단지 채권만족이라는 목적만을 공통으로 하고 있는 부진정연대채무에 있어서는 그 변제에 관하여 채무자 상호 간에 통지의무 관계를 인정할 수 없고, 변제로 인한 공동면책이 있는 경우에 있어서는 채무자 상호 간에 어떤 대내적인 특별관계에서 또는 형평의 관점에서 손해를 분담하는 관계가 있게 되는데 불과하다고 할 것이므로, 부진정연대채무에 해당하는 공동불법행위로 인한 손해배상채무에 있어서도 채무자 상호 간에 구상요건으로서의 통지에 관한 민법의 규정을 유추 적용할 수는 없다(대판 1998.6.26. 98다5777).

답 ⑤

018

甲, 乙은 丙으로부터 농기계 1대를 10일 동안 사용하기로 하고 차임 1,000만원에 공동으로 임차하였는데 甲, 乙 사이의 부담부분에 관하여 따로 정하지 아니하였다. 이에 관한 설명 중 옳지 않은 것은?(다툼이 있는 경우 판례에 의함) 22 변시

① 甲, 乙의 丙에 대한 차임지급채무가 기한의 정함이 없는 경우, 丙이 甲에게 이행청구를 하여 甲의 채무의 이행기가 도래하면 乙의 채무 역시 이행기가 도래한다.
② 甲에게 위 임대차계약의 무효의 원인이 있는 경우, 乙은 여전히 丙에 대하여 1,000만원의 차임지급채무를 부담한다.
③ 甲이 丙에 대한 700만원의 반대채권을 가지고 丙의 甲에 대한 차임채권과 상계하였다면, 乙의 丙에 대한 채무는 300만원으로 감축된다.
④ 甲이 丙에 대하여 700만원의 반대채권을 가지고 丙의 甲에 대한 차임채권과 상계할 수 있음에도 상계를 하지 않는 경우, 乙은 500만원의 범위 내에서 甲의 丙에 대한 반대채권을 가지고 丙의 甲에 대한 차임채권과 상계할 수 있다.
⑤ 甲이 丙에게 차임지급채무 1,000만원 중 500만원을 지급한 경우, 甲은 乙에 대하여 구상권을 행사할 수 없다.

해설

수인이 공동하여 물건을 차용한 때에는 연대하여 그 의무를 부담한다(민법 제616조). 甲, 乙이 丙으로부터 농기계 1대를 차임 1,000만원에 공동으로 임차하였다면 甲, 乙은 丙에 대하여 연대채무를 부담하게 되므로, 이하에서는 연대채무의 법리에 따라 지문을 해설한다.

① (○) 甲, 乙의 丙에 대한 차임지급채무가 기한의 정함이 없는 경우, 丙이 甲에게 이행청구를 하면 甲의 채무는 이행기가 도래하게 되고(민법 제387조 제2항), 어느 연대채무자에 대한 이행청구는 다른 연대채무자에게도 효력이 있으므로(민법 제416조), 丙이 甲에게 이행청구를 하여 甲의 채무의 이행기가 도래하면 다른 연대채무자 乙의 채무 역시 이행기가 도래한다.
② (○) 甲에게 임대차계약의 무효의 원인이 있는 경우, 무효 원인은 다른 연대채무자 乙의 채무에 영향을 미치지 아니하므로(민법 제415조), 乙은 여전히 丙에 대하여 1,000만원의 차임지급채무를 부담한다.
③ (○) 어느 연대채무자가 채권자에 대하여 채권이 있는 경우에 그 채무자가 상계한 때에는 채권은 모든 연대채무자의 이익을 위하여 소멸한다(민법 제418조 제1항). 甲이 丙에 대한 700만원의 반대채권을 가지고 丙의 甲에 대한 차임채권과 상계하였다면, 700만원의 채무는 공동면책되고 甲의 丙에 대한 연대채무뿐만 아니라 乙의 丙에 대한 채무도 300만원으로 감축된다.
④ (○) 甲이 丙에 대하여 700만원의 반대채권을 가지고 丙의 甲에 대한 차임채권과 상계할 수 있음에도 상계를 하지 않는 경우, 乙은 丙을 상대로 甲의 부담부분인 500만원의 범위 내에서 甲의 丙에 대한 반대채권을 가지고 丙의 甲에 대한 차임채권과 상계할 수 있다(민법 제418조 제2항).
⑤ (×) 공동불법행위자[부진정연대채무자(註)] 중 1인이 자기의 부담 부분을 초과하여 변제하여 공동의 면책을 얻게 한 경우에 다른 공동불법행위자에게 그 부담 부분의 비율에 따라 구상권을 행사할 수 있고(대판 2017.11.29. 2016다229980), 연대보증인 중의 한 사람이 공동면책을 이유로 다른 연대보증인에게 구상권을 행사하려면 '자기의 부담부분을 넘은' 변제를 하였을 것 그 요건으로 하나(대판 2013.11.14. 2013다46023), 연대채무자 중의 한 사람이 공동면책을 이유로 다른 연대채무자에게 구상권을 행사하는 데 있어서는 그러한 제한 없이 '부담부분'에 대하여 구상권을 행사할 수 있다(대판 2013.11.14. 2013다46023). 따라서 甲이 丙에게 차임지급채무 1,000만원 중 500만원을 지급한 경우, 甲은 乙에 대하여 구상권을 행사할 수 있다고 판단된다.

답 ⑤

제5절 보증채무

019 민법상 보증채무에 관한 설명으로 옳은 것은?(다툼이 있으면 판례에 따름) 25 노무

① 회사의 이사가 채무액과 변제기가 특정된 회사 채무의 보증인이 된 경우, 그 이사는 이사직 사임이라는 사정변경을 이유로 보증계약을 해지할 수 없다.
② 보증채무의 소멸시효기간은 특별한 약정이 없는 한 주채무의 소멸시효기간에 따른다.
③ 주채무자의 의사에 반하여 보증인이 된 자가 변제로 주채무를 소멸하게 한 때에는 주채무자는 그 당시에 이익을 받은 한도에서 배상하여야 한다.
④ 보증의 효력발생요건인 보증인의 기명날인은 타인이 이를 대행하는 방법으로 할 수 없다.
⑤ 보증채무의 연체이율은 주채무의 약정연체이율을 따르는 것이 원칙이다.

해설

① (○) 회사의 이사가 채무액과 변제기가 특정되어 있는 회사 채무에 대하여 보증계약을 체결한 경우에는 계속적 보증이나 포괄근보증의 경우와는 달리 이사직 사임이라는 사정변경을 이유로 보증인인 이사가 일방적으로 보증계약을 해지할 수 없다(대판 2006.7.4. 2004다30675).
② (×) 보증채무는 주채무와는 별개의 독립한 채무이므로 <u>보증채무와 주채무의 소멸시효기간은 채무의 성질에 따라 각각 별개로 정해진다</u>. 그리고 주채무자에 대한 확정판결에 의하여 민법 제163조 각 호의 단기소멸시효에 해당하는 주채무의 소멸시효기간이 10년으로 연장된 상태에서 주채무를 보증한 경우, 특별한 사정이 없는 한 보증채무에 대하여는 민법 제163조 각 호의 단기소멸시효가 적용될 여지가 없고, 성질에 따라 보증인에 대한 채권이 민사채권인 경우에는 10년, 상사채권인 경우에는 5년의 소멸시효기간이 적용된다(대판 2014.6.12. 2011다76105).
③ (×) 주채무자의 의사에 반하여 보증인이 된 자가 변제 기타 자기의 출재로 주채무를 소멸하게 한 때에는 주채무자는 <u>현존이익의 한도에서 배상하여야 한다</u>(민법 제444조 제2항).
④ (×) 민법 제428조의2 제1항 전문은 "보증은 그 의사가 보증인의 기명날인 또는 서명이 있는 서면으로 표시되어야 효력이 발생한다."라고 규정하고 있는데, '보증인의 서명'은 원칙적으로 보증인이 직접 자신의 이름을 쓰는 것을 의미하므로 타인이 보증인의 이름을 대신 쓰는 것은 이에 해당하지 않지만, <u>'보증인의 기명날인'은 타인이 이를 대행하는 방법으로 하여도 무방하다</u>(대판 2019.3.14. 2018다282473).
⑤ (×) 보증한도액을 정한 근보증에 있어 보증채무는 특별한 사정이 없는 한 보증한도 범위 안에서 확정된 주채무 및 그 이자, 위약금, 손해배상 기타 주채무에 종속한 채무를 모두 포함하는 것이고, 한편 보증채무는 주채무와는 별개의 채무이기 때문에 보증채무 자체의 이행지체로 인한 지연손해금은 보증한도액과는 별도로 부담하고 이 경우 보증채무의 연체이율에 관하여 특별한 약정이 없는 경우라면 그 거래행위의 성질에 따라 상법 또는 민법에서 정한 법정이율에 따라야 하며, 주채무에 관하여 약정된 연체이율이 당연히 여기에 적용되는 것은 아니지만, 특별한 약정이 있다면 이에 따라야 할 것이다(대판 2005.6.23. 2005다18955).

답 ①

020

乙은 丙으로부터 부동산을 매수하면서 甲에게 자신의 대금지급채무의 보증을 부탁하였고, 이에 따라 甲은 丙과 보증계약을 체결하였다. 이에 관한 설명으로 옳은 것은?(다툼이 있으면 판례에 따름)

`18` 변리

① 丙이 보증계약 후 乙의 변제기를 연장해 준 경우, 특별한 사정이 없는 한 甲은 주채무의, 보증계약 당시의 이행기가 되더라도 乙에게 미리 구상권을 행사할 수 없다.
② 甲이 丙에게 변제한 이후 乙과 丙의 계약이 해제되어 소급적으로 소멸한 경우, 甲은 丙을 상대로 이미 이행한 급부를 부당이득으로 반환청구할 수 없다.
③ 乙이 채무를 변제하고도 그 사실을 甲에게 통지하지 않고 있던 중에 甲이 이러한 사실을 모르고 乙에 대한 사전통지 없이 채무를 변제한 경우, 甲은 乙에 대하여 자기의 변제가 유효함을 주장할 수 없다.
④ 丙이 乙에 대한 대금채권을 실행하기 위해 乙의 재산을 압류하더라도 甲의 보증채무의 소멸시효는 중단되지 않는다.
⑤ 甲이 변제로 乙의 채무를 소멸시킨 경우, 甲은 乙이 그 당시에 이익을 받은 한도에서 구상할 수 있다.

해설

① (×) 丙이 보증계약 후 乙의 변제기를 연장해 준 경우, 주채무자 乙은 사전구상권을 행사하는 보증인 甲에게 연장된 변제기로 대항할 수 없으므로 특별한 사정이 없는 한 甲은 연장되기 전의 주채무의 변제기가 도래하였다면 乙에게 미리 구상권을 행사할 수 있다.

> 수탁보증인은 특별한 사정이 없는 한 그 주채무의 변제기 연장이 언제 이루어졌던지 간에 본래의 변제기가 도래한 후에는 민법 제442조 제1항 제4호에 의하여 주채무자에 대하여 사전구상권을 행사할 수 있고, 이 경우에는 민법 제442조 제2항에 따라 보증계약 후에 채권자가 주채무자에게 허여(許與)한 기한으로 보증인에게 대항하지 못할 뿐만 아니라, 수탁보증인이 본래의 변제기가 도래한 후 과실 없이 변제 기타의 출재로 주채무를 소멸하게 한 후 이를 주채무자에게 통지하였다면, 민법 제445조 제1항에 의하여 주채무자는 위 통지를 받은 후 채권자와 사이에 이루어진 변제기 연장에 관한 합의로서 사후구상권을 행사하는 수탁보증인에게 대항할 수는 없다(대판 2007.4.26. 2006다22715).

② (×) 甲이 丙에게 변제한 이후 乙과 丙의 계약이 해제되어 소급적으로 소멸하였다면 丙이 급부를 수령한 것은 법률상 원인이 없는 것이 되어, 甲은 丙을 상대로 이미 이행한 급부를 부당이득으로 반환청구할 수 있다.

> 보증채무는 주채무와 동일한 내용의 급부를 목적으로 함이 원칙이지만 주채무와는 별개 독립의 채무이고, 한편 보증채무자가 주채무를 소멸시키는 행위는 주채무의 존재를 전제로 하므로, 보증인의 출연행위 당시에는 주채무가 유효하게 존속하고 있었다 하더라도 그 후 주계약이 해제되어 소급적으로 소멸하는 경우에는 보증인은 변제를 수령한 채권자를 상대로 이미 이행한 급부를 부당이득으로 반환청구할 수 있다(대판 2004.12.24. 2004다20265).

③ (○) 乙이 채무를 변제하고도 그 사실을 甲에게 통지하지 않고 있던 중에 甲이 이러한 사실을 모르고 乙에 대한 사전통지 없이 채무를 변제하였다면 이 경우에는 이중변제의 기본원칙으로 돌아가 먼저 이루어진 乙의 면책행위가 유효하다고 보아 甲은 乙에 대하여 자기의 변제가 유효함을 주장할 수 없다고 하는 것이 타당하다.

> 민법 제446조의 규정은 같은 법 제445조 제1항의 규정을 전제로 하는 것이어서 같은 법 제445조 제1항의 사전통지를 하지 아니한 수탁보증인까지 보호하는 취지의 규정은 아니므로, 수탁보증에 있어서 주채무자가 면책행위를 하고도 그 사실을 보증인에게 통지하지 아니하고 있던 중에 보증인도 사전통지를 하지 아니한 채 이중의 면책행위를 한 경우에는 보증인은 주채무자에 대하여 민법 제446조에 의하여 자기의 면책행위의 유효를 주장할 수 없다고

봄이 상당하고 따라서 이 경우에는 이중변제의 기본원칙으로 돌아가 먼저 이루어진 주채무자의 면책행위가 유효하고 나중에 이루어진 보증인의 면책행위는 무효로 보아야 하므로 보증인은 민법 제446조에 기하여 주채무자에게 구상권을 행사할 수 없다(대판 1997.10.10. 95다46265).

④ (×) 주채무자에 대한 시효의 중단은 보증인에 대하여 그 효력이 있다(민법 제440조). 따라서 채권자 丙이 주채무자 乙의 재산을 압류하면, 주채무의 시효뿐만 아니라 보증채무의 시효 또한 중단된다.
⑤ (×) 甲이 변제로 乙의 채무를 소멸시킨 경우, 甲은 변제 기타 자기의 출재로 면책된 날 이후의 법정이자 및 피할 수 없는 비용 기타 손해배상을 포함하여 구상할 수 있다(민법 제441조 제2항, 제425조 제2항).

답 ❸

021

甲은 乙에게 1천만원의 채무를 지고 있고, 이러한 甲의 채무에 대하여 丙이 연대보증을 하였다. 이에 관한 설명으로 옳은 것은?(다툼이 있으면 판례에 따름) 17 변리

① 甲이 1천만원의 채무에 대한 소멸시효기간이 경과한 후 시효의 이익을 포기한 경우, 丙은 소멸시효를 원용하여 연대보증채무의 소멸을 주장할 수 없다.
② 甲이 乙에게 8백만원의 채권을 가지고 있는 경우, 丙은 5백만원의 한도 내에서만 상계를 할 수 있다.
③ 乙이 甲에 대한 채권을 丁에게 양도하고 확정일자 있는 증서로 甲에게 통지한 경우, 乙이 丙에게 보증채권 양도의 통지를 해야 丙에 대한 채권이 丁에게 이전된다.
④ 乙의 甲에 대한 채권에 시효중단사유가 발생한 경우, 丙에게 통지 등 별도의 중단조치를 하지 않아도 丙에게 시효중단의 효력이 미친다.
⑤ 甲의 채무가 본래 단기소멸시효에 걸리는 것이었지만 확정판결에 의해 소멸시효기간이 10년으로 연장된 경우, 丙의 보증채무도 10년의 소멸시효기간이 적용된다.

해설

① (×) 주채무가 시효로 소멸한 때에는 보증인도 그 시효소멸을 원용할 수 있으며, 주채무자가 시효의 이익을 포기하더라도 보증인에게는 그 효력이 없다(대판 1991.1.29. 89다카1114). 따라서 연대보증인 丙은 주채무자 甲이 시효이익을 포기하더라도, 여전히 소멸시효를 원용하여 주채무의 소멸을 이유로 연대보증채무의 소멸을 주장할 수 있다(부종성).
② (×) 보증인은 주채무자의 채권에 의한 상계로 채권자에게 대항할 수 있으므로(민법 제434조), 연대보증인 丙은 주채무자 甲의 채권 전액(8백만원)으로 상계를 할 수 있다.
③ (×) 乙이 甲에 대한 채권을 丁에게 양도하고 확정일자 있는 증서로 甲에게 통지한 경우, 보증채무의 부종성 내지 수반성을 고려하면 채권자 乙이 보증인 丙에 대해 별도의 통지를 하지 않더라도 丙에 대한 채권은 丁에게 이전된다고 할 것이다.

보증채무는 주채무에 대한 부종성 또는 수반성이 있어서 주채무자에 대한 채권이 이전되면 당사자 사이에 별도의 특약이 없는 한 보증인에 대한 채권도 함께 이전하고, 이 경우 채권양도의 대항요건도 주채권의 이전에 관하여 구비하면 족하고, 별도로 보증채권에 관하여 대항요건을 갖출 필요는 없다(대판 2002.9.10. 2002다21509).

④ (○) 채권자보호를 위한 민법 제440조의 취지를 고려할 때 乙의 甲에 대한 채권에 시효중단사유가 발생한 이상, 丙에게 통지 등 별도의 중단조치를 하지 않아도 丙에게 시효중단의 효력이 미친다고 보아야 한다.

> 민법 제169조는 '시효의 중단은 당사자 및 그 승계인 간에만 효력이 있다'고 규정하고 있고, 한편 민법 제440조는 '주채무자에 대한 시효의 중단은 보증인에 대하여 그 효력이 있다'라고 규정하고 있는바, 민법 제440조는 민법 제169조의 예외규정으로서 이는 채권자 보호 내지 채권담보의 확보를 위하여 주채무자에 대한 시효중단의 사유가 발생하였을 때는 그 보증인에 대한 별도의 중단조치가 이루어지지 아니하여도 동시에 시효중단의 효력이 생기도록 한 것이고, 그 시효중단사유가 압류, 가압류 및 가처분이라고 하더라도 이를 보증인에게 통지하여야 비로소 시효중단의 효력이 발생하는 것은 아니다(대판 2005.10.27. 2005다35554).

⑤ (×) 민법 제165조 규정은 당해 판결 등의 당사자 사이에 한하여 발생하는 효력에 관한 것으로 채권자와 연대보증인 사이에서는 적용되지 아니한다고 보아야 하므로, 甲의 채무가 본래 단기소멸시효에 걸리는 것이었지만 확정판결에 의해 소멸시효기간이 10년으로 연장되었더라도 丙의 보증채무는 종전의 소멸시효 기간이 적용된다는 것을 유의하여야 한다.

> 민법 제165조가 판결에 의하여 확정된 채권, 판결과 동일한 효력이 있는 것에 의하여 확정된 채권은 단기의 소멸시효에 해당한 것이라도 그 소멸시효는 10년으로 한다고 규정하는 것은 당해 판결 등의 당사자 사이에 한하여 발생하는 효력에 관한 것이고 채권자와 주채무자 사이의 판결 등에 의해 채권이 확정되어 그 소멸시효가 10년으로 되었다 할지라도 위 당사자 이외의 채권자와 연대보증인 사이에 있어서는 위 확정판결 등은 그 시효기간에 대하여는 아무런 영향도 없고 채권자의 연대보증인의 연대보증채권의 소멸시효기간은 여전히 종전의 소멸시효기간에 따른다(대판 1986.11.25. 86다카1569).

답 ❹

022

甲은 乙로부터 금전을 빌렸고, 丙은 甲의 채무를 위해 보증인이 되었다. 이에 관한 설명으로 옳은 것은?(다툼이 있으면 판례에 따름) 노무

① 丙이 모르는 사이에 주채무의 목적이나 형태가 변경되어 주채무의 실질적 동일성이 상실된 경우에도 丙의 보증채무는 소멸되지 않는다.
② 丙의 보증계약은 구두계약에 의하여도 그 효력이 발생한다.
③ 丙은 甲이 가지는 항변으로 乙에게 대항할 수 있으나, 甲이 이를 포기하였다면 丙은 그 항변으로 乙에게 대항할 수 없다.
④ 甲의 乙에 대한 채무가 시효로 소멸되더라도 丙의 보증채무는 원칙적으로 소멸하지 않는다.
⑤ 甲의 의사에 반하여 보증인이 된 丙이 자기의 출재로 甲의 채무를 소멸하게 한 때에는 甲은 丙에게 현존이익의 한도에서 배상하여야 한다.

해설

① (×) 丙이 모르는 사이에 주채무의 목적이나 형태가 변경되어 주채무의 실질적 동일성이 상실되었다면 주채무의 소멸로 丙의 보증채무도 소멸되었다고 보는 것이 타당하다.

> 보증계약이 성립한 후에 보증인이 알지도 못하는 사이에 주채무의 목적이나 형태가 변경되었다면, 그 변경으로 인하여 주채무의 실질적 동일성이 상실된 경우에는 당초의 주채무는 경개로 인하여 소멸하였다고 보아야 할 것이므로 보증채무도 당연히 소멸하고, 그 변경으로 인하여 주채무의 실질적 동일성이 상실되지 아니하고 동시에

> 주채무의 부담내용이 축소·감경된 경우에는 보증인은 그와 같이 축소·감경된 주채무의 내용에 따라 보증책임을 질 것이지만, 그 변경으로 인하여 주채무의 실질적 동일성이 상실되지는 아니하고 주채무의 부담내용이 확장·가중된 경우에는 보증인은 그와 같이 확장·가중된 주채무의 내용에 따른 보증책임은 지지 아니하고, 다만 변경되기 전의 주채무의 내용에 따른 보증책임만을 진다(대판 2000.1.21. 97다1013).

② (×) 보증은 그 의사가 보증인의 기명날인 또는 서명이 있는 서면으로 표시되어야 효력이 발생한다. 다만, 보증의 의사가 전자적 형태로 표시된 경우에는 효력이 없다(민법 제428조의2 제1항). 지문의 경우 丙의 보증계약을 구두로 체결하였다면 그 계약은 효력이 없다.
③ (×) 주채무자(甲)의 항변포기는 보증인(丙)에게 효력이 없다(민법 제433조 제2항).
④ (×) 甲의 乙에 대한 채무가 시효로 소멸되었다면 보증채무의 부종성에 따라 丙의 보증채무는 원칙적으로 소멸한다.

> 보증채무에 대한 소멸시효가 중단되는 등의 사유로 완성되지 아니하였다고 하더라도 주채무에 대한 소멸시효가 완성된 경우에는 시효완성사실로써 주채무가 당연히 소멸되므로 보증채무의 부종성에 따라 보증채무 역시 당연히 소멸된다(대판 2012.7.12. 2010다51192).

⑤ (○) 甲의 의사에 반하여 보증인이 된 丙이 자기의 출재로 甲의 채무를 소멸하게 한 때에는 甲은 丙에게 현존이익의 한도에서 배상하여야 한다(민법 제444조 제2항).

답 ❺

023

채무의 보증에 관한 설명 중 옳은 것을 모두 고른 것은?(다툼이 있는 경우 판례에 의함)

21 변시

> ㄱ. 민법 제428조의2 제1항 전문은 "보증은 그 의사가 보증인의 기명날인 또는 서명이 있는 서면으로 표시되어야 효력이 발생한다"라고 규정하고 있는데, '보증인의 서명'은 원칙적으로 보증인이 직접 자신의 이름을 쓰는 것을 의미하므로 타인이 보증인의 이름을 대신 쓰는 것은 이에 해당하지 않지만, '보증인의 기명날인'은 타인이 이를 대행하는 방법으로 하여도 무방하다.
> ㄴ. 보증채무를 부담하는 내용의 지급보증서에서 보증금액을 정하여 두었다고 하더라도 보증채무는 주채무와는 별개의 채무이기 때문에 보증채무 자체의 이행지체로 인한 지연손해금은 지급보증의 한도액과는 별도로 부담하여야 한다.
> ㄷ. 보증계약 체결 후 채권자가 보증인의 승낙 없이 주채무자에 대하여 변제기를 연장하여 주었다면 보증인의 책임을 가중하는 것이라고 할 수 있으므로, 보증채무에 대하여는 그 효력이 미치지 않는다.
> ㄹ. 주채무에 대한 소멸시효가 완성되어 보증채무가 소멸된 상태에서 보증인이 보증채무를 이행하거나 승인한 경우, 주채무의 시효소멸에도 불구하고 보증채무를 이행하겠다는 의사를 표시한 경우 등과 같이 부종성을 부정하여야 할 다른 특별한 사정이 없는 한 보증인은 여전히 주채무의 시효소멸을 이유로 보증채무의 소멸을 주장할 수 있다.
> ㅁ. 채권자와 주채무자 사이의 확정판결에 의하여 주채무가 확정되어 그 소멸시효기간이 10년으로 연장되면, 그 보증채무 또한 보증채무 부종성의 원칙상 종전 소멸시효가 단기의 소멸시효에 해당하는 것이라도 그 적용이 배제되고 10년의 소멸시효기간이 적용된다.

① ㄱ, ㄴ, ㄹ
② ㄱ, ㄷ, ㄹ
③ ㄱ, ㄷ, ㅁ
④ ㄴ, ㄷ, ㅁ
⑤ ㄴ, ㄹ, ㅁ

해설

ㄱ. (○) 민법 제428조의2 제1항 전문은 "보증은 그 의사가 보증인의 기명날인 또는 서명이 있는 서면으로 표시되어야 효력이 발생한다"라고 규정하고 있는데, '보증인의 서명'은 원칙적으로 보증인이 직접 자신의 이름을 쓰는 것을 의미하므로 타인이 보증인의 이름을 대신 쓰는 것은 이에 해당하지 않지만, '보증인의 기명날인'은 타인이 이를 대행하는 방법으로 하여도 무방하다(대판 2019.3.14. 2018다282473).

ㄴ. (○) 지급보증서에서 보증금액을 정하여 둔 것은 보증인이 보증책임을 지게 될 주채무에 관한 한도액을 정한 것으로서, 그 한도액에는 주채무자의 채권자에 대한 대출금 채무의 원금과 이자 및 지연손해금이 모두 포함되고 그 합계액이 그 한도액을 초과할 수 없지만, 보증채무는 주채무와는 별개의 채무이기 때문에 보증채무 자체의 이행지체로 인한 지연손해금은 지급보증의 한도액과는 별도로 부담하여야 한다(대판 1998.2.27. 97다1433).

ㄷ. (×) 보증계약 체결 후 채권자가 보증인의 승낙 없이 주채무자에 대하여 변제기를 연장하여 준 경우, 그것이 반드시 보증인의 책임을 가중하는 것이라고는 할 수 없으므로 원칙적으로 보증채무에 대하여도 그 효력이 미친다(대판 1996.2.23. 95다49141).

ㄹ. (○) 보증채무에 대한 소멸시효가 중단되는 등의 사유로 완성되지 아니하였다고 하더라도 주채무에 대한 소멸시효가 완성된 경우에는 시효완성 사실로써 주채무가 당연히 소멸되므로 보증채무의 부종성에 따라 보증채무 역시 당연히 소멸된다. 그리고 주채무에 대한 소멸시효가 완성되어 보증채무가 소멸된 상태에서 보증인이 보증채무를 이행하거나 승인하였다고 하더라도, 주채무자가 아닌 보증인의 행위에 의하여 주채무에 대한 소멸시효 이익의 포기 효과가 발생된다고 할 수 없으며, 주채무의 시효소멸에도 불구하고 보증채무를 이행하겠다는 의사를 표시한 경우 등과 같이 부종성을 부정하여야 할 다른 특별한 사정이 없는 한 보증인은 여전히 주채무의 시효소멸을 이유로 보증채무의 소멸을 주장할 수 있다고 보아야 한다(대판 2012.7.12. 2010다51192).

ㅁ. (×) 채권자와 주채무자 사이의 확정판결에 의하여 주채무가 확정되어 그 소멸시효기간이 10년으로 연장되었다 할지라도 그 보증채무까지 당연히 단기소멸시효의 적용이 배제되어 10년의 소멸시효기간이 적용되는 것은 아니고, 채권자와 연대보증인 사이에 있어서 연대보증채무의 소멸시효기간은 여전히 종전의 소멸시효기간에 따른다(대판 2006.8.24. 2004다26287).

답 ❶

024

민법상 보증채무에 관한 설명으로 옳지 않은 것은? (다툼이 있으면 판례에 따름) [20 노무]

① 주채무가 민사채무이고 보증채무가 상사채무인 경우 보증채무의 소멸시효기간은 주채무에 따라 결정된다.
② 보증은 불확정한 다수의 채무에 대하여도 할 수 있다.
③ 주채권과 분리하여 보증채권만을 양도하기로 하는 약정은 그 효력이 없다.
④ 보증채권을 주채권과 함께 양도하는 경우 대항요건은 주채권의 이전에 관하여만 구비하면 족하다.
⑤ 보증인은 주채무자의 채권에 의한 상계로 채권자에게 대항할 수 있다.

해설

① (×) 보증채무는 주채무와는 별개의 독립한 채무이고, 보증채무와 주채무의 소멸시효기간은 채무의 성질에 따라 각각 별개로 정해지므로, 보증채무가 상사채무인 경우 5년의 상사소멸시효(상법 제64조)가 적용된다.
② (○) 민법 제428조의3 제1항
③ (○) 주채권과 보증인에 대한 채권의 귀속주체를 달리하는 것은, 주채무자의 항변권으로 채권자에게 대항할 수 있는 보증인의 권리가 침해되는 등 보증채무의 부종성에 반하고, 주채권을 가지지 않는 자에게 보증채권만을 인정할 실익도 없기 때문에 주채권과 분리하여 보증채권만을 양도하기로 하는 약정은 그 효력이 없다(대판 2002.9.10. 2002다21509).
④ (○) 보증채무는 주채무에 대한 부종성 또는 수반성이 있어서 주채무자에 대한 채권이 이전되면 당사자 사이에 별도의 특약이 없는 한 보증인에 대한 채권도 함께 이전하고, 이 경우 채권양도의 대항요건도 주채권의 이전에 관하여 구비하면 족하고, 별도로 보증채권에 관하여 대항요건을 갖출 필요는 없다(대판 2002.9.10. 2002다21509).
⑤ (○) 민법 제434조

답 ❶

CHAPTER 05 채권양도와 채무인수

제1절 채권의 양도

001 채권양도에 관한 설명으로 옳은 것은?(다툼이 있으면 판례에 따름) [25 변리]

① 가압류된 채권은 양도할 수 없다.
② 전세권이 존속하는 동안은 전세권을 존속시키기로 하면서 전세금반환채권만을 전세권과 분리하여 확정적으로 양도할 수 있다.
③ 부종성 또는 수반성으로 인해 주채무자와 보증인에 대한 채권이 함께 양도되는 경우, 주채권뿐만 아니라 보증채권에 관하여도 대항요건을 갖추어야 한다.
④ 채무자는 지명채권의 양도를 승낙하면서 조건을 붙여서 할 수 있다.
⑤ 당사자 사이에 양도금지특약이 있는 채권도 압류 및 전부명령에 의하여 이전될 수 있으나, 양도금지 특약 사실에 관하여 압류채권자가 악의인 경우에는 전부명령의 효력이 없다.

해설

① (×) 가압류된 채권도 이를 양도하는데 아무런 제한이 없다 할 것이나, 다만 가압류된 채권을 양수받은 양수인은 그러한 가압류에 의하여 권리가 제한된 상태의 채권을 양수받는다고 보아야 할 것이고, 이는 채권을 양도받았으나 확정일자 있는 양도통지나 승낙에 의한 대항요건을 갖추지 아니하는 사이에 양도된 채권이 가압류된 경우에도 동일하다(대판 2002.4.26. 2001다59033).

② (×) 전세권은 전세금을 지급하고 타인의 부동산을 그 용도에 따라 사용·수익하는 권리로서 전세금의 지급이 없으면 전세권은 성립하지 아니하는 등으로 전세금은 전세권과 분리될 수 없는 요소일 뿐 아니라, 전세권에 있어서는 그 설정행위에서 금지하지 아니하는 한 전세권자는 전세권 자체를 처분하여 전세금으로 지출한 자본을 회수할 수 있도록 되어 있으므로 전세권이 존속하는 동안은 전세권을 존속시키기로 하면서 전세금반환채권만을 전세권과 분리하여 확정적으로 양도하는 것은 허용되지 않는 것이며, 다만 전세권 존속 중에는 장래에 그 전세권이 소멸하는 경우에 전세금 반환채권이 발생하는 것을 조건으로 그 장래의 조건부 채권을 양도할 수 있을 뿐이라 할 것이다(대판 2002.8.23. 2001다69122).

③ (×) 보증채무는 주채무에 대한 부종성 또는 수반성이 있어서 주채무자에 대한 채권이 이전되면 당사자 사이에 별도의 특약이 없는 한 보증인에 대한 채권도 함께 이전하고, 이 경우 채권양도의 대항요건도 주채권의 이전에 관하여 구비하면 족하고, 별도로 보증채권에 관하여 대항요건을 갖출 필요는 없다(대판 2002.9.10. 2002다21509).

④ (○) 지명채권의 양도를 승낙함에 있어서는 이의를 보류하고 할 수 있음은 물론이고 양도금지의 특약이 있는 채권양도를 승낙함에 있어 조건을 붙여서 할 수도 있으며 승낙의 성격이 관념의 통지라고 하여 조건을 붙일 수 없는 것은 아니다(대판 1989.7.11. 88다카20866).

⑤ (×) 당사자 사이에 양도금지의 특약이 있는 채권이라도 압류 및 전부명령에 의하여 이전할 수 있고, 양도금지의 특약이 있는 사실에 관하여 압류채권자가 선의인가 악의인가는 전부명령의 효력에 영향을 미치지 못한다(대판 1976.10.29. 76다1623).

답 ④

002 지명채권의 양도에 관한 설명으로 옳은 것은?(다툼이 있으면 판례에 따름)   16 노무

① 지명채권의 양도는 채권자의 통지 또는 채무자의 승낙에 의하여 효력이 발생한다.
② 양도인이 양도통지만을 한 때에는 채무자는 그 통지를 받은 때까지 양도인에 대하여 생긴 사유로써 양수인에게 대항할 수 있다.
③ 양도금지의 특약이 있는 채권은 압류가 금지된다.
④ 채권이 이중으로 양도된 경우, 양수인 상호 간의 우열은 양도 통지 증서의 확정일자 선후로 결정한다.
⑤ 채권양도의 통지는 관념의 통지로서, 양도인이 직접 하여야 하며 대리가 허용되지 않는다.

해설

① (×) 지명채권의 양도는 양도인이 채무자에게 통지하거나 채무자가 승낙하지 아니하면 채무자 기타 제3자에게 대항하지 못한다(민법 제450조). 이는 지명채권양도의 효력발생요건이 아닌 대항요건이다.
② (○) 민법 제451조 제2항
③ (×) 당사자 사이에 양도금지의 특약이 있는 채권이라도 압류 및 전부명령에 따라 이전될 수 있고, 양도금지의 특약이 있는 사실에 관하여 압류채권자가 선의인가 악의인가는 전부명령의 효력에 영향이 없다(대판 2002.8.27. 2001다71699).
④ (×) 채권이 이중으로 양도된 경우 양수인 상호 간의 우열은 확정일자 있는 양도통지가 채무자에게 도달한 일시 또는 확정일자 있는 승낙의 일시의 선후에 의하여 결정하여야 한다(대판 2013.6.28. 2011다83110).
⑤ (×) 채권양도의 통지는 관념의 통지이고, 법률행위의 대리에 관한 규정은 관념의 통지에도 유추적용된다고 할 것이어서 채권양도의 통지도 양도인이 직접 하지 아니하고 사자를 통하여 하거나 나아가서 대리인으로 하여금 하게 하여도 무방하다고 할 것이다(대판 1994.12.27. 94다19242).

답 ❷

003 지명채권양도에 관한 설명으로 옳은 것은?(다툼이 있으면 판례에 따름)   25 노무

① 보증채권을 주채권과 함께 양도하는 경우, 대항요건은 양 채권 모두에 관하여 구비하여야 한다.
② 대항요건을 갖추지 못한 채권양도인은 채무자의 제3채무자에 대한 채권에 관하여 가압류를 할 수 없다.
③ 대항요건을 갖추지 못한 채권양수인이 채무자를 상대로 재판상 청구를 한 경우, 이는 소멸시효의 중단사유이다.
④ 임대차계약상 임차권양도금지 특약이 있는 경우, 특별한 사정이 없는 한 임대보증금 반환채권의 양도도 금지하는 것으로 보아야 한다.
⑤ 양도금지특약부 채권을 전부받은 자로부터 다시 그 채권을 양수한 자가 특약에 대하여 악의인 경우, 채무자는 특약을 근거로 채권양도의 무효를 주장할 수 있다.

해설

① (×) 보증채무는 주채무에 대한 부종성 또는 수반성이 있어서 주채무자에 대한 채권이 이전되면 당사자 사이에 별도의 특약이 없는 한 보증인에 대한 채권도 함께 이전하고, 이 경우 채권양도의 대항요건도 주채권의 이전에 관하여 구비하면 족하고, 별도로 보증채권에 관하여 대항요건을 갖출 필요는 없다(대판 2002.9.10. 2002다21509).
② (×) 채권양도 후 대항요건이 구비되기 전의 채권양도인은 채무자에 대한 관계에서는 여전히 채권자의 지위에 있으므로 채무자의 제3채무자에 대한 채권에 대하여 채권가압류 등의 보전조치를 할 수 있고, 이 경우 채권가압류에 기하여 채권양도인이 배당절차에서 배당을 받았다면 그 배당은 유효하다고 봄이 상당하다(대판 2019.5.16. 2016다8589).

③ (O) 대항요건을 갖추지 못하여 채무자에게 대항하지 못한다고 하더라도 채권의 양수인이 채무자를 상대로 재판상의 청구를 하였다면 이는 소멸시효 중단사유인 재판상의 청구에 해당한다고 보아야 한다(대판 2005.11.10. 2005다41818).
④ (×) 임차인과 임대인간의 약정에 의하여 임차권의 양도가 금지되어 있다 하더라도 그러한 사정만으로 임대차계약에 따른 임차보증금반환채권의 양도까지 금지되는 것은 아니므로, 임차인 겸 양도인이 양수인에게 임차목적물에 대한 임차권뿐만 아니라 임차보증금반환채권을 양도하고 임대인에게 임차보증금반환채권이 양도되었다는 통지를 한 이상 그 후 임대차계약이 종료되는 경우 양수인은 임차권양도에 동의하였는지의 여부에 상관없이 임대인에 대하여 임차보증금의 반환을 구할 수 있다(대판 2001.6.12. 2001다2624).
⑤ (×) 당사자 사이에 양도금지의 특약이 있는 채권이더라도 전부명령에 의하여 전부되는 데에는 지장이 없고, 양도금지의 특약이 있는 사실에 관하여 집행채권자가 선의인가 악의인가는 전부명령의 효력에 영향을 미치지 못하는 것인바, 이와 같이 양도금지특약부 채권에 대한 전부명령이 유효한 이상, 그 전부채권자로부터 다시 그 채권을 양수한 자가 그 특약의 존재를 알았거나 중대한 과실로 알지 못하였다고 하더라도 채무자는 위 특약을 근거로 삼아 채권양도의 무효를 주장할 수 없다(대판 2003.12.11. 2001다3771).

답 ❸

004

채권양도와 채무인수에 관한 설명으로 옳지 않은 것은?(다툼이 있으면 판례에 따름) 21 노무

① 매매로 인한 소유권이전등기청구권의 양도는 채무자의 동의나 승낙을 받아야 대항력이 생긴다.
② 중첩적 채무인수는 채권자와 채무인수인 사이에 합의가 있더라도 채무자의 의사에 반해서는 이루어질 수 없다.
③ 당사자 간 지명채권 양도의 효과는 특별한 사정이 없는 한 통지 또는 승낙과 관계없이 양도계약과 동시에 발생한다.
④ 가압류된 채권도 특별한 사정이 없는 한 양도하는 데 제한이 없다.
⑤ 채무의 인수가 면책적인지 중첩적인지 불분명한 경우에는 중첩적 채무인수로 본다.

해설

① (O) 매매로 인한 소유권이전등기청구권의 양도는 특별한 사정이 없는 이상 양도가 제한되고 양도에 채무자의 승낙이나 동의를 요한다고 할 것이므로 통상의 채권양도와 달리 양도인의 채무자에 대한 통지만으로는 채무자에 대한 대항력이 생기지 않으며 반드시 채무자의 동의나 승낙을 받아야 대항력이 생긴다(대판 2018.7.12. 2015다36167).
② (×) 중첩적 채무인수는 채권자와 채무인수인과의 합의가 있는 이상 채무자의 의사에 반하여서도 이루어질 수 있다(대판 1988.11.22. 87다카1836).
③ (O) 당사자 간 지명채권 양도의 효과는 양도인과 양수인 사이에 채권을 양도인으로부터 양수인에게 이전하기로 하는 내용의 양도계약을 체결함으로써 발생한다. 민법 제450조가 정하는 채무자의 승낙이나 채무자에게의 통지는 대항요건에 불과하다.
④ (O) 채권양도에 의하여 채권은 그 동일성을 잃지 않고 양도인으로부터 양수인에게 이전된다 할 것이며, 가압류된 채권도 이를 양도하는 데 아무런 제한이 없다 할 것이나, 다만 가압류된 채권을 양수받은 양수인은 그러한 가압류에 의하여 권리가 제한된 상태의 채권을 양수받는다고 보아야 할 것이고, 이는 채권을 양도받았으나 확정일자 있는 양도통지나 승낙에 의한 대항요건을 갖추지 아니하는 사이에 양도된 채권이 가압류된 경우에도 동일하다(대판 2002.4.26. 2001다59033).
⑤ (O) 채무인수가 면책적인가 중첩적인가 하는 것은 채무인수계약에 나타난 당사자 의사의 해석에 관한 문제로서, 면책적 인수인지 중첩적 인수인지가 분명하지 아니한 때에는 이를 중첩적으로 인수한 것으로 볼 것이다(대판 2013.9.13. 2011다56033).

답 ❷

005 채권양도에 관한 설명으로 옳지 않은 것은?(다툼이 있으면 판례에 따름) 〔19〕 노무

① 근로자가 임금채권을 양도한 경우, 양수인은 스스로 사용자에 대하여 임금지급을 청구할 수 없다.
② 주채권과 분리하여 보증채권만을 양도하기로 하는 약정은 그 효력이 없다.
③ 지명채권의 양도통지를 한 후 그 양도계약이 해제된 경우, 양도인이 그 해제를 이유로 채무자에게 양도채권으로 대항하려면 양수인이 그 채무자에게 해제사실을 통지하여야 한다.
④ 매매로 인한 소유권이전등기청구권에 관한 양도제한의 법리가 취득시효 완성으로 인한 소유권이전등기청구권의 양도에도 적용된다.
⑤ 2인이 동업하는 조합의 조합원 1인이 다른 조합원의 동의 없이 한 조합채권의 양도행위는 무효이다.

해설

① (○) 대판 1996.3.22. 95다2630
② (○) 주채권과 보증인에 대한 채권의 귀속주체를 달리하는 것은, 주채무자의 항변권으로 채권자에게 대항할 수 있는 보증인의 권리가 침해되는 등 보증채무의 부종성에 반하고, 주채권을 가지지 않는 자에게 보증채권만을 인정할 실익도 없기 때문에 주채권과 분리하여 보증채권만을 양도하기로 하는 약정은 그 효력이 없다(대판 2002.9.10. 2002다21509).
③ (○) 지명채권의 양도통지를 한 후 그 양도계약이 해제 또는 합의해제된 경우 채권양도인이 그 해제를 이유로 다시 원래의 채무자에 대하여 양도채권으로 대항하려면 채권양수인이 채무자에게 위와 같은 해제 등 사실을 통지하여야 한다(대판 2014.4.10. 2013다76192).
④ (×) 취득시효 완성으로 인한 소유권이전등기청구권은 채권자와 채무자 사이에 아무런 계약관계나 신뢰관계가 없고, 그에 따라 채권자가 채무자에게 반대급부로 부담하여야 하는 의무도 없다. 따라서 취득시효 완성으로 인한 소유권이전등기청구권의 양도의 경우에는 매매로 인한 소유권이전등기청구권에 관한 양도제한의 법리가 적용되지 않는다(대판 2018.7.12. 2015다36167).
⑤ (○) 대판 1990.2.27. 88다카11534

답 ❹

006 지명채권의 양도에 관한 설명으로 옳지 않은 것은?(다툼이 있으면 판례에 따름) 〔20〕 노무

① 장래의 채권도 그 권리의 특정이 가능하고 가까운 장래에 발생할 것임이 상당 정도 기대되는 경우에는 채권양도의 대상이 될 수 있다.
② 채권의 양도를 승낙함에 있어서는 이의를 보류할 수 있고 양도금지의 특약이 있는 채권양도를 승낙하면서 조건을 붙일 수도 있다.
③ 채권양도에 대한 채무자의 승낙은 양도인 또는 양수인에 대하여 할 수 있다.
④ 채권이 이중으로 양도된 경우 양수인 상호 간의 우열은 통지 또는 승낙에 붙여진 확정일자의 선후에 의하여 결정된다.
⑤ 채권양도 없이 채무자에게 채권양도를 통지한 경우 선의인 채무자는 양수인에게 대항할 수 있는 사유로 양도인에게 대항할 수 있다.

해설

① (○) 대판 1996.7.30. 95다7932
② (○) 대판 1989.7.11. 88다카20866
③ (○) 지명채권양도의 채무자에 대한 대항요건은 채무자에 대한 채권양도의 통지 또는 채무자의 승낙인데, 채권양도통지가 채무자에 대하여 이루어져야 하는 것과는 달리 채무자의 승낙은 양도인 또는 양수인 모두가 상대방이 될 수 있다(대판 2011.6.30. 2011다8614).

④ (×) 채권이 이중으로 양도된 경우 양수인 상호 간의 우열은 확정일자 있는 양도통지가 채무자에게 도달한 일시 또는 확정일자 있는 승낙의 일시의 선후에 의하여 결정하여야 하고, 확정일자 있는 증서에 의하지 아니한 통지나 승낙이 있는 채권양도의 양수인은 확정일자 있는 증서에 의한 통지나 승낙이 있는 채권양도의 양수인에게 대항할 수 없다(대판 2013.6.28. 2011다83110).
⑤ (○) 양도인이 채무자에게 채권양도를 통지한 때에는 아직 양도하지 아니하였거나 그 양도가 무효인 경우에도 선의인 채무자는 양수인에게 대항할 수 있는 사유로 양도인에게 대항할 수 있다(민법 제452조 제1항).

답 ④

007

지명채권의 양도에 관한 설명으로 옳은 것은? (다툼이 있으면 판례에 따름)   18 노무

CHECK ○△×

① 채권양도의 대항요건인 채무자의 승낙에는 조건을 붙일 수 있다.
② 채권양도행위가 사해행위에 해당하지 않는 경우에도 양도통지가 별도로 채권자취소권 행사의 대상이 된다.
③ 근로자가 그 임금채권을 양도한 경우, 양수인은 사용자에 대하여 임금의 지급을 청구할 수 있다.
④ 채무자는 채권양도를 승낙한 후에도 양도인에 대한 채권을 새로 취득한 경우에 이를 가지고 양수인에 대하여 상계할 수 있다.
⑤ 채권양도에 대한 채무자의 승낙은 양도인에게 하여야 하며, 양수인에게 한 경우에는 효력이 없다.

해설

① (○) 지명채권의 양도의 대항요건인 채무자의 승낙은 채권양도의 사실을 채무자가 승인하는 의사를 표명하는 채무자의 행위라고 할 수 있는데, 채무자는 채권양도를 승낙하면서 조건을 붙여서 할 수 있다(대판 2014.11.13. 2012다52526).
② (×) 채권양도의 경우 권리이전의 효과는 원칙적으로 당사자 사이의 양도계약 체결과 동시에 발생하며 채무자에 대한 통지 등은 채무자를 보호하기 위한 대항요건일 뿐이므로, 채권양도행위가 사해행위에 해당하지 않는 경우에 양도통지가 따로 채권자취소권 행사의 대상이 될 수는 없다(대판 2012.8.30. 2011다32785).
③ (×) 근로자가 그 임금채권을 양도한 경우라 할지라도 그 임금의 지급에 관하여는 근로기준법 제36조 제1항에 정한 임금 직접지급의 원칙이 적용되어 사용자는 직접 근로자에게 임금을 지급하지 아니하면 안 되고, 그 결과 비록 적법 유효한 양수인이라도 스스로 사용자에 대하여 임금의 지급을 청구할 수 없다(대판 1996.3.22. 95다2630).
④ (×) 채무자는 채권양도를 승낙한 후에 취득한 양도인에 대한 채권으로써 양수인에 대하여 상계로써 대항하지 못한다(대판 1984.9.11. 83다카2288).
⑤ (×) 민법 제450조 소정의 채무자의 승낙은 채권양도의 사실을 채무자가 승인하는 뜻으로서 동조가 규정하는 채권양도의 대항요건을 구비하기 위하여서는 채무자가 양도의 사실을 양도인 또는 양수인에 대하여 승인함을 요한다(대판 1986.2.25. 85다카1529).

답 ①

008

甲이 乙에게 자신의 주택을 매도한 후에 乙에 대한 매매대금채권을 丙에게 양도하였다. 이에 관한 설명으로 옳지 않은 것은?(다툼이 있으면 판례에 따름) `18 변리`

① 乙은 丙에게 채권양도에 대한 승낙을 하면서 조건을 붙일 수 있다.
② 甲으로부터 채권양도통지권한을 위임받은 丙이 대리관계를 현명하지 않고 丙 명의의 채권양도통지서를 乙에게 발송하여 도달한 경우, 특별한 사정이 없는 한 그 양도통지는 효력이 없다.
③ 甲이 乙에게 채권양도사실을 통지한 후에 乙이 甲에게 금전을 빌려주었다면, 乙은 그 대여금반환채권에 의한 상계로써 丙에게 대항할 수 없다.
④ 채권양도에 대한 乙의 승낙이 있은 후에 채권양도계약이 해제되어 甲이 乙에게 양도철회통지를 한 경우, 乙은 이로써 丙의 채무이행청구에 대하여 대항할 수 있다.
⑤ 甲이 乙에게 채권양도의 사실을 통지하였으나 양도행위가 적법하게 취소된 경우, 乙이 이 사실을 모르고 丙에게 변제하였다면 이를 가지고 甲에게 대항할 수 있다.

해설

① (○) 지명채권의 양도를 승낙함에 있어서는 이의를 보류하고 할 수 있음은 물론이고 양도금지의 특약이 있는 채권양도를 승낙함에 있어 조건을 붙여서 할 수도 있으며 승낙의 성격이 관념의 통지라고 하여 조건을 붙일 수 없는 것은 아니므로(대판 1989.7.11. 88다카20866), 乙은 丙에게 채권양도에 대한 승낙을 하면서 조건을 붙일 수 있다.

② (○) 丙이 甲으로부터 채권양도통지권한을 위임받은 경우, 丙은 대리관계를 현명하여 乙에게 채권양도의 통지를 하여야 하나, 대리관계를 현명하지 않고 丙 명의의 채권양도통지서를 乙에게 발송하여 도달하였다면 특별한 사정이 없는 한 그 양도통지는 효력이 없다.

> 채권양도통지권한을 위임받은 양수인이 양도인을 대리하여 채권양도통지를 함에 있어서는 민법 제114조 제1항의 규정에 따라 양도인 본인과 대리인을 표시하여야 하는 것이므로, 양수인이 서면으로 채권양도통지를 함에 있어 대리관계의 현명을 하지 아니한 채 양수인 명의로 된 채권양도통지서를 채무자에게 발송하여 도달되었다 하더라도 이는 효력이 없다고 할 것이다(대판 2004.2.13. 2003다43490).

③ (○) 양도인이 양도통지만을 한 때에는 채무자는 그 통지를 받은 때까지 양도인에 대하여 생긴 사유로써 양수인에게 대항할 수 있다(민법 제451조 제2항). 양도인 甲이 채무자 乙에게 채권양도사실을 통지한 후에 乙이 甲으로부터 채권을 취득하였다면, 특별한 사정이 없는 한 乙은 그 대여금반환채권에 의한 상계로써 양수인 丙에게 대항할 수 없다.

④ (×) 지문의 경우, 양도인 甲은 양수인 丙의 동의를 받지 아니하고 양도철회통지를 하였으므로, 채무자 乙은 이로써 丙의 채무이행청구에 대하여 대항할 수 없다.

> 민법 제452조 제2항에 채권양도의 통지는 양수인의 동의가 없으면 철회하지 못한다고 규정되어 있으므로 채권양도인과 양수인과의 채권양도계약이 해제되었고 채권양도인이 채무자에게 양도철회통지를 하였다고 하더라도 채무자는 이것을 채권양수인에게 대항할 수는 없다(대판 1978.6.13. 78다468).

⑤ (○) 양도인이 채무자에게 채권양도를 통지한 때에는 아직 양도되지 아니하였거나 그 양도가 무효인 경우에도 선의인 채무자는 양수인에게 대항할 수 있는 사유로 양도인에게 대항할 수 있으므로(민법 제452조 제1항), 비록 양도행위가 적법하게 취소되어 무효가 되었더라도, 채무자 乙이 이 사실을 모르고 양수인 丙에게 변제하였다면, 乙은 이를 가지고 양도인 甲에게 대항할 수 있다.

답 ④

009 채권의 양도에 관한 설명으로 옳은 것은?(다툼이 있으면 판례에 따름) 〔24 변리〕

① 부동산매매로 인한 소유권이전등기청구권이 양도된 경우, 양도인의 채무자에 대한 통지만으로 채무자에 대한 대항력이 발생한다.
② 소송행위를 하게 하는 것을 주목적으로 지명채권의 양도가 이루어진 경우, 그 채권양도가 신탁법상의 신탁에 해당하지 않는 경우에는 유효이다.
③ 주채무자에 대한 지명채권이 양도된 후 양수인이 보증인에게 보증채권을 행사하기 위해서는 주채권의 양도에 대한 대항요건과 별도로 보증채권의 양도에 대한 대항요건을 갖추어야 한다.
④ 선순위의 근저당권부채권을 양수한 채권자보다 후순위의 근저당권자는 '지명채권양도의 대항요건을 갖추지 아니한 경우에 대항할 수 없는 제3자'에 포함되지 않는다.
⑤ 채권자와 양수인 사이의 계약에 의해 지명채권이 양도된 경우, 양수인은 제3자에 대한 대항요건을 구비하기 위함이라고 하더라도 그 채권자에게 채권양도통지절차의 이행을 청구할 수 없다.

해설

① (×) 매매로 인한 소유권이전등기청구권의 양도는 특별한 사정이 없는 이상 양도가 제한되고 양도에 채무자의 승낙이나 동의를 요한다고 할 것이므로 통상의 채권양도와 달리 양도인의 채무자에 대한 통지만으로는 채무자에 대한 대항력이 생기지 않으며 반드시 채무자의 동의나 승낙을 받아야 대항력이 생긴다(대판 2018.7.12. 2015다36167).
② (×) 소송행위를 하게 하는 것을 주목적으로 채권양도 등이 이루어진 경우, 그 채권 양도가 신탁법상의 신탁에 해당하지 않는다고 하여도 신탁법 제6조가 유추적용되므로 무효이다. 소송행위를 하게 하는 것이 주목적인지의 여부는 채권양도계약이 체결된 경위와 방식, 양도계약이 이루어진 후 제소에 이르기까지의 시간적 간격, 양도인과 양수인 간의 신분관계 등 제반 상황에 비추어 판단하여야 한다(대판 2022.1.14. 2017다257098).
③ (×) 보증채무는 주채무에 대한 부종성 또는 수반성이 있어서 주채무자에 대한 채권이 이전되면 당사자 사이에 별도의 특약이 없는 한 보증인에 대한 채권도 함께 이전하고, 이 경우 채권양도의 대항요건도 주채권의 이전에 관하여 구비하면 족하고, 별도로 보증채권에 관하여 대항요건을 갖출 필요는 없다(대판 2002.9.10. 2002다21509).
④ (○) 채권양도의 대항요건의 흠결의 경우 채권을 주장할 수 없는 채무자 이외의 제3자는 양도된 채권 자체에 관하여 양수인의 지위와 양립할 수 없는 법률상 지위를 취득한 자에 한하므로, 선순위의 근저당권부채권을 양수한 채권자보다 후순위의 근저당권자는 채권양도의 대항요건을 갖추지 아니한 경우 대항할 수 없는 제3자에 포함되지 않는다(대판 2005.6.23. 2004다29279).
⑤ (×) 지명채권의 양도는 특별한 사정이 없는 한 채권자와 양수인 사이의 계약에 의하여 이루어지는데, 채무자에 대한 통지 또는 채무자의 승낙이 없으면 채무자 기타 제3자에게 대항할 수 없다(민법 제450조 제1항). 한편 위 통지나 승낙이 확정일자 있는 증서에 의한 것이 아니면 채무자 이외의 제3자에게 대항하지 못하므로(민법 제450조 제2항), 양수인은 대항요건을 구비하기 위해 채권자에게 채권양도통지절차의 이행을 청구할 수 있다(대판 2022.10.27. 2017다243143).

답 ④

010

甲은 2016.1.5. 乙에게 1억원을 대여하였고, 그 후 A 또는 B에게 자신의 채권을 양도하였다. 이에 관한 설명으로 옳은 것을 모두 고른 것은?(다툼이 있으면 판례에 따름)

> ㄱ. 甲이 A에게만 채권을 양도하였을 경우, A가 甲의 대리인으로서 乙에게 한 채권양도의 통지도 효력이 있다.
> ㄴ. 甲이 乙에게 휴대폰 문자로 양수인을 A로 한 채권양도의 통지를 하였고 이에 따라 乙이 A에 대하여 채무를 변제하였는데, 그 후 다시 甲이 양수인을 B로 한 확정일자 있는 증서로 채권양도통지를 하였더라도 乙의 A에 대한 채무변제는 유효하다.
> ㄷ. 甲이 乙에게 양수인을 A로 한 단순한 채권양도의 통지를 하였고, 그 후 乙이 아직 변제하지 않은 상태에서 다시 양수인을 B로 한 확정일자 있는 증서로 채권양도를 통지하였다면 乙이 A에 대하여 한 변제로 B에게 대항할 수 없다.
> ㄹ. 채권양수인을 A로 한 양도통지서의 확정일자는 2017.1.10.이고, B로 한 양도통지서의 확정일자는 2017.1.11.이었으나, 양수인 B로 한 확정일자 있는 증서가 먼저 乙에게 도달하였을 경우, 乙은 B에게 변제할 책임이 있다.

① ㄱ
② ㄴ, ㄹ
③ ㄱ, ㄷ, ㄹ
④ ㄴ, ㄷ, ㄹ
⑤ ㄱ, ㄴ, ㄷ, ㄹ

해설

ㄱ. (○) 민법 제450조에 의한 채권양도통지는 양도인이 직접하지 아니하고 사자를 통하여 하거나 대리인으로 하여금 하게 하여도 무방하고, 채권의 양수인도 양도인으로부터 채권양도통지권한을 위임받아 대리인으로서 그 통지를 할 수 있다(대판 2004.2.14. 2003다43490). 따라서 甲이 A에게만 채권을 양도하였을 경우, A가 甲의 대리인으로서 乙에게 한 채권양도의 통지도 효력이 있다.

ㄴ. (○) 판례의 취지를 고려할 때 乙이 A에 대하여 채무를 변제하였다면 그 후 다시 甲이 양수인을 B로 한 확정일자 있는 증서로 채권양도통지를 하였더라도 이는 존재하지 아니하는 채권에 대한 것으로 무효라고 할 것이어서 먼저 있었던 乙의 A에 대한 채무변제가 유효하다.

> 민법 제450조 제2항 소정의 지명채권양도의 제3자에 대한 대항요건은 양도된 채권이 존속하는 동안에 그 채권에 관하여 양수인의 지위와 양립할 수 없는 법률상의 지위를 취득한 제3자가 있는 경우에 적용되는 것이므로, 양도된 채권이 이미 변제 등으로 소멸한 경우에는 그 후에 그 채권에 관한 채권압류 및 추심명령이 송달되더라도 그 채권압류 및 추심명령은 존재하지 아니하는 채권에 대한 것으로서 무효이고, 위와 같은 대항요건의 문제는 발생될 여지가 없다(대판 2003.10.24. 2003다37426).

ㄷ. (○) 확정일자 있는 증서로 채권양도를 통지한 양수인 B가 적법한 채권자가 되므로, 채무자 乙은 A에 대하여 한 변제로 B에게 대항할 수 없다.

> 이중의 채권양도가 있는 경우에 확정일자 있는 증서에 의한 통지를 한 채권양수인만이 채권양수에 의한 적법한 채권자가 된다 할 것이고 채무자는 위의 채권자에게만 채무변제의 의무가 있으며 그 결과 확정일자 있는 증서에 의하지 아니한 채무자의 승낙 있는 채권양도에 있어서의 채권양수인에 대하여는 채무변제의 의무가 없게 되는 것이다(대판 1972.1.31. 71다2697).

ㄹ. (○) 확정일자의 선후와 상관없이 양수인 B로 한 확정일자 있는 증서가 먼저 채무자 乙에게 도달하였으므로, 乙은 B에게 변제할 책임이 있다.

> 채권이 이중으로 양도된 경우의 양수인 상호 간의 우열은 통지 또는 승낙에 붙여진 확정일자의 선후에 의하여 결정할 것이 아니라, 채권양도에 대한 채무자의 인식, 즉 확정일자 있는 양도통지가 채무자에게 도달한 일시 또는 확정일자 있는 승낙의 일시의 선후에 의하여 결정하여야 할 것이고, 이러한 법리는 채권양수인과 동일 채권에 대하여 가압류명령을 집행한 자 사이의 우열을 결정하는 경우에 있어서도 마찬가지이므로, 확정일자 있는 채권양도통지와 가압류결정 정본의 제3채무자(채권양도의 경우는 채무자)에 대한 도달의 선후에 의하여 그 우열을 결정하여야 한다(대판 1994.4.26. 93다24223[전합]).

답 ❺

011

甲이 자신의 乙에 대한 매매대금채권을 丙에게 양도한 경우에 관한 설명으로 옳은 것은?(다툼이 있으면 판례에 따름)   16 변리

① 丙이 乙에게 자신의 명의로 된 확정일자 있는 채권양도통지서를 발송하여 도달되었다면, 특별한 사정이 없는 한 丙은 乙에게 위 채권양도로 대항할 수 있다.
② 매매대금채권에 관하여 甲과 乙 사이에 양도금지특약이 있다면, 乙은 경과실로 이를 알지 못한 丙에게 위 특약으로써 대항할 수 있다.
③ 丙이 乙로부터 변제를 받은 후 甲과 乙 사이의 매매계약이 해제되었다면 乙은 직접 丙에게 급부의 반환을 청구할 수 있다.
④ 甲이 乙에 대한 위 채권을 丁에게도 양도하였고 丙과 丁에 대한 양도에 대하여 확정일자 있는 증서에 의한 통지가 이루어졌다면 丙과 丁 간의 우열은 확정일자의 선후에 의한다.
⑤ 丙이 乙에 대하여 매매대금의 지급을 소구(訴求)하였다고 하더라도 丙이 아직 대항요건을 갖추지 못하였다면 丙의 재판상 청구는 소멸시효중단사유로 인정되지 않는다.

해설

① (×) 채권양도통지는 원칙적으로 양도인이 채무자에게 하여야 한다. 다만, 판례는 민법 제450조에 의한 채권양도통지는 양도인이 직접 하지 아니하고 사자를 통하여 하거나 대리인으로 하여금 하게 하여도 무방하고, 채권의 양수인도 양도인으로부터 채권양도통지권한을 위임받아 대리인으로서 그 통지를 할 수 있다고 판시하고 있다(대판 2004.2.13. 2003다43490). 채권양도통지권한을 위임받은 사실이 없는 이상, 양수인 丙이 자신의 명의로 한 채권양도통지는 그 효력이 없다.

② (×) 매매대금채권에 관하여 甲과 乙 사이에 양도금지특약이 있는 경우, 甲으로부터 매매대금채권을 양수한 丙이 선의이거나 무중과실(경과실)이라면 乙은 경과실로 이를 알지 못한 丙에게 위 특약으로써 대항할 수 없다.

> 채권은 당사자가 반대의 의사를 표시한 경우에는 양도하지 못한다. 그러나 그 의사표시로써 선의의 제3자에게 대항하지 못한다(민법 제449조 제2항). 선의의 제3자의 의미와 관련하여 판례는 양도금지특약의 존재를 알지 못하고 채권을 양수한 경우에 있어서 그 알지 못함에 중대한 과실이 있는 때에는 악의의 양수인과 같이 양도에 의한 채권을 취득할 수 없다(대판 1996.6.28. 96다18281)고 하여 선의·무중과실일 것을 요하고 있다.

③ (○) 판례의 취지를 고려할 때 丙은 민법 제548조 제1항 단서의 제3자에 해당하지 아니하므로 甲과 乙 사이의 매매계약이 해제된 경우 乙은 직접 丙에게 급부의 반환을 청구할 수 있다.

> 민법 제548조 제1항 단서에서 규정하고 있는 제3자란 일반적으로 계약이 해제되는 경우 그 해제된 계약으로부터 생긴 법률효과를 기초로 하여 해제 전에 새로운 이해관계를 가졌을 뿐 아니라 등기·인도 등으로 완전한 권리를 취득한 자를 말하고, 계약상의 채권을 양수한 자는 여기서 말하는 제3자에 해당하지 않는다고 할 것인바, 계약이 해제된 경우 계약해제 이전에 해제로 인하여 소멸되는 채권을 양수한 자는 계약해제의 효과에 반하여 자신의 권리를 주장할 수 없음은 물론이고, 나아가 특단의 사정이 없는 한 채무자로부터 이행받은 급부를 원상회복하여야 할 의무가 있다(대판 2003.1.24. 2000다22850).

④ (×) 丙과 丁 간의 우열은 확정일자의 선후가 아니라 채권양도에 대한 乙의 인식, 즉 확정일자 있는 양도통지가 乙에게 도달한 일시 또는 확정일자 있는 승낙의 일시의 선후에 의하여 결정하여야 할 것이다.

> 채권이 이중으로 양도된 경우의 양수인 상호 간의 우열은 통지 또는 승낙에 붙여진 확정일자의 선후에 의하여 결정할 것이 아니라, 채권양도에 대한 채무자의 인식, 즉 확정일자 있는 양도통지가 채무자에게 도달한 일시 또는 확정일자 있는 승낙의 일시의 선후에 의하여 결정하여야 할 것이고, 이러한 법리는 채권양수인과 동일 채권에 대하여 가압류명령을 집행한 자 사이의 우열을 결정하는 경우에 있어서도 마찬가지이므로, 확정일자 있는 채권양도통지와 가압류결정 정본의 제3채무자(채권양도의 경우는 채무자)에 대한 도달의 선후에 의하여 그 우열을 결정하여야 한다(대판 1994.4.26. 93다24223[전합]).

⑤ (×) 비록 대항요건을 갖추지 못하여 채무자에게 대항하지 못한다고 하더라도 채권의 양수인이 채무자를 상대로 재판상의 청구를 하였다면 이는 소멸시효중단사유인 재판상의 청구에 해당한다고 보아야 할 것이므로(대판 2005.11.10. 2005다41818), 대항요건을 갖추지 못한 丙의 재판상 청구도 소멸시효중단사유로 인정하여야 한다.

답 ❸

012

2013년 10월 10일 甲은 乙로부터 1억원을 변제기는 2014년 10월 10일, 이자는 월 1%로 하여 차용하였으며, 이 채무에 대하여 丙이 연대보증하였다. 2014년 3월 10일 乙은 위 1억원의 원본채권을 丁에게 양도하였고, 甲은 乙에게 그동안의 이자를 지급하지 않았다. 이에 관한 설명으로 옳은 것은?(다툼이 있으면 판례에 따름) **15 변리**

① 乙이 丙에게 채권양도사실을 별도로 통지하지 않으면, 甲에 대한 대항요건을 갖춘 것만으로 丁은 丙에게 대항할 수 없다.
② 채권을 양도하기 전에 이미 변제한 甲이 채권양도를 이의 없이 승낙했더라도 甲은 丁의 이행청구를 거절할 수 있다.
③ 이자채권도 양도한다는 의사표시가 없는 한 대항요건을 구비한 丁은 丙에 대하여 1억원의 원본채권을 양도받을 때까지 발생한 이자를 청구할 수 없다.
④ 丁이 채권을 취득한 후 丙에 대하여 그 채무의 일부를 면제한 경우, 그 면제의 효력은 甲에게 미친다.
⑤ 甲과 乙 사이에 양도금지특약이 있는 경우, 丁이 중과실로 그 사실을 알지 못하더라도 丁은 양도에 의해 채권을 취득할 수 있다.

해설

① (×) 보증채무는 주채무에 대한 부종성 또는 수반성이 있어서 주채무자에 대한 채권이 이전되면 당사자 사이에 별도의 특약이 없는 한 보증인에 대한 채권도 함께 이전하고, 이 경우 채권양도의 대항요건도 주채권의 이전에 관하여 구비하면 족하고, 별도로 보증채권에 관하여 대항요건을 갖출 필요는 없으므로(대판 2002.9.10. 2002다21509), 양도인 乙이 채무자 甲에게 채권양도의 통지를 하여 양수인 丁이 채무자 甲에 대한 대항요건을 갖추었다면 연대보증인 丙에게 채권양도사실을 별도로 통지하지 아니하였더라도, 丙에게 대항할 수 있다.
② (×) 채무자가 이의를 보류하지 아니하고 승낙을 한 때에는 양도인에게 대항할 수 있는 사유로써 양수인에게 대항하지 못한다(민법 제451조 제1항 본문). 다만, 판례는 양수인이 선의·무중과실일 것을 요하고 있다(대판 2002.3.29. 2000다13887). 양수인 丁이 악의·중과실이 아닌 한, 이의를 보류하지 아니하고 승낙을 한 채무자 甲은 丁의 이행청구를 거절할 수 없다.

③ (○) 이자채권도 양도한다는 의사표시가 없는 한 변제기에 도달한 이자채권도 당연히 양수인 丁에게 양도되는 것은 아니어서 丁은 원본채권인 1억원의 대여금채권을 양도받을 때까지 이미 발생한 이자를 청구할 수 없다고 이해된다.

> 이자채권은 원본채권에 대하여 종속성을 갖고 있으나 이미 변제기에 도달한 이자채권은 원본채권과 분리하여 양도할 수 있고 원본채권과 별도로 변제할 수 있으며 시효로 인하여 소멸되기도 하는 등 어느 정도 독립성을 갖게 되는 것이므로, 원본채권이 양도된 경우 이미 변제기에 도달한 이자채권은 원본채권의 양도 당시 그 이자채권도 양도한다는 의사표시가 없는 한 당연히 양도되지는 않는다(대판 1989.3.28. 88다카12803).

④ (×) 원칙적으로 보증인에게 생긴 사유는 상대효만 있을 뿐이므로, 채권자의 보증인에 대한 면제 등은 주채무자에게 영향을 미치지 아니한다. 다만, 변제·대물변제·공탁·상계 등 채권의 만족을 주는 사유는 절대효가 인정된다. 丁이 채권을 취득한 후 丙에 대하여 그 채무의 일부를 면제한 경우에도 그 면제의 효력은 주채무자 甲에게 미치지 아니한다.

⑤ (×) 채권은 당사자가 반대의 의사를 표시한 경우에는 양도하지 못한다. 그러나 그 의사표시로써 선의의 제3자에게 대항하지 못한다(민법 제449조 제2항). 선의의 제3자의 의미와 관련하여 판례는 양도금지특약의 존재를 알지 못하고 채권을 양수한 경우에 있어서 그 알지 못함에 중대한 과실이 있는 때에는 악의의 양수인과 같이 양도에 의한 채권을 취득할 수 없다(대판 1996.6.28. 96다18281)고 하여 선의·무중과실일 것을 요하고 있으므로 양수인 丁이 중과실로 양도금지특약의 존재를 알지 못한 경우에는, 양도에 의하여 채권을 취득할 수 없다.

답 ③

013

수급인 甲은 2020.10.1. 도급인 乙과 도급계약을 체결하고, 2021.1.5. 공사를 완성하여 乙에 대한 1억원의 공사대금채권을 갖고 있던 중 위 채권을 丙에게 양도하고, 이를 乙에게 통지하였다. 이에 관한 설명으로 옳지 않은 것은?(다툼이 있으면 판례에 따름) **21 변리**

① 甲이 丙에게 공사대금채권의 추심 기타 행사를 위임하면서 그 채권을 양도하였으나 양도의 원인인 위임이 해지된 경우, 공사대금채권은 甲에게 복귀한다.
② 甲이 주채무자 乙에 대한 채권과 그의 보증인 丁에 대한 채권 중 丁에 대한 채권만을 양도하기로 한 경우, 그 약정은 효력이 없다.
③ 甲과 乙 사이에 채권양도금지특약이 있는 경우, 이와 같은 사실을 알고 있는 甲의 채권자 戊가 甲의 乙에 대한 채권에 대해 압류 및 전부명령을 받았다면 乙은 戊에게 위 특약에 의해 대항할 수 없다.
④ 甲이 丙에게 공사대금채권 중 5,000만원만 양도하고 乙에게 채권양도통지 후 乙이 甲에 대한 2,000만원의 하자보수에 갈음하는 손해배상채권을 취득한 경우, 乙의 위 채권에 의한 상계는 각 분할된 채권액의 채권 총액에 대한 비율에 따라야 한다.
⑤ 甲의 丙에 대한 채권양도 및 乙에 대한 확정일자부 통지와 甲의 채권자 戊가 신청한 甲의 乙에 대한 채권에 대한 압류 및 전부명령이 乙에게 동시에 도달한 경우, 乙은 채권자를 알 수 없음을 이유로 변제공탁을 할 수 있다.

해설

① (○) 甲과 丙 사이의 공사대금채권의 양도행위는 원인행위인 위임계약의 효력 여하에 영향을 받는 유인행위라고 할 것이어서 공사대금채권 양도의 원인인 위임계약이 해지되었다면 공사대금채권은 甲에게 복귀하게 된다.

> 종전의 채권자가 채권의 추심 기타 행사를 위임하여 채권을 양도하였으나 양도의 '원인'이 되는 그 위임이 해지 등으로 효력이 소멸한 경우에 이로써 채권은 양도인에게 복귀하게 되고, 나아가 양수인은 그 양도의무계약의 해지로 인하여 양도인에 대하여 부담하는 원상회복의무(이는 계약의 효력불발생에서의 원상회복의무 일반과 마찬가지로 부당이득반환의무의 성질을 가진다)의 한 내용으로 채무자에게 이를 통지할 의무를 부담한다(대판 2011.3.24. 2010다100711).

② (○) 주채권과 보증인에 대한 채권의 귀속주체를 달리하는 것은, 주채무자의 항변권으로 채권자에게 대항할 수 있는 보증인의 권리가 침해되는 등 보증채무의 부종성에 반하고, 주채권을 가지지 않는 자에게 보증채권만을 인정할 실익도 없기 때문에 甲이 주채무자 乙에 대한 채권과 그의 보증인 丁에 대한 채권 중 丁에 대한 채권만을 양도하기로 한 경우, 그 약정은 효력이 없다(대판 2002.9.10. 2002다21509).

③ (○) 甲과 乙 사이에 채권양도금지특약이 있는 경우, 이와 같은 사실을 알고 있는 甲의 채권자 戊가 甲의 乙에 대한 채권에 대해 압류 및 전부명령을 받았더라도 압류채권자 戊가 선의인가 악의인가는 전부명령의 효력에 영향을 미치지 아니하므로 乙은 戊에게 위 특약에 의해 대항할 수 없다.

> 당사자 사이에 양도금지의 특약이 있는 채권이라도 압류 및 전부명령에 의하여 이전할 수 있고, 양도금지의 특약이 있는 사실에 관하여 압류채권자가 선의인가 악의인가는 전부명령의 효력에 영향을 미치지 못한다(대판 1976.10.29. 76다1623).

④ (×) 甲이 丙에게 공사대금채권의 일부인 5,000만원을 양도한 경우 각 분할된 부분에 대하여 甲, 丙을 분할채권자로 하는 분할채권관계가 성립한다는 판례의 취지를 고려할 때, 甲이 乙에게 채권양도통지 후 乙이 甲에 대한 2,000만원의 하자보수에 갈음하는 손해배상채권을 취득한 경우에도 甲의 하자보수에 갈음하는 손해배상의무와 乙의 공사대금 지급의무가 동시이행의 관계에 있는 경우에는, 양도통지가 乙에게 도달하여 채권양도의 대항요건이 갖추어진 후에 乙의 하자보수에 갈음하는 손해배상채권이 발생하였다고 하더라도 乙은 동시이행의 항변권을 주장할 수 있어, 그 채권에 의한 상계로 丙에게 대항할 수 있으므로 乙은 각 분할채권자 중 어느 누구도 상계의 상대방으로 지정하여 상계할 수 있다고 이해된다.

채권의 일부양도와 상계	채권의 일부 양도가 이루어지면 특별한 사정이 없는 한 각 분할된 부분에 대하여 독립한 분할채권이 성립하므로 그 채권에 대하여 양도인에 대한 반대채권으로 상계하고자 하는 채무자로서는 양도인을 비롯한 각 분할채권자 중 어느 누구도 상계의 상대방으로 지정하여 상계할 수 있고, 그러한 채무자의 상계 의사표시를 수령한 분할채권자는 제3자에 대한 대항요건을 갖춘 양수인이라 하더라도 양도인 또는 다른 양수인에 귀속된 부분에 대하여 먼저 상계되어야 한다거나 각 분할채권액의 채권 총액에 대한 비율에 따라 상계되어야 한다는 이의를 할 수 없다(대판 2002.2.8. 2000다50596).
수동채권양도에 대한 대항요건을 갖춘 후에 발생한 자동채권에 의한 상계	채권양도에 의하여 채권은 그 동일성을 유지하면서 양수인에게 이전되고, 채무자는 양도통지를 받은 때까지 양도인에 대하여 생긴 사유로써 양수인에게 대항할 수 있다(민법 제451조 제2항). 따라서 채무자의 채권양도인에 대한 자동채권이 발생하는 기초가 되는 원인이 양도 전에 이미 성립하여 존재하고 자동채권이 수동채권인 양도채권과 동시이행의 관계에 있는 경우에는, 양도통지가 채무자에게 도달하여 채권양도의 대항요건이 갖추어진 후에 자동채권이 발생하였다고 하더라도 채무자는 동시이행의 항변권을 주장할 수 있고, 따라서 그 채권에 의한 상계로 양수인에게 대항할 수 있다(대판 2015.4.9. 2014다80945).

⑤ (○) 판례의 취지를 고려할 때 乙은 이중지급의 위험을 면하고자 채권자를 알 수 없음을 이유로 변제공탁을 할 수 있다.

> 채권양도의 통지와 가압류 또는 압류명령이 제3채무자에게 동시에 송달되었다고 인정되어 채무자가 채권양수인 및 추심명령이나 전부명령을 얻은 가압류 또는 압류채권자 중 한 사람이 제기한 급부소송에서 전액 패소한 이후에도 다른 채권자가 그 송달의 선후에 관하여 다시 문제를 제기하는 경우 기판력의 이론상 제3채무자는 이중지급의 위험이 있을 수 있으므로, 동시에 송달된 경우에도 제3채무자는 송달의 선후가 불명한 경우에 준하여 채권자를 알 수 없다는 이유로 변제공탁을 함으로써 법률관계의 불안으로부터 벗어날 수 있다(대판 1994.4.26. 93다24223 [전합]).

 ❹

014

甲은 乙에게 4억원의 채무를 부담하고 있었고, 丙에 대하여 4억원의 채권을 가지고 있었다. 甲과 乙은 甲의 乙에 대한 채무변제에 갈음하여 甲이 丙에 대하여 가지는 채권을 양도하는 계약을 체결하였다. 이때 법률관계에 관한 설명으로 옳은 것은?(다툼이 있는 경우에는 판례에 의함)

14 변리

① 甲의 채권양도로 乙의 甲에 대한 채권은 바로 소멸하지 않으며, 乙이 양수한 채권을 변제받은 때에 비로소 그 범위 내에서 甲이 면책된다.
② 특별한 사정이 없으면, 채권을 양도한 甲은 乙에게 丙의 변제자력을 담보한다.
③ 甲과 丙이 그 채권을 양도하지 않기로 미리 약정하였으나 乙이 중대한 과실 없이 그 사실을 알지 못한 때에는, 丙은 그 약정으로 乙에게 대항하지 못한다.
④ 甲이 丙에게 채권양도를 통지한 때에도 丙의 승낙이 없으면, 乙은 丙에 대하여 채무이행을 청구할 수 없다.
⑤ 乙이 丙에 대하여 채권양도를 통지하였다면, 특별한 사정이 없으면, 乙은 丙에게 채무이행을 청구할 수 있다.

해설

① (×), ② (×) 甲의 乙에 대한 채무변제에 갈음하여 甲이 丙에 대하여 가지는 채권을 양도하기로 한 이상 채권양도와 그에 대한 대항요건을 구비하면 乙의 채권은 소멸한다. 대체급부로서 丙에 대하여 가지는 채권을 양도한 甲은 양도대상인 채권의 존재에 대해서는 담보책임을 지지만 특별한 사정이 없는 한 乙에게 丙의 변제자력까지 담보하는 것은 아니다.

> [1] 채무자가 채권자에게 채무변제와 관련하여 다른 채권을 양도하는 것은 특단의 사정이 없는 한 채무변제를 위한 담보 또는 변제의 방법으로 양도되는 것으로 추정할 것이지 채무변제에 갈음한 것으로 볼 것은 아니어서, 그 경우 채권양도만 있으면 바로 원래의 채권이 소멸한다고 볼 수 없고 채권자가 양도받은 채권을 변제받은 때에 비로소 그 범위 내에서 채무자가 면책된다.
> [2] 채무자가 채권자에게 채무변제에 '갈음하여' 다른 채권을 양도하기로 한 경우에는 특별한 사정이 없는 한 채권양도의 요건을 갖추어 대체급부가 이루어짐으로써 원래의 채무는 소멸하는 것이고❶, 그 양수한 채권의 변제까지 이루어져야만 원래의 채무가 소멸한다고 할 것은 아니다. 이 경우 대체급부로서 채권을 양도한 양도인은 양도 당시 양도대상인 채권의 존재에 대해서는 담보책임을 지지만 당사자 사이에 별도의 약정이 있다는 등 특별한 사정이 없는 한 그 채무자의 변제자력까지 담보하는 것은 아니다❷(대판 2013.5.9. 2012다40998).

③ (○) 채권은 당사자가 반대의 의사를 표시한 경우에는 양도하지 못한다. 그러나 그 의사표시로써 선의의 제3자에게 대항하지 못한다(민법 제449조 제2항). 선의의 제3자의 의미와 관련하여 판례는 양도금지특약의 존재를 알지 못하고 채권을 양수한 경우에 있어서 그 알지 못함에 중대한 과실이 있는 때에는 악의의 양수인과 같이 양도에 의한 채권을 취득할 수 없다(대판 1996.6.28. 96다18281)고 하여 선의 · 무중과실일 것을 요하고 있으므로, 채무자 丙은 양도금지특약에 대하여 선의 · 무중과실인 양수인 乙에게 대항하지 못한다.
④ (×) 지명채권의 양도는 양도인이 채무자에게 통지하거나 채무자가 승낙하지 아니하면 채무자 기타 제3자에게 대항하지 못하므로(민법 제450조 제1항), 양도인 甲이 채무자 丙에게 채권양도를 통지하였다면, 비록 丙의 승낙이 없다 하더라도, 양수인 乙은 丙에 대하여 채무이행을 청구할 수 있다.
⑤ (×) 양수인 乙이 채무자 丙에 대하여 단순히 채권양도의 통지만을 한 것뿐이라면, 양수인 乙이 양도인 甲으로부터 채권양도통지권한을 위임받아 대리인으로서 그 통지를 하였다는 등의 특별한 사정이 없는 한 유효한 대항요건을 구비하였다고 볼 수 없으므로, 乙은 丙에게 채무이행을 청구할 수 없다.

> 채권양도통지는 원칙적으로 양도인이 채무자에게 하여야 한다. 다만, 판례는 민법 제450조에 의한 채권양도통지는 양도인이 직접 하지 아니하고 사자를 통하여 하거나 대리인으로 하여금 하게 하여도 무방하고, 채권의 양수인도 양도인으로부터 채권양도통지권한을 위임받아 대리인으로서 그 통지를 할 수 있다(대판 2004.2.14. 2003다43490).

답

015

甲이 乙에 대한 대여금채권을 丙에게 양도하였고 乙이 이를 승낙하여 그 의사표시가 丙에게 도달되었다. 이에 관한 설명으로 옳지 않은 것은?(다툼이 있으면 판례에 따름)

① 乙의 승낙에는 조건을 붙일 수 있다.
② 乙이 이의 없이 승낙을 하더라도 특별한 사정이 없는 한 乙에게는 甲의 대여금채권의 성립이나 소멸에 영향을 미치는 사정을 丙에게 알려야 할 주의의무가 없다.
③ 丙이 甲의 대여금채권에 양도금지특약이 있다는 사실을 알았더라도 그 후 乙이 승낙하였다면, 채권양도는 다른 약정이 없는 한 그 성립 당시로 소급하여 유효하게 된다.
④ 乙이 이의 없이 승낙을 하였더라도 그때까지 발생한 乙의 甲에 대한 항변사유를 丙이 중대한 과실로 알지 못하였다면, 乙은 甲에 대한 그 항변사유로 丙에게 대항할 수 있다.
⑤ 甲의 대여금채권에 관하여 보증인 丁이 있는 경우, 다른 약정이 없는 한 丁에 대한 보증채권의 양도에 관하여 별도의 대항요건을 갖추지 않더라도 甲의 대여금채권과 함께 丁에 대한 보증채권 역시 丙에게 이전된다.

해설

① (O) 지명채권의 양도를 승낙함에 있어서는 이의를 보류하고 할 수 있음은 물론이고 양도금지의 특약이 있는 채권양도를 승낙함에 있어 조건을 붙여서 할 수도 있으며 승낙의 성격이 관념의 통지라고 하여 조건을 붙일 수 없는 것은 아니다(대판 1989.7.11. 88다카20866).

② (O) 乙이 이의 없이 승낙을 하더라도 채권의 내용이나 丙의 권리확보에 위험을 초래할 만한 사정을 조사, 확인할 책임은 원칙적으로 丙 자신에게 있으므로 특별한 사정이 없는 한 乙에게는 甲의 대여금채권의 성립이나 소멸에 영향을 미치는 사정을 丙에게 알려야 할 주의의무가 없다.

> 채무자가 채권양도에 대하여 이의를 보류하지 아니하는 승낙을 하였더라도 양도인에게 대항할 수 있는 사유로서 양수인에게 대항하지 못할 뿐이고(민법 제451조), 채권의 내용이나 양수인의 권리확보에 위험을 초래할 만한 사정을 조사, 확인할 책임은 원칙적으로 양수인 자신에게 있으므로, 채무자는 양수인이 대상채권의 내용이나 원인이 되는 법률관계에 대하여 잘 알고 있음을 전제로 채권양도를 승낙할지를 결정하면 되고 양수인이 채권의 내용 등을 실제와 다르게 인식하고 있는지까지 확인하여 위험을 경고할 의무는 없다. 따라서 채무자가 양도되는 채권의 성립이나 소멸에 영향을 미치는 사정에 관하여 양수인에게 알려야 할 신의칙상 주의의무가 있다고 볼만한 특별한 사정이 없는 한 채무자가 그러한 사정을 알지 아니하였다고 하여 불법행위가 성립한다고 볼 수 없다(대판 2015.12.24. 2014다49241).

③ (×) 丙이 甲의 대여금채권에 양도금지특약이 있다는 사실을 알았다면 채권이전의 효과가 생기지 아니하나, 그 후 乙이 한 승낙은 무효인 채권양도행위에 대한 추인이 되어 다른 약정이 없는 한 채권양도의 효과는 승낙시부터 발생한다고 보아야 한다.

> 당사자의 양도금지의 의사표시로써 채권은 양도성을 상실하며 양도금지의 특약에 위반해서 채권을 제3자에게 양도한 경우에 악의 또는 중과실의 채권양수인에 대하여는 채권이전의 효과가 생기지 아니하나, 악의 또는 중과실로 채권양수를 받은 후 채무자가 그 양도에 대하여 승낙을 한 때에는 채무자의 사후승낙에 의하여 무효인 채권양도행위가 추인되어 유효하게 되며 이 경우 다른 약정이 없는 한 소급효가 인정되지 않고 양도의 효과는 승낙 시부터 발생한다. 이른바 집합채권의 양도가 양도금지특약을 위반하여 무효인 경우 채무자는 일부 개별채권을 특정하여 추인하는 것이 가능하다(대판 2009.10.29. 2009다47685).

④ (○) 채무자가 이의를 보류하지 아니하고 승낙을 한 때에는 양도인에게 대항할 수 있는 사유로써 양수인에게 대항하지 못한다(민법 제451조 제1항 본문). 이는 양수인의 신뢰보호를 위한 규정이므로, 양수인이 악의인 경우에는 적용되지 아니한다. 다만, 무과실까지 요구되는지와 관련하여 견해의 대립이 있으나, 판례는 선의·무중과실일 것을 요하고 있으므로(대판 2002.3.29. 2000다13887), 채무자 乙은 채권자 甲에 대한 항변사유로써 중과실이 인정되는 양수인 丙에게 대항할 수 있다.

⑤ (○) 보증채무는 주채무에 대한 부종성 또는 수반성이 있어서 주채무자에 대한 채권이 이전되면 당사자 사이에 별도의 특약이 없는 한 보증인에 대한 채권도 함께 이전하고, 이 경우 채권양도의 대항요건도 주채권의 이전에 관하여 구비하면 족하므로, 다른 약정이 없는 한 丁에 대한 보증채권의 양도에 관하여 별도의 대항요건을 갖추지 않더라도 甲의 대여금채권과 함께 丁에 대한 보증채권 역시 丙에게 이전된다(대판 2002.9.10. 2002다21509).

답 ❸

016

지명채권양도에 관한 설명 중 옳은 것을 모두 고른 것은?(다툼이 있으면 판례에 따름) 11 사시

ㄱ. 채권양도의 통지를 주채무자에게만 하고 보증인에게는 하지 않는 경우, 보증인에게는 대항할 수 없다.
ㄴ. 채권양도계약이 해제되고 양도인이 채무자에게 양도철회통지를 한 경우, 채무자는 이로써 양수인에게 대항할 수 있다.
ㄷ. 양도인이 여러 명의 양수인에게 각각 채권 전액을 양도하고 확정일자의 통지를 하여 그 각 통지가 모두 동시에 도달하였다면 각 양수인은 채권 전액에 대하여 채무자에게 이행청구를 할 수 있다.
ㄹ. 甲이 乙에 대한 매매대금채권을 丙에게 양도하고 이를 乙에게 통지하였는데 그 후 乙이 丙에게 이행하였지만 甲이 乙에 대한 채무를 이행하지 않아 乙이 甲과의 매매계약을 해제한 경우, 乙은 채권양도의 통지 이후에 계약을 해제하였으므로 이로써 丙에게 대항할 수 없다.
ㅁ. 채권자 甲과 채무자 乙이 채권양도금지의 특약을 하였는데 甲이 이러한 특약을 알지 못하는 丙에게 양도하였다면 설령 丙에게 알지 못한 데에 과실이 있다고 하더라도 중과실이 아닌 한 乙은 丙에게 양도금지의 특약이 있음을 주장하지 못한다.

① ㄱ, ㄷ
② ㄱ, ㄴ, ㄹ
③ ㄱ, ㄴ, ㅁ
④ ㄴ, ㄹ
⑤ ㄷ, ㅁ

해설

ㄱ. (×) 보증채무는 주채무에 대한 부종성 또는 수반성이 있어서 주채무자에 대한 채권이 이전되면 당사자 사이에 별도의 특약이 없는 한 보증인에 대한 채권도 함께 이전하고, 이 경우 채권양도의 대항요건도 주채권의 이전에 관하여 구비하면 족하고, 별도로 보증채권에 관하여 대항요건을 갖출 필요는 없다(대판 2013.2.28. 2012다93497).

ㄴ. (×) 민법 제452조 제2항에 채권양도의 통지는 양수인의 동의가 없으면 철회하지 못한다고 규정되어 있으므로 채권양도인과 양수인과의 채권양도 계약이 해제되었고 채권양도인이 채무자에게 양도철회통지를 하였다고 하더라도 채무자는 이것을 채권양수인에게 대항할 수는 없다(대판 1978.6.13. 78다468).

ㄷ. (○) [1] 채권이 이중으로 양도된 경우의 양수인 상호 간의 우열은 통지 또는 승낙에 붙여진 확정일자의 선후에 의하여 결정할 것이 아니라, 채권양도에 대한 채무자의 인식, 즉 확정일자 있는 양도통지가 채무자에게 도달한 일시 또는 확정일자 있는 승낙의 일시의 선후에 의하여 결정하여야 할 것이고, 이러한 법리는 채권양수인과 동일 채권에 대하여 가압류명령을 집행한 자 사이의 우열을 결정하는 경우에 있어서도 마찬가지이므로, 확정일자 있는 채권양도 통지와 가압류결정 정본의 제3채무자(채권양도의 경우는 채무자)에 대한 도달의 선후에 의하여 그 우열을 결정하여야 한다.
[2] 채권양도 통지, 가압류 또는 압류명령 등이 제3채무자에 동시에 송달되어 그들 상호 간에 우열이 없는 경우에도 그 채권양수인, 가압류 또는 압류채권자는 모두 제3채무자에 대하여 완전한 대항력을 갖추었다고 할 것이므로, 그 전액에 대하여 채권양수금, 압류전부금 또는 추심금의 이행청구를 하고 적법하게 이를 변제받을 수 있고, 제3채무자로서는 이들 중 누구에게라도 그 채무 전액을 변제하면 다른 채권자에 대한 관계에서도 유효하게 면책되는 것이며, 만약 양수채권액과 가압류 또는 압류된 채권액의 합계액이 제3채무자에 대한 채권액을 초과할 때에는 그들 상호 간에는 법률상의 지위가 대등하므로 공평의 원칙상 각 채권액에 안분하여 이를 내부적으로 다시 정산할 의무가 있다(대판 1994.4.26. 93다24223[전합]).

ㄹ. (×) 판례의 취지를 고려할 때 乙이 甲과의 매매계약을 해제한 경우, 丙은 민법 제548조 제1항 단서의 해제의 소급효가 제한되는 제3자에 해당하지 아니하므로 乙이 채권양도의 통지 이후에 매매계약을 해제하였더라도 이로써 丙에게 대항할 수 있다.

> 민법 제548조 제1항 단서에서 규정하고 있는 제3자란 일반적으로 계약이 해제되는 경우 그 해제된 계약으로부터 생긴 법률효과를 기초로 하여 해제 전에 새로운 이해관계를 가졌을 뿐 아니라 등기·인도 등으로 완전한 권리를 취득한 자를 말하고, 계약상의 채권을 양수한 자는 여기서 말하는 제3자에 해당하지 않는다고 할 것인바, 계약이 해제된 경우 계약해제 이전에 해제로 인하여 소멸되는 채권을 양수한 자는 계약해제의 효과에 반하여 자신의 권리를 주장할 수 없음은 물론이고, 나아가 특단의 사정이 없는 한 채무자로부터 이행받은 급부를 원상회복하여야 할 의무가 있다(대판 2003.1.24. 2000다22850).

ㅁ. (○) 채권자 甲과 채무자 乙이 채권양도금지의 특약을 한 경우 丙이 특약의 존재에 대하여 악의나 중과실이 없다면 乙은 丙에게 양도금지의 특약이 있음을 주장하지 못한다.

> 채무자는 제3자가 채권자로부터 채권을 양수한 경우 채권양도금지 특약의 존재를 알고 있는 양수인이나 그 특약의 존재를 알지 못함에 중대한 과실이 있는 양수인에게 그 특약으로써 대항할 수 있고, 여기서 말하는 중과실이란 통상인에게 요구되는 정도의 상당한 주의를 하지 않더라도 약간의 주의를 한다면 손쉽게 그 특약의 존재를 알 수 있음에도 불구하고 그러한 주의조차 기울이지 아니하여 특약의 존재를 알지 못한 것을 말하며, 제3자의 악의 내지 중과실은 채권양도 금지의 특약으로 양수인에게 대항하려는 자가 이를 주장·증명하여야 한다(대판 2003.1.24. 2000다5336).

답 ⑤

017 지명채권양도에 관한 설명으로 옳지 않은 것은?(다툼이 있으면 판례에 따름)

① 채권양도에 대하여 채무자가 이의를 보류하지 않은 승낙을 하였더라도 채무자는 채권이 이미 타인에게 양도되었다는 사실로써 양수인에게 대항할 수 있다.
② 채권양도에 있어서 주채무자에 대하여 대항요건을 갖추었다면 보증인에 대하여도 그 효력이 미친다.
③ 채권양도가 다른 채무의 담보조로 이루어진 후 그 피담보채무가 변제로 소멸된 경우, 양도채권의 채무자는 이를 이유로 채권양수인의 양수금 지급청구를 거절할 수 있다.
④ 채권양도금지특약의 존재를 경과실로 알지 못하고 그 채권을 양수한 자는 악의의 양수인으로 취급되지 않는다.
⑤ 당사자 사이에 양도금지의 특약이 있는 채권이라도 압류 및 전부명령에 의하여 이전될 수 있다.

해설

① (○) 채무자가 이의를 보류하지 아니하고 전조의 승낙을 한 때에는 "양도인에게 대항할 수 있는 사유"로써 양수인에게 대항하지 못한다(민법 제451조 제1항). 민법 제451조 제1항의 "양도인에게 대항할 수 있는 사유"란 채권의 성립, 존속, 행사를 저지·배척하는 사유를 가리킬 뿐이고, 채권의 귀속(채권이 이미 타인에게 양도되었다는 사실)은 이에 포함되지 아니한다(대판 1994.4.29. 93다35551). 채권양도에 대하여 채무자가 이의를 보류하지 않은 승낙을 하였더라도 채무자는 채권이 이미 타인에게 양도되었다는 사실로써 양수인에게 대항할 수 있다.

② (○) 채권양도에 있어서 주채무자에 대하여 그 대항요건을 갖추었으면 보증인에 대하여도 그 효력이 미친다(대판 1976.4.13. 75다1100). 즉 보증채무는 주채무에 대한 부종성 또는 수반성이 있어서 주채무자에 대한 채권이 이전되면 당사자 사이에 별도의 특약이 없는 한 보증인에 대한 채권도 함께 이전하고, 이 경우 채권양도의 대항요건은 주채권의 이전에 관하여 구비하면 족하고, 별도로 보증채권에 관하여 대항요건을 갖출 필요는 없다(대판 2002.9.10. 2002다21509).

③ (×) 채권양도가 다른 채무의 담보조로 이루어졌으며 또한 그 채무가 변제되었다고 하더라도, 이는 채권 양도인과 양수인 간의 문제일 뿐이고, 양도채권의 채무자는 채권 양도·양수인 간의 채무 소멸 여하에 관계없이 양도된 채무를 양수인에게 변제하여야 하는 것이므로, 설령 그 피담보채무가 변제로 소멸되었다고 하더라도 양도채권의 채무자로서는 이를 이유로 채권양수인의 양수금 청구를 거절할 수 없다(대판 1999.11.26. 99다23093).

④ (○) 채무자는 제3자가 채권자로부터 채권을 양수한 경우 '채권양도금지 특약의 존재를 알고 있는 양수인'[악의의 양수인(註)]이나 그 '특약의 존재를 알지 못함에 중대한 과실이 있는 양수인'에게 그 특약으로써 대항할 수 있고, 여기서 말하는 '중과실'이란 통상인에게 요구되는 정도의 상당한 주의를 하지 않더라도 약간의 주의를 한다면 손쉽게 그 특약의 존재를 알 수 있음에도 불구하고 그러한 주의조차 기울이지 아니하여 특약의 존재를 알지 못한 것을 말하며, 제3자의 악의 내지 중과실은 채권양도금지의 특약으로 양수인에게 대항하려는 자가 이를 주장·증명하여야 한다(대판 2010.5.13. 2010다8310). 채권양도금지특약의 존재를 '중과실'로 알지 못하고 채권을 양수한 자와 달리, 채권양도금지특약의 존재를 '경과실'로 알지 못하고 그 채권을 양수한 자는 '악의'의 양수인으로 취급되지 않는다.

⑤ (○) 당사자 사이에 양도금지의 특약이 있는 채권이라도 압류 및 전부명령에 의하여 이전할 수 있고, 양도금지의 특약이 있는 사실에 관하여 압류채권자가 선의인가 악의인가는 전부명령의 효력에 영향을 미치지 못한다(대판 1976.10.29. 76다1623).

답 ❸

제2절 채무의 인수

018 면책적 채무인수에 관한 설명으로 옳지 않은 것은?(다툼이 있으면 판례에 따름)

① 채무자와 인수인의 계약에 의한 채무인수의 경우, 채권자의 승낙의 상대방은 채무자나 인수인이다.
② 채무자와 인수인의 계약에 의한 채무인수의 경우, 채권자의 승낙은 계약의 효력발생요건이 아니라 채권자가 인수인에 대하여 채권을 취득하기 위한 요건이다.
③ 인수채무의 소멸시효기간은 채무인수와 동시에 이루어진 채무승인에 따라 채무인수일로부터 새로이 진행된다.
④ 채무자와 인수인의 계약에 의한 채무인수의 경우, 채권자가 승낙을 거절하면 그 이후에는 채권자가 다시 승낙하여도 채무인수의 효력이 생기지 않는다.
⑤ 채권자와 인수인의 계약에 의한 채무인수의 경우, 금전채무의 보증인은 채무자의 의사에 반하여 채무를 인수할 수 있다.

해설

① (○) 채무자와 인수인의 계약에 의한 채무인수의 경우, 채권자의 승낙에 의하여 그 효력이 생기며(민법 제454조 제1항), 채권자의 승낙의 상대방은 채무자나 인수인이다(민법 제454조 제2항).
② (×) 채무자에 대한 채권을 상실시키는 효과가 있는 면책적 채무인수의 경우 채권자의 승낙을 계약의 효력발생요건으로 보아야 하는 것과는 달리, 채무자와 인수인의 합의에 의한 중첩적 채무인수의 경우 채권자의 수익의 의사표시는 그 계약의 성립요건이나 효력발생요건이 아니라 채권자가 인수인에 대하여 채권을 취득하기 위한 요건이다(대판 2013.9.13. 2011다56033).
③ (○) 면책적 채무인수가 있은 경우, 인수채무의 소멸시효기간은 채무인수와 동시에 이루어진 소멸시효 중단사유, 즉 채무승인에 따라 채무인수일로부터 새로이 진행된다(대판 1999.7.9. 99다12376).
④ (○) 채권자의 승낙에 의하여 면책적 채무인수의 효력이 생기는 경우, 채권자가 승낙을 거절하면 그 이후에는 채권자가 다시 승낙하여도 채무인수로서의 효력이 생기지 않는다(대판 1998.11.24. 98다33765).
⑤ (○) 채권자와 인수인의 계약에 의한 면책적 채무인수의 경우, 금전채무의 보증인은 이해관계 있는 자로서 채무자의 의사에 반하여 채무를 인수할 수 있다(민법 제453조 제2항).

답

019

채무자와 인수인 사이의 계약에 의한 면책적 채무인수에 관한 설명으로 옳지 않은 것은?(각 지문은 독립적이며, 다툼이 있으면 판례에 따름) 　25　변리

① 채무인수에 대하여 채권자가 승낙을 거절한 경우, 그 후 채권자가 다시 승낙을 하더라도 채무인수로서의 효력이 생기지 않는다.
② 채무인수 후 이에 대하여 채권자가 승낙한 경우 특별한 사정이 없는 한 승낙한 때로부터 채무인수의 효력이 생긴다.
③ 채무자나 인수인은 상당한 기간을 정하여 승낙여부의 확답을 채권자에게 최고할 수 있고, 채권자가 그 기간 내에 확답을 발송하지 아니한 때에는 거절한 것으로 본다.
④ 채무인수에 대하여 채권자가 승낙하는 경우 채무자나 인수인 가운데 누구에게 하여도 무방하다.
⑤ 채권자가 인수인에게 직접 인수채무금의 지급을 청구하였다면 이는 묵시적으로 채무 인수를 승낙한 것이다.

해설

① (○) 채권자의 승낙에 의하여 채무인수의 효력이 생기는 경우, 채권자가 승낙을 거절하면 그 이후에는 채권자가 다시 승낙하여도 채무인수로서의 효력이 생기지 않는다(대판 1998.11.24. 98다33765).
② (×) 채권자의 채무인수에 대한 승낙은 다른 의사표시가 없으면 채무를 인수한 때에 소급하여 그 효력이 생긴다. 그러나 제3자의 권리를 침해하지 못한다(민법 제457조).
③ (○) 면책적 채무인수를 하고자 하는 채무자나 인수인은 상당한 기간을 정하여 승낙여부의 확답을 채권자에게 최고할 수 있고, 채권자가 그 기간 내에 확답을 발송하지 아니한 때에는 거절한 것으로 본다(민법 제455조).
④ (○) 채권자의 승낙 또는 거절의 상대방은 채무자나 제3자이다(민법 제454조 제2항).
⑤ (○) 채권자는 명시적인 방법뿐만 아니라 묵시적인 방법으로도 승낙을 할 수 있다. 따라서 채권자가 직접 채무인수인에게 인수채무금의 지급을 청구하였다면 그 지급청구로써 묵시적으로 채무인수를 승낙한 것으로 보아야 한다(대판 1989.11.14. 88다카29962).

답

020

매매목적물에 관한 근저당권의 피담보채무를 매수인이 인수하는 한편, 그 채무액을 매매대금에서 공제하기로 약정한 경우에 관한 설명으로 옳지 않은 것은?(각 지문은 독립적이며, 다툼이 있으면 판례에 따름)

25 변리

① 매수인이 근저당권의 피담보채무 변제를 게을리함으로써 임의경매절차가 개시되자 매도인이 경매절차의 진행을 막기 위하여 피담보채무를 변제하였다면, 매도인은 매수인에 대하여 이 사유를 들어 매매계약을 해제할 수 있다.
② 매수인이 근저당권의 피담보채무 변제를 게을리하여 근저당권이 실행됨으로써 매도인이 소유권을 상실하면 특별한 사정이 없는 한, 매수인에게 책임있는 사유로 소유권이전등기의무가 이행불능으로 된 경우이다.
③ 매수인이 근저당권의 피담보채무 변제를 게을리하여 근저당권이 실행됨으로써 매도인이 소유권을 상실하면 특별한 사정이 없는 한, 채무자인 매도인에게 과실이 없으므로 채권자인 매수인은 이행불능으로 매매계약을 해제할 수 없다.
④ 매매목적물이 경매절차에서 매각됨으로써 당사자 쌍방의 귀책사유 없이 이행불능에 이르러 매매계약이 종료된 경우는 위험부담의 법리에 따르면, 채무자인 매도인은 급부의무를 면함과 더불어 반대급부도 청구하지 못한다.
⑤ 매매목적물이 경매절차에서 매각됨으로써 당사자 쌍방의 귀책사유 없이 이행불능에 이르러 매매계약이 종료된 경우, 이미 이행한 급부를 부당이득으로 반환청구할 수 없다.

해설

① (O) 채무인수인이 인수채무의 일부인 근저당권의 피담보채무의 변제를 게을리함으로써 매매목적물에 관하여 근저당권의 실행으로 임의경매절차가 개시되고 매도인이 경매절차의 진행을 막기 위하여 피담보채무를 변제하였다면 매도인은 채무인수인에 대하여 손해배상채권을 취득하는 이외에 이 사유를 들어 매매계약을 해제할 수 있다(대판 1993.2.12. 92다23193).
②, ③ (O) 부동산 매수인이 매매목적물에 설정된 근저당권의 피담보채무에 관하여 그 이행을 인수한 경우, 채권자에 대한 관계에서는 매도인이 여전히 채무를 부담한다고 하더라도, 매도인과 매수인 사이에서는 매수인에게 위 피담보채무를 변제할 책임이 있으므로, 매수인이 그 변제를 게을리하여 근저당권이 실행됨으로써 매도인이 매매목적물에 관한 소유권을 상실하였다면, 특별한 사정이 없는 한, 이는 매수인에게 책임 있는 사유로 인하여 소유권이전등기의무가 이행불능으로 된 경우에 해당하고, 거기에 매도인의 과실이 있다고 할 수는 없다(대판 2008.8.21. 2007다8464·8471).
④ (O), ⑤ (×) 매매 목적물이 경매절차에서 매각됨으로써 당사자 쌍방의 귀책사유 없이 이행불능에 이르러 매매계약이 종료된 사안에서, 위험부담의 법리에 따라 매도인은 이미 지급받은 계약금을 반환하여야 하고 매수인은 목적물을 점유·사용함으로써 취득한 임료 상당의 부당이득을 반환할 의무가 있다(대판 2009.5.28. 2008다98655·98662).

답 ❺

021

채권자 甲, 채무자 乙, 인수인 丙으로 하는 채무인수 등의 법률관계에 관한 설명으로 옳은 것은?(다툼이 있으면 판례에 따름)

24 노무

① 乙과 丙사이의 합의에 의한 면책적 채무인수가 성립하는 경우, 甲이 乙또는 丙을 상대로 승낙을 하지 않더라도 그 채무인수의 효력은 발생한다.
② 乙과 丙사이의 합의에 의한 이행인수가 성립한 경우, 丙이 그에 따라 자신의 출연으로 乙의 채무를 변제하였다면 특별한 사정이 없는 한 甲의 채권을 법정대위할 수 있다.
③ 乙의 의사에 반하여 이루어진 甲과 丙사이의 합의에 의한 중첩적 채무인수는 무효이다.
④ 乙과 丙사이의 합의에 의한 채무인수가 면책적 인수인지, 중첩적 인수인지 분명하지 않은 때에는 이를 면책적 채무인수로 본다.
⑤ 乙의 부탁을 받은 丙이 甲과 합의하여 중첩적 채무인수 계약을 체결한 경우, 乙과 丙은 부진정연대채무관계에 있다.

해설

① (×) 제3자가 채무자와의 계약으로 채무를 인수한 경우에는 채권자의 승낙에 의하여 그 효력이 생긴다. 채권자의 승낙 또는 거절의 상대방은 채무자나 제3자이다(민법 제454조). 따라서 채무자 乙과 제3자(인수인) 丙 사이의 합의에 의한 면책적 채무인수가 성립하는 경우, 채권자 甲이 채무자 乙 또는 제3자(인수인) 丙을 상대로 승낙을 해야 그 채무인수의 효력이 발생한다.
② (○) 민법 제481조에 의하여 법정대위를 할 수 있는 '변제할 정당한 이익이 있는 자'라고 함은 변제함으로써 당연히 대위의 보호를 받아야 할 법률상의 이익을 가지는 자를 의미한다. 그런데 이행인수인이 채무자와의 이행인수약정에 따라 채권자에게 채무를 이행하기로 약정하였음에도 불구하고 이를 이행하지 아니하는 경우에는 채무자에 대하여 채무불이행의 책임을 지게 되어 특별한 법적 불이익을 입게 될 지위에 있다고 할 것이므로, 이행인수인은 그 변제를 할 정당한 이익이 있다고 할 것이다(대결 2012.7.16. 2009마461). 채무자 乙과 인수인 丙 사이의 합의에 의한 이행인수가 성립한 경우, 이행인수인 丙이 그에 따라 자신의 출연으로 乙의 채무를 변제하였다면 특별한 사정이 없는 한 채권자 甲의 채권을 법정대위할 수 있다.
③ (×) 중첩적 채무인수는 채권자와 채무인수인과의 합의가 있는 이상 채무자의 의사에 반하여서도 이루어질 수 있다(대판 1988.11.22. 87다카1836). 따라서 채무자 乙의 의사에 반하여 이루어진 채권자 甲과 인수인 丙사이의 합의에 의한 중첩적 채무인수는 유효하다.
④ (×) 채무인수가 면책적인가 중첩적인가 하는 것은 채무인수계약에 나타난 당사자 의사의 해석에 관한 문제이고, 채무인수에 있어서 면책적 인수인지, 중첩적 인수인지가 분명하지 아니한 때에는 이를 중첩적으로 인수한 것으로 볼 것이다(대판 2002.9.24. 2002다36228).
⑤ (×) 중첩적 채무인수에서 인수인이 채무자의 부탁 없이 채권자와의 계약으로 채무를 인수하는 것은 매우 드문 일이므로 채무자와 인수인은 원칙적으로 주관적 공동관계가 있는 연대채무관계에 있고, 인수인이 채무자의 부탁을 받지 아니하여 주관적 공동관계가 없는 경우에는 부진정연대관계에 있는 것으로 보아야 한다(대판 2014.8.20. 2012다97420). 채무자 乙의 부탁을 받은 인수인 丙이 채권자 甲과 합의하여 중첩적 채무인수 계약을 체결한 경우, 채무자 乙과 인수인 丙은 주관적 공동관계가 있는 연대채무관계에 있다.

답 ❷

022

丙은 乙의 甲에 대한 차용금반환채무를 인수하였다. 이에 관한 설명 중 옳지 않은 것은?(각 지문은 독립적이며, 다툼이 있는 경우 판례에 의함) 〔18 변시〕

① 丙이 위 차용금반환채무를 면책적으로 인수한 경우, 丙은 乙이 甲에게 항변할 수 있었던 사유로 甲에게 대항할 수 없다.
② 乙과 丙 사이에 면책적 채무인수에 관한 약정이 있었던 경우, 乙 또는 丙은 상당한 기간을 정하여 이에 관한 승낙 여부의 확답을 甲에게 최고할 수 있고, 甲이 그 기간 내에 확답을 발송하지 않은 때에는 거절한 것으로 본다.
③ 乙과 丙 사이에 면책적 채무인수에 관한 약정이 있었던 경우, 甲이 승낙을 거절하였다면 그 이후에는 다시 승낙하여도 특별한 사정이 없는 한 甲에 대하여 면책적 채무인수로서의 효력이 생기지 않는다.
④ 丙이 甲과의 계약으로 위 차용금반환채무를 중첩적으로 인수한 경우, 丙이 乙의 부탁을 받지 아니하여 주관적 공동관계가 없었다면, 丙과 乙의 각 채무는 부진정연대관계에 있는 것으로 보아야 한다.
⑤ 丙이 乙의 부탁을 받아 甲과의 계약으로 위 차용금반환채무를 중첩적으로 인수한 경우, 丙이 甲에 대한 손해배상채권을 자동채권으로 하여 甲의 채권에 대하여 대등액에서 상계의 의사표시를 하였다면, 乙의 甲에 대한 채무도 상계에 의하여 소멸되었다고 보아야 한다.

해설

① (×) 인수인은 전 채무자의 항변할 수 있는 사유로 채권자에게 대항할 수 있다(민법 제458조). 채무인수에 의해 채무의 동일성이 상실되지 않기 때문이다. 전 채무자의 항변사유란 채무의 발생과 관련된 무효, 취소의 사유, 변제, 상계, 면제 등에 의한 채무의 전부 또는 일부의 소멸 등이다. 丙이 차용금반환채무를 면책적으로 인수하였다면, 丙은 乙이 甲에게 항변할 수 있었던 사유로 甲에게 대항할 수 있다.
② (○) 乙과 丙 사이에 면책적 채무인수에 관한 약정이 있었던 경우, 乙 또는 丙은 상당한 기간을 정하여 채무인수에 관한 승낙 여부의 확답을 甲에게 최고할 수 있고, 그 기간 내에 확답을 발송하지 않은 때에는 甲이 이를 거절한 것으로 본다(민법 제454조, 제455조 참고).
③ (○) 채권자의 승낙에 의하여 채무인수의 효력이 생기는 경우, 채권자가 승낙을 거절하면 그 이후에는 채권자가 다시 승낙하여도 채무인수로서의 효력이 생기지 아니하므로(대판 1998.11.24. 98다33765), 甲이 승낙을 거절하였다면 그 이후에는 다시 승낙하여도 특별한 사정이 없는 한 甲에 대하여 면책적 채무인수로서의 효력이 생기지 않는다.
④ (○) 판례의 취지를 고려할 때 丙이 차용금반환채무를 중첩적으로 인수하였으나, 乙과 주관적 공동관계가 없었다면, 丙과 乙의 각 채무는 부진정연대관계에 있는 것으로 보아야 한다.

> 중첩적 채무인수에서 인수인이 채무자의 부탁 없이 채권자와의 계약으로 채무를 인수하는 것은 매우 드문 일이므로 채무자와 인수인은 원칙적으로 주관적 공동관계가 있는 연대채무관계에 있고, 인수인이 채무자의 부탁을 받지 아니하여 주관적 공동관계가 없는 경우에는 부진정연대관계에 있는 것으로 보아야 한다(대판 2023.3.16. 2022다288386).

⑤ (○) 丙이 乙의 부탁을 받아 차용금반환채무를 중첩적으로 인수한 경우 丙과 乙의 각 채무는 주관적 공동관계가 있는 연대채무관계에 있는 것으로, 丙이 甲에 대한 손해배상채권을 자동채권으로 하여 甲의 채권에 대하여 대등액에서 상계의 의사표시를 하였다면, 연대채무자 1인이 한 상계의 절대적 효력을 규정하고 있는 민법 제418조 제1항의 규정에 의하여, 乙의 甲에 대한 채무도 상계에 의하여 소멸되었다고 보아야 한다.

> 중첩적 채무인수인이 채권자에 대한 손해배상채권을 자동채권으로 하여 채권자의 자신에 대한 그 채권에 대하여 대등액에서 상계의 의사표시를 하였다면, 연대채무자 1인이 한 상계의 절대적 효력을 규정하고 있는 민법 제418조 제1항의 규정에 의하여, 다른 연대채무자인 원채무자의 채권자에 대한 채무도 상계에 의하여 소멸되었다고 보아야 한다(대판 1997.4.22. 96다56443).

답 ❶

023 채무인수 등에 관한 설명으로 옳은 것은?(다툼이 있으면 판례에 따름) 변리

① 이행인수인이 채권자에 대하여 채무자의 채무를 승인하더라도 특별한 사정이 없는 한 시효중단의 효력은 발생하지 않는다.
② 저당권이 설정된 부동산의 매수인이 피담보채무를 인수하면서 그 채무액을 매매대금에서 공제하기로 하고 잔액만을 지급한 경우, 특별한 사정이 없는 한 매수인은 잔금지급의무를 다한 것으로 볼 수 없다.
③ 주택의 임차인이 대항력을 갖추었다면 그가 그 주택의 소유권을 취득하더라도 특별한 사정이 없는 한 임대인에 대한 보증금반환청구권은 혼동으로 소멸하지 않는다.
④ 중첩적 채무인수에서 채무자와 인수인은 채권자에 대하여 원칙적으로 부진정연대채무관계에 있다.
⑤ 채무가 인수된 경우 특별한 사정이 없는 한 제3자가 제공한 담보물권도 함께 이전한다.

해설

① (○) 이행인수는 채무자와 인수인 사이의 계약에 따라 인수인이 채권자에 대한 채무를 변제하기로 약정하는 것을 말한다. 이 경우 인수인은 채무자의 채무를 변제하는 등으로 면책시킬 의무를 부담하지만 채권자에 대한 관계에서 직접 이행의무를 부담하게 되는 것은 아니다. 한편 소멸시효 중단사유인 채무의 승인은 시효이익을 받을 당사자나 대리인만 할 수 있으므로 이행인수인이 채권자에 대하여 채무자의 채무를 승인하더라도 다른 특별한 사정이 없는 한 시효중단 사유가 되는 채무승인의 효력은 발생하지 않는다(대판 2016.10.27. 2015다239744).

② (×) 부동산의 매수인이 매매목적물에 관한 근저당권의 피담보채무를 인수하는 한편, 그 채무액을 매매대금에서 공제하기로 약정한 경우, 다른 특별한 약정이 없는 이상 이는 매도인을 면책시키는 채무인수가 아니라 이행인수로 보아야 하고, 매수인이 위 채무를 현실적으로 변제할 의무를 부담한다고 해석할 수 없으며, 특별한 사정이 없는 한 매수인은 매매대금에서 그 채무액을 공제한 나머지를 지급함으로써 잔금지급의무를 다하였다고 할 것이다(대판 2004.7.9. 2004다13083).

③ (×) 주택의 임차인이 제3자에 대한 대항력을 갖춘 후 임차주택의 소유권이 양도되어 그 양수인이 임대인의 지위를 승계하는 경우에는, 임대차보증금의 반환채무도 부동산의 소유권과 결합하여 일체로서 이전하는 것이므로 양도인의 임대인으로서의 지위나 보증금반환채무는 소멸하는 것이고, 대항력을 갖춘 임차인이 양수인이 된 경우라고 하여 달리 볼 이유가 없으므로 대항력을 갖춘 임차인이 당해 주택을 양수한 때에도 임대인의 보증금반환채무는 소멸하고 양수인인 임차인이 임대인의 자신에 대한 보증금반환채무를 인수하게 되어, 결국 임차인의 보증금반환채권은 혼동으로 인하여 소멸하게 된다(대판 1996.11.22. 96다38216).

④ (×) 중첩적 채무인수에서 인수인이 채무자의 부탁 없이 채권자와의 계약으로 채무를 인수하는 것은 매우 드문 일이므로 채무자와 인수인은 원칙적으로 주관적 공동관계가 있는 연대채무관계에 있고, 인수인이 채무자의 부탁을 받지 아니하여 주관적 공동관계가 없는 경우에는 부진정연대관계에 있는 것으로 보아야 한다(대판 2009.8.20. 2009다32409).

⑤ (×) 전 채무자의 채무에 제3자가 제공한 담보는 제3자가 채무인수에 동의한 특별한 사정이 없는 한 채무인수로 인하여 원칙적으로 소멸한다(민법 제459조).

답 ❶

024 채권양도와 채무인수에 관한 설명으로 옳은 것은?(다툼이 있으면 판례에 따름)

① 면책적 채무인수에 있어서 전(前)채무자에 대한 보증채무는 그 보증인이 채무인수에 동의하지 않아도 소멸하지 않는다.
② 기존채무에 관하여 제3자가 채무자를 위하여 어음이나 수표를 발행하는 것은 특별한 사정이 없는 한, 이는 면책적 채무인수이다.
③ 채무자와 인수인 간 채무인수의 합의는 다른 특별한 사정이 없는 한 병존적 채무인수로서, 이는 일종의 제3자를 위한 계약으로서 채권자가 수익의 의사표시를 함으로써 인수인에 대한 권리를 갖게 된다.
④ 지시채권양도의 대항요건은 채무자에 대한 양도인의 통지 또는 채무자의 승낙이다.
⑤ 지명채권양도의 경우 채무자는 승낙의 의사표시에 조건을 붙일 수 없다.

해설

① (×) 전 채무자의 채무에 대한 보증이나 제3자가 제공한 담보는 채무인수로 인하여 소멸한다. 그러나 보증인이나 제3자가 채무인수에 동의한 경우에는 그러하지 아니하다(민법 제459조).
② (×) 금전소비대차계약으로 인한 채무에 관하여 제3자가 채무자를 위하여 어음이나 수표를 발행하는 것은 특별한 사정이 없는 한 동일한 채무를 중첩적으로 인수한 것으로 봄이 타당하다(대판 1998.3.13. 97다52493).
③ (○) 대판 2013.9.13. 2011다56033
④ (×) 지시채권의 양도는 그 증서에 배서하여 양수인에게 교부하는 방식으로 한다(민법 제508조). 증서의 배서와 교부는 지시채권 양도의 성립요건이다.
⑤ (×) 지명채권양도의 채무자에 대한 대항요건은 채무자에 대한 채권양도의 통지 또는 채무자의 승낙인데, 채권양도 통지가 채무자에 대하여 이루어져야 하는 것과는 달리 <u>채무자의 승낙은 양도인 또는 양수인 모두가 상대방이 될 수 있다</u>. 한편 지명채권양도의 대항요건인 채무자의 승낙은 채권양도사실을 채무자가 승인하는 의사를 표명하는 채무자의 행위라고 할 수 있는데, <u>채무자는 채권양도를 승낙하면서 조건을 붙여서 할 수 있다</u>(대판 2011.6.30. 2011다8614).

 ❸

025 채무인수에 관한 설명으로 옳지 않은 것은?(다툼이 있으면 판례에 따름)

① 중첩적 채무인수는 채권자와 인수인 사이의 합의가 있으면 채무자의 의사에 반하여서도 이루어질 수 있다.
② 채무자와 인수인의 계약에 의한 면책적 채무인수는 채권자의 승낙이 없더라도 면책적 채무인수의 효력이 있다.
③ 채무인수가 면책적인지 중첩적인지 불분명한 경우에는 중첩적 채무인수로 본다.
④ 면책적 채무인수인은 전(前)채무자의 항변할 수 있는 사유로 채권자에게 대항할 수 있다.
⑤ 전(前)채무자의 채무에 대한 보증은 보증인의 동의가 없는 한 면책적 채무인수로 인하여 소멸한다.

해설

① (○) 중첩적 채무인수는 채권자와 채무인수인과의 합의가 있는 이상 <u>채무자의 의사에 반하여서도 이루어질 수 있다</u>(대판 1988.11.22. 87다카1836).
② (×) 제3자가 채무자와의 계약으로 채무를 인수한 경우에는 채권자의 승낙에 의하여 그 효력이 생긴다(민법 제454조 제1항). 따라서 <u>채권자의 승낙이 없다면 면책적 채무인수의 효력은 발생하지 아니한다</u>.

③ (○) 채무인수가 면책적인가 중첩적인가 하는 것은 채무인수계약에 나타난 당사자 의사의 해석에 관한 문제로서, 면책적 인수인지 중첩적 인수인지가 분명하지 아니한 때에는 이를 중첩적으로 인수한 것으로 볼 것이다(대판 2013.9.13. 2011다56033).
④ (○) 민법 제458조
⑤ (○) 전 채무자의 채무에 대한 보증이나 제3자가 제공한 담보는 채무인수로 인하여 소멸한다. 그러나 보증인이나 제3자가 채무인수에 동의한 경우에는 그러하지 아니하다(민법 제459조).

답 ❷

026 채무인수에 관한 설명으로 옳은 것은?(다툼이 있으면 판례에 따름) 　19 노무

① 채권자와 인수인의 계약에 의한 중첩적 채무인수는 채무자의 의사에 반하여 할 수 없다.
② 채무자와 인수인의 계약에 의한 면책적 채무인수는 채권자의 승낙이 없더라도 유효하다.
③ 면책적 채무인수로 인하여 종래의 채무가 소멸하는 것은 아니므로 특별한 사정이 없는 한 종래의 채무를 담보하는 저당권도 당연히 소멸하지는 않는다.
④ 채무인수가 면책적 인수인지, 중첩적 인수인지 분명하지 않은 때에는 이를 면책적 채무인수로 본다.
⑤ 부동산 매수인이 매매목적물에 설정된 저당권의 피담보채무를 인수하는 한편 그 채무액을 매매대금에서 공제하기로 약정한 경우, 특별한 사정이 없는 한 이는 매도인을 면책시키는 채무인수로 본다.

해설

① (×) 중첩적 채무인수는 채권자와 채무인수인과의 합의가 있는 이상 채무자의 의사에 반하여서도 이루어질 수 있다(대판 1988.11.22. 87다카1836).
② (×) 제3자가 채무자와의 계약으로 채무를 인수한 경우에는 채권자의 승낙에 의하여 그 효력이 생긴다(민법 제454조 제1항).
③ (○) 대판 1996.10.11. 96다27476
④ (×) 채무인수가 면책적인가 중첩적인가 하는 것은 채무인수계약에 나타난 당사자의사의 해석에 관한 문제로서, 면책적 인수인지 중첩적 인수인지가 분명하지 아니한 때에는 이를 중첩적으로 인수한 것으로 볼 것이다(대판 2013.9.13. 2011다56033).
⑤ (×) 부동산의 매수인이 매매목적물에 관한 채무를 인수하는 한편 그 채무액을 매매대금에서 공제하기로 약정한 경우, 그 인수는 특별한 사정이 없는 한 매도인을 면책시키는 채무인수가 아니라 이행인수로 보아야 한다(대판 2007.9.21. 2006다69479).

답 ❸

027 채무인수 등에 관한 설명으로 옳지 않은 것은?(다툼이 있으면 판례에 따름)

① 부동산의 매수인이 매매목적물에 관한 근저당권의 피담보채무를 인수하는 한편 그 채무액을 매매대금에서 공제하기로 약정한 경우, 다른 특별한 약정이 없는 한 이는 채무인수로 보아야 한다.
② 부동산매매계약과 함께 매수인이 매매대금 지급에 갈음하여 매도인의 제3자에 대한 채무의 이행을 인수하였는데 매수인의 인수채무 불이행으로 말미암아 매도인이 인수채무를 대신 변제한 경우, 그로 인한 매수인의 손해배상채무와 매도인의 소유권이전등기의무는 동시이행관계에 있다.
③ 채무자와 인수인 사이에 이행인수계약이 체결된 경우, 채권자는 직접 인수인에게 채무를 이행할 것을 청구할 수 없다.
④ 계약당사자로서의 지위승계를 목적으로 하는 계약인수는 계약당사자 및 인수인의 3면합의에 의하여 이루어지는 것이 보통이나, 관계당사자 중 2인이 합의하고 나머지 당사자가 이를 동의 내지 승낙하는 방법으로도 가능하다.
⑤ 채무자와 인수인의 계약으로 체결되는 병존적 채무인수는 제3자를 위한 계약의 하나로 볼 수 있다.

해설

① (×) 부동산의 매수인이 매매목적물에 관한 근저당권의 피담보채무를 인수하고 그 채무액을 매매대금에서 공제하기로 약정한 경우, 특별한 사정이 없는 한 매도인을 면책시키는 채무인수가 아니라 이행인수로 보아야 한다. 이행인수계약의 불이행으로 인한 손해배상의 범위는 원칙적으로 채무자가 채무의 내용에 따른 이행을 하지 않음으로써 생긴 통상의 손해를 한도로 한다. 매수인이 인수하기로 한 근저당권의 피담보채무를 변제하지 않아 원리금이 늘어났다면 그 원리금이 매수인의 이행인수계약 불이행으로 인한 통상의 손해액이 된다(대판 2021.11.25. 2020다294516).
② (○) 부동산매매계약과 함께 이행인수계약이 이루어진 경우, 매수인이 인수한 채무는 매매대금지급채무에 갈음한 것으로서 매도인이 매수인의 인수채무 불이행으로 말미암아 또는 임의로 인수채무를 대신 변제하였다면, 그로 인한 손해배상채무 또는 구상채무는 인수채무의 변형으로서 매매대금지급채무에 갈음한 것의 변형이므로 매수인의 손해배상채무 또는 구상채무와 매도인의 소유권이전등기의무는 대가적 의미가 있어 이행상 견련관계에 있다고 인정되고, 따라서 양자는 동시이행의 관계에 있다고 해석함이 공평의 관념 및 신의칙에 합당하다(대판 2004.7.9. 2004다13083).
③ (○) 이행인수는 인수인이 채무자에 대하여 그 채무를 이행할 것을 약정하는 채무자와 인수인 간의 계약으로서, 인수인은 채무자와 사이에 채권자에게 채무를 이행할 의무를 부담하는 데 그치고 직접 채권자에 대하여 채무를 부담하는 것이 아니므로 채권자는 직접 인수인에게 채무를 이행할 것을 청구할 수 없으나, 채무자는 인수인이 그 채무를 이행하지 아니하는 경우 인수인에 대하여 채권자에게 이행할 것을 청구할 수 있고, 그에 관한 승소의 판결을 받은 때에는 금전채권의 집행에 관한 규정을 준용하여 강제집행을 할 수도 있다. 이러한 채무자의 인수인에 대한 청구권은 그 성질상 재산권의 일종으로서 일신전속적 권리라고 할 수는 없으므로, 채권자는 채권자대위권에 의하여 채무자의 인수인에 대한 청구권을 대위행사할 수 있다(대판 2009.6.11. 2008다75072).
④ (○) 계약당사자로서의 지위승계를 목적으로 하는 계약인수는 계약당사자 및 인수인의 3면합의에 의하여 계약당사자 중 일방이 당사자로서의 지위를 포괄적으로 제3자에게 이전하여 계약관계에서 탈퇴하고 제3자가 그 지위를 승계하는 것을 목적으로 하는 계약으로서 3면계약으로 이루어지는 것이 보통이나 관계당사자 중 2인이 합의하고 나머지 당사자가 이를 동의 내지 승낙하는 방법으로도 가능하고, 나머지 당사자의 동의 내지 승낙이 반드시 명시적 의사표시에 의하여야 하는 것은 아니며 묵시적 의사표시에 의하여서도 가능하다(대판 2012.6.28. 2010다54535).
⑤ (○) 채무자와 인수인의 계약으로 체결되는 병존적 채무인수는 채권자로 하여금 인수인에 대하여 새로운 권리를 취득하게 하는 것으로 제3자를 위한 계약의 하나로 볼 수 있다(대판 1997.10.24. 97다28698).

답 ❶

028 채무인수에 관한 설명으로 옳지 않은 것은?(다툼이 있으면 판례에 따름)　19 변리

① 중첩적 채무인수는 채권자와 인수인 사이의 합의가 있으면 채무자의 의사에 반해서도 할 수 있다.
② 면책적 채무인수가 있는 경우, 인수채무의 소멸시효기간은 채무인수에 따라 중단되고 채무인수일로부터 새로이 진행한다.
③ 채권자의 승낙에 의하여 채무인수의 효력이 생기는 경우, 채권자가 승낙을 거절하면 그 이후에는 채권자가 다시 승낙하여도 채무인수로서의 효력이 생기지 않는다.
④ 면책적 채무인수에 대한 채권자의 승낙은 묵시적으로도 가능하며, 채권자가 승낙을 하지 않는 대신 직접 인수인을 상대로 인수채무의 이행을 청구하는 것도 묵시적 승낙에 해당한다.
⑤ 매수인이 매매목적물에 관한 임대차보증금반환채무를 인수하면서 그 채무액을 매매대금에서 공제하기로 약정한 경우, 임차인의 승낙이 없으면 병존적 채무인수로 본다.

해설

① (○) 중첩적 채무인수는 채권자와 채무인수인과의 합의가 있는 이상 채무자의 의사에 반하여서도 이루어질 수 있다(대판 1988.11.22. 87다카1836).
② (○) 면책적 채무인수가 있은 경우, 인수채무의 소멸시효기간은 채무인수와 동시에 이루어진 소멸시효 중단사유, 즉 채무승인에 따라 채무인수일로부터 새로이 진행된다(대판 1999.7.9. 99다12376).
③ (○) 채권자의 승낙에 의하여 채무인수의 효력이 생기는 경우, 채권자가 승낙을 거절하면 그 이후에는 채권자가 다시 승낙하여도 채무인수로서의 효력이 생기지 않는다(대판 1998.11.24. 98다33765).
④ (○) 채무자와 인수인 사이의 계약에 의한 채무인수에 대하여 채권자는 명시적인 방법뿐만 아니라 묵시적인 방법으로도 승낙을 할 수 있는 것인데, 채권자가 직접 채무인수인에 대하여 인수채무금의 지급을 청구하였다면 그 지급청구로써 묵시적으로 채무인수를 승낙한 것으로 보아야 한다(대판 1989.11.14. 88다카29962).
⑤ (×) 부동산의 매수인이 매매목적물에 관한 임대차보증금반환채무 등을 인수하는 한편, 그 채무액을 매매대금에서 공제하기로 약정한 경우, 그 인수는 특별한 사정이 없는 이상 매도인을 면책시키는 면책적 채무인수가 아니라 이행인수로 보아야 하고, 면책적 채무인수로 보기 위하여는 이에 대한 채권자, 즉 임차인의 승낙이 있어야 한다(대판 2001.4.27. 2000다69026).

답 ⑤

029 채무의 인수에 관한 설명으로 옳은 것을 모두 고른 것은?(다툼이 있으면 판례에 따름)

ㄱ. 중첩적 채무인수는 채권자와 채무인수인과의 합의가 있는 이상 채무자의 의사에 반하여서도 이루어질 수 있다.
ㄴ. 면책적 채무인수가 있는 경우, 인수채무의 소멸시효기간은 특별한 사정이 없는 한 채무인수와 동시에 이루어진 채무인수인의 채무승인에 따라 채무인수일로부터 새로이 진행된다.
ㄷ. 채무자와 채무인수인의 합의에 의한 중첩적 채무인수는 제3자를 위한 계약에 해당하지 않으며, 채권자는 채무인수인에게 수익의 의사를 표시하지 않더라도 채무인수인에 대하여 직접 청구할 권리를 갖는다.

① ㄱ ② ㄱ, ㄴ
③ ㄱ, ㄷ ④ ㄴ, ㄷ
⑤ ㄱ, ㄴ, ㄷ

해설

ㄱ. (○) 중첩적 채무인수는 채권자와 채무인수인과의 합의가 있는 이상 채무자의 의사에 반하여서도 이루어질 수 있다(대판 1988.11.22. 87다카1836).
ㄴ. (○) 면책적 채무인수가 있는 경우, 인수채무의 소멸시효기간은 채무인수와 동시에 이루어진 소멸시효 중단사유, 즉 채무승인에 따라 채무인수일로부터 새로이 진행된다(대판 1999.7.9. 99다12376).
ㄷ. (×) 채무자와 인수인의 합의에 의한 중첩적 채무인수는 일종의 제3자를 위한 계약이라고 할 것이므로, 채권자는 인수인에 대하여 채무이행을 청구하거나 기타 채권자로서의 권리를 행사하는 방법으로 수익의 의사표시를 함으로써 인수인에 대하여 직접 청구할 권리를 갖게 된다. 이러한 점에서 채무자에 대한 채권을 상실시키는 효과가 있는 면책적 채무인수의 경우 채권자의 승낙을 계약의 효력발생요건으로 보아야 하는 것과는 달리, 채무자와 인수인의 합의에 의한 중첩적 채무인수의 경우 채권자의 수익의 의사표시는 그 계약의 성립요건이나 효력발생요건이 아니라 채권자가 인수인에 대하여 채권을 취득하기 위한 요건이다(대판 2013.9.13. 2011다56033).

답 ❷

030 면책적 채무인수에 관한 설명으로 옳지 않은 것은?

① 전(前) 채무자로부터 채무를 인수한 채무인수인은 특별한 의사표시가 없으면 전(前) 채무자에 대한 항변사유를 가지고 채권자에게 대항할 수 있다.
② 이해관계 없는 제3자는 채무자의 의사에 반하여 채무를 인수하지 못한다.
③ 채권자의 채무인수에 대한 승낙은 다른 의사표시가 없으면 원칙적으로 채무를 인수한 때에 소급하여 그 효력이 생긴다.
④ 제3자와 채무자 간의 계약에 의한 채무인수는 특별한 사정이 없는 한 채권자의 승낙이 있을 때까지 당사자는 이를 철회하거나 변경할 수 있다.
⑤ 전(前) 채무자의 채무에 대한 보증이나 제3자가 제공한 담보는 채무인수로 인하여 원칙적으로 소멸한다.

해설

① (×) 채무인수계약은 구 채무자의 채무의 동일성을 유지하면서 신 채무자가 이를 부담하는 것이므로 특별한 의사표시가 없으면 채무인수자의 구 채무자에 대한 항변사유로서는 채권자에게 대항할 수는 없다고 해석된다(대판 1966.11.29. 66다1861). 이와 달리 채무인수인은 전(前) 채무자의 항변할 수 있는 사유로 채권자에게 대항할 수 있다(민법 제458조).
② (○) 민법 제453조 제2항
③ (○) 민법 제457조 본문
④ (○) 민법 제456조
⑤ (○) 민법 제459조 본문

답 ❶

031 채무인수에 관한 설명으로 옳은 것은?(다툼이 있으면 판례에 따름) 〔21 변리〕

① 채무자와 채무인수인 사이의 면책적 채무인수에서 채권자가 승낙을 거절하였더라도 다시 승낙하면 채무인수의 효력이 생긴다.
② 채무자와 채무인수인 사이의 면책적 채무인수에서 채권자가 채무인수인에게 인수금의 지급을 청구하더라도 채무인수의 승낙으로 볼 수 없다.
③ 채무자와 채무인수인 사이의 면책적 채무인수에서 채권자의 승낙이 없는 경우, 채무자와 인수인 사이에는 이행인수로서의 효력도 인정될 수 없다.
④ 채권자와 채무인수인 사이의 중첩적 채무인수는 채무자의 의사에 반하여도 이루어질 수 있다.
⑤ 면책적 채무인수의 경우, 채무인수인은 채무자에 대한 항변사유로 채권자에게 대항할 수 있다.

해설

① (×) [1] 채무인수의 효력이 생기기 위하여 채권자의 승낙을 요하는 것은 면책적 채무인수의 경우에 한하고, 채무인수가 면책적인가 중첩적인가 하는 것은 채무인수계약에 나타난 당사자 의사의 해석에 관한 문제이다.
[2] 채권자의 승낙에 의하여 채무인수의 효력이 생기는 경우, 채권자가 승낙을 거절하면 그 이후에는 채권자가 다시 승낙하여도 채무인수로서의 효력이 생기지 않는다(대판 1998.11.24. 98다33765).
② (×) 채무자와 인수인 사이의 계약에 의한 채무인수에 대하여 채권자는 명시적인 방법뿐만 아니라 묵시적인 방법으로도 승낙을 할 수 있는 것인데, 채권자가 직접 채무인수인에 대하여 인수채무금의 지급을 청구하였다면 그 지급청구로써 묵시적으로 채무인수를 승낙한 것으로 보아야 한다(대판 1989.11.14. 88다카29962).
③ (×) 민법 제454조는 제3자가 채무자와 계약으로 채무를 인수하여 채무자의 채무를 면하게 하는 면책적 채무인수의 경우에 채권자 승낙이 있어야 채권자에 대하여 효력이 생긴다고 규정하고 있으므로, 채권자의 승낙이 없는 경우에는 채무자와 인수인 사이에서 면책적 채무인수 약정을 하더라도 이행인수 등으로서 효력밖에 갖지 못하며 채무자는 채무를 면하지 못한다(대판 2012.5.24. 2009다88303).
④ (○) 중첩적 채무인수는 채권자와 채무인수인과의 합의가 있는 이상 채무자의 의사에 반하여서도 이루어질 수 있다(대판 1988.11.22. 87다카1836).
⑤ (×) 채무인수계약은 구채무자의 채무의 동일성을 유지하면서 신채무자가 이를 부담하는 것이므로 특별한 의사표시가 없으면 채무인수자의 구 채무자에 대한 항변사유로서는 채권자에게 대항할 수는 없으나(대판 1966.11.29. 66다1861), 채무인수인은 전 채무자의 항변할 수 있는 사유(채권의 성립·존속·이행을 저지·배척하는 모든 항변)로 채권자에게 대항할 수는 있다(민법 제458조).

답 ❹

032 채무인수에 관한 설명으로 옳지 않은 것은?(다툼이 있으면 판례에 따름) ― 16 변리

① 채무인수계약에 있어서 당사자의사가 면책적 채무인수인지 중첩적 채무인수인지 분명하지 아니한 경우, 중첩적 채무인수로 보아야 한다.
② 계약당사자 중 일방이 상대방의 승낙을 얻어 계약상 당사자의 지위를 포괄적으로 제3자에게 이전하는 경우, 제3자는 종래 계약에서 이미 발생한 채권·채무도 모두 이전받는다.
③ 중첩적 채무인수인이 채권자에 대한 채권을 자동채권으로 하여 채권자의 인수인에 대한 채권을 대등액에서 상계한 경우, 원채무자의 채권자에 대한 채무도 그 범위에서 소멸된다.
④ 토지매수인이 그 토지에 관한 임대차보증금반환채무 등을 인수하면서 채무액을 매매대금에서 공제하기로 약정한 경우, 그 인수는 특별한 사정이 없는 한 면책적 채무인수로 보아야 한다.
⑤ 인수인이 채무자의 부탁을 받지 아니하고 채권자와의 계약으로 채무를 중첩적으로 인수한 경우, 채무자와 인수인은 부진정연대관계에 있는 것으로 보아야 한다.

해설

① (○) 채무인수가 면책적인가 중첩적인가 하는 것은 채무인수계약에 나타난 당사자의사의 해석에 관한 문제이고, 채무인수에 있어서 면책적 인수인지, 중첩적 인수인지 분명하지 아니한 때에는 이를 중첩적으로 인수한 것으로 볼 것이다(대판 2002.9.24. 2002다36228).
② (○) 계약인수가 적법하게 이루어지면 양도인은 계약관계에서 탈퇴하게 되고 계약인수 후에는 특별한 사정이 없는 한 잔류당사자와 양도인 사이에는 계약관계가 존재하지 않게 되며 그에 따른 채권채무관계도 소멸한다(대판 1987.9.8. 85다카733). 따라서 계약당사자 중 일방이 상대방 및 제3자와 사이에 3면계약을 체결하거나 상대방의 승낙을 얻어 계약상 당사자로서의 지위를 포괄적으로 제3자에게 이전하는 경우 이를 양수한 제3자는 양도인의 계약상의 지위를 승계함으로써 종래의 계약에서 이미 발생된 채권·채무도 모두 이전받게 된다(대판 2011.6.23. 2007다63089[전합]).
③ (○) 중첩적 채무인수인이 채권자에 대한 손해배상채권을 자동채권으로 하여 채권자의 자신에 대한 그 채권에 대하여 대등액에서 상계의 의사표시를 하였다면, 연대채무자 1인이 한 상계의 절대적 효력을 규정하고 있는 민법 제418조 제1항의 규정에 의하여, 다른 연대채무자인 원채무자의 채권자에 대한 채무도 상계에 의하여 소멸되었다고 보아야 한다(대판 1997.4.22. 96다56443). 중첩적 채무인수인과 채무자 간에 주관적 공동관계가 없어 부진정연대채무관계에 있는 경우에도 중첩적 채무인수인의 상계는 절대적 효력이 인정된다.
④ (×) 부동산의 매수인이 매도인의 임차보증금 반환채무를 인수하는 한편 그 채무액을 매매대금에서 공제하기로 약정한 경우, 그 인수는 특별한 사정이 없는 한 매도인을 면책시키는 채무인수가 아니라 이행인수로 보아야 하고, 면책적 채무인수로 보기 위하여는 이에 대한 채권자의 승낙이 있어야 한다(대판 1995.8.11. 94다58599).
⑤ (○) 중첩적 채무인수에서 인수인이 채무자의 부탁 없이 채권자와의 계약으로 채무를 인수하는 것은 매우 드문 일이므로 채무자와 인수인은 원칙적으로 주관적 공동관계가 있는 연대채무관계에 있고, 인수인이 채무자의 부탁을 받지 아니하여 주관적 공동관계가 없는 경우에는 부진정연대관계에 있는 것으로 보아야 한다(대판 2009.8.20. 2009다32409).

답 ❹

CHAPTER 06 채권의 소멸

제1절 서설

제2절 변제

001 변제에 관한 설명으로 옳은 것은?(다툼이 있으면 판례에 따름) 25 노무

① 채무 없음을 알고 임의로 변제한 경우, 변제자는 반환을 청구할 수 있다.
② 변제기 전에 변제한 채무자는 변제한 것의 반환을 청구할 수 있다.
③ 채무자가 변제 수령권한이 없는 자에게 변제를 한 경우, 이로 인하여 채권자가 받은 이익이 일부분 존재하더라도 그 부분에 대한 변제의 효력은 발생하지 않는다.
④ 1억원의 채무 중 7천만원을 변제공탁한 경우, 채권자가 이를 수락하지 않으면 채무자는 3천만원을 변제제공하더라도 채무불이행책임을 부담한다.
⑤ 변제금액이 채권액에 부족한 경우, 채무자는 이자에 앞서 원본에 충당할 것을 지정할 수 있다.

해설

① (×) 민법 제742조의 비채변제는 지급자가 채무 없음을 알면서도 임의로 지급한 경우에만 성립하고, 채무 없음을 알고 있었다 하더라도 변제를 강제당한 경우나 변제거절로 인한 사실상의 손해를 피하기 위하여 부득이 변제하게 된 경우 등 그 변제가 자기의 자유로운 의사에 반하여 이루어진 것으로 볼 수 있는 사정이 있는 때에는 지급자가 그 반환청구권을 상실하지 않는다(대판 1996.12.20. 95다52222). 이러한 판례의 취지를 고려할 때 변제자가 채무 없음을 알고 임의로 변제한 경우, 변제자는 그 반환을 청구할 수 없다.

② (×) 민법 제743조 소정의 "착오로 인하여"라 함은 변제기 전임을 알지 못하였음을 의미하므로 변제기가 도래했다고 오신하고서 변제한 경우에 한하고 변제기 전임을 알면서 변제한 자는 기한의 이익을 포기한 것으로 볼 것이다(대판 1991.8.13. 91다6856). 따라서 변제기 전에 변제한 채무자는 변제한 것의 반환을 청구할 수 없다.

③ (×) 채권의 준점유자에 대한 변제(민법 제470조), 영수증소지자에 대한 변제(민법 제471조) 외에 변제받을 권한 없는 자에 대한 변제는 채권자가 이익을 받은 한도에서 효력이 있다(민법 제472조).

④ (○) 변제공탁이 유효하려면 채무 전부에 대한 변제의 제공 및 채무 전액에 대한 공탁이 있어야 하고, <u>채무 전액이 아닌 일부에 대한 공탁은 일부의 제공이 유효한 제공이라고 볼 수 있거나 변제자의 공탁금액이 채무의 총액에 비하여 아주 근소하게 부족하여 해당 변제공탁을 신의칙상 유효한 것이라고 볼 수 있는 등의 특별한 사정이 있는 경우를 제외하고는 채권자가 이를 수락하지 않는 한 그 공탁 부분에 관하여서도 채무소멸의 효과가 발생하지 않는다</u>(대판 2022.11.30. 2017다232167). 1억원의 채무 중 7천만원을 변제공탁한 경우, 채권자가 이를 수락하지 않으면 7천만원에 대한 채무소멸의 효과가 발생하지 아니하여, 채무자가 3천만원을 변제제공하더라도 채무불이행책임을 부담한다.

⑤ (×) 채무자가 변제로서 제공한 급여가 같은 채권자가 가지는 수개의 원본 채권과 그 이자 또는 지연손해금 채권 등을 전부 소멸시키기에 부족한 경우 <u>이자 또는 지연손해금과 원본 간에는 당사자 사이의 명시적·묵시적 합의가 없는 한 획일적으로 가장 공평·타당한 충당 방법인 민법 제479조의 규정에 따라 이자 또는 지연손해금과 원본의 순으로 법정변제충당이 이루어진다</u>(대판 2022.8.31. 2022다239896).

답 ④

002 채권의 소멸에 관한 설명으로 옳지 않은 것은?(다툼이 있으면 판례에 따름) [23 변리]

① 채무자가 채무액 일부를 지급하면서 이자 아닌 원본에 충당할 것을 지정하고 채권자가 이를 이의 없이 수령하여 묵시적 합의가 인정되는 때에는 지급된 금전은 원본에 충당된다.
② 1억원의 채무 중 7천만원을 변제공탁한 경우, 채권자가 이를 수락하지 않으면 채무자는 3천만원을 변제제공하더라도 채무불이행책임을 부담한다.
③ 상계가 금지되는 채권이라고 하더라도 압류금지채권에 해당하지 않는 한 강제집행에 의한 전부명령의 대상이 될 수 있다.
④ 피용자의 고의의 불법행위로 인하여 사용자책임이 성립하는 경우, 사용자는 자신의 고의가 없음을 주장하여 피해자의 손해배상채권을 수동채권으로 하는 상계권을 행사할 수 있다.
⑤ 소멸시효가 완성된 채권이 그 완성 전에 상계할 수 있었던 것이면 채권자는 그 채권을 자동채권으로 하여 상계할 수 있다.

해설

① (○) 판례의 취지를 고려할 때 당사자 사이에 채무액의 일부를 원본에 우선 충당하는 것에 대하여 묵시적 합의가 존재하는 경우이므로 지급된 금전은 원본에 충당된다.

> 채무자가 1개 또는 수개 채무의 비용 및 이자를 전부 소멸케 하지 못하는 급여를 한 경우의 변제충당에 관하여는 민법 제479조에 그 충당순서가 법정되어 있고 지정변제충당에 관한 민법 제476조는 준용되지 아니하므로, 당사자 사이에 특별한 합의가 없는 한 비용, 이자, 원본의 순서로 변제에 충당되며, 채무자는 물론 채권자라고 할지라도 위 법정 순서와 다르게 일방적으로 충당의 순서를 지정할 수는 없다(대판 2006.10.12. 2004재다818).

② (○) 변제공탁이 유효하려면 채무 전부에 대한 변제의 제공 및 채무 전액에 대한 공탁이 있어야 하고, 채무 전액이 아닌 일부에 대한 공탁은 일부의 제공이 유효한 제공이라고 볼 수 있거나 변제자의 공탁금액이 채무의 총액에 비하여 아주 근소하게 부족하여 해당 변제공탁을 신의칙상 유효한 것이라고 볼 수 있는 등의 특별한 사정이 있는 경우를 제외하고는 채권자가 이를 수락하지 않는 한 그 공탁 부분에 관하여서도 채무소멸의 효과가 발생하지 않는다(대판 2022.11.30. 2017다232167). 1억원의 채무 중 7천만원을 변제공탁한 경우, 채권자가 이를 수락하지 않으면 7천만원에 대한 채무소멸의 효과가 발생하지 아니하여, 채무자가 3천만원을 변제제공하더라도 채무불이행책임을 부담한다.

③ (○) 상계가 금지되는 채권이라고 하더라도 압류금지채권에 해당하지 않는 한 강제집행에 의한 전부명령의 대상이 될 수 있다(대결 2017.8.21. 2017마499).

④ (×) 민법 제756조에 의한 사용자의 손해배상책임은 피용자의 배상책임에 대한 대체적 책임이고, 같은 조 제1항에서 사용자가 피용자의 선임 및 그 사무감독에 상당한 주의를 한 때 또는 상당한 주의를 하여도 손해가 있을 경우에는 책임을 면할 수 있도록 규정함으로써 사용자책임에서 사용자의 과실은 직접의 가해행위가 아닌 피용자의 선임·감독에 관련된 것으로 해석되는 점에 비추어 볼 때, 피용자의 고의의 불법행위로 인하여 사용자책임이 성립하는 경우에 민법 제496조의 적용을 배제하여야 할 이유가 없으므로 사용자책임이 성립하는 경우 사용자는 자신의 고의의 불법행위가 아니라는 이유로 민법 제496조의 적용을 면할 수는 없다(대판 2006.10.26. 2004다63019).

⑤ (○) 소멸시효가 완성된 채권이 그 완성 전에 상계할 수 있었던 것이면 그 채권자는 상계할 수 있다(민법 제495조).

답 ④

003

甲은 乙에 대하여 A채무(원본 : 5천만원, 대여일 : 2021년 3월 1일, 이자 : 월 0.5%, 변제기 : 2021년 4월 30일)와 B채무(원본 : 4천만원, 대여일 : 2021년 4월 1일, 이자 : 월 1%, 변제기 : 2021년 5월 31일)를 부담하고 있다. 이에 관한 설명으로 옳은 것을 모두 고른 것은?(다툼이 있으면 판례에 따름)

22 노무

ㄱ. 甲은 2021년 6월 5일에 5천만원을 변제하면서 乙과의 합의로 B채무의 원본에 충당한 후 나머지는 A채무의 원본에 충당하는 것으로 정할 수 있다.
ㄴ. 甲이 2021년 6월 5일에 5천만원을 변제하면서 법정충당이 이루어지는 경우, B채무에 보증인이 있다면 A채무의 변제에 먼저 충당된다.
ㄷ. 甲이 2021년 5월 3일에 5천만원을 변제하면서 법정충당이 이루어지는 경우, B채무에 먼저 충당된다.
ㄹ. 甲이 2021년 4월 28일에 5천만원을 변제하면서 법정충당이 이루어지는 경우, B채무에 먼저 충당된다.

① ㄱ, ㄴ
② ㄱ, ㄹ
③ ㄴ, ㄷ
④ ㄱ, ㄷ, ㄹ
⑤ ㄴ, ㄷ, ㄹ

해설

ㄱ. (○) 채무자 甲이 채권자 乙에게 A채무(5천만원)와 B채무(4천만원)를 부담하고 있는데 甲이 변제제공한 5천만원은 채무 전부를 소멸시키기에 충분하지 아니하여 변제충당의 문제가 발생한다. 민법상 명문 규정은 없지만 합의에 의한 충당이 최우선적으로 적용되므로, 甲이 5천만원을 변제하면서 乙과의 합의로 B채무의 원본에 충당한 후 나머지는 A채무의 원본에 충당하는 것으로 정할 수 있다.

ㄴ. (×) 변제충당의 합의가 없고 지정충당도 없는 경우에는 민법 제477조에서 정한 법정충당에 의하게 된다. 甲이 2021년 6월 5일에 5천만원을 변제하면서 법정충당이 이루어지는 경우, A채무와 B채무는 이미 변제기가 도래하였고, B채무에 존재하는 보증인으로 인한 변제이익은 A채무와 차이가 없으나(대판 1985.3.12. 84다카2093), 이자발생으로 인한 변제이익(A채무 : 월 25만, B채무 : 월 40만)은 B채무가 더 많으므로 민법 제477조 제2호에 의하여 B채무의 변제에 먼저 충당된다.

ㄷ. (×) 甲이 2021년 5월 3일에 5천만원을 변제하면서 법정충당이 이루어지는 경우, A채무는 변제기에 도달하였으나 B채무는 그러하지 아니하므로 민법 제477조 제1호에 의하여 A채무의 변제에 먼저 충당된다.

ㄹ. (○) 甲이 2021년 4월 28일에 5천만원을 변제하면서 법정충당이 이루어지는 경우, A채무와 B채무는 모두 변제기에 도달하지 아니하였기 때문에 민법 제477조 제2호에 의하여 변제 이익이 많은 B채무의 변제에 먼저 충당된다.

답 ❷

004 변제에 관한 설명으로 옳지 않은 것을 모두 고른 것은?(다툼이 있으면 판례에 따름)

ㄱ. 미리 저당권의 등기에 그 대위를 부기하지 않은 피담보채무의 보증인은 저당물에 후순위 근저당권을 취득한 제3자에 대하여 채권자를 대위할 수 없다.
ㄴ. 변제자가 주채무자인 경우 보증인이 있는 채무와 보증인이 없는 채무의 변제이익은 차이가 없다.
ㄷ. 채무자로부터 담보부동산을 취득한 제3자와 물상보증인 상호 간에는 각 부동산의 가액에 비례하여 채권자를 대위할 수 있다.

① ㄱ
② ㄴ
③ ㄱ, ㄷ
④ ㄴ, ㄷ
⑤ ㄱ, ㄴ, ㄷ

해설

ㄱ. (×) 민법 제482조 제2항 제2호의 제3취득자에 후순위 근저당권자가 포함되지 않음에도 같은 항 제1호의 제3자에는 후순위 근저당권자가 포함된다고 하면, 후순위 근저당권자는 보증인에 대하여 항상 채권자를 대위할 수 있지만 보증인은 후순위 근저당권자에 대하여 채권자를 대위하기 위해서는 미리 대위의 부기등기를 하여야만 하므로 보증인보다 후순위 근저당권자를 더 보호하는 결과가 되는데, 이러한 결과는 법정대위자인 보증인과 후순위 근저당권자 간의 이해관계를 공평하고 합리적으로 조절하기 위한 민법 제482조 제2항 제1호와 제2호의 입법 취지에 부합하지 않을뿐더러 후순위 근저당권자는 통상 자신의 이익을 위하여 선순위 근저당권의 담보가치를 초과하는 담보가치만을 파악하여 담보권을 취득한 자에 불과하므로 변제자대위와 관련해서 후순위 근저당권자를 보증인보다 더 보호할 이유도 없다. 이러한 사정들과 민법 제482조 제2항 제1호와 제2호가 상호작용 하에 법정대위자 중 보증인과 제3취득자의 이해관계를 조절하는 규정인 점 등을 종합하여 보면, 보증인은 미리 저당권의 등기에 그 대위를 부기하지 않고서도 저당물에 후순위 근저당권을 취득한 제3자에 대하여 채권자를 대위할 수 있다고 할 것이므로 민법 제482조 제2항 제1호의 제3자에 후순위 근저당권자는 포함되지 않는다(대판 2013.2.15. 2012다48855).
ㄴ. (O) 변제자가 주채무자인 경우, 보증인이 있는 채무와 보증인이 없는 채무 사이에는 변제이익의 점에서 차이가 없다고 보아야 하므로, 보증기간 중의 채무와 보증기간 종료 후의 채무 사이에서도 변제이익의 점에서 차이가 없다. 따라서 주채무자가 변제한 금원은 이행기가 먼저 도래한 채무부터 법이 정하는 바에 따라 변제충당을 하여야 한다(대판 2021.1.28. 2019다207141).
ㄷ. (×) 물상보증인이 채무를 변제하거나 담보권의 실행으로 소유권을 잃은 때에는 보증채무를 이행한 보증인과 마찬가지로 채무자로부터 담보부동산을 취득한 제3자에 대하여 구상권의 범위 내에서 출재한 전액에 관하여 채권자를 대위할 수 있는 반면, 채무자로부터 담보부동산을 취득한 제3자는 채무를 변제하거나 담보권의 실행으로 소유권을 잃더라도 물상보증인에 대하여 채권자를 대위할 수 없다고 보아야 한다. 만일 물상보증인의 지위를 보증인과 다르게 보아서 물상보증인과 채무자로부터 담보부동산을 취득한 제3자 상호 간에는 각 부동산의 가액에 비례하여 채권자를 대위할 수 있다고 한다면, 본래 채무자에 대하여 출재한 전액에 관하여 대위할 수 있었던 물상보증인은 채무자가 담보부동산의 소유권을 제3자에게 이전하였다는 우연한 사정으로 이제는 각 부동산의 가액에 비례하여서만 대위하게 되는 반면, 당초 채무 전액에 대한 담보권의 부담을 각오하고 채무자로부터 담보부동산을 취득한 제3자는 그 범위에서 뜻하지 않은 이득을 얻게 되어 부당하다(대판 2014.12.18. 2011다50233[전합]).

답 ❸

005 변제에 관한 설명으로 옳은 것은?(다툼이 있는 경우에는 판례에 의함)

15 노무

① 변제충당에 관한 민법 제476조 내지 제479조의 규정은 강행규정이다.
② 채무자가 채무전부를 변제한 때에 인정되는 채권증서반환청구권은 변제와 동시이행관계에 있다.
③ 사실상의 이해관계를 가진 자는 변제할 정당한 이익이 있으므로 변제로 당연히 채권자를 대위한다.
④ 민법 제470조의 채권의 준점유자에는 채권자의 대리인이라고 하면서 채권을 행사하는 경우도 포함된다.
⑤ 착오로 변제기 이전에 변제한 자에 대하여 채권자는 그로 인하여 얻은 이익을 반환할 필요가 없다.

해설

① (×) 변제충당에 관한 민법 제476조 내지 제479조의 규정은 임의규정이므로 변제자인 채무자와 변제수령자인 채권자는 약정에 의하여 이를 배제하고 제공된 급부를 어느 채무에 어떤 방법으로 충당할 것인가를 결정할 수 있고, 이는 민법 제499조에 의하여 위 규정이 준용되는 상계의 경우에도 마찬가지이다(대판 2015.6.11. 2012다10386).
② (×) 민법 제475조는 변제자가 채무 전부를 변제한 때에는 채권자에게 채권증서의 반환을 청구할 수 있다고 규정하고 있으나, 이러한 채권증서반환청구권은 변제와 동시이행관계에 있지 아니하다(대판 2012.11.29. 2011다84335).
③ (×) 민법 제469조 제2항은 이해관계 없는 제3자는 채무자의 의사에 반하여 변제하지 못한다고 규정하고, 민법 제481조는 변제할 정당한 이익이 있는 자는 변제로 당연히 채권자를 대위한다고 규정하고 있는바, 위 조항에서 말하는 '이해관계' 내지 '변제할 정당한 이익'이 있는 자는 변제를 하지 않으면 채권자로부터 집행을 받게 되거나 또는 채무자에 대한 자기의 권리를 잃게 되는 지위에 있기 때문에 변제함으로써 당연히 대위의 보호를 받아야 할 법률상 이익을 가지는 자를 말하고, 단지 사실상의 이해관계를 가진 자는 제외된다(대판 2016.2.18. 2012다3746).
④ (○) 민법 제470조에 정하여진 채권의 준점유자라 함은 변제자의 입장에서 볼 때 일반의 거래관념상 채권을 행사할 정당한 권한을 가진 것으로 믿을 만한 외관을 가지는 사람을 말하므로, 준점유자가 스스로 채권자라고 하여 채권을 행사하는 경우뿐만 아니라 채권자의 대리인이라고 하면서 채권을 행사하는 때에도 채권의 준점유자에 해당한다(대판 2013.1.24. 2012다91224).
⑤ (×) 변제기에 있지 아니한 채무를 변제한 때에는 그 반환을 청구하지 못한다. 그러나 채무자가 착오로 인하여 변제한 때에는 채권자는 이로 인하여 얻은 이익을 반환하여야 한다(민법 제743조).

답 ❹

006 변제에 관한 설명으로 옳지 않은 것은?(다툼이 있으면 판례에 따름)

① 금액이 서로 다른 채무가 부진정연대관계에 있을 때, 다액채무자가 일부 변제를 하는 경우 변제로 먼저 소멸하는 부분은 다액채무자가 단독으로 채무를 부담하는 부분이다.
② 채권의 준점유자에게 한 변제는 변제자가 선의이며 과실 없음을 증명하면 채권자에 대하여 효력이 있다.
③ 변제충당에 관한 당사자의 특별한 합의가 없으면 그 채무의 비용, 이자, 원본의 순서로 변제에 충당하여야 한다.
④ 채권의 일부에 대하여 변제자대위가 인정되는 경우 그 대위자는 채무자의 채무불이행을 이유로 채권자와 채무자 간의 계약을 해제할 수 있다.
⑤ 채권자가 변제수령을 거절하면 채무자는 공탁함으로써 그 채무를 면할 수 있다.

해설

① (O) 대판 2018.4.10. 2016다252898
② (O) 채권의 준점유자에 대한 변제는 변제자가 선의·무과실일 때 채권자에 대하여 효력이 있고, 변제자의 선의·무과실의 증명책임은 변제의 유효를 주장하는 자(변제자)가 부담한다는 것이 학설과 판례의 일반적인 태도이다.
③ (O) 채무자가 1개 또는 수개 채무의 비용 및 이자를 전부 소멸케 하지 못하는 급여를 한 경우의 변제충당에 관하여는 민법 제479조에 그 충당순서가 법정되어 있고 지정변제충당에 관한 민법 제476조는 준용되지 아니하므로, 당사자 사이에 특별한 합의가 없는 한 비용, 이자, 원본의 순서로 변제에 충당되며, 채무자는 물론 채권자라고 할지라도 위 법정순서와 다르게 일방적으로 충당의 순서를 지정할 수는 없다(대판 2006.10.12. 2004재다818).
④ (×) 채권의 일부에 대하여 대위변제가 있는 경우에 채무불이행을 원인으로 하는 계약의 해지 또는 해제는 채권자만이 할 수 있고 채권자는 대위자에게 그 변제한 가액과 이자를 상환하여야 한다(민법 제483조 제2항).
⑤ (O) 채권자가 변제를 받지 아니하거나 받을 수 없는 때에는 변제자는 채권자를 위하여 변제의 목적물을 공탁하여 그 채무를 면할 수 있다. 변제자가 과실 없이 채권자를 알 수 없는 경우에도 같다(민법 제487조 제1항 전문).

답 ④

007 변제에 관한 설명으로 옳은 것을 모두 고른 것은?(다툼이 있으면 판례에 따름) 21 변리

ㄱ. 甲은 乙에 대해 1,000만원의 채무를 부담하고 있는데, 丙이 자신의 채무로 오해하여 乙에게 1,000만원을 지급한 경우, 제3자 변제에 해당하지 않는다.
ㄴ. 근저당권으로 담보된 채무의 일부를 변제한 제3자 乙은 변제한 가액의 범위에서 채권자 甲이 가졌던 채권과 담보에 관한 권리를 법률상 당연히 취득하여 甲에 우선하여 변제받을 권리가 있다.
ㄷ. 예금주 甲의 대리인이라고 주장하는 乙이 甲의 통장과 인감을 소지하고 丙은행에 예금반환청구를 한 경우, 대리인을 사칭한 乙은 채권의 사실상 귀속자와 같은 외형을 갖추고 있지 아니하여 채권의 준점유자로 볼 수 없다.
ㄹ. 지시채권 증서 소지인 甲에 대한 乙의 변제는 乙이 甲의 권리 없음을 알았거나 중과실이 있는 경우를 제외하고 유효하다.

① ㄱ
② ㄱ, ㄴ
③ ㄱ, ㄹ
④ ㄱ, ㄴ, ㄷ
⑤ ㄴ, ㄷ, ㄹ

해설

ㄱ. (O) 판례의 취지를 고려할 때 제3자인 丙이 甲의 채무를 자신의 채무로 오인하여 乙에게 1,000만원을 지급하였다면 丙에게 타인의 채무를 변제한다는 의사를 인정하기는 어려울 것으로 보여 제3자 변제에는 해당하지 아니한다고 보아야 한다.

> 제3자가 타인의 채무를 변제하여 그 채무를 소멸시키기 위하여는 제3자가 타인의 채무를 변제한다는 의사를 가지고 있었음을 요건으로 하고 이러한 의사는 타인의 채무변제임을 나타내는 변제지정을 통하여 표시되어야 할 것이지만, 채권자가 변제를 수령하면서 제3자가 타인의 채무를 변제하는 것이라는 사실을 인식하였다면 타인의 채무변제라는 지정이 있었다고 볼 수 있다(대판 2010.2.11. 2009다71558).

ㄴ. (×) 변제할 정당한 이익이 있는 자가 채무자를 위하여 채권의 일부를 대위변제할 경우에 대위변제자는 변제한 가액의 범위 내에서 종래 채권자가 가지고 있던 채권 및 담보에 관한 권리를 취득하게 되고 따라서 채권자가 부동산에 대하여 저당권을 가지고 있는 경우에는 채권자는 대위변제자에게 일부대위변제에 따른 저당권의 일부이전의 부기등기를 경료해 주어야 할 의무가 있다 할 것이나 이 경우에도 채권자는 일부대위변제자에 대하여 우선변제권을 가지고 있다(대판 1988.9.27. 88다카1797). 지문의 경우 제3자 乙이 일부대위변제를 하였다고 하더라도 채권자 甲이 乙에 대하여 우선변제권을 가지고 있다고 이해된다.

ㄷ. (×) 예금주 甲의 대리인이라고 주장하는 乙이 甲의 통장과 인감을 소지하고 丙은행에 예금반환청구를 한 경우, 乙은 채권의 사실상 귀속자와 같은 외형을 갖추었다고 보이므로 채권의 준점유자로 판단된다.

> 예금주의 대리인이라고 주장하는 자가 예금주의 통장과 인감을 소지하고 예금반환청구를 한 경우, 은행이 예금청구서에 나타난 인영과 비밀번호를 신고된 것과 대조 확인하는 외에 주민등록증을 통하여 예금주 및 청구인의 호주가 동일인이라는 점까지 확인하여 예금을 지급하였다면 이는 채권의 준점유자에 대한 변제로서 유효하다(대판 2004.4.23. 2004다5389).

ㄹ. (O) 지시채권 증서 소지인 甲에 대한 乙의 변제는 甲이 권리자 아님을 알았거나 중대한 과실로 알지 못한 경우를 제외하고 유효하다(민법 제518조 단서 반대해석).

답 ③

008

甲은 乙에 대하여 다음과 같은 내용의 대여금 채무를 부담하고 있다. 이에 관한 설명으로 옳지 않은 것은?(비용·지연이자는 고려하지 말 것)(각 지문은 독립적이며, 다툼이 있으면 판례에 따름)

[22] 변리

> ○ A채무 : 대여일 2020.3.7., 원금 1억원(무이자), 변제기 2021.3.7.
> ○ B채무 : 대여일 2020.4.12., 원금 2억원(무이자), 변제기 2021.4.12.

① 甲이 2021.4.3. 1억원을 변제하면서 특별한 합의나 지정이 없었던 경우, 위 1억원은 A채무의 변제에 충당된다.
② 甲이 2021.5.7. 1억원을 변제하면서 특별한 합의나 지정이 없었던 경우, 위 1억원은 B채무의 변제에 충당된다.
③ 甲이 2021.5.7. 1억원을 변제하면서 특별한 합의나 지정이 없었던 경우, A채무의 담보를 위해 丙의 X토지에 저당권이 설정되어 있었다면 위 1억원은 A채무의 변제에 충당된다.
④ 甲이 2021.5.7. 1억원을 변제하면서 특별한 합의나 지정이 없었던 경우, B채무의 담보를 위해 보증인 丙이 있었다면 위 1억원은 A채무의 변제에 충당된다.
⑤ 만일 A채무와 B채무 모두 월 1%의 이자가 약정되어 있고, 甲이 2021.5.7. 1억원을 변제하면서 A채무의 원본에 충당하기로 지정한 것에 대하여 乙과의 묵시적 합의가 인정된다면, 위 1억원은 A채무의 원본에 충당된다.

해설

① (○) 당사자 간에 변제충당에 대한 특별한 합의나 지정이 없었던 경우, 법정변제충당에 따라 채무 중에 이행기가 도래한 것과 도래하지 아니한 것이 있으면 이행기가 도래한 채무의 변제에 충당되므로(민법 제477조 제1호) 2021.4.3. 1억원의 변제금은 이행기가 도래한 A채무의 변제에 충당된다.
② (×) 당사자 간에 변제충당에 대한 특별한 합의나 지정이 없었던 경우, 법정변제충당에 따른다. 2021.5.7. 1억원의 변제금은 채무 전부의 이행기가 도래한 경우 채무자에게 변제이익이 많은 채무의 변제에 충당해야 하나, 지문의 경우 무이자로 변제이익에 차이가 없으므로, 결국 이행기가 먼저 도래한 A채무의 변제에 충당된다(민법 제477조 제2호·제3호).
③ (○) 당사자 간에 변제충당에 대한 특별한 합의나 지정이 없었던 경우, 법정변제충당에 따른다. 판례는 변제자가 주채무자인 경우 보증인이 있는 채무와 보증인이 없는 채무 사이에 전자가 후자에 비하여 변제이익이 더 많다고 볼 근거는 전혀 없으므로 양자는 변제이익의 점에서 차이가 없다고 보아야 하고, 변제자가 채무자인 경우 물상보증인이 제공한 물적 담보가 있는 채무와 그러한 담보가 없는 채무 사이에도 변제이익의 점에서 차이가 없다(대판 2014.4.30. 2013다8250)고 판시하고 있으므로 1억원의 변제금은 이행기가 먼저 도래한 A채무의 변제에 충당된다.
④ (○) 당사자 간에 변제충당에 대한 특별한 합의나 지정이 없었던 경우, 법정변제충당에 따른다. 판례는 변제자가 주채무자인 경우에 보증인이 있는 채무와 보증인이 없는 채무사이에 있어서 전자가 후자에 비하여 변제이익이 더 많다고 볼 근거는 전혀 없는 것이고 양자는 변제의 이익의 점에 있어 차이가 없다고 봄이 상당하다고 할 것이며 이와 같이 변제의 이익이 같을 경우에는 변제금은 이행기가 먼저 도래한 채무나 먼저 도래할 채무의 변제에 충당하여야 한다(대판 1985.3.12. 84다카2093)고 본다. 따라서 2021.5.7. 1억원의 변제금은 이행기가 먼저 도래한 A채무의 변제에 충당된다.

⑤ (○) 판례의 취지를 고려할 때 변제충당의 순서에 대해 당사자 사이의 특별한 합의가 인정되는 경우에는 그에 의할 것이므로 甲이 2021.5.7. 1억원을 변제하면서 A채무의 원본에 충당하기로 지정한 것에 대하여 乙과의 묵시적 합의가 인정된다면, 위 1억원의 변제금은 A채무의 원본에 충당된다.

> 채무자가 1개 또는 수개 채무의 비용 및 이자를 전부 소멸케 하지 못하는 급여를 한 경우의 변제충당에 관하여는 민법 제479조에 그 충당순서가 법정되어 있고 지정변제충당에 관한 민법 제476조는 준용되지 아니하므로, 당사자 사이에 특별한 합의가 없는 한 비용, 이자, 원본의 순서로 변제에 충당되며, 채무자는 물론 채권자라고 할지라도 위 법정 순서와 다르게 일방적으로 충당의 순서를 지정할 수는 없다(대판 2006.10.12. 2004재다818).

답 ❷

009 변제자 대위에 관한 설명으로 옳지 않은 것은?(다툼이 있는 경우에는 판례에 의함) 14 변리

CHECK ○△×

① 변제자대위는 채무자에 대한 구상권을 담보하는 효력을 가지므로 구상권이 없으면 변제자대위가 성립하지 않는다.
② 법률상 이해관계 있는 제3자는 그가 가지는 구상권의 범위에서 당연히 채권자의 채권과 그 담보에 관한 권리를 행사할 수 있다.
③ 제3자가 채무자를 위하여 대물변제로 채권자에게 채권 일부의 만족을 준 때에도 변제자 대위가 인정된다.
④ 근저당권으로 담보된 채무의 일부를 변제한 제3자는 변제한 가액의 범위에서 채권자가 가졌던 채권과 담보에 관한 권리를 법률상 당연히 취득하여 채권자에 우선하여 변제받을 권리가 있다.
⑤ 자유의사에 기한 변제가 아니라 채권자의 담보권 실행으로 그에게 만족을 준 제3자도 채권자를 대위할 수 있다.

해설

① (○) 변제에 의한 대위 또는 대위변제는 제3자 또는 공동채무자의 한 사람이 채무자 또는 다른 공동채무자에 대하여 가지는 구상권의 실현을 확보하는 것을 목적으로 하는 제도이므로, 구상권이 없으면 대위는 성립하지 않는다고 할 것이고, 위와 같은 구상권 발생의 근거로는 먼저 불가분채무자, 연대채무자, 보증인, 물상보증인, 담보물의 제3취득자, 후순위담보권자가 구상권을 가짐은 민법의 개별적 규정에 의하여 분명하고, 제3자가 채무자의 부탁으로 채무자를 위하여 변제하는 경우에는 민법 제688조 소정의 위임사무처리비용의 상환청구권에 의하여, 제3자가 사무관리에 의하여 채무자를 위하여 변제하는 경우에는 민법 제739조 소정의 사무관리비용의 상환청구권에 의하여 구상권을 취득하는 수가 있을 수 있다(대판 1994.12.9. 94다38106).
② (○) 임의대위(민법 제480조)와 달리, 변제할 정당한 이익이 있는 자는 채권자의 승낙 여부와 상관없이 변제로 당연히 채권자를 대위하여(민법 제481조), 자기의 권리에 의하여 구상할 수 있는 범위에서 채권 및 그 담보에 관한 권리를 행사할 수 있다(민법 제482조 제1항).
③ (○) 제3자가 공탁 기타 자기의 출재로 채무자의 채무를 면하게 한 경우에도 변제자 대위에 대한 규정(임의대위, 법정대위)을 준용하므로(민법 제486조), 지문의 경우에도 변제자 대위가 인정된다.
④ (×) 변제할 정당한 이익이 있는 자가 채무자를 위하여 채권의 일부를 대위변제할 경우에 대위변제자는 변제한 가액의 범위 내에서 종래 채권자가 가지고 있던 채권 및 담보에 관한 권리를 취득하게 되고 따라서 채권자가 부동산에 대하여 저당권을 가지고 있는 경우에는 채권자는 대위변제자에게 일부대위변제에 따른 저당권의 일부이전의 부기등기를 경료해 주어야 할 의무가 있다 할 것이나 이 경우에도 채권자는 일부대위변제자에 대하여 우선변제권을 가지고 있다(대판 1988.9.27. 88다카1797).
⑤ (○) 물상보증인이나 제3취득자가 채권자의 담보권 실행으로 그에게 만족을 주었다면 채무자에게 구상권을 가지게 되고 민법 제481조에서 정하는 변제할 정당한 이익이 있는 자에 해당하므로 당연히 채권자를 대위한다.

답 ❹

010

甲은 乙에 대한 대여금채무 6억원을 담보하기 위하여 자기 소유 X토지에 乙 명의의 저당권을 설정해 주었다. 甲의 부탁으로 위 채무를 담보하기 위하여 丙은 乙과 보증계약을 체결하였고, 丁과 戊는 각각 자기 소유 Y토지와 Z토지에 乙 명의의 저당권을 설정해 주었다. 이에 관한 설명으로 옳지 않은 것은?(단, 이자 및 지연배상금은 고려하지 않고, 다툼이 있으면 판례에 따름) **19** 변리

① 丁이 甲의 대여금채무를 모두 변제한 경우, 丁은 甲에 대하여 구상권을 행사할 수 있다.
② 丁이 甲의 대여금채무를 모두 변제한 경우, 丁은 乙을 대위하여 丙을 상대로 2억원의 지급을 청구할 수 있다.
③ 戊는 甲의 대여금채무를 변제할 정당한 이익이 있는 자이므로, 戊가 그 채무를 모두 변제하였다면 乙의 승낙이 없어도 당연히 乙을 대위한다.
④ 丙이 甲의 대여금채무를 모두 변제한 경우, 미리 저당권등기에 대위의 부기등기를 하지 않더라도 丁에 대하여 乙을 대위할 수 있다.
⑤ A가 甲과의 매매계약을 원인으로 X토지의 소유권이전등기를 마친 후 甲의 대여금채무를 모두 변제한 경우, A는 丙에 대하여 乙을 대위할 수 있다.

해설

① (○) 물상보증인은 타인의 채무변제를 위하여 자기의 재산 위에 물적 담보를 제공한 자이므로, 채무자에 대한 관계에서 보증인과 유사한 지위에 있다. 따라서 물상보증인 丁이 대여금채무를 변제하거나 질권·저당권의 실행으로 인하여 그 소유권을 잃은 때에는, 보증채무에 관한 규정에 의하여 채무자 甲에 대한 구상권이 있다 할 것이다(민법 제341조 참고).

② (○) 자기의 재산을 타인의 채무의 담보로 제공한 자(물상보증인)와 보증인 간에는 그 인원수에 비례하여 채권자를 대위한다. 그러나 자기의 재산을 타인의 채무의 담보로 제공한 자(물상보증인)가 수인인 때에는 보증인의 부담부분을 제외하고 그 잔액에 대하여 각 재산의 가액에 비례하여 대위하게 되므로(민법 제482조 제2항 제5호 전문), 물상보증인 丁이 채무자 甲의 대여금채무를 모두 변제한 경우, 丁은 인원수에 비례하여 채권자 乙을 대위하므로, 보증인 丙을 상대로 2억원의 지급을 청구할 수 있다.

③ (○) 판례의 취지를 고려할 때 물상보증인 戊는 변제할 정당한 이익이 있는 자에 해당하므로, 채권자 乙의 승낙이 없어도 당연히 乙을 대위한다.

> 민법 제469조 제2항은 이해관계 없는 제3자는 채무자의 의사에 반하여 변제하지 못한다고 규정하고, 민법 제481조는 변제할 정당한 이익이 있는 자는 변제로 당연히 채권자를 대위한다고 규정하고 있는바, 위 조항에서 말하는 '이해관계' 내지 '변제할 정당한 이익'이 있는 자는 변제를 하지 않으면 채권자로부터 집행을 받게 되거나 또는 채무자에 대한 자기의 권리를 잃게 되는 지위에 있기 때문에 변제함으로써 당연히 대위의 보호를 받아야 할 법률상 이익을 가지는 자를 말하고, 단지 사실상의 이해관계를 가진 자는 제외된다(대결 2009.5.28. 2008마109).

④ (○) 보증인은 미리 전세권이나 저당권의 등기에 그 대위를 부기하지 아니하면 전세물이나 저당물에 권리를 취득한 제3자에 대하여 채권자를 대위하지 못한다(민법 제482조 제2항 제1호). 다만, 지문은 보증인 丙이 채무자 甲의 대여금채무를 모두 변제하고, 물상보증인 丁에 대하여 채권자 乙을 대위하려는 경우이므로, 민법 제482조 제2항 제1호가 아닌 제5호 전문이 적용된다고 할 것이다. 따라서 丙은 보증인의 부담부분을 제외하고, 그 잔액에 대하여 물상보증인 丁에게 Y토지의 가액에 비례하여 채권자 乙을 대위할 수 있다.

⑤ (×) 제3취득자는 보증인에 대하여 채권자를 대위하지 못한다(민법 제482조 제2항 제2호). 따라서 채무자 甲 소유 X토지의 제3취득자 A는 보증인 丙에 대하여 채권자 乙을 대위할 수 없다.

답 ❺

011 채권의 소멸에 관한 설명으로 옳지 않은 것을 모두 고른 것은?(다툼이 있으면 판례에 따름)

24 변리

> ㄱ. 법정변제충당의 순위를 정함에 있어서 변제의 유예가 있는 채무에 대하여는 유예기까지 변제기가 도래하지 않은 것과 같게 보아야 한다.
> ㄴ. 채권자의 태도로 보아 채무자가 채무의 이행제공을 하였더라도 그 수령을 거절하였을 것이 명백한 경우에도 채무자는 이행의 제공을 하지 않고 바로 변제공탁할 수는 없다.
> ㄷ. 변제공탁이 적법한 경우에는 채권자가 공탁물 출급청구를 하였는지와 관계없이 공탁을 한 때에 변제의 효력이 발생하지만, 그 후 공탁물 출급청구권에 대하여 가압류 집행이 된 경우에는 변제의 효력이 발생하지 아니한다.
> ㄹ. 매도인의 담보책임을 기초로 한 손해배상채권의 제척기간이 지난 경우, 매수인은 그 제척기간이 지나기 전에 상계할 수 있었을지라도 그 손해배상채권을 자동채권으로 해서 매도인의 채권과 상계할 수 없다.

① ㄱ, ㄴ
② ㄷ, ㄹ
③ ㄱ, ㄴ, ㄷ
④ ㄱ, ㄷ, ㄹ
⑤ ㄴ, ㄷ, ㄹ

해설

ㄱ. (○) 법정변제충당의 순위를 정함에 있어서 변제의 유예가 있는 채무에 대하여는 유예기까지 변제기가 도래하지 않은 것과 같게 보아야 한다(대판 1999.8.24. 99다22281).

ㄴ. (×) 채권자의 태도로 보아 채무자가 설사 채무의 이행제공을 하였더라도 그 수령을 거절하였을 것이 명백한 경우에는 채무자는 이행의 제공을 하지 않고 바로 변제공탁할 수 있다(대판 1994.8.26. 93다42276).

ㄷ. (×) 변제공탁이 적법한 경우에는 채권자가 공탁물 출급청구를 하였는지와 관계없이 공탁을 한 때에 변제의 효력이 발생하고, 그 후 공탁물 출급청구권에 대하여 가압류 집행이 되더라도 변제의 효력에 영향을 미치지 아니한다(대판 2011.12.13. 2011다11580).

ㄹ. (×) 매도인이나 수급인의 담보책임을 기초로 한 손해배상채권의 제척기간이 지난 경우에도 제척기간이 지나기 전 상대방의 채권과 상계할 수 있었던 경우에는 매수인이나 도급인은 민법 제495조를 유추적용해서 위 손해배상채권을 자동채권으로 해서 상대방의 채권과 상계할 수 있다고 봄이 타당하다(대판 2019.3.14. 2018다255648).

답 ⑤

012

乙이 丙으로부터 금전을 차용하면서 자신 소유의 X토지에 대하여 저당권을 설정해 주었고, 甲은 이를 연대보증하였다. 그 후 甲이 丙에게 채무를 변제하고자 하는 경우에 관한 설명으로 옳지 않은 것은?(다툼이 있는 경우에는 판례에 의함)

① 甲이 변제한 경우, 甲은 丙의 승낙이 없더라도 당연히 丙을 대위할 수 있다.
② 甲이 채무의 일부만을 변제하는 경우, 甲은 변제한 가액에 비례하여 丙과 함께 乙에 대한 권리를 행사하게 된다.
③ 甲이 일부만을 변제한 후 乙이 잔존채무를 이행하지 아니하여 X토지가 경매된 경우, 甲과 丙은 동순위로 배당을 받는다.
④ 甲의 변제 후 乙이 X토지를 丁에게 매도한 경우, 甲이 미리 저당권등기에 대위의 부기등기를 하면 丁에 대하여 채권자 丙을 대위할 수 있다.
⑤ 丙이 고의로 X토지에 대한 저당권을 말소한 경우, 특단의 사정이 없는 한 甲은 그 말소로 인하여 상환받을 수 없는 한도에서 면책을 주장할 수 있다.

해설

① (○) 보증인은 채무자가 변제를 하지 아니하면 채권자로부터 집행을 받게 되는 지위에 있으므로, 변제할 정당한 이익이 있는 자에 해당한다. 보증인 甲이 변제한 경우, 변제할 정당한 이익이 있는 甲은 채권자 丙의 승낙 여부와 상관없이 그 변제로 당연히 丙을 대위한다(민법 제481조).
② (○) 甲이 채무의 일부만을 변제하는 경우, 甲은 변제한 가액에 비례하여 丙과 함께 乙에 대한 권리를 행사하게 된다(민법 제483조 제1항).
③ (×) 판례의 취지를 고려할 때 변제순위에 관하여 따로 약정이 없는 한, 원칙적으로 채권자 丙이 일부대위변제자 甲에 대하여 우선변제권을 가진다.

> 변제할 정당한 이익이 있는 자가 채무자를 위하여 채권의 일부를 대위변제할 경우에 대위변제자는 변제한 가액의 범위 내에서 종래 채권자가 가지고 있던 채권 및 담보에 관한 권리를 취득하게 되고 따라서 채권자가 부동산에 대하여 저당권을 가지고 있는 경우에는 채권자는 대위변제자에게 일부대위변제에 따른 저당권의 일부이전의 부기등기를 경료해 주어야 할 의무가 있으나 이 경우에도 채권자는 일부대위변제자에 대하여 우선변제권을 가지고, 다만 일부대위변제자와 채권자 사이에 변제의 순위에 관하여 따로 약정을 한 경우에는 그 약정에 따라 변제의 순위가 정해진다(대판 2010.4.8. 2009다80460).

④ (○) 보증인은 미리 전세권이나 저당권의 등기에 그 대위를 부기하지 아니하면 전세물이나 저당물에 권리를 취득한 제3자에 대하여 채권자를 대위하지 못한다(민법 제482조 제2항 제1호). 보증인 甲이 미리 저당권등기에 부기등기를 하였다면, 제3취득자 丁에 대하여 채권자 丙을 대위할 수 있다.
⑤ (○) 제481조(법정대위)의 규정에 의하여 대위할 자가 있는 경우에 채권자의 고의나 과실로 담보가 상실되거나 감소된 때에는 대위할 자는 그 상실 또는 감소로 인하여 상환을 받을 수 없는 한도에서 그 책임을 면한다(민법 제485조). 따라서 丙이 고의로 X토지에 대한 저당권을 말소하였다면 특단의 사정이 없는 한 甲은 그 말소로 인하여 상환받을 수 없는 한도에서 면책을 주장할 수 있다.

답 ❸

013 채무의 변제에 관한 설명 중 옳지 않은 것은?(다툼이 있는 경우에는 판례에 의함)

① 甲이 乙에 대하여 금전채무를 부담하고 乙이 丙에 대하여 동일한 금액의 채무를 부담하는 경우, 甲이 乙의 지시로 丙에게 직접 변제하였다면 후에 甲과 乙 사이의 계약이 해제되더라도 甲은 丙에 대하여 급부한 것을 부당이득으로 반환청구할 수 없다.
② 채권양도가 있었으나 아직 대항요건이 갖추어지지 아니하였다면 채무자가 채권양도사실을 알고서 양도인에게 변제한 경우에도 양수인에 대하여 변제의 유효를 주장할 수 있다.
③ 채무자 甲이 乙에게 변제한 후 진정한 채권자가 丙으로 밝혀진 경우라도, 乙이 채권의 준점유자이고 甲이 선의·무과실로 변제하였다면, 甲은 乙에게 변제한 것의 반환을 청구할 수 없다.
④ 채권자 甲에 대한 乙의 채무를 제3자인 丙이 자신의 채무인 줄 알고 甲에게 변제한 경우에도 乙의 채무는 소멸하고, 丙은 원칙적으로 乙에 대하여 부당이득반환을 청구할 수 있다.
⑤ 물상보증인은 채무자의 의사에 반하여 채무를 변제할 수 있다.

해설

① (○) 계약의 한쪽 당사자(甲)가 상대방의 지시(乙) 등으로 급부과정을 단축하여 상대방과 또 다른 계약관계를 맺고 있는 제3자(丙)에게 직접 급부를 하는 경우(이른바 삼각관계에서 급부가 이루어진 경우), 그 급부로써 급부를 한 계약당사자가 상대방에게 급부를 한 것일 뿐만 아니라 그 상대방이 제3자에게 급부를 한 것이다. 따라서 계약의 한쪽 당사자는 제3자를 상대로 법률상 원인 없이 급부를 수령하였다는 이유로 부당이득반환청구를 할 수 없다(대판 2018.7.12. 2018다204992).
② (○) 채권양도가 있으면 채권은 양도인으로부터 양수인에게로 이전되나, 양수인이 그 채권을 채무자에게 주장할 수 있기 위해서는 통지나 승낙이라는 대항요건을 갖추어야 한다. 따라서 채권양도가 있었으나 양도인이 아직 대항요건을 갖추지 아니한 경우, 채무자가 채권양도사실을 알고서 양도인에게 변제하였다면 양수인에 대하여 변제의 유효를 주장할 수 있다.
③ (○) 채무자 甲의 변제는 준점유자에 대한 변제로 유효하므로(민법 제470조), 채권의 준점유자인 乙에게 변제한 것의 반환은 청구할 수 없다고 보아야 한다. 급부관계는 채권자 丙이 乙에게 부당이득반환을 청구하거나 불법행위로 인한 손해배상을 청구하는 것으로 정리된다.

> 민법 제470조에 정하여진 채권의 준점유자라 함은, 변제자의 입장에서 볼 때 일반의 거래관념상 채권을 행사할 정당한 권한을 가진 것으로 믿을 만한 외관을 가지는 사람을 말하므로, 준점유자가 스스로 채권자라고 하여 채권을 행사하는 경우뿐만 아니라 채권자의 대리인이라고 하면서 채권을 행사하는 때에도 채권의 준점유자에 해당하고, 채권의 준점유자에 대한 변제는 변제자가 선의이며 과실이 없는 때에는 채권을 소멸시키는 효력이 있으므로 채무자는 그 채무를 면하게 된다(대판 2004.4.23. 2004다5389).

④ (×) 채무자 아닌 자가 착오로 인하여 타인의 채무를 변제한 경우에 채권자가 선의로 증서를 훼멸하거나 담보를 포기하거나 시효로 인하여 그 채권을 잃은 때에는 변제자는 그 반환을 청구하지 못한다(민법 제745조 제1항). 지문의 경우 채권자 甲이 丙의 변제 이후 선의로 증서를 훼멸하거나 담보를 포기하거나 시효로 인하여 그 채권을 잃은 경우가 아니므로 丙은 甲에 대하여 자신의 착오를 이유로 변제한 금원에 대해 반환을 청구할 수 있을 것이다.
⑤ (○) 판례의 취지를 고려할 때 물상보증인은 변제를 하지 아니하면 채권자로부터 집행을 받게 되는 자이기 때문에 변제할 정당한 이익이 있는 자이므로 채무자의 의사에 반하여도 채무를 변제할 수 있다.

> 민법 제469조 제2항은 이해관계 없는 제3자는 채무자의 의사에 반하여 변제하지 못한다고 규정하고, 민법 제481조는 변제할 정당한 이익이 있는 자는 변제로 당연히 채권자를 대위한다고 규정하고 있는바, 위 조항에서 말하는 "이해관계" 내지 "변제할 정당한 이익이 있는 자"는 변제를 하지 않으면 채권자로부터 집행을 받게 되거나 또는 채무자에 대한 자기의 권리를 잃게 되는 지위에 있기 때문에 변제함으로써 당연히 대위의 보호를 받아야 할 법률상 이익을 가지는 자를 말하고, 단지 사실상의 이해관계를 가진 자는 제외된다(대판 2016.2.18. 2012다3746).

답 ④

014 변제충당에 관한 설명 중 옳지 않은 것은?(다툼이 있는 경우 판례에 의함)

① 변제자가 주채무자이고 연대보증약정이 있는 경우로서 다른 조건이 동일하다면, 연대보증기간 내의 채무와 연대보증기간 종료 후의 채무 사이의 변제이익은 같다.
② 변제자가 주채무자인 경우로서 다른 조건이 동일하다면, 물상보증인이 제공한 물적 담보가 있는 채무와 그러한 담보가 없는 채무 사이의 변제이익은 같다.
③ 변제자가 주채무자인 경우로서 다른 조건이 동일하다면, 제3자가 발행 또는 배서한 어음에 의하여 담보되는 채무가 그렇지 않은 채무보다 변제이익이 더 많다.
④ 주채무자 이외의 자가 변제자인 경우로서 다른 조건이 동일하다면, 변제자가 발행 또는 배서한 어음에 의하여 담보되는 채무가 그렇지 않은 채무보다 변제이익이 더 많다.
⑤ 변제자가 주채무자인 경우로서 다른 조건이 동일하다면, 담보로 주채무자 자신이 발행 또는 배서한 어음에 의하여 담보되는 채무가 그렇지 않은 채무보다 변제이익이 더 많다.

해설

① (○) 변제자가 주채무자인 경우, 보증인이 있는 채무와 보증인이 없는 채무 사이에는 변제이익의 점에서 차이가 없다고 보아야 하므로, 보증기간 중의 채무와 보증기간 종료 후의 채무 사이에서도 변제이익의 점에서 차이가 없다. 따라서 주채무자가 변제한 금원은 이행기가 먼저 도래한 채무부터 법이 정하는 바에 따라 변제충당을 하여야 한다(대판 2021.1.28. 2019다207141).
② (○) 변제자가 주채무자인 경우 보증인이 있는 채무와 보증인이 없는 채무 사이에 전자가 후자에 비하여 변제이익이 더 많다고 볼 근거는 전혀 없으므로 양자는 변제이익의 점에서 차이가 없다고 보아야 한다. 마찬가지로 변제자가 채무자인 경우 물상보증인이 제공한 물적 담보가 있는 채무와 그러한 담보가 없는 채무 사이에도 변제이익의 점에서 차이가 없다(대판 2014.4.30. 2013다8250).
③ (×), ④ (○), ⑤ (○) [1] 주채무자 이외의 자가 변제자인 경우에는, 변제자가 발행 또는 배서한 어음에 의하여 담보되는 채무가 다른 채무보다 변제이익이 많다고 보아야 한다.
[2] 주채무자가 변제자인 경우에는, 담보로 제3자가 발행 또는 배서한 약속어음이 교부된 채무와 다른 채무 사이에 변제이익의 점에서 차이가 없다고 보아야 할 것이나,❸ 담보로 주채무자 자신이 발행 또는 배서한 어음이 교부된 채무는 다른 채무보다 변제이익이 많은 것으로 보아야 한다(대판 1999.8.24. 99다22281).

답 ❸

제3절 대물변제

제4절 공 탁

제5절 상 계

015 甲은 2025.2.1. 乙과 인쇄기의 매도계약을 체결하면서 대금 3천만원을 2025.2.15. 지급받음과 동시에 인쇄기를 인도하기로 하였다. 한편 乙은 甲에 대하여 이행기가 2020.2.20.인 3천만원의 대여금채권을 가지고 있다. 이에 관한 설명으로 옳지 않은 것은?(이자나 지연손해금은 고려하지 않고, 다툼이 있으면 판례에 따름) 25 노무

① 乙이 상계하려는 경우, 그 의사표시에는 조건을 붙일 수 없다.
② 甲은 2025.2.15. 매매대금채권으로 대여금채무와 상계할 수 있다.
③ 乙은 2025.2.15. 대여금채권으로 매매대금채무와 상계하고 인쇄기의 인도를 구할 수 있다.
④ 만일 2025.2.10. 甲의 채권자 丙에 의해 매매대금채권이 압류된 경우, 乙은 2025.2.15. 매매대금채권을 수동채권으로 하여 상계할 수 있다.
⑤ 만일 대여금채권이 2025.2.20. 시효소멸하였더라도 乙은 2025.2.25. 상계의 의사표시를 하여 상계할 수 있다.

해설

① (○) 상계의 의사표시에는 조건 또는 기한을 붙이지 못한다(민법 제493조 제1항 후문).
② (×) 항변권이 붙어 있는 채권을 자동채권으로 하여 타의 채무와의 상계를 허용한다면 상계자 일방의 의사표시에 의하여 상대방의 항변권행사의 기회를 상실케 하는 결과가 되므로 이와 같은 상계는 그 성질상 허용될 수 없다(대판 2002.8.23. 2002다25242). 매도인 甲은 2025.2.15. 자동채권인 매매대금채권에 동시이행의 항변권이 붙은 경우 채권의 성질상 수동채권인 3천만원의 대여금채무와 상계가 허용되지 않는다.
③ (○) 반면에 수동채권에 항변권이 붙어 있는 경우 상계권자 스스로 항변권을 포기하는 것이 가능하므로 매수인 乙은 2025.2.15. 자동채권인 대여금채권으로 수동채권인 매매대금채권과 상계하고 인쇄기의 인도를 구할 수 있다.
④ (○) 가압류명령을 받은 제3채무자가 가압류채무자에 대한 반대채권을 가지고 있는 경우에 상계로써 가압류채권자에게 대항하기 위하여는 가압류의 효력 발생 당시에 양 채권이 상계적상에 있거나, 반대채권이 압류 당시 변제기에 이르지 않는 경우에는 피압류채권인 수동채권의 변제기와 동시에 또는 보다 먼저 변제기에 도달하는 경우이어야 한다(대판 1982.6.22. 82다카200). 이러한 판례의 취지를 고려할 때 만일 2025.2.10. 甲의 채권자 丙에 의해 매매대금채권이 압류된 경우, 제3채무자 乙은 상계적상 시인 2025.2.15.에 이행기가 2020.2.20.인 대여금채권을 반대채권(자동채권)으로 하고, 매매대금채권을 수동채권으로 하여 상계할 수 있다.
⑤ (○) 소멸시효가 완성된 채권이 그 완성 전에 상계할 수 있었던 것이면 그 채권자는 상계할 수 있으므로(민법 제495조), 대여금채권이 2025.2.20. 시효소멸하였더라도 乙은 2025.2.15. 상계적상 시 상계할 수 있었으므로, 2025.2.25. 상계의 의사표시를 하여 상계할 수 있다.

답 ❷

016

민법상 상계에 관한 설명으로 옳지 않은 것은?(다툼이 있으면 판례에 따름) 25 노무

① 자동채권과 수동채권의 이행지가 다른 경우에도 상계할 수 있다.
② 수동채권은 원칙적으로 상대방이 상계자에 대하여 가지는 채권이어야 한다.
③ 제척기간이 완성된 채권이 그 완성 전에 상계할 수 있었던 것이면 그 채권자는 상계할 수 있다.
④ 수동채권의 변제기는 도래하였으나 자동채권의 변제기가 도래하지 않은 경우에는 상계할 수 없다.
⑤ 손해배상채무가 중과실의 불법행위로 인한 것인 때에는 그 채무자는 상계로 채권자에게 대항하지 못한다.

해설

① (○) 각 채무의 이행지가 다른 경우에도 상계할 수 있으므로, 자동채권과 수동채권의 이행지가 다른 경우에도 상계할 수 있다. 그러나 상계하는 당사자는 상대방에게 상계로 인한 손해를 배상하여야 한다(민법 제494조).
② (○) 상계는 당사자 쌍방이 서로 같은 종류를 목적으로 한 채무를 부담한 경우에 서로 같은 종류의 급부를 현실로 이행하는 대신 어느 일방 당사자의 의사표시로 그 대등액에 관하여 채권과 채무를 동시에 소멸시키는 것이고, 이러한 상계제도의 취지는 서로 대립하는 두 당사자 사이의 채권·채무를 간이한 방법으로 원활하고 공평하게 처리하려는 데 있으므로, 수동채권으로 될 수 있는 채권은 상대방이 상계자에 대하여 가지는 채권이어야 하고, 상대방이 제3자에 대하여 가지는 채권과는 상계할 수 없다고 보아야 한다(대판 2011.4.28. 2010다101394).
③ (○) 손해배상채권의 제척기간이 지난 경우에도 그 기간이 지나기 전에 상대방에 대한 채권·채무관계의 정산소멸에 대한 신뢰를 보호할 필요성이 있다는 점은 소멸시효가 완성된 채권의 경우와 아무런 차이가 없다. 따라서 매도인이나 수급인의 담보책임을 기초로 한 손해배상채권의 제척기간이 지난 경우에도 제척기간이 지나기 전 상대방의 채권과 상계할 수 있었던 경우에는 매수인이나 도급인은 민법 제495조를 유추적용해서 위 손해배상채권을 자동채권으로 해서 상대방의 채권과 상계할 수 있다고 봄이 타당하다(대판 2011.4.28. 2010다101394).
④ (○) 수동채권은 변제기 도래 전이라도 상계가 가능하나, 자동채권은 반드시 변제기에 있어야 한다. 따라서 수동채권의 변제기는 도래하였으나 자동채권의 변제기가 도래하지 않은 경우에는 상계할 수 없다.
⑤ (×) 민법 제496조가 고의의 불법행위로 인한 손해배상채권에 대한 상계를 금지하는 입법취지는 고의의 불법행위에 인한 손해배상채권에 대하여 상계를 허용한다면 고의로 불법행위를 한 자가 상계권행사로 현실적으로 손해배상을 지급할 필요가 없게 됨으로써 보복적 불법행위를 유발하게 될 우려가 있고, 고의의 불법행위로 인한 피해자가 가해자의 상계권행사로 인하여 현실의 변제를 받을 수 없는 결과가 됨은 사회적 정의관념에 맞지 아니하므로 고의에 의한 불법행위의 발생을 방지함과 아울러 고의의 불법행위로 인한 피해자에게 현실의 변제를 받게 하려는 데 있는바, 이같은 입법취지나 적용결과에 비추어 볼 때 고의의 불법행위에 인한 손해배상채권에 대한 상계금지를 중과실의 불법행위에 인한 손해배상채권에까지 유추 또는 확장적용하여야 할 필요성이 있다고 할 수 없다(대판 1994.8.12. 93다52808). 이러한 판례의 취지를 고려할 때 손해배상채무가 중과실의 불법행위로 인한 것인 때에는 그 채무자는 상계로 채권자에게 대항할 수 있다.

답 ⑤

017 상계에 관한 설명으로 옳지 않은 것은?(다툼이 있으면 판례에 따름)

① 채무의 이행지가 서로 다른 채권은 상계할 수 없다.
② 지급을 금지하는 명령을 받은 제3채무자는 그 후에 취득한 채권에 의한 상계로 그 명령을 신청한 채권자에게 대항하지 못한다.
③ 채권이 압류하지 못할 것인 때에는 그 채무자는 상계로 채권자에게 대항하지 못한다.
④ 소멸시효가 완성된 채권이 그 완성 전에 상계할 수 있었던 것이면 채권자는 상계할 수 있다.
⑤ 쌍방의 채무가 상계적상에 있었으나 상계 의사표시를 않는 동안에 일방의 채무가 변제로 소멸한 후에는 상계할 수 없다.

해설

① (×) 각 채무의 이행지가 다른 경우에도 상계할 수 있다. 그러나 상계하는 당사자는 상대방에게 상계로 인한 손해를 배상하여야 한다(민법 제494조).
② (○) 민법 제498조
③ (○) 민법 제497조
④ (○) 민법 제495조
⑤ (○) 쌍방의 채무가 상계적상에 있었으나 상계의사표시를 아니하는 동안에 일방의 채무가 변제로 소멸한 경우에는, 두 채권의 대립이라는 상계적상의 요건이 충족되지 아니하므로, 더 이상 상계할 수 없다.

답

018 상계에 관한 설명으로 옳은 것은?(다툼이 있으면 판례에 따름)

① 고의의 불법행위로 인하여 손해배상채무를 부담하는 자는 그 채무를 수동채권으로 하여 상계하지 못한다.
② 자동채권의 변제기는 도래하였으나 수동채권의 변제기가 도래하지 않은 경우에는 상계를 할 수 없다.
③ 채권자가 주채무자에 대하여 상계적상에 있는 자동채권을 상계하지 않는 경우, 보증채무자는 이를 이유로 보증한 채무의 이행을 거부할 수 있다.
④ 채무자는 채권양도를 승낙한 후에도 양도인에 대한 채권을 새로 취득한 경우에 이를 가지고 양수인에 대하여 상계할 수 있다.
⑤ 벌금형이 확정된 경우, 그 벌금채권은 상계의 자동채권이 될 수 없다.

해설

① (○) 채무가 고의의 불법행위로 인한 것인 때에는 그 채무자는 상계로 채권자에게 대항하지 못한다(민법 제496조).
② (×) 자동채권은 변제기에 도래할 것을 요하나, 수동채권의 경우에는 채무자는 변제기 도래 이전이라도 이행할 수 있으므로(민법 제468조 본문) 채무의 변제기가 도래하지 않았더라도 기한의 이익을 포기하고 상계할 수 있다.
③ (×) 상계는 단독행위로서 상계를 할지는 채권자의 의사에 따른 것이고 상계적상에 있는 자동채권이 있다고 하여 반드시 상계를 해야 할 것은 아니다. 채권자가 주채무자에 대하여 상계적상에 있는 자동채권을 상계하지 않았다고 하여 이를 이유로 보증채무자가 보증한 채무의 이행을 거부할 수 없으며 나아가 보증채무자의 책임이 면책되는 것도 아니다(대판 2018.9.13. 2015다209347).
④ (×) 채무자는 채권양도를 승낙한 후에 취득한 양도인에 대한 채권으로써 양수인에 대하여 상계로써 대항하지 못한다(대판 1984.9.11. 83다카2288).
⑤ (×) 벌금형이 확정된 이상 벌금채권의 변제기는 도래한 것이므로 달리 이를 금하는 특별한 법률상 근거가 없는 이상 벌금채권은 적어도 상계의 자동채권이 되지 못할 아무런 이유가 없다(대판 2004.4.27. 2003다37891).

답

019 상계가 허용되는 경우는?(다툼이 있으면 판례에 따름)

① 수동채권이 고의의 불법행위로 인한 손해배상청구권인 경우
② 자동채권에 조건미성취의 항변권이 붙어 있는 경우
③ 자동채권의 변제기가 도래하지 않은 경우
④ 수동채권이 압류금지 채권인 경우
⑤ 자동채권과 수동채권이 이행지가 다른 경우

해설

① (×) 채무가 고의의 불법행위로 인한 것인 때에는 그 채무자는 상계로 채권자에게 대항하지 못한다(민법 제496조).
② (×) 자동채권에 조건미성취의 항변권이 붙어 있는 경우, 상대방의 항변권 보호를 위하여 채무자의 일방적인 의사표시에 의한 상계는 허용되지 아니한다.
③ (×) 자동채권의 변제기가 도래하지 아니한 경우, 채무자에 의한 상계는 허용되지 아니한다. 변제기 도래 전에도 상계가 가능하다면, 상대방에게 변제기 전의 이행을 강제함으로써 기한의 이익을 박탈하는 결과가 되기 때문이다.
④ (×) 채권이 압류하지 못할 것인 때에는 그 채무자는 상계로 채권자에게 대항하지 못한다(민법 제497조).
⑤ (○) 각 채무의 이행지가 다른 경우에도 상계할 수 있다. 그러나 상계하는 당사자는 상대방에게 상계로 인한 손해를 배상하여야 한다(민법 제494조).

답 ⑤

020 甲의 乙에 대한 5천만원의 A채권(변제기 : 2016.2.8.)과 乙의 甲에 대한 3천만원의 B채권(변제기 : 2016.5.8.)이 있다. 이에 관한 설명으로 옳지 않은 것은?(다툼이 있으면 판례에 따름)

① 乙은 B채권으로 2016.5.8. 이후 A채권과 상계할 수 있다.
② 乙의 甲에 대한 상계의 의사표시가 2016.7.20. 도달하였다면, 도달한 날을 기준으로 두 채권은 대등액의 범위 내에서 소멸한다.
③ B채권이 임금채권인 경우, 특별한 사유가 존재하지 않는 한 甲은 A채권으로 B채권과 상계하지 못한다.
④ B채권이 甲의 고의의 불법행위에 의한 손해배상채권인 경우, 甲은 A채권으로 상계할 수 없으나 乙은 B채권으로 상계할 수 있다.
⑤ 丙의 A채권에 대한 가압류신청에 따른 가압류명령이 2016.4.15. 乙에게 송달된 후, 乙은 B채권으로 가압류된 A채권을 상계하여 丙에게 대항할 수 없다.

해설

① (○) 乙의 B채권(자동채권)과 甲의 A채권(수동채권)이 이행기에 도래하는 등 상계적상에 있어야 상계가 가능하다(민법 제492조 제1항). 2016.5.8.에는 양 채권의 이행기가 모두 도래하였으므로, 乙은 B채권으로 2016.5.8. 이후 A채권과 상계할 수 있다고 보아야 한다.
② (×) 상계의 의사표시에 의하여 각 채무가 상계할 수 있었던 때에 소멸한 것으로 보므로(민법 제493조 제2항), 양 채무의 변제기가 이미 도래한 후에 상계가 행하여진 경우에는, 채무는 상계적상이 생긴 시점에 소급하여 소멸한다. 따라서 乙의 甲에 대한 상계의 의사표시가 2016.7.20. 도달하였다면, 각 채무가 상계할 수 있었던 때를 기준으로, 즉 2016.5.8. 양 채권은 대등액의 범위 내에서 소멸한다.

③ (○) 민법 제497조에 의하면, 근로자의 임금채권 등 압류금지채권을 수동채권으로 하는 상계는 허용되지 아니한다. 따라서 甲은 A채권으로 B채권과 상계하지 못한다.
④ (○) 민법 제496조의 취지를 고려하면, 乙은 고의의 불법행위에 의한 손해배상채권인 B채권을 자동채권으로 하여 상계할 수 있다.
⑤ (○) 채권가압류결정을 받은 제3채무자는 그 후에 취득한 채권에 의한 상계로 그 가압류채권자에게 대항하지 못하지만 수동채권이 가압류될 당시 자동채권과 수동채권이 상계적상에 있거나 <u>자동채권의 변제기가 수동채권의 그것과 동시에 또는 그보다 먼저 도래하는 경우에는 제3채무자는 자동채권에 의한 상계로 가압류채권자에게 대항할 수 있다</u> 할 것이다(대판 2003.6.27. 2003다7623). 생각건대 자동채권인 B채권의 변제기는 2016.5.8.이고, 수동채권인 A채권의 변제기는 2016.2.8.이므로, <u>乙은 B채권으로 가압류된 A채권을 상계하여 丙에게 대항할 수 없다.</u>

답

021

甲이 乙에게 5천만원을 빌릴 때 丙은 甲을 위한 보증인이 되었다. 丁은 乙에 대하여 3천만원의 공사대금채권을 갖고 있으며, 甲은 乙에 대하여 2천만원의 채권을 갖고 있다. 이에 관한 설명으로 옳지 <u>않은</u> 것은?(모든 채무는 상계적상에 있음을 가정하며, 다툼이 있으면 판례에 따름)

18 변리

① 甲과 乙 상호 간의 채권이 상계로 인해 소멸하는 경우, 그 효력은 각 채무가 상계할 수 있는 때로 소급하여 발생한다.
② 丙은 甲의 乙에 대한 위 금전채권에 의한 상계로 乙에게 대항할 수 있다.
③ 甲과 乙이 상계금지특약을 하였는데, 乙에 대해 보증금반환채무를 부담하는 A가 그 특약사실을 모른 채 甲의 乙에 대한 위 금전채권을 양수하고 채권양도의 대항요건을 갖춘 경우, A는 그 양수채권을 가지고 乙에 대한 자신의 채무와 상계할 수 있다.
④ 만약 丁이 乙의 甲에 대한 대여금채권을 압류한 이후에 甲이 乙에게 자동차를 매도하여 위 금전채권을 취득하였다면, 甲은 乙에 대한 위 금전채권에 의한 상계로써 丁에게 대항할 수 있다.
⑤ 만약 甲의 乙에 대한 위 금전채권이 고의의 불법행위로 인한 것이라면, 甲은 이를 자동채권으로 하여 상계할 수 있다.

해설

① (○) 甲과 乙 상호 간의 채권이 상계의 의사표시로 인해 대등액에 관하여 소멸하는 경우, 그 효력은 각 채무가 상계할 수 있는 때로 소급하여 발생한다(민법 제493조 제2항 참고).
② (○) 丙은 주채무자 甲의 乙에 대한 위 금전채권에 의한 상계로 乙에게 대항할 수 있다(민법 제434조 참고).
③ (○) 상계의 대상이 되는 채권은 상대방과 사이에서 직접 발생한 채권에 한하는 것이 아니라, 제3자로부터 양수 등을 원인으로 하여 취득한 채권도 포함하므로(대판 2003.4.11. 2002다59481), 상계금지특약사실에 대하여 선의인 A는, 甲의 乙에 대한 2천만원의 양수채권을 가지고 乙에 대한 자신의 보증금반환채무와 상계할 수 있다(민법 제492조 제2항 단서).
④ (×) 지급을 금지하는 명령을 받은 제3채무자는 그 후에 취득한 채권에 의한 상계로 그 명령을 신청한 채권자에게 대항하지 못한다(민법 제498조). 따라서 丁이 대여금채권을 압류한 이후에 체결된 매매계약으로 금전채권을 취득한 甲은, 그 금전채권에 의한 상계로써 丁에게 대항할 수 없다.
⑤ (○) 채무가 고의의 불법행위로 인한 것인 때에는 그 채무자는 상계로 채권자에게 대항하지 못한다(민법 제496조). 즉, 불법행위채권을 수동채권으로 하는 상계는 금지되나, 지문에서 甲의 乙에 대한 금전채권이 고의의 불법행위로 인한 것이라면, 甲은 이를 자동채권으로 하여 상계할 수 있다.

답

022 상계에 관한 설명으로 옳지 않은 것은?(다툼이 있는 경우에는 판례에 의함)

① 제3채무자의 압류채무자에 대한 자동채권이 수동채권인 피압류채권과 동시이행의 관계에 있고 수동채권이 가압류되기 전에 이미 자동채권 발생의 기초가 되는 원인이 존재하여 제3채무자에게 가압류의 효력이 생긴 후에 자동채권이 발생한 경우, 제3채무자는 그 상계를 주장할 수 있다.
② 수개의 자동채권이 있고 수동채권의 원리금이 자동채권의 원리금 합계에 미치지 못하는 때에는 자동채권의 채무자가 상계의 대상이 되는 자동채권을 지정할 수 있고, 다음으로 자동채권의 채권자가 이를 지정할 수 있으며, 양 당사자의 지정이 없으면 법정변제충당에 따른다.
③ 상계의 의사표시가 있으면 상계에 의한 자동채권과 수동채권의 차액계산 또는 상계충당은 상계적상의 시점을 기준으로 하며, 상계적상 이전에 이미 수동채권의 변제기가 도래하여 지체가 발생한 때에는 그 시점까지의 지연손해금을 계산하여 자동채권으로 그 지연손해금을 소각한 다음 잔액으로 원본을 소각하여야 한다.
④ 상계의 의사표시는 구속력이 있으므로 철회할 수 없으나, 상계의 의사표시 후에 상계가 없었던 것으로 하는 상계자와 그의 상대방 간의 약정은 제3자에게 손해를 미치지 않으면 유효하다.
⑤ 채무가 중과실에 의한 불법행위로 발생한 경우 그 채무자는 상계로써 채권자에게 대항할 수 있다.

해설

① (○) 제3채무자의 압류채무자에 대한 자동채권이 수동채권인 피압류채권과 동시이행의 관계에 있는 경우에는, 압류명령이 제3채무자에게 송달되어 압류의 효력이 생긴 후에 자동채권이 발생하였다고 하더라도 제3채무자는 동시이행의 항변권을 주장할 수 있다. 이 경우에 자동채권이 발생한 기초가 되는 원인은 수동채권이 압류되기 전에 이미 성립하여 존재하고 있었던 것이므로, 그 자동채권은 민법 제498조의 '지급을 금지하는 명령을 받은 제3채무자가 그 후에 취득한 채권'에 해당하지 않는다고 봄이 상당하고, 제3채무자는 그 자동채권에 의한 상계로 압류채권자에게 대항할 수 있다(대판 2010.3.25. 2007다35152).
② (×), ③ (○) 상계의 의사표시가 있는 경우, 채무는 상계적상 시에 소급하여 대등액에서 소멸한 것으로 보게 되므로, 상계에 의한 양 채권의 차액계산 또는 상계충당은 상계적상의 시점을 기준으로 하게 된다. 따라서 그 시점 이전에 수동채권의 변제기가 이미 도래하여 지체가 발생한 경우에는 상계적상 시점까지의 수동채권의 약정이자 및 지연손해금을 계산한 다음 자동채권으로 그 약정이자 및 지연손해금을 먼저 소각하고 잔액을 가지고 원본을 소각하여야 한다.❸ 한편 상계의 경우에도 민법 제499조에 의하여 민법 제476조, 제477조에 규정된 변제충당의 법리가 준용된다. 따라서 여러 개의 자동채권이 있고 수동채권의 원리금이 자동채권의 원리금 합계에 미치지 못하는 경우에는 우선 자동채권의 채권자가 상계의 대상이 되는 자동채권을 지정할 수 있고, 다음으로 자동채권의 채무자가 이를 지정할 수 있으며, 양 당사자가 모두 지정하지 아니한 때에는 법정변제충당의 방법으로 상계충당이 이루어지게 된다❷ (대판 2013.2.28. 2012다94155).
④ (○) 상계의 의사표시는 일방적으로 철회할 수는 없는 것이지만, 상계의 의사표시 후에 상계자와 상대방이 상계가 없었던 것으로 하기로 한 약정은 제3자에게 손해를 미치지 않는 한 계약자유의 원칙상 유효하다(대판 1995.6.16. 95다11146).
⑤ (○) 민법 제496조가 고의의 불법행위로 인한 손해배상채권에 대한 상계를 금지하는 입법취지는 고의의 불법행위에 인한 손해배상채권에 대하여 상계를 허용한다면 고의로 불법행위를 한 자가 상계권 행사로 현실적으로 손해배상을 지급할 필요가 없게 됨으로써 보복적 불법행위를 유발하게 될 우려가 있고, 고의의 불법행위로 인한 피해자가 가해자의 상계권 행사로 인하여 현실의 변제를 받을 수 없는 결과가 됨은 사회적 정의관념에 맞지 아니하므로 고의에 의한 불법행위의 발생을 방지함과 아울러 고의의 불법행위로 인한 피해자에게 현실의 변제를 받게 하려는 데 있는바, 이같은 입법취지나 적용결과에 비추어 볼 때 고의의 불법행위에 인한 손해배상채권에 대한 상계금지를 중과실의 불법행위에 인한 손해배상채권에까지 유추 또는 확장적용하여야 할 필요성이 있다고 할 수 없다(대판 1994.8.12. 93다52808).

답

023 상계에 관한 설명으로 옳지 않은 것은?(다툼이 있으면 판례에 따름) 〔25 변리〕

① 매도인의 담보책임을 기초로 한 손해배상채권의 제척기간이 지난 경우에는 제척기간이 지나기 전 상대방의 채권과 상계할 수 있었던 경우라도 매수인은 위 손해배상채권을 자동채권으로 상대방의 채권과 상계할 수 없다.
② 채권가압류명령을 받을 당시 제3채무자가 압류채무자에 대하여 반대채권(자동채권)을 가지고 있었는데, 그 당시 위 반대채권의 변제기가 도래하지 않았으나 가압류된 채권(수동채권)의 변제기와 동시에 또는 그보다 먼저 도래하면, 제3채무자는 상계로써 가압류채권자에게 대항할 수 있다.
③ 제3채무자의 압류채무자에 대한 채권(자동채권)이 피압류채권(수동채권)과 동시이행관계에 있는 경우에는, 압류의 효력이 생긴 후에 자동채권이 발생하였다고 하더라도 제3채무자는 상계로써 압류채권자에게 대항할 수 있다.
④ 채권양수인이 양수채권을 자동채권으로 하여 채무자가 채권양수인에 대해 가지고 있던 기존 채권과 상계하였는데, 채권양도 전에 이미 양 채권의 변제기가 도래하였던 경우, 위 상계의 효력은 특별한 사정이 없는 한 채권양도의 대항요건이 갖추어진 시점으로 소급한다.
⑤ 주채무자가 사전에 담보제공청구권의 항변권을 포기한 경우에는 수탁보증인은 사전구상권을 자동채권으로 하여 주채무자에 대한 채무와 상계할 수 있다.

해설

① (×) 매도인이나 수급인의 담보책임을 기초로 한 손해배상채권의 제척기간이 지난 경우에도 제척기간이 지나기전 상대방의 채권과 상계할 수 있었던 경우에는 매수인이나 도급인은 민법 제495조를 유추적용해서 위 손해배상 채권을 자동채권으로 해서 상대방의 채권과 상계할 수 있다고 봄이 타당하다(대판 2019.3.14. 2018다255648).
② (○) 민법 제498조는 "지급을 금지하는 명령을 받은 제3채무자는 그 후에 취득한 채권에 의한 상계로 그 명령을 신청한 채권자에게 대항하지 못한다"라고 규정하고 있다. 위 규정의 취지, 상계제도의 목적 및 기능, 채무자의 채권이 압류된 경우 관련 당사자들의 이익상황 등에 비추어 보면, 채권압류명령 또는 채권가압류명령(이하 채권압류명령의 경우만을 두고 논의하기로 한다)을 받은 제3채무자가 압류채무자에 대한 반대채권을 가지고 있는 경우에 상계로써 압류채권자에게 대항하기 위하여는, 압류의 효력 발생 당시에 대립하는 양 채권이 상계적상에 있거나, 그 당시 반대채권(자동채권)의 변제기가 도래하지 아니한 경우에는 그것이 피압류채권(수동채권)의 변제기와 동시에 또는 그보다 먼저 도래하여야 한다(대판[전합] 2012.2.16. 2011다45521 - 다수의견).
③ (○) 제3채무자의 압류채무자에 대한 자동채권이 수동채권인 피압류채권과 동시이행의 관계에 있는 경우에는, 압류명령이 제3채무자에게 송달되어 압류의 효력이 생긴 후에 자동채권이 발생하였다고 하더라도 제3채무자는 동시이행의 항변권을 주장할 수 있다. 이 경우에 자동채권이 발생한 기초가 되는 원인은 수동채권이 압류되기 전에 이미 성립하여 존재하고 있었던 것이므로, 그 자동채권은 민법 제498조의 '지급을 금지하는 명령을 받은 제3채무자가 그 후에 취득한 채권'에 해당하지 않는다고 봄이 상당하고, 제3채무자는 그 자동채권에 의한 상계로 압류채권자에게 대항할 수 있다(대판 2010.3.25. 2007다35152).
④ (○) 채권양수인이 양수채권을 자동채권으로 하여 그 채무자가 채권양수인에 대해 가지고 있던 기존 채권과 상계한 경우, 채권양수인은 채권양도의 대항요건이 갖추어진 때 비로소 자동채권을 행사할 수 있으므로 채권양도 전에 이미 양 채권의 변제기가 도래하였다고 하더라도 상계의 효력은 변제기로 소급하는 것이 아니라 채권양도의 대항요건이 갖추어진 시점으로 소급한다(대판 2022.6.30. 2022다200089).
⑤ (○) 항변권이 붙어 있는 채권을 자동채권으로 하여 다른 채무(수동채권)와의 상계를 허용한다면 상계자 일방의 의사표시에 의하여 상대방의 항변권 행사의 기회를 상실시키는 결과가 되므로 그러한 상계는 허용될 수 없고, 특히 수탁보증인이 주채무자에 대하여 가지는 민법 제442조의 사전구상권에는 민법 제443조의 담보제공청구권이 항변권으로 부착되어 있는 만큼 이를 자동채권으로 하는 상계는 허용될 수 없으며, 다만 민법 제443조는 임의규정으로서 주채무자가 사전에 담보제공청구권의 항변권을 포기한 경우에는 보증인은 사전구상권을 자동채권으로 하여 주채무자에 대한 채무와 상계할 수 있다(대판 2004.5.28. 2001다81245).

답 ①

024

甲과 乙은 상호 간에 각 1억원의 대여금채권을 가지고 있었는데, 그 후 甲의 채권자 丙이 甲의 乙에 대한 채권을 가압류하였다. 이러한 상태에서 乙은 상계를 하고자 한다. 다음 설명 중 옳지 않은 것은?(다툼이 있으면 판례에 따름)   17 변리

① 가압류의 효력발생 당시 乙의 채권과 甲의 채권의 변제기가 모두 도래한 경우, 乙은 상계로써 丙에게 대항할 수 있다.
② 가압류효력 발생 당시 乙의 채권이 변제기에 도달하지 않은 경우, 乙의 채권의 변제기가 甲의 채권의 변제기와 동시에 도래하면, 乙은 상계로써 丙에게 대항할 수 있다.
③ 가압류의 효력 발생 당시 乙의 채권이 변제기에 도달하지 않은 경우, 甲의 채권의 변제기 후에 乙의 채권이 변제기에 도달하더라도 乙은 상계로써 丙에게 대항할 수 있다.
④ 가압류효력 발생 당시 乙의 채권이 변제기에 도달하지 않은 경우, 乙의 채권의 변제기가 甲의 채권의 변제기보다 먼저 도래하면 乙은 상계로써 丙에게 대항할 수 있다.
⑤ 가압류효력 발생 당시 비록 甲과 乙의 채권이 변제기에 도달하였더라도 乙이 甲에 대하여 상계의 의사표시를 하지 않은 경우, 특별한 사정이 없는 한 乙은 상계로써 丙에게 대항할 수 없다.

해설

① (○), ② (○), ③ (×), ④ (○) 가압류명령을 받은 제3채무자가 가압류채무자에 대한 반대채권을 가지고 있는 경우에 상계로써 가압류채권자에게 대항하기 위하여는 가압류의 효력발생 당시에 양 채권이 상계적상에 있거나, 반대채권이 압류 당시 변제기에 이르지 않는 경우에는 피압류채권인 수동채권의 변제기와 동시에 또는 보다 먼저 변제기에 도달하는 경우이어야 된다(대판 1982.6.22. 82다카200). 따라서 가압류의 효력발생 당시 乙의 채권이 변제기에 도달하지 아니한 경우, 甲의 채권의 변제기 후에 乙의 채권이 변제기에 도달하였다면, 乙은 상계로 丙에게 대항할 수 없다.
⑤ (○) 상계는 상대방에 대한 의사표시로 한다(민법 제493조). 따라서 乙이 甲에 대하여 상계의 의사표시를 하지 아니한 경우에는, 그 효력이 인정되지 아니하여 乙은 상계로써 丙에게 대항할 수 없다.

답

025 상계에 관한 설명 중 옳지 않은 것은?(다툼이 있으면 판례에 따름) `07 사시`

① 상계적상 시점 이전에 수동채권의 변제기가 이미 도래하여 지체가 발생한 경우 그 시점까지의 수동채권의 약정이자 및 지연손해금을 자동채권으로써 먼저 소각하고 그 잔액을 가지고 수동채권의 원본을 소각하여야 한다.
② 상계의 대상이 되는 채권에는 상대방과 사이에서 직접 발생한 채권뿐만 아니라 제3자로부터 양수 등을 원인으로 하여 취득한 채권도 포함된다.
③ 가압류명령을 받은 제3채무자가 가압류채무자에 대하여 가지는 자동채권이 압류 당시에 변제기에 이르지 않은 경우에는 피압류채권인 수동채권의 변제기와 동시에 또는 그보다 먼저 변제기에 도달하여야 제3채무자가 가압류채권자에게 상계로써 대항할 수 있다.
④ 가압류명령이 제3채무자에게 송달되어 가압류의 효력이 생긴 후에 제3채무자의 가압류채무자에 대한 자동채권이 발생한 경우에는 제3채무자가 가압류채권자에게 상계로써 대항할 수 없고, 이는 자동채권과 수동채권이 동시이행의 관계에 있고 수동채권이 가압류되기 전에 자동채권 발생의 기초가 되는 원인이 이미 성립한 경우에도 마찬가지이다.
⑤ 고의의 불법행위에 의한 손해배상채권에 대한 상계금지는 중과실의 불법행위로 인한 손해배상채권에까지 유추 또는 확장적용되지 않는다.

해설

① (○) 상계의 의사표시는 각 채무가 상계할 수 있는 때에 대등액에 관하여 소멸한 것으로 본다(민법 제493조 제2항). 상계의 의사표시가 있는 경우 채무는 상계적상 시에 소급하여 대등액에 관하여 소멸하게 되므로, 상계에 따른 양 채권의 차액 계산 또는 상계 충당은 상계적상의 시점을 기준으로 한다. 따라서 그 시점 이전에 수동채권에 대하여 이자나 지연손해금이 발생한 경우 상계적상 시점까지 수동채권의 이자나 지연손해금을 계산한 다음 자동채권으로써 먼저 수동채권의 이자나 지연손해금을 소각하고 잔액을 가지고 원본을 소각하여야 한다(대판 2021.5.7. 2018다25946).
② (○) 일반적으로 당사자 사이에 상계적상이 있는 채권이 병존하고 있는 경우에는 이를 상계할 수 있는 것이 원칙이고, 이러한 상계의 대상이 되는 채권은 상대방과 사이에서 직접 발생한 채권에 한하는 것이 아니라, 제3자로부터 양수 등을 원인으로 하여 취득한 채권도 포함한다 할 것이다(대판 2003.4.11. 2002다59481).
③ (○) 민사집행법에 의하여 채권압류명령 또는 채권가압류명령(이하 채권압류명령의 경우만을 두고 논의하기로 한다)을 받은 제3채무자가 압류채무자에 대한 반대채권을 가지고 있는 경우에, 가압류의 효력 발생 당시에 대립하는 양 채권이 모두 변제기가 도래하였거나, 그 당시 반대채권(자동채권)의 변제기가 도래하지 아니한 때에는 그것이 피가압류채권(수동채권)의 변제기와 동시에 또는 그보다 먼저 도래하면, 상계로써 가압류채권자에게 대항할 수 있다(대판 2015.1.29. 2012다108764).
④ (×) 금전채권에 대한 가압류로부터 본압류로 전이하는 압류 및 추심명령이 있는 때에는 제3채무자는 채권이 가압류되기 전에 압류채무자에게 대항할 수 있는 사유로써 압류채권자에게 대항할 수 있으므로, 제3채무자의 압류채무자에 대한 자동채권이 수동채권인 피압류채권과 동시이행의 관계에 있는 경우에는, 그 가압류명령이 제3채무자에게 송달되어 가압류의 효력이 생긴 후에 자동채권이 발생하였다고 하더라도 제3채무자는 동시이행의 항변권을 주장할 수 있고, 따라서 그 상계로써 압류채권자에게 대항할 수 있다. 이 경우에 자동채권 발생의 기초가 되는 원인은 수동채권이 가압류되기 전에 이미 성립하여 존재하고 있었으므로, 그 자동채권은 민법 제498조 소정의 "지급을 금지하는 명령을 받은 제3채무자가 그 후에 취득한 채권"에 해당하지 아니한다(대판 2001.3.27. 2000다43819).
⑤ (○) 민법 제496조가 고의의 불법행위로 인한 손해배상채권에 대한 상계를 금지하는 입법취지는 고의의 불법행위에 인한 손해배상채권에 대하여 상계를 허용한다면 고의로 불법행위를 한 자가 상계권행사로 현실적으로 손해배상을 지급할 필요가 없게 됨으로써 보복적 불법행위를 유발하게 될 우려가 있고, 고의의 불법행위로 인한 피해자가 가해자의 상계권행사로 인하여 현실의 변제를 받을 수 없는 결과가 됨은 사회적 정의관념에 맞지 아니하므로 고의에 의한 불법행위의 발생을 방지함과 아울러 고의의 불법행위로 인한 피해자에게 현실의 변제를 받게 하려는 데 있는바, 이같은 입법취지나 적용결과에 비추어 볼 때 고의의 불법행위에 인한 손해배상채권에 대한 상계금지를 중과실의 불법행위에 인한 손해배상채권에까지 유추 또는 확장적용하여야 할 필요성이 있다고 할 수 없다(대판 1994.8.12. 93다52808).

답 ④

026 채권의 소멸에 관한 설명으로 옳지 않은 것은?(다툼이 있으면 판례에 따름)   24 노무

① 변제공탁은 채권자의 수익의 의사표시 여부와 상관없이 공탁공무원의 수탁처분과 공탁물보관자의 공탁물수령으로 그 효력이 발생한다.
② 기존 채권·채무의 당사자가 그 목적물을 소비대차의 목적으로 할 것을 약정한 경우, 당사자의 의사가 명백하지 않을 때에는 특별한 사정이 없는 한 그 약정은 경개가 아닌 준소비대차로 보아야 한다.
③ 벌금형이 확정된 이상 벌금채권의 변제기는 도래한 것이므로 법률상 이를 금지할 근거가 없는 한 벌금채권은 상계의 자동채권이 될 수 있다.
④ 상계로 인한 채무소멸의 효력은 소멸한 채무 전액에 관하여 다른 부진정연대채무자에 대하여도 미치며, 이는 부진정연대채무자 중 1인이 채권자와 상계계약을 체결한 경우에도 마찬가지이다.
⑤ 손해배상채무가 중과실에 의한 불법행위로 발생한 경우, 그 채무자는 이를 수동채권으로 하는 상계로 채권자에게 대항하지 못한다.

해설

① (○) 변제공탁은 공탁공무원의 수탁처분과 공탁물보관자의 공탁물수령으로 그 효력이 발생하여 채무소멸의 효과를 가져오는 것이고 채권자에 대한 공탁통지나 채권자의 수익의 의사표시가 있는 때에 공탁의 효력이 생기는 것이 아니다(대결 1972.5.15. 72마401).
② (○) 기존 채권·채무의 당사자가 목적물을 소비대차의 목적으로 할 것을 약정한 경우 약정을 경개로 볼 것인가 준소비대차로 볼 것인가는 일차적으로 당사자의 의사에 따라 결정되고 만약 당사자의 의사가 명백하지 않을 때에는 의사해석의 문제이나, 특별한 사정이 없는 한 동일성을 상실함으로써 채권자가 담보를 잃고 채무자가 항변권을 잃게 되는 것과 같이 스스로 불이익을 초래하는 의사를 표시하였다고는 볼 수 없으므로 일반적으로 준소비대차로 보아야 한다(대판 2016.6.9. 2014다64752).
③ (○) 벌금형이 확정된 이상 벌금채권의 변제기는 도래한 것이므로 달리 이를 금하는 특별한 법률상 근거가 없는 이상 벌금채권은 적어도 상계의 자동채권이 되지 못할 아무런 이유가 없다(대판 2004.4.27. 2003다37891).
④ (○) 부진정연대채무자 중 1인이 자신의 채권자에 대한 반대채권으로 상계를 한 경우에도 채권은 변제, 대물변제, 또는 공탁이 행하여진 경우와 동일하게 현실적으로 만족을 얻어 그 목적을 달성하는 것이므로, 그 상계로 인한 채무소멸의 효력은 소멸한 채무 전액에 관하여 다른 부진정연대채무자에 대하여도 미친다고 보아야 한다. 이는 부진정연대채무자 중 1인이 채권자와 상계계약을 체결한 경우에도 마찬가지이다. 나아가 이러한 법리는 채권자가 상계 내지 상계계약이 이루어질 당시 다른 부진정연대채무자의 존재를 알았는지 여부에 의하여 좌우되지 아니한다(대판 2010.9.16. 2008다97218[전합]).
⑤ (×) 고의의 불법행위에 인한 손해배상채권에 대한 상계금지를 중과실의 불법행위에 인한 손해배상채권에까지 유추 또는 확장적용하여야 할 필요성이 있다고 할 수 없으므로(대판 1994.8.12. 93다52808), 손해배상채무가 중과실에 의한 불법행위로 발생한 경우, 그 채무자는 이를 수동채권으로 하는 상계로 채권자에게 대항할 수 있다.

답 ⑤

027

상계에 관한 설명 중 옳지 않은 것은?(다툼이 있는 경우 판례에 의함) [22 변시]

① 甲은 乙에 대하여 1억원의 대여금채권(변제기 2021.5.3.)을 가지고, 乙은 甲에 대하여 8,000만원의 매매대금채권(변제기 2021.9.25.)을 가진다. 乙이 2021.11.5. 상계의 의사표시를 하여 같은 날 그 의사표시가 甲에게 도달하였다면, 2021.9.25.로 소급하여 두 채권은 대등액의 범위에서 소멸한 것으로 본다.
② 甲의 乙에 대한 대여금채권에 상계금지특약이 붙어 있더라도 甲으로부터 그 채권을 선의로 양수한 丙은 그 채권으로 乙의 丙에 대한 채권과 상계할 수 있다.
③ 甲의 乙에 대한 고의의 행위가 불법행위를 구성함과 동시에 채무불이행을 구성하는 경우, 甲이 위 채무불이행으로 인한 손해배상채권을 수동채권으로 하여 甲의 乙에 대한 대여금채권과 상계를 하는 것은 허용된다.
④ 부진정연대채무자 甲과 乙 중 甲이 자신의 채권자에 대한 반대채권으로 상계한 경우, 상계로 인한 채무소멸의 효력은 소멸한 채무 전액에 관하여 乙에게도 미친다.
⑤ 피고(乙)의 소송상 상계에 대하여 원고(甲)가 乙의 자동채권을 소멸시키기 위하여 다시 소송상 상계의 재항변을 하는 것은 특별한 사정이 없는 한 허용되지 아니한다.

해설

① (○) 乙이 2021.11.5. 상계의 의사표시를 하여 같은 날 그 의사표시가 甲에게 도달하였다면, 각 채무가 상계할 수 있는 때에 소급하여 대등액에 관하여 소멸한 것으로 보게 되고, 여기서 각 채무가 상계할 수 있는 때란 양 채권이 모두 변제기가 도래한 경우와 수동채권의 변제기가 도래하지 아니하였다고 하더라도 기한의 이익을 포기할 수 있는 경우를 포함한다(대판 2011.7.28. 2010다70018). 따라서 수동채권인 甲의 乙에 대한 대여금채권은 변제기에 도달하였으나 자동채권인 乙의 甲에 대한 8,000만원의 대여금채권은 변제기에 도달하지 아니한 2021.5.3.이 아니라 양 채권이 모두 변제기에 도달한 2021.9.25.로 소급하여 두 채권은 대등액의 범위에서 소멸한 것으로 보아야 한다.

② (○) 甲의 乙에 대한 대여금채권에 상계금지특약이 붙어 있는 경우, 乙은 甲으로부터 그 채권을 선의로 양수한 丙에게 대항할 수 없으므로(민법 제492조 제2항 단서), 丙은 그 채권으로 乙의 丙에 대한 채권과 상계할 수 있다.

③ (×) 고의의 불법행위에 의한 손해배상채권은 현실적으로 만족을 받아야 한다는데 민법 제496조의 입법 취지가 있다고 할 때 甲의 乙에 대한 고의의 행위가 불법행위를 구성함과 동시에 채무불이행을 구성하는 경우, 甲이 위 채무불이행으로 인한 손해배상채권을 수동채권으로 하여 甲의 乙에 대한 대여금채권과 상계를 하는 것은 허용되지 아니한다고 판단된다.

> 민법 제496조는 "채무가 고의의 불법행위로 인한 것인 때에는 그 채무자는 상계로 채권자에게 대항하지 못한다"라고 정하고 있다. 이 규정은 고의의 불법행위로 인한 손해배상채권을 수동채권으로 한 상계에 관한 것이고 고의의 채무불이행으로 인한 손해배상채권에는 적용되지 않는다. <u>다만 고의에 의한 행위가 불법행위를 구성함과 동시에 채무불이행을 구성하여 불법행위로 인한 손해배상채권과 채무불이행으로 인한 손해배상채권이 경합하는 경우에는 이 규정을 유추적용할 필요가 있다.</u> 이러한 경우에 고의의 채무불이행으로 인한 손해배상채권을 수동채권으로 한 상계를 허용하면 이로써 고의의 불법행위로 인한 손해배상채권까지 소멸하게 되어 고의의 불법행위에 의한 손해배상채권은 현실적으로 만족을 받아야 한다는 이 규정의 입법 취지가 몰각될 우려가 있기 때문이다. <u>따라서 이러한 예외적인 경우에는 민법 제496조를 유추적용하여 고의의 채무불이행으로 인한 손해배상채권을 수동채권으로 하는 상계를 한 경우에도 채무자가 상계로 채권자에게 대항할 수 없다고 보아야</u> 한다(대판 2017.2.15. 2014다19776).

④ (○) <u>부진정연대채무자 중 1인이 자신의 채권자에 대한 반대채권으로 상계를 한 경우에도 채권은 변제, 대물변제, 또는 공탁이 행하여진 경우와 동일하게 현실적으로 만족을 얻어 그 목적을 달성하는 것이므로, 그 상계로 인한 채무소멸의 효력은 소멸한 채무 전액에 관하여 다른 부진정연대채무자에 대하여도 미친다고 보아야 한다. 이는 부진정연대채무자 중 1인이 채권자와 상계계약을 체결한 경우에도 마찬가지이다.</u> 나아가 이러한 법리는 채권자가 상계 내지 상계계약이 이루어질 당시 다른 부진정연대채무자의 존재를 알았는지 여부에 의하여 좌우되지 아니한다(대판 2010.9.16. 2008다97218[전합]). 따라서 상계로 인한 채무소멸의 효력은 소멸한 채무 전액에 관하여 乙에게도 미친다.

⑤ (○) 판례의 취지를 고려할 때 원고(甲)가 乙의 자동채권을 소멸시키기 위하여 다시 소송상 상계의 재항변을 하는 것은 특별한 사정이 없는 한 허용되지 아니한다.

> 피고의 소송상 상계항변에 대하여 원고가 다시 피고의 자동채권을 소멸시키기 위하여 소송상 상계의 재항변을 하는 경우, 법원이 원고의 소송상 상계의 재항변과 무관한 사유로 피고의 소송상 상계항변을 배척하는 경우에는 소송상 상계의 재항변을 판단할 필요가 없고, 피고의 소송상 상계항변이 이유 있다고 판단하는 경우에는 원고의 청구채권인 수동채권과 피고의 자동채권이 상계적상 당시에 대등액에서 소멸한 것으로 보게 될 것이므로 원고가 소송상 상계의 재항변으로써 상계할 대상인 피고의 자동채권이 그 범위에서 존재하지 아니하는 것이 되어 이때에도 역시 원고의 소송상 상계의 재항변에 관하여 판단할 필요가 없게 된다. 또한, 원고가 소송물인 청구채권 외에 피고에 대하여 다른 채권을 가지고 있다면 소의 추가적 변경에 의하여 그 채권을 당해 소송에서 청구하거나 별소를 제기할 수 있다. 그렇다면 원고의 소송상 상계의 재항변은 일반적으로 이를 허용할 이익이 없다. 따라서 피고의 소송상 상계항변에 대하여 원고가 소송상 상계의 재항변을 하는 것은 다른 특별한 사정이 없는 한 허용되지 않는다고 보는 것이 타당하다(대판 2014.6.12. 2013다95964).

답 ❸

028

甲은 乙에게 7,000만원의 금전채권(변제기 2015.5.8.)이 있고, 乙은 甲에게 5,000만원의 금전채권(변제기 2015.8.24.)이 있다. 다음 설명 중 옳은 것을 모두 고른 것은?(각 지문은 독립적이며, 다툼이 있는 경우 판례에 의함) [16] 변시

> ㄱ. 甲의 乙에 대한 채권과 乙의 甲에 대한 채권이 모두 대여금채권인 경우, 2015.7.15. 甲은 상계할 수 있지만 乙은 상계할 수 없다.
> ㄴ. 甲의 채권자 丙이 2015.8.20. 甲의 乙에 대한 대여금채권을 가압류하여 그 가압류명령이 乙에게 2015.8.21. 송달되었더라도 2015.8.25.에는 乙은 甲에 대한 자신의 대여금채권으로 위 가압류된 채권을 상계할 수 있다.
> ㄷ. 甲의 乙에 대한 채권과 乙의 甲에 대한 채권이 모두 대여금채권인 경우, 乙이 2015.10.31. 상계의 의사표시를 하여 그 의사표시가 같은 날 甲에게 도달하였다면, 2015.10.31.을 기준으로 두 채권은 대등액의 범위 내에서 소멸한 것으로 본다.
> ㄹ. 甲의 乙에 대한 채권은 대여금채권이고, 乙의 甲에 대한 채권은 甲의 일방적인 폭행으로 인한 손해배상채권이라면 甲은 상계할 수 없으나, 乙은 상계할 수 있다.

① ㄱ
② ㄱ, ㄹ
③ ㄱ, ㄴ
④ ㄱ, ㄴ, ㄷ, ㄹ
⑤ ㄴ, ㄷ

해설

ㄱ. (○) 甲의 乙에 대한 채권과 乙의 甲에 대한 채권이 모두 대여금채권인 경우, 甲 또는 乙은 상대방에 대한 상계의 의사표시로 대여금채권을 상계할 수 있으며 이때 각 채무가 상계할 수 있는 때에 대등액에 관하여 소멸한 것으로 본다(민법 제493조). "각 채무가 상계할 수 있는 때"란 상계적상에 있는 경우를 말하며 구체적으로는 양 채권이 모두 변제기가 도래한 경우와 수동채권의 변제기가 도래하지 아니하였다고 하더라도 기한의 이익을 포기할 수 있는 경우를 포함한다(대판 2011.7.28. 2010다70018). 따라서 2015.7.15. 자동채권인 甲의 乙에 대한 금전채권은 변제기 (2015.5.8.)에 도래하였고 수동채권인 乙의 甲에 대한 금전채권을 변제기(2015.8.24.)에 도래하지 아니하였으나 甲은 기한의 이익을 포기하고 甲의 乙에 대한 금전채권을 자동채권으로 하여 상계할 수 있다. 그러나 2015.7.15. 乙의 甲에 대한 금전채권을 자동채권으로 하는 상계는 수동채권이 변제기에 도달하였다고 하더라도 자동채권이 변제기에 도달하지 아니하였기 때문에 허용되지 아니한다.

ㄴ. (×) 판례의 취지를 고려할 때 자동채권과 피압류채권인 수동채권이 상계적상에 있던 것도 아니고, 제3채무자 乙의 피압류채무자 甲에 대한 채권인 자동채권의 변제기는 2015.8.24.로, 가압류명령 송달시인 2015.8.21.에 아직 변제기가 도래하지 아니하였으나, 자동채권의 변제기가 피압류채권인 수동채권의 변제기 2015.5.8.보다 동시에 또는 그보다 먼저 도달하는 경우도 아니므로 제3채무자 乙은 피압류채무자 甲에 대한 자신의 대여금채권으로 피압류채권인 수동채권을 상계할 수 없다.

> 민법 제498조는 "지급을 금지하는 명령을 받은 제3채무자는 그 후에 취득한 채권에 의한 상계로 그 명령을 신청한 채권자에게 대항하지 못한다"라고 규정하고 있다. 위 규정의 취지, 상계제도의 목적 및 기능, 채무자의 채권이 압류된 경우 관련 당사자들의 이익상황 등에 비추어 보면, 채권압류명령 또는 채권가압류명령(이하 채권압류명령의 경우만을 두고 논의하기로 한다)을 받은 제3채무자가 압류채무자에 대한 반대채권을 가지고 있는 경우에 상계로써 압류채권자에게 대항하기 위하여는, 압류의 효력 발생 당시에 대립하는 양 채권이 상계적상에 있거나, 그 당시 반대채권(자동채권)의 변제기가 도래하지 아니한 경우에는 그것이 피압류채권(수동채권)의 변제기와 동시에 또는 그보다 먼저 도래하여야 한다(대판 2012.2.16. 2011다45521[전합]).

ㄷ. (×) 乙이 2015.10.31. 상계의 의사표시를 하여 같은 날 그 의사표시가 甲에게 도달하였다면, 각 채무가 상계할 수 있는 때에 소급하여 대등액에 관하여 소멸한 것으로 보게 되고, 여기서 "각 채무가 상계할 수 있는 때"란 양 채권이 모두 변제기가 도래한 경우와 수동채권의 변제기가 도래하지 아니하였다고 하더라도 기한의 이익을 포기할 수 있는 경우를 포함한다(대판 2011.7.28. 2010다70018). 따라서 수동채권인 甲의 乙에 대한 대여금채권은 변제기에 도달하였으나 자동채권인 乙의 甲에 대한 대여금채권은 변제기에 도달하지 아니한 2015.5.8.이 아니라 양 채권이 모두 변제기에 도달한 2015.8.24로 소급하여 두 채권은 대등액의 범위에서 소멸한 것으로 보아야 한다.

ㄹ. (○) 채무가 고의의 불법행위로 인한 경우에는 이를 수동채권으로 하는 상계로 채권자에게 대항할 수 없으나(민법 제496조), 자동채권으로 하는 상계는 허용된다는 것이 판례이므로(대판 1975.6.24. 75다103), 甲의 乙에 대한 채권은 대여금채권이고, 乙의 甲에 대한 채권은 甲의 일방적인 폭행으로 인한 손해배상채권인 경우 甲은 상계할 수 없으나, 乙은 상계할 수 있다고 보아야 한다.

답 ❷

제6절 기타 채권의 소멸원인

CHAPTER 01   계약총론

CHAPTER 02   계약각론

CHAPTER 03   법정채권관계

PART 3

채권각론

CHAPTER 01 계약총론

제1절 서 설

001 민법상 편무계약에 해당하는 것만 모두 고른 것은? [23] 노무

| ㄱ. 도급 | ㄴ. 조합 |
| ㄷ. 증여 | ㄹ. 사용대차 |

① ㄱ, ㄴ ② ㄱ, ㄷ
③ ㄴ, ㄷ ④ ㄴ, ㄹ
⑤ ㄷ, ㄹ

해설

ㄱ. (×) 도급은 당사자 일방(수급인)이 일정한 일을 완성할 것을 약정하고, 상대방(도급인)이 그 일의 결과에 대하여 보수를 지급할 것을 약정함으로써 성립하는 계약으로써(민법 제664조), 쌍무계약·유상계약·낙성계약이다.

ㄴ. (×) 조합계약은 2인 이상이 상호 출자하여 공동사업을 경영할 것을 약정함으로써 성립하는 계약을 말한다(민법 제703조 제1항). 조합계약의 법적 성질에 관하여 합동행위로서의 성질과 계약으로서의 성질을 모두 가지는 특수한 법률행위라는 견해도 있으나, 조합계약은 조합원 각자가 서로 출자 내지 협력할 채무를 부담한다는 점에서 쌍무계약·유상계약·낙성계약이라고 보는 견해가 일반적이다.

ㄷ. (○) 증여란 당사자 일방(증여자)이 무상으로 일정한 재산을 상대방(수증자)에게 준다는 의사를 표시하고, 상대방이 이를 승낙함으로써 성립하는 계약을 말한다(민법 제554조). 증여는 계약이라는 점에서 단독행위인 유증(민법 제1074조)과 구별된다. 증여계약은 편무계약·무상계약·낙성계약에 해당한다.

ㄹ. (○) 사용대차는 당사자 일방(대주)이 상대방(차주)에게 일정한 물건을 무상으로 사용·수익하게 하기 위하여 인도할 것을 약정하고, 상대방은 그 물건을 사용·수익한 후 반환할 것을 약정함으로써 성립하는 계약이다(민법 제609조). 사용대차는 차용물을 그대로 반환한다는 점에서 소비대차와 다르고, 이용의 대가를 지급하지 않는 무상의 계약이라는 점에서 임대차와 다르다. 사용대차는 편무계약·무상계약·낙성계약에 해당한다.

답 ⑤

제2절 계약의 성립

002

甲이 2025.1.1. 乙에게 '핸드폰을 1백만원에 매도하고자 하니 매수 여부를 2025.1.20.까지 알려달라'는 내용의 우편을 발송하여 2025.1.5. 乙에게 도달하였다. 이에 관한 설명으로 옳지 않은 것은? (甲과 乙은 격지자 간임을 전제로 하고, 다툼이 있으면 판례에 따름) 25 노무

① 甲이 2025.1.3. 위 매도청약을 철회한다는 내용의 우편을 발송하여 2025.1.6. 乙에게 도달한 경우, 甲의 청약은 유효하다.
② 乙이 2025.1.20.까지 회신을 하지 않으면 甲의 청약은 효력을 상실한다.
③ 乙이 2025.1.18. 甲의 통지대로 매수하겠다는 내용의 우편을 발송하여 2025.1.22. 甲에게 도달한 경우, 매매계약은 성립한다.
④ 乙이 2025.1.10. 甲에게 80만원에 사겠다는 내용의 우편을 발송하여 2025.1.15. 도달하였다면 甲의 청약은 효력을 상실한다.
⑤ 만약 甲의 위 우편에 '2025.1.20.까지 답이 없으면 매수하겠다는 의사로 간주하겠다'는 내용이 포함되어 있음에도 乙이 회신하지 않으면 매매가 성립한 것으로 본다.

해설

① (○) 청약은 상대방 있는 의사표시에 해당하여, 상대방에게 도달한 때 효력이 발생하므로(민법 제111조 제1항), 더 이상 청약자는 청약을 철회할 수 없다(민법 제527조). 따라서 2025.1.1. 甲의 위 매도청약이 2025.1.5. 乙에게 도달하여 청약의 효력이 발생한 경우, 甲이 2025.1.3. 위 매도청약을 철회한다는 내용의 우편을 발송하여 2025.1.6. 乙에게 도달한 경우라도 2025.1.1. 위 매도청약은 유효하다.

② (○) 승낙의 기간을 정한 계약의 청약은 청약자가 그 기간 내에 승낙의 통지를 받지 못한 때에는 그 효력을 잃는다(민법 제528조 제1항). 乙이 2025.1.20.까지 승낙의 통지를 회신하지 않았다면 甲의 청약은 효력을 상실한다.

③ (×) 乙이 2025.1.18. 甲의 통지대로 매수하겠다는 내용의 우편을 발송하여 2025.1.22. 甲에게 도달한 경우, 청약자 甲이 지체 없이 연착의 통지를 하지 아니하였다면 乙의 승낙의 통지는 연착되지 아니한 것으로 간주되므로(민법 제529조 제3항), 격지자 간의 매매계약은 乙이 승낙의 통지를 발송한 때인 2025.1.18. 성립한다. 다만, 甲이 2025.1.1. 에 우편을 발송하여 2025.1.5.에 乙에게 도달한 것을 고려할 때 甲과 乙 간의 우편의 도달은 4일이 걸리는 것이 통상적이라고 판단된다. 따라서 乙이 2025.1.18. 우편을 발송하여 2025.1.22. 甲에게 도달한 경우, 이는 통상적인 도달이고 연착통지의 대상이라고 하기는 어렵다. 결국 乙의 우편이 승낙기간인 2025.1.20. 이후에 甲에게 도달하였으므로 甲과 乙 간의 매매계약은 성립하지 아니한다고 이해할 여지가 있다. 이러한 이유로 지문 ⑤와 함께 지문 ③도 최종 정답에서 오답으로 처리하여 복수정답을 인정한 것으로 보인다.

④ (○) 승낙자가 청약에 대하여 조건을 붙이거나 변경을 가하여 승낙한 때에는 그 청약의 거절과 동시에 새로 청약한 것으로 보므로(민법 제534조), 乙이 2025.1.10. 甲에게 80만원에 사겠다는 내용의 우편을 발송하여 2025.1.15. 도달하였다면 甲의 청약은 거절된 것으로 간주되어 그 효력을 상실한다.

⑤ (×) 청약자가 미리 정한 기간 내에 이의를 하지 아니하면 승낙한 것으로 간주한다는 뜻을 청약시 표시하였다고 하더라도 이는 상대방을 구속하지 아니하고 그 기간은 경우에 따라 단지 승낙기간을 정하는 의미를 가질 수 있을 뿐이다(대판 1999.1.29. 98다48903). 이러한 판례의 취지를 고려할 때 만약 甲의 위 우편에 '2025.1.20.까지 답이 없으면 매수하겠다는 의사로 간주하겠다'는 내용이 포함되어 있더라도 乙이 회신하지 않은 경우 매매가 성립한 것으로 볼 수는 없다.

답 ❸, ❺

003

甲은 2018.9.10. 乙에게 자신이 사용하던 X컴퓨터를 50만원에 매각하겠다는 의사표시와 2018.9.25. 까지 구매 여부를 알려 달라는 내용의 편지를 발송하였고, 그 편지는 2018.9.13. 乙에게 도달하였다. 이에 乙이 2018.9.17. X컴퓨터를 50만원에 매수하겠다는 승낙의 편지를 甲에게 발송하였다. 이에 관한 설명으로 옳은 것은? [19 변리]

① 甲은 乙이 발송한 편지를 2018.9.19. 받았는데, 甲이 2018.9.24. 개봉하여 읽었다면 매매계약은 2018.9.24. 성립한다.
② 乙이 승낙의 의사표시를 하였으므로, 乙이 발송한 편지를 甲이 2018.9.25.까지 받지 못하였더라도 매매계약은 성립한다.
③ 甲은 乙이 발송한 편지를 2018.9.20. 받았다면, 매매계약은 그때부터 성립하고 효력이 발생한다.
④ 乙이 발송한 편지가 2018.9.26. 甲에게 도달하였고 甲이 2018.9.27. 연착의 통지를 한 경우, 매매계약은 성립하지 않는다.
⑤ 乙이 2018.9.17. 매수하겠다는 편지를 발송하기 전까지 특별한 사정이 없는 한 甲은 乙에 대하여 매각의 의사표시를 철회할 수 있다.

해설

① (×), ③ (×) 격지자 간의 계약은 승낙의 통지를 발송한 때에 성립한다(민법 제531조). 즉, 승낙의 통지가 승낙기간 내에 청약자에게 도달하면, 승낙통지를 발송한 때에 계약이 성립한다. 여기서 도달이라 함은 사회관념상 채무자가 통지의 내용을 알 수 있는 객관적 상태에 놓여졌다고 인정되는 상태를 지칭한다고 해석되므로, 채무자가 이를 현실적으로 수령하였다거나 그 통지의 내용을 알았을 것까지는 필요로 하지 않는다(대판 1997.11.25. 97다31281). 지문의 경우, 乙의 승낙통지가 승낙기간(2018.9.25.) 내인 2018.9.19. 도달하였으므로, 甲이 편지를 읽은 시점과는 상관없이 매매계약은 乙이 편지를 발송한 2018.9.17. 성립한다.
② (×) 승낙의 기간을 정한 계약의 청약은 청약자가 그 기간 내에 승낙의 통지를 받지 못한 때에는 그 효력을 잃는다(민법 제528조 제1항). 乙의 승낙통지가 승낙기간(2018.9.25.) 내에 도달하지 못하였다면, 청약은 그 효력을 상실하고, 매매계약 또한 성립하지 아니한다.
④ (○) 승낙의 통지가 승낙기간 후에 도달한 경우에 보통 그 기간 내에 도달할 수 있는 발송인 때에는 청약자는 지체없이 상대방에게 그 연착의 통지를 하여야 한다. 그러나 그 도달 전에 지연의 통지를 발송한 때에는 그러하지 아니하다(민법 제528조 제2항). 또한 청약자가 연착의 통지를 하지 아니한 때에는 승낙의 통지는 연착되지 아니한 것으로 본다(민법 제528조 제3항). 甲이 연착의 통지를 한 이상, 매매계약은 성립하지 아니한다.
⑤ (×) 계약의 청약은 이를 철회하지 못한다(민법 제527조). 청약이 乙에게 도달하여 그 효력을 발생한 경우에는, 乙이 2018.9.17. 매수하겠다는 편지를 발송하기 전이라도 乙의 승낙이 있었다는 등의 특별한 사정이 없는 한, 甲은 乙에 대하여 매각의 의사표시를 철회할 수 없다.

답 ❹

004 계약의 성립에 관한 설명으로 옳지 않은 것은?(다툼이 있으면 판례에 따름)

① 의사표시의 불일치로 인해 계약이 성립하지 않는 경우, 그로 인해 손해를 입은 당사자는 상대방이 계약의 불성립을 알았거나 알 수 있었음을 이유로 계약체결상의 과실로 인한 손해배상을 청구할 수 있다.
② 은행 직원이 예금자로부터 돈을 받아 확인한 후에는 실제로 입금하지 않아도 예금자와 은행 사이에 예금계약이 성립한다.
③ 甲이 자신의 X건물을 乙에게 1억원에 팔겠다는 청약을 하였는데, 이 사실을 모르는 乙이 甲에게 X건물을 1억원에 구입하겠다고 청약을 한 경우에 두 청약이 상대방에게 도달한 때에 계약은 성립한다.
④ 매도인이 매수인에게 매매계약의 합의해제를 청약하였는데, 매수인이 그 청약에 대하여 조건을 붙여 승낙한 경우에는 합의해제의 청약이 실효된다.
⑤ 임대인이 임대목적물에 대한 소유권 기타 이를 임대할 권한이 없다고 하더라도 임대차계약은 유효하게 성립할 수 있다.

해설

① (×) 계약이 의사의 불합치로 성립하지 아니한 경우 그로 인하여 손해를 입은 당사자가 상대방에게 부당이득반환청구 또는 불법행위로 인한 손해배상청구를 할 수 있는지는 별론으로 하고, 상대방이 계약이 성립되지 아니할 수 있다는 것을 알았거나 알 수 있었음을 이유로 민법 제535조를 유추적용하여 계약체결상의 과실로 인한 손해배상청구를 할 수는 없다(대판 2017.11.14. 2015다10929).
② (○) 예금계약은 예금자가 예금의 의사를 표시하면서 금융기관에 돈을 제공하고 금융기관이 그 의사에 따라 그 돈을 받아 확인을 하면 그로써 성립하며, 금융기관의 직원이 그 받은 돈을 금융기관에 입금하지 아니하고 이를 횡령하였다고 하더라도 예금계약의 성립에는 아무런 소장이 없다(대판 1996.1.26. 95다26919).
③ (○) 甲이 자신의 X건물을 乙에게 1억원에 팔겠다는 청약을 하였는데, 이 사실을 모르는 乙이 甲에게 X건물을 1억원에 구입하겠다고 청약을 한 경우, 이는 청약이 상호교차된 교차청약으로 甲과 乙의 각 청약이 상대방에게 도달한 때에 계약이 성립한다(민법 제533조).
④ (○) 매도인이 매수인에게 매매계약의 합의해제를 청약하였는데, 매수인이 그 청약에 대하여 조건을 붙여 승낙하였다면 매도인의 청약을 거절함과 동시에 새로운 청약을 한 것으로 보게 되므로(민법 제534조), 매도인의 합의해제의 청약은 실효된다.
⑤ (○) 임대차는 당사자 일방이 상대방에게 목적물을 사용·수익하게 할 것을 약정하고 상대방이 이에 대하여 차임을 지급할 것을 약정함으로써 성립하는 것으로서 임대인이 그 목적물에 대한 소유권 기타 이를 임대할 권한이 없더라도 임대차계약은 유효하게 성립한다(대판 2013.5.9. 2013다3040).

답 ①

005 甲과 乙 사이에 계약이 성립한 경우를 모두 고른 것은?

ㄱ. 甲이 청약일로부터 15일간의 승낙기간을 정하여 乙에게 청약을 하였고, 乙이 승낙기간을 지나 승낙통지를 발송하여 甲에게 도착하였는데, 甲이 乙의 승낙에 대하여 조건을 붙여 승낙의 의사표시를 하여 그 의사표시가 乙에게 도달된 경우
ㄴ. 甲이 2013.1.10. 乙에게 A를 100만원에 팔겠다는 청약을 하였으나, 乙이 그와 같은 甲의 청약사실을 알지 못한 채 같은 달 12일 甲에게 A를 100만원에 사겠다는 청약을 하였는데, 甲과 乙의 청약이 모두 상대방에게 도달한 경우
ㄷ. 甲의 청약에 대하여 乙이 조건을 붙여서 승낙을 하였는데, 甲이 乙의 조건부 승낙에 대하여 승낙의 의사표시를 하여 그 의사표시가 乙에게 도달된 경우

① ㄴ
② ㄷ
③ ㄱ, ㄷ
④ ㄴ, ㄷ
⑤ ㄱ, ㄴ, ㄷ

해설

ㄱ. (×) 승낙의 기간을 정한 계약의 청약은 청약자가 그 기간 내에 승낙의 통지를 받지 못한 때에는 그 효력을 잃는다(민법 제528조 제1항). 반면, 연착된 승낙은 청약자가 이를 새 청약으로 볼 수 있고(민법 제530조), 승낙자가 청약에 대하여 조건을 붙이거나 변경을 가하여 승낙한 때에는 그 청약의 거절과 동시에 새로 청약한 것으로 보므로(민법 제534조), 乙의 승낙의 의사표시가 인정되지 아니하는 한, 甲과 乙 사이의 계약은 성립하지 아니한다.
ㄴ. (○) 당사자 간에 동일한 내용의 청약이 상호 교차된 경우에는 양 청약이 상대방에게 도달한 때에 계약이 성립한다(민법 제533조). A를 100만원에 사겠다는 甲과 乙의 청약이 모두 상대방에게 도달한 경우 계약이 성립한다.
ㄷ. (○) 乙의 조건부 승낙은 새로운 청약에 해당하므로(민법 제534조), 甲이 乙의 조건부 승낙에 대하여 승낙의 의사표시를 하여 그 의사표시가 乙에게 도달된 경우에는, 甲과 乙 사이에 계약이 성립한다.

답 ④

006 계약의 성립에 관한 설명으로 옳지 않은 것은?(다툼이 있으면 판례에 따름)

① 계약의 당사자가 누구인지는 계약에 관여한 당사자의 의사해석 문제로서, 당사자들의 의사가 일치하는 경우에는 그 의사에 따라 계약의 당사자를 확정해야 한다.
② 임대차계약에서 보증금의 지급약정이 있는 경우, 보증금의 수수는 임대차계약의 성립요건이 아니다.
③ 계약이 의사의 불합치로 성립하지 아니한 경우, 그로 인하여 손해를 입은 당사자는 상대방에 대하여 민법 제535조(계약체결상의 과실)를 유추적용하여 손해배상을 청구할 수 있다.
④ 매매계약체결 당시 목적물과 대금이 구체적으로 확정되지 않았더라도, 이행기 전까지 구체적으로 확정될 수 있는 방법과 기준이 정해져 있다면 계약의 성립을 인정할 수 있다.
⑤ 청약자의 의사표시나 관습에 의해 승낙의 통지가 필요하지 않은 경우, 계약은 승낙의 의사표시로 인정되는 사실이 있는 때에 성립한다.

해설

① (○) 계약의 당사자가 누구인지는 계약에 관여한 당사자의 의사해석 문제이다. 당사자들의 의사가 일치하는 경우에는 그 의사에 따라 계약의 당사자를 확정해야 한다. 그러나 당사자들의 의사가 합치되지 않는 경우에는 의사표시 상대방의 관점에서 합리적인 사람이라면 누구를 계약의 당사자로 이해하였을 것인지를 기준으로 판단해야 한다(대판 2019.9.10. 2016다237691).
② (○) 임대차는 사용·수익의 대가로 차임을 지급할 것을 필수요소로 하지만, 보증금의 수수는 임대차계약의 성립요소가 아니다. 보증금계약은 임대차의 종된 계약일 뿐이다.
③ (×) 계약이 의사의 불합치로 성립하지 아니한 경우 그로 인하여 손해를 입은 당사자가 상대방에게 부당이득반환청구 또는 불법행위로 인한 손해배상청구를 할 수 있는지는 별론으로 하고, 상대방이 계약이 성립되지 아니할 수 있다는 것을 알았거나 알 수 있었음을 이유로 민법 제535조를 유추적용하여 계약체결상의 과실로 인한 손해배상청구를 할 수는 없다(대판 2017.11.14. 2015다10929).
④ (○) 매매계약에 있어서 그 목적물과 대금은 반드시 계약체결 당시에 구체적으로 특정될 필요는 없고 이를 사후에라도 구체적으로 특정할 수 있는 방법과 기준이 정해져 있으면 족하다(대판 1997.1.24. 96다26176).
⑤ (○) 민법 제532조

답 ❸

---

007 계약에 관한 설명으로 옳은 것을 모두 고른 것은?(다툼이 있으면 판례에 따름) [20 변리]

CHECK ○△×

ㄱ. 승낙기간을 정하지 아니한 계약의 청약을 한 자가 상당한 기간 내에 승낙의 통지를 받은 때에는 계약이 성립한다.
ㄴ. 관습에 의하여 승낙의 의사표시가 필요하지 아니한 경우, 계약의 성립시기는 청약자가 승낙의 의사표시로 인정되는 사실을 알게 된 때이다.
ㄷ. 어느 일방이 교섭단계에서 계약이 확실하게 체결되리라는 정당한 기대 내지 신뢰를 부여하여 상대방이 그 신뢰에 따라 행동하였음에도 상당한 이유 없이 계약의 체결을 거부하여 손해를 입혔다면 불법행위를 구성할 수 있다.
ㄹ. 목적이 불능인 계약을 체결할 때에 그 불능을 알 수 있었을 자는 상대방이 그 불능을 알 수 있었더라도 이행이익을 넘지 않은 한도에서 상대방에게 신뢰이익을 배상하여야 한다.

① ㄱ, ㄴ
② ㄱ, ㄷ
③ ㄴ, ㄹ
④ ㄱ, ㄷ, ㄹ
⑤ ㄴ, ㄷ, ㄹ

해설

ㄱ. (○) 승낙의 기간을 정하지 아니한 계약의 청약은 청약자가 상당한 기간 내에 승낙의 통지를 받지 못한 때에는 그 효력을 잃는다(민법 제529조). 반대해석상 청약을 한 자가 상당한 기간 내에 승낙의 통지를 받은 때에는 계약이 성립한다.
ㄴ. (×) 청약자의 의사표시나 관습에 의하여 승낙의 통지가 필요하지 아니한 경우에는 계약은 승낙의 의사표시로 인정되는 사실이 있는 때에 성립한다(민법 제532조).
ㄷ. (○) 어느 일방이 교섭단계에서 계약이 확실하게 체결되리라는 정당한 기대 내지 신뢰를 부여하여 상대방이 그 신뢰에 따라 행동하였음에도 상당한 이유 없이 계약의 체결을 거부하여 손해를 입혔다면 이는 신의성실의 원칙에 비추어 볼 때 계약자유원칙의 한계를 넘는 위법한 행위로서 불법행위를 구성한다(대판 2001.6.15. 99다40418).
ㄹ. (×) 목적이 불능한 계약을 체결할 때에 그 불능을 알았거나 알 수 있었을 자는 상대방이 그 계약의 유효를 믿었음으로 인하여 받은 손해를 배상하여야 한다. 다만, 상대방이 그 불능을 알았거나 알 수 있었을 경우에는 그러하지 아니하다(민법 제535조). 즉, 상대방이 불능을 알 수 있었다면 손해를 배상할 필요가 없다.

답 ❷

008 청약과 승낙에 관한 설명으로 옳은 것은?

① 청약과 승낙의 의사표시는 특정인에 대해서만 가능하다.
② 승낙자가 청약에 변경을 가하지 않고 조건만을 붙여 승낙한 경우에는 계약이 성립된다.
③ 청약자는 청약이 상대방에게 도달하기 전에는 임의로 이를 철회할 수 있다.
④ 당사자 간에 동일한 내용의 청약이 상호 교차된 경우에는 양 청약의 통지가 상대방에게 발송된 때에 계약이 성립한다.
⑤ 승낙의 기간을 정한 청약은 승낙자가 그 기간 내에 승낙의 통지를 발송하지 아니한 때에는 그 효력을 잃는다.

해설

① (×) 청약의 상대방은 특정인과 불특정인 모두 유효하다. 반면 승낙은 청약과 달리 반드시 특정인(청약자)에 대하여 해야 한다.
② (×) 승낙자가 청약에 대하여 조건을 붙이거나 변경을 가하여 승낙한 때에는 그 청약의 거절과 동시에 새로 청약한 것으로 본다(민법 제534조).
③ (○) 청약이 상대방에게 도달하여 그 효력이 발생한 경우에는 청약자가 마음대로 철회하지 못하나(민법 제527조), 청약이 상대방에게 도달하기 전에는 청약자가 이를 임의로 철회할 수 있다.
④ (×) 당사자 간에 동일한 내용의 청약이 상호 교차된 경우에는 양 청약이 상대방에게 도달한 때에 계약이 성립한다(민법 제533조).
⑤ (×) 승낙의 기간을 정한 계약의 청약은 청약자가 그 기간 내에 승낙의 통지를 받지 못한 때에는 그 효력을 잃는다(민법 제528조 제1항).

답 ③

009 계약의 성립에 관한 설명으로 옳지 않은 것은?(다툼이 있으면 판례에 따름)

① 청약은 상대방이 있는 의사표시이지만, 상대방은 청약 당시에 특정되어 있지 않아도 된다.
② 관습에 의하여 승낙의 통지가 필요하지 않은 경우에 계약은 승낙의 의사표시로 인정되는 사실이 있는 때에 성립한다.
③ 청약이 상대방에게 발송된 후 도달하기 전에 발생한 청약자의 사망은 그 청약의 효력에 영향을 미치지 아니한다.
④ 승낙자가 승낙기간을 도과한 후 승낙을 발송한 경우에 이를 수신한 청약자가 승낙의 연착을 통지하지 아니하면 그 승낙은 연착되지 아니한 것으로 본다.
⑤ 교차청약에 의한 격지자 간 계약은 양(兩) 청약이 상대방에게 모두 도달한 때에 성립한다.

해설

① (○) 청약은 상대방이 있는 의사표시이지만, 불특정 다수인에 대한 것도 유효하며 이러한 경우의 청약은 장래 계약의 당사자로 될 수 있는 자에게만 유효하다.
② (○) 청약자의 의사표시나 관습에 의하여 승낙의 통지가 필요하지 아니한 경우에는 계약은 승낙의 의사표시로 인정되는 사실이 있는 때에 성립한다(민법 제532조).

③ (○) 청약이 상대방에게 발송된 후 도달하기 전에 청약자가 사망한 경우 그 청약의 효력에는 영향이 없다(민법 제111조 제2항).
④ (×) 승낙의 통지가 승낙기간 후에 도달한 경우에 보통 그 기간 내에 도달할 수 있는 발송인 때에는 청약자는 지체없이 상대방에게 그 연착의 통지를 하여야 한다. 청약자가 통지를 하지 아니한 때에는 승낙의 통지는 연착되지 아니한 것으로 본다(민법 제528조 제2항, 제3항).
⑤ (○) 당사자 간에 동일한 내용의 청약이 상호교차된 경우에는 양 청약이 상대방에게 도달한 때에 계약이 성립한다(민법 제533조).

답 ④

---

010 계약의 성립에 관한 설명으로 옳지 않은 것은?

① 승낙자가 청약에 대해 그 일부만을 승낙할 경우 그 청약을 거절하고 새로운 청약을 한 것으로 본다.
② 청약자는 연착된 승낙을 새로운 청약으로 보아 그에 대하여 승낙함으로써 계약을 성립시킬 수 있다.
③ 승낙기간을 정한 계약의 청약은 청약자가 그 기간 내에 승낙의 통지를 받지 못한 때에는 그 효력을 잃는다.
④ 당사자 간에 동일한 내용의 청약이 상호 교차된 경우에 양 청약이 상대방에게 도달한 때에 계약이 성립한다.
⑤ 격지자 간의 계약은 승낙의 통지가 상대방에게 도달한 때에 성립한다.

해설

① (○) 승낙자가 청약에 대하여 조건을 붙이거나 변경을 가하여 승낙한 때에는 그 청약의 거절과 동시에 새로 청약한 것으로 본다(민법 제534조).
② (○) 민법 제530조
③ (○) 민법 제528조 제1항
④ (○) 민법 제533조
⑤ (×) 격지자 간의 계약은 승낙의 통지를 발송한 때에 성립한다(민법 제531조).

답 ⑤

---

011 甲은 2020.2.1. 자기 소유 중고자동차를 1,000만원에 매수할 것을 乙에게 청약하는 내용의 편지를 발송하였다. 이에 관한 설명으로 옳지 않은 것은?

① 甲의 편지가 2020.2.5. 乙에게 도달하였다면 甲은 위 청약을 임의로 철회하지 못한다.
② 甲의 편지가 2020.2.5. 乙에게 도달하였다면 그 사이 甲이 사망하였더라도 위 청약은 유효하다.
③ 乙이 위 중고자동차를 900만원에 매수하겠다고 회신하였다면 乙은 甲의 청약을 거절하고 새로운 청약을 한 것이다.
④ 甲의 편지를 2020.2.5. 乙이 수령하였더라도 乙이 미성년자라면 甲은 원칙적으로 위 청약의 효력발생을 주장할 수 없다.
⑤ 乙이 위 청약을 승낙하는 편지를 2020.2.10. 발송하여 甲에게 2020.2.15. 도달하였다면 甲과 乙 간의 계약성립일은 2020.2.15. 이다.

해설

① (○) 청약이 상대방에게 도달하여 그 효력이 발생한 경우에는, 청약의 구속력이 발생하여 청약자가 이를 마음대로 철회하지 못하므로(민법 제527조), 2020.2.5. 甲의 편지가 乙에게 도달하였다면, 甲은 자기 소유 중고자동차 매수청약을 임의로 철회하지 못한다.

② (○) 청약의 발송 후 그 도달 전에 청약자가 사망하거나 행위능력을 상실하더라도 청약의 효력에는 영향이 없다(민법 제111조 제2항). 따라서 甲의 편지가 2020.2.5. 乙에게 도달한 경우, 그 사이 甲이 사망하였더라도 자기소유 중고자동차 매수청약은 유효하다.

③ (○) 승낙자가 청약에 대하여 조건을 붙이거나 변경을 가하여 승낙한 때에는, 그 청약의 거절과 동시에 새로 청약한 것으로 간주되므로(민법 제534조), 乙은 甲의 청약을 거절하고, 甲 소유의 중고자동차를 900만원에 매수하겠다는 새로운 청약을 한 것으로 보아야 한다.

④ (○) 의사표시의 상대방이 의사표시를 받은 때에 제한능력자인 경우에는 의사표시자는 그 의사표시로써 대항할 수 없다(민법 제112조). 따라서 중고자동차 매수청약의 의사표시를 수령한 乙이 미성년자라면, 甲은 원칙적으로 위 청약의 효력 발생을 주장할 수 없다.

⑤ (×) 乙의 승낙의 의사표시인 편지가 甲에게 2020.2.15. 도달하였으므로, 승낙의 효력발생시기에 관한 어떠한 견해에 의하더라도, 민법 제531조에 의하여 乙이 편지를 발송한 2020.2.10에 중고자동차매매계약이 성립한다고 보는 것이 타당하다.

답 ❺

012 계약의 성립에 관한 설명으로 옳지 않은 것은?(다툼이 있으면 판례에 따름) 23 노무

① 청약자가 청약의 의사표시를 발송한 후 상대방에게 도달 전에 사망한 경우, 그 청약은 효력을 상실한다.
② 명예퇴직의 신청이 근로계약에 대한 합의해지의 청약에 해당하는 경우, 이에 대한 사용자의 승낙으로 근로계약이 합의해지되기 전에는 근로자가 임의로 그 청약의 의사표시를 철회할 수 있다.
③ 승낙기간을 정하지 않은 청약은 청약자가 상당한 기간 내에 승낙의 통지를 받지 못한 때에는 그 효력을 잃는다.
④ 당사자 사이에 동일한 내용의 청약이 상호 교차된 경우에는 양 청약이 상대방에게 도달한 때에 계약이 성립한다.
⑤ 매도인이 매수인에게 매매계약의 합의해제를 청약한 경우, 매수인이 그 청약에 대하여 조건을 가하여 승낙한 때에는 그 합의해제의 청약은 거절된 것으로 본다.

해설

① (×) 청약은 상대방 있는 의사표시이고, 상대방이 있는 의사표시는 상대방에게 도달한 때에 그 효력이 생긴다(민법 제111조 제1항). 의사표시자가 그 통지를 발송한 후 사망하거나 제한능력자가 되어도 의사표시의 효력에 영향을 미치지 아니한다(민법 제111조 제2항). 따라서 청약자가 청약의 의사표시를 발송한 후 상대방에게 도달 전에 사망한 경우라도 그 청약은 유효하고, 상대방이 이를 수령한 후 승낙통지를 청약자의 상속인에게 하였을 때에는 계약은 상속인과 유효하게 성립한다.

② (○) 명예퇴직은 근로자가 명예퇴직의 신청(청약)을 하면 사용자가 요건을 심사한 후 이를 승인(승낙)함으로써 합의에 의하여 근로관계를 종료시키는 것으로, 명예퇴직의 신청은 근로계약에 대한 합의해지의 청약에 불과하여 이에 대한 사용자의 승낙이 있어 근로계약이 합의해지되기 전에는 근로자가 임의로 그 청약의 의사표시를 철회할 수 있다(대판 2003.4.25. 2002다11458).

③ (○) 민법 제529조
④ (○) 민법 제533조
⑤ (○) 매매계약 당사자 중 매도인이 매수인에게 매매계약의 합의해제를 청약하였다고 할지라도, 매수인이 그 청약에 대하여 조건을 붙이거나 변경을 가하여 승낙한 때에는 민법 제534조의 규정에 비추어 그 청약의 거절과 동시에 새로 청약한 것으로 보게 되는 것이고, 그로 인하여 종전의 매도인의 청약은 실효된다 할 것이다(대판 2009.2.12. 2008다71926).

답 ❶

013 계약의 성립에 관한 설명으로 옳은 것은?(다툼이 있으면 판례에 따름) 24 노무

① 민법은 청약의 구속력에 관한 규정에서 철회할 수 있는 예외를 규정하고 있다.
② 승낙기간을 정하지 않은 청약은 청약자가 상당한 기간 내에 승낙 통지를 받지 못한 때에 그 효력을 잃는다.
③ 민법은 격지자 간의 계약은 승낙의 통지가 도달한 때에 성립한다고 규정하고 있다.
④ 청약은 그에 응하는 승낙이 있어야 계약이 성립하므로 구체적이거나 확정적일 필요가 없다.
⑤ 아파트의 분양광고가 청약의 유인인 경우, 피유인자가 이에 대응하여 청약을 하는 것으로써 분양계약은 성립한다.

해설

① (×) 민법은 청약의 구속력에 관한 규정(민법 제527조)에서 "계약의 청약은 이를 철회하지 못한다"고 규정하고 있을 뿐, 철회할 수 있는 예외를 규정하고 있지 않다.
② (○) 승낙의 기간을 정하지 아니한 계약의 청약은 청약자가 상당한 기간 내에 승낙의 통지를 받지 못한 때에는 그 효력을 잃는다(민법 제529조).
③ (×) 민법은 "격지자 간의 계약은 승낙의 통지를 발송한 때에 성립한다"고 규정하고 있다(민법 제531조).
④ (×) 계약이 성립하기 위한 법률요건인 청약은 그에 응하는 승낙만 있으면 곧 계약이 성립하는 구체적, 확정적 의사표시여야 하므로, 청약은 계약의 내용을 결정할 수 있을 정도의 사항을 포함시키는 것이 필요하다(대판 2017.10.26. 2017다242867).
⑤ (×) 청약은 이에 대응하는 상대방의 승낙과 결합하여 일정한 내용의 계약을 성립시킬 것을 목적으로 하는 확정적인 의사표시인 반면 청약의 유인은 이와 달리 합의를 구성하는 의사표시가 되지 못하므로 피유인자가 그에 대응하여 의사표시를 하더라도 계약은 성립하지 않고 다시 유인한 자가 승낙의 의사표시를 함으로써 비로소 계약이 성립하는 것으로서 서로 구분되는 것이다. 그리고 위와 같은 구분기준에 따르자면, 상가나 아파트의 분양광고의 내용은 청약의 유인으로서의 성질을 갖는데 불과한 것이 일반적이라 할 수 있다(대판 2007.6.1. 2005다5812).

답 ❷

014 매매목적물의 멸실에 따른 법률관계에 관한 설명으로 옳지 않은 것은?(다툼이 있으면 판례에 따름)

① 매매계약체결 당시 매매목적물이 당사자 쌍방의 귀책사유 없이 멸실된 상태였던 경우는 위험부담이 문제되지 않는다.
② 매매계약체결 당시 매매목적물이 멸실된 상태였고 매수인이 대금을 이미 지급한 경우, 매수인은 매도인에 대하여 부당이득으로서 대금의 반환을 청구할 수 있다.
③ 매매계약체결 당시 매매목적물이 멸실된 사실을 자신의 과실로 알지 못한 매수인은 매도인을 상대로 계약체결상의 과실책임을 추궁할 수 없다.
④ 매매계약체결 후 매수인의 수령지체 중에 당사자 쌍방의 책임 없는 사유로 매매목적물이 멸실된 경우, 매도인은 매수인을 상대로 매매대금의 지급을 청구할 수 있다.
⑤ 매수인이 매매목적물을 인도받아 사용하던 중 당사자 쌍방의 귀책사유 없이 제3자의 소유로 판명되어 제3자에게 그 목적물을 인도한 경우, 매수인은 매도인에게 그 목적물의 사용에 따른 이익을 반환할 의무는 없다.

해설

① (○) 매매계약체결 당시 이미 매매목적물이 당사자 쌍방의 귀책사유 없이 멸실된 상태인 원시적 불능의 경우에는 후발적 불능과 달리 당사자 쌍방의 귀책사유를 불문하고 위험부담이 문제되지 않는다.
② (○) 원시적·객관적·전부 불능의 매매계약은 무효이므로, 매수인이 대금을 이미 지급한 경우, 매수인은 매도인에 대하여 부당이득반환의 법리에 따라 매매대금의 반환을 청구할 수 있다.
③ (○) 목적이 불능(원시적·객관적·전부 불능)한 계약을 체결할 때에 그 불능을 알았거나 알 수 있었을 매도인은 매수인이 그 계약의 유효를 믿었음으로 인하여 받은 손해를 배상하여야 하나(민법 제535조 제1항 본문), 매수인이 그 불능을 알았거나 알 수 있었을 경우에는 매도인을 상대로 계약체결상의 과실책임을 추궁할 수 없다(민법 제535조 제2항).
④ (○) 매매계약체결 후 매수인의 수령지체 중에 당사자 쌍방의 책임 없는 사유로 매매목적물이 멸실되어 이행할 수 없게 된 경우, 매도인은 매수인을 상대로 매매대금의 지급을 청구할 수 있다(민법 제538조 제1항 후문).
⑤ (×) 매수인이 매매목적물을 인도받아 사용하던 중 당사자 쌍방의 귀책사유 없이 제3자의 소유로 판명되어 제3자에게 그 목적물을 인도한 경우, 타인권리매매의 경우 매도인의 담보책임 규정(민법 제570조)에 따라 선의의 매수인은 매도인에게 매매계약을 해제하고, 손해배상을 청구할 수 있다. 이때 매매계약의 해제의 효과로써 발생하는 원상회복의무의 범위에 관하여는 <u>민법 제548조 제1항 본문은 부당이득에 관한 특별규정의 성격을 가진 것이라 할 것이어서, 그 이익 반환의 범위는 이익의 현존 여부나 선의·악의에 불문하고 특단의 사유가 없는 한 받은 이익의 전부라고 할 것이다</u>(대판 1998.12.23. 98다43175 참조). 따라서 매수인은 매도인에게 매매목적물의 사용에 따른 이익을 반환할 의무를 부담한다(대판 2024.2.29. 2023다289720 참조).

답 ❺

제3절 계약의 효력

015 매매계약의 불능에 관한 설명으로 옳지 않은 것은?(다툼이 있으면 판례에 따름) 〔21 노무〕

① 계약목적이 원시적·객관적 전부불능인 경우, 악의의 매도인은 매수인이 그 계약의 유효를 믿었음으로 인하여 받은 손해를 배상하여야 한다.
② 계약목적이 원시적·주관적 전부불능인 경우, 선의의 매수인은 악의의 매도인에게 계약상 급부의 이행을 청구할 수 있다.
③ 당사자 쌍방의 귀책사유 없이 매도인의 채무가 후발적·객관적 전부불능된 경우, 매도인은 매수인에게 매매대금의 지급을 구하지 못한다.
④ 매도인의 귀책사유로 그의 채무가 후발적·객관적 전부불능된 경우, 매수인은 매도인에게 전보배상을 청구할 수 있다.
⑤ 대상(代償)을 발생시키는 매매목적물의 후발적 불능에 대하여 매도인의 귀책사유가 존재하는 경우, 매수인은 대상청구권을 행사하지 못한다.

해설

① (○) 매매계약의 목적이 원시적·객관적 전부불능인 경우, 계약은 무효가 된다. 다만, 계약목적의 불능을 알았던 매도인은 민법 제535조(계약체결상의 과실)에 의하여 매수인에게 그 계약의 유효를 믿었음으로 인하여 받은 손해, 즉 신뢰이익을 배상하여야 한다.
② (○) 매매계약의 목적이 원시적·주관적 전부불능인 경우일지라도, 타인의 권리매매(민법 제569조)에 해당하여 그 계약은 원칙적으로 유효하므로, 매도인은 매수인에게 재산권이전의무를 부담한다. 따라서 선의의 매수인은 악의의 매도인에게 계약상 급부의 이행을 청구할 수 있다. 물론 매도인이 타인에게 속한 권리를 취득하여 매수인에게 이전할 수 없는 경우에는, 담보책임(민법 제570조)을 부담할 수 있다.
③ (○) 당사자 쌍방의 귀책사유 없이 매도인의 채무가 후발적·객관적 전부불능된 경우에는, 위험부담이 문제된다. 즉, 쌍무계약의 당사자 일방의 채무가 당사자 쌍방의 책임 없는 사유로 이행할 수 없게 된 때에는 채무자는 상대방의 이행을 청구하지 못한다(민법 제537조). 따라서 매도인은 자신의 재산권이전의무를 면하는 대신, 매수인에게 매매대금의 지급을 구하지도 못한다고 보아야 한다.
④ (○) 매도인의 귀책사유로 그의 채무가 후발적·객관적 전부불능된 경우, 이는 이행불능에 해당하여 채권자인 매수인은 매도인에게 손해배상청구권(전보배상청구권), 계약해제권 및 대상청구권 등을 행사할 수 있다.
⑤ (×) 급부가 후발적 불능이면 채무자인 매도인의 귀책사유 존재 여부는 불문하므로, 불능이 매도인의 귀책사유에 기한 경우에도 대상청구권이 인정된다. 따라서 매수인은 대상청구권을 행사할 수 있다.

답 ❺

016 계약의 불성립이나 무효에 관한 설명으로 옳지 않은 것은?(다툼이 있으면 판례에 따름)

① 목적이 원시적·객관적 전부불능인 계약을 체결할 때 불능을 알았던 자는 선의·무과실의 상대방이 계약의 유효를 믿었음으로 인해 받은 손해를 배상해야 한다.
② 목적물이 타인의 소유에 속하는 매매계약은 원시적 불능인 급부를 내용으로 하는 것으로 당연무효이다.
③ 계약이 의사의 불합치로 성립하지 않은 경우, 그로 인해 손해를 입은 당사자는 계약이 성립되지 않을 수 있다는 것을 알았던 상대방에게 민법 제535조(계약체결상의 과실)에 따른 손해배상청구를 할 수 없다.
④ 수량을 지정한 부동산매매계약에서 실제면적이 계약면적에 미달하는 경우, 미달 부분의 원시적 불능을 이유로 민법 제535조에 따른 책임의 이행을 구할 수 없다.
⑤ 계약교섭의 부당파기가 신의성실원칙에 위반되어 위법한 행위이면 불법행위를 구성한다.

해설

① (○) 목적이 불능[원시적·객관적 전부불능(註)]한 계약을 체결할 때에 그 불능을 알았거나 알 수 있었을 자는 상대방이 그 계약의 유효를 믿었음으로 인하여 받은 손해를 배상하여야 한다. 그러나 그 배상액은 계약이 유효함으로 인하여 생길 이익액을 넘지 못한다(민법 제535조 제1항). 이 규정은 상대방이 그 불능을 알았거나 알 수 있었을 경우에는 적용하지 아니한다(민법 제535조 제2항).
② (×) 특정한 매매의 목적물이 타인의 소유에 속하는 경우라 하더라도, 그 매매계약이 원시적 이행불능에 속하는 내용을 목적으로 하는 당연무효의 계약이라고 볼 수 없다(대판 1993.9.10. 93다20283).
③ (○) 계약이 의사의 불합치로 성립하지 아니한 경우 그로 인하여 손해를 입은 당사자가 상대방에게 부당이득반환청구 또는 불법행위로 인한 손해배상청구를 할 수 있는지는 별론으로 하고, 상대방이 계약이 성립되지 아니할 수 있다는 것을 알았거나 알 수 있었음을 이유로 민법 제535조를 유추적용하여 계약체결상의 과실로 인한 손해배상청구를 할 수는 없다(대판 2017.11.14. 2015다10929).
④ (○) 부동산매매계약에 있어서 실제면적이 계약면적에 미달하는 경우에는 그 매매가 수량지정매매에 해당할 때에 한하여 민법 제574조, 제572조에 의한 대금감액청구권을 행사함은 별론으로 하고, 그 매매계약이 그 미달 부분만큼 일부 무효임을 들어 이와 별도로 일반 부당이득반환청구를 하거나 그 부분의 원시적 불능을 이유로 민법 제535조가 규정하는 계약체결상의 과실에 따른 책임의 이행을 구할 수 없다(대판 2002.4.9. 99다47396).
⑤ (○) 어느 일방이 교섭단계에서 계약이 확실하게 체결되리라는 정당한 기대 내지 신뢰를 부여하여 상대방이 그 신뢰에 따라 행동하였음에도 상당한 이유 없이 계약의 체결을 거부[계약교섭의 부당파기(註)]하여 손해를 입혔다면 이는 신의성실의 원칙에 비추어 볼 때 계약자유원칙의 한계를 넘는 위법한 행위로서 불법행위를 구성한다(대판 2003.4.11. 2001다53059).

답 ②

017 동시이행의 관계에 있지 않은 것은?(다툼이 있으면 판례에 따름)

① 채권자의 채권증서반환의무와 채무자의 전부 변제의무
② 부동산 매매의 경우 매도인의 소유권이전등기의무, 인도의무와 매수인의 잔대금지급의무
③ 매매계약이 취소된 경우 각 당사자의 원상회복의무
④ 임대차가 종료된 경우 임차인의 목적물반환의무와 임대인의 보증금반환의무
⑤ 도급인의 하자보수청구권 또는 손해배상청구권과 수급인의 보수지급청구권

해설

① (×) 채권증서의 반환은 채무변제와 동시이행관계에 있지 아니하다(대판 2012.11.29. 2011다84335).
② (○) 대판 2006.2.23. 2005다53187
③ (○) 대판 2001.7.10. 2001다3764
④ (○) 대판 1988.4.12. 86다카2476
⑤ (○) 대판 2005.11.10. 2004다37676

답 ❶

018 동시이행항변권에 관한 설명으로 옳은 것은?(다툼이 있으면 판례에 따름)

① 공사도급계약상 도급인의 지체상금채권과 수급인의 공사대금채권은 특별한 사정이 없는 한 동시이행관계에 있다.
② 선이행의무자가 이행을 지체하는 동안 상대방의 채무가 이행기에 도래한 경우, 특별한 사정이 없는 한 양 당사자의 의무는 동시이행관계에 있지 않다.
③ 동시이행항변권에 따른 이행지체책임 면제의 효력은 그 항변권을 행사·원용하여야 발생한다.
④ 동시이행항변권은 연기적 항변권으로 동시이행관계에 있으면 소멸시효는 진행되지 아니한다.
⑤ 자동채권과 수동채권이 동시이행관계에 있더라도 서로 현실적으로 이행하여야 할 필요가 없는 경우, 특별한 사정이 없는 한 상계는 허용된다.

해설

① (×) 공사도급계약상 도급인의 지체상금채권과 수급인의 공사대금채권은 특별한 사정이 없는 한 동시이행의 관계에 있다고 할 수 없다(대판 2015.8.27. 2013다81224).
② (×) 쌍무계약인 매매계약에서 매수인이 선이행의무인 분양잔대금지급의무를 이행하지 않고 있는 사이에 매도인의 소유권이전등기의무의 이행기가 도래하여 도과한 경우, 분양잔대금지급채무를 여전히 선이행하기로 약정하는 등 특별한 사정이 없는 한 매도인과 매수인 쌍방의 의무는 동시이행관계에 놓이게 된다(대판 2013.7.25. 2011다7628).
③ (×) 쌍무계약에서 쌍방의 채무가 동시이행관계에 있는 경우 일방의 채무의 이행기가 도래하더라도 상대방 채무의 이행제공이 있을 때까지는 그 채무를 이행하지 않아도 이행지체의 책임을 지지 않는 것이며, 이와 같은 효과는 이행지체의 책임이 없다고 주장하는 자가 반드시 동시이행의 항변권을 행사하여야만 발생하는 것은 아니다(대판 2010.10.14. 2010다47438).

④ (×) 부동산에 대한 매매대금채권이 소유권이전등기청구권과 동시이행의 관계에 있다고 할지라도 매도인은 매매대금의 지급기일 이후 언제라도 그 대금의 지급을 청구할 수 있는 것이며, 다만 매수인은 매도인으로부터 그 이전등기에 관한 이행의 제공을 받기까지 그 지급을 거절할 수 있는 데 지나지 아니하므로 매매대금청구권은 그 지급기일 이후 시효의 진행에 걸린다(대판 1991.3.22. 90다9797). 따라서 동시이행관계에 있는 채권의 경우, 이행기가 도래하면 소멸시효가 진행한다.

⑤ (○) 상계의 대상이 될 수 있는 자동채권과 수동채권이 동시이행관계에 있다고 하더라도 서로 현실적으로 이행하여야 할 필요가 없는 경우라면 상계로 인한 불이익이 발생할 우려가 없고 오히려 상계를 허용하는 것이 동시이행관계에 있는 채권·채무관계를 간명하게 해소할 수 있으므로 특별한 사정이 없는 한 상계가 허용된다(대판 2006.7.28. 2004다54633).

019 동시이행의 항변권에 관한 설명으로 옳지 않은 것은?(다툼이 있으면 판례에 따름) 　24 노무

① 동시이행관계에 있는 쌍방의 채무 중 어느 한 채무가 이행불능으로 인하여 손해배상채무로 변경된 경우도 다른 채무와 동시이행의 관계에 있다.
② 선이행의무 있는 중도금지급을 지체하던 중 매매계약이 해제되지 않고 잔대금 지급기일이 도래하면, 특별한 사정이 없는 한 중도금과 이에 대한 지급일 다음 날부터 잔대금지급일까지의 지연손해금 및 잔대금 지급의무와 소유권이전의무는 동시이행관계이다.
③ 일방의 의무가 선이행의무라도 상대방의 이행이 곤란할 현저한 사유가 있는 때에는 상대방이 그 채무이행을 제공할 때까지 자기의 채무이행을 거절할 수 있다.
④ 동시이행관계의 경우 일방의 채무의 이행기가 도래하더라도 상대방 채무의 이행제공이 있을 때까지 그 일방은 이행지체책임을 지지 않는다.
⑤ 동시이행항변권에 따른 이행지체 책임 면제의 효력은 그 항변권을 행사해야 발생한다.

해설

① (○) 동시이행의 관계에 있는 쌍방의 채무 중 어느 한 채무가 이행불능이 됨으로 인하여 발생한 손해배상채무도 여전히 다른 채무와 동시이행의 관계에 있다(대판 2000.2.25. 97다30066).
② (○) 매수인이 선이행하여야 할 중도금지급을 하지 아니한 채 잔대금지급일을 경과한 경우에는 매수인의 '중도금 및 이에 대한 지급일 다음 날부터 잔대금지급일까지의 지연손해금과 잔대금의 지급채무'는 매도인의 '소유권이전등기의무'와 특별한 사정이 없는 한 동시이행관계에 있다(대판 1991.3.27. 90다19930).
③ (○) 민법 제536조 제1항, 제2항.
④ (○) 대판 1998.3.13. 97다54604
⑤ (×) 쌍무계약에서 쌍방의 채무가 동시이행관계에 있는 경우 일방의 채무의 이행기가 도래하더라도 상대방 채무의 이행제공이 있을 때까지는 그 채무를 이행하지 않아도 이행지체의 책임을 지지 않는 것이고, 이와 같은 효과는 이행지체의 책임이 없다고 주장하는 자가 반드시 동시이행의 항변권을 행사하여야만 발생하는 것은 아니다(대판 1998.3.13. 97다54604).

020

甲은 2025.2.1. 乙에게 기계를 1천만원에 매도하기로 하면서, 乙은 계약금 1백만원은 계약 당일 지급하였고, 중도금 3백만원은 2025.2.10.에 지급하며, 잔금은 2025.2.20. 기계의 인도와 동시에 지급하기로 합의하였다. 이에 관한 설명으로 옳은 것은?(다툼이 있으면 판례에 따름) 25 노무

① 乙이 중도금을 지급하지 않은 채 잔금기일이 지난 경우, 기계인도채무와 동시이행관계에 있는 것은 잔금지급채무만이다.
② 乙이 중도금을 지급하지 않은 채 잔금기일이 지난 경우, 중도금에 대한 지연손해금은 잔금기일이 지나서도 계속 발생한다.
③ '중도금을 지급기일에 지급하지 않으면 최고 없이 해제된다'고 특약한 경우, 중도금이 지급기일에 지급되지 않으면 원칙적으로 위 특약에 의해 해제된 것으로 본다.
④ '잔금을 지급기일에 지급하지 않으면 최고 없이 해제된다'고 특약한 경우, 잔금이 지급기일에 지급되지 않으면 원칙적으로 위 특약에 의해 해제된 것으로 본다.
⑤ 매매목적물이 자기소유라고 주장하는 제3자가 있더라도, 乙은 매매대금의 지급을 거절할 권리는 없다.

해설

① (×) 乙이 중도금을 지급하지 않은 채 잔금기일이 지난 경우 甲의 기계인도채무와 동시이행관계에 있는 것은 乙의 중도금 및 이에 대한 지급일 다음 날부터 잔대금지급일까지의 지연손해금과 잔대금의 지급채무이다(대판 1991.3.27. 90다19930).

② (×) 매수인이 선이행하여야 할 중도금지급을 하지 아니한 채 잔대금지급일을 경과한 경우에는 매수인의 중도금 및 이에 대한 지급일 다음 날부터 잔대금지급일까지의 지연손해금과 잔대금의 지급채무는 매도인의 소유권이전등기의무와 특별한 사정이 없는 한 동시이행관계에 있다고 할 것이어서(대판 1991.3.27. 90다19930), 그때부터 乙은 중도금에 대한 지연손해금을 지급하지 아니한데 대한 이행지체의 책임을 지지 아니하므로 乙이 중도금을 지급하지 않은 채 잔금기일이 지난 경우, 그 지연손해금은 잔금기일 이후에는 발생하지 않는다.

③ (○) 매매계약에 있어서 매수인이 중도금을 약정한 일자에 지급하지 아니하면 그 계약을 무효로 한다고 하는 특약이 있는 경우 매수인이 약정한대로 중도금을 지급하지 아니하면 별도의 해제의 의사표시를 요하지 아니하고 그 불이행 자체로써 계약은 그 일자에 자동적으로 해제된 것이라고 보아야 한다(대판 1981.8.13. 91다13717).

④ (×) 부동산 매매계약에 있어서 매수인이 잔대금지급기일까지 그 대금을 지급하지 못하면 그 계약이 자동적으로 해제된다는 취지의 약정이 있더라도 특별한 사정이 없는 한 매수인의 잔대금지급의무와 매도인의 소유권이전등기의무는 동시이행의 관계에 있으므로 매도인이 잔대금지급기일에 소유권이전등기에 필요한 서류를 준비하여 매수인에게 알리는 등 이행의 제공을 하여 매수인으로 하여금 이행지체에 빠지게 하였을 때에 비로소 자동적으로 매매계약이 해제된다고 보아야 하고 매수인이 그 약정기한을 도과하였더라도 이행지체에 빠진 것이 아니라면 대금 미지급으로 계약이 자동해제된다고는 볼 수 없다(대판 1992.10.27. 91다32022).

⑤ (×) 매매의 목적물인 기계에 대하여 소유권을 주장하는 제3자가 있는 경우에 乙이 매수한 권리의 전부나 일부를 잃을 염려가 있는 때에는 乙은 그 위험의 한도에서 대금의 전부나 일부의 지급을 거절할 수 있다. 그러나 甲이 상당한 담보를 제공한 때에는 乙은 대금지급을 거절하지 못한다(민법 제587조 참조).

답 ❸

021 동시이행관계에 관한 설명으로 옳지 않은 것은?(다툼이 있으면 판례에 따름)

① 공사도급계약의 도급인이 자신 소유의 토지에 근저당권을 설정하여 수급인으로 하여금 공사 자금을 대출받도록 한 경우, 수급인의 근저당권 말소의무는 도급인의 공사대금채무와 동시이행관계에 있다.
② 공사도급계약의 도급인이 자신 소유의 토지에 근저당권을 설정하여 수급인으로 하여금 공사 자금을 대출받도록 한 경우, 도급인이 대출금을 대위변제함으로써 수급인이 지게 된 구상금채무는 도급인의 공사대금채무와 동시이행관계에 있다.
③ 수급인이 도급계약에 따른 의무를 제대로 이행하지 못함으로 말미암아 도급인에게 발생한 하자확대손해에 따른 손해배상채무와 도급인의 보수지급채무는 동시이행관계에 있다.
④ 금전채권의 채무자가 채권자에게 담보를 제공한 경우 특별한 사정이 없는 한 채무자의 변제의무와 채권자의 담보 반환의무가 동시이행관계에 있다고 볼 수 없다.
⑤ 가압류등기가 있는 부동산의 매매계약에 있어서 매도인의 가압류등기의 말소의무는 매수인의 대금지급의무와 동시이행관계에 있다고 볼 수 없다.

해설

① (○) 공사도급계약의 도급인이 자신 소유의 토지에 근저당권을 설정하여 수급인으로 하여금 공사에 필요한 자금을 대출받도록 한 사안에서, 수급인의 근저당권 말소의무는 도급인의 공사대금채무와 이행상 견련관계가 인정되어 서로 동시이행관계에 있고, 나아가 도급인이 대출금 등을 대위변제함으로써 수급인이 지게 된 구상금채무도 근저당권 말소의무의 변형물로서 도급인의 공사대금채무와 동시이행관계에 있다(대판 2010.3.25. 2007다35152).
② (○) 공사도급계약의 도급인이 자신 소유의 토지에 근저당권을 설정하여 수급인으로 하여금 공사에 필요한 자금을 대출받도록 한 사안에서, 수급인의 근저당권 말소의무는 도급인의 공사대금채무에 대하여 공사도급계약상 고유한 대가관계가 있는 의무는 아니지만, 담보제공의 경위와 목적, 대출금의 사용용도 및 그에 따른 공사대금의 실질적 선급과 같은 자금지원 효과와 이로 인하여 도급인이 처하게 될 이중지급의 위험 등 구체적인 계약관계에 비추어 볼 때, 이행상의 견련관계가 인정되므로 양자는 서로 동시이행의 관계에 있고, 나아가 수급인이 근저당권 말소의무를 이행하지 아니한 결과 도급인이 위 대출금 및 연체이자를 대위변제함으로써 수급인이 지게 된 구상금채무도 근저당권 말소의무의 변형물로서 그 대등액의 범위 내에서 도급인의 공사대금채무와 동시이행의 관계에 있다(대판 2010.3.25. 2007다35152).
③ (○) 도급계약에 있어서 완성된 목적물에 하자가 있는 때에 민법 제667조 제2항에 의하여 도급인이 수급인에 대하여 그 하자의 보수에 갈음하여 또는 보수와 함께 손해배상을 청구할 수 있는 권리는 민법 제667조 제3항에 의하여 민법 제536조가 준용되는 결과 특별한 사정이 없는 한 수급인이 가지는 보수채권과 동시이행관계에 있는 것이고, 나아가 동시이행항변권 제도의 취지로 볼 때 비록 당사자가 부담하는 각 채무가 쌍무계약관계에서 고유의 대가관계가 있는 채무가 아니라고 하더라도 구체적인 계약관계에서 각 당사자가 부담하는 채무에 관한 약정내용에 따라 그것이 대가적 의미가 있어 이행상의 견련관계를 인정하여야 할 사정이 있는 경우에는 동시이행의 항변권이 인정되어야 하는 점에 비추어 보면, 수급인이 도급계약에 따른 의무를 제대로 이행하지 못함으로 말미암아 도급인에게 손해가 발생한 경우 그와 같은 하자확대손해로 인한 수급인의 손해배상채무와 도급인의 보수지급채무 역시 동시이행관계에 있는 것으로 보아야 한다(대판 2007.8.23. 2007다26455·26462).
④ (○) 금전채권의 채무자가 채권자에게 담보를 제공한 경우 특별한 사정이 없는 한 채권자는 채무자로부터 채무를 모두 변제받은 다음 담보를 반환하면 될 뿐 채무자의 변제의무나 채권자의 담보 반환의무가 동시이행관계에 있다고 볼 수 없다(대판 2019.10.31. 2019다247651).
⑤ (×) 부동산의 매매계약이 체결된 경우에는 매도인의 소유권이전등기의무, 인도의무와 매수인의 잔대금지급의무는 동시이행의 관계에 있는 것이 원칙이고, 이 경우 매도인은 특별한 사정이 없는 한 제한이나 부담이 없는 완전한 소유권이전등기의무를 지는 것이므로 매매목적 부동산에 가압류등기 등이 되어 있는 경우에는 매도인은 이와 같은 등기도 말소하여 완전한 소유권이전등기를 해 주어야 하는 것이고, 따라서 가압류등기 등이 있는 부동산의 매매계약에 있어서는 매도인의 소유권이전등기 의무와 아울러 가압류등기의 말소의무도 매수인의 대금지급의무와 동시이행 관계에 있다(대판 2000.11.28. 2000다8533).

022 동시이행관계에 관한 설명으로 옳은 것?(다툼이 있으면 판례에 따름) [20 변리]

① 목적물 인도와 대금지급이 동시이행관계에 있는 매매에서 매도인이 대금채권을 제3자에게 양도하고 매수인에게 통지한 경우, 매수인은 제3자에 대해 동시이행의 항변권을 행사할 수 없다.
② 매수인이 선이행의무 있는 중도금 지급을 이행하지 않은 상태에서 잔대금 지급과 동시이행관계에 있는 매도인의 소유권이전등기 소요 서류 제공 없이 잔대금지급기일이 도과한 경우, 특별한 사정이 없는 한 그때 이후의 기간에 대해서는 매수인은 위 중도금을 지급하지 않더라도 이행지체의 책임을 지지 않는다.
③ 동시이행관계에 있는 채무에 있어 상대방의 이행제공을 수령하지 않음으로써 수령지체에 빠진 당사자는 그 후 상대방이 자신의 채무의 이행제공 없이 이행을 청구하는 경우 동시이행의 항변권을 행사할 수 없다.
④ 동시이행의 항변권이 붙은 채권을 수동채권으로 하여 상계하지 못한다.
⑤ 乙이 甲의 공장건물을 매수한 뒤 그 소유권이전등기 전에 甲의 동의를 얻어 丙에게 임대하였으나 甲이 매매계약을 적법하게 해제하고 丙에게 건물명도를 청구하는 경우, 丙의 甲에 대한 건물명도의무와 乙의 보증금반환의무는 동시이행관계에 있다.

해설

① (×) 채권양도에 의하여 채권은 그 동일성을 유지하면서 양수인에게 이전되고, 채무자는 양도통지를 받은 때까지 양도인에 대하여 생긴 사유로써 양수인에게 대항할 수 있다(민법 제451조 제2항, 대판 2015.4.9. 2014다80945). 따라서 지문의 경우, 매수인은 제3자에 대하여 동시이행의 항변권을 행사할 수 있다.

② (○) 매수인이 선이행의무 있는 중도금 등 매매대금을 이행하지 않았더라도 계약이 해제되지 않은 상태에서 잔대금지급기일까지 중도금과 잔대금이 지급되지 아니하고, 잔대금과 동시이행관계에 있는 매도인의 소유권이전등기 소요 서류가 제공된 바 없이 그 기일이 도과되었으면 매수인의 중도금 및 잔대금의 지급과 매도인의 소유권이전등기 소요 서류의 제공은 동시이행관계에 있다 할 것이고 그때부터는 매수인이 위 중도금을 지급하지 아니한 데 대한 이행지체의 책임을 지지 않는다(대판 1989.10.27. 88다카33442).

③ (×), ④ (×) [1] 동시이행관계에 있는 채무를 부담하는 쌍방당사자 중 일방이 먼저 현실의 제공을 하고 상대방을 수령지체에 빠지게 하였다고 하더라도 그 이행의 제공이 계속되지 아니하였다면 과거에 이행제공이 있었다는 사실만으로 상대방이 가지는 동시이행의 항변권이 소멸하지 아니한다. ❸
[2] 항변권이 붙어 있는 채권을 자동채권으로 하여 다른 채무(수동채권)와의 상계를 허용한다면 상계자 일방의 의사표시에 의하여 상대방의 항변권 행사의 기회를 상실시키는 결과가 되므로 그러한 상계는 허용될 수 없다 ❹(대판 2014.4.30. 2010다11323).

⑤ (×) 乙이 甲으로부터 매수한 공장건물에 대한 소유권이전등기를 하기 전에 甲의 동의를 얻어 공장건물을 丙에게 임대하였으나 甲이 매매계약을 적법하게 해제하고 丙에게 건물명도를 청구하는 경우, 공평의 원칙을 고려할 때 丙의 甲에 대한 건물명도의무와 乙의 보증금반환의무의 동시이행의 관계는 부정된다고 이해하는 것이 타당하다.

> 건물매수인이 아직 건물의 소유권을 취득하지 못한 채 매도인의 동의를 얻어 제3자에게 임대하였으나 매수인(임대인)의 채무불이행으로 매도인이 매매계약을 해제하고 임차인에게 건물의 명도를 구하는 경우 임차인은 매도인에 대한 관계에서 건물의 전차인의 지위와 흡사하다 할 것인바, 임대인의 동의 있는 전차인도 임차인의 채무불이행으로 임대차계약이 해지되면 특단의 사정이 없는 한 임대인에 대해서 전차인의 전대인에 대한 권리를 주장할 수가 없고, 또 임차인이 매매계약목적물에 대하여 직접 임차권을 취득했다고 보더라도, 대항력을 갖추지 아니한 상태에서는 그 매매계약이 해제되어 소급적으로 실효되면 그 권리를 보호받을 수가 없다는 점에 비추어 볼 때, 임차인의 건물명도의무와 매수인(임대인)의 보증금반환의무를 동시이행관계에 두는 것은 오히려 공평의 원칙에 반한다 할 것이다(대판 1990.12.7. 90다카24939).

답 ❷

023 동시이행의 항변권에 관한 설명으로 옳은 것을 모두 고른 것은?(다툼이 있으면 판례에 따름)

ㄱ. 매매계약을 맺은 후에야 매수인이 등기부상의 매매목적물이 매도인의 소유가 아니라는 것을 알게 되었다면 매수인은 중도금 지급을 선이행하기로 하였더라도 그 지급을 거절할 수 있다.
ㄴ. 임대차계약 종료 후 발생하는, 임차인의 임차목적물반환의무와 임대인의 임차보증금반환의무는 동시이행관계이다.
ㄷ. 임대차계약 해제에 따른 임차인의 목적물반환의무와 임대인의 목적물을 사용수익하게 할 의무불이행에 대한 약정지연손해배상의무는 특별한 사정이 없는 한 동시이행관계이다.
ㄹ. 채무자의 변제와 채권자의 채권증서반환의무는 동시이행관계이다.
ㅁ. 가압류등기가 있는 부동산의 매매계약에서 매도인의 소유권이전등기의무와 아울러 가압류등기의 말소의무도 매수인의 대금지급의무와 동시이행관계이다.
ㅂ. 부동산매매계약에서 부동산소유권이전등기의무뿐만 아니라 그 인도의무도 대금지급의무와 동시이행관계이다.

① ㄱ, ㄴ
② ㄴ, ㄷ
③ ㄱ, ㄴ, ㅁ, ㅂ
④ ㄱ, ㄷ, ㄹ, ㅁ
⑤ ㄴ, ㄷ, ㅁ, ㅂ

해설

ㄱ. (○) 매매계약을 맺은 후에야 등기부상 매매목적물이 매도인의 소유가 아닌 것이 발견되었다면 매수인은 경우에 따라서는 민법 제588조에 의하여 중도금의 지급을 거절할 수 있고 그렇지 않다고 하더라도 계약에 있어서의 형평의 원칙이나 신의성실의 원칙에 비추어 선행의무에 해당하는 중도금지급의무라 하더라도 그 지급을 거절할 수 있다(대판 1974.6.11. 73다1632).

ㄴ. (○) 임대차계약의 종료에 의하여 발생된 임차인의 목적물반환의무와 임대인의 연체차임을 공제한 나머지 보증금의 반환의무는 동시이행의 관계에 있다(대판 1998.5.29. 98다6497).

ㄷ. (×) 임대차계약 해제에 따른 임차인의 임대차계약의 이행으로 이루어진 목적물 인도의 원상회복의무와 임대인이 임차인에게 건물을 사용수익하게 할 의무를 불이행한 데 대하여 손해배상을 하기로 한 각서에 기하여 발생된 약정지연손해배상의무는 하나의 임대차계약에서 이루어진 계약이행의 원상회복관계에 있지 않고 그 발생원인을 달리하고 있어 특별한 사정이 없는 한 양자 사이에 이행상의 견련관계는 없으므로 임차인의 동시이행의 항변은 배척되어야 한다(대판 1990.12.26. 90다카25383).

ㄹ. (×) 채무자가 채무 전부를 변제한 때에는 채권자에게 채권증서의 반환을 청구할 수 있으며, 제3자가 변제를 하는 경우에는 제3자도 채권증서의 반환을 구할 수 있으나(민법 제475조 참고), 이러한 채권증서반환청구권은 채권 전부를 변제한 경우에 인정되는 것이고, 영수증교부의무와는 달리 변제와 동시이행관계에 있지 않다(대판 2005.8.19. 2003다22042).

ㅁ. (○) 가압류등기 등이 있는 부동산의 매매계약에 있어서는 매도인의 소유권이전등기의무와 아울러 가압류등기의 말소의무도 매수인의 대금지급의무와 동시이행관계에 있다(대판 2000.11.28. 2000다8533).

ㅂ. (○) 부동산의 매매계약이 체결된 경우에는 매도인의 소유권이전등기의무, 인도의무와 매수인의 잔대금지급의무는 동시이행의 관계에 있는 것이 원칙이고, 이 경우 매도인은 특별한 사정이 없는 한 제한이나 부담이 없는 소유권이전등기의무를 지는 것이므로 매매목적부동산에 지상권이 설정되어 있고 가압류등기가 되어 있는 경우에는 비록 매매가액에 비하여 소액인 금원의 변제로써 언제든지 말소할 수 있는 것이라 할지라도 매도인은 이와 같은 등기를 말소하여 완전한 소유권이전등기를 해 주어야 한다(대판 1991.9.10. 91다6368).

답

024 동시이행의 항변권에 관한 설명으로 옳지 않은 것은?(다툼이 있다면 판례에 따름) 　22 변리

① 특별한 사정이 없는 한 주된 급부의무만이 동시이행의 관계에 있다.
② 쌍방의 채무가 별개의 계약에 기한 것이라도 당사자들은 특약으로 동시이행의 항변권을 성립시킬 수 있다.
③ 쌍무계약의 당사자 일방이 선이행의무를 이행하지 않고 있던 중 상대방 채무의 이행기가 도래한 경우에도 특별한 사정이 없는 한 동시이행의 항변권을 행사할 수 있다.
④ 채무자에게 민법 제536조 제2항의 불안의 항변권이 인정되기 위해서는 채권자 측에 발생한 사정이 신용불안이나 재산상태 악화와 같이 객관적·일반적인 것이어야 한다.
⑤ 부동산 매도인이 동시이행의 항변권을 가지는 경우에는 이행거절 의사를 구체적으로 밝히지 않았더라도 동시이행의 항변권으로 인해 이행지체책임이 발생하지 않는다.

해설

① (○) 견련성은 주된 급부의무 사이에서 문제되고, 부수의무 상호 간 또는 그와 주된 급부의무 사이에서는 원칙적으로 동시이행관계가 인정되지 않는다.
② (○) 당사자 쌍방이 각각 별개의 약정으로 상대방에 대하여 채무를 지게 된 경우에는 자기의 채무이행과 상대방의 어떤 채무이행과를 견련시켜 동시이행을 하기로 특약한 사실이 없다면 상대방이 자기에게 이행할 채무가 있다 하더라도 동시이행의 항변권이 생긴다고 볼 수 없다(대판 1989.2.14. 88다카10753).
③ (○) 쌍무계약인 매매계약에서 매수인이 선이행의무인 잔금지급의무를 이행하지 않은 중 매도인도 소유권이전등기의무의 이행을 제공하지 아니한 채 소유권이전등기의무의 이행기를 도과한 경우, 여전히 선이행의무로 하기로 약정하는 등 특별한 사정이 없는 한 매도인과 매수인 쌍방의 의무는 동시이행 관계에 놓이게 된다(대판 1999.7.9. 98다13754).
④ (×) 민법 제536조 제2항은 쌍무계약의 당사자 일방이 상대방에게 먼저 이행을 하여야 하는 의무를 지고 있는 경우에도 "상대방의 이행이 곤란할 현저한 사유가 있는 때"에는 동시이행의 항변권을 가진다고 하여, 이른바 '불안의 항변권'을 규정한다. 여기서 '상대방의 이행이 곤란할 현저한 사유'란 선이행채무를 지게 된 채무자가 계약성립 후 채권자의 신용불안이나 재산상태의 악화 등의 사정으로 반대급부를 이행받을 수 없는 사정변경이 생기고 이로 인하여 당초의 계약내용에 따른 선이행의무를 이행하게 하는 것이 공평과 신의칙에 반하게 되는 경우를 말하고, 이와 같은 사유가 있는지 여부는 당사자 쌍방의 사정을 종합하여 판단되어야 한다. 한편 위와 같은 <u>불안의 항변권을 발생시키는 사유에 관하여 신용불안이나 재산상태 악화와 같이 채권자 측에 발생한 객관적·일반적 사정만이 이에 해당한다고 제한적으로 해석할 이유는 없다</u>(대판 2012.3.29. 2011다93025).
⑤ (○) 쌍무계약의 당사자 일방이 계약상 선이행의무를 부담하고 있는데 그와 대가관계에 있는 상대방의 채무가 아직 이행기에 이르지 아니하였지만 이행기의 이행이 현저히 불투명하게 된 경우에는 민법 제536조 제2항 및 신의칙에 의하여 그 당사자에게 반대급부의 이행이 확실하여 질 때까지 선이행의무의 이행을 거절할 수 있고, 이와 같이 <u>대가적 채무 간에 이행거절의 권능을 가지는 경우에는 비록 이행거절 의사를 구체적으로 밝히지 아니하였다고 할지라도 이행거절 권능의 존재 자체로 이행지체책임은 발생하지 않는다</u>(대판 1999.7.9. 98다13754).

답 ❹

025

다음 중 법률의 규정이나 판례에 의하여 동시이행관계가 인정되는 것을 모두 고른 것은?(다툼이 있으면 판례에 따름)

16 사시

ㄱ. 공사도급계약에서 수급인의 의무불이행으로 도급인에게 하자확대손해가 발생한 경우, 수급인의 손해배상채무와 도급인의 보수지급의무
ㄴ. 매매계약이 착오를 이유로 취소됨으로 인하여 부담하게 되는 매도인의 매매대금반환의무와 매수인의 소유권이전등기 말소의무
ㄷ. 임대인의 임차보증금반환의무와 임차인의 주택임대차보호법 제3조의3에 의한 임차권등기 말소의무
ㄹ. 부동산교환계약에서 목적 부동산에 설정된 담보권의 피담보채무를 인수하기로 약정한 경우, 일방이 상대의 채무인수의무 불이행으로 그 채무를 대신 변제하였다면 그로 인한 상대방의 손해배상채무와 일방의 소유권이전등기의무
ㅁ. 임차보증금반환채권 전부가 양도된 경우 임차보증금반환채권의 양수인에 대한 임대인의 양수금지급의무와 임차인의 임대인에 대한 임차목적물반환의무
ㅂ. 매도인이 매수인으로부터 중도금을 지급받아 원매도인에게 매매잔대금을 지급하지 아니하고서는 토지의 소유권이전등기 소요서류를 갖추어 매수인에게 제공하기 어려운 특별한 사정이 있었고, 매수인도 그러한 사정을 알고 매매계약을 체결하였는데 매수인이 중도금지급기일에 중도금지급의무를 이행하지 않고 있던 중 계약이 해제되지 않은 상태에서 잔대금지급기일이 도래한 경우에, 매수인의 중도금지급의무와 매도인의 소유권이전등기 소요서류의 제공의무

① ㄱ, ㄴ, ㄷ, ㄹ
② ㄱ, ㄴ, ㄹ, ㅂ
③ ㄴ, ㄹ, ㅁ, ㅂ
④ ㄱ, ㄴ, ㄹ, ㅁ
⑤ ㄷ, ㄹ, ㅁ, ㅂ

해설

ㄱ. (○) 도급계약에 있어서 완성된 목적물에 하자가 있는 때에 민법 제667조 제2항에 의하여 도급인이 수급인에 대하여 그 하자의 보수에 갈음하여 또는 보수와 함께 손해배상을 청구할 수 있는 권리는 민법 제667조 제3항에 의하여 민법 제536조가 준용되는 결과 특별한 사정이 없는 한 수급인이 가지는 보수채권과 동시이행관계에 있는 것이고, 나아가 동시이행항변권 제도의 취지로 볼 때 비록 당사자가 부담하는 각 채무가 쌍무계약관계에서 고유의 대가관계가 있는 채무가 아니라고 하더라도 구체적인 계약관계에서 각 당사자가 부담하는 채무에 관한 약정내용에 따라 그것이 대가적 의미가 있어 이행상의 견련관계를 인정하여야 할 사정이 있는 경우에는 동시이행의 항변권이 인정되어야 하는 점에 비추어 보면, 수급인이 도급계약에 따른 의무를 제대로 이행하지 못함으로 말미암아 도급인에게 손해가 발생한 경우 그와 같은 하자확대손해로 인한 수급인의 손해배상채무와 도급인의 보수지급채무 역시 동시이행관계에 있는 것으로 보아야 한다(대판 2007.8.23. 2007다26455).
ㄴ. (○) 매매계약이 착오를 이유로 취소됨으로 인하여 부담하게 되는 매도인의 매매대금반환의무와 매수인의 소유권이전등기 말소의무는 동시이행의 관계에 있다(대판 2001.7.10. 2001다3764).
ㄷ. (×) 주택임대차보호법 제3조의3 규정에 의한 임차권등기는 이미 임대차계약이 종료하였음에도 임대인이 그 보증금을 반환하지 않는 상태에서 경료되게 되므로, 이미 사실상 이행지체에 빠진 임대인의 임대차보증금의 반환의무와 그에 대응하는 임차인의 권리를 보전하기 위하여 새로이 경료하는 임차권등기에 대한 임차인의 말소의무를 동시이행관계에 있는 것으로 해석할 것은 아니고, 특히 위 임차권등기는 임차인으로 하여금 기왕의 대항력이나 우선변제권을 유지하도록 해 주는 담보적 기능만을 주목적으로 하는 점 등에 비추어 볼 때, 임대인의 임대차보증금의 반환의무가 임차인의 임차권등기 말소의무보다 먼저 이행되어야 할 의무이다(대판 2005.6.9. 2005다4529).
ㄹ. (○) 부동산교환계약에 있어서 목적 부동산에 설정된 담보권의 피담보채무를 인수하기로 하는 약정이 행하여진 경우 그 일방이 상대방의 채무인수의무 불이행으로 말미암아 그 채무를 대신 변제하였다면 그로 인한 손해배상채무는 채무인수의무의 변형으로서 일방의 소유권이전등기의무와 상대방의 그 손해배상채무는 대가적 의미가 있어 이행상 견련관계에 있다고 할 것이고, 따라서 양자는 동시이행의 관계에 있다고 해석함이 공평의 관념 및 신의칙에 합당하다(대판 2014.4.30. 2010다11323).

ㅁ. (○) 부동산임대차에 있어서 임차인이 임대인에게 지급하는 보증금은 임대차관계가 종료되어 목적물을 반환하는 때까지 그 임대차관계에서 발생하는 임차인의 모든 채무를 담보하는 것으로서 임차인의 채무불이행이 없으면 그 전액을 반환하고 만약 임차인이 차임을 지급하지 아니하거나 목적물을 멸실·훼손하여 부담하는 손해배상채무 또는 임대차종료 후 목적물 반환시까지 목적물 사용으로 인한 손해배상 내지 부당이득반환채무 등을 부담하고 있다면 임대인은 그 보증금 중에서 이를 공제하고 나머지 금액만을 반환하면 되는 것이므로 임대인의 보증금 반환의무는 임대차관계가 종료되는 경우에 그 보증금 중에서 목적물을 반환받을 때까지 생긴 연체차임 등 임차인의 모든 채무를 공제한 나머지 금액에 관하여서만 비로소 이행기에 도달하여 임차인의 목적물반환의무와 서로 동시이행의 관계에 있다(대판 1987.6.23. 87다카98). 채권양도에 의하여 채권자가 변경되었어도 채권의 동일성은 유지된다고 보이므로 동시이행관계도 그대로 존속한다고 보는 것이 타당하다.

ㅂ. (×) 매도인이 매수인으로부터 중도금을 지급받아 원매도인에게 매매잔대금을 지급하지 아니하고서는 토지의 소유권이전등기서류를 갖추어 매수인에게 제공하기 어려운 특별한 사정이 있었고, 매수인도 그러한 사정을 알고 매매계약을 체결하였던 경우, 매도인의 소유권이전등기절차 서류의 제공의무는 매수인의 중도금 지급이 선행되었을 때에 매수인의 잔대금의 지급과 동시에 이를 이행하기로 약정한 것이라고 할 것이므로, 매수인의 중도금 지급의무는 당초 계약상의 잔금지급기일을 도과하였다고 하여도 매도인의 소유권이전등기서류의 제공과 동시이행의 관계에 있다고 할 수 없다(대판 1997.4.11. 96다31109).

답 ❹

026 동시이행관계에 관한 설명 중 옳지 않은 것은?(다툼이 있는 경우 판례에 의함) 〔19 변시〕

① 채무를 담보하기 위하여 어음이 발행된 경우, 채권자가 원인채권을 행사함에 있어서 채무자는 원칙적으로 어음과 상환으로 지급하겠다는 항변으로 채권자에게 대항할 수 있다.
② 주택임대차보호법상의 임차권등기명령에 의하여 임차권이 등기된 경우, 임대인의 임대차보증금반환의무와 임차인의 임차권등기말소의무는 동시이행관계에 있다.
③ 근저당권설정등기가 되어 있는 부동산을 매매하는 경우, 특별한 사정이 없는 한 매도인의 근저당권말소 및 소유권이전등기의무와 매수인의 잔대금지급의무는 동시이행관계에 있다.
④ 수급인이 도급계약상의 의무를 제대로 이행하지 못하여 도급인의 신체 또는 재산에 손해가 발생한 경우, 하자확대손해로 인한 수급인의 손해배상채무와 도급인의 공사대금채무는 동시이행관계에 있다.
⑤ 계약이 해제된 경우 계약당사자가 부담하는 원상회복의무뿐만 아니라 손해배상의무도 함께 동시이행관계에 있다.

해설

① (○) 기존의 원인채권과 어음채권이 병존하는 경우에 채권자가 원인채권을 행사함에 있어서 채무자는 원칙적으로 어음과 상환으로 지급하겠다고 하는 항변으로 채권자에게 대항할 수 있다. 그러나 채무자가 어음의 반환이 없음을 이유로 원인채무의 변제를 거절할 수 있는 것은 채무자로 하여금 무조건적인 원인채무의 이행으로 인한 이중지급의 위험을 면하게 하려는 데 그 목적이 있고, 기존의 원인채권에 터잡은 이행청구권과 상대방의 어음반환청구권 사이에 민법 제536조에 정하는 쌍무계약상의 채권채무관계나 그와 유사한 대가관계가 있기 때문은 아니다. 따라서 어음상 권리가 시효완성으로 소멸하여 채무자에게 이중지급의 위험이 없고 채무자가 다른 어음상 채무자에 대하여 권리를 행사할 수도 없는 경우에는 채권자의 원인채권 행사에 대하여 채무자에게 어음상환의 동시이행항변을 인정할 필요가 없으므로 결국 채무자의 동시이행항변권은 부인된다(대판 2010.7.29. 2009다69692).
② (×) 임차권등기는 이미 임대차계약이 종료하였음에도 임대인이 그 보증금을 반환하지 않는 상태에서 경료되게 되므로, 이미 사실상 이행지체에 빠진 임대인의 임대차보증금의 반환의무와 그에 대응하는 임차인의 권리를 보전하기 위하여 새로이 경료하는 임차권등기에 대한 임차인의 말소의무를 동시이행관계에 있는 것으로 해석할 것은 아니고, 특히 위 임차권등기는 임차인으로 하여금 기왕의 대항력이나 우선변제권을 유지하도록 해 주는 담보적 기능만을 주목적으로 하는 점 등에 비추어 볼 때, 임대인의 임대차보증금의 반환의무가 임차인의 임차권등기 말소의무보다 먼저 이행되어야 할 의무이다(대판 2005.6.9. 2005다4529).

③ (O) 근저당권설정등기 있는 부동산의 매매계약에 있어서는 매도인의 소유권이전등기 의무와 아울러 근저당권설정등기의 말소의무도 매수인의 대금지급의무와 동시이행관계에 있는 바 근저당권설정등기의 말소의무에 관한 이행제공은 그 근저당채무가 변제되었다는 것만으로는 부족하고 근저당권설정등기의 말소에 필요한 서류까지도 준비함이 필요하다(대판 1979.11.13. 79다1562).

④ (O) 동시이행항변권 제도의 취지로 볼 때 비록 당사자가 부담하는 각 채무가 쌍무계약관계에서 고유의 대가관계가 있는 채무가 아니라고 하더라도 구체적인 계약관계에서 각 당사자가 부담하는 채무에 관한 약정내용에 따라 그것이 대가적 의미가 있어 이행상의 견련관계를 인정하여야 할 사정이 있는 경우에는 동시이행의 항변권이 인정되어야 하는 점에 비추어 보면, 수급인이 도급계약에 따른 의무를 제대로 이행하지 못함으로 말미암아 도급인에게 손해가 발생한 경우 그와 같은 하자확대손해로 인한 수급인의 손해배상채무와 도급인의 보수지급채무 역시 동시이행관계에 있는 것으로 보아야 한다(대판 2007.8.23. 2007다26455).

⑤ (O) 계약이 해제되면 계약당사자는 상대방에 대하여 원상회복의무와 손해배상의무를 부담하는데, 이때 계약당사자가 부담하는 원상회복의무뿐만 아니라 손해배상의무도 함께 동시이행의 관계에 있다(대판 1996.7.26. 95다25138).

 ❷

027 쌍무계약에 관한 판례의 태도와 부합하는 것을 모두 고른 것은?

07 사시

ㄱ. 동시이행관계에 있는 쌍무계약에서는 채무를 이행함에 있어 상대방의 행위를 필요로 할 때에는 언제든지 현실로 이행을 할 수 있는 준비를 완료하고 그 뜻을 상대방에게 통지하여 그 수령을 최고하여야 상대방의 이행지체를 이유로 계약을 해제할 수 있다.
ㄴ. 쌍무계약에 있어서 이행거절의 의사표시가 적법하게 철회된 경우, 상대방은 자기채무의 이행을 제공하고 상당한 기간을 정하여 이행을 최고한 후가 아니면 채무불이행을 이유로 계약을 해제할 수 없다.
ㄷ. 매매계약에서 목적물에 대하여 권리를 주장하는 제3자가 있는 경우, 매수한 권리를 잃을 염려가 없어질 때까지 매수인은 자기의 의무이행을 거절할 수 있고, 그로 인한 지체책임을 지지 않는다.
ㄹ. 부동산 매수인이 중도금의 수령을 거절하였을 뿐만 아니라 계약을 이행하지 아니할 의사를 명백히 표시한 경우라도 매수인은 소유권이전등기의무의 이행기일까지 기다려야 매매계약을 해제할 수 있다.

① ㄱ, ㄴ
② ㄱ, ㄹ
③ ㄴ, ㄹ
④ ㄴ, ㄷ, ㄹ
⑤ ㄱ, ㄴ, ㄷ

해설

ㄱ. (O) 동시이행의 관계에 있는 쌍무계약에 있어서 상대방의 채무불이행을 이유로 계약을 해제하려고 하는 자는 동시이행관계에 있는 자기 채무의 이행을 제공하여야 하고, 그 채무를 이행함에 있어 상대방의 행위를 필요로 할 때에는 언제든지 현실로 이행을 할 수 있는 준비를 완료하고 그 뜻을 상대방에게 통지하여 그 수령을 최고하여야만 상대방으로 하여금 이행지체에 빠지게 할 수 있는 것이며 단순히 이행의 준비태세를 갖추고 있는 것만으로는 안 된다(대판 2009.3.26. 2008다94646). 이 경우 계약을 해제하려고 하는 자는 상대방의 이행지체를 이유로 계약을 해제할 수 있다.

ㄴ. (O) 쌍무계약에 있어서 계약당사자의 일방은 상대방이 채무를 이행하지 아니할 의사를 명백히 표시한 경우에는 최고나 자기 채무의 이행제공 없이 그 계약을 적법하게 해제할 수 있으나, 그 이행거절의 의사표시가 적법하게 철회된 경우 상대방으로서는 자기 채무의 이행을 제공하고 상당한 기간을 정하여 이행을 최고한 후가 아니면 채무불이행을 이유로 계약을 해제할 수 없다(대판 2003.2.26. 2000다40995).

ㄷ. (○) 판례의 취지를 고려할 때 목적물에 대하여 권리를 주장하는 제3자가 있는 경우, 매수한 권리를 잃을 염려가 없어질 때까지 매수인은 자기의 의무이행을 거절할 수 있고, 그로 인한 지체책임을 지지 않는다.

> 아파트 수분양자의 중도금 지급의무는 아파트를 분양한 건설회사가 수분양자를 아파트에 입주시켜 주어야 할 의무보다 선이행하여야 하는 의무이나, 건설회사의 신용불안이나 재산상태의 악화 등은 민법 제536조 제2항의 건설회사의 의무이행이 곤란한 현저한 사유가 있는 때 또는 <u>민법 제588조의 매매의 목적물에 대하여 권리를 주장하는 자가 있는 경우에 매수인이 매수한 권리의 전부나 일부를 잃을 염려가 있는 때에 해당하여, 아파트 수분양자는 건설회사가 그 의무이행을 제공하거나 매수한 권리를 잃을 염려가 없어질 때까지 자기의 의무이행을 거절할 수 있고, 수분양자에게는 이러한 거절권능의 존재 자체로 인하여 이행지체 책임이 발생하지 않으므로, 수분양자가 건설회사에 중도금을 지급하지 아니하였다고 하더라도 그 지체책임을 지지 않는다</u>(대판 2006.10.26. 2004다24106).

ㄹ. (×) 부동산 매도인이 중도금의 수령을 거절하였을 뿐만 아니라 계약을 이행하지 아니할 의사를 명백히 표시한 경우 매수인은 신의성실의 원칙상 소유권이전등기의무 이행기일까지 기다릴 필요 없이 이를 이유로 매매계약을 해제할 수 있다(대판 1993.6.25. 93다11821).

답 ❺

028 동시이행의 항변권에 관한 설명 중 판례의 입장과 다른 것은? 04 사시

① 기존의 원인채권과 어음·수표채권이 병존하는 경우에 원인채무의 이행과 어음·수표의 반환은 동시이행의 관계에 있으므로, 설령 채무자가 채권자로부터 어음·수표를 반환받지 않았음을 이유로 동시이행의 항변권을 행사하지 않았더라도 원인채무의 이행기가 도과한 사실만으로는 원칙적으로 그 채무에 대한 이행지체의 책임을 지지 않는다.
② 동시이행의 관계에 있는 쌍방의 채무 중 어느 한 채무가 이행불능이 됨으로 인하여 발생한 손해배상채무도 여전히 다른 채무와 동시이행의 관계에 있다.
③ 쌍무계약의 당사자 일방이 먼저 한 번 현실의 제공을 하여 상대방을 수령지체에 빠지게 하였더라도 그 이행의 제공이 계속되지 않는 경우에는 과거에 이행의 제공이 있었다는 사실만으로 상대방이 가지는 동시이행의 항변권이 소멸하는 것은 아니다.
④ 임차인이 임대차계약 종료 이후에도 동시이행의 항변권을 행사하여 임차건물을 계속 점유하기는 하였으나 이를 본래의 임대차계약상의 목적에 따라 사용·수익하지 아니하여 실질적인 이득을 얻지 못한 경우에는 그로 인하여 임대인에게 손해가 발생하였다 하더라도 임차인의 부당이득반환의무는 성립되지 않는다.
⑤ 토지 임차인이 지상 건물에 관하여 매수청구권을 행사한 경우, 임차인이 임대인에게 매수청구권이 행사된 건물에 대한 명도와 소유권이전등기를 마쳐주지 아니하였다면 임대인에게 그 매매대금에 대한 지연손해금을 청구할 수 없다.

해설

① (×) 기존채무와 어음, 수표채무가 병존하는 경우 원인채무의 이행과 어음, 수표의 반환이 동시이행의 관계에 있다 하더라도 채권자가 어음, 수표의 반환을 제공을 하지 아니하면 채무자에게 적법한 이행의 최고를 할 수 없다고 할 수는 없고, 채무자는 원인채무의 이행기를 도과하면 원칙적으로 이행지체의 책임을 지고, 채권자로부터 어음, 수표의 반환을 받지 아니하였다 하더라도 이 어음, 수표를 반환하지 않음을 이유로 위와 같은 항변권을 행사하여 그 지급을 거절하고 있는 것이 아닌 한 이행지체의 책임을 면할 수 없다(대판 1993.11.9. 93다11203).

② (○) 동시이행의 관계에 있는 쌍방의 채무 중 어느 한 채무가 이행불능이 됨으로 인하여 발생한 손해배상채무도 여전히 다른 채무와 동시이행의 관계에 있다고 할 것이다(대판 2014.4.30. 2010다11323).

③ (○) 동시이행관계에 있는 채무를 부담하는 쌍방 당사자 중 일방이 먼저 현실의 제공을 하고 상대방을 수령지체에 빠지게 하였다고 하더라도 그 이행의 제공이 계속되지 아니하였다면 과거에 이행제공이 있었다는 사실만으로 상대방이 가지는 동시이행의 항변권이 소멸하지 아니한다(대판 2014.4.30. 2010다11323).

④ (○) 임차인이 임대차계약 종료 이후에도 동시이행의 항변권을 행사하는 방법으로 목적물의 반환을 거부하기 위하여 임차건물 부분을 계속 점유하기는 하였으나 이를 본래의 임대차계약상의 목적에 따라 사용·수익하지 아니하여 실질적인 이득을 얻은 바 없는 경우에는 그로 인하여 임대인에게 손해가 발생하였다 하더라도 임차인의 부당이득반환의무는 성립되지 아니한다(대판 2003.4.11. 2002다59481).

⑤ (○) 토지 임차인의 매수청구권 행사로 지상 건물에 대하여 시가에 의한 매매 유사의 법률관계가 성립된 경우에는 임차인의 건물명도 및 그 소유권이전등기의무와 토지 임대인의 건물대금지급의무는 서로 대가관계에 있는 채무가 되므로, 임차인이 임대인에게 매수청구권이 행사된 건물들에 대한 명도와 소유권이전등기를 마쳐주지 아니하였다면 임대인에게 그 매매대금에 대한 지연손해금을 구할 수 없다(대판 1998.5.8. 98다2389).

답

029 동시이행의 항변권에 관한 설명으로 옳은 것은?(다툼이 있는 경우에는 판례에 의함) 13 변리

① 당사자 쌍방이 각각 별개의 약정으로 상대방에 대하여 채무를 지게 된 경우, 특약이 없더라도 상대방이 자기에게 이행할 채무가 있다는 점을 들어 동시이행의 항변권을 행사할 수 있다.
② 쌍무계약에서 선이행의무자가 선이행하여야 할 채무를 이행하지 않은 상태에서 상대방의 채무가 이행기에 도달한 경우, 선이행의무자는 동시이행의 항변권을 행사할 수 없다.
③ 당사자 일방의 이행제공이 계속되지 않더라도 이미 과거에 유효한 이행의 제공이 있었던 경우, 상대방은 더 이상 동시이행의 항변권을 행사할 수 없다.
④ 동시이행의 항변권이 있는 채무의 이행기가 도래한 경우, 그 채무자는 반대채무의 이행의 제공이 없는 한 동시이행의 항변권을 행사하지 않더라도 지체책임을 지지 않는다.
⑤ 쌍무계약이 무효로 되어 각 당사자가 그 이행으로 취득한 것을 서로 반환하여야 하는 경우, 각 당사자의 반환의무는 동시이행의 관계에 있지 않다.

해설

① (×) 당사자 쌍방이 각각 별개의 약정으로 상대방에 대하여 채무를 지게 된 경우에는 자기의 채무이행과 상대방의 어떤 채무이행과를 견련시켜 동시이행을 하기로 특약한 사실이 없다면 상대방이 자기에게 이행할 채무가 있다 하더라도 동시이행의 항변권이 생긴다고 볼 수 없다(대판 1989.2.14. 88다카10753).

② (×) 매수인이 선이행의무 있는 중도금을 이행하지 않았다 하더라도 계약이 해제되지 않은 상태에서 잔대금지급기일이 도래하여 그때까지 중도금과 잔대금이 지급되지 아니하고 잔대금과 동시이행관계에 있는 매도인의 소유권이전등기 소요 서류가 제공된 바 없이 그 기일이 도과하였다면 매수인의 위 중도금 및 잔대금의 지급과 매도인의 소유권이전등기 소요 서류의 제공은 동시이행관계에 있다 할 것이어서 그때부터는 매수인은 위 중도금을 지급하지 아니한 데 대한 이행지체의 책임을 지지 아니한다(대판 1988.9.27. 87다카1029).

③ (×) 쌍무계약의 당사자 일방이 먼저 한 번 현실의 제공을 하고 상대방을 수령지체에 빠지게 하였다 하더라도 그 이행의 제공이 계속되지 않는 경우는 과거에 이행의 제공이 있었다는 사실만으로 상대방이 가지는 동시이행의 항변권이 소멸하는 것은 아니므로, 일시적으로 당사자 일방의 의무의 이행제공이 있었으나 곧 그 이행의 제공이 중지되어 더 이상 그 제공이 계속되지 아니하는 기간 동안에는 상대방의 의무가 이행지체상태에 빠졌다고 할 수 없다고 할 것이고, 따라서 그 이행의 제공이 중지된 이후에 상대방의 의무가 이행지체되었음을 전제로 하는 손해배상청구도 할 수 없다(대판 1999.7.9. 98다13754).

④ (○) 쌍무계약에서 쌍방의 채무가 동시이행관계에 있는 경우 일방의 채무의 이행기가 도래하더라도 상대방채무의 이행제공이 있을 때까지는 그 채무를 이행하지 않아도 이행지체의 책임을 지지 않는 것이고, 이와 같은 효과는 이행지체의 책임이 없다고 주장하는 자가 반드시 동시이행의 항변권을 행사하여야만 발생하는 것은 아니다(대판 1998.3.13. 97다54604). 즉, 동시이행의 항변권의 존재만으로 채무자는 상대방에게 이행지체의 책임을 지지 아니한다(이행지체의 저지효).

⑤ (×) 쌍무계약이 무효로 되어 각 당사자가 서로 취득한 것을 반환하여야 할 경우, 어느 일방의 당사자에게만 먼저 그 반환의무의 이행이 강제된다면 공평과 신의칙에 위배되는 결과가 되므로 각 당사자의 반환의무는 동시이행관계에 있다(대판 2007.12.28. 2005다38843).

답 ④

---

030 동시이행의 항변권에 관한 설명으로 옳지 않은 것은?(다툼이 있으면 판례에 따름) 　16 노무

① 종전의 임차인이 임대인의 동의 아래 임대인으로부터 새로 목적물을 임차한 사람에게 그 목적물을 직접 이전해 준 경우, 임대인은 종전 임차인의 보증금반환청구에 대하여 목적물반환과 동시에 이행할 것을 항변하지 못한다.
② 지명채권의 채무자가 채무 전부를 변제할 때에는 채권자에게 채권증서의 반환을 청구할 수 있고, 채무의 변제와 채권증서의 반환은 동시이행의 관계에 있다.
③ 특별한 사정이 없는 한, 자동채권과 수동채권이 동시이행관계에 있다고 하더라도 서로 현실적으로 이행하여야 할 필요가 없는 경우라면 상계가 허용된다.
④ 동시이행의 관계에 있는 쌍방의 채무 중 어느 한 채무가 이행불능이 됨에 따라 발생한 손해배상채무도 여전히 상대방의 채무와 동시이행의 관계에 있다.
⑤ 상대방의 이행제공이 있었으나 이를 수령하지 않아 수령지체에 빠진 자는 그 후 상대방이 자기채무의 이행제공을 다시 하지 않고 이행을 청구한 경우에 동시이행의 항변권을 행사할 수 있다.

해설

① (○) 임대차관계가 종료된 후 임차인이 목적물을 임대인에게 반환하였으면 임대인은 보증금을 무조건으로 반환하여야 하고, 임차인으로부터 목적물의 인도를 받는 것과의 상환이행을 주장할 수 없다. 그리고 이는 종전의 임차인이 임대인으로부터 새로 목적물을 임차한 사람에게 그 목적물을 임대인의 동의 아래 직접 넘긴 경우에도 다를 바 없다(대판 2009.6.25. 2008다55634).
② (×) 민법 제475조는 변제자가 채무 전부를 변제한 때에는 채권자에게 채권증서의 반환을 청구할 수 있다고 규정하고 있으나, 이러한 채권증서반환청구권은 변제와 동시이행관계에 있지 아니하다(대판 2012.11.29. 2011다84335).
③ (○) 대판 2006.7.28. 2004다54633
④ (○) 대판 2014.4.30. 2010다11323
⑤ (○) 대판 1993.8.24. 92다56490

답 ②

031

甲은 자신의 X건물을 매매대금 1억원, 계약금 1,000만원으로 정하여 乙에게 매도하는 계약을 체결하고, 乙로부터 계약금을 수령하였다. 甲이 乙에게 X건물의 인도 및 소유권이전등기를 마쳐 주기 전에 제3자 丙의 과실로 인한 화재로 X건물이 전부 멸실되었다. 이에 관한 설명으로 옳지 않은 것은?(다툼이 있으면 판례에 따름) [18] 노무

① 乙은 丙에게 불법행위로 인한 손해배상을 청구할 수 있다.
② 乙은 甲에게 X건물에 관한 소유권이전등기를 청구할 수 없다.
③ 乙은 甲에게 채무불이행으로 인한 손해배상을 청구할 수 없다.
④ 乙은 甲에게 지급한 계약금에 대해 부당이득반환을 청구할 수 있다.
⑤ 乙은 甲에게 대상청구권의 행사로써 丙에 대한 손해배상채권의 양도를 청구할 수 있다.

해설

① (×) 매수인 乙의 X건물에 대한 소유권이전등기가 마쳐지지 않았으므로, 매수인 乙은 X건물의 소유자라고 할 수 없고, 따라서 X건물의 멸실에 따른 손해배상을 청구할 수 없다. 다만, 제3자의 채권 침해로 인한 손해배상을 청구할 수 있는지 문제되나, 제3자 丙에게 채권자인 매수인 乙의 이익을 침해한다는 사실을 알면서 X건물을 전부 멸실하게 한 위법행위를 하였다는 사정은 보이지 아니하므로, 채권자 乙은 제3자 丙에게 불법행위로 인한 손해배상을 청구할 수 없다.

② (○) X건물이 제3자인 丙의 과실로 전부 멸실되어, 매도인 甲에 대한 매수인 乙의 X건물에 관한 소유권이전등기청구권은 소멸되었으므로, 乙은 X건물에 관한 소유권이전등기를 청구할 수 없다.

③ (○) 제3자인 丙의 과실로 X건물이 멸실되어, 매도인 甲에 대한 매수인 乙의 X건물에 관한 소유권이전등기청구권은 소멸되었고, 제3자 丙이 매도인 甲의 이행보조자라고 보이지도 아니하므로, 乙은 甲에게 채무불이행으로 인한 손해배상을 청구할 수 없다.

④ (○) 사안의 경우 제3자인 丙의 과실로 X건물이 멸실되어 민법 제537조에서 규정한 채무자위험부담주의가 적용되므로, 채무자인 매도인 甲이 계약금과 같은 반대급부를 이미 수령하였다면, 부당이득의 법리에 의하여 이를 매수인 乙에게 반환하여야 한다. 따라서 乙은 甲에게 지급한 계약금에 대하여 부당이득반환을 청구할 수 있다.

⑤ (○) 채무자인 매도인 甲이 급부불능을 원인으로 丙에 대한 손해배상청구권을 취득하였다면, 채권자인 매수인 乙은 丙에 대한 손해배상청구권의 양도를 청구하고, 자기의 반대급부를 이행할 수 있다.

답 ①

032

甲은 2024.2.10. 자신이 소유하는 특정 도자기를 1천만원에 乙에게 매도하기로 약정하면서 2024.2.28. 乙에게 인도하기로 하였다. 이에 관한 설명으로 옳지 않은 것은?(다툼이 있으면 판례에 따름)

24 변리

① 乙의 과실로 도자기가 멸실된 경우, 甲은 도자기 이전의무를 면하면서 얻은 이익이 있더라도 이를 乙에게 상환할 필요는 없다.
② 도자기가 2024.2.20. 지진으로 멸실된 경우, 甲은 乙에게 매매대금의 지급을 청구할 수 없다.
③ 乙이 계약체결 당시 甲에게 매매대금을 지급하였는데, 도자기가 2024.2.20. 지진으로 멸실된 경우에 乙은 甲에게 부당이득반환을 청구할 수 있다.
④ 乙의 과실로 도자기가 멸실된 경우, 甲은 乙에게 매매대금의 지급을 청구할 수 있다.
⑤ 乙의 수령지체 중에 지진으로 도자기가 멸실된 경우, 甲은 乙에게 매매대금의 지급을 청구할 수 있다.

해설

① (×), ④ (○) 甲 소유의 특정도자기에 대한 매매계약을 체결한 후 매수인 乙의 과실로 도자기가 멸실되었다면 이는 채권자의 귀책사유로 인한 후발적, 객관적 전부불능의 사례로 쌍무계약에서 채권자위험부담주의가 적용되어, 甲은 乙에게 도자기매매대금을 청구할 수 있으나(민법 제538조 제1항), ❹ 도자기인도의무를 면하면서 얻은 이익(예 도자기운송비용 등)이 있다면 이를 乙에게 상환하여야 한다(민법 제538조 제2항). ❶

② (○), ③ (○) 도자기가 2024.2.20. 지진으로 멸실된 경우, 이는 당사자 쌍방의 책임없는 사유에 의한 후발적, 객관적 전부불능의 사례로 채무자위험부담주의가 적용되므로(민법 제537조), 甲은 도자기인도의무를 면하는 반면, 乙로부터 도자기매매대금의 지급을 청구할 수도 없다. ❷ 한편 이 경우 乙이 甲에게 매매대금을 지급하였다면 부당이득반환의 법리에 의하여 매매계약관계가 정리되어 乙은 甲에게 지급한 매매대금을 부당이득을 이유로 반환청구할 수 있다.

> 쌍무계약에서 당사자 일방이 부담하는 채무가 채무자의 귀책사유로 이행할 수 없는 경우에는 채무불이행책임을 지지만, 당사자 쌍방의 귀책사유 없이 이행할 수 없는 경우에는 위험부담에 관한 민법 제537조가 적용되고 채권자의 귀책사유로 이행할 수 없는 경우 등에는 민법 제538조가 적용된다. 따라서 쌍무계약에서 당사자 쌍방의 귀책사유 없이 채무를 이행할 수 없게 된 경우 채무자는 민법 제537조에 따라 자신의 채무를 이행할 의무를 면함과 더불어 상대방의 이행도 청구하지 못한다. 쌍방 채무의 이행이 없었던 경우에는 계약상 의무의 이행을 청구하지 못하고 이미 이행한 급부는 법률상 원인 없는 급부가 되어 부당이득 법리에 따라 반환을 청구할 수 있다(대판 2021.5.27. 2017다254228).

⑤ (○) 乙의 수령지체 중에 지진으로 도자기가 멸실된 경우도 후발적, 객관적 전부불능의 사례로 채권자위험부담주의가 적용되므로, 甲은 乙에게 도자기매매대금을 청구할 수 있다(민법 제538조 제1항 후문).

답 ❶

033
CHECK ○△✕

매도인 甲과 매수인 乙 사이의 A건물에 관한 매매계약과 관련한 설명 중 옳지 않은 것은?

`06` 사시

① 매매계약 체결 전에 A건물이 이미 멸실되었는데 甲이 그 멸실 사실을 과실로 알지 못하고 매매계약을 체결하였다면 乙 역시 그 멸실 사실을 과실로 알지 못하였다 하더라도 甲은 乙에 대하여 신뢰이익을 배상하여야 한다.
② 매매계약체결 후 이행기가 도래하기 전에 甲의 귀책사유로 A건물이 멸실되었다면 乙은 甲에 대하여 전보배상을 청구할 수도 있고, 위 매매계약을 해제할 수도 있다.
③ 매매계약 체결 후 이행기가 도래하기 전에 甲·乙 어느 누구에게도 귀책사유 없이 A건물이 멸실되었다면 乙은 甲에 대하여 매매대금을 지급할 의무가 없다.
④ 매매계약체결 후 이행기가 도래하기 전에 乙의 귀책사유로 A건물이 멸실되었다면 甲은 A건물에 관한 소유권이전의무를 면하고 乙에 대하여 매매대금의 지급을 청구할 수 있다.
⑤ 매매계약체결 후 乙의 수령지체 중에 甲·乙 어느 누구에게도 귀책사유 없이 A건물이 멸실된 경우 甲은 乙에게 매매대금의 지급을 청구할 수 있다.

해설

① (×) 甲에게 원시적 불능을 이유로 계약체결상의 과실책임을 물어 신뢰이익의 배상을 청구하기 위해서는 甲에게 멸실 사실에 대하여 악의 또는 과실이 인정되어야 하고, 상대방인 乙은 멸실 사실에 대하여 선의, 무과실이어야 하나, 乙이 멸실 사실을 과실로 알지 못하였다면 甲에게 신뢰이익의 배상을 청구할 수 없다.
② (○) 甲의 A건물소유권이전의무가 甲의 귀책사유로 이행불능이 되었다면 채무자의 귀책사유에 의한 후발적 불능의 효과로서 乙은 이행에 갈음하는 전보배상청구권을 행사하거나 A건물에 대한 매매계약을 해제할 수도 있다.
③ (○) 甲의 A건물소유권이전의무가 당사자 쌍방의 책임없는 사유로 이행불능이 된 경우에는 위험부담의 법리(민법 제537조)에 따라 甲은 A건물소유권이전의무를 면하게 되고 乙의 반대급부의무도 소멸하므로 매매대금지급의무를 면하게 된다.
④ (○) 甲의 A건물소유권이전의무가 乙의 책임있는 사유로 이행할 수 없게 된 경우에는 甲은 A건물소유권이전의무를 면하고 乙은 반대급부위험을 부담하므로 乙에 대하여 매매대금의 지급을 청구할 수 있다(민법 제538조 제1항).
⑤ (○) 乙의 수령지체 중에 당사자 쌍방의 책임없는 사유로 A건물이 멸실된 경우 甲은 A건물소유권이전의무를 면하게 되나, 乙은 반대급부위험을 부담하므로 甲은 乙에게 매매대금의 지급을 청구할 수 있다.

답

034 제3자를 위한 계약에 관한 설명으로 옳지 않은 것은?(다툼이 있으면 판례에 따름)

① 요약자는 원칙적으로 제3자의 권리와 별도로 낙약자에 대하여 제3자에게 급부를 이행할 것을 요구할 수 있는 권리를 가진다.
② 제3자가 수익의 의사표시를 한 경우, 계약의 당사자가 제3자의 권리를 임의로 변경·소멸시키는 행위를 하더라도 특별한 사정이 없는 한 제3자에 대하여 효력이 없다.
③ 요약자와 수익자 사이의 법률관계(대가관계)의 효력 상실을 이유로 요약자는 낙약자와 요약자 사이의 법률관계(기본관계)상 낙약자에게 부담하는 채무의 이행을 거절할 수 있다.
④ 채무자와 인수인 사이의 계약으로 체결되는 중첩적 채무인수의 경우, 채권자의 수익의 의사표시는 그 계약의 성립요건 또는 효력발생요건이 아니다.
⑤ 낙약자와 요약자 사이의 계약(기본관계)이 무효가 된 경우, 낙약자는 특별한 사정이 없는 한 제3자를 상대로 그가 제3자에게 한 급부를 부당이득으로 반환 청구할 수 없다.

해설

① (○) 제3자를 위한 계약에서 제3자는 채무자(낙약자)에 대하여 계약의 이익을 받을 의사를 표시한 때에 채무자에게 직접 이행을 청구할 수 있는 권리를 취득하고(민법 제539조), 요약자는 제3자를 위한 계약의 당사자로서 원칙적으로 제3자의 권리와는 별도로 낙약자에 대하여 제3자에게 급부를 이행할 것을 요구할 수 있는 권리를 가진다. 이때 낙약자가 요약자의 이행청구에 응하지 아니하면 특별한 사정이 없는 한 요약자는 낙약자에 대하여 제3자에게 급부를 이행할 것을 소로써 구할 이익이 있다(대판 2022.1.27. 2018다259565).

② (○) 제3자를 위한 계약에 있어서, 제3자가 민법 제539조 제2항에 따라 수익의 의사표시를 함으로써 제3자에게 권리가 확정적으로 귀속된 경우에는, 요약자와 낙약자의 합의에 의하여 제3자의 권리를 변경·소멸시킬 수 있음을 미리 유보하였거나, 제3자의 동의가 있는 경우가 아니면 계약의 당사자인 요약자와 낙약자는 제3자의 권리를 변경·소멸시키지 못하고, 만일 계약의 당사자가 제3자의 권리를 임의로 변경·소멸시키는 행위를 한 경우 이는 제3자에 대하여 효력이 없다(대판 2002.1.25. 2001다30285).

③ (×) 제3자를 위한 계약의 체결 원인이 된 요약자와 제3자(수익자) 사이의 법률관계(이른바 대가관계)의 효력은 제3자를 위한 계약 자체는 물론 그에 기한 요약자와 낙약자 사이의 법률관계(이른바 기본관계)의 성립이나 효력에 영향을 미치지 아니하므로 낙약자는 요약자와 수익자 사이의 법률관계에 기한 항변으로 수익자에게 대항하지 못하고, 요약자도 대가관계의 부존재나 효력의 상실을 이유로 자신이 기본관계에 기하여 낙약자에게 부담하는 채무의 이행을 거부할 수 없다(대판 2003.12.11. 2003다49771).

④ (○) 채무자와 인수인의 합의에 의한 중첩적 채무인수는 일종의 제3자를 위한 계약이라고 할 것이므로, 채권자는 인수인에 대하여 채무이행을 청구하거나 기타 채권자로서의 권리를 행사하는 방법으로 수익의 의사표시를 함으로써 인수인에 대하여 직접 청구할 권리를 갖게 된다. 이러한 점에서 채무자에 대한 채권을 상실시키는 효과가 있는 면책적 채무인수의 경우 채권자의 승낙을 계약의 효력발생요건으로 보아야 하는 것과는 달리, 채무자와 인수인의 합의에 의한 중첩적 채무인수의 경우 채권자의 수익의 의사표시는 그 계약의 성립요건이나 효력발생요건이 아니라 채권자가 인수인에 대하여 채권을 취득하기 위한 요건이다(대판 2013.9.13. 2011다56033).

⑤ (○) 제3자를 위한 계약관계에서 낙약자와 요약자 사이의 법률관계(이른바 기본관계)를 이루는 계약이 무효이거나 해제된 경우 그 계약관계의 청산은 계약의 당사자인 낙약자와 요약자 사이에 이루어져야 하므로, 특별한 사정이 없는 한 낙약자가 이미 제3자에게 급부한 것이 있더라도 낙약자는 계약해제 등에 기한 원상회복 또는 부당이득을 원인으로 제3자를 상대로 그 반환을 구할 수 없다(대판 2010.8.19. 2010다31860).

답 ③

035 제3자를 위한 계약에 관한 설명으로 옳은 것을 모두 고른 것은?(다툼이 있으면 판례에 따름)

19 노무

ㄱ. 계약 체결 당시에 수익자가 특정되어 있지 않으면 제3자를 위한 계약은 성립할 수 없다.
ㄴ. 계약당사자가 제3자에 대하여 가진 채권에 관하여 그 채무를 면제하는 계약도 제3자를 위한 계약에 준하는 것으로 유효하다.
ㄷ. 낙약자는 요약자와 수익자 사이의 법률관계에 기한 항변으로 수익자에게 대항하지 못한다.
ㄹ. 낙약자가 채무를 불이행하는 경우 수익자는 낙약자의 채무불이행을 이유로 계약을 해제할 수 있다.

① ㄱ, ㄴ
② ㄴ, ㄷ
③ ㄷ, ㄹ
④ ㄱ, ㄴ, ㄹ
⑤ ㄴ, ㄷ, ㄹ

해설

ㄱ. (×) 제3자는 계약을 체결할 당시에 현존하지 않아도 무방하고, 나중에 확정할 수 있는 것이면 족하다.
ㄴ. (○) 계약당사자가 제3자에 대하여 가진 채권에 관하여 그 채무를 면제하는 계약도 제3자를 위한 계약에 준하는 것으로서 유효하다(대판 2004.9.3. 2002다37405).
ㄷ. (○) 제3자를 위한 계약의 체결 원인이 된 요약자와 제3자(수익자) 사이의 법률관계의 효력은 제3자를 위한 계약 자체는 물론 그에 기한 요약자와 낙약자 사이의 법률관계의 성립이나 효력에 영향을 미치지 아니하므로 낙약자는 요약자와 수익자 사이의 법률관계에 기한 항변으로 수익자에게 대항하지 못하고, 요약자도 대가관계의 부존재나 효력의 상실을 이유로 자신이 기본관계에 기하여 낙약자에게 부담하는 채무의 이행을 거부할 수 없다(대판 2003.12.11. 2003다49771).
ㄹ. (×) 요약자는 계약당사자로서, 기본관계에서 발생하는 채무에 대한 불이행을 이유로 낙약자와의 계약을 해제할 수 있다. 그러나 수익자는 계약당사자가 아니므로, 계약당사자에게 인정되는 해제권을 행사할 수 없다.

답 ❷

036 제3자를 위한 계약에 관한 설명으로 옳은 것은?(다툼이 있으면 판례에 따름)

22 노무

① 채무자와 인수인 사이에 체결되는 중첩적 채무인수계약은 제3자를 위한 계약이 아니다.
② 제3자를 위한 도급계약에서 수익의 의사표시를 한 제3자가 그 계약에 따라 완성된 목적물의 하자로 인해 손해를 입은 경우, 특별한 사정이 없는 한 낙약자는 그 제3자에게 해당 손해를 배상할 의무가 있다.
③ 요약자와 낙약자의 합의에 따라 제3자의 권리를 소멸시킬 수 있음을 미리 유보하였더라도 제3자에게 그 권리가 확정적으로 귀속되었다면 요약자와 낙약자는 제3자의 권리를 소멸시키지 못한다.
④ 제3자가 수익의 의사표시를 한 후에는 요약자는 원칙적으로 낙약자에 대하여 제3자에게 급부를 이행할 것을 요구할 수 있는 권리를 갖지 못한다.
⑤ 제3자가 수익의 의사표시를 한 경우, 특별한 사정이 없는 한 요약자는 낙약자의 채무불이행을 이유로 제3자의 동의 없이 계약을 해제할 수 없다.

해설

① (×) 채무자와 인수인의 합의에 의한 중첩적 채무인수는 일종의 제3자를 위한 계약이라고 할 것이므로, 채권자는 인수인에 대하여 채무이행을 청구하거나 기타 채권자로서의 권리를 행사하는 방법으로 수익의 의사표시를 함으로써 인수인에 대하여 직접 청구할 권리를 갖게 된다(대판 2013.9.13. 2011다56033).

② (○) 제3자를 위한 계약에 있어서 수익의 의사표시를 한 수익자는 낙약자에게 직접 그 이행을 청구할 수 있을 뿐만 아니라 요약자가 계약을 해제한 경우에는 낙약자에게 자기가 입은 손해의 배상을 청구할 수 있는 것이므로, 수익자가 완성된 목적물의 하자로 인하여 손해를 입었다면 수급인[낙약자(註)]은 그 손해를 배상할 의무가 있다(대판 1994.8.12. 92다41559).

③ (×) 제3자를 위한 계약에 있어서, 제3자가 민법 제539조 제2항에 따라 수익의 의사표시를 함으로써 제3자에게 권리가 확정적으로 귀속된 경우에는, 요약자와 낙약자의 합의에 의하여 제3자의 권리를 변경·소멸시킬 수 있음을 미리 유보하였거나, 제3자의 동의가 있는 경우가 아니면 계약의 당사자인 요약자와 낙약자는 제3자의 권리를 변경·소멸시키지 못하고, 만일 계약의 당사자가 제3자의 권리를 임의로 변경·소멸시키는 행위를 한 경우 이는 제3자에 대하여 효력이 없다(대판 2002.1.25. 2001다30285).

④ (×) 제3자를 위한 계약에서 제3자는 채무자(낙약자)에 대하여 계약의 이익을 받을 의사를 표시한 때에 채무자에게 직접 이행을 청구할 수 있는 권리를 취득하고(민법 제539조), 요약자는 제3자를 위한 계약의 당사자로서 원칙적으로 제3자의 권리와는 별도로 낙약자에 대하여 제3자에게 급부를 이행할 것을 요구할 수 있는 권리를 가진다(대판 2022.1.27. 2018다259565).

⑤ (×) 제3자를 위한 유상 쌍무계약의 경우 요약자는 낙약자의 채무불이행을 이유로 제3자의 동의 없이 계약을 해제할 수 있다(대판 1970.2.24. 69다1410).

답 ❷

---

037 제3자를 위한 계약에 관한 설명으로 옳은 것은?(다툼이 있으면 판례에 따름) 노무

① 계약의 일방 당사자로 하여금 '그가 제3자에 대하여 가지는 채권'에 관하여 그 채무를 면제하도록 하는 합의도 제3자를 위한 계약에 준하는 것으로서 유효하다.
② 요약자는 낙약자에 대하여 '제3자에게 급부를 이행할 것'을 요구할 권리는 없다.
③ 제3자가 수익의 의사표시를 한 이후에는 요약자와 낙약자가 계약 당시 제3자의 권리를 변경시킬 수 있도록 미리 유보하였더라도 요약자와 낙약자는 제3자의 권리를 변경시킬 수 없다.
④ 요약자와 낙약자 사이의 매매계약이 해제된 경우, 그 계약에 따라 매매대금을 제3자에게 지급한 낙약자는 그 제3자에 대하여 지급한 금액의 반환을 청구할 수 있다.
⑤ 낙약자는 요약자와 수익자 사이의 대가관계가 해제되었다는 점을 들어 수익자에게 대항할 수 있다.

해설

① (○) 제3자를 위한 계약이 성립하기 위하여는 일반적으로 그 계약의 당사자가 아닌 제3자로 하여금 직접 권리를 취득하게 하는 조항이 있어야 할 것이지만, 계약의 당사자가 제3자에 대하여 가진 채권에 관하여 그 채무를 면제하는 계약도 제3자를 위한 계약에 준하는 것으로서 유효하다(대판 2004.9.3. 2002다37405).

② (×) 제3자를 위한 계약에서 제3자는 채무자(낙약자)에 대하여 계약의 이익을 받을 의사를 표시한 때에 채무자에게 직접 이행을 청구할 수 있는 권리를 취득하고(민법 제539조), 요약자는 제3자를 위한 계약의 당사자로서 원칙적으로 제3자의 권리와는 별도로 낙약자에 대하여 제3자에게 급부를 이행할 것을 요구할 수 있는 권리를 가진다. 이때 낙약자가 요약자의 이행청구에 응하지 아니하면 특별한 사정이 없는 한 요약자는 낙약자에 대하여 제3자에게 급부를 이행할 것을 소로써 구할 이익이 있다(대판 2022.1.27. 2018다259565).

③ (×) 제3자를 위한 계약에 있어서, 제3자가 민법 제539조 제2항에 따라 수익의 의사표시를 함으로써 제3자에게 권리가 확정적으로 귀속된 경우에는, 요약자와 낙약자의 합의에 의하여 제3자의 권리를 변경·소멸시킬 수 있음을 미리 유보하였거나, 제3자의 동의가 있는 경우가 아니면 계약의 당사자인 요약자와 낙약자는 제3자의 권리를 변경·소멸시키지 못하고, 만일 계약의 당사자가 제3자의 권리를 임의로 변경·소멸시키는 행위를 한 경우 이는 제3자에 대하여 효력이 없다(대판 2002.1.25. 2001다30285). 이러한 판례의 취지를 고려할 때 제3자가 수익의 의사표시를 한 이후에도 요약자와 낙약자가 계약 당시 제3자의 권리를 변경시킬 수 있도록 미리 유보하였더라면 요약자와 낙약자는 제3자의 권리를 변경시킬 수 있다.

④ (×) 제3자를 위한 계약관계에서 낙약자와 요약자 사이의 법률관계(이른바 기본관계)를 이루는 계약이 해제된 경우 그 계약관계의 청산은 계약의 당사자인 낙약자와 요약자 사이에 이루어져야 하므로, 특별한 사정이 없는 한 낙약자가 이미 제3자에게 급부한 것이 있더라도 낙약자는 계약해제에 기한 원상회복 또는 부당이득을 원인으로 제3자를 상대로 그 반환을 구할 수 없다(대판 2005.7.22. 2005다7566).

⑤ (×) 낙약자는 요약자와 수익자 사이의 대가관계에 기한 항변으로 수익자에게 대항하지 못하지만, 요약자와 낙약자 사이의 기본관계에 기한 항변으로 수익자에게 대항할 수 있다.

답 ❶

038

제3자를 위한 계약에 관한 설명으로 옳지 않은 것은?(다툼이 있으면 판례에 따름) 24 노무

① 요약자는 낙약자의 채무불이행을 이유로 제3자의 동의 없이 기본관계를 이루는 계약을 해제할 수 있다.
② 낙약자는 기본관계에 기한 항변으로 계약의 이익을 받을 제3자에게 대항할 수 있다.
③ 계약 당사자가 제3자에 대하여 가진 채권에 관하여 그 채무를 면제하는 계약도 제3자를 위한 계약에 준하는 것으로 유효하다.
④ 제3자를 위한 계약의 성립 시에 제3자는 요약자와 낙약자에게 계약의 이익을 받을 의사를 표시해야 권리를 직접 취득한다.
⑤ 채무자와 인수인 사이에 체결되는 중첩적 채무인수계약은 제3자를 위한 계약이다.

해설

① (○) 제3자를 위한 유상 쌍무계약의 경우, 요약자는 낙약자의 채무불이행을 이유로 제3자의 동의 없이 계약을 해제할 수 있다(대판 1970.2.24. 69다1410).

② (○) 채무자[낙약자(註)]는 제539조의 계약[제3자를 위한 계약, 기본관계(註)]에 기한 항변으로 그 계약의 이익을 받을 제3자에게 대항할 수 있다(민법 제542조).

③ (○) 제3자를 위한 계약이 성립하기 위하여는 일반적으로 그 계약의 당사자가 아닌 제3자로 하여금 직접 권리를 취득하게 하는 조항이 있어야 할 것이지만, 계약의 당사자가 제3자에 대하여 가진 채권에 관하여 그 채무를 면제하는 계약도 제3자를 위한 계약에 준하는 것으로서 유효하다(대판 2004.9.3. 2002다37405).

④ (×) 계약에 의하여 당사자 일방이 제3자에게 이행할 것을 약정한 때에는 그 제3자는 채무자에게 직접 그 이행을 청구할 수 있다. 이 경우에 제3자의 권리는 그 제3자가 채무자에 대하여 계약의 이익을 받을 의사를 표시한 때에 생긴다(민법 제539조). 제3자의 수익의 의사표시는 그 계약의 성립요건이나 효력발생요건이 아니라 채권자가 인수인에 대하여 채권을 취득하기 위한 요건이다(대판 2013.9.13. 2011다56033 참조). '제3자의 수익의 의사표시'는 계약의 성립 시뿐만 아니라 계약 성립 후에도 할 수 있다. 물론 수익의 의사표시는 낙약자를 상대로 하여야 한다(민법 제539조 제2항).

⑤ (○) 채무자와 인수인의 합의에 의한 중첩적 채무인수는 일종의 제3자를 위한 계약이라고 할 것이므로, 채권자는 인수인에 대하여 채무이행을 청구하거나 기타 채권자로서의 권리를 행사하는 방법으로 수익의 의사표시를 함으로써 인수인에 대하여 직접 청구할 권리를 갖게 된다(대판 2013.9.13. 2011다56033).

답 ❹

039 乙은 甲 소유의 X주택을 매수하면서 그 대금을 甲의 대여금채권자 丙에게 지급하기로 하는 제3자를 위한 계약을 체결하였고, 丙은 위 매매대금의 수령의사를 밝혔다. 다음 설명 중 옳지 않은 것은?(다툼이 있으면 판례에 따름)

17 변리

① X주택의 소유권이전의무가 甲의 과실로 이행불능이 된 경우, 乙은 丙의 동의 없이 매매계약을 해제할 수 있다.
② 甲과 丙 간의 금전소비대차계약이 취소되더라도 甲과 乙 간의 매매계약은 유효하다.
③ 甲과 乙 간의 매매계약이 乙의 사기를 이유로 취소된 경우, 丙이 그 사실을 몰랐더라도 丙은 선의의 제3자로서 보호받지 못한다.
④ 만약 丙이 甲의 대리인으로서 乙을 기망하여 乙이 위 매매계약을 체결한 경우, 乙은 丙의 대금지급 청구를 거절할 수 있을 뿐이고 위 매매계약을 취소할 수는 없다.
⑤ 甲의 채무불이행으로 위 매매계약이 해제된 경우, 乙이 丙에게 매매대금의 일부를 이미 지급하였더라도, 특별한 사정이 없는 한 乙은 丙을 상대로 부당이득을 원인으로 이미 지급한 대금의 반환을 청구할 수 없다.

해설

① (○) 판례는 요약자의 채무불이행이 있는 경우, 낙약자는 수익자의 동의 없이 기본관계를 이루는 계약을 해제할 수 있음을 전제로 하고 있으므로 X주택의 소유권이전의무가 甲의 과실로 이행불능이 된 경우, 乙은 丙의 동의 없이 매매계약을 해제할 수 있다고 보는 것이 타당하다.

> A가 이미 이 사건 물건의 소유권을 취득함으로써 소외인(요약자)의 원고(낙약자)에 대한 이 사건 물건의 소유권이전의무가 이행불능 상태에 빠졌음을 이유로 이 사건 매매계약을 해제하였으므로, 피고(수익자)는 해제에 따른 원상회복으로서 원고로부터 지급받은 이 사건 매매계약의 매매대금 2,600만원을 반환할 의무가 있다는 원고의 본소청구에 대하여는, 이 사건 매매계약을 해제한다는 의사표시가 담긴 이 사건 본소장 부본이 매도인 소외인에게 송달됨으로써 이 사건 매매계약은 적법하게 해제되었다고 할 것이다(대판 2005.7.22. 2005다7566).

② (○) 대가관계의 효력은 기본관계의 성립이나 효력에 영향을 미치지 아니하여 甲과 丙 간의 금전소비대차계약이 취소되더라도 甲과 乙 간의 매매계약은 유효하다고 보아야 한다.

> 제3자를 위한 계약의 체결원인이 된 요약자와 제3자(수익자) 사이의 법률관계(이른바 대가관계)의 효력은 제3자를 위한 계약 자체는 물론 그에 기한 요약자와 낙약자 사이의 법률관계(이른바 기본관계)의 성립이나 효력에 영향을 미치지 아니하므로 낙약자는 요약자와 수익자 사이의 법률관계에 기한 항변으로 수익자에게 대항하지 못하고, 요약자도 대가관계의 부존재나 효력의 상실을 이유로 자신이 기본관계에 기하여 낙약자에게 부담하는 채무의 이행을 거부할 수 없다(대판 2003.12.11. 2003다49771).

③ (○) 의사표시에 관한 민법의 규정(민법 제107조 내지 제110조)상 제3자란, 계약당사자와 그의 포괄승계인 이외의 자로서 당해 의사표시에 의한 법률행위에 기하여 새롭게 이해관계를 맺은 자를 의미하는데, 甲과 乙 간의 매매계약이 乙의 사기를 이유로 취소된 경우, 丙은 제3자를 위한 계약을 통하여 직접 채권을 취득한 자이므로, 의사표시에 관한 민법의 규정상 제3자에 해당하지 아니하여 丙이 그 사실을 몰랐더라도 丙은 선의의 제3자로서 보호받지 못한다.

④ (×) 상대방 있는 의사표시에 관하여 제3자가 사기나 강박을 한 경우에는 상대방이 그 사실을 알았거나 알 수 있었을 경우에 한하여 그 의사표시를 취소할 수 있으나, 상대방의 대리인 등 상대방과 동일시할 수 있는 자의 사기나 강박은 제3자의 사기・강박에 해당하지 아니한다(대판 1999.2.23. 98다60828). 매수인 乙은 매도인 甲이 자신의 대리인 丙의 사기・강박을 알았거나 알 수 있었는지를 불문하고, 민법 제110조 제1항에 근거하여 위 매매계약을 취소할 수 있다.

⑤ (○) 甲의 채무불이행으로 위 매매계약이 해제된 경우, 乙이 丙에게 매매대금의 일부를 이미 지급하였더라도, 매매계약의 청산은 계약의 당사자인 甲과 乙 사이에서 이루어져야 하므로 특별한 사정이 없는 한 乙은 丙을 상대로 부당이득을 원인으로 이미 지급한 대금의 반환을 청구할 수 없다.

제3자를 위한 계약관계에서 낙약자와 요약자 사이의 법률관계(이른바 기본관계)를 이루는 계약이 무효이거나 해제된 경우 그 계약관계의 청산은 계약의 당사자인 낙약자와 요약자 사이에 이루어져야 하므로, 특별한 사정이 없는 한 낙약자가 이미 제3자에게 급부한 것이 있더라도 낙약자는 계약해제 등에 기한 원상회복 또는 부당이득을 원인으로 제3자를 상대로 그 반환을 구할 수 없다(대판 2010.8.19. 2010다31860).

답 ❹

040 제3자를 위한 계약에 관한 설명으로 옳지 않은 것은?(다툼이 있는 경우에는 판례에 의함)

15 노무

① 제3자가 채무자에 대하여 계약의 이익을 받을 의사를 표시하여 제3자에게 권리가 생긴 후에는 당사자는 이를 변경 또는 소멸시키지 못한다.
② 계약의 당사자가 제3자에 대하여 가진 채권에 관하여 그 채무를 면제하는 계약도 제3자를 위한 계약에 준하는 것으로서 유효하다.
③ 낙약자는 요약자와 수익자 사이의 법률관계에 기한 항변으로 수익자에게 대항할 수 있다.
④ 낙약자와 요약자 사이의 매매계약이 무효인 경우, 특별한 사정이 없는 한 낙약자가 이미 제3자에게 급부한 것이 있더라도 낙약자는 부당이득을 원인으로 제3자를 상대로 그 반환을 구할 수 없다.
⑤ 채무자가 상당한 기간을 정하여 계약의 이익의 향수 여부의 확답을 제3자에게 최고하였으나, 그 기간 내에 확답을 받지 못한 때에는 제3자가 계약의 이익을 받을 것을 거절한 것으로 본다.

해설

① (○) 민법 제541조
② (○) 제3자를 위한 계약이 성립하기 위하여는 일반적으로 그 계약의 당사자가 아닌 제3자로 하여금 직접 권리를 취득하게 하는 조항이 있어야 할 것이지만, 계약의 당사자가 제3자에 대하여 가진 채권에 관하여 그 채무를 면제하는 계약도 제3자를 위한 계약에 준하는 것으로서 유효하다(대판 2004.9.3. 2002다37405).
③ (×) 제3자를 위한 계약의 체결 원인이 된 요약자와 제3자(수익자) 사이의 법률관계(이른바 대가관계)의 효력은 제3자를 위한 계약 자체는 물론 그에 기한 요약자와 낙약자 사이의 법률관계(이른바 기본관계)의 성립이나 효력에 영향을 미치지 아니하므로 낙약자는 요약자와 수익자 사이의 법률관계에 기한 항변으로 수익자에게 대항하지 못하고, 요약자도 대가관계의 부존재나 효력의 상실을 이유로 자신이 기본관계에 기하여 낙약자에게 부담하는 채무의 이행을 거부할 수 없다(대판 2003.12.11. 2003다49771).
④ (○) 제3자를 위한 계약관계에서 낙약자와 요약자 사이의 법률관계(이른바 기본관계)를 이루는 계약이 무효이거나 해제된 경우 그 계약관계의 청산은 계약의 당사자인 낙약자와 요약자 사이에 이루어져야 하므로, 특별한 사정이 없는 한 낙약자가 이미 제3자에게 급부한 것이 있더라도 낙약자는 계약해제 등에 기한 원상회복 또는 부당이득을 원인으로 제3자를 상대로 그 반환을 구할 수 없다(대판 2010.8.19. 2010다31860).
⑤ (○) 민법 제540조

답 ❸

041

甲은 자신이 소유하는 건물을 乙에게 매각하면서 乙과 매매대금 중 잔금의 지급청구권을 甲의 대여금채권자인 丙에게 귀속시키기로 약정하였다. 이에 관한 설명으로 옳은 것은?(다툼이 있는 경우에는 판례에 의함) 13 변리

① 甲과 乙이 丙에게 잔금지급청구권을 귀속시키기로 하는 약정에 조건을 붙이는 것은 丙의 지위를 불안하게 하므로 원칙적으로 허용되지 않는다.
② 甲·乙 사이의 매매계약이 해제되면, 특별한 사정이 없는 한, 乙은 계약해제 등에 기한 원상회복을 원인으로 丙에게 이미 지급한 잔금의 반환을 청구할 수 있다.
③ 丙에게 잔금을 지급하기로 한 약정이 체결된 이후, 甲·丙 사이의 금전소비대차계약이 취소되었다면 乙은 丙에 대하여 잔금의 지급을 거절할 수 있다.
④ 丙이 수익의 의사표시를 하였더라도, 특별한 사정이 없는 한, 이후 甲과 乙이 잔금지급과 관련한 丙의 권리를 변경시키는 합의를 하였다면 그 합의는 丙에 대하여 효력이 있다.
⑤ 乙이 丙에게 상당한 기간을 정하여 잔금에 대한 수익 여부를 최고하였으나 그 기간 내에 확답을 받지 못하였다면, 丙이 계약의 이익을 받기를 거절한 것으로 본다.

해설

① (×) 제3자를 위한 계약에는 제3자에게 권리를 직접 취득하게 하는 약정이 있어야 한다. 제3자가 직접 취득하게 되는 권리는 채권에 한하지 않으며, 물권 기타 어떠한 권리라도 무방하므로 조건부 제3자를 위한 계약이 가능하다(대판 2006.5.12. 2005다68783). 따라서 甲과 乙이 丙에게 잔금지급청구권을 귀속시키기로 하는 약정에 조건을 붙이는 것도 허용된다.
② (×) 판례의 취지를 고려할 때 甲·乙 사이의 매매계약이 해제되면, 특별한 사정이 없는 한 계약관계의 청산은 계약의 당사자인 요약자 甲과 낙약자 乙 사이에서 이루어져야 하므로, 낙약자 乙은 계약해제 등에 기한 원상회복을 원인으로 수익자 丙에게 이미 지급한 잔금의 반환을 청구할 수 없다.

> 제3자를 위한 계약관계에서 낙약자와 요약자 사이의 법률관계(이른바 기본관계)를 이루는 계약이 무효이거나 해제된 경우 그 계약관계의 청산은 계약의 당사자인 낙약자와 요약자 사이에 이루어져야 하므로, 특별한 사정이 없는 한 낙약자가 이미 제3자에게 급부한 것이 있더라도 낙약자는 계약해제 등에 기한 원상회복 또는 부당이득을 원인으로 제3자를 상대로 그 반환을 구할 수 없다(대판 2010.8.19. 2010다31860).

③ (×) 丙에게 잔금을 지급하기로 한 약정이 체결된 이후, 甲·丙 사이의 금전소비대차계약이 취소되었더라도 대가관계의 효력은 제3자를 위한 계약 자체에는 영향을 미치지 아니하므로 乙은 丙에 대하여 잔금의 지급을 거절할 수 없다.

> 제3자를 위한 계약의 체결원인이 된 요약자와 제3자(수익자) 사이의 법률관계(이른바 대가관계)의 효력은 제3자를 위한 계약 자체는 물론 그에 기한 요약자와 낙약자 사이의 법률관계(이른바 기본관계)의 성립이나 효력에 영향을 미치지 아니하므로 낙약자는 요약자와 수익자 사이의 법률관계에 기한 항변으로 수익자에게 대항하지 못하고, 요약자도 대가관계의 부존재나 효력의 상실을 이유로 자신이 기본관계에 기하여 낙약자에게 부담하는 채무의 이행을 거부할 수 없다(대판 2003.12.11. 2003다49771).

④ (×) 제3자의 권리가 생긴 후[제3자가 수익의 의사표시를 한 후(註)]에는 당사자는 이를 변경 또는 소멸시키지 못한다(민법 제541조). 따라서 丙이 수익의 의사표시를 하였다면, 甲과 乙이 잔금지급과 관련한 丙의 권리를 변경시키는 합의를 하였더라도, 그 합의는 丙에 대하여 효력이 없다.
⑤ (○) 乙은 丙에게 상당한 기간을 정하여 잔금에 대한 수익 여부를 최고할 수 있고, 乙이 그 기간 내에 확답을 받지 못하였다면, 丙이 계약의 이익을 받기를 거절한 것으로 본다(민법 제540조).

답 ⑤

042

甲과 乙은 甲이 자신 소유의 토지를 乙에게 매도하되 乙은 그 대금을 丙에게 지급하기로 약정하였고, 그 후 丙이 수익의 의사표시를 하였다. 이에 대한 설명 중 옳은 것은?

① 위 매매계약이 무효라고 하더라도 乙이 매매대금을 지급하지 않으면 丙은 乙에 대하여 채무불이행에 따른 손해배상을 청구할 수 있다.
② 丙이 乙에 대하여 매매대금의 지급을 청구한 경우, 乙은 甲이 아직 위 토지의 소유권을 이전하여 주지 않았음을 이유로 매매대금의 지급을 거절할 수는 없다.
③ 甲이 乙의 기망행위를 이유로 위 매매계약을 취소하였다면 丙이 그 취소원인 사실을 알지 못하였다 하더라도 丙은 乙에 대하여 매매대금의 지급을 청구할 수 없다.
④ 매매계약 당시 甲과 乙이 丙의 권리를 변경, 소멸시킬 수 있음을 미리 유보하였다고 하더라도 丙이 이미 수익의 의사표시를 하였기 때문에 甲과 乙이 丙의 권리를 변경, 소멸시킬 수는 없다.
⑤ 甲이 위 약정에 따라 乙에게 토지의 소유권을 이전하고 토지를 인도한 후 매수인인 乙이 대금지급의무를 이행하지 않는다는 이유로 甲이 위 매매계약을 적법하게 해제하였다면 乙은 위 토지를 丙에게 반환하여야 한다.

해설

① (×) 요약자와 낙약자의 보상관계(기본관계)는 제3자를 위한 계약의 내용을 이루며 그 하자는 계약의 효력에 영향을 미치게 된다. 따라서 甲(요약자)과 乙(낙약자) 사이의 토지매매계약이 무효라면 수익자(丙)의 대금지급청구권은 처음부터 발생하지 아니한 것으로 되어 乙이 丙에게 매매대금을 지급하지 않더라도 丙에 대한 채무불이행책임은 성립하지 아니하므로 丙은 乙에 대하여 채무불이행에 따른 손해배상을 청구할 수 없다.

② (×) 乙은 보상관계에 기한 항변으로 丙에게 대항할 수 있으므로, 丙이 乙에 대하여 매매대금의 지급을 청구한 경우, 乙은 동시이행의 항변권을 행사하여 甲이 아직 위 토지의 소유권을 이전하여 주지 않았음을 이유로 매매대금의 지급을 거절할 수 있다.

③ (○) 제3자를 위한 계약에서 수익자는 제3자를 위한 계약의 효과를 직접 받는 자로서 선의의 제3자로서 보호를 받지 못한다. 따라서 甲이 乙의 기망행위를 이유로 매매계약을 취소하였다면 丙이 그 취소원인 사실을 알지 못하였다 하더라도 丙은 乙에 대하여 매매대금의 지급을 청구할 수 없다.

④ (×) 판례의 취지를 고려할 때 매매계약 당시 甲과 乙이 丙의 권리를 변경, 소멸시킬 수 있음을 미리 유보하였다면 丙이 수익의 의사표시를 한 경우라도 丙의 권리를 변경, 소멸시킬 수 있다.

> 제3자를 위한 계약에 있어서, 제3자가 민법 제539조 제2항에 따라 수익의 의사표시를 함으로써 제3자에게 권리가 확정적으로 귀속된 경우에는, 요약자와 낙약자의 합의에 의하여 제3자의 권리를 변경·소멸시킬 수 있음을 미리 유보하였거나, 제3자의 동의가 있는 경우가 아니면 계약의 당사자인 요약자와 낙약자는 제3자의 권리를 변경·소멸시키지 못하고, 만일 계약의 당사자가 제3자의 권리를 임의로 변경·소멸시키는 행위를 한 경우 이는 제3자에 대하여 효력이 없다(대판 2002.1.25. 2001다30285).

⑤ (×) 제3자를 위한 유상·쌍무계약의 경우 요약자는 낙약자의 채무불이행을 이유로 제3자의 동의 없이 계약을 해제할 수 있다(대판 1970.2.24. 69다1410). 乙의 대금지급의무의 불이행이 있는 경우 그에 따른 매매계약의 해제권과 해제에 따른 원상회복청구권은 甲에게 귀속되고 보상관계는 해제에 따라 甲과 乙 사이에서 정리되어야 하므로 甲이 위 매매계약을 적법하게 해제하였다면 乙은 위 토지를 甲에게 반환하여야 한다.

답 ❸

043
CHECK ○△×

甲과 乙은 공동으로 丙에게 특수한 인쇄기계의 제작을 대금 3억원에 도급하였다. 그 계약에서 도급대금은 완성된 인쇄기계의 인도와 동시에 지급하기로 약정하고 그 지급에 관하여 甲과 乙이 연대채무를 부담하기로 하였다. 다음 중 옳은 것을 모두 고른 것은?(다툼이 있는 경우에는 판례에 의하고, 각 지문은 모두 독립적이다)

14 변시

> ㄱ. 丙은 인쇄기계 제작을 완성한 후 두 사람 중 보다 자력이 있는 甲에게 계속적으로 이행제공을 하면서 대금청구를 하였으나 乙에게는 한 번도 대금청구를 한 바 없다. 이 경우 乙도 丙에게 도급대금뿐만 아니라 지연손해금도 지급할 의무가 있다.
> ㄴ. 丙은 인쇄기계 제작을 완성한 후 근거 없이 도급대금을 4억원으로 증액하여 달라고 요구하였다. 甲·乙은 수차례에 걸쳐 도급대금을 지급하고자 시도하면서 인쇄기계 인도를 요구하였으나 丙은 인쇄기계 인도와 대금 수령을 거절하였다. 그러던 중 甲, 乙, 丙의 과실 없이 위 인쇄기계가 멸실되었다. 이 경우 원칙적으로 丙은 甲·乙에 대하여 도급대금의 지급을 청구할 수 없는 대신 손해배상책임을 면한다.
> ㄷ. 甲·乙은 인쇄기계가 완성되기 전부터 丙에게 근거 없이 도급대금을 지급할 수 없다는 취지의 확고한 이행거절의사를 표시하였다. 인쇄기계가 완성된 후 丙이 甲·乙에게 대금청구 및 인쇄기계 수령을 최고하기 전에 甲, 乙, 丙의 과실 없이 위 인쇄기계가 멸실되었다. 이 경우 丙은 甲·乙에게 도급대금을 청구할 수 있다.

① ㄱ
② ㄴ
③ ㄷ
④ ㄱ, ㄴ
⑤ ㄴ, ㄷ

해설

ㄱ. (○) 甲과 乙이 丙과 인쇄기계도급계약을 체결하면서 인쇄기계를 완성하여 이행의 제공을 하는 丙에게 연대하여 지급할 도급대금은 완성된 인쇄기계의 인도와 동시에 지급하기로 약정한 경우, 지문에서 丙의 계속적인 이행의 제공이 있었으므로 甲이 동시이행항변권의 소멸로 대금지급채무의 이행지체에 빠지게 되어 도급대금뿐만 아니라 이에 대한 지연손해금을 지급할 의무가 있는 것처럼, 丙이 甲에게 대금지급청구를 하면 연대채무의 절대적 효력(민법 제416조)에 의하여 乙도 丙에게 도급대금뿐만 아니라 지연손해금도 지급할 의무가 있다고 보아야 한다.

> 쌍무계약의 당사자 일방이 먼저 한번 현실의 제공을 하고 상대방을 수령지체에 빠지게 하였다 하더라도 그 이행의 제공이 계속되지 않는 경우는 과거에 이행의 제공이 있었다는 사실만으로 상대방이 가지는 동시이행의 항변권이 소멸하는 것은 아니므로, 일시적으로 당사자 일방의 의무의 이행제공이 있었으나 곧 그 이행의 제공이 중지되어 더 이상 그 제공이 계속되지 아니하는 기간 동안에는 상대방의 의무가 이행지체 상태에 빠졌다고 할 수는 없다(대판 2023.4.27. 2022다302497).

ㄴ. (×) 丙이 도급대금의 증액을 요구하면서 인쇄기계 인도와 대금 수령을 거절하던 중 甲, 乙, 丙의 과실 없이 위 인쇄기계가 멸실된 경우 이는 채무자위험부담주의(민법 제537조)가 아니라 이행지체 중의 손해배상(민법 제392조)의 문제라고 보아야 한다. 따라서 丙의 이행지체 중에 자기의 과실없이 인쇄기계가 멸실되었더라도 甲과 乙에 대하여 이에 대한 손해배상책임을 부담한다.

ㄷ. (×) 판례의 취지를 고려할 때 丙이 확고한 이행거절의사를 표시한 甲·乙에게 대금청구 및 인쇄기계의 수령을 최고하기 전이라면 채권자위험부담주의에 관한 민법 제538조 제1항의 "채권자의 책임있는 사유로 이행할 수 없게 된 때"에 해당하지 않게 되어 丙은 甲·乙에게 도급대금을 청구할 수 없다.

[1] 민법 제538조 제1항 소정의 '채권자의 책임 있는 사유'라고 함은 채권자의 어떤 작위나 부작위가 채무자의 이행의 실현을 방해하고 그 작위나 부작위는 채권자가 이를 피할 수 있었다는 점에서 신의칙상 비난받을 수 있는 경우를 의미한다.
[2] 민법 제400조 소정의 채권자지체가 성립하기 위해서는 민법 제460조 소정의 채무자의 변제 제공이 있어야 하고, 변제 제공은 원칙적으로 현실 제공으로 하여야 하며 다만 채권자가 미리 변제받기를 거절하거나 채무의 이행에 채권자의 행위를 요하는 경우에는 구두의 제공으로 하더라도 무방하고, 채권자가 변제를 받지 아니할 의사가 확고한 경우(이른바, 채권자의 영구적 불수령)에는 구두의 제공을 한다는 것조차 무의미하므로 그러한 경우에는 구두의 제공조차 필요 없다고 할 것이지만, 그러한 구두의 제공조차 필요 없는 경우라고 하더라도, 이는 그로써 채무자가 채무불이행책임을 면한다는 것에 불과하고, 민법 제538조 제1항 제2문 소정의 "채권자의 수령지체 중에 당사자 쌍방의 책임 없는 사유로 이행할 수 없게 된 때"에 해당하기 위해서는 현실 제공이나 구두 제공이 필요하다(다만, 그 제공의 정도는 그 시기와 구체적인 상황에 따라 신의성실의 원칙에 어긋나지 않게 합리적으로 정하여야 한다)(대판 2004.3.12. 2001다79013).

답 ❶

044

甲은 자신 소유의 X노트북을 乙에게 매도하면서 그 대금은 乙이 甲의 채권자 丙에게 직접 지급하기로 하는 제3자를 위한 계약을 체결하였고, 丙은 乙에게 수익의 의사를 표시하였다. 이에 관한 설명으로 옳지 않은 것은?(다툼이 있으면 판례에 따름) `21 변리`

① 甲과 乙이 미리 매매계약에서 丙의 권리를 변경·소멸할 수 있음을 유보한 경우, 이러한 약정은 丙에 대해서도 효력이 있다.
② 甲은 丙의 동의가 없는 한 乙의 채무불이행을 이유로 계약을 해제할 수 없다.
③ 제3자를 위한 계약의 체결 원인이 된 甲과 丙 사이의 법률관계가 취소된 경우, 특별한 사정이 없는 한 乙은 丙에게 대금지급을 거절할 수 없다.
④ 乙의 채무불이행을 이유로 甲이 계약을 해제한 경우, 丙은 乙에게 자기가 입은 손해에 대한 배상을 청구할 수 있다.
⑤ 甲과 乙의 매매계약이 취소된 경우, 乙이 丙에게 이미 매매대금을 지급하였다고 하더라도 특별한 사정이 없는 한 乙은 丙을 상대로 부당이득반환청구를 할 수 없다.

해설

① (O) 판례의 취지를 고려할 때 지문에서 요약자 甲과 낙약자 乙이 미리 매매계약에서 수익자 丙의 권리를 변경·소멸할 수 있다고 유보한 경우, 이 약정은 수익자 丙에게도 효력이 있다.

제3자를 위한 계약에 있어서, 제3자가 민법 제539조 제2항에 따라 수익의 의사표시를 함으로써 제3자에게 권리가 확정적으로 귀속된 경우에는, 요약자와 낙약자의 합의에 의하여 제3자의 권리를 변경·소멸시킬 수 있음을 미리 유보하였거나, 제3자의 동의가 있는 경우가 아니면 계약의 당사자인 요약자와 낙약자는 제3자의 권리를 변경·소멸시키지 못하고, 만일 계약의 당사자가 제3자의 권리를 임의로 변경·소멸시키는 행위를 한 경우 이는 제3자에 대하여 효력이 없다(대판 2002.1.25. 2001다30285).

② (×) 제3자를 위한 유상·쌍무계약의 경우 요약자는 낙약자의 채무불이행을 이유로 제3자의 동의 없이 계약을 해제할 수 있으므로(대판 1970.2.24. 69다1410), 요약자 甲은 수익자 丙의 동의 없이 낙약자 乙의 채무불이행을 이유로 계약을 해제할 수 있다.

③ (○) 甲과 丙 사이의 법률관계가 취소되더라도 乙과 丙 사이의 법률관계에 영향을 미치지 아니하므로 낙약자 乙은 요약자 甲과 수익자 丙 사이의 법률관계가 취소되더라도 특별한 사정이 없는 한 수익자 丙에게 대금지급을 거절할 수 없다.

> 제3자를 위한 계약의 체결 원인이 된 요약자와 제3자(수익자) 사이의 법률관계(이른바 대가관계)의 효력은 제3자를 위한 계약 자체는 물론 그에 기한 요약자와 낙약자 사이의 법률관계(이른바 기본관계)의 성립이나 효력에 영향을 미치지 아니하므로 낙약자는 요약자와 수익자 사이의 법률관계에 기한 항변으로 수익자에게 대항하지 못하고, 요약자도 대가관계의 부존재나 효력의 상실을 이유로 자신이 기본관계에 기하여 낙약자에게 부담하는 채무의 이행을 거부할 수 없다(대판 2003.12.11. 2003다49771).

④ (○) 제3자를 위한 계약에 있어서 수익의 의사표시를 한 수익자는 낙약자에게 직접 그 이행을 청구할 수 있을 뿐만 아니라 요약자가 계약을 해제한 경우에는 낙약자에게 자기가 입은 손해의 배상을 청구할 수 있으므로(대판 1994.8.12. 92다41559), 丙은 乙에게 자기가 입은 손해에 대한 배상을 청구할 수 있다.

⑤ (○) 甲과 乙의 매매계약이 취소된 경우, 乙이 丙에게 이미 매매대금을 지급하였다고 하더라도 매매계약의 청산은 계약의 당사자인 甲과 乙 사이에서 이루어져야 하므로 특별한 사정이 없는 한 乙은 丙을 상대로 부당이득반환청구를 할 수 없다.

> 제3자를 위한 계약관계에서 낙약자와 요약자 사이의 법률관계(이른바 기본관계)를 이루는 계약이 무효이거나 해제된 경우 그 계약관계의 청산은 계약의 당사자인 낙약자와 요약자 사이에 이루어져야 하므로, 특별한 사정이 없는 한 낙약자가 이미 제3자에게 급부한 것이 있더라도 낙약자는 계약해제 등에 기한 원상회복 또는 부당이득을 원인으로 제3자를 상대로 그 반환을 구할 수 없다(대판 2010.8.19. 2010다31860).

045

甲과 乙은 甲 소유의 시계를 乙에게 500만원에 매도하면서 甲의 丙에 대한 채무의 변제에 충당하기 위해 500만원을 乙이 丙에게 지급하기로 하는 제3자를 위한 계약을 하고 丙도 이를 승낙하였다. 이에 관한 설명 중 옳은 것은?(다툼이 있는 경우 판례에 의함) [17] 변시

① 시계가 모조품으로 밝혀져 乙이 사기를 이유로 甲과의 계약을 취소한 경우, 丙이 이러한 사실을 알지 못했다 하더라도 乙은 丙의 대금지급청구를 거절할 수 있다.
② 乙이 丙에 대하여 이행기에 있는 300만원의 금전채권을 가지고 있다고 해도 乙은 이 채권을 가지고 丙에 대한 500만원 지급채무와 상계할 수 없다.
③ 甲이 시계를 인도하지 않더라도 乙은 丙의 동의 없이 매매계약을 해제할 수 없다.
④ 乙이 丙에게 500만원을 지급하였는데 甲이 이행을 지체하자 乙이 매매계약을 해제한 경우, 乙은 丙에게 500만원의 반환을 구할 수 있다.
⑤ 甲이 시계를 乙에게 인도하였는데 乙이 丙에게 500만원을 지급하지 않은 경우, 丙은 채무불이행을 이유로 매매계약을 해제하고 원상회복을 청구할 수 있다.

해설

① (○) 제3자를 위한 계약이 무효·취소·해제가 된 경우 수익자는 민법 제107조 내지 제110조, 제548조에 규정된 제3자로서 보호를 받을 수 없다는 것이 학설·판례의 태도이다. 수익자는 무효 등의 대상인 법률관계를 기초로 새롭게 이해관계를 맺은 것이 아니라 제3자를 위한 계약으로부터 직접 발생한 법률효과를 향유하는 자이기 때문이다. 따라서 지문에서 수익자 丙은 민법 제110조 제3항의 제3자가 아니므로 丙이 이러한 사실을 알지 못했다 하더라도 乙은 丙의 대금지급청구를 거절할 수 있다.

② (×) 지문에서 낙약자 乙이 요약자 甲에 대하여 가지는 채권으로는 수익자 丙의 자기에 대한 채권과 상계할 수 없지만 乙이 丙에 대하여 300만원의 금전채권을 가지고 있다면 乙은 이 채권을 가지고 丙에 대한 500만원 지급채무와 상계할 수 있다.

③ (×) 판례는 요약자의 채무불이행이 있는 경우, 낙약자는 수익자의 동의 없이 기본계약을 해제할 수 있음을 전제로 하고 있으므로 甲이 시계를 인도하지 않더라도 乙은 丙의 동의 없이 매매계약을 해제할 수 있다고 보는 것이 타당하다.

> A가 이미 이 사건 물건의 소유권을 취득함으로써 소외인(요약자)의 원고(낙약자)에 대한 이 사건 물건의 소유권이전의무가 이행불능 상태에 빠졌음을 이유로 이 사건 매매계약을 해제하였으므로, 피고(수익자)는 해제에 따른 원상회복으로서 원고로부터 지급받은 이 사건 매매계약의 매매대금 2,600만원을 반환할 의무가 있다는 원고의 본소청구에 대하여는, 이 사건 매매계약을 해제한다는 의사표시가 담긴 이 사건 본소장 부본이 매도인인 소외인에게 송달됨으로써 이 사건 매매계약은 적법하게 해제되었다고 할 것이다(대판 2005.7.22. 2005다7566).

④ (×) 甲이 이행을 지체하자 乙이 매매계약을 해제한 경우, 기본관계의 청산은 계약의 당사자인 乙과 甲 사이에서 이루어져야 하므로, 乙이 丙에게 500만원을 지급한 것이 있다면 丙이 아닌 甲에게 반환을 구하여야 한다.

> 제3자를 위한 계약관계에서 낙약자와 요약자 사이의 법률관계(이른바 기본관계)를 이루는 계약이 무효이거나 해제된 경우 그 계약관계의 청산은 계약의 당사자인 낙약자와 요약자 사이에 이루어져야 하므로, 특별한 사정이 없는 한 낙약자가 이미 제3자에게 급부한 것이 있더라도 낙약자는 계약해제 등에 기한 원상회복 또는 부당이득을 원인으로 제3자를 상대로 그 반환을 구할 수 없다(대판 2010.8.19. 2010다31860).

⑤ (×) 제3자를 위한 계약의 당사자가 아닌 수익자는 계약의 해제권이나 해제를 원인으로 한 원상회복청구권이 있다고 볼 수 없으므로(대판 1994.8.12. 92다41559), 甲이 시계를 乙에게 인도하였는데 乙이 丙에게 500만원을 지급하지 않은 경우, 丙은 채무불이행을 이유로 매매계약을 해제할 수 없다.

답

제4절 계약의 해제와 해지

046 해제에 관한 설명으로 옳은 것을 모두 고른 것은?

ㄱ. 해제의 의사표시는 철회하지 못한다.
ㄴ. 매매계약의 매수 당사자 일방이 여러 명인 경우, 매수 당사자 중 1인이 해제권을 상실하더라도 다른 매수인은 해제할 수 있다.
ㄷ. 해제권의 행사기간을 정하지 아니한 경우, 상대방이 해제권자에게 해제권의 행사 여부에 관하여 최고하였으나 해제권자로부터 상당기간이 지난 후에도 해제의 통지를 받지 못한 때에는 해제권은 소멸한다.
ㄹ. 해제권자의 가공으로 계약의 목적물이 다른 종류의 물건으로 변경된 경우, 해제권은 소멸한다.

① ㄱ, ㄴ
② ㄴ, ㄷ
③ ㄱ, ㄷ, ㄹ
④ ㄴ, ㄷ, ㄹ
⑤ ㄱ, ㄴ, ㄷ, ㄹ

해설

ㄱ. (○) 해제의 의사표시는 철회하지 못한다(민법 제543조 제2항).
ㄴ. (×) 매매계약의 매수 당사자 일방이 여러 명인 경우, 매수 당사자 중 1인이 해제권을 상실하였다면 다른 매수인도 해제권을 상실한다(해제권 소멸의 불가분성)(민법 제547조 제2항).
ㄷ. (○) 해제권의 행사기간을 정하지 아니한 때에는 상대방은 상당한 기간을 정하여 해제권 행사 여부의 확답을 해제권자에게 최고할 수 있고(민법 제552조 제1항), 해제권자로부터 상당한 기간 내에 해제의 통지를 받지 못한 때에는 해제권은 소멸한다(민법 제552조 제2항).
ㄹ. (○) 해제권자의 고의나 과실로 인하여 계약의 목적물이 현저히 훼손되거나 이를 반환할 수 없게 된 때 또는 가공이나 개조로 인하여 다른 종류의 물건으로 변경된 때에는 해제권은 소멸한다(민법 제553조).

답 ③

047

계약을 합의하여 해제하거나 해지하는 경우에 관한 설명으로 옳은 것을 모두 고른 것은?(다툼이 있으면 판례에 따름)

ㄱ. 계약이 합의해제된 경우, 특별한 사정이 없는 한 채무불이행으로 인한 손해배상청구는 할 수 없다.
ㄴ. 매매계약이 합의해제된 경우, 매수인에게 이전되었던 소유권이 당연히 매도인에게 복귀하지 않는다.
ㄷ. 아파트 분양신청권이 전전매도된 후 최초의 매매 당사자가 계약을 합의해제하면, 최초 매도인은 최종 매수인에게 최초 매매계약의 해제를 주장할 수 없다.
ㄹ. 당사자 사이에 약정이 없는 이상 합의해지로 인하여 반환할 금전에 그 받은 날로부터 이자를 붙여서 반환할 의무는 없다.

① ㄱ, ㄴ
② ㄱ, ㄹ
③ ㄴ, ㄷ
④ ㄴ, ㄹ
⑤ ㄷ, ㄹ

해설

ㄱ. (○) 계약이 합의해제된 경우에는 그 해제시에 당사자 일방이 상대방에게 손해배상을 하기로 특약하거나 손해배상청구를 유보하는 의사표시를 하는 등 다른 사정이 없는 한 채무불이행으로 인한 손해배상을 청구할 수 없다(대판 1989.4.25. 86다카1147·1148).

ㄴ. (×) 매매계약이 합의해제된 경우에도 매수인에게 이전되었던 소유권은 당연히 매도인에게 복귀하는 것이므로 합의해제에 따른 매도인의 원상회복청구권은 소유권에 기한 물권적 청구권이라고 할 것이고 이는 소멸시효의 대상이 되지 아니한다(대판 1982.7.27. 80다2968).

ㄷ. (×) 아파트 분양신청권이 전전매매된 후 최초의 매매 당사자가 계약을 합의해제한 경우, 그 분양신청권을 전전매수한 자는 설사 그가 백지 매도증서, 위임장 등 제반 서류를 소지하고 있다 하더라도 완전한 권리를 취득한 것이라고 할 수 없고, 또한 매매계약을 합의해제한 다음 이를 회수하지 아니하였다고 하여 그에 대하여 매매계약의 해제를 주장할 수 없는 것은 아니다(대판 1996.4.12. 95다49882).

ㄹ. (○) 합의해제 또는 해제계약이라 함은 해제권의 유무에 불구하고 계약 당사자 쌍방이 합의에 의하여 기존의 계약의 효력을 소멸시켜 당초부터 계약이 체결되지 않았던 것과 같은 상태로 복귀시킬 것을 내용으로 하는 새로운 계약으로서, 그 효력은 그 합의의 내용에 의하여 결정되고 여기에는 해제에 관한 민법 제548조 제2항의 규정은 적용되지 아니하므로, 당사자 사이에 약정이 없는 이상 합의해제로 인하여 반환할 금전에 그 받은 날로부터의 이자를 가하여야 할 의무가 있는 것은 아니다(대판 1996.7.30. 95다16011).

답 ②

048 합의해지에 관한 설명으로 옳은 것을 모두 고른 것은?(다툼이 있으면 판례에 따름)   24 노무

ㄱ. 근로자의 사직원 제출에 따른 합의해지의 청약에 대해 사용자의 승낙의사가 형성되어 확정적으로 근로계약종료의 효과가 발생하기 전에는 특별한 사정이 없는 한 근로자는 사직의 의사표시를 철회할 수 있다.
ㄴ. 계약의 합의해지는 묵시적으로 이루어질 수도 있으나, 묵시적 합의해지는 계약에 따른 채무의 이행이 시작된 후에 당사자 쌍방의 계약실현 의사의 결여 또는 포기로 인하여 계약을 실현하지 아니할 의사가 일치되어야만 한다.
ㄷ. 당사자 사이에 약정이 없는 이상, 합의해지로 인하여 반환할 금전에 그 받은 날로부터의 이자를 가할 의무가 있다.

① ㄱ
② ㄷ
③ ㄱ, ㄴ
④ ㄴ, ㄷ
⑤ ㄱ, ㄴ, ㄷ

해설

ㄱ. (○) 계약의 청약은 이를 철회하지 못한다(민법 제529조). 그러나 판례는 근로자를 보호하기 위한 특별배려로 청약의 구속력을 배제하는 법리를 전개하여, 근로자가 사직원의 제출방법에 의하여 근로계약관계의 합의해지를 청약하고 이에 대하여 사용자가 승낙함으로써 당해근로관계를 종료시키게 되는 경우에 있어서는, <u>근로자는 위 사직원의 제출에 따른 사용자의 승낙의사가 형성되어 확정적으로 근로계약 종료의 효과가 발생하기 전에는 그 사직의 의사표시를 자유로이 철회할 수 있다</u>고 판시하고 있다(대판 1992.4.10. 91다43138).
ㄴ. (○) 계약의 합의해지는 묵시적으로 이루어질 수도 있으나, 계약에 따른 채무의 이행이 시작된 다음에 당사자 쌍방이 계약실현 의사의 결여 또는 포기로 계약을 실현하지 않을 의사가 일치되어야만 한다. 이와 같은 합의가 성립하기 위해서는 쌍방 당사자의 표시행위에 나타난 의사의 내용이 객관적으로 일치하여야 하므로 계약당사자 일방이 계약해지에 관한 조건을 제시한 경우 조건에 관한 합의까지 이루어져야 한다(대판 2018.12.27. 2016다274270).
ㄷ. (×) 합의해지 또는 해지계약이라 함은 해지권의 유무에 불구하고 계약 당사자 쌍방이 합의에 의하여 계속적 계약의 효력을 해지시점 이후부터 장래를 향하여 소멸하게 하는 것을 내용으로 하는 새로운 계약으로서, 그 효력은 그 합의의 내용에 의하여 결정되고 여기에는 해제, 해지에 관한 민법 제548조 제2항의 규정은 적용되지 아니하므로, <u>당사자 사이에 약정이 없는 이상 합의해지로 인하여 반환할 금전에 그 받은 날로부터의 이자를 가하여야 할 의무가 있는 것은 아니다</u>(대판 2003.1.24. 2000다5336).

답 ❸

049 계약의 해제, 해지에 관한 설명으로 옳지 않은 것은?(다툼이 있으면 판례에 따름) [23] 변리

① 타인 권리의 매매로 인한 담보책임으로 매수인이 계약을 해제한 경우, 매수인이 진정한 권리자인 타인에게 직접 목적물을 반환한 때에는 그 반환한 범위에서 매도인에게 반환할 의무를 부담하지 않는다.
② 사정변경을 이유로 한 계약의 해제나 해지에서 사정변경에 대한 예견가능성이 있었는지는 개별적 사정을 고려하지 않고 추상적·일반적으로 판단하여야 한다.
③ 매수인의 사망으로 매수인의 지위를 상속한 상속인들이 매매계약을 해제하려면, 특별한 사정이 없는 한 전원이 해제의 의사표시를 하여야 한다.
④ 조합계약에서는 계약을 해제 또는 해지하고 조합원에게 그로 인한 원상회복의 의무를 부담지울 수는 없다.
⑤ 계약이 합의에 따라 해제되거나 해지된 경우, 특별한 사정이 없는 한 채무불이행으로 인한 손해배상을 청구할 수 없다.

해설

① (○) 타인의 권리의 매매의 경우에 매도인이 그 권리를 취득하여 매수인에게 이전할 수 없는 때에는 매수인은 계약을 해제할 수 있다(민법 제570조). 이러한 해제의 효과에 관하여 특별한 규정은 없지만 일반적인 해제와 달리 해석할 이유가 없다. 따라서 위 규정에 따라 매매계약이 해제되는 경우에, 매도인은 매수인에게 매매대금과 그 받은 날부터의 이자를 반환할 의무를 부담하고, 매수인 역시 특별한 사정이 없는 한 매도인에게 목적물을 반환할 의무는 물론이고 목적물을 사용하였으면 그 사용이익을 반환할 의무도 부담한다. 그리고 이러한 결론은 매도인이 목적물의 사용권한을 취득하지 못하여 매수인으로부터 반환받은 사용이익을 궁극적으로 정당한 권리자에게 반환하여야 할 입장이라 하더라도 마찬가지이다. 다만, 매수인이 진정한 권리자인 타인에게 직접 목적물 또는 사용이익을 반환하는 등의 특별한 사정이 있는 경우에는 매수인은 적어도 그 반환 등의 한도에서는 매도인에게 목적물 및 사용이익을 반환할 의무를 부담하지 않는다고 할 것이다(대판 2017.5.31. 2016다240).
② (×) 계약 성립의 기초가 된 사정이 현저히 변경되고 당사자가 계약의 성립 당시 이를 예견할 수 없었으며, 그로 인하여 계약을 그대로 유지하는 것이 당사자의 이해에 중대한 불균형을 초래하거나 계약을 체결한 목적을 달성할 수 없는 경우에는 계약준수 원칙의 예외로서 사정변경을 이유로 계약을 해제하거나 해지할 수 있다. 여기에서 말하는 사정이란 당사자들에게 계약 성립의 기초가 된 사정을 가리키고, 당사자들이 계약의 기초로 삼지 않은 사정이나 어느 일방당사자가 변경에 따른 불이익이나 위험을 떠안기로 한 사정은 포함되지 않는다. 사정변경에 대한 예견가능성이 있었는지는 추상적·일반적으로 판단할 것이 아니라, 구체적인 사안에서 계약의 유형과 내용, 당사자의 지위, 거래경험과 인식가능성, 사정변경의 위험이 크고 구체적인지 등 여러 사정을 종합적으로 고려하여 개별적으로 판단하여야 한다. 이때 합리적인 사람의 입장에서 볼 때 당사자들이 사정변경을 예견했다면 계약을 체결하지 않거나 다른 내용으로 체결했을 것이라고 기대되는 경우 특별한 사정이 없는 한 예견가능성이 없다고 볼 수 있다(대판 2021.6.30. 2019다276338).
③ (○) 민법 제547조 제1항은 '당사자의 일방 또는 쌍방이 수인인 경우에는 계약의 해지나 해제는 그 전원으로부터 또는 전원에 대하여 하여야 한다'고 규정하고 있다. 따라서 매매계약의 일방 당사자가 사망하였고 그에게 여러 명의 상속인이 있는 경우에 그 상속인들이 위 계약을 해제하려면, 상대방과 사이에 다른 내용의 특약이 있다는 등의 특별한 사정이 없는 한, 상속인들 전원이 해제의 의사표시를 하여야 한다(대판 2013.11.28. 2013다22812).
④ (○) 광업법 제34조 제1항, 제19조 제6항에 의하면 공동광업권자는 조합계약을 한 것으로 보도록 되어 있으므로 갑 등 4인 명의로 광업권등록이 되어 있다면 그들 사이에는 광업권에 관하여 조합관계에 있다 할 것이고 조합계약에 있어서는 조합의 해산청구를 하거나 탈퇴를 하거나 다른 조합원을 제명할 수 있을 뿐이고 특별한 사정이 없는 한 계약해제에 관한 민법상의 일반규정에 의하여 조합계약을 해제하고 상대방에게 원상회복의무를 부담시킬 수는 없다(대판 1988.3.8. 87다카1448).
⑤ (○) 계약이 합의에 의하여 해제 또는 해지된 경우에는 상대방에게 손해배상을 하기로 특약하거나 손해배상청구를 유보하는 의사표시를 하는 등 다른 사정이 없는 한 채무불이행으로 인한 손해배상을 청구할 수 없다. 그리고 그와 같은 손해배상의 특약이 있었다거나 손해배상 청구를 유보하였다는 점은 이를 주장하는 당사자가 증명할 책임이 있다(대판 2013.11.28. 2013다8755).

답 ❷

050 해제와 해지에 관한 설명으로 옳은 것은?(다툼이 있으면 판례에 따름) 노무

① 해제는 상대방에 대한 의사표시로 하고 상대방에게 도달한 때부터 그 효력이 생긴다.
② 계약이 합의해제되기 위해서는 명시적인 합의가 있어야 하며 묵시적인 합의해제는 인정되지 않는다.
③ 특별한 사정이 없는 한, 당사자의 일방 또는 쌍방이 수인인 경우에 해지나 해제의 권리가 당사자 1인에 대하여 소멸하여도 다른 당사자에게는 영향을 미치지 않는다.
④ 채무자의 책임 없는 사유로 채무의 이행이 불능하게 된 경우에도 채권자는 계약을 해제할 수 있다.
⑤ 계약이 해지된 경우, 계약은 소급적으로 그 효력을 잃기 때문에 이미 이행된 급부는 부당이득으로 상대방에게 반환하여야 한다.

해설

① (○) 당사자의 일방이나 쌍방이 해제의 권리가 있는 때에는 그 해제는 상대방에 대한 의사표시로 하고(민법 제543조), 그 의사표시가 상대방에게 도달한 때에 효력이 생긴다(민법 제111조 제1항).
② (×) 계약의 합의해제는 명시적으로 이루어진 경우뿐만 아니라 묵시적으로 이루어질 수도 있는 것으로, 계약의 성립 후에 당사자 쌍방의 계약실현의사의 결여 또는 포기로 인하여 쌍방 모두 이행의 제공이나 최고에 이름이 없이 장기간 이를 방치하였다면, 그 계약은 당사자 쌍방이 계약을 실현하지 아니할 의사가 일치함으로써 묵시적으로 합의해제되었다고 해석함이 상당하다(대판 2007.6.15. 2004다37904).
③ (×) 당사자의 일방 또는 쌍방이 수인인 경우에는 계약의 해지나 해제는 그 전원으로부터 또는 전원에 대하여 하여야 한다(민법 제547조 제1항). 해지나 해제의 권리가 당사자 1인에 대하여 소멸한 때에는 다른 당사자에 대하여도 소멸한다(동법 제547조 제2항).
④ (×) 채무자의 책임 있는 사유로 이행이 불능하게 된 때에는 채권자는 계약을 해제할 수 있다(민법 제546조). 그러나 채무자의 책임 없는 사유로 채무의 이행이 불능하게 된 경우에는 채무자위험부담의 문제(민법 제537조)가 되어 채무자는 자기의 급부의무를 면하게 되고 상대방(채권자)의 이행을 청구하지도 못한다.
⑤ (×) 당사자 일방이 계약을 해지한 때에는 계약은 장래에 대하여 그 효력을 잃는다(민법 제550조).

 ❶

051

계약의 해제에 관한 설명으로 옳지 않은 것은?(특별한 사정이 없음을 전제로 하며, 다툼이 있으면 판례에 따름)

① 당사자는 합의로 계약을 해제할 수 있다.
② 채권자가 채무액을 현저히 초과하는 금액의 지급을 최고하고, 이 금액을 지급하지 않으면 수령하지 않을 것이 분명한 경우에 이 최고에 터잡은 채권자의 해제는 무효이다.
③ 계약체결에 관한 대리권만을 수여받은 대리인은 계약체결 후 그 계약을 해제할 수 없다.
④ 하나의 계약에서 일방이 수인(數人)인 경우에 상대방은 그 수인 모두에게 해제의 의사표시를 하여야 한다.
⑤ 매도인의 책임있는 사유로 이행불능이 되어 매수인이 계약을 해제한 경우의 손해배상은 해제시 목적물의 싯가를 기준으로 그 손해를 산정한다.

해설

① (○) 계약의 합의해제는 해제권의 유무를 불문하고 계약당사자 쌍방이 합의에 의하여 기존의 계약의 효력을 소멸시켜 당초부터 계약이 체결되지 않았던 것과 같은 상태로 복귀시킬 것을 내용으로 하는 새로운 계약을 말한다(대판 2009.2.12. 2008다71926).
② (○) 채권자의 이행최고가 본래 이행하여야 할 채무액을 초과하는 금액의 이행을 요구하는 내용일 때에는 그 과다한 정도가 현저하고 채권자가 청구한 금액을 제공하지 않으면 그것을 수령하지 않을 것이라는 의사가 분명한 경우에는 그 최고는 부적법하고 이러한 최고에 터잡은 계약해제는 그 효력이 없다(대판 1994.11.25. 94다35930).
③ (○) 어떠한 계약의 체결에 관한 대리권을 수여받은 대리인이 수권된 법률행위를 하게 되면 그것으로 대리권의 원인된 법률관계는 원칙적으로 목적을 달성하여 종료하는 것이고, 법률행위에 의하여 수여된 대리권은 그 원인된 법률관계의 종료에 의하여 소멸하는 것이므로(민법 제128조), 그 계약을 대리하여 체결하였던 대리인이 체결된 계약의 해제 등 일체의 처분권과 상대방의 의사를 수령할 권한까지 가지고 있다고 볼 수는 없다(대판 2015.12.23. 2013다81019).
④ (○) 당사자의 일방 또는 쌍방이 수인인 경우에는 계약의 해지나 해제는 그 전원으로부터 또는 전원에 대하여 하여야 한다(민법 제547조 제1항).
⑤ (×) 채무가 이행불능으로 되거나, 타인의 권리매매에 있어 매도인이 그 권리를 매수인에게 이전할 수 없게 된 경우의 손해배상은 이행불능 당시의 목적물의 싯가를 기준으로 그 손해를 산정한다(대판 1980.3.11. 80다78).

 답 ❺

052

계약의 해제에 관한 설명으로 옳지 않은 것은?(다툼이 있는 경우에는 판례에 의함)

① 계약이 해제된 경우, 반환할 금전에는 그 받은 날로부터 이자를 가하여야 한다.
② 계약상의 채권을 양수한 자는 민법 제548조 제1항 단서의 제3자에 해당한다.
③ 계약 해제의 효과로서 원상회복의무의 반환의 범위는 이익의 현존 여부나 청구인의 선의·악의를 불문하고 특단의 사유가 없는 한 받은 이익의 전부이다.
④ 계약의 합의해제에 있어서도 민법 제548조의 계약해제의 경우와 같이 이로써 제3자의 권리를 해할 수 없다.
⑤ 계약이 해제되면 그 계약의 이행으로 변동이 생겼던 물권은 당연히 그 계약이 없었던 원상태로 복귀한다.

해설

① (○) 민법 제548조 제2항
② (×) 민법 제548조 제1항 단서에서 말하는 제3자란 일반적으로 그 해제된 계약으로부터 생긴 법률효과를 기초로 하여 해제 전에 새로운 이해관계를 가졌을 뿐 아니라 등기, 인도 등으로 완전한 권리를 취득한 자를 말하므로 계약상의 채권을 양수한 자나 그 채권 자체를 압류 또는 전부한 채권자는 여기서 말하는 제3자에 해당하지 아니한다(대판 2000.4.11. 99다51685).
③ (○) 계약이 해제된 경우에 각 당사자는 민법 제548조에 따라 상대방에 대하여 원상회복의 의무를 지며, 원상회복의무로서 반환할 금전에는 그 받은 날부터 이자를 가산하여 지급하여야 한다. 이와 같이 계약 해제의 효과로서 원상회복의무를 규정한 민법 제548조는 부당이득에 관한 특별규정의 성격을 가진 것이므로, 그 이익반환의 범위는 이익의 현존 여부나 선의, 악의에 불문하고 특단의 사유가 없는 한 받은 이익의 전부이다(대판 2013.12.12. 2013다14675).
④ (○) 대판 2005.6.9. 2005다6341
⑤ (○) 매매계약이 해제되면 그 계약의 이행으로 변동이 생겼던 물권은 당연히 그 계약이 없었던 원상태로 복귀하나, 매매계약 해제 이전에 매매목적물에 관하여 제3자에게 소유권이전등기가 경료된 뒤에 계약이 해제된 경우에는 계약해제의 효과로서 당연히 그 소유권이 매도인에게 복귀하지 않으므로 매도인은 소유권에 기하여 매수인 명의의 소유권이전등기의 말소를 청구할 수 없다(대판 1982.11.23. 81다카1110).

답 ❷

053 계약해제에 관한 설명으로 옳지 않은 것은?(다툼이 있으면 판례에 따름) 19 노무

① 약정해제권 행사의 경우, 특별한 사정이 없는 한 그 해제의 효과로서 손해배상청구는 할 수 없다.
② 해제로 인해 소멸되는 계약상의 채권을 계약해제 이전에 양수한 자는 계약해제의 효과를 규정한 민법 제548조 제1항 단서에 의해 보호받는 제3자에 해당하지 않는다.
③ 이행지체로 계약이 해제된 경우, 원상회복의무의 이행으로 반환할 금전에는 그 받은 날로부터 이자를 가하여야 한다.
④ 이행거절로 인한 계약해제의 경우, 해제자는 상대방의 최고 및 동시이행관계에 있는 자기 채무의 이행을 제공할 필요가 없다.
⑤ 계약해제에 따른 원상회복으로 매매대금의 반환을 구하는 경우, 해제자가 해제원인의 일부를 제공하였다면 과실상계가 적용된다.

해설

① (○) 약정해제권의 행사의 경우에는 법정해제의 경우와는 달리 그 해제의 효과로서 손해배상의 청구는 할 수 없다 할 것이다(대판 1983.1.18. 81다89).
② (○) 민법 제548조 제1항 단서에서 규정하고 있는 제3자란 일반적으로 계약이 해제되는 경우 그 해제된 계약으로부터 생긴 법률효과를 기초로 하여 해제 전에 새로운 이해관계를 가졌을 뿐 아니라 등기·인도 등으로 완전한 권리를 취득한 자를 말하고, 계약상의 채권을 양수한 자는 여기서 말하는 제3자에 해당하지 아니한다(대판 2003.1.24. 2000다22850).
③ (○) 민법 제548조 제2항
④ (○) 일방이 미리 이행하지 아니할 의사를 표시한 경우로서 이른바 '이행거절'로 인한 계약해제의 경우에는 상대방의 최고 및 동시이행관계에 있는 자기 채무의 이행제공을 요하지 아니하여 이행지체 시의 계약해제와 비교할 때 계약해제의 요건이 완화되어 있다(대판 2011.2.10. 2010다77385).
⑤ (×) 계약이 해제되면 그 효력이 소급적으로 소멸하고, 계약상 의무에 기하여 실행된 급부는 받은 이익 전부를 원상회복을 위해 부당이득으로 반환해야 한다. 과실상계는 불법행위로 인한 손해배상책임에 인정되는 것이고, 매매계약이 해제돼 소급적으로 효력을 잃어 원상회복의무 이행으로 반환하는 경우에는 적용되지 않는다(대판 2014.3.13. 2013다34143).

답 ❺

054 계약해제에 관한 설명으로 옳지 않은 것은?(다툼이 있으면 판례에 따름)

① 제3자를 위한 계약에서 요약자는 낙약자의 채무불이행을 이유로 제3자의 동의 없이 기본관계를 이루는 계약을 해제할 수 있다.
② 계약이 해제된 경우 금전을 수령한 자는 해제한 날부터 이자를 가산하여 반환하여야 한다.
③ 甲, 乙, 丙 사이에 순차적으로 매매계약이 이루어지고 丙이 매매대금을 乙의 지시에 따라 甲에게 지급한 경우, 乙과 丙 사이의 매매계약이 해제되더라도 丙은 甲에게 직접 부당이득 반환을 청구할 수 없다.
④ 매도인이 계약금계약에 의한 해제를 하는 경우, 매도인은 해제의사표시와 약정계약금의 배액을 제공하면 되고, 매수인의 수령거절 시 공탁할 필요는 없다.
⑤ 계약해제로 인한 원상회복의무가 이행지체에 빠진 이후의 지연손해금률에 관하여 당사자 사이에 별도의 약정이 있는 경우, 그 지연손해금률이 법정이율보다 낮더라도 약정에 따른 지연손해금률이 적용된다.

해설

① (○) 제3자를 위한 유상 쌍무계약의 경우 요약자는 낙약자의 채무불이행을 이유로 제3자의 동의 없이 계약을 해제할 수 있다(대판 1970.2.24. 69다1410).
② (×) 당사자 일방이 계약을 해제한 때에는 각 당사자는 그 상대방에 대하여 원상회복의 의무가 있다. 그러나 제3자의 권리를 해하지 못한다. 이 경우에 반환할 금전에는 그 받은 날로부터 이자를 가하여야 한다(민법 제548조).
③ (○) 계약의 한쪽 당사자가 상대방의 지시 등으로 급부과정을 단축하여 상대방과 또 다른 계약관계를 맺고 있는 제3자에게 직접 급부를 하는 경우(이른바 삼각관계에서 급부가 이루어진 경우), 그 급부로써 급부를 한 계약당사자가 상대방에게 급부를 한 것일 뿐만 아니라 그 상대방이 제3자에게 급부를 한 것이다. 따라서 계약의 한쪽 당사자는 제3자를 상대로 법률상 원인 없이 급부를 수령하였다는 이유로 부당이득반환청구를 할 수 없다(대판 2018.7.12. 2018다204992). 乙과 丙 사이의 매매계약이 해제된 경우, 丙은 甲이 아닌 매매계약상대방 乙에게 부당이득 반환을 청구하여야 한다.
④ (○) 대판 1992.5.12. 91다2151
⑤ (○) 당사자 일방이 계약을 해제한 때에는 각 당사자는 상대방에 대하여 원상회복의무가 있고, 이 경우 반환할 금전에는 받은 날로부터 이자를 가산하여 지급하여야 한다. 여기서 가산되는 이자는 원상회복의 범위에 속하는 것으로서 일종의 부당이득 반환의 성질을 가지는 것이고 반환의무의 이행지체로 인한 지연손해금이 아니다. 따라서 당사자 사이에 그 이자에 관하여 특별한 약정이 있으면 그 약정이율이 우선적용되고 약정이율이 없으면 민사 또는 상사 법정이율이 적용된다. 반면 원상회복의무가 이행지체에 빠진 이후의 기간에 대해서는 부당이득반환의무로서의 이자가 아니라 반환채무에 대한 지연손해금이 발생하게 되므로 거기에는 지연손해금률이 적용되어야 한다. 그 지연손해금률에 관하여도 당사자 사이에 별도의 약정이 있으면 그에 따라야 할 것이고, 설사 그것이 법정이율보다 낮다 하더라도 마찬가지이다(대판 2013.4.26. 2011다50509).

055

甲은 2025.3.1. 乙에게 甲소유의 X토지를 매도하고 2025.3.7. 乙명의로 소유권이전등기를 경료해 주었는데, 2025.5.1. 위 매매계약이 적법하게 해제되었다. 이 경우 해제의 소급효로부터 보호받는 제3자에 해당하지 않는 자를 모두 고른 것은?(다툼이 있으면 판례에 따름) 〔25 노무〕

> ㄱ. 2025.4.1. 甲의 乙에 대한 매매대금 채권을 압류한 자
> ㄴ. 2025.4.1. X를 압류한 자
> ㄷ. 甲에 의한 해제가능성을 알면서 2025.4.1. 乙로부터 X에 저당권설정등기를 경료받은 자
> ㄹ. 계약이 해제된 사실을 알면서 2025.5.3. 乙과 매매예약을 체결하고 그에 기한 소유권이전청구권 보전을 위한 가등기를 마친 자

① ㄱ, ㄴ
② ㄱ, ㄹ
③ ㄴ, ㄷ
④ ㄱ, ㄴ, ㄹ
⑤ ㄴ, ㄷ, ㄹ

해설

ㄱ. (제3자에 해당 ×) 민법 제548조 제1항 단서에서 말하는 제3자란 일반적으로 그 해제된 계약으로부터 생긴 법률효과를 기초로 하여 해제 전에 새로운 이해관계를 가졌을 뿐 아니라 등기, 인도 등으로 완전한 권리를 취득한 자를 말하므로 계약상의 채권을 양수한 자나 그 채권 자체를 압류 또는 전부한 채권자는 여기서 말하는 제3자에 해당하지 아니한다(대판 2000.4.11. 99다51685). 따라서 2025.4.1. 甲의 乙에 대한 매매대금 채권을 압류한 자는 민법 제548조 제1항 단서의 제3자에 해당하지 않는다.

ㄴ. (제3자에 해당 ○) 실권특약부 매매계약에 기하여 매수인 앞으로 소유권이전등기가 경료되어 매수인의 책임재산이 된 토지를 체납처분의 일환으로 압류하고 그 등기까지 마친 자는 위 토지를 환가하여 그 대금으로 채권의 만족을 얻을 수 있는 별개의 새로운 권리를 취득하였으므로 민법 제548조 제1항 단서 소정의 제3자에 포함되고, 따라서 매도인은 실권특약에 의한 계약의 실효나 계약해제의 효과 등으로써 위 압류채권자에게 대항할 수 없다(대판 2000.4.21. 2000다584). 이에 따라 2025.4.1. X토지를 압류한 자는 민법 제548조 제1항 단서의 제3자에 해당한다.

ㄷ. (제3자에 해당 ○) 계약당사자의 일방이 계약을 해제한 경우 그 계약의 해제 전에 그 해제와 양립되지 아니하는 법률관계를 가진 제3자에 대하여는 계약의 해제에 따른 법률효과를 주장할 수 없고, 이는 제3자가 그 계약의 해제 전에 계약이 해제될 가능성이 있다는 것을 알았거나 알 수 있었다 하더라도 달라지지 아니한다(대판 2010.12.23. 2008다57746). 甲에 의한 해제가능성을 알면서 계약해제 전인 2025.4.1. 乙로부터 X토지에 저당권설정등기를 경료받은 자도 민법 제548조 제1항 단서의 제3자에 해당한다.

ㄹ. (제3자에 해당 ×) 계약 당사자의 일방이 계약을 해제하였을 때에는 계약은 소급하여 소멸하고 각 당사자는 원상회복의 의무를 지게 되나, 이 경우 계약해제로 인한 원상회복등기 등이 이루어지기 전에는 계약의 해제를 주장하는 자와 양립되지 아니하는 법률관계를 가지게 되었고 계약해제 사실을 몰랐던 제3자에 대하여는 계약해제를 주장할 수 없으며, 이러한 법리는 실권특약부 매매계약이 그 특약에 의하여 소급적으로 실효되는 경우에도 마찬가지로 적용된다(대판 2000.4.21. 2000다584). 이러한 판례의 취지를 고려할 때 2025.5.1. 매매계약이 해제된 사실을 알면서 2025.5.3. 乙과 매매예약을 체결하고 그에 기한 소유권이전청구권 보전을 위한 가등기를 마친 자는 민법 제548조 제1항 단서의 제3자에 해당하지 않는다.

답 ②

056 민법 제548조 제1항 단서의 계약해제의 소급효로부터 보호받는 제3자에 해당하지 않는 자는?(다툼이 있으면 판례에 따름)

① X토지에 대한 매매계약이 해제되기 전에 매수인으로부터 X토지를 매수하여 소유권을 취득한 자
② X토지에 대한 매매계약이 해제되기 전에 매수인의 X토지에 저당권을 취득한 자
③ X토지에 대한 매매계약의 해제로 X토지의 소유권을 상실하게 된 매수인으로부터 해제 이전에 X토지를 임차하여 임차권등기를 마친 자
④ X토지에 대한 매매계약이 해제되기 전에 매수인과 매매예약 체결 후 그에 기한 소유권이전등기청구권 보전을 위한 가등기를 마친 자
⑤ X토지에 대한 매매계약이 해제되기 전에 매수인으로부터 X토지에 대한 소유권이전등기청구권을 양도받은 자

해설

① (○) 국가가 그 부동산에 대한 매매계약을 해제하기 전에 그 부동산을 매수하고 소유권이전등기를 경료한 제3취득자에게 국가는 그 매매계약의 해제로써 대항할 수 없다(대판 1999.9.7. 99다14877). 따라서 매매계약이 해제되기 전에 X토지를 매수하여 소유권을 취득한 자는 제3자에 해당한다.
② (○) X토지에 대한 매매계약이 해제되기 전에 매수인의 X토지에 저당권을 취득한 자는 해제된 계약으로부터 생긴 법률효과를 기초로 하여 해제 전에 새로운 이해관계를 가졌을 뿐만 아니라 저당권등기로 완전한 권리(저당권)를 취득한 사람에 해당하므로 민법 제548조 제1항 단서의 규정에 따라 계약해제로 인하여 권리를 침해받지 않는 제3자에 해당한다.
③ (○) 판례의 취지를 고려할 때, X토지에 대한 매매계약의 해제로 X토지의 소유권을 상실하게 된 매수인으로부터 해제 이전에 X토지를 임차하여 임차권등기를 마친 자 또한 해제된 계약으로부터 생긴 법률효과를 기초로 하여 해제 전에 새로운 이해관계를 가졌을 뿐만 아니라 임차권등기로 대항력 있는 임차권을 취득한 사람에 해당하므로 민법 제548조 제1항 단서의 규정에 따라 계약해제로 인하여 권리를 침해받지 않는 제3자에 해당한다.

> 소유권을 취득하였다가 계약해제로 인하여 소유권을 상실하게 된 임대인으로부터 그 계약이 해제되기 전에 주택을 임차받아 주택의 인도와 주민등록을 마침으로써 주택임대차보호법 제3조 제1항에 의한 대항요건을 갖춘 임차인은 민법 제548조 제1항 단서의 규정에 따라 계약해제로 인하여 권리를 침해받지 않는 제3자에 해당한다(대판 2003.8.22. 2003다12717).

④ (○) 민법 제548조 제1항 단서에서 말하는 제3자는 일반적으로 해제된 계약으로부터 생긴 법률효과를 기초로 하여 해제 전에 새로운 이해관계를 가졌을 뿐만 아니라 등기, 인도 등으로 권리를 취득한 사람을 말하는 것인바, 매수인과 매매예약을 체결한 후 그에 기한 소유권이전청구권 보전을 위한 가등기를 마친 사람도 위 조항 단서에서 말하는 제3자에 포함된다(대판 2014.12.11. 2013다14569).
⑤ (×) 민법 제548조 제1항 단서에서 말하는 제3자란 일반적으로 그 해제된 계약으로부터 생긴 법률효과를 기초로 하여 해제 전에 새로운 이해관계를 가졌을 뿐 아니라 등기, 인도 등으로 완전한 권리를 취득한 자를 말하므로 계약상의 채권(예 소유권이전등기청구권)을 양수한 자나 그 채권 자체를 압류 또는 전부한 채권자는 여기서 말하는 제3자에 해당하지 아니한다(대판 2000.4.11. 99다51685).

답 ❺

057 부동산 매매계약의 합의해제(해제계약)에 관한 설명으로 옳은 것은?(다툼이 있으면 판례에 따름)

18 노무

① 합의해제는 당사자 쌍방의 묵시적 합의로 성립할 수 없다.
② 합의해제시에 손해배상에 관한 특약 등을 하지 않았더라도 매도인은 채무불이행으로 인한 손해배상을 청구할 수 있다.
③ 합의해제의 소급효는 해제 전에 매매목적물에 대하여 저당권을 취득한 제3자에게 영향을 미친다.
④ 합의해제에 따른 매도인의 원상회복청구권은 소유권에 기한 물권적 청구권으로서 소멸시효의 대상이 되지 않는다.
⑤ 다른 약정이 없으면 합의해제로 인하여 반환할 금전에 그 받은 날로부터 이자를 가산하여야 할 의무가 있다.

해설

① (×) 계약의 합의해제는 명시적으로 이루어진 경우뿐만 아니라 묵시적으로 이루어질 수도 있는 것으로, 계약의 성립 후에 당사자 쌍방의 계약실현의사의 결여 또는 포기로 인하여 쌍방 모두 이행의 제공이나 최고에 이름이 없이 장기간 이를 방치하였다면, 그 계약은 당사자 쌍방이 계약을 실현하지 아니할 의사가 일치함으로써 묵시적으로 합의해제되었다고 해석함이 상당하다(대판 2007.6.15. 2004다37904).
② (×) 계약이 합의에 의하여 해제 또는 해지된 경우에는 상대방에게 손해배상을 하기로 특약하거나 손해배상청구를 유보하는 의사표시를 하는 등 다른 사정이 없는 한 채무불이행으로 인한 손해배상을 청구할 수 없다(대판 2013.11.28. 2013다8755).
③ (×) 계약의·합의해제에 있어서도 민법 제548조의 계약해제의 경우와 같이 이로써 제3자의 권리를 해할 수 없다(대판 2005.6.9. 2005다6341).
④ (○) 대판 1982.7.27. 80다2968
⑤ (×) 당사자 사이에 약정이 없는 이상 합의해제로 인하여 반환할 금전에 그 받은 날로부터의 이자를 가하여야 할 의무가 있는 것은 아니다(대판 1996.7.30. 95다16011).

답

058 甲과 乙은 甲소유의 X토지에 대하여 매매계약을 체결하였다. 이에 관한 설명으로 옳지 않은 것은? (다툼이 있으면 판례에 따름)

21 변리

① 甲과 乙이 계약해제로 인한 원상회복의무로 반환할 매매대금에 가산할 이자를 4%로 약정한 경우, 동 약정이율은 매매대금 반환의무의 이행지체로 인한 지연손해금률에도 적용된다.
② 甲이 乙의 채무불이행을 이유로 매매계약을 해제한 후에도 乙은 착오를 이유로 매매계약을 취소할 수 있다.
③ 乙명의로 소유권이전등기가 경료된 X토지에 대하여 乙의 채권자 丙이 가압류 집행을 마쳐둔 경우, 甲은 丙에 대하여 乙의 채무불이행을 이유로 한 해제의 소급효를 주장할 수 없다.
④ 甲이 乙의 채무불이행에 관하여 원인의 일부를 제공하였다고 하더라도 乙이 이를 이유로 甲의 계약해제에 따른 원상회복청구에 대하여 과실상계하는 것은 인정되지 않는다.
⑤ 乙이 중도금을 약정된 기일에 지급하지 않으면 최고 없이 계약은 자동적으로 해제되는 것으로 약정한 경우, 특별한 사정이 없는 한 그 불이행이 있으면 계약은 자동적으로 해제된다.

해설

① (×) 판례의 취지를 고려할 때 甲과 乙이 계약해제로 인한 원상회복의무로 반환할 매매대금에 가산할 이자를 4%로 약정한 경우, 매매대금 반환의무의 이행지체로 인한 지연손해금률에 대한 별도의 약정이 있는 경우에는 그에 따라야 할 것이나, 별도의 약정이 없는 경우에는 지연손해금에는 甲과 乙 사이에 약정한 이율인 4%를 적용하되 법정이율보다 낮으므로 법정이율 5%가 적용된다고 이해하는 것이 타당하다. 부연하면 이행지체로 인한 지연손해금률에 대한 별도의 약정과 약정이율은 전자가 손해배상액의 예정이라는 점에서 구별하여야 한다.

> [1] 당사자 일방이 계약을 해제한 때에는 각 당사자는 상대방에 대하여 원상회복의무가 있고, 이 경우 반환할 금전에는 받은 날로부터 이자를 가산하여 지급하여야 한다. 여기서 가산되는 이자는 원상회복의 범위에 속하는 것으로서 일종의 부당이득반환의 성질을 가지는 것이고 반환의무의 이행지체로 인한 지연손해금이 아니다. 따라서 당사자 사이에 그 이자에 관하여 특별한 약정이 있으면 그 약정이율이 우선 적용되고 약정이율이 없으면 민사 또는 상사 법정이율이 적용된다. 반면 원상회복의무가 이행지체에 빠진 이후의 기간에 대해서는 부당이득반환의무로서의 이자가 아니라 반환채무에 대한 지연손해금이 발생하게 되므로 거기에는 지연손해금률이 적용되어야 한다. 그 지연손해금률에 관하여도 당사자 사이에 별도의 약정[손해배상액의 예정을 의미(註)]이 있으면 그에 따라야 할 것이고, 설사 그것이 법정이율보다 낮다 하더라도 마찬가지이다.
> [2] 계약해제 시 반환할 금전에 가산할 이자에 관하여 당사자 사이에 약정이 있는 경우에는 특별한 사정이 없는 한 이행지체로 인한 지연손해금도 그 약정이율에 의하기로 하였다고 보는 것이 당사자의 의사에 부합한다. 다만 그 약정이율이 법정이율보다 낮은 경우에는 약정이율에 의하지 아니하고 법정이율에 의한 지연손해금을 청구할 수 있다고 봄이 타당하다. 계약해제로 인한 원상회복 시 반환할 금전에 받은 날로부터 가산할 이자의 지급의무를 면제하는 약정이 있는 때에도 그 금전반환의무가 이행지체 상태에 빠진 경우에는 법정이율에 의한 지연손해금을 청구할 수 있는 점과 비교해 볼 때 그렇게 보는 것이 논리와 형평의 원리에 맞기 때문이다(대판 2013.4.26. 2011다50509).

② (○) 매도인이 매수인의 중도금 지급채무불이행을 이유로 매매계약을 적법하게 해제한 후라도 매수인으로서는 상대방이 한 계약해제의 효과로서 발생하는 손해배상책임을 지거나 매매계약에 따른 계약금의 반환을 받을 수 없는 불이익을 면하기 위하여 착오를 이유로 한 취소권을 행사하여 위 매매계약 전체를 무효로 돌리게 할 수 있으므로(대판 1991.8.27. 91다11308), 甲이 乙의 채무불이행을 이유로 매매계약을 해제한 후에도 乙은 착오를 이유로 매매계약을 취소할 수 있다.

③ (○) 乙명의로 소유권이전등기가 경료된 X토지에 대하여 乙의 채권자 丙이 가압류 집행을 마쳐둔 경우, 丙은 민법 제548조 제1항 단서에서 말하는 제3자에 포함된다고 할 것으로, 甲은 丙에 대하여 乙의 채무불이행을 이유로 한 해제의 소급효를 주장할 수 없다.

> 민법 제548조 제1항 단서에서 말하는 제3자란 일반적으로 그 해제된 계약으로부터 생긴 법률효과를 기초로 하여 해제 전에 새로운 이해관계를 가졌을 뿐 아니라 등기, 인도 등으로 완전한 권리를 취득한 자를 말하는 것인데, 해제된 매매계약에 의하여 채무자의 책임재산이 된 부동산을 가압류 집행한 가압류채권자도 원칙상 위 조항 단서에서 말하는 제3자에 포함된다(대판 2005.1.14. 2003다33004).

④ (○) 과실상계는 본래 채무불이행 또는 불법행위로 인한 손해배상책임에 대하여 인정되는 것으로 甲이 乙의 채무불이행에 관하여 원인의 일부를 제공하였다고 하더라도 乙이 이를 이유로 甲의 계약해제에 따른 원상회복청구에 대하여 과실상계하는 것은 인정되지 아니한다.

> 과실상계는 본래 채무불이행 또는 불법행위로 인한 손해배상책임에 대하여 인정되는 것이고, 매매계약이 해제되어 소급적으로 효력을 잃은 결과 매매당사자에게 당해 계약에 기한 급부가 없었던 것과 동일한 재산상태를 회복시키기 위한 원상회복의무의 이행으로서 이미 지급한 매매대금 기타의 급부의 반환을 구하는 경우에는 적용되지 아니한다(대판 2014.3.13. 2013다34143).

⑤ (○) 매매계약에 있어 매수인이 중도금을 약정한 일자에 지급하지 아니하면 그 계약을 무효로 한다고 하는 특약이 있는 경우 매수인이 약정한 대로 중도금을 지급하지 아니하면 그 불이행 자체로써 계약은 그 일자에 자동적으로 해제된 것이라고 보아야 한다(대판 1988.12.20. 88다카132). 따라서 乙의 중도금지급의무의 불이행으로 당해 매매계약은 자동적으로 해제된다.

답 ①

059

甲은 2020년 1월 29일에 그 소유 토지를 乙에게 10억원에 매도하는 계약을 체결하면서 계약금은 1억원으로 하고, 2020년 2월 29일에 중도금 4억원을 지급받음과 동시에 소유권이전등기를 넘겨주고, 잔금은 2020년 3월 29일까지 지급받기로 하였다. 이에 관한 설명으로 옳은 것을 모두 고른 것은?(다툼이 있으면 판례에 따름)   〔20 변리〕

> ㄱ. 乙이 약정대로 중도금까지 지급하고 소유권이전등기를 경료하였으나, 2020년 3월 29일에 잔금을 지급하지 않은 경우, 甲은 즉시 계약을 해제할 수 있다.
> ㄴ. 등기를 취득한 乙이 2020년 4월 16일에 丙에게 매도하고 이전등기를 해 준 뒤, 甲이 乙의 채무불이행을 이유로 적법하게 계약을 해제한 경우, 丙이 乙과의 계약 당시 乙의 채무불이행사실을 알았더라도 甲은 丙 명의 등기의 말소를 청구할 수 없다.
> ㄷ. 乙이 등기를 취득한 후 甲이 2020년 4월 25일에 乙의 채무불이행을 이유로 적법하게 계약을 해제하였으나 乙 명의의 등기를 말소하기 전에 丙 명의의 저당권등기가 이루어진 경우, 丙이 계약해제사실을 몰랐다면 甲은 丙 명의 등기의 말소를 청구할 수 없다.

① ㄱ
② ㄷ
③ ㄱ, ㄴ
④ ㄴ, ㄷ
⑤ ㄱ, ㄴ, ㄷ

해설

ㄱ. (×) 금전채무는 원칙적으로 이행지체가 문제될 뿐, 이행불능은 문제되지 아니한다. 사안은 잔금이행기인 2020.3.29. 잔금을 지급하지 아니한 경우이므로, 이는 이행지체에 해당한다. 따라서 이행지체를 이유로 해제권을 행사하기 위하여는, 甲이 상당한 기간을 정하여 乙에게 그 이행을 최고하고, 乙이 그 기간 내에 이행하지 아니하여야 한다(민법 제544조 본문).

ㄴ. (○) 등기를 취득한 乙이 2020년 4월 16일에 丙에게 매도하고 이전등기를 해 준 뒤, 甲이 乙의 채무불이행을 이유로 적법하게 계약을 해제하였다면 丙이 乙과의 계약 당시 乙의 채무불이행사실을 알았더라도 이 경우 제3자인 丙의 선의·악의는 불문하므로, 甲은 악의인 丙 명의 등기의 말소를 청구할 수 없다.

> 당사자 일방이 계약을 해제한 때에는 각 당사자는 그 상대방에 대하여 원상회복의 의무가 있다. 그러나 제3자의 권리를 해하지 못한다(민법 제548조 제1항). 민법 제548조 제1항 단서에서 말하는 제3자란 일반적으로 그 해제된 계약으로부터 생긴 법률효과를 기초로 하여 해제 전에 새로운 이해관계를 가졌을 뿐 아니라 등기, 인도 등으로 완전한 권리를 취득한 자를 말한다(대판 2005.1.14. 2003다33004).

ㄷ. (○) 계약당사자의 일방이 계약을 해제하였을 때에는 계약은 소급하여 소멸하고 각 당사자는 원상회복의무를 지게 되나, 이 경우 계약해제로 인한 원상회복등기 등이 이루어지기 전에는 계약의 해제를 주장하는 자와 양립되지 아니하는 법률관계를 가지게 되었고 계약해제사실을 몰랐던 제3자에 대하여는 계약해제를 주장할 수 없다(대판 2000.4.21. 2000다584). 따라서 지문의 경우, 丙이 계약해제사실을 몰랐다면 甲은 丙 명의 등기의 말소를 청구할 수 없다.

답 ④

060 합의해제에 관한 설명으로 옳은 것은?(다툼이 있다면 판례에 따름) 　22 변리

① 계약의 합의해제는 단독행위의 일종이다.
② 계약의 합의해제가 된 경우에도 특별한 사정이 없는 한 채무불이행으로 인한 손해배상청구는 인정된다.
③ 특별한 사정이 없는 한 계약이 일부이행된 상태에서 당사자 쌍방이 장기간에 걸쳐 나머지 의무를 이행하지 않고 이를 방치한 것만으로도 묵시적 합의해제가 인정된다.
④ 계약을 합의해제할 때에는 원상회복에 관하여 반드시 약정을 하여야 한다.
⑤ 매매계약을 합의해제한 후 그 합의해제를 무효화시키고, 해제된 매매계약을 부활시키는 약정은 계약자유의 원칙상 적어도 당사자 사이에서는 가능하다.

해설

① (×) 해제는 상대방 있는 단독행위이나, 합의해제는 기존계약을 해소하기로 하는 계약당사자 간의 합의(계약)이다.
② (×) 계약이 합의해제된 경우에는 그 해제 시에 당사자 일방이 상대방에게 손해배상을 하기로 특약하거나 손해배상청구를 유보하는 의사표시를 하는 등 다른 사정이 없는 한 채무불이행으로 인한 손해배상을 청구할 수 없다(대판 1989.4.25. 86다카1147).
③ (×) 계약의 합의해제는 명시적으로뿐만 아니라 당사자 쌍방의 묵시적인 합의에 의하여도 할 수 있으나, 묵시적인 합의해제를 한 것으로 인정되려면 계약이 체결되어 그 일부가 이행된 상태에서 당사자 쌍방이 장기간에 걸쳐 나머지 의무를 이행하지 아니함으로써 이를 방치한 것만으로는 부족하고, 당사자 쌍방에게 계약을 실현할 의사가 없거나 계약을 포기할 의사가 있다고 볼 수 있을 정도에 이르러야 한다. 이 경우에 당사자 쌍방이 계약을 실현할 의사가 없거나 포기할 의사가 있었는지 여부는 계약이 체결된 후의 여러가지 사정을 종합적으로 고려하여 판단하여야 한다(대판 2011.2.10. 2010다77385).
④ (×) 계약을 합의해제할 때에 원상회복에 관하여 반드시 약정을 하여야 하는 것은 아니지만, 매매계약을 합의해제하는 경우에 이미 지급된 계약금, 중도금의 반환 및 손해배상금에 관하여는 아무런 약정도 하지 아니한 채 매매계약을 해제하기만 하는 것은 경험칙에 비추어 이례에 속하는 일이다(대판 1994.9.13. 94다17093).
⑤ (○) 매매계약을 합의해제한 후 그 합의해제를 무효화시키고, 해제된 매매계약을 부활시키는 약정은 계약자유의 원칙상 적어도 당사자 사이에서는 가능하다(대판 2006.4.13. 2003다45700).

 ❺

061 계약해제에 관한 설명으로 옳지 않은 것은?(다툼이 있으면 판례에 따름) 　16 변리

① 채권자가 채무불이행을 이유로 하여 계약을 적법하게 해제한 후에도 채무자는 착오를 이유로 그 계약을 취소할 수 있다.
② 채권자대위권 행사의 통지를 받은 후 채무자의 채무불이행을 이유로 제3채무자가 매매계약을 해제한 경우, 특별한 사정이 없는 한 그 제3채무자는 계약해제로써 대위권을 행사하는 채권자에게 대항할 수 없다.
③ 매도인의 소유권이전등기의무가 이행불능임을 이유로 매매계약을 해제함에 있어서, 상대방의 잔대금지급의무가 매도인의 소유권이전등기의무와 동시이행관계에 있더라도 그 이행의 제공을 필요로 하지 않는다.
④ 제3자를 위한 계약에서 수익자는 낙약자의 채무불이행을 이유로 계약을 해제할 수 없다.
⑤ 수증자가 증여자에 대하여 범죄행위를 한 경우에 증여자는 그 증여를 해제할 수 있지만, 그 해제는 이미 이행한 부분에는 효력을 미치지 않는다.

해설

① (○) 매도인이 매수인의 중도금지급채무 불이행을 이유로 매매계약을 적법하게 해제한 후라도 매수인으로서는 상대방이 한 계약해제의 효과로서 발생하는 손해배상책임을 지거나 매매계약에 따른 계약금의 반환을 받을 수 없는 불이익을 면하기 위하여 착오를 이유로 한 취소권을 행사하여 매매계약 전체를 무효로 돌리게 할 수 있다(대판 1996.12.6. 95다24982).

② (×) 채무자가 자신의 채무불이행을 이유로 매매계약이 해제되도록 한 것을 두고 민법 제405조 제2항에서 말하는 '처분'에 해당한다고 할 수 없다. 따라서 채무자가 채권자대위권 행사의 통지를 받은 후에 채무를 불이행함으로써 통지 전에 체결된 약정에 따라 매매계약이 자동적으로 해제되거나, 채권자대위권 행사의 통지를 받은 후에 채무자의 채무불이행을 이유로 제3채무자가 매매계약을 해제한 경우 제3채무자는 계약해제로써 대위권을 행사하는 채권자에게 대항할 수 있다. 다만 형식적으로는 채무자의 채무불이행을 이유로 한 계약해제인 것처럼 보이지만 실질적으로는 채무자와 제3채무자 사이의 합의에 따라 계약을 해제한 것으로 볼 수 있거나, 채무자와 제3채무자가 단지 대위채권자에게 대항할 수 있도록 채무자의 채무불이행을 이유로 하는 계약해제인 것처럼 외관을 갖춘 것이라는 등의 특별한 사정이 있는 경우에는 채무자가 피대위채권을 처분한 것으로 보아 제3채무자는 계약해제로써 대위권을 행사하는 채권자에게 대항할 수 없다(대판 2012.5.17. 2011다87235[전합]).

③ (○) 매도인의 매매계약상의 소유권이전등기의무가 이행불능이 되어 이를 이유로 매매계약을 해제함에 있어서는 상대방의 잔대금지급의무가 매도인의 소유권이전등기의무와 동시이행관계에 있다고 하더라도 그 이행의 제공을 필요로 하는 것이 아니다(대판 2003.1.24. 2000다22850).

④ (○) 제3자를 위한 계약의 당사자가 아닌 수익자는 계약의 해제권이나 해제를 원인으로 한 원상회복청구권이 있다고 볼 수 없다(대판 1994.8.12. 92다41559).

⑤ (○) 수증자가 증여자에 대하여 증여자 또는 그 배우자나 직계혈족에 대한 범죄행위가 있는 때에는 증여자는 그 증여를 해제할 수 있으나(민법 제556조 제1항 제1호), 그 해제는 이미 이행한 부분에 대하여는 영향을 미치지 아니한다(민법 제558조).

답 ❷

---

062 甲은 乙에게 X전시장을 2011년 3월 1일부터 2013년 2월 28일까지 임대하였고, 乙은 이를 자동차전시장으로 사용하고 있었다. 그런데 2012년 12월 21일 甲은 乙과 X전시장을 금 5억원에 매도하는 계약을 체결하면서 계약금을 지급받고, 2013년 1월 11일에 중도금을, 그리고 2013년 2월 21일에 잔금을 지급하고 잔금지급과 동시에 X전시장의 소유권이전등기에 필요한 서류를 넘겨주기로 하였다. 이에 관한 설명으로 옳은 것은?(다툼이 있는 경우에는 판례에 의함) `14 변리`

① 계약해제로 甲이 乙에게 매매대금을 반환하여야 하는 경우 가산되는 이자는 지연배상금이 아니라 원상회복을 위한 일종의 부당이득 반환의 성질을 가지기 때문에 이자에 관하여 甲과 乙의 특약이 있더라도 법정이율이 적용된다.

② 甲이 2013년 1월 11일 중도금을 지급하지 않은 乙에게 그 이행을 최고하였으나 이행이 없이 상당한 기간이 지난 2013년 2월 11일에 계약을 해제한 경우, 甲은 乙에게 계약해제에 따른 원상회복으로 X전시장의 인도와 임료 상당의 사용이익의 반환을 청구할 수 있다.

③ 甲이 2013년 2월 11일 중도금의 미지급을 이유로 적법하게 계약을 해제한 경우, 원상회복청구권의 소멸시효는 중도금을 지급하기로 약정한 2013년 1월 11일부터 진행한다.

④ 甲이 乙에 대한 대금채권을 丙에게 양도하고 이 사실을 乙에게 통지한 후 매매계약이 해제된 경우, 乙은 매매계약의 해제로써 丙에게 대항하지 못한다.

⑤ 甲과 乙이 "매도인이 위약 시에는 계약금의 배액을 배상하고 매수인이 위약 시에는 지급한 계약금을 매도인이 취득하고 계약은 자동적으로 해제된다"고 합의한 때에도, 甲 또는 乙은 최고 또는 통지하지 않으면 해제할 수 없다.

해설

① (×) 계약해제로 甲이 乙에게 매매대금을 반환하여야 하는 경우 가산되는 이자는 지연배상금이 아니라 원상회복을 위한 일종의 부당이득 반환의 성질을 가지기 때문에 甲과 乙 사이에 가산되는 이자에 대한 특약이 있는 경우에는 그 약정이율이 우선 적용된다.

> 당사자 일방이 계약을 해제한 때에는 각 당사자는 상대방에 대하여 원상회복의무가 있고, 이 경우 반환할 금전에는 받은 날로부터 이자를 가산하여 지급하여야 한다. 여기서 가산되는 이자는 원상회복의 범위에 속하는 것으로서 일종의 부당이득반환의 성질을 가지는 것이고 반환의무의 이행지체로 인한 지연손해금이 아니다. 따라서 당사자 사이에 그 이자에 관하여 특별한 약정이 있으면 그 약정이율이 우선 적용되고 약정이율이 없으면 민사 또는 상사 법정이율이 적용된다(대판 2013.4.26. 2011다50509).

② (×) 판례의 취지를 고려할 때 乙이 임료 상당액의 사용이익을 취득한 것은 甲과 乙 간의 임대차계약에 따른 결과이므로 甲은 乙에게 계약해제에 따른 원상회복으로 X전시장의 인도 이외에 임료 상당의 사용이익의 반환은 청구할 수 없다고 보아야 한다.

> 임대인 甲이 임차인 乙에게 丙부동산을 매도하기로 하였는데, 乙이 중도금 지급을 하지 않아 매매계약이 해제된 경우, 乙이 丙부동산을 점유한 것은 위 매매계약에 앞서 체결된 임대차계약에 기한 것일 뿐 매매계약의 이행으로서 인도받았다고는 볼 수 없으므로, 乙이 임대차계약에 기하여 부당이득반환의무를 지는 것은 별론으로 하고 매매계약의 해제에 따른 원상회복으로서 임료 상당의 사용이익을 반환할 의무를 진다고는 볼 수 없다(대판 2011.6.30. 2009다30724).

③ (×) 계약의 해제로 인한 원상회복청구권의 소멸시효는 해제 시, 즉 원상회복청구권이 발생한 때부터 진행하므로(대판 2009.12.24. 2009다63267), 원상회복청구권의 소멸시효는 중도금의 미지급을 이유로 적법하게 계약을 해제한 2013.2.11.부터 진행한다.

④ (×) 민법 제548조 제1항 단서에서 규정하고 있는 제3자란 일반적으로 계약이 해제되는 경우 그 해제된 계약으로부터 생긴 법률효과를 기초로 하여 해제 전에 새로운 이해관계를 가졌을 뿐 아니라 등기·인도 등으로 완전한 권리를 취득한 자를 말하고, 계약상의 채권을 양수한 자는 여기서 말하는 제3자에 해당하지 아니하므로(대판 2003.1.24. 2000다22850), 채무자 乙은 매매계약의 해제로써 양수인 丙에게 대항할 수 있다.

⑤ (○) 임대인 甲 또는 임차인 乙은 해제권유보조항에도 불구하고, 최고 또는 통지하지 아니하면 계약을 해제할 수 없다.

> 매도인이 위약 시에는 계약금의 배액을 배상하고 매수인이 위약 시에는 지급한 계약금을 매도인이 취득하고 계약은 자동적으로 해제된다는 조항은 위약당사자가 상대방에 대하여 계약금을 포기하거나 그 배액을 배상하여 계약을 해제할 수 있다는 해제권유보조항이라 할 것이고 최고나 통지 없이 해제할 수 있다는 특약이라고 볼 수 없다(대판 1982.4.27. 80다851).

답 ⑤

063
CHECK ○△×

甲은 자신이 소유하는 토지를 乙에게 매도하고 중도금까지 받았는데, 乙에게 그 토지에 대한 소유권이전등기를 넘기지 않은 상태에서 甲이 丙에게 다시 그 토지를 매도하고, 丙 명의로 소유권이전등기까지 마쳤다. 이에 관한 설명으로 옳은 것은?(다툼이 있으면 판례에 따름) ⓘ8 변리

① 乙이 甲과의 계약을 해제하기 위해서는 상당한 기간을 정해 이행을 최고하여야 한다.
② 乙이 甲과의 계약을 해제하면 乙은 甲에 대해 원상회복청구권을 갖는데, 그 권리의 소멸시효는 해제권이 발생한 때로부터 진행한다.
③ 乙이 甲과의 계약을 해제하기 위해서는 甲의 소유권이전등기의무와 동시이행관계에 있는 잔대금지급의무의 이행제공을 하여야 한다.
④ 만약 丙이 아직 甲에게 매매대금을 지급하지 않았다면, 乙은 甲과의 계약을 해제하지 않고 丙을 상대로 甲에게 지급할 매매대금을 자신에게 대상(代償)으로 지급하라고 청구할 수 있다.
⑤ 만약 丁이 甲의 乙에 대한 채무의 이행을 보증하였고 乙이 甲의 채무불이행을 이유로 계약을 해제하였다면, 丁은 특별한 사정이 없는 한 甲의 乙에 대한 원상회복의무에 대해 책임을 부담한다.

해설

① (×) 부동산을 이중매도하고 매도인이 그중 1인에게 먼저 소유권명의를 이전하여 준 경우에는 특별한 사정이 없는 한 다른 1인에 대한 소유권이전등기의무는 이행불능상태에 있으므로(대판 1965.7.27. 65다947), 乙은 별도의 최고없이 甲과의 계약을 해제할 수 있다.

② (×) 乙의 원상회복청구권은 매매대금에 대한 반환청구권으로서 그 본질은 채권적 청구권이므로, 소멸시효의 대상이다(민법 제162조). 나아가 계약의 해제로 인한 원상회복청구권의 소멸시효는 해제 시, 즉 원상회복청구권이 발생한 때부터 진행한다(대판 2009.12.24. 2009다63267).

③ (×) 매도인의 매매계약상의 소유권이전등기의무가 이행불능이 되어 이를 이유로 매매계약을 해제함에 있어서는 상대방의 잔대금지급의무가 매도인의 소유권이전등기의무와 동시이행관계에 있다고 하더라도 그 이행의 제공을 필요로 하는 것이 아니다(대판 2003.1.24. 2000다22850). 지문의 경우 甲의 소유권이전등기의무가 이행불능되었으므로 乙이 甲과의 계약을 해제하기 위해서 잔대금지급의무에 대한 이행제공을 필요로 하지 아니한다.

④ (×) 판례의 취지를 고려할 때 제2매수인 丙에게 소유권이전등기를 경료해 줌에 따라 甲의 乙에 대한 소유권이전등기가 이행불능이 된 경우, 乙은 甲에게 丙에 대한 매매대금채권의 양도를 청구할 수 있을 뿐, 丙을 상대로 甲에게 지급할 매매대금을 자신에게 대상(代償)으로 지급하라고 청구할 수는 없다.

> 소유권이전등기의무의 목적부동산이 수용되어 그 소유권이전등기의무가 이행불능이 된 경우, 등기청구권자는 등기의무자에게 대상청구권의 행사로써 등기의무자가 지급받은 수용보상금의 반환을 구하거나 또는 등기의무자가 취득한 수용보상금청구권의 양도를 구할 수 있을 뿐 그 수용보상금청구권 자체가 등기청구권자에게 귀속되는 것은 아니다(대판 1996.10.29. 95다56910).

⑤ (○) 타인 간의 계약에 있어 그 계약상의 여러 가지 의무를 부담하는 당사자의 일방을 위하여 그 계약을 보증한 보증인은 상대방에 대하여 특단의 사정이 없는 한 피보증인의 채무불이행으로 인하여 그 계약이 해제되었음으로 인한 피보증인의 원상회복의 의무에 대하여도 책임을 진다(대판 1972.5.9. 71다1474). 따라서 丁은 특별한 사정이 없는 한, 甲의 乙에 대한 원상회복의무에 대하여 책임을 부담한다.

답 ⑤

064 계약해제에 관한 설명으로 옳지 않은 것은?(다툼이 있으면 판례에 따름)

① 해제권자가 그 상대방으로부터 인도받은 목적물을 자신의 과실(過失)로 인해 반환할 수 없게 된 경우에 그 해제권은 소멸한다.
② 당사자가 수인인 경우에 적용되는 해제권의 불가분성에 관한 규정(민법 제547조)에 대해 당사자는 특약으로 그 적용을 배제할 수 있다.
③ 해제권의 행사기간을 정하지 아니한 때에는 상대방은 상당한 기간을 정하여 해제권 행사 여부의 확답을 해제권자에게 최고할 수 있다.
④ 계약에서 위약 시의 해제권을 배제하기로 약정하지 않은 경우, 어느 일방에 대한 약정해제권의 유보는 채무불이행으로 인한 법정해제권의 발생에 영향을 주지 않는다.
⑤ 매수인이 매도인의 채무불이행을 이유로 계약금 반환을 구하는 소를 제기함으로써 계약해제권을 행사하고 그 소장이 송달된 후, 그 소를 취하하고 본래의 매매계약의 이행을 구하는 소를 제기하면 매도인은 매매계약상의 의무를 이행하여야 한다.

해설

① (○) 해제권자의 고의나 과실로 인하여 계약의 목적물이 현저히 훼손되거나 이를 반환할 수 없게 된 때 또는 가공이나 개조로 인하여 다른 종류의 물건으로 변경된 때에는 해제권은 소멸한다(민법 제553조).
② (○) 매도인이 매수인들과 사이에서 민법 제547조 제1항의 적용을 배제하기로 하였다는 특별한 사정이 없는 한 매매계약을 해제함에 있어 매수인들 모두에 대하여 그 해제의 의사표시를 하여야 그 효력이 발생한다(대판 1994.11.18. 93다46209). 즉, 해제권의 불가분성에 관한 규정인 민법 제547조는 당사자의 특약으로 그 적용을 배제할 수 있는 임의규정이다.
③ (○) 해제권의 행사의 기간을 정하지 아니한 때에는 상대방은 상당한 기간을 정하여 해제권 행사 여부의 확답을 해제권자에게 최고할 수 있다(민법 제552조 제1항).
④ (○) 계약서에 명문으로 위약 시의 법정해제권의 포기 또는 배제를 규정하지 않은 이상 계약당사자 중 어느 일방에 대한 약정해제권의 유보 또는 위약벌에 관한 특약의 유무 등은 채무불이행으로 인한 법정해제권의 성립에 아무런 영향을 미칠 수 없다(대결 1990.3.27. 89다카14110).
⑤ (×) 소제기로써 계약해제권을 행사한 후 그 뒤 그 소송을 취하하였다 하여도 해제권은 형성권이므로 그 행사의 효력에는 아무런 영향을 미치지 아니한다(대판 1982.5.11. 80다916). 따라서 매수인이 매도인의 채무불이행을 이유로 계약금 반환을 구하는 소를 제기함으로써 계약해제권을 행사하고 그 소장이 송달된 후, 그 소를 취하하고 본래의 매매계약의 이행을 구하는 소를 제기하더라도, 매도인은 매매계약상의 의무를 이행할 필요가 없다.

답 ⑤

065 민법상 제3자에 관련된 설명 중 옳지 않은 것은?(다툼이 있으면 판례에 따름)   06 사시

① 채권자 甲이 채무자 乙의 제3채무자 丙에 대한 매매계약상의 매매대금채권을 압류·전부하였다면 그 후 丙이 위 매매계약을 적법하게 해제하였다 하더라도 甲은 丙에 대하여 전부금의 지급을 청구할 수 있다.
② 제3자를 위한 계약이 성립하기 위해서는 제3자에게 직접 권리를 취득하게 하는 약정이 있어야 하지만 계약의 당사자가 제3자에 대하여 가진 채권에 관하여 그 채무를 면제하는 계약도 제3자를 위한 계약에 준하는 것으로서 유효하다.
③ 미성년자 甲이 자신 소유의 토지를 법정대리인의 동의 없이 乙에게 매도하고 乙이 丙에게 위 토지를 순차매도 후 甲이 乙과의 위 매매계약을 취소하였다면 丙이 선의였다고 하더라도 甲은 위 토지에 관한 소유권을 회복한다.
④ 민법 제126조 소정의 권한을 넘은 표현대리에 관한 규정에서 제3자라 함은 당해 표현대리행위의 직접상대방이 된 자를 지칭한다.
⑤ 지명채권의 양도통지가 확정일자 없는 증서에 의하여 이루어짐으로써 제3자에 대한 대항력을 갖추지 못하였으나 그 후 그 증서에 확정일자를 얻었다면 그 일자 이후에는 제3자에 대한 대항력을 취득한다.

해설

① (×) 판례의 취지를 고려할 때 전부채권자 甲은 해제의 소급효로부터 보호되는 민법 제548조 제1항 단서의 제3자에는 해당하지 아니하므로 丙이 乙과의 매매계약을 적법하게 해제하였다면 甲은 제3채무자인 丙에게 전부금의 지급을 청구할 수 없다.

> 민법 제548조 제1항 단서에서 말하는 제3자란 일반적으로 그 해제된 계약으로부터 생긴 법률효과를 기초로 하여 해제 전에 새로운 이해관계를 가졌을 뿐 아니라 등기, 인도 등으로 완전한 권리를 취득한 자를 말하므로 계약상의 채권을 양수한 자나 그 채권 자체를 압류 또는 전부한 채권자는 여기서 말하는 제3자에 해당하지 아니한다(대판 2000.4.11. 99다51685).

② (○) 제3자를 위한 계약이 성립하기 위하여는 일반적으로 그 계약의 당사자가 아닌 제3자로 하여금 직접 권리를 취득하게 하는 조항이 있어야 할 것이지만, 계약의 당사자가 제3자에 대하여 가진 채권에 관하여 그 채무를 면제하는 계약도 제3자를 위한 계약에 준하는 것으로서 유효하다(대판 2004.9.3. 2002다37405).
③ (○) 甲이 미성년임을 이유로 법정대리인의 동의 없이 乙과의 토지매매계약을 취소하였다면 그 취소는 선의인 丙에게도 대항할 수 있다. 甲의 취소로 乙은 무권리자가 되고 무권리자인 乙로부터 소유권을 취득한 丙도 무권리자로부터 소유권을 취득한 자가 되어 소유권을 상실하게 된다. 결국 甲이 위 토지에 관한 소유권을 회복하는 것으로 취소에 따른 법률관계는 정리된다.
④ (○) 표현대리에 관한 민법 제126조의 규정에서 제3자라 함은 당해 표현대리행위의 직접 상대방이 된 자만을 지칭하는 것이고, 약속어음의 보증은 발행인을 위하여 그 어음금채무를 담보할 목적으로 하는 보증인의 단독행위이므로 그 행위의 구체적, 실질적인 상대방은 어음의 제3취득자가 아니라 발행인이라 할 것이어서 약속어음의 보증 부분이 위조된 경우, 동 약속어음을 배서, 양도받는 제3취득자는 위 보증행위가 민법 제126조 소정의 표현대리행위로서 보증인에게 그 효력이 미친다고 주장할 수 있는 제3자에 해당하지 않는다(대판 2002.12.10. 2001다58443).
⑤ (○) 지명채권의 양도는 이를 채무자에게 통지하거나 채무자의 승낙이 없으면 채무자 기타 제3자에 대항하지 못하고, 이 통지와 승낙은 확정일자 있는 증서에 의하지 아니하면 채무자 이외의 제3자에게 대항할 수 없다(민법 제450조). 여기서 '확정일자'란 증서에 대하여 그 작성한 일자에 관한 완전한 증거가 될 수 있는 것으로 법률상 인정되는 일자를 말하며 당사자가 나중에 변경하는 것이 불가능한 확정된 일자를 가리키고, '확정일자 있는 증서'란 위와 같은 일자가 있는 증서로서 민법 부칙(1958.2.22.) 제3조에 정한 증서를 말하며, 지명채권의 양도통지가 확정일자 없는 증서에 의하여 이루어짐으로써 제3자에 대한 대항력을 갖추지 못하였으나 그 후 그 증서에 확정일자를 얻은 경우에는 그 일자 이후에는 제3자에 대한 대항력을 취득한다(대판 2010.5.13. 2010다8310).

답 ❶

066

2015.2.5. 甲은 乙에게 자신 소유의 X주택을 대금 1억원에 매도하면서 계약금 1천만원을 수령하였고, 중도금 7천만원은 2015.2.25. X주택의 소유권 이전에 필요한 서류 일체를 교부함과 동시에 지급받기로 하였으며, 잔금 2천만원은 2015.3.5. 지급받기로 하였다. 2015.2.25. 乙이 중도금을 지급하고 자신의 명의로 X주택의 소유권이전등기를 마쳤으나, 2015.4.15. 甲은 乙의 잔금미지급을 이유로 위 매매계약을 적법하게 해제하였다. 다음 설명 중 옳은 것은?(다툼이 있으면 판례에 따름)

17 변리

① 만약 계약 당시 乙이 계약금 5백만원을 지급하였더라도 계약의 이행착수 전이라면, 甲은 1천만원을 상환하고 위 매매계약을 해제할 수 있다.
② 甲의 채권자 丙이 2015.2.15. 甲의 잔대금채권을 가압류한 경우라면, 丙은 민법 제548조 제1항 단서에 의해 보호받을 수 있는 제3자에 해당한다.
③ 2015.3.1. 丁이 乙과 X주택에 대하여 매매예약을 하고 그에 기해 소유권이전등기청구권 보전을 위한 가등기를 마쳤다면, 위 매매계약의 해제에도 불구하고 丁은 매매예약에 기한 본등기를 할 수 있다.
④ 乙 명의의 등기말소 전인 2015.4.20. 乙로부터 X주택의 일부를 임차하여 주택임대차보호법상 대항력을 갖춘 임차인은 위 매매계약이 해제된 사실을 알고 있었더라도 X주택에 대한 甲의 명도청구에 대항할 수 있다.
⑤ X주택을 사용한 乙이 계약의 해제로 이를 甲에게 반환하는 경우, X주택이 乙의 사용으로 인해 훼손되었다고 볼 수 없는 경우에도 그 사용이익 외에 감가상각비를 별도로 산정하여 반환하여야 한다.

해설

① (×) 계약금 일부만 지급된 경우 수령자가 매매계약을 해제할 수 있다고 하더라도 해약금의 기준이 되는 금원은 실제 교부받은 계약금이 아니라 약정계약금이라고 봄이 타당하므로, 매도인이 계약금의 일부로서 지급받은 금원의 배액을 상환하는 것으로는 매매계약을 해제할 수 없고(대판 2015.4.23. 2014다231378), 계약 당시 乙이 계약금 1천만원 중 5백만원을 지급하였더라도, 甲이 해약금계약에 따라 그 계약을 해제하려는 경우에는, 약정계약금 1천만원을 기준으로 한 배액인 2천만원을 상환하여야 한다.
② (×), ③ (○) 판례의 취지를 고려할 때 甲의 채권자 丙이 2015.2.15. 甲의 잔대금채권을 가압류한 경우라면, 丙은 민법 제548조 제1항 단서에 의하여 보호받을 수 있는 제3자에 해당하지 아니하나,❷ 2015.3.1. 丁이 乙과 X주택에 대하여 매매예약을 하고 그에 기하여 소유권이전등기청구권 보전을 위한 가등기를 마쳤다면, 丁은 제3자에 포함되므로 위 매매계약의 해제에도 불구하고 丁은 매매예약에 기한 본등기를 할 수 있다.❸

> • 민법 제548조 제1항 단서에서 말하는 제3자란 일반적으로 그 해제된 계약으로부터 생긴 법률효과를 기초로 하여 해제 전에 새로운 이해관계를 가졌을 뿐 아니라 등기, 인도 등으로 완전한 권리를 취득한 자를 말하므로 계약상의 채권을 양수한 자나 그 채권 자체를 압류 또는 전부한 채권자는 여기서 말하는 제3자에 해당하지 아니한다(대판 2000.4.11. 99다51685).
> • 매수인과 매매예약을 체결한 후 그에 기한 소유권이전청구권 보전을 위한 가등기를 마친 사람은 위 조항 단서에서 말하는 제3자에 포함된다(대판 2014.12.11. 2013다14569).

④ (×) 乙 명의의 등기말소 전인 2015.4.20. 乙로부터 X주택의 일부를 임차하여 주택임대차보호법상 대항력을 갖춘 임차인이더라도, 위 매매계약이 해제된 사실을 알고 있었다면, 민법 제548조 제1항 단서에서 말하는 제3자에 해당하지 아니하므로, X주택에 대한 甲의 명도청구에 대항할 수 없다.

계약당사자의 일방이 계약을 해제하였을 때에는 계약은 소급하여 소멸하여 해약당사자는 각 원상회복의 의무를 지게 되나 이 경우 계약해제로 인한 원상회복등기 등이 이루어지기 이전에 계약의 해제를 주장하는 자와 양립되지 아니하는 법률관계를 가지게 되었고 계약해제사실을 몰랐던 제3자에 대하여는 계약해제를 주장할 수 없다(대판 1985.4.9. 84다카130).

⑤ (×) X주택을 사용한 乙이 계약의 해제로 이를 甲에게 반환하는 경우, X주택이 乙의 사용으로 인해 훼손되었다고 볼 수 없는 경우, 사용에 따른 감가요인을 고려한 그 감가비 상당은 원상회복의무로서 반환할 성질의 것은 아니므로 사용이익 이외에 감가상각비를 별도로 산정하여 반환할 것은 아니다.

계약해제로 인하여 계약당사자가 원상회복의무를 부담함에 있어서 당사자 일방이 목적물을 이용한 경우에는 그 사용에 의한 이익을 상대방에게 반환하여야 하는 것이므로, 양도인은 양수인이 양도목적물을 인도받은 후 사용하였다 하더라도 양도계약의 해제로 인하여 양수인에게 그 사용에 의한 이익의 반환을 구함은 별론으로 하고, 양도목적물 등이 양수인에 의하여 사용됨으로 인하여 감가 내지 소모가 되는 요인이 발생하였다 하여도 그것을 훼손으로 볼 수 없는 한 그 감가비 상당은 원상회복의무로서 반환할 성질의 것은 아니다(대판 2000.2.25. 97다30066).

답 ❸

067 甲과 乙은 2000.5.1. 그들이 공유하는 토지를 丙에게 매도하는 매매계약을 대금은 1억원으로 하며 계약금은 1,000만원으로 하고 중도금 4,000만원은 2000.5.20. 지급하며 잔금 5,000만원은 2000.6.10. 등기이전서류의 교부와 동시에 지급하기로 하는 내용으로 체결하고 즉시 계약금을 받았다. 이 경우에 대한 설명 중 옳지 않은 것은?(다툼이 있으면 판례에 따름) 02 사시

① 甲과 乙이 민법의 해약금 규정에 따라 2000.5.10. 丙에게 행한 계약해제의 의사표시는 2,000만원을 丙에게 상환하여야 비로소 그 효과가 발생한다.
② 丙이 중도금 중 3,000만원만 지급한 채 잔대금 지급일이 지나도록 이를 지급하지 아니하는 경우 甲과 乙은 등기이전에 관한 이행의 제공 없이 중도금 잔액 및 잔금의 지급을 상당기간 내에 지급할 것을 최고하고 그 기간이 지나면 계약을 해제할 수 있다.
③ 丙이 중도금을 지급하고 잔금 지급일에 이행의 제공을 하였음에도 甲만 등기이전서류를 제공하고 乙은 등기이전서류를 제공하지 아니하는 경우에도, 乙의 채무불이행으로 인한 丙의 해제권은 甲과 乙 모두에게 계약 전부에 관하여 행사되어야 한다.
④ 甲과 乙의 귀책사유로 계약이 해제되는 경우 丙은 이미 지급한 매매대금의 반환을 원상회복으로서 청구하는 외에 손해가 발생한 경우 손해배상도 청구할 수 있다.
⑤ 丙이 중도금을 지급한 후 잔대금 지급일 이전에 미리 甲과 乙에게 잔대금을 지급하지 아니할 의사를 명백히 표시한 경우 甲과 乙은 이행의 최고 없이 곧바로 계약을 해제할 수 있다.

해설

① (○) 매수인이 계약의 이행에 착수하기 전에는 매도인은 계약금의 배액을 상환하고 계약을 해제할 수 있다(민법 제565조 제1항). 이에 따라 매도인이 받은 계약금의 배액을 매수인에게 상환하거나 적어도 그 이행제공을 하지 않으면 이 조항에 따라 해제할 수 없으므로(대판 2021.9.16. 2020다213364), 甲과 乙은 해약금 규정에 따라 토지매매계약 해제의 의사표시와 함께 계약금의 배액인 2,000만원을 상환하거나 이행의 제공을 함으로써 계약을 해제할 수 있다.

② (×) 丙이 중도금 중 3,000만원만 지급한 채 잔대금 지급일이 지나도록 이를 지급하지 아니하는 경우 甲과 乙의 소유권이전등기의무와 丙의 중도금 및 잔대금의 지급의무는 동시이행관계에 있게 되기 때문에 甲과 乙이 丙의 채무불이행을 이유로 한 해제권을 행사하기 위해서는 소유권이전에 필요한 등기이전서류를 인도하여 이행하거나 이행의 제공을 하여 丙을 이행지체에 빠뜨려야 하나(대판 2012.5.10. 2011다19522), 甲과 乙이 등기이전에 관한 이행의 제공을 하지 않았다면 丙은 이행지체의 책임을 지지 아니하므로 계약을 해제할 수 없다.

③ (○) 丙이 중도금을 지급하고 잔금 지급일에 이행의 제공을 하였음에도 甲만 등기이전서류를 제공하고 乙은 등기이전 서류를 제공하지 아니하는 경우, 丙이 계약해제권은 甲과 乙 모두에게 계약 전부에 관하여 행사되어야 한다(민법 제547조 제1항 참고).

④ (○) 계약의 해제는 손해배상의 청구에 영향을 미치지 아니하므로(민법 제551조), 甲과 乙의 귀책사유로 계약이 해제되는 경우 丙은 이미 지급한 매매대금의 반환을 원상회복으로서 청구하는 외에 손해가 발생한 경우 손해배상도 청구할 수 있다.

⑤ (○) 甲과 乙은 丙이 중도금을 지급한 후 잔대금 지급일 이전에 미리 잔대금을 지급하지 아니할 의사를 명백히 표시한 경우 이행의 최고 없이 곧바로 계약을 해제할 수 있다.

답 ❷

068

계약의 해제에 관한 설명 중 옳은 것을 모두 고른 것은?(다툼이 있는 경우 판례에 의함)

23 변시

> ㄱ. 채권자가 채무불이행을 이유로 계약을 해제하는 경우 특별한 사정이 없는 한 해제된 계약의 내용에 포함된 손해배상액의 예정도 소급적으로 소멸한다.
> ㄴ. 채권자가 채무의 내용인 급부 실현을 위해 필요한 협력행위를 하지 않아 계약 목적을 달성할 수 없는 경우, 채무자가 이를 이유로 계약을 해제하려면 채권자의 협력의무에 대한 약정이 있거나 신의칙상 채권자에게 협력의무가 있다고 인정될 만한 특별한 사정이 있어야 한다.
> ㄷ. 원래의 계약에 있는 위약금에 관한 약정은 그것이 계약 내용이나 당사자의 의사표시 등에 비추어 합의해제에도 적용된다고 볼만한 특별한 사정이 없는 한 합의해제의 경우에까지 적용되지는 않는다.
> ㄹ. 계약이 합의에 따라 해제된 경우에는 상대방에게 손해배상을 하기로 특약하거나 손해배상청구를 유보하는 의사표시를 하는 등 다른 사정이 없는 한 채무불이행으로 인한 손해배상을 청구할 수 없다.

① ㄱ, ㄴ
② ㄴ, ㄷ
③ ㄷ, ㄹ
④ ㄱ, ㄴ, ㄹ
⑤ ㄴ, ㄷ, ㄹ

해설

ㄱ. (×) 민법 제398조 제1항, 제3항, 제551조의 문언·내용과 계약당사자의 일반적인 의사 등을 고려하면, 계약당사자가 채무불이행으로 인한 전보배상에 관하여 손해배상액을 예정한 경우에 채권자가 채무불이행을 이유로 계약을 해제하거나 해지하더라도 원칙적으로 손해배상액의 예정은 실효되지 않고, 전보배상에 관하여 특별한 사정이 없는 한 손해배상액의 예정에 따라 배상액을 정해야 한다. 다만 위와 같은 손해배상액의 예정이 계약의 유지를 전제로 정해진 약정이라는 등의 사정이 있는 경우에 채무불이행을 이유로 계약을 해제하거나 해지하면 손해배상액의 예정도 실효될 수 있다. 이때 손해배상액의 예정이 실효된다고 볼 특별한 사정이 있는지는 약정 내용, 약정이 이루어지게 된 동기와 경위, 당사자가 이로써 달성하려는 목적, 거래의 관행 등을 종합적으로 고려하여 당사자의 의사를 합리적으로 해석하여 판단해야 한다(대판 2022.4.14. 2019다292736).

ㄴ. (○) 채권자지체가 성립하는 경우 그 효과로서 원칙적으로 채권자에게 민법 규정에 따른 일정한 책임이 인정되는 것 외에, 채무자가 채권자에 대하여 일반적인 채무불이행책임과 마찬가지로 손해배상이나 계약 해제를 주장할 수는 없다. 그러나 계약 당사자가 명시적·묵시적으로 채권자에게 급부를 수령할 의무 또는 채무자의 급부 이행에 협력할 의무가 있다고 약정한 경우, 또는 구체적 사안에서 신의칙상 채권자에게 위와 같은 수령의무나 협력의무가 있다고 볼 특별한 사정이 있다고 인정되는 경우에는 그러한 의무 위반에 대한 책임이 발생할 수 있다. 그중 신의칙상 채권자에게 급부를 수령할 의무나 급부 이행에 협력할 의무가 있다고 볼 특별한 사정이 있는지는 추상적·일반적으로 판단할 것이 아니라 구체적 사안에서 계약의 목적과 내용, 급부의 성질, 거래 관행, 객관적·외부적으로 표명된 계약 당사자의 의사, 계약 체결의 경위와 이행 상황, 급부의 이행 과정에서 채권자의 수령이나 협력이 차지하는 비중 등을 종합적으로 고려해서 개별적으로 판단해야 한다. 이와 같이 채권자에게 계약상 의무로서 수령의무나 협력의무가 인정되는 경우, 그 수령의무나 협력의무가 이행되지 않으면 계약 목적을 달성할 수 없거나 채무자에게 계약의 유지를 더 이상 기대할 수 없다고 볼 수 있는 때에는 채무자는 수령의무나 협력의무 위반을 이유로 계약을 해제할 수 있다(대판 2021.10.28. 2019다293036).

ㄷ. (○) 계약을 합의하여 해제하거나 해지하면서 상대방에게 손해배상을 하기로 하는 특약이나 손해배상청구를 유보하는 의사표시를 하였는지를 판단할 때에도 위와 같은 법률행위 해석에 관한 법리가 적용된다. 위와 같은 특약이나 의사표시가 있었는지는 합의해제·해지 당시를 기준으로 판단하여야 하는데, 원래의 계약에 있는 위약금이나 손해배상에 관한 약정은 그것이 계약 내용이나 당사자의 의사표시 등에 비추어 합의해제·해지의 경우에도 적용된다고 볼만한 특별한 사정이 없는 한 합의해제·해지의 경우에까지 적용되지는 않는다(대판 2021.5.7. 2017다220416).

ㄹ. (○) 계약이 합의에 따라 해제되거나 해지된 경우에는 상대방에게 손해배상을 하기로 특약하거나 손해배상청구를 유보하는 의사표시를 하는 등 다른 사정이 없는 한 채무불이행으로 인한 손해배상을 청구할 수 없다. 그와 같은 손해배상의 특약이 있었다거나 손해배상청구를 유보하였다는 점은 이를 주장하는 당사자가 증명할 책임이 있다(대판 2021.5.7. 2017다220416).

답 ⑤

069 계약의 해제에 관한 설명 중 옳은 것은?(다툼이 있는 경우 판례에 의함)

① 매도인으로부터 매매 목적물의 소유권을 이전받은 매수인이 매도인의 계약해제 이전에 제3자에게 목적물을 처분하여 계약해제에 따른 원물반환이 불가능하게 된 경우, 매수인이 원상회복의무로서 반환하여야 하는 목적물의 가액은 특별한 사정이 없는 한 그 처분 당시의 대가 또는 그 시가 상당액이다.
② 당사자가 기존 계약의 효력을 소멸시켜 원상으로 회복시키기로 합의한 경우, 특별한 약정이 없는 한 위 합의해제로 인하여 반환할 금전에는 그 받은 날로부터 이자를 가하여야 한다.
③ 부동산 매매계약이 해제되기 전에 매수인과 매매예약을 체결하고 그에 기한 소유권이전청구권 보전을 위한 가등기를 마친 사람은 민법 제548조 제1항 단서에서 말하는 계약해제로 보호받는 '제3자'에 포함되지 않는다.
④ 해제자가 계약 해제의 원인이 된 채무불이행에 관하여 그 원인의 일부를 제공하였다면, 신의칙 또는 공평의 원칙에 기하여 일반적으로 손해배상에 있어서의 과실상계에 준하여 계약의 해제로 인한 원상회복청구권의 내용이 제한될 수 있다.
⑤ 계약 해제로 인하여 당사자 일방이 수령한 금전을 반환함에 있어 그 받은 날로부터 가산하여 지급하여야 할 민법 제548조 제2항 소정의 이자는 반환의무의 이행지체로 인한 지연손해금이다.

해설

① (○) 매도인으로부터 매매 목적물의 소유권을 이전받은 매수인이 매도인의 계약해제 이전에 제3자에게 목적물을 처분하여 계약해제에 따른 원물반환이 불가능하게 된 경우에 매수인은 원상회복의무로서 가액을 반환하여야 하며, 이때에 반환하여야 하는 목적물의 가액은 특별한 사정이 없는 한 그 처분 당시의 대가 또는 그 시가 상당액이라 할 것이고, 그리고 이러한 법리는 매수인과 매도인의 약정에 따라 매도인으로부터 직접 제3자에게 목적물의 권리가 이전된 경우에도 마찬가지이다(대판 2013.12.12. 2012다58029).
② (×) 합의해제 또는 해제계약이라 함은 해제권의 유무에 불구하고 계약 당사자 쌍방이 합의에 의하여 기존의 계약의 효력을 소멸시켜 당초부터 계약이 체결되지 않았던 것과 같은 상태로 복귀시킬 것을 내용으로 하는 새로운 계약으로서, 그 효력은 그 합의의 내용에 의하여 결정되고 여기에는 해제에 관한 민법 제548조 제2항의 규정은 적용되지 아니하므로, 당사자 사이에 약정이 없는 이상 합의해제로 인하여 반환할 금전에 그 받은 날로부터의 이자를 가하여야 할 의무가 있는 것은 아니다(대판 1996.7.30. 95다16011).
③ (×) 민법 제548조 제1항 단서에서 말하는 제3자는 일반적으로 해제된 계약으로부터 생긴 법률효과를 기초로 하여 해제 전에 새로운 이해관계를 가졌을 뿐만 아니라 등기, 인도 등으로 권리를 취득한 사람을 말하는 것인바, 매수인과 매매예약을 체결한 후 그에 기한 소유권이전청구권 보전을 위한 가등기를 마친 사람도 위 조항 단서에서 말하는 제3자에 포함된다(대판 2014.12.11. 2013다14569).
④ (×) 계약의 해제로 인한 원상회복청구권에 대하여 해제자가 해제의 원인이 된 채무불이행에 관하여 '원인'의 일부를 제공하였다는 등의 사유를 내세워 신의칙 또는 공평의 원칙에 기하여 일반적으로 손해배상에 있어서의 과실상계에 준하여 권리의 내용이 제한될 수 있다고 하는 것은 허용되어서는 아니 된다(대판 2014.3.13. 2013다34143).
⑤ (×) 법정해제권 행사의 경우 당사자 일방이 그 수령한 금전을 반환함에 있어 그 받은 때부터 법정이자를 부가함을 요하는 것은 민법 제548조 제2항이 규정하는 바로서, 이는 원상회복의 범위에 속하는 것이며 일종의 부당이득반환의 성질을 가지는 것이고 반환의무의 이행지체로 인한 지연손해금이 아니므로, 부동산 매매계약이 해제된 경우 각 당사자가 상대방에 대하여 부담하는 원상회복의무가 동시이행의 관계에 있는지 여부와는 관계없이 매도인이 반환하여야 할 매매대금에 대하여는 그 받은 날부터 법정이율에 의한 법정이자를 부가하여 지급하여야 하고, 이와 같은 법리는 약정된 해제권을 행사하는 경우라 하여 달라지는 것은 아니다. 한편 원상회복의무가 이행지체에 빠진 이후의 기간에 대해서는 부당이득반환의무로서의 이자가 아니라 반환채무에 대한 지연손해금이 발생하게 되므로 거기에는 지연손해금률이 적용되어야 한다(대판 2020.3.12. 2019다286427).

답

070

乙은 2010.4.1. 甲으로부터 甲 소유의 X부동산을 매수하는 계약을 체결하면서 계약금 1,000만원을 甲에게 지급하였다. 계약에 따르면 매매대금은 1억원이며, 2010.5.1. 乙은 잔대금 9,000만원을 지급하면서 甲으로부터 X부동산의 소유권이전등기에 필요한 서류를 교부받기로 하였다. 다음 설명 중 옳지 않은 것은?(다툼이 있는 경우에는 판례에 의함) `13 변시`

① 乙은 2010.4.15. 계약금 1,000만원을 포기하면서 위 매매계약을 해제할 수 있다.
② 특별한 사정이 없는 한, 이행기 도과 후 甲이 乙에게 지연손해금을 청구하기 위해서는 甲이 한 차례 이행제공을 하는 것으로 충분하고, 그 이행제공이 계속되어야 할 필요는 없다.
③ 乙이 별다른 근거도 없이 2010.4.5.부터 계약의 무효를 주장하면서 甲의 변제제공이 있더라도 그 수령을 거절할 것임을 표시하여 수령거절의사를 번복할 가능성이 없는 경우, 甲은 2010.4.15. 이행의 최고 없이 乙의 이행거절을 이유로 계약을 해제할 수 있다.
④ 甲이 2010.5.1. 乙에게 X부동산에 관하여 소유권이전등기를 마쳐주고 X부동산을 인도하였으나 乙이 잔대금을 지급하지 못하자, 甲과 乙이 위 잔대금을 차용금으로 하고 이자율은 연 4%로 약정한 경우, 차용금의 변제기가 도과하면, 甲은 乙의 이행지체로 인한 지연손해금을 법정이율에 따라 乙에게 청구할 수 있다.
⑤ '乙이 2010.5.1. 잔대금을 지급하지 못하면 이 계약은 자동적으로 해제된다'는 취지의 특약이 있는 경우, 특별한 사정이 없는 한 2010.5.1.이 도과되었더라도 乙이 이행지체에 빠진 것이 아니라면 잔대금의 미지급으로 이 계약이 자동해제된 것으로 볼 수 없다.

해설

① (○) 지문의 계약금은 해제권 유보를 해약금이고, 양 당사자는 이행에 착수하지 아니하였으므로 乙은 甲에게 지급한 계약금 1,000만원을 포기하고 위 매매계약을 해제할 수 있다(민법 제565조 제1항 참고).

② (×) 이행기 도과 후 甲이 乙에게 지연손해금을 청구하기 위해서는 乙의 동시이행항변권을 소멸시켜 乙을 이행지체에 빠뜨려야 하므로 甲은 자기 채무의 이행제공을 계속하여야 한다.

> 쌍무계약의 당사자 일방이 먼저 한번 현실의 제공을 하고 상대방을 수령지체에 빠지게 하였다 하더라도 그 이행의 제공이 계속되지 않는 경우는 과거에 이행의 제공이 있었다는 사실만으로 상대방이 가지는 동시이행의 항변권이 소멸하는 것은 아니므로, 일시적으로 당사자 일방의 의무의 이행제공이 있었으나 곧 그 이행의 제공이 중지되어 더 이상 그 제공이 계속되지 아니하는 기간 동안에는 상대방의 의무가 이행지체 상태에 빠졌다고 할 수는 없다고 할 것이고, 따라서 그 이행의 제공이 중지된 이후에 상대방의 의무가 이행지체되었음을 전제로 하는 손해배상청구도 할 수 없다(대판 1999.7.9. 98다13754).

③ (○) 채무자가 채무를 이행하지 아니할 의사를 명백히 표시한 경우에 채권자는 신의성실의 원칙상 이행기 전이라도 이행의 최고 없이 채무자의 이행거절을 이유로 계약을 해제하거나 채무자를 상대로 손해배상을 청구할 수 있고, 채무자가 채무를 이행하지 아니할 의사를 명백히 표시하였는지 여부는 채무 이행에 관한 당사자의 행동과 계약 전후의 구체적인 사정 등을 종합적으로 살펴서 판단하여야 하므로(대판 2023.9.27. 2023다240817), 乙이 2010.4.5.부터 계약의 무효를 주장하면서 수령거절의사를 표시하여 번복할 가능성이 없는 경우, 甲은 2010.4.15. 이행의 최고 없이 乙의 이행거절을 이유로 계약을 해제할 수 있다.

④ (○) 乙이 지급하지 못하던 잔대금을 차용금으로 하는 준소비대차계약을 체결하고 이자율은 연 4%로 약정한 경우, 차용금의 변제기가 도과하면, 甲은 乙의 이행지체로 인한 지연손해금을 법정이율에 따라 乙에게 청구할 수 있다.

> 민법 제397조 제1항은 본문에서 금전채무불이행의 손해배상액을 법정이율에 의할 것을 규정하고 그 단서에서 "그러나 법령의 제한에 위반하지 아니한 약정이율이 있으면 그 이율에 의한다"고 정한다. 이 단서규정은 약정이율이 법정이율 이상인 경우에만 적용되고, 약정이율이 법정이율보다 낮은 경우에는 그 본문으로 돌아가 법정이율에

제1장 계약총론

의하여 지연손해금을 정할 것이다. 우선 금전채무에 관하여 아예 이자약정이 없어서 이자청구를 전혀 할 수 없는 경우에도 채무자의 이행지체로 인한 지연손해금은 법정이율에 의하여 청구할 수 있으므로, 이자를 조금이라도 청구할 수 있었던 경우에는 더욱이나 법정이율에 의한 지연손해금을 청구할 수 있다고 하여야 한다(대판 2009.12.24. 2009다85342).

[비교판례]
[1] 당사자 일방이 계약을 해제한 때에는 각 당사자는 상대방에 대하여 원상회복의무가 있고, 이 경우 반환할 금전에는 받은 날로부터 이자를 가산하여 지급하여야 한다. 여기서 가산되는 이자는 원상회복의 범위에 속하는 것으로서 일종의 부당이득반환의 성질을 가지는 것이고 반환의무의 이행지체로 인한 지연손해금이 아니다. 따라서 당사자 사이에 그 이자에 관하여 특별한 약정이 있으면 그 약정이율이 우선 적용되고 약정이율이 없으면 민사 또는 상사 법정이율이 적용된다. 반면 원상회복의무가 이행지체에 빠진 이후의 기간에 대해서는 부당이득반환의무로서의 이자가 아니라 반환채무에 대한 지연손해금이 발생하게 되므로 거기에는 지연손해금률이 적용되어야 한다. 그 지연손해금률에 관하여도 당사자 사이에 별도의 약정[손해배상액의 예정을 의미(註)]이 있으면 그에 따라야 할 것이고, 설사 그것이 법정이율보다 낮다 하더라도 마찬가지이다.
[2] 계약해제 시 반환할 금전에 가산할 이자에 관하여 당사자 사이에 약정이 있는 경우에는 특별한 사정이 없는 한 이행지체로 인한 지연손해금도 그 약정이율에 의하기로 하였다고 보는 것이 당사자의 의사에 부합한다. 다만 그 약정이율이 법정이율보다 낮은 경우에는 약정이율에 의하지 아니하고 법정이율에 의한 지연손해금을 청구할 수 있다고 봄이 타당하다. 계약해제로 인한 원상회복 시 반환할 금전에 받은 날로부터 가산할 이자의 지급의무를 면제하는 약정이 있는 때에도 그 금전반환의무가 이행지체 상태에 빠진 경우에는 법정이율에 의한 지연손해금을 청구할 수 있는 점과 비교해 볼 때 그렇게 보는 것이 논리와 형평의 원리에 맞기 때문이다(대판 2013.4.26. 2011다50509).

⑤ (O) 판례의 취지를 고려할 때 '乙이 2010.5.1. 잔대금을 지급하지 못하면 이 계약은 자동적으로 해제된다'는 취지의 특약이 있는 경우, 甲이 이행의 제공을 하여 乙을 이행지체에 빠뜨리지 않는 한 지급기일의 도과사실만으로는 매매계약이 자동해제된 것으로 볼 수 없다.

부동산 매매계약에서 매수인이 잔대금 지급기일까지 그 대금을 지급하지 못하면 계약이 자동적으로 해제된다는 취지의 약정이 있더라도 매도인이 이행의 제공을 하여 매수인을 이행지체에 빠뜨리지 않는 한 지급기일의 도과사실만으로는 매매계약이 자동해제된 것으로 볼 수 없다. 다만 매도인이 소유권이전등기에 필요한 서류를 갖추었는지 여부를 묻지 않고 매수인의 지급기일 도과사실 자체만으로 계약을 실효시키기로 특약을 하였다거나, 매수인이 수회에 걸친 채무불이행에 대하여 책임을 느끼고 잔금 지급기일의 연기를 요청하면서 새로운 약정기일까지는 반드시 계약을 이행할 것을 확약하고 불이행 시에는 매매계약이 자동적으로 해제되는 것을 감수하겠다는 내용의 약정을 하였다고 볼 특별한 사정이 있다면, 매수인이 잔금 지급기일까지 잔금을 지급하지 않음으로써 그 매매계약은 자동적으로 실효된다(대판 2022.11.30. 2022다255614).

[비교판례]
매매계약에 있어 매수인이 중도금을 약정한 일자에 지급하지 아니하면 그 계약을 무효로 한다고 하는 특약이 있는 경우 매수인이 약정한 대로 중도금을 지급하지 아니하면 그 불이행 자체로써 계약은 그 일자에 자동적으로 해제된 것이라고 보아야 한다(대판 1988.12.20. 88다카132).

답 ❷

071
CHECK ☐△✗

甲과 乙은 이행기를 정하여 甲 소유의 X 건물에 대한 매매계약을 체결하였으나, 乙의 잔대금채무에 대한 이행지체를 이유로 甲이 위 매매계약을 해제하려고 한다. 이에 관한 설명 중 옳은 것은?(각 지문은 독립적이며, 다툼이 있는 경우 판례에 의함)   **16** 변시

① 甲이 상당한 기간을 정하여 乙에게 잔대금의 지급을 최고하고 그 기간 내에 乙이 이행하지 않는 경우에 계약을 해제할 수 있지만, 특별한 사정이 없는 한 甲이 기간을 정하지 않고 최고하더라도 상당한 기간이 경과한 때에는 甲의 해제권이 인정된다.

② 위 매매계약에서 다른 약정 없이 '乙이 잔대금을 지급하지 아니한 상태로 지급기일을 경과하면 매매계약 자체가 자동적으로 해제된다'는 취지의 약정이 있는 경우에는 甲이 자신의 채무에 대한 이행제공을 통하여 乙을 이행지체에 빠뜨리지 않더라도 잔대금 지급기일의 경과만으로 위 매매계약은 자동 해제된 것으로 볼 수 있다.

③ 甲은 계약해제 전에 그 해제와 양립되지 아니하는 법률관계를 가진 丙에 대해서는 계약의 해제에 따른 법률효과를 주장할 수 없으나, 丙이 그 계약의 해제 전에 해제 가능성이 있다는 것을 알았거나 알 수 있었던 경우에는 해제의 효과를 주장할 수 있다.

④ 위 매매계약의 해제 전에 乙이 X 건물을 사용함으로써 이익을 얻은 경우, 甲이 매매계약의 해제 후 乙에 대한 원상회복을 청구할 때 乙이 취득한 사용이익의 반환을 함께 청구할 수는 없다.

⑤ 甲이 채무불이행을 이유로 매매계약을 해제하고 손해배상을 청구하는 경우에는 그 매매계약의 이행으로 인하여 甲이 얻을 이익, 즉 이행이익의 배상을 청구하는 것이 원칙이나, 신뢰이익이 이행이익보다 큰 경우 신뢰이익의 배상을 구할 수 있다.

해설

① (○) 이행지체를 이유로 계약을 해제함에 있어서 그 전제요건인 이행의 최고는 반드시 미리 일정기간을 명시하여 최고하여야 하는 것은 아니며 최고한 때로부터 상당한 기간이 경과하면 해제권이 발생한다고 할 것이므로(대판 1994.11.25. 94다35930), 특별한 사정이 없는 한 甲이 기간을 정하지 않고 최고하더라도 상당한 기간이 경과한 때에는 甲의 해제권이 인정된다.

② (×) '乙이 잔대금을 지급하지 아니한 상태로 지급기일을 경과하면 매매계약 자체가 자동적으로 해제된다'는 취지의 약정이 있는 경우, 甲이 이행의 제공을 하여 乙을 이행지체에 빠뜨리지 않는 한 지급기일의 도과사실만으로는 매매계약이 자동해제된 것으로 볼 수 없다.

> 부동산 매매계약에서 매수인이 잔대금 지급기일까지 그 대금을 지급하지 못하면 계약이 자동적으로 해제된다는 취지의 약정이 있더라도 매도인이 이행의 제공을 하여 매수인을 이행지체에 빠뜨리지 않는 한 지급기일의 도과사실만으로는 매매계약이 자동해제된 것으로 볼 수 없다. 다만 매도인이 소유권이전등기에 필요한 서류를 갖추었는지 여부를 묻지 않고 매수인의 지급기일 도과사실 자체만으로 계약을 실효시키기로 특약을 하였다거나, 매수인이 수회에 걸친 채무불이행에 대하여 책임을 느끼고 잔금 지급기일의 연기를 요청하면서 새로운 약정기일까지는 반드시 계약을 이행할 것을 확약하고 불이행 시에는 매매계약이 자동적으로 해제되는 것을 감수하겠다는 내용의 약정을 하였다고 볼 특별한 사정이 있다면, 매수인이 잔금 지급기일까지 잔금을 지급하지 않음으로써 그 매매계약은 자동적으로 실효된다(대판 2022.11.30. 2022다255614).

③ (×) 계약당사자의 일방이 계약을 해제한 경우 그 계약의 해제 전에 그 해제와 양립되지 아니하는 법률관계를 가진 제3자에 대하여는 계약의 해제에 따른 법률효과를 주장할 수 없고, 이는 제3자가 그 계약의 해제 전에 계약이 해제될 가능성이 있다는 것을 알았거나 알 수 있었다 하더라도 달라지지 아니하므로(대판 2010.12.23. 2008다57746), 甲은 계약해제 전에 그 해제와 양립되지 아니하는 법률관계를 가진 丙에 대해서는 丙이 해제 가능성이 있다는 것을 알았거나 알 수 있었더라도 계약의 해제에 따른 법률효과를 주장할 수 없다.

[비교판례]
계약해제시 계약은 소급하여 소멸하게 되어 해약당사자는 각 원상회복의 의무를 부담하게 되나 이 경우 계약해제로 인한 원상회복등기 등이 이루어지기 이전에 해약당사자와 양립되지 아니하는 법률관계를 가지게 되었고 계약해제 사실을 몰랐던 제3자에 대하여는 계약해제를 주장할 수 없고, 이 경우 제3자가 악의라는 사실의 주장·증명책임은 계약해제를 주장하는 자에게 있다(대판 2005.6.9. 2005다6341).

④ (×) 계약 해제로 인하여 계약 당사자가 원상회복의무를 부담함에 있어서 당사자 일방이 목적물을 이용한 경우에는 그 사용에 의한 이익을 상대방에게 반환하여야 하는 것이므로, 양도인은 양수인이 양도 목적물을 인도받은 후 사용하였다 하더라도 양도계약의 해제로 인하여 양수인에게 그 사용에 의한 이익의 반환을 구함은 별론으로 하고, 양도 목적물 등이 양수인에 의하여 사용됨으로 인하여 감가 내지 소모가 되는 요인이 발생하였다 하여도 그것을 훼손으로 볼 수 없는 한 그 감가비 상당은 원상회복의무로서 반환할 성질의 것은 아니다(대판 2000.2.25. 97다30066). 따라서 甲이 매매계약의 해제 후 乙에 대한 원상회복을 청구할 때 乙이 취득한 사용이익의 반환을 함께 청구할 수 있다.

⑤ (×) 판례의 취지를 고려할 때 甲이 채무불이행을 이유로 매매계약을 해제하고 신뢰이익의 배상을 청구하는 경우, 그 배상액은 이행이익의 범위를 초과할 수 없다.

채무불이행을 이유로 계약해제와 아울러 손해배상을 청구하는 경우에 그 계약이행으로 인하여 채권자가 얻을 이익 즉 이행이익의 배상을 구하는 것이 원칙이지만, 그에 갈음하여 그 계약이 이행되리라고 믿고 채권자가 지출한 비용 즉 신뢰이익의 배상을 구할 수도 있다고 할 것이고, 그 신뢰이익 중 계약의 체결과 이행을 위하여 통상적으로 지출되는 비용은 통상의 손해로서 상대방이 알았거나 알 수 있었는지의 여부와는 관계없이 그 배상을 구할 수 있고, 이를 초과하여 지출되는 비용은 특별한 사정으로 인한 손해로서 상대방이 이를 알았거나 알 수 있었던 경우에 한하여 그 배상을 구할 수 있다고 할 것이나, 그 신뢰이익은 과잉배상금지의 원칙에 비추어 이행이익의 범위를 초과할 수 없다(대판 2002.6.11. 2002다2539).

 ❶

072 계약해제에 관한 설명 중 옳은 것은?(다툼이 있는 경우 판례에 의함) 17 변시

① 甲이 그 소유건물을 乙에게 매각하는 계약을 체결하고, 乙은 그 건물 일부를 丙에게 분양하는 계약을 체결하였는데, 丙은 분양대금의 일부를 乙의 지시에 따라 甲에게 송금하였다. 乙이 甲에게 매매대금을 지급하지 못하여 丙이 건물을 분양받지 못하자 丙이 乙과의 분양계약을 해제한 경우, 丙은 직접 甲을 상대로 부당이득의 반환을 청구할 수 있다.
② 매매계약의 당사자 사이에 계약해제로 인한 원상회복의무로서 반환할 매매대금에 가산할 이자를 약정하였고 그 약정이율이 법정이율보다 낮은 경우, 위 매매대금 반환의무의 이행지체로 인한 지연손해금에 관하여도 위 약정이율이 적용되어야 한다.
③ 甲이 乙주택조합을 대리한 丙과 조합가입계약을 체결하고 丙에게 조합원분담금 일부를 송금한 후에 甲이 이행불능을 근거로 조합가입계약을 유효하게 해제한 경우, 丙이 그 해제로 인한 원상회복의무를 부담한다.
④ 부동산 매매계약 해제 시 매매대금 반환의무와 소유권이전등기말소의무가 동시이행관계에 있는지 여부에 관계없이 매도인은 매매대금을 받은 날로부터 법정이자를 가산하여 지급하여야 한다.
⑤ 매매계약의 해제로 인하여 매수인이 반환하여야 할 목적물의 사용이익을 산정함에 있어서 매수인이 투입한 현금자본의 기여분 및 매수인의 영업수완 등 노력으로 인한 운용이익은 원칙적으로 공제하여서는 안 된다.

해설

① (×) 이른바 삼각관계에서 급부가 이루어진 경우 계약의 한쪽 당사자는 제3자를 상대로 법률상 원인 없이 급부를 수령하였다는 이유로 부당이득반환청구를 할 수 없으므로, 丙이 乙과의 분양계약을 해제한 경우, 丙은 직접 甲을 상대로 부당이득의 반환을 청구할 수 없고 乙에게 청구할 수 있다고 보는 것이 타당하다.

> 계약의 한쪽 당사자가 상대방의 지시 등으로 급부과정을 단축하여 상대방과 또 다른 계약관계를 맺고 있는 제3자에게 직접 급부를 하는 경우(이른바 삼각관계에서 급부가 이루어진 경우), 그 급부로써 급부를 한 계약당사자가 상대방에게 급부를 한 것일 뿐만 아니라 그 상대방이 제3자에게 급부를 한 것이다. 따라서 계약의 한쪽 당사자는 제3자를 상대로 법률상 원인 없이 급부를 수령하였다는 이유로 부당이득반환청구를 할 수 없다. 이러한 경우에 계약의 한쪽 당사자가 상대방에게 급부를 한 원인관계인 법률관계에 무효 등의 흠이 있거나 그 계약이 해제되었다는 이유로 제3자를 상대로 직접 부당이득반환청구를 할 수 있다고 보면, 자기 책임 아래 체결된 계약에 따른 위험부담을 제3자에게 전가하는 것이 되어 계약법의 원리에 반하는 결과를 초래할 뿐만 아니라 수익자인 제3자가 상대방에 대하여 가지는 항변권 등을 침해하게 되어 부당하다(대판 2018.7.12. 2018다204992).

② (×) 계약해제 시 반환할 금전에 가산할 이자에 관하여 당사자 사이에 약정이 있는 경우에는 특별한 사정이 없는 한 이행지체로 인한 지연손해금도 그 약정이율에 의하기로 하였다고 보는 것이 당사자의 의사에 부합한다. 다만 그 약정이율이 법정이율보다 낮은 경우에는 약정이율에 의하지 아니하고 법정이율에 의한 지연손해금을 청구할 수 있다고 봄이 타당하다. 계약해제로 인한 원상회복 시 반환할 금전에 받은 날로부터 가산할 이자의 지급의무를 면제하는 약정이 있는 때에도 그 금전반환의무가 이행지체 상태에 빠진 경우에는 법정이율에 의한 지연손해금을 청구할 수 있는 점과 비교해 볼 때 그렇게 보는 것이 논리와 형평의 원리에 맞기 때문이다(대판 2013.4.26. 2011다50509).

③ (×) 판례의 취지를 고려할 때 계약이 적법한 대리인에 의하여 체결된 경우에 해제로 인한 원상회복의무는 대리인이 아니라 계약의 당사자인 본인이 부담한다. 따라서 甲이 이행불능을 근거로 조합가입계약을 유효하게 해제한 경우, 乙이 그 해제로 인한 원상회복의무를 부담한다.

> 계약이 적법한 대리인에 의하여 체결된 경우에 대리인은 다른 특별한 사정이 없는 한 본인을 위하여 계약상 급부를 변제로서 수령할 권한도 가진다. 그리고 대리인이 그 권한에 기하여 계약상 급부를 수령한 경우에, 그 법률효과는 계약 자체에서와 마찬가지로 직접 본인에게 귀속되고 대리인에게 돌아가지 아니한다. 따라서 계약상 채무의 불이행을 이유로 계약이 상대방 당사자에 의하여 유효하게 해제되었다면, 해제로 인한 원상회복의무는 대리인이 아니라 계약의 당사자인 본인이 부담한다. 이는 본인이 대리인으로부터 그 수령한 급부를 현실적으로 인도받지 못하였다거나 해제의 원인이 된 계약상 채무의 불이행에 관하여 대리인에게 책임 있는 사유가 있다고 하여도 다른 특별한 사정이 없는 한 마찬가지라고 할 것이다(대판 2011.8.18. 2011다30871).

④ (○) 법정해제권 행사의 경우 당사자 일방이 그 수령한 금전을 반환함에 있어 그 받은 때로부터 법정이자를 부가함을 요하는 것은 민법 제548조 제2항이 규정하는 바로서, 이는 원상회복의 범위에 속하는 것이며 일종의 부당이득반환의 성질을 가지는 것이고 반환의무의 이행지체로 인한 것이 아니므로, 부동산 매매계약이 해제된 경우 매도인의 매매대금 반환의무와 매수인의 소유권이전등기말소등기 절차이행의무가 동시이행의 관계에 있는지 여부와는 관계없이 매도인이 반환하여야 할 매매대금에 대하여는 그 받은 날로부터 민법 소정의 법정이율인 연 5푼의 비율에 의한 법정이자를 부가하여 지급하여야 하고, 이와 같은 법리는 약정된 해제권을 행사하는 경우라 하여 달라지는 것은 아니다(대판 2000.6.9. 2000다9123).

⑤ (×) 매매계약의 해제로 인하여 매수인이 반환하여야 할 목적물의 사용이익을 산정함에 있어서 매수인이 목적물을 사용하여 취득한 순수입에는 목적물 자체의 사용이익뿐만 아니라 목적물의 수리비 등 매수인이 투입한 현금자본의 기여도 포함되어 있으므로 매수인의 순수입에서 현금자본의 투입비율을 고려하지 아니하고 단순히 현금자본에 해당하는 금액을 공제하는 방식으로 목적물의 사용이익을 산정할 수 없고, 매수인의 영업수완 등 노력으로 인한 이른바 운용이익이 포함된 것으로 볼 여지가 있는 경우 이러한 운용이익은 사회통념상 매수인의 행위가 개입되지 아니하였더라도 그 목적물로부터 매도인이 당연히 취득하였으리라고 생각되는 범위 내의 것이 아닌 한 매수인이 반환하여야 할 사용이익의 범위에서 공제하여야 한다(대판 2006.9.8. 2006다26328).

답 ④

CHAPTER 02 계약각론

제1절 증여

001 甲은 乙과 '乙이 甲에 대하여 일정한 부담을 이행할 것'을 내용으로 하는 부담부 증여계약을 체결하고, 증여를 원인으로 甲소유의 X토지에 관하여 乙에게 소유권이전등기를 경료해 주었다. 이에 관한 설명으로 옳은 것을 모두 고른 것은?(다툼이 있으면 판례에 따름) 25 노무

> ㄱ. 甲이 乙에게 하자 있는 X를 증여한 경우, 甲은 특별한 사정이 없는 한 乙에게 담보책임을 부담할 수 있다.
> ㄴ. 乙의 부담 불이행을 이유로 甲이 증여를 해제한 경우, 乙은 X에 관하여 소유권이전등기의 말소등기절차를 이행하여야 한다.
> ㄷ. 증여에 부담이 붙어 있는지 여부에 관하여 다툼이 발생한 경우, 그에 대한 증명책임은 부담의 존재를 주장하는 자가 부담한다.

① ㄱ
② ㄷ
③ ㄱ, ㄴ
④ ㄴ, ㄷ
⑤ ㄱ, ㄴ, ㄷ

해설

ㄱ. (○) 상대부담 있는 증여에 대해서는 증여자는 그 부담의 한도에서 매도인과 같은 담보의 책임이 있으므로 (민법 제559조 제2항), 甲이 乙에게 하자 있는 X토지를 증여한 경우, 甲은 특별한 사정이 없는 한 乙에게 담보책임을 부담할 수 있다.

ㄴ. (○) 상대부담 있는 증여에 대하여는 민법 제561조에 의하여 쌍무계약에 관한 규정이 준용되어 부담의무 있는 상대방이 자신의 의무를 이행하지 아니할 때에는 비록 증여계약이 이미 이행되어 있다 하더라도 증여자는 계약을 해제할 수 있고, 그 경우 민법 제555조(서면에 의하지 아니한 증여와 해제)와 제558조(해제와 이행완료부분)는 적용되지 아니한다(대판 1997.7.8. 97다2177). 따라서 乙의 부담 불이행을 이유로 甲이 증여를 해제한 경우, 乙은 X토지에 관하여 소유권이전등기의 말소등기절차를 이행하여야 한다.

ㄷ. (○) 증여에 상대부담(민법 제561조) 등의 부관이 붙어 있는지 또는 증여와 관련하여 상대방이 별도의 의무를 부담하는 약정을 하였는지 여부는 당사자 사이에 어떠한 법률효과의 발생을 원하는 대립하는 의사가 있고 그것이 말 또는 행동 등에 의하여 명시적 또는 묵시적으로 외부에 표시되어 합치가 이루어졌는가를 확정하는 것으로서 사실인정의 문제에 해당하므로, 이는 그 존재를 주장하는 자가 증명하여야 하는 것이다(대판 2010.5.27. 2010다5878).

답 ⑤

002 상대부담없는 증여계약의 법정해제사유로 옳지 않은 것은?(다툼이 있으면 판례에 따름)

24 노무

① 서면에 의하지 아니한 증여의 경우
② 수증자의 증여자에 대한 범죄행위가 있는 경우
③ 증여자에 대한 부양의무 있는 수증자가 그 부양의무를 불이행한 경우
④ 증여자의 재산상태가 현저히 변경되고 증여계약의 이행으로 생계에 중대한 영향을 미칠 경우
⑤ 증여 목적물에 증여자가 알지 못하는 하자가 있는 경우

해설

① (○) 증여의 의사가 서면으로 표시되지 아니한 경우에는 각 당사자는 이를 해제할 수 있다(민법 제555조).
② (○) 수증자가 증여자 또는 그 배우자나 직계혈족에 대한 범죄행위가 있는 때에는 증여자는 그 증여를 해제할 수 있다(민법 제556조 제1항 제1호). 이 경우 해제권은 해제원인 있음을 안 날로부터 6월을 경과하거나 증여자가 수증자에 대하여 용서의 의사를 표시한 때에는 소멸한다(민법 제556조 제2항).
③ (○) 수증자가 증여자에 대하여 부양의무 있는 경우에 이를 이행하지 아니하는 때에는 증여자는 그 증여를 해제할 수 있다(민법 제556조 제1항 제2호). 이 경우 증여자의 해제권은 해제원인 있음을 안 날로부터 6월을 경과하거나 증여자가 수증자에 대하여 용서의 의사를 표시한 때에는 소멸한다(민법 제556조 제2항).
④ (○) 증여계약 후에 증여자의 재산상태가 현저히 변경되고 그 이행으로 인하여 생계에 중대한 영향을 미칠 경우에는 증여자는 증여를 해제할 수 있다(민법 제557조).
⑤ (×) 증여자는 증여의 목적인 물건 또는 권리의 하자나 흠결에 대하여 책임을 지지 아니한다. 그러나 증여자가 그 하자나 흠결을 알고 수증자에게 고지하지 아니한 때에는 그러하지 아니하다(민법 제559조 제1항).

답 ❺

003 증여에 관한 설명으로 옳지 않은 것은?(다툼이 있으면 판례에 따름)

① 정기의 급여를 목적으로 한 증여는 증여자의 사망으로 인하여 그 효력을 잃는다.
② 부담부 증여에서 수증자가 부담의무를 이행하지 않은 경우, 증여자는 자신의 의무를 이행했더라도 증여계약을 해제할 수 있다.
③ 증여자가 증여의 목적에 대한 담보책임을 진다는 특약은 효력이 있다.
④ 증여자에 대해 법률상 부양의무를 지는 수증자가 부양의무를 이행하지 않은 경우, 증여자는 그 사실을 안 날로부터 6개월이 경과한 때에는 해제할 수 없다.
⑤ 증여의 의사가 서면으로 표시되지 않았음을 이유로 한 증여의 해제는 형성권의 제척기간의 적용을 받는다.

해설

① (○) 정기의 급여를 목적으로 한 증여는 증여자 또는 수증자의 사망으로 인하여 그 효력을 잃는다(민법 제560조).
② (○) 부담부 증여에 있어서는 쌍무계약에 관한 규정이 준용되어(민법 제561조), 부담의무 있는 상대방이 자신의 의무를 이행하지 아니할 때에는 비록 증여계약이 이행되어 있다 하더라도 그 계약을 해제할 수 있다(대판 1996.1.26. 95다43358).
③ (○) 증여자의 담보책임에 관한 민법 제559조는 강행규정이 아닌 임의규정이므로, 당사자 간에 증여의 목적에 대한 담보책임을 진다는 특약이 있다면, 그 특약은 유효하다.
④ (○) 수증자가 증여자에 대하여 부양의무 있는 경우에 이를 이행하지 아니하는 때에는 증여자는 그 증여를 해제할 수 있으나(민법 제556조 제1항 제2호), 해제권은 해제원인 있음을 안 날로부터 6월을 경과한 때에는 소멸한다(민법 제556조 제2항).
⑤ (×) 민법 제555조(서면에 의하지 아니한 증여와 해제)에서 말하는 증여계약의 해제는 민법 제543조 이하에서 규정한 본래 의미의 해제와는 달리 형성권의 제척기간의 적용을 받지 않는 특수한 철회로서, 10년이 경과한 후에 이루어졌다 하더라도 원칙적으로 적법하다(대판 2009.9.24. 2009다37831).

답 ⑤

004

X토지 소유자인 甲이 사망하고, 그 자녀인 乙과 丙이 이를 공동으로 상속하였다. 그런데 丙은 乙의 예전 범죄사실을 사법당국에 알리겠다고 乙을 강박하여 X에 관한 乙의 상속지분을 丙에게 증여한다는 계약을 乙과 체결하였다. 그 직후 변호사와 상담을 통해 불안에서 벗어난 乙은 한 달 뒤 그간의 사정을 전해들은 丁에게 X에 관한 자신의 상속지분을 매도하고 지분이전등기를 마쳐준 후 5년이 지났다. 이에 관한 설명으로 옳은 것은?(다툼이 있으면 판례에 따름) 〔24 노무〕

① 乙과 丙의 증여계약은 공서양속에 반하는 것으로 무효이다.
② 乙의 丙에 대한 증여의 의사표시는 비진의표시로서 무효이다.
③ 乙과 丁의 매매계약은 공서양속에 반하는 것으로 무효이다.
④ 乙은 강박을 이유로 하여 丙과의 증여계약을 취소할 수 있다.
⑤ 乙이 丙에게 증여계약의 이행을 하지 않는다면 채무불이행의 책임을 져야 한다.

해설

① (×) 단지 법률행위의 성립과정에 강박이라는 불법적 방법이 사용된 데에 불과한 때에는 강박에 의한 의사표시의 하자나 의사의 흠결을 이유로 효력을 논의할 수는 있을지언정 반사회질서의 법률행위로서 무효라고 할 수는 없다(대판 2002.12.27. 2000다47361). 丙이 乙의 예전 범죄사실을 사법당국에 알리겠다고 乙을 강박하여 증여계약을 체결한 것은 법률행위(증여계약) 성립과정에 강박이라는 불법적 방법이 사용된 데에 불과하므로 乙과 丙의 증여계약을 공서양속에 반하여 무효라고 볼 수 없다.

② (×) 乙이 강박에 의하여서나마 증여를 하기로 하고 그에 따른 증여의 의사표시를 한 이상, 乙의 丙에 대한 증여의 의사표시가 비진의표시로서 무효로 되는 것은 아니다.

> 비진의 의사표시에 있어서의 진의란 특정한 내용의 의사표시를 하고자 하는 표의자의 생각을 말하는 것이지 표의자가 진정으로 마음속에서 바라는 사항을 뜻하는 것은 아니라고 할 것이므로, <u>비록 재산을 강제로 뺏긴다는 것이 표의자의 본심으로 잠재되어 있었다 하여도 표의자가 강박에 의하여서나마 증여를 하기로 하고 그에 따른 증여의 의사표시를 한 이상 증여의 내심의 효과의사가 결여된 것이라고 할 수는 없다</u>(대판 1993.7.16. 92다41528).

③ (×) 부동산의 이중매매가 반사회적 법률행위로서 무효가 되기 위하여는 매도인의 배임행위와 매수인이 매도인의 배임행위에 적극 가담한 행위로 이루어진 매매로서, <u>그 적극 가담하는 행위는 매수인이 다른 사람에게 매매목적물이 매도된 것을 안다는 것만으로는 부족하고, 적어도 그 매도사실을 알고도 매도를 요청하여 매매계약에 이르는 정도가 되어야</u> 하므로(대판 1994.3.11. 93다55289), 丁이 乙과 丙의 증여계약의 사실을 안 것에 불과하다면, 乙의 배임행위에 적극 가담한 것은 아니므로 乙과 丁의 매매계약이 공서양속에 반하여 무효로 되는 것은 아니다.

④ (×) 사례의 경우 적어도 변호사와 상담을 통해 불안에서 벗어난 乙이 한 달 뒤 그간의 사정을 전해들은 丁에게 X에 관한 자신의 상속지분을 매도하고 지분이전등기를 마쳐준 시점에는 취소의 원인이 종료되어 증여계약을 추인할 수도 있고 취소할 수도 있는 상태가 되었다고 볼 수 있다. 따라서 그날부터 5년이 지난 이상 乙의 취소권은 3년의 단기 제척기간이 도과하여 소멸하였으므로 乙은 강박을 이유로 하여 丙과의 증여계약을 취소할 수 없다.

> <u>취소권은 추인할 수 있는 날로부터 3년 내에, 법률행위를 한 날로부터 10년 내에 행사하여야 한다(민법 제146조). 이때 '추인할 수 있는 날'이란 취소의 원인이 종료되어 취소권 행사에 관한 장애가 없어져서 취소권자가 취소의 대상인 법률행위를 추인할 수도 있고 취소할 수도 있는 상태가 된 때를 말한다</u>(대판 1998.11.27. 98다7421).

⑤ (○) 乙은 강박을 이유로 丙과의 증여계약을 취소할 수 있었으나(민법 제110조 제1항), 3년의 단기 제척기간이 도과하여 취소권이 소멸한 이상 취소권을 행사할 수 없고(민법 제146조), 증여계약이 유효한 이상 乙이 丙에게 증여계약의 이행을 하지 않는다면 乙은 丙에게 채무불이행의 책임을 져야 한다(민법 제390조, 제544조).

답 ⑤

005 증여계약에 관한 설명으로 옳지 않은 것은?(다툼이 있으면 판례에 따름)   24 변리

① 부담부증여에서 상대방의 부담의무 불이행을 이유로 한 증여자의 계약해제는 이미 이행한 부분에 대하여는 영향을 미치지 아니한다.
② 증여계약 성립 이후에 그 계약이 존속하는 동안 서면을 작성한 경우에는 그때부터 당사자가 임의로 이를 해제할 수 없다.
③ 재단법인의 설립을 위하여 서면에 의해 출연하였더라도 착오취소를 위한 요건이 갖춰진 경우, 출연자는 착오를 이유로 출연의 의사표시를 취소할 수 있다.
④ 서면에 의하지 않음을 이유로 증여계약을 해제하는 경우에는 원칙적으로 형성권의 제척기간의 적용을 받지 않는다.
⑤ 정기의 급여를 목적으로 한 증여는 특별한 사정이 없는 한 증여자의 사망으로 인하여 그 효력을 잃는다.

해설

① (×) 부담부증여에 있어서는 쌍무계약에 관한 규정이 준용되어 부담의무 있는 상대방이 자신의 의무를 이행하지 아니할 때에는 비록 증여계약이 이행되어 있다 하더라도 그 계약을 해제할 수 있으므로 부담부증여에는 민법 제556조 제2항이나 민법 제558조가 적용되지 않는다(대판 1996.1.26. 95다43358). 즉, 부담부증여에는 '증여해제사유'(민법 제556조 제2항)와 '증여계약의 해제는 이미 이행한 부분에 대하여는 영향을 미치지 아니한다'는 조항(동법 제558조)이 적용되지 아니하므로, 수증자가 그 부담을 이행하지 않은 경우 증여자는 증여를 해제하고 수증자에게 반환을 청구할 수 있다.
② (○) 증여의 의사가 표시된 서면의 작성시기에 대하여는 법률상 아무런 제한이 없으므로 증여계약이 성립한 당시에는 서면이 작성되지 않았더라도 그 후 계약이 존속하는 동안 서면을 작성한 때에는 그때부터는 서면에 의한 증여로서 당사자가 임의로 이를 해제할 수 없게 된다(대판 1989.5.9. 88다카2271).
③ (○) 민법 제47조 제1항에 의하여 생전처분으로 재단법인을 설립하는 때에 준용되는 민법 제555조는 "증여의 의사가 서면으로 표시되지 아니한 경우에는 각 당사자는 이를 해제할 수 있다"고 함으로써 서면에 의한 증여(출연)의 해제를 제한하고 있으나, 그 해제는 민법 총칙상의 취소와는 요건과 효과가 다르므로 서면에 의한 출연이더라도 민법 총칙규정에 따라 출연자가 착오에 기한 의사표시라는 이유로 출연의 의사표시를 취소할 수 있고, 상대방 없는 단독행위인 재단법인에 대한 출연행위라고 하여 달리 볼 것은 아니다(대판 1999.7.9. 98다9045).
④ (○) 민법 제555조에서 말하는 해제는 일종의 특수한 철회일 뿐 민법 제543조 이하에서 규정한 본래 의미의 해제와는 다르다고 할 것이어서 형성권의 제척기간의 적용을 받지 않는다(대판 2003.4.11. 2003다1755).
⑤ (○) 정기의 급여를 목적으로 한 증여는 증여자 또는 수증자의 사망으로 인하여 그 효력을 잃는다(민법 제560조).

답 ❶

006 증여에 관한 설명으로 옳지 않은 것은?(다툼이 있으면 판례에 따름)

16 노무

① 서면에 의하지 않은 증여의 경우, 수증자는 이를 해제할 수 있다.
② 증여자의 손자에 대하여 수증자가 범죄행위를 한 경우, 증여자는 증여를 해제할 수 있다.
③ 부담부증여의 수증자가 그 부담을 이행하지 않은 경우, 증여자는 증여를 해제할 수 있으나 이미 이행한 부분은 수증자에게 반환받지 못한다.
④ 증여의 목적인 물건의 하자나 흠결에 대하여 알면서 이를 수증자에게 고지하지 않은 증여자는 그에 대한 담보책임을 진다.
⑤ 수증자가 사망한 경우, 정기의 급여를 목적으로 하는 증여는 그 효력을 잃는다.

해설

① (○) 민법 제555조
② (○) 민법 제556조 제1항 제1호
③ (×) 부담부증여에 있어서는 쌍무계약에 관한 규정이 준용되어 부담의무 있는 상대방이 자신의 의무를 이행하지 아니할 때에는 비록 증여계약이 이행되어 있다 하더라도 그 계약을 해제할 수 있으므로 부담부증여에는 민법 제556조 제2항이나 민법 제558조가 적용되지 않는다(대판 1996.1.26. 95다43358). 즉, 부담부증여에는 '증여해제사유'(민법 제556조 제2항)와 '증여계약의 해제는 이미 이행한 부분에 대하여는 영향을 미치지 아니한다'는 조항(동법 제558조)이 적용되지 아니하므로, 수증자가 그 부담을 이행하지 않은 경우 증여자는 증여를 해제하고 수증자에게 반환을 청구할 수 있다.
④ (○) 민법 제559조 제1항 단서
⑤ (○) 민법 제560조

답 ❸

제2절 매 매

007 매매계약에 관한 설명으로 옳은 것은?(다툼이 있으면 판례에 따름) 24 노무

① 매매의 일방예약이 행해진 경우, 예약완결권자가 상대방에게 매매를 완결할 의사를 표시하면 매매의 효력이 생긴다.
② 매매계약에 관한 비용은 다른 약정이 없는 한 매수인이 부담한다.
③ 경매목적물에 하자가 있는 경우, 경매에서의 채무자는 하자담보책임을 부담한다.
④ 매매계약 후 인도되지 않은 목적물로부터 생긴 과실은 다른 약정이 없는 한 대금을 지급하지 않더라도 매수인에게 속한다.
⑤ 부동산 매매등기가 이루어지고 5년 후에 환매권의 보류를 등기한 때에는 매매등기시부터 제3자에 대하여 그 효력이 있다.

해설

① (○) 민법 제564조 제1항
② (×) 매매계약에 관한 비용은 당사자 쌍방이 균분하여 부담한다(민법 제566조).
③ (×) 매도인의 하자담보책임에 관한 민법 제580조 제1항은 경매의 경우에 적용하지 아니한다(민법 제580조 제2항).
④ (×) 민법 제587조에 의하면, 매매계약 있은 후에도 인도하지 아니한 목적물로부터 생긴 과실은 매도인에게 속하고, 매수인은 목적물의 인도를 받은 날로부터 대금의 이자를 지급하여야 한다고 규정하고 있는바, 이는 매매당사자 사이의 형평을 꾀하기 위하여 ㉠ 매매목적물이 인도되지 아니하더라도 매수인이 대금을 완제한 때에는 그 시점 이후의 과실은 매수인에게 귀속되지만, ㉡ 매매목적물이 인도되지 아니하고 또한 매수인이 대금을 완제하지 아니한 때에는 매도인의 이행지체가 있더라도 과실은 매도인에게 귀속되는 것이므로 매수인은 인도의무의 지체로 인한 손해배상금의 지급을 구할 수 없다(대판 2004.4.23. 2004다8210).
⑤ (×) 매매의 목적물이 부동산인 경우에 매매등기와 동시에 환매권의 보류를 등기한 때에는 제3자에 대하여 그 효력이 있으므로(민법 제592조), 부동산 매매등기가 이루어지고 5년 후에 환매권의 보류를 등기하였다면 제3자에 대하여 그 효력이 없다고 이해하여야 한다.

답 ❶

008 매매의 일방예약 또는 매매계약에 관한 설명으로 옳지 않은 것은?(다툼이 있으면 판례에 따름)

23 변리

① 예약완결권을 재판상 행사하는 경우, 소장 부본이 제척기간 내에 상대방에게 송달되어야만 제척기간 내에 행사한 것으로 본다.
② 당사자들이 약정한 예약완결권의 행사기간은 그 매매예약이 성립한 때부터 10년을 초과하더라도 무방하다.
③ 매매예약 성립 후 당사자 일방의 매매예약 완결권의 행사 전에 상대방의 매매목적물이 멸실된 경우, 매매예약 완결의 의사표시가 있더라도 매매의 효력이 생기지 않는다.
④ 계약이행의 착수가 있기 전에 매도인이 민법 제565조(해약금) 제1항에 따라 계약을 해제하려면, 계약금의 배액을 상환하거나 적어도 이행제공 상태에 두어야 한다.
⑤ 매수인이 매매목적물을 대금지급 전에 인도받았다면 대금지급의무와 소유권이전등기의무가 동시이행관계에 있더라도 민법 제587조(과실의 귀속, 대금의 이자)에 의한 매매대금이자를 지급할 의무가 있다.

해설

① (○) 예약완결권은 재판상이든 재판 외이든 그 기간 내에 행사하면 되는 것으로서, 예약완결권자가 예약완결권 행사의 의사표시를 담은 소장 부본을 상대방에게 송달함으로써 재판상 행사하는 경우에는 그 소장 부본이 상대방에게 도달한 때에 비로소 예약완결권 행사의 효력이 발생하여 예약완결권자와 상대방 사이에 매매의 효력이 생기므로, 예약완결권 행사의 의사표시가 담긴 소장 부본이 제척기간 내에 상대방에게 송달되어야만 예약완결권자가 제척기간 내에 적법하게 예약완결권을 행사하였다고 볼 수 있다(대판 2019.7.25. 2019다227817).

② (○) 판례의 취지를 고려할 때 예약완결권 행사기간에 대한 당사자 간의 약정이 있는 경우 행사기간에 특별한 제한은 없으므로 그 매매예약이 성립한 때부터 10년을 초과하더라도 무방하다.

> 민법 제564조가 정하고 있는 매매의 일방예약에서 예약자의 상대방이 매매예약 완결의 의사표시를 하여 매매의 효력을 생기게 하는 권리, 즉 매매예약의 완결권은 일종의 형성권으로서 당사자 사이에 그 행사기간을 약정한 때에는 그 기간 내에, 그러한 약정이 없는 때에는 그 예약이 성립한 때로부터 10년 내에 이를 행사하여야 하고, 그 기간을 지난 때에는 예약 완결권은 제척기간의 경과로 인하여 소멸한다. 한편 당사자 사이에 약정하는 예약 완결권의 행사기간에 특별한 제한은 없다(대판 2017.1.25. 2016다42077).

③ (○) 매매예약이 성립한 이후 상대방의 매매예약완결의 의사표시 전에 목적물이 멸실 기타의 사유로 이전할 수 없게 되어 예약완결권의 행사가 이행불능이 된 경우에는 예약완결권을 행사할 수 없고, 이행불능 이후에 상대방이 매매예약 완결의 의사표시를 하여도 매매의 효력이 생기지 아니한다(대판 2015.8.27. 2013다28247).

④ (○) 매수인이 계약의 이행에 착수하기 전에는 매도인은 계약금의 배액을 상환하고 계약을 해제할 수 있다(민법 제565조 제1항). 이에 따라 매도인이 받은 계약금의 배액을 매수인에게 상환하거나 적어도 그 이행제공을 하지 않으면 이 조항에 따라 해제할 수 없다(대판 2021.9.16. 2020다213364).

⑤ (×) 민법 제587조는 "매매계약이 있은 후에도 인도하지 아니한 목적물로부터 생긴 과실은 매도인에게 속한다. 매수인은 목적물의 인도를 받은 날로부터 대금의 이자를 지급하여야 한다"고 규정하고 있다. 그러나 매수인의 대금지급의무와 매도인의 소유권이전등기의무가 동시이행관계에 있는 등으로 매수인이 대금지급을 거절할 정당한 사유가 있는 경우에는 매매목적물을 미리 인도받았다 하더라도 위 민법 규정에 의한 이자를 지급할 의무는 없다고 보아야 한다(대판 2013.6.27. 2011다98129).

답 ⑤

009

甲과 乙은 甲 소유의 부동산에 대하여 1억원에 매매계약을 체결하고 甲은 계약금 1천만원을 수령하였다. 이에 관한 설명으로 옳은 것은?(甲과 乙 사이에 다른 약정은 없으며, 다툼이 있으면 판례에 따름)

17 노무

① 乙의 귀책사유로 甲이 계약을 해제한 경우 계약금은 당연히 甲에게 귀속된다.
② 甲은 수령한 계약금을 乙에게 반환하고 매매계약을 해제할 수 있다.
③ 乙이 약정기일에 중도금을 지급한 경우 甲은 乙에게 2천만원을 상환하고 계약을 해제할 수 없다.
④ 乙은 중도금을 지급한 후라도 계약금과 중도금을 포기하고 매매계약을 해제할 수 있다.
⑤ 계약금계약에 의하여 계약이 해제된 경우 甲과 乙은 원상회복 및 손해배상의무가 있다.

해설

① (×) 유상계약을 체결함에 있어서 계약금이 수수된 경우 계약금은 해약금의 성질을 가지고 있어서, 이를 위약금으로 하기로 하는 특약이 없는 이상 계약이 당사자 일방의 귀책사유로 인하여 해제되었다 하더라도 상대방은 계약불이행으로 입은 실제 손해만을 배상받을 수 있을 뿐 계약금이 위약금으로서 상대방에게 당연히 귀속되는 것은 아니다(대판 2010.4.29. 2007다24930).
② (×) 매매의 당사자 일방이 계약당시에 금전 기타 물건을 계약금, 보증금 등의 명목으로 상대방에게 교부한 때에는 당사자 간에 다른 약정이 없는 한 당사자의 일방이 이행에 착수할 때까지 교부자는 이를 포기하고 수령자는 그 배액을 상환하여 매매계약을 해제할 수 있다(민법 제565조 제1항).
③ (○) 판례의 취지를 고려할 때 매수인 乙이 약정기일에 중도금을 지급함으로써 채무의 일부를 이행한 경우에는, 매도인 甲은 매수인 乙에게 2천만원을 상환하고 계약을 해제할 수 없다.

> 매도인이 민법 제565조에 의하여 계약금의 배액을 상환하고 계약을 해제하려면 매수인이 이행에 착수할 때까지 하여야 할 것인바, 여기에서 이행에 착수한다는 것은 객관적으로 외부에서 인식할 수 있는 정도로 채무의 이행행위의 일부를 하거나 또는 이행을 하기 위하여 필요한 전제행위를 하는 경우를 말한다(대판 2006.11.24. 2005다39594).

④ (×) 민법 제565조 제1항에서 말하는 당사자의 일방이라는 것은 매매 쌍방 중 어느 일방을 지칭하는 것이고, 상대방이라 국한하여 해석할 것이 아니므로, 비록 상대방인 매도인이 매매계약의 이행에는 전혀 착수한 바가 없다 하더라도 매수인이 중도금을 지급하여 이미 이행에 착수한 이상 매수인은 민법 제565조에 의하여 계약금을 포기하고 매매계약을 해제할 수 없다(대판 2000.2.11. 99다62074).
⑤ (×) 계약금계약에 의해 계약이 해제된 경우 원상회복이나 손해배상의무가 없다.

답 ❸

010 민법 제565조의 해약금 해제에 관한 설명으로 옳은 것은?(다툼이 있으면 판례에 따름)

① 매도인이 매매계약의 이행에 전혀 착수한 바 없다 하더라도, 계약에서 정한 날짜에 중도금을 지급한 매수인은 계약금을 포기하고 해약금 해제를 할 수 없다.
② 매도인이 매수인에 대하여 이행을 최고하고 매매잔대금의 지급을 구하는 소를 제기하였다면 그것만으로 이행에 착수하였다고 보아야 한다.
③ 당사자 사이에 해약권을 배제하기로 하는 약정이 있다 하더라도 특별한 사정이 없는 한 해약금해제를 할 수 있다.
④ 매도인이 계약금의 배액을 이행제공하였으나 매수인이 이를 수령하지 아니하는 경우, 매도인이 해약금 해제를 하기 위해서는 공탁하여야 한다.
⑤ 계약금 일부만 지급된 경우, 매도인은 지급받은 금원의 배액을 상환하고 해약금 해제를 할 수 있다.

해설

① (○) 민법 제565조 제1항에서 말하는 당사자의 일방이라는 것은 매매 쌍방 중 어느 일방을 지칭하는 것이고, 상대방이라 국한하여 해석할 것이 아니므로, 비록 상대방인 매도인이 매매계약의 이행에는 전혀 착수한 바가 없다 하더라도 <u>매수인이 중도금을 지급하여 이미 이행에 착수한 이상 매수인은 민법 제565조에 의하여 계약금을 포기하고 매매계약을 해제할 수 없다</u>(대판 2000.2.11. 99다62074).
② (×) 민법 제565조 제1항에 따라 본인 또는 매도인이 이행에 착수할 때까지는 계약금을 포기하고 계약을 해제할 수 있는바, 여기에서 이행에 착수한다는 것은 객관적으로 외부에서 인식할 수 있는 정도로 채무의 이행행위의 일부를 하거나 또는 이행을 하기 위하여 필요한 전제행위를 하는 경우를 말하는 것으로서 단순히 이행의 준비를 하는 것만으로는 부족하고, 그렇다고 반드시 계약내용에 들어맞는 이행제공의 정도에까지 이르러야 하는 것은 아니지만, <u>매도인이 매수인에 대하여 매매계약의 이행을 최고하고 매매잔대금의 지급을 구하는 소송을 제기한 것만으로는 이행에 착수하였다고 볼 수 없다</u>(대판 2008.10.23. 2007다72274).
③ (×) 민법 제565조의 해약권은 당사자 간에 다른 약정이 없는 경우에 한하여 인정되는 것이고, 만일 당사자가 위 조항의 해약권을 배제하기로 하는 약정을 하였다면 더 이상 그 해제권을 행사할 수 없다(대판 2009.4.23. 2008다50615).
④ (×) 매매당사자 간에 계약금을 수수하고 계약해제권을 유보한 경우에 매도인이 계약금의 배액을 상환하고 계약을 해제하려면 계약해제 의사표시 이외에 계약금 배액의 이행의 제공이 있으면 족하고 <u>상대방이 이를 수령하지 아니한다 하여 이를 공탁하여야 유효한 것은 아니다</u>(대판 1992.5.12. 91다2151).
⑤ (×) 매도인이 '계약금 일부만 지급된 경우 지급받은 금원의 배액을 상환하고 매매계약을 해제할 수 있다'고 주장한 사안에서, '실제 교부받은 계약금'의 배액만을 상환하여 매매계약을 해제할 수 있다면 이는 당사자가 일정한 금액을 계약금으로 정한 의사에 반하게 될 뿐 아니라, 교부받은 금원이 소액일 경우에는 사실상 계약을 자유로이 해제할 수 있어 계약의 구속력이 약화되는 결과가 되어 부당하기 때문에, 계약금 일부만 지급된 경우 수령자가 매매계약을 해제할 수 있다고 하더라도 <u>해약금의 기준이 되는 금원은 '실제 교부받은 계약금'이 아니라 '약정 계약금'이라고 봄이 타당하므로, 매도인이 계약금의 일부로서 지급받은 금원의 배액을 상환하는 것으로는 매매계약을 해제할 수 없다</u>(대판 2015.4.23. 2014다231378).

답 ❶

011 계약금에 관한 설명으로 옳지 않은 것은?(다툼이 있으면 판례에 따름)

① 계약금은 해약금으로 추정한다.
② 해약금에 의하여 해제하는 경우에는 손해배상청구가 인정되지 아니한다.
③ 당사자의 약정에 따라 계약금이 해약금과 손해배상의 예정을 겸하는 경우, 그것이 부당히 과다한 때에는 법원은 이를 적당히 감액할 수 있다.
④ 계약금의 일부만 지급된 경우, 해약금의 기준이 되는 금원은 실제 교부받은 계약금이 아니라 약정 계약금이다.
⑤ 계약금의 수령자는 배액을 제공하고 해제할 수 있으며, 제공된 금액을 상대방이 수령하지 않으면 공탁할 의무를 부담한다.

해설

① (○) 계약금은 해제권의 유보를 위해 수수된 해약금으로 추정한다(민법 제565조 제1항).
② (○) 민법 제565조 제2항
③ (○) 민법 제398조 제2항
④ (○) 대판 2015.4.23. 2014다231378
⑤ (×) 매매당사자 간에 계약금을 수수하고 계약해제권을 유보한 경우에 매도인이 계약금의 배액을 상환하고 계약을 해제하려면 계약해제 의사표시 이외에 계약금 배액의 이행의 제공이 있으면 족하고 상대방이 이를 수령하지 아니한다 하여 이를 공탁하여야 유효한 것은 아니다(대판 1992.5.12. 91다2151).

답 ❺

012

민법 제565조(해약금)의 계약금계약에 기한 해제에 관한 설명으로 옳지 않은 것은?(다툼이 있으면 판례에 따름)

① 계약금은 이를 위약금으로 하기로 하는 특약이 없는 한, 손해배상액의 예정으로 볼 수 없다.
② 유동적 무효 상태인 매매계약도 매도인이 계약금의 배액을 상환하고 계약을 적법하게 해제할 수 있다.
③ 교부자가 계약금의 전부를 지급하지 아니하더라도 계약금계약은 성립한다.
④ 상대방인 매도인이 매매계약의 이행에는 전혀 착수한 바가 없다 하더라도 중도금을 지급한 매수인은 계약금을 포기하고 매매계약을 해제할 수 없다.
⑤ 계약금계약에 기한 해제는 이행에 착수하기 전에만 할 수 있으므로 원상회복의 문제는 생기지 않을 뿐만 아니라 손해배상청구권도 생기지 않는다.

해설

① (○) 계약금이 위약금으로 인정되기 위해서는 별도의 특약이 있어야 한다. 따라서 별도의 특약이 없다면 해약금으로 추정될 뿐 당연히 위약금의 기능을 갖게 되는 것은 아니다(대판 1987.2.24. 86누438). 따라서 별도의 특약이 없다면 채무불이행이 있는 때에도 실제 손해만을 배상받을 수 있을 뿐 계약금이 위약금으로서 상대방에게 당연히 귀속되는 것은 아니다(대판 2010.4.29. 2007다24930).
② (○) 특별한 사정이 없는 한 국토이용관리법상의 토지거래허가를 받지 아니하여 유동적 무효 상태인 매매계약에 있어서도 당사자 사이의 매매계약은 매도인이 계약금의 배액을 상환하고 계약을 해제함으로써 적법하게 해제된다(대판 1997.6.27. 97다9369).
③ (×) 매매계약이 일단 성립한 후에는 당사자의 일방이 이를 마음대로 해제할 수 없는 것이 원칙이다. 다만 주된 계약과 더불어 계약금계약을 한 경우에는 민법 제565조 제1항의 규정에 따라 해제를 할 수 있기는 하나, 당사자가 계약금 일부만을 먼저 지급하고 잔액은 나중에 지급하기로 약정하거나 계약금 전부를 나중에 지급하기로 약정한 경우, 교부자가 계약금의 잔금 또는 전부를 지급하지 아니하는 한 계약금계약은 성립하지 아니하므로 당사자가 임의로 주계약을 해제할 수는 없다(대판 2015.4.23. 2014다231378).
④ (○) 민법 제565조 제1항에서 말하는 당사자의 일방이라는 것은 매매 쌍방 중 어느 일방을 지칭하는 것이고, 상대방이라 국한하여 해석할 것이 아니므로, 비록 상대방인 매도인이 매매계약의 이행에는 전혀 착수한 바가 없다 하더라도 매수인이 중도금을 지급하여 이미 이행에 착수한 이상 매수인은 민법 제565조에 의하여 계약금을 포기하고 매매계약을 해제할 수 없다(대판 2000.2.11. 99다62074).
⑤ (○) 해약금 해제의 효과로 원상회복의무는 불발생하며, 채무불이행에 기한 해제가 아니기 때문에 손해배상청구권 또한 발생하지 않는다.

답 ❸

013 계약금에 관한 설명 중 판례의 입장과 다른 것은?

03 사시

① 매도인이 매매계약의 이행에 착수한 바가 없더라도 중도금을 지급한 매수인은 계약금을 포기하고 매매계약을 해제할 수 없다.
② 매수인이 지급한 계약금이 해약금과 손해배상의 예정액으로서의 성질을 겸하고 있는데 손해배상의 예정액으로서는 부당히 과다한 경우, 매수인은 계약금 중 과다한 손해배상의 예정으로 감액되어야 할 부분을 제외한 나머지 금액을 포기하고 계약을 해제하면서 그 과다한 부분의 반환을 청구할 수 있다.
③ 계약금은 이를 위약금으로 하기로 하는 특약이 없는 이상 손해배상의 예정액으로서의 성질을 갖는 것이 아니다.
④ "임차인이 보증금의 잔액을 지정된 기일까지 납부하지 않을 때에는 임대인은 계약을 해제하고 계약금조로 불입한 보증금은 반환하지 아니한다"는 약정은 있으나 임대인이 계약을 위반할 경우에 관하여는 아무런 합의가 없다면 임대인의 채무불이행이 있는 경우 임차인은 그로 인한 손해를 구체적으로 증명하여 배상받을 수 있을 뿐이다.
⑤ 계약금을 받은 매도인이 그 배액을 상환하고 계약을 해제하려면 계약해제의 의사표시 외에 계약금 배액을 이행제공하여야 하고 상대방이 수령하지 않으면 공탁하여야 한다.

해설

① (O) 판례의 취지를 고려할 때 상대방인 매도인이 이행에 착수한 바가 없더라도 매수인이 스스로 이행에 착수하여 중도금을 지급하였다면 해약금을 포기하고 매매계약을 해제할 수 없다.

> 매매계약의 당사자 일방이 계약금을 상대방에게 교부하였을 때에는 당사자 간에 다른 약정이 없는 한 매매계약 쌍방 당사자 중 어느 일방이라도 이행에 착수하였다면 그 당사자나 상대방이 계약금의 배액상환 또는 포기로서 해제권을 행사할 수 없다 할 것이고, 여기에서 이행에 착수한다는 것은 객관적으로 외부에서 인식할 수 있는 정도로 채무의 이행행위의 일부를 행하거나 또는 이행을 하는데 필요한 전제행위를 하는 것을 말하는 것으로서 단순히 이행의 준비만으로는 부족하나, 반드시 계약내용에 들어맞는 이행의 제공의 정도에까지 이르러야 하는 것은 아니라 할 것이다(대판 1994.11.11. 94다17659).

② (O) "대금불입 불이행시 계약은 자동 무효가 되고 이미 불입된 금액은 일체 반환하지 않는다"고 되어 있는 매매계약에 기하여 계약금이 지급되었으나, 매수인이 중도금을 지급기일에 지급하지 아니한 채 이미 지급한 계약금 중 과다한 손해배상의 예정으로 감액되어야 할 부분을 제외한 나머지 금액을 포기하고 해약금으로서의 성질에 기하여 계약을 해제한다는 의사표시를 하면서 감액되어야 할 금액에 해당하는 금원의 반환을 구한 경우, 그 계약금은 해약금으로서의 성질과 손해배상 예정으로서의 성질을 겸하고 있고, 매수인의 주장취지에는 매수인의 채무불이행을 이유로 매도인이 몰취한 계약금은 손해배상 예정액으로서는 부당히 과다하므로 감액되어야 하고 그 감액 부분은 부당이득으로서 반환하여야 한다는 취지도 포함되어 있다고 해석함이 상당하다(대판 1996.10.25. 95다33726).
③ (O) 매매계약에 있어서 계약금은 당사자 일방이 이행에 착수할 때까지 매수인은 이를 포기하고 매도인은 그 배액을 상환하여 계약을 해제할 수 있는 해약금의 성질을 가지고 있고, 다만 당사자의 일방이 위약한 경우 그 계약금을 위약금으로 하기로 하는 특약이 있는 경우에만 손해배상액의 예정으로서의 성질을 갖는 것이므로(대판 1987.2.24. 86누438), 이러한 내용의 특약이 체결된바 없다면 계약금이 손해배상액의 예정액으로서의 성질을 갖는 것으로 볼 수 없다.
④ (O) 임대인이 계약을 위반할 경우에 관하여는 아무런 기재가 없음이 분명하므로, 위약금에 대한 법리와 문언의 객관적 의미에 비추어 볼 때 임대인의 채무불이행이 있는 경우에는, 임차인이 그로 인한 손해를 구체적으로 증명하여 배상받을 수 있음은 별론으로 하고, 특별히 손해배상액의 예정으로서의 위약금 약정은 두지 않은 것이라고 인정하여야 할 것이지, 임차인에 대한 위약금 약정이 있다는 이유만으로 달리 특별한 사정에 대한 설시도 없이 임대인에게도 위약금의 약정이 있는 것이라고 단정할 수는 없다(대판 1996.6.14. 95다11429).

⑤ (×) 매매당사자 간에 계약금을 수수하고 계약해제권을 유보한 경우에 매도인이 계약금의 배액을 상환하고 계약을 해제하려면 계약해제 의사표시 이외에 계약금 배액의 이행의 제공이 있으면 족하고 상대방이 이를 수령하지 아니한다 하여 이를 공탁하여야 유효한 것은 아니다(대판 1992.5.12. 91다2151).

답 ⑤

014 매매에 관한 설명으로 옳은 것을 모두 고른 것은?(다툼이 있으면 판례에 따름) 21 노무

ㄱ. 당사자가 매매예약완결권의 행사기간을 약정하지 않은 경우, 완결권은 예약이 성립한 때로부터 10년 내에 행사되어야 하고, 그 기간을 지난 때에는 제척기간의 경과로 인하여 소멸한다.
ㄴ. 목적물이 일정한 면적을 가지고 있다는 데 주안을 두고 대금도 면적을 기준으로 정하여지는 아파트 분양계약은 특별한 사정이 없는 한 수량지정매매에 해당한다.
ㄷ. 건축목적으로 매매된 토지에 대하여 건축허가를 받을 수 없어 건축이 불가능한 경우, 이와 같은 법률적 제한 내지 장애는 권리의 하자에 해당한다.
ㄹ. 특정물 매매에서 매도인의 하자담보책임이 성립하는 경우, 매수인은 매매계약내용의 중요부분에 착오가 있더라도 이를 취소할 수 없다.

① ㄱ, ㄴ
② ㄱ, ㄹ
③ ㄴ, ㄷ
④ ㄱ, ㄷ, ㄹ
⑤ ㄴ, ㄷ, ㄹ

해설

ㄱ. (○) 민법 제564조가 정하고 있는 매매예약에서 예약자의 상대방이 매매예약 완결의 의사표시를 하여 매매의 효력을 생기게 하는 권리, 즉 매매예약의 완결권은 일종의 형성권으로서 당사자 사이에 행사기간을 약정한 때에는 그 기간 내에, 약정이 없는 때에는 예약이 성립한 때부터 10년 내에 이를 행사하여야 하고, 그 기간이 지난 때에는 예약완결권은 제척기간의 경과로 소멸한다(대판 2018.11.29. 2017다247190).
ㄴ. (○) 대판 2002.11.8. 99다58136
ㄷ. (×) 매매의 목적물이 거래통념상 기대되는 객관적 성질·성능을 결여하거나, 당사자가 예정 또는 보증한 성질을 결여한 경우에 매도인은 매수인에 대하여 그 하자로 인한 담보책임을 부담한다 할 것이고, 한편 건축을 목적으로 매매된 토지에 대하여 건축허가를 받을 수 없어 건축이 불가능한 경우, 위와 같은 법률적 제한 내지 장애 역시 매매목적물의 하자에 해당한다 할 것이나, 다만 위와 같은 하자의 존부는 매매계약성립 시를 기준으로 판단하여야 할 것이다(대판 2000.1.18. 98다18506).
ㄹ. (×) 민법 제109조 제1항에 의하면 법률행위내용의 중요부분에 착오가 있는 경우 착오에 중대한 과실이 없는 표의자는 법률행위를 취소할 수 있고, 민법 제580조 제1항, 제575조 제1항에 의하면 매매의 목적물에 하자가 있는 경우 하자가 있는 사실을 과실 없이 알지 못한 매수인은 매도인에 대하여 하자담보책임을 물어 계약을 해제하거나 손해배상을 청구할 수 있다. 착오로 인한 취소제도와 매도인의 하자담보책임제도는 취지가 서로 다르고, 요건과 효과도 구별된다. 따라서 매매계약내용의 중요부분에 착오가 있는 경우 매수인은 매도인의 하자담보책임이 성립하는지와 상관없이 착오를 이유로 매매계약을 취소할 수 있다(대판 2018.9.13. 2015다78703).

답 ①

015 매매계약에 관한 설명으로 옳은 것은?(다툼이 있으면 판례에 따름) `23 노무`

① 매매목적물과 대금은 반드시 계약 체결 당시에 구체적으로 특정할 필요는 없고, 이를 나중에라도 구체적으로 특정할 수 있는 방법과 기준이 정해져 있으면 매매계약은 성립한다.
② 매도인이 매수인에게 현존하는 타인 소유의 물건을 매도하기로 약정한 경우, 그 매매계약은 원시적 불능에 해당하여 효력이 없다.
③ 매매예약완결권은 당사자 사이에 다른 약정이 없는 한 10년 내에 이를 행사하지 않으면 시효로 소멸한다.
④ 매도인과 매수인이 해제권을 유보하기 위해 계약금을 교부하기로 합의한 후 매수인이 약정한 계약금의 일부만 지급한 경우, 매도인은 실제 지급받은 금원의 배액을 상환하고 매매계약을 해제할 수 있다.
⑤ 매매계약에 관한 비용은 다른 약정이 없으면 매수인이 부담한다.

해설

① (O) 매매는 당사자 일방이 재산권을 상대방에게 이전할 것을 약정하고 상대방이 그 대금을 지급할 것을 약정함으로써 그 효력이 생긴다(민법 제563조). 매매계약은 매도인이 재산권을 이전하는 것과 매수인이 대금을 지급하는 것에 관하여 쌍방 당사자가 합의함으로써 성립한다. 매매목적물과 대금은 반드시 계약 체결 당시에 구체적으로 특정할 필요는 없고, 이를 나중에라도 구체적으로 특정할 수 있는 방법과 기준이 정해져 있으면 충분하다(대판 2020.4.9. 2017다20371).

② (×) 특정한 매매의 목적물이 타인의 소유에 속하는 경우라 하더라도, 그 매매계약이 원시적 이행불능에 속하는 내용을 목적으로 하는 당연무효의 계약이라고 볼 수 없다(대판 1993.9.10. 93다20283). 민법 제569조, 제570조에 비추어 보면, 양도계약의 목적물이 타인의 권리에 속하는 경우에 있어서도 그 양도계약은 계약당사자 간에 있어서는 유효하고, 그 양도계약에 따라 양도인은 그 목적물을 취득하여 양수인에게 이전하여 줄 의무가 있다(대판 1993.8.24. 93다24445).

③ (×) 민법 제564조가 정하고 있는 매매예약에서 예약자의 상대방이 매매예약 완결의 의사표시를 하여 매매의 효력을 생기게 하는 권리, 즉 매매예약의 완결권은 일종의 형성권으로서 당사자 사이에 행사기간을 약정한 때에는 그 기간 내에, 약정이 없는 때에는 예약이 성립한 때부터 10년 내에 이를 행사하여야 하고, 그 기간이 지난 때에는 예약완결권은 제척기간의 경과로 소멸한다(2018.11.29. 2017다247190).

④ (×) 계약이 일단 성립한 후에는 당사자의 일방이 이를 마음대로 해제할 수 없는 것이 원칙이고, 다만 주된 계약과 더불어 계약금계약을 한 경우에는 민법 제565조 제1항의 규정에 따라 임의 해제를 할 수 있기는 하나, 계약금계약은 금전 기타 유가물의 교부를 요건으로 하므로 단지 계약금을 지급하기로 약정만 한 단계에서는 아직 계약금으로서의 효력, 즉 위 민법 규정에 의해 계약해제를 할 수 있는 권리는 발생하지 않는다고 할 것이다. 따라서 당사자가 계약금의 일부만을 먼저 지급하고 잔액은 나중에 지급하기로 약정하거나 계약금 전부를 나중에 지급하기로 약정한 경우, 교부자가 계약금의 잔금이나 전부를 약정대로 지급하지 않으면 상대방은 계약금 지급의무의 이행을 청구하거나 채무불이행을 이유로 계약금약정을 해제할 수 있고, 나아가 위 약정이 없었더라면 주계약을 체결하지 않았을 것이라는 사정이 인정된다면 주계약도 해제할 수도 있을 것이나, 교부자가 계약금의 잔금 또는 전부를 지급하지 아니하는 한 계약금계약은 성립하지 아니하므로 당사자가 임의로 주계약을 해제할 수는 없다 할 것이다(대판 2008.3.13. 2007다73611).

⑤ (×) (다른 약정이 없으면) 매매계약에 관한 비용은 당사자 쌍방이 균분하여 부담한다(민법 제566조).

답 ❶

016 매매에 관한 설명으로 옳은 것은?(다툼이 있으면 판례에 따름)

① 자전거 매매에 있어 자전거의 인도와 동시에 대금을 지급할 경우에는 자전거인도장소에서 대금을 지급하여야 한다.
② 행사기간의 약정이 없는 매매예약완결권은, 권리자가 예약목적물인 부동산을 인도받은 경우에는 예약이 성립한 때로부터 10년이 경과하더라도 소멸하지 않는다.
③ 매수인이 매도인에게 지급한 계약금을 포기하고 적법하게 매매를 해제한 경우, 이로 인해 매도인에게 계약금 이상의 손해가 발생한 때에는 매도인은 매수인에 대해 손해배상청구를 할 수 있다.
④ 매매계약 후에도 인도하지 아니한 목적물로부터 생긴 과실은 매도인에 속하므로, 매수인이 매매대금을 완납한 후라도 매매목적물을 인도하기까지는 과실수취권은 매도인에게 귀속된다.
⑤ 매매의 목적인 재산권과 대금에 관한 합의가 있더라도, 계약비용·채무이행기·이행장소에 관한 합의가 없으면 특별한 사정이 없는 한 매매계약이 성립할 수 없다.

해설

① (○) 매매의 목적물의 인도와 동시에 대금을 지급할 경우에는 그 인도장소에서 이를 지급하여야 하므로(민법 제586조), 자전거 매매에 있어 자전거의 인도와 동시에 대금을 지급할 경우에는 자전거인도장소에서 대금을 지급하여야 한다.
② (×) 매매예약완결권은 일종의 형성권으로서 당사자 사이에 그 행사기간을 약정한 때에는 그 기간 내에, 그러한 약정이 없는 때에는 그 예약이 성립한 때로부터 10년 내에 이를 행사하여야 하고, 그 기간을 지난 때에는 상대방이 예약목적물인 부동산을 인도받은 경우라도 예약완결권은 제척기간의 경과로 인하여 소멸한다(대판 1997.7.25. 96다47494).
③ (×) 민법 제551조(해지, 해제와 손해배상)의 규정은 해약금에 의한 해제의 경우에 이를 적용하지 아니한다(민법 제565조 제2항). 따라서 지문의 경우, 매도인은 매수인에 대하여 손해배상청구를 할 수 없다.
④ (×) 특별한 사정이 없는 한 매매계약이 있은 후에도 인도하지 아니한 목적물로부터 생긴 과실은 매도인에게 속하나, 매매목적물의 인도 전이라도 매수인이 매매대금을 완납한 때에는 그 이후의 과실수취권은 매수인에게 귀속된다(대판 1993.11.9. 93다28928).
⑤ (×) 매매는 당사자 일방이 재산권을 상대방에게 이전할 것을 약정하고 상대방이 대금을 지급할 것을 약정함으로써 효력이 발생하는 것이므로, 매매계약은 매도인이 재산권을 이전하는 것과 매수인이 대가로서 대금을 지급하는 것에 관하여 쌍방 당사자의 합의가 이루어짐으로써 성립하는 것이며, 그 경우 매매목적물과 대금은 반드시 계약체결 당시에 구체적으로 특정할 필요는 없고 이를 사후에라도 구체적으로 특정할 수 있는 방법과 기준이 정하여져 있으면 충분하다. 이 경우 그 약정된 기준에 따른 대금액 산정에 관하여 당사자 간에 다툼이 있다면 법원이 이를 정할 수밖에 없다. 매매대금 액수를 일정기간 후 시가에 의하여 정하기로 하였다는 사유만을 들어 매매계약이 아닌 매매예약이라고 단정할 것은 아니다. 그 밖에 특별한 사정이 없는 한 이행시기, 이행장소, 담보책임 등에 관한 합의가 없었더라도 매매계약이 성립하는 데에 지장이 없다(대판 2023.9.14. 2023다227500).

답 ①

017 해약금규정(민법 제565조)에 의하여 계약을 해제하는 경우에 관한 설명으로 옳지 않은 것은?(다툼이 있으면 판례에 따름)

[19] 변리

① 계약금의 일부만 지급된 경우, 수령자는 실제 지급된 계약금이 아니라 약정계약금의 배액을 상환하고 계약을 해제할 수 있다.
② 계약당사자 일방이 채무의 이행기 전에 이미 채무의 이행에 착수하였다면 특별한 사정이 없는 한 계약당사자는 해제권을 행사할 수 없다.
③ 계약당사자가 계약금에 기한 해제권을 배제하기로 하는 약정을 하였다면, 각 당사자는 해제권을 행사할 수 없다.
④ 계약금을 수령한 매도인이 매수인에 대하여 해제권을 행사하기 위해서는 수령한 계약금의 배액의 이행제공을 하여야 하며 매수인이 수령을 거부하는 경우, 이를 공탁하여야 한다.
⑤ 토지거래허가구역 내의 토지에 관한 매매계약의 당사자가 토지거래허가신청절차의 협력의무를 이행하여 관할관청으로부터 거래허가를 받았더라도, 그러한 사정만으로는 아직 이행의 착수가 있다고 볼 수 없다.

해설

① (○) 계약금 일부만 지급된 경우 수령자가 매매계약을 해제할 수 있다고 하더라도 해약금의 기준이 되는 금원은 실제 교부받은 계약금이 아니라 약정계약금이라고 봄이 타당하므로, 매도인이 계약금의 일부로서 지급받은 금원의 배액을 상환하는 것으로는 매매계약을 해제할 수 없다(대판 2015.4.23. 2014다231378).
② (○) 이행기의 약정이 있는 경우라 하더라도 당사자가 채무의 이행 전에는 착수하지 아니하기로 하는 특약을 하는 등 특별한 사정이 없는 한 이행기 전에 이행에 착수할 수 있다(대판 1993.1.19. 92다31323). 따라서 계약당사자 일방이 채무의 이행기 전에 이미 채무의 이행에 착수한 이상, 계약당사자는 해제권을 행사할 수 없다.
③ (○) 민법 제565조의 해약권은 당사자 간에 다른 약정이 없는 경우에 한하여 인정되는 것이고, 만일 당사자가 위 조항의 해약권을 배제하기로 하는 약정을 하였다면 더 이상 그 해제권을 행사할 수 없다(대판 2009.4.23. 2008다50615).
④ (×) 매매당사자 간에 계약금을 수수하고 계약해제권을 유보한 경우에 매도인이 계약금의 배액을 상환하고 계약을 해제하려면 계약해제의 의사표시 외에 계약금 배액의 이행의 제공이 있으면 족하고, 상대방이 이를 수령하지 아니한다 하여 이를 공탁할 필요는 없다(대판 1981.10.27. 80다2784).
⑤ (○) 구 국토의 계획 및 이용에 관한 법률에 정한 토지거래계약에 관한 허가구역으로 지정된 구역 안의 토지에 관하여 매매계약이 체결된 후 계약금만 수수한 상태에서 당사자가 토지거래허가신청을 하고 이에 따라 관할관청으로부터 그 허가를 받았다 하더라도, 그러한 사정만으로는 아직 이행의 착수가 있다고 볼 수 없어 매도인으로서는 민법 제565조에 의하여 계약금의 배액을 상환하여 매매계약을 해제할 수 있다(대판 2009.4.23. 2008다62427).

답 ❹

018
CHECK ☐△✗

甲은 자기 소유 주택을 乙에게 매도하고 계약금을 받았다. 그리고 1개월 후 중도금, 3개월 후 잔금을 지급받고, 잔금지급과 동시에 이전등기를 해 주기로 하였다. 이에 관한 설명으로 옳지 않은 것은? (다툼이 있으면 판례에 따름) **15 변리**

① 계약금은 이를 위약금으로 하기로 하는 특약이 없는 이상 손해배상액의 예정액으로서의 성질을 갖는 것이 아니다.
② 甲이 해제권을 행사하는 경우, 甲이 계약금의 배액을 乙에게 제공하기 전이라도 해제의 의사표시가 乙에게 도달한 때 해제의 효과가 발생한다.
③ 乙이 중도금을 지급한 경우, 甲이 매매계약의 이행에 착수한 바가 없더라도 乙은 계약금을 포기하고 매매계약을 해제할 수 없다.
④ 乙이 중도금지급기일을 지키지 않자 甲이 상당한 기간을 정해 최고하였음에도 그 기간 내에 지급하지 않은 경우, 甲은 채무불이행을 이유로 계약을 해제하고 손해배상을 청구할 수 있다.
⑤ 乙의 채무불이행을 이유로 계약이 해제되는 경우, 특약이 없는 이상 甲은 채무불이행으로 입은 실제 손해만을 배상받을 수 있을 뿐, 계약금이 위약금으로 甲에게 귀속되는 것은 아니다.

해설

① (○) 매매계약에 있어서 계약금은 당사자 일방이 이행에 착수할 때까지 매수인은 이를 포기하고 매도인은 그 배액을 상환하여 계약을 해제할 수 있는 해약금의 성질을 가지고 있고, 다만 당사자의 일방이 위약한 경우 그 계약금을 위약금으로 하기로 하는 특약이 있는 경우에만 손해배상액의 예정으로서의 성질을 갖는 것이므로(대판 1987.2.24. 86누438), 甲과 乙 사이에 이러한 내용의 특약이 체결된바 없다면 계약금을 손해배상액의 예정액으로서의 성질을 갖는 것으로 볼 수 없다.

② (✗) 비록 해제의 의사표시가 乙에게 도달하였더라도, 계약금 배액의 이행제공이 없는 이상, 해약금에 의한 해제의 효과는 발생하지 아니한다.

> 매매당사자 간에 계약금을 수수하고 계약해제권을 유보한 경우에 매도인이 계약금의 배액을 상환하고 계약을 해제하려면 계약해제의 의사표시 외에 계약금 배액의 이행의 제공이 있으면 족하고, 상대방이 이를 수령하지 아니한다 하여 이를 공탁할 필요는 없다(대판 1981.10.27. 80다2784).

③ (○) 乙이 중도금을 지급함으로써 이행에 착수하였으므로, 비록 甲이 매매계약의 이행에 착수한 바가 없더라도, 甲과 乙 모두 해약금에 기한 해제권을 행사하여 그 매매계약을 해제할 수 없다.

> 매매계약의 당사자 일방이 계약금을 상대방에게 교부하였을 때에는 당사자 간에 다른 약정이 없는 한 매매계약쌍방당사자 중 어느 일방이라도 이행에 착수하였다면 그 당사자나 상대방이 계약금의 배액상환 또는 포기로서 해제권을 행사할 수 없다(대판 1994.11.11. 94다17659).

④ (○) 계약금이 교부되어 있더라도, 해약금에 기한 해제권 이외에 채무불이행 등을 이유로 하는 계약해제권이 배제되는 것은 아니므로, 지문의 경우에는 甲은 이행지체(민법 제544조)를 이유로 계약을 해제하고 손해배상을 청구할 수 있다.

⑤ (○) 유상계약을 체결함에 있어서 계약금이 수수된 경우 계약금은 해약금의 성질을 가지고 있어서, 이를 위약금으로 하기로 하는 특약이 없는 이상 계약이 당사자 일방의 귀책사유로 인하여 해제되었다 하더라도 상대방은 계약불이행으로 입은 실제 손해만을 배상받을 수 있을 뿐 계약금이 위약금으로서 상대방에게 당연히 귀속되는 것은 아니라는 판례(대판 2010.4.29. 2007다24930)의 취지를 고려할 때 계약금을 위약금으로 하기로 하는 甲과 乙 사이의 특약이 없는 이상, 그 계약금이 위약금으로서 甲에게 당연히 귀속되는 것은 아니다.

답 ❷

019 계약금에 관한 설명으로 옳은 것은?(다툼이 있으면 판례에 따름)

① 계약금을 수령한 매도인이 계약금의 배액을 상환하고 계약을 해제하려는 경우, 매수인이 이를 수령하지 않으면 공탁하여야 해제의 효력이 발생한다.
② 매수인이 자신이 지급한 계약금을 포기하고 계약을 해제하기 전에, 매도인이 매수인에 대하여 매매계약의 이행을 최고하고 매매잔대금의 지급을 구하는 소송을 제기하였다면 이는 이행에 착수한 것으로 보아야 한다.
③ 토지거래허가구역 내 토지에 관하여 매매계약을 체결하고 계약금만 주고받은 상태에서 토지거래허가를 받았다면 매도인은 자신이 수령한 계약금의 배액을 상환하여 매매계약을 해제할 수 있다.
④ 당사자 일방의 귀책사유로 인한 법정해제권을 행사하는 경우, 특별한 사정이 없는 한 계약금은 위약금으로서 상대방에게 귀속된다.
⑤ 계약당사자가 계약금에 기한 해제권을 배제하기로 하는 약정을 하더라도, 각 당사자는 계약금에 기한 해제권을 행사할 수 있다.

해설

① (×) 매매당사자 간에 계약금을 수수하고 계약해제권을 유보한 경우에 매도인이 계약금의 배액을 상환하고 계약을 해제하려면 계약해제 의사표시 이외에 계약금 배액의 이행의 제공이 있으면 족하고 상대방이 이를 수령하지 아니한다 하여 이를 공탁하여야 유효한 것은 아니다(대판 1992.5.12. 91다2151).
② (×) 매수인은 민법 제565조 제1항에 따라 본인 또는 매도인이 이행에 착수할 때까지는 계약금을 포기하고 계약을 해제할 수 있는바, 여기에서 이행에 착수한다는 것은 객관적으로 외부에서 인식할 수 있는 정도로 채무의 이행행위의 일부를 하거나 또는 이행을 하기 위하여 필요한 전제행위를 하는 경우를 말하는 것으로서 단순히 이행의 준비를 하는 것만으로는 부족하고, 그렇다고 반드시 계약내용에 들어맞는 이행제공의 정도에까지 이르러야 하는 것은 아니지만, 매도인이 매수인에 대하여 매매계약의 이행을 최고하고 매매잔대금의 지급을 구하는 소송을 제기한 것만으로는 이행에 착수하였다고 볼 수 없다(대판 2008.10.23. 2007다72274).
③ (○) 구 국토의 계획 및 이용에 관한 법률에 정한 토지거래계약에 관한 허가구역으로 지정된 구역 안의 토지에 관하여 매매계약이 체결된 후 계약금만 수수한 상태에서 당사자가 토지거래허가신청을 하고 이에 따라 관할관청으로부터 그 허가를 받았다 하더라도, 그러한 사정만으로는 아직 이행의 착수가 있다고 볼 수 없어 매도인으로서는 민법 제565조에 의하여 계약금의 배액을 상환하여 매매계약을 해제할 수 있다(대판 2009.4.23. 2008다62427).
④ (×) 유상계약을 체결함에 있어서 계약금이 수수된 경우 계약금은 해약금의 성질을 가지고 있어서 이를 위약금으로 하기로 하는 특약이 없는 이상 계약이 당사자 일방의 귀책사유로 인하여 해제되었다 하더라도 상대방은 계약불이행으로 입은 실제 손해만을 배상받을 수 있을 뿐 계약금이 위약금으로서 상대방에게 당연히 귀속된다고 할 수 없다(대판 2010.4.29. 2007다24930).
⑤ (×) 민법 제565조의 해약권은 당사자 간에 다른 약정이 없는 경우에 한하여 인정되는 것이고, 만일 당사자가 위 조항의 해약권을 배제하기로 하는 약정을 하였다면 더 이상 그 해제권을 행사할 수 없다(대판 2009.4.23. 2008다50615).

답 ❸

020 매매의 효력에 관한 설명으로 옳은 것은?(다툼이 있으면 판례에 따름)

① 가등기의 목적이 된 부동산을 매수한 사람이 가등기에 기한 본등기가 경료됨으로써 그 부동산의 소유권을 상실하게 되면, 타인의 권리의 매매에 관한 담보책임 규정인 민법 제570조의 규정이 준용된다.
② 매도인이 계약당시에 매매의 목적이 된 권리의 일부가 자기에게 속하지 아니함을 알지 못한 경우 그 권리를 취득하여 매수인에게 이전할 수 없는 때는 민법 제571조(선의의 매도인의 담보책임)에 따라 매도인은 손해를 배상하고 계약을 해제할 수 있다.
③ 담보권실행을 위한 임의경매에 있어 경매법원이 경매목적인 토지의 등기부상 면적을 표시하는 것은 특별한 사정이 없는 한 민법 제574조 소정의 '수량을 지정한 매매'이다.
④ 건축을 목적으로 매매된 토지에 대하여 건축허가를 받을 수 없어 건축이 불가능한 경우, 이와 같은 법률적 제한 내지 장애는 매매목적물의 하자에 해당한다.
⑤ 경매의 경우에는 채권자가 권리의 흠결을 알고 경매를 청구한 경우라도 경락인은 그 채권자에 대하여 손해배상을 청구할 수 없다.

해설

① (×) 가등기의 목적이 된 부동산을 매수한 사람이 그 뒤 가등기에 기한 본등기가 경료됨으로써 그 부동산의 소유권을 상실하게 된 때에는 매매의 목적 부동산에 설정된 저당권 또는 전세권의 행사로 인하여 매수인이 취득한 소유권을 상실한 경우와 유사하므로, 이와 같은 경우 민법 제576조의 규정이 준용된다고 보아 같은 조 소정의 담보책임을 진다고 보는 것이 상당하고 민법 제570조에 의한 담보책임을 진다고 할 수 없다(대판 1992.10.27. 92다21784).
② (×) 민법 제571조 제1항은 선의의 매도인이 매매의 목적인 권리의 전부를 이전할 수 없는 경우에 적용될 뿐 매매의 목적인 권리의 일부를 이전할 수 없는 경우에는 적용될 수 없고, 마찬가지로 수 개의 권리를 일괄하여 매매의 목적으로 정하였으나 그중 일부의 권리를 이전할 수 없는 경우에도 위 조항은 적용될 수 없다(대판 2004.12.9. 2002다33557).
③ (×) 일반적으로 담보권실행을 위한 임의경매에 있어 경매법원이 경매목적인 토지의 등기부상 면적을 표시하는 것은 단지 토지를 특정하여 표시하기 위한 방법에 지나지 아니한 것이고, 그 최저경매가격을 결정함에 있어 감정인이 단위면적당 가액에 공부상의 면적을 곱하여 산정한 가격을 기준으로 삼았다 하여도 이는 당해 토지 전체의 가격을 결정하기 위한 방편에 불과하다 할 것이어서, 특별한 사정이 없는 한 이를 민법 제574조 소정의 '수량을 지정한 매매'라고 할 수 없다(대판 2003.1.24. 2002다65189).
④ (○) 매매의 목적물이 거래통념상 기대되는 객관적 성질·성능을 결여하거나, 당사자가 예정 또는 보증한 성질을 결여한 경우에 매도인은 매수인에 대하여 그 하자로 인한 담보책임을 부담한다 할 것이고, 한편 건축을 목적으로 매매된 토지에 대하여 건축허가를 받을 수 없어 건축이 불가능한 경우, 위와 같은 법률적 제한 내지 장애 역시 매매목적물의 하자에 해당한다 할 것이나, 다만 위와 같은 하자의 존부는 매매계약 성립시를 기준으로 판단하여야 할 것이다(대판 2000.1.18. 98다18506).
⑤ (×) 채무자가 물건 또는 권리의 흠결을 알고 고지하지 아니하거나 채권자가 이를 알고 경매를 청구한 때에는 경락인은 그 흠결을 안 채무자나 채권자에 대하여 손해배상을 청구할 수 있다(민법 제578조 제3항).

답 ④

021 매도인의 담보책임에 관한 설명으로 옳지 않은 것은?(다툼이 있으면 판례에 따름)

① 경매절차에서 취득한 물건에 하자가 있는 경우, 그에 대하여 담보책임을 물을 수 없다.
② 수량을 지정한 매매의 목적물이 부족한 경우, 악의의 매수인은 대금감액을 청구할 수 있다.
③ 매매의 목적인 권리의 전부가 타인에게 속한 경우, 매도인이 그 권리를 취득하여 매수인에게 이전할 수 없는 때에는 악의의 매수인은 매매계약을 해제할 수 있다.
④ 매매목적물의 하자로 인한 매수인의 매도인에 대한 하자담보책임에 기한 손해배상청구권에는 채권의 소멸시효에 관한 규정이 적용된다.
⑤ 매매의 목적인 부동산에 설정된 저당권의 행사로 인하여 매수인이 그 소유권을 취득할 수 없게 된 경우, 악의의 매수인은 계약을 해제할 수 있다.

해설

① (○) 매도인의 하자담보책임은 민법 제580조 제2항에 의하여 경매의 경우에는 적용되지 아니하므로, 경매목적물에 물건의 하자가 있는 경우에는 하자담보책임이 발생하지 아니한다.
② (×) 권리의 일부가 타인에게 속한 경우와 매도인의 담보책임은, 수량을 지정한 매매의 목적물이 부족되는 경우와 매매목적물의 일부가 계약당시에 이미 멸실된 경우에 매수인이 그 부족 또는 멸실을 알지 못한 때에 준용한다(민법 제574조). 이 경우 매수인은 선의이어야 한다.
③ (○) 민법 제570조 본문
④ (○) 하자담보에 기한 매수인의 손해배상청구권은 권리의 내용·성질 및 취지에 비추어 민법 제162조 제1항의 채권 소멸시효의 규정이 적용되고, 민법 제582조의 제척기간 규정으로 인하여 소멸시효 규정의 적용이 배제된다고 볼 수 없으며, 이때 다른 특별한 사정이 없는 한 무엇보다도 매수인이 매매목적물을 인도받은 때부터 소멸시효가 진행한다고 해석함이 타당하다(대판 2011.10.13. 2011다10266).
⑤ (○) 민법 제576조 제1항

답 ❷

022 담보책임에 관한 설명으로 옳은 것은?(특별한 사정이 없음을 전제로 하며, 다툼이 있으면 판례에 따름)

① 특정물매매계약에 있어 목적물에 하자가 있는 경우, 악의의 매수인은 대금감액청구권을 행사할 수 있다.
② 특정물의 수량지정매매에서 수량이 부족한 경우, 악의의 매수인은 계약한 날로부터 1년 이내에 대금감액청구권을 행사하여야 한다.
③ 부담부 증여의 증여자는 담보책임을 지지 않는다.
④ 일정한 면적(수량)을 가지고 있다는 데 주안을 두고, 대금도 면적을 기준으로 하여 정해지는 아파트 분양계약은 수량지정매매가 될 수 없다.
⑤ 건물신축도급계약에 따라 완성된 건물의 하자로 계약의 목적을 달성할 수 없는 경우, 도급인은 이를 이유로 그 계약을 해제할 수 있다.

해설

① (×) 특정물매매계약에 있어 목적물에 하자가 있는 경우 선의, 무과실의 매수인은 계약해제권과 손해배상청구권을 행사할 수 있다(민법 제580조 제1항). 대금감액청구권은 권리의 일부가 타인에게 속한 경우와 수량부족, 일부멸실의 경우에 매도인에게 인정되는 담보책임의 내용이 된다(민법 제572조, 제574조).
② (×) 수량지정매매에 있어서의 매도인의 담보책임에 기한 매수인의 대금감액청구권은 매수인이 선의인 경우에는 사실을 안 날로부터, 악의인 경우에는 계약한 날로부터 1년 이내에 행사하여야 한다(대판 2002.11.8. 99다58136). 이 판례의 해석과 관련하여 판례가 특정물의 수량지정매매에서 수량이 부족한 경우 악의의 매수인에게도 대금감액청구권을 인정한 것이라는 견해도 있으나, 민법 제574조 후단과 제572조 제3항의 취지를 고려할 때 악의의 매수인에게는 대금감액청구권이 인정되지 아니한다고 보는 것이 타당하다고 판단된다. 이러한 이유로 이 문제의 최종정답을 전항정답으로 처리한 것으로 보인다.
③ (×) 상대부담있는 증여에 대하여는 증여자는 그 부담의 한도에서 매도인과 같은 담보의 책임이 있다(민법 제559조 제2항).
④ (×) 목적물이 일정한 면적(수량)을 가지고 있다는 데 주안을 두고 대금도 면적을 기준으로 하여 정하여지는 아파트 분양계약은 이른바 수량을 지정한 매매라 할 것이다(대판 2002.11.8. 99다58136).
⑤ (×) 도급인이 완성된 목적물의 하자로 인하여 계약의 목적을 달성할 수 없는 때에는 계약을 해제할 수 있다. 그러나 건물 기타 토지의 공작물에 대하여는 그러하지 아니하다(민법 제668조).

답 전항정답

023

민법상 특정물 매도인의 하자담보책임에 관한 설명으로 옳지 않은 것은?(다툼이 있으면 판례에 따름) [20] 노무

① 매도인의 고의·과실은 하자담보책임의 성립요건이 아니다.
② 악의의 매수인에 대해서 매도인은 하자담보책임을 지지 않는다.
③ 매매목적물인 서화(書畫)가 위작으로 밝혀진 경우, 매도인의 담보책임이 발생하면 매수인은 착오를 이유로는 매매계약을 취소할 수 없다.
④ 경매목적물에 물건의 하자가 있는 경우 하자담보책임이 발생하지 않는다.
⑤ 목적물에 하자가 있더라도 계약의 목적을 달성할 수 있는 경우에는 매수인에게 해제권이 인정되지 않는다.

해설

① (○) 매도인의 하자담보책임은 매도인의 고의나 과실 등의 귀책사유를 요건으로 하지 아니하는 일종의 무과실책임이다.
② (○) 매매의 목적물에 하자가 있는 때에는 제575조 제1항의 규정을 준용한다. 그러나 매수인이 하자 있는 것을 알았거나 과실로 인하여 이를 알지 못한 때에는 그러하지 아니하다(민법 제580조 제1항).
③ (×) 민법 제109조 제1항에 의하면 법률행위내용의 중요부분에 착오가 있는 경우 착오에 중대한 과실이 없는 표의자는 법률행위를 취소할 수 있고, 민법 제580조 제1항, 제575조 제1항에 의하면 매매의 목적물에 하자가 있는 경우 하자가 있는 사실을 과실 없이 알지 못한 매수인은 매도인에 대하여 하자담보책임을 물어 계약을 해제하거나 손해배상을 청구할 수 있다. 착오로 인한 취소제도와 매도인의 하자담보책임제도는 취지가 서로 다르고, 요건과 효과도 구별된다. 따라서 매매계약내용의 중요부분에 착오가 있는 경우 매수인은 매도인의 하자담보책임이 성립하는지와 상관없이 착오를 이유로 매매계약을 취소할 수 있다(대판 2018.9.13. 2015다78703).
④ (○) 매도인의 하자담보책임은 민법 제580조 제2항에 의하여 경매의 경우에는 적용되지 아니하므로, 경매목적물에 물건의 하자가 있는 경우에는 하자담보책임이 발생하지 아니한다.
⑤ (○) 매매의 목적물에 하자가 있는 경우에는 제575조 제1항의 규정이 준용되므로, 목적물에 하자가 있더라도 계약의 목적을 달성할 수 있으면 매수인에게 해제권은 인정되지 아니한다.

답 ❸

024 매도인의 담보책임에 관한 설명으로 옳지 않은 것은?(다툼이 있는 경우에는 판례에 의함)

① 저당권의 행사로 매매 목적 부동산의 소유권을 취득할 수 없게 된 경우, 악의의 매수인도 매매계약을 해제하고 매도인에 대하여 손해배상을 청구할 수 있다.
② 경매에 의하여 목적물을 매수한 경우, 물건의 하자에 대하여 매도인에게 담보책임을 물을 수 있다.
③ 건축을 목적으로 매매된 토지에 대하여 건축 허가를 받을 수 없어 건축이 불가능한 경우 등과 같은 법률적 제한 내지 장애는 매매목적물의 하자에 해당한다.
④ 제조물에 상품적합성이 결여되어 제조물 그 자체에 발생한 손해에 대해서는 제조물책임이 아니라 하자담보책임을 물어야 한다.
⑤ 매매의 목적이 된 권리의 일부가 타인에게 속함으로 인하여 매도인이 그 권리를 취득하여 매수인에게 이전할 수 없는 경우, 선의의 매수인은 물론이고 악의의 매수인도 대금의 감액을 청구할 수 있다.

해설

① (○) 민법 제576조 제1항
② (×) 매도인의 하자담보책임은 민법 제580조 제2항에 의하여 경매의 경우에는 적용되지 아니하므로, 경매목적물에 물건의 하자가 있는 경우에는 하자담보책임이 발생하지 아니한다.
③ (○) 건축을 목적으로 매매된 토지에 대하여 건축허가를 받을 수 없어 건축이 불가능한 경우, 위와 같은 법률적 제한 내지 장애 역시 매매목적물의 하자에 해당한다(대판 2000.1.18. 98다18506).
④ (○) 제조물책임이란 제조물에 통상적으로 기대되는 안전성을 결여한 결함으로 인하여 생명·신체나 제조물 그 자체 외의 다른 재산에 손해가 발생한 경우에 제조업자 등에게 지우는 손해배상책임이고, 제조물에 상품적합성이 결여되어 제조물 그 자체에 발생한 손해는 제조물책임의 적용 대상이 아니므로, 하자담보책임으로서 그 배상을 구하여야 한다(대판 2000.7.28. 98다35525).
⑤ (○) 민법 제572조 제1항

답 ❷

025 매도인의 담보책임에 관한 설명으로 옳지 않은 것은?(다툼이 있으면 판례에 따름)　18 변리

① 甲이 변제기에 도달하지 않은 채권을 乙에게 매도하면서 그 채무자의 자력을 담보한 경우, 甲은 변제기의 자력을 담보한 것으로 추정한다.
② 甲의 채권자 丙이 甲 소유의 물건에 흠결이 있다는 것을 안 상태에서 담보권 실행을 위한 경매를 신청하였고 乙이 그 물건을 경락받은 경우, 乙은 그 물건에 흠결이 있음을 이유로 丙에게 손해배상을 청구할 수 없다.
③ 매수인 乙이 매도인 甲으로부터 취득한 목적물에 대한 소유권을 제3자의 저당권의 실행으로 잃게 된 경우, 乙은 매매의 목적물에 저당권이 설정되어 있다는 사실을 계약체결 당시에 알고 있었더라도 甲과의 계약을 해제할 수 있다.
④ 매도인 甲이 계약을 체결할 당시에 매매목적물에 대한 소유권이 자신에게 속하지 않는다는 사실을 알지 못하였고, 그 소유권을 취득하여 매수인 乙에게 이전할 수 없는 경우, 甲은 손해를 배상하고 乙과의 계약을 해제할 수 있다.
⑤ 가압류의 목적이 된 부동산을 甲으로부터 매수한 乙이 그 가압류에 기한 강제집행으로 소유권을 상실하였고, 그로 인해 손해를 입은 경우, 乙은 계약체결 당시에 가압류의 존재를 알고 있었더라도 손해배상을 청구할 수 있다.

해설

① (○) 甲이 변제기에 도달하지 않은 채권을 乙에게 매도하면서 그 채무자의 자력을 담보한 경우, 甲은 변제기의 자력을 담보한 것으로 추정한다(민법 제579조 제2항).
② (×) 채무자가 물건 또는 권리의 흠결을 알고 고지하지 아니하거나 채권자가 이를 알고 경매를 청구한 때에는 경락인은 그 흠결을 안 채무자나 채권자에 대하여 손해배상을 청구할 수 있으므로(민법 제578조 제3항), 경락인 乙은 그 물건에 흠결이 있음을 이유로 채권자 丙에게 손해배상을 청구할 수 있다.
③ (○) 매매의 목적이 된 부동산에 설정된 저당권 또는 전세권의 행사로 인하여 매수인이 그 소유권을 취득할 수 없거나 취득한 소유권을 잃은 때에는 매수인은 계약을 해제할 수 있다(민법 제576조 제1항). 이 경우 매수인의 선의·악의는 불문하므로, 매수인 乙이 악의이더라도 甲과의 계약을 해제할 수 있다.
④ (○) 매도인이 계약 당시에 매매의 목적이 된 권리가 자기에게 속하지 아니함을 알지 못한 경우에 그 권리를 취득하여 매수인에게 이전할 수 없는 때에는 매도인은 손해를 배상하고 계약을 해제할 수 있다(민법 제571조 제1항). 따라서 매도인 甲은 손해를 배상하고 매수인 乙과의 계약을 해제할 수 있다.
⑤ (○) 가압류목적이 된 부동산을 매수한 사람이 그 후 가압류에 기한 강제집행으로 부동산소유권을 상실하게 되었다면 이는 매매의 목적부동산에 설정된 저당권 또는 전세권의 행사로 인하여 매수인이 취득한 소유권을 상실한 경우와 유사하므로, 이와 같은 경우 매도인의 담보책임에 관한 민법 제576조의 규정이 준용된다고 보아 매수인은 같은 조 제1항에 따라 매매계약을 해제할 수 있고, 같은 조 제3항에 따라 손해배상을 청구할 수 있다고 보아야 한다(대판 2011.5.13. 2011다1941). 매수인 乙이 악의이더라도, 매도인 甲에게 민법 제576조에 따른 매도인의 담보책임에 근거하여 손해배상을 청구할 수 있다.

답 ❷

026 매도인의 담보책임에 관한 설명으로 옳지 않은 것은?(다툼이 있으면 판례에 따름)   15 변리

① 건축을 목적으로 매매된 토지에 대하여 법률상 건축허가를 받을 수 없어 건축이 불가능한 경우, 이는 매매목적물의 하자에 해당하고, 그 하자의 존부는 매매계약 성립 시를 기준으로 판단한다.
② 타인의 권리를 매도한 자가 권리이전을 할 수 없게 된 때에는 매도인은 선의의 매수인에 대하여 계약체결 당시의 시가를 표준으로 그 계약이 완전히 이행된 것과 동일한 경제적 이익을 배상할 의무가 있다.
③ 매매목적물의 하자로 인하여 확대손해 내지 2차 손해가 발생하였다는 이유로 매도인에게 그 확대손해에 대한 배상책임을 묻기 위해서는 매도인에게 귀책사유가 인정될 수 있어야만 한다.
④ 하자담보책임에 따른 손해배상에 있어서 하자발생 및 그 확대에 가공한 매수인의 잘못을 참작하여 손해배상의 범위를 정할 수 있다.
⑤ 매매의 목적이 된 부동산에 설정된 저당권 또는 전세권의 행사로 인하여 매수인이 그 소유권을 취득할 수 없거나 취득한 소유권을 잃은 때에는 매수인은 계약을 해제할 수 있다.

해설

① (○) 건축을 목적으로 매매된 토지에 대하여 건축허가를 받을 수 없어 건축이 불가능한 경우, 위와 같은 법률적 제한 내지 장애 역시 매매목적물의 하자에 해당한다 할 것이나, 다만 위와 같은 하자의 존부는 매매계약 성립 시를 기준으로 판단하여야 할 것이다(대판 2000.1.18. 98다18506).
② (×) 타인의 권리를 매매한 자가 권리이전을 할 수 없게 된 때에는 매도인은 선의의 매수인에 대하여 불능당시의 시가를 표준으로 그 계약이 완전히 이행된 것과 동일한 경제적 이익을 배상할 의무가 있다(대판 1967.5.18. 66다2618 [전합]). 즉, 이행이익을 손해배상의 범위로 본다.
③ (○) 매매목적물의 하자로 인하여 확대손해 내지 2차 손해가 발생하였다는 이유로 매도인에게 그 확대손해에 대한 배상책임을 지우기 위하여는 채무의 내용으로 된 하자 없는 목적물을 인도하지 못한 의무위반사실 외에 그러한 의무위반에 대하여 매도인에게 귀책사유가 인정될 수 있어야만 한다(대판 1997.5.7. 96다39455).
④ (○) 하자담보책임으로 인한 손해배상사건에 있어서 배상권리자에게 그 하자를 발견하지 못한 잘못으로 손해를 확대시킨 과실이 인정된다면 법원은 손해배상의 범위를 정함에 있어서 이를 참작하여야 하며, 이 경우 손해배상의 책임을 다투는 배상의무자가 배상권리자의 과실에 따른 상계항변을 하지 않더라도 소송에 나타난 자료에 의하여 그 과실이 인정되면 법원은 직권으로 이를 심리·판단하여야 한다(대판 1995.6.30. 94다23920).
⑤ (○) 매매의 목적이 된 부동산에 설정된 저당권 또는 전세권의 행사로 인하여 매수인이 그 소유권을 취득할 수 없거나 취득한 소유권을 잃은 때에는 매수인은 계약을 해제할 수 있다(민법 제576조 제1항).

답 ❷

027 매도인의 담보책임에 관한 설명으로 옳지 않은 것은?(다툼이 있으면 판례에 따름) 21 변리

① 수량지정매매에 해당하는 부동산매매계약에서 실제면적이 계약면적에 미달하는 경우, 매수인은 대금감액청구권의 행사와 별도로 부당이득반환청구도 할 수 있다.
② 타인의 권리를 매매한 자가 그 권리를 이전할 수 없게 된 경우, 매도인은 선의의 매수인에 대하여 불능 당시의 시가를 표준으로 이행이익을 배상할 의무가 있다.
③ 매매계약 내용의 중요부분에 착오가 있는 경우, 매수인은 매도인의 하자담보책임이 성립하는지와 상관없이 착오를 이유로 그 매매계약을 취소할 수 있다.
④ 매수인이 하자의 발생과 확대에 잘못이 있는 경우, 법원은 매도인의 손해배상액을 산정함에 있어 매수인의 과실을 직권으로 참작하여 그 범위를 정해야 한다.
⑤ 저당권이 설정된 부동산의 매수인이 저당권의 행사로 그 소유권을 취득할 수 없는 경우, 악의의 매수인이라도 특별한 사정이 없는 한 계약을 해제할 수 있다.

해설

① (×) 부동산매매계약에 있어서 실제면적이 계약면적에 미달하는 경우에는 그 매매가 수량지정매매에 해당할 때에 한하여 민법 제574조, 제572조에 의한 대금감액청구권을 행사함은 별론으로 하고, 그 매매계약이 그 미달 부분만큼 일부 무효임을 들어 이와 별도로 일반 부당이득반환청구를 하거나 그 부분의 원시적 불능을 이유로 민법 제535조가 규정하는 계약체결상의 과실에 따른 책임의 이행을 구할 수 없다(대판 2002.4.9. 99다47396).
② (○) 타인의 권리를 매매한 자가 권리이전을 할 수 없게 된 때에는 매도인은 선의의 매수인에 대하여 불능 당시의 시가를 표준으로 그 계약이 완전히 이행된 것과 동일한 경제적 이익을 배상할 의무가 있다(대판 1967.5.18. 66다2618 [전합]).
③ (○) 민법 제109조 제1항에 의하면 법률행위 내용의 중요부분에 착오가 있는 경우 착오에 중대한 과실이 없는 표의자는 법률행위를 취소할 수 있고, 민법 제580조 제1항, 제575조 제1항에 의하면 매매의 목적물에 하자가 있는 경우 하자가 있는 사실을 과실 없이 알지 못한 매수인은 매도인에 대하여 하자담보책임을 물어 계약을 해제하거나 손해배상을 청구할 수 있다. 착오로 인한 취소 제도와 매도인의 하자담보책임 제도는 취지가 서로 다르고, 요건과 효과도 구별된다. 따라서 매매계약 내용의 중요부분에 착오가 있는 경우 매수인은 매도인의 하자담보책임이 성립하는지와 상관없이 착오를 이유로 매매계약을 취소할 수 있다(대판 2018.9.13. 2015다78703).
④ (○) 하자담보책임으로 인한 손해배상 사건에 있어서 배상 권리자에게 그 하자를 발견하지 못한 잘못으로 손해를 확대시킨 과실이 인정된다면 법원은 손해배상의 범위를 정함에 있어서 이를 참작하여야 하며, 이 경우 손해배상의 책임을 다투는 배상 의무자가 배상 권리자의 과실에 따른 상계 항변을 하지 않더라도 소송에 나타난 자료에 의하여 그 과실이 인정되면 법원은 직권으로 이를 심리·판단하여야 한다(대판 1995.6.30. 94다23920).
⑤ (○) 매매의 목적이 된 부동산에 설정된 저당권 또는 전세권의 행사로 인하여 매수인이 그 소유권을 취득할 수 없거나 취득한 소유권을 잃은 때에는 매수인은 선의·악의와 관계없이 계약을 해제할 수 있다(민법 제576조 제1항).

답 ❶

028

甲은 乙로부터 800m²의 X토지를 5천만원에 매수하여 건물을 신축하기 위한 건축허가를 받았다. 이후 甲은 건물신축을 위한 굴착공사를 하다가 1m 깊이에 300톤의 폐기물이 매립되어 있는 것을 발견하였고, 이를 처리하기 위해 6천만원을 지출하였다. 이에 관한 설명으로 옳지 않은 것은?(다툼이 있으면 판례에 따름)

22 변리

① 특별한 사정이 없는 한 乙은 X토지의 객관적 하자뿐만 아니라 주관적 하자에 대해서도 하자담보책임을 부담한다.
② 폐기물로 인해 X토지에 하자가 인정되는 경우, 하자담보책임으로 인한 손해배상청구권은 甲이 X토지를 인도받은 때 발생한다.
③ X토지에 매립된 폐기물로 인해 乙에게 하자담보책임과 채무불이행책임이 모두 인정되는 경우, 특별한 사정이 없는 한 甲은 채무불이행책임에 따른 손해배상청구만 가능하다.
④ 폐기물로 인해 X토지에 하자가 인정되는 경우, 폐기물처리비용이 매매대금을 초과한다는 사정은 원칙적으로 채무불이행으로 인한 甲의 손해배상청구권 행사에 장애가 되지 않는다.
⑤ 乙이 X토지에 폐기물을 불법으로 매립하였음에도 이를 처리하지 않은 상태에서 그 토지를 甲에게 매도한 경우, 특별한 사정이 없는 한 이는 甲에 대한 위법행위로서 불법행위가 성립할 수 있다.

해설

① (○), ③ (×) 판례의 취지를 고려할 때 특별한 사정이 없는 한 乙은 X토지의 객관적 하자뿐만 아니라 주관적 하자에 대해서도 하자담보책임을 부담하고, 甲이 乙로부터 매수한 X토지에 매립되어 있는 폐기물을 처리하기 위해 6천만원을 지출하였다면 甲은 乙에게 채무불이행책임뿐만 아니라 하자담보책임에 따른 손해배상도 청구할 수 있음을 유의하여야 한다.

> [1] 매매의 목적물이 거래통념상 기대되는 객관적 성질이나 성능을 갖추지 못한 경우[객관적 하자(註)] 또는 당사자가 예정하거나 보증한 성질을 갖추지 못한 경우[주관적 하자(註)]에 매도인은 민법 제580조에 따라 매수인에게 그 하자로 인한 담보책임을 부담한다.❶
> [2] 매매의 목적물에 하자가 있는 경우 매도인의 하자담보책임과 채무불이행책임은 별개의 권원에 의하여 경합적으로 인정된다. 이 경우 특별한 사정이 없는 한 하자를 보수하기 위한 비용은 매도인의 하자담보책임과 채무불이행책임에서 말하는 손해에 해당한다. 따라서 매매 목적인 토지에 폐기물이 매립되어 있고 매수인이 폐기물을 처리하기 위해 비용이 발생한다면 매수인은 그 비용을 민법 제390조에 따라 채무불이행으로 인한 손해배상으로 청구할 수도 있고, 민법 제580조 제1항에 따라 하자담보책임으로 인한 손해배상으로 청구할 수도 있다❸(대판 2021.4.8. 2017다202050).

② (○) 하자담보책임으로 인한 손해배상청구권은 매수인이 매매 목적물을 인도받은 때 발생한다. 원고의 손해배상청구권은 피고로부터 이 사건 토지를 인도받은 때 발생하였고 이후 원고가 소외인에게 이 사건 토지를 증여하였다는 사정만으로 손해배상청구권이 소멸하거나 수증자에게 양도되지 않는다는 원심(서울중앙지법)판단은 정당하다(대판 2021.4.8. 2017다202050). 따라서 폐기물로 인해 X토지에 하자가 인정되는 경우, 하자담보책임으로 인한 손해배상청구권은 甲이 X토지를 인도받은 때 발생한다.
④ (○) 폐기물로 인해 X토지에 하자가 인정되는 경우, 폐기물처리비용이 매매대금을 초과하더라도 甲은 폐기물 처리비용 상당액의 손해배상을 청구할 수 있다고 이해된다.

> 피고가 스스로 법령에 의하여 요구되는 정도와 방법에 부합하도록 폐기물을 처리하여 판시 토지를 정상적으로 복구할 것을 기대하기 어려워 원고가 그 처리비용 상당의 손해배상을 구하는 이 사건에서 원고에게 피고가 스스로 폐기물을 처리할 것만을 청구하거나 손해배상청구에 앞서 이러한 청구를 먼저 행사하여야 할 의무는 없는 것이고, 나아가 폐기물처리비용이 매매대금을 초과한다는 사정은 원고의 손해배상청구권 행사에 아무런 장애가 되지 않는다고 할 것이다(대판 2004.7.22. 2002다51586).

⑤ (○) 乙이 X토지에 폐기물을 불법으로 매립하였음에도 이를 처리하지 않은 상태에서 그 토지를 甲에게 매도한 경우, 특별한 사정이 없는 한 이는 甲에 대한 위법행위로서 불법행위가 성립할 수 있고, 甲이 乙의 위법행위로 오염토양 정화비용 또는 폐기물 처리비용의 지출이라는 손해를 입은 경우에는 乙은 불법행위자로서 손해배상책임을 질 수 있다.

> 헌법 제35조 제1항, 구 환경정책기본법, 구 토양환경보전법 및 구 폐기물관리법의 취지와 아울러 토양오염원인자의 피해배상의무 및 오염토양 정화의무, 폐기물 처리의무 등에 관한 관련 규정들과 법리에 비추어 보면, 토지의 소유자라 하더라도 토양오염물질을 토양에 누출·유출하거나 투기·방치함으로써 토양오염을 유발하였음에도 오염토양을 정화하지 않은 상태에서 오염토양이 포함된 토지를 거래에 제공함으로써 유통되게 하거나, 토지에 폐기물을 불법으로 매립하였음에도 처리하지 않은 상태에서 토지를 거래에 제공하는 등으로 유통되게 하였다면, 다른 특별한 사정이 없는 한 이는 거래의 상대방 및 토지를 전전 취득한 현재의 토지 소유자에 대한 위법행위로서 불법행위가 성립할 수 있다. 그리고 토지를 매수한 현재의 토지 소유자가 오염토양 또는 폐기물이 매립되어 있는 지하까지 토지를 개발·사용하게 된 경우 등과 같이 자신의 토지소유권을 완전하게 행사하기 위하여 오염토양정화비용이나 폐기물 처리비용을 지출하였거나 지출해야만 하는 상황에 이르렀다거나 구 토양환경보전법에 의하여 관할 행정관청으로부터 조치명령 등을 받음에 따라 마찬가지의 상황에 이르렀다면 위법행위로 인하여 오염토양 정화비용 또는 폐기물 처리비용의 지출이라는 손해의 결과가 현실적으로 발생하였으므로, 토양오염을 유발하거나 폐기물을 매립한 종전 토지 소유자는 오염토양 정화비용 또는 폐기물 처리비용 상당의 손해에 대하여 불법행위자로서 손해배상책임을 진다(대판 2016.5.19. 2009다66549[전합]).

029

매도인의 담보책임에 관한 설명으로 옳은 것을 모두 고른 것은?(특별한 사정은 없으며, 다툼이 있으면 판례에 따름) ²⁴ 변리수정

> ㄱ. 타인의 권리의 매매에서 매도인이 그 권리를 매수인에게 이전할 수 없게 된 경우, 매도인의 손해배상액은 이행불능 당시의 목적물의 시가를 기준으로 산정한다.
> ㄴ. 매매목적물의 일부가 계약 당시에 이미 멸실되어 매도인이 그 부분을 이전할 수 없는 경우, 악의의 매수인은 대금감액을 청구할 수 없다.
> ㄷ. 수량지정매매에 해당하는 부동산매매계약에서 실제면적이 계약면적에 미달하는 경우, 매수인은 대금감액청구권의 행사와 별도로 부당이득반환청구도 할 수 있다.
> ㄹ. 매매당사자가 건축을 위해 매매한 토지에 대하여 건축허가를 받을 수 없어 건축이 불가능한 경우는 물건의 하자에 해당하며, 하자의 존부는 매매계약 성립시를 기준으로 판단한다.

① ㄱ, ㄴ
② ㄴ, ㄹ
③ ㄷ, ㄹ
④ ㄱ, ㄴ, ㄹ
⑤ ㄱ, ㄴ, ㄷ, ㄹ

해설

ㄱ. (○) 타인의 권리매매에 있어 매도인이 그 권리를 매수인에게 이전할 수 없게 된 경우의 손해배상은 이행불능 당시의 목적물의 시가를 기준으로 그 손해를 산정한다(대판 1980.3.11. 80다78).
ㄴ. (○) 권리의 일부가 타인에게 속한 경우와 매도인의 담보책임은, 수량을 지정한 매매의 목적물이 부족되는 경우와 매매목적물의 일부가 계약당시에 이미 멸실된 경우에 매수인이 그 부족 또는 멸실을 알지 못한 때에 준용한다(민법 제574조). 이 경우 매수인은 선의이어야 한다.

ㄷ. (×) 부동산매매계약에 있어서 실제면적이 계약면적에 미달하는 경우에는 그 매매가 수량지정매매에 해당할 때에 한하여 민법 제574조, 제572조에 의한 대금감액청구권을 행사함은 별론으로 하고, 그 매매계약이 그 미달 부분만큼 일부 무효임을 들어 이와 별도로 일반 부당이득반환청구를 하거나 그 부분의 원시적 불능을 이유로 민법 제535조가 규정하는 계약체결상의 과실에 따른 책임의 이행을 구할 수 없다(대판 2002.4.9. 99다47396).

ㄹ. (○) 건축을 목적으로 매매된 토지에 대하여 건축허가를 받을 수 없어 건축이 불가능한 경우, 위와 같은 법률적 제한 내지 장애 역시 매매목적물의 하자에 해당한다 할 것이나, 다만 위와 같은 하자의 존부는 매매계약 성립 시를 기준으로 판단하여야 할 것이다(대판 2000.1.18. 98다18506).

답 ④

030

甲은 乙 소유의 토지를 3,000m²로 알고 1m²에 5만원씩 계산하여 1억 5천만원에 매수하였으나, 나중에 토지를 측량한 결과 2,700m²이었다. 다음 설명으로 옳은 것은?(다툼이 있는 경우에는 판례에 의함)   12 변리

① 甲과 乙이 면적을 매매가격을 정하는 가장 중요한 요소로 하여 이를 기준으로 가격을 정하였더라도, 매매계약서에 토지의 면적당 가격을 기재하지 않으면 수량을 지정한 매매로 볼 수 없다.
② 선의의 甲은 乙이 300m²를 추후 취득하여 甲에게 이전할 수 없게 되었음이 확실하게 된 사실을 안 날로부터 1년 이내에 대금감액청구권을 행사할 수 있다.
③ 甲은 乙에게 원시적 일부불능임을 이유로 부당이득의 반환을 청구하거나 계약체결상의 과실책임을 물을 수 있다.
④ 만일 甲이 위 토지를 경매법원에서 매각을 받아 측량한 결과 그 면적이 2,700m²일 경우, 선의의 甲은 배당받은 채권자에게 1,500만원의 반환을 청구할 수 있다.
⑤ 甲이 계약체결 시에 토지의 실제면적이 2,700m²임을 알았더라도 甲은 계약의 해제나 손해배상청구를 할 수 있다.

해설

① (×) 판례의 취지를 고려할 때 甲과 乙의 매매계약서에 토지의 면적당 가격을 기재하지 않았더라도 수량을 지정한 매매로 볼 수 있다고 할 것이다.

> 매매계약당사자가 목적토지의 면적이 공부상의 표시와 같은 것을 전제로 하여 면적을 가격을 정하는 여러 요소 중 가장 중요한 요소로 파악하여 가격을 정하였고, 만약 그 면적이 공부상의 표시와 다르다는 것을 사전에 알았더라면 당연히 그 실제 평수를 기준으로 가격을 정하였으리라는 점이 인정된다면 그 매매는 '수량을 지정한 매매'에 해당되고, 매매계약서에 평당 가격을 기재하지 아니하였다거나 매매계약의 내용에 부수적으로 매도인이 매수인에게 인근 국유지에 대한 점유를 이전해 주고 이축권(이른바 딱지)을 양도하기로 하는 약정이 포함되어 있었다 하더라도 달리 볼 것은 아니다(대판 2001.4.10. 2001다12256).

② (○) 판례는 수량지정매매에 있어서의 매도인의 담보책임에 기한 매수인의 대금감액청구권은 매수인이 선의인 경우에는 사실을 안 날로부터, 악의인 경우에는 계약한 날로부터 1년 이내에 행사되어야 한다고 판시하고 있다(대판 2002.11.8. 99다58136). 따라서 甲이 선의라면 乙이 300m²를 추후 취득하여 甲에게 이전할 수 없게 되었음이 확실하게 된 사실을 안 날로부터 1년 이내에 대금감액청구권을 행사할 수 있다.

③ (×) 甲이 乙 소유의 토지를 매수한 것은 수량지정매매로, 실제면적이 계약면적에 미달하는 경우 甲은 乙에게 대금감액청구권을 행사하는 것은 별론, 乙에게 원시적 일부불능임을 이유로 부당이득의 반환을 청구하거나 계약체결상의 과실책임을 물을 수는 없다고 이해된다.

부동산매매계약에 있어서 실제면적이 계약면적에 미달하는 경우에는 그 매매가 수량지정매매에 해당할 때에 한하여 민법 제574조, 제572조에 의한 대금감액청구권을 행사함은 별론으로 하고, 그 매매계약이 그 미달부분만큼 일부무효임을 들어 이와 별도로 일반부당이득반환청구를 하거나 그 부분의 원시적 불능을 이유로 민법 제535조가 규정하는 계약체결상의 과실에 따른 책임의 이행을 구할 수 없다(대판 2002.4.9. 99다47396).

④ (×) 경매절차가 무효인 경우, 일반부당이득의 법리에 따라 반환을 청구할 수 있을 뿐, 경매의 채무자나 채권자의 담보책임은 인정되지 아니한다. 반면, 경매절차가 유효인 경우에는, 민법 제578조의 담보책임이 적용된다. 지문의 경우, 경매절차를 무효라 볼 여지가 없으므로, 민법 제578조의 담보책임이 적용된다 할 것이다. 따라서 선의의 매수인 甲은 1차적으로 채무자 乙에게 대금감액을 청구하여야 한다.

경락인이 강제경매절차를 통하여 부동산을 경락받아 대금을 완납하고 그 앞으로 소유권이전등기까지 마쳤으나, 그 후 강제경매절차의 기초가 된 채무자 명의의 소유권이전등기가 원인무효의 등기이어서 경매부동산에 대한 소유권을 취득하지 못하게 된 경우, 이와 같은 강제경매는 무효라고 할 것이므로 경락인은 경매채권자에게 경매대금 중 그가 배당받은 금액에 대하여 일반부당이득의 법리에 따라 반환을 청구할 수 있고, 민법 제578조 제1항, 제2항에 따른 경매의 채무자나 채권자의 담보책임은 인정될 여지가 없다(대판 2004.6.24. 2003다59259).

⑤ (×) 판례(99다58136)의 해석과 관련하여 판례가 특정물의 수량지정매매에서 수량이 부족한 경우 악의의 매수인에게도 대금감액청구권을 인정한 것이라는 견해도 있으나, 민법 제574조 후단과 제572조 제3항의 취지를 고려할 때 악의의 매수인에게는 대금감액청구권이 인정되지 아니한다고 보는 것이 타당하다. 따라서 선의의 매수인에 한하여 계약해제권 외에 손해배상청구권, 대금감액청구권이 인정된다고 할 것이므로 甲이 계약체결 시에 토지의 실제면적이 2,700m²임을 알았던 경우 악의 甲은 계약의 해제나 손해배상청구를 할 수 없다고 판단된다.

수량지정매매의 경우, 선의의 매수인에 한하여 감액청구 또는 계약해제 외에 손해배상을 청구할 수 있다는 입장이 통설이다(민법 제574조, 제572조 제3항). 따라서 악의의 매수인 甲은 매도인의 담보책임에 기한 계약해제권이나 손해배상청구권을 행사할 수 없다. 다만, 감액청구에 관하여 판례는 수량지정매매에 있어서의 매도인의 담보책임에 기한 매수인의 대금감액청구권은 매수인이 선의인 경우에는 사실을 안 날로부터, 악의인 경우에는 계약한 날로부터 1년 이내에 행사하여야 한다고 판시하고 있다(대판 2002.11.8. 99다58136).

답 ❷

031

타인의 권리 매매에 있어서 매도인이 매매의 목적인 권리를 취득하여 매수인에게 이전할 수 없는 경우에 관한 설명 중 옳지 않은 것은?(다툼이 있으면 판례에 따름) 05 사시

① 매수인이 계약 당시에 그 권리가 매도인에게 속하지 아니함을 모른 경우에는 매수인은 계약을 해제하고 손해배상을 청구할 수 있다.
② 매수인이 계약 당시에 그 권리가 매도인에게 속하지 아니함으로 안 경우에는 매도인의 귀책사유로 이행불능이 되더라도 매수인은 매도인의 책임을 물을 수 없다.
③ 매도인이 계약 당시에 그 권리가 자기에게 속하지 아니함을 알지 못한 경우에는 매도인도 매수인에게 손해를 배상하고 계약을 해제할 수 있다.
④ 계약 당시에 매도인은 그 권리가 자기에게 속하지 아니함을 알지 못하였으나 매수인은 그 권리가 매도인에게 속하지 아니함을 안 경우에는 매도인은 매수인에게 그 권리를 이전할 수 없음을 통지하고 계약을 해제할 수 있다.
⑤ 매매의 목적인 권리의 일부가 타인에게 속함으로 인하여 매도인이 그 권리를 취득하여 매수인에게 이전할 수 없는 때에는 매수인은 그 부분의 비율로 대금의 감액을 청구할 수 있다.

해설

① (○) 타인의 권리의 매매의 경우, 매도인이 그 권리를 취득하여 매수인에게 이전할 수 없는 때에는 매수인은 계약을 해제할 수 있다. 그러나 매수인이 계약당시 그 권리가 매도인에게 속하지 아니함을 안 때에는 손해배상을 청구하지 못한다(민법 제570조). 따라서 매수인이 계약 당시에 그 권리가 매도인에게 속하지 아니함을 모른 경우에는 매수인은 계약을 해제할 수 있을 뿐만 아니라 손해배상도 청구할 수 있다.

② (×) 매수인이 계약 당시에 그 권리가 매도인에게 속하지 아니함으로 안 경우에는 매수인은 매도인에게 담보책임을 물어 계약을 해제할 수 있고, 담보책임에 의한 손해배상을 청구할 수는 없지만, 매도인의 귀책사유로 매매계약이 이행불능이 되었다면 매수인은 매도인의 채무불이행을 이유로 손해배상을 청구할 수 있다.

> 타인의 권리를 매매의 목적으로 한 경우에 있어서 그 권리를 취득하여 매수인에게 이전하여야 할 매도인의 의무가 매도인의 귀책사유로 인하여 이행불능이 되었다면 매수인이 매도인의 담보책임에 관한 민법 제570조 단서의 규정에 의해 손해배상을 청구할 수 없다 하더라도 채무불이행 일반의 규정(민법 제546조, 제390조)에 좇아서 계약을 해제하고 손해배상을 청구할 수 있다(대판 1993.11.23. 93다37328).

③ (○), ④ (○) 매도인이 계약당시에 매매의 목적이 된 권리가 자기에게 속하지 아니함을 알지 못한 경우에 그 권리를 취득하여 매수인에게 이전할 수 없는 때에는 매도인은 손해를 배상하고 계약을 해제할 수 있다.❸ 전항의 경우에 매수인이 계약당시 그 권리가 매도인에게 속하지 아니함을 안 때에는 매도인은 매수인에 대하여 그 권리를 이전할 수 없음을 통지하고 계약을 해제할 수 있다❹(민법 제571조).

⑤ (○) 매매의 목적이 된 권리의 일부가 타인에게 속함으로 인하여 매도인이 그 권리를 취득하여 매수인에게 이전할 수 없는 때에는 매수인은 그 부분의 비율로 대금의 감액을 청구할 수 있다(민법 제572조 제1항).

답 ❷

032

甲은 2021.1.7. 본인 소유의 X토지를 乙에게 1억원에 매도하는 매매계약을 체결하였는데, 계약금 1,000만원 중 300만원은 계약 당일 지급받았고, 나머지 계약금 700만원은 2021.1.11., 중도금 2,000만원은 2021.3.7. 각 지급받으며, 잔금 7,000만원은 2021.6.7. 소유권이전등기에 필요한 서류를 乙에게 교부함과 동시에 지급받기로 약정하였다. 이에 관한 설명 중 옳은 것은?(다툼이 있는 경우 판례에 의함) 21 변시

① 甲은 2021.1.8. 乙에게 계약해제의 의사표시를 함과 동시에 600만원을 지급함으로써 매매계약을 해제할 수 있다.
② 乙이 약정기일에 매매대금을 전부 지급하였지만 甲으로부터 X토지를 인도받지 못한 경우, 乙은 X토지로부터 발생하는 과실을 수취할 권리를 가진다.
③ 甲의 잔금지급청구권과 乙의 소유권이전등기청구권이 동시이행의 관계에 있는 동안에는 잔금지급청구권의 소멸시효가 진행하지 않는다.
④ X토지에 관한 매매계약을 체결한 후 乙 앞으로 소유권이전등기를 마치기 전에 乙로부터 X토지를 다시 매수한 丙의 처분금지가처분신청으로 X토지에 관하여 가처분등기가 이루어진 상태에서 甲과 乙 사이의 매매계약이 해제된 경우, 가처분등기의 말소와 甲의 대금반환의무는 동시이행의 관계에 있다.
⑤ 乙이 소유권이전등기를 마치기 전에 매매계약의 이행으로 X토지를 인도받아 점유·사용하는 경우, 甲은 乙에 대하여 임료 상당의 부당이득반환을 청구할 수 있다.

해설

① (×) 甲이 매매계약을 해제하려면 계약해제의 의사표시를 함과 乙에게 약정계약금의 배액인 2,000만원을 지급하여야 하고 600만원을 지급한 것에 그친 경우에는 매매계약을 해제할 수 없다고 보아야 한다.

> 매도인이 '계약금 일부만 지급된 경우 지급받은 금원의 배액을 상환하고 매매계약을 해제할 수 있다'고 주장한 경우, '실제 교부받은 계약금'의 배액만을 상환하여 매매계약을 해제할 수 있다면 이는 당사자가 일정한 금액을 계약금으로 정한 의사에 반하게 될 뿐 아니라, 교부받은 금원이 소액일 경우에는 사실상 계약을 자유로이 해제할 수 있어 계약의 구속력이 약화되는 결과가 되어 부당하기 때문에, 계약금 일부만 지급된 경우 수령자가 매매계약을 해제할 수 있다고 하더라도 해약금의 기준이 되는 금원은 '실제 교부받은 계약금'이 아니라 '약정 계약금'이라고 봄이 타당하므로, 매도인이 계약금의 일부로서 지급받은 금원의 배액을 상환하는 것으로는 매매계약을 해제할 수 없다(대판 2015.4.23. 2014다231378).

② (○) 특별한 사정이 없는 한 매매계약이 있은 후에도 인도하지 아니한 목적물로부터 생긴 과실은 매도인에게 속하지만(민법 제587조), 매매목적물의 인도 전이라도 매수인이 매매대금을 완납한 때에는 그 이후의 과실수취권은 매수인에게 귀속된다고 보아야 하므로(대판 2021.6.24. 2021다220666), 乙이 약정기일에 매매대금을 전부 지급하였다면 甲으로부터 X토지를 인도받지 못하였더라도, 乙은 X토지로부터 발생하는 과실을 수취할 권리를 가진다.

③ (×) 甲의 잔금지급청구권과 乙의 소유권이전등기청구권이 동시이행의 관계에 있다고 하더라도 甲은 2021.6.7.을 도과함으로 언제든지 乙에게 잔금지급을 청구할 수 있으므로 甲의 잔금지급청구권은 소멸시효가 진행한다.

> [1] 부동산에 대한 매매대금 채권이 소유권이전등기청구권과 동시이행의 관계에 있다고 할지라도 매도인은 매매대금의 지급기일 이후 언제라도 그 대금의 지급을 청구할 수 있는 것이며, 다만 매수인은 매도인으로부터 그 이전등기에 관한 이행의 제공을 받기까지 그 지급을 거절할 수 있는 데 지나지 아니하므로 매매대금 청구권은 그 지급기일 이후 시효의 진행에 걸린다.
> [2] 소유권이전등기청구권은 채권적 청구권이므로 10년의 소멸시효에 걸리지만 매수인이 매매목적물인 부동산을 인도받아 점유하고 있는 이상 매매대금의 지급 여부와는 관계없이 그 소멸시효가 진행되지 아니한다(대판 1991.3.22. 90다9797).

④ (×) 판례의 취지를 고려할 때 乙은 가처분의 당사자가 아니어서 가처분등기를 말소할 수 있는 법률상의 지위에 있지 않고, 丙이 한 가처분을 甲의 乙에 대한 소유권이전등기의무의 일부이행으로 평가할 수 없어 그 가처분등기를 말소하는 것이 매매계약 해제에 따른 乙의 원상회복의무에 포함된다고 보기도 어려우므로, 乙의 가처분등기 말소의무와 甲의 대금반환의무는 동시이행의 관계에 있다고 할 수 없다.

> 부동산에 관한 매매계약을 체결한 후 매수인 앞으로 소유권이전등기를 마치기 전에 매수인으로부터 그 부동산을 다시 매수한 제3자의 처분금지가처분신청으로 매매목적부동산에 관하여 가처분등기가 이루어진 상태에서 매도인과 매수인 사이의 매매계약이 해제된 경우, 매도인만이 가처분이의 등을 신청할 수 있을 뿐 매수인은 가처분의 당사자가 아니어서 가처분이의 등에 의하여 가처분등기를 말소할 수 있는 법률상의 지위에 있지 않고, 제3자가 한 가처분을 매도인의 매수인에 대한 소유권이전등기의무의 일부이행으로 평가할 수 없어 그 가처분등기를 말소하는 것이 매매계약 해제에 따른 매수인의 원상회복의무에 포함된다고 보기도 어려우므로, 위와 같은 가처분등기의 말소와 매도인의 대금반환의무는 동시이행의 관계에 있다고 할 수 없다(대판 2009.7.9. 2009다18526).

⑤ (×) 토지의 매수인이 아직 소유권이전등기를 마치지 않았더라도 매매계약의 이행으로 토지를 인도받은 때에는 매매계약의 효력으로서 이를 점유·사용할 권리가 있으므로, 매도인이 매수인에 대하여 그 점유·사용을 법률상 원인이 없는 이익이라고 하여 부당이득반환청구를 할 수는 없다(대판 2016.7.7. 2014다2662). 따라서 乙이 소유권이전등기를 마치기 전에 매매계약의 이행으로 X토지를 인도받아 점유·사용하였더라도 甲은 乙에 대하여 임료 상당의 부당이득반환을 청구할 수 없다.

답 ②

033 민법상 매도인의 담보책임에 관한 설명 중 옳지 않은 것은?(다툼이 있는 경우 판례에 의함)

22 변시

① 경매절차의 무효로 경매 부동산의 소유권을 취득하지 못한 매수인은 매매대금을 배당받은 경매 채권자 또는 채무자를 상대로 배당금 상당의 부당이득반환을 청구할 수 있고, 경매에 따른 담보책임을 물을 수도 있다.
② 건축을 목적으로 매매된 토지에 대하여 건축허가를 받을 수 없어 건축이 불가능하다는 법률적 제한은 매매목적물의 하자에 해당하고, 하자의 존부는 매매계약 성립시를 기준으로 판단하여야 한다.
③ 매도인의 담보책임을 기초로 한 손해배상채권의 제척기간이 지난 경우에도, 제척기간이 지나기 전 상대방의 채권과 상계할 수 있었다면, 매수인은 위 손해배상채권을 자동채권으로 하여 상대방의 채권과 상계할 수 있다.
④ 매도인의 하자담보책임과 채무불이행책임은 경합적으로 인정되므로, 매매목적물인 토지에 폐기물이 매립되어 있어서 매수인에게 폐기물을 처리하기 위한 비용 상당의 손해가 발생한다면, 매수인은 그 비용에 관하여 매도인에게 채무불이행으로 인한 손해배상을 청구할 수 있다.
⑤ 하자담보에 기한 손해배상청구권은 원칙적으로 10년의 소멸시효에 걸리고 매수인이 매매목적물을 인도받은 때부터 소멸시효가 진행한다.

해설

① (×) 경락인이 강제경매절차를 통하여 부동산을 경락받아 대금을 완납하고 그 앞으로 소유권이전등기까지 마쳤으나, 그 후 강제경매절차의 기초가 된 채무자 명의의 소유권이전등기가 원인무효의 등기이어서 경매 부동산에 대한 소유권을 취득하지 못하게 된 경우, 이와 같은 강제경매는 무효라고 할 것이므로 경락인은 경매 채권자에게 경매대금 중 그가 배당받은 금액에 대하여 일반 부당이득의 법리에 따라 반환을 청구할 수 있으나, 민법 제578조 제1항, 제2항에 따른 경매의 채무자나 채권자의 담보책임은 인정될 여지가 없다(대판 2004.6.24. 2003다59259).
② (○) 매매의 목적물이 거래통념상 기대되는 객관적 성질·성능을 결여하거나, 당사자가 예정 또는 보증한 성질을 결여한 경우에 매도인은 매수인에 대하여 그 하자로 인한 담보책임을 부담한다 할 것이고, 한편 건축을 목적으로 매매된 토지에 대하여 건축허가를 받을 수 없어 건축이 불가능한 경우, 위와 같은 법률적 제한 내지 장애 역시 매매목적물의 하자에 해당한다 할 것이나, 다만 위와 같은 하자의 존부는 매매계약 성립시를 기준으로 판단하여야 할 것이다(대판 2000.1.18. 98다18506).
③ (○) 매도인의 담보책임을 기초로 한 매수인의 손해배상채권 또는 수급인의 담보책임을 기초로 한 도급인의 손해배상채권이 각각 상대방의 채권과 상계적상에 있는 경우에 당사자들은 채권·채무관계가 이미 정산되었거나 정산될 것으로 기대하는 것이 일반적이므로, 그 신뢰를 보호할 필요가 있다. 이러한 손해배상채권의 제척기간이 지난 경우에도 그 기간이 지나기 전에 상대방에 대한 채권·채무관계의 정산 소멸에 대한 신뢰를 보호할 필요성이 있다는 점은 소멸시효가 완성된 채권의 경우와 아무런 차이가 없다. 따라서 매도인이나 수급인의 담보책임을 기초로 한 손해배상채권의 제척기간이 지난 경우에도 제척기간이 지나기 전 상대방의 채권과 상계할 수 있었던 경우에는 매수인이나 도급인은 민법 제495조를 유추적용해서 위 손해배상채권을 자동채권으로 해서 상대방의 채권과 상계할 수 있다고 봄이 타당하다(대판 2019.3.14. 2018다255648).
④ (○) 매매의 목적물에 하자가 있는 경우 매도인의 하자담보책임과 채무불이행책임은 별개의 권원에 의하여 경합적으로 인정된다. 이 경우 특별한 사정이 없는 한 하자를 보수하기 위한 비용은 매도인의 하자담보책임과 채무불이행책임에서 말하는 손해에 해당한다. 따라서 매매 목적물인 토지에 폐기물이 매립되어 있고 매수인이 폐기물을 처리하기 위해 비용이 발생한다면 매수인은 그 비용을 민법 제390조에 따라 채무불이행으로 인한 손해배상으로 청구할 수도 있고, 민법 제580조 제1항에 따라 하자담보책임으로 인한 손해배상으로 청구할 수도 있다(대판 2021.4.8. 2017다202050).
⑤ (○) 매도인에 대한 하자담보에 기한 손해배상청구권에 대하여는 민법 제582조의 제척기간이 적용되고, 이는 법률관계의 조속한 안정을 도모하고자 하는 데에 취지가 있다. 그런데 하자담보에 기한 매수인의 손해배상청구권은 권리의 내용·성질 및 취지에 비추어 민법 제162조 제1항의 채권 소멸시효의 규정이 적용되고, 민법 제582조의 제척기간 규정으로 인하여 소멸시효 규정의 적용이 배제된다고 볼 수 없으며, 이때 다른 특별한 사정이 없는 한 무엇보다도 매수인이 매매 목적물을 인도받은 때부터 소멸시효가 진행한다고 해석함이 타당하다(대판 2011.10.13. 2011다10266).

답 ①

034 매도인의 담보책임에 관한 설명 중 옳지 않은 것은?(다툼이 있는 경우 판례에 의함) 20 변시

① 매매목적물의 하자로 인하여 확대손해 내지 2차 손해가 발생하였다는 이유로 매도인에게 그 확대손해에 대한 배상책임을 지우기 위하여는, 채무의 내용으로 된 하자 없는 목적물을 인도하지 못한 의무위반사실 외에 그 의무위반에 대한 매도인의 귀책사유가 인정되어야 한다.
② 강제경매절차에서 매수인이 부동산을 매각받아 대금을 완납하고 그 앞으로 소유권이전등기를 마쳤으나 강제경매의 기초가 된 채무자 명의의 소유권이전등기가 원인무효이어서 강제경매절차가 무효로 된 경우, 그 매수인은 민법 제578조 제1항, 제2항에 따라 경매의 채무자나 채권자에게 담보책임을 물을 수 있다.
③ 타인의 권리 매매에서 매도인이 권리를 취득하여 매수인에게 이전하여야 할 의무가 매도인의 귀책사유로 인하여 이행불능이 되었다면, 매수인은 채무불이행 일반의 규정(민법 제546조, 제390조)에 따라 계약을 해제하고 손해배상을 청구할 수 있다.
④ 토지의 매매에 있어 목적물을 등기부상 평수에 따라 특정한 경우라도 당사자가 그 지정된 구획을 전체로서 평가하였고 평수에 의한 계산이 대상토지를 특정하고 그 대금을 결정하기 위한 방편에 불과하였다면, 그 매매는 민법 제574조에서 규정하는 '수량을 지정한 매매'라고 할 수 없다.
⑤ 매매목적물의 하자가 경미하여 수선 등의 방법으로도 계약의 목적을 달성하는 데 별다른 지장이 없는 반면 매도인에게 하자 없는 물건의 급부의무를 지우면 다른 구제방법에 비하여 지나치게 큰 불이익이 매도인에게 발생되는 경우에는 매수인의 완전물급부청구권 행사를 제한할 수 있다.

해설

① (○) 매도인이 매수인에게 공급한 부품이 통상의 품질이나 성능을 갖추고 있는 경우, 나아가 내한성이라는 특수한 품질이나 성능을 갖추고 있지 못하여 하자가 있다고 인정할 수 있기 위하여는, 매수인이 매도인에게 완제품이 사용될 환경을 설명하면서 그 환경에 충분히 견딜 수 있는 내한성 있는 부품의 공급을 요구한 데 대하여, 매도인이 부품이 그러한 품질과 성능을 갖춘 제품이라는 점을 명시적으로나 묵시적으로 보증하고 공급하였다는 사실이 인정되어야만 할 것이고, 특히 매매목적물의 하자로 인하여 확대손해 내지 2차 손해가 발생하였다는 이유로 매도인에게 그 확대손해에 대한 배상책임을 지우기 위하여는 채무의 내용으로 된 하자 없는 목적물을 인도하지 못한 의무위반사실 외에 그러한 의무위반에 대하여 매도인에게 귀책사유가 인정될 수 있어야 한다(대판 1997.5.7. 96다39455).
② (×) 경락인이 강제경매절차를 통하여 부동산을 경락받아 대금을 완납하고 그 앞으로 소유권이전등기까지 마쳤으나, 그 후 강제경매절차의 기초가 된 채무자 명의의 소유권이전등기가 원인무효의 등기이어서 경매 부동산에 대한 소유권을 취득하지 못하게 된 경우, 이와 같은 강제경매는 무효라고 할 것이므로 경락인은 경매 채권자에게 경매대금 중 그가 배당받은 금액에 대하여 일반 부당이득의 법리에 따라 반환을 청구할 수 있으나, 민법 제578조 제1항, 제2항에 따른 경매의 채무자나 채권자의 담보책임은 인정될 여지가 없다(대판 2004.6.24. 2003다59259).
③ (○) 타인의 권리를 매매의 목적으로 한 경우에 있어서 그 권리를 취득하여 매수인에게 이전하여야 할 매도인의 의무가 매도인의 귀책사유로 인하여 이행불능이 되었다면 매수인이 매도인의 담보책임에 관한 민법 제570조 단서의 규정에 의해 손해배상을 청구할 수 없다 하더라도 채무불이행 일반의 규정(민법 제546조, 제390조)에 좇아서 계약을 해제하고 손해배상을 청구할 수 있다(대판 1993.11.23. 93다37328).
④ (○) '수량을 지정한 매매'라 함은 당사자가 매매의 목적인 특정물이 일정한 수량을 가지고 있다는 데 주안을 두고 대금도 그 수량을 기준으로 하여 정한 경우를 말하는 것이므로, 토지의 매매에 있어 목적물을 등기부상의 면적에 따라 특정한 경우라도 당사자가 그 지정된 구획을 전체로서 평가하였고 면적에 의한 계산이 하나의 표준에 지나지 아니하여 그것이 당사자들 사이에 대상토지를 특정하고 그 대금을 결정하기 위한 방편이었다고 볼 때에는 이를 가리켜 수량을 지정한 매매라 할 수 없다(대판 2003.1.24. 2002다65189).
⑤ (○) 매매목적물의 하자가 경미하여 수선 등의 방법으로도 계약의 목적을 달성하는 데 별다른 지장이 없는 반면 매도인에게 하자 없는 물건의 급부의무를 지우면 다른 구제방법에 비하여 지나치게 큰 불이익이 매도인에게 발생되는 경우와 같이 하자담보의무의 이행이 오히려 공평의 원칙에 반하는 경우에는, 완전물급부청구권의 행사를 제한함이 타당하다(대판 2014.5.16. 2012다72582).

답 ②

제3절 교 환

제4절 소비대차

035 민법상 소비대차에 관한 설명으로 옳은 것을 모두 고른 것은?(다툼이 있으면 판례에 따름)

22 변리

> ㄱ. 소비대차는 차주가 대주로부터 현실로 금전 등을 수수하거나 현실의 수수가 있는 것과 같은 경제적 이익을 취득하여야만 성립한다.
> ㄴ. 금전대차의 경우에 차주가 금전에 갈음하여 유가증권 기타 물건의 인도를 받은 때에는 반환 시의 가액으로써 차용액으로 한다.
> ㄷ. 이자부 소비대차에서 목적물의 하자가 중대하여 계약의 목적을 달성할 수 없는 경우, 특별한 사정이 없는 한 선의·무과실의 차주는 계약을 해제할 수 있다.

① ㄱ
② ㄴ
③ ㄷ
④ ㄱ, ㄴ
⑤ ㄱ, ㄴ, ㄷ

해설

ㄱ. (×) 민법상 소비대차는 당사자 일방이 금전 기타 대체물의 소유권을 상대방에게 이전할 것을 약정하고 상대방은 그와 같은 종류, 품질 및 수량으로 반환할 것을 약정함으로써 그 효력이 생기는 이른바 낙성계약이므로, 차주가 현실로 금전 등을 수수하거나 현실의 수수가 있는 것과 같은 경제적 이익을 취득하여야만 소비대차가 성립하는 것은 아니다(대판 1991.4.9. 90다14652).
ㄴ. (×) 금전대차의 경우에 차주가 금전에 갈음하여 유가증권 기타 물건의 인도를 받은 때에는 그 인도 시의 가액으로써 차용액으로 한다(민법 제606조).
ㄷ. (○) 이자부 소비대차에서 목적물의 하자가 중대하여 계약의 목적을 달성할 수 없는 경우, 특별한 사정이 없는 한 선의·무과실의 차주는 계약을 해제할 수 있다(민법 제602조 제1항, 민법 제580조 제1항, 민법 제575조 제1항 전문).

답 ❸

제5절 사용대차

036 사용대차에 관한 설명으로 옳지 않은 것은?

① 사용대차는 무상계약이다.
② 차주가 대주의 승낙 없이 차용물을 제3자에게 사용하게 한 경우, 대주는 계약을 해지할 수 있다.
③ 차주는 차용물의 통상의 필요비를 부담한다.
④ 차용물의 반환시기에 관한 약정이 없는 경우, 차용물의 사용・수익에 족한 기간이 경과한 때에는 대주는 언제든지 계약을 해지할 수 있다.
⑤ 수인이 공동차주인 경우, 대주에 대한 공동차주의 손해배상채무는 다른 약정이 없는 한 분할채무관계에 있다.

해설

① (○) 사용대차는 무상・편무계약이다.
② (○) 차주는 대주의 승낙이 없으면 제3자에게 차용물을 사용, 수익하게 하지 못하며(민법 제610조 제2항), 차주가 이를 위반한 경우 대주는 계약을 해지할 수 있다(민법 제610조 제3항).
③ (○) 차주는 차용물의 통상의 필요비를 부담한다(민법 제611조 제1항).
④ (○) 차용물의 반환시기에 관한 약정이 없는 경우, 차주는 계약 또는 목적물의 성질에 의한 사용, 수익이 종료한 때에 반환하여야 한다. 그러나 사용, 수익이 족한 기간이 경과한 때에는 대주는 언제든지 계약을 해지할 수 있다(민법 제613조 제2항).
⑤ (×) 수인이 공동하여 물건을 차용한 때에는 연대하여 그 의무를 부담하므로(민법 제616조), 공동차주의 손해배상채무는 다른 약정이 없는 한 연대채무관계에 있다.

답 ⑤

제6절 임대차

037 乙이 甲 소유의 주택을 2년간 임차하는 계약을 甲과 체결하여 그 주택에 거주하는 경우에 관한 설명으로 옳지 않은 것은?(다툼이 있으면 판례에 따름) 〔19 노무〕

① 특별한 사정이 없는 한 甲은 乙의 안전을 배려하거나 도난을 방지할 보호의무를 부담하지 않는다.
② 甲의 귀책사유로 임대차계약이 해제된 경우, 원칙적으로 乙은 원상회복의무를 부담하지 않는다.
③ 임대차계약 존속 중 주택에 사소한 파손이 생긴 경우, 乙의 사용·수익을 방해할 정도가 아니라면 특별한 사정이 없는 한 甲은 수선의무를 부담하지 않는다.
④ 원인불명의 화재로 주택이 소실된 경우 乙이 이행불능으로 인한 손해배상책임을 면하려면 그 주택의 보존에 관하여 선량한 관리자의 주의의무를 다하였음을 증명하여야 한다.
⑤ 乙이 주택의 사용·편익을 위하여 甲의 동의를 얻어 주택에 부속한 물건이 있는 경우, 특별한 사정이 없는 한 임대차 종료 시에 甲에 대하여 그 부속물의 매수를 청구할 수 있다.

해설

① (○) 통상의 임대차관계에 있어서 임대인의 임차인에 대한 의무는 특별한 사정이 없는 한 단순히 임차인에게 임대목적물을 제공하여 임차인으로 하여금 이를 사용·수익하게 함에 그치는 것이고, 더 나아가 임차인의 안전을 배려하여 주거나 도난을 방지하는 등의 보호의무까지 부담한다고 볼 수 없다(대판 1999.7.9. 99다10004).
② (×) 임대인의 귀책사유로 임대차계약이 해지되었다고 하더라도 임차인은 그로 인한 손해배상을 청구할 수 있음은 별론으로 하고 원상회복의무를 부담하지 않는다고 할 수는 없다(대판 2002.12.6. 2002다42278).
③ (○) 임대차계약에 있어서 임대인은 임대차목적물을, 계약 존속 중 그 사용·수익에 필요한 상태를 유지하게 할 의무를 부담하는 것이므로, 목적물에 파손 또는 장해가 생긴 경우 그것이 임차인이 별 비용을 들이지 아니하고도 손쉽게 고칠 수 있을 정도의 사소한 것이어서 임차인의 사용·수익을 방해할 정도의 것이 아니라면 임대인은 수선의무를 부담하지 않는다(대판 2010.4.29. 2009다96984).
④ (○) 임차인의 임차목적물반환의무가 이행불능이 된 경우 임차인이 그 이행불능으로 인한 손해배상책임을 면하려면 그 이행불능이 임차인의 귀책사유로 말미암은 것이 아님을 증명할 책임이 있고, 임차건물이 화재로 소훼된 경우에 있어서 그 화재의 발생원인이 불명인 때에도 임차인이 그 책임을 면하려면 그 임차건물의 보존에 관하여 선량한 관리자의 주의의무를 다하였음을 증명하여야 하는 것이며, 이러한 법리는 임대차의 종료 당시 임차목적물반환채무가 이행불능상태는 아니지만 반환된 임차건물이 화재로 인하여 훼손되었음을 이유로 손해배상을 구하는 경우에도 동일하게 적용되고, 나아가 그 임대차계약이 임대인의 수선의무지체로 해지된 경우라도 마찬가지다(대판 2010.4.29. 2009다96984).
⑤ (○) 건물 기타 공작물의 임차인이 그 사용의 편익을 위하여 임대인의 동의를 얻어 이에 부속한 물건이 있는 때에는 임대차의 종료 시에 임대인에 대하여 그 부속물의 매수를 청구할 수 있다(민법 제646조 제1항).

답 ❷

038 임대차에 관한 설명으로 옳지 않은 것은?

① 일시사용을 위한 임대차가 명백한 경우, 임차인에게 부속물매수청구권이 인정되지 않는다.
② 임차물에 대하여 권리를 주장하는 자가 있고 임대인이 그 사실을 모르고 있는 경우, 임차인은 지체 없이 임대인에게 이를 통지하여야 한다.
③ 토지임대차의 기간의 약정이 없는 경우, 원칙적으로 각 당사자는 언제든지 임대차계약의 해지를 통고할 수 있다.
④ 다른 약정이 없는 한, 임대인의 행위가 임대물의 보존에 필요한 행위라도 임차인은 이를 거절할 수 있다.
⑤ 부동산임차인은 당사자 사이에 반대약정이 없으면 임대인에 대하여 그 임대차등기절차에 협력할 것을 청구할 수 있다.

해설

① (○) 민법 제653조, 제646조
② (○) 민법 제634조
③ (○) 민법 제635조 제1항
④ (×) 임대인이 임대물의 보존에 필요한 행위를 하는 때에는 임차인은 이를 거절하지 못한다(민법 제624조).
⑤ (○) 민법 제621조 제1항

답 ④

039 임대차에 관한 설명으로 옳지 않은 것은?(다툼이 있으면 판례에 따름)

① 건물의 소유를 목적으로 한 토지임대차는 이를 등기하지 아니한 경우에도 임차인이 그 지상건물을 등기한 때에는 제3자에 대하여 임대차의 효력이 생긴다.
② 임차인이 임대인의 동의를 얻어 임차물을 전대한 때에는 전차인은 직접 임대인에 대하여 의무를 부담한다.
③ 건물 소유를 목적으로 한 기간약정 없는 토지임대차계약이 임대인의 해지통고로 종료한 경우 임차인은 건물이 현존한 때에는 건물매수청구권을 행사할 수 있다.
④ 임차인의 필요비 및 유익비 청구권 등 비용청구 규정은 강행규정이 아니므로 사전 포기약정은 그 효력이 있다.
⑤ 임차인은 임차 건물의 보존에 관하여 선량한 관리자의 주의의무를 다하였음을 증명하지 못하는 이상 건물의 유지·존립과 불가분의 일체 관계에 있는 임차 외 건물 부분이 소훼되어 임대인이 입게 된 손해도 채무불이행으로 인한 손해로 배상할 의무가 있다.

해설

① (○) 건물의 소유를 목적으로 한 토지임대차는 이를 등기하지 아니한 경우에도 임차인이 그 지상건물을 등기한 때에는 제3자에 대하여 임대차의 효력이 생긴다(민법 제622조 제1항).
② (○) 임차인이 임대인의 동의를 얻어 임차물을 전대한 때에는 전차인은 직접임대인에 대하여 의무를 부담한다. 이 경우에 전차인은 전대인에 대한 차임의 지급으로써 임대인에게 대항하지 못한다(민법 제630조 제1항).
③ (○) 민법 제643조가 규정하는 토지 임차인의 건물매수청구권은 보통의 경우 약정된 임대차의 존속기간이 만료되어 그 임차권이 소멸되는 경우에 있어서 임차인이 다시 그 계약의 갱신을 청구하고 이것이 임대인에 의하여 거부되었을 때에 비로소 그 임차인의 건물매수청구권이 인정될 것이지마는 이 사건에 있어서와 같이 단순히 임대차의 기간을 약정하지 않았던 탓으로 임대인에 의한 해지통고에 의하여 일정한 기간이 경과된 후에 해지의 효력이 발생하므로써 그 임차권이 소멸되는 경우에도 임차권이 소멸되는 점에 있어서 그 기간의 약정이 있었던 위의 경우와 별로 다를바가 없고, 이러한 해지통고를 한 임대인은 특별한 사유가 없는 한 임대차계약의 갱신을 원치않고 있는 것이라고 일응 보아야 할 것이므로 계약갱신청구의 유무에 불구하고 본건과 같은 임대차계약에 있어서도 토지임차인의 건물매수청구권은 인정된다고 봄이 상당하다 할 것이다(대판 1977.6.7. 76다2324).
④ (○) 임차인이 임차물의 보존에 관한 필요비를 지출한 때에는 임대인에 대하여 그 상환을 청구할 수 있다(민법 제626조 제1항).
⑤ (×) 임대차 목적물이 화재 등으로 인하여 소멸됨으로써 임차인의 목적물 반환의무가 이행불능이 된 경우에, 임차인은 이행불능이 자기가 책임질 수 없는 사유로 인한 것이라는 증명을 다하지 못하면 목적물 반환의무의 이행불능으로 인한 손해를 배상할 책임을 지며, 화재 등의 구체적인 발생 원인이 밝혀지지 아니한 때에도 마찬가지이다. 또한 이러한 법리는 임대차 종료 당시 임대차 목적물 반환의무가 이행불능 상태는 아니지만 반환된 임차 건물이 화재로 인하여 훼손되었음을 이유로 손해배상을 구하는 경우에도 동일하게 적용된다. 한편 임대인은 목적물을 임차인에게 인도하고 임대차계약 존속 중에 그 사용, 수익에 필요한 상태를 유지하게 할 의무를 부담하므로(민법 제623조), 임대차계약 존속 중에 발생한 화재가 임대인이 지배·관리하는 영역에 존재하는 하자로 인하여 발생한 것으로 추단된다면, 그 하자를 보수·제거하는 것은 임대차 목적물을 사용·수익하기에 필요한 상태로 유지하여야 하는 임대인의 의무에 속하며, 임차인이 하자를 미리 알았거나 알 수 있었다는 등의 특별한 사정이 없는 한, 임대인은 화재로 인한 목적물 반환의무의 이행불능 등에 관한 손해배상책임을 임차인에게 물을 수 없다(대판[전합] 2017.5.18. 2012다86895·86901).

답 ⑤

040

甲과 乙은 甲 소유의 건물 중 1층에 대하여 임대차계약을 체결하였으나 乙이 임차하여 점유하고 있던 건물 1층에서 발생한 화재로 건물 1층뿐만 아니라 甲이 점유하고 있던 건물 2층도 전소되었다. 이에 관한 설명 중 옳은 것을 모두 고른 것은?(다툼이 있는 경우 판례에 의함) 20 변시

> ㄱ. 건물 1층에서 발생한 화재가 甲이 지배, 관리하는 영역에 존재하는 하자로 인하여 발생한 것으로 추단된다면, 특별한 사정이 없는 한 甲은 화재로 인한 목적물 반환의무의 이행불능으로 인한 손해배상책임을 乙에게 물을 수 없다.
> ㄴ. 건물 1층에서 발생한 화재가 그 발생 원인이 불분명한 경우라면 乙은 원칙적으로 화재로 인한 임대목적물 반환의무의 이행불능에 따른 손해배상책임을 지지 않는다.
> ㄷ. 건물 1층과 구조상 불가분의 일체를 이루고 있는 건물 2층에서 발생한 재산상 손해에 대하여 乙에게 채무불이행에 기한 손해배상을 청구하는 경우, 甲은 화재 발생과 관련된 乙의 계약상 의무 위반이 있었다는 사실을 주장·증명하여야 한다.

① ㄱ
② ㄱ, ㄷ
③ ㄴ
④ ㄱ, ㄴ, ㄷ
⑤ ㄴ, ㄷ

해설

ㄱ. (○) 건물 1층에서 발생한 화재가 甲이 지배, 관리하는 영역에 존재하는 하자로 인하여 발생한 것으로 추단된다면, 하자를 보수·제거하는 것은 임대차 목적물을 사용·수익하기에 필요한 상태로 유지하여야 하는 甲의 의무에 속하므로 특별한 사정이 없는 한, 甲은 화재로 인한 목적물 반환의무의 이행불능으로 인한 손해배상책임을 乙에게 물을 수 없다.

> 임대인은 목적물을 임차인에게 인도하고 임대차계약 존속 중에 그 사용, 수익에 필요한 상태를 유지하게 할 의무를 부담하므로(민법 제623조), 임대차계약 존속 중에 발생한 화재가 임대인이 지배·관리하는 영역에 존재하는 하자로 인하여 발생한 것으로 추단된다면, 그 하자를 보수·제거하는 것은 임대차 목적물을 사용·수익하기에 필요한 상태로 유지하여야 하는 임대인의 의무에 속하며, 임차인이 하자를 미리 알았거나 알 수 있었다는 등의 특별한 사정이 없는 한, 임대인은 화재로 인한 목적물 반환의무의 이행불능 등에 관한 손해배상책임을 임차인에게 물을 수 없다(대판 2017.5.18. 2012다86895[전합]).

ㄴ. (×) 건물 1층에서 발생한 화재가 그 발생 원인이 불분명한 경우라도 乙은 원칙적으로 화재로 인한 임대목적물 반환의무의 이행불능에 따른 손해배상책임을 진다.

> 임대차 목적물이 화재 등으로 인하여 소멸됨으로써 임차인의 목적물 반환의무가 이행불능이 된 경우에, 임차인은 이행불능이 자기가 책임질 수 없는 사유로 인한 것이라는 증명을 다하지 못하면 목적물 반환의무의 이행불능으로 인한 손해를 배상할 책임을 지며, 화재 등의 구체적인 발생 원인이 밝혀지지 아니한 때에도 마찬가지이다. 또한 이러한 법리는 임대차 종료 당시 임대차 목적물 반환의무가 이행불능 상태는 아니지만 반환된 임차 건물이 화재로 인하여 훼손되었음을 이유로 손해배상을 구하는 경우에도 동일하게 적용된다(대판 2017.5.18. 2012다86895[전합]).

ㄷ. (○) 임차 외 건물 부분이 구조상 불가분의 일체를 이루는 관계에 있는 부분이라 하더라도, 그 부분에 발생한 손해에 대하여 임대인이 임차인을 상대로 채무불이행을 원인으로 하는 배상을 구하려면, 임차인이 보존·관리의무를 위반하여 화재가 발생한 원인을 제공하는 등 화재 발생과 관련된 임차인의 계약상 의무 위반이 있었고, 그러한 의무 위반과 임차 외 건물 부분의 손해 사이에 상당인과관계가 있으며, 임차 외 건물 부분의 손해가 의무 위반에 따라 민법 제393조에 의하여 배상하여야 할 손해의 범위 내에 있다는 점에 대하여 임대인이 주장·증명하여야 한다(대판 2017.5.18. 2012다86895[전합]). 따라서 甲은 화재 발생과 관련된 乙의 계약상 의무 위반이 있었다는 사실을 주장·증명하여야 한다.

답 ❷

041

임대차에 관한 설명으로 옳지 않은 것은?(다툼이 있으면 판례에 따름)

① 부동산소유자인 임대인은 특별한 사정이 없는 한 임대차기간을 영구로 정하는 부동산임대차계약을 체결할 수 있다.
② 부동산임차인은 특별한 사정이 없는 한 지출한 필요비의 한도에서 차임의 지급을 거절할 수 있다.
③ 임대인이 임차인의 의사에 반하여 보존행위를 하는 경우, 임차인이 이로 인하여 임차목적을 달성할 수 없는 때에는 임대차계약을 해지할 수 있다.
④ 기간의 약정이 없는 토지임대차의 임대인이 임대차계약의 해지를 통고한 경우, 그 해지의 효력은 임차인이 통고를 받은 날부터 1개월 후에 발생한다.
⑤ 임차인이 임대인의 동의 없이 임차권을 양도한 경우, 임대인은 특별한 사정이 없는 한 임대차계약을 해지할 수 있다.

해설

① (○) 민법 제619조에서 처분능력, 권한 없는 자의 단기임대차의 경우에만 임대차기간의 최장기를 제한하는 규정만 있을 뿐, 민법상 임대차기간이 영구인 임대차계약의 체결을 불허하는 규정은 없다. … 임대차기간이 영구인 임대차계약을 인정할 실제의 필요성도 있고, 이러한 임대차계약을 인정한다고 하더라도 사정변경에 의한 차임증감청구권이나 계약 해지 등으로 당사자들의 이해관계를 조정할 수 있는 방법이 있을 뿐만 아니라, 임차인에 대한 관계에서만 사용·수익권이 제한되는 외에 임대인의 소유권을 전면적으로 제한하는 것도 아닌 점 등에 비추어 보면, 당사자들이 자유로운 의사에 따라 임대차기간을 영구로 정한 약정은 이를 무효로 볼만한 특별한 사정이 없는 한 계약자유의 원칙에 의하여 허용된다고 보아야 한다(대판 2023.6.1. 2023다209045).
② (○) 임차인이 임차물의 보존에 관한 필요비를 지출한 때에는 임대인에게 상환을 청구할 수 있다(민법 제626조 제1항). 여기에서 '필요비'란 임차인이 임차물의 보존을 위하여 지출한 비용을 말한다. 임대차계약에서 임대인은 목적물을 계약존속 중 사용·수익에 필요한 상태를 유지하게 할 의무를 부담하고, 이러한 의무와 관련한 임차물의 보존을 위한 비용도 임대인이 부담해야 하므로, 임차인이 필요비를 지출하면, 임대인은 이를 상환할 의무가 있다. 임대인의 필요비상환의무는 특별한 사정이 없는 한 임차인의 차임지급의무와 서로 대응하는 관계에 있으므로, 임차인은 지출한 필요비 금액의 한도에서 차임의 지급을 거절할 수 있다(대판 2019.11.14. 2016다227694).
③ (○) 민법 제625조
④ (×) 임대차기간의 약정이 없는 때에는 당사자는 언제든지 계약해지의 통고를 할 수 있다. 상대방이 통고를 받은 날로부터 토지, 건물 기타 공작물에 대하여는 임대인이 해지를 통고한 경우에는 6월, 임차인이 해지를 통고한 경우에는 1월의 기간이 경과하면 해지의 효력이 생긴다(민법 제635조 제1항, 제2항 제1호).
⑤ (○) 임차인은 임대인의 동의 없이 그 권리[임차권(註)]를 양도하거나 임차물을 전대하지 못한다(민법 제629조 제1항). 임차인이 임대인의 동의 없이 임차권을 양도하거나 임차물을 전대한 경우에는 임대인은 계약을 해지할 수 있다(민법 제629조 제2항).

답 ❹

042 임대차에 관한 설명으로 옳지 않은 것은?

① 수인이 공동하여 물건을 임차한 때에는 분할하여 차임지급의무를 부담한다.
② 임차인이 임대인의 동의 없이 임차권을 양도한 경우 임대인은 임대차 계약을 해지할 수 있다.
③ 임차인이 임대인의 동의를 얻어 임차물을 전대한 때에는 전차인은 직접 임대인에 대하여 의무를 부담한다.
④ 임대차기간의 약정이 없는 때에는 당사자는 언제든지 계약해지의 통고를 할 수 있다.
⑤ 임차인이 임차물의 보존에 관한 필요비를 지출한 때에는 임대인에 대하여 그 상환을 청구할 수 있다.

해설

① (×) 수인이 공동하여 물건을 임차한 때에는 연대하여 그 의무를 부담한다(민법 제654조, 제616조).
② (○) 임차인은 임대인의 동의 없이 그 권리를 양도하거나 임차물을 전대하지 못한다. 임차인이 그 규정을 위반한 때에는 임대인은 계약을 해지할 수 있다(민법 제629조 제2항).
③ (○) 민법 제630조 제1항
④ (○) 민법 제635조 제1항
⑤ (○) 민법 제626조 제1항

답 ❶

043 임대차에 관한 설명으로 옳은 것은?(다툼이 있으면 판례에 따름)

① 토지임차인이 지상물만을 타인에게 양도하더라도 임대차가 종료하면 그 임차인이 매수청구권을 행사할 수 있다.
② 건물임차인이 임대인의 동의 없이 건물의 소부분을 전대한 경우, 임대인은 임대차계약을 해지할 수 있다.
③ 임차인의 채무불이행으로 임대차계약이 해지된 경우, 임차인은 부속물매수청구권을 행사할 수 있다.
④ 임대인은 보증금반환채권에 대한 전부명령이 송달된 후에 발생한 연체차임을 보증금에서 공제할 수 없다.
⑤ 건물 소유를 위한 토지임대차의 경우, 임차인의 차임연체액이 2기의 차임액에 이른 때에는 임대인은 계약을 해지할 수 있다.

해설

① (×) 지상물이 양도되었으므로 임차인은 매수청구권을 행사할 수 없다.
② (×) 건물의 임차인이 그 건물의 소부분을 타인에게 사용하게 하는 경우에는 임차권의 양도·전대의 제한규정인 민법 제629조가 적용되지 아니하므로 건물임차인이 임대인의 동의 없이 건물의 소부분을 전대한 경우, 임대인은 임대차계약을 해지할 수 없다(민법 제632조, 제629조).
③ (×) 임대차계약이 임차인의 채무불이행으로 인하여 해지된 경우에는 임차인은 민법 제646조에 의한 부속물매수청구권이 없다(대판 1990.1.23. 88다카7245).
④ (×) 임차보증금을 피전부채권으로 하여 전부명령이 있을 경우에도 제3채무자인 임대인은 임차인에게 대항할 수 있는 사유로서 전부채권자에게 대항할 수 있는 것이어서 건물임대차보증금의 반환채권에 대한 전부명령의 효력이 그 송달에 의하여 발생한다고 하여도 위 보증금반환채권은 임대인의 채권이 발생하는 것을 해제조건으로 하는 것이므로 임대인의 채권을 공제한 잔액에 관하여서만 전부명령이 유효하다(대판 1988.1.19. 87다카1315).
⑤ (○) 건물 기타 공작물의 소유 또는 식목, 채염, 목축을 목적으로 한 토지임대차의 경우에, 임차인의 차임연체액이 2기의 차임액에 달하는 때에는 임대인은 계약을 해지할 수 있다(민법 제641조, 제640조).

답 ❺

044

건물 소유를 목적으로 X토지에 관하여 임대인 甲과 임차인 乙 사이에 적법한 임대차계약이 체결되었다. 이에 관한 설명으로 옳지 않은 것은?(다툼이 있으면 판례에 따름) [23] 노무

① 甲과 乙 사이에 체결된 임대차계약에 임대차기간에 관한 약정이 없는 때에는 甲은 언제든지 계약해지의 통고를 할 수 있다.
② 乙이 甲의 동의 없이 X토지를 전대한 경우, 甲은 원칙적으로 乙과의 임대차 계약을 해지할 수 있다.
③ X토지의 일부가 乙의 과실없이 멸실되어 사용·수익할 수 없게 된 경우, 乙은 그 부분의 비율에 의한 차임의 감액을 청구할 수 있다.
④ 토지임차인에게 인정되는 지상물매수청구권은 乙이 X토지 위에 甲의 동의를 얻어 신축한 건물에 한해 인정된다.
⑤ 甲이 변제기를 경과한 최후 2년의 차임채권에 의하여 그 지상에 있는 乙 소유의 건물을 압류한 때에는 저당권과 동일한 효력이 있다.

해설

① (○) 임대차기간의 약정이 없는 때에는 당사자는 언제든지 계약해지의 통고를 할 수 있으므로(민법 제635조 제1항), 甲은 언제든지 乙에게 임대차계약해지의 통고를 할 수 있다.
② (○) 임차인은 임대인의 동의 없이 그 권리를 양도하거나 임차물을 전대하지 못한다. 임차인이 이 규정에 위반한 때에는 임대인은 계약을 해지할 수 있다(민법 제629조). 乙이 甲의 동의 없이 X토지를 전대하였다면 甲은 원칙적으로 임대차 계약을 해지할 수 있다.
③ (○) 임차물인 X토지의 일부가 乙의 과실없이 멸실되어 사용·수익할 수 없게 된 경우, 乙은 그 부분의 비율에 의한 차임의 감액을 청구할 수 있다(민법 제627조 제1항).
④ (×) 임차인의 지상물매수청구권은 건물 기타 공작물의 소유 등을 목적으로 한 토지임대차의 기간이 만료되었음에도 그 지상시설 등이 현존하고, 또한 임대인이 계약의 갱신에 불응하는 경우에 임차인이 임대인에게 상당한 가액으로 그 지상시설의 매수를 청구할 수 있는 권리라는 점에서 보면, 위 매수청구권의 대상이 되는 건물은 그것이 토지의 임대목적에 반하여 축조되고, 임대인이 예상할 수 없을 정도의 고가의 것이라는 특별한 사정이 없는 한 임대차기간 중에 축조되었다고 하더라도 그 만료시에 그 가치가 잔존하고 있으면 그 범위에 포함되는 것이고, 반드시 임대차계약 당시의 기존건물이거나 임대인의 동의를 얻어 신축한 것에 한정된다고는 할 수 없다(대판 1993.11.12. 93다34589). 판례의 취지를 고려할 때 토지임차인 乙에게 인정되는 지상물매수청구권은 乙이 甲의 동의를 얻어 신축한 건물에 한정된다고 볼 수 없다.
⑤ (○) 토지임대인 甲이 변제기를 경과한 최후 2년의 차임채권에 의하여 그 지상에 있는 乙 소유의 건물을 압류한 때에는 저당권과 동일한 효력이 있다(민법 제649조).

답 ❹

045 임대차에 관한 설명으로 옳은 것은?(다툼이 있으면 판례에 따름)

① 연체차임은 임대차계약 종료 전에 별도의 의사표시 없이 임대차보증금에서 당연히 공제된다.
② 건물임대차의 존속기간은 20년을 넘지 못한다.
③ 임대인이 수선의무를 이행함으로써 목적물의 사용·수익에 지장이 초래된 경우 임차인은 그 지장의 한도 내에서 차임 지급을 거절할 수 있다.
④ 임대인이 임대목적물에 대한 소유권 기타 이를 임대할 권한이 없는 경우 임대차 계약은 유효하게 성립하지 않는다.
⑤ 임차인이 임대인의 동의 없이 임차권을 양도한 경우 임대인은 임대차계약을 해지할 수 없다.

해설

① (×) 임대차보증금이 임대인에게 교부되어 있더라도 임대인은 임대차관계가 계속되고 있는 동안에는 임대차보증금에서 연체차임을 충당할 것인지를 자유로이 선택할 수 있으므로, 임대차계약 종료 전에는 연체차임이 공제등 별도의 의사표시 없이 임대차보증금에서 당연히 공제되는 것은 아니다. 그리고 임대인이 차임채권을 양도하는 등의 사정으로 인하여 차임채권을 가지고 있지 아니한 경우에는 특별한 사정이 없는 한 임대차계약 종료 전에 임대차보증금에서 공제한다는 의사표시를 할 수 있는 권한이 있다고 할 수도 없다(대판 2013.2.28. 2011다49608).

② (×) 건물임대차의 존속기간에 대한 규정은 헌법재판소의 위헌결정으로 삭제되었다(민법 제651조). 따라서 앞으로는 당사자 간의 합의에 의하여 건물임대차의 존속기간을 정할 수 있다.

③ (○) 임대차계약에서 목적물을 사용·수익하게 할 임대인의 의무와 임차인의 차임지급의무는 상호 대응관계에 있으므로 임대인이 목적물을 사용·수익하게 할 의무를 불이행하여 목적물의 사용·수익이 부분적으로 지장이 있는 상태인 경우에는 임차인은 그 지장의 한도 내에서 차임의 지급을 거절할 수 있고, 이는 임대인이 수선의무를 이행함으로써 목적물의 사용·수익에 지장이 초래된 경우에도 마찬가지이다(대판 2015.2.26. 2014다65724).

④ (×) 임대인이 임대차목적물에 대한 소유권 기타 이를 임대할 권한이 없다고 하더라도 임대차계약은 유효하게 성립하고, 따라서 임대인은 임차인으로 하여금 그 목적물을 완전하게 사용·수익케 할 의무가 있고 또한 임차인은 이러한 임대인의 의무가 이행불능으로 되지 아니하는 한 그 사용·수익의 대가로 차임을 지급할 의무가 있으며, 그 임대차관계가 종료되면 임차인은 임차목적물을 임대인에게 반환하여야 할 계약상의 의무가 있지만, 임차인이 진실한 소유자로부터 목적물의 반환청구나 임료 내지 그 해당액의 지급요구를 받는 등의 이유로 임대인이 임차인으로 하여금 사용·수익케 할 수가 없게 되었다면 임대인의 채무는 이행불능으로 되고, 임차인은 이행불능으로 인한 임대차의 종료를 이유로 그때 이후의 임대인의 차임지급청구를 거절할 수 있다(대판 1996.9.6. 94다54641).

⑤ (×) 임차인은 임대인의 동의 없이 그 권리를 양도하거나 임차물을 전대하지 못한다(민법 제629조 제1항). 임차인이 전항의 규정에 위반한 때에는 임대인은 계약을 해지할 수 있다(동법 제629조 제2항).

답 ❸

046

甲은 물품보관창고를 필요로 하는 乙의 요청에 따라 그 소유의 X토지를 乙에게 임대함과 동시에 그 지상에 신축한 미등기 Y건물을 乙에게 매도하였고, 그 후 乙은 Y건물에 대한 보존등기를 마쳤다. 다음 설명 중 옳은 것은?(다툼이 있으면 판례에 따름) [17] 변리

① 乙의 차임채무 불이행으로 임대차가 종료되어도 乙은 甲에게 Y건물의 매수를 청구할 수 있다.
② 乙이 적법하게 Y건물의 매수를 청구한 경우, 甲의 대금지급의무는 乙의 Y건물 명도 및 소유권이전 의무보다 선이행되어야 한다.
③ 乙이 Y건물에 대한 보존등기를 마친 후 甲이 丙에게 X토지를 매도하고 소유권이전등기를 마쳐준 경우, 乙의 임차권이 기간만료로 소멸하면 乙은 丙을 상대로 Y건물의 매수를 청구할 수 없다.
④ 만약 乙의 채권자 명의로 근저당권이 설정된 Y건물에 대하여 乙이 적법하게 매수청구권을 행사한 경우, 甲은 근저당권이 말소되지 않았음을 이유로 채권최고액에 상당한 대금의 지급을 거절할 수 없다.
⑤ 만약 Y건물이 미등기상태에 있더라도 임대차기간이 만료되어 乙이 적법하게 매수청구권을 행사한 경우, Y건물은 그 매수청구의 대상이 될 수 있다.

해설

① (×) 토지임차인의 차임연체 등 채무불이행을 이유로 임대차계약이 해지되는 경우 토지임차인으로서는 토지임대인에 대하여 지상건물의 매수를 청구할 수 없으므로(대판 1997.4.8. 96다54249), 乙은 甲에게 Y건물의 매수를 청구할 수 없다.

② (×) 민법 제643조의 규정에 의한 토지임차인의 매수청구권 행사로 지상건물에 대하여 시가에 의한 매매유사의 법률관계가 성립된 경우에 토지임차인의 건물명도 및 그 소유권이전등기의무와 토지임대인의 건물대금지급의무는 서로 대가관계에 있는 채무이므로 토지임차인은 토지임대인의 건물명도청구에 대하여 대금지급과의 동시이행을 주장할 수 있다(대판 1991.4.9. 91다3260). 따라서 甲의 대금지급의무는 乙의 Y건물명도 및 소유권이전의무와 동시이행의 관계에 있다.

③ (×) 판례의 취지를 고려할 때 토지임차인 乙은 Y건물의 매수를 청구할 당시 이미 토지소유권을 상실한 甲에게 건물매수청구권을 행사할 수 없으나, 임대인의 지위를 승계한 丙에게는 임대차계약이 종료한 때에 건물매수청구권을 행사할 수 있다.

> • 건물의 소유를 목적으로 하는 토지임차인의 건물매수청구권 행사의 상대방은 원칙적으로 임차권 소멸 당시의 토지소유자인 임대인이고, 임대인이 임차권 소멸 당시에 이미 토지소유권을 상실한 경우에는 그에게 지상건물의 매수청구권을 행사할 수는 없으며, 이는 임대인이 임대차계약의 종료 전에 토지를 임의로 처분하였다 하여 달라지는 것은 아니다(대판 1994.7.29. 93다59717).
> • 피고들(토지임차인)이 이 사건 토지의 전 소유자인 소외 회사와 건물의 소유를 목적으로 하는 임대차계약을 체결하여 원고가 이 사건 토지를 취득할 당시 그 임대차계약이 유효하게 존재하고 있었다면, 민법 제622조 제1항에 의하여 원고는 위 임대차계약의 임대인의 지위를 승계하고, 그 임대차계약이 종료한 때에 위 피고들은 위 각 건물에 관하여 민법 제643조, 제283조에 의하여 매수청구권을 행사할 수 있다(대판 1996.6.14. 96다14517).

④ (×) 건물의 소유를 목적으로 한 토지임대차계약의 기간이 만료함에 따라 지상건물소유자가 임대인에 대하여 행사하는 민법 제643조 소정의 매수청구권은 매수청구의 대상이 되는 건물에 근저당권이 설정되어 있는 경우에도 인정된다. 이 경우에 그 건물의 매수가격은 건물 자체의 가격 외에 건물의 위치, 주변토지의 여러 사정 등을 종합적으로 고려하여 매수청구권 행사 당시 건물이 현존하는 대로의 상태에서 평가된 시가 상당액을 의미하고, 여기에서 근저당권의 채권최고액이나 피담보채무액을 공제한 금액을 매수가격으로 정할 것은 아니다. 다만, 매수청구권을 행사한 지상건물소유자가 위와 같은 근저당권을 말소하지 않는 경우 토지소유자는 민법 제588조에 의하여 위 근저당권의 말소등기가 될 때까지 그 채권최고액에 상당한 대금의 지급을 거절할 수 있다(대판 2008.5.29. 2007다4356). 이러한 판례의 태도에 따르면 甲은 근저당권이 말소되지 아니하였음을 이유로 채권최고액에 상당한 대금의 지급을 거절할 수 있다.

⑤ (○) 건물을 매수하여 점유하고 있는 사람은 소유자로서의 등기명의가 없다 하더라도 그 권리의 범위 내에서는 그 점유 중인 건물에 대하여 법률상 또는 사실상의 처분권을 가지고 있다. 위와 같은 지상물매수청구권제도의 목적, 미등기매수인의 법적 지위 등에 비추어 볼 때, 종전 임차인으로부터 미등기무허가건물을 매수하여 점유하고 있는 임차인은 특별한 사정이 없는 한 비록 소유자로서의 등기명의가 없어 소유권을 취득하지 못하였다 하더라도 임대인에 대하여 지상물매수청구권을 행사할 수 있는 지위에 있다(대판 2013.11.28. 2013다48364). Y건물이 미등기상태에 있더라도, 그 매수청구의 대상이 될 수 있다.

답 ❺

047 임대차에 관한 설명으로 옳은 것을 모두 고른 것은?(다툼이 있으면 판례에 따름) 23 변리

ㄱ. 임대차가 종료된 경우, 그 임대목적물이 임대인이 아닌 타인 소유라도 특별한 사정이 없는 한 임차인은 임대인에게 임대차 종료일까지의 연체 차임뿐만 아니라 그 이후부터 인도완료일까지 차임 상당의 부당이득금도 반환할 의무가 있다.
ㄴ. 임대인이 임차인에게 필요비상환의무를 이행하지 않는 경우, 임차인은 지출한 필요비 금액의 한도에서 차임의 지급을 거절할 수 있다.
ㄷ. 임차인이 임대인의 동의 없이 임차물을 제3자에게 전대한 경우, 임대인은 임대차계약의 존속 여부를 불문하고 제3자에게 불법점유를 이유로 한 차임상당액의 손해배상청구를 할 수 있다.
ㄹ. 임차인이 임대인의 동의를 얻어 임차물을 전대한 경우, 전대인과 전차인이 전대차계약상의 차임을 감액하여 전차인이 임대인에 대하여 직접 부담하는 의무의 범위가 변경되더라도 특별한 사정이 없는 한 전차인은 변경된 전대차계약의 내용을 임대인에게 주장할 수 있다.

① ㄱ, ㄴ
② ㄷ, ㄹ
③ ㄱ, ㄴ, ㄷ
④ ㄱ, ㄴ, ㄹ
⑤ ㄴ, ㄷ, ㄹ

해설

ㄱ. (○) 임대인이 국가 소유의 부동산을 임대하였는데 임차인의 차임 연체로 인하여 그 임대차계약이 해지되었다면, 특별한 사정이 없는 한 임차인은 임대인에게 그 부동산을 명도하고 해지로 인한 임대차 종료 시까지의 연체차임 및 그 이후부터 명도 완료일까지 그 부동산을 점유·사용함에 따른 차임 상당의 부당이득금을 반환할 의무가 있다(대판 1996.9.6. 94다54641).
ㄴ. (○) 임차인이 임차물의 보존에 관한 필요비를 지출한 때에는 임대인에게 상환을 청구할 수 있다(민법 제626조 제1항). 여기에서 '필요비'란 임차인이 임차물의 보존을 위하여 지출한 비용을 말한다. 임대차계약에서 임대인은 목적물을 계약존속 중 사용·수익에 필요한 상태를 유지하게 할 의무를 부담하고, 이러한 의무와 관련한 임차물의 보존을 위한 비용도 임대인이 부담해야 하므로, 임차인이 필요비를 지출하면, 임대인은 이를 상환할 의무가 있다. 임대인의 필요비상환의무는 특별한 사정이 없는 한 임차인의 차임지급의무와 서로 대응하는 관계에 있으므로, 임차인은 지출한 필요비 금액의 한도에서 차임의 지급을 거절할 수 있다(대판 2019.11.14. 2016다227694).
ㄷ. (×) 임차인이 임대인의 동의를 받지 않고 제3자에게 임차권을 양도하거나 전대하는 등의 방법으로 임차물을 사용·수익하게 하더라도, 임대인이 이를 이유로 임대차계약을 해지하거나 그 밖의 다른 사유로 임대차계약이 적법하게 종료되지 않는 한 임대인은 임차인에 대하여 여전히 차임청구권을 가지므로, 임대차계약이 존속하는 한도 내에서는 제3자에게 불법점유를 이유로 한 차임상당 손해배상청구나 부당이득반환청구를 할 수 없다(대판 2008.2.28. 2006다10323).
ㄹ. (○) 전대인과 전차인은 계약자유의 원칙에 따라 전대차계약의 내용을 변경할 수 있다. 그로 인하여 민법 제630조 제1항에 따라 전차인이 임대인에 대하여 직접 부담하는 의무의 범위가 변경되더라도, 전대차계약의 내용 변경이 전대차에 동의한 임대인 보호를 목적으로 한 민법 제630조 제1항의 취지에 반하여 이루어진 것이라고 볼 특별한 사정이 없는 한 전차인은 변경된 전대차계약의 내용을 임대인에게 주장할 수 있다. 전대인과 전차인이 전대차계약상의 차임을 감액한 경우도 마찬가지이다(대판 2018.7.11. 2018다200518).

답 ❹

048

임차인에게 불리한 약정을 하여도 그 효력이 인정되는 것은?

① 토지임차인의 지상물매수청구권
② 임차인의 비용상환청구권
③ 임차인의 차임감액청구권
④ 임대차기간의 약정이 없는 임차인의 해지통고
⑤ 임차인의 차임연체로 인한 임대인의 해지권

해설

임차인의 비용상환청구권에 관한 규정(민법 제626조)은 강행규정이 아니므로, 약정에 의하여 이를 포기할 수 있다(대판 1998.5.29. 98다6497 참고). 반면, 토지임차인의 지상물매수청구권(민법 제643조), 임차인의 차임감액청구권(민법 제628조), 임대차기간의 약정이 없는 임차인의 해지통고(민법 제635조), 임차인의 차임연체로 인한 임대인의 해지권(민법 제640조)은 편면적 강행규정에 해당하므로(민법 제652조), 임차인에게 불리한 약정을 하여도 그 효력이 인정되지 아니한다(민법 제652조).

답 ❷

049

甲은 그 소유의 X토지에 관하여 乙과 건물소유를 목적으로 하는 임대차계약을 체결하고 乙이 X토지 위에 Y건물을 건립하였는데, 임대차가 기간 만료로 종료하자 甲이 乙을 상대로 X토지인도 및 Y건물철거청구의 소를 제기하였다. 이에 관한 설명으로 옳지 않은 것은?(다툼이 있으면 판례에 따름)

① 乙이 건물매수청구권을 적법하게 행사하면 甲과 乙사이에 Y에 대하여 매수청구권을 행사할 당시의 시가를 대금으로 하는 매매계약이 체결된 것과 같은 효과가 발생한다.
② Y가 미등기 무허가 건물인 경우, 乙은 甲에게 건물매수청구권을 행사할 수 없다.
③ 乙이 건물매수청구권을 적법하게 행사하였음에도 甲에게 Y의 인도 및 소유권이전등기를 마쳐주지 않았다면 甲을 상대로 Y의 매매대금에 대한 지연손해금을 청구할 수 없다.
④ Y가 객관적으로 경제적 가치가 있는지 여부는 건물매수청구권의 행사요건이 아니다.
⑤ 乙이 적법하게 건물매수청구권을 행사한 후 그 매매대금을 지급받을 때까지 Y의 인도를 거부하면서 그 부지를 계속 점유·사용하는 경우, 그로 인한 이익은 부당이득으로 반환할 의무가 있다.

해설

① (○) 지상물매수청구권은 형성권이므로, 민법 제643조의 규정에 의한 토지임차인의 매수청구권행사로 지상건물에 대하여 시가에 의한 매매 유사의 법률관계가 성립하며(대판 1991.4.9. 91다3260 참조), 이때 시가란 매수청구권 행사 당시 건물이 현존하는 대로의 상태에서 평가된 시가 상당액을 의미한다(대판 2008.5.29. 2007다4356 참조). 乙이 건물매수청구권을 적법하게 행사하면, 甲과 乙사이에 Y건물에 대하여 매수청구권을 행사할 당시의 시가를 대금으로 하는 매매계약이 체결된 것과 같은 효과가 발생한다.
② (×) 임대차계약 종료시에 경제적 가치가 잔존하고 있는 건물은 그것이 토지의 임대 목적에 반하여 축조되고 임대인이 예상할 수 없을 정도의 고가의 것이라는 등의 특별한 사정이 없는 한, 비록 행정관청의 허가를 받은 적법한 건물이 아니더라도 임차인의 건물매수청구권의 대상이 될 수 있으므로(대판 1997.12.23. 97다37753), Y건물이 미등기 무허가 건물인 경우에도 乙은 특별한 사정이 없는 한 甲에게 건물매수청구권을 행사할 수 있다.

③ (○) 토지 임차인의 매수청구권 행사로 지상 건물에 대하여 시가에 의한 매매 유사의 법률관계가 성립된 경우에는 임차인의 건물명도 및 그 소유권이전등기의무와 토지 임대인의 건물대금지급의무는 서로 대가관계에 있는 채무가 되므로, 임차인이 임대인에게 매수청구권이 행사된 건물들에 대한 명도와 소유권이전등기를 마쳐주지 아니하였다면 임대인에게 그 매매대금에 대한 지연손해금을 구할 수 없다(대판 1998.5.8. 98다2389). 乙이 건물매수청구권을 적법하게 행사하였음에도 甲에게 Y건물의 인도 및 소유권이전등기를 마쳐주지 않았다면 甲을 상대로 Y건물의 매매대금에 대한 지연손해금을 청구할 수 없다.

④ (○) 민법 제643조, 제283조에 규정된 임차인의 매수청구권은, 건물의 소유를 목적으로 한 토지 임대차의 기간이 만료되어 그 지상에 건물이 현존하고 임대인이 계약의 갱신을 원하지 아니하는 경우에 임차인에게 부여된 권리로서 그 지상 건물이 객관적으로 경제적 가치가 있는지 여부나 임대인에게 소용이 있는지 여부가 그 행사요건이라고 볼 수 없으므로(대판 2002.5.31. 2001다42080), Y건물이 객관적으로 경제적 가치가 있는지 여부는 건물매수청구권의 행사요건이 아니다.

⑤ (○) 건물 기타 공작물의 소유를 목적으로 한 대지임대차에 있어서 임차인이 그 지상건물 등에 대하여 민법 제643조 소정의 매수청구권을 행사한 후에 그 임대인인 대지의 소유자로부터 매수대금을 지급받을 때까지 그 지상건물 등의 인도를 거부할 수 있다고 하여도, 지상건물 등의 점유·사용을 통하여 그 부지를 계속하여 점유·사용하는 한 그로 인한 부당이득으로서 부지의 임료 상당액은 이를 반환할 의무가 있다(대판 2001.6.1. 99다60535). 따라서 乙이 적법하게 건물매수청구권을 행사한 후 그 매매대금을 지급받을 때까지 Y건물의 인도를 거부하면서 그 부지를 계속 점유·사용하는 경우, 그로 인한 이익은 부당이득으로 반환할 의무가 있다.

답 ❷

050

甲은 건물을 신축할 목적으로 乙로부터 토지를 임차하면서, 임대차 종료 시 건물 기타 지상시설 일체를 대가 없이 포기하고, 만약 지상건물을 철거하지 아니할 경우에는 그 소유권을 乙에게 이전하기로 약정하였다. 임대차가 기간만료로 종료되자 乙은 甲을 상대로 토지인도 및 건물철거청구소송을 제기하였다. 이에 관한 설명으로 옳지 않은 것은?(다툼이 있으면 판례에 따름) 15 변리

① 임대차 종료 시 대가 없이 건물 기타 지상시설 일체를 포기하겠다는 약정은 특별한 사정이 없는 한 甲에게 불리한 것이어서 무효이다.
② 甲의 채무불이행을 이유로 계약이 해지된 경우에도 甲은 건물매수청구권을 행사할 수 있다.
③ 甲이 그 지상건물에 대하여 적법하게 매수청구권을 행사하더라도 지상건물의 점유·사용을 통하여 그 부지를 계속하여 점유·사용하는 한, 부지의 임료 상당액을 부당이득으로서 반환할 의무가 있다.
④ 건물철거소송과정에서 甲이 건물매수청구권을 행사할 수 있었는데도 이를 행사하지 않았고, 甲의 패소판결이 확정되었더라도, 건물철거가 집행되기 전이라면 건물매수청구권을 행사할 수 있다.
⑤ 만약 임대차의 존속기간을 정하지 않은 경우, 乙의 해지통고에 의하여 임대차가 종료되었더라도 甲은 계약갱신청구의 유무에 관계없이 건물매수청구권을 행사할 수 있다.

해설

① (○) 건물의 소유를 목적으로 한 토지의 임차인이 임대차계약을 체결하거나 임차인으로서의 지위를 승계할 당시 임대인과의 사이에 건물 기타 지상시설 일체를 포기하기로 약정을 하였다고 하더라도 임대차계약의 조건이나 계약이 체결된 경위 등 제반 사정을 종합적으로 고려하여 실질적으로 임차인에게 불리하다고 볼 수 없는 특별한 사정이 인정되지 아니하는 한 위와 같은 약정은 임차인에게 불리한 것으로서 민법 제652조에 의하여 효력이 없으므로(대판 1993.6.22. 93다16130), 임대차 종료 시 대가 없이 건물 기타 지상시설 일체를 포기하겠다는 약정은 특별한 사정이 없는 한 甲에게 불리한 것이어서 무효라고 보아야 한다.

② (×) 토지임차인의 차임연체 등 채무불이행을 이유로 임대차계약이 해지되는 경우 토지임차인으로서는 토지임대인에 대하여 지상건물의 매수를 청구할 수 없다(대판 1997.4.8. 96다54249). 따라서 甲의 채무불이행을 이유로 계약이 해지된 경우에는, 甲은 건물매수청구권을 행사할 수 없다.

③ (○) 甲이 건물을 신축할 목적으로 乙로부터 토지를 임차하면서 신축한 건물부지를 점유·사용한 경우, 부지의 임료 상당액을 부당이득으로서 반환할 의무가 있다.

> 건물 기타 공작물의 소유를 목적으로 한 대지임대차에 있어서 임차인이 그 지상건물 등에 대하여 민법 제643조 소정의 매수청구권을 행사한 후에 그 임대인인 대지의 소유자로부터 매수대금을 지급받을 때까지 그 지상건물 등의 인도를 거부할 수 있다고 하여도, 지상건물 등의 점유·사용을 통하여 그 부지를 계속하여 점유·사용하는 한 그로 인한 부당이득으로서 부지의 임료 상당액은 이를 반환할 의무가 있다(대판 2001.6.1. 99다60535).

④ (○) 건물철거소송과정에서 甲이 건물매수청구권을 행사할 수 있었는데도 이를 행사하지 않고, 甲의 패소판결이 확정되었더라도, 건물철거가 집행되기 전이라면 甲의 건물매수청구권은 전소 기판력의 시적 범위에 의하여 차단되지 아니하므로 甲은 乙에 대하여 별소로 건물매수청구권을 행사할 수 있다.

> 건물의 소유를 목적으로 하는 토지임대차에 있어서, 임대차가 종료함에 따라 토지의 임차인이 임대인에 대하여 건물매수청구권을 행사할 수 있음에도 불구하고 이를 행사하지 아니한 채, 토지의 임대인이 임차인에 대하여 제기한 토지인도 및 건물철거청구소송에서 패소하여 그 패소판결이 확정되었다고 하더라도, 그 확정판결에 의하여 건물철거가 집행되지 아니한 이상 토지의 임차인으로서는 건물매수청구권을 행사하여 별소로써 임대인에 대하여 건물매매대금의 지급을 구할 수 있다(대판 1995.12.26. 95다42195).

⑤ (○) 임대차의 존속기간을 정하지 않은 경우, 乙의 해지통고에 의하여 임대차가 종료되었더라도 甲은 계약갱신청구의 유무에 관계없이 건물매수청구권을 행사할 수 있다(대판 1977.6.7. 76다2324 참고).

답

051

乙은 건물의 소유를 목적으로 甲 소유의 X토지를 임차한 후, 甲의 동의 없이 이를 丙에게 전대하였다. 이에 관한 설명으로 옳은 것은?(다툼이 있으면 판례에 따름) 19 변리

① 甲은 丙에게 X토지의 반환을 청구할 수 없다.
② 甲은 乙에 대한 임대차계약상의 차임청구권을 상실한다.
③ 甲과 乙 사이의 임대차계약은 무단전대를 이유로 甲의 해지의 의사표시가 없더라도 해지의 효력이 발생한다.
④ 임대차 및 전대차기간 만료 시에 丙이 신축한 건물이 X토지에 현존하고 甲이 임대차계약의 갱신을 거절한 경우, 丙은 甲에게 건물매수를 청구할 수 없다.
⑤ 甲과 乙 사이의 임대차계약이 존속하더라도 甲은 X토지의 불법점유를 이유로 丙에게 차임 상당의 부당이득 반환을 청구할 수 있다.

해설

① (×) 임차인은 임대인의 동의 없이 그 권리를 양도하거나 임차물을 전대하지 못한다(민법 제629조 제1항). 따라서 임대인 甲은 소유권에 기한 물권적 청구권으로써 전차인 丙에게 X토지의 반환을 청구할 수 있다(민법 제213조). 이 경우 丙은 전대인 乙로부터 취득한 임차권으로써 甲에게 대항할 수 없다.
② (×), ⑤ (×) 판례의 취지를 고려할 때 임대인 甲은 임대차계약을 해지하거나 임대차계약이 적법하게 종료되지 아니하는 한, 임차인 乙에 대한 임대차계약상의 차임청구권을 상실하지 아니하므로, 甲은 X토지의 불법점유를 이유로 전차인 丙에게 차임 상당의 부당이득반환을 청구할 수 없다.

> 임차인이 임대인의 동의를 받지 않고 제3자에게 임차권을 양도하거나 전대하는 등의 방법으로 임차물을 사용·수익하게 하더라도, 임대인이 이를 이유로 임대차계약을 해지하거나 그 밖의 다른 사유로 임대차계약이 적법하게 종료되지 않는 한 임대인은 임차인에 대하여 여전히 차임청구권을 가지므로, 임대차계약이 존속하는 한도 내에서는 제3자에게 불법점유를 이유로 한 차임 상당 손해배상청구나 부당이득반환청구를 할 수 없다(대판 2008.2.28. 2006다10323).

③ (×) 무단전대의 효과로써 임대인은 임대차계약을 해지할 수 있으나(민법 제629조 제2항), 임대인 甲의 해지의 의사표시가 없는 한, 甲과 乙 사이의 임대차계약은 여전히 유효하다.
④ (○) 토지임차인이 임대인의 동의를 얻어 적법하게 전대차한 경우에만, 전차인은 임대인에 대하여 지상물매수청구권을 행사할 수 있다(민법 제644조 제2항). 지문의 경우, 토지임차인 乙은 임대인 甲의 동의 없이 무단전대하였으므로, 전차인 丙은 甲에게 건물매수를 청구할 수 없다.

답 ④

052

甲은 丙의 건물을 임차하여 乙에게 전대하였다. 이에 관한 설명으로 옳지 않은 것은?(다툼이 있는 경우에는 판례에 의함) [13 변리]

① 甲이 丙의 동의를 얻지 않고 전대하였다고 하더라도, 甲과 乙이 체결한 전대차계약은 甲·乙 사이에서는 유효하다.
② 甲이 丙의 동의를 얻어 전대한 경우에는, 이후 甲과 丙의 합의로 임대차계약을 해지하더라도 乙의 권리는 소멸하지 않는다.
③ 임대차기간 및 전대차기간이 모두 만료된 후, 乙이 丙에게 건물을 직접 명도하면 乙은 甲에 대한 건물명도의무를 면한다.
④ 甲의 채무불이행을 이유로 丙이 임대차계약을 해지하고 乙에게 목적물반환청구권을 행사한 경우, 특별한 사정이 없는 한, 乙은 甲에 대한 보증금반환채권으로 丙의 목적물반환청구에 대항할 수 없다.
⑤ 乙이 丙의 동의를 얻어 甲으로부터 부속물을 매수하였더라도, 乙은 전대차 종료 시에 丙에게 그 부속물의 매수를 청구할 수 없다.

해설

① (○) 임대인 丙의 동의 없이 전대차계약을 체결하였더라도, 그 전대차계약 자체는 유효하나, 다만 전차인 乙은 전대인 甲에 대한 권리로써 丙에게 대항하지 못하고, 丙의 소유권에 기한 물권적 청구권에 응하여야 하는 의무를 부담한다.
② (○) 甲이 丙의 동의를 얻어 전대한 경우에는, 이후 甲과 丙의 합의로 임대차계약을 해지하더라도 乙의 권리는 소멸하지 않는다(민법 제631조 참고).
③ (○) 임차인이 임차물을 전대하여 그 임대차기간 및 전대차기간이 모두 만료된 경우에는, 그 전대차가 임대인의 동의를 얻은 여부와 상관없이 임대인으로서는 전차인에 대하여 소유권에 기한 반환청구권에 터 잡아 목적물을 자신에게 직접 반환해 줄 것을 요구할 수 있고, 전차인으로서도 목적물을 임대인에게 직접 명도함으로써 임차인(전대인)에 대한 목적물명도의무를 면한다(대판 1995.12.12. 95다23996). 지문의 경우 乙이 丙에게 건물을 직접 명도하면 乙은 甲에 대한 건물명도의무를 면한다.

④ (○) 판례의 취지를 고려할 때 특별한 사정이 없는 한, 전차인 乙은 전대인 甲에 대한 보증금반환채권으로 임대인 丙의 목적물반환청구에 대항할 수 없다.

> 건물매수인이 아직 건물의 소유권을 취득하지 못한 채 매도인의 동의를 얻어 제3자에게 임대하였으나 매수인(임대인)의 채무불이행으로 매도인이 매매계약을 해제하고 임차인에게 건물의 명도를 구하는 경우 임차인은 매도인에 대한 관계에서 건물의 전차인의 지위와 흡사하다 할 것인바, 임대인의 동의 있는 전차인도 임차인의 채무불이행으로 임대차계약이 해지되면 특단의 사정이 없는 한 임대인에 대해서 전차인의 전대에 대한 권리를 주장할 수가 없고, 또 임차인이 매매계약목적물에 대하여 직접 임차권을 취득했다고 보더라도, 대항력을 갖추지 아니한 상태에서는 그 매매계약이 해제되어 소급적으로 실효되면 그 권리를 보호받을 수가 없다는 점에 비추어 볼 때, 임차인의 건물명도의무와 매수인(임대인)의 보증금반환의무를 동시이행관계에 두는 것은 오히려 공평의 원칙에 반한다 할 것이다(대판 1990.12.7. 90다카24939).

⑤ (×) 전차인 乙이 임대인 丙의 동의를 얻어 전대인 甲으로부터 부속물을 매수하였다면, 乙은 전대차 종료 시에 丙에게 그 부속물의 매수를 청구할 수 있다(민법 제647조 제2항).

답 ⑤

053

甲은 건물의 소유를 목적으로 乙 소유의 토지에 대한 임대차계약을 乙과 체결하였는데, 그 후 甲은 건물을 완성한 다음 이를 丙에게 임대하였다. 다음 설명 중 옳은 것을 모두 고른 것은?(다툼이 있는 경우에는 판례에 의함) 변시

> ㄱ. 丙이 甲의 동의를 얻어 기존의 출입문을 제거하고 유리출입문과 새시를 부속물로서 설치한 경우, 甲과 丙 사이의 건물임대차계약이 丙의 차임지급채무불이행으로 인하여 해지되었다면, 丙의 甲에 대한 부속물매수청구는 허용되지 않는다.
> ㄴ. 甲과 丙 사이에 일정 기간 이상 임대차를 존속시키기로 하는 임차권보장약정에 따라 丙이 甲에게 권리금을 지급하였으나, 甲의 사정으로 임대차계약이 중도 해지되어 丙이 당초 보장된 기간 동안 위 건물을 이용하지 못하였더라도, 甲은 丙에 대하여 권리금반환의무를 부담하지 않는다.
> ㄷ. 甲과 乙 사이의 토지임대차계약이 기간만료로 종료되는 경우, 甲의 乙에 대한 지상물매수청구의 대상은 계약 종료 당시 경제적 가치가 현존하고 임대인의 동의를 얻어 신축한 건물이어야 한다.
> ㄹ. 甲과 乙 사이의 토지임대차계약이 기간만료로 종료되는 경우, 甲이 乙에 대하여 지상물매수청구권을 행사하기 위해서는 토지 위에 신축된 건물이 행정관청의 허가를 받은 적법한 건물이 아니어도 무관하다.

① ㄱ, ㄷ
② ㄱ, ㄹ
③ ㄴ, ㄷ
④ ㄴ, ㄹ
⑤ ㄱ, ㄴ, ㄹ

해설

ㄱ. (○) 임대차계약이 임차인의 채무불이행으로 인하여 해지된 경우에는 임차인은 민법 제646조에 의한 부속물매수청구권이 없으므로(대판 1990.1.23. 88다카7245), 丙이 甲으로부터 임차한 건물사용의 편익을 위하여 甲의 동의를 얻어 기존의 출입문을 제거하고 유리출입문과 새시를 부속물로서 설치한 경우, 건물임대차계약이 丙의 차임지급채무불이행으로 인하여 해지되었다면, 丙의 甲에 대한 부속물매수청구는 허용되지 않는다.

ㄴ. (×) 판례의 취지를 고려할 때 甲의 사정으로 임대차계약이 중도 해지되어 丙이 당초 보장된 기간 동안 위 건물을 이용하지 못하였다면 甲은 丙에 대하여 권리금반환의무를 부담한다고 보아야 한다.

> 영업용 건물의 임대차에 수반되어 행하여지는 권리금의 지급은 임대차계약의 내용을 이루는 것은 아니고, 권리금은 거기의 영업시설・비품 등 유형물이나 거래처, 신용, 영업상의 노하우(know-how) 또는 점포 위치에 따른 영업상의 이점 등 무형의 재산적 가치의 양도 또는 일정 기간 동안의 이용대가라고 볼 것이어서, 그 유형・무형의 재산적 가치의 양수 또는 약정기간 동안의 이용이 유효하게 이루어진 이상 임대인은 그 권리금의 반환의무를 부담하지 아니한다. 임차인으로서는 당초의 임대차에서 반대되는 약정이 없는 한 임차권의 양도 또는 전대차의 기회에 부수하여 자신도 그 재산적 가치를 다른 사람에게 양도 또는 이용케 함으로써 권리금 상당액을 회수할 수 있다. 따라서 <u>임대인이 그 임대차의 종료에 즈음하여 그 재산적 가치를 도로 양수한다든지 권리금 수수 후 일정 기간 이상으로 그 임대차를 존속시켜 그 가치를 이용케 하기로 약정하였음에도 임대인의 사정으로 중도 해지됨으로써 약정기간 동안의 그 재산적 가치를 이용케 해주지 못하였다는 등의 특별한 사정이 있을 때에만 임대인은 그가 받은 권리금 전부 또는 일부의 반환의무를 진다</u>(대판 2022.8.11. 2019다219953).

ㄷ. (×) 甲과 乙 사이의 토지임대차계약이 기간만료로 종료되어 지상물매수청구권을 행사할 경우, 乙에 대한 지상물매수청구권의 대상이 되는 건물이 임대차계약 종료 당시 객관적으로 경제적 가치가 있는지 여부나 임대인의 동의를 얻어 신축한 것인지의 여부는 그 행사요건이라고 볼 수 없다.

> - 임차인의 지상물매수청구권은 건물 기타 공작물의 소유 등을 목적으로 한 토지임대차의 기간이 만료되었음에도 그 지상시설 등이 현존하고, 또한 임대인이 계약의 갱신에 불응하는 경우에 임차인이 임대인에게 상당한 가액으로 그 지상시설의 매수를 청구할 수 있는 권리라는 점에서 보면, 위 <u>매수청구권의 대상이 되는 건물은 그것이 토지의 임대목적에 반하여 축조되고, 임대인이 예상할 수 없을 정도의 고가의 것이라는 특별한 사정이 없는 한 임대차기간 중에 축조되었다고 하더라도 그 만료시에 그 가치가 잔존하고 있으면 그 범위에 포함되는 것이고, 반드시 임대차계약 당시의 기존건물이거나 임대인의 동의를 얻어 신축한 것에 한정된다고는 할 수 없다</u>(대판 1993.11.12. 93다34589).
> - 민법 제643조, 제283조에 규정된 임차인의 매수청구권은, 건물의 소유를 목적으로 한 토지 임대차의 기간이 만료되어 그 지상에 건물이 현존하고 임대인이 계약의 갱신을 원하지 아니하는 경우에 임차인에게 부여된 권리로서 <u>그 지상 건물이 객관적으로 경제적 가치가 있는지 여부나 임대인에게 소용이 있는지 여부가 그 행사요건이라고 볼 수 없다</u>(대판 2002.5.31. 2001다42080).

ㄹ. (○) 민법 제643조가 정하는 건물 소유를 목적으로 하는 토지 임대차에서 임차인이 가지는 지상물매수청구권은 건물의 소유를 목적으로 하는 토지 임대차계약이 종료되었음에도 그 지상 건물이 현존하는 경우에 임대차계약을 성실하게 지켜온 임차인이 임대인에게 상당한 가액으로 그 지상 건물의 매수를 청구할 수 있는 권리로서 국민경제적 관점에서 지상 건물의 잔존 가치를 보존하고, 토지 소유자의 배타적 소유권 행사로 인하여 희생당하기 쉬운 임차인을 보호하기 위한 제도이므로, <u>특별한 사정이 없는 한 행정관청의 허가를 받은 적법한 건물이 아니더라도 임차인의 지상물매수청구권의 대상이 될 수 있다</u>(대판 2013.11.28. 2013다48364).

답 ❷

054 건물의 소유를 목적으로 하는 토지임차인의 지상물매수청구권에 관한 설명 중 옳지 않은 것은?(다툼이 있으면 판례에 따름)

① 건물이 토지의 임대목적에 반하여 축조되고 임대인이 예상할 수 없을 정도의 고가의 것이라는 특별한 사정이 없는 한 행정관청의 허가를 받은 적법한 건물이 아니더라도 토지 임차인의 지상물매수청구권의 대상이 될 수 있다.
② 임차인 소유의 건물이 임차 토지 외에 임차인 또는 제3자 소유의 토지 위에 걸쳐서 건립되어 있는 경우, 임차지 상에 있는 건물 부분 중 구분소유의 객체가 될 수 있는 부분에 한하여 임차인에게 매수청구가 허용된다.
③ 근저당권이 설정된 임차인 소유의 건물에 대하여 지상물매수청구권이 인정되는 경우, 건물의 매수가격은 당사자 간의 합의가 없다면 매수청구권 행사 당시 건물의 시가 상당액에서 근저당권의 피담보채무액을 공제한 금액이다.
④ 토지임차인이 임대차 기간 중 자기 소유의 지상 건물에 관하여 보존등기를 하였다면 임대차 종료 후 임대인이 토지소유권을 제3자에게 이전한 경우 그 제3자는 지상물매수청구권의 상대방이 될 수 있다.
⑤ 임차인이 토지 위에 건립된 건물을 타인에게 양도하여 건물의 소유권이 이전되었다면 특별한 사정이 없는 한 그 임차인은 지상물매수청구권을 행사할 수 없다.

해설

① (○) 임대차계약 종료시에 경제적 가치가 잔존하고 있는 건물은 그것이 토지의 임대 목적에 반하여 축조되고 임대인이 예상할 수 없을 정도의 고가의 것이라는 등의 특별한 사정이 없는 한, 비록 행정관청의 허가를 받은 적법한 건물이 아니더라도 임차인의 건물매수청구권의 대상이 될 수 있다(대판 1997.12.23. 97다37753).
② (○) 무릇 건물 소유를 목적으로 하는 토지임대차에 있어서 임차인 소유 건물이 임대인이 임대한 토지 외에 임차인 또는 제3자 소유의 토지 위에 걸쳐서 건립되어 있는 경우에는, 임차지 상에 서 있는 건물 부분 중 구분소유의 객체가 될 수 있는 부분에 한하여 임차인에게 매수청구가 허용된다(대판 1996.3.21. 93다42634[전합]).
③ (×) 건물의 소유를 목적으로 한 토지임대차계약의 기간이 만료함에 따라 지상건물 소유자가 임대인에 대하여 행사하는 민법 제643조 소정의 매수청구권은 매수청구의 대상이 되는 건물에 근저당권이 설정되어 있는 경우에도 인정된다. 이 경우에 그 건물의 매수가격은 건물 자체의 가격 외에 건물의 위치, 주변 토지의 여러 사정 등을 종합적으로 고려하여 매수청구권 행사 당시 건물이 현존하는 대로의 상태에서 평가된 시가 상당액을 의미하고, 여기에서 근저당권의 채권최고액이나 피담보채무액을 공제한 금액을 매수가격으로 정할 것은 아니다. 다만, 매수청구권을 행사한 지상건물 소유자가 위와 같은 근저당권을 말소하지 않는 경우 토지소유자는 민법 제588조에 의하여 위 근저당권의 말소등기가 될 때까지 그 채권최고액에 상당한 대금의 지급을 거절할 수 있다(대판 2008.5.29. 2007다4356).
④ (○) 건물의 소유를 목적으로 한 토지임차인의 건물매수청구권 행사의 상대방은 통상의 경우 기간의 만료로 인한 임차권 소멸 당시 토지소유자인 임대인뿐만 아니라 임차권 소멸 후 임대인이 그 토지를 제3자에게 양도하는 등 그 소유권이 이전되었을 때에는 그 건물에 대하여 보존등기를 필하여 제3자에 대하여 대항할 수 있는 차지권을 가지고 있는 토지임차인은 그 신소유자에 대하여도 위 매수 청구권을 행사할 수 있다(대판 1977.4.26. 75다348).
⑤ (○) 지상물매수청구권은 지상물의 소유자에 한하여 행사할 수 있으므로(대판 1993.7.27. 93다6386), 임차인이 토지 위에 건립된 건물을 타인에게 양도하여 건물의 소유권이 이전되었다면 특별한 사정이 없는 한 그 임차인은 지상물매수청구권을 행사할 수 없다.

답

제7절 고용

055 고용계약에 관한 설명으로 옳지 않은 것을 모두 고른 것은?(다툼이 있으면 판례에 따름)

24 노무

ㄱ. 관행에 비추어 노무의 제공에 보수를 수반하는 것이 보통인 경우에도 보수에 관하여 명시적인 합의가 없다면 노무를 제공한 노무자는 사용자에게 보수를 청구할 수 없다.
ㄴ. 근로자를 고용한 기업으로부터 다른 기업으로 적을 옮겨 업무에 종사하게 하는 전적은 특별한 사정이 없는 한 근로자의 동의가 없더라도 효력이 생긴다.
ㄷ. 고용기간이 있는 고용계약을 해지할 수 있는 부득이한 사유에는 고용계약상 의무의 중대한 위반이 있는 경우가 포함되지 않는다.

① ㄱ
② ㄷ
③ ㄱ, ㄴ
④ ㄴ, ㄷ
⑤ ㄱ, ㄴ, ㄷ

해설

ㄱ. (×) 고용은 노무를 제공하는 노무자에 대하여 사용자가 보수를 지급하기로 하는 계약이므로, 고용계약에 있어서 보수는 고용계약의 본질적 부분을 구성하고, 따라서 보수 지급을 전제로 하지 않는 고용계약은 존재할 수 없으나, 보수 지급에 관한 약정은 그 방법에 아무런 제한이 없고 반드시 명시적임을 요하는 것도 아니며, 관행이나 사회통념에 비추어 노무의 제공에 보수를 수반하는 것이 보통인 경우에는 당사자 사이에 보수에 관한 묵시적 합의가 있었다고 봄이 상당하고, 다만 이러한 경우에는 보수의 종류와 범위 등에 관한 약정이 없으므로 관행 등에 의하여 이를 결정하여야 한다(대판 1999.7.9. 97다58767). 따라서 관행에 비추어 노무의 제공에 보수를 수반하는 것이 보통인 경우 명시적 합의가 없더라도 묵시적 합의가 인정되므로 노무를 제공한 노무자는 이에 의하여 사용자에게 보수를 청구할 수 있다.

ㄴ. (×) 근로자를 그가 고용된 기업으로부터 다른 기업으로 적을 옮겨 다른 기업의 업무에 종사하게 하는 이른바 전적(轉籍)은, 종래에 종사하던 기업과 사이의 근로계약을 합의해지하고 이적하게 될 기업과 사이에 새로운 근로계약을 체결하는 것이거나 근로계약상의 사용자의 지위를 양도하는 것이므로, 동일 기업 내의 인사이동인 전근이나 전보와 달라 특별한 사정이 없는 한 근로자의 동의를 얻어야 효력이 생긴다(대판 2006.1.12. 2005두9873).

ㄷ. (×) 민법 제661조 소정의 '부득이한 사유'라 함은 고용계약을 계속하여 존속시켜 그 이행을 강제하는 것이 사회통념상 불가능한 경우를 말하고, 고용은 계속적 계약으로 당사자 사이의 특별한 신뢰관계를 전제로 하므로 고용관계를 계속하여 유지하는 데 필요한 신뢰관계를 파괴하거나 해치는 사실도 부득이한 사유에 포함되며, 따라서 고용계약상 의무의 중대한 위반이 있는 경우에도 부득이한 사유에 포함된다(대판 2004.2.27. 2003다51675).

답 ❺

제8절 도급

056 甲은 자신의 토지에 X건물을 신축하기로 하는 계약을 수급인 乙과 체결하면서 甲 명의로 건축허가를 받아 소유권보존등기를 하기로 하는 등 완공된 X건물의 소유권을 甲에게 귀속시키기로 합의하였다. 乙은 X건물을 신축하여 완공하였지만 공사대금을 받지 못하고 있다. 이에 관한 설명으로 옳은 것은?(다툼이 있으면 판례에 따름) 18 노무

① X건물의 소유권은 乙에게 원시적으로 귀속된다.
② X건물에 대한 乙의 하자담보책임은 무과실책임이다.
③ 乙의 甲에 대한 공사대금채권의 소멸시효는 10년이다.
④ 乙은 甲에 대한 공사대금채권을 담보하기 위하여 X건물을 목적으로 한 저당권 설정을 청구할 수 없다.
⑤ X건물의 하자로 인하여 계약의 목적을 달성할 수 없는 경우, 甲은 특별한 사정이 없는 한 계약을 해제할 수 있다.

해설

① (×) 일반적으로 자기의 노력과 재료를 들여 건물을 건축한 사람이 그 건물의 소유권을 원시취득하는 것이지만, 도급계약에 있어서는 수급인이 자기의 노력과 재료를 들여 건물을 완성하더라도 도급인과 수급인 사이에 도급인 명의로 건축허가를 받아 소유권보존등기를 하기로 하는 등 완성된 건물의 소유권을 도급인에게 귀속시키기로 합의한 것으로 보일 경우에는 그 건물의 소유권은 도급인에게 원시적으로 귀속된다(대판 2003.12.18. 98다43601). 따라서 X건물의 소유권은 도급인 甲에게 원시적으로 귀속된다.
② (O) X건물 신축도급계약의 수급인 乙이 부담하는 하자담보책임은 무과실책임이다. 판례도 같은 취지에서 수급인의 하자담보책임은 무과실책임이므로, 매매에 관한 민법 제580조 제1항 단서의 조항은 적용될 여지가 없다(대판 1990.3.9. 88다카31866)고 한다.
③ (×) 乙의 甲에 대한 공사대금채권의 소멸시효는 3년이다(민법 제163조 제3호).

> **3년의 단기소멸시효(민법 제163조)**
> 다음 각 호의 채권은 3년간 행사하지 아니하면 소멸시효가 완성한다.
> 1. 이자, 부양료, 급료, 사용료 기타 1년 이내의 기간으로 정한 금전 또는 물건의 지급을 목적으로 한 채권
> 2. 의사, 조산사, 간호사 및 약사의 치료, 근로 및 조제에 관한 채권
> 3. 도급받은 자, 기사 기타 공사의 설계 또는 감독에 종사하는 자의 공사에 관한 채권
> 4. 변호사, 변리사, 공증인, 공인회계사 및 법무사에 대한 직무상 보관한 서류의 반환을 청구하는 채권
> 5. 변호사, 변리사, 공증인, 공인회계사 및 법무사의 직무에 관한 채권
> 6. 생산자 및 상인이 판매한 생산물 및 상품의 대가
> 7. 수공업자 및 제조자의 업무에 관한 채권

④ (×) 乙은 甲에 대한 공사대금채권을 담보하기 위하여 X건물을 목적으로 한 저당권 설정을 청구할 수 있다(민법 제666조 참고).
⑤ (×) 도급인이 완성된 목적물의 하자로 인하여 계약의 목적을 달성할 수 없는 때에는 계약을 해제할 수 있다. 그러나 건물 기타 토지의 공작물에 대하여는 그러하지 아니하다(민법 제668조 단서). 따라서 X건물의 하자로 인하여 계약의 목적을 달성할 수 없는 경우라도, 도급인 甲은 X건물 신축도급계약을 해제할 수 없다.

답

057 수급인의 하자담보책임에 관한 설명으로 옳지 않은 것은?(다툼이 있으면 판례에 따름) 20 노무

① 신축된 건물에 하자가 있는 경우 도급인은 수급인의 하자담보책임에 기하여 계약을 해제할 수 없다.
② 수급인의 하자담보책임에 관한 제척기간은 재판상 또는 재판 외의 권리행사기간이다.
③ 완성된 목적물의 하자가 중요하지 아니하면서 동시에 보수에 과다한 비용을 요하는 경우 도급인은 수급인에게 하자의 보수에 갈음하는 손해배상을 청구할 수 있다.
④ 완성된 액젓저장탱크에 균열이 발생하여 보관 중이던 액젓의 변질로 인한 손해배상은 하자보수에 갈음하는 손해배상과는 별개의 권원에 의하여 경합적으로 인정된다.
⑤ 수급인의 하자담보책임을 면제하는 약정이 있더라도 수급인이 알면서 고지하지 아니한 사실에 대하여는 그 책임이 면제되지 않는다.

해설

① (○) 도급인이 완성된 목적물의 하자로 인하여 계약의 목적을 달성할 수 없는 때에는 계약을 해제할 수 있다. 그러나 건물 기타 토지의 공작물에 대하여는 그러하지 아니하다(민법 제668조).
② (○) 대판 2004.1.27. 2001다24891
③ (×) 도급계약에서 완성된 목적물에 하자가 있으면 도급인은 수급인에게 하자의 보수나 그에 갈음하는 손해배상을 청구할 수 있으나, 하자가 중요하지 아니하면서 동시에 보수에 과다한 비용을 요할 때에는 하자의 보수나 그에 갈음하는 손해배상을 청구할 수는 없고, 하자로 인하여 입은 손해의 배상만을 청구할 수 있다(대판 2015.4.23. 2011다63383).
④ (○) 액젓저장탱크의 제작·설치공사 도급계약에 의하여 완성된 저장탱크에 균열이 발생한 경우, 보수비용은 민법 제667조 제2항에 의한 수급인의 하자담보책임 중 하자보수에 갈음하는 손해배상이고, 액젓 변질로 인한 손해배상은 위 하자담보책임을 넘어서 수급인이 도급계약의 내용에 따른 의무를 제대로 이행하지 못함으로 인하여 도급인의 신체·재산에 발생한 손해에 대한 배상으로서 양자는 별개의 권원에 의하여 경합적으로 인정된다(대판 2004.8.20. 2001다70337).
⑤ (○) 민법 제672조

답 ❸

058 甲은 건축업자 乙에게 단독주택 신축을 도급하였고, 乙은 계약에서 정한 완공기한을 1개월 넘겨 완공하였다. 그 계약에는 지체상금약정이 있었다. 이에 관한 설명으로 옳은 것은?(다툼이 있으면 판례에 따름) 15 변리

① 지체상금이 부당하게 과다한 경우, 법원은 직권으로 감액할 수 있다.
② 완공된 건물의 하자로 인해 확대손해가 발생한 경우, 특별한 사정이 없는 한 乙의 손해배상채무는 甲의 공사대금채무와 동시이행관계에 있지 않다.
③ 완공된 건물에 하자가 있는 경우, 甲은 이를 이유로 계약을 해제할 수 있다.
④ 乙이 단순 장마로 인하여 공사를 지체한 경우, 지체상금이 발생하지 않는다.
⑤ 지체상금채권과 공사대금채권은 동시이행관계에 있으나 동시이행항변권이 붙어 있는 채권을 자동채권으로 하여 상계하는 것은 금지되므로 甲과 乙은 상계할 수 없다.

해설

① (○) 甲과 乙 사이에 체결된 지체상금약정은 단독주택 신축도급계약에 종된 계약으로 손해배상액의 예정이라고 판단되고, 지체상금이 부당하게 과다한 경우, 법원은 당사자의 주장을 기다리지 아니하고 직권으로 감액할 수 있다.

> 건물을 신축하기로 하는 도급계약은 그 건물의 준공이라는 일의 완성을 목적으로 하는 계약으로서 그 지체상금에 관한 약정은 수급인이 그와 같은 일의 완성을 지체한 데 대한 손해배상액의 예정이므로, 수급인이 약정된 기간 내에 그 일을 완성하여 도급인에게 인도하지 않으면 특별한 사정이 있는 경우를 제외하고는 지체상금을 지급할

의무가 있고, 약정에 따라 <u>산정한 지체상금액이 부당하게 과다하다고 인정되는 경우에</u> 법원은 민법 제398조 제2항에 의하여 이를 적당히 감액할 수 있으며, 손해배상액의 예정이 부당하게 과다한지의 여부는 계약당사자의 지위, 계약의 목적과 내용, 손해배상액을 예정한 동기, 실제의 손해와 그 예정액의 대비, 그 당시의 거래관행 및 경제상태 등 제반 사정을 참작하여 일반사회인이 납득할 수 있는 범위를 넘는지의 여부에 따라 결정하여야 한다(대판 1996.5.14. 95다24975).

② (×) 완공된 건물의 하자로 인해 확대손해가 발생한 경우, 특별한 사정이 없는 한 乙의 하자확대손해로 인한 손해배상채무는 공평의 원칙상 甲의 공사대금채무와 동시이행관계에 있다고 판단된다.

민법 제667조 제3항에 의하여 민법 제536조가 준용되는 결과 도급인이 수급인에 대하여 하자보수와 함께 청구할 수 있는 손해배상채권과 수급인의 공사대금채권은 서로 동시이행관계에 있는 점 등에 비추어 보면, 하자확대손해로 인한 수급인의 손해배상채무와 도급인의 공사대금채무도 동시이행관계에 있는 것으로 보아야 한다(대판 2005.11.10. 2004다37676).

③ (×) 도급인이 완성된 목적물의 하자로 인하여 계약의 목적을 달성할 수 없는 때에는 계약을 해제할 수 있다. 그러나 건물 기타 토지의 공작물에 대하여는 그러하지 아니하다(민법 제668조). 완공된 건물에 하자가 있는 경우, 甲은 이를 이유로 계약을 해제할 수는 없고 손해배상을 청구할 수 있을 뿐이다.
④ (×) 수급인이 책임질 수 없는 사유로 인하여 공사가 지연된 경우에는 그 기간만큼 지체상금에서 공제되어야 하나(대판 1995.9.5. 95다18376), 乙이 단순 장마로 인하여 공사를 지체한 경우에는, 귀책사유가 인정되어 지체상금이 발생하고, 그 기간을 공제할 수 없다.
⑤ (×) 공사도급계약상 도급인의 지체상금채권과 수급인의 공사대금채권은 특별한 사정이 없는 한 동시이행의 관계에 있다고 할 수 없으므로(대판 2015.8.27. 2013다81224), 甲과 乙은 상계적상이 현존하는 경우 상계를 할 수 있다고 판단된다.

 ❶

059

甲은 자신의 토지 위에 건물신축을 위해 乙과 공사도급계약을 체결하였다. 이에 관한 설명으로 옳지 않은 것을 모두 고른 것은?(다툼이 있으면 판례에 따름) 24 변리

ㄱ. 乙이 일을 완성하기 전에 甲은 손해를 배상하고 계약을 해제할 수 있으며, 특별한 사정이 없는 한 甲은 乙에 대한 손해배상에 있어서 과실상계를 주장할 수 있다.
ㄴ. 乙로부터 공사대금채권을 양수받은 자의 저당권설정청구에 의하여 甲이 신축건물에 저당권을 설정하는 행위는 특별한 사정이 없는 한 甲의 채권자에 대한 사해행위에 해당하지 아니한다.
ㄷ. 甲이 하자보수에 갈음하여 손해배상을 청구하는 경우, 甲은 보수(報酬)가 손해배상액을 초과하더라도 乙이 그 손해배상채무를 이행할 때까지 乙에게 그 보수 전액의 지급을 거절할 수 있다.
ㄹ. 완성된 건물에 중요한 하자가 있어 甲이 하자보수에 갈음하여 손해배상을 청구하는 경우, 그 하자보수비는 건물의 완성시를 기준으로 산정해야 한다.

① ㄱ, ㄴ   ② ㄴ, ㄹ
③ ㄷ, ㄹ   ④ ㄱ, ㄷ, ㄹ
⑤ ㄴ, ㄷ, ㄹ

해설

ㄱ. (×) 민법 제673조에서 정한 바에 따라 甲은 乙이 건물을 완공하기 전에 일방적인 도급계약해제로 인하여 수급인이 입게 될 손해를 배상하고 공사도급계약을 해제할 수 있으나, 이 규정에 의하여 공사도급계약을 해제한 이상 甲은 乙에 대한 손해배상에 있어서 과실상계를 주장할 수 없다고 보아야 한다.

> 민법 제673조에서 도급인으로 하여금 자유로운 해제권을 행사할 수 있도록 하는 대신 수급인이 입은 손해를 배상하도록 규정하고 있는 것은 도급인의 일방적인 의사에 기한 도급계약 해제를 인정하는 대신, 도급인의 일방적인 계약해제로 인하여 수급인이 입게 될 손해, 즉 수급인이 이미 지출한 비용과 일을 완성하였더라면 얻었을 이익을 합한 금액을 전부 배상하게 하는 것이라 할 것이므로, <u>위 규정에 의하여 도급계약을 해제한 이상은 특별한 사정이 없는 한 도급인은 수급인에 대한 손해배상에 있어서 과실상계나 손해배상예정액 감액을 주장할 수는 없다</u>(대판 2002.5.10. 2000다37296).

ㄴ. (○) 신축건물의 도급인이 수급인의 저당권설정청구권의 행사에 따라 공사대금채무의 담보로 그 건물에 저당권을 설정하는 행위는 특별한 사정이 없는 한 사해행위에 해당하지 아니하는 것과 마찬가지로 수급인 乙로부터 공사대금채권을 양수받은 자의 저당권설정청구에 의하여 甲이 신축건물에 저당권을 설정하는 행위도 특별한 사정이 없는 한 甲의 채권자에 대한 사해행위에 해당하지 아니한다.

> 민법 제666조에서 정한 수급인의 저당권설정청구권은 공사대금채권을 담보하기 위하여 인정되는 채권적 청구권으로서 공사대금채권에 부수하여 인정되는 권리이므로, 당사자 사이에 공사대금채권만을 양도하고 저당권설정청구권은 이와 함께 양도하지 않기로 약정하였다는 등의 특별한 사정이 없는 한, 공사대금채권이 양도되는 경우 저당권설정청구권도 이에 수반하여 함께 이전된다고 봄이 타당하다. 따라서 <u>신축건물의 수급인으로부터 공사대금채권을 양수받은 자의 저당권설정청구에 의하여 신축건물의 도급인이 그 건물에 저당권을 설정하는 행위 역시 다른 특별한 사정이 없는 한 사해행위에 해당하지 아니한다</u>(대판 2018.11.29. 2015다19827).

ㄷ. (×) 甲이 하자보수에 갈음하여 손해배상을 청구하는 경우, 甲은 보수(報酬)가 손해배상액을 초과한다면 손해배상액과 동시이행의 관계에 있는 공사대금채권(보수)은 乙이 그 손해배상채무를 이행할 때까지 乙에게 지급을 거절할 수 있으나, 손해배상액을 초과하는 공사대금채권은 지급을 거절할 수 없다.

> 완성된 목적물에 하자가 있어 도급인이 하자의 보수에 갈음하여 손해배상을 청구한 경우에, 도급인은 수급인이 그 손해배상청구에 관하여 채무이행을 제공할 때까지 그 손해배상액에 상응하는 보수액에 관하여만 자기의 채무이행을 거절할 수 있을 뿐이고 그 나머지 보수액은 지급을 거절할 수 없다고 할 것이므로, <u>도급인의 손해배상채권과 동시이행관계에 있는 수급인의 공사대금 채권은 공사잔대금 채권 중 위 손해배상 채권액과 동액의 채권에 한하고, 그 나머지 공사잔대금 채권은 위 손해배상 채권과 동시이행관계에 있다고 할 수 없다</u>(대판 1996.6.11. 95다12798).

ㄹ. (×) 완성된 목적물에 하자가 있어 甲이 乙에 대하여 하자보수에 갈음한 손해배상을 청구하는 경우 그 손해배상의 액에 상응하는 보수의 액에 관하여는 그 지급을 거절할 수 있고, 이 경우 그 손해배상의 액수 즉 하자보수비는 목적물의 완성시가 아니라 손해배상 청구시를 기준으로 산정함이 상당하다(대판 1994.10.11. 94다26011 참고).

답 ❹

060 도급계약에 관한 설명으로 옳지 않은 것은?(다툼이 있으면 판례에 따름)

① 공사도급계약의 수급인은 특별한 사정이 없는 한 이행대행자를 사용할 수 있다.
② 수급인의 담보책임에 관한 제척기간은 재판상 또는 재판 외의 권리행사기간이다.
③ 도급인이 하자보수에 갈음하여 손해배상을 청구하는 경우, 수급인이 그 채무이행을 제공할 때까지 도급인은 그 손해배상액에 상응하는 보수액 및 그 나머지 보수액에 대해서도 지급을 거절할 수 있다.
④ 부동산공사 수급인의 저당권설정청구권은 특별한 사정이 없는 한 공사대금채권의 양도에 따라 양수인에게 이전된다.
⑤ 민법 제673조에 따라 수급인이 일을 완성하기 전에 도급인이 손해를 배상하고 도급계약을 해제하는 경우, 도급인은 특별한 사정이 없는 한 그 손해배상과 관련하여 수급인의 부주의를 이유로 과실상계를 주장할 수 없다.

해설

① (○) 공사도급계약에 있어서 당사자 사이에 특약이 있거나 일의 성질상 수급인 자신이 하지 않으면 채무의 본지에 따른 이행이 될 수 없다는 등의 특별한 사정이 없는 한 반드시 수급인 자신이 직접 일을 완성하여야 하는 것은 아니고, 이행보조자 또는 이행대행자를 사용하더라도 공사도급계약에서 정한 대로 공사를 이행하는 한 계약을 불이행하였다고 볼 수 없다(대판 2002.4.12. 2001다82545).
② (○) 민법상 수급인의 하자담보책임에 관한 기간은 제척기간으로서 재판상 또는 재판 외의 권리행사기간이며 재판상 청구를 위한 출소기간이 아니라고 할 것이다(대판 2000.6.9. 2000다15371).
③ (×) 완성된 목적물에 하자가 있어 도급인이 하자의 보수에 갈음하여 손해배상을 청구한 경우에, 도급인은 수급인이 그 손해배상청구에 관하여 채무이행을 제공할 때까지 그 손해배상액에 상응하는 보수액에 관하여만 자기의 채무이행을 거절할 수 있을 뿐이고 그 나머지 보수액은 지급을 거절할 수 없다고 할 것이므로, 도급인의 손해배상 채권과 동시이행관계에 있는 수급인의 공사대금 채권은 공사잔대금 채권 중 위 손해배상 채권액과 동액의 채권에 한하고, 그 나머지 공사잔대금 채권은 위 손해배상 채권과 동시이행관계에 있다고 할 수 없다(대판 1996.6.11. 95다12798).
④ (○) 민법 제666조에서 정한 수급인의 저당권설정청구권은 공사대금채권을 담보하기 위하여 인정되는 채권적 청구권으로서 공사대금채권에 부수하여 인정되는 권리이므로, 당사자 사이에 공사대금채권만을 양도하고 저당권설정청구권은 이와 함께 양도하지 않기로 약정하였다는 등의 특별한 사정이 없는 한, 공사대금채권이 양도되는 경우 저당권설정청구권도 이에 수반하여 함께 이전된다고 봄이 타당하다(대판 2018.11.29. 2015다19827).
⑤ (○) 민법 제673조에서 도급인으로 하여금 자유로운 해제권을 행사할 수 있도록 하는 대신 수급인이 입은 손해를 배상하도록 규정하고 있는 것은 도급인의 일방적인 의사에 기한 도급계약 해제를 인정하는 대신, 도급인의 일방적인 계약해제로 인하여 수급인이 입게 될 손해, 즉 수급인이 이미 지출한 비용과 일을 완성하였더라면 얻었을 이익을 합한 금액을 전부 배상하게 하는 것이라 할 것이므로, 위 규정에 의하여 도급계약을 해제한 이상은 특별한 사정이 없는 한 도급인은 수급인에 대한 손해배상에 있어서 과실상계나 손해배상예정액 감액을 주장할 수는 없다(대판 2002.5.10. 2000다37296).

답 ❸

061

甲은 乙에게 아파트공사를 맡겼다. 다음 설명 중 옳은 것을 모두 고른 것은?(다툼이 있는 경우에는 판례에 의함)

> ㄱ. 하자보수에 갈음한 손해배상청구권은 보수청구권(補修請求權)과 병존하여 처음부터 甲이 가지는 권리로서 甲이 乙에게 아파트의 하자보수를 청구한 때에 성립한다.
> ㄴ. 甲이 그가 분양한 아파트의 하자에 관하여 구분소유자들이 제기한 소송에서 그 하자에 대한 손해배상금과 이에 대한 지연손해금을 지급한 경우, 그 지연손해금은 乙의 도급계약상 채무불이행과 상당인과관계가 있는 손해가 될 수 없다.
> ㄷ. 乙이 공사를 완성하지 못한 상태로 아파트도급계약이 해제되어 공사비를 정산하여야 할 경우, 특별한 사정이 없으면 그 공사비는 당사자들이 약정한 총공사비 중 乙이 공사를 중단할 당시의 기성고비율에 의한 금액이다.
> ㄹ. 甲과 乙이 지체상금을 약정한 경우, 이는 乙이 약정한 준공일보다 늦게 공사를 마치거나 그의 책임있는 사유로 도급계약이 해제된 경우에 적용되고 甲의 책임 있는 사유로 도급계약이 해제된 때에는 적용되지 않는다.

① ㄱ, ㄴ
② ㄱ, ㄷ
③ ㄴ, ㄷ
④ ㄴ, ㄹ
⑤ ㄷ, ㄹ

해설

ㄱ. (×) 甲이 아파트공사를 맡은 乙에게 가지는 하자보수에 갈음한 손해배상청구권은 보수청구권(補修請求權)과 병존하는 권리로서 하자가 발생하여 보수가 필요하게 된 시점에서 성립한다.

> 민법 제667조 제2항의 하자보수에 갈음한 손해배상청구권은 보수청구권과 병존하여 처음부터 도급인에게 존재하는 권리이고, 일반적으로 손해배상청구권은 사회통념에 비추어 객관적이고 합리적으로 판단하여 현실적으로 손해가 발생한 때에 성립하는 것이므로, 하자보수에 갈음한 손해배상청구권은 하자가 발생하여 보수가 필요하게 된 시점에서 성립된다고 봄이 상당하다(대판 2000.3.10. 99다55632).

ㄴ. (O) 甲이 그가 분양한 아파트의 하자에 관하여 구분소유자들이 제기한 소송에서 그 하자에 대한 손해배상금과 이에 대한 지연손해금을 지급한 경우, 그 지연손해금은 甲이 구분소유자들에 대한 채무불이행으로 인해 발생한 손해라고 할 것이어서 乙의 도급계약상 채무불이행과 상당인과관계가 있는 손해가 될 수 없다고 보인다.

> 도급인이 그가 분양한 아파트의 하자와 관련하여 구분소유자들로부터 손해배상청구를 당하여 그 하자에 대한 손해배상금 및 이에 대한 지연손해금을 지급한 경우, 그 지연손해금은 도급인이 자신의 채무의 이행을 지체함에 따라 발생한 것에 불과하므로 특별한 사정이 없는 한 수급인의 도급계약상의 채무불이행과 상당인과관계가 있는 손해라고 볼 수는 없다(대판 2013.11.28. 2011다67323).

ㄷ. (O) 乙이 공사를 완성하지 못한 상태로 아파트도급계약이 해제되어 공사비를 정산하여야 할 경우, 특별한 사정이 없으면 그 공사비는 乙이 건축공사를 하기 위해 실제로 지출한 비용이 아니라 당사자들이 약정한 총공사비 중 乙이 공사를 중단할 당시의 기성고비율에 의한 금액이다.

> 건축공사도급계약이 중도해제된 경우 도급인이 지급하여야 할 미완성건물에 대한 보수는 특별한 사정이 없는 한 당사자 사이에 약정한 총공사비를 기준으로 하여 그 금액에서 수급인이 공사를 중단할 당시의 공사기성고비율에 의한 금액이 되는 것이지 수급인이 실제로 지출한 비용을 기준으로 할 것은 아니다(대판 1992.3.31. 91다42630).

ㄹ. (×) 甲과 乙이 지체상금을 약정한 경우, 이는 乙이 약정한 준공일보다 늦게 공사를 마치거나 그의 책임있는 사유로 도급계약이 해제된 경우에 적용되고 甲의 책임 있는 사유로 도급계약이 해제된 경우에도 마찬가지로 적용된다는 것을 유의하여야 한다.

> 지체상금약정은 수급인이 약정준공일보다 늦게 공사를 완료하거나 수급인의 귀책사유로 도급계약이 해제된 경우뿐 아니라 도급인의 귀책사유로 도급계약이 해제된 경우에도 적용이 된다 할 것이고, 이 경우에는 도급인의 귀책사유가 발생하지 아니하여 수급인이 공사를 계속하였더라면 완성할 수 있었을 때까지의 기간을 기준으로 하여 당초의 준공예정일로부터 지체된 기간을 산정하는 방법으로 지체일수를 적용해야 할 것이다(대판 2012.10.11. 2010다34043).

답 ❸

062

甲은 주택을 짓기 위하여 건축업자 乙과 도급계약을 체결하면서 지체상금약정도 하였다. 이에 관한 설명으로 옳은 것을 모두 고른 것은?(다툼이 있으면 판례에 따름) 변리

> ㄱ. 乙에 의해 완공된 주택에 하자가 있어 계약의 목적을 달성할 수 없는 경우라도 甲은 도급계약을 해제할 수 없다.
> ㄴ. 乙에 의해 완공된 주택에 발생한 하자가 중요하지 않는데도 그 보수에 과다한 비용이 드는 경우, 甲은 하자보수에 갈음하는 손해배상을 청구할 수 있다.
> ㄷ. 지체상금의 종기는 특별한 사정이 없는 한 乙이 공사를 중단하거나 기타 해제사유가 있어 甲이 실제로 해제한 때로부터 甲이 다른 업자에게 의뢰하여 완공할 수 있었던 시점까지로 제한된다.
> ㄹ. 예정된 준공기한 전에 도급계약이 해제되어 乙이 공사를 완료하지 아니한 경우에는 특별한 사정이 없는 한 지체상금약정은 적용되지 않는다.

① ㄱ, ㄴ
② ㄱ, ㄹ
③ ㄴ, ㄷ
④ ㄴ, ㄹ
⑤ ㄷ, ㄹ

해설

ㄱ. (O) 乙에 의해 완공된 주택에 중대한 하자가 있어 계약의 목적을 달성할 수 없는 경우라도 甲은 도급계약을 해제할 수 없고, 손해배상청구가 문제될 뿐이다.

> 완성된 건물 기타 토지의 공작물의 경우에는 하자가 중대한 경우에도 계약을 해제할 수 없으며(민법 제668조 단서), 손해배상을 청구할 수 있을 뿐이다. 단, 집합건물의 소유 및 관리에 관한 법률 제9조 제1항이 적용되는 집합건물의 분양계약에 있어서는 민법 제668조 단서가 준용되지 않고 수분양자는 집합건물의 완공 후에도 분양목적물의 하자로 인하여 계약의 목적을 달성할 수 없는 때에는 분양계약을 해제할 수 있다(대판 2003.11.14. 2002다2485).

ㄴ. (×) 乙에 의해 완공된 주택에 발생한 하자가 중요하지 않는데도 그 보수에 과다한 비용이 드는 경우, 甲은 하자로 인하여 입은 손해의 배상만을 청구할 수 있다. 판례에 의하면 일반적으로 하자보수에 갈음한 손해배상액은 수리비용을(대판 2016.8.18. 2014다31691), 하자로 인하여 입은 손해배상액은 하자 없이 시공하였을 경우의 교환가치와 하자가 있는 현재 상태의 교환가치와의 차액(대판 1997.2.25. 96다45436)을 의미한다.

> 도급계약에 있어서 완성된 목적물에 하자가 있을 경우에 도급인은 수급인에게 그 하자의 보수나 하자의 보수에 갈음한 손해배상을 청구할 수 있으나, 다만 하자가 중요하지 아니하면서 동시에 보수에 과다한 비용을 요할 때에는 하자의 보수나 하자의 보수에 갈음하는 손해배상을 청구할 수는 없고 하자로 인하여 입은 손해의 배상만을 청구할 수 있다고 할 것이고, 이러한 경우 하자로 인하여 입은 통상의 손해는 특별한 사정이 없는 한 도급인이 하자 없이 시공하였을 경우의 목적물의 교환가치와 하자가 있는 현재의 상태대로의 교환가치와의 차액이 된다 할 것이므로, 교환가치의 차액을 산출하기가 현실적으로 불가능한 경우의 통상의 손해는 하자 없이 시공하였을 경우의 시공비용과 하자 있는 상태대로의 시공비용의 차액이라고 봄이 상당하다(대판 1998.3.13. 97다54376).

ㄷ. (×) 지체상금의 종기는 특별한 사정이 없는 한 乙이 공사를 중단하거나 기타 해제사유가 있어 甲이 이를 해제할 수 있었을 때부터 甲이 다른 업자에게 의뢰하여 완공할 수 있었던 시점까지로 제한된다.

> 지체상금 발생의 시기는 특별한 사정이 없는 한 약정 준공일이나, 그 종기는 수급인이나 도급인이 건물을 준공할 때까지 무한히 계속되는 것이라고 할 수 없고, 수급인이 공사를 중단하거나 기타 해제 사유가 있어 도급인이 이를 해제할 수 있었을 때(실제로 해제한 때가 아니고)부터 도급인이 다른 업자에게 의뢰하여 같은 건물을 완성할 수 있었던 시점까지로 제한되어야 하고 또 수급인이 책임질 수 없는 사유로 인하여 공사가 지연된 경우에는 그 기간만큼 공제되어야 하며, 그렇게 하여 산정된 지체상금액이 부당히 과다하다고 인정되는 경우에는 법원이 민법 제398조 제2항에 의하여 적당히 감액할 수 있다(대판 1995.9.5. 95다18376).

ㄹ. (O) 지체상금약정은 수급인이 완공예정일을 지나서 공사를 완료하였을 경우에 그 지체일수에 따른 손해배상의 예정을 약정한 것이므로, 예정된 준공기한 전에 도급계약이 해제되어 乙이 공사를 완료하지 아니한 경우에는 특별한 사정이 없는 한 지체상금약정은 적용되지 않는다.

> 건축도급계약 시 도급인과 수급인 사이에 준공기한 내에 공사를 완성하지 아니한 때에는 매 지체일수마다 계약에서 정한 지체상금율을 계약금액에 곱하여 산출한 금액을 지체상금으로 지급하도록 약정한 경우 이는 수급인이 완공예정일을 지나서 공사를 완료하였을 경우에 그 지체일수에 따른 손해배상의 예정을 약정한 것이지 공사도중에 도급계약이 해제되어 수급인이 공사를 완료하지 아니한 경우에는 지체상금을 논할 여지가 없다(대판 1989.9.12. 88다카15901).

답 ❷

063 도급에 관한 설명으로 옳지 않은 것은?(다툼이 있으면 판례에 따름)

① 수급인이 재료의 전부 또는 주요부분을 제공한 경우 특약이나 기타 특별한 사정이 없으면 완성된 건물의 소유권은 수급인에게 속한다.
② 건설공사도급계약에서 많이 행해지는 지체상금약정의 법적 성질은 손해배상액의 예정이므로 법원은 이를 감액할 수도 있다.
③ 제작물공급계약에서 그 제작물이 부대체물인 경우에는 도급에 관한 규정이 적용된다.
④ 수급인의 하수급인에 대한 하도급공사대금채무를 인수한 도급인은 수급인의 하수급인에 대한 하자보수청구권 내지 하자에 갈음한 손해배상채권 등에 기한 동시이행의 항변으로 하수급인에게 대항할 수 있다.
⑤ 건축주 사정으로 공사가 중단된 미완성의 건물을 인도받아 완공하였다면, 그 건물이 공사중단시점에서 사회통념상 독립한 건물이라고 볼 수 있는 형태와 구조를 갖추고 있었더라도 완공자가 그 건물의 소유권을 원시취득한다.

해설

① (O) 판례의 취지를 고려할 때 수급인이 재료의 전부 또는 주요부분을 제공한 경우 도급인 명의로 건축허가를 받아 소유권보존등기를 하기로 한 경우와 같은 특약이나 기타 특별한 사정이 없으면, 완성된 건물의 소유권은 수급인에게 속한다.

> 일반적으로 자기의 노력과 재료를 들여 건물을 건축한 사람은 그 건물의 소유권을 원시취득하는 것이고, 다만 도급계약에 있어서 수급인이 자기의 노력과 재료를 들여 건물을 완성하더라도 도급인과 수급인 사이에 도급인 명의로 건축허가를 받아 소유권보존등기를 하기로 하는 등 완성된 건물의 소유권을 도급인에게 귀속시키기로 합의한 것으로 보여질 경우에는 그 건물의 소유권은 도급인에게 원시적으로 귀속된다(대판 1992.8.18. 91다25505).

② (O) 건물을 신축하기로 하는 도급계약은 그 건물의 준공이라는 일의 완성을 목적으로 하는 계약으로서 그 지체상금에 관한 약정은 수급인이 그와 같은 일의 완성을 지체한 데 대한 손해배상액의 예정이므로, 수급인이 약정된 기간 내에 그 일을 완성하여 도급인에게 인도하지 않으면 특별한 사정이 있는 경우를 제외하고는 지체상금을 지급할 의무가 있고, 약정에 따라 산정한 지체상금액이 부당하게 과다하다고 인정되는 경우에 법원은 민법 제398조 제2항에 의하여 이를 적당히 감액할 수 있으며, 손해배상액의 예정이 부당하게 과다한지의 여부는 계약당사자의 지위, 계약의 목적과 내용, 손해배상액을 예정한 동기, 실제의 손해와 그 예정액의 대비, 그 당시의 거래관행 및 경제상태 등 제반 사정을 참작하여 일반사회인이 납득할 수 있는 범위를 넘는지의 여부에 따라 결정하여야 한다(대판 1996.5.14. 95다24975).

③ (O) 당사자의 일방이 상대방의 주문에 따라 자기 소유의 재료를 사용하여 만든 물건을 공급하기로 하고 상대방이 대가를 지급하기로 약정하는 이른바 제작물공급계약은 그 제작의 측면에서는 도급의 성질이 있고 공급의 측면에서는 매매의 성질이 있어 대체로 매매와 도급의 성질을 함께 가지고 있으므로, 그 적용법률은 계약에 의하여 제작공급하여야 할 물건이 대체물인 경우에는 매매에 관한 규정이 적용되지만, 물건이 특정의 주문자의 수요를 만족시키기 위한 부대체물인 경우에는 당해 물건의 공급과 함께 그 제작이 계약의 주목적이 되어 도급의 성질을 띠게 된다(대판 2010.11.25. 2010다56685).

④ (O) 도급계약에 있어서 완성된 목적물에 하자가 있는 때에는 도급인은 수급인에 대하여 하자의 보수를 청구할 수 있고 그 하자의 보수에 갈음하여 또는 보수와 함께 손해배상을 청구할 수 있는바, 이들 청구권은 수급인의 공사대금채권과 동시이행관계에 있으므로 수급인의 하수급인에 대한 하도급공사대금채무를 인수한 도급인은 수급인이 하수급인과 사이의 하도급계약상 동시이행의 관계에 있는 수급인의 하수급인에 대한 하자보수청구권 내지 하자에 갈음한 손해배상채권 등에 기한 동시이행의 항변으로써 하수급인에게 대항할 수 있다(대판 2007.10.11. 2007다31914).

⑤ (×) 건축주의 사정으로 건축공사가 중단되었던 미완성의 건물을 인도받아 나머지 공사를 마치고 완공한 경우, 그 건물이 공사가 중단된 시점에서 이미 사회통념상 독립한 건물이라고 볼 수 있는 형태와 구조를 갖추고 있었다면 원래의 건축주가 그 건물의 소유권을 원시취득하고, 최소한의 기둥과 지붕 그리고 주벽이 이루어지면 독립한 부동산으로서의 건물의 요건을 갖춘 것이라고 보아야 한다(대판 2002.4.26. 2000다16350). 건물이 공사중단 시점에서 사회통념상 독립한 건물이라고 볼 수 있는 형태와 구조를 갖추고 있었다면, 완공자가 아닌 원래의 건축주가 그 건물의 소유권을 원시취득한다.

답 ❺

064

도급인 甲과 수급인 乙은 2012.5.10.까지 건물 1동을 완성하기로 하는 계약을 체결하였다. 이에 관한 설명으로 옳은 것은?(다툼이 있는 경우에는 판례에 의함) **13 변리**

① 乙이 자신의 노력과 재료를 들여 건물을 완성한 경우, 甲의 명의로 건축허가를 받아 소유권보존등기를 하기로 하는 등 완성된 건물의 소유권을 甲에게 귀속시키기로 하는 합의가 있다고 하여, 위 건물의 소유권이 甲에게 원시적으로 귀속되는 것은 아니다.
② 乙의 하자보수에 갈음하는 손해배상채무는 이행의 기한이 없는 채무이므로, 그에 대한 지체책임은 하자가 발생하여 보수가 필요하게 된 시점부터 발생한다.
③ 甲이 기성고에 따라 공사대금을 분할하여 지급하기로 약정한 경우, 특별한 사정이 없는 한 하자보수의무와 동시이행의 관계에 있는 공사대금지급채무는 하자가 발생한 부분의 기성공사대금에 한정된다.
④ 甲은 건물이 완공되지 않은 시점인 2012.4.10. 乙의 채무불이행이 없음에도 불구하고 손해를 배상하고 일방적으로 계약을 해제할 수 있다.
⑤ 하자확대손해로 인한 乙의 손해배상채무는 원칙적으로 甲의 공사대금채무와 동시이행의 관계에 있지 아니하다.

해설

① (×) 일반적으로 자기의 노력과 재료를 들여 건물을 건축한 사람은 그 건물의 소유권을 원시취득하는 것이고, 다만 도급계약에 있어서 수급인이 자기의 노력과 재료를 들여 건물을 완성하더라도 도급인과 수급인 사이에 도급인 명의로 건축허가를 받아 소유권보존등기를 하기로 하는 등 완성된 건물의 소유권을 도급인에게 귀속시키기로 합의한 것으로 보여질 경우에는 그 건물의 소유권은 도급인에게 원시적으로 귀속된다고(대판 1992.8.18. 91다25505) 보는 것이 타당하므로 지문의 경우, 위 건물의 소유권은 도급인 甲에게 원시적으로 귀속된다.
② (×) 판례의 취지를 고려할 때 乙의 하자보수에 갈음하는 손해배상채무는 이행의 기한이 없는 채무이므로, 甲으로부터 이행청구를 받은 때부터 발생한다.

> 집합건물법 제9조에 의하여 준용되는 민법 제667조가 정하는 수급인의 하자보수에 갈음하는 손해배상채무는 이행의 기한이 없는 채무로서 이행청구를 받은 때부터 지체책임이 있다(대판 2009.5.28. 2009다9539).

③ (×) 甲이 기성고에 따라 공사대금을 분할하여 지급하기로 약정한 경우, 특별한 사정이 없는 한 하자보수의무와 동시이행의 관계에 있는 공사대금지급채무는 하자가 발생한 부분의 기성공사대금에 한정되지 아니한다.

> 기성고에 따라 공사대금을 분할하여 지급하기로 약정한 경우라도 특별한 사정이 없는 한 하자보수의무와 동시이행관계에 있는 공사대금지급채무는 당해 하자가 발생한 부분의 기성공사대금에 한정되는 것은 아니라고 할 것이다. 왜냐하면, 이와 달리 본다면 도급인이 하자발생사실을 모른 채 하자가 발생한 부분에 해당하는 기성공사의 대금을 지급하고 난 후 뒤늦게 하자를 발견한 경우에는 동시이행의 항변권을 행사하지 못하게 되어 공평에 반하기 때문이다(대판 2001.9.18. 2001다9304).

④ (○) 甲은 건물이 완공되지 않은 시점인 2012.4.10. 乙의 채무불이행이 없음에도 불구하고 손해를 배상하고 일방적으로 계약을 해제할 수 있다(민법 제673조 참고).
⑤ (×) 민법 제667조 제3항에 의하여 민법 제536조가 준용되는 결과 도급인이 수급인에 대하여 하자보수와 함께 청구할 수 있는 손해배상채권과 수급인의 공사대금채권은 서로 동시이행관계에 있는 점 등에 비추어 보면, 하자확대손해로 인한 乙의 손해배상채무와 甲의 공사대금채무도 동시이행관계에 있는 것으로 보아야 한다(대판 2005.11.10. 2004다37676).

답 ④

065

건축회사 乙은 甲으로부터 건물신축공사를 도급받았다. 甲과 乙은 계약금 및 중도금을 주고 받은 후, 나머지 공사대금은 乙이 완공된 건물을 甲에게 인도한 후 지급하기로 약정하였다. 甲은 乙로부터 완공건물을 인도받아 점검하여 보고 천장의 누수 등 여러 가지 하자가 있음을 발견하였다. 이 경우에 대한 설명 중 옳지 않은 것은?(다툼이 있으면 판례에 따름) [02 사시]

① 乙이 나머지 공사대금의 지급을 청구한 경우, 甲은 하자보수에 갈음하는 손해배상액에 상응하는 나머지 공사대금액에 대하여만 동시이행의 항변권에 기하여 채무이행을 거절할 수 있다.
② 만일 공사진행 도중 甲이 파산 직전에 놓여 있는 것을 알게 되었다면 乙은 甲의 잔금지급이 있을 때까지 공사진행을 중단할 수 있다.
③ 만일 甲과 乙의 공사계약이 공사진행 도중 乙의 귀책사유에 의한 채무불이행으로 해제되었다면 공시진척도에 상관 없이 甲과 乙은 계약해제를 원인으로 한 원상회복의무를 부담하게 된다.
④ 甲이 재료의 전부를 제공하는 경우, 완성된 물건의 소유권은 원시적으로 甲에게 귀속된다.
⑤ 乙이 甲에 대하여 기존의 대여금채권이 있는 경우, 甲은 乙에 대한 하자보수에 갈음하는 손해배상채권으로 乙의 대여금채권과 상계하지 못한다.

해설

① (○) 판례의 취지를 고려할 때 동시이행관계에 있는 것은 대등액에 한하고 나머지 부분은 동시이행관계에 있다고 할 수 없어, 乙이 나머지 공사대금의 지급을 청구한 경우, 甲은 하자보수에 갈음하는 손해배상액에 상응하는 나머지 공사대금액에 대하여만 동시이행의 항변권에 기하여 채무이행을 거절할 수 있다.

> 도급인이 하자의 보수를 청구하려면 그 하자가 중요한 경우이거나 중요하지 아니한 것이라고 하더라도 그 보수에 과다한 비용을 요하지 아니할 경우이어야 하고, 도급인이 하자의 보수에 갈음하여 손해배상을 청구하는 경우에는 수급인이 그 손해배상청구에 관하여 채무이행을 제공할 때까지 그 손해배상의 액에 상응하는 보수의 액에 관하여 만 자기의 채무이행을 거절할 수 있을 뿐, 그 나머지 액의 보수에 관하여는 지급을 거절할 수 없다(대판 1991.12.10. 91다33056).

② (○) 乙의 건물신축의무는 甲의 공사대금지급의무보다 먼저 이행되어야 하는 의무이다. 이 경우에 선이행의무를 부담하는 자에게 원칙적으로 동시이행의 항변권이 인정되지 아니하나, 상대방의 의무이행이 곤란한 현저한 사유가 있는 경우에는 자기 채무의 이행을 거절할 수 있다(민법 제537조 제2항). 따라서 乙이 공사진행 도중 甲이 파산 직전에 놓여 있는 것을 알게 되었다면 乙은 甲의 잔금지급이 있을 때까지 공사진행을 중단할 수 있다.

③ (×) 공사계약이 乙의 귀책사유에 의한 채무불이행으로 해제되었으나, 乙에 의하여 완공된 건물에 대한 원상회복이 중대한 사회적, 경제적 손실을 초래하게 되고 완성된 부분이 甲에게 이익이 되는 경우, 甲이 공사계약을 해제하는 경우에도 계약은 미완성부분에 대하여서만 실효되므로 甲과 乙은 계약해제를 원인으로 한 원상회복의무를 부담하게 된다고 할 수 없다(대판 1992.12.22. 92다30160).

> 건축공사가 상당한 정도로 진척되어 원상회복이 중대한 사회적, 경제적 손실을 초래하게 되고 완성된 부분이 도급인에게 이익이 되는 경우에는, 도급인이 도급계약을 해제하는 경우에도 계약은 미완성부분에 대하여서만 실효되고 수급인은 해제한 때의 상태 그대로 건물을 도급인에게 인도하고 도급인은 완성부분에 상당한 보수를 지급하여야 한다(대판 1992.12.22. 92다30160).

④ (○) 수급인 乙이 재료의 전부를 제공하는 경우의 완성물의 소유권 귀속에 대하여는 견해의 대립이 있으나, 도급인인 甲이 재료의 전부를 제공하는 경우, 완성된 물건의 소유권은 원시적으로 甲에게 귀속된다는데 이론이 없다.

⑤ (○) 甲의 乙에 대한 하자보수에 갈음하는 손해배상채권은 乙의 甲에 대한 공사대금채권과 동시이행의 관계에 있으므로 甲이 하자보수에 갈음하는 손해배상채권을 자동채권으로 하여 乙에 대한 대여금채무를 소멸시키는 것은 결국 乙의 동시이행의 항변권을 박탈하는 것으로 성질상 甲의 상계는 허용되지 아니한다고 보아야 한다.

 ❸

066

甲이 자신이 소유하는 X토지 위에 Y건물을 신축하기 위하여 乙과 건축도급계약을 체결하였다. 이에 관한 설명 중 옳은 것은?(다툼이 있는 경우 판례에 의함) [21 변시]

① 약정한 날짜에 Y건물이 완성되어 甲에게 인도되었으나 Y건물이 무너질 위험성이 있어 다시 건축할 수밖에 없다고 하더라도, 甲은 乙에게 Y건물을 철거하고 재건축하는 데 드는 비용 상당액을 하자로 인한 손해배상으로 청구할 수는 없다.
② 乙의 이행지체를 이유로 甲이 계약을 해제하겠다는 통지를 하였다면, 그 통지에 특별히 급부의 수령을 거부하는 취지가 포함되어 있지 않는 한 이로써 이행의 최고가 있는 것으로 볼 수 있으며, 그로부터 상당한 기간이 경과하도록 乙이 이행하지 않았다면 甲은 계약을 해제할 수 있다.
③ 乙이 공사를 완공하지 못한 채 건축도급계약이 해제되어 기성고에 따른 공사비를 乙에게 정산하여야 할 경우, 甲은 乙이 공사를 중단할 당시를 기준으로 乙이 실제로 지출한 비용을 지급하여야 한다.
④ 乙의 공사중단으로 인하여 약정된 공사기한 내의 공사완공이 불가능하다는 것이 명백하고 乙이 미리 이행하지 아니할 의사를 표시한 때에도, 甲은 乙에게 상당한 기간 내에 완공할 것을 최고하지 않고서는 계약을 해제할 수 없다.
⑤ 乙로부터 인도받는 Y건물에 하자가 있다면 甲은 이를 이유로 하자의 보수나 하자의 보수에 갈음하는 손해배상의 청구를 하지 않고 곧바로 보수 전부의 지급을 거절할 수 있다.

해설

① (×) 乙이 완성한 Y건물을 甲에게 인도되었으나 Y건물이 무너질 위험성이 있어 보수가 불가능하고 다시 건축할 수밖에 없는 경우에는 甲은 乙에게 Y건물을 철거하고 재건축하는 데 드는 비용 상당액을 하자로 인한 손해배상으로 청구할 수 있다.

> 도급계약에서 완성된 목적물에 하자가 있는 경우에 도급인은 수급인에게 하자의 보수나 하자의 보수에 갈음한 손해배상을 청구할 수 있다. 이때 하자가 중요한 경우에는 비록 보수에 과다한 비용이 필요하더라도 보수에 갈음하는 비용, 즉 실제로 보수에 필요한 비용이 모두 손해배상에 포함된다. 나아가 완성된 건물 기타 토지의 공작물(이하 '건물 등')에 중대한 하자가 있고 이로 인하여 건물 등이 무너질 위험성이 있어서 보수가 불가능하고 다시 건축할 수밖에 없는 경우에는, 특별한 사정이 없는 한 건물 등을 철거하고 다시 건축하는 데 드는 비용 상당액을 하자로 인한 손해배상으로 청구할 수 있다(대판 2016.8.18. 2014다31691).

② (○) 乙의 이행지체를 이유로 甲이 계약을 해제하겠다는 통지를 한 경우, 특별한 사정이 없는 한 이를 이행의 최고로 보아 상당한 기간이 경과하도록 乙이 이행하지 않았다면 甲은 계약을 해제할 수 있다(대판 2017.9.21. 2013다58668).

③ (×) 甲은 乙이 공사를 중단할 당시를 기준으로 乙이 실제로 지출한 비용이 아닌 기성고비율을 약정공사비에 적용하여 산정한 공사비를 지급하여야 한다.

> 수급인이 공사를 완성하지 못한 채 공사도급계약이 해제되어 기성고에 따른 공사비를 정산해야 할 경우에 특단의 사정이 없는 한 그 공사비는 약정총공사비에서 막바로 미시공부분의 완성에 실제로 소요될 공사비를 공제하여 산정할 것이 아니라 기성부분과 미시공부분에 실제로 소요되거나 소요될 공사비를 기초로 산출한 기성고비율을 약정공사비에 적용하여 산정하여야 한다(대판 1991.4.23. 90다카26232).

④ (×) 공사도급계약에서 수급인의 공사중단이나 공사지연으로 인하여 약정된 공사기한 내의 공사완공이 불가능하다는 것이 명백한 경우에는 도급인은 그 공사기한이 도래하기 전이라도 계약을 해제할 수 있지만, 그에 앞서 수급인에 대하여 위 공사기한으로부터 상당한 기간 내에 완공할 것을 최고하여야 하며, 예외적으로 수급인이 미리 이행하지 아니할 의사를 표시한 때에는 위와 같은 최고 없이도 계약을 해제할 수 있다(대판 2017.9.21. 2013다58668). 따라서 지문의 경우 甲은 乙에게 상당한 기간 내에 완공할 것을 최고하지 않아도 계약을 해제할 수 있다.

⑤ (×) 乙로부터 인도받는 Y건물에 하자가 있더라도 甲은 이를 이유로 하자의 보수나 하자의 보수에 갈음하는 손해배상의 청구를 하지 않고 곧바로 보수 전부의 지급을 거절할 수 없다(대판 1991.12.10. 91다33056).

답 ②

제9절 여행계약

067 여행계약에 관한 설명으로 옳은 것은?(다른 사정은 고려하지 않음)   24 노무

① 여행자는 여행을 시작하기 전에는 여행계약을 해제할 수 없다.
② 여행대금지급시기에 관해 약정이 없는 경우, 여행자는 다른 관습이 있더라도 여행 종료 후 지체 없이 여행대금을 지급하여야 한다.
③ 여행의 하자에 대한 시정에 지나치게 많은 비용이 드는 경우에도 여행자는 그 시정을 청구할 수 있다.
④ 여행에 중대한 하자로 인해 여행계약이 중도에 해지된 경우, 여행자는 실행된 여행으로 얻은 이익을 여행주최자에게 상환하여야 한다.
⑤ 여행계약의 담보책임 존속기간에 관한 규정과 다른 합의가 있는 경우, 그 합의가 여행자에게 유리하더라도 효력은 없다.

해설

① (×) 여행자는 여행을 시작하기 전에는 언제든지 계약을 해제할 수 있다. 다만, 여행자는 상대방에게 발생한 손해를 배상하여야 한다(민법 제674조의3).
② (×) 여행자는 약정한 시기에 대금을 지급하여야 하며, 그 시기의 약정이 없으면 관습에 따르고, 관습이 없으면 여행의 종료 후 지체 없이 지급하여야 한다(민법 제674조의5).
③ (×) 여행에 하자가 있는 경우에는 여행자는 여행주최자에게 하자의 시정 또는 대금의 감액을 청구할 수 있다. 다만, 그 시정에 지나치게 많은 비용이 들거나 그 밖에 시정을 합리적으로 기대할 수 없는 경우에는 시정을 청구할 수 없다(민법 제674조의6 제1항).
④ (○) 여행자는 여행에 중대한 하자가 있는 경우에 그 시정이 이루어지지 아니하거나 계약의 내용에 따른 이행을 기대할 수 없는 경우에는 계약을 해지할 수 있다. 계약이 해지된 경우에는 여행주최자는 대금청구권을 상실한다. 다만, 여행자가 실행된 여행으로 이익을 얻은 경우에는 그 이익을 여행주최자에게 상환하여야 한다. 여행주최자는 계약의 해지로 인하여 필요하게 된 조치를 할 의무를 지며, 계약상 귀환운송 의무가 있으면 여행자를 귀환운송하여야 한다. 이 경우 상당한 이유가 있는 때에는 여행주최자는 여행자에게 그 비용의 일부를 청구할 수 있다(민법 제674조의7).
⑤ (×) 제674조의6[여행주최자의 담보책임(註)]과 제674조의7[여행주최자의 담보책임과 여행자의 해지권(註)]에 따른 권리는 여행 기간 중에도 행사할 수 있으며, 계약에서 정한 여행 종료일부터 6개월 내에 행사하여야 한다(민법 제674조의8). 다만, 제674조의8[담보책임의 존속기간(註)]은 편면적 강행규정이므로, 담보책임 존속기간에 관한 규정과 다른 합의가 여행자에게 불리한 경우에만 그 효력이 없고(민법 제674조의9), 여행자에게 유리한 경우 그 다른 합의의 효력은 인정된다.

답 ❹

068 여행계약에 관한 설명으로 옳지 않은 것은?

① 여행자는 여행을 시작하기 전에는 언제든지 여행계약을 해제할 수 있으나, 여행주최자에게 발생한 손해는 배상하여야 한다.
② 여행대금의 지급에 대하여 당사자의 약정 및 관습이 없는 경우, 여행자는 여행 종료 후에 지체없이 지급하여야 한다.
③ 여행에 하자가 있는 경우 여행자는 여행주최자에게 하자의 시정 또는 대금의 감액을 청구할 수 있으나, 시정에 지나치게 많은 비용이 드는 경우에는 시정을 청구할 수 없다.
④ 여행계약이 중요한 하자로 해지된 경우 여행주최자는 대금청구권을 상실하지만, 여행자가 이미 실행된 여행으로 이익을 얻은 때에는 이를 여행주최자에게 상환해야 한다.
⑤ 예측할 수 없는 천재지변으로 여행주최자가 여행계약을 해지한 경우, 여행주최자는 귀환운송의 의무를 지며 계약 해지로 발생한 추가비용은 여행자가 전액 부담한다.

해설

① (○) 민법 제674조의3
② (○) 민법 제674조의5
③ (○) 민법 제674조의6 제1항
④ (○) 민법 제674조의7 제2항
⑤ (×) 부득이한 사유로 여행계약이 해지된 경우에도 계약상 귀환운송(歸還運送)의무가 있는 여행주최자는 여행자를 귀환운송할 의무가 있다(민법 제674조의4 제2항). 부득이한 사유로 인한 계약 해지로 인하여 발생하는 추가비용은 그 해지사유가 어느 당사자의 사정에 속하는 경우에는 그 당사자가 부담하고, 누구의 사정에도 속하지 아니하는 경우에는 각 당사자가 절반씩 부담한다(동법 제674조의4 제3항).

답 ⑤

제10절 현상광고

제11절 위임

069 민법상 위임에 관한 설명으로 옳은 것을 모두 고른 것은? 25 노무

ㄱ. 수임인은 보수를 지급하기로 하는 특별한 약정이 없으면 위임인에 대하여 보수를 청구하지 못한다.
ㄴ. 수임인이 성년후견개시의 심판을 받은 경우, 이는 위임의 종료사유이다.
ㄷ. 수임인이 부득이한 사유 없이 위임인의 불리한 시기에 위임계약을 해지한 때에는 그 손해를 배상하여야 한다.

① ㄱ
② ㄴ
③ ㄱ, ㄴ
④ ㄴ, ㄷ
⑤ ㄱ, ㄴ, ㄷ

해설

ㄱ. (○) 수임인은 특별한 약정이 없으면 위임인에 대하여 보수를 청구하지 못한다(민법 제686조 제1항).
ㄴ. (○) 위임은 당사자 한쪽의 사망이나 파산으로 종료되며, 수임인이 성년후견개시의 심판을 받은 경우에도 종료된다(민법 제690조).
ㄷ. (○) 위임계약은 각 당사자가 언제든지 해지할 수 있으나(민법 제689조 제1항), 당사자 일방이 부득이한 사유 없이 상대방의 불리한 시기에 계약을 해지한 때에는 그 손해를 배상하여야 한다(민법 제689조 제2항).

답 ⑤

070 甲은 자기 소유 부동산을 매매하는 사무를 乙에게 위임하였다. 이에 관한 설명으로 옳지 않은 것은?(다툼이 있으면 판례에 따름) 19 노무

① 乙은 甲의 승낙이나 부득이한 사유 없이 제3자로 하여금 위임사무를 대신 처리하도록 할 수 없다.
② 乙은 甲의 청구가 있는 때에는 위임사무의 처리상황을 보고하고 위임이 종료한 때에는 지체 없이 그 전말을 보고하여야 한다.
③ 乙이 위임을 해지하여 甲이 손해를 입었더라도 乙은 손해배상의무를 부담하지 않는 것이 원칙이다.
④ 위임사무처리에 비용을 요하는 경우, 乙은 위임사무를 완료한 후가 아니면 그 비용을 청구할 수 없다.
⑤ 甲 또는 乙은 원칙적으로 언제든지 위임계약을 해지할 수 있다.

해설

① (○) 수임인은 위임인의 승낙이나 부득이한 사유 없이 제3자로 하여금 자기에 갈음하여 위임사무를 처리하게 하지 못한다(민법 제682조 제1항).
② (○) 민법 제683조
③ (○) 위임계약은 각 당사자가 언제든지 해지할 수 있다. 그로 말미암아 상대방이 손해를 입는 일이 있어도 그것을 배상할 의무를 부담하지 아니하는 것이 원칙이다. 다만, 당사자 일방이 부득이한 사유 없이 상대방의 불리한 시기에 계약을 해지한 때에는 그 손해를 배상하여야 한다(민법 제689조 제2항).
④ (×) 위임사무의 처리에 비용을 요하는 때에는 위임인은 수임인의 청구에 의하여 이를 선급하여야 한다(민법 제687조). 따라서 乙은 위임사무의 처리에 비용을 요하는 경우 위임사무가 완료되지 아니하였다고 하더라도 甲에게 그 비용의 선급을 청구할 수 있다.
⑤ (○) 민법 제689조 제1항

 ❹

071 민법상 위임에 관한 설명으로 옳지 않은 것은?(다툼이 있으면 판례에 따름) 〔22 노무〕

① 무상위임의 수임인은 선량한 관리자의 주의의무를 부담한다.
② 수임인은 부득이한 사유가 있으면 제3자로 하여금 자기에 갈음하여 위임사무를 처리하게 할 수 있다.
③ 변호사에게 계쟁사건의 처리를 위임함에 있어서 보수에 관하여 명시적으로 약정하지 않은 경우, 특별한 사정이 없는 한 응분의 보수를 지급할 묵시의 약정이 있는 것으로 볼 수 있다.
④ 위임인에게 불리한 시기에 부득이한 사유로 계약을 해지한 수임인은 그 해지로 인해 위임인에게 발생한 손해를 배상하여야 한다.
⑤ 위임이 종료된 경우, 수임인은 특별한 사정이 없는 한 지체 없이 그 전말을 위임인에게 보고하여야 한다.

해설

① (○) 수임인은 유상위임이든 무상위임이든 불문하고 위임의 본지에 따라 선량한 관리자의 주의로써 위임사무를 처리하여야 한다(민법 제681조).
② (○) 수임인은 위임인의 승낙이나 부득이한 사유없이 제3자로 하여금 자기에 갈음하여 위임사무를 처리하게 하지 못한다(민법 제682조 제1항). 따라서 부득이한 사유가 있으면 수임인은 제3자로 하여금 자기에 갈음하여 위임사무를 처리하게 할 수 있다.
③ (○) 변호사에게 계쟁사건의 처리를 위임함에 있어서 보수에 관하여 명시적으로 약정하지 않은 경우, 특별한 사정이 없는 한 응분의 보수를 지급할 묵시의 약정이 있는 것으로 볼 수 있다(대판 1993.11.12. 93다36882).
④ (×) 당사자 일방이 부득이한 사유없이 상대방의 불리한 시기에 계약을 해지한 때에는 그 손해를 배상하여야 하므로(민법 제689조 제2항), 부득이한 사유가 있다면 수임인은 그 해지로 인해 위임인에게 발생한 손해를 배상하여야 할 책임이 없다.
⑤ (○) 수임인은 위임인의 청구가 있는 때에는 위임사무의 처리상황을 보고하고 위임이 종료한 때에는 지체 없이 그 전말을 보고하여야 한다(민법 제683조).

 ❹

072 위임에 관한 설명으로 옳은 것은?(다툼이 있으면 판례에 따름) 20 변리

① 위임계약의 성립은 위임장의 작성·교부를 요한다.
② 보수를 받지 않는 수임인은 위임사무처리에 관해 자기재산과 동일한 주의의무를 부담한다.
③ 변호사에게 소송사건의 처리를 위임함에 있어서 그 보수지급 및 액수에 관하여 명시적인 약정을 하지 않은 경우, 특별한 사정이 없는 한 변호사는 보수를 청구할 수 없다.
④ 유상위임의 수임인도 언제든지 위임계약을 해지할 수 있다.
⑤ 경찰관이 응급의 구호를 요하는 자를 보건의료기관에게 긴급구호요청을 하고 보건의료기관이 이에 따라 치료행위를 한 경우, 국가와 보건의료기관 사이에 치료위임계약이 체결된 것으로 볼 수 있다.

해설

① (×) 위임계약은 불요식 계약이므로, 위임장의 작성·교부는 위임계약의 성립요건이 아닌 단순한 증거방법에 지나지 아니한다.
② (×) 수임인은 유상·무상을 불문하고, 위임의 본지에 따라 선량한 관리자의 주의로써 위임사무를 처리하여야 한다(민법 제681조).
③ (×) 변호사에게 계쟁사건의 처리를 위임함에 있어서 보수지급 및 수액에 관하여 명시적인 약정을 아니하였다 하여도, 무보수로 한다는 등 특별한 사정이 없는 한 응분의 보수를 지급할 묵시의 약정이 있는 것으로 봄이 상당하다(대판 1993.2.12. 92다42941).
④ (○) 위임계약은 각 당사자가 언제든지 해지할 수 있다(민법 제689조 제1항).
⑤ (×) 경찰관이 응급의 구호를 요하는 자를 보건의료기관에게 긴급구호요청을 하고, 보건의료기관이 이에 따라 치료행위를 하였다고 하더라도 국가와 보건의료기관 사이에 국가가 그 치료행위를 보건의료기관에 위탁하고 보건의료기관이 이를 승낙하는 내용의 치료위임계약이 체결된 것으로는 볼 수 없다(대판 1994.2.22. 93다4472).

답 ❹

073 위임계약에 관한 설명으로 옳은 것을 모두 고른 것은?(다툼이 있으면 판례에 따름) 24 노무

ㄱ. 수임인이 대변제청구권을 보전하기 위하여 위임인의 채권을 대위행사하는 경우에는 위임인의 무자력을 요건으로 한다.
ㄴ. 수임인은 특별한 사정이 없는 한 위임인에게 불리한 시기에 부득이한 사유로 위임계약을 해지할 수 없다.
ㄷ. 위임계약이 무상인 경우, 수임인은 특별한 사정이 없는 한 위임의 본지에 따라 선량한 관리자의 주의로써 위임사무를 처리하여야 한다.

① ㄱ
② ㄷ
③ ㄱ, ㄴ
④ ㄴ, ㄷ
⑤ ㄱ, ㄴ, ㄷ

해설

ㄱ. (×) 수임인이 가지는 민법 제688조 제2항 전단 소정의 대변제청구권은 통상의 금전채권과는 다른 목적을 갖는 것이므로, 수임인이 이 대변제청구권을 보전하기 위하여 채무자인 위임인의 채권을 대위행사하는 경우에는 채무자의 무자력을 요건으로 하지 아니한다(대판 2002.1.25. 2001다52506).

ㄴ. (×) 수임인은 언제든지 위임계약을 해지할 수 있다. 수임인에게 부득이한 사유가 있다면 위임인에게 불리한 시기에 위임계약을 해지하였다고 하더라도 손해배상책임을 부담하지는 아니한다(민법 제689조).

ㄷ. (○) 수임인은 위임의 본지에 따라 선량한 관리자의 주의로써 위임사무를 처리하여야 한다(민법 제681조). 이는 위임계약이 유상이든 무상이든 관계없이 수임인이 언제나 부담하는 기본채무이다.

답 ❷

074 위임계약에 관한 설명으로 옳지 않은 것은?(다툼이 있으면 판례에 따름) 24 변리

① 보수의 수령 여부와 관계없이 수임인은 선량한 관리자의 주의의무를 부담한다.
② 수임인이 위임사무의 처리로 인하여 받은 금전을 위임인에게 반환할 경우, 특별한 사정이 없는 한 위임종료 시를 기준으로 그 금전의 범위가 정해진다.
③ 위임인이 성년후견개시심판을 받더라도 위임이 종료되는 것은 아니다.
④ 위임계약의 당사자는 특별한 이유 없이도 언제든지 위임계약을 해지할 수 있다.
⑤ 수임인이 위임인의 지명에 의하여 복수임인을 선임한 경우, 위임인에 대하여 그 선임감독에 관한 책임을 진다.

해설

① (○) 수임인은 유상위임이든 무상위임이든 불문하고 위임의 본지에 따라 선량한 관리자의 주의로써 위임사무를 처리하여야 한다(민법 제681조).
② (○) 민법 제684조 제1항은 "수임인은 위임사무의 처리로 인하여 받은 금전 기타의 물건 및 그 수취한 과실을 위임인에게 인도하여야 한다"라고 규정하고 있다. 이때 인도 시기는 당사자 간에 특약이 있거나 위임의 본뜻에 반하는 경우 등과 같은 특별한 사정이 없는 한 위임계약이 종료된 때이므로, 수임인이 반환할 금전의 범위도 위임종료 시를 기준으로 정해진다(대판 2016.6.28. 2016다11295).
③ (○) 위임은 당사자 한쪽의 사망이나 파산으로 종료된다. 수임인이 성년후견개시의 심판을 받은 경우에도 이와 같다(민법 제690조). 그러나 위임인이 성년후견개시의 심판을 받은 경우는 위임의 종료사유로 볼 수 없다.
④ (○) 위임계약은 각 당사자가 언제든지 해지할 수 있다. 당사자 일방이 부득이한 사유없이 상대방의 불리한 시기에 계약을 해지한 때에는 그 손해를 배상하여야 한다(민법 제689조).
⑤ (×) 수임인이 위임인의 지명에 의하여 복수임인을 선임한 경우에는 그 부적임 또는 불성실함을 알고 위임인에게 대한 통지나 그 해임을 태만한 때가 아니면 책임이 없다(민법 제682조 제2항, 제121조 제2항).

답 ❺

075 위임계약에 관한 설명으로 옳지 않은 것은?(다툼이 있으면 판례에 따름)

15 변리

① 보수약정이 있는 경우, 수임인의 귀책사유 없이 위임이 종료했더라도, 수임인은 이미 행해진 이행의 비율에 따라 보수의 지급을 청구할 수 없다.
② 위임사무의 처리에 비용을 요하는 때에는 위임인은 수임인의 청구에 의하여 이를 선급하여야 한다.
③ 수임인이 위임사무의 처리에 관하여 필요비를 지출한 때에는 위임인에 대하여 지출한 날 이후의 이자를 청구할 수 있다.
④ 수임인이 위임사무를 처리하기 위하여 과실 없이 손해를 입은 때에는 위임인의 과실 유무와 관계없이 손해의 배상을 청구할 수 있다.
⑤ 변리사는 의뢰받은 사무와 밀접하게 연관되는 범위 안에서는 비록 별도의 위임이 없다 하여도 의뢰인의 이익을 도모하고 손해를 방지하기 위하여 필요한 조치를 취하도록 의뢰인에게 설명하고 조언할 의무가 있다.

해설

① (×) 수임인이 위임사무를 처리하는 중에 수임인의 책임 없는 사유로 인하여 위임이 종료된 때에는 수임인은 이미 처리한 사무의 비율에 따른 보수를 청구할 수 있다(민법 제686조 제3항).
② (○) 위임사무의 처리에 비용을 요하는 때에는 위임인은 수임인의 청구에 의하여 이를 선급하여야 한다(민법 제687조).
③ (○) 수임인이 위임사무의 처리에 관하여 필요비를 지출한 때에는 위임인에 대하여 지출한 날 이후의 이자를 청구할 수 있다(민법 제688조 제1항).
④ (○) 수임인이 위임사무의 처리를 위하여 과실 없이 손해를 받은 때에는 위임인에 대하여 그 배상을 청구할 수 있다(민법 제688조 제3항).
⑤ (○) 판례의 취지를 고려할 때 변리사도 그 직역의 공공성과 특허와 관련된 국민의 권익을 보호할 사명이 인정되므로 의뢰받은 사무와 밀접하게 연관되는 범위 안에서는 별도의 위임이 없다 하여도 설명하고 조언할 의무가 인정된다.

> 세무사는 공공성을 지닌 세무전문가로서 납세자의 권익을 보호하고 납세의무의 성실한 이행에 이바지함을 사명으로 하므로, 의뢰받은 사무와 밀접하게 연관되는 범위 안에서, 의뢰인이 의뢰한 사무의 처리에 필요한 자료를 제출하지 못하는 경우이거나 비록 의뢰인의 구체적인 지시가 있어도 그에 따르는 것이 위임의 본지에 적합하지 않거나 또는 의뢰인에게 불이익한 경우라는 등의 특별한 사정이 있는 때에는, 별도의 위임이 없다 하여도 의뢰인으로 하여금 이익을 도모하고 손해를 방지하기 위하여 필요한 조치를 취하도록 의뢰인에게 설명하고 조언할 의무를 진다(대판 2018.9.13. 2015다48412).

답 ①

076 민법상 위임에 대한 설명 중 옳은 것을 모두 고른 것은?(다툼이 있으면 판례에 따름) 07 사시

ㄱ. 위임은 원칙적으로 무상계약이지만 특약이 있으면 위임인은 보수지급 의무를 지고 유상의 위임에 있어서 수임인의 귀책사유 없이 위임이 이행 중 종료한 경우에도 위임인은 이미 행해진 이행의 비율에 따라서 보수를 지급하여야 한다.
ㄴ. 무상위임에 있어서도 위임인은 위임사무처리를 위하여 수임인이 지출한 비용을 상환할 의무를 지지만 비용 지출 전에 수임인이 청구해 온 경우에는 위임인은 비용을 지급할 의무가 없다.
ㄷ. 수임인이 위임사무를 처리하기 위하여 자기에게 과실 없이 손해를 입은 때에는 이에 관하여 위임인에게 과실이 있는 경우에 한하여 그 손해의 배상을 청구할 수 있다.
ㄹ. 위임인은 특별한 이유가 없어도 계약을 해지할 수 있지만, 부득이한 사유 없이 수임인에게 불리한 시기에 해지한 때에는 수임인에게 생긴 손해를 배상하여야 한다.

① ㄱ, ㄹ
② ㄱ, ㄴ, ㄷ
③ ㄷ, ㄹ
④ ㄱ, ㄴ, ㄷ, ㄹ
⑤ ㄷ, ㄹ

해설

ㄱ. (○) 수임인이 위임사무를 처리하는 중에 수임인의 책임없는 사유로 인하여 위임이 종료된 때에는 수임인은 이미 처리한 사무의 비율에 따른 보수를 청구할 수 있다(민법 제686조 제3항).
ㄴ. (×) 무상위임에 있어서도 위임인은 위임사무처리를 위하여 수임인이 지출한 비용을 상환할 의무를 지지만 비용 지출 전에 수임인이 청구해 온 경우에는 위임인은 비용을 지급할 의무가 있다(민법 제687조).
ㄷ. (×) 수임인이 위임사무를 처리하기 위하여 자기에게 과실 없이 손해를 입은 때에는 이에 관하여 위임인에게 과실이 없는 경우에도 그 손해의 배상을 청구할 수 있다(민법 제688조 제3항).
ㄹ. (○) 위임계약은 각 당사자가 언제든지 해지할 수 있으나, 위임인이 부득이한 사유없이 수임인의 불리한 시기에 계약을 해지한 때에는 그 손해를 배상하여야 한다(민법 제689조).

답 ❶

제12절 임치

제13절 조합

077 조합에 관한 설명으로 옳지 않은 것은?(다툼이 있으면 판례에 따름)   25 변리

① 조합의 해산청구는 별도로 계약해제의 요건을 충족해야 해산의 효과가 발생한다.
② 조합의 통상사무는 각 조합원이 전행할 수 있으나 그 사무의 완료 전에 다른 조합원의 이의가 있는 때에는 즉시 중지하여야 한다.
③ 조합의 채무자는 그 채무와 조합원에 대한 채권으로 상계하지 못한다.
④ 조합의 존속기간을 정한 때에도 조합원은 부득이한 사유가 있으면 탈퇴할 수 있다.
⑤ 조합의 업무를 집행하는 조합원은 그 업무집행의 대리권이 있는 것으로 추정한다.

해설

① (×) 부득이한 사유가 있는 때에는 각 조합원은 조합의 해산을 청구할 수 있다(민법 제720조). 경제계의 사정변경에 따른 조합 재산상태의 악화나 영업부진 등으로 조합의 목적달성이 매우 곤란하다고 인정되는 객관적인 사정이 있거나 조합 당사자 간의 불화·대립으로 인하여 신뢰관계가 파괴됨으로써 조합업무의 원활한 운영을 기대할 수 없는 경우 등 부득이한 사유가 있는 때에는 조합원이 조합의 해산을 청구할 수 있다(대판 1997.5.30. 95다4957).
② (○) 조합의 통상사무는 전항의 규정에 불구하고 각 조합원 또는 각 업무집행자가 전행할 수 있다. 그러나 그 사무의 완료 전에 다른 조합원 또는 다른 업무집행자의 이의가 있는 때에는 즉시 중지하여야 한다(민법 제706조 제3항).
③ (○) 조합의 채무자는 그 채무와 조합원에 대한 채권으로 상계하지 못한다(민법 제715조).
④ (○) 조합의 존속기간을 정한 때에도 조합원은 부득이한 사유가 있으면 탈퇴할 수 있다(민법 제716조 제2항).
⑤ (○) 조합의 업무를 집행하는 조합원은 그 업무집행의 대리권있는 것으로 추정한다(민법 제709조).

답 ❶

078 조합계약에 관한 설명으로 옳은 것은?(다툼이 있으면 판례에 따름) 〔23〕 변리

① 조합재산을 구성하는 개개의 재산에 대한 합유지분을 압류 기타 강제집행의 대상으로 삼을 수 있다.
② 2인으로 구성된 조합에서 1인이 탈퇴하여 조합관계가 종료되는 경우, 특별한 사정이 없는 한 해산이나 청산을 거쳐야 조합재산은 남은 조합원의 단독소유에 속하게 된다.
③ 2인으로 구성된 조합에서 1인이 존속기한을 정하지 않고 부동산 사용권을 출자하였다가 탈퇴한 경우, 특별한 사정이 없는 한 탈퇴 시 남은 조합원의 부동산 사용권은 소멸한다.
④ 공동이행방식의 건설공동수급체의 구성원인 조합원이 그 출자의무를 불이행하면, 특별한 사정이 없는 한 출자의무의 불이행을 이유로 이익분배 자체를 거부할 수 있다.
⑤ 조합원이 다른 조합원 전원의 동의하에 조합지분을 양도하면, 조합원 지위의 변동은 조합지분의 양도양수에 관한 약정으로써 바로 효력이 생긴다.

해설

① (×) 민법 제714조는 "조합원의 지분에 대한 압류는 그 조합원의 장래의 이익배당 및 지분의 반환을 받을 권리에 대하여 효력이 있다"고 규정하여 조합원의 지분에 대한 압류를 허용하고 있으나, 여기에서의 조합원의 지분이란 전체로서의 조합재산에 대한 조합원 지분을 의미하는 것이고, 이와 달리 조합재산을 구성하는 개개의 재산에 대한 합유지분에 대하여는 압류 기타 강제집행의 대상으로 삼을 수 없다 할 것이다(대결 2007.11.30. 2005마1130).

② (×), ③ (×) 2인으로 구성된 조합에서 한 사람이 탈퇴하면 조합관계는 종료되나 특별한 사정이 없는 한 조합은 해산이나 청산이 되지 않고, 다만 조합원의 합유에 속한 조합재산은 남은 조합원의 단독소유에 속하여 탈퇴 조합원과 남은 조합원 사이에는 탈퇴로 인한 계산을 해야 한다. ❷ 이러한 법리는 부동산 사용권을 출자한 경우에도 적용된다. 조합원이 부동산 사용권을 존속기한을 정하지 않고 출자하였다가 탈퇴한 경우 특별한 사정이 없는 한 탈퇴 시 조합재산인 부동산 사용권이 소멸한다고 볼 수는 없고, 그러한 사용권은 공동사업을 유지할 수 있도록 일정한 기간 동안 존속한다고 보아야 한다. ❸ 이때 탈퇴 조합원이 남은 조합원으로 하여금 부동산을 사용·수익할 수 있도록 할 의무를 이행하지 않음으로써 남은 조합원에게 손해가 발생하였다면 탈퇴 조합원은 그 손해를 배상할 책임이 있다(대판 2018.12.13. 2015다72385).

④ (×) [1] 당사자들이 공동이행방식의 공동수급체를 구성하여 도급인으로부터 공사를 수급받는 경우 공동수급체는 원칙적으로 민법상 조합에 해당한다. 건설공동수급체 구성원은 공동수급체에 출자의무를 지는 반면 공동수급체에 대한 이익분배청구권을 가지는데, 이익분배청구권과 출자의무는 별개의 권리·의무이다. 따라서 공동수급체의 구성원이 출자의무를 이행하지 않더라도, 공동수급체가 출자의무의 불이행을 이유로 이익분배 자체를 거부할 수도 없고, 그 구성원에게 지급할 이익분배금에서 출자금이나 그 연체이자를 당연히 공제할 수도 없다. 다만 구성원에 대한 공동수급체의 출자금 채권과 공동수급체에 대한 구성원의 이익분배청구권이 상계적상에 있으면 상계에 관한 민법 규정에 따라 두 채권을 대등액에서 상계할 수 있을 따름이다.
[2] 공동수급체의 구성원들 사이에 '출자의무와 이익분배를 직접 연계시키는 특약'을 하는 것도 계약자유의 원칙상 허용된다. 따라서 구성원들이 출자의무를 먼저 이행한 경우에 한하여 이익분배를 받을 수 있다고 약정하거나 출자의무의 불이행 정도에 따라 이익분배금을 전부 또는 일부 삭감하기로 약정할 수도 있다(대판 2018.1.24. 2015다69990).

⑤ (○) 조합원은 다른 조합원 전원의 동의가 있으면 그 지분을 처분할 수 있으나 조합의 목적과 단체성에 비추어 조합원으로서의 자격과 분리하여 그 지분권만을 처분할 수는 없으므로, 조합원이 지분을 양도하면 그로써 조합원의 지위를 상실하게 되며, 이와 같은 조합원 지위의 변동은 조합지분의 양도양수에 관한 약정으로써 바로 효력이 생긴다. 한편, 당사자 사이에 조합지분의 양도양수에 관한 약정이 있었는지 여부는 법률행위 해석의 일반원칙에 따라야 하고, 당사자 사이에 계약의 해석을 둘러싸고 이견이 있어 처분문서에 나타난 당사자의 의사해석이 문제되는 경우에는 문언의 내용, 그와 같은 약정이 이루어진 동기와 경위, 약정에 의하여 달성하려는 목적, 당사자의 진정한 의사 등을 종합적으로 고찰하여 논리와 경험칙에 따라 합리적으로 해석하여야 한다(대판 2009.3.12. 2006다28454).

답 ⑤

079 민법상 조합에 관한 설명으로 옳지 않은 것은?(다툼이 있으면 판례에 따름)

① 조합의 성립을 위한 출자는 노무로 할 수 있다.
② 2인 조합에서 조합원 1인이 탈퇴하는 경우, 잔존자는 조합의 탈퇴자에 대한 채권을 자동채권으로 하여 탈퇴자에 대한 지분 상당의 조합재산 반환채무와 상계할 수 없다.
③ 업무집행자가 수인인 경우 조합의 통상사무는 원칙적으로 각 업무집행자가 단독으로 행사할 수 있다.
④ 조합원 중 1인만을 가압류채무자로 한 가압류명령으로써 조합재산에 가압류집행을 할 수 없다.
⑤ 조합원은 조합계약을 해제하고 상대방에게 그로 인한 원상회복의무를 부담지울 수 없다.

해설

① (○) 조합의 성립을 위한 출자는 금전 기타 재산 또는 노무로 할 수 있다(민법 제703조 제2항).
② (×) 2인 조합에서 조합원 1인이 탈퇴하는 경우, 조합의 탈퇴자에 대한 채권은 잔존자에게 귀속되므로 잔존자는 이를 자동채권으로 하여 탈퇴자에 대한 지분 상당의 조합재산 반환채무와 상계할 수 있다(대판 2006.3.9. 2004다49693).
③ (○) 조합의 업무집행자가 수인인 때에는 조합의 업무집행은 그 과반수로써 결정하나(민법 제706조 제2항 후문), 조합의 통상사무는 각 업무집행자가 전행할 수 있다(민법 제706조 제3항 본문).
④ (○) 민법상 조합에서 조합의 채권자가 조합재산에 대하여 강제집행을 하려면 조합원 전원에 대한 집행권을 필요로 하고, 조합재산에 대한 강제집행의 보전을 위한 가압류의 경우에도 마찬가지로 조합원 전원에 대한 가압류명령이 있어야 하므로, 조합원 중 1인만을 가압류채무자로 한 가압류명령으로써 조합재산에 가압류집행을 할 수는 없다(대판 2015.10.29. 2012다21560).
⑤ (○) 동업계약과 같은 조합계약에 있어서는 조합의 해산청구를 하거나 조합으로부터 탈퇴를 하거나 또는 다른 조합원을 제명할 수 있을 뿐이지 일반계약에 있어서처럼 조합계약을 해제하고 상대방에게 그로 인한 원상회복의 의무를 부담지울 수는 없다(대판 1994.5.13. 94다7157).

답 ❷

080 조합에 관한 설명으로 옳지 않은 것은?(다툼이 있으면 판례에 따름)

① 조합계약으로 업무집행자를 정하지 아니한 경우에는 조합원의 3분의 2 이상의 찬성으로써 이를 선임한다.
② 조합의 업무집행자가 수인인 때에는 그 과반수로써 업무집행을 결정한다.
③ 조합계약의 당사자가 손익분배의 비율을 정하지 아니한 때에는 각 조합원의 출자가액에 비례하여 이를 정한다.
④ 조합의 채무자는 그 채무와 조합원에 대한 채권으로 상계할 수 있다.
⑤ 2인 조합에서 조합원 1인이 탈퇴하면 조합관계는 종료된다.

해설

① (○) 민법 제706조 제1항
② (○) 민법 제706조 제2항 후문
③ (○) 민법 제711조 제1항
④ (×) 조합의 채무자는 그 채무와 조합원에 대한 채권으로 상계하지 못한다(제715조).
⑤ (○) 조합의 탈퇴란 특정 조합원이 장래에 향하여 조합원으로서의 지위를 벗어나는 것으로서, 이 경우 조합 자체는 나머지 조합원에 의해 동일성을 유지하며 존속하는 것이므로 결국 탈퇴는 잔존 조합원이 동업사업을 계속 유지·존속함을 전제로 한다. 2인으로 구성된 조합에서 한 사람이 탈퇴하면 조합관계는 종료되나 특별한 사정이 없는 한 조합은 해산이나 청산이 되지 않고, 다만 조합원의 합유에 속한 조합재산은 남은 조합원의 단독소유에 속하여 탈퇴 조합원과 남은 조합원 사이에는 탈퇴로 인한 계산을 해야 한다(대판 2018.12.13. 2015다72385).

답 ❹

081 민법상 조합에 관한 설명으로 옳지 않은 것은?(다툼이 있는 경우에는 판례에 의함) 15 노무

① 조합원의 지분에 대한 압류는 그 조합원의 장래의 이익배당 및 지분의 반환을 받을 권리에 대하여 효력이 있다.
② 탈퇴한 조합원의 지분은 그 출자의 종류 여하에 불구하고 금전으로 반환할 수 있다.
③ 민법상 조합의 채권은 조합원 전원에게 합유적으로 귀속하는 것이어서 특별한 사정이 없는 한, 조합원 중 1인에 대한 채권으로써 그 조합원 개인을 집행채무자로 하여 조합의 채권에 대하여 강제집행을 할 수 없다.
④ 조합의 채무자는 그가 조합에 대하여 부담하는 채무와 조합원에 대한 채권을 상계할 수 있다.
⑤ 금전을 출자의 목적으로 한 조합원이 출자시기를 지체한 때에는 연체이자를 지급하는 외에 손해를 배상하여야 한다.

해설

① (○) 민법 제714조
② (○) 민법 제719조 제2항
③ (○) 민법상 조합의 채권은 조합원 전원에게 합유적으로 귀속하는 것이어서 특별한 사정이 없는 한 조합원 중 1인에 대한 채권으로써 그 조합원 개인을 집행채무자로 하여 조합의 채권에 대하여 강제집행을 할 수 없고, 조합업무를 집행할 권한을 수여받은 업무집행 조합원은 조합재산에 관하여 조합원으로부터 임의적 소송신탁을 받아 자기 이름으로 소송을 수행할 수 있다(대판 2001.2.23. 2000다68924).
④ (×) 조합의 채무자는 그 채무와 조합원에 대한 채권으로 상계하지 못한다(민법 제715조).
⑤ (○) 민법 제705조

답 ❹

082 조합계약에 관한 설명으로 옳은 것을 모두 고른 것은?(다툼이 있으면 판례에 따름) 20 노무

ㄱ. 2인이 상호 출자하여 부동산 임대사업을 하기로 약정하고 이를 위해 부동산을 취득한 경우 그 부동산은 위 2인이 총유한다.
ㄴ. 업무집행자가 수인인 경우 그 조합의 통상사무는 각 업무집행자가 전행할 수 있다.
ㄷ. 당사자들이 공동이행방식의 공동수급체를 구성하여 도급인으로부터 공사를 수급받는 경우 그 공동수급체는 원칙적으로 민법상 조합에 해당한다.

① ㄱ
② ㄱ, ㄴ
③ ㄱ, ㄷ
④ ㄴ, ㄷ
⑤ ㄱ, ㄴ, ㄷ

해설

ㄱ. (×) 2인이 상호 출자하여 부동산 임대사업을 하기로 약정하고 이를 위해 부동산을 취득한 경우에는 조합계약이 성립하며 조합재산인 부동산은 전 조합원의 합유에 속하게 된다(민법 제703조 제1항, 제704조).
ㄴ. (○) 민법 제706조 제3항
ㄷ. (○) 대판 2018.1.24. 2015다69990

답 ❹

083 민법상 조합에 관한 설명으로 옳지 않은 것은?(다툼이 있으면 판례에 따름)

① 수인이 공동사업을 경영할 목적 없이 전매차익만을 얻기 위해 상호 협력한 경우, 특별한 사정이 없는 한 이들 사이의 법률관계는 조합에 해당하지 않는다.
② 조합채무자가 조합원들 중의 1인에 대하여 개인채권을 가지고 있는 경우, 그 채권과 조합에 대한 채무를 서로 대등액에서 상계할 수 없다.
③ 조합계약에서 출자의무의 이행과 이익분배를 직접 연결시키는 특약을 두지 않은 경우, 조합은 출자의무를 이행하지 않은 조합원의 이익분배 자체를 거부할 수 없다.
④ 조합원의 지분에 대한 압류는 그 조합원의 장래의 이익배당 및 지분의 반환을 받을 권리에 대하여 효력이 있다.
⑤ 2인 조합에서 조합원 1인이 탈퇴하면 조합관계는 종료되고, 원칙적으로 조합은 즉시 해산된다.

해설

① (O) 부동산의 공동매수인들이 전매차익을 얻으려는 '공동의 목적달성'을 위해 상호 협력한 것에 불과하고 이를 넘어 '공동사업을 경영할 목적'이 있었다고 인정되지 않는 경우, 이들 사이의 법률관계는 공유관계에 불과할 뿐 민법상 조합이라고 할 수 없다(대판 2007.6.14. 2005다5140).
② (O) 조합에 대한 채무자는 그 채무와 조합원에 대한 채권으로 상계할 수는 없는 것이므로(민법 제715조), 조합으로부터 부동산을 매수하여 잔대금채무를 지고 있는 자가 조합원 중의 1인에 대하여 개인채권을 가지고 있다고 하더라도 그 채권과 조합과의 매매계약으로 인한 잔대금채무를 서로 대등액에서 상계할 수는 없다(대판 1998.3.13. 97다6919).
③ (O) 건설공동수급체구성원은 공동수급체에 출자의무를 지는 반면 공동수급체에 대한 이익분배청구권을 가지는데, 이익분배청구권과 출자의무는 별개의 권리·의무이다. 따라서 공동수급체의 구성원이 출자의무를 이행하지 않더라도, 공동수급체가 출자의무의 불이행을 이유로 이익분배 자체를 거부할 수도 없고, 그 구성원에게 지급할 이익분배금에서 출자금이나 그 연체이자를 당연히 공제할 수도 없다. 다만, 공동수급체의 구성원들 사이에 '출자의무와 이익분배를 직접 연계시키는 특약'을 하는 것은 계약자유의 원칙상 허용되므로 구성원들이 출자의무를 먼저 이행한 경우에 한하여 이익분배를 받을 수 있다고 약정하거나 출자의무의 불이행 정도에 따라 이익분배금을 전부 또는 일부 삭감하기로 약정할 수도 있다(대판 2018.1.24. 2015다69990).
④ (O) 민법 제714조
⑤ (×) 2인 조합에서 조합원 1인이 탈퇴하면 조합관계는 종료되지만 특별한 사정이 없는 한 조합이 해산되지 아니하고, 조합원의 합유에 속하였던 재산은 남은 조합원의 단독소유에 속하게 되어 기존의 공동사업은 청산절차를 거치지 않고 잔존자가 계속 유지할 수 있다(대판 2013.5.23. 2010다102816).

084 민법상 조합의 재산관계에 관한 설명으로 옳지 않은 것은?(다툼이 있으면 판례에 따름)

22 변리

① 2인으로 구성된 조합에서 한 사람이 탈퇴하면, 특별한 사정이 없는 한 조합은 해산되고, 조합재산은 탈퇴로 인한 계산으로 청산된다.
② 조합재산에 대한 각자의 지분을 다른 조합원의 동의 없이 양도할 수 있도록 하는 조합원들 상호 간의 약정은 유효하다.
③ 조합원이 출자하기로 한 부동산이 조합재산으로 되려면 권리이전절차가 완료되어야 하며, 완료 전에는 제3자에게 그 부동산을 조합재산이라고 주장할 수 없다.
④ 조합의 업무집행자가 1인만 있는 경우, 특별한 사정이 없는 한 조합재산의 처분은 그 업무집행자가 단독으로 결정한다.
⑤ 조합원의 지분에 대한 압류는 그 조합원의 장래의 이익배당 및 지분의 반환을 받을 권리에 대하여 효력이 있다.

해설

① (×) 2인으로 구성된 조합에서 한 사람이 탈퇴하면 조합관계는 종료되나 특별한 사정이 없는 한 조합은 해산이나 청산이 되지 않고, 다만 조합원의 합유에 속한 조합재산은 남은 조합원의 단독소유에 속하여 탈퇴조합원과 남은 조합원 사이에는 탈퇴로 인한 계산을 해야 한다(대판 2021.7.29. 2019다207851).
② (○) 2인 이상이 상호 출자하여 공동사업을 경영할 것을 약정함에 따라 성립한 민법상 조합에서 조합원지분의 양도는 원칙적으로 다른 조합원 전원의 동의가 있어야 하지만, 다른 조합원의 동의 없이 각자 지분을 자유로이 양도할 수 있도록 조합원 상호 간에 약정하거나 사후적으로 지분 양도를 인정하는 합의를 하는 것은 유효하다(대판 2016.8.30. 2014다19790).
③ (○) 판례의 취지를 고려할 때 조합원이 출자하기로 한 부동산이 조합재산으로 되려면 동업계약을 체결한 것만으로 당연히 조합재산으로서 동업자들에게 합유적으로 귀속되는 것은 아니고 별도의 권리이전절차가 완료되어야 하며, 완료 전에는 제3자에게 그 부동산을 조합재산이라고 주장할 수 없다.

> 단독으로 임야에 대한 토석채취권을 매수한 자가 그 후 매수자금 조달을 위하여 동업계약을 체결했다면, 설사 그 동업계약의 체결에 의해 매수인이 그 매매계약에 기한 매수인으로서의 권리 일체를 동업체인 조합에 출자한 것으로 본다고 하더라도, 그 권리가 당연히 조합재산으로서 동업자들에게 합유적으로 귀속되는 것은 아니고 별개의 권리이전절차를 밟아야 함은 당연하므로, 매수인 명의 변경에 관한 합의가 이루어졌다거나 달리 권리이전절차를 밟았다고 볼 수 없는 경우, 동업자들로서는 매수인에 대해 출자의무의 이행으로서 권리이전절차를 밟을 것을 청구할 수 있음은 별론으로 하고 매도인에 대해 그 권리가 조합재산임을 주장할 수는 없고, 반대로 매도인 또한 그 권리가 조합재산으로서 매수인 및 동업자들에게 합유적으로 귀속됨을 내세워 매수인 단독 명의로 임야거래허가절차의 이행을 구하는 매수인의 청구를 거부할 수는 없다(대판 1996.2.27. 94다27083).

④ (○) 민법 제272조에 따르면 합유물을 처분 또는 변경함에는 합유자 전원의 동의가 있어야 하나, 합유물 가운데서도 조합재산의 경우 그 처분·변경에 관한 행위는 조합의 특별사무에 해당하는 업무집행으로서, 이에 대하여는 특별한 사정이 없는 한 민법 제706조 제2항이 민법 제272조에 우선하여 적용되므로, 조합재산의 처분·변경은 업무집행자가 없는 경우에는 조합원의 과반수로 결정하고, 업무집행자가 수인 있는 경우에는 그 업무집행자의 과반수로써 결정하며, 업무집행자가 1인만 있는 경우에는 그 업무집행자가 단독으로 결정한다(대판 2010.4.29. 2007다18911).
⑤ (○) 민법 제714조

답 ①

085 조합계약에 관한 설명으로 옳지 않은 것은?(다툼이 있으면 판례에 따름)   16 변리

① 조합원 중에 변제할 자력이 없는 자가 있는 때에는 그 변제할 수 없는 부분에 대해서는 다른 조합원이 출자가액에 비례하여 변제할 책임이 있다.
② 조합이 그 목적을 달성하여 해산된 경우, 별도로 처리할 조합의 잔무가 없고 다만 잔여재산을 분배하는 일만이 남아 있을 때에는 따로 청산절차를 거칠 필요가 없다.
③ 조합원 3분의 2 이상의 찬성으로 일부조합원을 업무집행자로 선임할 수 있지만, 그를 해임하기 위해서는 조합원의 일치된 의사가 있어야 한다.
④ 조합의 대표조합원이 그 대표 자격을 밝히고 어음상의 서명을 하는 경우에는 그 조합의 대표자격을 밝히기만 하면 유효한 것이며 반드시 어음행위의 본인이 되는 전 조합원을 구체적으로 표시할 필요는 없다.
⑤ 동업자들이 공동으로 처리해야 할 업무를 동업자 중 1인에게 그 업무집행을 위임하여 처리하도록 한 경우, 다른 동업자는 그 1인의 업무집행과정에서 발생한 불법행위에 대해 사용자책임을 진다.

해설

① (×) 조합원 중에 변제할 자력 없는 자가 있는 때에는 그 변제할 수 없는 부분은 다른 조합원이 균분하여 변제할 책임이 있다(민법 제713조).
② (○) 조합관계가 종료된 경우 당사자 사이에 별도의 약정이 없는 이상, 청산절차를 밟는 것이 통례로서 조합원들에게 분배할 잔여재산과 그 가액은 청산절차가 종료된 때에 확정되는 것이므로, 원칙적으로 청산절차가 종료되지 아니한 상태에서 잔여재산의 분배를 청구할 수는 없는 것이지만, 조합의 잔무로서 처리할 일이 없고, 다만 잔여재산의 분배만이 남아 있을 때에는 따로 청산절차를 밟을 필요가 없이 각 조합원은 자신의 잔여재산분배비율의 범위 내에서 그 분배비율을 초과하여 잔여재산을 보유하고 있는 조합원에 대하여 바로 잔여재산의 분배를 청구할 수 있다(대판 1998.12.8. 97다31472).
③ (○) 조합계약으로 업무집행자를 정하지 아니한 경우에는 조합원의 3분의 2 이상의 찬성으로써 이를 선임한다(민법 제706조 제1항). 반면, 업무집행자인 조합원은 정당한 사유 없이 사임하지 못하며 다른 조합원의 일치가 아니면 해임하지 못한다(민법 제708조).
④ (○) 법인격 없는 조합이 어음행위를 하였을 경우에는 그 조합원이 위 어음행위로 인한 권리의 취득 또는 의무의 부담을 하는 것이고, 조합 자체가 위 어음행위로 인한 권리취득이나 의무부담을 하는 것은 아니다. 조합의 어음행위는 전 조합원의 어음상의 서명에 의한 것은 물론 대표조합원이 그 대표 자격을 밝히고 조합원 전원을 대리하여 서명하였을 경우에도 유효하다고 하여야 할 것이다. 그리고 조합의 대표조합원이 그 대표 자격을 밝히고 어음상의 서명을 하는 경우에는 그 조합의 대표 자격을 밝히기만 하면 유효한 것이며 반드시 어음행위의 본인이 되는 전 조합원을 구체적으로 표시할 필요는 없다 할 것이다(대판 1970.8.31. 70다1360).
⑤ (○) 동업관계에 있는 자들이 공동으로 처리하여야 할 업무를 동업자 중 1인에게 그 업무집행을 위임하여 그로 하여금 처리하도록 한 경우, 다른 동업자는 그 업무집행자의 동업자인 동시에 사용자의 지위에 있다할 것이므로, 업무집행과정에서 발생한 사고에 대하여 사용자로서의 손해배상책임이 있다(대판 1998.4.28. 97다55164).

답 ❶

086 민법상 조합에 관한 설명으로 옳은 것은?(다툼이 있으면 판례에 따름)

① 어느 조합원이 출자의무를 이행하지 않은 경우, 다른 조합원은 이를 이유로 조합계약을 해제할 수 있다.
② 조합계약이 성립하기 위한 공동사업이란 조합원 전원이 사업의 성공에 대하여 이해관계를 가지는 것으로 일부 조합원만이 이익분배를 받는 관계는 조합이 아니다.
③ 부동산의 공동매수인들이 전매차익을 얻으려는 목적으로만 상호 협력하는 경우에도 민법상 조합관계에 있다고 볼 수 있다.
④ 조합원의 채권자는 조합재산을 구성하는 개개의 재산에 대한 조합원의 합유지분에 대하여 강제집행을 할 수 있다.
⑤ 조합원이 조합을 탈퇴할 권리는 그 성질상 채권자대위가 허용되지 않는 일신전속적 권리에 해당한다.

해설

① (×) 동업계약과 같은 조합계약에 있어서는 조합의 해산청구를 하거나 조합으로부터 탈퇴를 하거나 또는 다른 조합원을 제명할 수 있을 뿐이지 일반계약에 있어서처럼 조합계약을 해제하고 상대방에게 그로 인한 원상회복의 의무를 부담지울 수는 없다(대판 1994.5.13. 94다7157).
② (○) 이른바 '내적조합'이라는 일종의 특수한 조합으로 보기 위하여는 당사자의 내부관계에서는 조합관계가 있어야 할 것이고, 내부적인 조합관계가 있다고 하려면 서로 출자하여 공동사업을 경영할 것을 약정하여야 하며, 영리사업을 목적으로 하면서 당사자 중의 일부만이 이익을 분배받고 다른 자는 전혀 이익분배를 받지 않는 경우에는 조합관계(동업관계)라고 할 수 없다(대판 2000.7.7. 98다44666).
③ (×) 부동산의 공동매수인들이 전매차익을 얻으려는 '공동의 목적 달성'을 위해 상호 협력한 것에 불과하고 이를 넘어 '공동사업을 경영할 목적'이 있었다고 인정되지 않는 경우, 이들 사이의 법률관계는 공유관계에 불과할 뿐 민법상 조합이 아니다(대판 2007.6.14. 2005다5140).
④ (×), ⑤ (×) [1] 민법상 조합원은 조합의 존속기간이 정해져 있는 경우 등을 제외하고는 원칙적으로 언제든지 조합에서 탈퇴할 수 있고(민법 제716조 참고), 조합원이 탈퇴하면 그 당시의 조합재산 상태에 따라 다른 조합원과 사이에 지분의 계산을 하여 지분환급청구권을 가지게 되는바(민법 제719조 참고), 조합원이 조합을 탈퇴할 권리는 그 성질상 조합계약의 해지권으로서 그의 일반재산을 구성하는 재산권의 일종이라 할 것이고 채권자대위가 허용되지 않는 일신전속적 권리라고는 할 수 없다.❺
[2] 민법 제714조는 "조합원의 지분에 대한 압류는 그 조합원의 장래의 이익배당 및 지분의 반환을 받을 권리에 대하여 효력이 있다"고 규정하여 조합원의 지분에 대한 압류를 허용하고 있으나, 여기에서의 조합원의 지분이란 전체로서의 조합재산에 대한 조합원 지분을 의미하는 것이고, 이와 달리 조합재산을 구성하는 개개의 재산에 대한 합유지분에 대하여는 압류 기타 강제집행의 대상으로 삼을 수 없다 할 것이다❹(대결 2007.11.30. 2005마1130).

답

087

甲·乙·丙은 조합계약을 체결하면서 甲과 乙이 각 1억원, 丙이 3억원을 출연하고 출연재산의 비율로 손익을 분배하기로 하였다. 다음 설명으로 옳은 것은?(다툼이 있는 경우에는 판례에 의함)

[14] 변리

① 조합계약으로 업무집행자를 정하지 않은 경우에 甲과 乙은 丙의 동의 없이 그들만의 협의로 업무집행자를 선임할 수 없다.
② 채권발생 시에 甲·乙·丙 사이의 손실분담의 비율을 알지 못한 조합채권자는 甲·乙·丙에게 그 지분의 비율에 따라 변제를 청구할 수 있다.
③ 업무집행자로 선임된 甲이 권한을 넘은 행위로 조합자금을 허비한 경우에는 丙은 조합관계를 벗어나 개인의 지위에서 손해배상을 청구할 수 있다.
④ 특별한 사정이 없으면, 丙이 조합을 탈퇴하면 甲과 乙은 탈퇴 당시의 조합재산의 $\frac{3}{5}$을 丙의 지분으로 하여 그에 해당하는 금액을 금전으로 반환하여야 한다.
⑤ 특별한 사정이 없으면, 乙의 사망으로 그의 조합원의 지위는 그 상속인에게 승계된다.

해설

① (×) 민법 제706조에서는 조합원 3분의 2 이상의 찬성으로 조합의 업무집행자를 선임하고 조합원 과반수의 찬성으로 조합의 업무집행방법을 결정하도록 규정하고 있는바, 여기서 말하는 조합원은 조합원의 출자가액이나 지분이 아닌 조합원의 인원수를 뜻한다(대판 2009.4.23. 2008다4247). 지문의 경우에 甲과 乙은 丙의 동의가 없더라도, 그들만의 협의로 업무집행자를 선임할 수 있다.
② (×) 채권발생 시에 甲·乙·丙 사이의 손실분담의 비율을 알지 못한 조합채권자는 甲·乙·丙에게 균분하여 변제를 청구할 수 있다(민법 제712조 참고).
③ (×) 업무집행자로 선임된 甲이 권한을 넘은 행위로 조합자금을 허비한 경우, 손해를 입은 주체는 조합이라고 할 것이어서 丙은 조합관계를 벗어나 개인의 지위에서 손해배상을 청구할 수 없다.

> 일부조합원이 동업계약에 따라 동업자금을 출자하였는데 업무집행조합원이 본연의 임무에 위배되거나 혹은 권한을 넘어선 행위를 자행함으로써 끝내 동업체의 동업목적을 달성할 수 없게끔 만들고, 조합원이 출자한 동업자금을 모두 허비한 경우에 그로 인하여 손해를 입은 주체는 동업자금을 상실하여 버린 조합, 즉 조합원들로 구성된 동업체라 할 것이고, 이로 인하여 결과적으로 동업자금을 출자한 조합원에게 손해가 발생하였다 하더라도 이는 조합과 무관하게 개인으로서 입은 손해가 아니고, 조합체를 구성하는 조합원의 지위에서 입은 손해에 지나지 아니하는 것이므로, 결국 피해자인 조합원으로서는 조합관계를 벗어난 개인의 지위에서 그 손해의 배상을 구할 수는 없다(대판 1999.6.8. 98다60484).

④ (○) 특별한 사정이 없으면, 丙이 조합을 탈퇴하면 甲과 乙은 丙의 출자가액에 비례하여 산정한 지분비율에 따라 탈퇴 당시의 조합재산의 $\frac{3}{5}$을 丙의 지분으로 하여 그에 해당하는 금액을 금전으로 반환하여야 한다.

> **탈퇴조합원의 지분의 계산(민법 제719조)**
> ① 탈퇴한 조합원과 다른 조합원 간의 계산은 탈퇴 당시의 조합재산상태에 의하여 한다.
> ② 탈퇴한 조합원의 지분은 그 출자의 종류 여하에 불구하고 금전으로 반환할 수 있다.
> ③ 탈퇴 당시에 완결되지 아니한 사항에 대하여는 완결 후에 계산할 수 있다.

⑤ (×) 판례의 취지를 고려할 때 乙이 조합원의 지위를 상속인에게 승계하기로 약정하였다는 특별한 사정이 인정되지 아니하므로 乙의 사망으로 그의 조합원의 지위는 상속인에게 승계되지 아니한다.

> 공동광업권자의 1인이 사망한 때에는 공동광업권의 조합관계로부터 당연히 탈퇴되고, 특히 조합계약에서 사망한 공동광업권자의 지위를 그 상속인이 승계하기로 약정한 바가 없는 이상 사망한 공동광업권자의 지위는 일신전속적인 권리의무관계로서 상속인에게 승계되지 아니하고, 따라서 동 망인이 제소한 공동광업권관계소송은 그의 사망으로 당연히 종료된다(대판 1981.7.28. 81다145).

답 ❹

088 조합에 관한 설명으로 옳지 않은 것은?(다툼이 있는 경우에는 판례에 의함)   12 변리

① 조합의 해산결의 이후 조합원의 자동제명사유가 발생한 경우에도 그 조합원은 해산결의에서 정한 청산방법에 따라 잔여재산의 분배를 구할 수 있다.
② 조합계약에서 업무집행자를 정하지 않은 경우, 조합원 3분의 2 이상의 찬성으로 업무집행자를 선임할 수 있다.
③ 조합의 청산에 관한 민법규정은 강행규정이므로, 조합원 전원이 합의하더라도 민법이 정하는 청산절차를 밟지 않고 조합재산을 처분할 수 없다.
④ 조합재산상태의 악화나 영업부진 등으로 조합의 목적달성이 매우 곤란하다고 인정되는 객관적인 사정이 있거나 조합원 간의 불화·대립으로 인하여 신뢰관계가 파괴됨으로써 조합업무의 원활한 운영을 기대할 수 없는 경우에는 조합원은 조합의 해산을 청구할 수 있다.
⑤ 조합원의 제명은 정당한 사유가 있는 때에 한하여 다른 조합원의 일치로써 이를 결정할 수 있고, 그 제명결정은 제명된 조합원에게 통지하지 않으면 그 조합원에게 대항하지 못한다.

해설

① (O) 조합의 해산결의 이후 조합원의 자동제명사유가 발생하였다 하더라도 그 조합원은 해산결의에서 정한 청산방법에 따라 출자지분에 비례한 잔여재산의 분배를 구할 수 있다(대판 2007.2.9. 2006다3486).
② (O) 조합계약으로 업무집행자를 정하지 아니한 경우에는 조합원의 3분의 2 이상의 찬성으로써 이를 선임한다(민법 제706조 제1항).
③ (×) 민법의 조합의 해산사유와 청산에 관한 규정은 그와 내용을 달리하는 당사자의 특약까지 배제하는 강행규정이 아니므로 당사자가 민법의 조합의 해산사유와 청산에 관한 규정과 다른 내용의 특약을 한 경우, 그 특약은 유효하다(대판 1985.2.26. 84다카1921).
④ (O) 경제계의 사정변경에 따른 조합재산상태의 악화나 영업부진 등으로 조합의 목적달성이 매우 곤란하다고 인정되는 객관적인 사정이 있거나 조합당사자 간의 불화·대립으로 인하여 신뢰관계가 파괴됨으로써 조합업무의 원활한 운영을 기대할 수 없는 경우 등 부득이한 사유가 있는 때에는 조합원이 조합의 해산을 청구할 수 있다(대판 1997.5.30. 95다4957).
⑤ (O) 민법 제718조 참조

> **제명(민법 제718조)**
> ① 조합원의 제명은 정당한 사유 있는 때에 한하여 다른 조합원의 일치로써 이를 결정한다.
> ② 전항의 제명결정은 제명된 조합원에게 통지하지 아니하면 그 조합원에게 대항하지 못한다.

답 ❸

089

甲, 乙, 丙은 각 1억원씩을 출자하여 'A실업'이라는 이름으로 동업하기로 하는 조합계약을 체결하였다. 이에 관한 설명 중 옳은 것은?(문제에 기재되지 않은 다른 사정은 고려하지 아니하며, 다툼이 있는 경우 판례에 의함) 15 사시

① 'A실업'이 업무집행조합원을 두지 않은 경우, 甲과 乙이 'A실업' 명의로 B와 매매계약을 체결한 때에는 丙도 매매계약상의 책임을 부담한다.
② 甲이 사망한 경우 甲의 상속인은 乙과 丙에 대한 가입의 의사표시 없이도 'A실업'의 조합원이 된다.
③ 甲이 丙에 대하여 1억원의 대금채권을 가지고 있다면 甲이 자기의 출자분 1억원의 이행에 갈음하여 그 대금채권과 상계할 수 있다.
④ 'A실업'의 업무집행조합원인 甲이 권한을 넘는 행위를 하여 조합자금을 상실한 경우, 乙과 丙은 조합관계를 벗어난 개인의 지위에서 甲에 대하여 손해배상을 청구할 수 있다.
⑤ 甲이 'A실업'의 업무집행조합원으로 정해져 있는 경우, 乙이 甲에 대하여 임의탈퇴의 의사표시를 하였다면 별도로 丙에 대하여 같은 의사표시를 하지 않더라도 임의탈퇴의 효과는 발생한다.

해설

① (○) A실업이 업무집행조합원을 두지 않은 경우 각 조합원의 거래행위는 전 조합원의 대리인으로 행하여지는 것이다. 조합의 대리에서도 대리일반의 법리가 적용되므로 현명이 필요하지만, 전 조합원의 이름을 모두 현명할 필요는 없고 조합의 명칭을 표시하는 것으로 족하다. 지문에서 甲과 乙이 A실업 명의로 B와 매매계약을 체결한 것은 조합의 대리로 인정되므로 丙도 매매계약상의 책임을 부담한다.
② (×) 조합에 있어서 조합원의 1인이 사망한 때에는 민법 제717조에 의하여 그 조합관계로부터 당연히 탈퇴하고 특히 조합계약에서 사망한 조합원의 지위를 그 상속인이 승계하기로 약정한 바 없다면 사망한 조합원의 지위는 상속인에게 승계되지 아니한다(대판 1987.6.23. 86다카2951). 甲이 사망한 경우 甲의 상속인이 약정에 따라 乙과 丙에 대한 가입의 의사표시를 하지 않았다면 甲의 상속인은 A실업의 조합원의 지위를 승계하지 아니한다.
③ (×) 조합의 채권은 조합원 전원에게 합유적으로 귀속되는 조합재산으로서 조합원의 개인재산과는 구별되는 독립된 재산이기 때문에 조합의 채무자는 그 채무와 조합원에 대한 채권으로 상계하지 못한다(민법 제715조). 지문에서 조합원 甲이 다른 조합원 丙에게 가지는 1억원의 대금채권은 조합원 개인에 대한 채권인 반면, 조합이 조합원 甲에게 가지는 출자채권은 조합재산이므로 甲은 상계할 수 없다고 본다.
④ (×) 판례의 취지를 고려할 때 업무집행조합원 甲의 행위로 조합자금을 상실한 경우 손해를 입은 주체는 A실업이고 乙과 丙의 손해도 조합원의 지위에서 입은 손해라고 할 수 있으므로 乙과 丙은 조합관계를 벗어난 개인의 지위에서 甲에 대하여 손해배상을 청구할 수 없다고 판단된다.

> 일부 조합원이 동업계약에 따라 동업자금을 출자하였는데 업무집행 조합원이 본연의 임무에 위배되거나 혹은 권한을 넘어선 행위를 자행함으로써 끝내 동업체의 동업 목적을 달성할 수 없게끔 만들고, 조합원이 출자한 동업자금을 모두 허비한 경우에 그로 인하여 손해를 입은 주체는 동업자금을 상실하여 버린 조합, 즉 조합원들로 구성된 동업체라 할 것이고, 이로 인하여 결과적으로 동업자금을 출자한 조합원에게 손해가 발생하였다 하더라도 이는 조합과 무관하게 개인으로서 입은 손해가 아니고, 조합체를 구성하는 조합원의 지위에서 입은 손해에 지나지 아니하는 것이므로, 결국 피해자인 조합원으로서는 조합관계를 벗어난 개인의 지위에서 그 손해의 배상을 구할 수는 없다(대판 1999.6.8. 98다60484).

⑤ (×) 甲이 'A실업'의 업무집행조합원으로 정해져 있는 경우에도, 乙의 임의탈퇴의 의사표시는 다른 조합원 전원에 대한 의사표시로 하여야 하므로 甲뿐만 아니라 丙에게도 탈퇴의 의사표시를 하여야 한다.

답 ❶

090

공동이행 방식의 공동수급체에 관한 설명 중 옳지 않은 것을 모두 고른 것은?(다툼이 있는 경우 판례에 의함)

ㄱ. 위 수급체의 구성원들이 상인인 경우 구성원들은 연대하여 도급인에게 하자보수를 이행할 의무가 있다.
ㄴ. 위 수급체의 채권자가 구성원 중 1인만을 가압류채무자로 한 가압류명령으로써 위 수급체의 재산에 가압류집행을 할 수는 없다.
ㄷ. 위 수급체가 공사를 시행함으로 인하여 도급인에 대하여 가지는 채권은 그 구성원들에게 합유적으로 귀속하는 것이어서, 비록 위 수급체와 도급인 사이에 위 수급체가 아닌 개별 구성원으로 하여금 지분비율에 따라 직접 도급인에 대하여 공사대금을 청구할 수 있도록 하는 약정을 한 경우에도, 도급인에 대하여 가지는 채권이 위 수급체 구성원 각자에게 지분비율에 따라 구분하여 귀속될 수는 없다.
ㄹ. 위 수급체의 구성원 중 1인이 그 출자의무를 불이행한 경우, 특별한 사정이 없는 한 출자의무의 불이행을 이유로 그 구성원에 대한 이익분배를 거부할 수 있다.

① ㄷ
② ㄴ, ㄹ
③ ㄷ, ㄹ
④ ㄴ, ㄷ, ㄹ
⑤ ㄱ, ㄴ, ㄷ, ㄹ

해설

ㄱ. (○) 공동이행방식의 공동수급체는 민법상 조합의 성질을 가지는데, 조합의 채무는 조합원의 채무로서 특별한 사정이 없는 한 조합채권자는 각 조합원에 대하여 지분의 비율에 따라 또는 균일적으로 권리를 행사할 수 있지만, 조합채무가 조합원 전원을 위하여 상행위가 되는 행위로 인하여 부담하게 된 것이라면 상법 제57조 제1항을 적용하여 조합원들의 연대책임을 인정함이 상당하므로, 공동수급체의 구성원들이 상인인 경우 공사도급계약에 따라 도급인에게 하자보수를 이행할 의무는 구성원 전원의 상행위에 의하여 부담한 채무로서 공동수급체의 구성원들은 연대하여 도급인에게 하자보수를 이행할 의무가 있다(대판 2015.3.26. 2012다25432).

ㄴ. (○) 민법상 조합에서 조합의 채권자가 조합재산에 대하여 강제집행을 하려면 조합원 전원에 대한 집행권원을 필요로 하고, 조합재산에 대한 강제집행의 보전을 위한 가압류의 경우에도 마찬가지로 조합원 전원에 대한 가압류명령이 있어야 하므로, 조합원 중 1인만을 가압류채무자로 한 가압류명령으로써 조합재산에 가압류집행을 할 수는 없다(대판 2015.10.29. 2012다21560).

ㄷ. (×) 공동이행방식의 공동수급체는 기본적으로 민법상 조합의 성질을 가지는 것이므로, 공동수급체가 공사를 시행함으로 인하여 도급인에 대하여 가지는 채권은 원칙적으로 공동수급체 구성원에게 합유적으로 귀속하는 것이어서 특별한 사정이 없는 한 구성원 중 1인이 임의로 도급인에 대하여 출자지분 비율에 따른 급부를 청구할 수 없고, 구성원 중 1인에 대한 채권으로써 그 구성원 개인을 집행채무자로 하여 공동수급체의 도급인에 대한 채권에 대하여 강제집행을 할 수 없다. 그러나 공동이행방식의 공동수급체와 도급인이 공사도급계약에서 발생한 채권과 관련하여 공동수급체가 아닌 개별 구성원으로 하여금 지분비율에 따라 직접 도급인에 대하여 권리를 취득하게 하는 약정을 하는 경우와 같이 공사도급계약의 내용에 따라서는 공사도급계약과 관련하여 도급인에 대하여 가지는 채권이 공동수급체 구성원 각자에게 지분비율에 따라 구분하여 귀속될 수도 있고, 위와 같은 약정은 명시적으로는 물론 묵시적으로도 이루어질 수 있다(대판 2012.5.17. 2009다105406[전합]).

ㄹ. (×) 건설공동수급체는 기본적으로 민법상 조합의 성질을 가지는 것인데, 건설공동수급체의 구성원인 조합원이 그 출자의무를 불이행하였더라도 그 조합원을 조합에서 제명하지 않는 한 건설공동수급체는 조합원에 대한 출자금채권과 그 연체이자채권, 그 밖의 손해배상채권으로 조합원의 이익분배청구권과 직접 상계할 수 있을 뿐이고, 조합계약에서 출자의무의 이행과 이익분배를 직접 연계시키는 특약을 두지 않는 한 출자의무의 불이행을 이유로 이익분배 자체를 거부할 수는 없다(대판 2006.8.25. 2005다16959).

답 ③

제14절 종신정기금

제15절 화 해

091 화해계약에 관한 설명으로 옳지 않은 것은?(다툼이 있으면 판례에 따름) 19 노무

① 화해당사자의 자격에 관한 착오가 있는 경우에는 이를 이유로 취소하지 못한다.
② 화해계약은 특별한 사정이 없는 한, 당사자 일방이 양보할 권리가 소멸되고 상대방이 화해로 인하여 그 권리를 취득하는 효력이 있다.
③ 채권자와 채무자 간의 잔존채무액의 계산행위는 특별한 사정이 없는 한 화해계약이 아니다.
④ 화해계약이 사기로 인해 이루어진 경우에는 화해의 목적인 분쟁에 관한 사항에 착오가 있더라도 사기에 의한 의사표시를 이유로 이를 취소할 수 있다.
⑤ 성질상 당사자가 임의로 처분할 수 없는 법률관계는 화해계약의 대상이 될 수 없다.

해설

① (×) 화해계약은 착오를 이유로 하여 취소하지 못한다. 그러나 화해당사자의 자격 또는 화해의 목적인 분쟁 이외의 사항에 착오가 있는 때에는 그러하지 아니하다(민법 제733조).
② (○) 민법 제732조
③ (○) 채권자와 채무자 간의 잔존채무액의 계산행위는 다른 특별한 사정이 없는 한 채무자가 채권자에게 지급할 채무액을 새로이 확정하는 채권자와 채무자 간의 화해계약이라고는 볼 수 없다(대판 1984.3.13. 83다358).
④ (○) 화해계약은 화해당사자의 자격 또는 화해의 목적인 분쟁 이외의 사항에 착오가 있는 경우를 제외하고는 착오를 이유로 취소하지 못하지만, 화해계약이 사기로 인하여 이루어진 경우에는 화해의 목적인 분쟁에 관한 사항에 착오가 있는 때에도 민법 제110조에 따라 이를 취소할 수 있다고 할 것이다(대판 2008.9.11. 2008다15278).
⑤ (○) 화해는 당사자가 상호 양보하여 다툼의 대상이 되었던 법률관계를 확정하는 것을 목적으로 하므로, 당해 법률관계에 대한 처분권이 인정되어야 한다. 따라서 당사자가 임의로 처분할 수 없는 법률관계는 화해계약의 대상이 될 수 없다.

답 ①

092 민법상 화해계약에 관한 설명으로 옳지 않은 것은?(다툼이 있는 경우에는 판례에 의함)

12 변리

① 당사자는 착오를 이유로 화해계약을 취소하지 못하지만, 화해당사자의 자격 또는 화해의 목적인 분쟁 이외의 사항에 착오가 있는 때에는 취소할 수 있다.
② 상대방의 사기로 인하여 화해의 목적인 분쟁에 관한 사항을 착오하여 화해계약을 체결한 경우, 사기를 이유로 계약을 취소할 수 있다.
③ 의사의 치료행위 직후 환자가 사망하여 의사의 치료행위상의 과실이 있었음을 전제로 의사가 환자의 유족에게 거액의 손해배상금을 지급하기로 합의하였으나 그 후 환자의 사망원인이 의사의 치료행위와는 전혀 무관한 것으로 밝혀진 경우, 착오를 이유로 화해계약을 취소할 수 있다.
④ 교통사고피해자 본인이 가해자와 손해배상에 관하여 합의한 경우, 그 화해의 효력은 특별한 사정이 없는 한 피해자의 부모들이 가지는 위자료청구권에 미친다.
⑤ 화해계약이 성립되면 특별한 사정이 없는 한 종전의 법률관계가 어떠하였느냐를 묻지 않고 화해계약에 의하여 새로운 법률관계가 생긴다.

해설

① (○) 화해계약은 착오를 이유로 하여 취소하지 못한다. 그러나 화해당사자의 자격 또는 화해의 목적인 분쟁 이외의 사항에 착오가 있는 때에는 그러하지 아니하다(민법 제733조).
② (○) 민법 제733조의 규정에 의하면, 화해계약은 화해당사자의 자격 또는 화해의 목적인 분쟁 이외의 사항에 착오가 있는 경우를 제외하고는 착오를 이유로 취소하지 못하지만, 화해계약이 사기로 인하여 이루어진 경우에는 화해의 목적인 분쟁에 관한 사항에 착오가 있는 때에도 민법 제110조에 따라 이를 취소할 수 있다고 할 것이다(대판 2008.9.11. 2008다15278).
③ (○) 환자가 의료과실로 사망한 것으로 전제하고 의사가 유족들에게 손해배상금을 지급하기로 하는 합의가 이루어졌으나 그 사인이 진료와는 관련이 없는 것으로 판명되었다면 위 합의는 그 목적이 아닌 망인의 사인에 관한 착오로 이루어진 화해이므로 착오를 이유로 취소할 수 있다(대판 1991.1.25. 90다12526).
④ (×) 교통사고의 경우, 피해자 본인과는 별도로 그의 부모들도 그 사고로 말미암아 그들이 입은 정신적 손해에 대하여 고유의 위자료청구권을 가진다 할 것이므로, 피해자 본인이 합의금을 수령하고 가해자 측과 나머지 손해배상청구권을 포기하기로 하는 등의 약정을 맺었다 하더라도 그의 부모들이 합의당사자인 피해자 본인과 가해자 사이에 합의가 성립되면 그들 자신은 별도로 손해배상을 청구하지 아니하고 손해배상청구권을 포기하겠다는 뜻을 명시적 혹은 묵시적으로 나타낸 바 있다는 등의 특별한 사정이 없는 한 위 포기 등 약정의 효력이 당연히 고유의 손해배상청구권을 가지는 그의 부모들에게까지 미친다고는 할 수 없다(대판 1999.6.22. 99다7046).
⑤ (○) 화해계약은 당사자 일방이 양보한 권리가 소멸되고 상대방이 화해로 인하여 그 권리를 취득하는 효력이 있다(민법 제732조).

답 ④

CHAPTER 03 법정채권관계

제1절 사무관리

001 甲은 법률상 의무 없이 乙의 사무를 처리하고 있다. 이에 관한 설명으로 옳지 않은 것은?(다툼이 있으면 판례에 따름) 　21 노무

① 甲이 제3자와의 별도의 위임계약에 따라 乙의 사무를 처리한 경우, 원칙적으로 甲과 乙 사이에 사무관리는 성립하지 않는다.
② 사무관리가 성립되기 위한 甲의 사무관리의사는 甲 자신을 위한 의사와 병존할 수 있다.
③ 사무관리가 성립하는 경우, 甲은 乙에게 부당이득 반환을 청구할 수 없다.
④ 사무관리가 성립하는 경우, 甲이 乙의 의사를 알거나 알 수 있었다면 甲은 사무의 성질에 좇아 乙에게 이익이 되는 방법으로 관리하여야 한다.
⑤ 甲이 사무관리하면서 과실 없이 손해를 입은 경우, 甲은 乙의 현존이익의 한도 내에서 그 손해의 보상을 청구할 수 있다.

해설

① (○) 의무 없이 타인의 사무를 처리한 자는 그 타인에 대하여 민법상 사무관리규정에 따라 비용상환 등을 청구할 수 있으나, 제3자와의 약정에 따라 타인의 사무를 처리한 경우에는 의무 없이 타인의 사무를 처리한 것이 아니므로 이는 원칙적으로 그 타인과의 관계에서는 사무관리가 된다고 볼 수 없다(대판 2013.9.26. 2012다43539). 이러한 판례의 취지를 고려하면, 별도의 위임계약이 있는 경우에는 원칙적으로 관리자 甲과 본인 乙 사이에 사무관리가 성립하지 아니한다고 보는 것이 타당하다.
② (○) 민법 제734조 제1항의 '타인을 위하여'는 관리의 사실상 효과를 본인에게 귀속시키려는 의사의 존재를 요한다는 의미로 이해하여야 하고, 관리의사는 관리자 자신을 위한 의사와 병존할 수 있음에 유의하여야 한다.
③ (×) 종래의 통설은 민법 제739조 제3항의 청구권을 '본인의 의사에 반하는지 여부는 명백하지 아니하나, 본인의 의사에 반하는 경우'에 적법한 사무관리의 효과로 발생하는 청구권이라고 이해하고 있다. 따라서 위와 같은 경우에도 사무관리가 성립하며, 이때 관리자 甲은 민법 제739조 제3항에 의하여 본인 乙의 현존이익의 한도에서 乙에게 부당이득 반환의 성질을 가지는 비용상환청구권, 채무대변제청구권 및 담보제공청구권 등을 행사할 수 있다고 판단된다.
④ (×) 사무관리가 성립하는 경우, 관리자는 그 사무의 성질에 좇아 가장 본인에게 이익되는 방법으로 이를 관리하여야 하고, 관리자가 본인의 의사를 알거나 알 수 있는 때에는 그 의사에 적합하도록 관리하여야 한다(민법 제734조 제1항·제2항). 따라서 관리자 甲이 본인 乙의 의사를 알았거나 알 수 있었다면, 甲은 乙의 의사에 적합하도록 관리하여야 한다.
⑤ (○) 민법 제740조

답 ③, ④

002 사무관리에 관한 설명으로 옳지 않은 것은?(다툼이 있으면 판례에 따름)   24 노무

① 제3자와의 약정에 따라 타인의 사무를 처리한 경우, 사무처리자와 그 타인과의 관계에서는 원칙적으로 사무관리가 인정되지 않는다.
② 타인의 사무처리가 본인의 의사에 반한다는 것이 명백하다면 특별한 사정이 없는 한 사무관리는 성립하지 않는다.
③ 사무관리의 성립요건인 '타인을 위하여 사무를 처리하는 의사'는 반드시 외부적으로 표시되어야 한다.
④ 사무관리에 의하여 본인이 아닌 제3자가 결과적으로 사실상 이익을 얻은 경우, 사무관리자는 그 제3자에 대하여 직접 부당이득반환을 청구할 수 없다.
⑤ 사무관리의 성립요건인 '타인을 위하여 사무를 처리하는 의사'는 관리자 자신의 이익을 위한 의사와 병존할 수 있다.

해설

① (○) 의무 없이 타인의 사무를 처리한 자는 그 타인에 대하여 민법상 사무관리 규정에 따라 비용상환 등을 청구할 수 있으나, 제3자와의 약정에 따라 타인의 사무를 처리한 경우에는 의무 없이 타인의 사무를 처리한 것이 아니므로 이는 원칙적으로 그 타인과의 관계에서는 사무관리가 된다고 볼 수 없다(대판 2013.9.26. 2012다43539).
② (○) 사무관리가 성립하기 위하여는 우선 그 사무가 타인의 사무이고 타인을 위하여 사무를 처리하는 의사, 즉 관리의 사실상의 이익을 타인에게 귀속시키려는 의사가 있어야 함은 물론 나아가 그 사무의 처리가 본인에게 불리하거나 본인의 의사에 반한다는 것이 명백하지 아니할 것을 요한다(대판 1997.10.10. 97다26326). 타인의 사무처리가 본인의 의사에 반한다는 것이 명백하다면 특별한 사정이 없는 한 사무관리는 성립하지 않는다.
③ (×) 사무관리의 성립요건인 '타인을 위하여 사무를 처리하는 의사'는 관리자 자신의 이익을 위한 의사와 병존할 수 있고, 반드시 외부적으로 표시될 필요가 없으며, 사무를 관리할 당시에 확정되어 있을 필요가 없다(대판 2013.8.22. 2013다30882).
④ (○) 계약상 급부가 계약 상대방뿐 아니라 제3자에게 이익이 된 경우에 급부를 한 계약당사자는 계약 상대방에 대하여 계약상 반대급부를 청구할 수 있는 이외에 제3자에 대하여 직접 부당이득반환청구를 할 수는 없다고 보아야 하고, 이러한 법리는 급부가 사무관리에 의하여 이루어진 경우에도 마찬가지이다. 따라서 의무 없이 타인을 위하여 사무를 관리한 자는 타인에 대하여 민법상 사무관리 규정에 따라 비용상환 등을 청구할 수 있는 외에 사무관리에 의하여 결과적으로 사실상 이익을 얻은 다른 제3자에 대하여 직접 부당이득반환을 청구할 수는 없다(대판 2013.6.27. 2011다17106).
⑤ (○) 사무관리의 성립요건인 '타인을 위하여 사무를 처리하는 의사'는 관리자 자신의 이익을 위한 의사와 병존할 수 있고, 반드시 외부적으로 표시될 필요가 없으며, 사무를 관리할 당시에 확정되어 있을 필요가 없다(대판 2013.8.22. 2013다30882).

답 ❸

003 사무관리에 관한 설명으로 옳지 않은 것은?(다툼이 있는 경우에는 판례에 의함) 15 노무

① 관리자가 본인의 의사에 반하는 관리행위로 인하여 필요비 또는 유익비를 지출한 때에는 본인의 현존이익의 한도에서 그 상환을 청구할 수 있다.
② 관리자가 사무관리를 함에 있어서 과실 없이 손해를 받은 때에는 본인의 현존이익의 한도에서 그 손해의 보상을 청구할 수 있다.
③ 사무를 처리한 자에게 타인을 위하여 처리한다는 관리의사가 없는 경우에도 사무관리가 성립될 수 있다.
④ 관리자가 관리를 개시한 때에는 지체 없이 본인에게 통지하여야 하지만, 본인이 이미 이를 안 때에는 그러하지 아니하다.
⑤ 관리자가 타인의 생명, 신체, 명예 또는 재산에 대한 급박한 위해를 면하게 하기 위하여 그 사무를 관리한 때에는 고의나 중대한 과실이 없으면 이로 인한 손해를 배상할 책임이 없다.

해설

① (○) 민법 제739조 제3항
② (○) 민법 제740조
③ (×) 사무관리라 함은 의무 없이 타인을 위하여 그의 사무를 처리하는 행위를 말하는 것이므로, 만약 그 사무가 타인의 사무가 아니라거나 또는 사무를 처리한 자에게 타인을 위하여 처리한다는 관리의사가 없는 경우에는 사무관리가 성립될 수 없다(대판 1995.9.15. 94다59943).
④ (○) 민법 제736조
⑤ (○) 민법 제735조

답 ❸

004 사무관리에 관한 설명으로 옳은 것은?(다툼이 있으면 판례에 따름) 16 변리

① 사무관리의 성립요건인 '타인을 위하여 사무를 처리하려는 의사'는 관리자 자신의 이익을 도모하려는 의사와 병존할 수 없다.
② 甲이 乙과의 계약에 따라 丙의 사무를 처리한 경우에 원칙적으로 甲과 丙 사이에서는 사무관리가 성립하지 않는다.
③ 사무관리자가 본인의 의사에 반하여 사무를 관리한 때에는 본인에 대하여 비용의 상환을 청구할 수 없다.
④ 사무관리자는 본인에 대하여 비용의 상환을 청구할 수 있는 외에 사무관리에 의하여 결과적으로 사실상 이익을 얻은 다른 제3자에 대하여 직접 부당이득 반환을 청구할 수도 있다.
⑤ 사무관리관계의 종료를 위해서는 본인이 명시적으로 관리자에게 그 목적인 사무를 스스로 직접 관리하겠다는 의사표시를 하여야 한다.

해설

① (×) 사무관리가 성립하기 위하여는 우선 그 사무가 타인의 사무이고 타인을 위하여 사무를 처리하는 의사, 즉 관리의 사실상의 이익을 타인에게 귀속시키려는 의사가 있어야 하며, 나아가 그 사무의 처리가 본인에게 불리하거나 본인의 의사에 반한다는 것이 명백하지 아니할 것을 요한다. 여기에서 '타인을 위하여 사무를 처리하는 의사'는 관리자 자신의 이익을 위한 의사와 병존할 수 있고, 반드시 외부적으로 표시될 필요가 없으며, 사무를 관리할 당시에 확정되어 있을 필요가 없다(대판 2013.8.22. 2013다30882).

② (○) 의무 없이 타인의 사무를 처리한 자는 그 타인에 대하여 민법상 사무관리규정에 따라 비용상환 등을 청구할 수 있으나, 제3자와의 약정에 따라 타인의 사무를 처리한 경우에는 의무 없이 타인의 사무를 처리한 것이 아니므로 이는 원칙적으로 그 타인과의 관계에서는 사무관리가 된다고 볼 수 없다(대판 2013.9.26. 2012다43539). 乙과의 계약에 따라 丙의 사무를 처리한 경우, 의무 없이 丙의 사무를 처리한 것이 아니므로 원칙적으로 甲과 丙 사이에서는 사무관리가 성립하지 아니한다.

③ (×) 관리자가 본인의 의사에 반하여 관리한 때에는 본인의 현존이익의 한도에서 비용상환이나 채무대변제, 담보제공을 청구할 수 있다(민법 제739조 제3항).

④ (×) 의무 없이 타인을 위하여 사무를 관리한 자는 타인에 대하여 민법상 사무관리규정에 따라 비용상환 등을 청구할 수 있는 외에 사무관리에 의하여 결과적으로 사실상 이익을 얻은 다른 제3자에 대하여 직접 부당이득 반환을 청구할 수는 없다(대판 2013.6.27. 2011다17106).

⑤ (×) 사무관리는 의사표시를 요소로 하는 법률행위가 아니므로 본인이 사무관리의 목적이었던 사무를 본인이 직접 관리하려면 사무관리자에게 그 관리를 종료하여 줄 것을 내용으로 하는 의사표시를 하여야 하는 것이 아니고 본인 자신이 직접 관리하겠다는 의사가 외부적으로 명백히 표현된 경우에는 사무관리는 그 이상 성립할 수 없다(대판 1975.4.8. 75다254).

답 ❷

005 사무관리에 관한 설명으로 옳은 것은?(다툼이 있으면 판례에 따름) 〔24 변리〕

① 관리자가 사무의 적절한 관리를 함에 있어 과실없이 손해를 받은 때에는 본인에 대하여 그 손해 전액의 보상을 청구할 수 있다.
② 관리자가 본인을 위하여 본인의 의사에 부합하게 사무를 관리하면서 유익비를 지출한 경우, 현존이익 한도에서 그 상환을 청구할 수 있다.
③ 상대방과의 약정에 따라 제3자의 사무를 관리한 경우, 그 관리자와 제3자 사이에서는 원칙적으로 사무관리가 성립된다.
④ 관리자에게 타인을 위해 사무를 처리하는 의사와 관리자 자신의 이익을 위한 의사가 모두 있는 경우에는 사무관리가 성립할 수 없다.
⑤ 관리자가 타인의 신체에 대한 급박한 위해를 면하게 하기 위하여 그 사무를 관리한 경우, 그의 경과실로 인해 발생한 본인의 손해를 배상할 책임이 없다.

해설

① (×) 관리자가 사무관리를 함에 있어서 과실없이 손해를 받은 때에는 본인의 현존이익의 한도에서 그 손해의 보상을 청구할 수 있다(민법 제740조).

② (×) 관리자가 본인을 위하여 본인의 의사에 부합하게 사무를 관리하면서 유익비를 지출한 경우, 유익비 전부를 청구할 수 있다(민법 제739조 제1항).

③ (×) 의무 없이 타인의 사무를 처리한 자는 그 타인에 대하여 민법상 사무관리규정에 따라 비용상환 등을 청구할 수 있으나, 제3자와의 약정에 따라 타인의 사무를 처리한 경우에는 의무 없이 타인의 사무를 처리한 것이 아니므로 이는 원칙적으로 그 타인과의 관계에서는 사무관리가 된다고 볼 수 없다(대판 2013.9.26. 2012다43539).

④ (×) 사무관리가 성립하기 위하여는 우선 그 사무가 타인의 사무이고 타인을 위하여 사무를 처리하는 의사, 즉 관리의 사실상의 이익을 타인에게 귀속시키려는 의사가 있어야 하며, 나아가 그 사무의 처리가 본인에게 불리하거나 본인의 의사에 반한다는 것이 명백하지 아니할 것을 요한다. 여기에서 '타인을 위하여 사무를 처리하는 의사'는 관리자 자신의 이익을 위한 의사와 병존할 수 있고, 반드시 외부적으로 표시될 필요가 없으며, 사무를 관리할 당시에 확정되어 있을 필요가 없다(대판 2013.8.22. 2013다30882).

⑤ (○) 관리자가 타인의 생명, 신체, 명예 또는 재산에 대한 급박한 위해를 면하게 하기 위하여 그 사무를 관리한 때에는 고의나 중대한 과실이 없으면 이로 인한 손해를 배상할 책임이 없다(민법 제735조).

답 ❺

006 사무관리에 관한 설명으로 옳은 것을 모두 고른 것은?(다툼이 있으면 판례에 따름)

ㄱ. 관리자가 사무관리를 함에 있어서 과실 없이 손해를 받은 경우, 본인에게 그 손해 전부의 보상을 청구할 수 있다.
ㄴ. 관리자는 본인의 청구가 있는 때에 사무처리의 상황을 보고하여야 하며, 사무처리가 종료된 때에는 지체 없이 그 전말을 보고하여야 한다.
ㄷ. 타인을 위하여 사무를 처리하는 의사는 관리자 자신의 이익을 위한 의사와 병존할 수 있고, 반드시 외부적으로 표시될 필요가 없으며, 사무를 관리할 당시에 확정되어 있을 필요도 없다.
ㄹ. 제3자와의 약정에 따라 타인의 사무를 처리한 경우에도 그 타인과의 관계에서는 의무 없이 타인의 사무를 처리한 것이므로, 그 타인과의 관계에서 원칙적으로 사무관리가 성립한다.

① ㄱ, ㄴ
② ㄴ, ㄷ
③ ㄷ, ㄹ
④ ㄱ, ㄴ, ㄹ
⑤ ㄱ, ㄷ, ㄹ

해설

ㄱ. (×) 관리자가 사무관리를 함에 있어서 과실 없이 손해를 받은 때에는 <u>본인의 현존이익의 한도에서</u> 그 손해의 보상을 청구할 수 있다(민법 제740조).
ㄴ. (○) 민법 제738조, 제683조 참조

> **수임인의 보고의무(민법 제683조)**
> 수임인은 위임인의 청구가 있는 때에는 위임사무의 처리상황을 보고하고 위임이 종료한 때에는 지체없이 그 전말을 보고하여야 한다.
>
> **준용규정(민법 제738조)**
> 제683조 내지 제685조의 규정은 사무관리에 준용한다.

ㄷ. (○) 사무관리가 성립하기 위하여는 우선 그 사무가 타인의 사무이고 타인을 위하여 사무를 처리하는 의사, 즉 관리의 사실상의 이익을 타인에게 귀속시키려는 의사가 있어야 하며, 나아가 그 사무의 처리가 본인에게 불리하거나 본인의 의사에 반한다는 것이 명백하지 아니할 것을 요한다. 여기에서 '타인을 위하여 사무를 처리하는 의사'는 관리자 자신의 이익을 위한 의사와 병존할 수 있고, 반드시 외부적으로 표시될 필요가 없으며, 사무를 관리할 당시에 확정되어 있을 필요가 없다(대판 2013.8.22. 2013다30882).
ㄹ. (×) 의무 없이 타인의 사무를 처리한 자는 그 타인에 대하여 민법상 사무관리규정에 따라 비용상환 등을 청구할 수 있으나, 제3자와의 약정에 따라 타인의 사무를 처리한 경우에는 의무 없이 타인의 사무를 처리한 것이 아니므로 이는 원칙적으로 그 타인과의 관계에서는 사무관리가 된다고 볼 수 없다(대판 2013.9.26. 2012다43539).

답 ❷

007 사무관리에 관한 설명으로 옳지 않은 것은?(다툼이 있으면 판례에 따름) `17` 변리

① 사무처리의 긴급성 등으로 국가의 사무에 대하여 사인의 개입이 정당화되는 경우, 사인은 국가의 사무를 처리하면서 지출한 필요비를 청구할 수 있으나 유익비의 상환을 청구할 수는 없다.
② 관리인이 본인에게 인도할 금전을 자기를 위하여 소비한 때에는 소비한 날 이후의 이자뿐만 아니라 그에 따른 손해까지 배상하여야 한다.
③ 관리자가 타인의 명예에 대한 급박한 위해를 면하게 하기 위하여 그 사무를 관리한 경우, 그의 경과실로 인하여 본인에게 손해가 발생하여도 그에 따른 손해배상책임을 지지 않는다.
④ 관리자가 사무관리를 함에 있어서 과실 없이 손해를 받은 때에는 본인의 현존이익의 한도에서 그 손해의 보상을 청구할 수 있다.
⑤ 타인을 위하여 사무를 처리하는 의사는 관리자 자신의 이익을 위한 의사와 병존할 수 있다.

해설

① (×) 타인의 사무가 국가의 사무인 경우, 원칙적으로 사인이 법령상 근거 없이 국가의 사무를 수행할 수 없다는 점을 고려하면, 사인이 처리한 국가의 사무가 사인이 국가를 대신하여 처리할 수 있는 성질의 것으로서, <u>사무처리의 긴급성 등 국가의 사무에 대한 사인의 개입이 정당화되는 경우에 한하여 사무관리가 성립하고, 사인은 그 범위 내에서 국가에 대하여 국가의 사무를 처리하면서 지출된 필요비 내지 유익비의 상환을 청구할 수 있다</u>(대판 2014.12.11. 2012다15602).
② (○) 민법 제738조, 제685조 참조

> **수임인의 금전소비의 책임(민법 제685조)**
> 수임인이 위임인에게 인도할 금전 또는 위임인의 이익을 위하여 사용할 금전을 자기를 위하여 소비한 때에는 소비한 날 이후의 이자를 지급하여야 하며 그 외의 손해가 있으면 배상하여야 한다.
>
> **준용규정(민법 제738조)**
> 제683조 내지 제685조의 규정은 사무관리에 준용한다.

③ (○) 관리자가 타인의 생명, 신체, 명예 또는 재산에 대한 급박한 위해를 면하게 하기 위하여 그 사무를 관리한 때에는 고의나 중대한 과실이 없으면 이로 인한 손해를 배상할 책임이 없다(민법 제735조).
④ (○) 관리자가 사무관리를 함에 있어서 과실 없이 손해를 받은 때에는 본인의 현존이익의 한도에서 그 손해의 보상을 청구할 수 있다(민법 제740조).
⑤ (○) 사무관리가 성립하기 위하여는 우선 그 사무가 타인의 사무이고 타인을 위하여 사무를 처리하는 의사, 즉 관리의 사실상의 이익을 타인에게 귀속시키려는 의사가 있어야 하며, 나아가 그 사무의 처리가 본인에게 불리하거나 본인의 의사에 반한다는 것이 명백하지 아니할 것을 요한다. 여기에서 '타인을 위하여 사무를 처리하는 의사'는 <u>관리자 자신의 이익을 위한 의사와 병존할 수 있고</u>, 반드시 외부적으로 표시될 필요가 없으며, 사무를 관리할 당시에 확정되어 있을 필요가 없다(대판 2013.8.22. 2013다30882).

답 ❶

008

甲은 이웃에 사는 乙이 해외여행을 간 사이에 폭우가 내려 乙의 담장이 무너지려는 것을 보고 건축업자인 丙과 위 담장이 무너지지 않도록 보강공사 도급계약을 체결하였고, 丙은 위 보강공사를 완료하였다. 이에 관한 설명 중 옳지 않은 것은?(각 지문은 독립적이며, 다툼이 있는 경우 판례에 의함)

19 변시

① 甲과 乙 사이에 사무관리가 성립하기 위해서는 甲에게 乙을 위하여 사무를 처리한다는 관리의사가 있어야 한다.
② 丙과 乙 사이에는 계약관계가 존재하지 않으므로 丙은 乙을 상대로 위 담장의 보강공사로 인하여 증가한 이득액에 대하여 부당이득반환청구를 할 수 있다.
③ 丙은 甲에게 도급계약에 기하여 위 공사비의 지급을 청구할 수 있다.
④ 甲과 乙 사이에 사무관리가 성립하는 경우에는 甲은 乙을 상대로 丙에게 지급한 공사비를 비용으로 청구할 수 있다.
⑤ 甲과 乙 사이에 사무관리가 성립하는 경우에는 甲은 乙에게 丙에 대한 위 도급계약상의 채무를 자기에 갈음하여 변제할 것을 청구할 수 있다.

해설

① (○) 사무관리라 함은 의무 없이 타인을 위하여 그의 사무를 처리하는 행위를 말하는 것이므로, 甲과 乙 사이에 사무관리가 성립하기 위해서는 甲에게 乙을 위하여 사무를 처리한다는 관리의사가 있어야 한다(대판 1995.9.15. 94다59943).
② (×), ③ (○) 甲이 乙을 위한 의사로 법률상 의무없이 乙의 담장에 대한 보강공사를 완료하였으므로 사무관리자는 甲이라고 해야 하고, 丙은 甲과의 도급계약에 의해 보강공사를 했으므로 사무관리자라고는 할 수 없으며, 도급계약에 의해 甲에게 공사비의 지급을 청구할 수 있을 뿐이다.❸ 다만, 丙이 乙에게 보강공사로 인하여 증가한 이득액에 대하여 부당이득반환청구를 할 수 있는지 여부가 전용물소권의 문제로 논의되고 있으나 판례는 부정적인 태도를 취하고 있다.❷

> 계약상 급부가 계약 상대방뿐 아니라 제3자에게 이익이 된 경우에 급부를 한 계약당사자는 계약 상대방에 대하여 계약상 반대급부를 청구할 수 있는 이외에 제3자에 대하여 직접 부당이득반환청구를 할 수는 없다고 보아야 하고, 이러한 법리는 급부가 사무관리에 의하여 이루어진 경우에도 마찬가지이다. 따라서 <u>의무 없이 타인을 위하여 사무를 관리한 자는 타인에 대하여 민법상 사무관리 규정에 따라 비용상환 등을 청구할 수 있는 외에 사무관리에 의하여 결과적으로 사실상 이익을 얻은 다른 제3자에 대하여 직접 부당이득반환을 청구할 수는 없다</u>(대판 2013.6.27. 2011다17106).

④ (○), ⑤ (○) 민법 제739조, 제688조 제2항 참조

> **관리자의 비용상환청구권(민법 제739조)**
> ① 관리자가 본인을 위하여 필요비 또는 유익비를 지출한 때에는 본인에 대하여 그 상환을 청구할 수 있다.❹
> ② 관리자가 본인을 위하여 필요 또는 유익한 채무를 부담한 때에는 제688조 제2항의 규정을 준용한다.
>
> **수임인의 비용상환청구권 등(민법 제688조)**
> ② 수임인이 위임사무의 처리에 필요한 채무를 부담한 때에는 위임인에게 자기에 갈음하여 이를 변제하게 할 수 있고 그 채무가 변제기에 있지 아니한 때에는 상당한 담보를 제공하게 할 수 있다.❺

답 ❷

제2절 부당이득

009 부당이득에 관한 설명으로 옳은 것을 모두 고른 것은?(다툼이 있으면 판례에 따름) [25 노무]

ㄱ. 계약상 급부가 상대방뿐 아니라 제3자에게 이익이 된 경우, 급부를 한 계약당사자는 제3자를 상대로 직접 부당이득반환청구를 할 수 없다.
ㄴ. 임대차 종료 후 임차인이 동시이행항변권을 행사하여 임차건물을 사용한 경우, 이로 인한 이득이 있다면 이를 부당이득으로 반환하여야 한다.
ㄷ. 급부를 한 당사자가 그 급부의 법률상 원인 없음을 이유로 반환을 청구하는 이른바 급부부당이득의 경우, 부당이득반환청구의 상대방이 이익을 보유할 정당한 권원이 있다는 점을 증명할 책임이 있다.

① ㄱ
② ㄷ
③ ㄱ, ㄴ
④ ㄴ, ㄷ
⑤ ㄱ, ㄴ, ㄷ

해설

ㄱ. (○) 계약상 급부가 계약의 상대방뿐만 아니라 제3자의 이익으로 된 경우에 급부를 한 계약당사자가 계약상대방에 대하여 계약상의 반대급부를 청구할 수 있는 이외에 그 제3자에 대하여 직접 부당이득반환청구를 할 수 있다고 보면, 자기 책임하에 체결된 계약에 따른 위험부담을 제3자에게 전가시키는 것이 되어 계약법의 기본원리에 반하는 결과를 초래할 뿐만 아니라, 채권자인 계약당사자가 채무자인 계약 상대방의 일반채권자에 비하여 우대받는 결과가 되어 일반채권자의 이익을 해치게 되고, 수익자인 제3자가 계약상대방에 대하여 가지는 항변권 등을 침해하게 되어 부당하므로, 위와 같은 경우 계약상 급부를 한 계약당사자는 이익의 귀속 주체인 제3자에 대하여 직접 부당이득반환을 청구할 수는 없다(대판 2010.6.24. 2010다9269).

ㄴ. (○) 임대차계약의 종료에 의하여 발생된 임차인의 임차목적물 반환의무와 임대인의 연체차임을 공제한 나머지 보증금의 반환의무는 동시이행의 관계에 있는 것이므로, 임대차계약 종료 후에도 임차인이 동시이행의 항변권을 행사하여 임차건물을 계속 점유하여 온 것이라면 임차인의 그 건물에 대한 점유는 불법점유라고 할 수는 없으나, 그로 인하여 이득이 있다면 이는 부당이득으로서 반환하여야 하는 것은 당연하다(대판 1992.4.14. 91다45200).

ㄷ. (×) 민법 제741조는 "법률상 원인 없이 타인의 재산 또는 노무로 인하여 이익을 얻고 이로 인하여 타인에게 손해를 가한 자는 그 이익을 반환하여야 한다."라고 정하고 있다. 당사자 일방이 자신의 의사에 따라 일정한 급부를 한 다음 급부가 법률상 원인 없음을 이유로 반환을 청구하는 이른바 급부부당이득의 경우에는 법률상 원인이 없다는 점에 대한 증명책임은 부당이득반환을 주장하는 사람에게 있다(대판 2018.1.24. 2017다37324).

답 ❸

010 부당이득에 관한 설명으로 옳은 것은?(다툼이 있으면 판례에 따름)

25 변리

① 도급계약에 기하여 수급인이 도급인으로부터 제3자 소유 물건의 점유를 이전받아 이를 수리한 결과 그 물건의 가치가 증가한 경우, 수급인은 민법 제203조(점유자의 상환청구권)에 의한 비용상환청구권을 행사할 수 있다.
② 점유자가 유익비를 지출할 당시 계약관계 등 적법한 점유권원을 가진 경우, 계약관계 등의 상대방이 아닌 점유회복 당시의 상대방에 대하여는 민법 제203조 제2항에 따른 지출비용의 상환을 구할 수 있다.
③ 토지임차인이 지상건물에 대하여 적법하게 매수청구권을 행사하면 지상건물의 부지를 계속하여 점유·사용하더라도 부당이득반환의무를 지지 않는다.
④ 미등기건물을 양수하여 건물에 관한 사실상의 처분권을 보유하게 됨으로써 건물의 부지를 점유하고 있다고 볼 수 있는 경우 미등기건물에 관한 사실상의 처분권자는 건물 부지의 점유·사용에 따른 부당이득반환의무를 부담한다.
⑤ 건물의 소유자가 현실적으로 건물이나 그 부지를 점거하고 있지 않다면 토지 소유자에 대하여 부당이득반환의무를 지지 않는다.

해설

① (×) 유효한 도급계약에 기하여 수급인이 도급인으로부터 제3자 소유 물건의 점유를 이전받아 이를 수리한 결과 그 물건의 가치가 증가한 경우, 도급인이 그 물건을 간접점유하면서 궁극적으로 자신의 계산으로 비용지출과정을 관리한 것이므로, 도급인만이 소유자에 대한 관계에 있어서 민법 제203조에 의한 비용상환청구권을 행사할 수 있는 비용지출자라고 할 것이고, <u>수급인은 그러한 비용지출자에 해당하지 않는다고 보아야 한다</u>(대판 2002.8.23. 99다66564·66571).
② (×) 민법 제203조 제2항에 의한 점유자의 회복자에 대한 유익비상환청구권은 점유자가 계약관계 등 적법하게 점유할 권리를 가지지 않아 소유자의 소유물반환청구에 응하여야 할 의무가 있는 경우에 성립되는 것으로서, 이 경우 점유자는 그 비용을 지출할 당시의 소유자가 누구이었는지 관계없이 점유회복 당시의 소유자 즉 회복자에 대하여 비용상환청구권을 행사할 수 있는 것이나, 점유자가 유익비를 지출할 당시 계약관계 등 적법한 점유의 권원을 가진 경우에 그 지출비용의 상환에 관하여는 그 계약관계를 규율하는 법조항이나 법리 등이 적용되는 것이어서, 점유자는 그 계약관계 등의 상대방에 대하여 해당 법조항이나 법리에 따른 비용상환청구권을 행사할 수 있을 뿐 <u>계약관계 등의 상대방이 아닌 점유회복 당시의 소유자에 대하여 민법 제203조 제2항에 따른 지출비용의 상환을 구할 수는 없다</u>(대판 2003.7.25. 2001다64752).
③ (×) <u>임차인이 지상건물 등의 점유·사용을 통하여 그 부지를 계속하여 점유·사용하는 한 그로 인한 부당이득으로서 부지의 임료 상당액은 이를 반환할 의무가 있다</u>(대판 2001.6.1. 99다60535).
④ (○) 미등기건물을 양수하여 건물에 관한 사실상의 처분권을 보유하게 됨으로써 그 양수인이 건물 부지 역시 아울러 <u>점유하고 있다고 볼 수 있는 경우에는 미등기건물에 관한 사실상의 처분권자도 건물 부지의 점유·사용에 따른 부당이득반환의무를 부담한다</u>. 이러한 경우 미등기건물의 원시취득자와 사실상의 처분권자가 토지 소유자에 대하여 부담하는 부당이득반환의무는 동일한 경제적 목적을 가진 채무로서 부진정연대채무 관계에 있다(대판 2022.9.29. 2018다243133[본소]·243140[반소]).
⑤ (×) 사회통념상 건물은 그 부지를 떠나서는 존재할 수 없으므로 건물의 부지가 된 토지는 그 건물의 소유자가 점유하는 것으로 볼 것이고, 이 경우 건물의 소유자가 현실적으로 건물이나 그 부지를 점거하고 있지 아니하고 있더라도 건물의 소유를 위하여 그 부지를 점유한다고 볼 수 있다. 따라서 타인 소유의 토지 위에 권원 없이 건물을 소유하는 자는 그 자체로써 건물 부지가 된 토지를 점유하고 있는 것이므로 특별한 사정이 없는 한 <u>법률상 원인 없이 타인의 재산으로 인하여 토지의 차임에 상당하는 이익을 얻고 이로 인하여 타인에게 동액 상당의 손해를 주고 있다</u>(대판 2023.8.18. 2021다249810).

답 ❹

011 부당이득에 관한 설명으로 옳은 것을 모두 고른 것은?(다툼이 있는 경우에는 판례에 의함)

15 노무

> ㄱ. 법률행위가 사기에 의한 것으로서 취소되는 경우에 그 법률행위가 동시에 불법행위를 구성하는 때에는 취소의 효과로 생기는 부당이득반환청구권과 불법행위로 인한 손해배상청구권은 경합하여 병존하는 것이므로, 채권자는 어느 것이라도 선택하여 행사할 수 있지만 중첩적으로 행사할 수는 없다.
> ㄴ. 채무자가 횡령한 금전으로 자신의 채권자에 대한 채무를 변제하는 경우, 채권자가 그 변제를 수령함에 있어 단순히 과실이 있는 경우에는 그 변제는 유효하고 채권자의 금전 취득이 피해자에 대한 관계에 있어서 법률상 원인을 결여한 것이라고 할 수 없다.
> ㄷ. 비채변제에 관한 규정(민법 제742조)은 변제자가 채무 없음을 알면서도 변제를 한 경우에 적용되는 것이므로, 채무 없음을 알지 못한 경우에는 그 과실 유무를 불문하고 적용되지 아니한다.

① ㄱ
② ㄱ, ㄴ
③ ㄱ, ㄷ
④ ㄴ, ㄷ
⑤ ㄱ, ㄴ, ㄷ

해설

ㄱ. (○) 법률행위가 사기에 의한 것으로서 취소되는 경우에 그 법률행위가 동시에 불법행위를 구성하는 때에는 취소의 효과로 생기는 부당이득반환청구권과 불법행위로 인한 손해배상청구권은 경합하여 병존하는 것이므로, 채권자는 어느 것이라도 선택하여 행사할 수 있지만 중첩적으로 행사할 수는 없다(대판 1993.4.27. 92다56087).

ㄴ. (○) 채무자가 피해자에게서 횡령한 금전을 자신의 채권자에 대한 채무변제에 사용하는 경우 채권자가 변제를 수령하면서 그 금전이 횡령한 것이라는 사실에 대하여 악의 또는 중대한 과실이 없는 한 채권자의 금전취득은 피해자에 대한 관계에서 법률상 원인이 있는 것으로 봄이 타당하다(대판 2012.1.12. 2011다74246).

ㄷ. (○) 민법 제742조 소정의 비채변제에 관한 규정은 변제자가 채무 없음을 알면서도 변제를 한 경우에 적용되는 것이어서 채무 없음을 알지 못한 경우에는 그 과실 유무를 불문하고 적용되지 아니하며, 변제자가 채무 없음을 알았다는 점에 대한 증명책임은 반환청구권을 부인하는 측에 있다고 할 것이다(대판 2012.11.15. 2010다68237).

답 ⑤

012 부당이득에 관한 설명으로 옳은 것은?(다툼이 있으면 판례에 따름)

18 노무

① 선의의 수익자가 패소한 때에는 그 판결이 확정된 때부터 악의의 수익자로 본다.
② 악의의 비채변제라도 변제를 강제당한 경우 등 그 변제가 자유로운 의사에 반하여 이루어진 때에는 반환을 청구할 수 있다.
③ 임차인이 동시이행의 항변권에 기하여 임차목적물을 사용·수익한 경우에는 부당이득이 성립하지 않는다.
④ 무효인 명의신탁약정에 의하여 타인 명의의 등기가 마쳐졌다는 이유만으로 그것이 불법원인급여에 해당한다.
⑤ 채무 없는 자가 착오로 변제한 경우에 그 변제가 도의관념에 적합한 때에도 그 반환을 청구할 수 있다.

해설

① (×) 선의의 수익자가 패소한 때에는 그 소를 제기한 때부터 악의의 수익자로 본다(민법 제749조 제2항).
② (○) 지급자가 채무 없음을 알면서도 임의로 지급한 경우에는 민법 제742조 소정의 비채변제로서 수령자에게 그 반환을 구할 수 없으나, 지급자가 채무 없음을 알고 있었다고 하더라도 변제를 강제당한 경우나 변제 거절로 인한 사실상의 손해를 피하기 위하여 부득이 변제하게 된 경우 등 그 변제가 자유로운 의사에 반하여 이루어진 것으로 볼 수 있는 사정이 있는 때에는 지급자는 <u>그 반환청구권을 상실하지 않는다</u>(대판 2004.1.27. 2003다46451).
③ (×) 임차인이 동시이행의 항변권에 기하여 임차목적물을 점유하고 사용·수익한 경우 그 점유는 불법점유라 할 수 없어 그로 인한 손해배상책임은 지지 아니하되, 다만 사용·수익으로 인하여 실질적으로 얻은 이익이 있으면 부당이득으로서 반환하여야 한다(대판 1998.7.10. 98다15545).
④ (×) 부동산 실권리자명의 등기에 관한 법률(이하 '부동산실명법') 규정의 문언, 내용, 체계와 입법목적 등을 종합하면, 부동산실명법을 위반하여 무효인 명의신탁약정에 따라 명의수탁자 명의로 등기를 하였다는 이유만으로 그것이 당연히 불법원인급여에 해당한다고 단정할 수는 없다(대판 2019.6.20. 2013다218156[전합]).
⑤ (×) 채무 없는 자가 착오로 인하여 변제한 경우에 그 변제가 도의관념에 적합한 때에는 그 반환을 청구하지 못한다(민법 제744조).

답 ❷

013 부당이득에 관한 설명으로 옳은 것은?(다툼이 있으면 판례에 따름) 22 노무

① 채무자가 착오로 변제기 전에 채무를 변제한 경우, 채권자는 이로 인해 얻은 이익을 반환할 의무가 없다.
② 수익자가 이익을 받은 후 법률상 원인없음을 안 때에는 그 이익을 받은 날로부터 악의의 수익자로서 이익반환의 책임이 있다.
③ 선의의 수익자가 패소한 때에는 패소가 확정된 때부터 악의의 수익자로 본다.
④ 불법원인급여에서 수익자의 불법성이 현저히 크고, 그에 비하여 급여자의 불법성은 경미한 경우라 하더라도 급여자의 반환청구는 허용되지 않는다.
⑤ 법률상 원인 없이 이득을 얻은 자는 있지만 그로 인해 손해를 입은 자가 없는 경우, 부당이득반환청구권은 인정되지 않는다.

해설

① (×) 변제기에 있지 아니한 채무를 변제한 때에는 그 반환을 청구하지 못한다. 그러나 채무자가 착오로 인하여 변제한 때에는 <u>채권자는 이로 인하여 얻은 이익을 반환하여야 한다</u>(민법 제743조).
② (×) 수익자가 이익을 받은 후 법률상 원인없음을 안 때에는 <u>그때부터</u> 악의의 수익자로서 이익반환의 책임이 있다(민법 제749조 제1항).
③ (×) 선의의 수익자가 패소한 때에는 <u>그 소를 제기한 때부터</u> 악의의 수익자로 본다(민법 제749조 제2항).
④ (×) 수익자의 불법성이 급여자의 그것보다 현저히 큰 데 반하여 급여자의 불법성은 미약한 경우에도 급여자의 반환청구가 허용되지 않는다면 공평에 반하고 신의성실의 원칙에도 어긋나므로, <u>이러한 경우에는 민법 제746조 본문의 적용이 배제되어 급여자의 반환청구는 허용된다</u>(대판 1999.9.17. 98도2036).
⑤ (○) 부당이득은 법률상 원인 없이 타인의 재산 또는 노무로 인하여 이익을 얻고 이로 인하여 타인에게 손해를 가함으로써 성립하는 것이므로, <u>법률상 원인 없는 이득이 있다 하더라도 그로 인하여 타인에게 손해가 발생한 것이 아니라면 그 타인은 부당이득반환청구권자가 될 수 없다</u>(대판 2011.7.28. 2009다100418).

답 ❺

014 부당이득에 관한 설명으로 옳지 않은 것은?(다툼이 있으면 판례에 따름)   17 노무

① 소유권과 같은 물권의 취득뿐만 아니라 채권의 취득도 이득에 해당한다.
② 채무 없는 자가 착오로 변제한 경우에 그 변제가 도의관념에 적합한 때에는 그 반환을 청구하지 못한다.
③ 법률상 원인 없이 타인 소유의 건물을 점유하여 거주하는 자는 특별한 사정이 없는 한 건물의 차임상당액을 부당이득으로 반환할 의무가 있다.
④ 부당이득으로 취득한 금전은 취득자의 소비 여부를 불문하고 현존하는 것으로 추정된다.
⑤ 부당이득반환의무는 수익자에게 고의 또는 과실이 있는 경우에만 인정된다.

해설

① (○) 부당이득은 그 수익의 방법에 제한이 없는 것으로, 채권도 물권과 같이 재산의 하나이므로 그 취득도 당연히 이득이 되고 수익이 된다(대판 1996.11.22. 96다34009).
② (○) 민법 제744조
③ (○) 대판 1994.12.9. 94다27809
④ (○) 대판 2012.12.13. 2011다69770
⑤ (×) 부당이득을 반환함에 있어서 수익자의 고의 또는 과실은 문제되지 아니한다.

답 ⑤

015 부당이득반환청구권에 관한 설명으로 옳지 않은 것은?(다툼이 있으면 판례에 따름)   20 노무

① 부당이득반환청구권의 요건인 수익자의 이득은 실질적으로 귀속된 이득을 의미한다.
② 법률상 원인 없이 이득을 얻은 자는 있지만 그로 인해 손해를 입은 자가 없다면 부당이득반환청구권은 성립하지 않는다.
③ 수인이 공동으로 법률상 원인 없이 타인의 재산을 사용한 경우 발생하는 부당이득반환채무는 특별한 사정이 없는 한 부진정연대관계에 있다.
④ 부당이득이 금전상 이득인 경우 이를 취득한 자가 소비하였는지 여부를 불문하고 그 이득은 현존하는 것으로 추정된다.
⑤ 선의의 수익자가 부당이득반환청구소송에서 패소한 때에는 그 소가 제기된 때부터 악의의 수익자로 간주된다.

해설

① (○) 임차인이 임대차계약 종료 이후에도 동시이행의 항변권을 행사하는 방법으로 목적물의 반환을 거부하기 위하여 임차건물 부분을 계속 점유하기는 하였으나 이를 본래의 임대차계약상의 목적에 따라 사용·수익하지 아니하여 실질적인 이득을 얻은 바 없는 경우에는 그로 인하여 임대인에게 손해가 발생하였다 하더라도 임차인의 부당이득반환의무는 성립되지 아니한다 할 것이다(대판 2001.2.9. 2000다61398).
② (○) 부당이득은 법률상 원인 없이 타인의 재산 또는 노무로 인하여 이익을 얻고 이로 인하여 타인에게 손해를 가함으로써 성립하는 것이므로, 법률상 원인 없는 이득이 있다 하더라도 그로 인하여 타인에게 손해가 발생한 것이 아니라면 그 타인은 부당이득반환청구권자가 될 수 없다(대판 2011.7.28. 2009다100418).
③ (×) 여러 사람이 공동으로 법률상 원인 없이 타인의 재산을 사용한 경우의 부당이득반환채무는 특별한 사정이 없는 한 불가분적 이득의 반환으로서 불가분채무이고, 불가분채무는 각 채무자가 채무 전부를 이행할 의무가 있으며, 1인의 채무이행으로 다른 채무자도 그 의무를 면하게 된다(대판 2001.12.11. 2000다13948).
④ (○) 대판 2012.12.13. 2011다69770
⑤ (○) 민법 제749조 제2항

답 ③

016

부당이득의 반환의무 또는 책임의 범위가 현존이익으로 한정되는 경우가 아닌 것은?

① 선의의 부당이득자의 반환청구
② 실종선고가 취소된 경우, 실종선고를 직접원인으로 하여 선의로 재산을 취득한 자의 반환의무
③ 법률행위가 제한능력을 이유로 취소되는 경우, 제한능력자의 상환의무
④ 수탁보증인이 과실 없이 변제 기타의 출재로 주채무를 소멸시킨 경우, 주채무자의 수탁보증인에 대한 구상채무
⑤ 사무관리를 함에 있어 관리자가 과실 없이 손해를 받은 경우, 본인의 관리자에 대한 무과실손해보상채무

해설

① (○) 선의의 수익자는 그 받은 이익이 현존한 한도에서 부당이득반환의 책임이 있다(민법 제748조 제1항).
② (○) 실종선고의 취소가 있을 때에 실종의 선고를 직접원인으로 하여 재산을 취득한 자가 선의인 경우에는 그 받은 이익이 현존하는 한도에서 반환할 의무가 있고 악의인 경우에는 그 받은 이익에 이자를 붙여서 반환하고 손해가 있으면 이를 배상하여야 한다(민법 제29조 제2항).
③ (○) 취소된 법률행위는 처음부터 무효인 것으로 본다. 다만, 제한능력자는 그 행위로 인하여 받은 이익이 현존하는 한도에서 상환(償還)할 책임이 있다(민법 제141조 단서).
④ (×) 주채무자의 부탁으로 보증인이 된 자가 과실 없이 변제 기타의 출재로 주채무를 소멸하게 한 때에는 주채무자에 대하여 구상권이 있다(민법 제444조 제1항). 제425조 제2항의 규정은 전항의 경우에 준용한다(민법 제441조 제2항). 연대채무자의 구상권은 면책된 날 이후의 법정이자 및 피할 수 없는 비용 기타 손해배상을 포함한다(민법 제425조 제2항).
⑤ (○) 관리자가 사무관리를 함에 있어서 과실 없이 손해를 받은 때에는 본인의 현존이익의 한도에서 그 손해의 보상을 청구할 수 있다(민법 제740조).

답 ❹

017

부당이득에 관한 설명으로 옳은 것은?(다툼이 있으면 판례에 따름)

① 채무자가 채무 없음을 알고 임의로 변제한 경우, 그 반환을 청구할 수 있다.
② 선의의 수익자가 패소한 때에는 패소 시부터 악의의 수익자로 본다.
③ 불법원인급여로 인해 반환을 청구하지 못하는 이익은 종국적인 것임을 요하지 않는다.
④ 제한능력을 이유로 법률행위를 취소하는 경우, 악의의 제한능력자는 그 행위로 인하여 받은 이익 전부를 상환하여야 한다.
⑤ 수익자가 법률상 원인 없이 이득한 재산을 처분함으로 인하여 원물반환이 불가능한 경우, 반환하여야 할 가액은 특별한 사정이 없는 한 그 처분 당시의 대가이다.

해설

① (×) 채무 없음을 알고 이를 변제한 때에는 그 반환을 청구하지 못한다(민법 제742조).
② (×) 선의의 수익자가 패소한 때에는 그 소를 제기한 때부터 악의의 수익자로 본다(민법 제749조 제2항).
③ (×) 민법 제746조에서 불법의 원인으로 인하여 급여함으로써 그 반환을 청구하지 못하는 이익은 종국적인 것을 말한다(대판 1995.8.11. 94다54108).
④ (×) 제한능력자는 그 행위로 인하여 받은 이익이 현존하는 한도에서 상환할 책임이 있다. 선의·악의를 묻지 아니한다(민법 제141조 단서).
⑤ (○) 대판 1995.5.12. 94다25551

답 ❺

018 부당이득에 관한 설명으로 옳은 것은?(다툼이 있으면 판례에 따름) 23 노무

① 법률상 원인 없는 이득이 있다면 그 이득으로 인해 타인에게 손해가 발생한 것이 아니더라도 그 타인은 부당이득반환청구를 할 수 있다.
② 변제기에 있지 아니한 채무를 착오 없이 변제한 때에는 그 변제한 것의 반환을 청구할 수 있다.
③ 부동산 실권리자명의 등기에 관한 법률에 위반되어 무효인 명의신탁약정에 기하여 타인 명의로 등기를 마쳐준 것은 당연히 불법원인급여에 해당한다.
④ 선의의 수익자가 패소한 때에는 그 소가 확정된 때로부터 악의의 수익자로 본다.
⑤ 제한행위능력을 이유로 법률행위를 취소한 경우 제한능력자는 선의·악의를 묻지 않고 그 행위로 인하여 받은 이익이 현존하는 한도에서 상환할 책임이 있다.

해설

① (×) 법률상 원인 없이 타인의 재산 또는 노무로 인하여 이익을 얻고 이로 인하여 타인에게 손해를 가한 자는 그 이익을 반환하여야 한다(민법 제741조). 부당이득은 법률상 원인 없이 타인의 재산 또는 노무로 인하여 이익을 얻고 이로 인하여 타인에게 손해를 가함으로써 성립하는 것이므로, 법률상 원인 없는 이득이 있다 하더라도 그로 인하여 타인에게 손해가 발생한 것이 아니라면 그 타인은 부당이득반환청구권자가 될 수 없다(대판 2011.7.28. 2009다100418).

② (×) 변제기에 있지 아니한 채무를 변제한 때에는 그 반환을 청구하지 못한다. 그러나 채무자가 착오로 인하여 변제한 때에는 채권자는 이로 인하여 얻은 이익을 반환하여야 한다(민법 제743조).

③ (×) 부동산 실권리자명의 등기에 관한 법률이 규정하는 명의신탁약정은 부동산에 관한 물권의 실권리자가 타인과의 사이에서 대내적으로는 실권리자가 부동산에 관한 물권을 보유하거나 보유하기로 하고 그에 관한 등기는 그 타인의 명의로 하기로 하는 약정을 말하는 것일 뿐이므로, 그 자체로 선량한 풍속 기타 사회질서에 위반하는 경우에 해당한다고 단정할 수 없을 뿐만 아니라, 위 법률은 원칙적으로 명의신탁약정과 그 등기에 기한 물권변동만을 무효로 하고 명의신탁자가 다른 법률관계에 기하여 등기회복 등의 권리행사를 하는 것까지 금지하지는 않는 대신, 명의신탁자에 대하여 행정적 제재나 형벌을 부과함으로써 사적자치 및 재산권보장의 본질을 침해하지 않도록 규정하고 있으므로, 위 법률이 비록 부동산등기제도를 악용한 투기·탈세·탈법행위 등 반사회적 행위를 방지하는 것 등을 목적으로 제정되었다고 하더라도, 무효인 명의신탁약정에 기하여 타인 명의의 등기가 마쳐졌다는 이유만으로 그것이 당연히 불법원인급여에 해당한다고 볼 수 없다(대판 2003.11.27. 2003다41722).

④ (×) 수익자가 이익을 받은 후 법률상 원인 없음을 안 때에는 그때부터 악의의 수익자로서 이익반환의 책임이 있다. 선의의 수익자가 패소한 때에는 그 소를 제기한 때부터 악의의 수익자로 본다(민법 제749조).

⑤ (○) 선의의 수익자는 그 받은 이익이 현존한 한도에서 부당이득반환의 책임이 있지만, 악의의 수익자는 그 받은 이익에 이자를 붙여 반환하고 손해가 있으면 이를 배상하여야 한다(민법 제748조). 다만, 제한능력자는 그 행위로 인하여 받은 이익이 현존하는 한도에서 상환(償還)할 책임이 있다(민법 제141조). 제한능력자의 책임을 제한하는 민법 제141조 단서는 부당이득에 있어 수익자의 반환범위를 정한 민법 제748조의 특칙으로서 제한능력자의 보호를 위해 그 선의·악의를 묻지 아니하고 반환범위를 현존 이익에 한정시키려는 데 그 취지가 있다(대판 2009.1.15. 2008다58367 참고).

답 ⑤

019 부당이득에 관한 설명으로 옳지 않은 것은?(다툼이 있으면 판례에 따름) [18 변리]

① 임대차계약이 합의해지된 후, 임차인이 임차목적물을 계속 점유하였으나, 이를 사용·수익하지 않았다면 임대인은 임차인에게 차임 상당액의 부당이득 반환을 청구할 수 없다.
② 타인 소유의 토지 위에 권한 없이 건물을 소유하고 있는 자는 이를 사용·수익하지 않았더라도 특별한 사정이 없는 한, 그 자체만으로 토지소유자에게 토지의 차임에 상당하는 부당이득반환의무를 부담한다.
③ 임차인이 임대차계약 종료 후 임차건물을 계속 점유하였으나, 임차인의 사정으로 인해 임차건물을 사용·수익하지 아니하여 이익을 얻지 못한 경우, 임차인은 차임 상당액의 부당이득반환의무를 부담하지 않는다.
④ 甲이 乙에게 부동산을 매도하고 목적물을 인도하지 않은 상태에서 乙로부터 중도금까지 받았으나 매매계약이 처음부터 무효였다면, 甲은 선의였더라도 乙로부터 받은 금전에 받은 날로부터 이자를 가산하여 반환하여야 한다.
⑤ 甲 소유의 토지에 대한 사용권한 없이 미등기건물을 신축한 乙로부터 그 건물을 丙이 매수하여, 이전등기를 넘겨받지 않았으나 그것에 대하여 사실상의 처분권을 갖고 있는 경우, 乙은 특별한 사정이 없는 한 甲에게 건물부지부분에 관한 차임에 상당하는 부당이득반환의무를 부담한다.

해설

① (○) 법률상 원인 없이 이득하였음을 이유로 한 부당이득 반환에 있어서 이득이라 함은 실질적인 이익을 가리키는 것이므로 법률상 원인 없이 건물을 점유하고 있다고 하여도 이를 사용·수익하지 못하였다면 실질적인 이익을 얻었다고 할 수 없다(대판 1986.3.25. 85다422).
② (○) 타인 소유의 토지 위에 권한 없이 건물을 소유하고 있는 자는 그 자체로써 특별한 사정이 없는 한 법률상 원인 없이 타인의 재산으로 인하여 토지의 차임에 상당하는 이익을 얻고 이로 인하여 타인에게 동액 상당의 손해를 주고 있다고 보아야 한다(대판 1998.5.8. 98다2389).
③ (○) 임차인이 임대차계약이 종료한 후 임차건물을 계속 점유하였더라도 본래의 계약목적에 따라 사용·수익하지 아니하여 이익을 얻지 않았다면 그로 인한 부당이득반환의무가 성립하지 아니하고, 이는 임차인의 사정으로 인하여 임차건물을 사용·수익하지 못한 경우에도 그러하다(대판 2006.10.12. 2004재다818).
④ (×) 甲이 乙에게 부동산을 매도하고 목적물을 인도하지 않은 상태에서 乙로부터 중도금까지 받았으나 매매계약이 처음부터 무효인 경우, 甲이 선의라면 그 받은 이익이 현존하는 한도에서 부당이득반환책임이 있다(민법 제748조 참고).
⑤ (○) 판례의 취지를 고려할 때 乙로부터 미등기건물을 매수한 丙이 사실상의 처분권을 보유하고 있더라도 특별한 사정이 없는 한 乙이 甲에게 건물부지부분에 관한 차임에 상당하는 부당이득반환의무를 부담한다.

> 타인 소유의 토지 위에 권한 없이 건물을 소유하는 자는 그 자체로써 건물부지가 된 토지를 점유하고 있는 것이므로 특별한 사정이 없는 한 법률상 원인 없이 타인의 재산으로 인하여 토지의 차임에 상당하는 이익을 얻고 이로 인하여 타인에게 동액 상당의 손해를 주고 있다고 할 것이고, 이는 건물소유자가 미등기건물의 원시취득자로서 그 건물에 관하여 사실상의 처분권을 보유하게 된 양수인이 따로 존재하는 경우에도 다르지 아니하다(대판 2011.7.14. 2009다76522).

답 ❹

020 부당이득에 관한 설명으로 옳은 것을 모두 고른 것은?(다툼이 있으면 판례에 따름)

ㄱ. 계약해제로 인한 원상회복의무의 이행으로 금전을 반환하는 경우, 그 금전에 받은 날로부터 가산하는 이자의 반환은 부당이득반환의 성질을 갖는다.
ㄴ. 민법 제742조(비채변제)의 규정은 변제자가 채무 없음을 알지 못한 경우에는 그 과실 유무를 불문하고 적용되지 아니한다.
ㄷ. 수익자가 취득한 것이 금전상의 이득인 경우, 특별한 사정이 없는 한 그 금전은 이를 취득한 자가 소비하였는지 여부를 불문하고 현존하는 것으로 추정된다.

① ㄱ
② ㄷ
③ ㄱ, ㄴ
④ ㄴ, ㄷ
⑤ ㄱ, ㄴ, ㄷ

해설

ㄱ. (○) 법정해제권 행사의 경우 당사자 일방이 그 수령한 금전을 반환함에 있어 그 받은 때로부터 법정이자를 부가함을 요하는 것은 민법 제548조 제2항이 규정하는 바로서, 이는 원상회복의 범위에 속하는 것이며 일종의 부당이득반환의 성질을 가지는 것이고 반환의무의 이행지체로 인한 것이 아니므로, 부동산 매매계약이 해제된 경우 매도인의 매매대금반환의무와 매수인의 소유권이전등기말소등기 절차이행의무가 동시이행의 관계에 있는지 여부와는 관계없이 매도인이 반환하여야 할 매매대금에 대하여는 그 받은 날로부터 민법 소정의 법정이율인 연 5푼의 비율에 의한 법정이자를 부가하여 지급하여야 하고, 이와 같은 법리는 약정된 해제권을 행사하는 경우라 하여 달라지는 것은 아니다(대판 2000.6.9. 2000다9123).
ㄴ. (○) 민법 제742조 소정의 비채변제에 관한 규정은 변제자가 채무 없음을 알면서도 변제를 한 경우에 적용되는 것이고, 채무 없음을 알지 못한 경우에는 그 과실 유무를 불문하고 적용되지 아니한다(대판 1998.11.13. 97다58453).
ㄷ. (○) 법률상 원인 없이 타인의 재산 또는 노무로 인하여 이익을 얻고 그로 인하여 타인에게 손해를 가한 경우, 그 취득한 것이 금전상의 이득인 때에는 그 금전은 이를 취득한 자가 소비하였는가의 여부를 불문하고 현존하는 것으로 추정된다(대판 1996.12.10. 96다32881).

답 ⑤

021 악의의 비채변제(민법 제742조)에 관한 판례의 입장에 부합하는 것은?

① 지급자가 채무 없음을 알고 있었다 하더라도 변제를 강제당한 경우나 변제거절로 인한 사실상의 손해를 피하기 위하여 부득이 변제하게 된 경우 등 그 변제가 자기의 자유로운 의사에 반하여 이루어진 것으로 볼 수 있는 사정이 있는 때에는 지급자가 그 반환청구권을 상실하지 않는다.
② 민법 제742조는 변제자가 채무 없음을 알면서도 변제를 한 경우와 채무 없음을 알지 못하고 변제하였으나 이에 대하여 과실이 있는 경우에 적용된다.
③ 납세의무자와 과세관청 사이의 조세법률관계에서 발생한 부당이득에 대하여서도 민법상의 비채변제 규정이 적용된다.
④ 비채변제를 원인으로 부당이득금 반환을 청구하는 자는 채무가 존재하지 아니한 사실과 그 채무가 존재하지 아니함을 알지 못하고 지급하였음을 주장·증명하여야 한다.
⑤ 위탁교육 후의 의무재직기간 근무불이행시 급여를 반환하도록 한 약정에 따라 근로자가 연수시간 중 지급받은 급여 일부를 반환한 경우 그 급여반환은 반환의무 없음을 알면서 자유로운 의사에 기하여 이루어진 것으로 민법 제742조의 비채변제에 해당한다.

해설

① (○) 비채변제는 지급자가 채무 없음을 알면서도 임의로 지급한 경우에만 성립하고, 채무 없음을 알고 있었다 하더라도 변제를 강요당한 경우나 변제 거절로 인한 사실상의 손해를 피하기 위하여 부득이 변제하게 된 경우 등 그 변제가 자기의 자유로운 의사에 반하여 이루어진 것으로 볼 수 있는 사정이 있는 때에는 지급자가 그 반환청구권을 상실하지 않는다(대판 2006.7.28. 2004다54633).
② (×) 민법 제742조의 비채변제에 관한 규정은 변제자가 채무 없음을 알면서도 변제한 경우에 적용되는 것이고, 채무 없음을 알지 못한 경우에는 그 과실 유무를 불문하고 적용되지 아니하며, 변제자가 채무 없음을 알았다는 점에 대한 증명책임은 반환청구권을 부인하는 측에 있다(대판 2016.4.12. 2015다218723).
③ (×) 납세의무자와 과세관청 사이의 조세법률관계에서 발생한 부당이득에 대하여서는 민법상의 비채변제의 규정이 적용되지 아니한다(대판 1995.2.28. 94다31419).
④ (×) 비채변제를 원인으로 부당이득금 반환을 청구하는 자가 채무가 존재하지 아니한 사실만 주장증명하면 족한 것이고 그 채무가 존재하지 아니함을 알지 못하고 지급하였음을 주장 증명할 책임은 없다(대판 1962.6.28. 4294민상1453).
⑤ (×) 위탁교육 후의 의무재직기간 근무 불이행시 급여를 반환토록 한 약정에 따라 근로자가 연수기간 중 지급받은 급여 일부를 반환한 경우, 그 급여 반환이 반환의무 없음을 알면서 자유로운 의사에 기하여 이루어진 것이 아니므로 민법 제742조의 비채변제에 해당하지 아니하고, 나아가 그와 같은 강행법규에 위반한 무효의 약정에 기한 채무의 변제를 민법 제744조의 도의관념에 적합한 비채변제라고 할 수도 없다(대판 1996.12.20. 95다52222).

답 ❶

022 부당이득에 관한 설명 중 옳은 것을 모두 고른 것은?(다툼이 있으면 판례에 따름) [14 사시]

ㄱ. 하자 있는 의사표시에 터 잡아 돈을 교부한 경우, 그 의사표시의 취소권이 소멸하였더라도 교부자가 수령자에게 부당이득반환청구권을 행사할 수 있다.

ㄴ. 유효한 도급계약에 기하여 수급인이 도급인으로부터 제3자 소유 물건의 점유를 이전받아 이를 수리한 결과 그 물건의 가치가 증가한 경우, 수급인은 제3자에 대해 부당이득의 반환을 청구할 수 없다.

ㄷ. 甲이 수취인의 예금계좌에서 계좌이체를 하였는데, 그 계좌이체의 원인이 되는 법률관계가 존재하지 않는 경우, 甲은 수취은행을 상대로 부당이득의 반환을 청구할 수 있다.

ㄹ. 타인의 토지를 권원 없이 점유하여 나무를 심어 키운 후 이를 처분한 경우, 그 점유자는 특별한 사정이 없는 한 그 토지의 차임 상당액과는 별도로 나무의 처분대금까지 부당이득으로 반환해야 하는 것은 아니다.

ㅁ. 어업권의 임대차를 금지하는 내용의 수산업법 제33조는 강행법규인바 위 규정을 위반하여 어업권을 임대한 어업권자는 원칙적으로 임차인을 상대로 임대차약정에 기한 차임의 지급을 청구할 수는 없지만 임차인이 어장을 점유·사용함으로써 얻은 이익은 부당이득으로 반환을 청구할 수 있다.

ㅂ. 부당이득반환청구권과 불법행위로 인한 손해배상청구권 중 어느 하나에 관한 소를 제기하여 승소 확정판결을 받았으나 채권의 만족을 얻지 못한 경우, 나머지 청구권에 관한 소를 제기할 수 있으나, 손해배상청구의 소를 먼저 제기하는 바람에 과실상계에 기한 책임 제한에 따라 그 승소액이 제한된 경우, 인정받지 못한 부분에 대한 부당이득반환청구권의 행사는 허용되지 않음이 원칙이다.

① ㄱ, ㄴ, ㄹ
② ㄱ, ㄷ
③ ㄴ, ㄷ, ㄹ, ㅂ
④ ㄴ, ㄹ, ㅁ
⑤ ㄴ, ㅁ, ㅂ

해설

ㄱ. (×) 하자 있는 의사표시에 터 잡아 돈을 교부한 경우, 그 의사표시의 취소권이 소멸하였다면 그 법률행위는 유효하므로 교부한 돈은 그 법률상 원인이 있다고 보아야 하므로, 교부자는 수령자에게 부당이득반환청구권을 행사할 수 없다. 판례도 같은 취지에서 원고가 비록 피고들의 강박에 의한 하자 있는 의사표시에 기하여 금원을 교부하였다 할지라도 그 의사표시가 소멸되지 않는 한 피고들의 위 금원보유가 법률상 원인이 없다고 볼 수 없으므로 피고들은 이를 반환할 의무가 없다고 판시하고 있다(대판 1990.11.13. 90다카17153).

ㄴ. (○) 원래 계약당사자 사이에서 그 계약의 이행으로 급부된 것은 그 급부의 원인관계가 적법하게 실효되지 아니하는 한 부당이득이 될 수 없고, 계약에 따른 어떤 급부가 그 계약의 상대방 아닌 제3자의 이익으로 된 경우에도 급부를 한 계약당사자는 계약상대방에 대하여 계약상의 반대급부를 청구할 수 있는 것이지 그 제3자에 대하여 직접 부당이득을 주장하여 반환을 청구할 수 없으므로(대판 2023.4.27. 2022다304189), 전용물소권을 부정하는 이러한 판례의 태도에 따라 판단하건대, 수급인이 도급인으로부터 제3자 소유 물건을 이전받아 수리한 결과 그 물건의 가치가 증가한 경우, 수급인은 제3자에 대해 부당이득의 반환을 청구할 수 없다.

ㄷ. (×) 판례의 취지를 고려할 때 甲과 수취인 사이에 계좌이체의 원인인 법률관계가 존재하는지 여부에 관계없이 甲은 수취은행이 아니라 수취인을 상대로 부당이득반환청구권을 행사하여야 한다.

> 현금으로 계좌송금 또는 계좌이체가 된 경우에는 예금원장에 입금의 기록이 된 때에 예금이 된다고 예금거래기본약관에 정하여져 있을 뿐이고, 수취인과 은행 사이의 예금계약의 성립 여부를 송금의뢰인과 수취인 사이에 계좌이체의 원인인 법률관계가 존재하는지 여부에 의하여 좌우되도록 한다고 별도로 약정하였다는 등의 특별한 사정이 없는 경우에는, 송금의뢰인이 수취인의 예금구좌에 계좌이체를 한 때에는, 송금의뢰인과 수취인 사이에 계좌이체의 원인인 법률관계가 존재하는지 여부에 관계없이 수취인과 수취은행 사이에는 계좌이체금액 상당의 예금계약이 성립하고, 수취인이 수취은행에 대하여 위 금액 상당의 예금채권을 취득한다. 이때, 송금의뢰인과 수취인 사이에 계좌이체의 원인이 되는 법률관계가 존재하지 않음에도 불구하고, 계좌이체에 의하여 수취인이 계좌이체금액

상당의 예금채권을 취득한 경우에는, 송금의뢰인은 수취인에 대하여 위 금액 상당의 부당이득반환청구권을 가지게 되지만, 수취은행은 이익을 얻은 것이 없으므로 수취은행에 대하여는 부당이득반환청구권을 취득하지 아니한다(대판 2007.11.29. 2007다51239).

ㄹ. (○) 일반적으로 타인의 토지를 법률상 권원 없이 점유·사용함으로 인하여 수익자가 얻는 이득은 특별한 사정이 없는 한 그 토지의 임료 상당액이라 할 것이고, 구체적인 점유·사용의 일환으로 수익자가 토지에 나무를 식재한 후 이를 처분하였다고 하더라도 그 처분대금 중에는 수익자의 노력과 비용이 포함되어 있을 뿐만 아니라, 이를 제외한 나머지 대금 상당액이 임료 상당의 부당이득과 서로 별개의 이득이라고 보기는 어렵다고 할 것이므로, 수익자가 임료 상당액과는 별도로 그 처분대금을 부당이득으로 반환해야 하는 것은 아니라고 할 것이다(대판 2006.12.22. 2006다56367).

ㅁ. (○) 구 수산업법 제33조가 어업권의 임대차를 금지하고 있는 취지 등에 비추어 보면, 위 규정에 위반하는 행위가 무효라고 하더라도 그것이 선량한 풍속 기타 사회질서에 반하는 행위라고 볼 수는 없다. 따라서 어업권의 임대차를 내용으로 하는 임대차계약이 구 수산업법 제33조에 위반되어 무효라고 하더라도 그것이 부당이득의 반환이 배제되는 '불법의 원인'에 해당하는 것으로 볼 수는 없으므로, 어업권을 임대한 어업권자로서는 그 임대차계약에 기해 임차인에게 한 급부로 인하여 임차인이 얻은 이익, 즉 임차인이 양식어장(어업권)을 점유·사용함으로써 얻은 이익을 부당이득으로 반환을 구할 수 있다(대판 2010.12.9. 2010다57626).

ㅂ. (×) 부당이득반환청구권과 불법행위로 인한 손해배상청구권은 서로 실체법상 별개의 청구권으로 존재하고 그 각 청구권에 기초하여 이행을 구하는 소는 소송법적으로도 소송물을 달리하므로, 채권자로서는 어느 하나의 청구권에 관한 소를 제기하여 승소 확정판결을 받았다고 하더라도 아직 채권의 만족을 얻지 못한 경우에는 다른 나머지 청구권에 관한 이행판결을 얻기 위하여 그에 관한 이행의 소를 제기할 수 있다. 그리고 채권자가 먼저 부당이득반환청구의 소를 제기하였을 경우 특별한 사정이 없는 한 손해 전부에 대하여 승소판결을 얻을 수 있었을 것임에도 우연히 손해배상청구의 소를 먼저 제기하는 바람에 과실상계 또는 공평의 원칙에 기한 책임제한 등의 법리에 따라 그 승소액이 제한되었다고 하여 그로써 제한된 금액에 대한 부당이득반환청구권의 행사가 허용되지 않는 것도 아니다(대판 2013.9.13. 2013다45457).

답 ④

023

부당이득에 관한 설명 중 옳은 것을 모두 고른 것은?(다툼이 있는 경우 판례에 의함) 22 변시

ㄱ. 甲이 악의의 수익자로 인정되려면, 악의가 의제되는 경우 등을 제외하면, 자신의 이익 보유가 법률상 원인 없는 것임을 인식해야 하고, 부당이득반환의무의 발생요건에 해당하는 사실이 있음을 인식하는 것만으로는 부족하다.
ㄴ. 甲이 乙로부터 위탁받아 보관 중이던 1,000만원을 가지고 자신의 채권자인 丙에게 임의로 변제하여 이를 횡령한 경우, 丙이 甲의 횡령사실을 알았더라도 丙은 乙에 대하여 부당이득반환의무를 지지 않는다.
ㄷ. 甲과 乙 사이에 건물 매매계약이 체결된 후 매도인 甲의 소유권이전등기의무가 쌍방 모두의 귀책사유 없이 불능이 된 경우, 매매계약 자체가 여전히 유효하므로 乙은 부당이득의 법리에 따라 이미 지급한 매매대금의 반환을 청구할 수 없다.
ㄹ. 甲이 법률상 의무 없이 乙의 사무를 대신 관리하여 민법상 사무관리가 성립한 경우, 그 사무관리행위로 인하여 결과적으로 丙이 사실상 이익을 얻었다면 甲은 丙을 상대로 직접 부당이득반환을 청구할 수 있다.

① ㄱ
② ㄱ, ㄷ
③ ㄴ, ㄷ
④ ㄱ, ㄴ, ㄹ
⑤ ㄴ, ㄷ, ㄹ

해설

ㄱ. (○) 민법 제748조 제2항은 "악의의 수익자는 그 받은 이익에 이자를 붙여 반환하고 손해가 있으면 이를 배상하여야 한다"라고 규정하고 있고, 제749조 제1항은 "수익자가 이익을 받은 후 법률상 원인 없음을 안 때에는 그때부터 악의의 수익자로서 이익반환의 책임이 있다"라고 규정하고 있으며, 같은 조 제2항은 "선의의 수익자가 패소한 때에는 그 소를 제기한 때부터 악의의 수익자로 본다"라고 규정하고 있다. 여기서 '악의'란, 민법 제749조 제2항에서 악의로 의제되는 경우 등은 별론으로 하고, 자신의 이익 보유가 법률상 원인 없는 것임을 인식하는 것을 말하고, 그 이익의 보유를 법률상 원인이 없는 것이 되도록 하는 사정, 즉 부당이득반환의무의 발생요건에 해당하는 사실이 있음을 인식하는 것만으로는 부족하다(대판 2018.10.25. 2016다42800).

ㄴ. (×) 판례의 취지를 고려할 때 甲이 자신의 채권자인 丙에게 임의로 변제하여 乙로부터 위탁받은 돈을 횡령한 경우, 丙이 甲의 횡령사실을 알았다면 丙은 乙에 대하여 부당이득반환의무를 진다.

> 부당이득제도는 이득자의 재산상 이득이 법률상 원인을 결여하는 경우에 공평·정의의 이념에 근거하여 이득자에게 반환의무를 부담시키는 것인데, 채무자가 피해자에게서 횡령한 금전을 자신의 채권자에 대한 채무변제에 사용하는 경우 채권자가 변제를 수령하면서 그 금전이 횡령한 것이라는 사실에 대하여 악의 또는 중대한 과실이 없는 한 채권자의 금전취득은 피해자에 대한 관계에서 법률상 원인이 있는 것으로 봄이 타당하며, 이와 같은 법리는 채무자가 횡령한 돈을 제3자에게 증여한 경우에도 마찬가지라고 보아야 한다(대판 2012.1.12. 2011다74246).

ㄷ. (×) 甲과 乙 사이의 건물 매매계약에 기한 甲의 소유권이전등기의무가 쌍방 모두의 귀책사유 없이 불능이 된 경우 甲의 소유권이전등기의무는 채무자위험부담주의(민법 제537조)에 의하여 소멸되고 쌍무계약에서의 견련성이 인정되는 乙의 매매대금지급의무도 소멸하게 되므로 乙이 이미 매매대금을 지급하였다면 부당이득반환의 법리에 따라 甲에게 그 반환을 청구할 수 있다.

> 쌍무계약에서 당사자 일방이 부담하는 채무가 채무자의 귀책사유로 이행할 수 없는 경우에는 채무불이행책임을 지지만, 당사자 쌍방의 귀책사유 없이 이행할 수 없는 경우에는 위험부담에 관한 민법 제537조가 적용되고 채권자의 귀책사유로 이행할 수 없는 경우 등에는 민법 제538조가 적용된다. 따라서 쌍무계약에서 당사자 쌍방의 귀책사유 없이 채무를 이행할 수 없게 된 경우 채무자는 민법 제537조에 따라 자신의 채무를 이행할 의무를 면함과 더불어 상대방의 이행도 청구하지 못한다. 쌍방 채무의 이행이 없었던 경우에는 계약상 의무의 이행을 청구하지 못하고 이미 이행한 급부는 법률상 원인 없는 급부가 되어 부당이득 법리에 따라 반환을 청구할 수 있다(대판 2021.5.27. 2017다254228).

ㄹ. (×) 甲이 법률상 의무 없이 乙의 사무를 대신 관리하여 사무관리가 성립한 경우, 그 사무관리행위로 인하여 결과적으로 丙이 사실상 이익을 얻었더라도 사무관리 규정에 따라 비용상환 등을 청구할 수 있는 외에 甲은 丙을 상대로 직접 부당이득반환을 청구할 수 없다.

> 계약상 급부가 계약 상대방뿐 아니라 제3자에게 이익이 된 경우에 급부를 한 계약당사자는 계약 상대방에 대하여 계약상 반대급부를 청구할 수 있는 이외에 제3자에 대하여 직접 부당이득반환청구를 할 수는 없다고 보아야 하고, 이러한 법리는 급부가 사무관리에 의하여 이루어진 경우에도 마찬가지이다. 따라서 의무 없이 타인을 위하여 사무를 관리한 자는 타인에 대하여 민법상 사무관리 규정에 따라 비용상환 등을 청구할 수 있는 외에 사무관리에 의하여 결과적으로 사실상 이익을 얻은 다른 제3자에 대하여 직접 부당이득반환을 청구할 수는 없다(대판 2013.6.27. 2011다17106).

답 ❶

024 불법원인급여에 관한 설명 중 옳지 않은 것은?(다툼이 있는 경우에는 판례에 의함) 13 변시

① 민법 제746조가 규정하는 불법원인이라 함은 그 원인되는 행위가 선량한 풍속 기타 사회질서에 위반하는 경우를 말하는 것으로서, 법률의 금지에 위반하는 경우라 할지라도 그것이 선량한 풍속 기타 사회질서에 위반하지 않는다면 위 불법원인에 해당하지 않는다.
② 윤락행위를 할 자를 고용·모집하거나 그 직업을 소개·알선한 자가 성매매의 유인·강요의 수단으로 이용되는 선불금 등 명목으로 제공한 금품은 불법원인급여에 해당하여 그 반환을 청구할 수 없다.
③ 불법원인급여 후 급부를 이행받은 자가 급부의 원인행위와 별도의 약정으로 급부 그 자체 또는 그에 갈음한 대가물의 반환을 특약하는 경우, 그 반환약정 자체가 사회질서에 반하여 무효가 되지 않는 한 유효하고, 이때 그 특약이 유효가 됨으로 인하여 이익을 얻는 급부자가 그 반환약정이 사회질서에 반하지 않는다는 점을 증명하여야 한다.
④ 부동산 실권리자명의 등기에 관한 법률에 의하여 무효인 명의신탁약정에 기하여 타인 명의의 등기가 마쳐졌다는 이유만으로 그것이 당연히 불법원인급여에 해당한다고 볼 수 없다.
⑤ 도박자금을 제공함으로 인하여 발생한 채권의 담보로 부동산에 관하여 근저당권설정등기가 경료되었을 뿐이라면 위 근저당권설정등기로 근저당권자가 받을 이익은 민법 제746조에서 말하는 이익에는 해당하지 아니하므로, 그 부동산의 소유자는 위 등기의 말소를 청구할 수 있다.

해설

① (○) 부당이득의 반환청구가 금지되는 사유로 민법 제746조가 규정하는 불법원인은 그 원인되는 행위가 선량한 풍속 기타 사회질서에 위반하는 경우를 말하는 것으로서, 법률의 금지에 위반하는 경우라 할지라도 그것이 선량한 풍속 기타 사회질서에 위반하지 않는 경우에는 이에 해당하지 않는다(대판 2014.7.10. 2013다74769).
② (○) 부당이득의 반환청구가 금지되는 사유로 민법 제746조가 규정하는 불법원인이라 함은 그 원인되는 행위가 선량한 풍속 기타 사회질서에 위반하는 경우를 말하는 것인바, 윤락행위 및 그것을 유인·강요하는 행위는 선량한 풍속 기타 사회질서에 위반되므로, 윤락행위를 할 자를 고용·모집하거나 그 직업을 소개·알선한 자가 윤락행위를 할 자를 고용·모집함에 있어 성매매의 유인·강요의 수단으로 이용되는 선불금 등 명목으로 제공한 금품이나 그 밖의 재산상 이익 등은 불법원인급여에 해당하여 그 반환을 청구할 수 없다(대판 2004.9.3. 2004다27488).
③ (×) 불법원인급여 후 급부를 이행받은 자가 급부의 원인행위와 별도의 약정으로 급부 그 자체 또는 그에 갈음한 대가물의 반환을 특약하는 것은 불법원인급여를 한 자가 그 부당이득의 반환을 청구하는 경우와는 달리 그 반환약정 자체가 사회질서에 반하여 무효가 되지 않는 한 유효하다. 여기서 반환약정 자체의 무효 여부는 반환약정 그 자체의 목적뿐만 아니라 당초의 불법원인급여가 이루어진 경위, 쌍방당사자의 불법성의 정도, 반환약정의 체결과정 등 민법 제103조 위반 여부를 판단하기 위한 제반 요소를 종합적으로 고려하여 결정하여야 하고, 한편 반환약정이 사회질서에 반하여 무효라는 점은 수익자가 이를 증명하여야 한다(대판 2010.5.27. 2009다12580).
④ (○) 부동산 실권리자명의 등기에 관한 법률(이하 '부동산실명법') 규정의 문언, 내용, 체계와 입법 목적 등을 종합하면, 부동산실명법을 위반하여 무효인 명의신탁약정에 따라 명의수탁자 명의로 등기를 하였다는 이유만으로 그것이 당연히 불법원인급여에 해당한다고 단정할 수는 없다(대판 2019.6.20. 2013다218156[전합]).
⑤ (○) 도박자금으로 금원을 대여함으로 인하여 발생한 채권을 담보하기 위한 근저당권설정등기가 경료되었을 뿐인 경우와 같이 수령자가 그 이익을 향수하려면 경매신청을 하는 등 별도의 조치를 취하여야 하는 경우에는, 그 불법원인급여로 인한 이익이 종국적인 것이 아니므로 등기설정자는 무효인 근저당권설정등기의 말소를 구할 수 있다(대판 1995.8.11. 94다54108).

답 ❸

025

甲과 乙 사이의 법률관계에 기하여 甲이 丙에게 급부를 한 경우에 관한 설명 중 옳은 것을 모두 고른 것은?(다툼이 있는 경우 판례에 의함) [21 변시]

> ㄱ. 甲이 乙에 대한 급부에 갈음하여 乙의 지시에 따라 乙의 채권자인 丙에게 급부를 한 경우, 甲과 乙 사이의 법률관계가 무효이더라도 甲은 丙에 대하여 부당이득반환청구를 할 수 없다.
> ㄴ. 甲이 乙과 체결한 제3자를 위한 계약에 따라 수익자인 丙에게 급부를 한 경우, 그 계약이 해제되더라도 甲은 丙에 대하여 원상회복청구를 할 수 없다.
> ㄷ. 甲이 乙을 위한 사무관리로서 丙에게 급부를 한 경우, 甲은 급부를 통해 이익을 얻은 丙에 대하여 직접 부당이득반환청구를 할 수 없다.
> ㄹ. 乙이 甲에 대한 채권을 丙에게 양도하였고 그에 따라 甲이 丙에게 급부를 한 경우, 채권의 발생원인이 된 甲과 乙 사이의 계약이 해제되더라도 甲은 丙에 대하여 원상회복청구를 할 수 없다.

① ㄱ, ㄴ
② ㄴ, ㄷ
③ ㄱ, ㄴ, ㄷ
④ ㄱ, ㄷ, ㄹ
⑤ ㄴ, ㄷ, ㄹ

해설

ㄱ. (○) 계약의 한쪽 당사자(甲)가 상대방의 지시(乙) 등으로 급부과정을 단축하여 상대방과 또 다른 계약관계를 맺고 있는 제3자(丙)에게 직접 급부를 하는 경우(이른바 삼각관계에서 급부가 이루어진 경우), 그 급부로써 급부를 한 계약당사자가 상대방에게 급부를 한 것일 뿐만 아니라 그 상대방이 제3자에게 급부를 한 것이므로, 계약의 한쪽 당사자는 제3자를 상대로 법률상 원인 없이 급부를 수령하였다는 이유로 부당이득반환청구를 할 수 없다(대판 2018.7.12. 2018다204992).

ㄴ. (○) 제3자를 위한 계약관계에서 낙약자와 요약자 사이의 법률관계(이른바 기본관계)를 이루는 계약이 해제된 경우 그 계약관계의 청산은 계약의 당사자인 낙약자와 요약자 사이에 이루어져야 하므로, 특별한 사정이 없는 한 낙약자가 이미 제3자에게 급부한 것이 있더라도 낙약자는 계약해제에 기한 원상회복 또는 부당이득을 원인으로 제3자를 상대로 그 반환을 구할 수 없다(대판 2005.7.22. 2005다7566). 따라서 그 계약이 해제되더라도 甲은 丙에 대하여 원상회복청구를 할 수 없다.

ㄷ. (○) 甲이 乙을 위한 사무관리로서 丙에게 급부를 한 경우, 그 사무관리행위로 인하여 결과적으로 丙이 사실상 이익을 얻었더라도 甲은 丙에 대하여 직접 부당이득반환청구를 할 수 없다.

> 계약상 급부가 계약 상대방뿐 아니라 제3자에게 이익이 된 경우에 급부를 한 계약당사자는 계약 상대방에 대하여 계약상 반대급부를 청구할 수 있는 이외에 제3자에 대하여 직접 부당이득반환청구를 할 수는 없다고 보아야 하고, 이러한 법리는 급부가 사무관리에 의하여 이루어진 경우에도 마찬가지이다. 따라서 <u>의무 없이 타인을 위하여 사무를 관리한 자는 타인에 대하여 민법상 사무관리 규정에 따라 비용상환 등을 청구할 수 있는 외에 사무관리에 의하여 결과적으로 사실상 이익을 얻은 다른 제3자에 대하여 직접 부당이득반환을 청구할 수는 없다</u>(대판 2013.6.27. 2011다17106).

ㄹ. (×) 乙의 甲에 대한 채권을 양수한 丙은 민법 제548조 제1항 단서의 제3자에 해당하지 아니하므로 채권의 발생원인이 된 甲과 乙 사이의 계약이 해제된 경우 甲은 丙에 대하여 원상회복청구를 할 수 있다고 보아야 한다.

> 민법 제548조 제1항 단서에서 규정하고 있는 제3자란 일반적으로 계약이 해제되는 경우 그 해제된 계약으로부터 생긴 법률효과를 기초로 하여 해제 전에 새로운 이해관계를 가졌을 뿐 아니라 등기·인도 등으로 완전한 권리를 취득한 자를 말하고, 계약상의 채권을 양수한 자는 여기서 말하는 제3자에 해당하지 않는다고 할 것인바, <u>계약이 해제된 경우 계약해제 이전에 해제로 인하여 소멸되는 채권을 양수한 자는 계약해제의 효과에 반하여 자신의 권리를 주장할 수 없음은 물론이고, 나아가 특단의 사정이 없는 한 채무자로부터 이행받은 급부를 원상회복하여야 할 의무가 있다</u>(대판 2003.1.24. 2000다22850).

답 ❸

제3절 불법행위

026 불법행위에 관한 설명으로 옳지 않은 것을 모두 고른 것은?(다툼이 있으면 판례에 따름)

24 노무

> ㄱ. 법적 작위의무가 객관적으로 인정되더라도 의무자가 그 작위의무의 존재를 인식하지 못한 경우에는 부작위로 인한 불법행위가 성립하지 않는다.
> ㄴ. 공작물의 하자로 인해 손해가 발생한 경우, 그 손해가 공작물의 하자와 관련한 위험이 현실화되어 발생한 것이 아니라도 공작물의 설치 또는 보존상 하자로 인하여 발생한 손해라고 볼 수 있다.
> ㄷ. 성추행을 당한 미성년자의 가해자에 대한 손해배상청구권의 소멸시효는 그 미성년자가 성년이 될 때까지는 진행되지 아니한다.

① ㄱ
② ㄷ
③ ㄱ, ㄴ
④ ㄴ, ㄷ
⑤ ㄱ, ㄴ, ㄷ

해설

ㄱ. (×) 부작위로 인한 불법행위가 성립하려면 작위의무가 전제되어야 하지만, 작위의무가 객관적으로 인정되는 이상 의무자가 의무의 존재를 인식하지 못하였더라도 불법행위 성립에는 영향이 없다. 이는 고지의무 위반에 의하여 불법행위가 성립하는 경우에도 마찬가지이므로 당사자의 부주의 또는 착오 등으로 고지의무가 있다는 것을 인식하지 못하였다고 하여 위법성이 부정될 수 있는 것은 아니다(대판 2012.4.26. 2010다8709).

ㄴ. (×) 공작물책임 규정의 내용과 입법 취지, '공작물의 설치·보존상의 하자'의 판단 기준 등에 비추어 보면, 공작물의 하자로 인해 어떤 손해가 발생하였다고 하더라도 그 손해가 공작물의 하자와 관련한 위험이 현실화되어 발생한 것이 아니라면 이는 '공작물의 설치 또는 보존상의 하자로 인하여 발생한 손해'라고 볼 수 없다(대판 2018.7.12. 2015다249147).

ㄷ. (○) 미성년자가 성폭력, 성추행, 성희롱, 그 밖의 성적(性的) 침해를 당한 경우에 이로 인한 손해배상청구권의 소멸시효는 그가 성년이 될 때까지는 진행되지 아니한다(민법 제766조 제3항).

답 ❸

---

027 불법행위에 관한 설명으로 옳지 않은 것은?(다툼이 있으면 판례에 따름)

23 변리

① 공동불법행위자들 중에 고의로 불법행위를 행한 자가 있는 경우, 모든 공동불법행위자가 과실상계의 주장을 할 수 없다.
② 위법행위 시점과 손해의 발생 시점에 시간적 간격이 있는 경우, 불법행위로 인한 재산상 손해에 대한 배상책임이 성립하는 시기는 손해의 발생 시점이다.
③ 금전을 대여한 채권자가 고의 또는 과실로 이자제한법을 위반하여 최고이자율을 초과하는 이자를 받아 채무자에게 손해를 입힌 경우, 특별한 사정이 없는 한 불법행위가 성립한다.
④ 민법 제756조(사용자의 배상책임)의 사용관계는 실제로 지휘·감독하고 있는지 여부에 의하여 결정되는 것이 아니라 객관적으로 지휘·감독을 하여야 할 관계에 있는지 여부에 따라 결정된다.
⑤ 불법행위로 인한 손해배상채무는 특별한 사정이 없는 한 채무 성립과 동시에 지연손해금이 발생한다.

해설

① (×) 피해자의 부주의를 이용하여 고의로 불법행위를 저지른 자가 바로 그 피해자의 부주의를 이유로 자신의 책임을 감하여 달라고 주장하는 것은 허용될 수 없으나, 이는 그러한 사유가 있는 자에게 과실상계의 주장을 허용하는 것이 신의칙에 반하기 때문이므로, 불법행위자 중의 일부에게 그러한 사유가 있다고 하여 그러한 사유가 없는 다른 불법행위자까지도 과실상계의 주장을 할 수 없다고 해석할 것은 아니다(대판 2007.6.14. 2005다32999).

② (○) 불법행위로 인한 손해배상책임은 원칙적으로 위법행위 시에 성립하지만 위법행위 시점과 손해발생시점 사이에 시간적 간격이 있는 경우에는 손해가 발생한 때에 성립한다. 손해란 위법한 가해행위로 인하여 발생한 재산상의 불이익, 즉 그 위법행위가 없었더라면 존재하였을 재산상태와 그 위법행위가 있은 후의 재산상태의 차이를 말한다. 또한 손해의 발생 시점이란 이러한 손해가 현실적으로 발생한 시점을 의미하는데, 현실적으로 손해가 발생하였는지 여부는 사회통념에 비추어 객관적이고 합리적으로 판단하여야 한다(대판 2018.6.15. 2016다212272).

③ (○) 금전을 대여한 채권자가 고의 또는 과실로 이자제한법을 위반하여 최고이자율을 초과하는 이자를 받아 채무자에게 손해를 입힌 경우에는 특별한 사정이 없는 한 민법 제750조에 따라 불법행위가 성립한다고 보아야 한다(대판 2021.2.25. 2020다230239).

④ (○) 명의대여관계의 경우 민법 제756조가 규정하고 있는 사용자책임의 요건으로서의 사용관계가 있느냐 여부는 실제적으로 지휘·감독을 하였느냐의 여부에 관계없이 객관적·규범적으로 보아 사용자가 그 불법행위자를 지휘·감독해야 할 지위에 있었느냐의 여부를 기준으로 결정하여야 한다(대판 2001.8.21. 2001다3658).

⑤ (○) 불법행위로 인한 손해배상채무는 특별한 사정이 없는 한 채무 성립과 동시에 지연손해금이 발생한다(대판 2020.1.30. 2018다204787).

답 ❶

028

민법상 손해배상에 관한 설명으로 옳지 않은 것은? (다툼이 있는 경우에는 판례에 의함)

15 노무

① 불법행위로 인한 손해배상채무는 채권자의 청구가 있어야 이행지체가 된다.
② 불법행위로 인하여 손해와 이득이 동시에 발생한 경우에 그 손해 발생에 대하여 피해자에게도 과실이 있다면 먼저 손해액에서 과실상계를 한 후에 이득을 공제하여야 한다.
③ 특별손해로 인정되기 위해서는 특별한 사정에 관해서 알았거나 알 수 있었던 것으로 족하고, 손해액까지는 예견가능성이 필요하지 않다.
④ 가해행위와 피해자 측의 요인이 경합하여 손해가 발생하거나 확대된 경우에는 그 피해자 측의 요인이 체질적인 소인과 같이 피해자 측의 귀책사유와 무관한 것이라도, 법원은 손해배상액을 정하면서 과실상계의 법리를 유추적용할 수 있다.
⑤ 매매당사자가 계약금으로 수수한 금액에 관하여 매수인이 위약하면 이를 무효로 하고 매도인이 위약하면 그 배액을 상환하기로 하는 뜻의 약정을 한 경우, 실제 손해액이 예정액을 초과하더라도 그 초과액을 청구할 수 없다.

해설

① (×) 불법행위로 인한 손해배상채무에 대하여는 원칙적으로 별도의 이행최고가 없더라도 공평의 관념에 비추어 불법행위로 그 채무가 성립함과 동시에 지연손해금이 발생한다(대판 2016.9.28. 2014다221517).

② (○) 불법행위로 인하여 손해가 발생하고 그 손해 발생으로 이득이 생기고 동시에 그 손해 발생에 피해자에게도 과실이 있어 과실상계를 하여야 할 경우에는 먼저 산정된 손해액에서 과실상계를 한 다음에 위 이득을 공제하여야 한다(대판 1990.5.8. 89다카29129).

③ (○) 채무불이행자 또는 불법행위자는 특별한 사정의 존재를 알았거나 알 수 있었으면 그러한 특별사정으로 인한 손해를 배상하여야 할 의무가 있는 것이고, 그러한 특별한 사정에 의하여 발생한 손해의 액수까지 알았거나 알 수 있었어야 하는 것은 아니다(대판 2002.10.25. 2002다23598).
④ (○) 가해행위와 피해자 측 요인이 경합하여 손해가 발생하거나 확대된 경우에는 피해자 측 요인이 체질적인 소인 또는 질병의 위험도와 같이 피해자 측 귀책사유와 무관한 것이라고 할지라도, 질환의 모습이나 정도 등에 비추어 가해자에게 손해의 전부를 배상하게 하는 것이 공평의 이념에 반하는 경우에는, 법원은 손해배상액을 정하면서 과실상계의 법리를 유추적용하여 손해의 발생 또는 확대에 기여한 피해자 측 요인을 고려할 수 있다(대판 2018.11.15. 2016다244491).
⑤ (○) 매매당사자가 계약금으로 수수한 금액에 관하여 매수인이 위약하면 이를 무효로 하고 매도인이 위약하면 그 배액을 상환하기로 하는 뜻의 약정을 한 경우에 있어서 그 위약금의 약정은 손해배상의 예정으로 추정되는 것이고 또 이와 같은 약정이 있는 경우에는 채무자에게 채무불이행이 있으면 채권자는 실제손해액을 증명할 필요 없이 그 예정액을 청구할 수 있는 반면에 실제손해액이 예정액을 초과하더라도 그 초과액을 청구할 수 없다(대결 1990.2.13. 89다카26250).

답 ❶

029

甲은 자신의 X건물을 공인노무사 乙에게 임대하였다. 乙이 X건물에서 사무소를 운영하고 있던 중 乙의 사무직원 丙의 과실로 X건물이 화재로 멸실되었다. 이에 관한 설명으로 옳지 않은 것은?(다툼이 있으면 판례에 따름)

18 노무

① 甲은 乙에게 사용자책임을 주장할 수 있다.
② 甲은 乙에게 채무불이행으로 인한 손해배상을 청구할 수 있다.
③ 甲은 丙에게 채무불이행으로 인한 손해배상을 청구할 수 없다.
④ 甲은 동시에 乙과 丙에 대하여 손해배상 전부의 이행을 청구할 수 없다.
⑤ 乙이 甲에게 손해를 배상한 경우, 乙은 丙에게 구상권을 행사할 수 있다.

해설

① (○) 임차인 乙이 고용한 피용자 丙의 과실로 인하여 X건물이 화재로 멸실되었으므로, 임대인 甲은 임차인 乙에게 민법 제756조에 의하여 사용자책임을 주장할 수 있다.
② (○) 임차인 乙은 X건물에 대한 임대차계약의 종료로 X건물을 임대인 甲에게 반환할 때까지 선량한 관리자의 주의로 X건물을 보존하여야 한다. 그러나 피용자인 사무직원 丙의 과실로 X건물이 멸실되었으므로, 임대인 甲은 임차인 乙에게 채무불이행으로 인한 손해배상을 청구할 수 있다.
③ (○) 임대인 甲과 丙 사이에는 계약관계가 없기 때문에 甲은 丙에게 채무불이행으로 인한 손해배상을 청구할 수 없다.
④ (×) 임차인 乙은 임대인 甲에 대하여 X건물 멸실에 따른 채무불이행책임이나 민법 제756조에 의하여 사용자책임을 부담하고, 피용자 丙은 임대인 甲에게 불법행위책임을 부담한다는 점에서 양자는 부진정연대채무관계에 있으므로, 임대인 甲은 임차인 乙과 피용자 丙에 대하여 손해배상액 전부의 이행을 청구할 수 있다.
⑤ (○) 사용자가 피해자에게 배상한 경우에는 피용자에 대하여 구상권을 행사할 수 있다(민법 제756조 제3항). 따라서 임차인 乙이 임대인 甲에게 손해를 배상한 경우, 乙은 피용자 丙에게 구상권을 행사할 수 있다.

답 ❹

030 사용자책임에 관한 설명으로 옳지 않은 것은?(다툼이 있으면 판례에 따름)

① 사용자책임이 성립하려면 사용자가 피용자를 실질적으로 지휘·감독하는 관계에 있어야 한다.
② 특별한 사정이 없다면 퇴직 이후 피용자의 행위에 대하여 종전의 사용자에게 사용자책임을 물을 수 없다.
③ 도급인이 수급인에 대하여 특정한 행위를 지휘한 경우 도급인에게는 사용자로서의 배상책임이 없다.
④ 피용자의 불법행위가 외형상 객관적으로 사용자의 사무집행행위로 보일 경우 행위자의 주관적 사정을 고려함이 없이 이를 사무집행에 관하여 한 행위로 본다.
⑤ 사용자책임의 경우에도 피해자에게 과실이 있으면 과실상계할 수 있다.

해설

① (○) 대판 1998.4.28. 96다25500
② (○) 민법 제756조의 사용자책임이 성립하려면 사용자가 불법행위자인 피용자를 실질적으로 지휘·감독하는 관계에 있어야 하므로, 피용자가 퇴직한 뒤에는 퇴직에도 불구하고 사용자의 실질적인 지휘·감독 아래에 있었다고 볼 수 있는 특별한 사정이 없다면 그의 행위에 대하여 원칙적으로 종전의 사용자에게 사용자책임을 물을 수 없다(대판 2001.9.4. 2000다26128).
③ (×) 일반적으로 도급인과 수급인 사이에는 지휘·감독의 관계가 없으므로 도급인은 수급인이나 수급인의 피용자의 불법행위에 대하여 사용자로서의 배상책임이 없는 것이지만, 도급인이 수급인에 대하여 특정한 행위를 지휘하거나 특정한 사업을 도급시키는 경우와 같은 이른바 노무도급의 경우에는 비록 도급인이라고 하더라도 사용자로서의 배상책임이 있다(대판 2005.11.10. 2004다37676).
④ (○) 대판 1994.11.18. 94다34272
⑤ (○) 피해자의 부주의를 이용하여 고의로 불법행위를 저지른 자가 바로 그 피해자의 부주의를 이유로 자신의 책임을 감하여 달라고 주장하는 것은 허용될 수 없으나, 이는 그러한 사유가 있는 자에게 과실상계의 주장을 허용하는 것이 신의칙에 반하기 때문이므로, 중개보조원이 업무상 행위로 거래당사자인 피해자에게 고의로 불법행위를 저지른 경우라 하더라도 중개보조원을 고용하였을 뿐 이러한 불법행위에 가담하지 아니한 중개업자에게 책임을 묻고 있는 피해자에 과실이 있다면, 법원은 과실상계의 법리에 좇아 손해배상책임 및 그 금액을 정하면서 이를 참작하여야 한다(대판 2011.7.14. 2011다21143).

답 ③

031 민법 제756조(사용자의 배상책임)에 관한 설명으로 옳지 않은 것은?(다툼이 있으면 판례에 따름)

[20] 노무

① 사용자와 피용자 간의 고용계약이 무효이더라도 사실상의 지휘·감독관계가 인정된다면 사용자의 배상책임이 성립할 수 있다.
② 폭행과 같은 피용자의 범죄행위도 민법 제756조 소정의 사무집행 관련성을 가질 수 있다.
③ 파견근로자의 파견업무에 관련한 불법행위에 대하여 파견사업주는 특별한 사정이 없는 한 사용자의 배상책임을 부담한다.
④ 고의로 불법행위를 한 피용자가 신의칙상 과실상계를 주장할 수 없는 경우에도 사용자는 특별한 사정이 없는 한 과실상계를 주장할 수 있다.
⑤ 피용자와 공동불법행위를 한 제3자가 있는 경우, 사용자가 피해자에게 손해 전부를 배상하였다면 사용자는 그 제3자에게 배상액 전부를 구상할 수 있다.

해설

① (○) 민법 제756조 소정의 사용자와 피용자의 관계는 반드시 유효한 고용관계가 있는 경우에 한하는 것이 아니고, 사실상 어떤 사람이 다른 사람을 위하여 그 지휘·감독 아래 그 의사에 따라 사무를 집행하는 관계에 있으면 족하다(대판 1998.8.21. 97다13702).
② (○) 피용자가 고의에 기하여 다른 사람에게 가해행위를 한 경우 그 행위가 피용자의 사무집행 그 자체는 아니라 하더라도 사용자의 사업과 시간적, 장소적으로 근접하고, 피용자의 사무의 전부 또는 일부를 수행하는 과정에서 이루어지거나 가해행위의 동기가 업무처리와 관련된 것일 경우에는 외형적, 객관적으로 사용자의 사무집행행위와 관련된 것이라고 보아 사용자책임이 성립한다고 할 것이다(대판 2000.2.11. 99다47297).
③ (○) 파견근로자 보호 등에 관한 법률에 의한 근로자 파견은 파견사업주가 근로자를 고용한 후 그 고용관계를 유지하면서 사용사업주와 사이에 체결한 근로자파견계약에 따라 사용사업주에게 근로자를 파견하여 근로를 제공하게 하는 것으로서, 파견사업주와 파견근로자 사이에는 민법 제756조의 사용관계가 인정되어 파견사업주는 파견근로자의 파견업무에 관련한 불법행위에 대하여 파견근로자의 사용자로서의 책임을 져야 하지만, 파견근로자가 사용사업주의 구체적인 지시·감독을 받아 사용사업주의 업무를 행하던 중에 불법행위를 한 경우에 파견사업주가 파견근로자의 선발 및 일반적 지휘·감독권의 행사에 있어서 주의를 다하였다고 인정되는 때에는 면책된다고 할 것이다(대판 2003.10.9. 2001다24655).
④ (○) 피해자의 부주의를 이용하여 고의로 불법행위를 저지른 자가 바로 그 피해자의 부주의를 이유로 자신의 책임을 감하여 달라고 주장하는 것은 허용될 수 없으나, 이는 그러한 사유가 있는 자에게 과실상계의 주장을 허용하는 것이 신의칙에 반하기 때문이므로, 중개보조원이 업무상 행위로 거래당사자인 피해자에게 고의로 불법행위를 저지른 경우라 하더라도 중개보조원을 고용하였을 뿐 이러한 불법행위에 가담하지 아니한 중개업자에게 책임을 묻고 있는 피해자에 과실이 있다면, 법원은 과실상계의 법리에 좇아 손해배상책임 및 그 금액을 정하면서 이를 참작하여야 한다(대판 2011.7.14. 2011다21143).
⑤ (×) 피용자와 제3자가 공동불법행위로 피해자에게 손해를 가하여 그 손해배상채무를 부담하는 경우에 피용자와 제3자는 공동불법행위자로서 서로 부진정연대관계에 있고, 한편 사용자의 손해배상책임은 피용자의 배상책임에 대한 대체적 책임이어서 사용자도 제3자와 부진정연대관계에 있다고 보아야 할 것이므로, 사용자가 피용자와 제3자의 책임비율에 의하여 정해진 피용자의 부담부분을 초과하여 피해자에게 손해를 배상한 경우에는 사용자는 제3자에 대하여도 구상권을 행사할 수 있으며, 그 구상의 범위는 제3자의 부담부분에 국한된다고 보는 것이 타당하다(대판 1992.6.23. 91다33070[전합]).

답 ⑤

032 불법행위에 관한 설명으로 옳은 것은?(다툼이 있으면 판례에 따름)

① 민법 제758조의 공작물의 소유자책임은 과실책임이다.
② 불법행위에서 고의 또는 과실의 증명책임은 원칙적으로 가해자가 부담한다.
③ 명예훼손의 경우, 법원은 피해자의 청구가 없더라도 직권으로 명예회복에 적합한 처분을 명할 수 있다.
④ 중과실의 불법행위자는 피해자에 대한 채권을 가지고 피해자의 손해배상채권을 상계할 수 있다.
⑤ 여럿이 공동의 불법행위로 타인에게 손해를 가한 때에는 분할하여 그 손해를 배상할 책임이 있다.

해설

① (×) 민법 제758조 제1항은 일종의 무과실책임을 인정한 것이다(대판 1983.12.13. 82다카1038).
② (×) 채무불이행책임을 면하기 위해서는 채무자가 자기에게 과실 없음을 증명해야 하지만, 불법행위에서 고의 또는 과실의 증명책임은 원칙적으로 피해자가 부담한다.
③ (×) 타인의 명예를 훼손한 자에 대하여는 법원은 피해자의 청구에 의하여 손해배상에 갈음하거나 손해배상과 함께 명예회복에 적당한 처분을 명할 수 있다(민법 제764조).
④ (○) 고의의 불법행위에 인한 손해배상채권에 대한 상계금지를 중과실의 불법행위에 인한 손해배상채권에까지 유추 또는 확장적용하여야 할 필요성이 있다고 할 수 없다(대판 1994.8.12. 93다52808).
⑤ (×) 수인이 공동의 불법행위로 타인에게 손해를 가한 때에는 연대하여 그 손해를 배상할 책임이 있다(민법 제760조 제1항).

답 ④

033 불법행위에 관한 설명으로 옳지 않은 것은?(다툼이 있으면 판례에 따름)

① 타인의 불법행위로 모체 내에서 사망한 태아는 불법행위로 인한 손해배상청구권을 갖지 못한다.
② 고의의 불법행위로 인한 손해배상청구권을 수동채권으로 하는 상계는 허용되지 않는다.
③ 불법행위에 의하여 재산권이 침해된 경우, 특별한 사정이 없는 한 그 재산적 손해의 배상에 의하여 정신적 고통도 회복된다고 볼 수 있다.
④ 공동불법행위자 1인에 대한 이행청구는 다른 공동불법행위자에 대하여 시효중단의 효력이 있다.
⑤ 책임능력이 있는 미성년자가 불법행위책임을 지는 경우에 그 손해가 그 미성년자의 감독의무자의 의무 위반과 상당인과관계가 있으면 그 감독의무자도 일반불법행위책임을 진다.

해설

① (○) 모체 내에서 사망한 태아는 권리능력 취득시기에 대한 학설의 대립과 관계없이 권리능력의 주체가 되지 못하므로, 불법행위로 인한 손해배상청구권은 인정되지 아니한다(대판 1976.9.14. 76다1365).
② (○) 채무가 고의의 불법행위로 인한 것인 때에는 그 채무자는 상계로 채권자에게 대항하지 못한다(민법 제496조).
③ (○) 일반적으로 타인의 불법행위로 인하여 재산권이 침해된 경우에는 특별한 사정이 없는 한 그 재산적 손해의 배상에 의하여 정신적 고통도 회복된다고 보아야 할 것이고 재산적 손해의 배상만으로는 회복할 수 없는 정신적 손해가 있다면 그 위자료를 인정할 수 있다(대판 2003.7.25. 2003다22912).
④ (×) 부진정연대채무(공동불법행위자)에 있어 채무자 1인에 대한 이행의 청구는 타 채무자에 대하여 그 효력이 미치지 않는다(대판 1997.9.12. 95다42027).
⑤ (○) 미성년자가 책임능력이 있어 그 스스로 불법행위책임을 지는 경우에도 그 손해가 당해 미성년자의 감독의무자의 의무 위반과 상당인과관계가 있으면 감독의무자는 일반불법행위자로서 손해배상책임이 있다 할 것이지만, 이 경우에 그러한 감독의무 위반사실 및 손해 발생과의 상당인과관계의 존재는 이를 주장하는 자가 증명하여야 한다(대판 2003.3.28. 2003다5061).

답 ④

034 불법행위에 기한 손해배상에 관한 설명으로 옳지 않은 것을 모두 고른 것은?(다툼이 있으면 판례에 따름)

ㄱ. 작위의무 있는 자의 부작위에 의한 과실방조는 공동불법행위의 방조가 될 수 없다.
ㄴ. 도급인이 수급인의 일의 진행과 방법에 관해 구체적으로 지휘·감독한 경우, 수급인의 그 도급업무와 관련된 불법행위로 인한 제3자의 손해에 대해 도급인은 사용자책임을 진다.
ㄷ. 책임능력 없는 미성년자의 불법행위로 인해 손해를 입은 자는 그 미성년자의 감독자에게 배상을 청구하기 위해 그 감독자의 감독의무해태를 증명하여야 한다.
ㄹ. 파견근로자의 파견업무에 관한 불법행위에 대하여 파견사업주는 특별한 사정이 없는 한 사용자로서의 배상책임을 부담하지 않는다.

① ㄱ
② ㄴ, ㄷ
③ ㄴ, ㄹ
④ ㄱ, ㄷ, ㄹ
⑤ ㄱ, ㄴ, ㄷ, ㄹ

해설

ㄱ. (×) 민법 제760조 제3항은 교사자나 방조자는 공동행위자로 본다고 규정하여 교사자나 방조자에게 공동불법행위자로서 책임을 부담시키고 있는바, 방조라 함은 불법행위를 용이하게 하는 직접, 간접의 모든 행위를 가리키는 것으로서 작위에 의한 경우뿐만 아니라 작위의무 있는 자가 그것을 방지하여야 할 여러 조치를 취하지 아니하는 부작위로 인하여 불법행위자의 실행행위를 용이하게 하는 경우도 포함하고, 이러한 불법행위의 방조는 형법과 달리 손해의 전보를 목적으로 하여 과실을 원칙적으로 고의와 동일시하는 민법의 해석으로서는 과실에 의한 방조도 가능하다(대판 2007.6.14. 2005다32999).
ㄴ. (○) 도급인이 수급인의 일의 진행 및 방법에 관하여 구체적인 지휘·감독권을 유보한 경우에는 도급인과 수급인의 관계는 실질적으로 사용자 및 피용자의 관계와 다를 바 없으므로 수급인이 고용한 제3자의 불법행위로 인한 손해에 대하여 도급인은 민법 제756조에 의한 사용자 책임을 면할 수 없다(대판 1987.10.28. 87다카185).
ㄷ. (×) 민법 제755조 제1항에 의하여 책임능력 없는 미성년자를 감독할 법정의 의무 있는 자가 지는 손해배상책임은 그 미성년자에게 책임이 없음을 전제로 하여 이를 보충하는 책임이고, 그 경우에 감독의무자 자신이 감독의무를 해태하지 아니하였음을 증명하지 아니하는 한 책임을 면할 수 없다(대판 1994.2.8. 93다13605).
ㄹ. (×) 파견사업주와 파견근로자 사이에는 민법 제756조의 사용관계가 인정되어 파견사업주는 파견근로자의 파견업무에 관련한 불법행위에 대하여 파견근로자의 사용자로서의 책임을 져야 하지만, 파견근로자가 사용사업주의 구체적인 지시·감독을 받아 사용사업주의 업무를 행하던 중에 불법행위를 한 경우에 파견사업주가 파견근로자의 선발 및 일반적 지휘·감독권의 행사에 있어서 주의를 다하였다고 인정되는 때에는 면책된다고 할 것이다(대판 2003.10.9. 2001다24655).

 ❹

035 불법행위책임에 관한 설명으로 옳지 않은 것은?(다툼이 있으면 판례에 따름)   21 노무

① 피용자의 불법행위로 인하여 사용자책임을 지는 자가 그 피용자에 대하여 행사하는 구상권은 신의칙을 이유로 제한 또는 배제될 수 있다.
② 공동불법행위에서 과실상계를 하는 경우, 피해자에 대한 공동불법행위자 전원의 과실과 피해자의 공동불법행위자 전원에 대한 과실을 전체적으로 평가하여야 한다.
③ 가해자 중 1인이 다른 가해자에 비하여 불법행위에 가공한 정도가 경미한 경우, 그 가해자의 피해자에 대한 책임범위를 손해배상액의 일부로 제한하여 인정할 수 있다.
④ 불법행위에 경합된 당사자들의 과실 정도에 관한 사실인정이나 그 비율을 정하는 것은 특별한 사정이 없는 한 사실심의 전권사항에 속한다.
⑤ 일반육체노동을 하는 사람의 가동연한은 특별한 사정이 없는 한 경험칙상 만 65세로 보아야 한다.

해설

① (○) 일반적으로 사용자가 피용자의 업무수행과 관련하여 행하여진 불법행위로 인하여 직접 손해를 입었거나 피해자인 제3자에게 사용자로서의 손해배상책임을 부담한 결과로 손해를 입게 된 경우에 사용자는 사업의 성격과 규모, 시설의 현황, 피용자의 업무내용과 근로조건 및 근무태도, 가해행위의 발생원인과 성격, 가해행위의 예방이나 손실의 분산에 관한 사용자의 배려의 정도, 기타 제반 사정에 비추어 손해의 공평한 분담이라는 견지에서 신의칙상 상당하다고 인정되는 한도 내에서만 피용자에 대하여 손해배상을 청구하거나 구상권을 행사할 수 있다(대판 2017.4.27. 2016다271226).
② (○) 공동불법행위책임은 가해자 각 개인의 행위에 대하여 개별적으로 그로 인한 손해를 구하는 것이 아니라 가해자들이 공동으로 가한 불법행위에 대하여 그 책임을 추궁하는 것으로, 법원이 피해자의 과실을 들어 과실상계를 함에 있어서는 피해자의 공동불법행위자 각인에 대한 과실비율이 서로 다르더라도 피해자의 과실을 공동불법행위자 각인에 대한 과실로 개별적으로 평가할 것이 아니고 그들 전원에 대한 과실로 전체적으로 평가하여야 한다(대판 2008.6.26. 2008다22481).
③ (×) 공동불법행위로 인한 손해배상책임의 범위는 피해자에 대한 관계에서 가해자들 전원의 행위를 전체적으로 함께 평가하여 정하여야 하고, 그 손해배상액에 대하여는 가해자 각자가 그 금액의 전부에 대한 책임을 부담하며, 가해자의 1인이 다른 가해자에 비하여 불법행위에 가공한 정도가 경미하다고 하더라도 피해자에 대한 관계에서 그 가해자의 책임범위를 위와 같이 정하여진 손해배상액의 일부로 제한하여 인정할 수는 없다(대판 2012.8.17. 2012다30892).
④ (○) 대판 2015.4.23. 2013다211834
⑤ (○) 대판 2021.3.11. 2019다208472

답 ③

036 불법행위에 관한 설명으로 옳지 않은 것은?(다툼이 있으면 판례에 따름)

① 과실로 불법행위를 방조한 자에 대해서는 공동불법행위가 인정될 수 없다.
② 고의로 심신상실을 초래한 자는 타인에게 심신상실 중에 가한 손해를 배상할 책임이 있다.
③ 사용자가 근로계약에 수반되는 보호의무를 위반함으로써 피용자가 손해를 입은 경우, 사용자는 이를 배상할 책임이 있다.
④ 고의로 불법행위를 한 가해자는 피해자의 손해배상채권을 피해자에 대한 자신의 다른 채권으로 상계할 수 없다.
⑤ 미성년자가 성폭력을 당한 경우에 이로 인한 손해배상청구권의 소멸시효는 그가 성년이 될 때까지는 진행되지 아니한다.

해설

① (×) 수인이 공동의 불법행위로 타인에게 손해를 가한 때에는 연대하여 그 손해를 배상할 책임이 있다. 교사자나 방조자는 공동행위자로 본다(민법 제760조 제1항, 제3항). 공동불법행위에 있어 방조라 함은 불법행위를 용이하게 하는 직접·간접의 모든 행위를 가리키는 것으로서 형법과 달리 손해의 전보를 목적으로 하여 과실을 원칙적으로 고의와 동일시하는 민법의 해석으로서는 과실에 의한 방조도 가능하다고 할 것이며, 이 경우의 과실의 내용은 불법행위에 도움을 주지 않아야 할 주의의무가 있음을 전제로 하여 이 의무에 위반하는 것을 말한다(대판 2009.4.23. 2009다1313).
② (○) 심신상실 중에 타인에게 손해를 가한 자는 배상의 책임이 없다. 그러나 고의 또는 과실로 인하여 심신상실을 초래한 때에는 그러하지 아니하다(민법 제754조).
③ (○) 사용자는 근로계약에 수반되는 신의칙상의 부수적 의무로서 피용자가 노무를 제공하는 과정에서 생명, 신체, 건강을 해치는 일이 없도록 인적·물적 환경을 정비하는 등 필요한 조치를 강구하여야 할 보호의무를 부담하고, 이러한 보호의무를 위반함으로써 피용자가 손해를 입은 경우 이를 배상할 책임이 있다(대판 2001.7.27. 99다56734).
④ (○) 채무가 고의의 불법행위로 인한 것인 때에는 그 채무자[가해자(註)]는 상계로 채권자[피해자(註)]에게 대항하지 못한다(민법 제496조). 즉, 고의로 인한 불법행위채권을 수동채권으로 하는 상계는 금지된다. 민법 제496조의 취지는, 고의의 불법행위에 의한 손해배상채권에 대하여 상계를 허용한다면 고의로 불법행위를 한 자까지도 상계권 행사로 현실적으로 손해배상을 지급할 필요가 없게 되어 보복적 불법행위를 유발하게 될 우려가 있고, 또 고의의 불법행위로 인한 피해자가 가해자의 상계권 행사로 인하여 현실의 변제를 받을 수 없는 결과가 됨은 사회적 정의관념에 맞지 아니하므로 고의에 의한 불법행위의 발생을 방지함과 아울러 고의의 불법행위로 인한 피해자에게 현실의 변제를 받게 하려는 데 있다(대판 2002.1.25. 2001다52506).
⑤ (○) 미성년자가 성폭력, 성추행, 성희롱, 그 밖의 성적(性的) 침해를 당한 경우에 이로 인한 손해배상청구권의 소멸시효는 그가 성년이 될 때까지는 진행되지 아니한다(민법 제766조 제3항).

답 ❶

037 불법행위에 관한 설명으로 옳은 것은?(다툼이 있으면 판례에 따름)   25 노무

① 타인의 불법행위에 대하여 과실에 의한 방조로서 공동불법행위의 책임을 지우기 위해서는 방조행위와 불법행위에 의한 피해자의 손해발생 사이에 상당인과관계가 인정되어야 한다.
② 공동불법행위에서 과실상계를 함에 있어서 피해자의 공동불법행위자 각자에 대한 과실비율이 서로 다른 경우, 피해자의 과실은 공동불법행위자 각자에 대한 과실로 개별적으로 평가함이 원칙이다.
③ 민법 제758조의 공작물책임 중 소유자의 책임은 과실책임이다.
④ 채무불이행으로 인한 손해배상청구권에 대한 소멸시효 항변에는 불법행위로 인한 손해배상청구권에 대한 소멸시효 항변이 포함된 것으로 볼 수 있다.
⑤ 공동불법행위자 중 일부가 피해자의 부주의를 이용하여 고의로 불법행위를 저지른 경우, 그러한 사유가 없는 다른 불법행위자도 과실상계 주장을 할 수 없다.

해설

① (○) 타인의 불법행위에 대하여 과실에 의한 방조로서 공동불법행위의 책임을 지우기 위해서는 방조행위와 불법행위에 의한 피해자의 손해 발생 사이에 상당인과관계가 인정되어야 하며, 상당인과관계를 판단할 때에는 과실에 의한 행위로 인하여 해당 불법행위를 용이하게 한다는 사정에 관한 예견가능성과 아울러 과실에 의한 행위가 피해 발생에 끼친 영향, 피해자의 신뢰 형성에 기여한 정도, 피해자 스스로 쉽게 피해를 방지할 수 있었는지 등을 종합적으로 고려하여 그 책임이 지나치게 확대되지 않도록 신중을 기하여야 한다(대판 2022.9.7. 2022다237098).
② (×) 공동불법행위의 경우 법원이 피해자의 과실을 들어 과실상계를 함에 있어서는 피해자의 공동불법행위자 각인에 대한 과실비율이 서로 다르더라도 피해자의 과실을 공동불법행위자 각인에 대한 과실로 개별적으로 평가할 것이 아니고 그들 전원에 대한 과실로 전체적으로 평가하여야 한다(대판 2007.6.14. 2005다32999).
③ (×) 민법 제758조의 공작물책임 중 소유자의 책임은 공작물 점유자의 책임과는 달리 손해의 방지에 필요한 주의를 다하였다 하더라도 면책이 인정되지 않는 무과실책임이다.
④ (×) 채무불이행으로 인한 손해배상청구권에 대한 소멸시효 항변이 불법행위로 인한 손해배상청구권에 대한 소멸시효 항변을 포함한 것으로 볼 수는 없다(대판 1998.5.29. 96다51110).
⑤ (×) 피해자의 부주의를 이용하여 고의로 불법행위를 저지른 자가 바로 그 피해자의 부주의를 이유로 자신의 책임을 감하여 달라고 주장하는 것은 허용될 수 없으나, 이는 그러한 사유가 있는 자에게 과실상계의 주장을 허용하는 것이 신의칙에 반하기 때문이므로, 불법행위자 중의 일부에게 그러한 사유가 있다고 하여 그러한 사유가 없는 다른 불법행위자까지도 과실상계의 주장을 할 수 없다고 해석할 것은 아니다(대판 2007.6.14. 2005다32999).

답 ①

038 공동불법행위에 관한 설명으로 옳지 않은 것은?(다툼이 있으면 판례에 따름)

① 수인이 공동의 불법행위로 타인에게 손해를 가한 때에는 연대하여 그 손해를 배상할 책임이 있다.
② 공동불법행위가 성립하기 위해서는 행위자 사이에 의사의 공통이나 행위공동의 인식은 필요하지 않다.
③ 공동불법행위자 중 1인의 변제는 변제된 금액의 한도 내에서 다른 공동불법행위자를 위하여 공동면책의 효력이 있다.
④ 가해자 불명의 공동불법행위의 경우, 개별행위자가 자기의 행위와 손해발생 사이에 인과관계가 없음을 증명하면 불법행위책임을 면한다.
⑤ 공동불법행위자 중 1인인 甲의 손해배상채무가 시효로 소멸한 후에, 다른 공동불법행위자 乙이 피해자에게 자기의 부담부분을 넘는 손해를 배상하였더라도 乙은 甲에게 구상권을 행사할 수 없다.

해설

① (○) 수인이 공동의 불법행위로 타인에게 손해를 가한 때에는 연대하여 그 손해를 배상할 책임이 있다(민법 제760조 제1항).
② (○) 공동불법행위의 성립에는 공동불법행위자 상호 간 의사의 공통이나 공동의 인식이 필요하지 아니하고 객관적으로 각 행위에 관련공동성이 있으면 되며, 관련공동성 있는 행위에 의하여 손해가 발생하였다면 손해배상책임을 면할 수 없다(대판 2012.8.17. 2010다28390).
③ (○) 공동불법행위자 중 1인의 변제는 변제금액의 한도 내에서 다른 공동불법행위자를 위하여 공동면책의 효력이 있다(대판 1982.4.27. 80다2555).
④ (○) 민법 제760조 제2항은 여러 사람의 행위가 경합하여 손해가 생긴 경우 중 같은 조 제1항에서 말하는 공동의 불법행위로 보기에 부족할 때, 증명책임을 덜어 줌으로써 피해자를 보호하려는 입법정책상의 고려에 따라 각각의 행위와 손해발생 사이의 인과관계를 법률상 추정한 것이므로, 이러한 경우 개별행위자가 자기의 행위와 손해발생 사이에 인과관계가 존재하지 아니함을 증명하면 면책되고, 손해의 일부가 자신의 행위에서 비롯된 것이 아님을 증명하면 배상책임이 그 범위로 감축된다(대판 2008.4.10. 2007다76306).
⑤ (×) 판례의 취지를 고려할 때 공동불법행위자 중 1인인 甲의 손해배상채무가 시효로 소멸한 후에, 다른 공동불법행위자 乙이 피해자에게 자기의 부담부분을 넘는 손해를 배상한 경우, 소멸시효의 절대적 효력에 관한 민법 규정은 공동불법행위자 상호 간의 부진정연대채무에 대하여는 그 적용이 없으므로, 乙은 甲에게 구상권을 행사할 수 있다.

> 공동불법행위자의 다른 공동불법행위자에 대한 구상권은 피해자의 다른 공동불법행위자에 대한 손해배상채권과는 그 발생원인 및 성질을 달리하는 별개의 권리이고, 연대채무 있어서 소멸시효의 절대적 효력에 관한 민법 제421조의 규정은 공동불법행위자 상호 간의 부진정연대채무에 대하여는 그 적용이 없으므로, <u>공동불법행위자 중 1인의 손해배상채무가 시효로 소멸한 후에 다른 공동불법행위자 1인이 피해자에게 자기의 부담부분을 넘는 손해를 배상하였을 경우에도, 그 공동불법행위자는 다른 공동불법행위자에게 구상권을 행사할 수 있다</u>(대판 1997.12.23. 97다42830).

답 ❺

039 불법행위에 관한 설명으로 옳은 것은?(다툼이 있으면 판례에 따름) `24 변리`

① 공동불법행위자 甲과 乙 중 甲의 손해배상채무가 시효로 소멸한 후에 乙이 피해자에게 자기의 부담 부분을 넘는 손해를 배상한 경우, 乙은 甲을 상대로 구상권을 행사할 수 없다.
② 자신의 과실에 의해 초래된 급박한 위난을 피하기 위해 부득이 타인에게 손해를 가한 자는 그 손해에 대한 배상책임을 지지 않는다.
③ 공작물의 설치·보존의 하자로 인해 타인에게 입힌 손해에 대하여 점유자가 면책된 경우, 그 공작물의 소유자는 과실이 없어도 배상책임을 진다.
④ 피용자와 제3자가 공동불법행위에 따른 손해배상채무를 부담하는 경우, 사용자가 피용자와 제3자의 책임비율에 의해 정해진 부담부분을 초과하여 피해자에게 배상하더라도 제3자에 대하여 구상권을 행사할 수 없다.
⑤ 불법행위로 인하여 건물이 훼손되어 사용 및 수리가 불가능한 경우, 손해배상액의 기준이 되는 건물의 시가에는 원칙적으로 건물의 철거비용이 포함된다.

해설

① (×) 판례의 취지를 고려할 때 공동불법행위자 중 1인인 甲의 손해배상채무가 시효로 소멸한 후에, 다른 공동불법행위자 乙이 피해자에게 자기의 부담부분을 넘는 손해를 배상한 경우, 소멸시효의 절대적 효력에 관한 민법 규정은 공동불법행위자 상호 간의 부진정연대채무에 대하여는 그 적용이 없으므로, 乙은 甲에게 구상권을 행사할 수 있다.

> 공동불법행위자의 다른 공동불법행위자에 대한 구상권은 피해자의 다른 공동불법행위자에 대한 손해배상권과는 그 발생원인 및 성질을 달리하는 별개의 권리이고, 연대채무 있어서 소멸시효의 절대적 효력에 관한 민법 제421조의 규정은 공동불법행위자 상호 간의 부진정연대채무에 대하여는 그 적용이 없으므로, 공동불법행위자 중 1인의 손해배상채무가 시효로 소멸한 후에 다른 공동불법행위자 1인이 피해자에게 자기의 부담부분을 넘는 손해를 배상하였을 경우에도, 그 공동불법행위자는 다른 공동불법행위자에게 구상권을 행사할 수 있다(대판 1997.12.23. 97다42830).

② (×) 적법한 긴급피난은 위법성이 조각되나 자신의 과실에 의해 초래된 자초위난을 피하기 위해 부득이 타인에게 손해를 가한 자는 위법성이 조각되지 않기 때문에 그 손해에 대한 배상책임을 진다.

> 제761조 제2항에서 규정하고 있는 긴급피난의 요건 중 긴박한 위난에는 가해자의 고의나 과실에 의하여 조성된 것은 포함되지 아니하므로 운전병이 제한속도 25킬로미터 지점에서 시속 45킬로미터의 과속으로 달리던 중 보행인 3인과의 충돌을 피하기 위하여 방향을 바꾸다가 점포를 들이받아 화재가 발생하였다면 위 운전병의 행위가 긴급피난에 해당한다고 할 수 없다(대판 1968.10.22. 68다1643).

③ (○) 공작물의 설치·보존의 하자로 인해 타인에게 입힌 손해에 대하여 점유자가 면책된 경우 2차적으로 공작물의 소유자가 책임을 지게 되는데(민법 제758조 제1항), 이 책임은 손해발생의 위험성을 내포하는 하자있는 물건을 방치하는 데 대한 위험책임(무과실책임)으로 볼 수 있다.

④ (×) 피용자와 제3자가 공동불법행위로 피해자에게 손해를 가하여 그 손해배상채무를 부담하는 경우에 피용자와 제3자는 공동불법행위자로서 서로 부진정연대관계에 있고, 한편 사용자의 손해배상책임은 피용자의 배상책임에 대한 대체적 책임이어서 사용자도 제3자와 부진정연대관계에 있다고 보아야 할 것이므로, 사용자가 피용자와 제3자의 책임비율에 의하여 정해진 피용자의 부담부분을 초과하여 피해자에게 손해를 배상한 경우에는 사용자는 제3자에 대하여도 구상권을 행사할 수 있으며, 그 구상의 범위는 제3자의 부담부분에 국한된다고 보는 것이 타당하다(대판 1992.6.23. 91다33070[전합]).

⑤ (×) 불법행위로 인하여 건물이 훼손된 경우 그 손해는 수리가 가능하다면 그 수리비, 수리가 불가능하다면 그 교환가치(시가)가 통상의 손해이고, 사용 및 수리가 불가능한 경우 통상 불법행위로 인한 손해배상액의 기준이 되는 건물의 시가에는 건물의 철거비용은 포함되지 않는다(대판 1995.7.28. 94다19129).

답 ❸

040

甲과 乙은 과실에 의한 공동불법행위자로서 丙에게 5천만원의 손해를 입혔다. 이 손해의 발생에 丙의 과실은 30%로 평가되었고, 甲과 乙 사이의 과실비율은 7 : 3이었다. 이에 관한 설명으로 옳지 않은 것은?(다툼이 있으면 판례에 따름)   17 변리

① 甲과 乙은 丙에 대하여 3천 5백만원의 손해배상채무를 부담한다.
② 甲이 丙에 대한 대여금채권을 자동채권으로 하여 2천만원을 상계한 경우, 乙은 丙에 대하여 4백 5십만원의 손해배상채무를 부담하게 된다.
③ 甲이 丙에게 손해배상채무를 전액 배상한 경우, 甲의 乙에 대한 구상채권의 소멸시효는 10년으로 완성되고, 그 기산점은 甲이 현실로 丙에게 손해배상금을 지급한 때이다.
④ 甲이 丙에게 1천만원을 배상한 경우, 甲은 乙에 대하여 구상할 수 없다.
⑤ 甲의 보증인 丁이 丙에 대하여 손해배상채무를 변제한 경우, 丁은 乙에게 乙의 부담부분에 한하여 구상권을 행사할 수 있다.

해설

① (○) 공동불법행위책임은 가해자 각 개인의 행위에 대하여 개별적으로 그로 인한 손해를 구하는 것이 아니라 그 가해자들이 공동으로 가한 불법행위에 대하여 그 책임을 추궁하는 것이므로, 공동불법행위로 인한 손해배상책임의 범위는 피해자에 대한 관계에서 가해자들 전원의 행위를 전체적으로 함께 평가하여 정하여야 하고, 그 손해배상액에 대하여는 가해자 각자가 그 금액의 전부에 대한 책임을 부담하는 것이며, 가해자 1인이 다른 가해자에 비하여 불법행위에 가공한 정도가 경미하다고 하더라도 피해자에 대한 관계에서 그 가해자의 책임범위를 위와 같이 정하여진 손해배상액의 일부로 제한하여 인정할 수는 없다(대판 2005.11.10. 2003다66066). 비록 공동불법행위자 甲과 乙 사이의 과실비율이 7 : 3이라고 하더라도, 이를 피해자 丙에게 주장하여 그 책임범위를 제한할 수는 없다 할 것이므로, 甲과 乙은 丙과의 관계에서 피해자의 과실을 상계하여 계산된 3천 5백만원의 손해배상채무를 부담하게 된다.

② (×) 판례의 취지를 고려할 때 부진정연대채무자 중 1인의 상계로 인한 채무소멸의 효력은 소멸한 채무 전액에 관하여 다른 부진정연대채무자에 대하여도 미친다고 보아야 하므로 공동불법행위자 甲이 피해자 丙에 대한 대여금채권을 자동채권으로 하여 2천만원을 상계한 경우에는, 다른 공동불법행위자 乙은 丙에 대하여 1천 5백만원의 손해배상채무를 부담하게 된다.

> 부진정연대채무자 중 1인이 자신의 채권자에 대한 반대채권으로 상계를 한 경우에도 채권은 변제, 대물변제, 또는 공탁이 행하여진 경우와 동일하게 현실적으로 만족을 얻어 그 목적을 달성하는 것이므로, 그 상계로 인한 채무소멸의 효력은 소멸한 채무 전액에 관하여 다른 부진정연대채무자에 대하여도 미친다고 보아야 한다. 이는 부진정연대채무자 중 1인이 채권자와 상계계약을 체결한 경우에도 마찬가지이다. 나아가 이러한 법리는 채권자가 상계 내지 상계계약이 이루어질 당시 다른 부진정연대채무자의 존재를 알았는지 여부에 의하여 좌우되지 아니한다(대판 2010.9.16. 2008다97218[전합]).

③ (○), ④ (○) 공동불법행위자 甲이 피해자 丙에게 손해배상채무를 전액 배상한 경우에는, 다른 공동불법행위자 乙에게 구상권을 행사할 수 있고, 甲의 乙에 대한 구상채권의 소멸시효는 10년으로 완성되며 그 기산점은 甲이 현실로 丙에게 손해배상금을 지급한 때이다. 그러나 甲이 丙에게 자기의 부담부분(2천 4백 5십만원) 이상을 변제하지 아니하고 1천만원을 배상한 경우에는, 甲은 乙에 대하여 구상권을 행사할 수 없다.

> 공동불법행위자 중 1인이 다른 공동불법행위자에 대하여 구상권을 행사하기 위하여는 자기의 부담부분 이상을 변제하여 공동의 면책을 얻었음을 주장·증명하여야 하며,❹ 위와 같은 법리는 피해자의 다른 공동불법행위자에 대한 손해배상청구권이 시효소멸한 후에 구상권을 행사하는 경우라고 하여 달리 볼 것이 아니다. 공동불법행위자 간 구상권의 발생 시점은 구상권자가 현실로 피해자에게 손해배상금을 지급한 때이다(대판 1997.12.12. 96다50896).
> 공동불법행위자의 다른 공동불법행위자에 대한 구상권의 소멸시효는 그 구상권이 발생한 시점, 즉 구상권자가 공동면책행위를 한 때로부터 기산하여야 할 것이고, 그 기간도 일반채권과 같이 10년으로 보아야 한다❸(대판 1996.3.26. 96다3791).

⑤ (○) 어느 공동불법행위자를 위하여 보증인이 된 사람이 피보증인을 위하여 손해배상채무를 변제한 경우, 그 보증인은 피보증인이 아닌 다른 공동불법행위자에 대하여 그 부담부분에 한하여 구상권을 행사할 수 있고, 이러한 법리는 어느 공동불법행위자를 위하여 그가 위 손해배상채무를 변제한 보증인에 대하여 부담하는 구상채무를 보증한 구상보증인이 피보증인을 위하여 그 구상채무를 변제한 경우에도 마찬가지여서 그 구상보증인은 피보증인이 아닌 다른 공동불법행위자에 대하여 그 부담부분에 한하여 구상권을 행사할 수 있다(대판 2008.7.24. 2007다37530). 공동불법행위자 甲의 보증인 丁이 피해자 丙에 대하여 손해배상채무를 변제한 경우에는, 丁은 다른 공동불법행위자 乙에게 乙의 부담부분에 한하여 구상권을 행사할 수 있다.

답 ❷

041 불법행위에 관한 설명으로 옳지 않은 것은?(다툼이 있으면 판례에 따름) 20 변리

① 공작물 보존의 하자로 인하여 타인에게 손해를 가한 경우, 그 점유자는 손해의 방지에 필요한 주의를 해태하지 아니한 때에도 소유자와 연대하여 손해를 배상할 책임이 있다.
② 수급인이 도급받은 일에 관하여 제3자에게 손해를 가한 경우, 도급인에게 도급 또는 지시에 관하여 중대한 과실이 있는 때에는 도급인은 제3자에게 손해를 배상할 책임이 있다.
③ 책임능력 있는 미성년자의 불법행위로 인하여 손해가 발생한 경우, 그 발생된 손해가 당해 미성년자의 감독의무자의 의무위반과 상당인과관계가 있을 때에는 감독의무자는 일반불법행위자로서 손해배상책임이 있다.
④ 타인의 불법행위로 생명을 잃은 피해자의 직계비속의 배우자는 경험칙상 그 직계비속에 비견할 정신적 고통을 받는다 할 것이므로 그에 대한 위자료를 청구할 수 있다.
⑤ 타인의 명예를 훼손한 자에 대하여 법원은 사죄광고를 명할 수 없다.

해설

① (×) 공작물점유자가 손해의 방지에 필요한 주의를 해태하지 아니한 때에는 면책되고, 그 소유자만이 손해를 배상할 책임이 있다(민법 제758조 제1항 단서).
② (○) 도급인은 수급인이 그 일에 관하여 제3자에게 가한 손해를 배상할 책임이 없다. 그러나 도급 또는 지시에 관하여 도급인에게 중대한 과실이 있는 때에는 그러하지 아니하다(민법 제757조).
③ (○) 미성년자가 책임능력이 있어 그 스스로 불법행위책임을 지는 경우에도 그 손해가 당해 미성년자의 감독의무자의 의무위반과 상당인과관계가 있으면 감독의무자는 일반불법행위자로서 손해배상책임이 있고 이 경우에 그러한 감독의무위반사실 및 손해발생과의 상당인과관계의 존재는 이를 주장하는 자가 증명하여야 한다(대판 1994.2.8. 93다13605).
④ (○) 민법 제752조에 규정된 친족 이외의 친족도 그 정신적 고통에 관한 증명을 함으로써 위자료를 청구할 수 있는바 타인의 불법행위로 생명을 잃은 피해자의 직계비속의 배우자는 경험칙상 그 직계비속에 비견할 정신적 고통을 받는다 할 것이므로 그에 대한 위자료를 청구할 수 있다(대판 1978.1.17. 77다1942).
⑤ (○) 민법 제764조 "명예회복에 적당한 처분"에 사죄광고를 포함시키는 것은 헌법에 위반된다(헌재 1991.4.1. 89헌마160)는 헌재의 결정을 고려할 때 법원은 사죄광고를 명할 수 없다.

답 ❶

042 공동불법행위에 관한 설명으로 옳지 않은 것은?(다툼이 있으면 판례에 따름) 15 변리

① 피해자가 공동불법행위자 중 1인에게 손해배상을 청구한 경우, 그에 따른 시효중단효는 다른 공동불법행위자에게도 미친다.
② 피해자가 공동불법행위자 중 1인에 대하여 손해배상에 관한 권리를 포기하거나 채무를 면제하는 의사표시를 하였다 하더라도 다른 불법행위자에 대하여 그 효력이 미치지 않는다.
③ 가해자 甲이 다른 가해자 乙에 비하여 불법행위에 가공한 정도가 경미하더라도 피해자 丙에 대한 관계에서 甲의 책임범위를 손해배상액의 일부로 제한할 수 없다.
④ 불법행위를 방지할 작위의무 있는 사람이 그것을 방지하여야 할 제반 조치를 취하지 아니하는 부작위로 인하여 불법행위자의 실행행위를 용이하게 하는 경우, 공동불법행위책임을 질 수 있다.
⑤ 공동불법행위자 1인이 공동면책행위를 한 경우, 다른 공동불법행위자에 대한 구상권은 공동면책행위를 한 날로부터 10년이 지나면 소멸시효가 완성된다.

해설

① (×) 민법 제760조 제1항의 연대의 의미에 대하여 통설과 판례는 부진정연대채무로 보고 있다. 판례는 부진정연대채무에 있어서는 변제·대물변제·공탁·상계 등 채권을 만족시키는 사유는 절대적 효력이 인정되나 면제와 같은 사유는 다른 연대채무자에게 그 효력이 미치지 아니한다(대판 1971.2.9. 70다2508)고 하였고, 이행청구 역시 상대적 효력에 불과하므로, 부진정연대채무에서는 채무자 1인에 대한 이행청구 또는 채무자 1인이 행한 채무의 승인 등 소멸시효의 중단사유나 시효이익의 포기가 다른 채무자에게 효력을 미치지 아니한다고 판시하고 있다(대판 2011.4.14. 2010다91886).
② (○) 피해자가 부진정연대채무자 중 1인에 대하여 손해배상에 관한 권리를 포기하거나 채무를 면제하는 의사표시를 하였다 하더라도 다른 채무자에 대하여 그 효력이 미친다고 볼 수는 없다(대판 1997.12.12. 96다50896).
③ (○) 가해자 甲이 다른 가해자 乙에 비하여 불법행위에 가공한 정도가 경미하더라도 그 손해배상책임의 범위는 피해자 丙에 대한 관계에서 가해자들 전원의 행위를 전체적으로 함께 평가하여 정하여야 하고, 손해배상액에 대하여는 가해자 각자가 그 금액의 전부에 대한 책임을 부담하는 것이어서 甲의 책임범위를 손해배상액의 일부로 제한할 수 없다.

> 공동불법행위책임은 가해자 각 개인의 행위에 대하여 개별적으로 그로 인한 손해를 구하는 것이 아니라 그 가해자들이 공동으로 가한 불법행위에 대하여 그 책임을 추궁하는 것이므로, 공동불법행위로 인한 손해배상책임의 범위는 피해자에 대한 관계에서 가해자들 전원의 행위를 전체적으로 함께 평가하여 정하여야 하고, 그 손해배상액에 대하여는 가해자 각자가 그 금액의 전부에 대한 책임을 부담하는 것이며, 가해자 1인이 다른 가해자에 비하여 불법행위에 가공한 정도가 경미하다고 하더라도 피해자에 대한 관계에서 그 가해자의 책임범위를 위와 같이 정하여진 손해배상액의 일부로 제한하여 인정할 수는 없다(대판 2005.11.10. 2003다66066).

④ (○) 민법 제760조 제3항은 교사자나 방조자는 공동행위자로 본다고 규정하여 교사자나 방조자에게 공동불법행위자로서 책임을 부담시키고 있는바, 방조라 함은 불법행위를 용이하게 하는 직접, 간접의 모든 행위를 가리키는 것으로서 작위에 의한 경우뿐만 아니라 작위의무 있는 자가 그것을 방지하여야 할 제반 조치를 취하지 아니하는 부작위로 인하여 불법행위자의 실행행위를 용이하게 하는 경우도 포함하고, 형법과 달리 손해의 전보를 목적으로 하여 과실을 원칙적으로 고의와 동일시하는 민법의 해석으로서는 과실에 의한 불법행위의 방조도 가능할 것이며, 이 경우의 과실의 내용은 불법행위에 도움을 주지 않아야 할 주의의무가 있음을 전제로 하여 이 의무에 위반하는 것을 말하고, 방조자에게 공동불법행위자로서의 책임을 지우기 위하여는 방조행위와 피방조자의 불법행위 사이에 상당인과관계가 있어야 한다(대판 2007.5.10. 2005다55299).
⑤ (○) 공동불법행위자의 다른 공동불법행위자에 대한 구상권의 소멸시효는 그 구상권이 발생한 시점, 즉 구상권자가 공동면책행위를 한 때로부터 기산하여야 할 것이고, 그 기간도 일반채권과 같이 10년으로 보아야 한다(대판 1996.3.26. 96다3791).

답 ❶

043

甲과 乙의 공동불법행위로 丙이 손해를 입은 경우에 관한 설명으로 옳지 않은 것은?(다툼이 있는 경우에는 판례에 의함) [13] 변리

① 甲이 乙에 대하여 구상권을 행사하기 위해서는 자기의 부담부분을 초과하여 丙에게 배상하여야 한다.
② 丙이 乙의 손해배상채무를 면제해 주었더라도, 甲이 丙에 대한 손해배상채무 전액을 변제하였다면 乙에 대하여 구상권을 행사할 수 있다.
③ 丙이 甲을 상대로 손해배상을 청구하더라도 丙의 乙에 대한 손해배상청구권은 소멸시효가 중단되지 않는다.
④ 丙이 甲과 乙을 공동피고로 하여 손해배상을 청구하는 경우, 甲과 乙에 대한 丙의 과실비율이 서로 다르면 과실상계를 함에 있어서 원칙적으로 丙의 甲과 乙에 대한 과실을 각각 개별적으로 평가하여야 한다.
⑤ 丙의 부주의를 이용하여 고의로 불법행위를 저지른 甲은 丙의 부주의를 이유로 자신의 책임을 경감하여 줄 것을 청구할 수 없다.

해설

① (○) [1] 공동불법행위자 중 1인이 다른 공동불법행위자에 대하여 구상권을 행사하기 위하여는 자기의 부담부분 이상을 변제하여 공동의 면책을 얻었음을 주장·증명하여야 하며, 위와 같은 법리는 피해자의 다른 공동불법행위자에 대한 손해배상청구권이 시효소멸한 후에 구상권을 행사하는 경우라고 하여 달리 볼 것이 아니다.
[2] 공동불법행위자 간 구상권의 발생 시점은 구상권자가 현실로 피해자에게 손해배상금을 지급한 때이다(대판 1997.12.12. 96다50896). 따라서 甲이 乙에 대하여 구상권을 행사하기 위해서는 자기의 부담부분을 초과하여 丙에게 배상하여야 한다.

② (○) 부진정연대채무에 있어서는 변제·대물변제·공탁·상계 등 채권을 만족시키는 사유는 절대적 효력이 인정되나 면제와 같은 사유는 다른 연대채무자에게 그 효력이 미치지 아니한다(대판 1971.2.9. 70다2508). 피해자 丙이 공동불법행위자 乙의 손해배상채무를 면제하여 주었더라도, 이는 다른 공동불법행위자 甲에게 그 효력이 미치지 아니하므로, 甲이 丙에 대한 손해배상채무 전액을 변제하였다면, 乙에 대하여 구상권을 행사할 수 있다.

③ (○) 이행청구는 상대적 효력에 불과하므로, 부진정연대채무에서는 채무자 1인에 대한 이행청구 또는 채무자 1인이 행한 채무의 승인 등 소멸시효의 중단사유나 시효이익의 포기가 다른 채무자에게 효력을 미치지 아니한다(대판 2011.4.14. 2010다91886). 丙이 甲을 상대로 손해배상을 청구하더라도 상대적 효력에 불과하므로 丙의 乙에 대한 손해배상청구권은 소멸시효가 중단되지 않는다.

④ (×) 丙이 甲과 乙을 공동피고로 하여 손해배상을 청구하는 경우, 甲과 乙에 대한 丙의 과실비율이 서로 다르더라도 공동불법행위책임은 가해자들이 공동으로 가한 불법행위에 대하여 그 책임을 추궁하는 것으로, 과실상계를 함에 있어서 원칙적으로 丙의 甲과 乙에 대한 과실을 그들 전원에 대한 과실로 전체적으로 평가하여야 한다.

> 공동불법행위책임은 가해자 각 개인의 행위에 대하여 개별적으로 그로 인한 손해를 구하는 것이 아니라 가해자들이 공동으로 가한 불법행위에 대하여 그 책임을 추궁하는 것으로, 법원이 피해자의 과실을 들어 과실상계를 함에 있어서는 피해자의 공동불법행위자 각인에 대한 과실비율이 서로 다르더라도 피해자의 과실을 공동불법행위자 각인에 대한 과실로 개별적으로 평가할 것이 아니고 그들 전원에 대한 과실로 전체적으로 평가하여야 한다(대판 2013.11.14. 2011다82063).

⑤ (○) 丙의 부주의를 이용하여 고의로 불법행위를 저지른 甲은 丙의 부주의를 이유로 자신의 책임을 경감하여 줄 것을 청구할 수 없다(대판 2005.11.10. 2003다66066 참고).

답 ④

044 불법행위에 관한 설명으로 옳지 않은 것은?(다툼이 있는 경우에는 판례에 의함)

① 다수의 의사가 의료행위에 관여한 경우 그중 누구의 과실에 의하여 의료사고가 발생한 것인지 분명하게 특정할 수 없는 때에는 일련의 의료행위에 관여한 의사들 모두에 대하여 공동불법행위책임을 물을 수 있다.
② 건물의 축조의 하자로 인하여 임차인이 연탄가스중독으로 사망한 경우, 건물소유자인 임대인이 공작물책임을 진다.
③ 도급인이 수급인의 일의 진행 및 방법에 관하여 구체적인 지휘·감독권을 유보하고 공사시행에 관하여 구체적으로 지휘·감독을 한 경우, 도급인은 수급인이나 수급인의 피용자가 불법행위로 제3자에게 가한 손해에 대하여 사용자책임을 진다.
④ 사람은 죽음을 피할 수 없으나 장례비는 손해배상의 대상이 될 수 있다.
⑤ 불법행위에 관하여 피해자가 그의 과실로 이익을 받은 경우, 손해배상액을 산정할 때에는 손익상계를 한 다음 과실상계를 하여야 한다.

해설

① (○) 다수의 의사가 의료행위에 관여한 경우 그중 누구의 과실에 의하여 의료사고가 발생한 것인지 분명하게 특정할 수 없는 때에는 일련의 의료행위에 관여한 의사들 모두에 대하여 민법 제760조 제2항에 따라 공동불법행위책임을 물을 수 있다고 봄이 상당하다(대판 2005.9.30. 2004다52576).
② (○) 가옥의 임차인인 직접점유자가 공작물의 설치·보존상의 하자로 인하여 피해를 입을 경우에 소유자는 이에 대하여 손해배상을 하여 줄 책임이 있고, 피해자인 직접점유자에게 그 보존상의 과실이 있으면 과실상계사유가 된다(대판 1989.3.14. 88다카1121).
③ (○) 도급인은 도급 또는 지시에 관하여 중대한 과실이 없는 한 수급인이 그 일에 관하여 제3자에게 가한 손해를 배상할 책임이 없으나(민법 제757조), 다만 도급인이 수급인의 일의 진행 및 방법에 관하여 구체적인 지휘·감독권을 유보한 경우에는 도급인과 수급인의 관계는 실질적으로 사용자 및 피용자의 관계와 다를바 없으므로 수급인 또는 그 피용인의 불법행위로 인한 손해에 대하여 도급인은 민법 제756조에 의한 사용자책임을 면할 수 없고 이러한 이치는 하도급의 경우에도 마찬가지이다(대판 1992.6.23. 92다2615).
④ (○) 고의 또는 과실에 의하여 타인의 생명을 해한 사람은 그 장례에 관한 비용을 손해로서 배상할 의무가 있다 할 것이고 누구든지 사망은 조만간 면할 수 없는 운명이요 그 비용은 사망자의 친족이 당연히 부담할 것이라는 이유로 그 배상의무를 면할 수 없다고 해석함이 상당하다(대판 1966.10.11. 66다1456).
⑤ (×) 불법행위로 인하여 손해가 발생하고 그 손해발생으로 이득이 생기고 동시에 그 손해발생에 피해자에게도 과실이 있어 과실상계를 하여야 할 경우에는 먼저 산정된 손해액에서 과실상계를 한 다음에 위 이득을 공제하여야 한다(대판 1990.5.8. 89다카29129).

답 ⑤

045 사용자책임에 관한 설명으로 옳지 않은 것은?(다툼이 있으면 판례에 따름)

① 피용자의 불법행위에 기한 손해배상채무가 시효로 인해 소멸하더라도, 그것에 의해 사용자책임에 기한 손해배상채무까지 소멸하는 것은 아니다.
② 도급인이 수급인에 대하여 특정한 행위를 지휘하는 등의 노무도급의 경우에 도급인은 수급인의 불법행위에 대해 사용자책임을 질 수 있다.
③ 지입차량의 차주가 고용한 운전자의 과실로 인한 불법행위로 인해 타인에게 손해가 발생한 경우, 그 운전자의 불법행위에 대해 지입회사는 사용자책임을 질 수 있다.
④ 피용자가 제3자와의 공동불법행위로 피해자에게 손해를 입힌 경우, 사용자가 피용자의 부담부분을 초과하여 피해자에게 손해를 배상하면 사용자는 제3자에게 그 초과부분에 대해 구상권을 행사할 수 있다.
⑤ 피용자와 제3자와의 공동불법행위로 인해 손해를 입은 피해자에게 사용자가 채권을 가지고 있으나 사용자가 상계할 수 있음에도 상계하지 않는 경우, 제3자는 사용자의 부담부분범위 내에서 사용자의 채권을 가지고 피해자에게 상계할 수 있다.

해설

① (○) 피용자와 사용자는 피해자에 대하여 공동불법행위에 의한 손해배상책임을 부담하며 이들의 각 손해배상채무는 부진정연대채무의 관계에 있어, 연대채무에 있어서 소멸시효의 절대적 효력에 관한 민법 제421조의 규정은 공동불법행위자 상호 간의 부진정연대채무에 대하여는 그 적용이 없으므로 피용자의 손해배상채무가 시효로 인해 소멸하더라도, 사용자책임에 기한 손해배상채무까지 소멸하지 아니한다.

> 공동불법행위자의 다른 공동불법행위자에 대한 구상권은 피해자의 다른 공동불법행위자에 대한 손해배상채권과는 그 발생원인 및 성질을 달리하는 별개의 권리이고, 연대채무에 있어서 소멸시효의 절대적 효력에 관한 민법 제421조의 규정은 공동불법행위자 상호 간의 부진정연대채무에 대하여는 그 적용이 없으므로, <u>공동불법행위자 중 1인의 손해배상채무가 시효로 소멸한 후에 다른 공동불법행위자 1인이 피해자에게 자기의 부담부분을 넘는 손해를 배상하였을 경우에도, 그 공동불법행위자는 다른 공동불법행위자에게 구상권을 행사할 수 있다</u>(대판 1997.12.23. 97다42830).

② (○) 도급인이 수급인에 대하여 특정한 행위를 지휘하거나 특정한 사업을 도급시키는 경우와 같은 이른바 노무도급의 경우에 있어서는 도급인이라고 하더라도 민법 제756조가 규정하고 있는 사용자책임의 요건으로서의 사용관계가 인정된다(대판 1998.6.26. 97다58170).

③ (○) 지입차량의 차주 또는 그가 고용한 운전자의 과실로 타인에게 손해를 가한 경우에는 지입회사는 명의대여자로서 제3자에 대하여 지입차량이 자기의 사업에 속하는 것을 표시하였을 뿐 아니라, 객관적으로 지입차주를 지휘·감독하는 사용자의 지위에 있다 할 것이므로 이러한 불법행위에 대하여는 그 사용자책임을 부담한다(대판 2000.10.13. 2000다20069).

④ (○) 피용자와 제3자가 공동불법행위로 피해자에게 손해를 가하여 그 손해배상채무를 부담하는 경우에 피용자와 제3자는 공동불법행위자로서 서로 부진정연대관계에 있고, 한편 사용자의 손해배상책임은 피용자의 배상책임에 대한 대체적 책임이어서 사용자도 제3자와 부진정연대관계에 있다고 보아야 할 것이므로, <u>사용자가 피용자와 제3자의 책임비율에 의하여 정해진 피용자의 부담부분을 초과하여 피해자에게 손해를 배상한 경우에는 사용자는 제3자에 대하여도 구상권을 행사할 수 있다</u>(대판 2006.2.9. 2005다28426).

⑤ (×) 부진정연대채무에 있어서 부진정연대채무자 1인이 한 상계가 다른 부진정연대채무자에 대한 관계에 있어서도 공동면책의 효력 내지 절대적 효력이 있는 것인지는 별론으로 하더라도, 부진정연대채무자 사이에는 고유의 의미에 있어서의 부담부분이 존재하지 아니하므로 위와 같은 고유의 의미의 부담부분의 존재를 전제로 하는 민법 제418조 제2항은 부진정연대채무에는 적용되지 아니하는 것으로 봄이 상당하고, 따라서 <u>부진정연대채무에 있어서는 한 부진정연대채무자가 채권자에 대하여 상계할 채권을 가지고 있음에도 상계를 하지 않고 있다 하더라도 다른 부진정연대채무자가 그 채권을 가지고 상계를 할 수는 없는 것으로 보아야 한다</u>(대판 1994.5.27. 93다21521).

답 ⑤

046 甲과 乙의 과실로 丙에게 손해를 입힌 공동불법행위에 관한 설명 중 옳은 것은?(다툼이 있으면 판례에 따름)

05 사시

① 甲이 丙에게 손해 전부에 대하여 배상할 때에 이미 乙의 손해배상채무가 시효로 소멸하였다면 공동면책될 채무가 존재하지 아니하므로 甲의 乙에 대한 구상권은 인정되지 아니한다.
② 甲이 丙에게 전액배상을 한 후에 다시 乙이 丙에게 전액배상을 한 경우, 甲이 乙에게 전액배상의 사실을 통지하지 아니한 경우에는 甲의 乙에 대한 구상권은 인정되지 아니한다.
③ 甲이 丙에게 자기의 과실비율에 따른 부담부분인 손해의 $\frac{1}{2}$만을 배상한 경우, 甲은 乙에 대하여 구상권을 행사할 수 없다.
④ 丙이 자신에게 발생한 손해 1억원 중 일단 6,000만원만을 甲에게 청구하는 일부청구소송에서 피해자 丙에게도 30%의 과실이 있었음이 밝혀진 경우, 법원은 甲이 지급하여야 할 손해배상액으로 4,200만원을 인정하여야 한다.
⑤ 만일 甲과 丙이 군인이고 그들이 직무를 수행하던 중 丙이 사고를 당하였다면 민간인인 乙은 丙의 손해 전부에 대하여 책임을 진다.

해설

① (×) 판례의 취지를 고려할 때 甲이 丙에게 손해 전부에 대하여 배상할 때에 이미 乙의 손해배상채무가 시효로 소멸하였더라도 甲의 乙에 대한 구상권을 행사할 수 있다.

> 부진정연대채무자 중 1인을 위하여 보증인이 된 자가 피보증인을 위하여 그 채무를 변제한 경우에는 그 보증인은 피보증인이 아닌 다른 부진정연대채무자들에 대하여는 그 부담 부분에 한하여 구상권을 행사할 수 있고, 공동불법 행위자 중 1인의 손해배상채무가 시효로 소멸한 후에 다른 공동불법행위자 1인이 피해자에게 자기의 부담 부분을 넘는 손해를 배상하였을 경우에도, 그 공동불법행위자는 다른 공동불법행위자에게 구상권을 행사할 수 있다(대판 2010.12.23. 2010다52225).

② (×) 부진정연대채무자 상호 간에는 주관적 공동관계가 없기 때문에 사전, 사후 통지의무 및 그 위반의 효과를 규정하고 있는 민법 제426조는 적용되지 아니한다. 甲이 전액 배상한 후 乙에 대한 사후 통지가 없는 동안 乙이 이중으로 배상을 하였다고 하더라도 이는 비채변제로서 乙은 甲에 대하여 자신의 변제의 유효를 주장할 수 없고, 이중변제의 기본원칙으로 돌아가 먼저 유효한 변제를 행한 甲의 구상청구에 응하여야 한다.

> 출연분담에 관한 주관적인 밀접한 연관관계가 없고 단지 채권만족이라는 목적만을 공통으로 하고 있는 부진정연대 채무에 있어서는 그 변제에 관하여 채무자 상호 간에 통지의무 관계를 인정할 수 없고, 변제로 인한 공동면책이 있는 경우에 있어서는 채무자 상호 간에 어떤 대내적인 특별관계에서 또는 형평의 관점에서 손해를 분담하는 관계가 있게 되는데 불과하다고 할 것이므로, 부진정연대채무에 해당하는 공동불법행위로 인한 손해배상채무에 있어서도 채무자 상호 간에 구상요건으로서의 통지에 관한 민법 제426조를 유추 적용할 수는 없다(대판 1998.6.26. 98다5777).

③ (○) 공동불법행위자는 채권자에 대한 관계에서는 연대책임(부진정연대채무)을 지되, 공동불법행위자들 내부관계에서는 일정한 부담 부분이 있고, 이 부담 부분은 공동불법행위자의 과실의 정도에 따라 정하여지는 것으로서 공동불법행위자 중 1인이 자기의 부담 부분 이상을 변제하여 공동의 면책을 얻게 하였을 때에는 다른 공동불법행위자에게 그 부담 부분의 비율에 따라 구상권을 행사할 수 있으므로(대판 2014.6.12. 2012다200189), 甲이 丙에게 자기의 과실비율에 따른 부담부분인 손해의 $\frac{1}{2}$만을 배상한 경우, 甲은 乙에 대하여 구상권을 행사할 수 없다.

④ (×) 피해자가 일부청구를 하는 경우 과실상계를 어느 부분에서 할 것인지 여부에 대하여 견해가 대립한다. 즉 피해자가 청구한 부분에 한하여 과실상계비율을 정한다는 안분설과 심리결과 인정되는 전 손해액에 대하여 과실상계를 하고 그에 의하여 감축된 금액과 청구액을 비교하여 인용액을 결정하여야 한다는 외측설이 대립하고 있고, 판례(대판 2008.12.24. 2008다51649)는 일관하여 외측설의 태도를 취하고 있다. 생각건대 손해의 공평·타당한 분담을 위해 채권자의 과실을 참작하려는 과실상계의 취지와 당사자의 통상적 의사를 고려할 때 외측설이 타당하며 이에 의할 때, 丙의 손해액은 전 손해액 1억원에 대하여 丙의 과실을 30%로 하여 상계한 7,000만원이 되며 결국 丙의 청구액이 6,000만원으로 7,000만원보다 적기 때문에 법원은 甲이 지급하여야 할 손해배상액으로 6,000만원을 인정하여야 한다.

⑤ (×) 민간인인 乙은 丙의 손해 전부에 대하여 책임을 지는 것이 아니라, 민간인 乙은 丙에 대하여 그 손해 중 국가 등이 민간인 乙에 대한 구상의무를 부담한다면 그 내부적인 관계에서 부담하여야 할 부분을 제외한 나머지 자신의 부담부분에 한하여 손해배상의무를 부담한다.

> 헌법 제29조 제2항, 국가배상법 제2조 제1항 단서의 입법 취지를 관철하기 위하여는, 국가배상법 제2조 제1항 단서가 적용되는 공무원의 직무상 불법행위로 인하여 직무집행과 관련하여 피해를 입은 군인 등에 대하여 위 불법행위에 관련된 일반국민(법인을 포함한다. 이하 '민간인')이 공동불법행위책임, 사용자책임, 자동차운행자책임 등에 의하여 그 손해를 자신의 귀책부분을 넘어서 배상한 경우에도, 국가 등은 피해 군인 등에 대한 국가배상책임을 면할 뿐만 아니라, 나아가 민간인에 대한 국가의 귀책비율에 따른 구상의무도 부담하지 않는다고 하여야 할 것이다. 그러나 위와 같은 경우, 민간인은 여전히 공동불법행위자 등이라는 이유로 피해 군인 등의 손해 전부를 배상할 책임을 부담하도록 하면서 국가 등에 대하여는 귀책비율에 따른 구상을 청구할 수 없도록 한다면, 공무원의 직무활동으로 빚어지는 이익의 귀속주체인 국가 등과 민간인과의 관계에서 원래는 국가 등이 부담하여야 할 손해까지 민간인이 부담하는 부당한 결과가 될 것이고(가해 공무원에게 경과실이 있는 경우에는 그 공무원은 손해배상책임을 부담하지 아니하므로 민간인으로서는 자신이 손해발생에 기여한 귀책부분을 넘는 손해까지 종국적으로 부담하는 불이익을 받게 될 것이고, 가해 공무원에게 고의 또는 중과실이 있는 경우에도 그 무자력 위험을 사용관계에 있는 국가 등이 부담하는 것이 아니라 오히려 민간인이 감수하게 되는 결과가 된다.), 이는 위 헌법과 국가배상법의 규정에 의하여도 정당화될 수 없다고 할 것이다. 이러한 부당한 결과를 방지하면서 위 헌법 및 국가배상법 규정의 입법 취지를 관철하기 위하여는, 피해 군인 등은 위 헌법 및 국가배상법 규정에 의하여 국가 등에 대한 배상청구권을 상실한 대신에 자신의 과실 유무나 그 정도와 관계 없이 무자력의 위험부담이 없는 확실한 국가보상의 혜택을 받을 수 있는 지위에 있게 되는 특별한 이익을 누리고 있음에 반하여 민간인으로서는 손해 전부를 배상할 의무를 부담하면서도 국가 등에 대한 구상권을 행사할 수 없다고 한다면 부당하게 권리침해를 당하게 되는 결과가 되는 것과 같은 각 당사자의 이해관계의 실질을 고려하여, <u>위와 같은 경우에는 공동불법행위자 등이 부진정연대채무자로서 각자 피해자의 손해 전부를 배상할 의무를 부담하는 공동불법행위의 일반적인 경우와 달리 예외적으로 민간인은 피해 군인 등에 대하여 그 손해 중 국가 등이 민간인에 대한 구상의무를 부담한다면 그 내부적인 관계에서 부담하여야 할 부분을 제외한 나머지 자신의 부담부분에 한하여 손해배상의무를 부담하고, 한편 국가 등에 대하여는 그 귀책부분의 구상을 청구할 수 없다고 해석함이 상당하다</u> 할 것이고, 이러한 해석이 손해의 공평·타당한 부담을 그 지도원리로 하는 손해배상제도의 이상에도 맞는다 할 것이다(대판 2001.2.15. 96다42420[전합]).

답 ❸

047 사용자책임에 관한 설명으로 옳은 것은?(다툼이 있는 경우에는 판례에 의함)　　14 변리

① 피용자의 행위가 외관상 사무집행의 범위에 속하는 것으로 보이면 피해자가 그의 중대한 과실로 피용자의 행위가 사용자의 사무집행행위에 해당하지 않음을 알지 못한 때에도 사용자책임이 성립한다.
② 어떤 사업에 관하여 명의사용을 허락받은 자가 그 사업에 관하여 고의로 다른 사람에게 손해를 가한 경우, 이는 명의사용자의 고유사업이므로 명의대여자는 손해배상책임이 없다.
③ 업무수행과 관련한 피용자의 불법행위로 사용자가 직접 손해를 입은 경우, 특별한 사정이 없으면 사용자는 발생한 손해 전부의 배상을 피용자에게 청구할 수 있다.
④ 피용자가 제3자와 공동불법행위로 피해자에게 손해를 가한 경우, 피용자와 제3자는 부진정연대관계에 있으나 사용자와 제3자는 그렇지 않다.
⑤ 책임무능력자의 가해행위에 관하여 그 대리감독자의 불법행위가 성립하는 경우, 피해자는 대리감독자의 사용자에게도 사용자책임을 물을 수 있다.

해설

① (×) 피용자의 불법행위가 외관상 사무집행의 범위 내에 속하는 것으로 보이는 경우에도, 피용자의 행위가 사용자의 사무집행행위에 해당하지 않음을 피해자 자신이 알았거나 또는 중대한 과실로 알지 못한 경우에는 사용자에 대하여 사용자책임을 물을 수 없다(대판 2015.12.10. 2013다33584).
② (×) 타인에게 어떤 사업에 관하여 자기의 명의를 사용할 것을 허용한 경우에 그 사업이 내부관계에 있어서는 타인의 사업이고 명의자의 고용인이 아니라 하더라도 외부에 대한 관계에 있어서는 그 사업이 명의자의 사업이고, 또 그 타인은 명의자의 종업원임을 표명한 것과 다름이 없으므로 명의사용을 허가받은 사람이 업무수행을 함에 있어 고의 또는 과실로 다른 사람에게 손해를 끼쳤다면 명의사용을 허락한 사람은 민법 제756조에 의하여 그 손해를 배상할 책임이 있다(대판 1994.10.25. 94다24176).
③ (×) 일반적으로 사용자가 피용자의 업무수행과 관련하여 행하여진 불법행위로 인하여 직접 손해를 입었거나 그 피해자인 제3자에게 사용자로서의 손해배상책임을 부담한 결과로 손해를 입게 된 경우에 있어서, 사용자는 그 사업의 성격과 규모, 시설의 현황, 피용자의 업무내용과 근로조건 및 근무태도, 가해행위의 발생원인과 성격, 가해행위의 예방이나 손실의 분산에 관한 사용자의 배려의 정도, 기타 제반 사정에 비추어 손해의 공평한 분담이라는 견지에서 신의칙상 상당하다고 인정되는 한도 내에서만 피용자에 대하여 손해배상을 청구하거나 그 구상권을 행사할 수 있다(대판 2009.11.26. 2009다59350).
④ (×) 피용자와 제3자가 공동불법행위로 피해자에게 손해를 가하여 그 손해배상채무를 부담하는 경우에 피용자와 제3자는 공동불법행위자로서 서로 부진정연대관계에 있고, 한편 사용자의 손해배상책임은 피용자의 배상책임에 대한 대체적 책임이어서 사용자도 제3자와 부진정연대관계에 있다고 보아야 할 것이므로, 사용자가 피용자와 제3자의 책임비율에 의하여 정해진 피용자의 부담부분을 초과하여 피해자에게 손해를 배상한 경우에는 사용자는 제3자에 대하여도 구상권을 행사할 수 있다(대판 2006.2.9. 2005다28426).
⑤ (○) 책임무능력자(국민학교 1학년생)의 대리감독자(담임교사)에게 민법 제755조 제2항에 의한 배상책임이 있다고 하여 위 대리감독자의 사용자 또는 사용자에 갈음한 감독자(위 학교를 설립경영하는 지방자치단체)에게 당연히 민법 제756조에 의한 사용자책임이 있다고 볼 수는 없으며, 책임무능력자의 가해행위에 관하여 그 대리감독자에게 고의 또는 과실이 인정됨으로써 별도로 불법행위의 일반요건을 충족한 때에만 위 대리감독자의 사용자 또는 사용자에 갈음한 감독자는 민법 제756조의 사용자책임을 지게 된다(대판 1981.8.11. 81다298).

답 ❺

048

甲과 乙이 丙의 부주의를 이용하여 고의로 공동불법행위를 저질러 丙에게 1억원의 손해를 입혔다. 이 손해에 丙이 기여한 과실이 20%이며, 이에 가담하지 않은 丁이 甲의 사용자로서 사용자책임을 진다. 이에 관한 설명 중 옳지 않은 것을 모두 고른 것은?(다툼이 있는 경우 판례에 의함)

20 변시

> ㄱ. 甲과 乙은 丙의 과실을 이유로 과실상계를 주장할 수 없고, 丁 역시 甲의 사용자로서 과실상계를 주장할 수 없다.
> ㄴ. 丁이 丙에 대하여 대여금채권을 갖고 있는 경우, 丁은 불법행위에 가담하지 않았음을 이유로 고의의 불법행위채권을 수동채권으로 하는 상계 금지 규정인 민법 제496조의 적용을 배제하고 위 대여금채권을 자동채권으로 하여 丙의 丁에 대한 손해배상채권을 상계할 수 있다.
> ㄷ. 丙의 甲에 대한 손해배상채권만 시효로 소멸한 후 乙이 丙에게 손해를 전부 배상하였다면, 乙은 甲을 상대로 구상권을 행사할 수 있다.
> ㄹ. 丙이 甲을 상대로 손해배상청구의 소를 제기한 경우, 丙의 乙에 대한 손해배상채권도 소멸시효가 중단된다.

① ㄱ, ㄴ
② ㄱ, ㄹ
③ ㄴ, ㄷ
④ ㄱ, ㄴ, ㄹ
⑤ ㄱ, ㄷ, ㄹ

해설

ㄱ. (×) 공동불법행위자인 甲과 乙은 丙의 과실을 이유로 과실상계를 주장할 수 없으나, 甲의 사용자인 丁은 丙이 입은 손해발생과 확대에 丙이 기여한 과실 20%를 고려하여 과실상계할 것을 주장할 수 있다.

> • 피해자의 부주의를 이용하여 고의로 불법행위를 저지른 자가 바로 그 피해자의 부주의를 이유로 자신의 책임을 감하여 달라고 주장하는 것은 허용될 수 없고, 한편 공동불법행위책임을 묻는 것은 가해자 각 개인의 행위에 대하여 개별적으로 그로 인한 손해를 구하는 것이 아니라 그 가해자들이 공동으로 가한 불법행위에 대하여 그 책임을 추궁하는 것이므로, 공동불법행위로 인한 손해배상책임의 범위는 피해자에 대한 관계에서 가해자들 전원의 행위를 전체적으로 함께 평가하여 정하여야 하고, 그 손해배상액에 대하여는 가해자 각자가 그 금액의 전부에 대한 책임을 부담하며, 가해자의 1인이 다른 가해자에 비하여 불법행위에 가공한 정도가 경미하다고 하더라도 피해자에 대한 관계에서 그 가해자의 책임 범위를 위와 같이 정하여진 손해배상액의 일부로 제한하여 인정할 수는 없다(대판 2012.8.17. 2012다30892).
> • 사용자가 피용자의 과실에 의한 불법행위로 인한 사용자책임을 부담하는 경우와 마찬가지로 피용자의 고의에 의한 불법행위로 인하여 사용자책임을 부담하는 경우에도 피해자에게 그 손해의 발생과 확대에 기여한 과실이 있다면 사용자책임의 범위를 정함에 있어서 이러한 피해자의 과실을 고려하여 그 책임을 제한할 수 있다(대판 2002.12.26. 2000다56952).

ㄴ. (×) 丁이 丙에 대하여 대여금채권을 갖고 있는 경우, 사용자책임에서 사용자의 과실은 직접의 가해행위가 아닌 피용자의 선임·감독에 관련된 것으로 해석되는 것을 고려할 때, 甲의 사용자인 丁은 불법행위에 가담하지 않았음을 이유로 대여금채권을 자동채권으로 하고 丙의 丁에 대한 손해배상채권을 수동채권으로 하는 상계를 할 수 없다.

> 민법 제756조에 의한 사용자의 손해배상책임은 피용자의 배상책임에 대한 대체적 책임이고, 같은 조 제1항에서 사용자가 피용자의 선임 및 그 사무감독에 상당한 주의를 한 때 또는 상당한 주의를 하여도 손해가 있을 경우에는 책임을 면할 수 있도록 규정함으로써 사용자책임에서 사용자의 과실은 직접의 가해행위가 아닌 피용자의 선임·감독에 관련된 것으로 해석되는 점에 비추어 볼 때, 피용자의 고의의 불법행위로 인하여 사용자책임이 성립하는 경우에 민법 제496조의 적용을 배제하여야 할 이유가 없으므로 사용자책임이 성립하는 경우 사용자는 자신의 고의의 불법행위가 아니라는 이유로 민법 제496조의 적용을 면할 수는 없다(대판 2006.10.26. 2004다63019).

ㄷ. (○) 판례의 취지를 고려할 때 丙의 甲에 대한 손해배상채권만 시효로 소멸한 후 乙이 丙에게 손해를 전부 배상하였다면, 乙은 甲을 상대로 구상권을 행사할 수 있다.

> 공동불법행위자 중 1인의 손해배상채무가 시효로 소멸한 후에 다른 공동불법행위자 1인이 피해자에게 자기의 부담 부분을 넘는 손해를 배상하였을 경우에도, 그 공동불법행위자는 다른 공동불법행위자에게 구상권을 행사할 수 있다(대판 2010.12.23. 2010다52225).

ㄹ. (×) 부진정연대채무에서 채무자 1인에 대한 재판상 청구 또는 채무자 1인이 행한 채무의 승인 등 소멸시효의 중단사유나 시효이익의 포기는 다른 채무자에게 효력을 미치지 아니하므로(대판 2017.9.12. 2017다865), 丙이 甲을 상대로 손해배상청구의 소를 제기한 경우, 丙의 乙에 대한 손해배상채권은 소멸시효가 중단되지 아니한다.

답 ④

049

甲과 乙이 과실에 의한 공동불법행위로 丙에게 손해를 가하였는데, 丙이 입은 손해액은 3,000만원이다. 甲과 乙의 부담부분의 비율은 2 : 1이고, 甲과 乙에 대한 丙의 과실비율은 20%이며, 丁은 甲의 사용자로서 사용자책임을 부담한다. 다음 설명 중 옳지 않은 것은?(다툼이 있는 경우에는 판례에 의함)   12 변시

① 甲이 丙에 대한 1,000만원의 대여금채권으로 丙의 손해배상채권과 상계하였다면, 乙도 그 한도에서 손해배상책임을 면한다.
② 만약 甲은 고의로, 乙은 과실로 위 불법행위를 행하였다면, 甲이 과실상계를 주장하지 못하는 경우라도 乙은 과실상계를 주장할 수 있다.
③ 丙의 甲에 대한 소송에서 丙의 과실이 일정한 비율로 인정되었다면, 별소로 제기된 丙의 乙에 대한 소송에서 법원은 丙의 과실비율을 달리 인정할 수 없다.
④ 丙에게 2,400만원을 변제한 丁은 乙에 대하여 800만원을 구상할 수 있다.
⑤ 丙에게 1,200만원을 변제한 丁은 乙에 대하여 구상할 수 없다.

해설

① (○) 과실에 의하여 丙에게 공동으로 손해를 가한 甲과 乙은 공동불법행위자로 丙에 대하여 부진정연대채무를 부담하는데, 그중 1인인 甲이 丙에 대한 1,000만원의 대여금채권으로 丙의 손해배상채권과 상계하였다면, 상계로 인한 채무소멸의 효력은 소멸한 채무 전액에 관하여 다른 부진정연대채무자에 대하여도 미친다고 보아야 하므로 乙도 그 한도에서 손해배상책임을 면한다.

> 부진정연대채무자 중 1인이 자신의 채권자에 대한 반대채권으로 상계를 한 경우에도 채권은 변제, 대물변제, 또는 공탁이 행하여진 경우와 동일하게 현실적으로 만족을 얻어 그 목적을 달성하는 것이므로, 그 상계로 인한 채무소멸의 효력은 소멸한 채무 전액에 관하여 다른 부진정연대채무자에 대하여도 미친다고 보아야 한다. 이는 부진정연대채무자 중 1인이 채권자와 상계계약을 체결한 경우에도 마찬가지이다. 나아가 이러한 법리는 채권자가 상계 내지 상계계약이 이루어질 당시 다른 부진정연대채무자의 존재를 알았는지 여부에 의하여 좌우되지 아니한다(대판 2010.9.16. 2008다97218[전합]).

② (○) 甲은 고의로, 乙은 과실로 위 불법행위를 행하였다면, 乙이 과실상계를 주장하는 것은 신의칙에 반한다고 할 수 없어 甲이 과실상계를 주장하지 못하는 경우라도 乙은 과실상계를 주장할 수 있다.

> 피해자의 부주의를 이용하여 고의로 불법행위를 저지른 사람이 바로 피해자의 부주의를 이유로 자신의 책임을 줄여 달라고 주장하는 것은 허용될 수 없다. 그러나 이는 그러한 사유가 있는 자에게 과실상계의 주장을 허용하는 것이 신의칙에 반하기 때문이므로, 불법행위자 중의 일부에게 그러한 사유가 있다고 하여 그러한 사유가 없는 다른 불법행위자까지도 과실상계의 주장을 할 수 없다고 해석할 것은 아니다(대판 2018.2.13. 2015다242429).

③ (×) 丙의 乙에 대한 소송이 별소로 제기된 경우, 丙의 甲에 대한 소송에서와는 다르게 교통사고의 경위와 피해자의 손해액산정의 기초가 되는 사실이 인정됨으로 인하여, 과실비율도 서로 달리 인정될 수 있는 것이다.

> 피해자가 공동불법행위자들을 모두 피고로 삼아 한꺼번에 손해배상청구의 소를 제기한 경우와 달리 공동불법행위자별로 별개의 소를 제기하여 소송을 진행하는 경우에는 각 소송에서 제출된 증거가 서로 다르고 이에 따라 교통사고의 경위와 피해자의 손해액산정의 기초가 되는 사실이 달리 인정됨으로 인하여 과실상계비율과 손해액도 서로 달리 인정될 수 있는 것이므로, 피해자가 공동불법행위자들 중 일부를 상대로 한 전소에서 승소한 금액을 전부 지급받았다고 하더라도 그 금액이 나머지 공동불법행위자에 대한 후소에서 산정된 손해액에 미치지 못한다면 후소의 피고는 그 차액을 피해자에게 지급할 의무가 있다(대판 2001.2.9. 2000다60227).

④ (○), ⑤ (○) 판례의 취지를 고려할 때 지문 ④의 경우 사용자 丁은 丙에게 손해 전부인 2,400만원(3,000만원 × 80%)을 변제하였으므로 乙의 부담부분인 800만원 전액에 대해 구상권을 행사할 수 있으나, 지문 ⑤의 경우 사용자 丁은 피용자 甲의 부담부분인 1,600만원 이상을 변제한 것이 아니라 1,200만원을 변제하는데 그쳤으므로 乙에게 구상권을 행사할 수 없다.

> 피용자와 제3자가 공동불법행위로 피해자에게 손해를 가하여 그 손해배상채무를 부담하는 경우에 피용자와 제3자는 공동불법행위자로서 서로 부진정연대관계에 있고, 한편 사용자의 손해배상책임은 피용자의 배상책임에 대한 대체적 책임이어서 사용자도 제3자와 부진정연대관계에 있다고 보아야 할 것이므로, 사용자가 피용자와 제3자의 책임비율에 의하여 정해진 피용자의 부담부분을 초과하여 피해자에게 손해를 배상한 경우에는 사용자는 제3자에 대하여도 구상권을 행사할 수 있으며, 그 구상의 범위는 제3자의 부담부분에 국한된다고 보는 것이 타당하다(대판 1992.6.23. 91다33070[전합]).

답 ❸

050 불법행위에 관한 설명 중 옳지 않은 것은?(다툼이 있는 경우 판례에 의함)

① 사용자가 피용자와 제3자의 책임비율에 의하여 정해진 피용자의 부담부분을 초과하여 피해자에게 손해를 배상한 경우, 사용자는 제3자에 대하여도 구상권을 행사할 수 있으나 그 구상의 범위는 제3자의 부담부분에 국한된다.
② 화재가 공작물 자체의 설치·보존상의 하자에 의하여 직접 발생한 경우, 간접점유자인 건물의 소유자는 직접점유자가 손해 방지에 필요한 주의를 해태하지 아니한 경우에 한하여 공작물책임을 지게 된다.
③ 2인 이상의 공동불법행위로 인하여 호의동승한 사람이 피해를 입은 경우, 동승자가 입은 손해에 대한 배상액을 산정할 때에는 먼저 호의동승으로 인한 감액비율을 참작하여 공동불법행위자들이 동승자에 대하여 배상하여야 할 수액을 정하여야 한다.
④ 일반적으로 타인의 불법행위 등에 의하여 재산권이 침해된 경우에 재산적 손해의 배상만으로 회복할 수 없는 정신적 손해가 발생하였다면, 가해자가 그러한 사정을 알았을 경우에 한하여 그 손해에 대한 위자료를 청구할 수 있다.
⑤ 사람이 갖는 명예에 관한 권리의 침해에 대하여는 사전 예방적 구제수단으로 침해행위의 정지·방지 등의 금지 청구권이 인정될 수 있다.

해설

① (○) 피용자와 제3자가 공동불법행위로 피해자에게 손해를 가하여 그 손해배상채무를 부담하는 경우에 피용자와 제3자는 공동불법행위자로서 서로 부진정연대관계에 있고, 한편 사용자의 손해배상책임은 피용자의 배상책임에 대한 대체적 책임이어서 사용자도 제3자와 부진정연대관계에 있다고 보아야 할 것이므로, 사용자가 피용자와 제3자의 책임비율에 의하여 정해진 피용자의 부담부분을 초과하여 피해자에게 손해를 배상한 경우에는 사용자는 제3자에 대하여도 구상권을 행사할 수 있으며, 그 구상의 범위는 제3자의 부담부분에 국한된다고 보는 것이 타당하다(대판 1992.6.23. 91다33070[전합]).
② (○) 화재가 공작물 자체의 설치 보존상의 하자에 의하여 직접 발생한 경우에 그로 인한 손해배상 책임에 대하여는 민법 제758조 제1항 소정의 공작물 점유자 내지 소유자의 책임이 인정되지만, 그와 같은 경우에도 간접점유자인 건물의 소유자는 직접점유자가 손해 방지에 필요한 주의를 해태하지 아니한 경우에 한하여 비로소 책임을 지게 된다(대판 1995.10.13. 94다36506).
③ (○) 2인 이상의 공동불법행위로 인하여 호의동승한 사람이 피해를 입은 경우, 공동불법행위자 상호 간의 내부관계에서는 일정한 부담 부분이 있으나 피해자에 대한 관계에서는 부진정연대책임을 지므로, 동승자가 입은 손해에 대한 배상액을 산정할 때에는 먼저 호의동승으로 인한 감액 비율을 참작하여 공동불법행위자들이 동승자에 대하여 배상하여야 할 수액을 정하여야 한다(대판 2014.3.27. 2012다87263).
④ (×) 일반적으로 타인의 불법행위 등에 의하여 재산권이 침해된 경우에는 그 재산적 손해의 배상에 의하여 정신적 고통도 회복된다고 보아야 할 것이므로 재산적 손해의 배상에 의하여 회복할 수 없는 정신적 손해가 발생하였다면, 이는 특별한 사정으로 인한 손해로서 가해자가 그러한 사정을 알았거나 알 수 있었을 경우에 한하여 그 손해에 대한 위자료를 청구할 수 있다(대판 2004.3.18. 2001다82507[전합]).
⑤ (○) 사람(종중 등의 경우에도 마찬가지)이 갖는 명예에 관한 권리는 일종의 인격권으로 볼 수 있는 것으로서, 그 성질상 일단 침해된 후에는 금전배상이나 명예 회복에 필요한 처분 등의 구제수단만으로는 그 피해의 완전한 회복이 어렵고 손해 전보의 실효성을 기대하기 어려우므로, 이와 같은 인격권의 침해에 대하여는 사전 예방적 구제수단으로 침해행위의 정지·방지 등의 금지청구권이 인정될 수 있다(대판 1997.10.24. 96다17851).

 ❹

051 甲, 乙, 丙이 공동으로 丁을 폭행하여 상해를 입혔고, 이에 丁은 甲, 乙, 丙을 상대로 손해배상을 청구하고자 한다. 이에 관한 설명 중 옳지 않은 것은?(각 지문은 독립적이며, 다툼이 있는 경우 판례에 의함)

16 변시

① 가해행위에 대한 甲의 가담 정도가 乙이나 丙에 비하여 경미하더라도 丁에 대한 관계에서 甲의 책임 범위를 손해배상액의 일부로 제한할 수는 없다.
② 丁이 甲의 손해배상채무를 면제해 주었더라도, 乙이 丁에 대한 손해배상채무 전액을 변제하였다면, 乙은 甲에 대하여 구상권을 행사할 수 있다.
③ 丁이 甲을 상대로 손해배상을 청구하더라도 丁의 乙과 丙에 대한 손해배상청구권은 소멸시효가 중단되지 않는다.
④ 폭행으로 인하여 丁에게 손해발생과 함께 이득이 생긴 한편 그 손해발생에 丁의 과실이 경합하여 과실상계를 해야 할 경우에는 산정된 손해액에 먼저 과실상계를 한 후 이득을 공제해야 한다.
⑤ 丁이 甲, 乙, 丙을 공동피고로 하여 손해배상청구소송을 제기한 경우, 법원이 피해자인 丁의 과실을 들어 과실상계를 할 때 丁의 甲, 乙, 丙에 대한 과실비율이 서로 다르다면 이들을 개별적으로 평가하여 손해액을 정해야 한다.

해설

① (○) 판례의 취지를 고려할 때 가해행위에 대한 甲의 가담 정도가 乙이나 丙에 비하여 경미하더라도 丁에 대한 관계에서 甲의 책임 범위를 손해배상액의 일부로 제한할 수는 없다.

> 공동불법행위 책임은 가해자 각 개인의 행위에 대하여 개별적으로 그로 인한 손해를 구하는 것이 아니라 그 가해자들이 공동으로 가한 불법행위에 대하여 그 책임을 추궁하는 것이므로, 공동불법행위로 인한 손해배상책임의 범위는 피해자에 대한 관계에서 가해자들 전원의 행위를 전체적으로 함께 평가하여 정하여야 하고, 그 손해배상액에 대하여는 가해자 각자가 그 금액의 전부에 대한 책임을 부담하는 것이며, 가해자 1인이 다른 가해자에 비하여 불법행위에 가공한 정도가 경미하다고 하더라도 피해자에 대한 관계에서 그 가해자의 책임 범위를 위와 같이 정하여진 손해배상액의 일부로 제한하여 인정할 수는 없다(대판 2001.9.7. 99다70365).

② (○) 피해자가 부진정연대채무자 중 1인에 대하여 손해배상에 관한 권리를 포기하거나 채무를 면제하는 의사표시를 하였다 하더라도 다른 채무자에 대하여 그 효력이 미친다고 볼 수는 없어(대판 1997.12.12. 96다50896), 丁이 甲의 손해배상채무를 면제해 주었더라도, 다른 채무자인 乙에게는 그 효력이 미치지 아니하므로 乙이 丁에 대한 손해배상채무 전액을 변제하였다면, 乙은 甲에 대하여 구상권을 행사할 수 있다.

③ (○) 부진정연대채무에서 채무자 1인에 대한 재판상 청구 또는 채무자 1인이 행한 채무의 승인 등 소멸시효의 중단사유나 시효이익의 포기는 다른 채무자에게 효력을 미치지 않는다(대판 2017.9.12. 2017다865). 丁이 甲을 상대로 손해배상을 청구하더라도 이는 상대적 효력이 있는데 불과하여 丁의 乙과 丙에 대한 손해배상청구권은 소멸시효가 중단되지 않는다.

④ (○) 불법행위로 인하여 손해가 발생하고 그 손해발생으로 이득이 생기고 동시에 그 손해발생에 피해자에게도 과실이 있어 과실상계를 하여야 할 경우에는 먼저 산정된 손해액에서 과실상계를 한 다음에 위 이득을 공제하여야 한다(대판 1990.5.8. 89다카29129). 폭행으로 인하여 丁에게 손해발생과 함께 이득이 생겼고, 丁의 과실로 과실상계를 해야 할 경우에는 산정된 손해액에 먼저 과실상계를 한 후 이득을 공제해야 한다.

⑤ (×) 丁이 甲, 乙, 丙을 공동피고로 하여 손해배상청구소송을 제기한 경우, 법원이 피해자인 丁의 과실을 들어 과실상계를 할 때 丁의 甲, 乙, 丙에 대한 과실비율이 서로 다르더라도 丁의 과실을 공동불법행위자 전원에 대한 과실로서 전체적으로 평가하여야 한다.

공동불법행위의 성립에는 공동불법행위자 상호 간에 의사의 공통이나 공동의 인식이 있을 필요는 없고 객관적으로 각 행위에 관련공동성이 있으면 충분하므로 관련공동성 있는 행위에 의하여 손해가 발생하였다면 손해배상책임을 면할 수 없으며, 공동불법행위책임은 가해자 각 개인의 행위에 대하여 개별적으로 그로 인한 손해를 구하는 것이 아니라 가해자들이 공동으로 가한 불법행위에 대하여 책임을 추궁하는 것이므로, 법원이 피해자의 과실을 들어 과실상계를 하는 경우에는 피해자의 공동불법행위자 각인에 대한 과실비율이 서로 다르더라도 피해자의 과실을 공동불법행위자 각인에 대한 과실로 개별적으로 평가할 것이 아니고 그들 전원에 대한 과실로서 전체적으로 평가하여야 한다(대판 2011.7.28. 2010다76368).

답 ❺

052 불법행위에 관한 설명 중 옳은 것을 모두 고른 것은?(다툼이 있으면 판례에 따름) 14 사시

ㄱ. 가해자가 피해자의 토지를 계속하여 불법점거하는 경우, 피해자가 토지의 소유권을 상실하지 아니하는 한 이로 인한 피해자의 손해배상청구권의 소멸시효기간은 나날이 발생한 새로운 각 손해를 안 날부터 별개로 진행한다.
ㄴ. 甲이 언론사인 乙사의 인터넷 홈페이지에 게재된 기사로 인하여 명예를 침해당하여 그 기사 작성자인 乙사를 상대로 그 기사의 삭제를 청구하는 경우, 그 기사 내용이 진실하지 않거나 공익을 위한 것이 아니더라도 乙사가 그 기사가 진실이라고 믿은 데 상당한 이유가 있다면 甲의 청구는 받아들여질 수 없다.
ㄷ. 법인은 명예를 훼손당하여도 정신적 고통을 느낄 수 없으므로 사죄광고를 구하는 이외에 이로 인한 위자료를 청구할 수 없다.
ㄹ. 사고로 인하여 상해를 입은 경우 이를 이유로 한 피해자 본인의 손해배상청구권과 피해자의 근친자들의 위자료청구권은 그 발생원인이 같으므로 피해자의 손해배상청구권이 시효로 소멸하면 근친자들의 위자료청구권도 소멸한다.
ㅁ. 가해행위와 이로 인한 현실적인 손해의 발생 사이에 시간적 간격이 있는 불법행위에 기한 손해배상채권에 있어서 소멸시효의 기산점이 되는 불법행위를 안 날이라 함은 관념적이고 부동적인 상태에서 잠재하고 있던 손해에 대한 인식이 있는 날을 의미한다.

① ㄱ, ㄴ
② ㄴ, ㅁ
③ ㄴ, ㄷ, ㄹ
④ ㄱ
⑤ ㄷ, ㄹ, ㅁ

해설

ㄱ. (○) 불법점거에 의한 불법행위로 인하여 피해자의 토지에 관한 소유권이 상실되지 아니하였다면 가해자의 불법행위는 계속하여 이루어지고 그로 인하여 손해도 계속 발생하여 나날이 새로운 불법행위에 기인한 손해가 발생하는 것이고, 따라서 민법 제766조의 적용에 관하여서는 나날이 발생한 새로운 각 손해를 안 날로부터 별개로 소멸시효가 진행한다(대판 1966.6.9. 66다615[전합]).

ㄴ. (×) 판례의 취지를 고려할 때 甲이 乙사를 상대로 그 기사의 삭제를 청구하는 경우, 乙사가 그 기사가 진실이라고 믿은 데 상당한 이유가 있었다는 등의 사정은 기사의 삭제를 구하는 甲의 청구에 영향을 미치지 아니한다.

> 인격권 침해를 이유로 한 방해배제청구권으로서 기사삭제 청구의 당부를 판단할 때는 그 표현내용이 진실이 아니거나 공공의 이해에 관한 사항이 아닌 기사로 인해 현재 원고의 명예가 중대하고 현저하게 침해받고 있는 상태에 있는지를 언론의 자유와 인격권이라는 두 가치를 비교·형량하면서 판단하면 되는 것이고, <u>피고가 그 기사가 진실이라고 믿은 데 상당한 이유가 있었다는 등의 사정은 형사상 명예훼손죄나 민사상 손해배상책임을 부정하는 사유는 될지언정 기사삭제를 구하는 방해배제청구권을 저지하는 사유로는 될 수 없다</u>(대판 2013.3.28. 2010다60950).

ㄷ. (×) 법인이 하나의 추상적 실체로서 원심이 설시하는 바와 같이 비록 정신적 고통을 느낄 능력이 없다고 하더라도, 그의 명예나 신용 등이 침해된 경우에는 그로 인한 비재산적 손해가 배상되어야 한다(대판 2010.1.28. 2009다73974)는 것을 고려할 때 법인이 명예를 훼손당한 경우 이로 인한 위자료를 청구할 수 있다고 판단된다. 한편 "명예회복에 적당한 처분"에 사죄광고를 포함시키는 것은 헌법에 위반되므로(헌재 1991.4.1. 89헌마160), 법인의 명예가 훼손된 경우 법원에 사죄광고는 구할 수는 없다고 판단된다.

ㄹ. (×) 사고로 인해 甲이 상해를 입은 경우 이를 이유로 한 甲의 손해배상청구권과 甲의 근친자들의 위자료청구권은 그 발생원인이 같다 하더라도 독립된 별개의 청구권이므로 甲의 손해배상청구권이 시효로 인하여 소멸하였다 하더라도 甲의 근친자들의 위자료청구권은 아무 영향이 없다(대판 1966.12.20. 66다1667).

ㅁ. (×) 불법행위로 인한 손해배상의 청구권은 피해자나 그 법정대리인이 손해 및 가해자를 안 날로부터 소멸시효가 시작된다. <u>가해행위와 이로 인한 현실적인 손해의 발생 사이에 시간적 간격이 있는 불법행위의 경우 소멸시효의 기산점이 되는 불법행위를 안 날은 단지 관념적이고 부동적인 상태에서 잠재하고 있던 손해에 대한 인식이 있었다는 정도만으로는 부족하고 그러한 손해가 그 후 현실화된 것을 안 날을 의미한다</u>(대판 2019.7.25. 2016다1687).

답 ❹

053 불법행위를 원인으로 한 손해배상에 관한 설명 중 옳은 것을 모두 고른 것은?(다툼이 있으면 판례에 따름)

11 사시

ㄱ. 불법행위를 원인으로 한 손해배상에 있어서는 채무불이행을 원인으로 한 경우와는 달리 그 손해가 고의 또는 중대한 과실에 의한 것이 아니고 그 배상으로 인하여 배상자의 생계에 중대한 영향을 미치게 될 경우에는 배상의무자의 청구에 의하여 법원이 배상액을 경감할 수 있다.
ㄴ. 당사자들 사이에 다른 특약이 있으면 금전배상 이외의 방법으로 손해를 배상할 수 있다.
ㄷ. 고의의 불법행위가 부당이득의 원인이 됨으로써 불법행위로 인한 손해배상채권과 부당이득반환채권이 모두 성립하여 양 채권이 경합하는 경우, 피해자가 부당이득반환채권만을 청구하였을 때 상대방이 이를 수동채권으로 하여 상계하는 것은 허용된다.
ㄹ. 불법행위로 인한 손해배상청구소송의 원고가 피고에게 일시금지급을 구하는 청구를 하였더라도 법원이 정기금지급을 명하는 판결을 선고할 수 있다.
ㅁ. 불법행위로 인하여 배상할 손해는 원칙적으로 통상손해에 한하되, 특별한 사정에 관한 가해자의 예견가능성이 있다면 특별손해도 배상의 대상에 포함된다.

① ㄱ, ㄴ
② ㄷ, ㅁ
③ ㄹ, ㅁ
④ ㄴ, ㄷ, ㄹ
⑤ ㄱ, ㄴ, ㄹ, ㅁ

해설

ㄱ. (O) 불법행위로 인한 배상의무자는 그 손해가 고의 또는 중대한 과실에 의한 것이 아니고 그 배상으로 인하여 배상자의 생계에 중대한 영향을 미치게 될 경우에는 법원에 그 배상액의 경감을 청구할 수 있다. 법원은 배상의무자의 청구가 있는 때에는 채권자 및 채무자의 경제상태와 손해의 원인 등을 참작하여 배상액을 경감할 수 있다(민법 제765조).

ㄴ. (O) 민법은 원칙적으로 금전배상주의를 취하고 있어(민법 제763조, 제394조), 다른 의사표시가 없으면 손해는 금전으로 배상하여야 하나, 특약이 있다면 금전배상 이외의 방법으로 손해를 배상할 수도 있다.

ㄷ. (×) 민법이 보장하는 상계권은 이처럼 그의 채무가 고의의 불법행위에 기인하는 채무자에게는 적용이 없는 것이고, 나아가 부당이득의 원인이 고의의 불법행위에 기인함으로써 불법행위로 인한 손해배상채권과 부당이득반환채권이 모두 성립하여 양채권이 경합하는 경우 피해자가 부당이득반환채권만을 청구하고 불법행위로 인한 손해배상채권을 청구하지 아니한 때에도, 그 청구의 실질적 이유, 즉 부당이득의 원인이 고의의 불법행위였다는 점은 불법행위로 인한 손해배상채권을 청구하는 경우와 다를 바 없다 할 것이어서, 고의의 불법행위에 의한 손해배상채권은 현실적으로 만족을 받아야 한다는 상계금지의 취지는 이러한 경우에도 타당하므로, 민법 제496조를 유추적용함이 상당하다(대판 2002.1.25. 2001다52506).

ㄹ. (O) 불법행위로 입은 상해의 후유장애로 인하여 장래에 계속적으로 치료비나 개호비 등을 지출하여야 할 손해를 입은 피해자가 그 손해의 배상을 정기금에 의한 지급과 일시금에 의한 지급 중 어느 방식에 의하여 청구할 것인지는 원칙적으로 손해배상청구권자인 그 자신이 임의로 선택할 수 있는 것으로서, 다만 식물인간 등의 경우와 같이 그 후유장애의 계속기간이나 잔존여명이 단축된 정도 등을 확정하기 곤란하여 일시금 지급방식에 의한 손해의 배상이 사회정의와 형평의 이념에 비추어 현저하게 불합리한 결과를 초래할 우려가 있다고 인정될 때에는, 손해배상청구권자가 일시금에 의한 지급을 청구하였더라도 법원이 재량에 따라 정기금에 의한 지급을 명하는 판결을 할 수 있다고 보아야 한다(대판 1995.6.9. 94다30515).

ㅁ. (O) 불법행위로 인한 특별손해는 원칙적으로 배상범위에 포함되지 아니하나, 특별한 사정에 의한 가해자의 예견가능성이 있는 경우에는 배상의 범위에 포함된다(민법 제763조, 제393조).

답 ⑤

가장 빠른 지름길은
지름길을 찾지 않는 것이다.
- 다산 정약용 -

2026 시대에듀 EBS 공인노무사 1차 민법 기출문제 한권으로 끝내기

개정1판1쇄 발행	2025년 09월 30일(인쇄 2025년 08월 22일)
초 판 발 행	2024년 08월 30일(인쇄 2024년 07월 11일)
발 행 인	박영일
책 임 편 집	이해욱
편 저	EBS교수진
편 집 진 행	안효상 · 이재성 · 김민지
표지디자인	박종우
편집디자인	표미영 · 하한우
발 행 처	(주)시대고시기획
출 판 등 록	제10-1521호
주 소	서울시 마포구 큰우물로 75 [도화동 538 성지 B/D] 9F
전 화	1600-3600
팩 스	02-701-8823
홈 페 이 지	www.sdedu.co.kr
I S B N	979-11-383-9755-1(13360)
정 가	38,000원

※ 이 책은 저작권법의 보호를 받는 저작물이므로 동영상 제작 및 무단전재와 배포를 금합니다.
※ 잘못된 책은 구입하신 서점에서 바꾸어 드립니다.

개정법령 관련 대처법을 소개합니다!

도서만이 전부가 아니다! 시험 관련 정보 확인법!
법령이 자주 바뀌는 과목의 경우, 도서출간 이후에 아래와 같은 방법으로
변경된 부분을 업데이트 · 수정하고 있습니다.

01 정오표
도서출간 이후 발견된 오류는 그 즉시 해당 내용을 확인한 후 수정하여 정오표 게시판에 업로드합니다.

※ 시대에듀 : 홈 》 학습자료실 》 정오표

02 추록(최신 개정법령)
도서출간 이후 법령개정으로 인한 수정사항은 도서의 구성에 맞게 정리하여 도서업데이트 게시판에 업로드합니다.

※ 시대에듀 : 홈 》 학습자료실 》 도서업데이트

시대에듀 www.sdedu.co.kr

공인노무사시험
합격을 꿈꾸는 수험생들에게...

기출문제집
- 최신 기출문제와 상세한 첨삭해설
- 최신 개정법령 및 관련 판례 완벽반영

기본서
- 최신 개정법령을 반영한 핵심이론+실전대비문제
- 온라인 동영상강의용 교재

한권으로 끝내기
- 단기간 반복학습을 위한 최적의 구성
- 단 한 권으로 1차시험 전 과목 대비

핵심요약집
- 필수 3법 도표식 요약집

도서 및 동영상강의 문의
1600-3600
www.sdedu.co.kr

공인노무사라는 꿈을 향해 도전하는 수험생 여러분에게
정성을 다해 만든 최고의 수험서를 선사합니다.

핵지총
- 10개년 핵심 기출지문 총망라
- 최신 개정법령 및 관련 판례 완벽반영

객관식 문제집
- 종합기출문제해설

기본서
- 최신 개정법령을 반영한 주요논점
- Chapter별 최신 기출문제와 예시답안
- 온라인 동영상강의용 교재

관계법령집
- 노동법 Ⅰ·Ⅱ 최신 개정법령 완벽반영
- 암기용 셀로판지로 무한 반복학습

※ 각 도서의 세부구성 및 이미지는 변동될 수 있습니다.

최고 교수진의 빠른 합격전략

현직 공인노무사와 전문 교수진의 압도적인 강의로
최단기간 합격을 약속드립니다.

빈틈없는 강의로 노동법 완전정복!

합격생이 인정한 현직 노무사의 입체적인 강의

김희향 공인노무사(노동법)
현) 노무법인 태주 대표 공인노무사
(사)한국공인노무사회 교육연수위원회 이사

들을수록 빠져드는 사회보험법 고득점전략!

실무경험을 바탕으로 하는 깊이 있는 강의

이윤형 공인노무사(사회보험법)
온누리노무컨설팅 대표
서울시교육청 사학기관전문가 자문단 자문위원

방대한 민법, 핵심만 짚어준다!

민법 전문 교수가 알려 주는 쉽고 확실한 강의

김동진 교수(민법)
(前)법무법인 가현 민사·행정 전문위원
시대에듀 강사(변리사 민법)

체계적인 학습법! 경영학개론 완벽 마스터!

사례와 예시를 통해 이해를 돕는 친절한 강의

이근필 교수(경영학개론)
한양대 경영학 박사
시대에듀 강사(경영학·경영분석)

※ 강사진은 내부사정에 따라 변동될 수 있습니다.

보다 깊이 있는 학습을 원하는 수험생들을 위한
시대에듀의 동영상 강의가 준비되어 있습니다.

www.sdedu.co.kr ➡ 회원가입(로그인) ➡ 강의 살펴보기